Jerry Z. Muller

PROFESSOR DER APOKALYPSE

Die vielen Leben des Jacob Taubes

Aus dem Englischen
von Ursula Kömen

SUHRKAMP VERLAG
JÜDISCHER VERLAG

Die Originalausgabe erschien 2022 unter dem Titel *Professor of Apocalypse. The Many Lives of Jacob Taubes* bei Princeton University Press, Princeton, NJ.

Erste Auflage 2022
Deutsche Erstausgabe
© der deutschsprachigen Ausgabe
Jüdischer Verlag GmbH, Berlin, 2022
Copyright © 2022 by Princeton University Press
Alle Rechte vorbehalten. Wir behalten uns auch eine Nutzung des
Werks für Text und Data Mining im Sinne von § 44b UrhG vor.
Umschlaggestaltung: Rothfos & Gabler, Hamburg, unter Verwendung des
Originalumschlags von Princeton University Press/Lauren Smith
Umschlagfoto: ullstein bild/Jung
Satz: Satz-Offizin Hümmer GmbH, Waldbüttelbrunn
Druck: GGP Media GmbH, Pößneck
Printed in Germany
ISBN 978-3-633-54321-2

www.suhrkamp.de

Gewidmet Ethan und Tanaquil Taubes,
ihrer Unterstützung und Geduld;
sowie Noam Zion,
dem verwandten und seelenverwandten Geist.

INHALT

EINLEITUNG
Warum Taubes?

Szenen aus dem Leben und Nachleben
von Jacob Taubes

Wien, im März 1936. Die Bar Mitzwa von Jacob Taubes in der Synagoge in der Pazmanitengasse, einer der größten Synagogen Wiens; sein Vater ist hier Rabbiner. Jacob liest aus der Tora und der Haftara (dem Pentateuch und dem Buch der Propheten). Sein Vater spricht ihn an, erst auf Deutsch, dann auf Hebräisch, einem Hebräisch, das reich an biblischen und talmudischen Bezügen ist. Er erinnert Jacob daran, Spross einer sehr vornehmen Familie zu sein, die sich über Jahrhunderte zurückverfolgen lässt und Vorfahren in ihren Reihen aufweist, von denen einige große Meister des rabbinischen Gesetzes und chassidische Rabbiner waren.

St. Gallen, Schweiz, im Dezember 1944. Der radikale Antizionist und ultraorthodoxe Rebbe von Satmar trifft aus dem von den Nazis besetzten Ungarn ein. Er erreicht die Stadt in einem Zug, in dem sich nur eine Handvoll Juden befinden, gerettet nach Verhandlungen zwischen Vertretern des ungarischen Judentums und den Nazis. Da der Rabbiner keine der Schweizer Amtssprachen spricht, assistiert ihm der junge Jacob Taubes.

New York, im Januar 1949. Der frisch zum Rabbiner ordinierte und an der Universität Zürich in Philosophie promovierte Jacob wird am Jewish Theological Seminary auf eine Laufbahn als bedeutender jüdischer Gelehrter vorbereitet. Das Seminar holt den Philosophen Leo Strauss und beauftragt ihn damit, Jacob über den großen mittelalterlichen Gelehrten Moses Maimonides zu unterrichten. Jacob seinerseits hält ein Seminar über Maimonides, das von einer kleinen Gruppe aufstrebender jüdischer Intellektueller besucht wird – unter ihnen Daniel Bell, Nathan Glazer, Gertrude Himmelfarb und Irving Kristol –, die später zu den wichtigen Persönlichkeiten des amerikanischen akademischen und öffentlichen Lebens zählen werden. Er vermittelt ihnen unter anderem Strauss' Interpretation der politischen Funktion von Religion. In diesem Sommer zählen sie zu den Hochzeitsgästen von Jacob und Susan Feldmann.

Berlin, im Juni 1967. Das Rednerpult im Audimax der Freien Universität in Berlin, wo Jacob Taubes, nach Stationen an den Universitäten Harvard, Princeton und Columbia, nun lehrt. Dreitausend Studenten drängen sich im größten Hörsaal der Universität, um den Vortrag »Das Ende der Utopie« von Herbert Marcuse, der mit Jacob befreundet ist, zu hören. Gemeinsam mit Marcuse auf dem Podium sitzen der Star der studentischen Linken, Rudi Dutschke, und ihr höchstrangiges Fakultätsmitglied, Jacob Taubes.

Plettenberg, im September 1978. Die kleine Stadt im Sauerland, Heimat von Carl Schmitt. Hierher ist Taubes gereist, um den hochbetagten politischen Denker von Angesicht zu Angesicht zu treffen. Einst einer der angesehensten Akademiker Deutschlands, ist Schmitt nunmehr in großen Teilen der deutschen Öffentlichkeit aufgrund seiner aktiven Unterstützung Hitlerdeutschlands diskreditiert. Taubes jedoch ist schon lange von ihm fasziniert. Schmitt und Taubes diskutieren unter anderem über eine angemessene Auslegung jener Passagen in Paulus' Römerbrief, die sich auf die Juden beziehen.

Jerusalem, im August 1981. Das Podium des Weltkongresses für Jüdische Studien an der Hebräischen Universität. Jacob Taubes' Kritik an Gershom Scholem, dem bedeutenden Gelehrten der jüdischen Mystik und des Messianismus, zieht eine große Zahl von Hörern in den Saal. Längst hat sich zwischen Taubes und Scholem, dem einstigen Mentor Taubes', eine innige Feindschaft entwickelt.

Heidelberg, im Februar 1987. Die Forschungsstätte der Evangelischen Studiengemeinschaft, an der der vom Krebs gezeichnete Taubes eine Vortragsreihe über die historische Bedeutung des Apostels Paulus improvisiert. Als Taubes am 21. März stirbt, hat er seit seiner Dissertationsschrift im Jahr 1947 – ein Werk, das längst vergriffen ist und kaum rezipiert wurde – keine einzige eigenständige Publikation mehr veröffentlicht.

2022. Ein Buchladen in Deutschland, Frankreich oder den USA. Vier Bücher von Taubes stehen nun in den Regalen: seine wiederveröffentlichte Dissertation, eine Aufsatzsammlung, ein schmaler Band über Carl Schmitt und eine überarbeitete Version seiner Vorträge über die politische Theologie bei Paulus. Taubes' Bücher wurden in ein Dutzend Sprachen übersetzt. *Die politische Theologie des Paulus* etablierte Paulus als eine radikale Figur, und einige europäische Intellektuelle, die sich seit der Diskreditierung des Kommunismus auf der Suche nach Inspiration befinden, greifen dies auf.

Wie wurde aus dem ordinierten Spross einer rabbinischen Gelehrtenfamilie ein einflussreicher Paulus-Interpret? Wie kommt es, dass sich Taubes so unterschiedlichen Charakteren wie Irving Kristol und Rudi Dutschke, Leo Strauss und Herbert Marcuse, Gershom Scholem und Carl Schmitt zuwendete? Und warum fühlten sich so viele intellektuelle Koryphäen zu verschiedenen Zeiten zu Jacob Taubes hingezogen?

Diese und andere Fragen versuche ich in diesem Buch zu beantworten.

Das Leben von Jacob Taubes deckt einen großen Teil der Geistesgeschichte des zwanzigsten Jahrhunderts ab. Das Schicksal, kulturelle Affinitäten und eine innere Rastlosigkeit führten ihn aus Wien, wo er in der Zwischenkriegszeit lebte, in die Schweiz während des Zweiten Weltkriegs, ins New York der Nachkriegszeit, dann in den neu gegründeten Staat Israel, an mehrere bedeutende amerikanische Universitäten und schließlich an die Freie Universität in Westberlin, wo er den größten Teil seines beruflichen Lebens verbrachte – wobei er häufig nach Paris, London und Jerusalem reiste. Sein Leben war rastlos, voller Spannungen und Widersprüche. In den persönlichen Spannungen und Widersprüchen spiegelten sich viele größere Themen: der Konflikt zwischen Glauben und Wissenschaft; die Loyalität zu den eigenen Wurzeln sowie das Verlangen, diesen zu entkommen; institutionalisierte Zugehörigkeit und radikale Kritik; und, am wichtigsten, das Verhältnis von Religion und Politik.

Es waren wohl Taubes' großer Scharfsinn und seine exzentrische Persönlichkeit, von der sich so bemerkenswert viele und unterschiedliche Intellektuelle im deutschsprachigen Europa, den USA, Frankreich und Israel im zwanzigsten Jahrhundert angezogen fühlten. Er war ein Wissensspeicher der westlichen Hochkultur, sowohl der religiösen wie der säkularen, und fungierte zugleich als Klatschbörse über Akademiker und Intellektuelle aus drei Kontinenten. Er hatte einen weiten Horizont und war stets auf der Suche nach den größeren historischen Mustern. Er war vielsprachig, fließend in Deutsch, Englisch, Französisch, Hebräisch und Jiddisch, konnte Latein und Griechisch lesen. Wenn er in Stimmung war, konnte er ein bemerkenswerter Gesprächspartner sein, voller Energie, Gelehrsamkeit und mit einem beißenden Humor.

Und dennoch, in den Interviews, die ich mit zahlreichen Menschen geführt habe, die Jacob Taubes kannten, war das am häufigsten genutzte Wort, um ihn zu beschreiben, »dämonisch« – eine Zuschreibung, die sowohl seine Feinde verwendeten als auch seine Freunde. Das ist gleichwohl nicht nur negativ konnotiert, schließlich ist »dämonisch« bei Platon auch eine halbgöttliche Quelle der Kreativität. Ein weiteres Adjektiv, das häufig auf Taubes angewendet wurde, ist »mephistophelisch«, das einen ähnlichen Beiklang von Gefahr und Inspiration gleichermaßen hat. Und dann gab es noch jene, die das weniger zweideutige »satanisch« wählten. Jacob Taubes strahlte die Faszination des Grenzüberschreitenden, Paradoxalen aus. Sein Leben fand auf der Grenze zwischen Judentum und Christentum statt, zwischen Zweifel und Glaube, zwischen wissenschaftlicher Distanz und religiöser Leidenschaft. Er neigte einerseits zur Abstraktion und andererseits zur Sinnlichkeit. Und er lebte ein reiches erotisches Leben.

Jene, die ihn kannten, diskutierten zu seinen Lebzeiten und auch noch danach die Tiefe, die Präzision und die Originalität seiner Ideen. Für manche war er ein Genie, für andere ein Scharlatan, für wieder andere »ein Hochstapler, aber kein Betrüger«.[1] Wie wir sehen werden, gibt es für jede dieser Einschätzungen plausible Argumente.

Für seine Weggefährten war Jacob Taubes mitunter eine Quelle der Lebensfreude und des Frohsinns, aber er selbst war ein Gepeinigter und auch fähig, andere Menschen zu quälen. Er blühte im Chaos auf und erzeugte Chaos in seiner Umgebung. Er konnte das Leben anderer bereichern oder zerstören. Deshalb wurde ihm sowohl mit Liebe und Faszination als auch mit Angst und Abneigung begegnet – nicht selten von ein und derselben Person in verschiedenen Phasen ihrer Begegnung.

Aber dieses Buch beschäftigt sich nicht allein mit der Person Jacob Taubes. Es nutzt dessen Lebensweg, um die verschiedenen intellektuellen Milieus auszuleuchten, in denen Taubes sich bewegte. Sie zeigen das Zusammenspiel von christlichen und jüdischen Theologen im Schatten des Holocaust; die New Yorker jüdischen Intellektuellen der Nachkriegszeit; die Hebräische Universität in Jerusalem in den späten 1940er und den frühen 1950er Jahren; die Akademisierung der Religionswissenschaften in den USA in den 1950ern; den Aufbau der Jüdischen Studien in Westdeutschland; sowie die Radikalisierung und Deradikalisierung der Studentenschaft in Westdeutschland von den 1960er bis in die 1980er Jahre.

Taubes ist als intellektueller Mittler von Ideen zwischen Amerika und Deutschland von den 1940er bis in die späten 1980er Jahre von besonderem Interesse, denn Funktionen wie seine wurden in der modernen Ideengeschichte selten untersucht. Ideen überqueren nationale und linguistische Grenzen nicht von sich aus. Für den Transfer sind sie auf Individuen angewiesen, die andere dazu animieren können, bestimmte Ideen ernst zu nehmen. Das sind zum Beispiel die Redakteure und Lektoren bei Zeitungen und in Verlagen, oder Personen, die Intellektuelle aus verschiedenen Disziplinen oder Nationen in akademischen Konferenzen zusammenbringen. Taubes war all dies. Er war ein selbsternannter Talentsucher und -förderer.

Taubes' Publikationsausstoß war mäßig. Doch sagt dies noch nicht viel über seinen Einfluss aus. Häufig regte er Innovationen an und empfahl anderen, sie zu verfolgen. Er wirkte hinter den Kulissen, war sozusagen als Geheimagent in der akademischen Welt unterwegs. Meistens erhalten jene Denker von den Historikern die größte Aufmerksamkeit, die mittels systematischer und kohärenter Forschung Einfluss genommen haben. Doch dann gibt es Figuren wie Taubes – viel schwieriger zu dokumentieren, aber nicht unbedingt weniger bedeutsam für das Geistesleben –, die diffuser wirken.

Für viele, denen er als Lehrer begegnete, verkörperte Taubes Gelehrsamkeit als Lebenseinstellung: ein Mensch, der nicht nur über Ideen grübelte, sondern diese auch mit Leidenschaft vermittelte. Die Breite seines Wissens, die Brillanz seiner Erkenntnisse und sein beißender Humor konnten verblüffend sein. Obwohl er den Großteil seines Lebens in einem akademischen Umfeld verbrachte und an einigen der angesehensten Universitäten der Welt lehrte, war er alles andere als ein typischer Professor – das versuchte er auch gar nicht. Er strebte mehr danach, ein Seher zu sein als ein Wissenschaftler. Seine selbsternannte Rolle war die des Gnostikers, des Apokalyptikers oder des Revolutionärs – von der Krise genährt, immer auf der Suche nach Anzeichen drohender Zerstörung und Transformation in einer Welt, die er als teuflisch oder korrumpiert wahrnahm. Für manche war dies inspirierend, für andere beängstigend, manchen erschien er als Schatztruhe, anderen als Blender.

Dieses Buch vereint mehrere Genres. Es ist die Biografie einer komplexen, schillernden Persönlichkeit, es porträtiert Taubes' Kämpfe, seine inneren und äußeren Konflikte, die Erfolge und Enttäuschungen. Weil es die Biografie eines Intellektuellen ist, behandelt es natürlich auch die Ideen, mit denen er rang – und reflektiert, was er mit ihnen machte. Und weil der Protagonist mit so vielen führenden Intellektuellen in Europa, Israel und den USA im Gespräch war, ist es auch ein Mosaik der Geistesgeschichte des zwanzigsten Jahrhunderts und ein intellektueller Baedeker, eine Art Reiseführer über die wichtigsten Protagonisten, Schulen, Ideen und Kontroversen. Als solches versucht das Buch den Leserinnen und Lesern, die mit dem einen oder anderen Denker oder Milieu nicht vertraut sind, jene Informationen bereitzustellen, die nötig sind, um die Inhalte, um die es gerade geht, zu verstehen. Da es wohl nur wenige geben dürfte, die gleichermaßen mit der christlichen »Theologie der Krise«, der »Kritischen Theorie« der Frankfurter Schule, der radikalen chassidischen Sekte der Toldot Aharon und den Debatten der politischen Theologie vertraut sind, hoffe ich darauf, dass jene, die das eine oder andere bereits vertieft haben, im Sinn behalten, dass andere sich gerade in einer *terra incognita* befinden. Meine Intention ist es, dass die Leser etwas über neue intellektuelle

Welten erfahren und die außergewöhnlichen Pfade kennenlernen, auf denen Jacob Taubes als Mittler, Förderer und Verbindungsglied zwischen ihnen hin und her pendelte.

Mein Interesse an Jacob Taubes speiste sich vor allem aus zwei Anliegen. Das eine war ein intellektuelles: Ich wollte ein Kapitel über das Verhältnis zwischen Religion und Politik, zwischen Glauben und historisch-philosophischer Religionskritik sowie Religionskritiken moderner liberaler Gesellschaften erkunden – ein Kapitel des zwanzigsten Jahrhunderts in einer Geschichte, die im siebzehnten Jahrhundert mit Hobbes und Spinoza ihren Anfang nimmt.

Das zweite war die Herausforderung, das Leben eines schillernden Denkers zu verstehen und herauszufinden, warum so viele Intellektuelle des zwanzigsten Jahrhunderts sich für ihn interessierten. Im Dezember 2003 traf ich Irving Kristol und seine Ehefrau, Gertrude Himmelfarb, im Anschluss an eine öffentliche Vorlesung über Leo Strauss. In der Vorlesung hatte der Redner Strauss' Analyse von Maimonides in *Persecution and the Art of Writing* diskutiert. Ich fragte die beiden, ob sie sich an ein Seminar mit Jacob Taubes erinnerten, von dem ich gehört hatte und an dem sie vor mehr als einem halben Jahrhundert teilgenommen hatten. Irvings Augen begannen zu leuchten: Ob er sich erinnere? Natürlich tue er das, denn Jacob Taubes sei unvergesslich, »der einzige wahrhaftig charismatische Intellektuelle«, den er jemals getroffen habe. »Irgendjemand sollte irgendetwas über ihn schreiben«, sagte Irving nachdrücklich. Ich nahm die Herausforderung an und versuche also das Leben eines charismatischen Intellektuellen nachzuzeichnen und einzufangen.

Die wichtigste Größe, um den Grad der Bedeutung eines Intellektuellen zu bemessen, sind üblicherweise die veröffentlichten Werke. Nicht so bei Taubes, der damit seine Schwierigkeiten hatte – zumindest soweit es sich um publizierte Texte handelte. Tatsächlich schrieb Taubes enorm viel, aber eben überwiegend in Form von Briefen an Kollegen, Freunde und manchmal auch an seine Feinde. Entsprechend habe ich viel von dieser Korrespondenz genutzt, um sein Leben nachzuzeichnen. Die Briefe liegen verstreut in Archiven und Magazinen in Europa, Israel und den USA. Als ich vor mehr als einem Jahrzehnt anfing, an diesem Projekt zu arbeiten, wurde mir bald klar, dass zu den wichtigsten Quellen, um Taubes' Leben und seine Bedeutung zu verstehen, die Menschen zählten, die ihn gekannt hatten. Ebenso klar war allerdings, dass einige von ihnen angesichts begrenzter Lebenserwartung nicht mehr lange unter uns sein würden. Mir war es daher wichtig, so viele Menschen wie möglich zu interviewen, die Jacob Taubes zu verschiedenen Zeiten seines Lebens gekannt hatten, von der Bar Mitzwa in Wien bis zu seinem Tod in Berlin. Es wurden mehr als hundert Interviews, manche führte ich telefonisch, viele persönlich. Die meisten Menschen, an die ich mich wendete, wollten sehr gern mit mir über Taubes sprechen, aber nicht wenige lehnten auch ab. Manchmal begründeten sie dies mit Kommentaren wie »Jacob Taubes war ein böser Mensch, man sollte die Erinnerung an ihn auslöschen«.

Erinnerungen sind natürlich immer mit Vorsicht zu genießen, sie sind stets bruchstückhaft und spiegeln häufig spätere Urteile wider. Ich verwende sie in erster Linie in Kombination mit den archivalischen oder veröffentlichten Quellen, und wo immer möglich habe ich versucht, mich auf verschiedene Interviews zu stützen, um Fakten zu belegen. Aber Jacob Taubes war ein Mensch, über den viele Geschichten erzählt wurden, sowohl von anderen als auch von ihm selbst. Letztlich sind diese Erzählungen Teil seiner Geschichte.

Als sehr wertvoll erwies sich für mich der 1969 erschienene Roman *Divorcing* von Jacobs geschiedener Ehefrau Susan Taubes. Obwohl es sich um ein fiktionales, also der schöpferischen Fantasie entsprungenes Werk handelt, hat es doch sehr starke Bezüge zum realen Leben von Jacob und Susan Taubes, das aus verschiedenen Perspektiven erzählt wird, manchmal komisch, manchmal surreal. Mitunter verweist der Roman auf Ereignisse, die zur Ergänzung der Archivquellen hilfreich waren. Bei vorsichtiger Anwendung ist er eine weitere Quelle, die ich bei der Rekonstruktion dieses außergewöhnlichen Lebens in außergewöhnlichen Zeiten gewinnbringend heranziehen konnte.

In seinen frühen Fünfzigern durchlitt Taubes eine schwere Episode einer klinischen Depression, die schließlich als bipolare Störung diagnostiziert wurde, eine Erkrankung, bei der Phasen der Euphorie und großer Tatkraft sich mit solchen der Verzweiflung und Antriebslosigkeit abwechseln. Auch nach einer Behandlung durchlief er weiter manische und depressive Phasen von unterschiedlicher Intensität. Doch wie bei vielen Menschen, die an dieser Form der Krankheit leiden (die exakte klinische Diagnose lautete »Bipolar II«), traten die Symptome schon viel früher und in Form einer Hypomanie auf, einer leichteren Ausprägung der manischen Phase, die sich durch einen wahren Strom von Ideen und eine Leichtigkeit, diese miteinander in Verbindung zu setzen, auszeichnet.[2]

Hypomanen erleben wiederkehrend Phasen hoher Vitalität, strahlen einen großen Charme aus und weisen ein erhöhtes Wahrnehmungsvermögen auf, manchmal einhergehend mit einer schon fast unheimlich anmutenden Fähigkeit, die verwundbaren Stellen bei anderen zu finden und auch zu treffen.[3] Wenn sie sich in der hypomanischen Phase befinden, neigen sie zu »übermäßigen genussvollen Aktivitäten mit häufig schmerzhaften Konsequenzen«.[4] Die manische Depression ist lähmend und

Jacob bei seiner Bar Mitzwa, 1936

kräftezehrend, doch der Zustand der Hypomanie kann auch eine Quelle intellektueller Energie und sprudelnder Kreativität sein. Sie ist Teil von Jacob Taubes' Charisma und seiner Rätselhaftigkeit. Seinen Charakter und seine Persönlichkeit auf diese zugrunde liegende biologische Verfasstheit zu reduzieren, wäre irreführend – sie zu ignorieren aber ebenso.

Anmerkung zu den Namen

Jacob und seine Familie verkehrten in vielen verschiedenen Sprachen – Deutsch, Hebräisch, Jiddisch und Englisch –, die Schreibweisen ihrer Namen variierten entsprechend. Um es nicht unnötig zu verkomplizieren, habe ich versucht, bei jeweils einer Schreibweise eines Namens zu bleiben. Die ersten dreiundzwanzig Jahre seines Lebens schrieb er sich »Jakob«, als er in die USA zog, änderte er dies zu »Jacob« und dabei blieb es auch später.

1
Jichus

Jacob Taubes stammte aus rabbinischem Adel und einer Kultur, für die eine vornehme Herkunft – auf Hebräisch *Jichus* – von großer Bedeutung war. Der 1923 in Wien geborene Jacob war das erste nicht in Osteuropa geborene Mitglied seiner Familie. Er wuchs in einer Familie auf, in der das jiddischsprachige osteuropäische Judentum ebenso wie das deutschsprachige mitteleuropäische Judentum gepflegt wurde, Gleiches galt für die Geisteswelten der traditionellen jüdischen Frömmigkeit und der modernen europäischen Gelehrsamkeit. Um Jacob Taubes zu verstehen, müssen wir also mit diesen Kulturen und Welten beginnen.

Von Galizien nach Wien

Bis kurz vor Jacobs Geburt lebte seine Familie in Galizien, einer Region, die man heute nicht mehr auf der Landkarte findet, weil sie den Umwälzungen des zwanzigsten Jahrhunderts zum Opfer gefallen ist. Früher war Galizien jedoch eines der Zentren jüdischen Lebens, eine Hochburg der frommen Bewegung der Chassidim und die Geburtsstätte von intellektuellen Koryphäen des zwanzigsten Jahrhunderts wie Martin Buber, dem Schriftsteller Shmuel Yosef Agnon und dem Historiker Salo Baron. Ungefähr ein Jahrhundert lang, vom Ende der napoleonischen Kriege bis zum Ende der Österreich-Ungarischen Monarchie, war Galizien die größte der Provinzen im österrei-

chischen Teil des Reichs. Im Jahr 1867, als das Haus Habsburg
versuchte, der wachsenden ethnisch-nationalistischen Stimmung
Rechnung zu tragen, wurde Galizien unter die Verwaltung des
polnischen Adels gestellt und Polnisch zur Amtssprache erklärt.
Im Zuge der Auflösung der k.-u.-k. Monarchie nach dem Ersten
Weltkrieg wurde Galizien an den neugegründeten polnischen
Staat angegliedert. Nach dem Zweiten Weltkrieg wurde der öst-
liche Teil Galiziens Teil der Ukrainischen Sozialistischen So-
wjetrepublik und mit dem Zerfall der UdSSR Teil der Ukraine.

Unter den traditionelleren Juden Ostgaliziens, zu denen auch
die Familie Taubes zählte, war das Jiddische, im galizischen Dia-
lekt, die Alltagssprache. Kenntnisse des Polnischen waren eher
selten. Aber als Führungspersönlichkeit in der jüdischen Gemeinde der Stadt Czernelica beherrschte Jacobs Großvater, Zechariah Edelstein, die polnische Sprache, und vermutlich hat er
auch mit seinem Enkel Jacob in den 1920er und 1930er Jahren
Polnisch gesprochen.[1]

Im späten neunzehnten und frühen zwanzigsten Jahrhundert
wanderten Juden in großer Zahl aus Galizien in Richtung Westen aus. Sie hofften, der Armut ihrer Heimat zu entkommen, und
strömten in die USA, nach Deutschland und Ungarn – und nach
Wien, dessen aufstrebende jüdische Bevölkerung in wachsendem Maße aus galizischen Emigranten bestand. Aufgrund seiner geografischen, politischen und kulturellen Lage befand sich
Galizien auf der Grenze zwischen Ost und West.

Die deutschsprachigen Juden in Deutschland und im Habsburgischen Reich bezeichneten die jiddischsprachigen Juden
aus Osteuropa und Russland häufig als »Ostjuden«. Diese Unterscheidung war keine rein geografische: Sie bezog sich auch
auf das kulturelle, gesellschaftliche und ökonomische Gefälle,
das sank, je weiter man sich nach Osten bewegte. Die westlichen
Juden definierten sich selbst über ihre Umgangsformen und ihre Ehrenhaftigkeit, einschließlich ihrer Kleidung und ihres Be-
nehmens, die westlich geprägt waren; auch ihre Verbundenheit

mit der westlichen Hochkultur und die Tatsache, dass sie die »traditionellen« jüdischen Erwerbstätigkeiten – wie etwa das als rückwärtsgewandt empfundene Hausieren – hinter sich gelassen hatten und nun stärker im Einzelhandel, im Bankenwesen, im Journalismus und den gelehrten Berufen etabliert waren, gehörten dazu. Diese Unterscheidung spiegelte sich auch in ihren Vorstellungen von jüdischer Identität wider. Dass Juden gleichermaßen eine Nation wie auch eine Religionsgemeinschaft bildeten, galt im Osten als selbstverständlich, während es im Westen religiöse Reformbewegungen gab, die das nationale Element über Bord warfen und sogar religiöse Verweise darauf aus dem Gebetsbuch entfernten.[2] Gottesdienste fanden im Osten häufiger statt und waren eher unorganisiert und emotionaler. Im Westen waren sie seltener, stärker formalisiert und nüchterner. Aber die Unterscheidung zwischen Ost- und Westjuden war letztlich keine trennscharfe. Westjuden waren häufig Ostjuden, die erst vor ein oder zwei Generationen gen Westen ausgewandert waren und sich rasch an ihre neue Umgebung angepasst hatten. Darüber hinaus schritt auch in den osteuropäischen Gemeinden der Prozess der Übernahme europäischer Kultur und Sprachen voran. Die Unterscheidung zwischen West- und Ostjuden war also fluide, und die Einschätzung, was genau einen Ostjuden auszeichnete, befand sich ebenfalls im Fluss: Mochte für die einen ihr Lebensstil als rückständig gelten, war er für die anderen authentisch. Die Übernahme der westlichen Kultur und ihrer Umgangsformen wiederum konnte gleichsam als künstlich und unauthentisch gelten.[3]

Jacob Taubes stand mit je einem Fuß in beiden dieser Welten.

Jacobs Herkunft

Jacobs Vorfahren waren die Familien Taubes, Eichenstein und Edelstein. Sie lebten in Städten, die zwischen dem Fluss Dnister im Osten und den Karpaten im Westen lagen. Die größte Entfernung zwischen diesen Städten bildete mit ungefähr 80 km die Strecke zwischen dem am nördlichsten gelegenen Stanisławow (heute Iwano-Frankiwsk in der Ukraine) und Czernowitz (Tscherniwtsi) im Süden. Jacobs Vater stammte aus Czernelica, einer Stadt in der Region Stanisławow. Würde man eine Kompassnadel auf Czernelica richten und einen Radius von ungefähr 250 km Länge in Richtung Südosten ziehen, träfe man auf Iaşi, ein bedeutendes Zentrum jüdischen Lebens in Rumänien. Hier dienten mehrere Generationen der Taubes' als Rabbiner. Im Südwesten stieße man auf Sighet (die Heimatstadt von Eli Wiesel) und Satu Mare, die (damals in Ungarn, heute in Rumänien gelegene) Heimat der Satmarer Dynastie, antizionistische chassidische Rabbiner, die eine starke, wenn auch nur vorübergehende Anziehungskraft auf Jacob Taubes ausübten.

Für Juden, die in Ostmitteleuropa lebten, in einer Zeit, in der sich Nationalstaaten noch nicht überall herausgebildet hatten, waren diese politischen Bezeichnungen nicht maßgeblich. Ihr kultureller Horizont war nur bis zu einem gewissen Grad von den sich verschiebenden politischen Grenzen der multinationalen Reiche, in denen sie lebten, beeinflusst. Die familiären Beziehungen der Taubes', der Eichensteins und der Edelsteins reichten über Galizien hinaus, bis in die Bukowina, nach Rumänien und Ungarn.

Zwar gab es keinen jüdischen Adel im Sinne von Gutsbesitzern mit militärischer Historie, aber es gab eine Aristokratie des Intellekts und des Geistes. Ein Zeitgenosse drückte es folgendermaßen aus: »Das Amt des Rabbiners ist wie ein Adelsbrief.«[4] Die Abstammung (*Jichus*) spielte also eine große Rolle, und die Taubes konnten, wie viele rabbinische Geschlechter, ihre Familie bis zu Rashi, dem bedeutendsten der jüdischen Exegeten des Mittelalters, zurückverfolgen.[5] Die Namen Taubes, Edelstein und Eichenstein standen alle gleichermaßen für eine Herkunft aus dem rabbinischen Adel.

Nachnamen waren eine relativ neue Praxis. Sie wurden eingeführt von einer wachsenden staatlichen Bürokratie, die so versuchte, einen besseren Überblick über die Juden als Staatsangehörige zu erhalten, für Steuerzwecke und die Einberufung zum Wehrdienst. Im Jahr 1777 verfügte der Habsburgische Monarch Joseph II., dass die Juden Galiziens und der Bukowina feste und erbliche Nachnamen erhielten. Diese neuen Namen wurden häufig von den ausgesprochen nichtjüdischen königlichen Bürokraten vergeben und zeugten nicht selten geradezu von Bösartigkeit. Jacob Taubes' Mutter Fanny zum Beispiel erhielt den Nachnamen »Blind«.

Die Herkunft des Namens »Taubes« ist nicht eindeutig. Er könnte einerseits auf das Adjektiv »taub« zurückgehen, wahrscheinlicher ist jedoch, dass er auf dem jiddischen weiblichen Vornamen »Toybe« basiert, der wiederum auf die »Taube« (jiddisch: *Toyb*) zurückzuführen ist.[6] Die jiddische Orthografie war im neunzehnten Jahrhundert nicht standardisiert, und so gab es viele verschiedene Schreibweisen. Juden untereinander sprachen sich herkömmlicherweise mit ihren Vornamen und ihrem Patronym (dem Namen des Vaters) an; und fügten manchmal, zur besseren Unterscheidbarkeit, noch die Heimatstadt hinzu. Ihre Vornamen waren üblicherweise Namen verehrter Vorfahren, die über Generationen hinweg immer wieder aufs Neue vergeben wurden. So auch bei Jacob Taubes, geborener Jacob Neta Taubes, oder Hebräisch »Yaakov«.

Besonders glanzvoll war Jacobs Abstammung seitens der Familie seiner Großmutter. Unter seinen Vorfahren aus dem achtzehnten Jahrhundert befand sich Yaakov Taubes von Lwów, der mehrere Generationen von Gelehrten hervorbrachte. Yaakobs Sohn – und Jacobs Ururururgroßvater – Aharon Moshe Taubes von Sniatyn und Iași (1787-1852) war eine Koryphäe unter den talmudischen Gelehrten. Seine Glossen zum Talmud und den Kommentaren, *Karnei Re'em*, wurden in die *Vilna Shas* aufgenommen, die wiederum zum Standardwerk für das moderne Talmudstudium avancierte. Die Niederschriften seines Sohnes, Shmuel Shmelke Taubes, schafften es ebenfalls in die *Vilna Shas*.

Galizien war im neunzehnten Jahrhundert ein Zentrum des Chassidismus, und einer von Jacobs Vorfahren, Zwi-Hirsch Eichenstein von Zhidichov (1785-1831), war ein früher chassidischer Wunderrabbi und der Begründer einer weniger bedeutenden chassidischen Dynastie. Zwi-Hirsch war ein *Zaddik*, ein charismatischer Heiliger. Seine Anhänger (die Chassidim) glaubten, dass sich der *Zaddik* aufgrund seiner Frömmigkeit und Herkunft bei Gott für sie einsetzen konnte. Und so kamen die Kranken, Blinden und Lahmen in der Hoffnung auf Heilung zu ihm; die kinderlosen Ehefrauen in der Hoffnung auf Fruchtbarkeit; und die Kaufleute in der Hoffnung auf gute Geschäfte. Besonders zwischen Rosch Haschana und Jom Kippur begaben sich viele Gläubige auf Pilgerreise zu ihrem Rabbi.[7]

Obgleich der Chassidismus schon als solcher revolutionäre Züge gegenüber dem als trocken und nüchtern empfundenen Talmudstudium trug, entwickelte Zwi-Hirsch eine besonders intellektuelle Variante des Chassidismus. Sein bekanntestes Werk, *Ateret Zwi*, war ein Kommentar über einen Schlüsseltext der jüdischen Mystik, den *Sohar*, und über den bedeutenden mittelalterlichen Kabbalisten Issac Luria. Zwi-Hirsch als Gelehrten zu bezeichnen bedeutet nicht, dass er jede Art des Studiums schätzte. Er war ein scharfer Gegner der *Maskilim*: Juden, die eine Integration der traditionellen Gelehrsamkeit in die moderne Aufklärung befürworteten; im Jahr 1822 ging er so weit, die *Maskilim* der Stadt Tarnopol zu exkommunizieren.

Zwi-Hirsch gründete einen chassidischen Hof, der Anhänger aus Galizien, der Slowakei und Ungarn anzog. Am elften Tag des Hebräischen Monats Tammus, dem Jahrestag seines Todes, ehrten die Jünger und Bewunderer ihren Meister alljährlich mit einer Pilgerreise zu seinem Grab.[8]

Jacob wurde nach seinem Urgroßvater väterlicherseits benannt, Natan Neta Ya'akov Edelstein, dem Rabbiner der kleinen Stadt Czernelica. Nach dessen Tod übernahm sein Sohn, Zechariah Edelstein (der Großvater unseres Jacobs), seine Position. Zechariah heiratete Chava Leah Taubes, die aus den weit höher angesehenen Familien Taubes und Eichenstein stammte.[9] Und so kam es dazu. Die Tochter des chassidischen Wunderrabbis und Kabbalisten, des Zhidichover Rebbe Zwi-Hirsch Eichenstein, heiratete Yaakov Taubes, einen Sohn von Aharon Moshe Taubes, dem bedeutenden Talmudgelehrten. Dieser Ya'akov Taubes diente als oberster Richter des Rabbinergerichts (*Av bet din*), zunächst in Zhidichov und später, bis zu seinem Tod im Jahr 1890, in Iași. Der Sohn von Chava Leah Yaakov, Yissachar Dov Taubes (1833-1911), wurde der Rabbiner der nahe gelegenen Stadt Kolomya.[10] Seine Frau, Vita Yota Hirsch (gest. 1879), hatte eine Tochter, Chava Leah Taubes (gest. 1939), die Zechariah Edelstein heiraten sollte, den Rabbiner von Czernelica. Chava Leah gebar zwölf Kinder, von denen sieben das Erwachsenenalter erreichten.[11]

Jacobs Vater, Haim Zwi Hirsch, wurde im Jahr 1900 in Czernelica geboren. In dieser Stadt gab es eine jüdische Schule, die ein Jahrzehnt später mit der großzügigen Unterstützung von Baron Maurice de Hirsch gegründet worden war. Seine Stiftung hatte es sich zur Aufgabe gemacht, den Juden in Galizien und in der Bukowina eine westlich geprägte Bildung zu ermöglichen, die Unterrichtssprachen waren Deutsch, Polnisch und Hebräisch.[12] Haim Zwi könnte einer der neunzig eingeschriebenen Schüler der Schule gewesen sein.[13]

Haim Zwi Hirsch Taubes[14] war nach seinem Urahn Zwi-Hirsch Eichenstein benannt. Er wurde von seinem Vater und seinem älteren Bruder unterrichtet, Rabbi Neta Ya'akov, der nach dem Ersten Weltkrieg als junger Mann während der Grippepandemie starb.[15] Sollte er die Baron-Hirsch-Schule tatsächlich besucht haben, wäre Zwi Hirsch der erste aus seiner Familie gewesen, der neben einer traditionellen talmudischen Ausbildung bei seinem Vater und seinem Bruder eine Schulbildung westlicher Prägung erhalten hätte.

Zwi war unter seinem Nachnamen mütterlicherseits (Taubes) bekannt, weniger unter dem seines Vaters (Edelstein). Das spiegelte die unter galizischen Juden häufige Praxis wider, so auch bei Zwi Hirschs Eltern, aufgrund der hohen rechtlichen und finanziellen Hürden auf eine standesamtliche Heirat zu verzichten. In der Folge waren Geschwister häufig unter unterschiedlichen Nachnamen registriert.[16]

Während des Ersten Weltkriegs entwickelte sich Galizien zu einem Schlachtfeld zwischen den verfeindeten Armeen Russlands und Österreich-Ungarns. Die Familie von Jacobs Großvater, Zechariah Edelstein, fand, wie Zehntausende galizische Juden, eine sichere Zuflucht in Wien.[17] Und ebenfalls wie viele andere jüdische Flüchtlinge blieben die Edelsteins auch nach dem Krieg in Wien. Obwohl nur wenige Juden bis 1848 eine Aufenthaltsgenehmigung erhalten hatten, gab es in den folgenden sieben Jahrzehnten einen stetigen Zustrom von Juden in die Stadt, viele von ihnen kamen aus wirtschaftlich rückständigen Gegenden des Königreichs wie etwa Ostgalizien. Mit über 200 000 Seelen stellten Juden mehr als zehn Prozent der Gesamtbevölkerung Wiens.

Zwi Hirsch setzte sein Studium an der Israelitisch-Theologischen Lehranstalt und an der Universität Wien fort, und 1930 wurde er Rabbiner einer der größten Synagogen Wiens, in der Pazmanitengasse. Seine Geburtsstadt Czernelica in Ostgalizien lag über 700 km entfernt von der einstigen Reichshauptstadt.[18] Es war ein langer Weg von Czernelica in die Pazmanitengasse – im geografischen, aber auch im religiösen, gesellschaftlichen und wirtschaftlichen Sinne.

Das Haus, in dem Jacob aufwuchs, wies Spuren dieser weiten Reise auf.

Jacobs Vater, Zwi Taubes, gehörte zu einer neuen Generation orthodoxer Rabbiner, der erste in seiner Familie, der einen Universitätsabschluss und einen Abschluss an einem modernen Rabbinerseminar gemacht hatte.

In Osteuropa fand die weiterführende Bildung für Juden traditionell in den Jeschiwot statt, wo der Lehrplan sich auf das Studium des Talmud und seiner Kommentatoren konzentrierte. Die Schüler hatten typischerweise ihre ersten Schuljahre in einem Cheder, der Grundschule, verbracht. Dort lernten sie in der Regel auf indirekte Weise Hebräisch, nicht mit einem Studium der Grammatik, sondern im Verlauf ihrer Lektüre des Gebetbuchs, des Siddur, und der Fünf Bücher Mose, der Tora. In den höheren Klassen des Cheder (für Schüler im Alter von zehn bis zwölf Jahren) begannen die Jungen mit dem Talmudstudium. Diejenigen, die über ausreichende intellektuelle und finanzielle Ressourcen verfügten, besuchten anschließend die Jeschiwa, wo der Unterricht das Talmudstudium fokussierte: die wichtigen Debatten zur Auslegung des jüdischen Rechts und seiner Anwendung im täglichen Leben, die vielen fantasievollen Auslegungen der biblischen Erzählung und der philosophischen Reflexionen über ihre Bedeutung – die Aggada. Nach Beendigung der Jeschiwa bewarben sich einige junge Männer als Rabbiner. Die Ordination zum Rabbiner wurde nicht institutionell vollzogen, sondern von einem einzelnen Rabbiner, der den Bewerber zuvor einer mündlichen Prüfung im jüdischen Recht unterzog.

Mit Beginn der zweiten Hälfte des neunzehnten Jahrhunderts forderten neue ideologische und pädagogische Strömungen diesen traditionellen Ausbildungsweg jüdischer Gelehrsamkeit heraus. In den letzten Jahrzehnten des Jahrhunderts verfolgten die osteuropäischen Zionisten das Ziel, das Hebräische nicht länger ausschließlich als Sprache der Gelehrten zu verwenden, sondern auch als gesprochene Alltagssprache. Zu diesem Zweck gründeten sie *Cheder metukkan* (reformierte Cheder-Schulen), an denen Juden wie Nichtjuden unterrichtet wurden. Die Unterrichtssprache war Hebräisch. Jacob Taubes, der in Wien aufwuchs, sollte eine Schule besuchen, die von dieser Bewegung beeinflusst war.

Auch die jüdische Hochschulbildung befand sich im Wandel. Als Juden ihren Weg in die Universitäten finden konnten, versuchten manche von ihnen, die modernen europäischen Lehrmethoden auf ihr Verständnis der jüdischen Religion zu übertragen. Sie nutzten die neuen Methoden und wissenschaftlichen Herangehensweisen der modernen Universität, um jüdische Gelehrte hervorzubringen, die die strengen modernen Methoden auf die traditionellen Texte anwenden könnten. Dieser Ansatz sollte unter dem deutschen Namen *Wissenschaft des Judentums* oder dem hebräischen *Chochmat Yisrael* (etwa: »das akademische Studium der jüdischen Religion«[19]) bekannt werden.

Das traditionelle jüdische Lernen war tendenziell ahistorisch in seinen Prämissen, intertextuell in der Methodik und assoziativ. Die Grundannahme war, dass die Fünf Bücher Mose das Resultat göttlicher Offenbarung waren. Die Debatten darüber, wie die in der Bibel niedergeschriebenen Gesetze im täglichen Leben anzuwenden waren, wurden als das »mündliche Gesetz« (*Torah sheba'al peh*) bezeichnet. Ihr Ursprung lag, so die Überzeugung, in der Offenbarung am Berg Sinai. Juden, die in nachbiblischer Zeit gelebt und etwa Lyrik, Philosophie oder historische Erzählungen niedergeschrieben hatten, schafften es nicht in die Standard-Curricula der Jeschiwot. Höhere jüdische Bildung richtete sich stets auf die vielen Kommentatoren der Bibel und des Talmud. Die Texte wurden behandelt, als wären sie alle Teil einer fortwährenden und simultan stattfinden Diskussion, völlig unabhängig von den jeweiligen historischen Epochen ihrer Entstehung. Historischer Anachronismus war allgegenwärtig. Der biblische Patriarch Jakob zum Beispiel, so erzählten es die Rabbiner, soll Schüler in einer Hochschule (*Beth Midrasch*) gewesen sein, die von Schem und Eber errichtet worden war, Sohn und Enkelsohn von Noah. Das würde bedeuten, dass Jakob Gesetzestexte studiert hätte, die doch erst mehrere hundert Jahre später Moses offenbart wurden, und zwar an einer Einrichtung, die viele Jahrhunderte nach dem Tod Mose gegründet wurde. Basierend auf der Annahme, dass die Bibel das Produkt einer einzigen, zusammenhängenden Offenbarung ist, wurde ihr Text mitunter mittels fantasievoller Wortschöpfungen ausgelegt, und Formulierungen aus verschiedenen biblischen Quellen wurden einander gegenübergestellt, um Textstellen zu belegen. Die übliche Methode war es, einen existierenden Text zu kommentieren. Folglich verlief die Diskussion häufiger episodisch als systematisch und konzeptionell, sprang von einem Thema zum nächsten, so wie die Inhalte in der Originalschrift auftauchten.[20]

Die neue jüdische Gelehrsamkeit ging deutlich anders vor, orientierte sich an den Erkenntnisleitbildern, wie sie von der westlichen akademischen Praxis geprägt wurden. Texte – auch die Heiligen Schriften – mussten in ihrem historischen Kontext interpretiert werden. Um ihre Bezüge und Anspielungen einordnen zu können, wurde ihr historischer Kontext berücksichtigt. Auch war es wichtig, die Sprache, in der ein Text geschrieben worden war, zu beherrschen. Und das bedeutete nicht nur das Studium der hebräischen Grammatik, sondern auch das Erlernen der anderen antiken Sprachen, die dabei nützlich sein konnten, Wortstämme und damit ihre ursprüngliche Bedeutung zu erklären. Bei Ungereimtheiten oder unergründlichen Textpassagen musste man die Möglichkeit in Betracht ziehen, dass der Text in der Überlieferung entstellt worden war und dass zudem mehrere Autoren daran beteiligt gewesen sein könnten – ein Anathema für das traditionelle jüdische Denken. Und man war nun bemüht, die Gedanken im Text philosophisch auszulegen, auf der Basis von konzeptioneller Analyse und systematischer Erläuterung.

Darüber hinaus strebte die neue Generation jüdischer Gelehrter nach Objektivität und ging nicht länger davon aus, dass Ideen, Erzählungen, Geschichten und Rituale wahr sein mussten, weil sie Teil einer heiligen Tradition mit einem Ursprung in einer göttlichen Offenbarung waren. Auch wenn der Grundsatz in der Praxis oft nicht standhielt: Theoretisch mussten die Forschungsergebnisse unabhängig vom religiösen Hintergrund des Gelehrten oder seiner Leser Gültigkeit besitzen. Katholiken, Protestanten, Juden und Atheisten sollten sich alle auf die Gültigkeit der Forschungsergebnisse einigen können, auf der Basis der methodischen Objektivität, mit denen die Ergebnisse erzielt wurden. Die Leidenschaftslosigkeit der modernen Wissenschaft sollte die Leidenschaft des religiösen Diskurses ablösen. Die modernen historischen Methoden, so die Hoffnung, wären in der Lage, den überlieferten theologischen Hass zu überwinden.[21]

Die meisten Gelehrten des Judentums hatten sich auf dieses Feld begeben, um die Überlieferung besser verstehen zu können. Aber die Methodik der modernen Wissenschaft nahm zwangsläufig Einfluss auf das Denken der Gelehrten und ihr Verhältnis zur Tradition. Für den Gelehrten – anders als für den Gläubigen – durfte es keine vorgefertigten Antworten geben.

Historische Fakten waren anhand ihrer Evidenz zu belegen, nicht der heiligen Tradition. Wenn für den Psalmisten die Weisheit mit der Ehrfurcht vor dem Herrn beginnt, so tut sie es für den historischen Gelehrten mit der Ehrfurcht vor dem Fehler.[22] Während modernere Juden den neuen Rabbiner schätzten, der einen Abschluss von einer Universität und dem Rabbinerseminar hatte, standen die traditionelleren Vertreter des orthodoxen Judentums dieser Vorstellung ausgesprochen ablehnend gegenüber,[23] denn sie fürchteten (zu Recht), dass neue Formen des

Unterrichtens und des Wissens auch neue Ideen hervorbringen würden.

Die »Wissenschaft des Judentums« wurde nicht nur von manchen orthodoxen Juden als Bedrohung wahrgenommen, auch vielen christlichen Gelehrten war sie nicht geheuer. Denn der Grundsatz der Objektivität bedeutete genauso die stillschweigende Abkehr von den beiden Prämissen der protestantischen Wissenschaft. Die erste Prämisse war, dass das Christentum aus theologischer, spiritueller und intellektueller Sicht einen Fortschritt, eine Weiterentwicklung gegenüber dem Judentum bedeutete (ebenso wie der Protestantismus gegenüber dem Katholizismus). Die zweite Prämisse war, dass die Geistesgeschichte der jüdischen Religion mit der Ankunft des Jesus von Nazareth im Wesentlichen beendet war.[24] Während also Teile jüdischer Geschichte von christlichen Religionswissenschaftlern erforscht und gelehrt wurden, gab es andererseits nur sehr wenige Juden, denen es gestattet war, diese Fächer an den Universitäten zu unterrichten. Dies war ganz überwiegend den christlichen (zumeist protestantischen) Fakultäten vorbehalten.

Da sie im Großen und Ganzen von den Universitäten ausgeschlossen waren, entwickelten sich einige rabbinische Seminare zu Hauptsitzen der neuen jüdischen Gelehrsamkeit. Das wichtigste unter ihnen war das 1854 in Breslau gegründete Jüdisch-Theologische Seminar, das geistige Zentrum des positiv-historischen Judentums, das sich aus der Ablehnung sowohl der osteuropäischen Orthodoxie als auch des radikalen Reformjudentums in Deutschland entwickelt hatte. Das Reformseminar, die Hochschule für die Wissenschaft des Judentums, wurde 1872 in Berlin gegründet. In den 1930er Jahren lehrte Leo Baeck hier. Er war der bekannteste deutsche Reformrabbiner und Autor eines einflussreichen Standardwerks, *Das Wesen des Judentums* (1905), und sollte dem jungen Jacob Taubes später seine Kenntnisse des Judentums attestieren. Die Orthodoxie als formale religiöse Ideologie entstand wesentlich in Reaktion sowohl auf das Reformjudentum als auch auf das positiv-historische Judentum. Sie lehnte die Vorstellung ab, dass die historische Entwicklung einen Wandel in Doktrin oder Praxis erforderlich mache, und sie weigerte sich, die Authentizität sowohl der reformerischen als auch der positiv-historischen (konservativen) Bewegungen oder die Legitimität ihrer Rabbiner anzuerkennen. Doch unter dem Einfluss ihres bedeutenden Theoretikers Samson Raphael Hirsch nahm die deutsche Orthodoxie das Prinzip der »Tora im Derekh Eretz« bereitwillig an – eine Kombination von traditionellem Brauchtum und überlieferter Doktrin mit dem Besten aus der westlichen Kultur. Das Rabbinerinstitut der deutschen Orthodoxie war das Seminar für das orthodoxe Judentum, das 1883 in Berlin gegründet wurde. Hier lehrte in den 1930er Jahren unter anderem Jehiel Jacob Weinberg, der ein Jahrzehnt später auch Jacob Taubes als jüdischen Gelehrten auszeichnen sollte.[25] Die liberaleren Lehranstalten neigten dazu, die Gelehrsamkeit der Orthodoxen geringzuschätzen, und rügten sie für ihren Mangel an Objektivität und ihr begrenztes Instrumentarium beim Studium der Bibel und der jüdischen Gesetzestexte.[26] Die Orthodoxen wiederum betrachteten die Seminare zu ihrer »Linken« als Schulen der Häresie: Samson Raphael Hirsch stellte gar die Orthodoxie des Berliner Seminars als solche für das orthodoxe Judentum infrage.[27] Und für die Ultraorthodoxen in Ost- und Mitteleuropa waren all diese Einrichtungen Nährböden des Unglaubens.

Einer der wichtigsten Vorposten moderner jüdischer Gelehrsamkeit in der Zwischenkriegszeit war die 1893 in Wien gegründete Israelitisch-Theologische Lehranstalt.[28] Hier studierte Zwi Taubes, hier erhielt er seine Ordination und seinen Doktortitel. Ein tieferes Verständnis der institutionellen Kultur dieser Lehranstalt öffnet uns ein Fenster in das jüdische Leben des Elternhauses, in dem Jacob Taubes aufwuchs.

Zwis Doktorvater am Seminar war Adolf Schwarz (1846-1931), Professor für Talmudstudien, halachische Literatur und Homi-

letik und der erste Rektor der Einrichtung. Die Lehre der Homiletik – die Kunst, eine Predigt zu halten – war ein innovatives
Merkmal moderner Rabbinerseminare, denn von den Rabbinern wurde nun erwartet, dass sie, wie die protestantischen Pastoren, predigten und nicht auf traditionelle Weise rechtliche und
theologische Fragen erörterten (*Drasha*), die manchmal von To-
raabschnitten der Woche inspiriert waren. Eine von Schwarz'
Buchveröffentlichungen trug den Titel »Die Controversen der
Schammaiten und Hilleliten. Ein Beitrag zur Entwicklungsgeschichte der Hillelschule« und behandelt die charakteristische
Methodik jüdischer Gelehrsamkeit in seiner Zeit.[29]

Ein weiterer Lehrer Zwis war Samuel Krauss (1866-1948),[30]
der den Talmud als historische Quelle betrachtete, die das gesell-
schaftspolitische Leben der Juden in der jeweiligen Zeit zeichnete. Er verfasste mehrere Bücher, die die Verbindungen zwischen
der jüdischen und der antiken Kultur der Griechen und Römer
erforschten, und schrieb darüber hinaus ein Buch über das Leben
von Jesus und wie es sich in den jüdischen Quellen widerspiegelt.[31] Gemeinsam mit zwei anderen Professoren der Wiener
Lehranstalt leistete Krauss einen Beitrag zu dem ersten auf Hebräisch verfassten Bibelkommentar, der diesen Grundsätzen jüdischer Gelehrsamkeit folgte.[32] Ein ähnliches Konzept, die Kombination von traditionellem Studium mit den charakteristischen
Merkmalen der modernen Wissenschaft, prägte auch das Werk
eines weiteren Lehrers von Zwi, Victor (Avigdor) Aptowitzer
(1871-1942).[33] Eines seiner Bücher verfolgte das Ziel, den literarischen Charakter der Aggada (die Teile des Talmud, die sich
nicht mit dem jüdischen Recht beschäftigen) anhand eines Vergleichs mit den Apokryphen und den Predigten der Kirchenväter aufzuzeigen. Wie Krauss war auch Aptowitzer überzeugter
Zionist, und beide unterrichteten häufig auf Hebräisch. In die
Fußstapfen seiner Lehrer tretend, sollte Zwi Taubes später unter
Anwendung der Methoden, die er bei Schwarz, Krauss und Aptowitzer erlernt hatte, über biblische und talmudische Inhalte

schreiben. Und Jacob entwickelte eine lebenslang anhaltende Faszination für die Zeit des Übergangs zwischen Judentum und Christentum.

Die Israelitisch-Theologische Lehranstalt in Wien war Teil eines Netzwerks mehrerer Institutionen, in denen das moderne wissenschaftliche Studium des Judentums kultiviert wurde. Lehrer und Studenten pendelten gleichermaßen zwischen diesen wenigen Einrichtungen in Breslau, Berlin, Budapest und Wien hin und her; kleinere Außenstellen befanden sich in Frankreich, England und Italien.[34] Wer einen Abschluss als Rabbiner in einer dieser Einrichtungen anstrebte, von dem wurde erwartet, dass er an der örtlichen Universität studierte und dort als »Rabbiner Doktor« abschloss. Bereits vor dem Ersten Weltkrieg dienten diese Seminare als Schablone für ähnliche Einrichtungen, die in den USA und – mit Eröffnung der Hebräischen Universität im Jahr 1925 – auch im vorstaatlichen Israel entstanden. Gemeinsam bildeten sie ein Netz, in dem sich Zwi Taubes intellektuell am wohlsten fühlte. Später, bei der Suche nach einer Stelle für seinen Sohn Jacob, sollten ihm diese Beziehungen von Nutzen sein.

Den wahrscheinlich prägendsten Einfluss auf Zwi Taubes hatte wohl Rabbi Zwi Peretz Chajes (1876-1927).[35] Auch er stammte aus Galizien, aus einer angesehenen Rabbinerfamilie, und hatte vor der Aufnahme eines formalen Studiums am Jüdischen Theologischen Seminar und der Universität Wien eine traditionelle Ausbildung zum Rabbiner bei seinem Vater und Onkel durchlaufen. Im Jahr 1918 wurde er Oberrabbiner Wiens, und im folgenden Jahrzehnt avancierte er zur einflussreichsten jüdischen Persönlichkeit der Stadt.

Viel ist geschrieben worden über den Beitrag von marginalisierten oder zum Christentum übergetretenen Juden zur Wiener Kultur, doch die Existenz von Männern wie Chajes – hochgebildete, politisch und gesellschaftlich engagierte und zugleich in höchstem Maße belesene und überzeugte Juden – bleibt in den meisten dieser Erzählungen unberücksichtigt.[36] Als charismatischem und mitreißendem Redner gelang es ihm mit seinen Predigten, viele junge Juden zu begeistern, die sonst eher selten den Weg in die Synagogen fanden.

Bereits als junger Mann inspiriert von einer Begegnung mit Theodor Herzl, war Chajes ein engagierter und aktiver Zionist und hielt eine einflussreiche Rede auf dem Zionistischen Weltkongress in Wien im Jahr 1925. Sein Verständnis des Zionismus traf auf wenig Gegenliebe bei den Befürwortern jüdischer Assimilation, insbesondere unter den wohlhabenden Juden Wiens. Aber auch bei vielen orthodoxen Juden stieß das zionistische Projekt auf Widerstand. Für sie war das Bestreben, einen jüdischen Staat mit politischen Mitteln zu errichten, ein ketzerischer Affront gegen die göttliche Vorhersehung, die den Juden ihre Souveränität im Land Israel zurückgeben würde, wenn die Zeit dafür gekommen war. Als die Hebräische Universität gegründet wurde, bemühte sich Chajes um einen Lehrstuhl für Bibelwissenschaften und Chaim Weizmann, der zionistische Anführer, unterstützte ihn dabei. Doch Chajes' kritischer wissenschaftlicher Ansatz – sein Bekenntnis zur modernen Lehre, die die göttliche Urheberschaft des biblischen Textes grundsätzlich infrage stellte – war indiskutabel für manche religiöse Zionisten, und es gelang ihnen, die Berufung zu torpedieren.[37] Also blieb Chajes in Wien und baute dort ein Netzwerk jüdischer Institutionen auf. Als er 1927 mit einundfünfzig Jahren verstarb, kamen 50 000 Juden zu seiner Beerdigung, so viele, dass die Polizei eine der Hauptverkehrsstraßen, die Ringstraße, sperren musste, damit der Trauerzug passieren konnte.[38]

Chajes errichtete oder vielmehr erneuerte ein Netzwerk von Institutionen, in dem Zwi Taubes, seine zukünftige Ehefrau Fanny Blind und sein Sohn unterrichtet werden sollten. Er war der Präsident des Jüdisch-Theologischen Seminars, an dem Zwi seine Ordination zum Rabbiner erhielt, ebenso wie dessen etwas älterer Mitschüler Salo Baron, später einer der Hauptakteure bei der Gründung der *Jüdischen Studien* in den Vereinigten Staaten. Chajes unterrichtete im angeschlossenen Lehrerseminar und lehrte Bibelstudien am Hebräischen Lehrerkolleg (*Pädagogium*), wo Fanny Blind studierte, als sie Zwi Taubes kennenlernte. Chajes gründete sowohl zwei Grundschulen als auch eine weiterführende Schule, die nach seinem Tod nach ihm benannt wurde. An diesen Schulen wurde westliche Bildung mit dem Studium jüdischer Themen verbunden, die – einem der wichtigsten Grundsätze zionistischer Pädagogik folgend – auf Hebräisch unterrichtet wurden.

Das Haus der Taubes' war, zunächst in Wien und später auch in Zürich, von der kulturellen Handschrift Chajes' geprägt: orthodox in der Einhaltung der religiösen Vorschriften und wertschätzend der traditionellen rabbinischen Lehre gegenüber. Aber Gleiches betraf die moderne deutsche Kultur und die moderne westliche Wissenschaft. Man erwartete von Zwi Taubes als Gemeinderabbiner in Wien und später in Zürich unter anderem – und er erwartete das wohl auch von sich selbst –, dass er Predigten hielt, die die traditionellen jüdischen Quellen mit den Anliegen der Moderne verband. Man sprach Deutsch innerhalb der Familie, doch Zwi und seine Frau Fanny fühlten sich einer Synthese zwischen Zionismus und Orthodoxie verpflichtet, wie sie die Mizrachi-Bewegung verkörperte. Zwi sollte später in der Schweiz dieser Bewegung vorstehen, die sich unter anderem dafür einsetzte, das Hebräische als gesprochene und geschriebene Sprache wiederzubeleben, sie nicht nur als Sprache des Gebets und des Studiums zu verwenden, sondern auch zur Kommunikation. Ihr Sohn Jacob beherrschte als Erwachsener das Hebräische – ein Hebräisch, das noch tief von biblischen und rabbinischen Tropen durchzogen war – in Wort und Schrift, noch bevor er das erste Mal nach Israel reiste.

Für uns sind Zwis Beweisführungen und Schlussfolgerungen weniger entscheidend als seine Herangehensweise an die Texte der Mischna (die frühen Teile des Talmud): Seine Methodik war kritisch und historisch und er vertrat die unorthodoxe Auffassung, dass spätere Generationen von Rabbinern, die am Talmud (*Amoraim*) mitwirkten, mitunter den Text der Mischna missdeutet haben mussten. In seiner Dissertation unternahm er den Versuch, Jesus' Haltung zu verschiedenen rechtlichen Fragen mit der Art und Weise, wie diese Fragen von seinen Zeitgenossen in den Auseinandersetzungen zwischen Pharisäern und Sadduzäern behandelt wurden, in Beziehung zu setzen. Die Schrift lässt eine profunde Kenntnis der talmudischen Quellen erkennen, aber ebenso einen modernen wissenschaftlichen Zugang zum Thema, einschließlich des Werks von Abraham Geiger (der erste jüdische Gelehrte, der über Jesus schrieb) und des bedeutenden protestantischen Bibelkritikers Julius Wellhausen.[39] Obwohl der Titel anderes vermuten lässt, behandelt die Dissertation zu einem großen Teil die Kontroversen zwischen gegensätzlichen rabbinischen Lagern. Zwi glaubte, dass Jesus alle Gebote eingehalten hatte. Seine Überlegungen zu den Pharisäern ließen sich am besten als Kritik einer der großen rabbinischen Schulen, der Anhänger von Schammai, an einer anderen großen Schule, den Anhängern von Hillel, den Vorfahren der Pharisäer, verstehen. Der Talmud, so Zwi, sei aus der Perspektive der Schule des Hillel geschrieben worden und spiegele seine Werte wider. Gleichzeitig biete er eine verzerrte Sicht auf die Schule des Schammai. Zwis Lesart der Quellen zufolge war Jesus ein Schammait, der die Pharisäer zu Recht dafür anklagte, neue Bräuche implementiert zu haben, die keine biblische Grundlage hatten und die erst kürzlich eingeführt worden waren, wie etwa das Gebot, vor dem Essen die Hände zu waschen.[40] Taubes glaubte ebenso, dass einige von Jesus' Kritikpunkten die Entstehung der jüdischen Gesetze beeinflusst hätten: Als Beispiel führte er die Lockerung der strengen Schabbat-Gesetze an, wenn es darum ging, Leben zu retten. Seiner Meinung nach war diese erst von den Tannaim, hundert Jahre nach Jesus, eingeführt worden.[41] Demzufolge war Jesus ein Jude, der die Wahrung des Gesetzes und des Alten Testaments befürwortete. Zwi schlug vor, Äußerungen, die Jesus in den synoptischen Evangelien zugeschrieben wurden und die im Widerspruch zu bestehenden jüdischen Gesetzen standen, als spätere Einfügungen zu verstehen.[42]

Zwis Interesse am Christentum und sein großes Wissen rüsteten ihn für den Dialog und die Begegnung mit christlichen Geistlichen und Theologen. Sein Sohn Jacob wuchs also in einem gelehrten orthodoxen Haushalt auf, in dem die Frage nach dem Verhältnis der Ursprünge von Christentum und Judentum ein vertrautes Diskussionsthema war.

Zwi veröffentlichte niemals jene Teile seiner Dissertation, in denen er die Interpretation von Jesus' Beziehung zu existierenden rabbinischen Traditionen ausgearbeitet hat. Aber wenige Jahre später, 1929, veröffentlichte er einen Artikel in der renommiertesten Zeitschrift für jüdische Studien, der *Monatsschrift für Geschichte und Wissenschaft des Judentums*, der teilweise auf seinen Forschungsarbeiten für seine Dissertation basierte. In diesem Artikel, der von den talmudischen Gesetzen des Gelübdes handelte, vertrat Taubes die Ansicht, dass sich eine Entwicklung innerhalb des Talmud von archaischen Tabus hin zu stärker ethischen Gesetzen verfolgen ließe.[43]

Zwi war also auf dem Weg zu einer rabbinischen und akademischen Laufbahn. Ein moderner Rabbiner, der seine Gemeinde gleichsam mit der Autorität des profunden Wissens um die traditionellen jüdischen Quellen wie auch der modernen historischen Wissenschaften adressieren konnte.

Die Familie Taubes in Wien

In der Zwischenkriegszeit wies Wien die drittgrößte jüdische Bevölkerung in Europa auf (nach Budapest und Warschau). Juden machten zehn Prozent der insgesamt zwei Millionen Bewohner aus. Wenn man von den »Juden Wiens« spricht, hat man üblicherweise ein Bild von in hohem Maße assimilierten Juden (manche von ihnen sogar so assimiliert, dass sie zum Christentum konvertiert waren) vor Augen, wie etwa Sigmund Freud, Arthur Schnitzler oder Gustav Mahler. Doch die jüdische Gemeinde in Wien war weitaus vielfältiger und durchaus gespalten. Insbesondere nach dem Zuzug der galizischen Juden vor und während des Ersten Weltkriegs war Wien auch ein Zentrum der Orthodoxie, bzw. einer Vielfalt von Orthodoxien: der modernen Orthodoxie von Chajes und Zwi Taubes, die sich um eine Versöhnung des Judentums mit der modernen Kultur bemühten, sowie der Ultraorthodoxie der Agudat Jisra'el (mit Hauptsitz in Wien), die für ein kompromisslos traditionelles Judentum stand und nur zu minimalen Konzessionen an die moderne Kultur und ihre Umgangsformen bereit war. Darüber hinaus hatte sich ein halbes Dutzend chassidische Dynastien von Galizien nach Wien begeben. Unter anderem mehrere Nachkommen der Sadagora-Dynastie, mit denen die Taubes verwandt waren.[44]

Überzeugte Juden, sowohl religiöse als auch säkulare, waren darüber hinaus in Zionisten und Antizionisten gespalten. Die Zionisten glaubten, dass es in Zeiten ethnisch definierter Nationalstaaten, die oft Juden ausschlossen, einen eigenen souveränen Staat für die Juden brauche, im Land Israel. Es gab viele Strömungen innerhalb des Zionismus: religiöse, sozialistische und liberale. Gemeinsam war ihnen der Glaube an die Notwendigkeit einer jüdischen Erneuerung, und diese sahen sie mit dem Prozess der politischen Selbstbestimmung verknüpft. Diejenigen, die das zionistische Projekt ablehnten, taten dies aus verschiedenen Gründen. Da waren die jüdischen Liberalen, die den Zionismus als Bedrohung für jüdische Integration in den Staaten, in denen sie aktuell lebten, betrachteten. Dann gab es die Sozialisten und Kommunisten, die ein spezielles ethnisches Bekenntnis als rückständig ansahen. Und es gab die ultraorthodoxen Juden der Agudat Jisra'el, die den Zionismus als ketze-rische säkulare Anmaßung betrachteten. Sie sahen in ihm eine Herausforderung des überlieferten jüdischen Glaubens, wo-nach die Juden ihre Souveränität in ihrem Land erst im messia-nischen Zeitalter zurückerhalten würden, zu einem Zeitpunkt, den nicht der Mensch, sondern Gott bestimmte. Die Judenheit Wiens war entlang all dieser kulturellen, konfessionellen und politischen Linien gespalten.[45]

Am 29. Januar 1922 heiratete Zwi Feige Blind, die »Fanny« genannt wurde. Zu dieser Zeit befand er sich noch in der Rabbi-nerausbildung. Die beiden hätten kaum besser zueinander pas-sen können. Zum einen waren sie fast gleichaltrig, sie wurde 1899 geboren, er im Jahr 1900. Wie Zwi kam auch Fanny aus einem Rabbinerhaushalt, in Chodorow, ebenfalls eine Stadt in Ostgalizien. Wie Zwi war sie sowohl im traditionellen jüdischen Leben als auch in den modernen Wissenschaften zu Hause. Ihre Familie war chassidisch, mit tiefen Wurzeln im Erbe der Zhidi-chover Rabbinerdynastie. Und auch ihre Familie war während des Krieges nach Wien gekommen. Fanny wurde am Jüdischen Lehrerseminar in Wien unterrichtet, das Schwesterinstitut von Zwis Seminar, und sie hatten sogar einige gemeinsame Lehrer.[46]

Das frischgebackene Ehepaar lebte nicht weit von der Donau entfernt in der Wehlistraße 128, im Zweiten Bezirk, auch Leo-poldstadt genannt. In diesem Stadtteil war die Konzentration von jüdischen Bewohnern so hoch, dass er auch als »Mazzes-insel« bezeichnet wurde. Hier lebten die meisten orthodoxen, erst kürzlich aus Galizien eingewanderten Juden.[47] Die Schau-fenster waren auf Jiddisch beschriftet.[48]

Nach der Hochzeit taten sie, was von einem jüdischen Ehe-paar erwartet wurde. Ihr erstes Kind, Jacob (auf Hebräisch Neta Ya'akov), wurde etwas mehr als ein Jahr später, am 25. Februar 1923, geboren. Die Tochter Mirjam kam vier Jahre nach Jacob zur Welt. Es folgten keine weiteren Kinder.[49] Das bedeutete eine besonders hohe emotionale Bindung an die beiden Kinder. Speziell auf Jacob, dem einzigen Sohn, lasteten nun ein hohes Maß elterlicher Fürsorge und Erwartungen. Denn er war nicht nur der »Kaddisch« – von dem erwartet wurde, das Totengebet zum Tod der Eltern zu sprechen –, auch trug er allein die Last, das Erbe der jüdischen Gelehrsamkeit in der Familie fortzuführen.

Obwohl Zwi und Feige in Wien lebten und heirateten, und obwohl auch ihre Kinder hier geboren wurden, besaß niemand von ihnen die österreichische Staatsbürgerschaft. Der Grund hierfür war der Niedergang der Österreichisch-Ungarischen Monarchie nach 1918, in dessen Folge die galizischen Städte, aus denen Zwi und Fanny stammten, nicht länger demselben Land angehörten wie Wien. Czernelica und Chodorow lagen nun im unabhängigen Polen, Wien, die Hauptstadt, im Rumpfstaat Österreichs. Laut Vertrag von St. Germain, einer der Verträge, die den Krieg beendeten, sollten deutschsprachige Juden das Recht haben, die österreichische Staatsbürgerschaft zu beantragen. Aber die neue österreichische Republik war nicht sonderlich erpicht auf einen Zuwachs jüdischer Bürger und erschwerte den Zugang zur Staatsbürgerschaft für Menschen wie die Taubes.[50] Die Schweiz, wo die Taubes 1936 hinzogen, war noch zögerlicher bei der Vergabe der Staatsbürgerschaft für jüdische Einwanderer. Tatsächlich sollte Jacob erst Jahrzehnte später seinen ersten Pass erhalten, als er amerikanischer Staatsbürger wurde. Zwis erste Kanzel stand in der kleinen Stadt Neu-Oderberg, in Mähren, damals Teil der Tschechoslowakei, wo Jacob in die Grundschule eingeschult wurde. Im September 1930 kehrte die Familie nach Wien zurück, nun wurde Zwi Rabbiner in einer der größten Synagogen der Stadt, der Gemeinde Aeschel Avrohom (Der Baum des Abraham), in der Pazmanitengasse im Zweiten Bezirk.[51] Das imposante Gebäude, das kurz vor dem Krieg als Kaiser-Franz-Joseph-Huldigungstempel gebaut worden war, bot Sitzplätze für 500 Männer im Erdgeschoss sowie 400 weitere Plätze auf der Frauengalerie.[52] Die Synagoge war ein »Vereinstempel«, privat finanziert, aber unterstützt von der jüdischen Gemeinschaft, der Kultusgemeinde. Im Wiener Kontext galt sie als »liberal«, tatsächlich war sie eher modern-orthodox. Männer und Frauen saßen getrennt voneinander, und die Gebete wurden ausschließlich auf Hebräisch gesprochen. Anders jedoch als in vielen traditionelleren Gebetshäusern (*Schtieblech*), die für Ultraorthodoxe charakteristisch waren, war die Atmosphäre in der Pazmanitengasse gesitteter und die auf Deutsch gehaltenen Predigten waren ein wichtiger Bestandteil des Gottesdiensts.[53] Zwi erwarb sich den Ruf eines hervorragenden Redners, dessen Predigten traditionelle jüdische Gelehrsamkeit mit modernen Aspekten vermischten, und das in tadellosem Deutsch. Seine Predigten wurden gut besucht und füllten den großen Altarraum.[54]

Jacobs Schule in Wien

Im Alter von zehn bis vierzehn Jahren besuchte Jacob eine außergewöhnliche und bemerkenswerte Schule im Zweiten Bezirk: die Chajes-Schule, die nach Zwis Mentor Rabbi Chajes benannt war. Sie war die einzige jüdische Oberschule, ein Realgymnasium, in Wien, die das traditionelle klassische Curriculum mit einem moderneren Studienansatz verband. Die Schüler und Schülerinnen lernten Latein, Deutsch, Geschichte und Mathematik, aber auch Naturwissenschaften und moderne Sprachen (entweder Französisch oder Englisch). Die Schule war bemüht, diese säkularen Fächer mit Hebräischunterricht, Bibelkunde und der Lehre anderer jüdischer Texte zu verbinden, die auf Hebräisch unterrichtet wurden. Die Ausrichtung war zionistisch und humanistisch, mit einer hohen Wertschätzung für Religion, aber ohne dabei dogmatisch zu sein. Männliche Schüler durften die Kippa nur beim Bibelstudium tragen, und Mädchen und Jungen wurden gemeinsam unterrichtet. Die meisten Schüler waren wie Jacob Kinder galizischer Einwanderer, die als Ausländer betrachtet wurden und demzufolge keinen Anspruch auf kostenlosen Zugang zu staatlichen Schulen hatten. Eine Folge davon war, dass die Schüler, die in einer überwiegend jüdischen Nachbarschaft lebten und eine Schule besuchten, die ihre Religion und Ethnizität bekräftigte, relativ verschont blieben von dem Antisemitismus, dem sich die jüdischen Schüler in den öffentlichen Schulen zunehmend ausgesetzt sahen. Die Zulassung erfolgte nach bestandener Aufnahmeprüfung, und der anspruchsvolle Lehrplan – der von den Schülern (von denen einige aus jiddischsprachigen Haushalten kamen) erwartete, dass sie Deutsch, Latein, Hebräisch und Französisch oder Englisch beherrschten – prägte die Schülerschaft.[55] Den Kindern war bewusst, dass sie eine Zukunft voller antisemitischer Diskriminierung erwartete und dass sie deshalb härter würden arbeiten und sich beweisen müssen, wenn sie vorankommen wollten. Daher zeigten sie einen hohen Grad an Motivation und Leistungsniveau.[56] Sechs Unterrichtsstunden in der Woche wurde den hebräischen Fächern gewidmet, und viele Schüler, so auch Jacob, entwickelten eine hohe Sprachkompetenz.

Innerhalb dieser intellektuell sehr anspruchsvollen Einrichtung galt der junge Jacob als brillanter, aber schwieriger Schüler. Immer wieder wurde er des Unterrichts verwiesen, weil er störte, ungeduldig oder zappelig war. Schon als Jugendlicher, so scheint es, hatte Jacob seine Schwierigkeiten damit, sich an Regeln zu halten. Man kann wohl davon ausgehen, dass der junge Jacob sich langweilte, und die Furcht vor Langeweile sollte für seine Sicht auf die Welt für den Großteil seines Lebens prägend bleiben. Er erzählte auch Märchen über andere – ein zweifelhaftes Benehmen, das er bis ins Erwachsenenalter beibehielt. Jacobs Mutter wurde regelmäßig in die Schule zitiert, um Jacobs problematisches Benehmen mit der Schulleitung zu besprechen.[57] Zwi war als Rabbiner und Wissenschaftler zu beschäftigt, um sie zu begleiten.

Doch sicherlich war Zwi emotional involviert, wo doch so viele seiner Hoffnungen auf seinem Sohn ruhten. Das wurde deutlich bei Jacobs Bar Mitzwa, die am 7. März 1936 in der Synagoge seines Vaters stattfand. Vor dem großen Tag, im Sommer 1935, wurde Jacob auf eine Reise nach Zhidichov im ehemaligen Galizien mitgenommen, zum Grab seines Vorfahren, dem Zhidichover Rebbe. Dort erhielt er auch seine *Tfillin*, die Gebetsriemen mit den biblischen Versen, die jüdische Männer beim Morgengebet anzulegen gehalten sind.[58] Unter Anleitung seines Vaters verfasste Jacob einen gelehrten Vortrag über die Segnungen des *Tfillin*, der – das geht aus dem Deckblatt der gedruckten Version hervor – von »seinem Vater, Rabbi Dr. Chaim Zwi Taubes« bearbeitet wurde und vermutlich während der Bar Mitzwa verteilt wurde.[59]

Die Bar-Mitzwa-Zeremonie war ein glanzvolles Ereignis, das detailliert im Jüdischen Gemeindeblatt *Die Wahrheit* beschrieben wurde.[60] Teilgenommen hatten nicht nur viele Familienmitglieder und Freunde, sondern auch der Vorstand der Jüdischen Gemeinde Wiens und der vielen wissenschaftlichen und Wohlfahrtsverbände, in denen Rabbi Taubes engagiert war, hinzu kam der Vorstand der Synagoge. Unter Anleitung des Oberkantors verlas Jacob das traditionelle Maftir aus der Tora und sang die Auswahl aus den Prophetenbüchern, die Haftara. Es war der Schabbat vor Purim, der im Hebräischen als »Schabbat Sachor« (Schabbat der Erinnerung) bezeichnet wird, denn der Toraabschnitt, den Jacob verlas, beinhaltete die folgenden Verse:

> Denke daran, was dir Amalek tat auf dem Wege, als ihr aus Ägypten zogt: wie sie dich unterwegs angriffen und deine Nachzügler erschlugen, alle die Schwachen, die hinter dir zurückgeblieben waren, als du müde und matt warst, und dass sie Gott nicht fürchteten. Wenn nun der HERR, dein Gott, dich vor allen deinen Feinden ringsumher zur Ruhe bringt im Lan-

de, das dir der HERR, dein Gott, zum Erbe gibt, es einzunehmen, so sollst du die Erinnerung an Amalek austilgen unter dem Himmel. Das vergiss nicht! (Dtn. 25,17-19)

In dem Teil der Haftara, aus dem anschließend gelesen wurde, aus 1 Samuel 15, befiehlt der Prophet König Saulus:

So spricht der HERR Zebaoth: Ich habe bedacht, was Amalek Israel angetan und wie es ihm den Weg verlegt hat, als Israel aus Ägypten zog. So zieh nun hin und schlag Amalek. Und vollstreckt den Bann an allem, was es hat; verschone sie nicht, sondern töte Mann und Frau, Kinder und Säuglinge.

Die jüdische Tradition zieht eine typologische Verbindungslinie zwischen den überzeugten Feinden der Juden zu Zeiten Mose und Samuel und späteren Feinden, wie es im Buch Esther erzählt wird, aus dem an Purim gelesen wird. Typischerweise wird dies als Versprechen Gottes gedeutet, die Feinde seines Volkes zu zerstören.[61] Aber die Radikalität des Befehls an die Kinder Israels, die Nachkommen ihres einstigen Feindes ausnahmslos zu töten, hat seine Leser schon lange mit Sorge erfüllt, besonders da Gott einige Kapitel zuvor, in Deuteronomium 20,15-18, eine ähnliche Auslöschung der sieben Völker Israels gebietet, »damit sie euch nicht lehren, all die Gräuel zu tun, die sie im Dienst ihrer Götter treiben«. Später wird Jacob sagen, dieser Teil der Bar Mitzwa habe die Saat für sein Misstrauen gegenüber dem Gesetz gelegt.[62]

Im Anschluss an Jacobs Rezitation sprach Rabbi Taubes seinen Sohn an, erst auf Deutsch, dann auf Hebräisch. Er erinnerte Jacob daran, dass dieser bereits seit seiner Kindheit tief in das Studium des Talmud eingetaucht sei, und ermahnte ihn zu immer noch größeren Anstrengungen beim Studieren und Praktizieren des Judentums. Dann las Zwi aus einem auf Hebräisch verfassten Brief, den er an seinen Sohn geschrieben hatte – einem Hebräisch mit biblischen und talmudischen Bezügen –, in dem er Jacob an seine große Bedeutung als Glied in der Generationenkette erinnerte. Jacob stammte aus einer Familie von noblem *Jichus*, aus der viele große Gelehrte (*Gaonim*) hervorgegangen waren, heilige Männer, die das mündliche Gesetz ausgelegt hatten. Zwi nannte Jomtow Lipmann Heller (1578-1654), einen großen Gelehrten des Talmud und Autor des *Tosphot YomTov*, eines Kommentars zur *Mischna*; Joel Sirkis, den Autor des Bayit Chadasch aus dem siebzehnten Jahrhundert; sowie dessen Enkel Aharon Moishe Toibish, Autor des *Karnei Reim* (ein Kommentar zum *Schulchan Aruch*). Unter den Ahnen befanden sich große geistliche Führer der Chassidim, wie der Ba'al Shem Tov (der Begründer des Chassidismus) und der Rebbe von Zhidichov. Zwi erklärte, er habe sich nach bestem Wissen und Gewissen bemüht, dieses Erbe an seinen Sohn weiterzugeben und die biblische Weisung zu erfüllen, den eigenen Sohn zu unterweisen, so wie es auch Jacobs Mutter Feige getan habe. Nun liege es an Jacob, diese Tradition des Wissens und der geistigen Führung weiterzuführen. Der Brief war unterzeichnet mit »Dein Vater, dessen Seele mit deiner verbunden ist« (*avicha shenafsho keshura benafshecha*), abgeleitet von der Beschreibung der Bindung des biblischen Jakob an seinen Sohn (»Nun, wenn ich heimkäme zu deinem Knecht, meinem Vater, und der Knabe wäre nicht mit uns, an dem er mit ganzer Seele hängt«), 1. Buch Mose, 44,30. Vorgetragen mit leicht zittriger Stimme, kann man sich kaum eine Botschaft vorstellen, die eine größere väterliche Erwartung transportierte.

Anschließend bestieg Jacob das Podium und setzte einem anwesenden Berichterstatter zufolge an, diese Erwartungen zu erfüllen. Er hielt eine »erstaunlich flüssige« gelehrte Rede, frei gesprochen, über den Inhalt seines Aufsatzes, die Halacha des Gebots des *Tfillin*, eine Rede, die für großen Beifall in der Gemeinde sorgte, Beifall für, wie es in der Zeitung stand, »diesen durch seine stupenden jüdischen Kenntnisse hervorragenden Barmizwa«.

Am nächsten Tag, einem Sonntag, war Purim, und nachdem

die Familie aus dem Buch Esther gelesen hatte, veranstalten sie zu Hause eine Feier. Die wichtigsten Persönlichkeiten des jüdischen Lebens der Stadt waren unter den Gästen, einschließlich des Oberrabbiners und Samuel Krauss, des Rektors des rabbinischen Seminars und Zwis Lehrer. Noch einmal sprach Jacob frei und ohne Scheu über den Inhalt seiner gelehrten Abhandlung, was ihm den Applaus der versammelten Gäste eintrug. Der Oberrabbiner lobte Jacobs Eltern für die Erziehung ihres Sohnes und auch Jacob selbst als außergewöhnliche Persönlichkeit mit großen Talenten – nicht das erste, und nicht das letzte Mal, dass Jacob mit diesen oder ähnlichen Worten bezeichnet werden sollte. Der Oberrabbiner drückte seine Hoffnung aus, Jacob möge in die Fußstapfen seiner geliebten Eltern treten und durch sein wachsendes Wissen stets eine Quelle der Freude für sie sein.[63]

Von Wien nach Zürich

Ein halbes Jahr nach seiner Bar Mitzwa, im September 1936, nahm sein Vater eine Stellung als Rabbiner in der Gemeindesynagoge in Zürich an. Jacob und der Rest der Familie folgten 1937, vermutlich damit Jacob und seine Schwester noch das Schuljahr beenden konnten. Im März 1938 marschierten die Nationalsozialisten in Österreich ein, woraufhin das Land dem »Dritten Reich« angegliedert wurde. Der nun forcierte Ausschluss der Juden aus dem gesellschaftlichen und wirtschaftlichen Leben – ein Prozess, der sich in Hitler-Deutschland über fünf Jahre hingezogen hatte – vollzog sich in Österreich innerhalb von Monaten. Im anschließenden Krieg waren die meisten Juden nicht in der Lage oder nicht willens, Wien zu verlassen, und so wurden sie in die Todeslager im Osten deportiert, auch Mitglieder der Familie Taubes.

Rückblickend betrachtet, erscheint Zwis Entschluss, mit seiner Familie von Wien nach Zürich zu ziehen, vorausschauend. Aber das liegt daran, dass wir auf diese Entscheidung mit dem Wissen um das Kommende blicken. Zu dieser Zeit erschien all das jedoch noch unvorstellbar.[64] Und tatsächlich war Zwis Antrieb wahrscheinlich ein anderer. Für ihn mochte der Umzug nach Zürich ein Sprungbrett für eine spätere Rückkehr nach Wien gewesen sein, vielleicht als Oberrabbiner – und viele Menschen in Wien teilten diese Erwartung.[65]

In der Schweiz wuchs Jacob heran ins Jugend- und Erwachsenenalter, und dort sollte er – inmitten der größten Katastrophe der modernen Geschichte des jüdischen Volkes – sowohl seine universitäre als auch seine Ausbildung zum Rabbiner erhalten.

2
Die Adoleszenz in der Schweiz, 1936-1947

Rabbi Taubes zog im Herbst 1936 von Wien nach Zürich, rechtzeitig, um zu den Hohen Feiertagen schon von seiner neuen Kanzel zu predigen. Der Rest der Familie folgte ihm bald darauf. In Zürich besuchte Jacob das Gymnasium und auch die Universität, die Stadt war Schauplatz seiner intellektuellen Reifezeit ebenso wie seiner ersten großen Liebe. Wie von einer wackligen Tribüne beobachteten die Taubes von hier aus die wachsende Verfolgung und schließlich die Vernichtung des Großteils der europäischen Judenheit. Aber sie beließen es keineswegs bei der Rolle der passiven Zuschauer: Im Verlauf des Zweiten Weltkriegs beteiligte sich Zwi – zum Teil mit Unterstützung von Jacob – mehrfach an verzweifelten Versuchen, Juden zu retten. Diese Aktivitäten brachten Jacob in Kontakt mit christlichen Aktivisten und Theologen.

Die Familie Taubes in Zürich

Die Wohnung der Taubes' befand sich in der Tödistraße 66, wenige Gehminuten entfernt von Zwis Synagoge in der Löwenstraße. Wenngleich bescheiden, war es doch eine Verbesserung im Vergleich zum vorherigen, eher kargen Familiendomizil in Wien. Wohnung und Synagoge befanden sich beide im Stadtkreis Enge, der überwiegend von Juden bewohnt war und in der Nähe der Bahnhofstraße lag. Zwi und seine Frau Fanny waren bald bekannte Persönlichkeiten in der Welt des Schweizer Judentums.[1]

Wie viele Rabbiner seiner Generation war Zwi eigentlich ein

Gelehrter, der deshalb Gemeinderabbiner wurde, weil ihm kaum akademische Möglichkeiten offenstanden. Als Rabbiner schätzte man ihn mehr für die Eloquenz seiner Gottesdienste und Vorträge denn für seine seelsorgerischen Kompetenzen. Er strahlte mehr Intellekt als Wärme aus, wurde mehr respektiert als geliebt. Auch in seiner Familie füllte er die Rolle des intellektuellen Wegweisers aus, der die emotionalen Spannungen in seiner Umgebung häufig gar nicht wahrnahm.

Fanny bildete den Kontrast und die Ergänzung zu ihrem Ehemann. War er ein Mann des Buches, fühlte sie sich stärker zu Menschen hingezogen. Seine Förmlichkeit wurde durch ihre Herzlichkeit und ihren Sinn für Humor aufgewogen. Während er in der Öffentlichkeit agierte, hielt sie im privaten Bereich das Heft in der Hand. Diejenigen, die zu Besuch im Hause Taubes waren, beschrieben sie als eine durch und durch traditionelle jüdische Mutter, die stets ihre Familie beköstigte und umsorgte – genauso wie die vielen Gäste, die an ihrem Tisch Platz nahmen.[2] Und während Zwis Glaube in erster Linie im Kopf stattfand, lebte Fanny ein traditionelleres Judentum aus ihrer chassidischen Familie.[3] Für eine orthodoxe jüdische Frau ihrer Generation eher ungewöhnlich, hatte sie selbst eine jüdische Bildung erhalten. Sie hielt regelmäßig Vorträge, überwiegend vor weiblichem Publikum, nicht nur über biblische und traditionelle Texte, sondern auch über moderne hebräische Literatur, einschließlich der Gedichte des großen hebräischen Dichters Chaim Nachman Bialik, den sie persönlich kannte.[4]

Zwi war ein ausgezeichneter Redner, doch seine gelehrten Predigten überstiegen häufig den Horizont seiner Gemeindemitglieder. Man erzählte sich, es sei Fannys Überarbeitung zu verdanken, dass sie schließlich leichter zugänglich und beliebter wurden. Fanny war eine vorbildliche *Rebbetzin* (Frau des Rabbiners): eine Gehilfin für ihren Mann, die auch über einen beeindruckenden Intellekt verfügte. Auch äußerlich hätten die Taubes kaum einen größeren Kontrast bilden können. Zwi war eine imposante Erscheinung: schlank, adrett gekleidet, mit perfekt gepflegtem Schnurr- und Kinnbart, Fanny hingegen klein und stämmig.

Als Seelenverwandte waren Zwi und Fanny das perfekte Paar. Sie verband nicht nur die gemeinsame Herkunft (aus Galizien) und die gemeinsame Ausbildung (in Wien), sondern auch eine Vision für die jüdische Zukunft. Diese Vision war der religiöse Zionismus, der in der Gründung eines jüdischen Staates die Vollendung des Judentums sah und den Zionismus als eine Kraft zur geistigen Erneuerung der orthodoxen Welt. Das beinhaltete auch, dass die jüdischen Frauen im religiösen Leben eine aktivere Rolle einnehmen sollten.[5] Zwi wurde ein Anführer der religiös-zionistischen Bewegung, der Mizrachi, in der Schweiz. Diese Funktion brachte ihn in Kontakt mit führenden Persönlichkeiten der Bewegung in Europa und später in Israel.

Jüdisches Leben und Lernen zu fördern und zu stärken war ein harter Kampf für den Rabbi und die Rebbetzin. Die Gemeinde, der Zwi vorstand, war die offizielle Synagoge der Jüdischen Gemeinde Zürichs, die Israelitische Cultusgemeinde, was bedeutete, dass die Mitglieder ein breites Spektrum religiöser Praxis einbrachten.

Bald nach seiner Ankunft und durch die Jahrzehnte seines Rabbinats hindurch organisierte Zwi gemeinsam mit Fanny verschiedene Kurse und Vorträge, um das Niveau der jüdischen Bildung in der Gemeinde anzuheben. Zwar zählte auch die große jüdische Dichterin Else Lasker-Schüler eine Zeitlang zu den Gemeindemitgliedern, doch solche Größen aus dem kulturellen Leben bildeten die Ausnahme. Die Juden in der Schweiz im Allgemeinen und in Zürich im Besonderen waren weniger auf intellektuelle Errungenschaften ausgerichtet. Ihre Vorfahren waren im neunzehnten Jahrhundert Vieh- und Pferdehändler gewesen, nun stiegen sie zu Geschäftsinhabern und Fabrikanten auf. Hochschulabsolventen waren unter ihnen eher die Ausnahme als die Regel.[6] Das hohe Niveau von Zwis Gelehrsamkeit wurde in der Gemeinde wahrscheinlich mehr bewundert als ange-strebt. Und obwohl er zum bekanntesten Rabbiner der Schweiz avancierte, seine Stellung entsprach vermutlich zu keinem Zeit-punkt seinen Ambitionen.

Jacob war das ältere der beiden Kinder der Familie, aber der einzige Sohn, dessen außergewöhnliches intellektuelles Talent sich schon früh abzeichnete. Die Erwartungen von Zwi und Fanny an ihn waren größer als an ihre Tochter Mirjam, und sie investierten mehr in seine Ausbildung. Mirjam teilte die hohe Wertschätzung ihrer Eltern für ihren großen Bruder, und die Be-ziehung zwischen den Geschwistern scheint sehr eng gewesen zu sein.[7] Das Verhältnis zwischen Jacob und Zwi war geprägt von Bewunderung und intellektuellem Austausch, zunehmend jedoch auch von Spannungen und Konflikten. Als Jacob ein Kind war, und auch noch als Teenager, griff sein Vater zu Mit-teln der körperlichen Züchtigung, auch zu Schlägen mit dem Gürtel, in dem vergeblichen Versuch, Jacob in der Spur zu hal-ten.[8] Mit der Zeit waren die Auseinandersetzungen zwischen Zwi und Jacob geradezu berüchtigt in der Schweizer jüdischen Gemeinde. Zu seiner Mutter hingegen hatte Jacob eine außer-gewöhnliche starke Bindung.[9] Vielleicht war es diese Verbun-denheit, aus der heraus sich Jacobs Respekt und seine Achtung für intellektuelle Frauen entwickelten, die sein Leben prägen sollten.

Zwi war nach Zürich gekommen, um als Rabbi und jüdischer Lehrmeister zu dienen. Doch das sich verdüsternde Schicksal der europäischen Juden führte ihn in die weite Welt der Politik und in die Zusammenarbeit mit dem evangelischen und katholi-schen Klerus. Begleitet wurde er dabei von seinem Sohn Jacob.

In den 1930er Jahren lebten nur wenige Juden in der Schweiz, und sie waren weit weniger präsent als ihre Glaubensgenossen in Deutschland, Österreich oder Frankreich – und die Schweizer hatten ein Interesse daran, dass dies auch so blieb. Selbst in Zürich, wo die meisten Juden lebten, machten sie nur 1,7 Prozent der Bevölkerung aus, in Berlin oder Wien waren es 10 Prozent.[10] Mit insgesamt 20000 Menschen lag der Anteil der Juden an der Gesamtbevölkerung bei gerade einmal 0,5 Prozent. Von diesen besaß nur die Hälfte die Schweizer Staatsbürgerschaft, die anderen hatten einen Ausländerstatus.[11] Die Schweiz war nicht besonders großzügig beim Gewähren von staatsbürgerlichen Rechten, schon gar nicht bei Juden – und am allerwenigsten bei Juden mit osteuropäischer Herkunft. Im Jahr 1894 hatte die Schweizer Regierung das koschere Schlachten verboten, vorgeblich aus Gründen des Tierschutzes, tatsächlich jedoch, um die anhaltende Einwanderung von Juden ins Land zu bremsen. Der Kanton Zürich hatte bereits im Jahr 1912 Bestimmungen erlassen, um Einbürgerungen von »Ostjuden« zu verhindern, und 1920 wurden diese Regelungen noch einmal verschärft, bis sie 1926 auf das gesamte Schweizer Staatsgebiet ausgeweitet wurden. In den 1930er Jahren mussten Juden mindestens zwanzig Jahre im Land gelebt haben, bevor sie die Staatsbürgerschaft beantragen konnten, und selbst dann: Per Quotenregelung wurde dies nur zwölf Menschen pro Jahr im gesamten Land gewährt.[12] Die Sonderregelungen für Ostjuden wurden von der jüdischen Gemeinde angefochten und nach 1934 tatsächlich aufgehoben, als solche Gesetze zunehmend mit dem Nationalsozialismus identifiziert wurden. Aber die Staatsbürgerschaft zu erhalten blieb für die Juden extrem schwierig.

Im Gegensatz zu ihren Glaubensgenossen in Deutschland und Österreich lebten die Juden in der Schweiz in relativer Sicherheit, von der jedoch niemand wusste, wie lange sie anhalten würde. Die Angst vor Überfremdung war weit verbreitet in der Schweizer Bevölkerung und antisemitische, faschistische Gruppierungen wie der Vaterländische Verband und die Schweizerische Heimatwehr gewannen Mitte der 1930er Jahre an Boden.[13] Antisemitische Gewalt war vergleichsweise selten, doch ein Einschlag kam sehr nah, als Zwis Synagoge bei einem Bombenattentat im Dezember 1936 beschädigt wurde.[14]

Ab 1936 konnten die Schweizer Juden nicht mehr gewiss sein, ob sie im Land sicher waren oder würden fliehen müssen. Als das nationalsozialistische Deutschland im Jahr 1938 Österreich annektierte, fürchteten viele Juden in der Schweiz, dass ihr Land das nächste sein könnte, und so begannen sie, die Möglichkeiten der Emigration zu sondieren.[15] Die Schweiz blickte bei der Aufnahme von politischen Flüchtlingen auf eine lange Tradition zurück. Doch als der Strom der aus dem »Dritten Reich« fliehenden Juden zu einer großen Flutwelle anzusteigen drohte, drängte die Schweizer Regierung das nationalsozialistische Regime, die Pässe der deutschen Juden mit einem roten »J« abzustempeln, um den Schweizer Behörden die Nachverfolgung und Zurückweisung zu erleichtern.[16] Die Schweizer Juden waren fortan hin und her gerissen zwischen der Solidarität für die Opfer des Nationalsozialismus und der Gefährdung ihrer eigenen Lage. Sie wussten, dass die Schweizer Regierung kein Interesse daran hatte, Juden in großer Zahl aufzunehmen, und so versuchten die Schweizer Juden – damit die Grenze offen blieb für die Asylsuchenden – dafür zu sorgen, dass die Flüchtlinge nicht lange im Land blieben, sondern es mithilfe weltweit agierender jüdischer Hilfsorganisationen schnellstmöglich wieder verließen.[17]

Nach Ausbruch des Krieges, als die Wehrmacht Polen, die Niederlande, Belgien und Frankreich überrannte, wurde die Situation für die Juden in der Schweiz noch prekärer. Voller Furcht vor einer deutschen Invasion gingen sie abends zu Bett, und morgens beim Aufwachen schauten sie als Erstes aus dem Fenster, ob die Wehrmacht schon auf den Straßen war. Zwi teilte diese Befürchtung. Im Mai 1940 schienen deutsche Truppenmanöver darauf hinzudeuten, dass ein Angriff auf die Schweiz unmittelbar bevorstünde; die Schweizer Armee wurde mobilisiert. Insbesondere die bekannteren Juden fürchteten, dass sie im Falle einer deutschen Besatzung als erste inhaftiert würden, und manche von ihnen organisierten sich sogar Gift, um es im Falle einer Festnahme einnehmen zu können. Eines Freitags verließen Zwi und die beiden Vorbeter der Synagoge Zürich, ohne die Gemeinde vorher zu informieren. Damit ließen sie die Mitglieder verunsichert und ohne rituelle Weisung bei den Schabbat-Gebeten zurück. Zwi kehrte wenige Tage später zurück und erklärte seine Abwesenheit damit, dass er Vorkehrungen für die Evakuierung seiner Familie getroffen habe. Dies führte zu Unmut unter den Gemeindemitgliedern, sie fühlten sich von ihrem Rabbi im Stich gelassen, einige forderten gar seinen Rücktritt. Doch die Gemüter beruhigten sich rasch wieder und Zwi behielt sein Amt.[18] Wo genau er an diesem Wochenende war, ist unklar, aber wir wissen, dass er ein US-amerikanisches Visum erhalten hat, und Anfang 1941 appellierte er an den Direktor des Jewish Theological Seminary in New York, Louis Finkelstein. Er schrieb auf Hebräisch, in zittriger Handschrift, die den psychischen Druck, unter dem er stand, verriet und informierte Finkelstein über die tödliche nationalsozialistische Gefahr, und dass von einer weiteren Verschärfung der Situation auszugehen war. Er führte seine wissenschaftlichen und rabbinischen Schwerpunkte und Verdienste an und bat Finkelstein, ihn bei der Suche nach einer geeigneten Stelle als Rabbiner oder Professor in den Vereinigten Staaten zu unterstützen. Auch über seine Frau, seine Tochter und Jacob, den er schon als »*Talmid chacham*« (einen gelehrten Juden) beschrieb, informierte er in diesem Brief.[19]

Zumindest kurzfristig hatte dieser Appell offensichtlich nichts bewirkt. Die Taubes blieben in der Schweiz, wo sie den Krieg überlebten. Viele von Zwis Verwandten hatten nicht so viel

Glück. Seine Eltern, Zechariah und Chava Leah Edelstein, waren in Wien zurückgeblieben, wo sie sich um Mottel kümmerten, ihren geistig behinderten Sohn. Ungefähr zur Zeit der Reichspogromnacht, im November 1938, inhaftierte die Gestapo Zechariah und Mottel. Ein Nachbar intervenierte noch und konnte sogar ihre Freilassung bewirken. Aber der Schock der Inhaftierung führte bei Chava Leah, die an einer Herzkrankheit litt, zum Tod. Zwis Vater gelang die Auswanderung nach Palästina; er verstarb jedoch 1941 in Tel Aviv. Zwis Schwester Adel, die ebenfalls in Wien geblieben war, wurde gemeinsam mit ihrem Ehemann in den Tod deportiert.[20]

Zwi, Jacob und Paulus

Obwohl Jacob sich später gegen die hohen Erwartungen seines Vaters auflehnte, hatte Zwi einen größeren Einfluss auf Jacobs spätere Interessen und Gedanken, als sein Sohn es wahrhaben wollte.

Am 10. Februar 1940, einem Samstag, hielt Zwi Taubes einen sorgsam vorbereiteten Vortrag über die Gemeinsamkeiten von Judentum, Christentum und Islam.[21] Nur wenige Monate nachdem Nazideutschland die Tschechoslowakei zerschlagen und Polen eingenommen hatte, befanden sich britische Truppen bereits auf französischem Boden, um sich gegen einen drohenden deutschen Angriff zu wehren. In dieser eskalierenden Krise, so Zwi, deren Hauptkonflikt seiner Ansicht nach zwischen der Religion und dem nationalsozialistischem Rassismus bestand, müssten sich alle Religionen erneuern. Wir können davon ausgehen, dass der damals siebzehnjährige Jacob diesen Vortrag gehört hat, wahrscheinlich auch gelesen. Sicher ging er ihm zu Herzen. Die darin verhandelten Themen, Eschatologie (Endzeit) und religiös inspirierte Erneuerungsbewegungen, sollten Gegenstand seiner Doktorarbeit werden. Sein Interesse war kein rein akademisches, Jacobs Ziel war es, ein Philosoph der geistigen Erneuerung zu werden. Einer Erneuerung, die zwar noch einen Bezug zum Judentum hatte, aber darüber hinausging. Er identifizierte sich mit dem Apostel Paulus, der Elemente des Judentums aufgriff, sie erweiterte und neu formulierte. Dazu müsste man, so hatte es auch Zwi angeregt, die Christen an die jüdischen Wurzeln ihres Glaubens erinnern und zugleich das Christentum von seinem Antijudaismus bereinigen.

Weltlicher Aktivismus

Drängendere Themen bewirkten, dass sich Zwi immer weiter von der jüdischen Gelehrsamkeit entfernte. Er widmete den Großteil seiner Energie den Nöten der jüdischen Flüchtlinge in der Schweiz und seinen Anstrengungen, die ungarischen Juden aus den Klauen des Nationalsozialismus zu retten. Diese Bemühungen trugen dazu bei, dass der schwedische Diplomat Raoul Wallenberg nach Budapest entsandt wurde und dort Tausende Juden rettete.

Die Schweizer Regierung ließ letztlich fast 10 000 jüdische Flüchtlinge ins Land (und wies Tausende ab), allerdings nur unter der Bedingung, dass sie dem Land nicht ökonomisch zur Last fallen würden. Die Schweizer jüdischen Gemeinden trugen die Kosten für die Flüchtlinge.[22] Das führte dazu, dass die offizielle jüdische Gemeindeorganisation von Zürich, die selber nur 1113 Mitglieder zählte, während des Krieges 1042 Flüchtlinge und 837 weitere jüdische Einwanderer unterstützte.[23] Viele von ihnen waren in den rund siebzig Flüchtlingsunterkünften und Lagern untergebracht, die über die Stadt verteilt lagen.[24] Zwi besuchte diese Flüchtlinge regelmäßig.

Obwohl die Schweiz im Krieg offiziell neutral blieb, gab sie sich große Mühe, die Deutschen nicht vor den Kopf zu stoßen, und kontrollierte die Medien, um zu verhindern, dass Informationen veröffentlicht wurden, die das »Dritte Reich« in Verlegenheit hätten bringen können. Der offizielle Dachverband der Schweizer Juden, der Schweizerische Israelitische Gemeindebund, war seinerseits bemüht, die eigene Regierung nicht zu verärgern, und hütete sich also davor, Informationen über die Aktionen der Deutschen im besetzten Osteuropa zu veröffentlichen.[25] Als schließlich die Nachrichten über das Ausmaß der deutschen Massenmorde die Juden in der Schweiz erreichten, fiel die Aufgabe, solche Informationen publik zu machen und die Weltöffentlichkeit zu mobilisieren, Personen und Organisationen zu, die außerhalb der Schweizer Regierung und des jüdischen Establishments standen.

Im Frühjahr 1944 zweifelte kaum noch jemand daran, dass der Krieg mit einem Sieg der Alliierten enden würde. Doch wie bald dies geschehen würde und unter welchen Umständen, war völlig unklar. Die ungarische Regierung stand vor einer unsicheren Zukunft. Ungarn war ein Verbündeter Deutschlands und Heimat der größten noch unversehrten jüdischen Bevölkerung in Europa. Als sich das Blatt wendete und ein alliierter Sieg immer wahrscheinlicher wurde, streckte die ungarische Regierung unter der Führung von Admiral Horthy ihre Fühler zur anderen Seite aus. Um zu verhindern, dass Ungarn die Achse verließ, besetzten die Deutschen im März 1944 das Land und ermächtigten eine nationalsozialistisch orientierte Regierung, weiterhin unter Horthy. Sie kooperierte – teilweise auf Druck der Nazis und teilweise unter dem Einfluss der eigenen faschistischen Bewegung, der Pfeilkreuzler – mit den Deutschen bei Plünderungen und Ghettoisierung und auch bei der Deportation der über 400 000 ungarischen Juden, zumeist aus dem ländlichen Raum, in die Vernichtungslager in Polen. Weitere 100 000 Juden jedoch verblieben in der Hauptstadt Budapest.

Als die Nationalsozialisten in Ungarn einmarschierten, setzte George Mantello das Schweizerische Hilfskomitee für die Ungarn, in dem Zwi Taubes eine wichtige Rolle spielte, in Bewegung.[26] Mantello war ein zionistischer Aktivist aus Rumänien, der in die Schweiz geflohen war und in Genf zum Honorarkonsul von El Salvador ernannt wurde.

Am 20. Juni 1944 kehrte ein Gesandter, den Mantello nach Budapest geschickt hatte, mit dem »Auschwitz-Protokoll« zurück in die Schweiz. Dabei handelte es sich um einen Bericht zweier slowakischer Juden, denen im April 1944 die Flucht von Auschwitz nach Bratislava gelungen war. In Bratislava übermittelten sie detaillierte Informationen über die katastrophalen Lebensbedingungen, die Gaskammern und die Massenmorde, die in dem berüchtigten Lagerkomplex stattfanden, an ein jüdisches Komitee. Verschiedene Versionen dieses Berichts erreichten die Schweiz über verschiedene Kanäle. Es galt nun, diese Informationen zu veröffentlichen und so zu versuchen, die ungarische Regierung dazu zu drängen, weitere Deportationen in die Todeslager zu stoppen. Mantello wurde umgehend aktiv, übersetzte den Text in mehrere Sprachen und verschickte Kopien an führende Persönlichkeiten und Einrichtungen.[27] Am Schabbat-Morgen, dem 24. Juni, stürmte Mantello in die Synagoge der Taubes, unterbrach die Predigt und verlangte dass die Taubes ihn unverzüglich zu Pastor Paul Vogt begleiteten. Noch am selben Tag organisierte Vogt ein Treffen mit Mantello, Zwi und Jacob Taubes sowie Professor Alphons Koechlin, dem Präsidenten des Schweizer Kirchenrats.[28] Das Ergebnis dieses Zusammentreffens war eine Öffentlichkeitskampagne, die Predigten in calvinistischen Kirchen, Protestaktionen und Veröffentlichungen über die Gräueltaten in der evangelischen und katholischen Presse beinhalten sollte. Über die religiöse Einflusssphäre hinaus organisierte die Sozialdemokratische Partei eine Protestkundgebung, die den Mord an den ungarischen Juden verurteilte.[29]

Jüdische Gruppierungen hofften darauf, dass Schweden bei der Rettung der ungarischen Juden eine tragende Rolle übernehmen würde, da das Land aufgrund seiner Neutralität die ungarischen Interessen in jenen alliierten Ländern vertrat, in denen Ungarn keine diplomatische Vertretung hatte. Zwi telegrafierte dem Oberrabbiner von Schweden, Marcus Ehrenpreis, informierte ihn über die Massendeportationen in Ungarn und drängte ihn, beim schwedischen König zu intervenieren sowie einen Delegierten zur Unterstützung der Juden Budapests zu entsenden. Ehrenpreis leitete das Telegramm von Taubes an den schwedischen Außenminister weiter, der ihn wiederum ins Kabinett hineintrug. Daraufhin appellierte das Kabinett an den König, eine Botschaft an Horthy zu senden, in der dieser aufgefordert werden sollte, die verbliebenen ungarischen Juden zu schützen. Der König kam dem Gesuch nach, und kurz darauf schickte die schwedische Regierung einen diplomatischen Vertreter nach Budapest: Raoul Wallenberg.[30] Gemeinsam mit anderen schwedischen Diplomaten gelang es Wallenberg, Tausende Juden zu retten, indem er ihnen Schutzpässe ausstellte und sichere Unterkünfte organisierte.[31] Unter dem wachsenden Druck der öffentlichen Meinung in der Schweiz und in Schweden sowie dem Drängen der schwedischen Regierung versuchte Horthy schließlich tatsächlich, die Deportationen zu stoppen.

Zwi Taubes' Anstrengungen, die sich über mehrere Jahre hinzogen, spielten also eine kleine, aber durchaus bedeutsame Rolle bei der Öffentlichmachung der Vernichtung der Juden im von den Nazis besetzten Europa; und sie trugen auch zur Rettung einiger weniger bei. Darüber hinaus brachten sie ihn – und Jacob – in Kontakt mit einigen der führenden Köpfe des europäischen Protestantismus. Einige von ihnen, wie etwa Karl Barth, prägten Jacobs intellektuelle Entwicklung entscheidend. Die Erfahrung einer interreligiösen Mobilisierung führte dazu, dass Jacob, weit mehr als die meisten orthodoxen Juden, den Christen und dem Christentum wohlgesonnen gegenüberstand.

Die Wurzeln des christlichen Antisemitismus
neu denken

Die Herausforderung für das normative Christentum, die der radikale Antisemitismus des Nationalsozialismus bedeutete, führte zu einem Wandel in der Haltung gegenüber Juden und dem Judentum unter evangelischen und katholischen Denkern in ganz Europa. Evangelische Theologen griffen Zwis These auf, wonach judenfeindliche Tendenzen im Christentum zum Antisemitismus der Nationalsozialisten beigetragen hätten, der dann seinerseits wiederum das Christentum aushöhlte. Evangelische und katholische Intellektuelle begannen die Frage nach der Beziehung ihrer Kirchen zum jüdischen Volk zu überdenken und sie interpretierten und untersuchten ihre grundlegenden Schriften in einer Weise neu, die die Juden nicht verunglimpfte, sondern wertschätzte. Einige Theologen wandten sich speziell einer neuen Exegese der Abschnitte 9 bis 11 im Römerbrief von Paulus zu.[32] Dort unterscheidet Paulus bekanntlich zwischen den Kindern nach »dem Fleisch« Abrahams (den Juden) und jenen der »Verheißung«, also den Jüngern Christi, die die wahrhaftigen Nachfahren des Bundes mit Gott sind. Doch Paulus betont seine eigene jüdische Herkunft, spricht von seinen »Brüder[n], die meine Stammverwandten sind nach dem Fleisch« (Röm 9,3). Und er verkündet: »Denn auch ich bin ja Israelit, aus [dem] Samen Abrahams, vom Stamme Benjamin.« (Röm 11,1) Das Kernargument hier scheint zu sein, dass sich hinter der Zurückweisung der Juden von Jesus als Messias und Retter ein göttlicher Plan verbergen musste, denn es eröffnete allen Menschen den Weg zum Bund Gottes, auch jenen, die keine Nachkommen vom »Fleische Abrahams« waren, also nichtjüdischer Herkunft.

Diese Abschnitte aus den Paulusbriefen stehen im Gegensatz zu anderen Büchern des Neuen Testaments, die eine unmissverständlich negative Haltung zum jüdischen Volk transportieren und beteuern, dass Gottes Bund mit den Juden durch die Ankunft Christi obsolet geworden sei. Diese Haltung wird besonders deutlich im »Brief an die Hebräer«, ein Buch das ursprünglich Paulus zugeschrieben wurde.[33]

Erik Peterson, ein deutscher evangelischer Gelehrter, der zum Katholizismus übergetreten war, war einer der ersten Theologen, der Römerbrief 9-11 in seinem Buch *Die Kirche aus Juden und Heiden* (1933) einer erneuten Prüfung unterzog. Einige seiner Inhalte wurden bald darauf von einem weiteren konvertierten Katholiken aufgenommen, Jacques Maritain.[34] Unter evangelischen Theologen scheint die Auseinandersetzung mit Römerbrief 9-11 mit einem von der Bekennenden Kirche, unter der Ägide von Karl Barth, im Jahr 1943 herausgegebenen Band begonnen zu haben.[35] Jacob Taubes war mit Petersons Studie bestens vertraut, und wie wir sehen werden, sollte auch für ihn die Auslegung von Römerbrief 9-11 von zentraler Bedeutung für seine Interpretation des frühen Christentums sein. In den 1950er Jahren entwickelte sich eine enge Freundschaft zwischen Taubes und Krister Stendahl, dem in der Nachkriegszeit einflussreichsten evangelischen Interpreten von Paulus und dessen Verhältnis zu den Juden.

In der Nachkriegszeit beteiligte sich Zwi aktiv an interreligiösen Initiativen, damit die Plage des christlichen Antisemitismus ein Ende fände. Am Anfang standen Treffen zwischen evangelischen, katholischen und jüdischen Theologen in der Schweiz, später führte dieses Engagement auch zu einer Reihe von internationalen Konferenzen.[36]

Die Jeschiwa in Montreux und der Rebbe von Satmar

Inmitten dieser Ereignisse von globalgeschichtlicher Tragweite setzte Jacob sein Studium fort. Vom Zeitpunkt seines Umzugs nach Zürich im Jahr 1937 bis in den Frühling 1941 hinein erhielt

Jacob – oder »Jacqui«, wie ihn Freunde und Familie nannten – eine duale Ausbildung: säkular und jüdisch. Er besuchte ein Gymnasium, das ihn auf das Studium an der Universität vorbereiten sollte, und erarbeitete sich dort einen geisteswissenschaftlichen Bildungshintergrund mit Fächern wie Geschichte, Latein, Griechisch, Französisch und Englisch.[37] Der Stundenplan beinhaltete auch ein oder zwei Wochenstunden in religiöser Unterweisung bei einer externen Lehrkraft. Ein jüdischer Mitschüler, der diese Kurse mit Jacqui besuchte, erinnerte ihn als arrogant: als Menschen mit einem offensichtlich überdurchschnittlichen intellektuellen Potenzial, aber verächtlich gegenüber jenen, die weniger wussten als er. Seine Überheblichkeit wirkte lächerlich und er hatte nur wenige Freunde.[38]

Aber Jaqui wusste nun einmal mehr als andere. Denn er war nicht nur ein begabter Schüler in den weltlichen Fächern am Gymnasium, sondern auch in einem separaten Kurs, in dem traditionelles jüdisches Lernen vermittelt wurde. Neben dem Unterricht bei seinem Vater studierte Jacob den Talmud mit Moshe Soloveitchik (1914-1995), einem Privatlehrer, den Zwi für ihn ausgesucht hatte. Der erst vor Kurzem in die Schweiz eingewanderte Soloveitchik stammte aus einer angesehenen rabbinischen Familie, die mit der antichassidischen Tradition der Volozhin Jeschiwa in Verbindung stand. Er wurde später zu einem der führenden Köpfe der europäischen Ultraorthodoxie; zunächst lehrte er an der Jeschiwa in Montreux und gründete anschließend eine konkurrierende, antizionistische Jeschiwa in Luzern. In Zürich gehörte er zur ultraorthodoxen Gemeinde, die tendenziell herablassend auf die weniger fromme Gemeinde von Rabbi Taubes blickte. Zudem war Rabbi Taubes Zionist und Soloveitchik ein entschiedener Gegner des Zionismus. Jacob lernte also sowohl die moderne Orthodoxie als auch die Ultraorthodoxie kennen, den religiösen Zionismus ebenso wie den religiösen Antizionismus.

Nach der Matura und bestandener Aufnahmeprüfung an der

Universität im Frühjahr 1941 nahm Jacob sein Studium an der Universität Zürich auf. Von 1942 bis 1943 unterbrach er sein Universitätsstudium für ein Jahr, um eine traditionelle Ausbildung zum Rabbiner an der Etz Chaim Jeschiwa in Montreux zu absolvieren. Unter seinen Lehrern dort war auch sein früherer Privatlehrer Moshe Soloveitchik.[39]

Die Jeschiwa in Montreux war eine einzigartige Einrichtung. Unweit von Lausanne, in der ehemaligen Villa Quisiana auf einer Anhöhe mit Blick auf den Genfer See gelegen, kombinierte die Schule die traditionelle jüdische Ausbildung mit manchen Annehmlichkeiten eines Schweizer Internats.[40] Gegründet wurde sie 1927 von Rabbi Elijahu Botschko, der die Jeschiwa-Ausbildung als Etappe auf dem Weg junger Männer betrachtete, bevor diese in die Arbeitswelt hinauszogen. Die Schüler waren im Alter von vierzehn bis zwanzig Jahren, und die meisten von ihnen richteten sich eher auf eine Karriere im Handel oder in der Wirtschaft aus als auf das Amt des Rabbiners. Anders als an vielen anderen traditionellen Jeschiwot ging man hier also davon aus, dass die Schüler in die weite Welt hinausgingen, vermutlich ein Universitätsstudium aufnahmen. Und Rabbi Botschko riet auch niemandem davon ab.

Der größte Teil des Tages war dem Talmudstudium mit den Kommentaren des Rashi gewidmet, dem großen Kommentator aus dem elften Jahrhundert und seinen Enkeln, den *Ba'alei Tosfot*. Darüber hinaus gab es Morgengebete (*Schacharit*) und die Gebete am späten Nachmittag oder frühen Abend (*Mincha* und *Maariw*). Unüblich für eine solche Einrichtung, studierten die Schüler auch die Bibel (*Tanach*) und einige nichthalachische Denkschulen. Man setzte ganz selbstverständlich voraus, dass das Studium der Tora und des Talmud eine Auseinandersetzung mit dem Gesetz gemäß der Offenbarung war und nicht etwa Gegenstand einer historischen oder kritischen Analyse, wie in liberaleren Einrichtungen. Der Ansatz war »kritisch« im Sinne der litauischen Tradition: Man würdigte kritische Fragen eines Schülers zu konzeptionellen Widersprüchen sowie eigenständig formulierte Vorschläge, diese aufzulösen.

Während die Rabbinerlehrer untereinander Jiddisch sprachen, war die Unterrichtssprache Deutsch.

So tauchte Jacob in seinen Teenagerjahren mindestens in zwei Bildungswelten ein – die Welt der Universität und die Welt der Jeschiwa. Seine Talmudkenntnisse, die bereits profund waren, bevor er nach Montreux kam, vertiefte er hier. Er führte das tägliche Talmudstudium in den folgenden Jahren fort, sodass er 1946 das *Heter hora'ah* erlangte, die traditionelle rabbinische Ordination, die von einem rabbinischen Weisen nach einer mündlichen Prüfung verliehen wird.[41] Jacob erhielt seine Ordination von Rabbi Jonathan Steif, der in Budapest ein hoher rabbinischer Richter (*Dayan*) gewesen war, bevor er in die Schweiz floh, sowie von Yisroel Yitzchak (Israel Isaac) Piekarski, einem Lubawitscher Rabbi, der später *Rosch Jeschiwa* an der Jeschiwa Tomchei Temimin, einer Lubawitscher Einrichtung in Brooklyn wurde.[42]

Trotz der malerischen Lage war die Jeschiwa in Montreux in den Jahren 1942 und 1943 keineswegs eine von der Außenwelt abgeschottete Insel. Ganz im Gegenteil. Die Vernichtung der europäischen Juden und ihrer traditionellen Zentren jüdischer Gelehrsamkeit in Osteuropa ließen Botschko und die Menschen in seiner Umgebung keine Ruhe finden. Botschkos Schriften und Predigten waren voller Wehklagen über das Schicksal der großen Weisen der orthodoxen Welt, die Tag für Tag ermordet wurden.[43] Seine Freunde Recha und Isaac Sternbuch, ein ultraorthodoxes Paar aus Montreux, waren zunächst aktiv daran beteiligt, jüdische Flüchtlinge in die Schweiz zu schleusen, und nahmen schließlich auch an den Verhandlungen zur Rettung der Juden vor den Nationalsozialisten teil.[44]

Inwiefern die Zeit in Montreux Jacob geprägt hat, ist schwer zu beurteilen. Sicher hat ihn die authentische Frömmigkeit und die Bescheidenheit von Rabbi Botschko tief berührt. Gleiches gilt für dessen Sohn und Nachfolger, Mosche Botschko, der die Tradition seines Vater fortführte und seinen Lebensunterhalt als Ladenbesitzer verdiente. Jacob blieb mit der Botschko-Familie über Jahrzehnte in Kontakt. In Montreux tauchte Jacob in die Welt der jüdischen Schriften ein, von denen die Schüler glaubten, sie seien göttlichen Ursprungs, während zeitgleich der Großteil der Schüler genau dieser Schriften zu Hunderttausenden abgeschlachtet wurde. Ein empfindsamer Mensch mochte daraus ableiten, dass Gott machtlos war. Denn zu behaupten, wie in der jüdischen Tradition üblich, dass es den Gerechten wohl ergehen werde, erschien geradezu absurd, um nicht zu sagen blasphemisch. Oder er konnte zu dem Schluss kommen, dass die Welt, wie wir sie kennen, vom Bösen durchdrungen ist. Hierfür bietet die Religion im Allgemeinen (und manche Ausprägungen des Judentums im Besonderen) eine Zuflucht und eine Perspektive, aus der heraus die Welt kritisiert werden kann. Jacob sollte schließlich alle diese Reaktionen teilen.

Doch das brauchte Zeit. Als Jacob die Jeschiwa verließ, war er ein Ausbund an Frömmigkeit und befolgte die religiösen Regeln und Gebote strikt. Dafür gibt es verschiedene Quellen. Margarete Susman erinnert ihn zu dieser Zeit folgendermaßen: »… ein streng orthodoxer, tiefgläubiger, von keinem Zweifel berührter Jude …, der mit seiner großen Intelligenz fast die Kraft hatte, weit ältere Menschen in seine Überzeugung hineinzuführen.«[45] Dies war auch die Zeit, in der Jacob zum ersten Mal Kontakt mit Jean Bollack aufnahm, einem jüdischen Studenten der klassischen Philologie in Basel. Als Jacob Bollack besuchte, trug er eine Kopfbedeckung, und obwohl der Haushalt der Bollacks koscher geführt wurde, brachte Taubes vorsichtshalber sein eigenes Essen mit, falls es ihm nicht koscher genug sein würde.[46]

Ein Jahr nach seiner Rückkehr aus der Jeschiwa in Montreux hatte Jacob eine weitere intensive Begegnung mit einer anderen Ausprägung der Ultraorthodoxie, dieses Mal in Person von Rabbi Joel Teitelbaum oder »Reb Joilish«, wie ihn seine Schüler und Anhänger nannten. Teitelbaum war der Rebbe einer chassidischen Sekte aus Satmar, einer Stadt, die in der Zwischenkriegszeit innerhalb der rumänischen Grenzen gelegen hatte, aber nach 1940 wieder zu Ungarn gehörte. Teitelbaum war entschiedener Antizionist, der – wie die meisten ultraorthodoxen Juden – den Versuch, einen souveränen Judenstaat mit säkularen Mitteln zu gründen, als Sakrileg betrachtete. Er ging nicht nur auf Distanz zur zionistischen Bewegung, sondern sah sie als sündhaft an. (Später interpretierte er den Holocaust als Strafe Gottes für die zionistischen Sünden.[47])

Der Rebbe von Satmar erreichte die Schweiz im Dezember 1944 unter mehr als außergewöhnlichen Umständen. Im Sommer des Jahres versuchten jüdische Führungspersönlichkeiten in Ungarn und anderswo im Ausland verzweifelt, die verbliebenen ungarischen Juden zu retten. Eine Gruppe um den Zionisten Rudolf Kasztner führte langwierige Verhandlungen mit der SS, die vorgeschlagen hatten, bis zu einer Million auf osteuropäischem Boden befindliche Juden gegen Güter oder Geld aus dem Westen einzutauschen. Im ersten Schritt, und gegen große Summen Geld und vierzig Lkw-Ladungen, sollten etwa 1000 Juden mit der Eisenbahn zunächst in das Konzentrationslager Bergen-Belsen und anschließend in die Schweiz transportiert werden. Es war einem kleinen Komitee, dem Kasztner vorstand, überlassen, die für die Rettung bestimmten Juden auszuwählen. Kasztner entschied sich für führende Persönlichkeiten aus dem gesamten Spektrum der ungarischen Judenheit, darunter auch Teitelbaum und Angehörige seines Hofes. Der Zug, der schließlich mit 1684 Menschen losfuhr, verließ Budapest am 30. Juni und erreichte Bergen-Belsen am 8. Juli 1944. Dort wurde der Transport für sechs Monate aufgehalten, während derer die Verhandlungen fortgeführt wurden. Anfang Dezember durfte eine kleine Gruppe dieser Juden in die Schweiz einreisen, Teitelbaum war einer von ihnen.[48] Unter den Personen, die sich eingefunden hatten, um ihn in Empfang zu nehmen, befand sich

Jacobs Lehrer Moshe Soloveitchik.⁴⁹ Nach Stationen in Montreux, Genf und anderen Orten in der Schweiz ging Teitelbaum im August 1945 nach Jerusalem und schließlich nach New York.

Da der Rebbe weder Deutsch, Französisch, noch Englisch sprach, benötigte er einen Assistenten, der ihn bei Behördengängen unterstützte.⁵⁰ Jacob Taubes übernahm diesen Dienst, und Rebbe Yoilish fühlte sich ihm offenbar zu großer Dankbarkeit verpflichtet. Dies war der Beginn einer Beziehung zwischen Jacob und dem Rebbe von Satmar und seinen Anhängern, an die in den folgenden Jahrzehnten immer wieder angeknüpft werden sollte. Als beide nach New York zogen, blieben sie in Kontakt, und wenn Jacob zu den Satmarern zum Beten ging, saß er stets auf dem Ehrenplatz neben dem Rebbe.⁵¹ Für Jacob waren die Satmarer ein Musterbeispiel für eine vollständige Abkehr von der säkularen Welt – sein Freund Herbert Marcuse sollte dies später in einem anderen Zusammenhang die »Große Verweigerung« nennen. Jacobs Beziehung zu dem antizionistischen Hitzkopf empörte seine religiös-zionistischen Eltern. Seine Mutter warnte ihn vor »Reb Yoilish«: »Er mag ein grosser *Talmid chacham* [Hebräisch] sein, aber ist verstockt und mit Blindheit geschlagen, was *Eretz Israel* [Hebräisch] betrifft.«⁵²

Intellektuelle Welten

Als junger Erwachsener in Zürich beeinflusste Jacob Intellektuelle mit unterschiedlichen, nicht selten gegensätzlichen Ausrichtungen – und wurde von ihnen beeinflusst.

Die vielleicht eigenwilligste Person, der Jacob begegnete, war Oskar Goldberg (1885-1952). Umringt von Anhängern im Berlin in den ersten Jahrzehnten des zwanzigsten Jahrhunderts, war Goldberg Universalgelehrter, Autor zahlreicher kluger wie auch skandalöser Bücher sowie Kritiker einer modernen, liberalen und technisierten Zivilisation. Rituale waren für Goldberg keine Frage der Symbolik: Rituelle Handlungen waren Mittel, um auf Gott einzuwirken, wenn man sie mit dem richtigen Verständnis auszuführen vermochte. In seinem Buch *Die Wirklichkeit der Hebräer* (1925) vertrat Goldberg die These, die Beziehungen zwischen Gott und dem jüdischen Volk, wie sie in der Bibel beschrieben wurden, seien keine bloßen Mythen, sondern Abbild einer historischen Wirklichkeit. Die rituellen Handlungen nahmen realen Einfluss auf das Göttliche, weil jedes Volk als biologische Einheit eine Verbindung zu seinem Gott habe, dessen Herrschaft sich über ein bestimmtes Gebiet erstreckte. Diese Verbindung sei den Juden später abhandengekommen, könne jedoch durch eine Wiederbelebung des Rituals, motiviert von dem Glauben an seine tatsächliche Wirksamkeit, wiederhergestellt werden. Goldberg und seine Anhänger versuchten sich an esoterischen Lehren und Praktiken.

Jacob lernte Goldberg kennen, als der 1938 Zürich besuchte. Anschließend las Jacob zwei von Goldbergs Büchern. Und als er im Alter von neunzehn Jahren gebeten wurde, einen Beitrag über die jüdische Mystik für eine akademische Zeitschrift zu schreiben, stützte sich Taubes stark auf Goldbergs Ausführungen zu den zentralen kabbalistischen Ideen in dessen 1935 erschienenem Buch über Maimonides – den Goldberg dafür kritisierte, dass seine rationalistische Philosophie ihn davon abgehalten habe, die Mystik angemessen zu würdigen.[53] Eine Zeitlang war Jacob fasziniert von Goldberg und beschäftigte sich im Rahmen eines Seminars mit seinem Werk. Auch wenn sich diese Begeisterung später wieder legte, sollte er doch in 1950er Jahren im Magazin *Partisan Review* über Goldberg schreiben.

Im Herbst 1946, als er gerade seine Doktorarbeit fertigstellte, lernte Jacob den Rabbiner Leo Baeck kennen, der aus London angereist und während der Hohen Feiertage zu Gast bei den Taubes war. Zu dieser Zeit war Baeck der bekannteste liberale jüdische Theologe in ganz Europa. Jacob scheint von Baeck tief beeindruckt gewesen zu sein, und Baeck wiederum war immerhin so beeindruckt von Taubes, dass er ihm ein Empfehlungsschreiben für das Jewish Theological Seminary in New York ausstellte. Gleichzeitig blieb Jacob jedoch Teil des orthodoxen Milieus rund um die Jeschiwa in Montreux. Er besuchte das Begräbnis von Rabbi Botschkos Schwiegersohn, Rabbi Saul Weingort, und blieb im Gespräch mit Rabbi Yehiel Weinberg, dem bedeutendsten orthodoxen Halachisten (Rechtsgelehrten), der den Krieg in Europa überlebt hatte und von Weingort nach Montreux geholt worden war. Auch Weinberg verfasste ein Empfehlungsschreiben für Jacob.[54]

Aber Jacobs intellektuelle Kontakte beschränkten sich mitnichten auf jüdische Kreise. Bei seinen regelmäßigen Besuchen in Basel diskutierte er seine Vorstellungen von einer neuen Theologie auch mit Hans Urs von Balthasar. Balthasars Arbeiten über die Säkularisierung der religiösen Apokalyptik waren ebenfalls eine Inspiration für Jacobs Doktorarbeit.[55]

Genauso wenig waren Jacobs intellektuelle Kontakte auf religiöse Kreise limitiert, ob nun jüdische oder christliche. Anlässlich von Georg Lukács' Besuch in Zürich diskutierte Jacob über mehrere Tage mit dem bekanntesten kommunistischen Philosophen Europas seine Doktorarbeit über die abendländische Eschatologie. Jacobs Haltung Lukács gegenüber war respektvoll, aber distanziert. Voller Bewunderung hatte er Lukács' bekanntestes Werk *Geschichte und Klassenbewußtsein* (1923) gelesen, in dem der marxistische Theoretiker eine philosophische Verteidigung für den Leninismus ausformuliert hatte. Lukács zufolge fiel den Intellektuellen eine wichtige Rolle dabei zu, die Arbeiterklasse in die gewünschte, kommunistische, Richtung der Geschichte zu führen. Damit hatte Lukács das Fundament des intellektuellen Leninismus gelegt, und er kehrte seinem kommunistischen Engagement niemals den Rücken. Mit dem Sieg der Roten Armee und der hegemonialen Stellung des Kommunismus in seinem Heimatland Ungarn profilierte er sich zu einem intellektuellen Wortführer der Bewegung.[56] In Briefen an seine damalige Freundin charakterisierte Jacob Lukács als »Halbgott der Marxisten. Lukács ist Kirchenvater der *ecclesia militans* und der *ecclesia triumphans* des Marxismus«[57] – eine ebenso scharfsinnige wie amüsante Beschreibung. Denn hier zog Jacob nicht nur Parallelen zwischen Marxismus und Christentum, sondern auch zwischen der kommunistischen Bewegung und der Kirche. Lukács war nicht nur einer der führenden Akteure, als die Bewegung noch um die Macht kämpfte, sondern auch als sie die Macht übernahm. Und doch: »Lukács, der erste Theoretiker des Marxismus, ist ein gescheiter Kopf, das ist nicht zu leugnen, aber doch stark einseitig und bewusst eingeengt«,[58] urteilte Jacob. Trotz dieser Vorbehalte war Jacob hoch erfreut darüber, dass der führende Marxist sich seine Arbeit genauer anschaute und sie als bedeutend einstufte.

Freunde

In Zürich begann sich Jacob als Linker zu betrachten, der sich, zumindest in der Theorie, für das Prinzip der Gleichheit einsetzte. In der Praxis neigte er jedoch zu einer elitären Haltung – ein Verhaltensmuster, das sich bereits auf dem Gymnasium abgezeichnet hatte –, gepaart mit einer gewissen Liberalität. Er war offen für Freundschaften mit Menschen verschiedenster religiöser und weltanschaulicher Prägungen – allerdings nur, wenn er sie für ausnehmend klug hielt. Während seiner Jahre an der Universität freundete er sich mit einigen Männern an, mit denen er über Jahrzehnte in Kontakt blieb, auch nachdem sie alle die Schweiz längst verlassen hatten, um ihre beruflichen Wege in Deutschland, Frankreich und den Vereinigten Staaten zu gehen.

Da war zunächst Lucien Goldmann, ein junger marxistischer Intellektueller rumänisch-jüdischer Herkunft, dem Zwi Taubes, der als geistlicher Beistand dort war, erstmals im Internierungslager Girenbad nahe Zürich begegnet war. Goldmann war ehemaliger Kommunist, zweifelte jedoch zunehmend an der Bewegung. Als Zwi ihn zum ersten Mal traf, debattierte Goldmann gerade mit Manès Sperber, einem weiteren ehemaligen Kommunisten, der mit der Bewegung gebrochen hatte, über die Rechtmäßigkeit von Stalins Moskauer Prozessen. Beide Männer hatten vor dem Krieg in Paris gelebt und waren schließlich aus dem von den Nationalsozialisten besetzten Frankreich in die Schweiz geflohen. Als Zwi im Internierungslager auftauchte, fand er in Goldmann einen bereitwilligen Diskussionspartner für theologische Fragen. Zwi schickte seinen Sohn Jacob ins Lager, damit dieser die Diskussion fortführte, woraus sich eine Freundschaft entwickelte. Nachdem Zwi seinen Einfluss geltend machte, damit Goldmann aus der Haft entlassen wurde, war der rumänische Flüchtling ein häufiger Gast im Hause Taubes. Goldmann war, obgleich Marxist, fasziniert von religiösen Fragen, und er arbeitete später eine Interpretation von Pascal als dialektischem Denker aus: Genauso wie Pascal auf die ultimative Ungewissheit Gottes gewettet hatte, müssten auch die Marxisten auf eine sozialistische Zukunft setzen, die nicht wissenschaftlich bewiesen werden konnte.[59] Die Gemeinsamkeiten zwischen Religion und radikalen Bewegungen der Moderne sollten auch für Jacob in den Fokus seines Interesses und seiner Doktorarbeit rücken. Nach dem Krieg zog es Goldmann zurück nach Frankreich, wo er sich mit der Zeit einen Ruf als unkonventioneller marxistischer Denker erarbeitete. In den 1960er Jahren holte Jacob ihn mehrfach an die Freie Universität.

Eine weitere Freundschaft verband ihn mit François Bondy, dem 1915 in Berlin geborenen Sohn eines deutsch-jüdischen Theaterdirektors. Bondy zog in den 1920er Jahren nach Italien und wuchs dreisprachig – Deutsch, Französisch und Italienisch – auf. Antisemitismus erfuhr er zum ersten Mal am eigenen Leib in den 1930er Jahren am deutschsprachigen Gymnasium in Davos, als Mitschüler ihm drei Zähne ausschlugen. Im Jahr 1936 hielt er sich in Frankreich auf, wo er sich – auf der Suche nach einer antifaschistischen Bewegung – der französischen kommunistischen Partei anschloss, die er jedoch 1939 in Reaktion auf den Hitler-Stalin-Pakt wieder verließ. Nach dem militärischen Zusammenbruch Frankreichs kam er 1941 für drei Monate in ein französisches Internierungslager und ging anschließend nach Zürich. Dort wurde er ein angesehener Journalist und gab *Die Weltwoche* heraus. Nach dem Krieg kehrte auch er nach Paris zurück, gründete 1951 das Magazin *Preuves: une revue européenne à Paris*, das französische Magazin des internationalen Congress for Cultural Freedom, für das er bis 1969 als Redakteur arbeitete.[60] Wie Goldmann verband auch Bondy Jacob mit Paris.

Auch Jean Bollack ging nach dem Krieg nach Frankreich. Dort setzte er sein Studium der klassischen Philologie fort und entwickelte ein literaturtheoretisches Instrumentarium, das sowohl die Bedingungen der Entstehung des Textes als auch seine Rezeptionsgeschichte berücksichtigte.[61] Von 1955 bis 1958 lehrte Bollack an der Freien Universität in Berlin, was durchaus eine Rolle für Jacobs Entscheidung, dorthin zu wechseln, spielte.

Taubes hatte über einen gemeinsamen Freund in Basel, Eugen Kullmann, von Bollack gehört.[62] Der 1915 in Deutschland geborene Kullmann hatte an einer Jeschiwa am Freien Jüdischen Lehrhaus, einer unabhängigen jüdischen Bildungseinrichtung in Frankfurt am Main, studiert, das Franz Rosenzweig gegründet hatte. Nach der Machtergreifung Hitlers floh Kullmann in die Schweiz, wo er an der Universität Basel unter anderem griechische Philologie, semitische Sprachen und Philosophie studierte. Er entwickelte ein erstaunlich hohes Maß an Gelehrsamkeit, und Jacob sollte seine Freundschaft und sein Wissen bald zu schätzen lernen. Nach dem Krieg wanderte Kullmann in die Vereinigten Staaten aus, wo er verschiedene akademische Positionen innehatte, zunächst in New York und anschließend am Kenyon College. Später bemühte sich Taubes, Kullmann an die Freie Universität zu holen.

Goldmann, Bondy, Bollack und Kullmann waren alle Juden. Gemein war diesen dennoch so unterschiedlichen Freunden ihre Mehrsprachigkeit und ein gewisser Kosmopolitismus. Sie waren in die Schweiz vor dem Nationalsozialismus geflohen und verließen das Land wieder, als die Gefahr gebannt war.

Ganz anders verhielt es sich bei einem anderen langjährigen Freund Taubes' aus dieser Zeit, Armin Mohler. Er war gebürtiger Schweizer, und wenn er auch kein Nazi war, so sympathisierte er doch stark mit der Bewegung. Auch er verließ schließlich die Schweiz, nicht zuletzt aufgrund seines Engagements in der radikalen Rechten.

Der 1920 in Basel geborene Mohler fühlte sich als Teenager zunächst der antibürgerlichen Linken verbunden, doch bald wandte er sich der antiliberalen und antibürgerlichen Rechten zu.[63] Die prominenteste radikale Rechte befand sich offensichtlich im benachbarten Deutschland. Also machte sich Mohler 1942 auf den Weg über die Grenze, um sich der Waffen-SS anzuschließen; Triebfedern waren sowohl sein Antiliberalismus als auch seine Begeisterung für transeuropäische Werte. Es ist unklar, warum er seine Absicht letztlich nicht in die Tat umsetzte. Stattdessen ging Mohler nach Berlin und verbrachte den Rest des Jahres damit, die Werke deutscher radikal-konservativer Autoren zu studieren, bevor er Ende 1942 in die Schweiz zurückkehrte. Dort wurde er für illegalen Grenzübertritt und versuchten Anschluss an eine ausländische Armee für sechs Monate inhaftiert. Da er sich stärker mit Deutschland als mit seinem Heimatland identifizierte, betrachtete er sich als eine Art »innerer Migrant«.[64]

Die beiden deutschen Intellektuellen, zu denen sich Mohler am stärksten hingezogen fühlte, waren Ernst Jünger und Carl Schmitt – für beide sollte sich auch Jacob Taubes bald interessieren. Jünger hatte sich im Ersten Weltkrieg als Freiwilliger gemeldet und anschließend mehrere Bücher über den Kampf als Grenzerfahrung geschrieben, die den Menschen aus der Welt der bürgerlichen Sicherheit herauskatapultierte. Während der 1920er Jahre wurde Jünger zur prominentesten Stimme eines soldatischen Nationalismus, der das bürgerlich-liberale Zeitalter für beendet erklärte, an dessen Stelle nun die zunehmende staatliche Mobilisierung der Gesellschaft sowie »ein halb grotesker, halb barbarischer Fetischismus der Maschine, ein naiver Kultus der Technik«[65] getreten war. Im Jahr 1932 veröffentlichte Jünger den umfangreichen Essay *Der Arbeiter*, in dem er ebenfalls argumentierte, dass die bürgerliche Welt – die sich durch Liberalismus, Individualismus, das Streben nach Sicherheit und den Sieg der ökonomischen über die politischen Werte auszeichnete – kurz davor stand, von einem neuen Menschentyp abgelöst zu werden, dem »Arbeiter«.[66] Jünger war der Nationalsozialismus zu pöbelhaft, zu primitiv, und er distanzierte sich von der Bewegung, noch bevor diese an die Macht kam. Nach dem Zweiten Weltkrieg wandte er sich von Nationalismus, heldenhaftem Militarismus und Politik ab. Seine technikskeptische Einstellung war von seinem Bruder, Friedrich Georg Jünger, beeinflusst, der kurz nach dem Zweiten Weltkrieg ein Buch veröffentlichte, dessen Hauptthese der Untertitel der englischen Übersetzung gut zusammenfasst: *The Failure of Technology: Perfection without Purpose.*[67]

Nach dem Krieg verfasste Mohler eine Dissertation, in der er sich mit dem Spektrum rechten radikalen Gedankenguts im späten neunzehnten und zwanzigsten Jahrhundert in Deutschland beschäftigte: *Die konservative Revolution in Deutschland, 1918-1932: Grundriss ihrer Weltanschauungen.*[68] Die zugleich wissenschaftliche und apologetische Schrift erschien 1950 und war sichtlich bemüht, die Reputation von Denkern und Bewegungen, die sich durch ihre Nähe zum Nationalsozialismus diskreditiert hatten, zu bewahren und zu verteidigen, und sie schielte mit einem Auge auf ein mögliches Wiedererwachen ihres Gedankenguts. Mohler wurde nur nominell beim Verfassen seiner Arbeit betreut. Bei der Verteidigung der Dissertation konfrontierte ihn einer seiner Prüfer, der liberale Philosoph Karl Jaspers, mit der Feststellung, dass »Ihre Arbeit ... eine grossangelegte Entnazifizierung dieser Autoren [ist]«. Jaspers nahm die Arbeit nur an, weil Deutschland politisch bedeutungslos geworden war.[69]

Aufgrund seiner fragwürdigen politischen Neigungen hatte Armin Mohler eine Art Pariastatus in der Nachkriegsschweiz. Jacob Taubes, der über einen gemeinsamen Bekannten von Mohler gehört hatte, suchte seine Nähe genau deshalb.[70]

Hier wird ein Charakterzug von Jacob Taubes erkennbar, der sich immer wieder im Verlauf seines Lebens manifestieren sollte und der die große Spannbreite seiner intellektuellen Bekanntschaften zu erklären hilft. Er stand Menschen mit gegensätzlichen Ansichten stets offen gegenüber, suchte sogar ihre Nähe. Und wenn es sich dabei um radikale Ansichten handelte – ob nun von links oder rechts, ob säkular oder religiös –, umso besser.

Taubes teilte Mohlers Interesse für Jünger und dessen Gefühl für einen Verlust traditioneller sinnstiftender Quellen, der mit dem Aufstieg der technologischen Zivilisation einhergegangen war. Im Sommer 1948 reiste Mohler nach Deutschland, um Jünger und Schmitt – seine intellektuellen Helden – persönlich zu unterstützen. Jünger bot ihm an, sein Sekretär zu werden, und Mohler ergriff die Chance. Doch schon bald kam es zu Spannungen zwischen dem Meister und seinem Schüler, denn Mohler hatte sich von dem politischen Radikalismus des jungen Jünger angezogen gefühlt, doch Jünger hatte seine Lehren aus der Katastrophe des Nationalsozialismus gezogen und war nun einem politischen Quietismus zugeneigt.[71] In den folgenden Jahren diente Mohler immer wieder als Vermittler zwischen Taubes und Carl Schmitt. Warum Jacob Taubes von Schmitt fasziniert war, wird im folgenden Kapitel deutlich werden.

Viel später, gegen Ende seines Lebens, sollte Jacob deutsche Freunde durch Paris führen und plötzlich auf dem Absatz kehrtmachen, um in die Synagoge zu gehen. »Sie müssen mich schon entschuldigen; in einer Welt kann ich nicht leben.«[72] Jacob hatte das zeitgenössische Christentum, sowohl in der evangelischen wie in der katholischen Prägung kennengelernt. Der christliche Sozialismus sprach ihn an, und der Marxismus faszinierte ihn. Aber sein Interesse galt auch der Kritik an der modernen liberalen Gesellschaft, wie sie von Protagonisten aus der radikalen Rechten in Deutschland, von Jünger, Schmitt und Heidegger, formuliert wurde. Sie alle prägten Jacobs intellektuellen und wissenschaftlichen Werdegang, dem wir uns nun zuwenden wollen.

3
Intellektuelle Wurzeln und die großen Themen, 1941-1946

Die sechs Jahre, die zwischen seinem Abitur und seiner Abreise in die Vereinigten Staaten lagen, waren Lehrjahre für Jacob Taubes. Bis auf die Monate an der Jeschiwa in Montreux lebte und studierte er in Zürich, mit regelmäßigen Aufenthalten im benachbarten Basel. Beschäftigt haben ihn in dieser Zeit der Krieg, die Vernichtung der europäischen Juden, Freundschaften und auch Liebesbeziehungen. Ausgestattet mit soliden Latein- und Hebräischkenntnissen sowie wachsenden Kompetenzen im Griechischen, Französischen und Englischen – und dabei frei von der Notwendigkeit, seinen Lebensunterhalt verdienen, lehren oder eine Familie ernähren zu müssen –, scheint sich Jacob mit einer Intensität der Lektüre zugewendet zu haben, wie es so nicht wieder vorkommen sollte.

Später behauptete Jacob, sein Vater Zwi habe von ihm nicht nur erwartet, dass er Rabbiner und Philosophieprofessor werde, sondern auch Mediziner bzw. dass er es ganz allgemein zu Wohlstand bringen sollte. Folglich habe er sich an der medizinischen Fakultät eingeschrieben, aber das Studium nach nur fünf Wochen wieder abgebrochen, angeblich nachdem er zum ersten Mal eine menschliche Leiche zu Gesicht bekommen hatte.[1] Diese Geschichte – wie so viele, die Jacob über sich erzählte – mag zum Teil oder auch vollständig erfunden sein. Aber sie zeigt die hohen Erwartungen, die seine Familie auf ihn richtete. Als er Zürich Ende 1947 verließ, hatte er sowohl seine Promotion in Philosophie erfolgreich abgeschlossen als auch seine Ordination zum Rabbiner erlangt. Von Medizin oder Naturwissenschaften verstand er jedoch nicht viel; von Geld noch weniger.

An den Universitäten Zürich und Basel studierte Jacob Philosophie, Geschichte, Soziologie und Religionswissenschaften. Es waren die Schnittmengen zwischen diesen Disziplinen, für die er sich am meisten interessierte. Sein Interesse an der Geschichtsphilosophie – so schilderte er es in einer kurzen Zusammenfassung seines intellektuellen Werdegangs, die er kurz nach der Promotion schrieb – sei durch zeitgenössische Ereignisse, die die Frage nach dem Sinn der Geschichte aufgeworfen hätten, geweckt worden. Gleiches galt für seine Lektüre von Hegels Geschichtsphilosophie sowie Oswald Spenglers *Untergang des Abendlandes*,[2] die große historische Prophezeiung, die eine ganze Generation europäischer und US-amerikanischer Intellektueller in der Zwischenkriegszeit beeinflusste. Im Rahmen seiner Promotionsexamina an der Universität Zürich wurde Taubes in den Fächern Philosophie, Soziologie und Germanistik geprüft. Sein Hauptinteressengebiet war die Religion, wobei seine Studien des Judentums in der Hauptsache außeruniversitär stattgefunden hatten: zu Hause und an der Jeschiwa in Montreux. Er studierte das Christentum bei zwei der bedeutendsten evangelischen Theologen seiner Zeit, Emil Brunner und Karl Barth, und freundete sich mit Hans Urs von Balthasar an, der damals noch ein weitgehend unbekannter Kaplan an der Universität Basel war, doch bald zu einem der maßgeblichen katholischen Theologen aufstieg. Der Schwerpunkt von Taubes' soziologischen Studien lag auf der Religionssoziologie, insbesondere wie Max Weber sie ausformuliert hat.

Bevor wir uns nun der Genese und dem Kern seiner Doktorarbeit zuwenden, der *Abendländischen Eschatologie*, sollten wir uns die Gestirne an seinem intellektuellen Firmament, wie es sich in Zürich herausgebildet hat, anschauen.

Im Verlauf des neunzehnten Jahrhunderts – wobei das Phänomen selber weiter zurückreicht – gab es insbesondere im deutschsprachigen Europa ein Bestreben unter evangelischen Theologen, Methoden der modernen humanistischen Wissenschaften anzuwenden, um den eigenen Glauben besser zu verstehen. Am Vorabend des Ersten Weltkriegs hatte dieses Bestreben paradoxe Folgen. Je mehr die Theologen das Alte und Neue Testament historisch verorteten, je besser sie die linguistischen Feinheiten und Rätsel der biblischen Texte verstanden und je eindeutiger sie die verschiedenen Stränge und historischen Ebenen innerhalb dieser Texte identifizieren konnten – desto magerer wurde ihre Ausbeute. Es schien, als würde die humanistische Forschung eher ein Ringen zwischen rivalisierenden Strömungen innerhalb der christlichen Tradition offenlegen als auch nur eine einzige Botschaft oder eine einzige Tradition näher zu beleuchten. Ein Streit, der sich bis zu den Evangelien selbst zurückverfolgen lässt. Es entstand kein klares Bild von Jesus, und wo doch, war es weit von dem biblischen Christus des Glaubens entfernt, wie etwa Albert Schweitzer in seinem Buch *Von Reimarus zu Wrede: Eine Geschichte der Leben-Jesu-Forschung* (1906) zeigte. Taubes kannte dieses Buch sehr gut. Andere Wissenschaftler kamen zu dem Ergebnis, dass die Gemeinde der Urchristen, so wie sie im Neuen Testament beschrieben wird, nur wenig gemein hatte mit der Kirche, wie sie sich im Lauf der Zeit entwickelte. John Henry Newman hatte dieses Problem schon 1845 in seinem *Essay on the Development of Christian Doctrine* erkannt und es mittels einer retrospektiven, glaubensbasierten Interpretation zu lösen versucht. Demzufolge waren nur jene Elemente der Tradition, die auch die Zeit überdauert hatten, als wirklich wesentlich anzusehen. Doch dieser Ansatz, mochte er auch für die Gläubigen tröstend gewesen sein, war ein fundamental ahistorischer. Radikaler, weil genuin historisch, argumentierte Franz Overbeck (1837-1905), Theologieprofessor in Basel und ein Experte der frühen Kirchengeschichte. Overbecks Forschung hatte ihn zu der Überzeugung kommen lassen, dass keine wesentliche Kontinuität bestand zwischen den Christen des Neuen Testaments mit ihrer Erwartung an eine unmittelbar bevorstehende Wiederkehr Christi auf der einen Seite und der Kirche, so wie sie sich im Mittelalter und in der Moderne entwickelt hatte, auf der anderen Seite. Letztlich untergruben also die Bemühungen der Wissenschaft die Glaubensgrundsätze. Später gab Taubes einen Band mit Overbecks Schriften heraus, dem er einen einleitenden Essay voranstellte: »Entzauberung der Theologie: Zu einem Porträt Overbecks.«[3] Der mit Overbeck befreundete Nietzsche, der auf eine lange Linie evangelischer Pastoren in seiner Familie zurückblickte, war fasziniert von den jüngsten Entwicklungen in den Bibelwissenschaften. Sie flossen in seine einflussreiche Kritik des Christentums mit ein – eine Auseinandersetzung, die ihren Höhepunkt in seinem *Antichrist* (1888) erreichte, ebenfalls ein Buch, mit dem Taubes sich intensiv auseinandersetzen sollte.

Als die historischen Bibelwissenschaften die Fundamente der christlichen Orthodoxie auszuhöhlen drohten, reagierten die christlichen Gelehrten unter anderem damit, ihren Glauben immer rationaler zu formulieren und sich Jesus weniger als göttlichen Erlöser denn als vorbildlichen Menschen vorzustellen, als eine Art Vorläufer Goethes.[4] Insbesondere die liberalen evangelischen Theologen tendierten dazu, das Christentum im Allgemeinen und den Protestantismus im Besonderen als Ursprung der modernen, liberalen Kultur darzustellen. In diesem Zusammenhang ist vor allem Adolf von Harnack (1851-1930) zu nennen.

Eine Antwort auf die Herausforderung, die die kritisch-historische Herangehensweise für den Glauben bedeutete, war die »Dialektische Theologie« oder die »Theologie der Krisis«, wie es in den 1920er Jahren heißen sollte. Darunter versammelte sich eine ganze Reihe von Denkern, sowohl evangelische wie jüdische. Sie lehnten einen kritisch-historischen Zugang zur Bibel ab als Bestreben, die Religion mit den politischen und kulturellen Eliten in Einklang zu bringen – Eliten, die sie für die Katastrophe des Ersten Weltkriegs verantwortlich machten. Sie pochten darauf, dass die Auslegung der Bibel nicht von den Geschichtswissenschaften ausgehen dürfe, sondern vom Glauben. Dieser Ansatz führte dazu, dass jegliche Erkenntnisse der historischen Bibelforschung ausgeklammert oder ignoriert wurden. Hatte man einmal die weder überprüfbare noch hinterfragte Gültigkeit des Glaubens vorausgesetzt, konnte man aus dieser Perspektive heraus auch die zeitgenössische Gesellschaft kritisieren.

An der Spitze dieser intellektuellen Bewegung der evangelischen Geistlichen stand der Schweizer Theologe Karl Barth, bei dem Taubes in Basel studiert hatte.[5] Diesen Ruf begründete er mit seinem Buch *Der Römerbrief*, das er während des Kriegs schrieb und Ende 1918 veröffentlichte. Barth, ein Schüler von Harnack, war schockiert vom Krieg, empört über die Unterstützung der Kriegsanstrengungen seitens liberaler Theologen wie seinem Lehrer und von der Identifikation des Protestantismus mit der Kultur der Moderne. Er lehnte das liberale protestantische Projekt schließlich in seiner Gesamtheit ab. Barths Studie war eine ausführliche Interpretation von Paulus' Römerbrief, den er nahezu Satz für Satz analysierte. Zwischen der ersten und der zweiten, bekannteren Ausgabe seines Buches hatte Barth Overbecks posthum veröffentlichtes *Christentum und Kultur* (1919) gelesen, das einen nachhaltigen Eindruck bei ihm hinterlassen hatte mit seiner Betonung der tiefen Kluft zwischen dem Evangelium und der modernen liberalen protestantischen Kultur. Barth legte seinen Lesern dar, dass das Evangelium »das Dasein und So-Sein der Welt in Frage«[6] stellte. Er bestand darauf, zwischen dem Glauben, der auf Gnade basierte, und der säkularen Welt mit ihren rationalen Modi des Verstehens zu unterscheiden, und er stellte seine Zeitgenossen dafür an den Pranger, dass sie aus der Nation, dem Staat – und auch aus der Kirche – Götzen gemacht hätten.[7] Dies war ein Frontalangriff auf den politischen, kulturellen und religiösen Status quo – im Namen eines wahrhaftigen Glaubens. Wahren Glauben, so Barth, konnte nur erlangen, wer in den Abgrund schaute, die Welt in all ihrer Sündhaftigkeit erkannte und an einer Welt verzweifelte, in der Gott so offensichtlich abwesend war.[8]

Seine Kritiker wiesen darauf hin, dass Barths Beschreibung der säkularen Welt als Reich des Bösen ihn in die Nähe der Gnosis rückte, was in der christlichen Tradition als Ketzerei betrachtet wurde. Dahinter verbarg sich die Idee eines abwesenden Gottes, im christlichen Denken bekannt unter der Bezeichnung *deus absconditus*.[9] Barth erwiderte darauf: »An der Grenze der Häresie hat sich der Paulinismus immer gefunden.«[10] Und dem Vorwurf der Radikalität seines Standpunkts begegnete er mit der Gegenfrage, »ob man nicht mit dem Gefährlichen am Christentum noch immer auch sein Licht unter den Scheffel gestellt hat«.[11]

Ein Jahrzehnt später sah sich Barth mit einer neuen Herausforderung konfrontiert: dem Nationalsozialismus. So wie seinerzeit die liberalen Protestanten versucht hatten, das Christentum neu zu interpretieren, damit es kompatibel mit dem Liberalismus war, so führte nun der Aufstieg des Nationalsozialismus zu Bestrebungen, den deutschen Protestantismus in die nationalsozialistische Ideologie zu transformieren. Im September 1933 verabschiedete die tonangebende Fraktion in der Synode der deutschen Evangelischen Kirche den »Arierparagraphen«, der es zum Christentum konvertierten Juden untersagte, kirchliche Ämter zu bekleiden. Pastoren, die solch rassistisches Gedankengut in der evangelische Kirche ablehnten, gründeten bald eine Dissidentenbewegung, die Bekennende Kirche. Barth, damals Theologieprofessor in Bonn, gehörte zu ihren wichtigsten Sprechern. Im Jahr 1935 weigerte er sich, einen Eid auf den Führer zu schwören und ging daraufhin an die Universität Basel, von wo aus er weiterhin gegen den Nationalsozialismus opponierte, etwa indem er die Rettung der ungarischen Juden unterstützte. Taubes war mehreren von Barths Thesen gewogen. Dass die Welt ein Ort des Bösen war, erschien angesichts der Vernichtung der europäischen Juden nur noch plausibler. Vielleicht, so schlug Barth vor, könne die offensichtliche Abwesenheit Gottes in der natürlichen Welt als Beleg für die Notwendigkeit eines übernatürlichen Gottes herangezogen werden. Und vielleicht könne der Glauben eine Bühne bereiten, von der aus die säkulare Welt und ihre Missstände angeprangert werden konnten. Religion ist am authentischsten, wenn sie gefährlich ist; Paulus ist eine Leitfigur »am Rande der Ketzerei« – Taubes wird seine eigenen Versionen dieser Barth'schen Motive in den kommenden Jahrzehnten komponieren.

Bekannter als Karl Barth war in den 1930er und 1940er Jahren Barths theologischer Verbündeter und gelegentlich sein intellektueller Partner Emil Brunner (1889-1966), Theologieprofessor an der Universität Zürich. Wie Barth lehnte auch Brunner einen historisch-kritischen Zugang zum Glauben ab, doch maß er der menschlichen Vernunft einen höheren Stellenwert bei der Wahrnehmung des Göttlichen bei.[12] Brunner wies Barths Dichotomie zwischen Kirche und Welt zurück, und er nahm maßgeblichen Einfluss auf die Entwicklung der Christdemokratie in Deutschland. Kurz gesagt: Er war ein versöhnlicherer Denker als Barth und als solcher weniger interessant für Taubes. Aber einige von Brunners Überlegungen in der Mitte der 1940er Jahre färbten doch ganz offensichtlich auf Jacob ab. So etwa die Frage nach dem Sinn der Geschichte, die Bedeutung der Eschatologie (also die theologischen Mutmaßungen über die Vollendung der Geschichte und das Ende der Welt) sowie die Gegenwart als Zeitalter des Nihilismus, verbunden mit dem Siegeszug der Technik.[13] Brunner hatte einige Zeit im Ausland, in England und den Vereinigten Staaten, verbracht und sein internationales Ansehen erwies sich als hilfreich, als Taubes in den USA mit einem Empfehlungsschreiben von Brunner in der Tasche auf Jobsuche ging.

Den wohl größten Einfluss auf Jacob Taubes nahm Martin Buber, dessen Erforschung des Chassidismus und dialogische Philosophie eine ganze Epoche geprägt haben. Viele Inhalte in Taubes' Doktorarbeit scheinen hier auf: der Kampf zwischen den jüdischen religiösen Eliten und dem als ketzerisch geltenden »unterirdische[n] Judentum«;[14] das Urchristentum als eines der schöpferischsten Produkte des jüdischen Geistes, das wieder in das jüdische Selbstverständnis integriert werden musste;[15] und schließlich die zentrale Bedeutung von Zeit im Judentum, sowohl im Sinne der Erinnerung als auch hoffnungsvoll auf die Zukunft gerichtet.[16] Bubers bekanntestes Werk *Ich und Du* aus dem Jahr 1923 hatte die Sprache der Theologie revolutioniert, indem es das Verhältnis zu Gott als Paradigma einer authentischen, nicht instrumentalisierten Beziehung auch in der menschlichen Welt begriffen hatte, in der der Mensch als Selbstzweck und nicht als bloßes Werkzeug galt. In seinem Buch *Königtum Gottes* von 1932 beschäftigte sich Buber mit den politischen Implikationen der biblischen Theologie, einem Thema, das auch in Taubes' Doktorarbeit eine große Rolle spielen sollte. Für Buber war der Messianismus »die am tiefsten originale Idee des Judentums«, weil er die Geschichte in Eschatologie überführte.

Buber war 1946 bei den Taubes zu Gast, gemeinsam mit seiner Enkelin Judith. Dabei unterhielt er sich auch ausführlich mit Jacob und zeigte sich beeindruckt von dem jungen Mann.[17] Beider Wege werden sich in Jerusalem und in New York wieder kreuzen. Für Taubes wie für viele jüdische Intellektuelle im zwanzigsten Jahrhundert (etwa Gershom Scholem) war Bubers Werk eine Art Zugbrücke, die man hinter sich hochzog, wenn man sie passiert hatte. Das bedeutet, dass es Buber wohl gelang, Menschen in die Welt der jüdischen Mystik, des Chassidismus und der politischen Implikationen der Bibel hineinzuziehen.

Doch wer sich einmal tiefer in diese Themen eingearbeitet hatte, empfand Bubers Werk häufig als oberflächlich oder gar irreführend.[18] Dennoch blieb Taubes mit Buber bis zu dessen Tod im Jahr 1965 in Verbindung und steuerte auch einen kritischen Essay mit dem Titel »Martin Buber and the Philosophy of History« zu einem Band über die Philosophie Bubers bei.[19]

Einen diffuseren Einfluss hatte das Werk Martin Heideggers auf den jungen Jacob Taubes. Heidegger hatte einige wiederkehrende Tropen der christlichen Theologie aufgegriffen und sie in säkulares Vokabular übertragen. So zum Beispiel die »Angst« als Grundbefindlichkeit menschlicher Existenz; der Versuch, dieser Angst mit der Trost spendenden Umarmung der öffentlichen Meinung zu entkommen; und die Forderung nach »authentischeren« Bekenntnisformen. Auch wenn sich schon Paulus in den Evangelien diese Fragen gestellt hatte, und später Augustinus von Hippo, so war doch ihr exponiertester Kommentator der Neuzeit der dänische Lutheraner und Philosoph Søren Kierkegaard. Als seine Bücher Anfang des 20. Jahrhunderts erstmals ins Deutsche übertragen wurden, übten sie einen prägenden Einfluss auf den jungen Heidegger aus, der sich, obgleich studierter katholischer Theologe, immer stärker zu Kierkegaard hingezogen fühlte. In *Sein und Zeit* (1927) formulierte Heidegger diese christlichen Motive aus, erklärte sie als grundlegend für die *conditio humana* und entkleidete sie ihres theologischen Gewands. Aber gerade weil in ihnen die traditionellen religiösen Belange widerhallten, fanden sie unter Theologen weiterhin großen Anklang.[20] Nachdem er *Sein und Zeit* abgeschlossen hatte, tendierte Heidegger zu der Auffassung, dass der Mensch nur Bedeutung erlangen könne, wenn er sich mit dem Nichts bzw. dem Fehlen eines letzten Seinsgrunds auseinandersetzte – eine These, der auch Taubes eine Zeitlang zuneigte.[21]

Keiner von Taubes' Züricher Lehrern förderte seine Interessen und seine Karriere nachhaltiger als René König (1906-

1992). In Königs Seminaren begegnete Jacob den Großmeistern des soziologischen Denkens in Deutschland, allen voran Max Weber, für den Religion und Säkularisierung zentrale Themen waren. Auch die Doktorarbeit von Taubes nahm hier erste Konturen an und wurde schließlich in einer von König herausgegebenen Buchreihe veröffentlicht.

König war ein deutscher Nachwuchswissenschaftler, dessen Opposition zum Nationalsozialismus ihn im Jahr 1937 in die Schweiz fliehen ließ. Im folgenden Jahr habilitierte er sich und begann, als Privatdozent an der Universität Zürich zu unterrichten. Dort bezog er kein festes Gehalt, sondern finanzierte sich durch das Hörergeld seiner Studenten, konnte aber als Autor, Übersetzer und gelegentlicher Rezensent für François Bondys *Die Weltwoche* sein Einkommen aufbessern. Auch ohne feste Besoldung war König dankbar dafür, einer der wenigen intellektuellen Einwanderer zu sein, die einen Lehrauftrag an der Universität Zürich erhalten hatten. Doch blieb er stets ein vom akademischen Establishment argwöhnisch beäugter Außenseiter.[22] König und Zwi Taubes kannten sich aus ihrer Studienzeit an der Universität Wien Mitte der 1920er Jahre. Damals war der alleinstehende und ungebundene König häufig zu Gast bei der Familie Taubes, auch zu den hohen Feiertagen, an denen er Fannys Gefilten Fisch genießen durfte.[23]

An der Universität bot König Vorlesungen und Seminare an, die sich mit der Ideengeschichte der Soziologie und ihrem Bezug zur Philosophie, zur Geistesgeschichte sowie zur Gesellschafts- und Wirtschaftsgeschichte beschäftigten.[24] Jacob schrieb sich in ein Seminar über Arbeit und Beruf ein, wo er eine Hausarbeit über jüdische Konzepte von Arbeit anfertigte. Er besuchte auch eine Vorlesung von König über Karl Marx und nahm anschließend an einem Seminar teil. Die Hausarbeit, die er für diesen Kurs verfasste, führte ihn letztlich zum Thema seiner Doktorarbeit.[25]

Nach dem Krieg kehrte König nach Deutschland zurück und

nahm einen Ruf für eine Soziologieprofessur in Köln an. Er wurde zur prägenden Figur innerhalb der Zunft und in den 1960er Jahren kreuzten sich seine und Jacobs Wege abermals.

Max Weber und die Säkularisierung

Jacobs Dissertation über die abendländische Eschatologie war unter anderem eine ausführliche Auseinandersetzung mit der Verweltlichung eschatologischer Erwartungen. Eschatologie bezeichnet die Lehre von den letzten Dingen oder von der Herrschaft Gottes auf Erden. Im Judentum ist sie häufig an den Messianismus, die Ankunft des Erlösers oder das Ende des Exils geknüpft. Im Christentum bezieht sie sich in der Regel auf die Wiederkehr Jesu am Ende aller Tage. Die Kontinuität eines eschatologischen Glaubens an ein erlösendes Ende der Geschichte bis in die Neuzeit hinein kann unterschiedlich bewertet werden. Man kann es zum einen als Last betrachten: eine Kontinuität von Illusionen, die man besser fallenlassen würde, weil sie irrational sind und uneinlösbare Versprechen machen. Oder man betrachtet sie als Quelle der Hoffnung – irrational, sicher, aber trotzdem sinnvoll, weil sie die emotionale Energie für einen Wandel zur Verfügung stellen können. Taubes hat diese beiden Alternativen nie direkt und frontal einander gegenübergestellt, doch scheint seine unausformulierte Haltung dazu gewesen zu sein, dass der Glaube an die Eschatologie wenn auch nicht *wahr*, so doch hochgradig *nützlich* war, um historische Akteure zu radikalem und transformativem Handeln zu motivieren. Wenn auch das Ergebnis nie an die Erwartungen heranreichte, so war er doch der Antrieb, um in der Geschichte voranzuschreiten.[26] »Säkularisierung«, »Erlösung« und »Eschatologie« sind allesamt Begriffe, die mehrere Bedeutungen haben können. Ihre Uneindeutigkeit und Suggestivität erschweren es, die mit ihrer Verwendung verbundenen Thesen zu präzisieren.

Daraus folgen schier endlose und letztlich unauflösbare Debatten über Bedeutung und Relevanz, und das gilt auch für viele der intellektuellen Dispute, in die Taubes involviert sein sollte.[27] Aber da die Religion eine bedeutende Rolle im Leben so vieler seiner Diskussionspartner und Leser einnahm – ob nun im Sinne eines praktizierten Glaubens, einer lebendigen Erinnerung, einer Sehnsucht oder eines gefürchteten Antagonisten –, blieb das Interesse an der Geschichte und der zeitgenössischen Relevanz hoch.

Die verschiedenen Variationen zum Thema Säkularisierung werden in den Abhandlungen, die Taubes in der Zeit als Doktorand schrieb, von ihm aufgegriffen. Dasselbe gilt für seine Dissertation.

Ein Teil von Taubes' Dissertationsprüfung bestand in einer vorab angefertigten Hausarbeit mit dem Titel »Der Wandel in der Lehre von der Entwicklung des kapitalistischen Arbeitsethos seit Max Weber«, verfasst für René König.[28] In diesem Aufsatz untersuchte Taubes die Rezeption von Webers These von der engen Verbindung zwischen Calvinismus und dem Geist des Kapitalismus. Taubes zeigte hier seine profunde Kenntnis der Kontroverse über die »Protestantismus-Kapitalismus-These« unter deutschen Sozialwissenschaftlern zu Webers Lebzeiten sowie der späteren Debatten in Frankreich, England und den Vereinigten Staaten. Für Taubes war der Kapitalismus die Basis der Entmenschlichung,[29] eine Hypothese, die er nie überprüfte, aber stets voraussetzte.

Carl Schmitt und die Politische Theologie

Eine weitere Variation zum Thema Säkularisierung wurde unter dem Namen »Politische Theologie« bekannt: der Versuch, die Zusammenhänge zwischen den Konzeptionen von Gott und Politik aufzuspüren, wobei der Begriff der »Politischen Theologie« ambivalent war und unterschiedliche, mitunter sogar entgegengesetzte Konnotationen hatte.

Ein Schlüsseltext in dieser Debatte war die Schrift *Politische Theologie: Vier Kapitel zur Lehre von der Souveränität* des deutschen Rechtsgelehrten Carl Schmitt, die erstmals 1922 veröffentlicht wurde.

Wie so oft war auch bei Schmitt Antiliberalismus eng mit Antisemitismus verflochten, den er zu Zeiten der Weimarer Republik, als er zu einer der wichtigsten Persönlichkeiten in der intellektuellen Szene aufstieg, noch unter der Decke hielt. Aber gleich nach Hitlers Machtübernahme stellte er sich demonstrativ hinter das neue Regime und arbeitete mit Hochdruck daran, zum Kronjuristen aufzusteigen. Er schrieb nicht nur Artikel, in denen er die Hitlerdiktatur unterstützte, sondern organisierte auch eine Konferenz, um die deutsche Jurisprudenz von ihren »jüdischen« Elementen zu säubern. Ausgebremst wurde er von anderen Nazi-Juristen, die ihn aus opportunistischen Gründen im Jahr 1936 für seine früheren Kontakte zu Juden und seinen Mangel an ideologischer Konformität attackierten. Im weiteren Verlauf des »Dritten Reichs« verfasste Schmitt eine Reihe von Artikeln und kürzeren Abhandlungen über internationale Beziehungen und zum Völkerrecht, die alle dazu dienen sollten, ein von Deutschland dominiertes Europa zu legitimieren. Die Frage, wie es dazu kommen konnte, dass ein Mann von Schmitts intellektuellem Format den Nationalsozialismus unterstützte, sollte Jacob Taubes noch lange beunruhigen und beschäftigen.

Taubes begegnete Schmitts Politischer Theologie zum ersten Mal im Alter von neunzehn Jahren, in einem Seminar über Religion und Politik bei dem Historiker Leonhard von Muralt. Als Taubes das Buch las, ahnte er nichts von Schmitts späterer Unterstützung des Naziregimes und seinen antisemitischen Umtrieben. Taubes war tief beeindruckt und hielt einen vierzigminütigen Vortrag darüber, doch der leitende Professor lehnte das Buch schroff als Arbeit eines »bösen Menschen« ab.[30] Schmitt glaubte, der Liberalismus blicke allzu wohlwollend, geradezu naiv auf das Menschliche und überschätze das Ausmaß, in dem eine Regierung nur auf der Basis von Regeln und Verfahren bzw. eine Politik auf der Basis einer vernunftgeleiteten Diskussion funktionieren könne. Das Leben folge diesen Regeln nun mal nicht verlässlich, so Schmitt, und der Liberalismus mit seinem rationalen Ansatz, wonach alle Probleme in der Debatte gelöst werden könnten, und seinem eisernen Beharren auf dem Einhalten der korrekten Verfahren sei folglich intellektuell unangemessen und politisch unzulänglich. Er trage dem Umstand keinerlei Rechnung, dass es außergewöhnliche Situationen gebe, in denen das Festhalten an bestehendem Recht und seine Verfahren für das Gemeinwesen fatal sein konnte – wie zum Beispiel in einem Bürgerkrieg. Auch berücksichtige es nicht, dass in solchen Fällen Entscheidungen gefällt werden müssten, die außerhalb der genehmigten Verfahren stünden. Und zu den wichtigsten Entscheidungen, die getroffen werden mussten, zählten jene in akuten Not- oder Ausnahmesituationen. Darin lag für Schmitt die eigentliche Bedeutung von Souveränität: Welches Individuum oder Gremium war im Ausnahmezustand befugt zu entscheiden?[31]

Schmitt koppelte sein politisches Argument an ein historisches, für das sich Taubes ganz besonders interessierte. Schmitt stellte die These auf, dass »[a]lle Begriffe der modernen Staatslehre ... säkularisierte theologische Begriffe« seien. Er argumentierte zum Beispiel für eine intrinsische Verbindung zwischen dem frühneuzeitlichen Deismus und dem liberalen Konstitutionalismus. So wie die Deisten glaubten, Gott habe die Welt einschließlich ihrer eigenen Gesetze erschaffen, die keine weitere göttliche Intervention in Form von Wundern benötigten, so glaubten die Liberalen, man könne eine Regierung einzig auf Regeln und Verfahren begründen. Und so wie die Deisten die Notwendigkeit und die Möglichkeit von Wundern von sich wiesen, glaubten die Denker der Aufklärung und ihre liberalen Erben, dass die persönliche Entscheidung und die Aufhebung von Gesetzen keinen Platz hatten in einem gut funktionierenden Staat.[32] Umgekehrt bedeutete dies, dass es eine gewisse Analogie (Schmitt blieb hier vage) gebe zwischen dem Glauben in die Fähigkeit Gottes, Wunder zu vollbringen, und der Fähigkeit des politischen Souveräns, die geltenden Verfassungsregeln außer Kraft zu setzen.

Wie so häufig bei Säkularisierungsdebatten waren Schmitts Belege für die Verbindungen zwischen theologischen und politischen Konzepten eher suggestiv als präzise. Das machte sie zwar anregend, doch lieferte das auch endlos neuen Stoff für Debatten und Diskussionen.

Wie sein Lehrer Max Weber betrachtete auch Schmitt die moderne Politik als gefangen im Eisernen Käfig der ökonomischen und technischen Denkweisen, was zu ihrem erschlafften und leidenschaftslosen Zustand geführt habe. Sowohl Schmitt als auch Taubes waren theologisch interessiert und bewandert, und beide hielten sie die These von einer Verbindung zwischen Politik und Theologie aufrecht, an die sie doch eigentlich nicht so recht glauben mochten. Auch verachteten beide den modernen Liberalismus und was sie für die allzu belanglosen Sorgen eines durchschnittlichen bürgerlichen Lebens hielten.

Hans Urs von Balthasar und die Säkularisierung der Apokalypse

Vielleicht am unmittelbarsten nahm der befreundete Jesuit und Theologe Hans Urs von Balthasar (1905-1988) Einfluss auf Taubes' Dissertation. Der aus dem Großbürgertum stammende Balthasar hatte sich in verschiedenen Disziplinen versucht, von der Kunst über die Musik bis zur Philosophie, bevor er in Germanistik promovierte und in den Jesuitenorden eintrat. Im Ergebnis stand das Buch *Geschichte des eschatologischen Problems in der modernen deutschen Literatur* (1930), das Balthasar im folgenden Jahrzehnt auf ein dreibändiges Werk, das zwischen 1937 und 1939 erschien, erweiterte (*Apocalypse der deutschen Seele: Studien zu einer Lehre von letzten Haltungen*). Das Werk bestand aus einer Reihe fundierter Studien über Persönlichkeiten aus der deutschen Geistes- und Kulturgeschichte vom achtzehnten bis zum zwanzigsten Jahrhundert, das mit Heidegger, Rilke und Barth abschloss. Für jeden Eintrag lieferte Balthasar eine Werkanalyse unter dem Gesichtspunkt der jeweiligen Überlegungen zu letzten Dingen oder zum Schicksal der Menschheit. Das Buch skizzierte den Weg von der Preisgabe der mittelalterlichen Anschauung einer transzendentalen Beziehung zwischen Mensch und Gott und einer ultimativen Erlösung; die Ablösung von einer Ideologie des historischen Fortschritts im achtzehnten Jahrhundert, insbesondere im deutschen Idealismus; später, im neunzehnten Jahrhundert, die Kritik dieser Ideologie; und schließlich die Suche nach Alternativen zu einer fortschrittsorientierten Auffassung von Geschichte im zwanzigsten Jahrhundert.[33] Für Balthasar markierte die Suche nach einer diesseitigen Geschichtsphilosophie, ob nun im Sinne einer Fortschrittsideologie oder auf andere Weise, eine Abkehr vom mittelalterlichen christlichen Verständnis des Eschaton in transzendenten, jenseitigen Begriffen wie etwa dem Königreich Gottes. Da Balthasar davon ausging, dass die christliche Perspektive im Grundsatz die richtige war, geriet die *Apokalypse der deutschen Seele* zu einem Werk der katholischen Kulturkritik und Apologetik. Mit anderen Worten, für Balthasar war die Säkularisierung der Eschatologie mutmaßlich unrechtmäßig. Darüber hinaus beschäftigte er sich intensiv mit der Gnosis, die er sowohl als eine Häresie der Antike als auch als ein wiederkehrendes Muster der modernen westlichen Geschichte verstand; und als ein Phänomen, das er als zutiefst zerstörerisch einstufte.[34]

Taubes sollte Balthasars Faszination für die Geschichte des eschatologischen Denkens und die Gnosis übernehmen. Er teilte Balthasars Interessen, seine Wertungen jedoch nicht, manche stellte er völlig auf den Kopf. Auch stilistisch beeinflusste Balthasar den jungen Taubes. Balthasar war kein besonders geradliniger Denker, seinen Werken mangelt es oft an stringenter Argumentation, vielmehr fügen sie sich aus einem Strom von starken Aussagen zusammen.[35] Taubes eignete sich manches davon an.

Als Taubes ihn kennenlernte, war Balthasar ein katholischer Kaplan an der Universität Basel, der Karl Barth nahestand, obgleich dieser evangelisch war. Von Anfang an strebte Balthasar in seiner wissenschaftlichen Laufbahn nach einem Bruch mit der in seinen Augen verdorrten Theologie der Neoscholastik und der Wiedereroberung des Glaubensdramas. Anfangs schrieb er aus einer Außenseiterposition in der katholischen Kirche heraus, und obwohl sein Einfluss zunächst noch schwand, nahm er am Ende doch deutlich zu: Nachdem er vom Zweiten Vatikanischen Konzil im Jahr 1962 ausgeschlossen worden war, stand er schließlich kurz davor, von Papst Johannes Paul II. zum Bischof ernannt zu werden, als er 1988 starb.

Karl Löwith und die Säkularisierung der Eschatologie

Taubes' Gedanken über die Transformation von religiösen zu säkularen und politischen Inhalten waren tief beeinflusst von einem 1941 in Zürich erschienenen Buch, das König ihm ans Herz legte: *Von Hegel zu Nietzsche: Der revolutionäre Bruch im Denken des neunzehnten Jahrhunderts*.[36] Der Autor war der deutsche Philosoph mit jüdischen »rassischen« Wurzeln Karl Löwith, der evangelisch sozialisiert war und schließlich ins Exil nach Japan floh. In den 1920er Jahren hatte Löwith bei Martin Heidegger studiert, ebenso wie Hans Jonas, Leo Strauss, Hannah Arendt und Herbert Marcuse, die auch alle jüdischer Herkunft waren und Teil von Jacob Taubes' intellektueller Reise wurden.

Löwiths Studie zeichnet die deutsche Geistesgeschichte im Verlauf des neunzehnten Jahrhunderts nach. Die meisten deutschen Werke zur Geistesgeschichte des neunzehnten Jahrhunderts können als eine Reihe von Reaktionen auf das Hegel'sche System verstanden werden. Sie gipfeln an dem einen Ende in Marx' radikal materialistischer Ablehnung der bürgerlichen Gesellschaft und am anderen Ende in Søren Kierkegaards radikaler Ablehnung jeglicher Versuche, den Graben zwischen dem christlichen Glauben und der bürgerlichen Welt zu schließen sowie sein Bestehen auf der Notwenigkeit einer Entscheidung zwischen diesen beiden Alternativen (eine Kritik, die Karl Barth, Carl Schmitt und Martin Heidegger beeinflusst hat). Löwiths Buch schließt mit einer Betrachtung von Nietzsches radikaler Kritik des Christentums und mit Overbecks Ablehnung jeglicher Möglichkeit einer Versöhnung des frühen Christentums mit der Moderne. In seiner Doktorarbeit und auch darüber hinaus stützte sich Taubes stark auf Löwiths Porträts deutschen Denkens im neunzehnten Jahrhundert. Löwith wiederum bezog sich auf Taubes' Buch über die abendländische Eschatologie in seiner nachfolgenden Studie *Meaning in History* (1949). Aber wie schon bei Balthasar nahm Taubes Elemente aus Löwiths Analyse auf, wich jedoch von dessen Schlussfolgerungen ab. Löwith betrachtete das Erbe der Eschatologie als grundlegend verderblich. Auch noch in seiner säkularisierten Form befördere sie den illusorischen Glauben, dass die Geschichte eine bestimmte Richtung nehme. Taubes hingegen kam zu einer weitaus positiveren Einschätzung über das Erbe der religiösen Eschatologie.

Die Faszination des Antinomismus:
Bloch, Jonas und Scholem

Beim Schreiben seiner Dissertation wurde Taubes aus mehreren Richtungen des deutschen Geisteslebens in der Zwischenkriegszeit beeinflusst, das sich mit häretischen und antinomistischen Strömungen innerhalb der jüdischen und christlichen Tradition befasste. Besonders intensiv bezog er sich auf drei Intellektuelle, die ganz unterschiedliche Agenden verfolgten.

Da war zunächst Ernst Bloch (1885-1977), ein einflussreicher Philosoph der 1950er und 60er Jahre. *Das Prinzip Hoffnung* von 1959 hat Generationen von Studenten beeinflusst und geht auf Blochs *Geist der Utopie* von 1918 zurück. Prägend für Taubes' Dissertation war ein Buch von Hans Jonas aus dem Jahr 1934: *Gnosis und spätantiker Geist*. Jonas, der ebenfalls bei Martin Heidegger studiert hatte, brachte bestimmte Heidegger'sche Analyseansätze in seine Arbeit über die Gnosis ein. Der Begriff hatte eine kuriose Entstehungsgeschichte und transportierte eine Vielzahl von Bedeutungen (was allein schon wieder Stoff für endlose Debatten lieferte).[37] »Gnosis«, das aus dem Griechischen kommt und »Wissen« bedeutet, bezeichnet ein verborgenes oder esoterisches Wissen über die Welt. Die Gnosis stellte die traditionelle jüdische Vorstellung der Schöpfung durch göttliche Vorsehung auf den Kopf. Die Welt, so die Gnostiker, sei in der Tat eine Schöpfung – aber sie ist eine Welt des Bösen, erschaffen von einer bösen Gottheit. Die Möglichkeit einer besseren Welt stünde jenen offen, die die bestehende Welt als vom Bösen durchdrungen erkannten. In der christlichen Tradition wurde die Gnosis schon seit dem zweiten Jahrhundert als Irrlehre betrachtet. Sie galt als so ketzerisch, dass sogar die Schriften über sie vernichtet wurden, woraufhin vieles, was damals diesbezüglich diskutiert wurde, nur indirekt aus den Angriffen von christlichen Theologen, wie etwa *Gegen die Häresien* (ca. 180) von Irenäus von Lyon, überliefert ist. Im neunzehnten und frühen zwanzigsten Jahrhundert explodierte die Forschung zur Gnosis jedoch geradezu. Doch die Wissenschaftler waren sich in manchem uneinig, ob sie etwa griechischen oder persischen Ursprungs war oder in welchem Ausmaß Teile des christlichen Evangeliums ihren Einfluss widerspiegelten.[38]

Jonas vertrat die These, dass die Gnosis in mehreren Gesellschaften im antiken Mittelmeerraum entstanden war, und zwar in etwa zur gleichen Zeit. Den Grund dafür sah er in einer gemeinsamen Erfahrung dieser Gesellschaften, die gnostische Mythen und ihre Lehren so attraktiv machten. Jonas' wichtigste Forschungsleistung war die Präsentation einer, wie er es nannte, phänomenologischen Darlegung der Gnosis, also einer Darlegung, die bemüht war, die Gefühle, Wahrnehmungen und die grundlegende Einstellung zur Welt (»Daseinshaltung«) ihrer Anhänger zu ergründen.[39] Jonas versuchte nicht nur, die Gnosis entlang der Heidegger'schen Kategorien neu zu denken, seine Beschreibung der gnostischen Haltung hatte zudem eine verblüffende Ähnlichkeit mit Elementen aus Heideggers eigener Weltanschauung, wie er sie in *Sein und Zeit* dargelegt hat. Da für die Gnostiker die Welt böse und Schöpfung einer bösen Gottheit war, bestand ihre grundlegende Erfahrung, ihr »Urerlebnis« oder »Grunderlebnis«, in einer fundamentalen Fremdheit, in Einsamkeit und Furcht; sie lebten in einer Welt, die sie nicht verstanden und in der sie nicht verstanden wurden. Der Gnostiker spürte, dass ohne ein angemessenes Bewusstsein seine essenzielle Fremdheit dem Vergessen anheimfallen konnte, und in der Folge würde er sich in der Welt des Bösen assimilieren, von seinen wahren Wurzeln entfremden, die in einer besseren, überweltlichen Sphäre lagen. Der erste Schritt zur wahren Weisheit, so glaubten die Gnostiker, lag darin, die eigene Fremdheit, die ein Zeichen der Überlegenheit war, zu erkennen. Damit einher ging ein »Heimweh« nach einer höheren, jenseitigen Welt.[40]

Die Gnosis, so Jonas, sei eine revolutionäre Lehre: nicht weil sie danach strebe, die bestehende Gesellschaftsordnung zu stürzen und durch eine andere zu ersetzen, sondern im Sinne einer vollständigen Entwertung der existierenden Welt und ihrer Ablösung durch eine Gegenwelt, mittels einer alternativen Auffassung der Realität. Gott – der wahre Gott, nicht die Götter, die von der Gesellschaft angenommen wurden – war negativ definiert, er befand sich völlig jenseits dieser Welt als ein unbekannter Gott, der die Erlösung bringen werde.[41] Daraus, schrieb Jonas, folgten eine Art »kosmischer Nihilismus«, eine Loyalität zu einer Gottheit, die ein »Nichts« ist, und eine Art zu leben, die paradoxerweise ihre Bedeutung durch Negation erlangt.[42] Nach dieser Auslegung waren jene, die ein Bewusstsein des wahren Geistes (Pneuma) besaßen, in der Lage, sich von der bestehenden Gesellschaft und ihren Normen zu lösen. Das würde, zumindest in einem ersten Schritt, zu moralischem Anarchismus und Libertinismus führen, bevor neue Formen der Selbstenthaltung (Askese) oder der religiösen Gemeinschaft entstehen konnten. Basierend auf einer mutmaßlich höheren Wissensstufe, führte die Gnosis zu einer Geringschätzung der Welt und ihrer »Weisheit«.[43] Die Pneumatiker bildeten, so sahen sie es zumindest selbst, eine privilegierte Aristokratie, einen neuen Typus Mensch, frei von den Verpflichtungen und Normen der existierenden Gesellschaft. Und tatsächlich war der uneingeschränkte Gebrauch dieser Freiheit ein positives Gebot und wertete die Weihe des Sakrilegs auf. Der Pneumatiker, so wie ihn Jonas beschrieb, brüstete sich damit, sich durch sein Handeln vom Rest der Gesellschaft abzuheben. Ein Libertinismus hingegen, der sich bewusst über die gesellschaftlichen Konventionen hinwegsetze, werde als eine Art Kriegserklärung an die bestehende Welt verstanden.[44]

Ein kleiner Kreis deutschsprachiger Gelehrter rezipierte Jonas' Studie und erkannte auch ihre Brillanz und ihre Bedeutung, aber die Reichweite blieb begrenzt. Das lag zum einen schlicht daran, dass das Buch mit »Erster Teil« untertitelt war, woraufhin einige Wissenschaftler nachvollziehbarerweise mit ihrer Rezension auf den zweiten Teil warteten. Das jedoch sollte zwei Jahrzehnte dauern.[45] Zudem sah sich Jonas im Jahr 1933 als Jude und überzeugter Zionist gezwungen, Deutschland zu verlassen, und floh nach Jerusalem, damals im Mandatsgebiet Palästina.

Dort gehörte er zu einem Kreis Intellektueller um seinen Freund Gershom Scholem. Doch die Möglichkeiten, eine wissenschaftliche Karriere in Jerusalem zu verfolgen, waren begrenzt. Es gab nur eine Universität, die Hebräische Universität, die vor gerade mal einem Jahrzehnt gegründet worden und immer noch ein kleines Unterfangen war. Im Zweiten Weltkrieg kämpfte Jonas in der Jüdischen Brigade der britischen Armee und anschließend auch im Israelischen Unabhängigkeitskrieg. Nachdem er die Hoffnung auf eine akademische Anstellung in Israel aufgegeben hatte, nahm er eine Stelle an der Carleton Universität in Ottawa, Kanada, an, bevor er an die New School nach New York ging. Dort begann er eine zweite akademische Laufbahn als Philosoph und schrieb schließlich ein Buch, das zum Meilenstein des ökologischen Denkens avancierte: *Das Prinzip Verantwortung* (1979).

Gnosis und spätantiker Geist blieb auch aus stilistischen und strukturellen Gründen in seinem Radius limitiert. Das Buch war für Spezialisten im Feld geschrieben, beginnend mit einem umfangreichen Forschungsabriss, dann übergehend zu Jonas' eigenem existenzialistischem Ansatz, gehalten in einer schwer zugänglichen Sprache. Jonas' Arbeit zur Gnosis sollte erst in den 1950er Jahren internationale Beachtung finden, als das Buch in eine leichter zugängliche Sprache umgeschrieben und auf Englisch publiziert wurde – in einer Buchreihe, die von Jacob Taubes herausgegeben wurde.[46] Doch Taubes' Interesse an der Gnosis – zumindest wie bei Jonas dargelegt – ging über ein rein wissenschaftliches hinaus. Er übernahm vieles aus der gnostischen Haltung gegenüber einer gefallenen Welt.

Die Relevanz für die jüdische Geschichte von Jonas' Forschung zur Gnosis wurde von Gershom Scholem in dessen bahnbrechendem Essay von 1937 »Mitzvah habaah ba'averah« (später übersetzt mit »Erlösung durch Sünde«) über Sabbatai Zwi (die Schreibweise variiert) unter Beweis gestellt, den falschen Messias aus dem siebzehnten Jahrhundert und seinen Nachfolger aus dem achtzehnten Jahrhundert, Jakob Frank. Unter dem Druck der osmanischen Autoritäten konvertierte Sabbatai Zwi zum Islam, während Frank letztendlich in Polen zum Katholizismus übertrat. In beiden Fällen entwickelten ihre Anhänger raffinierte theologische Begründungen, um die unerwartete Wendung im Schicksal ihres Messias zu erklären, und verhielten sich ganz bewusst sündhaft, da die Ankunft des Messias die Anhänger vom Joch des Gesetzes befreien würde, und die Welt nur vom Bösen erlöst werden könne, indem man es durch frevelhafte Handlungen ausmerzte. In Anlehnung an Jonas verwies Scholem auf die Verbindung zwischen ihrer Vorstellung von einer spirituellen Auserwähltheit und ihrem Nihilismus:

Die geistige Welt, in der diese Erleuchteten verharrten, ist ihrer Ansicht nach von der Welt »mittelmäßiger Menschen« aus Fleisch und Blut völlig geschieden. Der Maßstab dieser Welt ist im Hinblick auf die neuen Gesetze, nach denen der Mensch des Geistes lebt, vollkommen wertlos. … Er kann alles tun, was ihm in den Sinn kommt, denn seine Handlungen können nicht nach moralischen Gesetzen beurteilt werden, denen er nicht unterworfen ist. Im Gegenteil, diese Moral des »Mittelmaßes« muß im Namen der stärker nach innen gewandten Lehre, die sich ihnen offenbart, aufgehoben werden.[47]

Taubes bezieht sich in seiner Doktorarbeit nicht auf Scholem, doch es scheint, als hätte er sich kurz nach der Fertigstellung intensiv mit dessen Werk beschäftigt.

Dieser Überblick über die Sterne an Taubes' intellektuellem Firmament verdeutlicht, dass Taubes zwar von unterschiedlichen, mitunter widersprüchlichen intellektuellen Strömungen beeinflusst wurde, doch waren es nahezu ausschließlich *deutsche* intellektuelle Strömungen, einschließlich deutsch-jüdischer Denker wie Buber und Scholem. Deutsches Denken und deutsche Kultur waren ihm in Fleisch und Blut übergegangen.

Diese Einflüsse, Fragestellungen und Themen hinterließen ihre Spuren in seiner Doktorarbeit über die abendländische Eschatologie, seiner ersten – und letzten – großen Buchpublikation.

4
Die Abendländische Eschatologie und darüber hinaus, 1946-1947

Nachdem er die Ausbildung an der Jeschiwa in Montreux durchlaufen hatte, besuchte Jacob Taubes Seminare an der Universität Zürich und begann mit der Arbeit an dem, was seine Doktorarbeit werden sollte. Sein Thema entwickelte sich aus seinem Interesse am Marxismus und an der Religion. Die Arbeit, die bald nach Abschluss auch veröffentlicht wurde, stützte sich auf eine bemerkenswert umfangreiche Lektüre aus verschiedensten Fachbereichen und entwarf eine brauchbare Vergangenheit für zeitgenössische Extremisten und für religiöse Menschen, die sich zu einem weltlichen Radikalismus hingezogen fühlten. Die in der Studie zentralen Themen Gnosis und Apokalyptik werden Taubes durch seine gesamte berufliche Laufbahn hindurch begleiten. Nachdem er seine Arbeit abgeschlossen hatte, wandte er sich weiteren Themen aus den Disziplinen Philosophie, Geschichte und Jüdische Studien zu, alles Inhalte, die sich auch im Werk Gershom Scholems finden. Bevor Taubes in die USA ging, um ein Stipendium am Jewish Theological Seminary anzutreten, kontaktierte er Scholem.

Der Anstoß für Taubes' Dissertation über die abendländische Eschatologie war seine Hausarbeit mit dem Titel »Die Begründung des Sozialismus durch Karl Marx«, die er für das Seminar bei René König schrieb.[1] Taubes' Kernthese war, dass es in Marx' Sozialismus unterhalb der rationalistischen Konzeptstruktur eine irrational aufgeladene Dimension gab, die auch die hohe Anziehungskraft zu erklären half.[2] Marx' These, der Sozialismus sei sowohl historisch unvermeidlich als auch moralisch wünschenswert, basierte letztendlich auf dem Glauben daran: »Dass aus der Entdeckung von Naturgesetzen irgend eine Einsicht in eine bessere Ordnung der Gesellschaft folgen könnte, ist völlig sinnlos, wenn man nicht eine im göttlichen Weltplan prästabilierte Harmonie annimmt. Es bleibt vollkommen unverständlich, warum denn der materielle ökonomische Prozess nicht zum Triumph der endgültigen Sinnlosigkeit, zur Sklaverei und Anarchie führen sollte.«[3] Der Marxismus, so Taubes, beruhte letztlich auf einem Kern apokalyptischer Grundüberzeugungen, auf einer Suche nach Gewissheit darüber, wann das Ende der gegenwärtigen Welt eintreten und der Beginn einer neuen, besseren Welt einsetzen würde. Wie andere Apokalyptiker auch, betrachtete Marx die Geschichte als unterteilt in das böse Reich der Armut und das Reich der Freiheit und Gerechtigkeit, das der Kommunismus bringen werde, ein »Reich Gottes – ohne Gott«.[4] »Gerade in der Lehre von der Erlösung des Menschen und der messianischen Berufung des Proletariats liegt das Pathos und die ungeheure Stosskraft der Marxschen Ideen«, schrieb Taubes.[5] Am Ende des Essays kommt er zu dem Schluss, dass bei Marx, wie bei jedem großen Denker, sowohl zeitgebundene als auch zeitlose Elemente vorkommen und dass sich sein Verständnis von Zeit in der Betonung der Ökonomie widerspiegelt: »Aber, in all dem, durch all das hindurch tönt ein Wille, ein Hoffen und Sehnen, das ewig ist.« Ein Sehnen nach der »wirklichen Apokalypse, der des Menschen. Es enthüllt sich in ihnen die ewige Sehnsucht des gefallenen Menschen nach Erlösung…«[6] Dies ist eine der Kernaussagen der *Abendländischen Eschatologie*. (Ein Fazit, zu dem kürzlich auch Yuri Slezkine in seiner Geschichte über die erste Generation der Bolschewiki kam.[7])

Taubes' Forschung bewegte sich anschließend, historisch betrachtet, rückwärts. Der Titel seines ersten Entwurfs der Doktorarbeit »Apokalyptische und Marx'sche Geschichtsanschauung. Studien zur Geschichtsanschauung von Karl Marx« verrät seine Intention.[8] Dieser Entwurf zeigt bereits den Einfluss von

Balthasars *Apokalypse der deutschen Seele*. Und obwohl Balthasar sich nicht besonders für Marx interessierte, übernahm Taubes Ideen von Balthasar sowohl bezüglich der zentralen Bedeutung der Apokalyptik in der Geschichte des christlichen und nachchristlichen Abendlandes als auch mit Blick auf die maßgebliche Rolle des Mönchs und Theologen aus dem zwölften Jahrhundert, Joachim von Fiore, bei der Säkularisierung des eschatologischen Denkens. Taubes scheint in dieser Zeit Löwiths Buch gelesen zu haben, das einen nachhaltigen Eindruck bei ihm hinterließ, denn der Arbeitstitel seiner Dissertation lautete »Logos und Telos: Studien zu Geschichte und System der abendländischen Eschatologie von der Prophetie und Apokalyptik bis Hegel, Marx und Kierkegaard.«[9]

Taubes schrieb seine Doktorarbeit nahezu ohne akademische Anleitung, was nicht ungewöhnlich war an Schweizer Universitäten zu jener Zeit, sein Freund Armin Mohler erlebte dies ähnlich in Basel. »Wie schreibt man ein Buch?«, fragte Taubes Rudolf Zipkes, einen Freund der Familie, der kurz zuvor ein Buch veröffentlicht hatte. Der Mangel an fachlicher Anleitung erklärt wohl auch die eine oder andere Eigentümlichkeit des Buches.

Als er die *Abendländische Eschatologie*, seine Doktorarbeit an der Universität Zürich, beendete, war Taubes 23 Jahre alt. Die Dissertation war die erste und letzte Monografie, die er publizieren sollte. Es ist das Werk eines bemerkenswert gelehrten und intellektuell ambitionierten jungen Mannes, der sich große Mühe gab, seine Klugheit und Belesenheit auch zu präsentieren. Da die Arbeit unter nur minimaler akademischer Anleitung entstand, spiegelt sich darin auch ein Autor wider, der sich an das Schreiben herantastete und der auf seinem Weg mehrfach von einem intellektuellen Register ins nächste wechselte. Das Buch beginnt im Stil des existenziellen Expressionismus der 1920er Jahre, der sich durch prophetische Verlautbarungen zur menschlichen Existenz auszeichnet (so wie bei Barth, Rosenzweig oder Heidegger). Anschließend nähert es sich dem stärker wissen-

schaftlich orientierten Genre der Religionsgeschichte (eine spezifisch deutsche akademische Schule, bei der die Bibel in ihrem
historischen Kontext interpretiert wurde) und der Ideengeschichte an, bevor es mit einer vagen religiösen Mahnung endet. Taubes' Arbeit ist ein Beitrag zu einem zeitgenössischen Genre,
das man als Geistesgeschichte der Menschheit bezeichnen könnte. Herausragende Beispiele für dieses Genre sind die kurz zuvor veröffentlichten Bücher von Balthasar und Löwith, auf beide stützte sich Taubes und nahm sie sich auch zum Vorbild.
Nicht selten abschweifend und voller salopper Übergeneralisie-
rungen ist die *Abendländische Eschatologie* über weite Strecken
nicht originär. Und doch ist das Buch auf seine ganz eigene Art
bemerkenswert.

Dass der Anfang des Buches den Einfluss von Martin Heidegger widerspiegelte, wäre eine Untertreibung, denn der erste Absatz reproduziert den Stil und mehrfach sogar den Wortlaut von
Heideggers Essay »Vom Wesen der Wahrheit« (1943). Zur Ver-
anschaulichung seien hier beide Passagen angeführt.

> Heidegger: »Vom Wesen der Wahrheit ist die Rede. Die Fra-
> ge nach dem Wesen der Wahrheit kümmert sich nicht darum,
> ob die Wahrheit jeweils eine Wahrheit der praktischen Le-
> benserfahrung oder einer wirtschaftlichen Berechnung, je die
> Wahrheit einer technischen Überlegung oder der politischen
> Klugheit, im besonderen eine Wahrheit der wissenschaftlichen
> Forschung oder einer künstlerischen Gestaltung, oder gar die
> Wahrheit einer denkenden Besinnung oder eines kultischen
> Glaubens ist. Von alldem sieht die Wesensfrage weg und blickt
> in das Eine hinaus, was jede ›Wahrheit‹ überhaupt als Wahrheit
> auszeichnet.«[10]
> Taubes: »Nach dem Wesen der Geschichte ist gefragt. Die
> Frage nach dem Wesen der Geschichte kümmert sich nicht um
> einzelne Ereignisse in der Geschichte, um Schlachten, Siege,
> Niederlagen, Verträge, um Geschehnisse in der Politik, um Ver-
> flechtungen in der Wirtschaft, um Gestaltungen in Kunst und
> Religion, um Ergebnisse wissenschaftlicher Erkenntnis. Von

all dem sieht die Frage nach dem Wesen ab und blickt nur auf das Eine hinaus: wie ist überhaupt Geschichte möglich, welches ist der zureichende Grund, darauf Geschichte als Möglichkeit ruht?«[11]

Zu Beginn des Buches beschäftigt sich Taubes mit den religiösen Wurzeln der Geschichtsphilosophie. In der Antike hatten die Menschen noch ein zyklisches Geschichtsverständnis. Die Vorstellung, dass Geschichte linear verläuft und nicht in einem natürlichen, wiederkehrenden Zyklus ist ein Produkt des eschatologischen Denkens, das seinen Ursprung in der hebräischen Bibel hat. Denn, so Taubes, erst die Idee, dass Geschichte auf irgendein Ende zusteure, ermögliche es, Geschichte als einen mit Bedeutung aufgeladenen Prozess zu betrachten. Hätte alles in der Geschichte den gleichen Wert, wäre alles beliebig: Erst die Idee von einem Endpunkt der Geschichte erzeuge die Möglichkeit einer Absicht oder einer Bedeutung der Geschichte.[12] Die Schrift geht den Wurzeln dieser eschatologischen Sichtweise in der hebräischen Bibel und im Neuen Testament nach und untersucht anschließend den Wandel im Mittelalter sowie die endgültige Säkularisierung in der deutschen Philosophie der Moderne sowie im Marxismus.

Taubes übernimmt von Karl Löwith die Verknüpfung von Eschatologie und prozessualer Geschichtsphilosophie. Dabei geht er mit Löwiths Untersuchungsansatz konform, kehrt aber dessen Bewertung um. Für Löwith war die Kontinuität zwischen religiöser Eschatologie und der modernen Geschichtsphilosophie ein Beweis für die Irrationalität dieser Philosophie. Taubes hingegen bekräftigte die Vorstellung von Geschichte als im Wesentlichen eine der menschlichen Befreiung, eine Auffassung, die seiner Ansicht nach religiöse Wurzeln hatte.

Das zweite Thema, das den größten Teil des Buches ausmacht, beschäftigt sich mit der Geschichte der Apokalyptik und der Gnosis. Beiden gemein ist die Idee, die bestehende Ordnung (oder die bestehende Welt) sei böse und korrupt. Apokalyptiker suchen nach Zeichen dafür, dass die bestehende Ordnung ihrem Ende entgegensieht, und sie werden aktiv, um das Reich Gottes auf Erden zu errichten. Gnostiker hingegen vermitteln Wissen (Gnosis) über die gefallene Welt und sie behaupten, Kenntnis von einer anderen, vollkommeneren Ordnung zu haben. Beide sind sie antinomistisch, lehnen also das Gesetz ab. Doch die Apokalyptik ist aktiver und stärker auf den Wandel von außen ausgerichtet, während die Gnostiker eher der Vorstellung von der Transformation des Selbst durch ein vermeintliches Spezialwissen zuneigen. Das Buch versucht, sowohl die Geschichte dieser wiederkehrenden Tendenzen darzustellen als auch »das revolutionäre Pathos von Apokalyptik und Gnosis«, wie Taubes es nennt. Dieses revolutionäre Pathos durchzieht große Teile des Werks – und auch Taubes' spätere Arbeiten. Apokalyptische Bewegungen müssen zwangsläufig scheitern, zumindest gemessen an ihren eigenen Maßstäben. Doch, so Taubes, dienten sie als treibende Kraft der Geschichte, indem sie alte Ordnungen in neue überführen. Ihr Scheitern führe zu einer neuen Phase der Gnosis, die wiederum als eine Art unterirdischer Strom der Unzufriedenheit fungiere, bis zur nächsten Phase der apokalyptischen Begeisterung und der Erlösung.

Taubes stützte sich auf eine große Vielfalt von Autoren und Wissenschaftlern bei seinem Versuch, diese Themen durch die Geschichte des Abendlandes hindurch zu verfolgen: angefangen beim Buch Daniel und den Zeloten über das Urchristentum zum mittelalterlichen Mönch Joachim von Fiore, den frühmodernen Täufern und Puritanern und zur Säkularisierung der Eschatologie bis schließlich zum Marxismus. Auch beschäftigt ihn die Suche nach Parallelen in der Entwicklung der eschatologischen Strömungen im Judentum und im Christentum, was zu dieser Zeit sehr originell war. Das Buch schließt mit einem Epilog, in dem Taubes Heideggers Aussage – wonach der unauthentische Mensch den Kontakt zum Geheimnis des Seins verloren habe, als er sich zum Maß aller Dinge erklärte – mit der Gottvergessenheit des Menschen gleichsetzt. Das Hinwenden auf eine neue Beziehung zu Gott wäre dementsprechend die Lösung für die von Heidegger beschworene entfremdete Welt der Technik.[13]

Obgleich ein Großteil der dargelegten Forschung aus zweiter Hand stammte, war es doch Taubes' Leistung, die Erkenntnisse der verschiedenen Wissenschaftler zusammenzuführen: Martin Buber über die biblische Theokratie; Hans Jonas über die Gnosis; Herbert Grundmann über Joachim von Fiore; Ernst Benz über das Franziskanertum; Ernst Bloch über Thomas Münzer; Hans Urs von Balthasar über deutsches Denken in der frühen Neuzeit; und Löwiths *Von Hegel zu Nietzsche*, auf das sich Taubes zu großen Teilen in seiner Interpretation des Denkens im neunzehnten Jahrhundert bezog. Es war ein kühnes Unterfangen, dieses diverse Material zu einer schlüssigen Erzählung und in einem analytischen Rahmen zusammenzuführen.

Ganz gerecht wurde er diesem Anspruch nicht, manchmal wirkt sein Material eher grob zusammengeschnitten als miteinander verwoben. So pendeln seine Leser vermutlich zwischen dem Gefühl intellektueller Anregung und dem der Verzweiflung. Trotz des pasticheähnlichen Charakters der Studie, noch verstärkt durch eine Fülle von Querverbindungen und Anekdoten, kann man doch mit etwas Mühe die wichtigsten Argumentationslinien herausdestillieren.

Taubes zufolge liegt der Ursprung der revolutionären Apokalyptik im biblischen Israel,[14] denn die biblische Hoffnung richtete sich auf die göttliche Allmacht: Israels theokratisches Ideal der religiösen Gemeinschaft auf Erden stellt »die religiösen Voraussetzungen des revolutionären Pathos« dar. Und dieses theokratische Ideal von Politik beinhaltet ein anarchisches Element, denn es spiegelt den Wunsch, nicht von einem menschlichen Herrscher regiert zu werden. Diese Idee hat Taubes von Martin Buber übernommen. Die Eschatologie entspringt dem Widerspruch zwischen der Realität einer gottlosen Welt und der Vorstellung eines Königreichs Gottes auf Erden. Und die eschatologische Hoffnung tritt immer wieder aufs Neue in Erscheinung. Demzufolge bildete für die Christen das Alte Testament das Fundament für wiederkehrende religiös-revolutionäre Bewegungen: im späten Mittelalter, für die Taboriten (die Anhänger von Jan Hus) im fünfzehnten Jahrhundert und für die Puritaner im sechzehnten Jahrhundert. Seit der Judenemanzipation im neunzehnten Jahrhundert, so Taubes, spielten die Juden eine herausragende Rolle in den revolutionären Bewegungen – von Marx bis Trotzki.[15]

In den Abschnitten zur Gnosis stützt sich Taubes stark auf Hans Jonas.[16] »Die Welt ist das Gegengöttliche und Gott ist das Gegenweltliche. Gott ist in der Welt fremd und unbekannt«, schreibt Taubes und fasst damit Jonas' Argument zusammen.[17] Laut Taubes ist die anhaltende Entfremdung, wie sie in der Gnosis zum Ausdruck kommt, eng verwandt mit der Apokalyptik, der Erwartung, dass die gegenwärtige Welt – gefallen, düster und böse – einer neuen Welt des Guten und des Lichts weichen wird. Die Apokalyptik steht der Welt meist passiv gegenüber, sie wartet auf den richtigen Moment.[18] »Auch Marx sieht in der Geschichte höhere, vom Individuum nicht beeinflußbare Mächte am Werke und kleidet sie als ›Produktivkräfte‹ in das mythologische Gewand seiner Zeit«, schreibt Taubes. Taubes charakterisiert das apokalyptische und das gnostische Denken als basierend auf einer dialektischen Technik, die »die Macht des Negativen« betone, eine kritische Denkweise, die im mittelalterlichen aristotelischen und scholastischen Denken unter der Oberfläche blieb, jedoch mit Hegel und Marx wieder auftauchte.[19]

Taubes sieht im Apostel Paulus diese gnostische Denkrichtung widergespiegelt, jener historischen Figur, die in der *Abendländischen Eschatologie* noch eine Nebenrolle spielt, doch in Taubes' weiterer Entwicklung immer bedeutender werden wird. Taubes schreibt: »Wie in der gnostischen Literatur sind auch bei Paulus die dämonischen Mächte die ›Herrscher dieser Welt‹

und der Satan der ›Fürst dieser Welt‹.«[20] Diese Perspektive, Paulus entweder als Gnostiker, als beeinflusst von der Gnosis, oder als proto-Gnostiker zu betrachten, war eine wiederkehrende Frage in der Gnosisforschung der Zwischenkriegszeit.[21]

Anschließend wendet sich Taubes der Geschichte der Apokalyptik zu. Ihre abendländischen Wurzeln sieht er im Buch Daniel, das Taubes entsprechend den Erkenntnissen der modernen kritischen Bibelwissenschaft der Makkabäerzeit (2. Jahrhundert v. Chr.) zuschreibt. Und er vertritt, auch wieder im Rückgriff auf die kritische Bibelwissenschaft, die Auffassung, dass Jesus im historischen Kontext gesehen werden müsse, als Teil einer größeren messianischen Welle in Israel, die wiederum selbst Teil einer apokalyptischen Welle in der gesamten aramäisch-syrischen Welt dieser Zeit war. Die Botschaft Jesu von einer Welt, die auf dem Kopf stand und in der die Ersten die Letzten sein würden, war eine Provokation für das Römische Reich.[22]

Für Taubes ist das Christentum ein Ableger des Judentums, das dem wachsenden Individualismus und Egoismus der Spätantike und der geistigen Leere des Römischen Reichs mit einem neuen Versprechen von Gemeinschaft und Erlösung im Jenseits begegnete. Für die von Paulus gegründete Gemeinschaft ist Christus eine Art Anti-Caesar, die ultimative Ablehnung römischer Werte.[23] (Hier lehnt sich Taubes an die Ausführungen des jungen Hegel an, an den hegelianischen Bibelkritiker aus dem neunzehnten Jahrhundert Bruno Bauer und an das in Vergessenheit geratene Werk des jungen deutschen konservativen Schriftstellers Otto Petras, *Post Christentum*.) Demzufolge ist der Begründer des Christentums nicht Jesus, der – gemeinsam mit seiner kleinen Gruppe jüdischer Anhänger – die baldige Ankunft des Messias, des Menschensohns, erwartete, sondern Paulus, der nicht das Leben und die Lehre Jesu in das Zentrum des neuen Glaubens rückt, sondern dessen Tod. Während der ursprüngliche Kreis um Jesus auf dessen bevorstehende Rückkehr (Parusie) wartet, predigt Paulus, dass dank des Opfers von Christus das neue Zeitalter bereits angebrochen und die alte Welt im Verschwinden begriffen sei.[24] Damit markiert er einen Übergangspunkt, den Kairos, zwischen den apokalyptischen Erwartungen an das Ende der Welt und einem neuen gnostischen Wissen um die Transformation der Geschichte. Paulus ist es, der einen jüdischen Messias, Jesus, aufgreift und dessen Tod als universal bedeutsam erklärt.

Die Unterdrückung der frühchristlichen Gemeinden durch die römischen Kaiser führte zu einem neuerlichen Aufleben jüdischer apokalyptischer Motive, wie sie in Kapitel 20 der Offenbarung des Johannes zum Ausdruck kommen, das, so Taubes, zur *Magna Charta* des Chiliasmus wurde.[25] Doch im zweiten Jahrhundert vollzieht sich ein Wandel, als die ersehnte Parusie ausbleibt: Aus den einst verstreuten christlichen Gemeinschaften wird eine Kirche. Angefangen mit dem Kirchenvater Origenes bis zu ihrem Höhepunkt mit Augustinus richtet sich die Eschatologie nach innen. Sie ist nicht länger die Erwartung eines bevorstehenden Wandels der äußeren, historischen Welt, vielmehr wird sie zu einem inneren Drama der Seele, des Aufstiegs vom Körper zum Geist. Mit dem Ende der Christenverfolgung und der Privilegierung des Christentums unter Konstantin dem Großen wurde die eschatologische Erwartung in der christlichen Theologie weiter domestiziert. Das Königreich Gottes, von dem einst die Transformation der äußeren Welt erwartet wurde, wird nun von Augustinus mit der Kirche selbst identifiziert, die ihren Einfluss auf die irdische Stadt ausübt und damit die Realität weltlicher Politik anerkennt.[26] Die revolutionäre Kraft des apokalyptischen Ideals ist erschöpft.

Aber, so Taubes, sie lebt wieder auf in einer neuen und einflussreichen Gestalt, und zwar in einem Mönch aus dem zwölften Jahrhundert, Joachim von Fiore. Joachim entwickelte eine neue Interpretation der Geschichte, die sowohl der Gegenwart als auch der Zukunft eine radikal neue Bedeutung verlieh. Er unterschied drei historische Zeitalter. Das erste, das Zeitalter des

Vaters, deckte sich mit dem Alten Testament; das zweite, das Zeitalter des Sohnes, begann mit dem Neuen Testament. Doch nun, verkündete Joachim, war ein neues Zeitalter angebrochen, das Zeitalter des Heiligen Geistes, in dem die institutionalisierte Kirche überkommen werde von einer neuen geistigen Kirche (*ecclesia spiritualis*).[27] Taubes zufolge markiert Joachim den Beginn des modernen Zeitalters. Damit stützte sich Taubes auf die Arbeiten Balthasars und vielleicht (ohne es anzumerken) auch auf Blochs *Erbschaft dieser Zeit*, das die Aufmerksamkeit auf die maßgebliche Bedeutung von Joachims Version des Messianismus gelenkt hatte.[28]

Orthodox-katholischen Theologen wie Thomas von Aquin erschienen Joachim und seine Anhänger, die Joachimiten, rätselhaft, schreibt Taubes. Das zeige ein wiederkehrendes Muster in der Geschichte der abendländischen Eschatologie: Jede neue Welle der Apokalyptik sprenge die bestehende Ordnung, ihre Normen und Hoffnungen. Diese Neuinterpretation vom Ideal des Königreichs Gottes diene dazu, die bestehende Ordnung auszuhöhlen und zu delegitimieren, und sie führe zu einem apokalyptischen Moment, das dieses Ideal auf Erden zu verwirklichen sucht. »Mit jeder neuen apokalyptischen Welle wird eine neue Syntax geschaffen, und der Sinnbruch in der Sprache läßt den alten und neuen Menschen einander wahnsinnig erscheinen. … Denn der alte Mensch ist dem neuen ein Leichnam, ein gewesener Mensch, wie die Russen [i. e. Bolschewiki] die Emigranten bezeichnen, der neue Mensch ist dem alten ein Wahnsinniger: als solche sah der Aquinate Joachim und seine Jünger an.«[29]

Anschließend widmet sich Taubes den wellenartig wiederkehrenden Auseinandersetzungen um die Errichtung von Gottes Reich auf Erden, beginnend mit dem radikalen Reformator Thomas Münzer, dessen revolutionäre Theologie auch Gewalt legitimierte, über die Puritaner aus England bis zu den »Männern des fünften Königreichs«, ebenfalls aus England.[30] Er entdeckt viele parallele Entwicklungen in der jüdischen Welt, etwa als die gnostischen Ideen des Sohar in der kabbalistischen Lehre von Isaac Luria radikalisiert wurden und schließlich im siebzehnten Jahrhundert mit dem selbsternannten Messias Sabbatai Zwi eine apokalyptische Richtung einschlugen.[31]

Schlussendlich zeichnet Taubes die Säkularisierung der eschatologischen Geschichtsphilosophie im deutschen Idealismus nach, von Lessings *Erziehung des Menschengeschlechts* (1780) bis Hegel. Hegels Philosophie sei insofern joachimitisch, betont Taubes, als sie die Geistesgeschichte mit der Weltgeschichte gleichsetze: Beide haben ein dynamisches und historisches Geisteskonzept.[32] Doch während Hegel bemüht gewesen sei, das Christentum mit dem bürgerlichen Liberalismus zu versöhnen, brach seine Synthese in den Generationen nach ihm zusammen, behauptete Taubes (hier stützte er sich stark auf Löwith).[33] Sowohl Søren Kierkegaard als auch Karl Marx interpretierten die Welt als einen Ort der Entfremdung. Kierkegaard lehnte die Vorstellung von Geschichte als Fortschritt ab und strebte nach der für das Urchristentum charakteristischen Weltabkehr, bevor sie sich mit der bestehenden historischen Welt ausgesöhnt hatte. Anders Marx, der eschatologische Vorstellungen in eine revolutionäre Richtung wendete. Für ihn sei Geschichte eine Geschichte der menschlichen Entfremdung, die zur ultimativen Erlösung führen werde, erzählt in materialistischen Begrifflichkeiten. Er habe nach der Möglichkeit für eine apokalyptische Revolution gesucht.[34]

Das Buch, das mit Heidegger beginnt, endet so auch im Epilog.[35] Taubes schließt mit der Feststellung, dass das Zeitalter der Moderne zu seinem Ende gekommen sei, und mit ihm auch die Geschichte des abendländischen Geistes. »Eine neue Epoche beginnt, die einen neuen Äon einleitet, der in einem tieferen Sinne als dem des Kalenders post Christum ist.« (Ein Satz, der teilweise aus dem Buch von Otto Petras[36] übernommen wurde.) »Dem Kommenden aber dient man nicht, indem man das Gewesene verteufelt oder neu belebt, sondern allein dadurch, dass man standhält im Nicht-Mehr und Noch-Nicht, im Nichts der Nacht, und sich eben damit offen hält für die ersten Zeichen des kommenden Tags«,[37] schreibt Taubes. Mit Referenz an Heidegger argumentiert er, die Menschheit habe sich mit einer artifiziellen technologischen Hülle umgeben, die ihren Erfolg an der Fähigkeit messe, die Welt zu manipulieren. Aber anders als Heidegger zieht Taubes ein theologisches Fazit: Er erkennt die Notwendigkeit, die manipulative Haltung gegenüber der Welt zu überwinden, die Gott in das Reich des Mysteriums verdrängt; stattdessen gelte es, eine angemessene Beziehung wiederzuentdecken – hier klingt Oskar Goldberg an.[38]

Diese religiöse Ansprache will nicht so recht zum Inhalt des Buches passen. Denn Taubes' Untersuchung der Geschichte des Judentums und des Christentums basiert auf einer Auseinandersetzung mit der modernen Bibelkritik. Das zugrunde liegende Konzept versteht Religion als Objekt der wissenschaftlichen, historischen Untersuchung, und das erfordert zwingend eine Positionierung außerhalb eines spezifischen Glaubens. In Otto Petras' Worten: »Eine Religion, die man versteht, ist für den, der sie versteht, keine Religion mehr. Er steht, sie begreifend, über ihr; er übersieht die Bedingungen und Möglichkeiten, er fühlt sich in dem Maße, in dem er dies tut, nicht mehr als ihr bedingungsloses Objekt. Ergriffen sein kann man nur, solange man nicht begreift, wie und warum dies geschieht.«[39] Das Buch versucht, das antinomistische und radikale Pathos der religiösen Eschatologie und den Einfluss solcher Bewegungen in der Geschichte herauszuarbeiten. Überwiegend schien Taubes dies von einem Standpunkt außerhalb eines bestimmten religiösen Glaubens heraus zu tun, nur um am Ende zu einer religiösen Botschaft zurückzukehren.

In der *Abendländischen Eschatologie* zeigen sich viele von Taubes' intellektuellen Qualitäten, die seine spätere Karriere auszeichnen sollten. Da war zum einen die Suche nach Tiefe, nach dem Sinn und der Richtung der Geschichte. Oder seine Fähigkeit, Muster in verschiedenen historischen und religiösen Kontexten zu erkennen (oder zu konstruieren). Oder die Bereitschaft, Wissenschaftler gegen den Strich zu lesen, also von ihren Studien zu profitieren, aber zu ganz anderen Schlüssen zu gelangen. Aber auch sein Hang zur Aneinanderreihung von Erkenntnissen anstelle von systematischer Beweisführung zeigt sich hier.

Und da war auch die Tendenz, sich bei anderen Autoren zu bedienen, manchmal mit Vermerk, manchmal ohne. Mehrere Kollegen – Rudolf Zipkes, Margarete Susman und René König – behaupteten, Taubes hätte ohne die entsprechende Anmerkung Inhalte aus ihren Schriften übernommen.[40] Hans Jonas und Karl Löwith sollten später beklagen, er habe umfangreich bei ihnen abgekupfert. Man könnte entschuldigend einwenden, dass diese Vorwürfe nicht schwerwiegend seien, denn Ideen oder sogar Formulierungen von anderen Autoren zu übernehmen sei weniger entscheidend als die Art, wie diese neu zusammengesetzt und angewendet werden. Oder aber man könnte dies als Taubes' ersten von vielen Verstößen gegen akademische Standards, die noch folgen sollten, betrachten. Für manche war dies Teil seiner Genialität, für andere ein Ausweis seiner Scharlatanerie.

Die Spannungen zwischen Glauben und fachlicher Distanz sowie zwischen politischem Engagement und wissenschaftlicher Skepsis zogen sich nicht nur durch das Buch, sondern finden sich auch beim Autor. Bei einem Treffen mit Judith Buber, kurz nach Fertigstellung der Doktorarbeit, erklärte Taubes ihr, er sei einst Marxist gewesen, suche aber nach einer authentischeren Art der Eschatologie. Daher habe er entschieden, das Leben eines gläubigen Juden zu leben, auch wenn er um die Schwächen einer solchen Haltung wisse.[41]

Jacob reichte seine Dissertation am 1. Oktober 1946 ein und begann sogleich, sich auf das Rigorosum vorzubereiten. Dazu benötigte er ein »Leumundszeugnis« von der örtlichen Polizei. Dieses Dokument führte ihn als polnischen Staatsbürger, gab seinen Heimatort mit Czernelica (Polen) und den Wohnort seit September 1936 mit Zürich an. Als Adresse war Tödistrasse 66 dokumentiert.

In die Bewertung der Promotion flossen die Arbeit ein, eine Klausur in seinem Hauptfach Philosophie bei Hans Barth, eine Hausarbeit in seinem Nebenfach Soziologie bei René König sowie, allem Anschein nach, eine rein mündliche Prüfung in seinem zweiten Nebenfach »Geschichte der deutschen Literatur bis Goethe« bei Emil Staiger. Zu Staiger hatte er eine persönliche Beziehung geknüpft.[42]

Gegenstand der Philosophieklausur war eine Fragestellung zu Arthur Schopenhauer, dem deutschen Philosophen aus dem neunzehnten Jahrhundert – ein Thema, über das Taubes nur wenig wusste. Aber seine Antwort zeugt von seiner außergewöhnlichen Fähigkeit, Wissen zu fingieren bzw., um es freundlicher auszudrücken, mit seinem breit angelegten Allgemeinwissen bestimmte Lücken zu füllen und so den Eindruck zu erwecken, er wisse mehr, als es der Realität entsprach. Statt sich also auf Schopenhauer zu konzentrieren, schrieb er neunzehn Seiten über den Philosophen als eine Figur des Übergangs vom deutschen Idealismus zum europäischen Nihilismus.[43]

Die Arbeit, *Abendländische Eschatologie*, wurde im Francke Verlag in Bern veröffentlicht, einem angesehenen Verlagshaus für wissenschaftliche Publikationen; sie erschien innerhalb einer von René König herausgegebenen Buchreihe. Ermöglicht wurde die Veröffentlichung durch einen Druckkostenzuschuss, den Zwi über die Jüdische Gemeinde Zürich organisierte. Um Kosten zu sparen, erschien das Buch mit stark gekürztem Anhang.

Für Jacob waren die unmittelbaren Nachkriegsjahre reich an religiösen, akademischen und erotischen Erfahrungen – und Turbulenzen.

Als er seine erste große Liebschaft erlebte, war er zweiundzwanzig Jahre alt und schrieb gerade an seiner Dissertation. Zu dieser Zeit war er noch ein sehr orthodoxer Jude, zumindest was die Einhaltung der religiösen Gebote anbelangte. Das Objekt seiner Zuneigung war Myrie Bloch, Angehörige einer der angesehensten Familien unter den Schweizer Juden, den Bollags.[44]

Für Jacobs Eltern, seine Schwester Mirjam und viele andere aus der Jüdischen Gemeinde Zürich war diese Affäre skandalös. Geboren 1893, hätte Myrie Jacobs Mutter sein können, tatsächlich war sie sechs Jahre *älter* als Fanny und hatte zwei Töchter, die ungefähr in Jacobs Alter waren. Myrie war als Folge einer Gewalttat, die die Schweizer Juden in Angst und Schrecken versetzt hatte, verwitwet. Am 6. April 1942 besuchte ihr Ehemann Arthur, ein Viehhändler in Bern, das Dorf Payerne. Dort lockten ihn vier junge Männer, die unter dem Einfluss eines antisemitischen Demagogen standen, in einen Stall, ermordeten ihn und zerstückelten die Leiche.[45]

Die Beziehung mit Jacob begann Myrie einige Jahre später, 1946. Weit entfernt davon, diese Affäre geheim zu halten, trug Jacob sie geradezu stolz zur Schau.[46] Es muss also für seine Eltern eine große Erleichterung gewesen sein, als Myrie später im Jahr nach New York zog. Dieser Umstand wiederum führte zu einer wahren Flut von Briefen des verliebten Jacob, die nicht nur Aufschluss über seine Gefühle zu Myrie geben, sondern auch über seine geistige und seelische Verfasstheit.

Diese Briefe von Jacob an Myrie sind voller Drama und Selbstinszenierung. In einem undatierten Brief, geschrieben vor Myries Entscheidung, nach New York zu ziehen, sprach Jacob die Missbilligung an, die ihre Beziehung bei anderen auslöste – und er fürchtete, dass Myrie dem nach und nach erliegen könnte. Er drängte sie, die Meinung der anderen zu ignorieren und sich auf ihre außergewöhnliche Liebe einzulassen. »[D]enn was wir haben, das ist geschehen und lässt sich nicht zurückdrehen, ein Tor entriegelt, das sonst bedeckt ist und verdeckt ist; dass Mutter und Sohn sich begegnen und schliessen den Riss, den doppelten Riss von Geschlecht zu Geschlecht als Mann und Weib von Geschlecht zu Geschlecht als Eltern und Kind, diesen doppelten Riss, um den die Wunde aller Menschen, das Leiden aller Geschlechter kreist … [Dies ist] ist ein Ereignis das unauslöschlich ist, und nichts in der Welt … kann daran etwas ändern.«[47] Er beschwor ihre Beziehung in einer Sprache, die er Martin Bubers klassischem Text *Ich und Du* entnahm: »… zwischen uns jede Schranke von Ich und Du gefallen war, dass ein Fleisch, ein Leib, eine Seele in uns ist …«[48]

So schrieb ein junger Mann, der zu dieser Zeit noch ein gottesfürchtiges Leben führte und kürzlich die Ordination zum Rabbiner erhalten hatte.[49] Die meisten Briefe begannen in der rechten oberen Ecke mit den hebräischen Buchstaben Bet und He, dem Akronym für *be-ezrat hashem* (mit Gottes Hilfe). Den Schabbat hielt Jacob noch gewissenhaft ein.[50] Seine Verteidigung der Doktorarbeit fiel auf einen Freitagnachmittag, und als er seine Familie so schnell wie möglich informieren wollte, dass er ein »Summa« erhalten hatte, lief er nach Hause, statt die Tram zu nehmen, da der Schabbat bevorstand und er kein Geld dabei hatte.[51]

Doch hinter der Fassade der Frömmigkeit war Jacobs Glaube ins Wanken geraten: »[E]s ist noch sehr verwirrt in den Landschaften der Seele«, schrieb er an Myrie. »Die Schlacken der orthodoxen Erziehung fallen ab, aber allmählich und nicht ohne Schmerzen; aber es muss sein, denn ich kann keine geistige doppelte (oder – drei-vierfache) Buchführung führen.«[52] Er war unsicher, welche Richtung er einschlagen sollte: »Wieviel Wahrheit verträgt, erträgt ein Mensch?«[53] Er suchte auch weiterhin nach Gott.

Angesichts der Perspektive, die Schweiz und das deutschsprachige Europa entweder in Richtung Israel oder der englischsprachigen Welt zu verlassen, klagte er: »All das ist nur zu ertragen aus dem tiefen Glauben, den ich nicht ›habe‹, den ich aber ersehne: dass der Mensch eingewurzelt in Gott, je immer und je überall daheim und fremd ist zumal.«[54]

In diesen Briefen wird ein Muster erkennbar, das sich durch sein ganzes Leben zog: das Formulieren persönlicher und erotischer Sehnsüchte in religiösen Begrifflichkeiten. Er war fasziniert von der Erotik der Kabbala und ihren neoplatonischen Bildern von den männlichen und weiblichen Elementen des Göttlichen, die vor der Erschaffung der Welt miteinander verschmolzen waren, bei der Schöpfung getrennt wurden, um schließlich wieder vereint zu werden.[55] Er verwendete diese Bildsprache, wenn er Myrie schrieb: »Ein solches Verhältnis kann nur Segen oder Fluch sein, nicht aber ein gleichgültig[es], es kann abstürzen zu Jokaste-Oedipus, es kann aufsteigen zu den heiligen Verhältnissen der Urzeit und Verheissung des Kommenden sein.«[56]

Aber trotz Jacobs anhaltender Beschwörungen ihrer außergewöhnlichen Liebe wurde der Druck, ob nun der gesellschaftliche oder des eigenen Gewissens, für Myrie zu groß. Im Herbst 1946, Jacob schrieb noch an seiner Doktorarbeit, floh sie aus der Schweiz zu ihren Verwandten in Forest Hills, New York. Aber so leicht entkam man Jacob nicht. Als Myrie ihm auf seine aufdringlichen Briefe nicht antwortete, setzte er ein Telegramm auf: »Ohne Nachricht bin krank. Kable sofort.«[57] Er schrieb ihr auch eine Postkarte, schilderte seine Melancholie: Er habe ihre Zimmer in Zürich aufgesucht und erinnerte dort »die herzlichen Stunden und Nachmittage, die wir hier verlebt, ineinander geschlungen, hemmungslos vereint – im Fleisch … [und] in der Seele – nur das ist mir Trost.«[58] Er schlug vor, er könne ebenfalls nach New York ziehen, und sobald die jüngere ihrer beiden Töchter verheiratet sei, könnten auch Myrie und er heiraten.[59] Bekümmert darüber, dass Myrie ihre Beziehung beendet wollte, wurde Jacob von Kopfschmerzen geplagt.[60]

Jacob war verärgert über den Versuch seiner Eltern, über seine Zukunft zu bestimmen. Sie luden eine wohlhabende junge Frau aus London zu Besuch ein, in der Hoffnung, dass Jacob in Erwägung ziehen würde, sie zu heiraten. Aber er war nicht interessiert und fühlte sich nur noch stärker eingeengt in seiner gegenwärtigen Situation.[61] Alles schien ihm zu viel zu werden. Er konnte ohne Myrie nicht leben und war entschlossen, allem ein Ende zu setzen: »[W]enn diese Zeilen dich erreichen ist es schon vorbei. Ich bin entschlossen … und ich hoffe es gelingt. Da heisst es Abschied nehmen … Ich bin fest entschlossen diesem Leben ein Ende zu machen …«[62]

Damit verschwand Jacob aus dem Blickfeld seiner Familie. Am 10. März 1947 gab der panische Vater ein Telegramm an Myrie in New York auf: »Jacques verschwunden. Abschiedsbrief Myrie weiss alles. Kabelt sofort.«[63] Aber nur einen Tag später folgte das zweite Telegramm von Zwi: »Jacob hier. Taubes.«[64]

Es war nicht nur die Verzweiflung über Myries Rückzug, die Jacob dazu trieb, einen Suizid in Erwägung zu ziehen. Er war auch zerrissen zwischen seiner Identität als Jude und seiner Identifikation mit der deutschen Kultur. Statt sich mit dem Dilemma direkt auseinanderzusetzen, erkundete er es lieber aus historischer Distanz: in einem Essay über den deutsch-jüdischen Lyriker Richard Beer-Hofmann. Jacob kam zu verstörenden und verzagten Schlüssen, als er über die Begegnung der Juden mit der deutschen Kultur, zwischen Judentum und Deutschtum, schrieb. »Noch ist die Zeit nicht gekommen, da man endgültig richten könnte über dieser Begegnung. Denn zu nahe noch sind wir den Ereignissen der letzten Jahre, als dass wir den Sinn dieser Begegnung in ihrer Gesamtheit überblicken könnten.

Ein Tor ist der, der meint das Geschehen der letzten Jahre

sei nur ein Betriebsunfall, nach welchem man wieder beginnen könnte, als ob nichts geschehen wäre, und das wird nicht besser wenn man diese Meinung mit klug klingenden Erklärungen umgibt, seien sie psychologisch, soziologisch oder wie immer etikettiert. Doch voreilig und kurzschlüssig wäre auch der, der triumphierend hinwiese auf das Geschehen der letzten Jahre und also uns belehren wollte: seht es gibt nichts Gemeinsames zwischen Deutschtum und Judentum, reisset jede Erinnerung aus – es war ja alles schief und schräg, und das Ende seht ihr ja selbst.«[65] Etwa zu der Zeit, als er an diesem Essay arbeitete, bekundete er in seinem Abschiedsbrief an Myrie seine innere Zerrissenheit. »Vielleicht bin ich mit mir selbst zerworfen, allein ich meine das Zerwürfnis gründet tiefer. Zerworfen sind die Elemente meiner Existenz: der Kreis meiner Sprache und meiner Geister, der jüdische und deutsche, stehen sich heute als zwei feindliche Brüder gegenüber, als Feinde auf Leben und Tod, in einem Krieg ohne Gnade, ohne Versöhnung und der Schnitt geht mitten durch mich hindurch, und an diesem Riss verblute ich.«[66]

In Jacobs Brief an Myrie, wie auch in anderen Briefen aus dieser Zeit, überlagern romantische und spirituelle Fragen ein Ostinato von eher pragmatischen, beruflichen Sorgen. Jacob und seiner Familie war bewusst, dass er als Jude in der Schweiz der Nachkriegsjahre keinerlei Aussichten auf eine akademische Stelle hatte. Er war kein Schweizer Staatsbürger, und die Regierung würde keine Arbeitserlaubnis an einen Ausländer wie ihn vergeben. Zwi scheint davon ausgegangen zu sein, dass Jacob mit seinem großen Wissen und seinen vielen Talenten eine Laufbahn als jüdischer Gelehrter anstreben würde. Oder – sollte dies nicht möglich sein – im Rabbinat, dass er ihm auf seinem eigenen Weg folgen würde, vielleicht sogar erfolgreicher. Also streckte Zwi seine Fühler zu seinen Kontakten in den USA aus, in der Hoffnung, im Netzwerk der Institutionen für jüdische Gelehrsamkeit eine Stelle für seinen Sohn aufzutun. Zu diesen

Kontakten zählte auch Salo Baron, Zwis etwas älterer Kollege, der inzwischen an der Columbia University lehrte, als erster Lehrstuhlinhaber für Jüdische Geschichte in den USA. Zwi wandte sich auch an Gelehrte aus seinem Bekanntenkreis an der Yeshiva University, der Hochburg der amerikanisch-jüdischen Orthodoxie, unter ihnen die Rabbiner Abraham Weiss und Leo Jung. Aber am aussichtsreichsten erschien das Jewish Theological Seminary (JTS), die konservativ ausgerichtete rabbinische Schule, an der sich Zwi 1941 selbst um eine Stelle bemüht hatte.[67] Nun schrieb er abermals an den Rektor des Seminars, Louis Finkelstein, dieses Mal pries er seinen brillanten Sohn an, den jüdischen Gelehrten – *Talmid chacham* – mit rabbinischer Ordination (*Hatarat hora'ah*), der über ein umfangreiches Wissen in der modernen Philosophie und Geschichte verfügte. Doch die Lage der Juden in Europa verschlechtere sich von Jahr zu Jahr, schrieb Zwi, während doch in den USA der Geist Israels sich zu erheben begann.[68]

Dass Jacob eine akademische Laufbahn anstrebte, war für Zwi offensichtlicher als für seinen Sohn. In einem Brief an Myrie von Neujahr 1946/47 reflektierte Jacob seine Erfolge des vergangenen Jahres, in dem er sein Rabbinerzeugnis erhielt und promoviert wurde. Er wolle kein Gemeinderabbiner werden, aber er sei offen dafür, an einem rabbinischen Seminar zu unterrichten. Für Psychoanalyse oder Psychiatrie interessiere er sich ebenfalls, deutsche Literatur in den USA zu unterrichten, könne er sich aber auch vorstellen.[69] Und in anderen Briefen aus dieser Zeit bat er Myrie, sich in seinem Namen nicht nur an Gelehrte der Yeshiva University und des Jewish Theological Seminary zu wenden, sondern auch an Paul Tillich, den emigrierten evangelischen Theologen aus Deutschland, der am Union Theological Seminary unterrichtete und dessen Buch *Die sozialistische Entscheidung* (1933) – ein Werk, das sich gegen den Nationalsozialismus aussprach und für einen religiösen Sozialismus plädierte – Jacob sehr bewunderte.[70]

Jacob bestand nicht nur seine Dissertationsprüfungen mit *summa cum laude*, seine Doktorarbeit wurde zudem mit dem Prädikat »außerordentlich« ausgezeichnet, das, so erzählte es ihm der Dekan, zuletzt vor zehn Jahren verliehen worden war.[71] Seine Familie platzte vor Stolz und fühlte sich in ihrem Vertrauen in Jacobs Fähigkeiten bestätigt.

Und dennoch war Jacob arbeitslos und ohne ernst zu nehmende Aussichten auf eine akademische Stelle in der Schweiz. Die ersten Monate des Jahres 1947 unterrichtete er als Aushilfslehrer an einer örtlichen jüdischen Schule. In dieser Zeit kreisten seine Gedanken um seine beruflichen Optionen, um mögliche Forschungsthemen – und er wartete auf Myries Rückkehr im März 1947.[72]

Myrie kehrte tatsächlich zurück in die Schweiz, und die wenigen überlieferten Hinweise legen nahe, dass sie und Jacob sich versöhnten, aber ihre romantische Beziehung nicht wieder aufnahmen. Am 24. Juli schrieb Myrie aus dem Haus ihrer Familie in Zürich an Jacob, der sich gerade in St. Moritz aufhielt: »Lieber Jacob, morgen muss ich ins Spital und ich bitte Dich wenn Du kannst bete am Freitag für mich. Ich gebe mich ganz in Gottes Hände und hoffe es wird alles gut gehen. Sonst wünsche ich Dir Alles Gute und bitte Dich mache etwas Sinnvolles aus Deinem Leben. MB« Doch es ging nicht gut aus.[73] Ein Brief einer Verwandten von Myrie gibt Aufschluss über ihren sich verschlechternden Zustand, darüber dass sie Betäubungsmittel gespritzt bekam und immer kraftloser wurde.[74] Im November besuchte Jacobs Mutter Fanny Myrie und brachte ihr eine Ausgabe der *Neuen Schweizer Rundschau* mit, in der ein Auszug aus Jacobs bald erscheinendem Buch enthalten war. Fanny berichtete, Myrie habe sich sehr darüber gefreut.[75] Im Dezember schließlich, als Jacob bereits in New York war, erreichte ihn ein Telegramm von Myries Tochter mit der traurigen Nachricht, dass Myrie von ihren irdischen Fesseln erlöst sei.[76] Jacobs Mutter nahm an der Beerdigung teil.[77] Kurz nach Myries Tod kontaktierte eine Verwandte, Sissy Bollag, Zwi Taubes in der delikaten Angelegenheit, was mit Jacobs Briefen an Myrie geschehen solle.[78] Die Briefe wurden schließlich an Jacob nach New York geschickt, der sie in einer Schachtel aufbewahrte, die im Familienbesitz blieb.

Aus Sicht seiner Familie war die Beziehung zu Myrie eine Katastrophe gewesen. Nicht nur, dass Jacob seine Eltern in große Verlegenheit gebracht hatte, indem er mit einer Frau verkehrte, die eine Generation älter war als er, aus ihrer Sicht hatte er darüber hinaus wertvolle Zeit für die Suche nach einer angemessenen Ehefrau verschwendet. »Eines lieber Jackerl möchte ich dich sehr bitten!«, schrieb Fanny, »das Kapitel Bloch soll für dich ganz abgeschlossen sein. Du hast drei Jahre verloren und jetzt [Wort unlesbar] du das letzte halbe Jahr. ... Sie ruhe in Frieden.«[79] Jacobs Schwester Mirjam war genauso rundheraus. Er solle mit jungen Menschen verkehren, riet sie ihm: »Keine verheirateten Frauen. Gesunde Beziehungen suchen.«[80]

Jacob reagierte völlig anders. Seine Beziehung mit Myrie war für ihn ein Vorgeschmack auf die Lust an der Überschreitung. Nachdem er einmal die Vorzüge einer Beziehung mit einer reifen Frau, die seine Mutter hätte sein können, erlebt hatte, sollte er in New York bald eine ähnlich gelagerte Liebesaffäre eingehen. Dabei hatte sich sein erotisches Interesse während seiner Studienzeit in Zürich nicht allein auf Myrie gerichtet. Es gibt mindestens eine weitere Frau, von der wir wissen: eine Germanistikdoktorandin, die mit einiger Sicherheit keine Jüdin war. Noch eine Quelle der Besorgnis für Jacobs Eltern.[81]

Ein Brunnen voller Ideen

Zwischen dem Abschluss seiner Promotion im Dezember 1946 und seiner Abreise aus Zürich im Herbst 1947 fuhr Jacob mit seiner unermüdlichen Lektüre und der Suche nach neuen Ideen für seinen beruflichen Werdegang fort. Er arbeitete auch als Assistent für Ferdinand Gonseth, Mathematikphilosoph am Eidgenössischen Polytechnikum (später die ETH) und Herausgeber der Zeitschrift *Dialectica*, in der ein Auszug aus Jacobs Dissertation abgedruckt wurde.[82] Taubes behauptete später, er habe dort eine zweite Arbeit über die Philosophie der Mathematik geschrieben, doch gibt es dafür keinerlei weitere Hinweise.

Manche der Pläne, denen Jacob versuchte nachzugehen, sind in seinen Briefen an Myrie Bloch oder Gonseth ausgeführt, andere erschließen sich aus einem Bewerbungsschreiben an eine nicht genannte US-amerikanische religiöse Institution (vermutlich das JTS) und wieder andere sind fragmentarisch oder im Entwurfsstadium überliefert.

»Meine Idee ist die Grundlage einer neuen Theologie, jenseits aller konfessionellen Grenzen, aber nicht im allerwelts Wasser der natürlichen Religion der seichten Aufklärung, zu legen, d. h. fortsetzen das Werk von Franz Rosenzweig und Rudolf Ott im geschichtlichen Verhältnis zu Kierkegaard und Nietzsche.« Am Anfang stand ein neuer Kommentar zum Lied der Lieder, der zu einer »Ontologie des Geschlechts« und schließlich zu einer ganz neuen Anthropologie führen sollte.[83] Er diskutierte mit Balthasar in Basel über sein Vorhaben und hielt dort auch einen Vortrag darüber, musste aber feststellen, dass vieles davon bereits 1931 in einem Werk des wenig bekannten Autors Otfried Eberz formuliert worden war: *Vom Aufgang und Niedergang des männlichen Weltalters: Gedanken über das Zweigeschlechterwesen.* Dieses Buch verfocht die These, dass das wahre kulturelle Ideal androgyn war und dass in der Geschichte Phasen des Matriarchats mit solchen des Patriarchats wechselten. Das aktuelle Zeitalter der Männlichkeit, das sich durch technische Zivilisation auszeichne, befinde sich nun in der Phase des Niedergangs und werde bald abgelöst durch eine neue, stärker weiblich geprägte Ära.[84] Taubes schrieb mehrere Seiten mit Konzeptskizzen für ein Buch über den Aufstieg des feministischen

Prinzips, das den Titel »Der Aufstand der Materie, 1847-1947« tragen und sich mit dem Übergang des aktuellen Zeitalters vom Patriarchat zum Matriarchat beschäftigen sollte. Er experimentierte mit dem Gedanken, das feministische Prinzip neige stärker dem Materiellen und Konkreten zu, das männliche hingegen dem Geist und der Abstraktion. Vielleicht, so überlegte Taubes, repräsentierten der Nationalsozialismus und die Vernichtung der europäischen Juden (die er mit dem Wort Maidanek zusammenfasste) den weiblichen Versuch, die Dominanz des abstrakten, männlichen Geistes zu durchbrechen, wie er sich sowohl im Geist des Kapitalismus als auch im marxistischen Sozialismus darstellte. Auch dachte Taubes darüber nach, ob dem Christentum, mit seiner Dreifaltigkeit des Vaters, Sohnes und Heiligen Geistes ein weiblicher Aspekt gefehlt hatte, eine Leerstelle, die von der katholischen Kirche mit der besonderen Bedeutung Marias gefüllt worden war. Im Rahmen dieser Überlegungen beschäftigte sich Taubes auch mit dem Werk des Schweizer Gelehrten Johann Jakob Bachofen aus dem neunzehnten Jahrhundert, dessen Studie *Mutterrecht* (1861) die These vertrat, dass dem aktuellen Zeitalter des Patriarchats ein Matriarchat vorausgegangen war.[85] Eine weitere Projektidee drehte sich um »das Gesetz«, nicht nur im Judentum und im Christentum, sondern auch in der Natur und der Rechtsprechung. Taubes glaubte, dass sowohl das Judentum als auch das Christentum die Welt als Gefängnis betrachteten. Das Judentum hoffe noch auf Erlösung durch Eschatologie, während das Christentum davon ausgehe, dass das Gefängnis bereits gesprengt worden sei (durch Christus). Die Spannung in der jüdischen Seele, so Taubes, entstand durch die Anerkennung des Gesetzes einerseits und die Hoffnung auf Erlösung, wiederum vom Gesetz, andererseits.[86] Ob diese Charakterisierung für das Judentum als Ganzes zutreffend ist, mag fraglich sein – sicher jedoch traf sie auf Jacob Taubes' Seelenzustand zu. Taubes beabsichtigte, das Thema analytisch und historisch zu untersuchen, einschließlich des Bedeutungswandels des Gesetzes in der Tora und Halacha; anschließend wollte er die Idee von Widerstand gegen das Gesetz bei Paulus, Marcion (ein christlicher Gnostiker aus dem zweiten Jahrhundert), in der Gnosis sowie bei Luther und Kant untersuchen; und schließlich die Problematik des Gesetzes bei Spinoza, Freud und Kafka. Seine Forschung sei ergebnisoffen, schrieb er. Er hatte ein Thema, aber keine Schlussfolgerung.

Ein weiteres Projekt sollte sich mit der Anthropologie (im Sinne einer Philosophie der menschlichen Existenz) in der jüdischen Mystik beschäftigen, so wie sie sich in der Geschlechtertheorie der kabbalistischen Tradition und in der Theorie des »Adam Kadmon« (des Urzeitmenschen) darstellte – Themen, die Taubes in seinem ersten veröffentlichten Artikel über die Kabbala gestreift hatte.[87] Dieses Feld wollte er unbedingt erforschen, und er benannte Gershom Scholem als Meister des Faches.

Wie Jacob in seiner Bewerbung für das Jewish Theological Seminary in New York schrieb, wollte er mehr als nur Gelehrter sein – er wollte Theologe werden. Er war davon überzeugt, dass »Theologie ihre konfessionellen Grenzen überkommen muss und dass die Institutionen, die daran arbeiten, sich bemühen sollten, einen neuen Typus Seelsorger hervorzubringen, der in Psychologie, Psychotherapie und den religiösen Fragen unserer Generation bewandert ist«.[88]

All diese Vorhaben waren ebenso ambitioniert wie vage. Jacob suchte nach den großen Antworten auf die großen Fragen: Fragen, die sein Briefpartner Ferdinand Gonseth als zu groß einschätzte: »Sie scheinen eine große Ungeduld zu verspüren, alles wissen zu wollen, auf einen Schlag, ohne Verzug, alles zu wissen, was zählt. Und den Wunsch, den Schleier von der Welt zu reißen, ihre Realität offenzulegen. Ich würde sogar sagen, Sie spüren eine Verzweiflung darüber, das Wahre und Echte nicht zu kennen oder zu suchen. Diese Ungeduld kann ich nachempfinden«, schrieb Gonseth.[89] Doch er warnte Taubes vor dem, was er als Ansatz von Heidegger und anderen auffasste: »eine Jakobsleiter hinauf zu den übersinnlichen Sphären« zu errichten. »In Jakobs Traum sind es die Engel und nicht die Menschen, die die zahllosen Stufen hinab- und hinaufsteigen. Um es kurz zu fassen: Alles bringt mich zu der Überzeugung, dass jeder, der sie nachzuahmen versucht, einen nicht wiedergutzumachenden Fehler begeht.«[90]

Ein großer Teil von Jacobs späterer Laufbahn wird von der tiefen Kluft zwischen dem Anspruch, auf die großen Fragen Antworten zu finden, und der Einsicht, dass er diese Antworten eben nicht fand, geprägt sein. Vielleicht lag es schlicht daran, dass es auf diese Fragen keine Antworten gibt. Vielleicht war er auch zu versiert in den theologischen und philosophischen Debatten, um überhaupt noch irgendeine Antwort als wahr akzeptieren zu können. Zu dieser Zeit glaubte er jedenfalls noch daran, nicht aus wissenschaftlicher Perspektive, aber aus der des Glaubens. Er wolle die Frage des Gesetzes und seiner Beziehung zur Freiheit beleuchten, so schrieb er an Gonseth, und zwar mit einer »paulinischen« Herangehensweise, die auf der Annahme basierte, dass man nicht nur »befolgen«, sondern auch »glauben« konnte.[91]

Dieser Bezug auf Paulus war keine vorübergehende Laune. Taubes war schon seit er Anfang zwanzig war zunehmend von dem Apostel der Nichtjuden fasziniert, zu dem er eine tiefe Affinität zu verspüren glaubte. Die Paulusbriefe schienen ihm wohl besonders geeignet für jemandem, der tief in der rabbinischen Kultur verwurzelt war, Zugang zu vielen Bezügen in Paulus' Schriften zu verschaffen. Taubes berichtete später, Emil Staiger habe ihm während eines Spaziergangs in der Nähe der Universität erzählt, am Tag zuvor die Paulusbriefe erneut gelesen zu haben. »Das ist doch nicht Griechisch, das ist doch Jiddisch!«, soll er ausgerufen haben, woraufhin Taubes geantwortet habe: »Sie haben recht, Herr Professor, aber darum verstehe ich und liebe den Paulus, wie ich auch Ostjuden liebe, auch wenn sie von Knoblauch stinken. Paulus wird auch gestunken haben.«[92]

Insbesondere zwei Themen in den Paulusbriefen trafen offenbar auf große Resonanz bei Jacob. Das erste war die Unvermeidbarkeit der Sünde und die Notwendigkeit des göttlichen Erbarmens und der Gnade.[93] Die Vorstellung des göttlichen Erbarmens gibt es sowohl im Judentum als auch im Christentum, aber die Unvermeidbarkeit der Sünde ist ein sehr paulinisches Thema. Im Judentum folgt die Sünde aus dem fehlgeleiteten Willen, und die Buße (*Tshuvah*) führt den Willen zurück in die richtige Richtung – ein Prozess, der letztlich zur Kräftigung des menschlichen Willens führt. Für Paulus ist der Wille selbst sündhaft, und Buße ist nur durch Unterwerfung oder Entsagung des Willens möglich.[94] Taubes sprach Letzteres stärker an, denn es bestätigte ihn in seinem Gefühl, dass sich der Wille außerhalb seiner Kontrolle befand.

Das zweite Thema betraf das Gesetz. Für Paulus war das Gesetz (Halacha) selbst eine Quelle der Sünde oder zumindest des Bewusstseins für die Sünde, denn schon die Existenz eines Verbots rufe die sündhafte Bereitschaft hervor, es zu übertreten. Das bloße Vorhandensein des Gesetzes führe zu der Versuchung, es zu brechen.[95] Aber dank Gottes Gnade sei der Mensch vom Gesetz befreit – eine verlockende Botschaft für Taubes.

In einem Brief an Margarete Susman, den er kurz vor seiner Abreise aus der Schweiz schrieb, führte Jacob sein Ansinnen aus, für Paulus zu tun, was Heidegger für Kierkegaard getan hatte. »Was Heidegger an Kierkegaard vollzog, die Kategorien Kierkegaards universal in einer Ontologie zu verankern, sie aus der spezifischen Atmosphäre Kierkegaards zu entschränken, eben das schwebt mir in Bezug auf den Apostel vor: den Apostel, der das Jüdische ins Christliche entschränkt hat, aus dem Christlichen ins Universale zu entschränken, seine Kategorien universal in einer Ontologie zu verankern. Die Methode, den Weg der Entschränkung hat Paulus ja allein gewiesen.« An diesem

Punkt seines Lebens glaubte Taubes, der zentrale Aspekt bei Paulus sei es, aufzuzeigen, dass der Weg zu Gott über die Anerkennung von Gottes Machtlosigkeit in dieser Welt führe, die Anerkennung seiner Schwäche, seines scheinbaren Rückzugs aus der Welt, seines »Nichts«. In den kommenden vier Jahrzehnten kehrte Taubes immer wieder zu dieser Aufgabe zurück: seine Interpretation von Paulus' Gedanken aus dem christlichen Kontext in eine stärker universal ausgerichtete Theologie zu übertragen.[96]

Es war Paulus, der die einstige jüdische Sekte mit einer Botschaft von ethnienübergreifender Anziehungskraft transformierte. Nicht weit unter der Oberfläche kann man in Taubes' Schriften über Paulus eine Identifikation erkennen, die auf der Hoffnung beruhte, dass es ihm – wie einst dem Pharisäersohn aus dem ersten Jahrhundert – gelingen würde, in einem Zeitalter der Krise einen Weg zu finden, die Tradition seiner Vorfahren für ein größeres Publikum neu zu verpacken, quasi als Paulus-Pendant aus dem zwanzigsten Jahrhundert.

Für Taubes war Paulus ein Apostel *von den Juden* für die Völker. Sollte Jacobs Identifikation mit Paulus bewirkt haben, dass er ihn mit mehr Sympathie und Einfühlungsvermögen las als die meisten anderen Gelehrten, ob christlich oder jüdisch, so führte es doch auch dazu, seine eigene Empfindsamkeit auf sein Vorbild aus dem ersten Jahrhundert zu projizieren.

Der Zionismus und Palästina

Jacobs drängende Sorgen waren nicht nur theologischer oder persönlicher Natur. Aufgewachsen in einem religiös-zionistischen Haushalt und mit der hebräischen Sprache vertraut, fühlte er sich dem Schicksal des jüdisch-nationalen Projekts eng verbunden.

Im Jahr 1947 engagierte er sich in der christlich-jüdischen Arbeitsgemeinschaft in der Schweiz, einem interreligiösen Zusammenschluss von Protestanten und Juden, die ein Jahr zuvor gegründet worden war und zu der auch Pastor Paul Vogt gehörte. Auf der Seelisberg Konferenz, die Jacob in diesem Sommer mit seinem Vater besuchte, übergab Jacob William W. Simpson vom *Council of Christians and Jews* in London ein Memorandum zur Zukunft Palästinas, das Jacob gemeinsam mit Vogt und anderen Mitgliedern der Arbeitsgemeinschaft entworfen hatte. Dieses »Memorandum zur Palästinafrage« existiert noch. (Es sollte erwähnt werden, dass zu dieser Zeit der Begriff »Palästina« in zionistischen Kreisen weit verbreitet war. Bevor es von den Nazis geschlossen wurde, hieß das Büro der *Jewish Agency* in Deutschland »Palästina-Amt«.)

Im Mai 1942 hatte die Führung der Zionistischen Bewegung ein Ende des britischen Mandats über Palästina und die Gründung eines souveränen jüdischen Staats gefordert, der eine unbeschränkte jüdische Einwanderung ermöglichen sollte. In den darauffolgenden Jahren entwickelte sich das Schicksal des unter Mandat stehenden Palästina zu einem Objekt heftiger und gewaltsamer Auseinandersetzungen zwischen den Zionisten, die fest entschlossen waren, einen souveränen Staat zu errichten, und ihren arabischen Gegnern, die das ebenso fest entschlossen zu verhindern suchten. Die Zusammenstöße zwischen Juden und Arabern eskalierten, und in der Zwischenzeit warteten Hunderttausende jüdischer Displaced Persons in Europa darauf, einen Zufluchtsort zu finden. Die Briten verkündeten schließlich ihre Bereitschaft, die Mandatskontrolle über Palästina aufzugeben, und im Mai 1947 ernannte die UN einen Sonderausschuss für Palästina (*United Nations Special Comitee on Palestine*, UNSCOP).[97]

Ein Memorandum zur Palästinafrage war gleichermaßen ökumenisch wie weltfremd: die Art Vorhaben, das idealistischen, religiösen Menschen in der neutralen Schweiz vielleicht sinnvoll erschien, das aber das Ausmaß der Feindschaften vor Ort und die Unwahrscheinlichkeit einer internationalen Kontrolle völlig ausblendete. Es wurde nie veröffentlicht und nahm auch keinen erkennbaren Einfluss auf den Lauf der Ereignisse. Doch es markierte Jacobs ersten offiziellen Abstecher in das Schicksal des zionistischen Projekts, ein Thema, das ihn in unterschiedlicher Intensität für den Rest seines Lebens begleiten sollte. Doch bevor er in den neu entstehenden Staat Israel reiste, verbrachte er zwei prägende Jahre in New York.

Nach Amerika

Als Jacob seine Promotion abschloss, Ende 1946, begann die Jagd nach einer Stelle im Ausland. Die Vereinigten Staaten schienen dabei die besten Aussichten für einen angehenden jüdischen Theologen oder Philosophen bereitzuhalten. Zwi schrieb an mehrere Kollegen in England (Alexander Altmann) und in den USA, lobte die Fähigkeiten und die Gelehrsamkeit des jungen Jacob und ersuchte um Hilfe bei der Stellensuche.[98] Jacob bat auch Myrie Bloch, sich für ihn bei Louis Finkelstein vom Jewish Theological Seminary zu erkundigen.[99] Doch nichts davon scheint Früchte getragen zu haben – bis zum Frühjahr 1947, als Finkelstein einen Besuch von Reinhold Niebuhr erhielt, einem Professor am Union Theological Seminary, das nur ein paar Straßenzüge vom JTS entfernt lag. Niebuhr, zu dieser Zeit der bekannteste religiöse Denker in den Vereinigten Staaten, war gerade von einem mehrmonatigen Aufenthalt in Europa zurückgekehrt. Er berichtete Finkelstein, er habe in Zürich einen bemerkenswerten jungen Mann kennengelernt, Jacob Taubes, der nicht nur bei Barth und Brunner studiert, sondern auch die rabbinische Ordination erhalten hatte. Er empfahl Finkelstein, sich um ihn zu bemühen.[100] Daraufhin erhielt Jacob ein Angebot für ein Stipendium am JTS, wobei der genaue Status, der ihm zugedacht war, unklar blieb.

Jacob *erplauderte* sich also quasi eine Stelle in den USA – und dies traf auf nahezu alle weiteren Anstellungen in seinem Leben zu. Seine Fähigkeit, sich im persönlichen Gespräch zu artikulieren und zu präsentieren, war zweifelsohne bemerkenswert. Damit beeindruckte er nicht nur seine Promotionsprüfer, sondern auch einige der bedeutendsten Rabbiner, evangelische und katholische Theologen sowie marxistische Theoretiker aus aller Welt. Sicher war diese Fähigkeit auch das Resultat seines klugen Verstandes, doch sie spiegelte ebenfalls die Jahre der frühen Einbeziehung in Diskussionen mit Gelehrten, die im Haus seiner Eltern ein und aus gingen, wider. Seine Beziehung zu seinem Vater Zwi war komplex. Sie war geprägt von tiefer Liebe und gegenseitigem Respekt, doch auch von Jacobs Wunsch, die jüdische Welt, wie er sie kannte, zu verlassen.

Im Oktober 1947 brach der vierundzwanzigjährige Jacob auf der *R. M. S. Queen Elizabeth* in die Neue Welt auf.[101]

Doch auf der Reise gen Westen, von Europa nach Amerika (wo er die Schreibweise seines Namens von »Jakob« in das englische »Jacob« änderte), war er doch mit dem Herzen im Osten – in Jerusalem. An Bord auf dem Weg in die USA schrieb er einen Brief (an dessen Kopf er weiterhin das religiöse »bet-he« setzte) an Gershom Scholem, einen Mann, der ihn sein Leben lang in Ehrfurcht versetzen, überschatten und heimsuchen sollte. Jacob initiierte diese schicksalhafte Beziehung mit einem langen Schreiben, das zu gleichen Teilen Respekt, Belesenheit und Chuzpe aufwies.[102]

Die Lebenswege von Taubes und Scholem verliefen in entgegengesetzten Richtungen. Im Jahr 1897 in Berlin in eine jüdische Familie geboren, hatte der junge Gerhard Scholem gegen den assimilierten Liberalismus seiner bürgerlichen Eltern rebelliert.[103] Bei Ausbruch des Ersten Weltkriegs, damals war er 17 Jahre alt, empörte er sich über den deutschen Patriotismus seiner Eltern und so vieler anderer deutscher Juden. Schon damals ein überzeugter Zionist, glaubte Scholem, dass das Schicksal der Juden besser nicht an das des Deutschen Reiches gekoppelt würde. In den darauffolgenden Jahren vertiefte er seine Hebräisch- und Talmudkenntnisse. Er stürzte sich in die Lektüre der jüdischen mystischen Texte, ein Feld, mit dem sich die akademische Welt damals nicht befasste und das auch nahezu allen Rabbinern in Deutschland unbekannt war.

Als er noch in Deutschland lebte, stand er einigen anderen jungen Intellektuellen nahe, deren Wege später auch Jacobs kreuzen sollten, einschließlich seiner zionistischen Mitstreiter Hugo Bergmann, Hans Jonas, Ernst Simon und Leo Strauss. Sein engster Vertrauter jedoch war Walter Benjamin.

Im Jahr 1923 zog Scholem nach Jerusalem, damals noch im britischen Mandatsgebiet Palästina, und heiratete dort die vor ihm eingewanderte Escha Burchhardt. Nach der Gründung der Hebräischen Universität in Jerusalem 1925 wurde Scholem mit der Lehre der jüdischen Mystik beauftragt, einen Lehrstuhl erhielt er 1933.

Scholems wissenschaftliche Tätigkeit von den 1920er bis in die 1940er Jahre hinein führte dazu, dass sich die Geschichte der jüdischen Mystik als akademische Disziplin etablierte. Er entdeckte bis dahin unbekannte Texte, wendete seinen philosophischen Scharfsinn bei ihrer Lektüre und Erläuterung an und ordnete sie in den größeren Rahmen der Religionsgeschichte und der Geschichte des jüdischen Volkes ein. Er vereinte Leidenschaft für seine Themen und den Glauben in ihre historische Bedeutsamkeit mit der nötigen Geduld und dem Fleiß, um sich durch die anspruchsvollen und rätselhaften Texte zu arbeiten.

Scholems Interesse an der Geschichte der jüdischen Mystik, dem Messianismus und der Apokalyptik war nicht rein akademisch – es stand in einer engen Verbindung zu seinem postassimilatorischen Zionismus. Diesen Themen widmete er sich schon in jungen Jahren, aus der Überzeugung heraus, dass sie die lebendigen, dynamischen Strömungen innerhalb der Geschichte des jüdischen Volkes widerspiegelten – Strömungen, die von jüdischen Historikern und Theologen heruntergespielt worden waren, um das Judentum als kompatibel mit der modernen europäischen Geschichte darzustellen, und die sich daher auf die rationalistischen und rechtstheoretischen Aspekte der jüdischen Vergangenheit konzentriert hatten. Anders Scholem: Er untersuchte die irrationalen und symbolisch aufgeladenen Gefilde der jüdischen Mystik sowie Bewegungen, die als gotteslästerlich oder atavistisch stigmatisiert waren. Er vereinte in seiner Person sowohl bürgerliche Züge wie Ordnung und Fleiß als auch einen Hang zum Anarchischen und Subversiven. Und er bezeichnete die rechtlichen und rationalistischen Strömungen im Judentum als farblos und uninteressant. Kurz gesagt: Mit seiner Forschung revoltierte er gegen die dominierenden zentraleuropäischen Trends – assimilatorisch, reformiert und orthodox –, mit denen er aufgewachsen war.[104]

Einige von Scholems Schriften sind von großer Bedeutung für sein Verhältnis zu Jacob Taubes. Wir haben weiter oben bereits den bahnbrechenden Artikel »Erlösung durch Sünde«, der 1937 in der hebräischsprachigen Zeitschrift *Knesset* veröffentlicht wurde, zur Kenntnis genommen. Darin untersuchte er die Ideen und den Einfluss des vermeintlichen Messias aus dem siebzehnten Jahrhundert, Sabbatai Zwi, sowie des ein Jahrhundert später lebenden Jakob Frank, der sich ebenfalls zum Messias ausrief, bevor er abtrünnig wurde und gemeinsam mit seinen Anhängern zum Christentum konvertierte. Frank entwickelte eine Theologie, die die Notwendigkeit zur Übertretung des jüdischen Gesetzes verkündete sowie die Erfordernis, in die Abgründe der Sündhaftigkeit hinabzusteigen, um die göttlichen Funken in einer gefallenen Welt freizusetzen. Er und seine Anhänger praktizierten ausschweifende Exzesse.

Die sabbatianischen und frankistischen Strömungen hallten noch Generationen später nach. Doch im zwanzigsten Jahrhundert waren sie bei den meisten Juden weitgehend in Vergessenheit geraten und galten unter den Historikern der *Wissenschaft des Judentums* als Irrweg und Schande. Scholems Ansatz war ein völlig anderer. Für ihn war der Sabbatianismus zentral für das Verständnis der jüdischen Geschichte. Er repräsentierte Unterströmungen der Vitalität und des Widerstands gegen die unerlöste Welt des Exils, und erst der Zionismus ermöglichte es, seine wahre Bedeutung mit Sympathie zu erfassen.[105] Scholem schrieb:

> Die Sehnsucht nach Befreiung, die einen so tragischen Ausdruck in der nihilistischen Lehre der Sabbatianer fand, zeugt nicht nur von der Wirksamkeit zerstörerischer Kräfte. Im Gegenteil, die Pflicht des Historikers ist, das Positive in diesem Negativen, die Sehnsucht nach einem festen Bau inmitten solcher Zerstörung noch hinter allen Dokumenten, hinter Greuel und Gesetzlosigkeit wahrzunehmen. ... Erst die neue Bewegung [der Zionismus] öffnete uns die Augen, und wir sahen den Taumel der Erlösung noch in solchen Erscheinungen, die dem geruhsamen jüdischen Bürger des letzten Jahrhunderts nur Wahn und Schrecken erschienen.[106]

Scholem erkannte eine wichtige Parallele zwischen dem Sabbatianismus und dem Urchristentum: In beiden Fällen nahm der mutmaßliche Messias ein skandalöses Ende; im Falle von Jesus die Kreuzigung und bei Sabbatai Zwi der Abfall vom Glauben. Er verwies auch auf die Wiederkehr der gnostischen Motive unter den radikaleren Sabbatianern sowie auf die Überzeugung, dass die angemessene Antwort auf eine Welt des Bösen ihre Zerstörung von innen sei, durch das Hinabsteigen in den Abgrund der Unreinheit.[107] Scholem zufolge ähnelte der triebhafte Antinomismus der Frankisten den gnostischen Pneumatikern, die Jonas erforscht hatte.[108] Und seinem Verständnis nach war das Modell der enthusiastischen Häresie, die den Kern der orthodoxen Religion aushöhlte und revolutionäre Entwicklungen beförderte, keineswegs auf das Judentum beschränkt. Ein Inhalt, den Jacob aufgriff, war Scholems Urteil, der Konflikt zwischen ekstatischen, pneumatischen Spiritualisten des Mittelalters habe zu internen Auseinandersetzungen im Christenrum geführt.

Die spiritualistischen Sekten, die sich aus solchen Zusammenstößen heraus formierten, erlangten insbesondere als Wegbereiter neuer Epochen im religiösen und gesellschaftlichen Leben große Bedeutung. Revolutionäre Ideen, sei es auch religiösen Charakters, brachen meist in solchen Sekten hervor und gewannen dort an Einfluss. Während der letzten drei Generationen hellten europäische Forscher die Verbindungen auf, welche zwischen diesen Sekten und christlichen Strömungen einerseits und der Geschichte der »Toleranz« und der Aufklärungsbewegungen im 17. und 18. Jahrhundert andererseits bestehen.[109]

Scholems Überzeugung in »Erlösung durch Sünde«, dass erst der Zionismus die Wertschätzung und Aneignung einer umfassenderen Vorstellung von der jüdischen Vergangenheit ermöglicht habe, entwickelte er weiter in einem Artikel, der 1944 in der hebräischsprachigen Zeitung *Haaretz* unter dem Titel »Reflexionen über die *Wissenschaft des Judentums*« veröffentlicht wurde. Er warf der vorzionistischen deutsch-jüdischen Wissenschaft des neunzehnten Jahrhunderts vor, aufgrund ihrer apologetischen Interessen verzerrt zu sein. Auf der Suche nach schlagkräftigen Argumenten, das Streben nach Emanzipation in einer feindlich gesinnten Umgebung der Diaspora zu legitimieren, hätten jüdische Gelehrte die jüdische Vergangenheit so dargestellt, dass sie mit den Grundsätzen eines aufgeklärten Rationalismus konform war. Dazu hätten sie die rationalen Elemente des Judentums überbetont und die irrationalen, messianischen und apokalyptischen Momente übersehen oder heruntergespielt. Mit der Verdammung des »dämonischen Enthusiasmus« aus der jüdischen Geschichte hatten sie jedoch genau jene Bestandteile entfernt, die der jüdischen Geschichte ihre Vitalität und Kreativität gegeben hatten. Die *Wissenschaft des Judentums*, so Scholem, »[hat sich] zum Sprachrohr der Kleinbürgerlichkeit gemacht [...], einer Kleinbürgerlichkeit, die die eindeutigen Parolen der Liquidation und des Aufbaus gleichermaßen verärgern, weil sie schlafen will [...]. Dieser Schlaf wird gemäßigter Fortschritt genannt, Bewahrung durch Erneuerung und ähnliches mehr.« Erst der Zionismus ermöglichte das Schreiben einer stimmigeren und präziseren Geschichte, die die Dialektik des historischen Fortschritts anerkannte.[110]

Mit seinem Opus magnum *Die jüdische Mystik in ihren Hauptströmungen* gelang Scholem der Durchbruch zu internationaler Anerkennung. Das Buch entstand aus einer Vorlesungsreihe am Jewish Institute of Religion in New York, die er 1938 hielt und die seine Forschung zusammenfasste. Veröffentlicht wurde es 1941 in Jerusalem im Schocken Verlag, eine überarbeitete Fassung erschien 1946 bei Schocken in New York. In den folgenden Jahrzehnten öffnete das Buch ein Fenster in eine jüdische Welt voller blühender Fantasien, die eine gebildete Leserschaft in Europa und Amerika fesselte. *Hauptströmungen* beinhaltete Themen, für die sich Taubes schon vor der Lektüre interessiert hatte, und andere, die dadurch geweckt wurden: etwa das mystische Konzept von Gott als »Nichts«, die jüdische Gnosis, Sabbatianismus und Chassidismus.

Jacobs Brief, den er von New York aus verschickte, erreichte Scholem Anfang Dezember in Jerusalem. Nachdem dieser ihn gelesen hatte, schrieb er an Hannah Arendt, zu der er ein freundschaftliches Verhältnis pflegte: »Ich erhielt aber dieser Tage einen langen und recht merkwürdigen Brief über mich oder meine Schriften von einem jungen Mann aus Zürich, der jetzt in New York am Jewish Theological Seminary studiert und der nicht ganz ohne Sinn ist. Ich kenne den Mann persönlich gar nicht, er heißt Doktor Jacob Taubes, aber wenn Sie ihn mal treffen sollten, wäre ich Ihnen dankbar, wenn Sie mir Ihren Eindruck mitteilen würden. Der hat sich anscheinend sehr in mich hereinstudiert.«[111]

Und ein merkwürdiger Brief war es tatsächlich, der sowohl Faszination als auch Unterwürfigkeit und Kritik an den Tag legte.[112] Nach der einleitenden Bemerkung, Scholem habe vermutlich bereits über ihre gemeinsame Bekannte Margarete Susman von ihm gehört, begann Jacob mit einer Diskussion von Scholems Werk – nicht nur »Erlösung durch Sünde«, sondern auch von unbekannteren Schriften wie etwa einem offenem Brief, in dem Scholem vor Jahrzehnten bestimmte Tendenzen im deutschen Zionismus kritisiert hatte.[113]

Dann kam Taubes zum Punkt: »Aus ganz anderen Voraussetzungen, aus ganz anderem Milieu kam ich zu ›Ihrem‹ Abschied … und in eigentümlicher Weise kreuzen sich die Wege, wohl für eine Weile nur; dieses Wegstück mit Ihnen gehen zu dürfen, ist die Summe meines Anliegens.« Ihm lag daran, Scholems Placet für eine Rezension von *Hauptströmungen* für eine Zeitschrift zu erhalten (dieser Erlaubnis bedurfte es nicht), doch er stellte umgehend klar, dass es keine Lobeshymne werde. Zum Beispiel stehe er der These, die Geschichtsschreibung der Kabbala aus einer nationalistischen Perspektive stelle einen Fortschritt dar, skeptisch gegenüber; am Ende verzerre sie vielleicht genauso viel, wie sie beleuchte. Taubes' Brief pendelte zwischen Bewunderung und Kritik. »Professor Buber weiss davon, dass es mein sehnlicher Wunsch wäre, bei Ihnen Schüler sein zu können. Nun führt mein Weg zunächst über New York, das Jewish Theological Seminary hat mir ein Stipendium gewährt…« Taubes versprach, Scholem ein Exemplar der *Abendländischen Eschatologie* zu schicken, wies aber darauf hin, dass die veröffentlichte Version aus Kostengründen radikal gekürzt werden musste (eine Langversion ist nie aufgetaucht). Er bat Scholem um Unterstützung: Von wem sonst könnte er in New York etwas über dessen Werk lernen? Er schlug vor, sie könnten von Ferne aus zusammenarbeiten; er, Taubes, könne Artikel schreiben, und Scholem würde sie kommentieren, einschließlich eines Themas, das sich ihm bei der Lektüre der *Hauptströmungen* auftat: eines Vergleichs zwischen der paulinischen und der sabbatianischen Theologie. Nachdem er mehrere gemeinsame Bekanntte angeführt hatte – Susman, Buber, Leo Baeck und andere –, schloss Taubes mit den Worten: »Fast scheint mir, als fehle noch das Wichtigste, als habe ich gar nicht das geschrieben, was ich eigentlich sagen wollte, als bin ich auch in der Kritik zu weit gegangen, aber die See ist ziemlich stürmisch und es fällt schwer sich zu konzentrieren. Vielleicht ist aber der gute Wille zu lernen und sich gerne belehren zu lassen deutlich geworden und es wäre für mich die grösste Freude, wenn Sie auf meine Fragen Antwort geben würden, mich leiten würden bei den ersten Schritten ...«

Scholem war durchaus interessiert und er antwortete ebenfalls ausführlich. »Es freut mich ungemein, daß jemand sich so intensiv mit Dingen beschäftigt, die mir nahegehen, und es wird mich freuen, Ihnen so viel Beistand zu leisten, wie das aus der Ferne möglich ist.« Ein Vergleich zwischen der paulinischen und der sabbatianischen Theologie könne fruchtbar sein, bemerkte er, sofern man auf die relevanten Quellen auf beiden Seiten des Vergleichs zugreifen könne. Ob Taubes daran interessiert sei, sich den schwierigen kabbalistischen und sabbatianischen Quellen zu widmen und sie zu meistern? Er schickte Taubes auch ein Exemplar seiner »Reflexionen über die *Wissenschaft des Judentums*«, in denen er vor den Gefahren einer nationalistischen Historiografie, wie sie einige seiner Kollegen praktizierten, warnte.[114] Darüber hinaus brachte Scholem Taubes mit einem seiner besten Studenten, Joseph Weiss, in Kontakt. Weiss stellte Taubes einige Veröffentlichungen zur Verfügung, einschließlich seines eigenen neuesten Essays über Scholem, der in der deutschsprachigen Tel Aviver Tageszeitung *Jedioth Hajom* anlässlich von Scholems fünfzigstem Geburtstag veröffentlicht wurde. Weiss mutmaßte darin, dass esoterische Botschaften zwischen den Zeilen von Scholems akademischen Schriften versteckt waren, die nur Eingeweihten zugänglich waren – was Jacobs Faszination für den gelehrten Meister noch verstärkte.[115] Aber es sollte noch dauern, bis sie sich von Angesicht zu Angesicht treffen würden.

5
New York und das Jewish Theological Seminary, 1947-1949

Jacob erreichte New York im September 1947, im Alter von vierundzwanzig Jahren. Mit 1,75 m war er mittelgroß und von schlanker Statur. Sein Gesicht war lang und schmal, mit knabenhaft weichen Zügen. Auf der hohen Stirn ein wild zerzauster Schopf aus dichtem, welligem, braunem Haar. Seine braunen Augen lagen tief und standen eng beieinander, und auf seinem Kinn prangte ein ausgeprägtes Grübchen. Die außergewöhnliche Blässe, seine markanten Gesichtszüge und sein durchdringender Blick hatten etwas Beeindruckendes. Sein Lächeln konnte sinnlich oder verschmitzt sein. Und er hatte eine sanfte Stimme, fast schon feminin. Seine Art zu sprechen konnte aber auch dramatische Züge annehmen: Wenn er ein Argument vorbrachte, gestikulierte er dabei mit dem Zeigefinger in der Luft, als wollte er den Weg seiner Gedanken skizzieren.

Jacob verbrachte nach der Promotion zwei prägende Jahre am Jewish Theological Seminary (JTS) in New York, einer Einrichtung, die sowohl das wissenschaftliche Studium des Judentums anbot als auch die Ausbildung zum konservativen Rabbiner. Seine Familie und die vertraute Umgebung des deutschsprachigen Europa ließ Jacob hinter sich für das fremde urbane Amerika der frühen Jahre des Wirtschaftswunders. Auch am JTS spürte er die Spannungen zwischen der akademischen Beschäftigung mit Religion und dem persönlichen Glauben sowie zwischen seinem Bekenntnis zum Judentum und seinem Hang zum Antinomismus. Er vertiefte hier seine Kenntnisse über das rabbinische Judentum und die Beziehung zwischen Theologie und Politik in der mittelalterlichen jüdischen Philosophie. Nach und nach erarbeitete er sich einen guten Ruf unter US-amerikanischen Intellektuellen, sowohl innerhalb des Netzwerks der Emigranten aus dem deutschsprachigen Europa als auch in der jüngeren Generation amerikanisch-jüdischer Intellektueller. Und er lernte Frauen kennen, ging romantische und erotische Beziehungen mit ihnen ein, eine davon sollte seine Ehefrau werden.

Nach einem kurzen Aufenthalt bei der Familie seines Onkels (Zwis Bruder, Israel Edelstein) in New York zog Jacob in das Wohnheim am JTS. Das Seminar lag im Stadtteil Morningside Heights an der Upper West Side von Manhattan, Ecke Broadway/122. Straße. Auf der anderen Straßenseite des Broadway befand sich das Union Theological Seminary – eine Hochburg des liberalen Protestantismus – und nur wenige Straßenzüge weiter südlich die Columbia University. Viele Dozenten wohnten auch in dieser Gegend. Hier, in diesem Teil von Manhattan, verbrachte Jacob einen Großteil der folgenden zwei Jahrzehnte.

Das JTS war eine von vier Einrichtungen für höhere jüdische Bildung im Raum New York. Das Klientel war überwiegend konservativ. Als traditionellere Alternative zum Reformjudentum bekannte sich das konservative Judentum in der Theorie dazu, die Halacha bis zu einem gewissen Grad rituell zu erneuern, doch in der Praxis gab es eine Kluft zwischen einer kleinen Elite, die diese Praktiken beibehielt und einer größeren Basis, die weit weniger gesetzestreu lebte.[1] Das JTS strebte danach, ein traditionelles, aber nicht orthodoxes Judentum mit modernen wissenschaftlichen Methoden zu vereinen. Theologisch zur Linken vom JTS stand das Hebrew Union College, wenn man so will, ein reformiertes rabbinisches Seminar. Zu seiner Rechten befand sich das Rabbi Isaac Elchanan Theological Seminary, eine orthodoxe Bildungseinrichtung, die mit der Yeshiva University assoziiert war. Darüber hinaus gab es innerhalb des traditionellen Spektrums einige kleinere Jeschiwot – darunter die Mesivta Chaim Berlin, eine Jeschiwa nach litauischem Vorbild in

Brooklyn –, an denen traditioneller talmudischer Unterricht stattfand.[2]

Das JTS strebte danach, beides zu sein: ein Zentrum jüdischer Gelehrsamkeit – nach dem Vorbild der *Wissenschaft des Judentums* –, aber auch eine Ausbildungsstätte für Rabbiner und jüdisch gebildete und engagierte Laien. In der Schweiz hatte Jacob Philosophie und christliche Religionswissenschaften an der Universität studiert, mit dem Judentum hatte er sich außerhalb der akademischen Welt beschäftigt – zu Hause und an der Jeschiwa in Montreux. Nun, am JTS, begegnete er dem Judentum sowohl als Gegenstand des persönlichen Bekenntnisses als auch der wissenschaftlichen Forschung. Das JTS stand unter der Leitung von Louis Finkelstein, einem in den USA geborenen Rabbiner und Talmudprofessor, der 1940 zum Präsidenten ernannt wurde (später wurde diese Position umbenannt in Rektor). In einer Zeit, in der Antisemitismus in den Vereinigten Staaten weit verbreitet war und viele Juden sich nicht länger mit dem Judentum identifizierten, versuchte Finkelstein, sowohl Juden als auch Christen von der anhaltenden Relevanz des Judentums und seiner Vereinbarkeit mit der amerikanischen liberalen Demokratie zu überzeugen.[3] Kurz: Er »wendete das jüdische Überleben in ein amerikanisches Gut«.[4] Und wirklich glaubte er, dass die amerikanischen Juden sich wieder stärker mit ihrem Glauben identifizieren würden, wenn das Judentum nur eine breitere kulturelle Legitimität hätte. Zu diesem Zweck gründete er das Institut für *Religious Studies and the Conference on Science, Philosophy, and Religion*, das jüdische Gelehrte mit ihren christlichen und weltlichen Kollegen zusammenbrachte. In diesem Umfeld entstand auch die Idee von der »jüdisch-christlichen Tradition«, zusammen mit der Vorstellung, dass die amerikanische Demokratie aus jüdisch-christlichen Werten entsprungen war.[5]

Die älteren Dozenten am JTS hatten in der Regel sowohl eine traditionelle Jeschiwa-Ausbildung durchlaufen als auch ein Studium an einer westlichen Universität absolviert. Der bedeutendste unter ihnen war Louis Ginzberg. Er hatte die berühmte *Telshe Yeshiva* in Litauen besucht und anschließend Mathematik und Semitistik in Heidelberg studiert. Er war ein guter Freund von Rabbi Zwi Chajes (Zwi Taubes' Mentor) und Teil des internationalen wissenschaftlichen Netzwerks zur Erforschung der *Wissenschaft des Judentums*, wurde am JTS zum Talmudprofessor berufen und zählte zu den ersten Gastprofessoren an der neu gegründeten Hebräischen Universität in Jerusalem.[6] (Seinen hohen Bildungsgrad verdeutlicht die folgende Anekdote: Anlässlich eines formellen Abendessens im Seminar saß Albert Einstein neben Ginzberg. Gegen Ende der Veranstaltung fragte Einstein den damaligen Präsidenten, Cyrus Adler, warum er einen Professor der Mathematik am Seminar beschäftige. Offensichtlich hatten die beiden den ganzen Abend über mathematische Fragen diskutiert![7]) Finkelstein suchte nach Wissenschaftlern, die eine traditionelle Gelehrsamkeit mit einer am westlichen Vorbild orientierten akademischen Ausbildung verbanden. Und diese waren zunehmend rar.[8] Im Jahr 1945 war es Finkelstein gelungen, mit Abraham Joshua Heschel jemanden einzustellen, der diese Qualifikationen erfüllte. Heschel hatte einen traditionellen chassidischen Hintergrund und wurde an der Friedrich-Wilhelms-Universität in Berlin promoviert. Jacob Taubes versprach ein ebensolcher Fang zu sein.

Die meisten Rabbinatsstudenten am JTS hatten entweder einen orthodoxen Hintergrund und entsprechend eine Jeschiwa besucht, oder sie waren im weitgespannten Netz der Hebraistischen Schulen unterrichtet worden, die es damals überall in den USA gab. (Wer diesen Hintergrund nicht hatte, musste zunächst studienvorbereitende Kurse belegen.) Die meisten Rabbinatsstudenten freuten sich darauf, ein traditionelles, aber amerikanisiertes Judentum an eine zunehmend aus der Mittelschicht stammende Zielgruppe zu vermitteln. Während der ersten drei Jahrzehnte des zwanzigsten Jahrhunderts hatten sich amerikanische Juden mit osteuropäischen Wurzeln – in ihrem Bemühen, in den USA Fuß zu fassen – häufig von ihrer jüdischen Herkunft abgewandt. Dieser Trend kehrte sich in den 1940er und 1950er Jahren um. Angesichts des wachsenden wirtschaftlichen Wohlstands rückte der Kampf um die materielle Existenz in den Hintergrund und ließ Raum für Spiritualität. Gleichzeitig zogen mehr und mehr Juden in die Vororte, wo die Synagogen auch als Zentren des Gemeinwesens dienten. Die konservative Strömung profitierte am meisten von diesen Entwicklungen. Und das Seminar bildete die Rabbiner für diese wachsenden und prosperierenden jüdischen Gemeinden aus.[9]

Es gab eine intrinsische Spannung am JTS zwischen seinem Bekenntnis zu den Grundsätzen des traditionellen Glaubens und dem von der *Wissenschaft des Judentums* entwickelten Kanon der wissenschaftlichen Forschung. Sollte man die Bibel, insbesondere die Tora (die Fünf Bücher Mose), unter der Prämisse unterrichten, dass sie als Resultat eines einmaligen, göttlich inspirierten Ursprungs entstanden war, oder sollte der Unterricht die Erkenntnisse der kritischen Bibelwissenschaften reflektieren, wonach sie aus mehreren Federn stammte? Das JTS war nicht bereit, offen den kritischen Standpunkt zu vertreten, aber ebenso wenig sah man sich in der Lage, in der Lehre die moderne Wissenschaft zu ignorieren. Das paradoxe Resultat war, dass in der Rabbinerschule gar kein Tora-Unterricht stattfand! Andere Teile der Bibel, die Propheten und das Buch der Weisheit, wurden unterrichtet, und zwar unter Anwendung moderner, kritischer Wissenschaftsmethoden. Der Pentateuch jedoch wurde in die Aufnahmeprüfung verwiesen, damit die Studenten diesen studierten, bevor sie die Rabbinerausbildung begannen.[10] Erst in den 1950er Jahren wurde die Quellenkritik in den Lehrplan aufgenommen.[11]

Zum modernistisch orientierten Flügel des JTS-Lehrkörpers zählte Mordecai Kaplan, der Homiletik unterrichtete, ein Unterrichtsfach, das von den zukünftigen Rabbinern auch verlangte, die Beziehung zwischen den Inhalten des Judentums und den Bedürfnissen ihrer Gemeinde zu reflektieren. Kaplan hatte eine orthodoxe Rabbinerausbildung durchlaufen, ging aber in seinem Versuch, mit den modernen Wissenschaften Frieden zu schließen, weiter als seine Kollegen, indem er alles Übernatürliche glattweg ablehnte. Beeinflusst durch den philosophischen Pragmatismus von John Dewey, die naturalistisch-religiöse Hermeneutik von Matthew Arnold, die Soziologie von Émile Durkheim und den Kulturzionismus von Achad Ha'am war Kaplan wohl der kühnste jüdische Theologe seiner Zeit. In seinem Buch *Judaism as a Civilization* (1934), wie auch in vielen seiner späteren Veröffentlichungen, legte Kaplan eine Vision vom Judentum vor, das auf der Volkszugehörigkeit basierte; ein Verständnis, in dem die sozialwissenschaftliche fundierte Funktion jüdischer Identität und Kultur das übersinnliche Konzept des Göttlichen ablöste. Gott wurde hier zur »die Kraft, die zur Erlösung führt«. Kaplan erarbeitete ein Programm zur institutionellen und rituellen Erneuerung, vom jüdischen Gemeindezentrum bis zu einer Überarbeitung der Liturgie.

Die Haltung zum Zionismus war ein weiterer strittiger Punkt am JTS. Der Vorstand setzte sich überwiegend aus wohlhabenden deutschen Juden zusammen, darunter der Verleger der *New York Times* Arthur Hays Sulzberger, die allesamt vehemente Gegner der zionistischen Bewegung und ihrer Forderung nach einem jüdischen Staat waren. Finkelstein, der nie in Palästina gewesen war, war ein eher lauwarmer Zionist, befürwortete zwar eine jüdische Heimstätte, stand aber der Zweckmäßigkeit eines jüdischen Gemeinwesens mit einiger Skepsis gegenüber. Genauso wie der in den USA geborene Präsident der Hebräischen Universität, Judah Magnes sorgte sich Finkelstein um die Vereinbarkeit von Zionismus und religiösen Grundsätzen, um das Spannungsverhältnis zwischen Politischem und Heiligem. Viele Dozenten und Studenten hingegen waren glühende Anhänger der zionistischen Bewegung und hielten Finkelstein diesbezüglich für weltfremd. Als die Führung des Jischuw, des vorstaatlichen jüdischen Gemeinwesens in Palästina, ihre Absicht erklärte, die Unabhängigkeit auszurufen, fand sich Finkelstein jedoch in der Rolle des Anti-Antizionisten wieder, und er versuchte, die jüdischen Gegner des neugegründeten Staates Israel davon abzuhalten, Klage bei der UN einzureichen.[12]

Vielleicht hatte auch Jacob Taubes mit diesem Gedanken gespielt. Er stand in Kontakt mit dem Rebbe von Satmar, der ihn für seine antizionistische Sache zu gewinnen suchte, doch Jacob lehnte ab.[13] Hannah Arendt, die Taubes später kennenlernte, erklärte in der neuen jüdischen Zeitschrift *Commentary* das Zeitalter der souveränen Nationalstaaten für beendet; der einzig gangbare Weg, eine jüdische Heimstätte in Palästina zu errichten, sei ein arabisch-jüdisches Bündnis – wobei sie nicht weiter darauf einging, dass für diesen Weg gar keine arabischen Partner zur Verfügung standen.[14] Jacob stand in Kontakt zu einer Gruppe von deutsch-jüdischen Professoren in Jerusalem, die den Kern des *Ihud* bildeten, eine kleine zionistische Organisation, die sich um die arabisch-jüdische Zusammenarbeit bemühte und anzweifelte, dass die Gründung eines souveränen jüdischen Staats machbar oder wünschenswert war. Unter den führenden Mitgliedern waren Martin Buber, Judah Magnes und Ernst Simon, Bildungsphilosoph an der Hebräischen Universität, der eine Gastprofessur am JTS innehatte.[15]

Die historische Abstimmung vom 29. November 1947 in der UN-Generalversammlung, die die Teilung Palästinas in einen jüdischen und einen arabischen Staat beschloss, wurde von den meisten amerikanischen Juden enthusiastisch begrüßt, und das galt auch für den Großteil der Dozenten und Studenten am JTS. Einige Monate später, am 28. Januar 1948, schrieb Taubes erneut an Scholem. Wieder war sein Brief sowohl gelehrt als auch hoch problematisch – aus der Sicht eines überzeugten Zionisten, wie Scholem einer war.

Und es scheint, dass schwere Zeiten sich anheben, da fühlt man sich in New York als ›coward‹ – denn wer nicht teilhat am Leiden Israels, wie könnte er an seinen Tröstungen teilhaben? Freilich es zeigen sich Wetterzeichen am jüdischen Himmel, die sehr an das sabbatianische Gewitter erinnern – und es ist nicht ›reine‹ Wissenschaft, wenn Sie und ein Kreis um Sie mit solcher Intensität sich diesem Kapitel der Geschichte zuwenden; es liegt ›etwas‹ in der Luft. Wer in Amerika die ›Siegesfeiern‹, den messianischen Rausch der jüdischen Masse, das Hallel in den Synagogen miterlebt hat, den können Visionen schrecklicher Art heimsuchen; es wäre gut, wenn einige Hüter des Volkes, maskiert als Historiker, nüchtern bleiben würden.[16]

Jacobs Erfahrungen am JTS lassen sich anhand einer Handvoll überlieferter Briefe aus seiner eigenen Feder rekonstruieren, anhand von Erinnerungen jener Menschen, die ihn damals kannten, und anhand einer Fülle von Briefen, die sein Vater, seine Mutter und seine Schwester ihm aus Zürich schrieben. Seine Mutter Fanny schrieb zumeist auf Deutsch, manchmal auf Hebräisch; seine Schwester Mirjam ausschließlich auf Deutsch. Die Briefe seines Vaters Zwi sind manchmal auf Deutsch verfasst, überwiegend aber auf Jiddisch, der Sprache, die ihm vertrauter war – wenn es sich um berufliche Angelegenheiten handelte, bevorzugte er das Hebräische. Doch bei allen dreien vermischten sich die Sprachen Deutsch, Hebräisch und Jiddisch in ihrer Korrespondenz mit Jacob.

Der wöchentliche Strom von Briefen riss nie ab, alle drei waren Jacob offensichtlich in inniger Liebe verbunden. Zwi begann seine Briefe zumeist mit der jiddischen Anrede »Liebes, teyeres Kind«, auch wenn sie nahezu ausschließlich berufliche Angelegenheiten beinhalteten, überwiegend Jacobs akademische Laufbahn am JTS betreffend. Wenn Jacob sich nicht meldete, baten seine Eltern ihn verzweifelt, er möge antworten, manchmal sogar per Telegramm. Die Briefe verdeutlichen die großen Hoffnungen und Erwartungen, die Zwi, Fanny und Mirjam in ihn setzten. Seine Familie war erleichtert, dass er die Schweiz verlassen hatte und nun in einem Land lebte, das mutmaßlich bessere Optionen bereithielt.

Doch in den Briefen spiegelt sich auch eine gewisse Infantilisierung sowie, aufseiten Jacobs, eine Hilflosigkeit bei der Bewältigung der alltäglichen Dinge. Sein Vater versicherte ihm mehrfach, er werde Probleme zwischen Jacob und seinen Dozenten am JTS für ihn ausräumen. Seine Mutter sorgte sich um seine Garderobe, einschließlich seiner Unterhemden, und schickte ihm Hemden aus Zürich. Sie ermahnte ihn wiederholt, er möge auf seine Körperhygiene und seine Kleidung achten, sich waschen und rasieren.[17]

Mirjam, die Jacob bewunderte, aber seine Schwächen und Eigenheiten sehr gut kannte, erteilte ihm Ratschläge, die einiges über Jacobs Charakter verraten. Da er auf dem Campus wohne, so riet sie ihm, müsse er sich in Bezug auf Frauen zurückhalten und dürfe sie nicht überreden, die Nacht mit ihm auf seinem Zimmer zu verbringen.[18] Auch solle er sich bemühen, gegenüber Juden nicht zu sehr vom Christentum zu schwärmen, und seine Zimmerwände lieber mit einer Karte von Palästina dekorieren als mit Madonnenbildern.[19] Auch sie erinnerte ihn daran, auf sein Äußeres zu achten, sich ordentlich zu kleiden und seine Nägel zu schneiden.[20]

Mirjam sorgte sich vor allem um zwei Themen: seine Arbeit und seine Frauen. Immer wieder ermahnte sie Jacob, seinem großen Potenzial gerecht zu werden und den Wunsch seiner Großeltern zu erfüllen, eine jüdische Koryphäe zu werden. »Sei nicht faul, sondern arbeite«, schrieb sie Jacob, denn sie wusste um seinen Hang zum Müßiggang oder zum nicht endenwollenden ungezwungenen Gespräch.[21] Und sie sorgte sich darum, ob Jacob die richtige Frau finden würde. (Sie selbst heiratete im August 1948 und machte damit, in Fannys Augen, eine gute Partie: »Eine sehr bechovidicher shidduch, ein gut situiter Kaufmann, sehr feine jüdische Eltern.«[22]) Jacob solle mit jungen Leuten verkehren, forderte sie ihn zu Beginn seines Aufenthalts auf: »Keine verheirateten Frauen. Gesunde Beziehungen suchen. Glaube mir, ich weiss was ich sage.«[23] Und wenige Monate später: »Suche nur Mädels aus besten Häusern. Nicht hergelaufenes Zeug. Der ›Stall‹ spielt eine grosse Rolle.«[24]

Ihre Bedenken waren berechtigt.

Während seines ersten Jahres in New York schien Jacob mit seinen Gedanken überall zu sein, nur nicht bei seinem Studium am JTS. Er traf sich mit vielen emigrierten deutschen Intellektuellen. Er verbrachte einige Zeit mit Paul Tillich am Union Theological Seminary;[25] besuchte den Religionshistoriker Joachim Wach an der University of Chicago;[26] traf sich regelmäßig mit seinem alten Gefährten Eugen Kullmann, der in Brooklyn wohnte; freundete sich mit dem deutsch-israelischen Verleger Salman Schocken an sowie mit Hannah Arendt, die damals als Lektorin im Schocken Verlag in New York arbeitete. Und dann war da noch Erich Fromm, ehemals am Frankfurter Institut für Sozialforschung, der 1941 eine bahnbrechende Analyse über den Aufstieg des Nationalsozialismus veröffentlicht hatte, *Escape from the Freedom*.[27] Im Frühjahr 1948, so berichtete er es seinen Eltern, besuchte Jacob den Rebbe von Satmar, Reb Joilisch, der mit seinem Hof nach Williamsburg, einem Stadtteil von Brooklyn, gezogen war, und der nun versuchte, Jacob für seinen Kreuzzug gegen die Errichtung eines jüdischen Staats zu gewinnen.[28] In diesem Sommer verbrachte Jacob einige Wochen unter ultraorthodoxen Juden im »Borscht Belt« der Catskill Mountains, einem beliebten Ferienort der New Yorker Juden. Dort lernte er die *yeshiva bochers* kennen, die fünf Jahre in Sibirien verbracht hatten und mit intaktem Glauben zurückgekehrt waren. Er fand sie erfrischend, da sie in den Vereinigten Staaten zu den wenigen gehörten, die höhere Ziele als materiellen Wohlstand verfolgten.[29]

Auch wenn er sich nicht auf sein Studium konzentrierte, war sein Geist doch stets rege – und peinigend.

USA

Sein erster Eindruck vom Leben in New York City war der von Amerika als einem neuen Rom: machtvoll, aber letztlich kulturlos – ein häufig bemühtes Bild unter deutschen Intellektuellen in dieser Zeit. »New York ist das Rom der Kaiserzeit, aufgebrochener Acker – für jede Saat reif. Paulus würde sich hier wohlfühlen, freilich noch niemand hat einen ›Römerbrief nach New York‹ geschrieben, aber wer weiss …«[30], schrieb Jacob an Martin Buber in Jerusalem.

Von Anfang an nahm Jacob die Vereinigten Staaten als ein Land wahr, das von Technologie, Geld und einer hegemonialen Ideologie beherrscht wurde; einer Ideologie, die alle Alternativen als jenseits der Plausibilität erachtete. An Hans Ornstein, einen jüdischen Schriftsteller und Aktivisten in Zürich, schrieb er: »Weh der Welt, die vom Osten regiert wird, weh der Welt, die vom Westen regiert wird.« Die Nachrichten aus Russland seien grauenvoll, aber im »System der Ausbeutung« des Westens, gestützt durch »Brot und Spiele«, führe man die Menschen hinters Licht und ließ sie mithilfe von Radio, Zeitungen und Schulen verdummen. »Aber das Volk rächt sich, ohne es zu wissen. Die Masse bestimmt die Massen.«[31] Dem Radio, klagte Taubes, könnten Neunjährige folgen, die Filme seien minderwertig, und die Verleger verlegten Schund. Jacobs Kritik schloss auch die amerikanischen Juden ein:

Die ostjüdischen Massen verdrängen mehr und mehr die kleine Eliteschicht der deutschen Juden, damit ist ein Prozess in der Judenheit eingeleitet, der sich auch in der nicht jüdischen Welt vollzieht. Das Rückgrat Amerikas, die puritanische Strenge des calvinistischen Ernstes, der Frontier-Mensch schwindet, ist fast so museal wie die Indianer, nur dass kein Schutzpark errichtet ist. Neger, Italiener, Südländer überhaupt bestimmen den Geschmack der Menschen, das Aussehen der Gasse, die Juden verstehen sich am besten die Errungenschaften des technischen Geistes in das Kleingeld der Gasse umzusetzen …

Kein Wort ist so oft gebraucht wie money, to make a living,

155

how much does it mean in dollars and cents, das ist das Vokabular von jung und alt, reich und arm. Die einzige Möglichkeit ist das Kloster des Geistes, das Kloster der Wissenschaft – ohne jeden Bezug auf die Wirklichkeit … Jede »Wirklichkeit« – Universität, Staat, sisterhood, d. h. ein Frauenverein, eine Companie, ein »business« alles, alles – hat eine Ideologie, hier zu Lande philosophy genannt …

Dass es so etwas gibt, was Geld nicht kaufen kann, übersteigt den Horizont … Man kann gar nicht mit Marx von eines Selbst-entfremdung sprechen. Denn dieses Selbst, das entfremdet ist, gibt es nicht.

Jacobs vernichtendes Porträt von Amerika, wie es in seinen Briefen zum Ausdruck kommt, war nicht besonders originell. Er nahm ein Motiv auf, das unter deutschen geflüchteten Intellektuellen aller Couleur sehr verbreitet war – insbesondere unter jenen, die bei Martin Heidegger studiert hatten. In *Sein und Zeit* hatte Heidegger die These aufgestellt, dass die moderne Gesellschaft von etwas beherrscht wurde, das er »das Man« nannte, und er meinte damit eine Daseinsform, die Ernsthaftigkeit und Authentizität scheut. Heidegger wählte den wunderbar dehnbaren Begriff des »Seins«, um zu bezeichnen, was aus dem Blick geraten war – und die Unbestimmtheit des Begriffs gewährte endlosen Raum zur Interpretation, was genau gemeint sein könnte. Für Heidegger waren die Vereinigten Staaten eine Ödnis der Moderne, ein technologischer Moloch ohne Verwurzelung in Tradition oder Geschichte.[32]

Die Denker der Frankfurter Schule gaben dem Konzept von »das Man« ein soziales und ökonomisches Fundament. Für Max Horkheimer, Theodor W. Adorno und Herbert Marcuse wurden die Massen durch das Zusammenspiel von wachsendem Wohlstand und »Kulturindustrie« unterjocht – jene kommerziellen Unterhaltungs- und Informationsmittel, die an die Instinkte appellierten und keine anspruchsvollen, kreativen und kollektiven Ausdrucksformen zuließen. So verwundert es nicht, dass Jacob –

als er in engen Kontakt mit Angehörigen der Frankfurter Schule trat – feststellte, dass sich ihre Interpretation des westlichen Kapitalismus mit seinen eigenen Vorstellungen deckte.

Jacobs antikapitalistische Haltung spiegelte sich auch in seinen außenpolitischen Anschauungen wider, zumeist verfocht er eine Art »Dritten Weg«: Er misstraute der Sowjetunion, stand aber ebenfalls dem Einfluss der Vereinigten Staaten kritisch gegenüber. Anfang 1948, als sich der Kalte Krieg verschärfte, schrieb er an die befreundete Margarete Susman, dass er, obgleich er viele Vorbehalte gegen Russland und insbesondere gegen Stalin hege, doch auf »ex oriente lux« vertraue – das Licht wird aus dem Osten kommen. Auch seine Einschätzung der amerikanischen Innenpolitik war scharfsinnig. Er schrieb Susman, dass die amerikanischen Juden in ihrer Unterstützung des Antikommunismus übersahen, dass sie an dem Ast sägten, auf dem sie saßen: »Denn nach dem Sieg über den Kommunismus werden sie die Juden jagen.«[33]

Zu Jacobs Verzweiflung und Verachtung über das, was er in New York vorfand, kamen seine inneren Stürme und Nöte. Die Paulusbriefe sprachen über die Jahrhunderte hinweg zu ihm. Zwar verfasste er nie eine eigene Version der Römerbriefe, doch er schrieb einen Brief an den Apostel Paulus – den er natürlich nicht abschickte, der aber als Entwurf überliefert ist. Mit Bezug auf seine Erfahrungen in den USA schrieb er: »Wenn das, was sich hier anbietet, das grösste der Welt ist, dann lohnt diese Welt wirklich keine Mühe. Also zu Füssen Gamaliels [eine Referenz an Paulus' Worte in der Apostelgeschichte des Lukas: »mit aller Sorgfalt unterwiesen im väterlichen Gesetz zu Füßen Gamaliels«; Apg 22,3] setze ich mich und versuchte es, aber mein Sinn ist schon gar nicht dabei und so verstrickte und verstricke ich mich immer tiefer in Finsternis und in Werke der Finsternis, hin und her gezerrt.«[34] Er zitierte (auf Griechisch) Paulus' ambivalente Worte zum Gesetz aus Röm 4,15: »Denn das Gesetz richtet Zorn an«, und später aus Röm 7,7: »Ist das Gesetz Sünde?

Das sei ferne!«[35] Er beklagte, in seinen Gliedern befinde sich ein Gesetz, das einem anderen Gesetz in seinem Verstand widerstreite, das ihn gefangen halte im Gesetz der Sünde (hier paraphrasiert er Röm 7,23), und fragt mit Paulus: »Wer wird mich erlösen von diesem Leib des Todes?« (Röm 7,24). Jacob erkannte, dass er hin und her gerissen blieb zwischen seinem Jüdischsein und seiner Verbundenheit mit der deutschen Kultur: »Sie wissen doch wie ›deutsch‹ ich in meinem Grunde bin.« Und: »Lange Zeit versuchte ich die Augen zu verdecken vor den Geschehnissen und hörte kaum zu, wenn man von den Gräueln, die leider keine ›Märchen‹ waren, erzählte, aber ist das nicht Vogel Strauss?«, klagte er. Eine Wunde und ein tiefer Graben war zwischen Deutschen und Juden entstanden – ein Abgrund, der mitten durch ihn hindurchging. Er hoffte, er würde die Kluft zwischen Christen und Juden irgendwie überbrücken können, weil er – wie sein Avatar Paulus – Israel »nach dem Fleisch« mit Israel »der Verheißung« (Röm 9,7-8) verknüpfte. Wie genau das gehen sollte, blieb jedoch unklar.

Doch Jacob war nicht nur ein gläubiger Jude mit einer ausgeprägten paulinischen Ader, er fühlte sich auch stark von der Stadt Jerusalem angezogen. In einem Brief an Martin Buber drückte er seine Sehnsucht nach Israel aus:

> Je weiter ich nach Westen ziehe, es mich nach Osten zieht. Man gehört heute, grade jetzt, nach Erez, in diesen seit Sabbatai Zwi schwersten Tagen unserer Geschichte, gerade weil man's geahnt (?), gefürchtet hat, darf man nicht weit weg sein. Dies lässt mich hier gar nicht froh werden über die sog. ›Möglichkeiten‹.[36]

Eine der wichtigsten Beziehungen für Jacob war die zum Präsidenten des JTS, Louis Finkelstein. Finkelstein war es, der Jacob ans JTS geholt hatte, wie es scheint, in der Absicht, ihn zu einem jüdischen Theologen aufzubauen. Der unnahbare Finkelstein war augenscheinlich sehr angetan von Jacob und diskutierte häufig wissenschaftliche Themen mit ihm. In mehreren Briefen drängt Fanny ihren Sohn, sich an Finkelstein zu halten und ihn als Vaterfigur zu betrachten.[37] Jacob war zum Schabbat regelmäßiger Gast im Hause Finkelstein und freundete sich mit den Kindern an, insbesondere mit der jüngsten Tochter Emunah, die siebzehn Jahre alt war, als Jacob zum ersten Mal zu Besuch kam. Belesen und offensichtlich außergewöhnlich klug, beeindruckte Jacob die gesamte Familie, nicht zuletzt Emunah, die äußerst fasziniert von ihm war.[38] Er schrieb seinen Eltern und seiner Schwester von den Finkelsteins und Mirjam ermunterte ihn, Emunah zu fragen, ob sie mit ihm ausgehen wolle – was er auch tat.[39] An traditionellen Jeschiwot war es Brauch, dass der vielversprechendste Schüler die Tochter des *Rosch Yeshiva* heiratete, vielleicht ging Jacob dies durch den Kopf. Doch es entwickelte sich keine romantische Beziehung. Anscheinend wertete man Jacobs Verhalten gegenüber dem jungen Mädchen als ungebührlich, was weiteren Verabredungen einen Riegel vorschob und auch Jacobs Verhältnis zu Emunahs Vater belastete.[40]

Und noch ein Grund sorgte für Spannungen zwischen dem Präsidenten und dem jungen Jacob: Jacobs Unfähigkeit, sich auf sein Studium zu konzentrieren. In einem Brief an ihren Sohn vom November 1947 stimmte Fanny Finkelsteins Urteil zu, Jacob solle seine Zeit für die Arbeit nutzen und sie nicht damit verschwenden, jeden und alle zu besuchen.[41] Im Frühjahr 1948, kurz nach Pessach, schrieb Jacob einen langen Brief an Finkelstein, in dem er sich dafür entschuldigte, bislang keine nennenswerten wissenschaftlichen Forschungsleistungen hervorgebracht zu haben, und er bat um mehr Zeit, um sich zu beweisen. »Sie wollen mich doch nicht in eine Situation bringen, die mir die Flügel nimmt, bevor sie stark genug zum Fliegen sind«, schrieb er.[42] Jacobs Hang zur endlosen Spekulation, sein Interesse für alles außer der gerade vor ihm liegenden Fragestellung sowie der daraus folgende Mangel an wissenschaftlicher Produktivität blieben der Fluch seines Lebens.[43]

Im Juni 1948 kam es erneut zu Spannungen: Finkelstein dräng-te Jacob, die Rabbinerprüfung abzulegen, um auch die Ordi-nation vom JTS zu erhalten, doch Jacob hielt dies für unnötig, hatte er doch mehrere Schreiben von prominenten Rabbinern vorgelegt, die seine traditionelle Ordination belegten. Seine El-tern stimmten Finkelstein zu und argumentierten, dieser forma-le Titel werde Jacob sicher zum Vorteil gereichen.[44] In diesem Fall setzte Jacob sich durch, aber seine Gefechte mit Finkelstein forderten ihren Tribut. Er schrieb seinen Eltern, dass er nervlich am Ende sei und in Betracht ziehe, nach Europa zurückzukeh-ren.[45] Nun war Zwi so alarmiert, dass er persönlich an Finkel-stein schrieb, um die Situation zu klären.[46] Letztlich blieb Jacob in New York.

Jacob kam an das JTS mit einem Köcher voller vager Ideen, die darauf zielten, eine neue Theologie zu entwickeln. Er erläu-terte Finkelstein sein Vorhaben, über die Beziehung zwischen *Din* (Gesetz oder Gerechtigkeit) und *Chesed* (Gnade) zu schrei-ben. Die wesentlichen Elemente der jüdischen Theologie, so schrieb Taubes an Finkelstein, seien auseinandergerissen und in verschiedene Kulturen versprengt worden.[47] »Der Maßstab für *din* und Gnade, für *chesed* und Liebe, sie alle sind in die Künste und die schöne Literatur gekleidet worden«, schrieb er. »Das Geheimnis von Einheit und Vielfalt, von Endlichem und Unendlichem hat einen angemesseneren Ausdruck in der Mathematik als in der Theologie gefunden. Der Herr wurde vom Antlitz des Menschen in die Soziologie und die Psycholo-gie verdrängt, und Gott wurde aus dem Antlitz der Naturwis-senschaften vertrieben, bis er sich in verborgene Orte, bis hin zum *ayin* [Nichts] zurückgezogen hat. Die Theologie muss das Nichts Gottes mit dem Sein der Welt vereinigen, und sie muss verstehen, dass das *ayin* nicht nur das Sein ausdrückt, das *ayin* ist das Sein.« Die Vorstellung, Gott sei von den Sozial- und Na-turwissenschaften aus dem Bewusstsein vertrieben worden, war direkt (wenn auch ohne Angabe) aus Gershom Scholems Essay

»Franz Rosenzweig und sein Buch *Der Stern der Erlösung*«[48] (1930) übernommen. Die Beteuerungen vom Nichts und vom Sein verbanden Inhalte der Kabbala und des Existenzialismus zu einem rätselhaften Gebräu. Jacob war jahrelang mit dem Versuch beschäftigt, es zu erklären – zunächst einmal sich selbst.

Wir wissen aus Jacobs Brief an Scholem, dass er in der Hoffnung ans JTS ging, dort die Kabbala zu studieren und sich mit kreativer Theologie zu beschäftigen. Aber Finkelstein hatte andere Pläne. Jüdische Mystik war kein angemessener Gegenstand der Forschung am JTS, und sogar dem erst kürzlich ans Seminar geholten Abraham Joshua Heschel, der sich später für seine Interpretation des Chassidismus Meriten erwarb, war es nicht gestattet, Mystik zu lehren. Finkelstein hatte im Sinn, dass Jacob den Talmud und mittelalterliche jüdische Philosophie studieren sollte. Für das Talmudstudium schickte er ihn zu Saul Lieberman und für das Studium des Maimonides zu Leo Strauss.[49] Jacob war darüber verärgert und schrieb an seine Eltern. Seine Mutter antwortete ihm, sie stimme Finkelstein zu: Er, Jacob, habe doch tatsächlich noch Lücken in jüdischer Bildung und solle dankbar für die Möglichkeit sein, mit Persönlichkeiten wie Lieberman und Strauss daran arbeiten zu dürfen, diese zu schließen. Später werde sich die Zeit für sein eigenes philosophisches Werk und das Kabbala-Studium finden.[50] Allen Klagen und inneren Widerständen gegen das erzwungene Vertiefen dieses Wissens zum Trotz erwies sich diese Erfahrung als wegweisend, da sie Jacob mit zwei der hervorragendsten Wissenschaftler der Zeit in Kontakt brachte.[51]

Zum einen war dies der Talmudprofessor Saul Lieberman.[52] In Litauen im Jahr 1898 geboren, hatte Lieberman mehrere bedeutende Jeschiwot besucht und im Alter von achtzehn Jahren seine Ordination erhalten. Im Jahr 1927 ging er nach Jerusalem, wo er sich sowohl einem akademischen Talmudstudium zuwandte als auch dem Griechischstudium. Lieberman verfolgte den Ansatz, die Geschichte und Literatur des außerjüdischen, hellenistischen Umfelds, in dem der Talmud geschrieben wurde, herauszuarbeiten. Und er war der Erste, der solche Quellen für das Verständnis des Jerusalemer Talmud einsetzte (der Talmud, der im Land Israel entstand, im Gegensatz zum bekannteren Babylonischen Talmud). Seine wissenschaftliche Expertise wurde ergänzt durch ein bemerkenswertes fotografisches Gedächtnis: Anscheinend kannte er den gesamten Jerusalemer Talmud auswendig – und vielleicht darüber hinaus auch noch den deutlich längeren Babylonischen Talmud![53] Die finanziell strauchelnde Hebräische Universität war nicht in der Lage, ihm einen Lehrstuhl anzubieten, obwohl er unter Kollegen wie Gershom Scholem hohes Ansehen genoss. Im Jahr 1940 nahm Lieberman die Stelle als Talmudprofessor am JTS an, was Finkelstein als seinen größten Coup betrachtete. Seine Bewunderung für Lieberman war grenzenlos, und er tat alles in seiner Macht Stehende, um Lieberman mit den Ressourcen auszustatten, die dieser für seine Forschung benötigte. Bereits kurz nach seiner Ankunft war Lieberman Finkelsteins Berater in fast allen Aspekten der Seminarpolitik geworden. Auch fungierte er als Verbindungsglied zu den Wissenschaftlern an der Hebräischen Universität, von denen mehrere als Gastprofessoren ans JTS kamen.

Doch obwohl er sich zu den modernen Methoden der Wissenschaft bekannte, blieb Lieberman in der Praxis ein orthodoxer Jude, und das traf überwiegend auch auf seine sozialen Kontakte zu. Das bereitete am JTS keine Probleme, denn Finkelstein sah die Mission der Einrichtung weit gefasst, und sie sollte allen traditionellen Juden offenstehen, nicht nur der konservativen Glaubensgemeinschaft. Die Synagoge am JTS, an der Lieberman als Rabbiner diente, war orthodox im Sinne des verwendeten Gebetsbuchs und der Rituale, Männer und Frauen saßen getrennt. Auch viele der Studenten hatten einen orthodoxen Hintergrund. Möglichen Konflikten wurde dadurch der Wind aus den Segeln genommen, dass sich Lieberman selbst als Wissenschaftler betrachtete, der am JTS lehrte und forschte – nicht als Theologe, der danach strebte, die konservative Bewegung zu beeinflussen oder sich von ihr beeinflussen zu lassen.[54] Er hatte auch kein Interesse daran, seinen persönlichen Glauben zu diskutieren und wie sich dieser zu seiner Wissenschaft verhielte.[55] Seine Rabbinatsstudenten waren beeindruckt von seiner Gelehrsamkeit, aber ihnen entging nicht, dass Lieberman für die konservativen Kanzelrabbiner nur Verachtung übrig hatte, die er für kaum mehr als schlecht ausgebildete Sozialarbeiter hielt – ein Gefühl, das nicht wenige führende Lehrkräfte am JTS teilten.[56] Manche flüsterten hinter vorgehaltener Hand, das Seminar sei eine orthodoxe Einrichtung für die Ausbildung von konservativen Rabbinern, die anschließend zumeist reformierte Gläubige betreuen.[57]

Finkelstein wies Taubes an, direkt bei Lieberman zu studieren – ein Zeichen für die hohen Erwartungen, die Finkelstein in den jungen Mann setzte, denn nur den vielversprechendsten Studenten war das Privatstudium bei dem großen Talmudisten gestattet. Sie arbeiteten an *Die Väter nach Rabbi Nathan* (*Avot deRabi Natan*), einem außerkanonischen Text aus dem talmudischen Traktat *Die Väter* (Acot), der sich mit ethischen Grundsätzen und theologischen Überlegungen beschäftigte, darunter auch jene von Elisha ben Abuyah, der später zum Häretiker wurde.

Lieberman scheint von Taubes beeindruckt gewesen zu sein, zumindest zu Anfang. Er lud ihn (später mit seiner Ehefrau Susan) zum Pessach-Essen ein und empfahl ihn seinem Freund Scholem. Welche Kompetenzen Taubes bei Lieberman erworben hat, wissen wir nicht. Aber wir wissen, dass Taubes zu dem Schluss kam, Lieberman habe sich trotz seiner imposanten Gelehrsamkeit als theologisch unergiebig erwiesen, keine Wertschätzung für die (mutmaßlichen) geistigen oder psychologischen Tiefen der Gnosis gezeigt und auch keine Antworten auf die großen religiösen Fragen gehabt, die von den zeitgenössischen Ereignissen aufgeworfen worden waren.[58]

Und das entsprach auch Taubes' Urteil über die Wissenschaft am JTS als Ganzes. Sie war entweder gelehrt, aber nicht willens, sich den genuin theologischen Dilemmata zu konfrontieren, oder geistlos in ihrer Identifikation mit der bürgerlich-liberalen Demokratie. An dieser Einschätzung war etwas dran: Finkelsteins Starwissenschaftler verstanden es, philologische Virtuosität mit der für selbstverständlich erachteten Gültigkeit des rabbinischen Judentums zu mischen.[59]

Der andere Gelehrte, zu dem Finkelstein Taubes den Weg wies, nahm einen nachhaltigeren Einfluss auf Taubes' intellektuelle Entwicklung: Leo Strauss. Zu dieser Zeit war Strauss Professor an der New School for Social Research in Greenwich Village, einer Einrichtung, die 1933 als »Universität im Exil« gegründet wurde, um angesehenen Wissenschaftlern, die aus dem faschistischen Europa geflohen waren, eine Heimat zu bieten. Einige Intellektuelle aus dem deutschsprachigen Europa, die Taubes kennenlernen sollte, unterrichteten hier, darunter auch der deutsche Kurt Riezler, der vom diplomatischen ins philosophische Fach gewechselt hatte, der Soziologe und Philosoph Alfred Schütz und der Soziologe Albert Salomon. Aber keiner hinterließ einen solch prägenden Eindruck wie Strauss.

In Leo Strauss sollte Taubes einen Wissenschaftler finden, der sein Interesse an der Beziehung zwischen Politik und Theologie teilte, der sich der Frage jedoch aus einer ganz anderen Perspektive näherte und zu völlig anderen Schlussfolgerungen kam.

Strauss wurde 1899 in der mittelhessischen Kleinstadt Kirchhain geboren. Wie Hans Jonas und Hannah Arendt studierte er Philosophie bei Martin Heidegger in den frühen 1920er Jahren. Nach einem Aufenthalt an der Hochschule für die Wissenschaft des Judentums in Berlin erhielt Strauss ein Stipendium, um in Paris zu studieren. Als Hitlers Machtübernahme seine Rückkehr nach Deutschland verhinderte, gelangte er an die Universität Cambridge und 1937 von dort aus nach New York, wo er schließlich eine Anstellung an der New School fand. Die

New School bot zwar eine Zuflucht, doch war seine Stelle sehr schlecht bezahlt, und die Arbeitsbedingungen waren mit denen einer großen Universität nicht vergleichbar. Um über die Runden zu kommen, nahm er mehrere zusätzliche Jobs an, unter anderem die Arbeit mit Postdoktoranden vom JTS, die er bei ihren Forschungsarbeiten beriet – wofür er im Jahr 1945 einen Stundenlohn von sechs Dollar erhielt.[60]

Strauss' intellektueller Werdegang war von seinem frühen Engagement für den politischen Zionismus beeinflusst. Wie seine Freunde Gershom Scholem und Hans Jonas gehörte auch Strauss zu jener Generation von Juden, die den Versuch der vollständigen Assimilation in die deutsche Gesellschaft für gescheitert hielten. Gleichwohl waren sie von der deutschen akademischen Kultur tief geprägt. Es war die zionistische Kritik an der Idee des Fortschritts, die Strauss zu einer darüber hinausgehenden Kritik des Liberalismus führte.[61]

In seinen Schriften aus den 1920er Jahren betonte Strauss, dass der Zionismus, um als politische Bewegung erfolgreich zu sein, einen nüchternen und sachlichen Blick auf die Politik entwickeln müsse. Dazu galt es, verschiedene Fallstricke zu umgehen: den irrationalen Glauben an ein orthodoxes Judentum, den ungerechtfertigten Glauben an einen liberalen Humanismus und die unheilige Allianz beider, die er als charakteristisch für den »kulturellen Zionismus« betrachtete. Es bedeutete, die weit verbreitete Tendenz zu vermeiden, moralische Urteile an die Stelle einer realistischen Analyse menschlicher Motivation und menschlichen Verhaltens zu setzen. Diese Grundhaltung ließ ihn nach Denkern suchen, die die Welt so erklärten, wie sie wirklich war. In den 1920er und frühen 1930er Jahren beschäftigte er sich intensiv mit Hobbes und Spinoza, zwei Philosophen aus dem siebzehnten Jahrhundert, die sich speziell mit der Frage nach der Beziehung zwischen Religion und Politik beschäftigt hatten.

Strauss' Suche begann mit dem Buch *Philosophie und Gesetz*

(1935) und zog sich durch die 1940er Jahre, als Taubes bei ihm studierte, bis sie ihn zu einer umfangreicheren Kritik des modernen politischen Denkens und einer Wiederentdeckung der mittelalterlichen Wertschätzung für eine politische Nutzbarmachung der Religion führte.[62] Seine Studien fokussierten die, wie er es nannte, »theologisch-politische Zwangslage« bzw. das »theologisch-politische Dilemma«.[63] Darunter fasste er mehrere Dinge.[64] Am wichtigsten davon war vielleicht, dass Mitglieder eines Gemeinwesens Regeln benötigen, die ihre bösen und niederen Impulse einhegen und zügeln. Die meisten Menschen seien eher bereit, solchen Regeln zu folgen, wenn sie glaubten, diese Regeln seien »Gesetze« göttlichen Ursprungs. Überschreitungen dieser Gesetze müssten entsprechend zu ultimativen Strafen führen – bzw. ihre Befolgung in die ultimative Belohnung. Es liege jedoch in der Natur der Philosophie, den göttlichen Ursprung solcher Regeln (und damit ihre Gültigkeit) infrage zu stellen und auf ihrer Suche nach einem zuverlässigeren Wissen die herrschende Meinung, von der das geordnete politische Leben abhängt, herauszufordern. So verstanden, beinhalte das theologisch-politische Dilemma das Anerkennen einer Spannung zwischen dem ergebnisoffenen Streben des Philosophen nach Wissen einerseits und den normativen Forderungen eines jeden Gemeinwesens nach Konsens, Ordnung und Zurückhaltung andererseits. Der Philosoph sei ein Atheist, oder zumindest ein Skeptiker, mit Blick auf allgemein akzeptierte Positionen. Aber, so Strauss, ein Gemeinwesen könne nur ein begrenztes Maß an Skepsis aushalten: führt man den Menschen die Zufälligkeit der Regeln, nach denen sie leben, vor Augen, werden sie sich entweder von dem Joch des Anstands befreien oder sich nach neuen, radikaleren und potenziell diktatorischen Quellen der Autorität umsehen. Da nicht alle Wahrheiten harmlos seien, bestehe die Herausforderung des Philosophen darin, sich auf die skeptische Suche nach der philosophischen Wahrheit zu begeben, ohne dabei die Wahrheiten, die seine Ge-

Philosophie ←→ Offer Lemming

sellschaft als »selbstverständlich« betrachtet, offen infragezu-
stellen.

Dies führte Strauss dazu, das Phänomen der esoterischen
Schriften näher zu untersuchen: die verschiedenen Methoden,
mit denen potenziell gefährliche Botschaften an philosophisch
denkende Menschen vermittelt werden können, ohne die normative Basis der politischen Ordnung zu zerstören, indem die
akzeptierten Wahrheiten einer Gesellschaft unterlaufen werden.
In dieser Sensibilität, so Strauss, unterschied sich die, wie er es
nannte, »mittelalterliche Aufklärung« von ihrem modernen Pendant.[65] Er entwickelte diese These am ausführlichsten in mehreren eindringlichen Essays über Moses Maimonides, die er
veröffentlichte, bevor Taubes bei ihm studierte. »The Literary
Character of the *Guide for the Perplexed*« (1941); »Persecution
and the Art of Writing« (1941); und »How to Study Medieval
Philosophy« (1944).

Gegenstand der Betrachtung in diesen Essays war der weise
Moses Maimonides (Rabbi Moses ben Maimon oder Rambam
im hebräischen Akronym) aus dem zwölften Jahrhundert, vielleicht der größte jüdische Intellektuelle des Mittelalters, der als
Arzt, Gemeindevorsteher, Philosoph und Autorität in rechtlichen Fragen Berühmtheit erlangte.[66] In seinen beiden wichtigsten Werken verfolgte er das Ziel, jüdisches Wissen in eine neue
Form zu gießen. Die *Mishneh Torah* war ein Versuch, das jüdische Gesetz (Halacha) zu systematisieren, und zwar als Kodex
und nicht entlang der für den Talmud charakteristischen Debatten. Im *Guide for the Perplexed* strebte er danach, die Bibel
und die Gebote unter Berücksichtigung des Erbes der griechischen Philosophie so auszulegen, wie sie in die islamische Welt
Eingang gefunden hatten. Im *Guide* widerlegt Maimonides den
Anthropomorphismus kompromisslos: die Neigung, sich Gott
in menschlichen Begriffen vorzustellen, einschließlich des Konzepts vom göttlichen Willen. Er interpretiert Bibelstellen, die
genau dies nahelegten, als Metaphern und nicht als Beschrei-

bungen göttlicher Handlung und erläutert auch den rationalen Zweck von Gesetzen und ihre Rolle für die Abkehr der Israeliten von heidnischen Praktiken.

Strauss' aufsehenerregende These war nun, dass Maimonides' vorrangiges Anliegen ein zweifaches war. Er wollte das Judentum angesichts der Herausforderung durch die rationalistische Philosophie verteidigen, und zwar in einer Weise, die zwar den philosophisch Versierten einen Weg zu den Wahrheiten der Philosophie weisen würde, doch den Glauben der vielen an den göttlichen Ursprung des Gesetzes (der Gebote) und damit seine Gültigkeit unberührt ließe. Dies, so Strauss, sei ein Glaube, den der Philosoph als »wahrscheinliches Märchen« oder sogar als »edle Lüge« kennt – edel, weil sie dem Gemeinwohl dienlich ist. Der *Guide for the Perplexed*, so Strauss weiter, war bewusst mithilfe der Methoden der Esoterik verfasst. Er beinhaltet eine doppelte Unterweisung, eine für die Weisen und eine für die einfache Bevölkerung. »Ein esoterisches Buch enthält also zwei Lehren: eine volkstümliche Lehre mit erbaulichem Charakter, die sich vordergründig abspielt; und eine philosophische Lehre, die das wichtigste aller Themen behandelt, das nur zwischen den Zeilen angedeutet wird.«[67] Mittels verschiedener Techniken, die Strauss aufzählt, darunter Anspielungen und bewusste Widersprüche, lehre »Maimonides die Wahrheit nicht offen, sondern verborgen; das heißt er offenbart die Wahrheit jenen weisen Menschen, die auch in der Lage wären, sie selbst zu finden, und er verbirgt sie zugleich vor dem gemeinen Volk«.[68] Kurzum, Für Strauss war Maimonides' *Guide* ein *politisches* Werk, durchdrungen von der Sorge über die Aufrechterhaltung der sozialen Ordnung durch die Bewahrung des religiös motivierten Glaubens an die Notwendigkeit des Gesetzes. Diese Sorge werde auch in anderen Werken von Maimonides sichtbar, so Strauss, etwa im ersten Band der *Mishneh Torah*, dem *Buch der Erkenntnis (Sefer ha-Madda)*.[69]

Mit Strauss stand Taubes ein Wissenschaftler von einer bemerkenswerten historischen Vielseitigkeit und ebensolchem Scharfsinn gegenüber. Strauss und Taubes interessierten sich beide (inspiriert unter anderem durch Carl Schmitt) für die Schnittmengen von Religion, Philosophie und Politik. Doch während Taubes sich für Religion als die treibende Kraft für Dramatik und apokalyptischen Wandel interessierte, erkannte Strauss in ihr einen Quell gesellschaftlicher und politischer Stabilität. Und während Taubes dem Antinomismus zuneigte, argumentierte Strauss gerade für die Bedeutung der Einhaltung der Gesetze, um die menschlichen Leidenschaften kontrollieren zu können. Darüber hinaus schrieb Strauss aus der Haltung eines religiösen Skeptikers heraus, während Taubes zumindest noch mit einem Fuß auf dem Boden des Glaubens stand. Obwohl Taubes also dem Antinomismus zugetan war, befolgte er weiterhin die religiösen Gesetze; und obwohl Strauss die politische Bedeutung des Glaubens betonte, war er doch selber nicht gläubig.

Jacob Taubes studierte bei Strauss von Frühjahr 1948 bis Januar 1949, als Strauss an die University of Chicago ging. In den folgenden Monaten schrieb Jacob ungefähr einmal im Monat an Strauss. Mitte Februar versicherte er ihm, »das *Moreh* (auf Hebräisch) begleitet mich jetzt auf meinen Wegen«. Im April war er zu der Schlussfolgerung gelangt, dass Scholem zumindest in einem Aspekt falsch lag: Wenn Maimonides und Spinoza auch die »Dramatik« des kabbalistischen kosmischen Entwurfs vermissen ließen, so hatten sie doch einen größeren Anteil an der Suche nach Wahrheit.[70] Taubes berichtete Strauss, dass er sein Forschungsvorhaben Finkelstein dargelegt hatte, der davon enttäuscht war. Finkelstein war nicht an mehr Strauss'scher Forschung gelegen, sondern an einer »gläubigen Exegese«, die Maimonides einer größeren jüdischen Leserschaft zugänglich machen könnte, so wie Elliot Cohen, der Herausgeber der Zeitschrift *Commentary*, dies getan hatte. Auch schwebte ihm eine quasioffizielle Theologie vor (vielleicht als traditionelle Alternative zu Mordecai Kaplans Rekonstruktionismus) und nicht die Art innovativer Theologie, die Taubes im Sinn hatte. Und damit konnte Taubes nicht dienen.[71]

Unter dem Einfluss von Strauss und auf der Suche nach einem Forschungsthema, das seinen eigenen Interessen gerecht und möglichst auch Finkelstein zufriedenstellen würde, widmete sich Jacob einem Projekt namens »Law and Reason: A Chapter of Political Theology, illustrated by Maimonides' *Mishneh Torah*«. Während er noch daran arbeitete, beschrieb er die zugrundeliegende These folgendermaßen: die *Mishne Torah* sei »philosophischer« als das auf den ersten Blick philosophischer scheinende *Moreh Nevuchim* [*Guide for the Perplexed/Wegweiser für die Verwirrten*], in dem »Philosophie« nicht im modernen Kontext verstanden werde, sondern im Sinne Platons und Aristoteles'. Am besten könne man es mit Platons *Gesetze* vergleichen (das sich mit dem bestmöglichen Gemeinwesen unter den Bedingungen der weit vom Ideal entfernten Realitäten der menschlichen Natur beschäftigt), da es den bestehenden Gesetzeskodex in den Rahmen der universalen Vernunft stelle.[72] Hier lehnt sich Taubes' These eng an die Strauss'sche an. Zwei Monate später, als er seine Arbeit dazu geschrieben hatte, erläuterte er die radikalen Folgerungen, zu denen er gelangt war, in einem Brief an seinen Schweizer Freund Armin Mohler.

Ich bin ins Seminar zwangsweise auf Maimonides (d.h: mittelalterliche Religionsphilosophie) versetzt worden und habe ein vorläufiges Ms unter dem Titel: Gesetz und Vernunft – ein Kapitel politischer Theologie, erläutert am Codex Maimun, abgeliefert. Er entpuppte sich als Atheist und Gross-Inquisitor grossen Stils, also gar nicht harmlos … wie überhaupt die Geschichte der Philosophie weniger harmlos ist als sie in der Auslegung Hegels und aller Philosophiegeschichte seit Hegel scheinen will. Die »Weisheit« vom »Tode Gottes« ist nur von N.[ietzsche] preisgegeben worden – schon im Mittelalter versuchten einige jenseits der Zauber-Kreise der Religion, der Kunst und der Politik im nackten Nullpunkt des Nichts zu leben … Nihilismus ist die ewige geheime Geschichte des Geistes … freilich war die Teilung in Esoterik und Exoterik, eisern eingehalten.[73]

Taubes schrieb Scholem, das Manuskript umfasse 150 Seiten.[74] Aufgetaucht ist es nie. Strauss berichtete jedoch Lieberman, wie beeindruckt er von seinem Schüler war.[75]

Jacob nutzte sein bei Strauss erlerntes Wissen über Maimonides für ein kleines Seminar, das er im Winter und Frühjahr 1949 gab und an dem eine Handvoll junger jüdischer Intellektueller teilnahm, die später zu wichtigen Protagonisten auf der Bühne des amerikanischen Geisteslebens avancierten. Einigen waren sie als die »jungen Intellektuellen des *Commentary*« bekannt, doch sich selbst bezeichneten sie augenzwinkernd als die »Pseudo-Kabbalisten«. Auf Jacobs Anregung fertigten sie ein Ergebnisprotokoll von ihren wöchentlichen Treffen an – eine Praxis, die Jacob fortan bei den meisten seiner Seminare beibehalten sollte, vielleicht half es ihm, die Ideen, die im Verlauf der Diskussion angerissen wurden, später zu verwerten. Die überlieferten Protokolle geben einen Einblick in die Art und Weise, wie Taubes Strauss' Konzepte (mit einigen von seinen eigenen) vermittelte, zu einer Zeit, als dessen Werk den Intellektuellen des *Commentary* und einer breiteren intellektuellen Öffentlichkeit noch unbekannt war.

Regelmäßig am Seminar nahmen teil: Irving Kristol, seine Ehefrau Gertrude Himmelfarb, ihr Bruder Milton Himmelfarb, Daniel Bell, Nathan Glazer und seine Frau Ruth (die später, nach der Scheidung von Nathan, eine Ehe mit dem Historiker Peter Gay einging und fortan Ruth Gay hieß) sowie Arthur A. Cohen. Bells damalige Freundin Elaine Graham nahm ebenfalls an einigen Sitzungen teil.

In den folgenden Jahrzehnten entwickelten sich Daniel Bell und Nathan Glazer zu zwei der angesehensten Soziologen in den Vereinigten Staaten. Irving Kristol wurde Gründer und

Herausgeber einiger kleiner, aber äußerst einflussreicher Zeitschriften und avancierte schließlich zur Schlüsselfigur des »Neokonservatismus«. Seine Ehefrau Gertrude Himmelfarb (Bea Kristol für ihre Freunde) wurde eine anerkannte Historikerin auf dem Gebiet des viktorianischen Zeitalters und selber eine öffentliche Intellektuelle. (Die Kristols standen sich auch intellektuell so nah, dass sie sich gegenseitig beeinflussten.) Ihr Bruder Milton wurde als Forschungsdirektor am *American Jewish Committee* zu einer führenden Autorität für neue Strömungen im amerikanischen Judentum reüssierte als ein scharfsinniger Essayist. Arthur A. Cohen, mit zwanzig Jahren der jüngste in der Gruppe, wurde ein einflussreicher Verleger und ein liberaler Theologe. Ruth Glazer wurde Historikerin und forschte über das deutsche und osteuropäische Judentum in der Moderne.

Viele aus den Reihen der »Pseudo-Kabbalisten« erlangten also später intellektuellen Ruhm und politischen Einfluss. Doch im Jahr 1949 waren sie eine kleine Gruppe weitgehend unbekannter junger Männer und Frauen, die sich an einem Wendepunkt ihres Lebens befanden. Alle waren jüdisch, aber die meisten von ihnen standen in keinerlei Verbindung zu großen jüdischen Institutionen oder Organisationen.

Im Jahr 1945 beschloss das *American Jewish Committee*, die bis dahin eher gediegene Zeitschrift *Contemporary Jewish Record* so umzugestalten, dass man eine größere Leserschaft erreichen würde. Das AJC war entschieden antizionistisch, denn es fürchtete, jüdischer Nationalismus könne Zweifel am Patriotismus der amerikanischen Juden aufkommen lassen. Der Herausgeber Elliot Cohen, ein jüdischer Intellektueller aus dem Süden, wurde mit der Aufgabe betraut, ein Konzept für ein Magazin zu erarbeiten, das zwar jüdische Inhalte haben, aber trotzdem ein größeres Publikum erreichen sollte. Unter Cohens Herausgeberschaft versammelte das *Commentary* deutsch-jüdische Flüchtlinge (wie Hannah Arendt), Professoren der Eliteuniversitäten, dem Avantgarde-Magazin *Partisan Review* nahestehende Intellektuelle sowie freischaffende Schriftsteller, die zumeist aus der parteilosen Linken stammten. Glazer erhielt den Posten als Redaktionsassistent, ebenso wie Irving Kristol im Herbst 1947. Glazer verantwortete das Ressort »The Study of Man«, das sich den neuesten Entwicklungen in den Sozialwissenschaften widmete, Kristol schrieb zumeist über philosophische, literarische und theologische Themen und war auch als Redakteur für das Ressort Religion zuständig. In der Praxis bedeutete dies häufig, dass er Beiträge von Rabbinern überarbeitete und umschrieb.

Kristol schlug Glazer vor, da sie beide Redaktionsassistenten einer jüdischen Zeitschrift seien, stünde es ihnen doch gut zu Gesicht, etwas mehr über traditionelle jüdische Texte zu wissen. Unterdessen fragte Ernst Simon – der mit Franz Rosenzweig in Frankfurt zusammengearbeitet hatte, zu dieser Zeit Gastprofessor am JTS – seinen Freund Leo Löwenthal, wie er Kontakt zu jungen amerikanisch-jüdischen Intellektuellen finden könne. Simon erhoffte sich, bei ihnen ein Interesse an jüdischer Bildung zu wecken, ähnlich wie Rosenzweig dies am Freien Jüdischen Lehrhaus in Frankfurt in den 1920er Jahren gelungen war. Löwenthal wandte sich daraufhin an Glazer, der gemeinsam mit Kristol eine kleine Gruppe aus seinem Freundeskreis rekrutierte, die sich mit Simon treffen sollte.[76] Als Simon kurz darauf nach Jerusalem zurückkehrte, empfahl er Jacob Taubes als Ansprechpartner.

Taubes schlug vor, die Gruppe solle sich mit dem ersten Buch von Maimonides' *Mishneh Torah*, dem *Sefer ha-Madda (Buch der Erkenntnis)* beschäftigen – jenem Buch, das er gerade bei Strauss studiert hatte. Jeden Sonntagabend trafen sie sich mit Taubes in einer ihrer Privatwohnungen zum gemeinsamen Essen und diskutierten anschließend am Tisch die *Mishneh Torah*. Für einige von ihnen war es der erste Kontakt mit jüdischen Texten im Sinne einer ernsthaften Erwachsenenlektüre. Bell und Glazer schrieben jede Woche ein Sitzungsprotokoll.

Irving Kristol zufolge war »Taubes ein brillanter Lehrer«,

und die Protokolle vermitteln uns einen Eindruck über die Lehrinhalte.[77]

Taubes begann seine Erörterung des ersten Kapitels aus dem *Buch der Erkenntnis*, das die Schöpfung (*Ma-aseh bereshit*) behandelt, mit einem Aspekt, der alles andere als offensichtlich, aber ein wichtiger Punkt in Strauss' Interpretation war. Und zwar, dass Maimonides die Vorstellung, Gott habe die Welt »ex nihilo« erschaffen – ein zentraler Streitpunkt zwischen dem traditionellen jüdischen Weltverständnis und dem der aristotelischen Philosophie –, nicht wirklich unterstützte und damit zu verstehen gebe, dass er nicht an Wunder oder an auf wundersame Weise offenbarte Gesetze glaubte.[78] »Indem Rambam die *creatio ex nihilo* ablehnt, akzeptiert er also den philosophischen Rahmen als den entscheidenden, in dem die bedeutungsvollen Fragen der Welt gestellt werden können. In diesem Sinne ist er ein Naturalist. Doch warum verfasst er dann einen theologischen Band, dessen Kern die Aufforderungen zum richtigen Leben im Einklang mit dem offenbarten Gesetz bilden?« Taubes bot zwei Antworten an: zum einen, dass »Rambam als Soziologe Muster des jüdischen Lebens aufzeigt, indem er die Regeln des jüdischen Lebens, so wie sie in der Vergangenheit und der Gegenwart von der jüdischen Gemeinschaft akzeptiert wurden, diskutiert«. Doch wichtiger noch: »Rambam ist ein politischer Theologe, der die Notwendigkeit des Gesetzes als Bindemittel in der Gemeinschaft versteht. Das Naturrecht, das doch vernünftig erscheint, kann dies nicht. Daraus folgt keine zwangsläufige Sanktion und auch keine Macht. Ein solches Gesetz ermöglicht nur Gebote. Auf diese Weise akzeptiert Rambam die Tatsache der Offenbarung in der Torah als Mittel, um kraft der Autorität von Gottes Wort Gehorsam gegenüber dem Gesetz zu bewirken.« »Warum braucht es das Gesetz? Die große Furcht des Rambam, und des Talmud und Luthers und Augustinus', ist die vor dem Atheismus. Atheismus impliziert Anarchie, den Verlust des Gespürs für Grenzen. Das Wesensmerk-

mal des Menschen ist es, seine Grenzen zu kennen und sie anzuerkennen. … Der Mensch kann seine Begehrlichkeiten zügeln
und die Vernunft akzeptieren. Der Lehre Rambams zufolge ist
der Mensch allein, ohne das Gesetz Gottes, nicht in der Lage,
seine Menschlichkeit zu erkennen. Solch eine Lehre liegt dem
Angriff des Talmud, Luthers und Augustinus' gegen den Stoizis-
mus und den Epikureismus zugrunde, denn während Letztere
im Wesentlichen Verzicht oder Mäßigung praktizieren, ist doch
ihre zentrale Voraussetzung der Glaube in die Selbstgenügsam-
keit des Menschen. Einzelne Individuen mögen in der Lage sein,
ein solches Leben zu führen, doch Rambam geht davon aus,
dass die Allgemeinheit dies nicht kann. Die Nähe von Rambams
Gedanken zu einer späteren politischen Tradition, insbesondere
zu Spinoza und Hobbes, wird hier deutlich. Rambam beginnt
mit der offenbarten Religion und verbleibt innerhalb dieses Rah-
mens, denn die Menschen in seiner Zeit akzeptieren die Religion
als das Wort der Autorität. Zur Zeit von Hobbes hat die Religion ihre Autorität verloren. Mit seiner Theorie des Gesell-
schaftsvertrags, in dem die Autorität des Königs kraft des Gesetzes notwendig für den Schutz aller ist, versucht Hobbes eine
zivile Religion zu entwerfen, deren utilitaristische Motive offensichtlich sind. Rambam bewegt sich innerhalb der Tradition und
versucht mittels dieser Tradition, ein Ordnungskonzept zu begründen. Hobbes bleibt nur der Versuch, eine neue Tradition
zu begründen.«

In einer späteren Sitzung notierte Taubes, Maimonides wei-
che nur dort von seiner naturalistischen philosophischen Erklärung ab, wo es um Moses als Empfänger von Gottes Offenbarung geht. Maimonides war bereit, sich einem Erklärungsansatz
zuzuwenden, der quer stand zu seinen größeren Entwürfen, erklärte Taubes, weil dies der »Preis des Philosophen ist, den er
für den Erwerb des Gesetzes bezahlen muss. … Aus Maimonides' Angriff auf den Anthropomorphismus folgt, dass die Bibel für ihn Mythologie, ein ›Traum‹ ist, oder im besten Falle

eine Allegorie auf die Beziehungen der philosophischen Begriffe.«[79]

Alles in allem lieferte die erste Sitzung der »Pseudo-Kabbalisten« den Intellektuellen des *Commentary* eine klare und prägnante Zusammenfassung von Strauss' Verständnis von Maimonides – ohne dass der Name Strauss auch nur einmal fiel. Bei den folgenden Zusammenkünften stellte Taubes andere Themen zur Diskussion, auch hier war vieles von Strauss übernommen. Darunter etwa die Beziehung zwischen Aristoteles' *Physik* und *Metaphysik* und dem *Führer der Unschlüssigen*;[80] oder wie das Close reading eines Textes und sein Vergleich mit den zitierten Quellen Hinweise auf die esoterischen Intentionen des Autors geben kann; sowie die Bedeutung der exakten Seitenmitte eines Textes für das esoterische Schreiben.[81] Einige der Ideen, die Taubes erörterte, entstammten anderen Quellen oder seinen eigenen Überlegungen, etwa warum es im Judentum das für die christliche Theologie so zentrale Konzept des Naturrechts nicht gab.

Die Diskussion um Maimonides' Insistieren auf der Einheit Gottes und seiner absoluten Andersartigkeit, eine Folge seiner Ablehnung jeglicher Art des Götzendienstes, führte zu grundsätzlichen Fragen nach der Tragfähigkeit der Maimonidischen Religion, ein Problem, das zumindest bei einigen der Teilnehmer auf großes Interesse stieß. Einer von ihnen brachte die Frage auf, ob »Rambam sich nicht in der hohen Abstraktion Gottes und der Ablehnung aller Attribute gerade der Gefahr der Götzenanbetung aussetzt? Denn indem man Gott so unnahbar macht, verführt man die Massen zu vulgären und götzenhaften Vorstellungen.«[82]

Wie so häufig lenkte Taubes die Aufmerksamkeit auf die größeren Zusammenhänge. Er merkte an, dass Maimonides – anders als die Rabbiner, die die Furcht vor Gott betonten – »die Liebe hervorhob; seine Furcht ist gemildert«. »Die Betonung der Liebe, im Gegensatz zur orthodoxeren Furcht, kann gleichermaßen zur postrationalen Mystik des Sohar führen wie auch zu Spinozas *amor dei intellectualis* [rationaler Liebe zu Gott].« Viele Bonmots, wie das folgende, sind überliefert: »Das ultimative Paradoxon der Torah als System der Offenbarung und der *mitzvot* [Gebote] liegt darin, dass es in seiner Offenbarung Gott verhüllt, oder Ihn zumindest in die Ferne rückt.« Und sie machten weitreichende Beobachtungen: über die grundlegende Skepsis der Orthodoxie gegenüber jeglicher Form von Chiliasmus, Millenarismus oder Messianismus, ob nun in einer christlichen, jüdischen oder säkularen Ausprägung; über das Gesetz und den Antinomismus, das heißt die absichtliche Missachtung der Gesetze. Taubes wies darauf hin, dass der Talmud davor warne, die Gesetze zu begründen. Das liege daran, führte er aus, dass diejenigen, die glaubten, ihre Weisheit verschaffe ihnen einen besseren Einblick in Sinn und Zweck der Gesetze, sich folglich auch entscheiden könnten, sie zu überschreiten. Im Verlauf dieser Sitzungen behandelte Taubes eine bemerkenswert große Spannbreite an Themen. Dass zum Beispiel »das Judentum sich an irgendeinem Punkt seiner Geschichte von der Gnosis gesäubert haben muss, denn unsere heutigen Quellen, die aus der Zeit nach der Bar Kochbah stammen, sind offensichtlich überarbeitet und entschärft worden«;[83] dass Maimonides fälschlichen Gebrauch von biblischen und talmudischen Zitaten machte, um gegen anthropomorphe Vorstellungen von Gott zu argumentieren; über gnostische und kabbalistische Vorstellungen von Gott; über mittelalterliche Konzepte der Bibelkritik, wie im Falle des Chiwi al-Balkhi, »dessen Ideen wir nur aus Saadias Widerlegung kennen«; und über die Gründe für den Aufstieg des Atheismus im neunzehnten Jahrhundert.[84] Er zitierte von Aristoteles über jüdische Philosophen des Mittelalters bis zu modernen christlichen Denkern wie Kierkegaard, Max Scheler und Karl Barth.

Später schlug Taubes vor, dass sich die Gruppe mit Carl Jungs Theorie der psychologischen Typen beschäftigen sollte, und so studierten sie die Schriften von Jung.[85] Damit hatte Taubes das ursprünglich von Ernst Simon angedachte Lernziel, bei den Teilnehmern den Wunsch nach einer tieferen jüdischen Bildung zu wecken, im Grunde verfehlt. Aber sie waren tief beeindruckt von Taubes, der als Lehrer eine Klasse für sich zu sein schien.

Gertrude Himmelfarb, die einige Jahre am JTS verbracht hatte, war der Ansicht, die Fakultät beschäftige Wissenschaftler, aber keine Intellektuellen. Sie und ihr Ehemann Irving empfanden die Dozenten am JTS als engstirnig. Ein Teil der Anziehungskraft von Jacob Taubes bestand darin, dass er ein echter Intellektueller zu sein schien. Er war jünger als die meisten von ihnen (und wirkte sogar noch jünger) und schien dennoch über einen bemerkenswerten Zugriff auf das abendländische Denken und die Tradition der jüdischen Texte zu verfügen. (Die andere Persönlichkeit dieser Art, die sich in dieser Zeit mit den *Commentary*-Intellektuellen anfreundete, war Emil Fackenheim. Taubes war dabei der traditionellere von beiden hinsichtlich seines Hintergrunds und seiner Methodik.) Und er schien einen Sinn für die großen Verläufe der Geschichte zu haben; nicht nur rückblickend auf die Vergangenheit, sondern auch auf die zukünftigen, die Richtung, die der »Weltgeist« nahm.[86] Seine Jugend, seine Belesenheit und seine traditionelle Religiosität in Kombination mit seiner antinomistischen Haltung verliehen ihm etwas Geheimnisvolles.[87]

Victor Gourevitch, ein Graduiertenstudent, der sich für eine akademische Laufbahn im Fachbereich Philosophie bei Leo Strauss an der University of Chicago vorbereitete, besuchte während seines Aufenthalts in New York ebenfalls einige Sitzungen des Maimonides-Seminars. Der als Teenager in die USA gekommene Gourevitch stammte aus einer kultivierten, aber hochgradig assimilierten deutsch-jüdischen Familie, die »die Internationale in drei Sprachen singen«, aber kein Wort Hebräisch konnte. Auch ihm erschien Taubes als weltgewandt und brillant.

Er beneidete Taubes sowohl um seine Gymnasialschullaufbahn, die Latein- und Griechischunterricht beinhaltet hatte, als auch um seine Ausbildung in den hebräischen und jüdischen Quellentexten. Taubes' Kenntnisse der zeitgenössischen deutschen Philosophie, insbesondere in Bezug auf Heidegger, waren ebenso beeindruckend wie selten in den Vereinigten Staaten der Nachkriegsjahre. Gourevitch und Taubes schlossen Freundschaft miteinander und vertieften sie in den folgenden Jahren noch.[88]

Bis zum Besuch des Seminars hatte sich Kristols Interesse an Religion auf die Herausforderung konzentriert, die Judentum und Christentum für den liberalen bürgerlichen Rationalismus darstellten, und es scheint, als habe er sich seinen eigenen Glauben bis ans Ende seiner Tage bewahren können. Doch nach dem Seminar schrieb er weniger über theologische Themen, und seine Verweise auf Religion bezogen sich stärker auf ihren instrumentellen Nutzen zur Aufrechterhaltung des menschlichen Anstands als auf ihre letzte Wahrheit – ein Maimonidisches Konzept, zumindest in der Interpretation von Leo Strauss und der Darstellung von Jacob Taubes.

Durch Artikel von Irving Kristol und Gertrude Himmelfarb, die kurz nachdem das Seminar beendet war, veröffentlicht wurden, wurde Leo Strauss einem größeren Publikum bekannt. Im Januar 1950 diskutierte Himmelfarb in dem Artikel »The Prophets of the New Conservatism: What Curbs for Presumptuous Democratic Man?« Strauss' Buch *On Tyranny* und »die Existenz einer esoterischen Wahrheit, deren Verbreitung in der Gesellschaft gefährlich und unklug wäre. Eine Wahrheit, eine objektive Wahrheit über die Natur der gesellschaftlichen Realität, kann, wenn sie der Sphäre der Philosophie entweicht, zu einer politischen ›Unwahrheit‹ werden.« Dies, so dachte sie, war charakteristisch für viele konservative Denker, nicht zuletzt für Edmund Burke. »Der Konservative befürchtet, dass die Wahrheit, die einer Aristokratie oder Elite Leben und Würde – und

Macht – verleiht, zu einer Katastrophe führen kann, wenn man es zulässt, dass sie in niedere Schichten der Gesellschaft eindringt.«[89] Himmelfarb teilte diese Anschauung nicht ausdrücklich, verwarf sie aber auch nicht. Indem sie sie in aller Klarheit präsentierte, suggerierte sie einem überwiegend liberalen Publikum, das solche Ansichten vermutlich nicht ernst nehmen würde, eine Glaubwürdigkeit – ein geradezu Strauss'sches Manöver. Kurze Zeit später lieferte Himmelfarb eine umfassendere Präsentation von Strauss' wichtigsten Thesen dazu, warum und wie man die großen politischen Denker der Vergangenheit lesen müsse, im *Commentary* – ein Artikel, der ihre profunde Kenntnis seiner jüngsten Arbeiten spiegelt.[90]

Daniel Bell scheint andere Lehren aus der Teilnahme am Maimonides-Seminar gezogen zu haben. Für ihn war das Studium der *Mishne Torah* ein Versuch, die Glaubwürdigkeit des religiösen Judentums zu entdecken. Und dieser Versuch führte ihn zu der Erkenntnis, dass Philosophie (im weiteren Sinne einer wissenschaftlichen Sichtweise auf die Welt) und Glaube nicht miteinander vereinbar waren, dass man sich für eines von beiden entscheiden musste. Er selbst entschied sich für die wissenschaftliche Herangehensweise. Doch auch wenn ihm der Glaube fehlte, blieb ihm ein Sinn für die jüdische Verbundenheit erhalten.[91]

Im Mai 1949 brachte der *Commentary* in der Rubrik »Die Zedern des Libanon« (in der Übersetzungen von traditionellen jüdischen Texten veröffentlicht wurden) eine umfangreiche Auswahl aus dem *Sefer ha-Madda* unter der Überschrift »Prophets and Prophecy« mit einer kurzen Einleitung von Taubes – seine erste Publikation in englischer Sprache. Für die folgende Ausgabe schrieb Albert Salomon, ein emigrierter Soziologe von der New School, einen langen Artikel über Soziologen und Religion. In einem kurzen Absatz fasste er die *Abendländische Eschatologie* zusammen, ein Werk, das er als »bedeutend« bezeichnete. Auch wenn der Beitrag inhaltlich nicht überzeugen kann, liefert er doch eine aufschlussreiche Charakterisierung von Taubes selbst: einem Mann, der sowohl Salomon als auch Kristol und Glazer gut bekannt war, von denen einer den Beitrag mit ziemlicher Sicherheit lektoriert und wesentlich umgeschrieben hat. »Aus seiner Außenseiterposition kann Taubes die Religion von innen und außen betrachten«, schrieb Salomon. Er bezeichnete Taubes als einen »spirituellen Denker«, einen Typus, »der zu seinen religiösen Grunderfahrungen, die er aus eigener Erfahrung kennt, zurückkehrt, und von dort ausgeht. Daher ist er ein kompromissloser Radikaler, denn er kennt die Institutionen nicht nur von außen, sondern auch ihre innere Logik und ihre Zwänge. Die ursprüngliche Leidenschaft hinter der organisierten Religion teilt er, und das versetzt ihn in die Lage, religiöse Einrichtungen geringzuschätzen.«[92] Das fing das Besondere an Jacob Taubes ganz gut ein. Er schien beides zu sein: ein gläubiger Mensch und ein Religionswissenschaftler, aber einer, dessen Kenntnisse über Judentum und Christentum ihn zu einer kritischen Perspektive auf beide geführt hatte.

Den größten Einfluss nahm Taubes auf den jüngsten der Seminarteilnehmer, Arthur A. Cohen.[93] Der Sohn wohlhabender und äußerst assimilierter New Yorker Eltern hatte sich bereits im Alter von sechzehn Jahren an der University of Chicago eingeschrieben. Berühmt für ihren Schwerpunkt auf den Klassikern des abendländischen Denkens, galt die Universität als intellektuellste und anspruchsvollste in den Vereinigten Staaten. Als Cohen erkannte, dass die westliche Kultur, in die er eingeführt wurde, eine christliche war – man erzählte sich über die University of Chicago, sie sei ein Ort, an dem evangelische Studenten in katholischer Philosophie von jüdischen Dozenten unterrichtet wurden –, erwog er, zum Christentum zu konvertieren. Von dieser Aussicht aufgeschreckt, schickten seine Eltern ihn zu Milton Steinberg, dem gelehrten Rabbiner der Manhattan Park Avenue Synagoge, um das Judentum zu studieren. Dort begann Cohen, Hebräisch zu lernen und sich die wesentlichen Grundlagen einer jüdischen Bildung zu erarbeiten. Nach dem Erwerb des

Bachelors und des Masters in Philosophie in Chicago ging er ans JTS und traf dort Jacob Taubes, der damit beauftragt wurde, Cohen beim Talmudstudium zu unterstützen.[94] Offensichtlich lud er Cohen daraufhin auch zur Teilnahme am Maimonides-Seminar ein. Cohen empfand die Atmosphäre am JTS ebenfalls als eng und wenig inspirierend, zumindest mit Blick auf die Fächer Philosophie und Theologie – außer Jacob Taubes. In den Jahren 1951 bis 1969, nach seinem Studium am JTS, machte Cohen eine spektakuläre Karriere als Verleger von anspruchsvoller Sachbuchliteratur. Nebenher schrieb er (oder fungierte als Herausgeber) theologische Werke. Sein bekanntestes Buch war die Sammlung *The Myth of the Judeo-Christian Tradition* – ein Titel, in dem Jacob Taubes' Essay im Commentary von 1953 nachhallt: »The Issue between Judaism and Christianity: Facing Up to the Unresolvable Difference«. Tatsächlich war Cohen von Taubes' Essay so beeindruckt, dass er ihn 1970 in seiner Anthologie *Arguments and Doctrines: A Reader of Jewish Thinking in the Aftermath of the Holocaust* erneut abdruckte. Die Veröffentlichung dieses Essays im *Commentary* erwies sich als sehr förderlich für Taubes, um sich einen Platz im amerikanischen akademischen Leben zu erobern. Ein weiteres Nebenprodukt des Maimonides-Seminars.

Jacob und seine Zeitgenossen

Jacobs Beziehungen zu seinen Kommilitonen am JTS waren schwierig. Er wohnte dort im Wohnheim, gemeinsam mit den Rabbinatsstudenten. Manche von ihnen fanden ihn faszinierend, andere befremdlich und wieder andere nervtötend – oder alles drei abwechselnd. Gleich nebenan wohnten Wolfe Kelman, Morton Leifman und Geoffrey Wigoder.[95]

Leifman und Kelman fühlten sich von Jacobs Gelehrtheit und seinem Charisma angezogen – zumindest anfangs.[96] Sie waren nicht nur von Jacobs Kenntnissen der jüdischen Philosophie und des Talmud beeindruckt, sondern auch von einem gewissen Zauber, der von ihm ausging. Als sie eines Abends beieinander saßen, forderte Jacob Leifman auf: »Erzähle mir von dir«, und ging anschließend dazu über, tiefe Einblicke in sein Gegenüber zu geben, was Leifman als beklemmend empfand.[97]

Der dritte Mitbewohner der Suite war Geoffrey Wigoder. Wie Taubes stammte auch er aus einer Rabbinerfamilie und kam ans JTS, nachdem er über mittelalterliche jüdische Geschichte in Oxford promoviert hatte. Der gelehrte und charmante Wigoder war eigentlich mit der Erwartung ans JTS gegangen, zu unterrichten, doch Finkelstein empfahl ihm das Rabbinatsstudium und (im Gegensatz zu Taubes) folgte Wigoder Finkelsteins Aufforderung und wurde zum Rabbiner ordiniert. Anschließend ging er nach Jerusalem, um dort eine Laufbahn als Journalist und Wissenschaftler einzuschlagen, und wurde später Herausgeber der *Encyclopedia Judaica*. Wigoder reagierte allergisch auf Taubes. Er war früh zu dem Schluss gelangt, dass Jacob ein Blender war, dass er log, über sein Wissen aus verschiedenen Fachrichtungen bluffte und auf die Texte, die er tatsächlich kannte, mit Zynismus blickte. »Mit diesem Mann spreche ich nicht«, sagte er zu Kelman und Leifman.[98]

Mit der Zeit fanden auch Leifman und Kelman Jacobs extremes Verhalten befremdlich, das sich auf der Grenze zwischen neurotisch und psychotisch zu bewegen schien – ein Verhalten, das charakteristisch für eine manische Depression war, in ihrer milderen, hypomanischen Ausprägung.[99] Jacob schien keinen Sinn für Grenzen, Anstand oder Privateigentum zu haben. War seine Kleidung schmutzig, warf er sie einfach in den Schrank. Bis das ganze Zimmer schließlich so stank, dass das Dienstmädchen den Dienst verweigerte. Wenn er keine Socken fand, bediente er sich einfach bei anderen. Er prahlte auch mit seinen sexuellen Eskapaden, die er so anschaulich beschrieb, dass er damit die Rabbinatsstudenten schockierte. Diese Verletzung sexueller Normen vereinte er mit Elementen religiöser Frömmigkeit, wenn er etwa ausführte, dass er mit keiner Frau schlafen würde, die die Gesetze der rituellen Reinheit missachtete; und er erzählte von einer Frau, die nicht im rituellen Bad (Mikwe) gesichtet werden wollte, da dies ihre sexuelle Beziehung offengelegt hätte, und die stattdessen in den Hudson River eintauchte. Jacob vermittelte den Eindruck, er halte sich für so clever, dass er mit allem durchkäme.[100] Seine Haltung war in gewisser Weise gnostisch.

Das vollständigste Porträt von Taubes aus seiner Zeit am JTS liefern die Erinnerungen von Richard L. Rubenstein, der damals mit Kelman befreundet war. Da Rubenstein nur einen minimalen Hintergrund jüdischer Bildung mitbrachte, hatte er sich am Reform Hebrew Union College eingeschrieben, fühlte sich jedoch zu traditionelleren Formen des Judentums hingezogen und verließ das College bald, um einen rabbinischen Abschluss am JTS anzustreben. Da seine Bibel- und Talmudkenntnisse nicht ausreichend waren, belegte er einen vorbereitenden Kurs, den *Mechinah*. Taubes schloss Freundschaft mit ihm, bot ihm Nachhilfeunterricht im Talmudstudium an und nahm ihn zu einem Besuch beim Rebbe von Satmar mit.[101] Für Rubenstein erschien Taubes als »lebendiges Glied in der Kette der jüdischen Tradition, die fast vollständig von den Nazis ausgelöscht worden war. Er war auch ein Verbindungsglied zum europäischen intellektuellen Leben, das ich zu respektieren gelernt hatte.«[102] Rubensteins Beschreibung von Taubes ist so anschaulich und lebendig, dass es lohnt, sie länger zu zitieren. Taubes erscheint in Rubensteins Erinnerungen unter dem Pseudonym »Ezra Band«.

Der Mann hatte … etwas zutiefst Verstörendes an sich, man könnte fast sagen Dämonisches. … Auch wenn seine Bewegungen schnell und energetisch waren, schien er doch nicht sonderlich robust. Im Gegenteil, seine Gesichtsfarbe verriet, dass sein bevorzugtes Habitat das Straßencafé, das schmuddelige Hotel oder die Bibliothek war, dass er der Natur ein Fremder war. Eine gewisse Sorte überkultivierter Frauen war von ihm fasziniert, die sich mehr dafür interessierten, das Verborgene, das Ungewöhnliche und den rätselhaften Mann zu erforschen, als offen den unbeschwerten Freuden der körperlichen Liebe zu frönen. … Als wir uns kennenlernten, bezeichneten ihn einige Seminarstudenten als Kronprinzen, denn es schien, als ob er Emunah Finkelstein, der Tochter des Rektors, den Hof machte. Immer trug er den längsten und prächtigsten Gebetsschal, wenn er, was er regelmäßig tat, die von Doktor Finkelstein geleiteten Gottesdienste in der Synagoge des Seminars besuchte. Trotz seiner zur Schau gestellten Frömmigkeit sprach er viel von Blasphemie, von der Heiligkeit der Sünde und vom mystischen Antinomismus. Bei einer unserer ersten Begegnungen prophezeite er mir zutreffenderweise, dass ich bald mehr Bedeutung in den heidnischen Göttern Kanaans finden werde als im Herrn Israels. …

Seine langen Exkurse über Søren Kierkegaard, Paulus von Tarsus und Sabbatai Zwi sind mir in lebhafter Erinnerung. [Seine] theologische Strategie bestand darin, die Unmöglichkeit von Pflichten zu zeigen, die von keinem religiösen Glauben ausgingen. Er versuchte, Glauben aus dem Schrecken vor den säkularen Alternativen zu generieren. Dennoch, er war vielleicht der geschickteste Humanist, dem ich je begegnet bin, in seiner Argumentation für genau jene gottlose Welt, die er mich doch abzulehnen aufforderte. …

Ich war fasziniert von den bekannteren Ausprägungen des mystischen Antinomismus, die in der jüdischen Geschichte an die Oberfläche gelangt waren. Ich sah in der Verkündigung des Paulus von Tarsus, der zufolge Christus das »Ende des Gesetzes« sei, einen klassischen Ausdruck des mystischen jüdischen Antinomismus. …

Zwischen den talmudischen Debatten über einen Ochsen, der eine Kuh aufspießte, diskutierten Ezra und ich Paulus' »Antinomismus«. Oberflächlich betrachtet war Paulus' Verkündigung vom »Ende des Gesetzes« ein Ausdruck der spirituellen Ödnis, die wir ablehnten. Auf einer anderen Ebene waren wir beide fasziniert von dem Rabbiner, der zum größten und einflussreichsten Theologen wurde. Auch interessierten wir uns für Sabbatai Zwi. ...

War ich möglicherweise ein Krypto-Sabbatianer? Ich schwankte zwischen der Liebe Gottes und meinen Träumen von einer sündhaften Freiheit. Ezras Persönlichkeit hat diese Tendenz noch verstärkt. [Rubensteins Ehefrau] Ellen und ich waren zugleich angezogen und abgestoßen von ihm [Taubes]. Eines Tages bereitete sich Ellen gerade in einem leeren Zimmer im Wohnheim auf den Bibelunterricht vor. Ich betrat den Raum, sie war ganz in das Studium vertieft. Sie bemerkte mich nicht. Ich stellte mich hinter sie, legte meine rechte Hand auf ihre Brust und streichelte sie. Sie entspannte sich und wurde ganz locker. Das ging einige Minuten so, bis ich die erotische Atmosphäre durchbrach, indem ich sprach.

»Mein Gott«, sagte sie, »ich dachte, du wärst Band [Taubes]. Ich war wie hypnotisiert und konnte mich nicht wehren.« Band hatte eine verführerische, verstörende Wirkung auf uns beide.[103]

Da der Zeitrahmen, in dem Taubes Rubenstein unterrichtete, begrenzt war, entschied sich Letzterer, seine Talmudkenntnisse im Rahmen eines Teilzeitstudiums an der ultraorthodoxen Jeschiwa *Mesivta Chaim Berlin* zu vertiefen. Innerlich fühlte er einen verstörenden Sog zum Antinomismus, und er reagierte darauf, indem er sich verstärkt der Orthodoxie zuwandte. Doch in den folgenden Jahrzehnten, nach seinen Studien am JTS und in Harvard, gelangte Rubinstein zu der Ansicht, dass die Erfahrung von Auschwitz jeder traditionellen Vorstellung von Gott widersprach, und er entwickelte nach und nach eine atheistische Form des Judentums.

Kelman, Leifman, Wigoder und Rubenstein betrachteten Taubes alle als einen brillanten, perversen, dämonischen Manipulator.[104] Dies war ein Teil von Jacobs Persönlichkeit, den noch viele andere im Lauf der Zeit entdecken sollten. Er hatte einen geradezu animalischen Instinkt für menschliche Schwächen und wie er sie ausnutzen konnte. Wie ein Tier, das genau weiß, wo sich der weichste Punkt der Beute befindet, um sich darin fest- zubeißen, erkannte Taubes rasch individuelle Verletzlichkeiten und nutzte sie für seine Zwecke. Diese Eigenschaften entspre- chen einigen typischen Merkmalen der manischen Depression in einer milden hypomanischen Phase: gesteigerte Vitalität, Char- me, die Fähigkeit, verwundbare Punkte bei anderen zu finden und sie zu nutzen, sowie eine außergewöhnliche Wahrnehmungs- fähigkeit auf der unter- oder unbewussten Ebene.[105]

Die zweite große Liebe

Das am häufigsten wiederkehrende Thema in den vielen Briefen, die Jacobs Mutter und seine Schwester während seiner Zeit am JTS an Jacob schrieben, war die Aufforderung, nach einer geeig- neten Ehefrau Ausschau zu halten – vorzugsweise einer Frau mit einer guten jüdischen Erziehung und einem klaren Bekennt- nis zum Judentum, aber auch kultiviert und aus gutem Hause. Jacob behielt für sich, dass er eine Frau gefunden hatte, die die- sen Kriterien entsprach – die allerdings Witwe und Mutter war und vierzehn Jahre älter als er. Ihr Name war Gerda Seligsohn (später änderte sie die Schreibweise zu Seligson).

Gerdas Familiengeschichte spiegelt ein häufig übersehenes Phänomen unter deutschen Juden wider: die Mobilität unter männlichen und weiblichen jüdischen Vorfahren über konfes- sionelle Grenzen von Judentum und Christentum hinweg.[106] Am Vorabend der Machtergreifung durch die Nationalsozialis- ten gab es fast ebenso viele »Menschen jüdischer Abstammung« in Deutschland wie jüdischen Glaubens.[107] Gerdas Vater, Ri- chard Kroner, war ein bedeutender Philosoph und Experte des deutschen Idealismus, der 1941 begann, am Union Theological Seminary zu unterrichten.[108] Kroners Großvater väterlicherseits war Rabbiner, sein Großvater mütterlicherseits ein wohlhabender Kaufmann, sein Vater Arzt. Damit verkörperten sie ein weit verbreitetes Muster unter deutschen Juden: Sie machten den Schritt von traditioneller Gelehrsamkeit und kaufmännischen Aktivitäten in der Mitte des neunzehnten Jahrhunderts zu den freien Berufen am Ende des Jahrhunderts. Der 1884 geborene Richard ging noch weiter, vom Besitz zur Kultur, als er 1919 Professor der Philosophie wurde. Und er ging sogar einen Schritt über das Judentum hinaus, als er zum evangelischen Christentum konvertierte. Auch das war nicht unüblich: die Chance, vom undotierten Privatdozenten zum ordentlichen Professor aufzusteigen, war für konvertierte Juden um ein Vielfaches höher.[109] In Richard Kroners Fall jedoch war die Konversion keine opportunistische: Er ließ sich bereits als Gymnasiast taufen und veröffentlichte später Werke, die das Christentum auf hegelianische Weise interpretierten.[110] Nach der Machtergreifung wurde Kroner von seinem Lehrstuhl entfernt, obwohl er Weltkriegsveteran und Träger des Eisernen Kreuzes war. Mit seiner Familie verließ er Deutschland im Jahr 1938 und kam 1940 – nach einem Aufenthalt in Großbritannien – in die Vereinigten Staaten.

Kroners Tochter Gerda, geboren 1909, konvertierte im Jahr 1924 – ungefähr im gleichen Alter, in dem ihr Vater vom Judentum zum Christentum übergetreten war – vom Christentum zum Judentum, bei Rabbiner Leo Baeck. Sie studierte klassische Philologie und Pädagogik an mehreren deutschen Universitäten und heiratete 1935 Rudolf Seligsohn, einen jungen Reformrabbiner, der ebenfalls eine klassische Ausbildung absolviert hatte. 1939 zogen sie nach England, wo Gerda den Bachelorabschluss machte. Rudolf starb 1943, kurz nach der Geburt ihres einzigen Kindes, Elizabeth. Mit ihrer Tochter ging Gerda 1947 nach New York und wohnte in der Nähe des Union Theological Seminary, an dem ihr Vater unterrichtete. Die achtunddreißigjährige Witwe begann, an der Eliteschule Brearley in Manhattan zu unterrichten. Als Witwe eines Rabbiners und Tochter eines Dozenten an einem führenden protestantischen Seminar in den USA verkörperte sie die Vereinigung von jüdischem Bekenntnis mit klassischer westlicher Kultur.

Kurz nach ihrer Ankunft in New York freundete sich Gerda mit Ernst Simon an, und über ihn lernte sie Jacob Taubes kennen. Der Nachwuchswissenschaftler war erst vor Kurzem ans JTS gekommen und fühlte sich noch fremd in seiner neuen Umgebung. Außerdem war er noch dabei, sich emotional von seiner unglücklichen Beziehung zu Myrie Bloch zu erholen. Wir können Jacobs Beziehung zu Gerda dank einiger überlieferter Briefe, die er ihr schrieb und die sie bis zu ihrem Tod bewahrte, nachvollziehen.

Im Juli 1948 sprach er sie noch mit »Frau Seligsohn« an – ein Zeichen für eine gewisse Distanziertheit –, als er ihr versicherte, dass er nur um ihrer Freundschaft willen und der zu Ernst Simon noch nicht nach Europa zurückgekehrt sei.[111] Im Oktober wurde aus der platonischen Freundschaft mehr. Angesichts der bevorstehenden Abreise von Ernst Simon, schrieb Jacob, blieben nur sie beide, und er glaube, dass »der Kreis der Freundschaft und Liebe sich zwischen uns schliesst ... sich geschlossen hat? Fast zögere ich es zu bekennen und doch wissen wir es schon seit einiger Zeit.«[112]

Ihre Beziehung hatte auch eine sehr intellektuelle Ebene, etwa wenn Gerda mit Jacob, der sein Griechisch verbessern wollte, klassische Texte las. In Jacobs Briefen finden sich zahlreiche Bezüge auf griechische Figuren, von Agamemnon bis Aphrodite. Doch ihre Beziehung war mehr als das. In einem Brief, den er mit »Meine allerliebste Gerda« einleitete, schrieb er: »Eine grosse Orgie hat sich durch uns vollzogen. ... Die Liebe erträgt alles und vergibt alles. ... Ich sündige nur gegen mich und es geht mir wie meinem Seelenfreund Paulus: das was ich will, das tue ich nicht, das was ich nicht will, das tue ich.«[113] Paulus' Erklärung entlastete Jacob von dem Gefühl, der Versuchung nicht widerstehen zu können, insbesondere der erotischen.

Doch in dieser Phase seines Lebens durchlebte er noch Schuldgefühle und Ängste. Am 23. November 1948 schrieb Gerda (in einem Brief, der vermutlich nicht versendet wurde) an ihn: »Da du den Fluch der Witwenschaft, der auf mir lastet, genommen oder zumindest erleichtert hast, werde ich heute Abend für dich beten. Ich bin dir dankbar für alles, was du für mich gefühlt und getan hast. Denke nicht, du könntest nur als Liebhaber zu mir kommen. Ich denke, du bist ein guter Liebhaber (obwohl ich keine Expertin bin), und ich glaube nicht, dass ich mich deinem Liebeswerben erwehren kann. Aber da ist noch zu viel wilde Eigenständigkeit in mir, als dass ich vergessen könnte, mein Leben lang bemüht gewesen zu sein, für die Wahrheit einzustehen, und die Wahrheit ist, dass ich dir gegenwärtig mehr schulde als du mir.« Jacobs Hang zur Dramatik wird aus der folgenden Passage aus Gerdas Brief deutlich: »Ich mache mir heute Nacht schreckliche Sorgen um dich, fast so große wie um mich selbst. Ich bin so besorgt, dass ich meinen Stolz heruntergeschluckt und dich angerufen habe, nur um meine Sorgen durch deine Abwesenheit bestätigt zu bekommen. Springe nicht.«[114]

Er sprang nicht. In den folgenden Monaten erwies sich Jacob als ausdauernder und leidenschaftlicher Liebhaber. In vielen kurzen Briefen – die alle mit den hebräischen Buchstaben bethe oder bet-ajin-he (für *Be-ezrat Hashem*: »mit Gottes Hilfe«) begannen – auch ein Zeichen seiner anhaltenden Frömmigkeit –, teilte er ihr mit, wann er in ihrer Wohnung erscheinen würde (»Wir werden uns heute Nacht sehen. Lass die Tür offen.«), wo er manchmal auch über Nacht blieb (und er ließ sie wissen, dass sie sein Hemd, das er in der obersten Schublade zurückgelassen hatte, nicht zu waschen brauchte). Wie schon in seinen Briefen an Myrie Bloch waren religiöse und erotische Bildsprache häufig ineinander verflochten. Er bezeichnete Gerda als seine Hierodule – eine heilige Sklavin oder Prostituierte im antiken Griechenland. Er sprach sie (zumindest in manchen Briefen) als *Ischti* (meine Ehefrau) an und bemühte sich um eine liebevolle

Beziehung zu ihrer kleinen Tochter Elizabeth. Auch dachte er über gemeinsame Kinder mit Gerda nach.[115]

Im Frühjahr 1949, als Jacob bereits zunehmend enger mit der deutlich jüngeren Susan Feldmann liiert war, hielt er die Beziehung zu Gerda noch aufrecht. Als Jacob und Susan sich entschlossen zu heiraten, setzte Jacob ein formales Dokument auf, um sein Verhältnis zu Gerda zu klären: »Zwischen Gerda Seligson und Jacob Taubes die sich für das ganze Leben versprechen einander treu zu sein, sich zu lieben, zu ehren, für einander zu sorgen, soweit es anderseitige Verpflichtungen nicht stört, einander zu schreiben und sich nicht aus den Augen zu verlieren.«[116] Er konnte Susan davon überzeugen, Gerda und Elizabeth als Teil ihrer »Großfamilie« zu betrachten. Nach der Hochzeit – auf der Gerda Trauzeugin war – schrieb Jacob an Gerda, Susan sei so furchtbar naiv, dass sie nach wie vor keine Ahnung von der Intensität und der sexuellen Natur ihrer, Jacobs und Gerdas, Beziehung habe, ein Zeichen von Susans »glücklicher Unschuld«.[117] Später, als er Susan über die Art ihrer Beziehung aufklärte, war die weit davon entfernt, eifersüchtig zu sein, und stand Gerda anschließend noch näher als zuvor. Jacob war dankbar, dass er sich für sie entschieden hatte und nicht für Gerda.[118]

Wie schon Myrie Bloch war Gerda Seligsohn bedeutend älter als Jacob, und ihre Beziehung zu Jacob hatte etwas Mütterliches. Das galt auch für viele spätere Beziehungen: Sein Bedürfnis, umsorgt zu werden, machte einen Teil seiner Anziehungskraft aus. Aber er unterstützte die kürzlich verwitwete Gerda, wie er es auch bei Myrie getan hatte, und versicherte ihr, sie sei einzigartig und begehrenswert. Ein hoher Grad an Intellekt und gemeinsame kulturelle Vorlieben waren wichtige Bestandteile ihrer Beziehung, auch dies war typisch für viele von Jacobs Partnerinnen. Wie Myrie – und andere seiner Gefährtinnen – war Gerda religiös. Das war Jacob auf seine sehr spezielle Weise auch. Und doch verführte er sie zu erotischen Beziehungen, die den religiösen Anstand verletzten. Das war seine ganz persönliche Version von Erlösung durch Sünde.

Nach Jacobs Hochzeit reiste Gerda nach Europa, wo sie unter anderem auch Zwi und Fanny Taubes in Zürich besuchte. Jacob empfahl ihr, nach einem passenden Ehemann zu suchen. Doch das tat sie nie. Letztlich zog sie nach Ann Arbor, wo sie an der University of Michigan Griechisch und Latein unterrichtete. Sie blieb eine überzeugte Jüdin und engagierte sich in Ann Arbor in der örtlichen Gemeinde. Susan, die Nachfolgerin von Gerda, war aus einem ganz anderen Holz geschnitzt.

Susan Feldmann

Seit er sie 1948 kennenlernte und bis zu seinem Tod nahm keine andere Frau einen so großen Raum in Jacobs Seele ein wie seine erste Ehefrau Susan. Noch im hohen Alter hatte er ein Foto von ihr auf seinem Kaminsims und in seiner Brieftasche, und manchmal brachte er Bekannte damit in Verlegenheit, wenn er darauf zeigte und verkündete: »Das ist meine Frau. Sie hat sich umgebracht.«[119]

Susan war schön. Susan war klug. Susan war spirituell. Und unkonventionell. Und jüdisch, mit *Jichus* (von nobler Herkunft). Ihre Beziehung war von außergewöhnlicher Intensität, im Guten wie im Bösen.

Sie lernten sich 1948 kennen, kurz nach Susans Ankunft in New York City. Jacob, der zu diesem Zeitpunkt bereits seit fast einem Jahr in der Stadt lebte, traf sie bei einer Soiree im Haus von Ruth Nanda Anshen, einer selbsternannten intellektuellen Impresaria, deren Tochter Judith eng mit Susan befreundet war.[120] Menschen, die sie aus dieser Zeit kannten, bezeichneten sie als attraktiv und charmant, als ein ganz »wunderbares Wesen«. Sie war weltfremd und naiv. Nach New York war sie gekommen, um am Theater zu arbeiten, das sie als eine Art heiligen Ritus betrachtete.[121] Jacob war von ihr beeindruckt und lud sie zum Rosch Haschana-Gottesdienst ins JTS ein – eine ganz neue Erfahrung für Susan, die in einem entschieden antireligiösen Haushalt aufgewachsen war.[122]

Susan Feldmann, wie sie damals hieß, war fünf Jahre jünger als Jacob. Geboren in Budapest am 12. Januar 1928, war sie zwanzig Jahre alt, als sich die beiden kennenlernten und einundzwanzig als sie heirateten. Sie stammte aus einer angesehenen Familie: Ihr Großvater, Moses Feldmann (1859-1927), war der Oberrabbiner von Budapest.[123] Dennoch war ihr Elternhaus durch und durch säkular. Susans Vater, Dr. Sandor S. Feldmann, verkörperte eine andere Version der jüdischen Begegnung mit der Moderne. Feldmann war Psychoanalytiker und Autor der auf Ungarisch geschriebenen Werke *Nervosität und Instinkte: Untersuchungen im Bereich der Psychopathologie und der sexuellen Pathologie* sowie *Nervöse Ängste: Und andere Kapitel aus dem Bereich der Psychopathologie*. Er war ein rigoroser Freudianer der ersten Generation, für den Freuds Bücher eine ähnlich orthodoxe Bedeutung hatten wie die Bücher Mose für seine Vorfahren und für den sich nahezu das gesamte menschliche Verhalten rational aus Kindheitserfahrungen erklären ließ. Zwar beherrschte er aus seiner Jugend das Hebräische, doch der jüdischen Religionsausübung hatte er sich vollständig entfremdet. Seine Ehefrau Marion interessierte sich ebenso wenig für jüdische Themen. So wuchs ihr einziges Kind, Susan, in einem durch und durch säkularen, wenn auch nach wie vor jüdischen Haus auf. Der Vater betrachtete die traditionellen Schabbat- und Pessach-Essen im Haus der Großmutter als archaisch oder gar skurril.[124] Susans Familienleben war unkonventionell. Susan war Sandors Augapfel – und das ließ entsprechend wenig Raum für Aufmerksamkeit für ihre Mutter Marion. Sandor widmete sich ganz und gar seiner Arbeit und seiner Tochter und ermunterte seine Frau, andere Männer zu treffen, was diese auch tat.[125] Als sich der Krieg 1939 am Horizont zusammenbraute, wanderte Sandor mit seiner damals elfjährigen Tochter in die Vereinigten Staaten aus. Kurz zuvor hatte seine Frau in eine einvernehmliche Scheidung eingewilligt und lehnte es ab, ihm nach Amerika zu folgen. Als Sandor und Susan nach New York kamen, blieb er in der Stadt, um sich dort beruflich zu situieren, Susan wohnte zunächst bei Verwandten in Philadelphia. Im Jahr 1941, als Sandor einen Lehrstuhl für Psychiatrie am medizinischen Institut der University of Rochester angeboten bekam, zog sie wieder zu ihm. Als einer der wenigen Psychoanalytiker außerhalb von New York baute er eine private Praxis auf und verdiente genug, um sich und seine Tochter zu ernähren, und mitunter auch deren Familie.

In Rochester machte Susan 1945 ihren Highschool-Abschluss, der bereits ihre intellektuelle Begabung erkennen ließ. Von 1945 bis 1947 studierte sie an einem der elitären »Seven Sister«-Colleges in Bryn Mawr bei Philadelphia, zu einer Zeit, als dies das »selbstgewählte Ziel der intellektuellsten, intelligentesten, entschlossensten und am besten gerüsteten jungen Frauen in Amerika« war.[126] Sie konzentrierte sich auf ihr Studium der Philosophie und Literatur und engagierte sich am Theater. Mit ihrem Hang zur Rebellion und ihrem extremen Individualismus, gepaart mit außergewöhnlicher Intelligenz, widerstrebten ihr die Zwänge der akademischen Disziplinen. Ein akademisches Highlight war ein Fortgeschrittenenseminar zum Thema »Mensch und Gesellschaft«, das der Philosoph Paul Weiss leitete, der kurz darauf eine Stelle an der Yale University antrat. In einem Empfehlungsschreiben bezeichnete der Präsident des College Susan als »engagierte Intellektuelle« und »Individualistin«.[127]

Susans Mutter überlebte den Krieg in Budapest, aber vielen ihrer Verwandten gelang dies nicht. Das war ein Grund, wenn auch nicht der einzige, warum Susan mit einem düsteren Blick auf die Welt schaute. »Manchmal bete ich fast dafür, dass die Welt der Menschen in die Luft gesprengt wird; entweder das oder dass ein Wunder geschieht und der Mensch zu seiner

Menschlichkeit erwächst«, schrieb sie im Sommer nach ihrem ersten Jahr im College. »Es ist das Warten, das so schrecklich ist.«[128] Im Sommer 1947 besuchte sie ihre Mutter in Budapest, das erste Mal seit acht Jahren. Obwohl ihre Mutter 1950 schließlich in die Vereinigten Staaten emigrierte, blieb ihre Beziehung angespannt. Susan war in einem mutterlosen Haus aufgewachsen, oder besser in einer ganzen Reihe von Häusern – in Budapest, Philadelphia, Rochester, Bryn Mawr –, von denen sich keines wie ein echtes Zuhause angefühlt hatte. Sie war heimatlos, im mehrfachen Sinne.

Im Anschluss an eine weitere Europareise im Sommer 1948 entschloss sie sich, das Studium in Bryn Mawr abzubrechen. Sie zog nach New York und belegte mit der finanziellen Unterstützung ihres Vaters Theaterkurse an der Columbia University, in unmittelbarer Nähe des JTS am Broadway. Dann lernte sie Jacob Taubes kennen und wurde von ihm zum Rosch Haschana-Gottesdienst eingeladen.

In den folgenden Monaten wurde die Beziehung zwischen Jacob und Susan immer intensiver, obwohl Gerda Seligsohn sich aus vielleicht nachvollziehbaren Gründen bemühte, das zu verhindern.[129] Doch da war auch der nicht abreißende Strom von Briefen seiner Mutter Fanny und seiner Schwester Mirjam, der über den Atlantik zu Jacob fand und ihn beständig daran erinnerte, dass es an der Zeit war, eine geeignete Ehefrau zu finden. Am 3. März 1949 stimmte auch Zwi in das Thema mit ein. Er fragte Jacob ganz direkt, ob er ein Mädchen gefunden habe, und ermunterte ihn, »in gute[n] Kreise[n]« zu suchen, und damit meinte er »kultivierte jüd. Kreise wo Thora und Kultur eine Synthese bilden«.[130]

Jacob und Susan einte und trennte ihr Jüdischsein gleichermaßen. Beide stammten aus Familien, in denen Jüdischsein schicksalhaft war. Doch Jacob und seine Familie waren so fest im orthodoxen Judentum verwurzelt, dass es quasi ihre kulturelle Atemluft, ihr ritueller Lebensrahmen war. Hebräischunterricht, eine Vertrautheit mit dem Gebetbuch, der Bibel, dem Talmud, der modernen hebräischen Literatur und der jüdischen Gelehrsamkeit, und nicht zuletzt der Zionismus waren selbstverständliche kulturelle Bezugsgrößen in Jacobs Leben. Auch wenn Jacob gern am Käfig des Gesetzes rüttelte, so blieb es eben der Käfig, der ihm Gegenstand zum Rütteln war. Er war in der Synagoge zu Hause, wenn ihn auch Zweifel an der Gültigkeit der traditionellen Vorstellung von Gott begleiteten.

Susan hingegen war die Welt des traditionellen jüdischen Glaubens und seiner Bräuche völlig fremd. Ihre erste Begegnung mit der Tora machte sie am College in einem Literaturkurs.[131] Auch mit dem Christentum war sie wenig in Kontakt gekommen. Sie war in jeder Hinsicht eine Heidin, wie Jacob es ausdrückte. Für Jacob bot dies Anlass zur Sorge, aber es zog ihn auch an.[132]

Susan, die sich Jacob zufolge in einem Zustand der »wirren Auflehnung gegen« die Hohlheit der weltlichen Ordnung«[133] befand, teilte seine gnostische Sicht auf die Welt als fundamental böse – oder geradezu banal. Jacob sprach ausführlich mit ihr über seine wiederkehrenden Sorgen. Ob man vom Tod Gottes sprechen dürfe, was zum Nihilismus führen könne. Über die Möglichkeit, an Gott zu glauben, obwohl – oder vielleicht gerade weil – es keine Anzeichen für Gott in dieser Welt gebe. Darüber, zu glauben, gerade weil es so absurd war (*credo quia absurdum*). Von der Heiligung des Lebens und dem Paradoxon des Gesetzes.[134] Kurz, er wollte sie anscheinend davon überzeugen, ihr Leben mit ihm zu teilen. Ein jüdisches Leben, wenn auch eines, das von tiefen Zweifeln geprägt war und einem Glauben, der immer wieder zu entschwinden drohte.

Jacob machte bald Nägel mit Köpfen. Am Mittwoch, dem 13. April, dem ersten Abend des Pessach-Fests, brachte er Susan zum Seder bei den Liebermans mit.[135] Den zweiten Pessach-Abend verbrachten sie beim Seder, den Jacob leitete, mit seinen Freunden vom *Commentary*. Und am Ostersonntag, dem 17. April, schliefen sie miteinander. Für Susan war es das erste

Susan Feldmann zur Zeit ihrer Verlobung mit Jacob Taubes

Mal, Jacob hatte bereits reichlich Erfahrung gesammelt. Sie liebte ihn voller Hingabe, obwohl Jacob sie vor einer Schwangerschaft warnte.[136] Danach machte er ihr einen Heiratsantrag. Zu Jacobs großem Erstaunen schlug Susan vor, sie sollten in freier Liebe zusammenleben.[137] Jacob war entsetzt über diese Aussicht und versuchte in den folgenden sechs Wochen ununterbrochen, sie zu einer Heirat zu überreden, bis sie schließlich einwilligte.[138] Sie benachrichtigten ihren Vater in Rochester und Jacobs Eltern in Zürich, die entzückt darüber waren, dass der einzige Sohn endlich ein Mädchen gefunden hatte, ein jüdisches

Mädchen, und ein so hübsches noch dazu. Jacobs Schwester Mirjam schickte ihnen 50 Dollar und seine Eltern 100 Dollar, um das junge Paar zu unterstützen.[139]

Jacob und Susan veranstalteten eine Verlobungsfeier, zu der sie ihre Freunde einluden, darunter auch die »Pseudo-Kabbalisten«. Ruth Glazer brachte ihre Freundin Annette Michelson mit, von der sie glaubte, sie könnte Jacob interessant finden. Dem war auch so, und es entwickelte sich eine dauerhafte Freundschaft zu Jacob und Susan. Unter den Gästen war auch Hannah Arendt.[140]

Die Hochzeitsplanungen gingen mit Lichtgeschwindigkeit voran: Zwi und Fanny wurden Anfang Mai informiert, und der Hochzeitstermin wurde für den 5. Juni angesetzt. Zwi reiste zu diesem Anlass, der in der Synagoge des JTS stattfand, nach New York.[141] Ebenfalls anwesend war Nahum Glatzer, Lektor im Schocken Verlag in New York, der bald darauf zu einer wichtigen Figur für die Vermittlung des Erbes der deutsch-jüdischen Philosophie und Literatur an das amerikanische Publikum wurde. Salo Baron, inzwischen Professor für Jüdische Geschichte an der Columbia University, ließ dem jungen Paar ein Geschenk zukommen, Gleiches galt für Jacobs Freund Victor Gourevitch, der ihnen eine kostbare Ausgabe der griechischen Vorsokratiker schenkte. Auch Jacobs Freunde von den »Pseudo-Kabbalisten« waren anwesend.[142]

Die Zeremonie wurde von drei Rabbinern (*Mesadrai kedushin*) abgehalten: und was für Rabbiner! Louis Finkelstein, Saul Lieberman und Zwi Taubes – ein eher ungewöhnliches Trio, wenn man bedenkt, dass Finkelstein und Lieberman solch offizielle Rollen eher mieden, damit sie nicht den Anschein erweckten, sie bevorzugten manche Studenten. Doch Susan beeindruckte dies nicht. Jacob hatte ihr eine traditionell-orthodoxe Hochzeit versprochen, samt Fiedlern, Tanz und dem Ritual, bei dem die Braut sieben Mal um den Bräutigam herumschreitet.[143] Die Realität konnte mit ihren ästhetischen Erwartungen jedoch

Susan und Jacob Taubes, 1949

nicht mithalten. Die Hochzeit war eine Kompromisslösung und
der Empfang »eine banale Cocktailparty mit Käsesandwiches
von einem koscheren Caterer«. Dem Zertreten des Glases am
Ende der Trauungszeremonie ging ein anthropologischer Diskurs von Simon Greenberg voraus, dem geschäftsführenden
Präsidenten des JTS (Finkelstein war beurlaubt). Das Paar fand
diese Rede eher enttäuschend.

Anfang 1949 zeichnete sich ab, dass Jacobs Zeit am JTS nicht über das laufende akademische Jahr hinausgehen würde. Finkelstein, Lieberman und Simon Greenberg waren der Ansicht, dass für einen Mann mit seinen Interessenschwerpunkten – Geschichtsphilosophie, Theologie und Religion – kein Platz am JTS sei. Das war zumindest die offizielle Erklärung. Vielleicht flossen auch andere Bedenken in ihren Entschluss ein: seine magere Forschungsleistung, die wenig systematischen Vorlesungen, sein Benehmen gegenüber Finkelsteins Tochter oder andere Verhaltensweisen. Jacob passte nicht gut genug ans JTS, um ihn zu halten, doch die Leitung befand ihn für zu wertvoll, um ihn zu verschwenden.

Eine mögliche Lösung schien sich mit dem Besuch von Gershom Scholem am JTS, Ende Februar und März, aufzutun. Scholem und Jacob hatten ihren Briefkontakt aufrechterhalten, seit Jacob dem Meister im Herbst 1947 zum ersten Mal geschrieben hatte, und es scheint, als hätten sie sich gut verstanden, als sie sich nun persönlich trafen.[144] Leo Strauss, der von Jacobs Intellekt beeindruckt war, aber Zweifel an seinem Charakter hegte, sagte seinem Freund Scholem, dieser sei vielleicht der Einzige, der Jacob disziplinieren und etwas aus ihm herausholen könne.[145] Lieberman und Scholem diskutierten die Möglichkeit, Jacob mit einem Stipendium vom JTS an die Hebräische Universität zu schicken.[146]

Da seine Zukunftsaussichten unsicher waren, hatte Jacob in der Zwischenzeit begonnen, sich auch anderweitig nach einer Arbeit umzusehen. Eine unerwartete Möglichkeit bot sich ihm, als er Mitte März eine Anfrage von einer liberalen (das heißt reformierten) Gemeinde in Amsterdam erhielt, eine Gemeinde, die sich aus einer Handvoll deutsch-jüdischer Familien zusammensetzte, die den Holocaust in den Niederlanden überlebt hatten. Sie hatten von Jacob durch seinen Vater erfahren und wollten ihn gern als Rabbiner einstellen.[147] Doch Jacob nahm das Angebot nicht an. Eine weitere Rabbinerstelle tat sich in der Chodorower Synagoge auf, einer kleinen Gemeinde an der Lower East Side in Manhattan. Am 11. April unterzeichnete Jacob einen Vertrag, der ihn für zwei Jahre als Gemeinderabbiner verpflichtete, trat jedoch die Stelle nicht an.[148] Gemeinderabbiner war das Letzte, was Jacob sein wollte. Stattdessen streckte er seine Fühler in einige akademische Einrichtungen aus, zum Beispiel über Joachim Wach in die University of Chicago und über den Mathematiker Hermann Weyl in das *Institute for Advanced Study* in Princeton. Als Wissenschaftler, die ihn empfehlen könnten, nannte er Leo Baeck, Leo Strauss, Paul Tillich vom Union Theological Seminary und Paul Weiss.[149] Doch nichts davon führte zu etwas, somit blieb die Hebräische Universität als Alternative. Jacob war zwar enttäuscht, dass Finkelstein ihm keinen Lehrstuhl anbot, aber es reizte ihn auch sehr, nach Jerusalem zu gehen.[150] Präsidium und Vorstand des JTS kamen schließlich überein, Jacobs Studien in Jerusalem für zwei Jahre, beginnend im September, mit einem jährlichen Stipendium von 2000 Dollar zu finanzieren – damals eine beträchtliche Summe.

Im Mai, wenige Wochen vor Jacobs Hochzeit, schrieb der geschäftsführende Präsident des JTS Simon Greenberg einen Brief an Jacob, in dem er die Gründe für die Großzügigkeit des Seminars, aber auch die Grenzen des Engagements darlegte, um »zukünftige Missverständnisse zu vermeiden«. Das Stipendium sollte ihn in die Lage versetzen, »Ihre fruchtbaren Studien fortzusetzen, denn wir glauben, dass das jüdische Volk in Ihnen einen Repräsentanten in den Feldern Theologie und Philosophie haben wird, der diesen zum Segen gereichen wird«. Doch, das stellte Greenberg klar, solle er sich keine Hoffnungen machen, nach dem Stipendiumsaufenthalt eine Stelle am JTS angeboten zu bekommen, denn »der Bereich, in dem Sie sich bislang so hervorragend profiliert haben, ist bis zum heutigen Tage kein Bestandteil des Lehrplans am Seminar«.[151]

In diesem Sommer schrieb Fanny an Jacob, um ihm mitzuteilen, dass Gershom Scholem – »dein Vorbild« – sie kürzlich in Zürich besucht hatte. Zum ersten Mal hatte Scholem an der Eranos-Tagung in Ascona teilgenommen, einer jährlichen Zusammenkunft von Religionswissenschaftlern, die er fortan jedes Jahr besuchte.[152] Scholem, schrieb Fanny, habe Jacob in den höchsten Tönen gelobt und ihnen versichert, er solle nach Jerusalem gehen. Wenn er hart arbeite, werde sich der Erfolg auch einstellen. Zwi teilte seinem Sohn mit, dass Scholem sich auf dessen Ankunft freue und er auch schon ein Seminarthema für ihn entwickelt habe. Doch solle Jacob sich darauf einstellen, dass er die meiste Zeit nicht bei Scholem, sondern bei Julius Guttmann studieren werde, einem Experten für jüdische Philosophie.[153]

Kurz nach ihrer Hochzeit zogen Jacob und Susan in eine Wohnung in der Nähe der Columbia University.[154] Für Susan bedeutete das Eheleben sowohl erotischen Rausch als auch heraufziehende psychische Probleme. Am 29. Juni schrieb Jacob in einem Brief an Gerda (die sich damals auf einer Reise in England befand), Susan fühle sich unwohl mit dem jüdischen Lebensstil und verliere sich stattdessen in einer haltlosen Welt der Abstraktionen. »Ihre Ansichten sind haarsträubend«, entrüstete er sich und fügte optimistisch hinzu, »aber – ich lernte …, mich um die metaphysischen Ansichten der Menschen gar wenig zu kümmern …«[155] In einem Brief von Susan an Jacob (den sie vermutlich nie abschickte) wird deutlich, wie fremd ihr das jüdische Leben war, das Jacob sich für sie beide vorstellte.

»Ich muss der Stimme folgen, die in meiner Seele spricht, und mich nicht von einer talmudischen oder jesuitischen Rationalisierung täuschen lassen, die ich mir anheften kann und die mich irgendeinem Glauben und irgendeiner Tradition der Vielen verpflichtet. … Ich wünsche mir nichts mehr, als in einer Gemeinschaft zu beten und nicht in Einsamkeit, [aber] lieber erleide ich meine Einsamkeit als mich der Heuchelei und der Lüge hinzugeben. Ich denke nicht, dass du das Recht hast, mich zu zwingen, denselben Entscheidungsprozess immer und immer wieder zu wiederholen. ... Ich möchte meinen eigenen Altar errichten. Es ist schrecklich, es ist vielleicht das Furchterregendste überhaupt, in keiner Tradition irgendeines Volkes zu leben und es zu ehren – es ist wahrhaftig der Tod –, aber wir müssen diese Schrecklichkeit leben und dürfen keine sentimentalen oder politischen Kompromisse eingehen. ... Und wenn dein ganzes Leben und deine ganze Wahrheit die Tora ist und dein einziges Bestreben, ein Leben und eine Familie in Übereinstimmung mit ihren Gesetzen aufzubauen, dann war es ungerecht, mir gegenüber diese Bedingungen nicht deutlich auszusprechen, denn es wird dir nicht gelingen, mich in diese Schablone zu pressen. Das macht mich krank, und du musst zugeben, dass dies nicht das Fundament war, auf dem wir geheiratet haben, und ich habe einfach furchtbare Angst.«[156]

Wenn sie im Geiste auch nie vollständig zusammengefunden haben, so scheinen sie dies in der körperlichen Vereinigung kompensiert zu haben. Am 23. Juli schrieb Jacob an Gerda die großen Neuigkeiten: Susan war schwanger, und Gerda sollte es als Erste erfahren. Er versicherte Gerda, er und Susan würden Gerdas Tochter auch weiterhin wie ihre eigene Tochter betrachten, und fügte hinzu, dass Susan die Natur ihrer Beziehung nach wie vor nicht vollständig erfasst habe. Er berichtete: »Die Schwangerschaft hat Susan mehr dionysisch werden lassen. ... Aber wir müssen aufpassen und nicht über die Leine springen.«[157] Im selben Brief schrieb Jacob auch, dass Susan Blutungen gehabt habe und ihr daraufhin vom Arzt Bettruhe verordnet worden war. Doch nach zehn Tagen Übelkeit und Blutungen erlitt Susan eine Fehlgeburt. Der Arzt versicherte ihr, sie könne schon in wenigen Monaten wieder schwanger werden – obwohl eine Schwangerschaft gar nicht beabsichtigt gewesen war.[158]

Jacob und Susan hatten geplant, nach Jerusalem zu gehen, mit einem Zwischenstopp Anfang September in Zürich, damit Susan den Rest von Jacobs Familie kennenlernte. Jacob reichte sei-

Die frisch Vermählten zu Besuch in Zürich, 1949. Zwi Taubes, Armand Dreyfus, Mirjam Dreyfus, Fanny, Jacob, Susan Taubes

ne Arbeit über Maimonides zum letztmöglichen Termin ein, am 1. September. (Er gestand Gerda, dass eine von Susans Qualitäten darin bestand, ihn zur Arbeit zu motivieren. Fanny stimmte ein und lobte Susan für ihren guten Einfluss auf Jacob in dieser Hinsicht.[159]) Die Abreise verzögerte sich infolge von Jacobs Visaproblemen. Da er keine Staatsbürgerschaft, sondern nur den Nansenpass besaß, benötige er ein Visum von jedem einzelnen Land, durch das er reiste. Und um zukünftig auch wieder in die Vereinigten Staaten zurückkehren zu können, musste er zunächst nach Toronto, Ontario, wo man ihm ein neues Visum für religiöse Amtsträger ausstellte, das es ihm erlauben würde, als Rabbi Taubes wieder in die USA einzureisen.[160]

Nach einem Aufenthalt bei der Familie in Zürich reisten Jacob und Susan also schließlich im Dezember 1949 ins Heilige Land. Jacob schrieb an Hans Urs von Balthasar, er sei sehr glücklich darüber, die Vereinigten Staaten zu verlassen, um nach Israel zu gehen.[161] Auf dem gleichen Briefpapier, auf dem er zwei Jahre zuvor, auf seinem Weg nach Amerika, an Scholem geschrieben hatte, um sich ihm vorzustellen, schrieb Jacob ihm nun, deutlich kürzer, dass sie unterwegs waren. »Wir freuen uns auf den ›Aufstieg‹ [eine Anspielung auf das hebräische Wort für die Einwanderung nach Israel, *aliyah*, das auch Aufstieg bedeutet] nach Israel, auf die Arbeit, die Kamele, die Wüste, den Sternhimmel Jerusalems, die Landschaft und die Menschen von einst und jetzt.«[162]

6
Jerusalem, 1949-1952

Taubes verbrachte von Dezember 1949 bis Juli 1952 zweieinhalb intensive Jahre in Jerusalem. Einen Teil der Zeit lebte Susan dort mit ihm, doch sie fremdelte mit dem neugegründeten jüdischen Staat und verbrachte den größeren Teil der Zeit in den Vereinigten Staaten und in Paris.[1] Eine Folge der häufigen räumlichen Trennung war eine reiche Korrespondenz: Hunderte von Susans und eine Handvoll von Jacobs Briefen sind erhalten geblieben, die einen Einblick in ihrer beider Entwicklung und in die intellektuellen und persönlichen Spannungen zwischen ihnen gewähren.[2]

Für Jacob war Jerusalem eine von mehreren denkbaren Optionen, um eine Karriere als jüdischer Intellektueller zu verfolgen. Jüdisches geistiges Leben war infolge der Zerstörung fast sämtlicher jüdischer Gemeinden in Kontinentaleuropa nahezu ausradiert worden, und es gab nur noch wenige verbliebene Einrichtungen für höhere jüdische Bildung. Die überlebenden menschlichen Hüter europäisch-jüdischer Kultur hatten sich zumeist auf den Weg nach Amerika gemacht. Doch Jacobs erste Begegnung mit Amerika hatte ihn – als Ort, um dort sein Leben zu gestalten – unbeeindruckt gelassen. Somit verblieb der neue Staat Israel, der andere zentrale Ort jüdischer Gelehrsamkeit, insbesondere Jerusalem mit seiner großen Kohorte deutsch-jüdischer Wissenschaftler.

Jacobs Aufenthalt in Jerusalem zwang ihn rasch dazu, sich mit verschiedenen Spannungen auseinanderzusetzen: zwischen religiösem Eifer und politischen Notwendigkeiten, zwischen partikularen Einzelbekenntnissen und universal gültigen Forderungen, zwischen Glauben und historischer Erkenntnis sowie zwi-

Foto von Jacobs israelischem Ausweisdokument,
24. März 1952

schen seiner jüdischen Identität – wie häretisch diese auch sein
mochte – und Susans entschieden nichtjüdischen, und sogar zunehmend antijüdischen Standpunkten.

Bei der Ankunft in Jerusalem mietete sich das Paar eine Wohnung im Vorort Talpiot. Im August besuchten sie noch einmal
Jacobs Eltern in Zürich. Anschließend kehrte Jacob allein nach
Jerusalem zurück, und Susan reiste in die Vereinigten Staaten,
um die Vorbereitungen für ihren Bachelor am Bryn Mawr College abzuschließen und sich nach einer zukünftigen Stelle für
Jacob umzuschauen. Jacob wohnte derweil eine Zeitlang bei
Freunden, Joseph und Miriam Weiss – über die wir im Verlauf
dieses Kapitels noch einiges erfahren werden –, bevor er im Oktober 1950 eine kleine Bleibe in Meonot Ovdim bezog, in ei-

ner städtischen Genossenschaftssiedlung an der Gaza Road in Rechavia. Anschließend mietete er mehrere Zimmer in einem Haus in der nahe gelegenen griechischen Kolonie (*Moshava Yevanit*). Die Zeit von Ende Juli bis Ende Oktober 1951 verbrachte das Paar gemeinsam im Haus von Susans Vater in Rochester, New York – ein Aufenthalt, der von einem Brief Gershom Scholems geprägt war, in dem dieser seine Mentorenschaft für Jacob aufkündigte. Jacob kehrte dennoch nach Jerusalem zurück, um dort zu unterrichten, und auch in der Absicht zu schreiben, während Susan in der ersten Hälfte des Jahres 1952 ihr Studium an der Sorbonne in Paris fortsetzte. Im Sommer 1952, nach einem weiteren Besuch in Zürich und kurzen Aufenthalten in Paris und London, zogen sie, arbeitslos und verzweifelt, zurück nach Rochester.

Der Schauplatz: Jerusalem

Das Jerusalem, in das Jacob und Susan reisten, war eine geteilte, im Umbruch befindliche Stadt, die von Arabern (sowohl christlichen als auch muslimischen) und 100000 säkularen und religiösen Juden bewohnt war, die damit die Bevölkerungsmehrheit stellten. Der Entscheidung der britischen Regierung, die Mandatskontrolle über Palästina aufzugeben, folgte die Annahme des UN-Teilungsplans auf der Generalversammlung im November 1947; das Territorium sollte in einen jüdischen und einen arabischen Staat aufgeteilt werden, mit Jerusalem als internationaler Zone. Als die arabische Seite diesen Plan zurückwies, brach zunächst ein Bürgerkrieg in Jerusalem aus, und nach der Proklamation der Gründung des jüdischen Staates im Mai 1948 kam es zum Krieg zwischen den neu formierten jüdischen Streitkräften und den einfallenden Armeen der benachbarten arabischen Staaten. Die jüdischen Stadtteile Jerusalems wurden belagert und die Bewohner waren von der Wasser- und Strom-

versorgung abgeschnitten. Als die Gefechte mit dem Waffenstillstandsabkommen von April 1949 beendet waren, stand der Ost-
teil der Stadt (und damit auch die Altstadt und die Klagemauer)
unter jordanischer Kontrolle. Dieser Teil der Stadt wurde in der
Folge von seinen jüdischen Bewohnern ethnisch gesäubert, die
Synagogen und Friedhöfe zerstört. Der Westteil der Stadt kam
unter die Kontrolle des neugegründeten Staates Israel, nachdem
viele der arabischen Bewohner aus ihren Vierteln geflohen oder
vertrieben worden waren, manche in die jordanische Zone, andere noch weiter hinaus. Infolge der Härten der Belagerung
schrumpfte die jüdische Bevölkerung Jerusalems auf 69 000.[3]
Gelegentlich feuerten jordanische Heckenschützen auf jüdische
Bewohner Jerusalems westlich der Trennungslinie.

Drei zentrale Einrichtungen des jüdischen Jerusalem – die
Hebräische Universität, die Nationalbibliothek und das Hadas-
sah-Krankenhaus – befanden sich auf dem Skopusberg, einer
jüdischen Enklave innerhalb des von Jordanien kontrollierten
Teils der Stadt. Dem Waffenstillstandsabkommen zufolge sollten Vorkehrungen getroffen werden, die den fortlaufenden Betrieb garantieren würden. Doch dieser Passus der Vereinbarung
wurde nie realisiert. Der Zugang zu den Gebäuden war nur alle
vierzehn Tage mittels eines kleinen Konvois möglich, der unter UN-Schutz stand. Die Hebräische Universität, nun ihrer
Räumlichkeiten und ihrer Bibliothek beraubt, setzte ihren Betrieb im Terra Sancta-Gebäude fort, einem ehemaligen Franzis-
kanerkolleg.

Das jüdische Jerusalem war also eine kleine Stadt, als die Taubes ankamen. Aber es war der Ort des Regierungssitzes, des
nationalen Rundfunknetzes *Kol Yisrael* und der Hebräischen
Universität – der einzigen Universität im Land (abgesehen vom
Technion und dem Weizmann-Institut, die aber ingenieurs- bzw.
naturwissenschaftlich ausgerichtet waren), an der Jacob studieren und lehren sollte. Die Stadt beherbergte eine bemerkenswert
große Spannbreite sozialer Gruppierungen: ultraorthodoxe Ju-

den, die seit Langem im Stadtteil Mea Schearim lebten und dem zionistischen Projekt ablehnend gegenüberstanden; modern-orthodoxe Zionisten; säkulare Zionisten; jüdische Einwanderer aus dem Jemen, aus Osteuropa und aus dem deutschsprachigen Europa; Mönche und sogar ein Nasiräer – ihnen allen sollte Jacob begegnen.

Jacobs Jerusalem war sogar noch kleiner, im Grunde reichte es nur von Talpiot im Osten bis nach Rechavia im Westen. Jacob und Susan bezogen eine kleine Wohnung in einer Villa in Talpiot,[4] einem Stadtviertel, das 1922 als Gartenstadt gegründet worden war. Der bekannteste Bewohner war Shai Agnon, schon damals ein berühmter Autor und später Literaturnobelpreisträger, mit dem sich Jacob und Susan anfreundeten.[5] Nur wenige Schritte von ihrem Haus entfernt blickte man auf die jordanische Wüste, die Moab-Berge und das Tote Meer.[6] Terra Sancta lag eine halbe Stunde Fußmarsch in westlicher Richtung entfernt. Ein paar Straßenzüge entfernt lag Rechavia, das Viertel, in dem Gershom Scholem, Ernst Simon, Hugo Bergmann und andere Koryphäen der Hebräischen Universität wohnten.[7]

Mit dem Ende der britischen Einwanderungsbeschränkungen gelangte im Jahr 1949 zunächst ein steter und schließlich ein reißender Strom von Juden in den neugegründeten Staat Israel: europäische Juden aus den Displaced Persons Camps in Deutschland und Zypern, Juden aus dem Jemen, aus Tunesien, der Türkei und Libyen – insgesamt eine Viertelmillion Menschen. Im Jahr 1950 folgte eine Masseneinwanderung von 120000 irakischen Juden, darüber hinaus gab es eine Welle aus Rumänien. Zwischen 1949 und 1951 wuchs die jüdische Bevölkerung um mehr als 50 Prozent.[8] Der Bedarf an Wohnraum war so hoch, dass das Angebot rasch erschöpft war. Der Wohnungsmangel wurde teilweise durch die leerstehenden Häuser aufgefangen, die von ihren arabischen Bewohnern verlassen worden waren. Solche Häuser gingen in den Besitz einer staatlichen Behörde (*Custodian of Abandoned Property*) über, die die verlassenen Immobilien verwaltete und zuständig war für die Zuteilung oder den Verkauf der leerstehenden Häuser. In West-Jerusalem zählten die wohlhabenden Viertel Baka, die deutsche Kolonie und die griechische Kolonie, die alle an Terra Sancta und Rechavia grenzten, zu dieser Kategorie. Doch in den chaotischen Nachkriegsverhältnissen wurden auch einige Häuser besetzt, und die Hausbesetzer leiteten daraus einen juristisch unsauberen Besitzanspruch ab – ein potenzielles Risiko auch für die Taubes, als sie später ein Haus erwerben wollten.[9]

Die materiellen Gegebenheiten waren in der Stadt, wie im gesamten Land, eher spartanisch. Die Regierung, die von Premierminister David Ben-Gurion von der Mapai-Partei (der Arbeiterpartei) angeführt wurde, kämpfte damit, Verwaltungseinrichtungen aufzubauen und gleichzeitig neue Einwanderungswellen zu bewältigen. Der Warenimport übertraf den Export bei Weitem, und da Devisen nur begrenzt zur Verfügung standen, sah sich die Regierung gezwungen, ein rigides Sparprogramm (*Tzena*) aufzulegen, das auch für die Jahre, in denen sich Jacob und Susan im Land aufhielten, prägend war. Lebensmittel, Kleidung und Schuhe wurden rationiert, was zu regem Schwarzmarkthandel führte. Benzin war knapp und teuer, selbst Papier war Mangelware.[10] Freunde und Verwandte aus dem Ausland verschickten Lebensmittelpakete. Auf Susan, die aus den Vereinigten Staaten kam und an einen üppigeren Lebensstandard gewöhnt war, lastete dieser Mangel an Gütern, die in den USA als selbstverständlich galten, schwer.[11]

Die Hebräische Universität

Die Hebräische Universität, die ihre Tore im Jahr 1925 geöffnet hatte, beschäftigte zu einem wesentlichen Teil Wissenschaftler, die ihre Ausbildung in Deutschland absolviert hatten, und hielt daher die hohen akademischen Standards deutscher Universitäten ein.[12] Die meisten Fakultäten waren relativ klein und ihre Grenzen durchlässig. Von Anfang an war die Universität bestrebt, die führende Institution auf dem Feld der Wissenschaft des Judentums und der jüdischen Geschichte zu werden. Im Zentrum dieses Unternehmens stand Gershom Scholem.[13]

Von 1949 bis 1952 unternahm Scholem als Mitglied des *Committee on Jewish Cultural Reconstruction* (eine von 1947 bis 1952 bestehende Organisation, die in der amerikanischen Besatzungszone herrenloses jüdisches Eigentum zusammentrug) einige Reisen nach Deutschland. Es war die traurige Aufgabe dieses Komitees, die von den Nazis zerstörten Bibliotheken der jüdischen Gemeinden aufzuspüren, ihren Wert zu evaluieren und die Weiterleitung der Bücher und Handschriften in israelische und amerikanische Einrichtungen zu organisieren. In dieser Funktion arbeitete Scholem eng mit Hannah Arendt zusammen, die er noch aus Vorkriegszeiten kannte. Von Arendt erfuhr Scholem vom Tod Walter Benjamins, dem sie beide freundschaftlich verbunden gewesen waren und dessen literarischem Vermächtnis sich beide verschrieben hatten.[14] Einer von Scholems Studenten, Joseph Weiss, erzählte Taubes von Scholems Verbundenheit mit Benjamin, was offensichtlich dazu führte, dass sich Taubes intensiv mit Benjamins Werk beschäftigte, zu einer Zeit als dieses kaum über den Freundeskreis des Autors hinaus bekannt war.[15]

Scholem schickte sich an, der Wissenschaftler der Hebräischen Universität mit dem größten internationalen Renommee zu werden. In den Jahrzehnten nach dem Zweiten Weltkrieg lieferte seine Darstellung der Kabbala ein Konzept des Judentums, reich an Symbolik und Mutmaßungen und dabei auf einen hohen Grad von Wissenschaftlichkeit gestützt, das seinen nichtreligiösen Lesern in Amerika und Europa eine Alternative zum dominierenden Bild vom Judentum als einer Form der moralischen Erbauung oder der Rechtsauslegung, wie sie für das orthodoxe Judentum charakteristisch ist, an die Hand gab.[16] Seine aufkeimende internationale Reputation gelangte mit der Publikation der Neuausgabe von *Die jüdische Mystik in ihren Hauptströmungen* im Jahr 1954 zur vollen Blüte.[17]

Taubes war mit der Vorstellung nach Jerusalem gekommen, hauptsächlich bei Julius Guttmann, Professor und Lehrstuhlinhaber für Jüdische Philosophie, zu studieren. Doch im April 1950, kurz nach Taubes' Ankunft in Israel, erlitt Guttmann inmitten einer Konferenz an der Hebräischen Universität, die zu Ehren seines 70. Geburtstags abgehalten wurde, einen Herzinfarkt.[18] Er verstarb im Mai. Damit blieb Taubes noch Scholem als wissenschaftlicher Mentor und Betreuer.

Scholems Seminare zur jüdischen Mystik fanden in der Terra Sancta statt, wo er in den Jahren 1949 und 1950 auch Kurse zur Geschichte des Sabbatianismus und zum Sohar sowie ein Seminar über Moshe Cordovero, den Kabbalisten aus Safed, abhielt.[19] Zu der Handvoll Studentinnen und Studenten, die diese Seminare besuchten, zählten auch zwei junge Amerikaner, Arnold Band und Isadore Twersky, die später zu den Gründern des Studiengangs Jüdische Studien in den USA gehörten, und zwar an der University of California, Los Angeles (UCLA) bzw. an der Harvard University. Auch Rivka Goldschmidt (Horwitz), die später Jüdische Philosophie und Mystik an der Ben-Gurion-Universität in Beer Scheva lehrte, nahm an diesen Seminaren teil. Ebenso Taubes, der wie üblich sein Licht nicht unter den Scheffel stellte. Ein Teilnehmer erinnerte sich: »Was immer er wusste, exerzierte er dir auch vor.« Er zeichnete sich durch seine Kenntnisse in der protestantischen Theologie aus und fiel mit häufigen Vergleichen zwischen der jüdischen und der christlichen Geschichte auf, eine Perspektive, die der zionistischen Kultur des neuen Staats und Scholems Wissenschaftsverständnis, das sich auf die Entwicklungen innerhalb des Judentums konzentrierte, völlig fremd war. Im neugegründeten Staat Israel erschien eine solche Perspektive mindestens sonderbar, wenn nicht bizarr.[20]

Taubes nahm auch an einem weiteren Seminar Scholems in dessen Privathaus teil, das damals die wohl beste Sammlung von Büchern zur jüdischen Mystik in der Stadt (und vielleicht in der Welt) beherbergte. An diesem Seminar nahmen nicht nur Doktorandinnen und Doktoranden teil, sondern auch Kollegen wie Hugo Bergmann, der Historiker Jacob Katz, der Philosoph Natan Rotenstreich und Jacob Fleischmann, ein Wissenschaftler der jüdischen Geistesgeschichte, der später an der Sorbonne lehrte.[21] Kurzum: Scholem war Dreh- und Angelpunkt für die Wissenschaftler der Jüdischen Philosophie und Geschichte in Jerusalem.

Bergmann war ein weiterer Ansprechpartner und Unterstützer von Taubes. Der 1893 in Prag geborene Bergmann – und damit einer der ältesten Professoren an der Universität – war 1920 nach Jerusalem gekommen, wo er zunächst die kurz zuvor gegründete Nationalbibliothek leitete, die von der Zionistischen Weltorganisation eingerichtet worden war. Im Jahr 1928 trat er der Philosophischen Fakultät der Universität bei und stand dieser von 1935 bis 1938 auch als Rektor vor.[22] Gemeinsam mit Guttmann und Martin Buber etablierte er 1945 die Zeitschrift *Iyyun*, die sich unter anderem der Aufgabe widmete, die Ideen der zeitgenössischen Philosophie einer hebräischsprachigen Leserschaft nahezubringen. Eines ihrer Ziele war es, die großen Werke der westlichen Philosophie ins Hebräische zu übertragen; Bergmann trug mit seiner Übersetzung von Kants drei *Kritiken* dazu bei. Als er sich mit Jacob und Susan Taubes anfreundete, leitete Bergmann die Philosophische Fakultät und seine Stimme hatte, so wie Scholems, einiges Gewicht auch für die allgemeineren Belange der Universität.

Die Beziehung zwischen Scholem und Bergmann war eine außergewöhnliche. Sie waren enge Freunde, obwohl Scholems Ehefrau Escha ihn einige Jahre zuvor wegen Bergmann verlassen hatte, den sie 1936 auch heiratete. Kurz darauf heiratete Scholem Fania Freud, ebenfalls eine Intellektuelle, die bei ihm studiert hatte. Die beiden Ehepaare blieben einander eng verbunden.[23]

Neben Scholem und Bergmann waren Martin Buber und Akiva (Ernst) Simon Taubes' wichtigste Ansprechpartner. Sie alle waren deutsch-jüdischer Herkunft, bereits in jungen Jahren Zionisten geworden und ins Land Israel eingewandert (Buber erst spät, im Jahr 1938). Sie alle hatten geglaubt, der Zionismus diene in erster Linie dazu, die Juden zu transformieren, nicht unbedingt dazu, ihnen einen souveränen Staat zu geben. Sie strebten nach der geistigen Wiederbelebung des Judentums und der Erschaffung einer moralischen Gemeinschaft, in der sich diese Vision bewahrheiten würde.[24] In ihren religiösen Bräuchen und ihren Überzeugungen unterschieden sie sich jedoch. Simon kam aus der orthodox-zionistischen Mizrachi-Bewegung und fühlte sich zunehmend zum konservativen Judentum hingezogen. Weder Buber noch Scholem waren gläubig im traditionellen Sinn. Den größten Bekanntheitsgrad hatte Buber unter evangelischen Theologen und sein bekanntestes Werk *Ich und Du* war eindeutig nicht konfessionsgebunden. Seine politische Philosophie, wenn man das so bezeichnen möchte, hatte einen Hang zur Anarchie und taugte kaum als Basis für einen souveränen jüdischen Staat. Bergmann war stärker traditionell ausgerichtet, aber sein Glaube war undogmatisch; seine Tagebücher zeigen ein stetes Ringen um das Beschreiben und Festigen seiner Beziehung zu Gott.[25] Er glaubte daran, dass es mehr als einen Weg zum Göttlichen gab, und schrieb weder dem Judentum noch dem Christentum eine Überlegenheit zu. Und er verachtete Zionisten, die politische Schlüsse aus religiösen Grundsätzen zogen.[26]

Alle vier hatten sich in den 1930er Jahren dem *Brit Schalom* (dt.: Friedensbund) angeschlossen – einer kleinen Organisation, die eine jüdisch-arabische Verständigung anstrebte –, und alle hatten sich ursprünglich für eine Einstaatenlösung ausgesprochen. Bis Taubes nach Jerusalem kam, waren solche Visionen bereits von der Geschichte eingeholt worden. *Brit Schalom,* bzw.

die Nachfolgeorganisation *Ichud*, fand keine einflussreichen arabischen Partner, die sich für ihr Anliegen interessiert hätten.[27] Mehrere Ereignisse, die sie nicht vorhergesehen hatten, führten dazu, dass sie ihre Standpunkte revidierten: Die Erfahrung des Holocaust, der Ausgang des Unabhängigkeitskriegs (die *Brit Schalom*-Mitglieder hatten befürchtet, dass die »jüdische Bevölkerung Palästinas vollständig ausgelöscht« würde) sowie die Erfordernisse der Masseneinwanderungen aus Europa und der arabischen Welt ließen sie die Notwendigkeit eines jüdischen Staates erkennen, auch wenn sie auf die Realitäten des neuen Staats weiterhin mit einer gewissen Ambivalenz blickten.[28]

Diese Ambivalenz hatte mehrere Gründe. Zum einen rührte sie aus dem Schuldgefühl, dass ein Großteil der arabischen Bevölkerung das Territorium verlassen hatte, auch infolge von Vertreibung. Ein weiterer Grund lag darin, dass es angesichts der anhaltenden Feindschaft der angrenzenden arabischen Staaten einer weiteren militärischen Aufrüstung bedurfte. Sie, die *Brit Schalom*-Mitglieder, rangen damit, wie sich die Vorstellung von den Juden als heiligem Volk mit den politischen und militärischen Realitäten eines souveränen jüdischen Staates – mit allen dazugehörenden menschlichen Schwächen – vereinbaren lassen sollte: ein Staat, zudem noch mit einer überwiegend säkularen Bevölkerung, einer sozialistisch-zionistischen Führung und einer Tendenz, den neuen Staat in messianischen Terminologien zu deuten – eine Interpretation, die Scholem, Buber, Simon und Bergmann für grundsätzlich gefährlich hielten.[29] Und doch: trotz der Lücke, die zwischen ihren jugendlichen Erwartungen und den bestehenden Realitäten klaffte, blieben sie trotz mancher Kritik der Sache eng verbunden, mit einem tiefen Bekenntnis zum zionistischen Projekt. Simon drückte es später folgendermaßen aus: »Kritik ohne Solidarität ist wurzellos, Solidarität ohne Kritik ist richtungslos.«[30]

Ihre Studentinnen und Studenten, die nicht nur aus dem kleinen Reservoir der zentraleuropäischen Einwanderer stammten, rangen gleichsam mit der Frage, wie mit dem historischen Erbe des Judentums in einem neuen Staat umzugehen war. Darunter auch Geula Cohen und Yosef Ben-Shlomo.

Zu dieser Zeit studierte Geula Cohen bei Scholem und Bergmann. Sie stammte aus einer traditionellen Familie mit jemenitischen und türkischen Wurzeln und war berühmt (oder berüchtigt) als ehemalige Stimme des Piratensenders der Lechi (dt.: Kämpfer der Freiheit Israels), einer radikalen Splittergruppe des revisionistischen Irgun Zwai Leumi, einer paramilitärischen Untergrundorganisation, die vor der Staatsgründung operierte. Der Anführer der Lechi war Avraham Stern, ein hebräischer Dichter und Altphilologe. Er vermengte säkulare nationalistische Konzepte mit religiös aufgeladenen Bildern und hielt auch Methoden des Terrors für legitim in dem Bestreben, die jüdischen Massen zu mobilisieren und die Briten aus dem Land zu vertreiben. Sein Ziel war es, »das Königreich Israels in seinen historischen Grenzen« zu errichten.[31] In ihrem eigenen Verständnis kämpfte Geula Cohen mit ihren Kameraden für eine Freiheit, die »nicht einfach nur die Freiheit von fremder Herrschaft war, sondern eine, die uns in die Lage versetzen würde, eine neue, einzigartig hebräische Lebensform« zu erschaffen.[32] Im Jahr 1946 wurde sie von den Briten gefasst und inhaftiert, konnte jedoch 1947 aus dem Gefängnis fliehen. Das Ende des Unabhängigkeitskriegs ließ sie frustriert und mit einem Gefühl unerfüllter Hoffnungen zurück: Sie hatte ein jüdisches Gemeinwesen ersehnt, das sich vom Nil bis zum Euphrat erstreckte, sowie ein Leben »ewiger Opfer in der Sphäre von Heiligkeit und Schöpfung«.[33] Sie studierte Philosophie und Jüdische Studien an der Hebräischen Universität und schrieb für eine Zeitschrift, die vom Lechi-Kreis herausgegeben wurde.

Bergmann hielt Taubes an, er solle sich mit Geula Cohen in Verbindung setzen, und das tat er. Er holte sie in ihrer Wohnung ab, und gemeinsam spazierten sie durch die Straßen Jerusalems bis nach Mitternacht. Sie diskutierten die Frage der Tradition und wie das Verlangen nach Gottgefälligkeit unter den neuen historischen Gegebenheiten des Lebens in einem souveränen jüdischen Staat gestillt werden könnte. Taubes war beeindruckt von den religiösen Sehnsüchten (*Kusufai kodesh*), die hinter Cohens nationalistischen Bestrebungen standen. Doch er forderte sie auf zu prüfen, ob der territoriale Maximalismus ihrer politischen Überzeugung wirklich mit ihrem religiösen Bedürfnis korrespondierte. »Worin liegt der Vorteil der Souveränität mit Grenzen bis zum Fluss Prat [Euphrat], wenn sie aus menschlichem Gesindel besteht [*im asafsuf enoshi*]? Wenn es eine Mitzwa ist, für diese Grenzen zu sterben, so ist es eine doppelte Mitzwa, das Bild, den Typus des Menschen zu formen, der dieser Souveränität angemessen ist. … Eure Leben und Bilder müssen ein glaubwürdiges Vorbild sein, eure Leben müssen mit Heiligkeit gefüllt sein.« Sonst, warnte er, liefen sie und ihre Kameraden Gefahr, Golems zu werden, nationalistische Körper ohne Seele.[34] Zweifellos um sie zu aufzurütteln, nahm er sie in die Bibliothek in der Terra Sancta mit und zog ein Buch von einem deutschen Autor aus dem Regal. Er begann, ihr die nationalistischen Gefühle des Autors zu übersetzen. Cohen fand diese bewegend. Erst dann erzählte Taubes ihr, dass das Buch von einem Nazi-Denker geschrieben worden war (wahrscheinlich Carl Schmitt).[35] Während Taubes von Cohen fasziniert war, scheint er sie doch in ihrer politischen oder intellektuellen Entwicklung nicht beeinflusst zu haben.

Yosef Ben-Shlomo besuchte zwei von Taubes' Vorlesungen an der Hebräischen Universität im akademischen Jahr 1951/52, eine über die Philosophie der Moderne von Descartes bis Spinoza, die andere zum Marxismus.[36] Im Jahr 1930 als Sohn einer religiösen Familie geboren, kam Ben-Shlomo schon als Kind ins Mandatsgebiet Palästina. Er diente in der Haganah und später in der israelischen Armee, bevor er sein Universitätsstudium aufnahm. Zu diesem Zeitpunkt hatte er seine religiöse Frömmigkeit bereits aufgegeben und war ein Mann der sozialistischen Linken geworden. Zunächst schrieb er sich für Philosophie ein, doch seine Begegnung mit Gershom Scholem inspirierte ihn zu einem doppelten Schwerpunkt: auf Philosophie und Jüdisches Denken.

Besonders der Kurs zum Marxismus blieb Ben-Shlomo nachhaltig in Erinnerung. Taubes war ein enthusiastischer und fesselnder Redner, und sein Seminar war mit dreißig Personen ausgesprochen gut besucht – ein für die damaligen Verhältnisse an der Hebräischen Universität großer Kurs. Zunächst beschäftigte sich Taubes mit den Spannungen, die seit der Französischen Revolution zwischen Freiheit, Gleichheit und Brüderlichkeit entstanden waren, um anschließend auf die Dialektik zwischen Mensch und Bürger einzugehen.[37] Zu dieser Zeit gab es marxistisch orientierte Studenten verschiedener Ausrichtungen an der Universität, und Taubes lehrte den Marxismus auf eine Weise, die ihren materialistischen Dogmatismus verletzte. Er konzentrierte sich, durchaus unkonventionell, auf Marx' *Der achtzehnte Brumaire des Louis Bonaparte*, das wohl am wenigsten marxistische seiner Hauptwerke, da die dort zu lesende Analyse eine radikale Abkehr von einem rein materialistischen Politikverständnis war.[38] Taubes' Kurs zur Philosophie der Frühmoderne scheint einen noch stärkeren Einfluss auf Ben-Shlomo genommen zu haben, denn er wurde nicht nur ein Kabbala-Gelehrter, sondern auch ein Spinoza-Experte, dessen Werke er ins Hebräische übersetzte.

Ben-Shlomo fand Taubes brillant, scharfsinnig – und arrogant. Er war eine zwiespältige Gestalt, und es gelang seinen Studenten kaum, sich einen Reim auf ihn zu machen. Beim Essen zum Beispiel trug er (nach orthodoxem Brauch) eine Kippa, aber er redete sehr wohlwollend über das Christentum und flirtete mit seinen Studentinnen. Ben-Shlomo erkannte, dass sich Taubes offensichtlich zu den antinomistischen Strömungen im Judentum hingezogen fühlte, aber anders als bei Scholem ging Taubes' Interesse über das rein akademische hinaus.[39] Später wurde Ben-Shlomo Professor für Philosophie an der Universität Tel Aviv. Sein und Taubes' Weg sollten sich Jahrzehnte später wieder kreuzen, als Taubes nach Jerusalem zurückkehrte.[40]

Neben diesen beiden Kursen, die Taubes an der Philosophischen Fakultät anbot, unterrichtete er (im Herbst 1950) einen Kurs über religiöses Denken in der Moderne und konzentrierte sich dabei auf Mendelssohns *Jerusalem*, ein bahnbrechendes Werk des jüdischen Denkens der Aufklärung – und ein Beleg dafür, dass er die beiden Disziplinen Philosophie und Jüdisches Denken zu verbinden verstand.[41] Aber Taubes war nicht nur ein beliebter Universitätsdozent: Über den landesweiten Radiosender *Kol Yisrael*, der dem eigenen Selbstverständnis zufolge auch eine pädagogische Mission verfolgte, wirkte er auch in ein größeres Publikum hinein.[42] Im Frühjahr 1951 hielt er eine Reihe kurzer Vorträge in der wöchentlichen Sendung *Haskalah La'am* (Bildung für das Volk) zum Thema Glaube und Häresie im neunzehnten Jahrhundert; darin beschäftigte er sich mit Dostojewski, Nietzsche und dem deutschen Schriftsteller der Romantik Jean Paul sowie mit Heidegger. (Bedauerlicherweise sind weder Aufnahmen noch Transkripte von diesen Ausstrahlungen erhalten geblieben.[43])

Im Großen und Ganzen fühlte sich Taubes in der Jerusalemer Kultur zu Hause. Er feierte den Seder-Abend des Pessach-Festes im Haus von Agnon. (Taubes berichtete Bergmann, dass Agnon die traditionellen Verwünschungen der Unterdrücker des jüdischen Volkes – »Gieß deinen Zorn aus über die Völker, die dich nicht kennen« (Jeremia 10,25) siebenmal rezitierte; zweifelsohne eine Demonstration, wie man ein traditionelles Ritual nach dem Holocaust mit zusätzlichem Gewicht aufwerten konnte.[44]) Darüber hinaus bot ihm Jerusalem die Möglichkeit, mit einer faszinierenden Vielfalt von Juden und Christen in Kontakt zu treten. Taubes besuchte das ultraorthodoxe Stadtviertel Mea Schearim;[45] er traf sich mit David Cohen, einem asketisch lebenden, deutschsprachigen, zionistischen Messianisten, der als »der Nasiräer« bekannt war und das Gelübde geleistet hatte, dem Alkohol und dem Haareschneiden zu entsagen; und er besuchte ein Kloster auf dem Berg Zion, wo er sich tief beeindruckt von dessen Abt zeigte.[46]

Wenn Taubes, wie wir sehen werden, Zweifel an der Richtung, die die israelische Gesellschaft einschlug, oder an ihren nur schwammig definierten Idealen hegte, so waren dies Zweifel, die er mit vielen Bekannten an der Hebräischen Universität teilte, unter anderem Simon, Bergmann, Buber und Scholem. Im gleichen Maße beteiligt am Projekt der Errichtung eines jüdischen Staats und einer jüdischen Gesellschaft scheint er jedoch nicht gewesen zu sein. Und doch: Wäre es nach Taubes gegangen, wäre er womöglich in Jerusalem geblieben und hätte dort Karriere gemacht.

Religiöse Dilemmata: das Judentum und der jüdische Staat

Taubes war auch in der Absicht nach Jerusalem gekommen, sich mit den eigenen Glaubensfragen auseinanderzusetzen. Seine intensivste intellektuelle Erfahrung am JTS war die Begegnung mit Leo Strauss gewesen, für den eine authentische Philosophie eine atheistische war. Im Frühjahr 1949, als er sich entschlossen hatte, nach Israel zu gehen, schrieb Taubes an Ernst Simon und schilderte diesem die religiösen Zweifel, die Strauss in ihm geweckt hatte, und dass er hoffte, sein Glaube werde in Jerusalem wieder neu entfacht. »[F]ür mich ist Leo Strauss mehr als ein Interpret Maimunis, wirklich ein Wegweiser in den ›Wüsten‹ des Geistes. Da ist es gut nach Eretz Yisrael zu gehen und zu erproben, ob das Eis des a-theos, der kalte Hauch der davon ausgeht, ob das Eis schmelzen wird unter der Sonne und dem Feuer des Wortes Gottes.«[47]

Taubes zweifelte am Schicksal des Judentums im neuen Staat. Als er einen Monat dort war, schrieb er an den Rektor des JTS, Finkelstein, dass

> es im Allgemeinen kein Interesse an der Religion gibt und dass die Beziehung (religio=relation!) zwischen Mensch und Gott in Vergessenheit gerät. Der alte *Jischuw* lebt im Ghetto [gemeint ist Mea Schearim] und ein kleiner orthodoxer Kreis hat ein Interesse daran, das Monopol über den Gottesdienst zu behaupten. Man kann sehen, wie sich der Teufel an der merkwürdigen Übereinstimmung der Interessen erfreut zwischen der Gruppe, die das religiöse Monopol anstrebt, und einer Bevölkerung, die der Religion so gleichgültig gegenübersteht, dass sie keinerlei Widerstand leistet und diesem dunklen klerikalen Machtwillen freien Lauf lässt. Alle Wege und Versuche, zu einem neuen religiösen Ausdruck zu finden, führen zu Spott und Verachtung auf der einen Seite und Apathie auf der anderen.[48]

Kurz darauf, an Purim 1950, schilderte Taubes in einem Brief an Simon Greenberg vom JTS seine Befürchtung, der Zionismus werde sich als eine Form der massenhaften, planvollen Vernichtung des Erbes des Judentums erweisen. Säkulare Israelis erschienen ihm zu stark bedacht auf die Normalisierung des jüdischen Volkes; das religiöse Leben in Mea Schearim wirkte zwar gottgefällig auf ihn, aber wenig plausibel – zumindest für einen modernen Menschen. Und die Bereitschaft der israelischen Orthodoxie, sich des Apparats der Staatsgewalt zu bedienen, um orthodox-religiöse Gesetze durchzusetzen, hielt er für unheilvoll.[49]

Taubes hegte schon bei seiner Ankunft eine tiefe Abneigung gegen jegliche erlösende oder messianische Auffassung vom neu gegründeten jüdischen Staat.[50] Doch während er sich bemühte, Geula Cohens Streben, das Judentum mithilfe des radikalen Zionismus zu erneuern, zu entkräften, verspürte er doch eine tiefe Unsicherheit über seine eigene Beziehung zum Judentum oder zur neu entstehenden jüdischen Gesellschaft in Israel. Er fühlte sich zwar zu universalistischen Ideologien wie dem Katholizismus und dem Kommunismus hingezogen, so schilderte er es Bergmann 1951, doch obwohl er beide als Erbschaften des jüdischen Volkes betrachtete, übernahm er keine davon. Der Zionismus war ihm zu partikularistisch. Seine wahre Hoffnung beruhte darauf, das jüdische Volk würde eine neue Ideologie mit universaler Reichweite hervorbringen, so wie beim Christentum und beim Marxismus. Und er hielt es für durchaus plausibel, dass sie in Israel entstehen würde.

Dazu scheint mir Jerusalem kein unpassender Ort: nicht in sklavischer Repetition der Propheten (od. des Talmuds) als Wort Gottes, nicht als Chance, nun endlich auch einen Staat mit all den Herrschaftsformen ausbauen zu können, um ja alles nachzuholen, was wir fast zweitausend Jahre »vernachlässigt« haben, sondern in der Hoffnung, dass aus dem »Stamme Israels« keine schlechten Früchte gewachsen sind für das Geschick des Menschen als Menschen (auch Paulus, ja sehr sogar, trotz Buber, auch Marx – trotz Stalin!) und wachsen können, dass d. jüd. Volk ein Volk ist, das nicht sich meint, sondern über sich hinaus meint und immer über sich hinaus will (nicht nur im Christentum, sonst wäre ich Christ, nicht nur im Marxismus, sonst wäre ich Marxist) ein Volk, das auch ein Nicht-Volk ist (welch ein Segen!!), ein Volk, das sein Volkstum nicht dämonisiert, freilich es auch mehr als jedes andere Volk dämonisieren kann, wenn es sein Volkstum zur Religion erhebt und so sein Volkstum zum Götzen erhebt (Susan sieht heute nur die dämonisierte Form wie auch Simone Weil – eine Dämonie, die schon im Pentateuch ihre Wurzel hat, aber freilich auch die Opferung des Volkes für das Über-Volk hat seine Wurzel in manchem Wort des Propheten (so auch die Entdeckung des Ich in Ez. 18), sonst hätte die Gnosis recht!) – was wir seit einiger Zeit mächtig betrieben. Das jüd. Volk als Nicht-Volk hat vielleicht (dies vielleicht ist doch des Versuches wert?!) noch immer die Chance über sich hinaus zu treiben und zu wirken (trotz nationalistischer Wellen!). Ich glaube, wir sollen uns nicht so sorgen um die Erhaltung des Judentums, um die jüd. Nation usf. –... sondern um das, was einst als »Reich Gottes« erfahren wurde ...[51]

Kurz gesagt, Taubes strebte danach, zu jenen jüdischen Denkern zu zählen, die zu der Entstehung einer neuen, universalistischen Botschaft beitragen würden – genau wie dies Paulus in seinen Augen getan hatte. Er wollte das Rationale mit dem Irrationalen verbinden, um einen Mythos zu erschaffen, der dem modernen Zeitalter angemessen war.[52] Jüdischen Partikularismus lehnte er ab, hoffte aber gleichzeitig, den religiösen Kern des Judentums erneuern zu können – all dies, so dachte er, konnte prinzipiell in Israel oder anderswo auf der Welt geschehen. Und er identifizierte den Kern des Judentums in der Hervorbringung neuer kritischer Perspektiven auf die Welt, die die bestehenden menschlichen Strukturen auf den Kopf stellen würden. All dies war vage, utopisch und von Buber'scher Terminologie durchdrungen.

Wenn Taubes also an der eingeschlagenen Richtung der israelischen Gesellschaft zweifelte, oder seine Ideale nicht erreicht sah – nun, dann teilte er diese Haltung mit Simon, Bergmann, Buber und Scholem, die aber alle trotz gewissen Unbehagens ein zufriedenes Leben in Jerusalem führten.

Carl Schmitt von Jerusalem aus gesehen

Eine weitere unaufgelöste Spannung war für Taubes sein Verhältnis zum deutschen Denken und zur deutschen Kultur, besonders zu Denkern, die er bewunderte, die aber das Nazi-Regime unterstützt hatten. Die prominentesten unter diesen waren Martin Heidegger und Carl Schmitt, dessen Werk zur »Politischen Theologie« ihn so tief beeindruckt hatte, als er seine Dissertation schrieb.

Die Tatsache, dass Heidegger und Schmitt ein Regime, das sich dem Massenmord an den Juden verschrieben hatte, aktiv unterstützt hatten, blieb für Taubes ein dunkles Rätsel. Ihm ging es weniger darum, sie zu verdammen (wie es die meisten in seiner Jerusalemer Umgebung taten). Vielmehr wollte er verstehen, wie Männer, die über einen so scharfsinnigen Intellekt verfügten, zu solchen politischen Entscheidungen gelangen konnten. Für Taubes war Schmitt keine ferne Gestalt, denn die beiden hatten ein gemeinsames Bindeglied in Taubes' Freund Armin Mohler.

Im Januar 1952 schrieb Jacob an Susan, dass ganz Israel in Aufruhr war über die Verhandlungen von Premierminister Ben-Gurion, die dieser mit der westdeutschen Regierung über Reparationszahlungen aufgenommen hatte. »... es werden Bilder von KZ-lagern gezeigt und man erfährt, wie tief die Wunde ist. Ich glaube wir müssen all das bedenken, wenn wir uns auf den ›Höhen‹ deutscher Philosophie bewegen. Das Geschehen des Nationalsozialismus gehört mit zum Kreuz unserer Zeit und es spricht auch an uns. Ich stehe noch ohne Schatten von Antwort – all mein Kompass ist zerstört, denn der Riss zwischen ›Europa‹ und meinem Volke ist ein Riss durch mich hindurch.«[53] Seine Perspektive hatte sich seit seiner Abreise aus Zürich nicht geändert.

Doch das hielt Taubes nicht davon ab, seinen Freund Mohler zu bitten, ihm die neuesten Arbeiten von Schmitt, Jünger und anderen Intellektuellen, die zur deutschen extremen Rechten zählten, zu schicken. Und nur Wochen nachdem er Susan von seinem fehlenden Kompass geschrieben hatte, schrieb Taubes an Mohler in einem Brief über Schmitt. Ein Schreiben, von dem er wohl geahnt haben dürfte, dass es an Schmitt weitergeleitet werden würde – was auch geschah.[54]

Da er zu den prominentesten Intellektuellen zählte, die das Nazi-Regime unterstützt hatten, galt Schmitt in der politischen Kultur Westdeutschlands als desavouiert. Doch Schmitt war deshalb nicht ohne Einfluss. In den ersten Jahrzehnten nach Gründung der Bundesrepublik 1949 hielt er nicht nur seine Beziehungen zu führenden rechten deutschen Intellektuellen seiner Generation aufrecht; er baute darüber hinaus auch ein weit verzweigtes Netz intellektueller Kontakte aus der jüngeren Generation auf, das überwiegend, aber keineswegs ausschließlich, in der intellektuellen Rechten angesiedelt war und weit über die deutschen Grenzen hinausreichte. Diese jüngeren Männer (Frauen waren nicht darunter) fühlten sich von Schmitts umfangreichen Kenntnissen in Geschichte, Philosophie, Literatur und der Rechtsprechung angezogen; von seinem Talent für suggestive begriffliche Formulierungen; und, zumindest einige von ihnen, von dem Kitzel des Umgangs mit einem intellektuell Geächteten. Mittels Teilnahme an Seminaren von sympathisierenden Kollegen, persönlichen Treffen in seiner Villa in Plettenberg und einer weitreichenden Korrespondenz arbeitete Schmitt daran, seine Reputation wiederherzustellen und seinen Einfluss zu erweitern, obwohl er öffentlich in Ungnade gefallen war.[55] Vor diesem Hintergrund las Schmitt Taubes' Brief an Mohler, der folgendermaßen begann:

> Carl Schmitt ist (neben Heidegger) die geistige Potenz, die alles Intellektuellengeschreibsel um Haupteslänge überragt. Darüber besteht kein Zweifel. … Dass beide: C. S. und M. H. die nationalsozialistische Revolution begrüsst, ja ›mitgemacht‹ haben, ist für mich noch immer ein Problem, das ich mit Schlagworten wie: niedrig, schweinisch usw. nicht niederschlagen kann. Vor mir liegt eine Notiz über C. S.'s Aufsatz: der Führer schützt das Recht (Deutsche Juristen Zeitung 1934) und ich weiss mir keinen Rat damit. Worin bestand die ›Verführung‹ des Nationalsozialismus? Dass die liberal-humanistische Welt in ihren Fugen krachte, war das genug Grund in die Arme der Lemuren zu stürzen?[56]

Anschließend berichtete Taubes, er habe kürzlich das einzige Exemplar in ganz Jerusalem von Schmitts kürzlich veröffentlichter Verteidigungsschrift *Ex Captivitate Salus* (1950) ergattern können, in der der Autor seine Erinnerungen aus den Jahren 1945-1947 niederschrieb – jene Jahre, während deren er von amerikanischen Besatzungsbehörden inhaftiert war. Andere hatten das Buch als eine Flucht aus der Verantwortung und als ein Scheitern, die eigene Schuld anzuerkennen, betrachtet, doch Taubes hielt es für einen zutiefst bewegenden Bericht, der – wenn er auch nicht alles aufzuklären vermochte – doch ein Fenster in die Seele des Autors öffnete. Wenn Heidegger nur den Mut gehabt hätte, etwas Ähnliches zu Papier zu bringen, merkte Taubes an. Doch mit Blick auf Schmitts jüngste völkerrechtliche Publikation (*Der Nomos der Erde im Völkerrecht des Jus Publicum Europaeum*, 1950) kritisierte Taubes dessen Versäumnis, sich mit den moralischen und juristischen Konsequenzen des Nazi-Regimes auseinanderzusetzen: »Soll nur das Ausland das ›Material‹ über die KZ und Gaskammern sammeln, oder ist es nicht Aufgabe derer, denen es um Deutschland von innen her geht, 'mal Aug in Aug zu stehen mit dem was <u>im</u> Namen des deutschen Volkes geschehen – und zu klären (wenn möglich): was geschehen und warum es geschehen ist?«[57]

Auf der Hälfte des Briefes, der gleichermaßen schmeichelnd wie kritisch war, schilderte Taubes eine kuriose Anekdote, deren Bedeutung Mohler noch ausschmücken sollte. In dem Bemühen, eine neue Verfassung für den neuen Staat auszuarbeiten, hatte der israelische Justizminister (der in Deutschland geborene und ausgebildete Pinchas Rosen, geborener Felix Rosenblüth) eine eilige Leihanfrage für Schmitts Buch *Verfassungslehre* (1928) in der Bibliothek der Hebräischen Universität eingereicht. Da sich das Buch in der Bibliothekssammlung der Enklave auf dem Skopusberg befand, musste es von dort mit dem Militärkonvoi geholt werden.[58]

Wie Taubes es vermutet hatte, leitete Mohler den Brief an Schmitt weiter, mit einem Begleitbrief, in dem er Schmitt um eine Antwort auf den Brief »meines Rabbinerfreundes aus Jeru-

salem« bat. Und er fügte hinzu: »Was sagen Sie dazu, dass Sie
zum Geburtshelfer der Verfassung Israels geworden sind?« (Taubes klärte Jahrzehnte später auf, dass der Justizminister das
Buch seinerzeit wohl nur sehr kurz konsultierte: vermutlich gerade lang genug, um dort die verschiedenen Definitionen von
»Grundgesetz« nachzuschlagen. In dieser Zeit übernahm die
Knesset das Konzept des »Grundgesetzes«, das der Verkündung
einer vollwertigen Verfassung vorausging.[59])

Schmitt antwortete Taubes nicht, bezeichnete dessen Brief
aber in einem Schreiben an Mohler als ein »ganz erstaunliches,
grosses Dokument«.[60] Stattdessen vervielfältigte Schmitt den
Brief und verschickte ihn an dreiunddreißig Freunde und Bekannte.[61] Für ihn schien die darin enthaltene Kritik weniger
schwer zu wiegen als das Lob aus einer lupenrein jüdischen
Quelle. Er verbreitete Taubes' Brief in der Hoffnung, damit seinen ramponierten Ruf weiter aufzubessern. So begann eine Beziehung, die in den folgenden Jahrzehnten langsam intensiver
wurde.

Zwischen Philosophie und Theologie

Taubes' größter Wunsch war es, einen Weg zu finden, wie moderne Wissenschaften, Philosophie und Theologie dialektisch
zu einer neuen Synthese zusammengeführt werden konnten:
mit anderen Worten, es Hegel gleichzutun – der diesen Versuch
im frühen neunzehnten Jahrhundert gewagt hatte. Darüber hinaus beschäftigte ihn sowohl in seinen Briefen als auch in seinen
Veröffentlichungen die Frage, ob es eine Theologie geben konnte, die nicht von Gottes Anwesenheit auf Erden, sondern von
seiner Abwesenheit ausging.

Die wenigen Artikel, die Taubes in dieser Zeit veröffentlichte,
kreisten alle um ein paar wenige Schlüsselthemen. Er interessierte sich weiterhin für Kontinuitäten und Brüche zwischen Juden-

tum, Christentum und der europäischen Philosophie der Moderne. Damit einher ging die Auswirkung des modernen Geschichtsbewusstseins auf das religiöse Selbstverständnis. Und dann war da noch das Thema des Gesetzes und seiner mutwilligen Übertretung (Antinomismus), das Taubes zufolge eng verbunden war mit den apokalyptischen, eschatologischen und messianischen Strömungen, denen er in seiner Dissertation nachgegangen war. Selten brachte er in seinen Artikeln ein stringentes Argument vor, vielmehr umkreiste er die Fragen, die ihn beschäftigten – eine Eigenschaft, die all seine Veröffentlichungen und sogar seine Briefe durchzog.

Selbst als er in Jerusalem lebte und bei Scholem studierte, war viel von Taubes' intellektueller Energie auf die Auseinandersetzung mit der Philosophie Heideggers gerichtet. In gewisser Weise war das nicht weiter bemerkenswert, viele jüdische Intellektuelle, die Jacob bewunderte, hatten bei Heidegger studiert – Hans Jonas, Karl Löwith, Leo Strauss, Hannah Arendt und Herbert Marcuse (den er damals noch nicht persönlich getroffen hatte, aber dessen Werk er kannte) – und waren gleichsam damit beschäftigt, ihr Verhältnis zu ihrem Lehrer für sich zu klären.[62] Aber Taubes' Auseinandersetzung mit Heidegger war zumindest im Jerusalemer Kontext unüblich, schließlich war kaum ein Jahrzehnt seit der Ermordung der Juden durch ein Regime, das Heidegger gutgeheißen hatte, vergangen.

Als er noch am Jewish Theological Seminary in New York war, schrieb Taubes einen Artikel mit dem Titel »Notes on an Ontological Interpretation of Theology« für die *Review of Metaphysics*, eine neue Zeitschrift für Philosophie, die von Susans Dozent Paul Weiss herausgegeben wurde. Der Beitrag war abstrus bis zur Unverständlichkeit. (Eine Art Ideen-Pastiche von mehreren Denkern, einschließlich Heidegger und Strauss.) Taubes argumentierte dort, dass die moderne Philosophie als Folge der atheistischen Aufklärung ihr Vertrauen in die wissenschaftliche Erkenntnis für geeignet ansah, eine Welt ohne Bezug zu

Gott zu erklären. Deshalb ginge sie von der Prämisse aus, dass »Gott nicht ist«. Doch die Vorstellung, dass »Gott nicht ist«, so Taubes, stimme auch mit der Theologie überein, zumindest mit jenem Strang der (maimonidischen) Theologie, der Gott als absolut andersartig vom Rest der Welt definiert: In diesem Sinne decke sich die Theologie mit dem Atheismus.[63] Taubes schlug vor, die Theologie solle auf der Idee gründen, dass Gott »Nichts« ist. Hier griff er eine etwas rätselhafte These Heideggers auf, wonach »das Nichts« das ist, was jedem Ding und jedem Individuum vorausgeht. Heideggers Ontologie (Theorie des Seins), so Taubes, sei eine Möglichkeit, theologische Fragen »auf eine exakte und neutrale Weise ohne Rückgriff auf den Mythos« zu behandeln.[64] Diese Art zu denken spiegele die mittelalterliche Vorstellung, wonach Gott die Welt aus dem Nichts (*creatio ex nihilo*), aber auch aus sich selbst (eine kabbalistische Vorstellung) erschaffen habe. Also müsse Gott in gewisser Weise auch »Nichts« sein.[65] Dieser »theologische Atheismus«, schloss Taubes, gehöre zu »den extremsten Denk- und Daseinsformen«, in ihm »fallen Unglaube und Glaube zusammen«.[66] Er schrieb Mohler, er habe versucht, aus dem »Nichts« etwas zu machen.[67] Doch der Artikel war alles andere als überzeugend, ein Wortgeplänkel, das konzeptionelle Klarheit vermissen ließ.[68]

Nach seiner Ankunft in Jerusalem begann Taubes, im *Iyyun*, der neuen hebräischsprachigen Zeitschrift für Philosophie, zu publizieren. Im dritten Band, von Januar 1952, rezensierte er ein neues deutsches philosophisches Jahrbuch, das *Symposion: Jahrbuch für Philosophie*, das von katholisch gesinnten Heidegger-Studenten in Freiburg zu Ehren von dessen fünfzigstem Geburtstag herausgegeben wurde. Taubes beklagte, dass die konservativen Beiträger des *Symposion* nicht willens gewesen waren, den entschieden nichtchristlichen Implikationen von Heideggers Denken zu folgen. Denn Heideggers Schriften seien eine Reaktion auf eine reale Krise des westlichen Denkens, das historisch eng mit dem Christentum und der Gestalt Jesu verknüpft war. Taubes folgte Karl Löwith, wenn er konstatierte, dass Hegel der letzte Philosoph gewesen sei, der bemüht war, Philosophie und Religion miteinander zu versöhnen, zwei getrennte Sphären in der Generation nach ihm, die sich im Denken Feuerbachs, Marx' und Kierkegaards in verschiedene Richtungen ausfragmentierten und schließlich zu Nietzsches Aussage führten, dass Gott tot sei. Wir lebten also in einem postchristlichen Zeitalter, versicherte Taubes, in dem ein unüberbrückbarer Graben zwischen Philosophie und Christentum klaffte. In *Sein und Zeit* habe Heidegger versucht, die Überreste der christlichen Theologie aus dem Bereich der Ontologie zu entfernen, indem er christliche Inhalte in atheistische Begriffe umdeutete, etwa die »Angst«. Anstatt den Status quo zu bewahren, riet Taubes, sollten Heideggers Anhänger lieber von ihrem Meister lernen, dass es Zeiten gebe, in denen man alte Traditionen aufgeben müsse, um neue zu erschaffen.[69]

Zum Ende seines Aufenthalts in Israel hatte Taubes' Heidegger-Faszination offensichtlich nachgelassen, das wird in seinem Artikel »The Development of the Ontological Question in Recent German Philosophy« deutlich. Er schrieb diesen Aufsatz in seinem letzten Jahr in Jerusalem und veröffentlichte ihn bei seiner Rückkehr in die Vereinigten Staaten in der *Review of Metaphysics*, wo er in der Rubrik »Notes and Observations« erschien. Allein das ein Hinweis darauf, dass es sich eher – wie bei seinem früheren Beitrag – um eine Komposition von lose miteinander verbundenen Beobachtungen handelte als um eine schlüssige Argumentationsfolge. Und ebenfalls wie sein früherer Artikel zeigte auch dieser seine profunden Kenntnisse der Geschichtsphilosophie (insbesondere der deutschen Schulen des späten neunzehnten und frühen zwanzigsten Jahrhunderts) und einiges Detailwissen über Heideggers Hintergrund und seine Entwicklung (etwa seine Beziehung zum Neokantianismus), die den meisten amerikanischen Leserinnen und Lesern unbekannt gewesen sein dürften. Doch nun bezeichnete Taubes Heideggers Vorstellung vom »Nichten des Nichts« als Mythos und »Heideggers Meditation über die Angst« als »eine mythische Beschreibung« der menschlichen »Erfahrung der Schwäche«.[70] Wie wir noch sehen werden, verriet Jacobs wachsende Distanz zu Heidegger Susans Einfluss auf seine intellektuelle Entwicklung.

Glaube, Vernunft und historisches Verständnis – und Spinoza

Jacob Taubes' wissenschaftliche Forschungen spiegelten die Dilemmata wider, mit denen er selbst zu kämpfen hatte.

Seine einzige substanzielle hebräische Veröffentlichung war ein Beitrag in dem Sammelband »Glauben und Wissen in der Theologie des 19. Jahrhunderts«, ein Gedenkband zu Ehren des verstorbenen Julius Guttmann mit Vorlesungen seiner Kollegen und Schüler, der 1952 in *Aspekte des Judentums: Ein Essayband* erschien.[71] Taubes' Essay (wie auch seine frühere Rezension im *Iyyun*) reflektierte die Interessen der deutsch-jüdischen Intellektuellen in Rechavia, mit denen er verkehrte: Bergmann, Simon, Scholem und Buber. In stilistischer Hinsicht fallen die Beiträge dadurch auf, dass sie bei Übersetzungen von philosophischen Werken (besonders der deutschen Philosophie der Moderne) das moderne Hebräisch häufig mit Tropen aus dem biblischen, talmudischen und liturgischen Hebräisch verbinden. Sie entstammten der Feder eines akademischen Philosophen, der tief in den traditionellen jüdischen Quellen verwurzelt war.

Taubes beschäftigte sich in seinem Beitrag mit dem Glaubenskampf im Judentum nach der Aufklärung, und er lehnte sich an die Arbeiten von Löwith, Leo Strauss, Scholem und Guttmann an, fügte aber auch eigene Deutungen und Erkenntnisse hinzu. Er begann mit einer Strauss'schen Beobachtung: Die moderne

Aufklärung unterscheide sich von den hellenistischen und mittelalterlichen Aufklärungen dadurch, dass die früheren aufgeklärten Philosophen sich nur an wenige Auserwählte richteten, während die moderne Aufklärung das Ziel verfolge, die Massen aufzuklären. Die grundlegenden Konzepte der modernen Aufklärung hätten zerstörerisch auf die Glaubensgrundsätze gewirkt. Dann ging er dazu über, verschiedene jüdische Antworten auf diese Herausforderung näher zu untersuchen.

In diesen Kontext stellte Taubes den chassidischen Meister Nachman von Breslav (1782-1810), den Taubes' Freund Joseph Weiss in seiner Doktorarbeit behandelt hatte. Aspekte von Nachmans Denken verdeutlichten das Eindringen des durch die Aufklärung inspirierten Zweifels am Glauben selbst, so Taubes' These. In Anlehnung an Nachmans *Gesammelte Lehren* (*Likutei MoHaran*) zeigte Taubes, wie Nachman den Zweifel, der aus dem autonomen Verstand erwuchs, in die Sprache und Symbolik der lurianischen Kabbala (die Tradition der jüdischen Mystik nach Isaac Luria) übertrug. Er übernahm die kabbalistische Vorstellung vom selbstauferlegten Rückzug Gottes (*Zimzum*), die der lurianischen Kabbala zufolge die Erschaffung der Welt und damit die Existenz des Bösen ermöglichte, und wendete sie von einem kosmischen Bild in einen Prozess, der sich im Inneren des Menschen zutrug. *Zimzum* wurde so zu einer göttlichen Verschleierung innerhalb der menschlichen Vernunft, sodass der Zweifel an Gott selbst Teil von Gottes Schöpfung wurde. Zweifel und Häresie seien für den menschlichen Verstand ein natürlicher Vorgang, Verstand und Glaube also nicht miteinander vereinbar – doch brauche es den Glauben als Gegenmittel gegen die Verzweiflung.[72]

Taubes zeichnete die Reaktion der führenden Theologen des Reformjudentums nach, etwa Abraham Geigers und Zachariah Frankels (der Theoretiker eines positiv-historischen Judentums, das später vom konservativen Judentum übernommen wurde), die postulierten, das Judentum sei eine historische, sich permanent in der Entwicklung befindliche Religion. Anders als die bis dahin gängige Vorstellung von Tradition als in einem einmaligen Akt der göttlichen Offenbarung empfangen, betrachteten die Reformdenker die Tradition als einen kontinuierlichen Prozess, der der stetigen Erneuerung unterworfen war.

Ein weiterer Denker, der bestrebt war, historistisches Verständnis in das Judentum zu integrieren, war Nachman Krochmal (1785-1840), ein galizischer Autodidakt und Autor von *Führer der Verwirrten der Zeit*. Wie Hegel habe auch er, so Taubes, versucht, Vernunft und Glauben zu versöhnen. Er entwickelte einen historistischen Bericht über das Judentum, der Elemente von Maimonides, aus der Kabbala und der Philosophie der Moderne verband. Ebenfalls wie Hegel strebte Krochmal danach, religiöse Bilder in konzeptionelle Begriffe zu transformieren. Und auch wie Hegel hatte Krochmal eine dialektische Auffassung von Geschichte, habe jedoch die Vorstellung von Gottes Gesetz als absolut bewahrt. Gleichzeitig betonte er, dass das menschliche Verständnis von diesem Gesetz relativ und abhängig von der historischen Entwicklung war.

Anschließend wandte sich Taubes einem Thema zu, das zwar eine nur sehr lose Verbindung zum eigentlichen Thema seines Essays hatte, aber das ihm sehr am Herzen lag: die messianische Kritik des Gesetzes in der jüdischen Tradition. Er wies auf ein Spannungsverhältnis innerhalb des Judentums hin zwischen der Auffassung vom Gesetz als ewig gültig und dem, was Taubes als messianische oder historische Überzeugung bezeichnete, wonach das Gesetz am Ende aller Tage aufgehoben werde. Er merkte an, dass Paulus diese Interpretation verwendet habe, um die fortdauernde Gültigkeit der Halacha zu limitieren, und dass die antinomistische Kritik in späteren messianischen Bewegungen im Judentum wieder auftauchte, wie im Fall des Nathan von Gaza (der Paulus von Sabbatai Zwis Jesus sozusagen). Sie alle vertraten die Auffassung, die Halacha habe ihre Gültigkeit bis zur Gegenwart bewahrt, doch am Tag der Erlösung sei sie außer Kraft gesetzt worden. Diese messianische Polemik *innerhalb* des Judentums, fuhr Taubes fort, weise eine polemische Abhängigkeit vom Gesetz auf: Es definiere sich also gleichermaßen über das Gesetz und in Abgrenzung davon – eine Neigung, die auch an Jacob selbst zu beobachten war. Erst die moderne, rationalistische Kritik am Judentum löse diese Abhängigkeit auf: Sie beraube das Gesetz seiner Gültigkeit, aber auf eine Weise, die sich nicht länger als Teil der jüdischen Tradition verstehe.

Am Beginn des modernen historistischen Bibelverständnisses stand Spinoza. Er nahm eine Sonderstellung im Selbstverständnis der modernen Juden ein. Für manche war er ein Erzhäretiker, der von den jüdischen Autoritäten seiner Heimatstadt Amsterdam exkommuniziert wurde und danach außerhalb der jüdischen Gemeinde lebte. Andere sahen in ihm einen Wegbereiter des jüdischen Rationalismus oder eines postjüdischen Säkularismus.

Später nahm Spinoza einen besonderen Platz in der zionistischen Vision ein, nicht nur als radikaler Jude, sondern als jemand, den man als Vordenker des Zionismus bezeichnen konnte. Diese Behauptung, mochte sie auch noch so schlecht begründet sein, stützte sich auf wenige Zeilen in seinem *Theologisch-politischen Traktat*. Darin hatte Spinoza eine Gesetzesinterpretation, wie von Moses verkündet, als essenziell politischen Kodex betrachtet, dem es zumindest vorübergehend gelungen war, einen sicheren und prosperierenden Staat für die Juden zu erschaffen. Nachdem Spinoza das jüdische Überleben in der Diaspora auf Selbstisolation und spezielle Rituale (vor allem die Beschneidung) zurückgeführt hatte, regte er eine Art Gedankenexperiment an: »[W]enn die Grundlagen seiner Religion ihren Geist nicht verweichlichten, so würde ich sicher glauben, dass sie einst bei passender Gelegenheit und beim Wechsel der menschlichen Schicksale ihr Reich wieder aufrichten werden, und Gott sie von Neuem erwählen werde.«[73] Der letzte Satz war offensichtlich ironisch gemeint, denn Spinoza glaubte nicht an einen Gott, der irgendjemanden »erwählen« würde.

Und doch wurde dieser Absatz von einigen Zionisten, einschließlich des israelischen Premierministers David Ben-Gurion, als eine Art rationalistische Vorhersage einer jüdischen Wiederauferstehung aufgegriffen. In seiner Rede auf dem internationalen Zionistenkongress 1951 in Jerusalem (der erste im Staat Israel) zitierte Ben-Gurion das, was er als Spinozas Prophezeiung der Restauration jüdischer Souveränität betrachtete.[74]

Es war also eine bedeutsame Aufgabe, als Jacob Taubes damit beauftragt wurde, das im Original lateinische *Theologisch-Politische Traktat* ins Hebräische zu übersetzen. Der Auftrag war Teil eines größeren Projekts, in dessen Rahmen sämtliche Werke von Spinoza übersetzt werden sollten. Ben-Gurion selbst stand an der Spitze dieses Vorhabens und bemühte sich mit Unterstützung seines Bildungsministers, des Historikers Ben-Zion Dinur, um Fördergelder, Verleger und Übersetzer.[75] Wie genau sie auf Jacob Taubes für die Übersetzung des in ihren Augen wichtigsten Werks von Spinoza stießen, ist nicht ganz klar. Aber die Wahl war plausibel. Taubes hatte einen Kurs zur Philosophie der Frühmoderne von Descartes bis Spinoza gegeben,[76] beherrschte Latein und Hebräisch und verfügte über profunde Kenntnisse der biblischen Texte, aus denen Spinoza häufig zitierte. Nach seiner Abreise aus Israel arbeitete Taubes noch eine Weile an der Übersetzung weiter.[77] In einem Brief an einen Freund beklagte er sich über Spinozas unelegantes Latein, lobte jedoch dessen Haltung zu Paulus.[78]

Die hebräische Übersetzung des *Theologisch-Politischen Traktats* sollte eines von Jacobs vielen unvollendeten Projekten bleiben. (Letztlich wurde es von Chaim Wirszubski übersetzt und 1961 publiziert.[79])

Susan und Jacob: Der Ketzer und die Heidin

Als Susan Jacob in New York kennenlernte, hegte sie noch Ambitionen, eine Laufbahn am Theater einzuschlagen. Viel später, in ihrem autobiografischen Roman *Divorcing* suggerierte sie, es sei Jacob gewesen, der sie überzeugt habe, eine Promotion in Philosophie anzustreben.[80] Und es scheint tatsächlich so, als habe Jacob zu Beginn ihrer Ehe versucht, seine junge Ehefrau, die ja noch am Beginn ihres Studiums stand, nach seinem eigenen intellektuellen Bild zu formen. Er ermutigte sie, eine Abschlussarbeit über »Logos und Mythos« bei Heidegger zu schreiben, und später regte er als Promotionsthema die gnostischen Motive im Werk Heideggers an. Anfangs war Susan dankbar für Jacobs Unterstützung und vertiefte sich in die Texte, die er ihr empfahl, und sie eignete sich auch das schwer verständliche Vokabular in diesen Schriften an. Wenn andere mit ihr über ihre Forschung sprechen wollten, sagte sie jedoch, sie fühle sich unwohl dabei, ohne ihren Ehemann über Heidegger zu diskutieren. Joseph Agassi – ein junger Philosoph, der beide kannte – schien es, als würde Jacob ihr mehr oder weniger vorgeben, wie sie zu Heidegger stehen sollte.[81] »Die ›Ideen‹, die ich habe, kommen von dir und gehen durch mich nur hindurch, und alles, was ich in meiner Arbeit zu sagen habe, weiß ich nur von dir«, gestand sie Jacob in einem Brief.[82] Ihre spätere Beschreibung in *Divorcing* stimmt damit überein, deutet aber auf eine dynamischere intellektuelle Beziehung. »Meistens sprach Ezra für sie. Sie fand es ganz in Ordnung, wenn er in einer Gesellschaft ihre Meinung vertrat. Sie selbst würde sich nie so ausdrücken, auf keinen Fall so geschickt und überzeugend, wie Ezra es tat …. Die Aussagen, die Ezra für sie oder über sie machte, setzte er aus ihren Gesprächen, ihren Bemerkungen über Bücher, die er ihr zu lesen gegeben hatte, zusammen.«[83]

Jacob betrachtete seine junge Braut als »einen Schatz«,[84] als einen Preis, den er gewonnen (und vielleicht auch verdient) hatte: eine intelligente, hübsche und äußerst sensible Frau, deren kritische Empfindsamkeit mit seiner harmonierte. Zu ihrem dreiundzwanzigsten Geburtstag schrieb er ihr, »du wurdest reich mit Schönheit und Geist gesegnet und vor allem: Dir wurde gewährt, dass alle deine Begabungen in der heiligen Ordnung und im heiligen Chaos ›verwurzelt‹ sind, und deshalb bist du ein zutiefst essenzielles Geschöpf. Ich wünsche dir, dass du in beide Dimensionen hineinwachsen wirst, in die heilige Ordnung und das heilige Chaos, tiefer und tiefer.«[85] Die Aufgabe, die er sich selbst stellte, war, sie tiefer in die Ordnung hineinzuführen – und ins Chaos.

Ihre Ausgangssituationen waren unterschiedlich, wiesen aber Überschneidungen auf. Susan wuchs, wie gesehen, bei ihrem Vater auf, ihrem einzig vor Ort befindlichen Elternteil, der dem jüdischen Glauben und seiner Ausübung abgeschworen hatte. Ihre Kenntnisse des Judentums als Religion oder der hebräischen Sprache waren nahezu nicht vorhanden.[86] Ganz anders Jacob, der von jüdischer Gelehrsamkeit durchdrungen war, fließend Hebräisch sprach und sich an die jüdischen rituellen Bräuche hielt. Aber er sträubte sich gegen das Joch des Gesetzes und fühlte sich zum Universalismus des Christentums hingezogen. Das Bollwerk seines Glaubens war durch die Begegnung mit dem philosophischen Atheismus von Leo Strauss geschwächt worden. Und während Susan, so scheint es jedenfalls, keinerlei Verbindung zum jüdischen Volk als ethnische Gemeinschaft empfand, war dies bei Jacob ganz anders. Seine Sprache und seine Sicht auf die Welt waren tief verwurzelt in der deutschen Kultur der Moderne, und seine wichtigsten philosophischen Anliegen gingen wesentlich auf Hegel und Heidegger und ihre (mitunter recht eigenwilligen) Nachfolger zurück. Susan war noch weit weniger geprägt. Ihre Muttersprache war Ungarisch und sie kam aus einer Kultur, die sie als Kind hinter sich lassen musste. Sie wuchs in den Vereinigten Staaten auf, entwickelte jedoch keine Affinität zum Land – oder zu irgendeinem speziellen Ort. Sie waren beide entwurzelt – und sich dessen bewusst. Beide betrachteten sie die Welt als einen Ort der Entfremdung.

Für die einen ist die Abwesenheit Gottes eine Tatsache, die sie widerwillig oder resigniert akzeptieren oder sogar voller Trotz oder Freude kundtun (denken wir an Nietzsche oder Bertrand Russell). Für die anderen ist die Abwesenheit Gottes ein Mangel, eine Quelle der Ratlosigkeit oder des Schmerzes. Manchmal fühlte es sich für Jacob und Susan so an. Jacob beschrieb dieses Gefühl in einem Brief an Finkelstein, den Rektor des JTS: »Mir scheint, die ›Kernfrage der Theologie‹« bestehe darin, »in der Schmiede unserer Seele den Lehrplan der menschlichen Antwort auf das göttliche Schweigen zu fertigen«.[87] In den ersten Jahren ihrer Ehe fühlten sich Jacob und Susan beide zu Denkern hingezogen, die die – paradoxe und vielleicht absurde – These vertraten, die Abwesenheit Gottes in der Welt zu erkennen, bedeute einen Schritt nach vorn zum Glauben (wie bei Simone Weil),[88] oder dass der Zweifel das Herzstück des Glaubens sei (wie bei Nachman von Breslav). Wie wir gesehen haben, war Jacob vom gnostischen Konzept der Welt als einem gefallenen Reich fasziniert; Gleiches gilt für die Anklänge daran in Heideggers Beschreibung des von mangelnder Authentizität geprägten zeitgenössischen Lebens – all dies vermittelte Jacob seiner jungen Frau.

Obwohl Jacob aus einer Familie stammte, die religiöse Regeln und Traditionen strikt befolgte, und Susan aus einer Familie, die sich dieser vollständig entledigt hatte, teilten sie doch eine Empfänglichkeit für die Bedeutung des Rituals bei der Erzeugung symbolischer Strukturen für menschliche Gemeinschaften. Als sie nach Israel zogen, entwickelten sie, als eine Art kleinster gemeinsamer Nenner, wenn nicht gar eine eigene Religion, so doch einen bewusst erzeugten Kult, der sich aus rituellen Elementen und Symbolen verschiedener Traditionen zusammensetzte und die einzige Gemeinschaft, derer sie sich sicher sein konnten, stärken sollte: ihre eigene Zweierbeziehung. In ihren

Briefen nannte Susan Jacob ihren »Priester«, »mein heiliges Tier, mein Vertrautester, mit dem ich, ein verhurtes Heidenweib, meinen ewigen Bund geschlossen habe«.[89] (Später in ihrer Beziehung bezeichnete sie ihn als »mein Intriganter, mein Dämonischer«.[90]) Sie entwarfen ein Dokument, in dem sie ihre Vorstellung von einer »sakramentalen Lebensform«[91] skizzierten. Dieses Schriftstück ist nicht überliefert, aber es gibt mehrere verstreute Hinweise darauf in Susans Briefen aus den Jahren 1950 und 1951. Sie erwähnte dort mehrere Elemente des, wie sie es selber nannte, »Kults«: nächtliche Rituale, die sie vor dem Sex durchführten und die offensichtlich den sexuellen Akt auch zu einem religiösen machen sollten. Sie zündeten Kerzen an (»das Feuer der Schlange«), führten rituelle Waschungen durch (von besonderer Wichtigkeit, da Jacob dazu neigte, seine Körperhygiene zu vernachlässigen) und verwendeten Symbole wie die Schlange (die eine phallische Resonanz haben soll) und den Oktopus – ein gnostisches Symbol, das einige von Susans Briefen an Jacob schmückte.[92] Die Idee war es wohl, diesen Kult zunächst nur für sich selbst zu initiieren und ihn dann auf einen Kreis von Eingeweihten zu erweitern. Ein männlicher Gefährte, mit dem Susan eine Zeitlang in New York zusammengewohnt hatte, war der Erste, der eingeweiht wurde: Die Beziehung wechselte von platonisch zu »kultig«, zu sexuell und wieder zurück.[93] Doch der »Kult« erwies sich als Sackgasse und schließlich gaben sie ihn wieder auf.

Während sich Jerusalem für Jacob als dynamisches Umfeld erwies, in dem er seine wissenschaftlichen Interessen verfolgen und seine religiösen und philosophischen Dilemmata bearbeiten konnte, war Susans Erfahrung dort eine der Entfremdung. Zum Teil lag das an ihren mangelnden Kenntnissen der hebräischen Sprache sowie des Judentums, zum Teil an ihrer fehlenden emotionalen Bindung an das jüdische Volk. Ihre Unzufriedenheit wurde durch materielle Umstände und Entbehrungen noch verstärkt, angefangen mit dem Wohnen. Was genau geschah, ist unklar. Aber es scheint, als hätten die Taubes zunächst einen Streit mit ihren Vermietern in Talpiot gehabt, möglicherweise weil die Wohnung nicht angemessen geheizt werden konnte.[94] Ihr größtes Trauma jedoch rührte aus dem gescheiterten Versuch, in Jerusalem Wurzeln zu schlagen. Auch hier bleiben die Details lückenhaft, aber sicher ist, dass sie den größten Teil ihrer Ersparnisse – ungefähr 1 000 $ – in einen Hauskauf investierten, doch schnell stellte sich seitens der Verwaltungsgesellschaft für verlassene Gebäude (*Custodian of Abandoned Properties*) heraus, dass die Eigentumsverhältnisse des Verkäufers rechtlich zweifelhaft gewesen waren, woraufhin Susan und Jacob ihr gesamtes Geld verloren – und all ihre Hoffnung auf den Erwerb einer eigenen Immobilie.[95] Darüber hinaus waren sie in einen Rechtsstreit verwickelt (vermutlich ging es dabei um das umstrittene Grundstück). Jacob wurde als Zeuge geladen, und er drängte Susan, ihre Rückreise nach Jerusalem bis nach der Anhörung zu verschieben, damit ihr Selbiges erspart blieb.[96] Die Erfahrung des finanziellen Betrugs scheint beide erschüttert zu haben. Jacob erinnerte es daran, wie weit das Leben in Jerusalem von jeglicher Heiligkeit entfernt war, und Susan fühlte sich dem Land nur noch fremder als zuvor.

Als sie im Herbst 1950 nach New York City zurückkehrte, wohnte sie kurzzeitig bei ihrer Mutter (zu der sie eine angespannte Beziehung hatte), dann vorübergehend bei Jacobs früherer Geliebten Gerda Seligsohn, zu der sie eine enge Freundschaft entwickelte, und für eine gewisse Zeit zusammen mit dem oben erwähnten männlichen Mitbewohner. Neben dem Schreiben an ihrer Abschlussarbeit beriet sie sich mit Saul Lieberman, Louis Finkelstein und anderen Weggefährten über eine mögliche Stelle für Jacob in den Vereinigten Staaten. Eine ihrer Prioritäten bestand darin, für den staatenlosen Jacob die amerikanische Staatsbürgerschaft und also einen amerikanischen Pass zu erlangen.[97]

Im März 1951 kehrte Susan nach Jerusalem zurück, um weiter an ihrer Abschlussarbeit zu schreiben, und sie wohnte mit Jacob in der griechischen Kolonie in zwei Zimmern eines Hauses, das in kleinere Einheiten unterteilt war.[98] Zu dieser Zeit hatte Susan begonnen, sich gegen Jacobs Bevormundung, die sich zunehmend wie eine Demonstration seiner Überlegenheit anfühlte, aufzulehnen.[99] Am Jahresende ging sie nach Paris, unter anderem »weil ich mich über die Israel-Entscheidung [gemeint ist Jacobs Entscheidung, in Israel zu bleiben][100] geärgert und empört habe«, aber auch um dort ihren philosophischen Interessen an der Sorbonne nachgehen zu können. Wenn sie nicht gerade Vorlesungen hörte oder studierte, ging sie ins Theater, oft mehrmals in der Woche. Sie traf sich regelmäßig mit Jacobs altem Freund Lucien Goldmann, der an seinem Buch über Pascal schrieb, in dem er marxistische und existenzialistische Argumente miteinander verknüpfte. Sie verkehrte mit einer Reihe von Denkern, von Philosophieprofessoren (Jean Wahl, Eric Weil) bis zu Albert Camus, dessen jüngst erschienenes Buch *L'homme révolté* sie tief berührt hatte, ebenso wie ihre Lektüre von Nietzsche. Sie schrieb eine Rezension über das Buch, die in hebräischer Übersetzung von Bergmann in der Zeitschrift *Iyyun* veröffentlicht wurde.[101] Für Susan war das Fazit daraus eine wachsende Kritik sowohl am Judentum als auch am Christentum. Im Frühjahr 1952 war Susan desillusioniert von Heidegger und zweifelte an der Sinnhaftigkeit, die gnostischen Motive in seinem Werk herauszuarbeiten.[102]

Susans Briefe an Jacob waren zumeist sehr verkopft und intellektuell, auch wenn sich erotische und leidenschaftliche Äußerungen hineinmischten. Häufig erwähnte sie, dass sie nahezu ständig von Männern umworben wurde, die sie zum Sex aufforderten oder mit Heiratsanträgen bedrängten – eine Erinnerung für Jacob, wie begehrenswert sie war.[103] Sie kam zu dem Schluss, dass alles seinen Preis hatte. »Ich kann es kaum erwarten, Paris den Rücken zu kehren«, schrieb sie. »Das Leben wird unerträglich; ich kenne niemanden, der nicht in mich verliebt ist, und das hat zur Folge, dass ich keinen einzigen Freund habe, nur Szenen und Verwicklungen. Ich bin keine leichtfertige Frau und ich leide.«[104]

Susans Briefe schwankten zwischen Ermutigung für Jacob und Beteuerungen seiner Brillanz einerseits und der Sorge über seine unproduktive Arbeitsweise andererseits. Sie kritisierte, dass er – anstatt sich in die Textlektüre und -analyse zu vertiefen – sich offenbar lieber damit beschäftigte, »Dinge herbeizuträumen, die einem über Platon-Kant ›zu Ohren gekommen‹ sind«.[105] Als sie daran arbeitete, seinen komplexen Artikel »The Development of the Ontological Question in Recent German Philosophy« vom Deutschen ins Englische zu übersetzen, äußerte sie auch gelegentlich ihre Bedenken über seine Neigung, sich in Abstraktionen zu verlieren. Sie scheint geahnt zu haben, dass seine Arbeitsweise, in Kombination mit seinem Hang zu vagen und abstrakten Formulierungen, in eine Sackgasse führen würde.

Anfang 1952 war auch Jacob selbst äußerst beunruhigt über seine ungeklärte Bewerbungssituation und seine mangelnde Produktivität. Paulus' Aussage in Römer 7,19 »Denn das Gute, das ich will, das tue ich nicht«, fand einen tiefen Widerhall in ihm.[106] Am Vorabend des Pessach-Festes (das Jacob in Jerusalem und Susan mit Jacobs Familie in Zürich verbrachte) wurde ihm klar, dass sein Vorhaben, eine »transzendentale Ontologie« zu entwerfen, die Religion und Philosophie verbinden könne, zu nichts führen würde.[107] Er hatte den Anspruch gehabt, »der Hegel des zwanzigsten Jahrhunderts« zu sein, so Susans Worte, doch er war der Aufgabe nicht gewachsen.[108]

Überlagert wurden diese Probleme von den an Heftigkeit zunehmenden Auseinandersetzungen zwischen Susan und Jacob. Sie stritten über Religion, Zugehörigkeiten und wie sie ihr Leben gemeinsam gestalten sollten. Im Zentrum standen die immer aufgebrachteren Kontroversen über das Judentum und Jacobs Bestreben, der neue Paulus zu sein.

Historisch betrachtet ist das Judentum sowohl Religion und

Ethnizität, basierend sowohl auf dem Glauben und der Befolgung der Gesetze und Bräuche als auch auf dem geteilten Gefühl einer Volkszugehörigkeit. Der Zionismus jedoch bestand darauf, dass einer jüdischen Kontinuität (im physischen und spirituellen Sinn) unter den Bedingungen der Moderne am besten mit der Errichtung eines souveränen jüdischen Nationalstaats gedient war. Susan lehnte all dies ab. Wie viele universalistische Intellektuelle verachtete sie den Nationalismus und in Übereinstimmung mit dem christlichen Verständnis betrachtete sie das gesamte Konzept eines partikularistischen Glaubens als rückwärtsgewandt. Jacobs Identifikation mit der Vergangenheit und der Zukunft des jüdischen Volkes sowie seine Sorgen um den jüdischen Staat erschienen ihr bedeutungslos.

Als Susan Jacob heiratete und beschloss, sich näher mit dem Judentum zu beschäftigen, tat sie dies überwiegend, indem sie die Bibel las – auf Englisch, da sie kaum Hebräischkenntnisse hatte. Ihr Bild vom Judentum war von dieser Lektüre geprägt, gefiltert durch Übersetzungen wie der von Simone Weil. So bezeichnete sie das Judentum als die Anbetung eines »Tyrannengottes« oder eines »Molochgottes«.[109]

Jacob versuchte immer wieder, Susan die Bedeutung und den Wert der jüdischen Bräuche zu vermitteln, doch für sie wurde der Wert durch das, was sie als die »Glorifizierung des jüdischen Volkes und die Verdammung der anderen« bezeichnete, negiert.[110] Jüdische Philosophen, mit denen sie ihren Standpunkt diskutierte, dazu zählten Hugo Bergmann in Jerusalem und Emmanuel Lévinas in Paris, erzählten ihr, sie wisse nichts über das Judentum und übersehe dessen universellere Bestandteile.[111] Jacob wandte ein, sie habe als Außenstehende die Gesetze als willkürliche Vorschriften missverstanden: Ein Kult könne nicht kraft eines Willensakts erschaffen werden, und religiöse Bräuche erhielten ihren Sinn vor allem innerhalb einer historischen Religion.[112] Susan hingegen interessierte sich ausschließlich für Formen von Spiritualität, die losgelöst von Geschichte, Erlösung oder einer bestimmten historischen Gruppe existierten.[113] Und wenn Jacob auf die Notwendigkeit einer Verbindung zu einem Volk und seiner Vergangenheit verwies, lehnte sie diese Forderung nach einer historisch begründeten Loyalität ab, die in ihren Augen nur die Möglichkeit eines Neuanfangs verbaute. Die »Erinnerung an die Toten«, so Susan, sei keine Basis für eine Identität.[114]

Susan gab vor, für sie beide zu sprechen, als sie Goldmann versicherte: »[o]bwohl wir wissen, dass ein Leben ohne Hingabe nur Staub ist, [ist] die bloße Sehnsucht nach Selbstaufopferung ohne eine tiefe Überzeugung kein ausreichender Grund dafür, sich für irgendeine Sache ins Feuer zu begeben, ob nun Marxismus, Zionismus oder Katholizismus.«[115] Kurz: Sie war durchaus auf der Suche nach etwas, dem sie sich verpflichten konnte, aber nichts erschien ihr zwingend.

Mit der Zeit überzeugte Susan Jacob, zumindest zum Teil. Trotz seiner Zweifel an dem, was er als ihren »paganischen Antisemitismus«[116] bezeichnete, räumte er im April 1952 ein, dass seine Verpflichtungen gegenüber dem jüdischen Volk letztlich begrenzt waren und dass er sich vielleicht allzu sehr von der romantischen Gewichtung von Blut, Boden, Sprache und Heimat angezogen gefühlt hatte, die sowohl für die deutsche Kultur als auch für den Zionismus charakteristisch war.[117] Doch schon im darauffolgenden Brief erklärte er, dass der Staat Israel es wert sei, verteidigt zu werden und er – ginge es nach ihm – in Jerusalem bleiben würde.[118]

Susan war jedoch unerbittlicher denn je: Sie bestand nicht nur darauf, dass Jacob Israel verließ, sondern auch darauf, dass das Judentum keine Rolle mehr in ihrem Haus spielte.[119] »Welches Opfer es auch verlangt, wir müssen in der ›Avantgarde‹ bleiben und nicht in die ›jüdischen Gemeindeprojekte‹ zurückfallen. … Ich warne dich: In dem Moment, in dem ein ›Rückfall‹ droht, ›konvertiere‹ ich: Wenn wir nach Geborgenheit und Einbindung suchen, werde ich mich in der protestantischen Gemeinde geborgener und eingebundener fühlen. Aber die ganze Angelegenheit ist zu widerwärtig. Eine neue Welt kann nicht ohne Opfer geschaffen werden. Der jüdische Protest gegen das Christentum reicht nicht.«[120]

Da Susan jegliche historisch fundierte Religionsauffassung ablehnte und keinerlei Zugehörigkeitsgefühl zum Judentum oder Christentum empfand, interessierte sie sich auch nicht für die Beziehung der beiden Religionen zueinander. In einer markanten Formulierung charakterisierte sie Paulus' Apostolat als »einen Entwurf für eine ›internationale Religion‹ – in der die ganze Welt ein bisschen jüdisch und die Juden ein bisschen weniger jüdisch« würden.[121] Sie betrachtete Paulus' (und Jacobs) Obsession mit »dem Gesetz« als infantil und als Ablenkung von der Welt: »Paulus (ich meine alle Paulus') war zu sehr in die Masturbation vertieft, um das Wunder des Phallus zu erkennen. Die Welt des ›Gesetzes‹ ist auch eine infantile Welt. Das Kind assoziiert jedes Objekt mit einem ›erlaubt und nicht erlaubt‹. Der Erwachsene tritt unmittelbar mit den Dingen in Kontakt.«[122] Kurz: Sie betrachtete Paulus als »einen erfolgreichen Scharlatan«.[123] Je mehr sie darüber las, desto kritischer sah sie Jacobs Faszination für die Eschatologie. »Der ›eschatologische Geist‹ in all seinen Formen ist eine Krankheit des Geistes, eine kindische Dummheit, ein Nicht-Zurechtkommen mit dem menschlichen Leben, wie es ist.«[124]

Jacob war dazu übergegangen, sich selbst als theologischen Häretiker[125] zu betrachten, in der jüdischen Tradition bezeichnet man dies als einen Epikoros. Wie ein Wissenschaftler scherzhaft bemerkte: »Der Epikoros ist permanent im Prozess des sich Entfernens.«[126] Das bedeutet, seine Identität als Häretiker verbindet ihn unausweichlich mit der Tradition, von der er sich abgrenzt. Gleiches gilt für den Antinomisten[127] – ein weiterer Begriff, mit dem sich Jacob selbst beschrieb –, der sich in großen Teilen über das Gesetz, dem er sich widersetzt, definiert. Susan war anders: eine genuine Heidin. Für Außenstehende mag die Entfernung zwischen einem selbsterklärten antinomistischen Häretiker und einer Heidin nicht groß erscheinen. Aber für Jacob und Susan war sie gewaltig.

Spannungen mit Scholem

Der endgültige Bruch zwischen Scholem und Taubes war das Resultat vieler Faktoren. Taubes hatte sich in seinen Briefen an Scholem aus New York als dessen Schüler (wenn auch nicht nur Scholems) dargestellt, und es war Scholem, der gemeinsam mit Saul Lieberman das Stipendium des JTS arrangiert hatte, damit Taubes seine Forschungen an der Hebräischen Universität fortführen konnte. Als Taubes nach Israel zog, war Scholem zunächst hoch erfreut. Er berichtete Finkelstein, Taubes lasse vielversprechende Anzeichen (*simanai beracha*) erkennen und dass er hoffe, Taubes werde ein solides wissenschaftliches Werk über die Schnittstellen zwischen der Kabbala und der Philosophie schreiben.[128] Im Juni 1951, anderthalb Jahre nach Jacobs Ankunft, schrieb Scholem abermals an Finkelstein und verkündete diesem die gute Nachricht, dass er und seine Kollegen an der Universität beschlossen hatten, Jacob für die nächsten zwei Jahre das Warburg-Stipendium zu gewähren, ein Zeichen ihres Vertrauens und ihrer hohen Erwartungen an den Nachwuchswissenschaftler. »Wir halten ihn alle für sehr talentiert und denken, dass er der Wissenschaft viel beizutragen hat, wenn er es schafft, sich auf seine Arbeit zu konzentrieren. Bislang bin ich in dieser Hinsicht noch nicht zufrieden mit dem Fortschritt seiner Arbeit, mit der er sich beschäftigen sollte. Aber andererseits kann ich auch die Tatsache nicht ignorieren, dass es sich um einen außergewöhnlichen jungen Mann handelt ... und wir fühlen uns für seine Entwicklung verantwortlich.«[129] Finkelstein war damit zufrieden und informierte Scholem, das JTS habe sich entschieden, Taubes auch im kommenden Jahr zu unterstützen.

Doch mit der Zeit wuchs bei Scholem die Skepsis, bis er geradezu desillusioniert war. Anzeichen für Spannungen hatte es bereits im Februar 1951 gegeben, als Taubes einen Vortrag vor der Philosophischen Gesellschaft hielt, dem auch die Olympioniken, die an der Hebräischen Universität studierten, beiwohnten. Bergmann leitete die Veranstaltung. Scholem betrachtete Taubes als seinen Schüler, und er erwartete, dieser würde ein Thema wählen, das einen Bezug zu seinen eigenen wissenschaftlichen Interessen hätte. Stattdessen sprach Taubes über »Heidegger und Die Frage«, zu einer Zeit, als Heideggers anfängliche Unterstützung Hitlers die Beschäftigung mit seinem Werk hatte unpopulär werden lassen. Am Ende des Vortrags gab es die Gelegenheit für Fragen aus dem Publikum, eine davon kam von einem jungen Studenten, mit dem Taubes befreundet war: Bubers Schwiegersohn Joseph (Joshka) Agassi. Bergmann nahm alle Fragen und Kommentare auf, viele davon skeptisch, und wandte sich dann damit an Taubes, damit dieser antworten konnte. Taubes inszenierte sich sehr dramatisch: Er nahm sich Zeit, erhob sich und sagte: »Ich habe heute Abend hier eine Menge Unsinn gehört, aber eine gute Frage kam von Joshka«, woraufhin schallendes Gelächter ausbrach. Am Ende des Abends war Scholem völlig konsterniert und machte Taubes in aller Öffentlichkeit Vorhaltungen über die Wahl seines Vortragsthemas. In einem Brief an Susan beklagte Jacob, Scholem und andere im Publikum hätten seinen Vortrag schlicht nicht verstanden. Susan fragte sich, ob er vielleicht zu »abstrakt« gewesen sei. (Agassi, ein Wissenschaftsphilosoph, betrachtete den Vortrag als »prätentiösen Unsinn«.[130])

Scholems größte Quelle der Unzufriedenheit mit Taubes war jedoch dessen Mangel an akademischer Produktivität, die Scholem auf fehlende persönliche und intellektuelle Selbstdisziplin zurückführte. Einem gemeinsamen Freund gegenüber brachte Scholem es später folgendermaßen auf den Punkt: »Gescheit sind wir alle; Sitzleder muß man haben« – die Disziplin, dranzubleiben, Texte zu wälzen und zu schreiben.[131] Und das war in der Tat Jacobs Achillesferse, wie viele, die ihn kannten, im Laufe seines Lebens bezeugen konnten. Susans Briefe an Jacob waren voller Ermahnungen, sich mehr anzustrengen, und sie schrieb sogar an Scholem mit dem Ansinnen, »Jacob bitte zum Arbeiten zu bewegen«.[132] Doch niemand drängte Jacob erfolgreich zu systematischer Forschung und zum Schreiben. Ihm mangelte es nicht an Ideen – im Gegenteil, vielleicht hatte er sogar zu viele. Doch die meisten seiner Gedanken fanden in seinen Vorlesungen, in Gesprächen und in seinen Briefen Ausdruck. Solche, die Eingang in publizierbare Artikel fanden, waren oft anregend, aber selten kohärent und strukturiert.

Scholem selbst hatte Freude daran, in seinem Arbeitszimmer zu sitzen und sich durch komplizierte (häufig handschriftliche) Texte hindurchzuarbeiten – Stunde für Stunde, Tag für Tag, Jahr für Jahr. Er war ein fleißiger, akribischer und anspruchsvoller Wissenschaftler.[133] Und auch wenn er gegen seine bürgerlichen deutschen Wurzeln rebelliert hatte, war doch sein Lebensstil in vielerlei Hinsicht preußisch und sehr korrekt. So wie Scholems Wissenschaft seine Persönlichkeit widerspiegelte, reflektierten Jacobs spekulative Höhenflüge und sein Mangel an disziplinierter Wissenschaftlichkeit die seine. In dieser Hinsicht waren die beiden absolut gegensätzlich. Und sie unterschied noch mehr: Scholems Forschungen zur Kabbala und zum Sabbatianismus offenbarten seine Faszination für das Grenzüberschreitende und das Erotische – doch waren diese für ihn eine reine Kopfsache, Gegenstand seiner wissenschaftlichen Untersuchungen. Weder seine Ehe noch seine Beziehungen waren ausgesprochen erotisch. (Nach seinem Tod gestand seine Frau, Scholems einzige große Liebe sei die zu seinem Freund Walter Benjamin gewesen.[134]) Ganz anders Jacob und Susan Taubes: Sie waren nach damaligen Maßstäben Bohemiens. Susan trug rückenfreie Kleider, die in der schmucklosen Umgebung Jerusalems in einer entbehrungsreichen Zeit irritierend wirkten.[135] Scholem war über das Verhalten der Taubes mitunter geradezu schockiert. So behauptete er, Susan sei nur mit einem Trenchcoat bekleidet, darunter habe sie nichts getragen, durch Jerusalem gelaufen. Und Jacobs erotisches Treiben bezeichnete er gar als »moralischen Irrsinn«.[136]

Joseph Weiss und der Bruch mit Scholem

Letztlich war es das Dreiecksverhältnis zwischen Taubes, Scholem und Joseph Weiss, das zum traumatischen Bruch in der Beziehung zwischen Taubes und Scholem führte.

Weiss war einer von Scholems bevorzugten Studenten.[137] In Ungarn 1918 in eine neologische (die ungarische Variante des liberalen Judentums) Familie geboren, hatte er das rabbinische Seminar in Budapest besucht, bevor er 1940 nach Jerusalem gekommen war. An der Hebräischen Universität studierte er Jüdische Geschichte, Philosophie und die Kabbala, und er war als Assistent von Scholem an der Universität beschäftigt. Zu seinen Interessenschwerpunkten zählten die Gnosis und ihr Einfluss auf die Kabbala sowie die Verbindungen zwischen dem Sabbatianismus und den Anfängen des Chassidismus.[138] Er beschäftigte sich mehr als Scholem mit den psychologischen Aspekten der Mystik, und wie Jacob Taubes fühlte er sich vom existenzialistischen Denken angezogen, insbesondere von Kierkegaard. Im Jahr 1947 heiratete er Miriam, auch eine Studentin der Jüdischen Philosophie und der Kabbala an der Hebräischen Universität, und im Jahr darauf wurde ihm das Warburg-Stipendium der Universität gewährt. Dieses Stipendium sollte es ihm ermöglichen, sich ganz auf seine Doktorarbeit zu konzentrieren, in der er die Dialektik von Glaube und Zweifel im Denken von Nachman von Breslav untersuchte. Wie bei Nachman schlugen auch bei Weiss zwei Seelen in einer Brust: Er durchlief Phasen, in denen er streng nach den religiösen Gesetzen lebte und solche, in denen er dies nicht tat; er stand der Orthodoxie kritisch gegenüber, hegte aber große Sympathien für die ultraorthodoxe und antizionistische *Neturei Karta* – alles Affinitäten, die auch Taubes auszeichneten.[139] Weiss war psychisch instabil und neigte zur Paranoia.

Scholem hatte Taubes und Weiss miteinander in Kontakt gebracht, und nach Jacobs Ankunft in Jerusalem entwickelte sich aus ihrem Schriftwechsel rasch eine Freundschaft zwischen den beiden Paaren. Joseph Weiss und Susan Taubes sprachen untereinander in ihrer Muttersprache Ungarisch. Miriams Muttersprache war Polnisch, das Jacob von seinen Großeltern gelernt hatte. Als Susan im September 1950 wieder nach New York ging, zog Jacob vorübergehend bei Miriam und Joseph Weiss ein.[140] Vermutlich zu dieser Zeit entwickelte sich zwischen Jacob und Miriam Weiss eine Beziehung, die, ohne dass Joseph etwas davon ahnte, über das Platonische hinausging.[141]

Die Härten des Lebens in Jerusalem – und der übermächtige Schatten Scholems – bewogen Weiss, sich nach einer Beschäftigung im Ausland umzusehen. Im November 1950, kurz vor dem Abschluss seiner Doktorarbeit und nach einem erbitterten Disput mit Scholem, gingen Joseph und Miriam Hals über Kopf und ohne vorher mit Scholem zu sprechen nach Leeds in England (wo Joseph an einer Hebräischen Schule unterrichtete). Weiss hinterließ seinem Lehrer eine Nachricht, in der er erklärte, er habe aufgrund von psychischen Problemen das Land verlassen müssen, hoffe aber, zum Ende des Jahres zurückzukehren, um alle Änderungen an seiner Dissertation vorzunehmen, die Scholem für notwendig erachte.[142]

Als Weiss über Monate nichts von Scholem hörte, plagten ihn schwere Selbstzweifel. Doch als er am 13. März 1951 aus zweiter Hand erfuhr, dass Scholem ihn für ein Stipendium am JTS in New York vorgeschlagen hatte, fühlte er sich etwas sicherer und plante eine baldige Rückkehr nach Jerusalem.[143] Eine Woche später, ungefähr vier Monate nach seiner plötzlichen Abreise aus Jerusalem, in denen er ohne Nachricht von Scholem geblieben war, schrieb Weiss an seinen Doktorvater und fragte betrübt, ob dieser inzwischen die Gelegenheit gehabt habe, seine Dissertation zu lesen.[144] Scholem antwortete nahezu umgehend und teilte Weiss mit, dass die ersten drei Kapitel zwar akzeptabel (wenn auch überarbeitungsbedürftig) seien, doch für das letzte, das krönende, gelte dies nicht. Scholem zufolge stützte sich dieses Kapitel (»Das paradoxale Wesen des Glaubens«), das historische und philosophische Konzepte von Kierkegaard und Heidegger zusammenführte, zum Teil auf eine fehlerhafte wissenschaftliche Arbeitsweise und wilde Spekulation, oder, in seinen Worten, auf »das Streben nach fantastischem Unsinn« (*ridifah acharai divrai hevel fantastiyim*). Die Probleme seien zu gravierend, als dass sie sich schriftlich klären ließen, schrieb Scholem, und wenn Weiss sich nicht in der Lage sehe, nach Jerusalem zurückzukehren, um die Quellen neu einzusehen und die notwendigen Korrekturen auszuführen, sehe er, Scholem, sich gezwungen, die Arbeit abzulehnen.[145]

Zwei Monate später, am 23. Juni 1951, erhielt Scholem einen Brief von Yonina Gerber Talmon, einer jungen israelischen Soziologin, die gemeinsam mit ihrem Ehemann, dem Bibelwissenschaftler Shmaryahu Talmon, in Leeds studierte. Da die Talmons und die Weissens die einzigen Israelis in Leeds waren, lernten sich Joseph Weiss und Shmaryahu Talmon rasch kennen. Und da Yonina ein gutes Verhältnis zu Scholem pflegte, war sie es, die ihm die erschütternden Nachrichten zur Kenntnis brachte.[146] Jemand aus Jerusalem, so Talmon, hatte einen Brief an Weiss geschrieben, in dem stand, dass Scholem Anzeichen für eine Geisteskrankheit in Josephs Doktorarbeit erkannt und diesen daraufhin fallengelassen habe. Diese Nachricht hatte bei Joseph und Miriam zu depressiven Schüben geführt. Miriam litt seither unter Wahnvorstellungen und Joseph ließ sie ins Krankenhaus einweisen, weil er fürchtete, sie würde sich umbringen. Sie erhielt Insulin- und Schocktherapien, aber als nichts davon

Wirkung zeigte, wurde sie ans Bett fixiert. Joseph fiel selbst in schwere Depressionen und erwähnte Shmaryahu gegenüber mehrfach, Scholems mangelndes Vertrauen in seine Person habe die Grundpfeiler seiner Existenz untergraben. Yonina legte Scholem nahe, ein nachdrückliches Empfehlungsschreiben für Weiss als Dozent an der Universität Leeds für das kommende akademische Jahr zu verfassen, da dies helfen könnte, dessen seelisches Gleichgewicht wiederherzustellen.[147] Noch in diesem Zusammenhang fiel der Name Jacob Taubes nicht.

Kurz darauf, Ende Juni, kehrten Jacob und Susan in die Vereinigten Staaten zurück und verbrachten den Sommer in Rochester. Jacob plante, im Herbst nach Jerusalem zurückzukehren. Als Jacob einen eingeschriebenen Brief von Scholem öffnete, verfiel er in helle Panik:

>»Jerusalem, 7. Oktober 1951
> An Jacob Taubes
> Sehr geehrter Herr Dr. Taubes,
> Ich bitte um Entschuldigung, dass ich erst jetzt kurz vor Ihrer Rückreise und gleichsam aus dem Blauen heraus einen für unsere Beziehung kritischen Brief schreiben muss, aber ich sehe mich zu meinem nicht geringen Schmerz und Bedauern von meinem Gewissen dazu genötigt. Ich würde Ihnen früher geschrieben haben, wenn, was Inhalt dieser Zeilen ist, mir früher bekannt geworden wäre.
> In diesen Tagen ist aus Leeds in England Herr Talmon zurückgekehrt, ein Absolvent unserer Universität, der Ihren Namen vorher nie gehört hatte und Ihnen nie begegnet ist, und der letztes Jahr Lecturer an der Universität in Leeds war. Ich erfuhr von ihm, dass er im späten Winter oder im Frühjahr mehrere Briefe von Ihnen, die ihm Joseph Weiss gezeigt hat und die an ihn gerichtet waren, gelesen hat. Da Herr Talmon keinerlei Kenntnis von Ihren Beziehungen zu Weiss oder meinen zu Ihnen hatte und nur aufs Tiefste über den Inhalt Ihrer Briefe konsterniert war, musste mich umso mehr erschüttern, aus seinem Bericht zwei Dinge zu lernen:

1. dass Sie Dinge, die ich Ihnen unter striktester Diskretion unter vier Augen und unter allen Beteuerungen Ihrerseits, dass nichts davon von Ihnen weitergegeben würde, mitgeteilt habe und die für niemand auf dieser Welt weniger bestimmt waren als für Herrn Weiss anscheinend sogleich schriftlich an ihn weitergegeben haben. Sätze, die ich Ihnen in der einen nächtlichen Unterhaltung, zu der ich mich, wie ich mir nun selber vorwerfen muss, habe hinreissen lassen, über Weiss persönlich und über die Beschaffenheit gewisser Stücke seiner Dissertation in der Tat gesagt habe, zitierte mir Herr Talmon zu meiner grössten Bestürzung aus Ihren Briefen an Weiss. (Zum Exempel, dass es mir bekannt geworden sei, dass Weiss in psychoanalytischer Behandlung war, sowie dass ich gesagt hatte, in den letzten Teilen von Weiss' Dissertation hätte ich Anzeichen von Geistesstörung gefunden.

2. dass Sie, der aus mehrfachen Nachfragen bei mir wussten, dass ich nach meiner nächtlichen Abreise nicht an Weiss geschrieben habe, sondern darauf wartete, ob er sich melden würde, wie bei der trübseligen Art, in der er leider das Land verlassen hat, gewartet werden musste, ihm immer wieder brieflich den Rat gegeben haben, den Kontakt mit mir zu vermeiden, an niemanden in Jerusalem, und schon gar nicht an mich, zu schreiben, da sowieso alles für ihn hier verloren sei, ich ihn hier verfolgte und dergleichen mehr. Dass sich Weiss am Schluss doch gegen alle diese Ratschläge an mich gewandt hat, kann ich nur der aktiven Intervention Talmons und seiner Frau zuschreiben.

Während ich diesen zweiten Punkt mir irgendwie als aus, wenn auch schwer begreiflichen Missverständnissen erklären könnte und jedenfalls dabei kein Vertrauensbruch in Frage steht, so bin ich von dem ersten aufs Tiefste getroffen worden. Ich bin selbstverständlich bereit und verpflichtet, Ihre Erklärung, wenn Sie eine haben, über diesen Punkt zu hören, nämlich: wie Sie sich einen solchen Vertrauensbruch der schwersten Art mit irgend einem fortdauernden Verhältnis mit mir vereinbar denken. Ich selber muss nach den leider nur allzu eindrucksvollen Mitteilungen des Herrn Talmon über Ihre Briefe mit der Realität des Vorgangs rechnen. Haben Sie aber in der Tat einen solchen Vertrauensbruch begangen, so würden sich daraus – und ich schreibe dies nach Rücksprache mit Prof. Bergmann und mit seinem Wissen – für mich die ernstesten Konsequenzen ergeben, nämlich die Notwendigkeit des Abbruchs meiner Beziehungen zu Ihnen, denen die unabdingbare Basis persönlichen Vertrauens genommen wäre, ohne die ein Verhältnis zu Ihnen nicht weiter bestehen kann, für Sie eine nicht weniger ernste Alternative: Sie können natürlich, formell genommen, hierher zurückkehren und als Research Fellow Ihre Vorlesungen halten, ohne im übrigen im weiteren von mir als mein Schüler betrachtet zu werden. Ich würde Sie in diesem Fall bitten müssen, sich an meinen Seminaren nicht weiter zu beteiligen. Es wäre aber zu bedenken, ob rebus sic stantibus es nicht richtiger wäre, die Frage Ihrer Rückkehr hierher und Ihres etwaigen Verbleibens in Amerika von Neuem zu prüfen. Vielleicht ist es richtiger, dass Sie nicht zurückkommen, sondern mit der Ihnen für dort ja zugesicherten Hilfe Ihres Schwiegervaters Ihren Weg drüben suchen. …

Sollten Sie selber glauben, dass die Umstände nicht derart sind, um mich von der Irrigkeit meiner Voraussetzungen, nämlich der Tatsache Ihres Missbrauchs meines Vertrauens, überzeugen zu können, so würde ich Ihnen in der Tat den persönlichen Rat geben (und Bergmann stimmt mir darin bei), in diesem Fall besser nicht zurückzukommen. Denn für so ungewöhnlich ich Ihre geistigen Möglichkeiten erachtet habe, kann eine Zusammenarbeit, der der moralische Impetus so offensichtlich fehlen würde, meiner Überzeugung nach nichts Gutes ergeben.

Unter nochmaligem Ausdruck meines Bedauerns, dass ich diesen Brief habe schreiben müssen, wünsche ich Ihnen und Ihrer Frau ein gutes Jahr und einen guten Lebensweg.

Ihr sehr ergebener

G. Sholem«[148]

Jacobs Antwort kam umgehend und war verzweifelt. Er habe Scholems Vertrauen nicht missbraucht, schrieb er diesem, sondern Weiss nur vor Fehlern bewahren wollen. Die Informationen, die er Weiss über Scholems Einschätzung zukommen ließ, habe er erst weitergegeben, nachdem sie ohnehin größere Kreise gezogen hatten. Er habe Weiss lediglich empfohlen, Scholem nicht im Moment der größten Verärgerung zu schreiben, und sofort als der Ärger abgeflaut war, habe er Weiss aufgefordert, die Korrespondenz wieder aufzunehmen. Er habe sich zwischen seiner Hochachtung für beide, Scholem und Weiss, hin und her gerissen gefühlt.[149]

Kurze Zeit später erhielt Jacob einen Brief von Hugo Bergmann, der ihm – sollte er nach Jerusalem zurückkehren wollen – zwei Möglichkeiten aufzeigte: Er konnte entweder versuchen, Scholem davon zu überzeugen, dass hier ein Missverständnis vorlag, oder er konnte Scholems Vorwürfe eingestehen und um Vergebung bitten.[150] Letzteres befolgte Jacob umgehend. In einem zweiten Brief, den er nur eine Woche nach dem ersten schrieb, bat er Scholem um Verzeihung und Versöhnung. »So kann ich nur sagen: mea culpa, wirklich mea maxima culpa und es wird mir eine immerwährende Wunde sein, die zehren und zehren wird. Wie immer Sie entscheiden: Ihre Enttäuschung ist mir die grösste Schmach.«[151] An Bergmann schrieb Taubes, Susan werde für die Haushaltsauflösung nach Jerusalem reisen, sollten Bergmann und Scholem eine Versöhnung für ausgeschlossen erachten. Vielleicht könne das Warburg-Stipendium für das akademische Jahr 1952/53 auch in Rochester ausgezahlt werden, schlug er vor. Andernfalls würden sie »jegliche Selbstachtung verlieren«, denn dann wären sie zum wiederholten Male auf die finanzielle Unterstützung von Susans Vater angewiesen.[152]

Scholem hatte viele Gründe, von seinem ehemaligen Protégé enttäuscht zu sein. Jacob schien der jüdischen Wissenschaft den Rücken zu kehren und sich der allgemeinen Philosophie zuzuwenden. Er war wissenschaftlich unproduktiv. Die unglücklichen Ereignisse um Joseph Weiss. Der Vertrauensmissbrauch, den Scholem als Zeichen für einen zutiefst verdorbenen Charakter betrachtete, war also eher der Tropfen, der das Fass zum Überlaufen brachte, als die eigentliche Ursache für den Bruch ihrer Beziehung.

Tatsächlich kehrte Jacob nach Jerusalem zurück – obwohl Susan ihn bedrängte, dies nicht zu tun[153] –, wo er im Wintersemester 1951/52 unterrichtete. Seine spätere Entscheidung, Jerusalem zu verlassen, wurde nicht von Scholem, sondern von Susan getroffen.

Trotz der brieflich ausgesprochenen Drohungen brach Scholem die Beziehung nicht vollständig ab. Nach Taubes' Rückkehr nach Jerusalem scheint er sogar dessen Seminar zur Kabbala besucht zu haben.[154] Aber ihr Verhältnis war belastet und renkte sich auch während Jacobs Aufenthalt in Jerusalem nicht wieder ein.[155]

Im Frühjahr 1952 fasste Taubes den Entschluss, in die Vereinigten Staaten zurückzukehren, um sich dort in der akademischen Welt zu versuchen. Er traf diese Entscheidung, obwohl ihm versichert worden war, dass, wenn er in Jerusalem bliebe, sein Stipendium verlängert würde und er weiterhin an der Philosophischen Fakultät unterrichten könnte. Er erklärte Bergmann, dass die materiellen Entbehrungen des Jerusalemer Alltags seine Ehe mit Susan belastet und die Erfahrungen in Israel ihrer beider Glauben erschüttert hätten. Doch während Jacob das Gefühl hatte, eine Heimat – wenn auch ohne Haus – gefunden zu haben, hatte Susan weder das eine noch das andere gefunden.[156] Freunden und Familie gegenüber versicherte Jacob, wäre es nach ihm gegangen, wären sie in Jerusalem geblieben.[157]

Im März 1952 bat er die Hebräische Universität um Erlaubnis für eine einjährige Abwesenheit (1952-1953), um in die Vereinigten Staaten zurückzukehren, und er schlug Kollegen vor, die seine Kurse übernehmen könnten.[158] Mitte März traf der geschäftsführende Vizepräsident der Universität, Werner Senator, mit Taubes und Scholem zu separaten Gesprächen zusammen. Taubes schilderte Senator, er würde gern in Jerusalem bleiben, doch Susans Einverständnis sei ungewiss und vieles würde davon abhängen, ob die Universität ihnen bei der Suche nach einer Wohnung behilflich sein würde. In einer Gesprächsnotiz hielt Senator seinerseits fest, dass die Fakultät unsicher sei, ob sie Taubes überhaupt eine unbefristete Stelle anbieten sollte, da »unklar war, ob er sich zu einem erfolgreichen Wissenschaftler entwickeln würde«.[159] Bergmann hoffte, Taubes würde bleiben. Scholem hingegen war von Taubes enttäuscht. Er war bereit, das Stipendium für die Dauer von Taubes' Auslandsaufenthalt ruhen zu lassen, aber nicht, es ihm weiter zu gewähren, sollte er das Land endgültig verlassen.[160]

Scholem war erleichtert über Taubes' Weggang. »Von Taubes bin ich, nach 2½ Jahren Ansehen aus der Nähe, leider schwer enttäuscht: er benutzt seine unleugbare und grosse Begabung, anstatt ernst und mit Selbstdisziplin und Selbstverleugnung zu arbeiten, zu philosophischen Ludereien, die ich für ganz unernst und spielerisch halten muss. Rhapsodien über Themata von anderen und ungeheuer hoch-tönendes Zeug ohne innere Haltung. Ich habe an dem Jungen nichts mehr ändern können.«[161]

Jacob war bemüht, die Chance auf eine Versöhnung aufrechtzuerhalten. Er schrieb Scholem im September 1952 von Rochester aus, am Abend des jüdischen Neujahrsfests, das vergangene Jahr sei voller »Zorn und Leid« gewesen, und er bedauerte Scholems Unwillen, den »Vorfall« hinter sich zu lassen. Er entschuldigte sich nochmals. Wenn Scholem ihm nur vergeben könne und sich mit ihm aussöhnte, wäre das eine enorme Erleichterung für ihn.[162] Aber davon wollte Scholem nichts hören. »Schluss!!!«, notierte er am Briefrand. Später, vermutlich in dem Bemühen, seine Korrespondenz für zukünftige Wissenschaftler zu ordnen, fügte er auf Hebräisch hinzu: »Ich sah keinen Grund, auf diesen Brief zu antworten.«

Man sagt, die Zeit heile Wunden. Doch wie wir sehen werden, trifft dies nicht auf Scholem zu, wenn es um Taubes geht. Und auch nicht für Taubes, wenn es um Scholem geht.

Auf dem Weg von Israel in die Vereinigten Staaten traf Jacob in Europa Susan. Sie blieben ein paar Wochen in Paris, wo Jacob mit einem bunten Strauß Intellektueller Gespräche führte, einschließlich Ernst Jünger, dem Dichter W. H. Auden und dem katholischen Theologen Jacques Maritain (der vom Protestantismus konvertiert war) sowie dessen Frau Raïssa (die vom Judentum konvertiert war).[163]

Zunächst jedoch kehrte Jacob kurz nach Zürich zurück, um seine Familie zu besuchen. Dort hielt er auch einen öffentlichen Vortrag über »Die religiöse Situation in Israel«. Unter den Zuhörern befand sich Rudolf Zipkes, ein jüdischer Rechtsanwalt und Staatsbeamter in Zürich, der Taubes seit seiner Jugend kannte und die bemerkenswerte Angewohnheit hatte, über mehr als ein halbes Jahrhundert täglich Tagebuch zu führen. Darin schrieb er über Taubes: »Er hasst die Orthodoxie. Der Hass schärft seine Erkenntnis …« Und weiter: »Dabei verfügt er über Faszination, ist ein guter Redner, kann fechten, wenn auch viel eitle Züge, Raffinement, Wichtigtuereien mitgehen …« Zipkes fragte sich, welchen Weg Taubes einschlagen würde. Den der Überwindung der Orthodoxie? Oder würde er eine neue Form der Orthodoxie annehmen, als Kommunist oder Katholik, oder als Agudist, der die Position der *Neturei Karta* unterstützte? Oder würde sein Hang, sich über die Dinge zu stellen und alle geltenden Standpunkte zu negieren, sich durchsetzen?[164]

Jacob hätte es wohl selbst nicht gewusst.

7
Wie geht es weiter? 1952-1956

In den Jahren 1952 bis 1956 kämpfte Jacob darum, beruflich Fuß zu fassen. Er veröffentlichte Artikel und Rezensionen in philosophischen Fachzeitschriften und Zeitschriften, die im Zusammenhang mit den »New Yorker Intellektuellen« standen und sich an eine größere Bildungsleserschaft wandten. Er übernahm Lehraufträge und Gastdozenturen an zwei der renommiertesten Universitäten in den Vereinigten Staaten: Harvard und Princeton. Er weitete seine akademischen Kontakte aus, insbesondere zu Wissenschaftlern, die aus Deutschland geflohen waren. Er betrat zum ersten Mal die Welt des kommerziellen Verlagswesens und gab eine Buchreihe für den Beacon Press Verlag heraus. Bei alldem zeigte er charismatische und brillante Züge, aber auch unzuverlässige und sogar heimtückische. Schließlich, nach Jahren eines, wie er es nannte, »Zigeunerlebens« konnte er ein längerfristiges Beschäftigungsverhältnis an der Columbia University ergattern.

Im Frühjahr 1952, als Susan noch in Europa und ihr Ehemann in Jerusalem war, wurden ihre Briefe an Jacob immer sorgenvoller und verzweifelter. Sie drängte Jacob, so schnell wie möglich zu ihr zu kommen: »Ich brauche dich ganz furchtbar, und jeder Tag ist eine Qual«[1], schrieb sie. »Meine Seele ist angefüllt mit Lärm, komm zu mir und bring die Stimmen zum Schweigen.«[2] Als sie im August in London ankamen, schien Susan selbstmordgefährdet. Das Paar befand sich auf dem Weg nach Rochester, zu Susans Vater, ohne Arbeit, mittellos und angewiesen auf das, was Dr. Feldmann ihnen zur Verfügung stellen würde. Jacob glaubte, eine Lösung für Susans Probleme gefunden zu haben: Ein Baby würde ihr Halt im Leben geben.

Jacob mit seinem Sohn Ethan, Rochester 1953

Und so wurde ihr erstes Kind gezeugt.[3] Sie nannten ihren Sohn, der im Mai 1953 zur Welt kam, Ethan Josiah – der zweite Vorname zu Ehren des Josiah-Royce-Stipendiums, das Susan kürzlich vom Radcliffe College erhalten hatte, damit sie in Harvard an ihrer Promotion arbeiten konnte.[4] Susan änderte ihren Namen, indem sie den zweiten Vornamen »Anima« annahm: lateinisch für Seele, ein Begriff mit einem vagen mythischen oder gnostischen Anklang.

Jacob und Susan verschickten eine offizielle Geburtsanzeige ihres Sohnes, und Salo Baron antwortete mit einer Bibel als Geschenk.[5] Obschon Jacob vielen seiner Briefkontakte schrieb, um seinem Stolz über die Geburt seines Sohnes Ausdruck zu verleihen, war es doch bezeichnend für sein Verständnis von seinen elterlichen Verpflichtungen, dass er schon wenige Wochen nach der Geburt nach Chicago reiste, um dort Leo Strauss zu treffen.

Während Strauss' Studenten in Chicago über die politische Funktion von Religion reflektierten, verspürten sie doch wenig

Neigung, die gelebte religiöse Praxis in den Stadtteilen rund um die Universität zu verfolgen. Anders Taubes, der religiös sehr bewandert war: Er besaß ein Interesse, einen Sinn und die Fähigkeit, sich in eine große Spannbreite religiöser Erfahrungen einzufühlen. Er vermittelte den Straussianern eine völlig neuartige Erfahrung, als er ihnen vorschlug, einen Sonntagsgottesdienst in einer örtlichen afroamerikanischen Kirche zu besuchen. Den ausgelassenen Gebeten folgte das Herumreichen eines Huts, in den die Gemeindemitglieder ihren Obolus hineinwarfen. »Daraus können wir lernen!«, bemerkte Jacob.[6] Er nutzte seinen Aufenthalt, um einen weiteren Wissenschaftler aus Mitteleuropa zu treffen, den liberalen Ökonomen und Philosophen Friedrich Hayek,[7] und er speicherte Informationen über Hayeks aktuelle Forschungen zur Wissenschaftsphilosophie ab, die er zwei Jahrzehnte später für seine eigenen Zwecke verwenden sollte.

Zwischen seiner Rückkehr aus Jerusalem und seiner Reise nach Chicago – arbeitslos, ohne Einkommen und gefangen in der intellektuellen Ödnis von Rochester, N.Y. – tat Jacob etwas, wozu er sonst keine große Bereitschaft zeigte: Er schrieb Artikel, die veröffentlicht werden sollten, um an seiner akademischen Reputation zu arbeiten.

Er hoffte auch, seine Doktorarbeit, die *Abendländische Eschatologie*, auf Englisch herausbringen zu können. Dazu ließ er die Arbeit vom Sohn eines deutschstämmigen Kantors übersetzen.[8] Doch die Übersetzung – ganz offensichtlich von jemandem angefertigt, der nichts von der Materie verstand – war so schlecht, dass sie quasi unlesbar war. Taubes behauptete in den folgenden Jahren, eine englische Übersetzung sei in Arbeit, doch das blieb ein Luftschloss.

In Rochester schrieb Taubes Rezensionen für wissenschaftliche Zeitschriften wie die *Philosophy and Phenomenological Research* oder die *Ethics*, was die Bandbreite seines Wissens verdeutlichte.[9] Er veröffentlichte mehrere umfangreichere Arbeiten zu religiösen Themen, die nicht nur von Gelehrsamkeit, sondern auch von echten Erkenntnissen zeugten. Zumeist beschäftigte er sich mit der Geschichte des Christentums, insbesondere mit der deutschen evangelischen Theologie in der Moderne. Aber das größere Thema waren die Bedingungen, die der Entwicklung einer angemessenen Theologie der Gegenwart im Wege standen. Da die Thesen in diesen Aufsätzen in einer engen Beziehung zueinander stehen, erscheint es sinnvoll, sie nicht einzeln, sondern gebündelt zu betrachten.

Warum, fragte Taubes, existierte die Theologie als systematische Darstellung des Wesens Gottes und als religiöse Lehre überhaupt? Den Grund dafür sah er darin, dass infolge veränderter Lebensumstände und eines Bewusstseinswandels wesentliche Glaubenslehren, -symbole und -mythen an Plausibilität eingebüßt hätten. Vieles in der modernen Theologie könne man als Bestreben verstehen, diese Lehren, Symbole und Mythen wieder glaubwürdig zu machen. Doch stünden mächtige Stolpersteine jedem dieser Vorhaben im Wege.

Theologie, so Taubes, entstehe aus einer religiösen Krise, wenn die »mythischen« Symbole der kanonischen Texte, die eine menschliche Begegnung mit dem Göttlichen beschreiben, ihre ursprüngliche Glaubwürdigkeit verlieren.[10] »Die Stunde der Theologie ist gekommen, wenn eine mythische Konfiguration zusammenbricht und ihre zum Kanon geronnenen Symbole mit einem neuen Stadium des menschlichen Bewusstseins in Konflikt geraten. Wenn die Symbole, die geprägt wurden, um eine Begegnung des Menschen mit dem Göttlichen zu einem ganz bestimmten Zeitpunkt in der Geschichte auszudrücken, nicht mehr länger mit seiner Erfahrung in Übereinstimmung zu bringen sind, versucht die Theologie, die ursprünglichen Symbole so zu interpretieren, dass sie in den Kontext der veränderten Situation integriert werden können: Was im Mythos präsent war, ist dann nur noch ›re-präsentiert‹ in der theologischen Deutung.« Das Resultat dieser Neuinterpretation sei jedoch paradoxal. Denn zum einen würden die ursprünglichen Symbole gerade in der Umdeutung bewahrt, und zum anderen bedeute diese Neuinterpretation, dass die ursprünglichen Symbole neu verstanden werden müssen, um dem veränderten Bewusstseinszustand zu entsprechen. Wenn sich dann die Kultur und das Bewusstsein abermals veränderten, werde die vorhandene Auslegung wieder als unangemessen empfunden und eine *neuerliche* theologische Umdeutung der ursprünglichen Glaubenssymbole wird erforderlich. Wenn aber die Theologie nicht länger in der Lage sei, eine als angemessen empfundene Auslegung auch zu liefern, verlieren die Symbole ihren Halt und sterben. Das, so Taubes, geschehe gerade im Christentum.

Taubes' Interpretationsrahmen ist historistisch und stützt sich stark auf Gershom Scholems Thesen[11] sowie auf den Experten des Neuen Testaments aus dem späten neunzehnten Jahrhundert Franz Overbeck – einen Autor, auf den Taubes immer wieder zurückkam im Verlauf des kommenden Jahrzehnts.

Die Rolle der Theologie im Christentum, merkte Taubes an, gehe auf das Neue Testament zurück, denn die Diskrepanz zwischen den ursprünglichen Symbolen und der historischen Realität sei quasi umgehend zutage getreten. Die eschatologischen Erwartungen der ersten Christen – vom Ende der Geschichte und der bevorstehenden Wiederkunft Christi – blieben unerfüllt. Entsprechend wurde »die christliche Gemeinde gegen ihre Erwartungen und ihren Willen in die Geschichte hineingeworfen, und der Hiatus zwischen den eschatologischen Glaubenssymbolen und der fortwährenden Existenz des Menschen in der Geschichte ist so alt wie die Geschichte der christlichen Kirche«. Die Funktion der christlichen Theologie war fortan die Neuinterpretation der eschatologischen Symbole (wie etwa die Inkarnation Christi und die Errettung der Menschheit am Ende der Tage) im Lichte der veränderten historischen Bedingungen. Im Prozess des Wandels von einer »adventistischen Sekte« (also einer kleinen Gruppe von Menschen, die die bevorstehende Ankunft des Messias und das Ende der Tage erwartete) in eine universale Kirche musste das Christentum sich mit der Welt arrangieren, sich »säkularisieren«. An anderer Stelle formulierte Taubes, »Jacob Burckhardt bemerkte einst, dass jegliche Beziehung zur äußeren Realität zusammenbricht, wenn man gewisse Absätze des Neuen Testaments todernst nimmt; darin spiegelt sich ein Geist wider, der die Welt als einen seltsamen und fremden Ort betrachtet. Kirche und Theologie haben jedoch ihr Möglichstes getan, um diese ursprüngliche christliche Erfahrung der totalen Entfremdung von der Welt abzuschwächen und zu verschleiern; in neunzehn Jahrhunderten haben sie einen originär ›nihilistischen‹ Impuls in eine positive ›soziale‹ oder ›politische‹ Handlung gewendet.«[12] Dies habe zu einem Dauerkonflikt zwischen den kanonischen Glaubenstexten (dem Neuen Testament) und den späteren theologischen Kommentaren geführt, einem »Konflikt zwischen den eschatologischen Symbolen und den nackten Tatsachen einer fortschreitenden Geschichte«. Der beste Weg, um diese Spannung aufzulösen, sei die allegorische Deutung, das Beharren darauf, den biblischen Text nicht im Wortsinn zu verstehen.

Aber die allegorische Deutungstradition, so Taubes weiter, war aus einer Vielzahl von Gründen nicht länger tragfähig. Zunächst standen die modernen kritischen Bibelwissenschaften des Alten und Neuen Testaments, die die Überlieferungsgeschichte der Texte zu erforschen suchten, im Widerspruch zur traditionellen theologischen Bibelauslegung (Exegese): »Beinhaltet die historische Interpretation nicht qua Methode eine Kritik an jeglicher theologischen Exegese? Wo die theologische Exegese die ursprünglichen Symbole mittels der allegorischen Interpretation in eine spezifische Situation ›überträgt‹ – das ist die ursprüngliche Bedeutung der Übersetzung – muss, interpretiert die historische Analyse den Text und die kanonischen Symbole in ihrem ursprünglichen historischen Kontext.«[13] Adolf von Harnack (1851-1930), der große liberale und protestantische Historiker des Christentums, löste dieses Dilemma, indem er das »Wesen des Christentums« als die Religion Jesu interpretierte und zugleich »alle christologischen Lehren als Ballast verwarf«. Nietzsche fand einen anderen Ausweg mit seiner Schlussfolgerung, der Siegeszug der historischen Forschung setze implizit »den Tod des christlichen Gottes [voraus]. Die historische Forschung«, so Nietzsches Beobachtung, »funktioniert nur als Obduktion, als Sezierung des Körpers um der anatomischen Untersuchung und der Abfassung eines Nachrufs willen.«

Taubes erkannte Barths Ansatz in der berühmten zweiten Auflage von dessen Kommentar zu Paulus' Römerbrief (siehe Kapitel 3) als eine Strategie, das historische Verständnis der Bibel zugunsten einer unmittelbaren Wiedergewinnung ihrer eschatologischen Bestandteile zu unterlaufen. Was Taubes jedoch an Barths dialektischer Theologie kritisierte, war das Bemühen, das historische Verständnis durch einen naiven Rückgriff auf die biblischen Quellen zu umschiffen: »Eine solche Unschuld ist eine Illusion und kann weder durch Wollen noch durch Wünschen wiederhergestellt werden.«[14]

Taubes stimmte mit Paul Tillich – dem radikalen deutschen evangelischen Theologen, der zu dieser Zeit am Union Theological Seminary lehrte – darin überein, dass jegliche fundamentalistische und orthodoxe Theologie unglaubwürdig geworden war. »Für die erste Generation der gläubigen Christen war das Kommen des Messias eine Realität und kein ontologisches Problem. Viele Generationen sind nicht über die Konkretheit zentraler Symbole wie Vater, Herr oder König des Himmelreichs gestolpert. … Sie verwendeten diese Symbole ganz naiv und benötigten keine allegorische oder dialektische Interpretation. Wer nach zweitausend Jahren christlicher Geschichte denkt, er könne den Hiatus der Zeit ignorieren, ist Opfer einer Illusion.«[15]

In seinem Essay »Dialectic and Analogy« beschäftigte sich Taubes mit einem weiteren Hindernis bei der Entwicklung einer angemessenen zeitgenössischen christlichen Theologie. Er argumentierte, die christliche Theologie habe während des größten Teils ihrer Geschichte auf einem hierarchischen Verständnis vom Kosmos mit der Erde im Zentrum beruht. Aus dieser Sicht war der Himmel tatsächlich »oben«, und die irdischen Institutionen spiegelten ihre himmlischen Gegenstücke wider. Im Mittelalter folglich »drückt das Analogieprinzip die grundsätzliche Entsprechung von oben und unten, Himmel und Erde, von Natürlichem und Übernatürlichem aus«. Mit der kopernikanischen Wende fiel all dies in sich zusammen, denn nun zeigte sich, dass die Erde tatsächlich nicht im Zentrum des Universums stand, dass sie stattdessen um die Sonne kreiste. Folglich stand auch der Mensch nicht länger im Mittelpunkt des Universums. Die katholische Kirche versuchte, die Bedeutung dieser Entdeckung herunterzuspielen, doch »die kopernikanische Wende zerschlug alle hierarchischen Strukturen, die himmlischen wie die irdischen ... oben und unten wurden zu bloßen ›Metaphern‹ und wurzelten nicht länger in der äußeren Ordnung des Kosmos«. Taubes argumentierte, das Bestreben der modernen katholischen Denker, die analoge Theologie des Thomas von Aquin wieder aufleben zu lassen und gleichzeitig seine Kosmologie aufzugeben, sei eine Missdeutung gewesen. Er hielt dies für aussichtslos – es gab kein Zurück.[16] Zudem, so Taubes weiter, führten der Niedergang der Monarchie als dominierender Form der politischen Herrschaft und der Aufstieg der Demokratie dazu, dass vieles aus der Bildsprache der traditionellen Liturgie aus dem zeitgenössischen Bewusstsein verschwand.[17]

Im Resultat war die theistische Religion »gezwungen, sich in die Sphäre der ›Innerlichkeit‹ des Menschen zurückzuziehen«.[18] Eine theologische Antwort darauf sei die Betonung des »Dialektischen« gewesen – die Beziehung zwischen einem fernen Gott und dem einzelnen Gläubigen und die Herausstellung der inneren Spiritualität des Einzelnen.[19] Die Theologie habe sich von der Kosmologie zur »Anthropologie« gewendet und sich auf die Natur des Menschen und seine Bedürfnisse konzentriert. Da sie immer mehr über den Menschen und immer weniger über Gott zu erzählen hatte, bezeugten die verschiedenen Spielarten der »dialektischen Theologie« – ob nun die von Barth oder von Tillich – »die Verdunkelung des Göttlichen in unserer gegenwärtigen Lage«.[20] Bei westlichen Intellektuellen stand der Marxismus im ersten Nachkriegsjahrzehnt im Schatten des Existenzialismus. Die Bedeutung von Tillichs neueren Schriften erkannte Taubes darin, dass sie die Säkularisten an die religiösen Wurzeln der typischen Anliegen des Existenzialismus erinnerten: »Furcht, Angst, Mut, Sein und Nichtsein.«[21]

Taubes glaubte, das historische Bewusstsein, die postkopernikanische Wissenschaft und die politische Demokratie hätten die traditionellen Techniken der Theologie zerstört. Als christliche Theologen wie Barth die Vorstellung von einer fortschrittsorientierten Geschichte aufgaben und providenzialistische Berichte, die Anzeichen Gottes in der Geschichte erblickten, zugunsten von dialektischen Berichten, die die Kluft zwischen Gott und den Menschen betonten, verwarfen, näherten sie sich der gnostischen Vorstellung von einer gottlosen Welt an und bereiteten den Boden für eine atheistische Theologie. »Vielleicht ist die Zeit gekommen«, spekulierte Taubes in »On the Nature of the Theological Method«, »in der die Theologie lernen muss, ohne die Unterstützung des Kanons und der klassischen Autoritäten auszukommen und in einer Welt ohne Autorität zu bestehen.« Stattdessen, so Taubes, »muss die Theologie im Reich des Säkularen inkognito bleiben und inkognito auf die Heiligung der Welt hinarbeiten«.[22] Taubes scheint die Idee von einer Theologie, die sich tarnen muss, um Einfluss in der Gegenwart zu gewinnen, aus Walter Benjamins »Über den Begriff der Geschichte« übernommen zu haben, eine Quelle, auf die er auch in späteren Jahren immer wieder zurückgriff.

Ein Jahrzehnt später wurde dieser Essay, zusammen mit Susan Taubes' Essay »The Absent God« über Simone Weil, in die

Anthologie *Toward an New Christianity: Readings in the Death of God Theology* aufgenommen. Herausgegeben wurde der Band von Thomas Altizer, der anmerkte, dass »Taubes' Essays aus der Mitte der fünfziger Jahre für viele jüngere Theologen, die sich von dem diesen Essays zugrundeliegenden Kernproblem in eine radikale Richtung lenken ließen, geradezu heilig waren«.[23] Mit außergewöhnlicher Präzision hatte Taubes die zentralen Dilemmata der zeitgenössischen christlichen Theologie ausformuliert.

Taubes schrieb über das Judentum wie er über das Christentum schrieb: aus der Perspektive eines außenstehenden wissenschaftlichen Experten. Er setzte die Erkenntnisse der modernen wissenschaftlichen Forschung, wonach der Pentateuch aus mehreren Quellen und von mehreren Autoren stammte, als selbstverständlich voraus.[24] Die göttliche Offenbarung am Sinai, und auch die christliche Lehre von der Inkarnation, betrachtete er als mythische Symbole, deren beständige Neuinterpretation Gegenstand der wissenschaftlichen Untersuchung war. In einem Teil seines Wesens war Taubes also ein akademischer Religionswissenschaftler mit all der intellektuellen und emotionalen Distanz, die das erforderte.

Zugleich hatte er sich Susans Wunsch gefügt, dass ihr Zuhause frei vom Judentum bleiben sollte, dem sie so ablehnend gegenüberstand. Er schrieb an Martin Buber, dass er nicht länger orthodox lebte – eine Untertreibung.[25] Doch Jacob blieb innerlich zwiegespalten und einen Monat nach Ethans Geburt hielt er eine *Pidyon haben* (eine Zeremonie zur Erlösung des Erstgeborenen) für seinen Sohn ab und schrieb an Leo Strauss: »Angesichts der elementarsten menschlichen Umstände gewinnen alte Rituale an Kraft und Bedeutung.«[26] Der Streit zwischen Susan und Jacob über jüdische Identität und die Einhaltung der jüdischen Gesetze setzte sich auch in den folgenden Jahren fort: 1956 vertraute Jacob Ernst Simon und Hugo Bergmann an, dass ein »Religionskrieg im Hause Taubes« tobt.[27]

Ein Teil von Jacob sehnte sich danach, die religiösen Gesetze zu befolgen. Und so reiste er zu den Hohen Feiertagen im September 1955 in die chassidische Enklave von Williamsburg in Brooklyn, um gemeinsam mit seinem alten Gefährten, dem Rebbe von Satmar, Joel Teitelbaum, zu beten. Später erklärte er in einem Brief: »Dies ist der einzige Ort, an dem ich beten kann – die modernen Gottesdienste machen mich krank. In Williamsburg geht es in den Gebeten um Leben und Tod. Auch wenn ich nur als Außenseiter teilnehmen kann, fühle ich mich dort mehr zugehörig als da, wo ich meinem ›Status‹ nach eigentlich hingehöre (bei irgendeinem liberalen Gottesdienst)!«[28] An denselben Adressaten schrieb er, obwohl er sich nach Jerusalem zurücksehne, um dort an der Hebräischen Universität Religion zu lehren, lägen doch seine Sympathien im Konflikt zwischen Staat und Religion aufseiten der (ultraorthodoxen und antizionistischen) *Neturei Karta*. Seine persönliche Verbindung zur Religion sei hingegen lose. »Ist ein Widerspruch wie dieser zu tolerieren? Kann man so leben? Es scheint, als lebten Erinnerungen in mir fort, die stärker wirken als der strukturelle Überbau der Argumentation – für einen Philosophen eine höchst fragwürdige Art zu leben.«[29]

Jacobs beeindruckendste intellektuelle Leistung erschien nicht in einer akademischen Zeitschrift, sondern im *Commentary*, jenem Magazin, das vom *American Jewish Committee* herausgegeben wurde und sich an eine breitere gebildete Leserschaft richtete. In den Jahren, die Jacob in Israel verbracht hatte, hatte sich die Zeitschrift zu einem führenden intellektuellen Medium entwickelt – nicht nur für Diskussionen über jüdische Themen, sondern auch darüber hinaus. Die Redaktionsassistenten Irving Kristol und Nathan Glazer waren beide Veteranen des Maimonides-Seminars. Im Lauf der 1950er Jahre und in den kommenden Jahrzehnten wurde der *Commentary* zum führenden Medium der später sogenannten »New York Jewish Intellectuals« (wobei nicht alle Beteiligten jüdisch waren), das gilt insbesondere für die zweite Generation, der unter anderem Daniel Bell, Nathan Glazer, Irving Kristol und Gertrude Himmelfarb angehörten. Als Bell dieses intellektuelle Netzwerk dokumentierte, zählte er Emil Fackenheim, Arthur A. Cohen, Will Herberg – und Jacob Taubes – zu jenen Personen, die sich »zeitweise so nahstanden, dass man sie als ›Cousins‹ hätte betrachten können«.[30]

Unter anderem verfolgte der Herausgeber Elliot Cohen das Ziel, die Debatten über jüdisches religiöses Denken in den öffentlichen Fokus zu rücken, und er veröffentlichte Artikel von und über die beiden bedeutendsten deutsch-jüdischen Theologen des zwanzigsten Jahrhunderts – Martin Buber und Franz Rosenzweig –, aber auch jüngere religiöse Denker wie Abraham Joshua Heschel und Emil Fackenheim.[31] Ein weiteres Anliegen von Cohen war es, dass sich die amerikanischen Juden ihres wachsenden Erfolgs und ihrer zunehmenden Sicherheit in den Vereinigten Staaten bewusst würden und ihren »lähmenden, für Minderheiten typischen Verteidigungsreflex«[32] ablegten.

Taubes' Artikel »The Issue between Judaism and Christianity: Facing Up to the Unresolvable Differences«, der im Dezember 1953 veröffentlicht wurde, argumentiert stringenter als nahezu alles andere, das er publizierte – wahrscheinlich verrät er auch die Handschrift der Redakteure des *Commentary*, die geübt darin waren, die Arbeiten von Professoren und Rabbinern in lesbare Prosa umzuschreiben. Der Anlass für Taubes' Artikel war seine Lektüre von Rosenzweigs *Stern der Erlösung* und sein Unbehagen über die darin entfaltete These, Juden sollten in ihrer Theologie dem Christentum eine bevorzugte Stellung einräumen. Für Taubes war dies eine provinzielle, europäische Perspektive, die die historische Bedeutung des Islam ignorierte, eines Glaubens, den Rosenzweig nur als Marginalie behandelt hatte.[33]

Wie viele seiner späteren Artikel war auch dieser von dem Wunsch inspiriert, ein zeitgenössisches Schibboleth infrage zu stellen[34] – in diesem Fall die Idee von einer »judäisch-christlichen Tradition«. Der Ausdruck war zu dieser Zeit eine noch relativ neue Prägung. Er kam während des Zweiten Weltkriegs auf, um die gemeinsamen westlichen Werte im Gegensatz zum Faschismus hervozuheben. In der Nachkriegszeit und mit zunehmendem Bekanntwerden der Todeslager empfanden einige christliche Theologen den Ausdruck »unsere christliche Zivilisation« als bedenklich exklusiv. Der Ausdruck etablierte sich zu Beginn des Kalten Krieges, als das »Jüdisch-Christliche« gegen den atheistischen Kommunismus in Stellung gebracht wurde.[35] Und schließlich ging er in den allgemeinen Sprachgebrauch des liberalen öffentlichen Diskurses ein und drückte »die Vorstellung aus, dass westliche Werte auf einem religiösen Konsens beruhten« – mit dem Ergebnis, dass »das Judentum von den Rändern des religiösen Lebens in Amerika ins Zentrum gerückt wurde«.[36] Doch was bedeutete der Ausdruck tatsächlich in religiöser Hinsicht? Zwei häufige Beiträger des *Commentary* wandten sich dieser Frage zu: Will Herberg und Hans-Joachim Schoeps.

Herberg war kommunistischer Aktivist und Theoretiker gewesen, doch in den späten 1930er Jahren war sein Glaube an den Marxismus zusammengebrochen. Sein Versuch, den Stalinismus zu erklären, führte ihn zu den Schriften des amerikanischen protestantischen Theologen Reinhold Niebuhr, einem Neo-Augustianer, der Augustinus' pessimistischen Blick auf die menschliche Natur in einen Beweis für die unausweichlichen Korruptionen der Macht wendete, jedoch dabei die Anwendung von Macht in einer gefallenen Welt verteidigte. Herberg suchte Niebuhr auf und schilderte ihm, dass ihn dessen Argument überzeuge, doch als Mensch mit jüdischen Wurzeln könne er sich nicht vorstellen, zum Christentum zu konvertieren.[37] Stattdessen wandte sich Herberg dem Judentum zu und entwickelte ein Interesse an der Theologie Franz Rosenzweigs, dessen Arbeiten zu dieser Zeit gerade erst für amerikanische Juden zugänglich wurden. Überwiegend war dies Nahum Glatzer zu verdanken, der damals als Lektor im Schocken Verlag in New York arbeitete.[38]

Glatzer, der in Frankfurt eng mit Rosenzweig zusammengearbeitet hatte, hatte eine Einführung in Rosenzweigs Leben
veröffentlicht. Darin enthalten war auch die Geschichte von Rosenzweigs Debatten mit seinem Freund Eugen Rosenstock-
Huessy, der zufolge Rosenzweig sich entschieden hatte, zum
Christentum zu konvertieren – aber erst, nachdem er sich dem
jüdischen Leben gegenüber geöffnet hatte. Ein Konversions-
erlebnis in einer orthodoxen Synagoge an Jom Kippur führte
ihn schließlich, der Erzählung zufolge, dazu, sich zum Judentum zu bekennen. In den Jahren nach dem Ersten Weltkrieg entwickelte Rosenzweig einen radikal neuen Zugang zum Judentum. Er erkannte (übereinstimmend mit Nietzsche), dass die
historische Sicht auf das Christentum entweder auf atheistischen Grundannahmen basierte oder zu atheistischen Schlussfolgerungen führte.[39] Und während er die Historizität der hebräischen Bibel zwar akzeptierte – also dass sie von mehreren
Schreibern zusammengestellt wurde –, behauptete er, dass ihn
vorrangig die Bedeutung des Textes in seiner bearbeiteten Fassung interessiere. Wie Barth also (nur mit einem höheren Grad
an historischem Selbstverständnis) stellte sich Rosenzweig der
Aufgabe, die biblischen Texte und die jüdische Liturgie nicht
historisch, sondern vielmehr auf existenziell-religiöse Weise zu
interpretieren. Wie nach ihm Tillich ging Rosenzweig von den
Erfahrungen und Ängsten des Individuums aus und errichtete
seine Theologie gewissermaßen von Grund auf.

Der *Commentary* hatte Auszüge aus Rosenzweigs Arbeiten
zwischen 1945 und 1949 veröffentlicht und publizierte 1950
Herbergs umfangreiche und gut recherchierte Einführung in
Rosenzweigs Leben und Denken. Herberg beleuchtete darin
eine der wichtigsten theologischen Innovationen Rosenzweigs:
die Tatsache, dass er dem Christentum eine providenzielle Rolle
zuwies, als »›Judentum für die Heiden‹, durch das alle Menschen auf der Welt zum Gott Israel gelangen«.[40] Herberg ging
in dem Artikel »Judaism and Christianity: Their Unity and Dif-

ference«, der im *Journal of Bible and Religion* im April 1953 erschien, noch darüber hinaus. Aufbauend auf seinem Wissen über Rosenzweig, vertrat er hier die Ansicht, dass »Judentum und Christentum eine einzige religiöse Wirklichkeit abbilden, wobei sich das Judentum nach *innen* auf die Juden richtet und das Christentum nach *außen* auf die Nichtjuden, die dadurch zu Gott kommen und in den Bund Israel aufgenommen werden und somit aufhören, Nichtjuden zu sein«.[41]

Der deutsch-jüdische Religionshistoriker Hans-Joachim Schoeps nahm Rosenzweigs Gedanken im *Commentary* auf und behauptete, dass »es nicht gleichgültig sein kann, ob man Christ oder Nichtchrist ist«, und er konstatierte, »ich würde sogar so weit gehen, zu sagen, dass vielleicht kein Nichtjude zu Gott dem Vater anders als durch Jesus Christus finden kann«. Auch wenn die Juden Jesus nicht als Israels Messias erkannten, so Schoeps, sollten sie doch »bereit sein, anzuerkennen, dass der Gestalt dieses Mannes auf irgendeine uns nicht zugängliche Weise eine messianische Bedeutung für die nichtjüdische Menschheit innewohnt«.[42]

Auf all dies fand Taubes eine beißend scharfe Antwort.

Ein beträchtlicher Teil des zeitgenössischen jüdischen Denkens, so Taubes – und hierbei hatte er insbesondere Rosenzweig im Sinn –, habe sich von der historischen Tatsache der Vorherrschaft des Christentums einschüchtern lassen. »Jüdische Denker wie Hans-Joachim Schoeps und Will Herberg waren so gebannt vom historischen Erfolg des Christentums, dass sie versucht sind, eine ›theologische‹ Rechtfertigung zu finden.« Dieses Bemühen entbehre nicht einer gewissen Ironie, so Taubes, stand doch der Westen an der Schwelle zu einem »postchristlichen« Zeitalter, »in dem christliche Symbole und Dogmen bereits so antiquiert erscheinen wie das Alte Testament im Zeitalter des Christentums«. Taubes hingegen argumentierte, dass »die christliche Religion im Allgemeinen und die Institution der christlichen Kirche im Besonderen keine religiöse Bedeutung für den jüdischen Glauben haben«. Tatsächlich, »aus jüdischer Sicht spaltet die Teilung der Göttlichkeit in ›Vater‹ und ›Sohn‹ das göttliche Wesen; sie wurde und wird von der Synagoge schlichtweg als Blasphemie betrachtet«.[43]

Dem Versuch, den Monotheismus als das wesentliche Element des Judentums zu verstehen, stand Taubes ebenso kritisch gegenüber, und er wies auf die nichtmonotheistischen Tendenzen in der Kabbala hin. Nein, pochte er, seit den Zeiten Esras war das bestimmende Element das Gesetz, die Halacha: »Alle theologischen Mutmaßungen sind nachrangig.« Der Vorstellung, das Judentum sei »legalistisch«, die Quintessenz der paulinischen Kritik, hätten viele moderne Juden Glauben geschenkt. »Das moderne jüdische Denken ist zu einem großen Teil ein Gefangener dieses Antinomismus, der das moderne Denken im Allgemeinen durchzieht.« Aber, so Taubes, »die Halacha ist eine Struktur, in der eine bemerkenswerte Bandbreite religiöser Erfahrung integriert ist«, vom Rationalismus bis zur Mystik. Und er verteidigte die halachische Betonung »der rationalen und alltäglichen Nüchternheit der Gerechtigkeit« gegen die flüchtige Macht der Liebe oder dem Verlangen nach »Ekstase und Delirium der menschlichen Seele« (später »Spiritualität« genannt).

Außerdem, so Taubes' These, sei das Christentum aus jüdischer Sicht keineswegs eine Besonderheit. »Die Geschichte des Christentums, der Anspruch Jesu, der Messias zu sein, und die Theologie des Paulus, wonach Christus das Ende des Gesetzes war, sind mitnichten ›einzigartige Ereignisse‹ für das Judentum, sondern Vorkommnisse, die sich im jüdischen Muster des religiösen Daseins wiederholt ereignet haben.« Denn der »antinomistische Messianismus« sei ein wiederkehrendes Phänomen in der jüdischen Geschichte, erinnerte Taubes seine Leser und zitierte Scholems Werk über Sabbatai Zwi. Taubes schlussfolgerte, dass jüdische Denker, die das Gesetz als etwas rein Äußerliches behandeln und vielmehr die emotionale Erfahrung in den Vordergrund stellen, sich die antinomistische, paulinische

Kritik des Gesetzes zu eigen gemacht hätten. »Die pseudo-aggadische Betonung im modernen jüdischen Denken der ›Romantik‹ des Chassidismus oder der Romantik einer mythologisierten osteuropäischen Judenheit allgemein ist letztlich kein Hindernis für die Christianisierung des jüdischen Volkes« – eine Anspielung auf Martin Bubers Geschichten des Chassidismus (insbesondere auf seine kurz zuvor publizierte *Chassidische Botschaft* [1952] und Abraham Joshua Heschels *The Earth Is the Lord's: The Inner Word of the Jew in Eastern Europe* [1949]).

Beim Beschreiben der christlichen Sicht auf die Juden lieferte Taubes eine Interpretation der Paulus-Botschaft, die er Jahrzehnte später mit Carl Schmitt debattieren sollte und die in seinen letzten Vorträgen über »Die politische Theologie des Paulus« noch einmal auftauchte. Diese Auslegung fokussierte die Kapitel 9-11 von Paulus' Römerbrief, in dem Paulus »die Weigerung der jüdischen Gemeinde, Jesus als Christus anzunehmen, als Teil des ewigen Erlösungsdramas« interpretierte: Erst Israels Zurückweisung Jesu ermöglichte den Heiden die Erlösung. Israel wurde zum Feind Christus', ›um euretwillen‹. Nach dieser Interpretation von Paulus »lehnt die jüdische Synagoge Jesus als Christus ab, doch ist diese Ablehnung essenziell für die universale Erlösung«.

Taubes' Artikel im *Commentary* war historisch und konzeptionell dicht, aber rätselhaft. Er führte traditionell orthodoxe Standpunkte aus und deutete zugleich an, dass er sowohl das Christentum als auch das Judentum für unzulänglich hielt. Er lieferte eine Paulus-Auslegung, die weit von dem entfernt war, was den meisten Christen vertraut gewesen sein dürfte. Würde man nur diesen Artikel kennen, könnte man schlussfolgern, Taubes haben dem Antinomismus ablehnend gegenübergestanden. Dabei neigte er ihm zu (sowohl in der Theorie als auch in der Praxis). Aber hier stand die Gelegenheit, die vorherrschende Meinung herauszufordern, im Vordergrund.

Der Beitrag war brillant in nahezu jeder Hinsicht. Er offenbarte ein bemerkenswertes Wissen über die Geschichte des Judentums und des Christentums, einschließlich der Theologie der Moderne. Er kritisierte sowohl das zeitgenössische christliche als auch das jüdische Selbstverständnis. Doch was war Taubes' persönliche Haltung? Wo stand er selbst in religiöser Hinsicht? Der Beitrag zog viele Briefe und ausführliche Reaktionen im *Commentary* nach sich, auf die Taubes schließlich mit einem Antwortbrief reagierte. Darin erklärte er: »Der theologische Disput zwischen Judentum und Christentum verbleibt, wenn man ihn ernst nimmt, in einer ewigen Pattsituation. ... Aber wenn der theologische Bezugsrahmen einmal überschritten ist, werden dann nicht die Voraussetzungen für einen Disput oder auch für eine Versöhnung zwischen jüdischer und christlicher Lehre obsolet?« Anschließend beobachtete Taubes, dass es tatsächlich nicht viele Juden oder Christen gebe, die die theologischen Prämissen ihres Glaubens ernst nähmen und dass die zeitgenössische Gesellschaft gleichermaßen postchristlich wie auch postjüdisch sei. Und dabei beließ er es.[44]

Hier zeichnet sich ein wiederkehrendes Muster in Taubes' intellektuellem Wirken ab: Er nutzte die einmal erkannten Schwachpunkte eines beliebigen Standpunkts – ob religiös, philosophisch oder politisch –, um diesen von der entgegengesetzten Position heraus anzugreifen; auch wenn er dieser Position selbst mit Skepsis gegenüberstand.

Neben dem Schreiben von Artikeln und Rezensionen in zuvor nicht da gewesenem Ausmaß suchte Taubes – zum intellektuellen Austausch ebenso wie auf der Suche nach beruflichen Perspektiven – den Kontakt zu emigrierten Wissenschaftlern. Einer von ihnen war Eugen Rosenstock-Huessy, ein vielseitig interessierter Philosoph des Christentums, dessen historische Werke *Die europäischen Revolutionen* (1931) und *Out of Revolution* (1938) Taubes in Rochester las. Der als Jude geborene Freund Franz Rosenzweigs war als junger Mann zum Christentum konvertiert, und Rosenzweigs eigene Gedanken entfalteten sich im Dialog mit Rosenstock-Huessy. Im Jahr 1933 wurde Rosenstock-Huessy aus seiner akademischen Anstellung in Deutschland verdrängt und wanderte in die Vereinigten Staaten aus, wo er nach einem kurzen Aufenthalt als Dozent in Harvard ans Dartmouth College in New Hampshire ging. In Rosenstock-Huessy fand Taubes einen Gesprächspartner, der für ihn eine Verbindung zum deutschen intellektuellen Leben der Zwischenkriegszeit herstellte und dem er sein Bedauern über das, was er damals als das endgültige Ende der deutsch-jüdischen Beziehungen betrachtete, mitteilen konnte. »Die jüdisch-deutsche Ehe war ein seltenes Ereignis, selten hat der jüdische Partner so um Liebe gebuhlt wie in diesem Fall … die deutsch-jüdische Ehe ist ›definitiv‹ geschieden«, schrieb Taubes.[45]

In ihrer reichhaltigen Korrespondenz findet sich eine von Taubes' bemerkenswertesten Einsichten über den Unterschied zwischen der hebräischen Bibel und dem Neuen Testament und, implizit, zwischen Judentum und Christentum. Dies betraf die Bedeutung der Nachkommenschaft und der Akzent lag auf dem kollektiven gegenüber dem individuellen Schicksal:

Wenn Sie nämlich unbefangen vom A. T. zum N. T. übergehen, so stossen Sie auf eine sehr merkwürdige Eigenheit. Im A. T. dreht sich alles um das Geschlecht, um das ›von Geschlecht zu Geschlecht‹: Sara, Rebeka, Rahel, Hanna, alle entscheidenden Akte in der Heilsgeschichte beziehen sich auf die Geburt der Kinder. Nur ein Kind fehlt allen Frauen. Das reicht bis an den Anfang des N. T. – die Geburtsgeschichte des Johannes (und vielleicht Jesu). Was an den Heilungen Jesu nur auffällt ist, dass nie ein unfruchtbares Weib kommt und um einen Sohn bittet, also eben die immer wiederkehrende Geschichte des A. T. sich nie wiederholt. Die Krankheiten an die Jesu herantritt stammen aus einer anderen Zone: blind, aussätzig, scheintot usw usw. In den paul. Briefen wird die Ehe verhöhnt, Geschlecht nur als brünstig offenbart. Das ist kein Vorwurf, sond. nur Feststellung eines Unterschieds. Im N. T. steht der Mensch auf sich, in sich, nicht in der Reihe der Geschlechter – er ist ein

»Ich«, ein spätantikes einsames Atom. Eine Philosophie der Geschlechter in jenem doppelten Sinne des Wortes (von Geschlecht zu Geschlecht, männl. u. weiblich) hat keinen Platz im Kraftfeld des NT. Von der ersten christl. Gemeinde führt der Weg schnurstracks ins Mönchentum. ... Overbeck hat dies scharf gesehen.[46]

Taubes' Korrespondenz mit Rosenstock-Huessy erreichte im Sommer 1953 einen Höhepunkt und wurde ab September, mit Taubes' Umzug nach Harvard, wieder sporadischer.

Folgenreicher war Taubes' Briefkontakt mit Eric Voegelin, einem gelehrten, ikonoklastischen und konservativen Denker, dessen Auffassung von der Geschichte des Abendlandes paradoxerweise einige Gemeinsamkeiten mit Taubes' radikaler Sicht aufwies. Voegelin war ein intellektueller Emigrant aus Nazi-Deutschland, doch war er weder ein Linker noch jüdischer Herkunft.[47] Intellektuell sozialisiert wurde er im Wien der Zwischenkriegsjahre; in den 1930er Jahren hatte er rassistische politische Ideologien kritisiert und den autoritären Staat als Bollwerk gegen totalitäre politische Bewegungen verteidigt. Damit war er zur Zeit des Anschlusses, der Annektierung Österreichs durch Nazi-Deutschland, gebrandmarkt. Wie Taubes interessierte sich auch Voegelin schon lange für die Schnittstelle zwischen Religion und Politik und unter seinen Veröffentlichungen aus seiner Wiener Zeit war auch ein Band über »politische Religionen«. Auch er war für kurze Zeit in Harvard, bevor er für eine Festanstellung an der Louisiana State University nach Baton Rouge zog. Im Jahr 1952 publizierte er *The New Science of Politics*. Vermutlich hatte die Lektüre dieses Buches Taubes dazu veranlasst, eine intensive Korrespondenz mit dem Autor zu suchen.

Voegelin vertrat die These, moderne Ideologien könne man am besten als Versuch, eine diesseitige Erlösung herbeizuführen, verstehen bzw. als Auswuchs (oder Wiederkehr) von häretischen Traditionen innerhalb des Christentums, die ihren Ursprung in der Gnosis hatten. Laut Voegelin strebten diese modernen Ideologien – zu denen er den Kommunismus, den Nationalsozialismus und den Liberalismus zählte – danach, die weltliche Sphäre zu vergöttlichen, und entsprechend stellten sie für ihn eine verzerrte Version religiöser Impulse dar.[48] Voegelin berief sich unter anderem auf Taubes' *Abendländische Eschatologie*, um zwei historische Wendepunkte zu beschreiben: zum einen die Aufnahme der Johannes-Offenbarung in den biblischen Kanon, mit ihrer »revolutionären Millenniumsverkündung, wonach Christus mit seinen Heiligen auf Erden regieren werde« sowie Joachim Fiores Vision von einem neuen Zeitalter des Geistes, das dem der institutionalisierten Kirche folgen würde.[49] Die Übereinstimmung in der Argumentation von Taubes' Dissertation und Voegelins Buch war so hoch, dass Taubes in einem Brief an den gemeinsamen Freund Carl Friedrich behauptete, mehrere von Voegelins Schlüsselthesen seien bereits in der früheren Veröffentlichung, seiner *Abendländischen Eschatologie*, zu finden.[50]

Im Herbst 1952 wandte sich Taubes auf Empfehlung von Alfred Schütz (ein weiterer Emigrant aus Wien, der an der New School in New York lehrte) an Voegelin und bat um Rat bezüglich einer möglichen Anstellung in der Politikwissenschaft (für die er sich aufgrund seiner Kenntnisse über Hegel, Hans Kelsen und Carl Schmitt qualifiziert fühlte).[51] Voegelin wandte sich daraufhin an William Y. Elliott vom Department of Government in Harvard und empfahl Taubes als »den Autor der brillanten Studie über die *Abendländische Eschatologie*, Bern 1947, die die Geschichte der chiliastischen Politik von der jüdischen Antike bis zu den zeitgenössischen totalitären Bewegungen nachzeichnet«. (Diese Formulierung stammte von Voegelin.[52]) Taubes und Voegelin waren beide den Schriften Hans Urs von Balthasars über Gnosis und Apokalypse verpflichtet, und beide interessierten sich für die Kontinuitäten zwischen vormodernen religiösen Bewegungen und modernen radikalen politischen Ideologien. In ihren Analysen stimmten sie also durchaus überein, in ihren Bewertungen hingegen nicht. Voegelin zufolge war die Säkularisierung der eschatologischen Hoffnung, bei ihm »die Immanenz des Eschaton«, die Achillesferse der Moderne – für Taubes der Motor des historischen Fortschritts. Nachdem er Taubes persönlich getroffen hatte, berichtete Voegelin: »Heute habe ich einen wahrhaftigen Gnostiker getroffen.«[53] Taubes seinerseits schrieb an Hannah Arendt: »Eric Voegelin war für ein paar Tage in der Stadt – eine eher harmlose Version von de Maistre oder Donoso Cortés« – zwei einflussreiche reaktionäre Denker des neunzehnten Jahrhunderts.[54] Auch wenn die beiden charakterlich zu verschieden waren, um enge Freunde zu werden, so beeinträchtigte dies ihren intellektuellen Austausch doch nicht. Voegelin beriet sich mit Taubes, während er an *Israel and Revelation* arbeitete, der erste Band in seiner Reihe »Ordnung und Geschichte«. Und im Frühjahr 1956 war Taubes damit beschäftigt, Voegelins Buch zu lesen und zu korrigieren. Ihre Beziehung riss in den folgenden Jahrzehnten nicht ab, wenn sie auch sporadischer Natur war.

Taubes' erster Besuch in Harvard fand im Februar 1953 statt. Den Rahmen bildete ein Seminar, das der Politikwissenschaftler William Y. Elliott veranstaltete, dessen Stellvertreter sein Doktorand Henry Kissinger war.[55] Taubes trug über »Theologie und politische Theorie« vor – ein breit angelegtes Referat, das einige Inhalte aufgriff, über die er kürzlich Beiträge geschrieben, aber noch nicht veröffentlicht hatte. Elliott beschrieb den Vortrag als »eine sehr, sehr brillante Leistung«. Die anschließende Fragerunde war als Ausweis von Gelehrsamkeit fast noch beeindruckender, denn Taubes kam auf zeitgenössische europäische Denker zu sprechen, die zu dieser Zeit nahezu unbekannt waren in den Vereinigten Staaten: auf Alexandre Kojèves Hegel-Interpretation, auf Henri de Lubac über Proudhon (einschließlich seiner Beobachtungen über Lubacs gestörtes Verhältnis zu seinem Jesuitenorden), auf Carl Schmitt über Donoso Cortés und auf Voegelins frisch erschienenes *New Science of Politics* – ganz zu schweigen von Taubes' spontanen gelehrten Einlassungen zu den gnostischen Passagen in den Paulusbriefen und zu Spinozas Schriften *Tractatus* und *Ethik*.[56]

Unter den Anwesenden war ein junger Fulbright-Stipendiat aus Deutschland, Hans-Joachim Arndt, der Taubes nach dem Seminar darauf ansprach, wie überrascht er sei, in Harvard auf einen Freund von Carl Schmitt zu treffen. Es stellte sich heraus, dass er den Brief über Schmitt kannte, den Taubes Mohler aus Jerusalem geschickt hatte und den dieser an Schmitt weitergeleitet hatte. Schmitt hatte den Brief seinerzeit mehrfach kopiert und großflächig unter die Leute gebracht. Taubes lenkte das Gespräch auf eine Frage, die ihn in den 1950er Jahren und darüber hinaus sehr beschäftigte: Wie hatten Intellektuelle vom Kaliber Heideggers und Schmitts den Nationalsozialismus begrüßen können?[57] Arndt freundete sich mit Jacob und Susan an, in die er sehr verliebt war.

Als Arndt hörte, dass Taubes gar nicht direkt an Schmitt geschrieben hatte, ermutigte er Taubes, dies zu tun. Jacob antwortete: »An C. S. ›konnte‹ ich noch nicht schreiben. Ich weiss einfach nicht wie zu beginnen. Soll 1933-1940 einfach unter den Tisch fallen? Freilich weiss ich mich nicht ›befugt‹ an wunden Stellen zu ›operieren‹. Es ist doch eine Tragödie, dass die Kritik des Liberalismus der zwanziger Jahre auf die Nazi-Mühlen geleitet wurden – und C. S. damit den Liberalismus rehabilitiert hat wie sonst niemand. Denn gegen den nazistischen C. S. haben ›sogar‹ die Liberalen recht und [Wort unleserlich] behalten.«[58] Schmitt begann jedoch nun, seine neuen Arbeiten an Taubes zu schicken, und zwei Jahre später überwand Taubes seine Skrupel und schrieb zurück, um sich mit Schmitt über einen Band zu beraten, den er in seiner ersten Buchreihe über die konservative Tradition beim Beacon Press Verlag herauszugeben hoffte.[59]

Am engsten fühlte sich Taubes den Intellektuellen der Frankfurter Schule verbunden. Anfang 1953 berichtete er Hugo Bergmann, dass er zwei »radikale Links-Hegelianer« in New York kennengelernt hatte, Franz Neumann und Herbert Marcuse, enge Freunde, die mit dem Institut für Sozialforschung assoziiert waren.[60] In den folgenden Jahren identifizierte sich Taubes zunehmend mit den Mitgliedern der Frankfurter Schule, wie sie schließlich bezeichnet wurde. Im Mittelpunkt der ersten Generation der Frankfurter Schule standen Max Horkheimer und sein enger Mitarbeiter Theodor W. Adorno. Adorno hatte eine intensive Freundschaft zu Walter Benjamin gepflegt (so wie Hannah Arendt und insbesondere Gershom Scholem). Nach seinem Umzug nach Cambridge entwickelte Taubes eine enge Beziehung zum etwas jüngeren Herbert Marcuse, einem der radikaleren Mitglieder des Frankfurter Kreises. Später, in den 1960er und 1970er Jahren, freundete sich Taubes mit Jürgen Habermas an, der führenden Figur der jüngeren Generation der Frankfurter Schule, mit dem er zusammenarbeitete und auch aneinandergeriet. Als Mann, der an intellektuellen und persönlichen Spannungen gedieh, war Taubes mit den Meinungsverschiedenheiten unter den Frankfurter Intellektuellen bestens vertraut und er sollte sie in den folgenden Jahrzehnten trefflich gegeneinander ausspielen.

Im Zentrum der Frankfurter Intellektuellen stand das Institut für Sozialforschung, eine Einrichtung, die in den 1920er Jahren von Felix Weil gegründet und finanziert worden war, dem politisch links stehenden Nachfahren eines kapitalistischen Unternehmers, der seinem Sohn ein kleines Vermögen hinterlassen hatte.[61] Das Institut war an die erst kurz zuvor gegründete Universität in Frankfurt angebunden. Im Jahr 1930 wurde Horkheimer Direktor des Instituts und nahm einen Ruf an den Lehrstuhl für Philosophie an der Universität an. Sein jüngerer Kollege

Theodor Wiesengrund (der später den Geburtsnamen seiner Mutter, Adorno, als Nachnamen annahm) kam bald darauf ans Institut, genauso wie Marcuse, der noch kurz zuvor bei Martin Heidegger studiert hatte. Unter der Führung Horkheimers strebte das Institut an, undogmatische marxistische Philosophie mit empirischer Forschung zu verbinden, die »kritische Theorie« entstand. Man könnte sagen, sie entwickelten einen re-hegelianisierten Marxismus. Ihr intellektueller Stammvater war Georg Lukács, dessen Werke und Persönlichkeit Taubes in seiner Studienzeit in Zürich beeindruckt hatten.

Von Lukács, und besonders aus seinem Buch *Geschichte und Klassenbewußtsein* (1923), übernahmen die Frankfurter eine Ideologiekritik, die darauf abzielte, zeitgenössische Doktrinen als bewusste oder unbewusste Rechtfertigungen für repressive Hierarchien zu entlarven. Wie andere Marxisten gingen auch sie davon aus, dass der Kapitalismus grundlegend irrational und repressiv war und dass religiöse, philosophische und politische Überzeugungen letztlich in ihrer Beziehung zum Wandel in der kapitalistischen Produktionsweise verstanden werden müssten. Lukács jedoch hatte sich auf das Bewusstsein fokussiert – auf die Überzeugungen, was man für gesellschaftlich möglich hält und was nicht. Er betonte die, wie er es nannte, »Verdinglichung«: den ideologischen Prozess, in dessen Verlauf kapitalistische soziale und ökonomische Vereinbarungen – die eigentlich das vorübergehende Resultat historischer Entwicklung waren – als natürlich, unvermeidlich und nicht dem bewussten menschlichen Handeln unterworfen angesehen wurden.

Lukács untersuchte Werke der Hochkultur – Romane und Gesellschaftstheorien –, um zu zeigen, wie bürgerliche Autoren und Theoretiker Gefangene ihrer Unfähigkeit blieben, zu erkennen, dass der Sozialismus den einzigen Ausweg aus der durch den Kapitalismus herbeigeführten Entfremdung bot. Er erforschte ebenfalls, wie die veränderten Produktionsweisen, die zu einer stärkeren Arbeitsteilung geführt hatten, dazu neigten, der Arbeiterklasse die Möglichkeit zu nehmen, den größeren Prozess der kapitalistischen Unterdrückung zu erkennen. Infolgedessen, so Lukács, brachte der Verlauf der kapitalistischen Entwicklung an sich kein revolutionäres Klassenbewusstsein in der Arbeiterklasse hervor, wie es die Marxisten erwarteten. Lukács zufolge fiel die Rolle des Motors in der Geschichte daher der Kommunistischen Partei zu, die das Bewusstsein der richtigen, revolutionären Richtung der Geschichte verkörperte.

Die Frankfurter mochten nicht mit Lukács' politischer Schlussfolgerung übereinstimmen – die meisten von ihnen engagierten sich nicht in der kommunistischen Bewegung –, doch sie übernahmen andere seiner Inhalte. Und sie gingen noch darüber hinaus, indem sie eine empirische Forschung zum Bewusstsein der Arbeiterklasse in den frühen 1930er Jahren förderten. »Über den Begriff der Geschichte« sollte einer von Taubes' bevorzugten Texten werden.

Der Essay »Über den Begriff der Geschichte«, dessen Manuskript Benjamin Arendt anvertraut hatte, wurde erstmals 1942 veröffentlicht, in einem hektografierten Gedenkband, der von Horkheimer und Adorno zusammengestellt wurde: *Walter Benjamin zum Gedächtnis.*[62] Benjamins Werk wurde mit der Veröffentlichung einer zweibändigen Essaysammlung, herausgegeben von Adorno und seiner Frau Gretel, einer größeren Öffentlichkeit zugänglich, die 1955 im Suhrkamp Verlag erschien. Die Veröffentlichung allein garantierte dabei noch keine Anerkennung, und tatsächlich blieb Benjamins Werk für den Rest des Jahrzehnts weitgehend unbeachtet. Umso bemerkenswerter erscheint Taubes' Vertrautheit mit Benjamins Werk, als er 1953 einen Essayentwurf an Hannah Arendt schickte und anmerkte: »Vielleicht nimmst du den Geist Walter Benjamins in den letzten Sätzen wahr.«[63] Der Essay, wahrscheinlich handelte es sich um »Theology and Political Theory«, schließt mit den Worten: »Eine Kritik des theologischen Bestandteils in der politischen Theorie beruht letztlich auf einer Kritik des Prinzips der Macht selbst« – ein Verweis auf Benjamins Essay »Zur Kritik der Gewalt«.

In ihren Schriften aus den 1930er und frühen 1940er Jahren beschäftigten sich Horkheimer und Adorno – und andere aus dem Umfeld des Instituts – weiterhin mit der Suche nach einer Erklärung dafür, warum die Arbeiterklasse kein revolutionäres Bewusstsein ausgebildet hatte und warum so viele Deutsche vom Nazismus angezogen worden waren – eine Anziehungskraft, von der sie glaubten, dass sie Parallelen zu anderen kapitalistischen Gesellschaften aufwies, auch zu den Vereinigten Staaten. Zu Beginn des Zweiten Weltkriegs konstatierte Horkheimer in dem Essay »The Jews and Europe«, der bürgerliche Liberalismus sei hilflos angesichts der Widersprüche der kapitalistischen Wirtschaftsform, die zum Aufstieg des Nationalsozialismus geführt hatten. Zudem bereite der Liberalismus den Weg für seine Überwindung durch den Faschismus.[64]

Zugleich suchten die Frankfurter Theoretiker jenseits der marxistischen Tradition, insbesondere bei Freud, nach Erklärungen, die die Bedeutung irrationaler Triebe für das menschliche Verhalten mit berücksichtigten. Horkheimer und Adorno ergänzten ihre Forschung auch um eine Untersuchung, inwieweit die kommerzielle Kultur mittels der »Kulturindustrie« dazu beitrug, die Massen zu saturieren. Reklame und kommerzielle Massenkultur seien Kontrollinstrumente, so argumentierten sie, ob nun im totalitären Nazi-Deutschland oder in Demokratien wie den Vereinigten Staaten.[65]

Im Jahr 1947 veröffentlichten Horkheimer und Adorno ihre *Dialektik der Aufklärung*, eine breit angelegte, aber fragmentarische Gesellschaftskritik, die von Homers *Odyssee* bis in die Gegenwart reichte. Das Buch erschien bei Querido, einem kleinen Amsterdamer Verlag, der Werke deutscher Exilautoren publizierte. Im selben Jahr veröffentlichte Horkheimer, auf Englisch, sein Buch *The Eclipse of Reason*, das auf Vorlesungen basierte, die er 1944 an der Columbia University gehalten hatte.[66]

In dieser Studie waren viele der Schlüsselthemen der *Dialektik der Aufklärung* enthalten. Keines der beiden Bücher erreichte zum Zeitpunkt der Veröffentlichung eine größere Leserschaft oder öffentliche Aufmerksamkeit.

Horkheimer kehrte 1950 aus dem amerikanischen Exil an die Universität in Frankfurt zurück, wo er – mit finanzieller Unterstützung liberaler amerikanischer Stiftungen sowie von der Landes- und Kommunalregierung – ein neues Institut gründete und einen Lehrstuhl für Philosophie übernahm. Adorno kam ebenfalls bald darauf zurück. Doch das neue Institut unterschied sich von den Vorgängereinrichtungen in Frankfurt und den USA. Es legte größeres Gewicht auf die Umfrageforschung nach amerikanischem Vorbild und sein politisches Image war alles andere als radikal.[67] Noch vor seiner Rückkehr nach Deutschland hatte Horkheimer einige der offenkundig antikapitalistischen Passagen aus der gedruckten Version der *Dialektik der Aufklärung* entfernt. Die alte *Zeitschrift für Sozialforschung* mit ihrem offen antikapitalistischen und antiliberalen Duktus hielt man am neuen Institut buchstäblich in einer Truhe im Keller unter Verschluss.[68] Weder die *Dialektik der Aufklärung* noch *Eclipse of Reason* wurden zeitnah in Deutschland veröffentlicht und blieben dort relativ schwer zugänglich.[69] Ein Grund für diese Verdrängung der tendenziell radikalen Vergangenheit des Instituts lag wohl in der Vorsicht Horkheimers, doch sie spiegelte auch einen Sinneswandel wider, nun da die Aussichten auf eine liberale Demokratie in der Bundesrepublik deutlich günstiger schienen, wozu Horkheimer durch die Aktivitäten an seinem Institut beizutragen hoffte. Im Verlauf der 1950er und 1960er Jahre wurde er immer ausdrücklicher und vehementer antikommunistisch.

Unterdessen übernahm und vermittelte Taubes in seinen Seminaren in Harvard Horkheimers und Adornos radikale Kritik am zeitgenössischen liberalen und demokratischen Kapitalismus, als Horkheimer und Adorno, zurück in Frankfurt, bereits bemüht waren, diese herunterzuspielen.[70] Das spiegelte sowohl Taubes persönliche Neigung wider als auch den Einfluss von Marcuse, jenem Mitglied der Frankfurter Gruppe, dem Jacob am nächsten stand. Anders als Horkheimer und Adorno war Marcuse nicht nach Deutschland zurückgekehrt, sein Radikalismus war ungebrochen.

In *Eclipse of Reason* hatte Horkheimer die Unfähigkeit der Philosophie beklagt, substanzielle Kritik an den repressiven Strukturen der zeitgenössischen Gesellschaft zu üben. Er schrieb, der Glaube an eine »objektive Vernunft« sei geschwunden – die Fähigkeit der Philosophie, eine gut begründete Sicht auf ein gutes Leben zu vermitteln, seit Platon das Streben von Philosophen. Horkheimer zufolge glaubten moderne Denker nicht länger an das, was Hegel »Vernunft« genannt hatte, die Fähigkeit, auf ethisch höhere Ziele zu verweisen. Der Glaube an die Macht der Philosophie sei dem Glauben an die Macht der Naturwissenschaften gewichen. Doch gehe es den Naturwissenschaften um das Entdecken effektiver Wege, nicht um Ziele. Das Streben nach objektiver Vernunft wurde von der Betonung der, in Horkheimers Terminologie, »subjektiven Vernunft« oder der »instrumentellen Vernunft« abgelöst – die Art der Vernunft, die sich mehr auf die Wege als auf die Ziele orientiert; unter der Annahme, dass letzte Ziele der subjektiven Präferenz unterlagen und keine objektiven Ziele waren, die rational verteidigt und in deren Namen gesellschaftliche Ausgestaltungen kritisiert werden konnten. Kurzum, was Max Weber als »funktionale Rationalität« bezeichnet hatte, war an die Stelle der »substanziellen Rationalität« getreten.[71]

Im Ergebnis stand für Horkheimer, dass »Vernunft« synonym mit »instrumenteller Vernunft« geworden sei, die dazu dienen konnte, und dies auch tat, politische Herrschaft aufrechtzuerhalten – und die Horkheimer zufolge beseitigt werden könne. Die zeitgenössische Philosophie habe aufgehört, eine rationale Perspektive bereitzustellen, aus der heraus die bestehende gesellschaftliche und ökonomische Ordnung kritisiert und also verändert werden könne. Sie befördere die Konformität und den Mangel an menschlicher Autonomie, den Horkheimer als typisch für die zeitgenössische Gesellschaft erachtete. Doch weder in *Eclipse of Reason* noch in seinen späteren Werken lieferte Horkheimer ein plausibles und gut hergeleitetes Konzept der »objektiven Vernunft«, von der die Gesellschaftskritik hätte ausgehen können.[72]

Horkheimers und Adornos Sicht auf die Gegenwart als eine verwaltete Welt, die Autonomie unterdrückte, eine Gegenwart voller Leid und Konformität, stieß auf tiefe Resonanz bei Jacob Taubes. Denn auf ihre Weise und unter Verwendung von Begrifflichkeiten, die von Marx und Hegel stammten, boten sie eine säkulare Version des gnostischen Standpunkts von einer gefallenen und entfremdeten Welt, eine Vorstellung, die Jacob schon lange anzog.

Jacob blickte auf die Vereinigten Staaten zu einem guten Teil durch die Brille der Frankfurter Schule. Als er in Harvard war, forderte ihn sein Freund Stanley Cavell mit der Frage heraus: »Was weißt du über Amerika?« »Alles, was ich über Amerika weiß, habe ich bei Adorno gelernt«, antwortete Taubes. Worauf Cavell erwiderte: »Wie kannst du es wagen, so etwas zu sagen!«[73] Ob durch den Einfluss von Horkheimer, Adorno oder Marcuse: Jacobs Blick auf die Vereinigten Staaten war düster, genau wie Susans. Obgleich er eine Zeitlang Beiträge und Rezensionen für Zeitschriften schrieb, die mit den New Yorker Intellektuellen verbunden waren – *Commentary*, *Partisan Review* (hier veröffentlichte er einen Artikel über Oskar Goldberg) und den *New Leader* – so wurde doch der Graben zwischen seinen und ihren Ansichten immer offensichtlicher.

Viele Intellektuelle, die Taubes bewunderte und mit denen er korrespondierte, verfassten Bücher, die große historische Themen umspannten: über das Abendland, die Ursprünge der Moderne oder andere große Erzählungen.[74] Das betraf Rosenstock-

Huessys *Out of Revolution: Autobiography of Western Man* (1938); Löwiths *Von Hegel zu Nietzsche: der revolutionäre Bruch im Denken des neunzehnten Jahrhunderts* (1941) sowie *Meaning in History* (1949); Erich Auerbachs *Mimesis. Dargestellte Wirklichkeit in der abendländischen Literatur* (1946); Arendts *Origins of Totalitarianism* (1951); Voegelins *New Science of Politics* (1952); und Leo Strauss' *Natural Right and History* (1953). Jedes dieser Bücher lieferte auf seine Weise eine umfassende Darstellung großer historischer Entwicklungslinien, es waren gewichtige Thesenbücher, die die zentralen Interpretationsansätze der Autoren zum Ausdruck brachten. Taubes' *Abendländische Eschatologie* war der Versuch eines solchen »großen Buchs« gewesen, doch als Werk eines frühreifen Dreiundzwanzigjährigen war es in dieser Hinsicht gescheitert.

Nun entschloss sich Taubes, erneut Anlauf zu einem solchen Thesenbuch zu nehmen, eines, das an seine Doktorarbeit anschließen, aber die Argumentation erweitern und vertiefen sollte. Mitunter betitelte er dieses Projekt »Theologie und politische Philosophie« und in gewissem Sinne arbeitete er daran für den Rest seines Lebens – bzw. er arbeitete eben nicht daran. Von Rochester aus bewarb er sich für ein Stipendium der Rockefeller-Stiftung, das es ihm ermöglichen würde, ein Jahr in Harvard an dem Buch zu arbeiten. Seine Bewerbung wurde von Martin Buber, Kurt Riezler und Paul Weiss unterstützt.[75] Die Stiftung wandte sich darüber hinaus an Paul Tillich, einen weiteren deutschen Einwanderer, mit dem Taubes befreundet war, mit der Bitte um eine vertrauliche Einschätzung.[76] Taubes' Bewerbung war erfolgreich.

Nicht lange nach seiner Ankunft in Harvard im Herbst 1953 schickte Taubes ein Exposé an Tillich, in dem er diesem das im Entstehen befindliche Projekt »Ursprünge des freien Geistes« erläuterte. Es war eine Art Gegengeschichte des Abendlandes, das die These aufstellte, die Antriebskraft des historischen Fortschritts sei die Gnosis, die antinomistischen, mythischen und egalitären religiösen Bewegungen, die häufig vom herrschenden religiösen Establishment unterdrückt und verdrängt worden waren, aber die Grundlage der modernen Politik bildeten. Taubes' Skizze war in mancherlei Hinsicht eine Erweiterung und Verallgemeinerung der Muster, die Scholem herausgearbeitet hatte, als er konstatierte, der Motor der jüdischen Geschichte sei das Irrationale, die Mystik, die Heterodoxie und der Messianismus – und nicht die Ratio, die Orthodoxie oder das Gesetz. Beeinflusst vom Werk des amerikanischen Religionshistorikers und Quäker-Experten Rufus M. Jones' (insbesondere von dessen *Mysticism and Democracy in the English Commonwealth* [1932]), zeichnete Taubes die Entwicklung der liberalen Demokratie bis zu den mystischen und antinomistischen Bewegungen des Mittelalters und der Frühen Neuzeit nach.

Ziel des Projektes war es, »eine Sammlung von Fragmenten der Häretiker [zu erstellen], die sich mit der Lehre des freien Geistes beschäftigten«. Vorangestellt werden sollte eine Sammlung von wissenschaftlichen Artikeln über das »Erbe der Häretiker«, gefolgt von einem Band, in dem Fragmente aus Werken von Theologen, Philosophen, Soziologen und Psychologen interpretiert werden sollten – darunter Marcuse, Tillich, Reinhold Niebuhr, Scholem, Jonas, Eugen Rosenstock-Huessy, Erich Fromm und Carl Jung.

Taubes konzipierte die Textsammlung als Gegengewicht zur Buchreihe »Große Bücher«, die damals unter der Ägide der University of Chicago veröffentlicht wurde und beschrieb Tillich (der kurz zuvor als Gastprofessor in Harvard gewesen war) das Projekt und seine Motivation, kurz nachdem Senator McCarthy die Harvard-Fakultät gemaßregelt hatte. Taubes schrieb: »Wir alle denken, wir sollten uns um Sie scharen und gegen eine zunehmende Tendenz zum Konformismus nicht länger schweigen – nicht mit ›Bekanntgaben‹, sondern mit konkreter Arbeit in dem begrenzten Bereich, in dem wir operieren können – in Lehre und Bildung. Es ist kein Geheimnis, dass orthodoxe Strukturen das Feld beherrschen – allein über den Kanon der ›großen Bücher‹ in all seinen Variationen.«[77] »Eine Sammlung von Texten und Fragmenten: Ursprünge des freien Geistes« sollte eine Alternative dazu darstellen. Wahrscheinlich plante Taubes das Projekt, das sie als ihr *Corpus Hereticorum* (ein Wortspiel zu *Corpus Hermeticum*) bezeichneten, zusammen mit Herbert Marcuse als Grundierung für das, was Marcuse später als die »eschatologische Verfremdung in vielen häretischen Bewegungen« bezeichnet hat – die Möglichkeit einer freieren, erotischeren, kreativeren Gesellschaft, die er für erreichbar hielt.[78]

Taubes fasste diese Ideen in einem »Memorandum für eine Sammlung von Texten und Fragmenten ›Ursprünge des freien Geistes‹« zusammen. Darin spiegelte sich Horkheimers Kritik des Szientismus und der Neo-Orthodoxie.

Wenn das Projekt auch nie verwirklicht wurde, so waren doch seine Inhalte in einem Seminar, das Taubes im Herbst 1954 in Harvard abhielt, »Die Geschichte der Häresie«, sehr prominent. Der Eröffnungsvortrag, »Die gnostische Vorstellung des Menschen« wurde transkribiert und erschien in der Studentenzeitschrift *Cambridge Review*.[79] Darin präsentierte Taubes das Bild einer Gemeinschaft der von den Mächtigen Entfremdeten. »Aus gnostischer Sicht wurde die natürliche Ordnung der Dinge verteufelt und satanisiert, und die Fürstentümer und Gewalten der Welt, die Archonten, wurden zur Repräsentation des Bösen. ... Im gnostischen Rahmen entstand eine neue Grundlage für Gemeinschaft, eine neue Intimität erschien: Menschen sind Brüder, weil sie alle der Welt entfremdet sind. ... Die gnostische Haltung mit ihrer Vorstellung vom Menschen und der Menschheit drang in das Christentum ein. Das Menschenbild des Paulus erlangt seine Bedeutung nur durch die allgemeinen Lehren des gnostischen Mythos vom Sündenfall des ersten Menschen.« (Taubes schickte einen Sonderdruck an Joseph Weiss nach England, der ihn wiederum an Scholem weiterreichte; in dessen Unterlagen verblieb er.)

Etwa zur selben Zeit legte Taubes seine Theorie vom häretischen Ursprung der Demokratie in einem Artikel mit dem Titel »On the Symbolic Order of Modern Democracy« dar, der im von Henry Kissinger herausgegebenen *Confluence* erschien. Der Beitrag basierte auf dem Vortrag, den Taubes im Seminar von Kissingers Mentor, William Y. Elliott, gehalten hatte.[80] Zusammen mit seiner veröffentlichten Vorlesung »The Gnostic Idea of Man« lieferte der Artikel die klarste und konziseste Beschreibung seines Konzepts der abendländischen Geschichte.

Taubes glaubte, dass die historischen Wurzeln der Demokratie in der Botschaft der hebräischen Propheten und der paulinischen Theologie bereits vorweggenommen worden waren. Im Mittelalter trat ein religiös-inspirierter Egalitarismus in den häretischen und mystischen Sekten zutage, die die Hierarchie der römisch-katholischen Kirche infrage stellten, später waren es die religiösen Dissidenten der Anglikanischen Kirche wie die Anabaptisten, die die eigentliche Quelle der Inspiration für die englische und die amerikanische Demokratie bildeten.

Im Februar 1955, während eines Besuchs in New York, diskutierte Taubes mit Daniel Bell über das Seminar »Geschichte der Häresie«, der so fasziniert war, dass er ein Treffen zwischen Taubes und seinem Freund Jason Epstein arrangierte.[81] (Epstein, ein junger Lektor im Doubleday Verlag hatte erkannt, dass die wachsende Zahl von Studenten, die geistes- und sozialwissenschaftliche Kurse belegten, einen Markt für qualitativ hochwertige Taschenbücher hervorbrachte; ein Genre, für das er Pionierarbeit leistete.) Bei diesem Treffen versuchte Jacob auch, Epstein für die Veröffentlichung einer englischen Übersetzung der *Abendländischen Eschatologie* zu interessieren und legte die wichtigsten Thesen dar. »Warum führen Sie es nicht weiter aus bis zur Russischen Revolution«, fragte Epstein, »wäre das nicht der logische Höhepunkt«? »Wegen dem F.B.I.«, antwortete Taubes – vielleicht ein Hinweis darauf, dass er die Radikalität seiner Geschichtsauffassung nicht offen bekunden mochte. Epstein zeigte jedoch Interesse an dem Buch über den Geist der Häresie und Taubes versprach, ihm Material zukommen zu lassen.[82]

Doch das Projekt kam nie zustande. Vielleicht, weil Taubes niemals ein Manuskript vorlegte. Vielleicht aber auch, weil jemand anders es tat. Im Jahr 1957 veröffentlichte der englische Historiker Norman Cohn *The Pursuit of the Millennium*, eine einflussreiche Studie über die Tradition des revolutionären Millenarismus und den mystischen Anarchismus, wie sie sich seit biblischen Zeiten, aber mit einem Fokus auf der Zeit vom elften bis zum sechzehnten Jahrhundert, in Westeuropa herausgebildet hatten. Darin enthalten war eine detaillierte Analyse der Häresie des »freien Geistes«. Das Buch war ein nüchternes historisches Werk, das zwar gelehrt war, aber völlig ohne das für Taubes' *Abendländische Eschatologie*, oder für sein Projekt zur Geschichte der Häresie, so typische radikale Pathos auskam. Cohn zufolge wiesen diese religiösen Bewegungen »rückblickend betrachtet eine erstaunliche Ähnlichkeit mit den großen totalitären Bewegungen unsere Zeit«[83] auf. Doch anders als Taubes, charakterisierte Cohn diese Bewegungen dadurch, dass sie »Fantasien« des revolutionären eschatologischen Denkens übernahmen. Auf den Punkt gebracht: Für Taubes waren sie Vorläufer des modernen Radikalismus, für Cohn hingegen Vorboten des modernen Totalitarismus.

In gewisser Weise hatte Voegelin mit seiner Einschätzung recht: Für Taubes bildete die Gnosis das revolutionäre Potenzial der Religion, das jenseits aller konfessionellen Ausprägungen weiterlebte.[84]

Harvard

Im September 1953 zogen Jacob, Susan und ihr kleiner Sohn nach Cambridge, Massachusetts. Susan war Radcliffe-Stipendiatin, um an ihrer Dissertation in Philosophie zu arbeiten, und Jacob hatte das Rockefeller-Stipendium für sein Projekt über Theologie und Politik erhalten. Sie bezogen ein Haus in der Marie Avenue 20, nur einen kurzen Fußmarsch vom Campus entfernt. Jacob hatte auch eine lose Verbindung zum »Fachbereich Englisch und Geschichte« am Massachusetts Institute of Technology (MIT), wo er einige Vorlesungen über »Wissenschaft und Szientismus« halten sollte.

Zu Jacobs Zeiten war man in Harvard wesentlich offener Juden gegenüber, als das in der Zwischenkriegszeit der Fall gewesen war. Ungefähr ein Fünftel der Studentinnen und Studenten in Harvard waren jüdischer Herkunft. Das Konzept aus der Zwischenkriegszeit, jüdische Studenten möglichst gleichmäßig auf die Wohnheime aufzuteilen, war aufgegeben worden.[85] Aber Offenheit den jüdischen Studenten gegenüber bedeutete nicht, auch für ihre Religionsausübung aufgeschlossen zu sein oder die akademische Beschäftigung mit jüdischen Themen zu fördern. Als Jacob einen leitenden Mitarbeiter an der Philosophischen Fakultät, C. I. Lewis, davon in Kenntnis setzte, dass er keine Seminare an den Hohen Feiertagen abhalten würde, antwortete dieser: »Jacob, komm herunter vom Baum!«[86]

Im Fachbereich Philosophie, dessen renommiertestes Mitglied W. V. O. Quine war, dominierten der philosophische Pragmatismus und die analytische Philosophie. Beide Richtungen strebten danach, die Philosophie den Naturwissenschaften anzunähern, indem sie sich in der Forschung auf überprüfbare Erkenntnisse konzentrierten und großen Wert auf einen präzisen Sprachgebrauch legten.[87] Die wichtigste Ausnahme bildete Harry Austryn Wolfson, ein Experte für christliche, jüdische und islamische Philosophie des Mittelalters und einer der wenigen Wissenschaftler an einer Eliteuniversität, die sich mit »Jüdischen Studien«, wie sie später heißen sollten, beschäftigten. Doch Wolfson war zwar ein bedeutender Gelehrter, aber auch ein eigenbrötlerischer Geist, dessen Präsenz nicht weit über seinen Fachbereich oder die Universität hinausstrahlte.[88] Ein Vorbild für Jacob Taubes war er sicher nicht.

Jacob, der schon an der Hebräischen Universität ein erfolgreicher Dozent gewesen war, war als Lehrer in Harvard sogar noch beliebter. Im Verlauf der zwei Jahre, die er dort verbrachte, dozierte er über Teile der geisteswissenschaftlichen Buchreihe der »Großen Bücher« (Geisteswissenschaften 3), gab einen Kurs zur Geschichtsphilosophie, ein Seminar über die Geschichte der Häresie, eine Vorlesung zu Hegel und – auf Wunsch einer Gruppe von Studenten – ein weiteres Seminar über den jungen Hegel. Zu der Hegel-Vorlesung, die er im Herbst 1954 hielt, hatten sich anfangs sechzig Studenten eingeschrieben – viel für die damaligen Verhältnisse in Harvard; als die Zahl aber schließlich auf über hundert anwuchs, musste der Kurs in einen größeren Hörsaal umziehen. Das Seminar zur Geschichte der Häresie zog eine ganze Schar von Teilnehmern an, die den Raum bis über die Sitzkapazitäten hinaus füllten.[89] Im Herbst 1954 richtete eine Gruppe von Studenten ein Gesuch an den Dekan McGeorge Bundy, mit der Bitte, dass Taubes im kommenden Frühjahr ein zusätzliches Seminar zum jungen Hegel abhalten dürfe, wozu Taubes sich ohne eine Sondervergütung bereit erklärt hatte. Da dies nicht regelkonform war, fand das Hegel-Seminar anstelle des geplanten Kurses zur Geschichtsphilosophie statt.[90]

Taubes wurde oft bei Spaziergängen am Charles River gesichtet, ganz in Schwarz gekleidet und mit zwölf jungen Studenten im Schlepptau – gerade so wie Jesus und seine Jünger.[91] Zu Beginn des Herbstsemesters 1954 pries die Studentenzeitschrift *Harvard Crimson* seine Kurse an: »Nur wenige wünschen sich ein 9-Uhr-Seminar nach einem Wochenende, aber wer sich darauf einlässt, darf aus spärlich gefüllten Seminarräumen und einigen exzellenten Kursen auswählen. Dr. Taubes, ein Gastprofessor von der Hebräischen Universität in Jerusalem, der jeden zweiten Kurs in diesem Jahr zu geben scheint, unterrichtet in Humanities 134 ›Freiheit und der Geist der Häresie‹.«[92] Einen

Monat später veröffentlichte die Zeitung ein Dozentenporträt über ihn mit dem Titel »der nomadische Philosoph«, das ebenso enthusiastisch wie fehlerhaft war – ob die Ungenauigkeiten auf die mangelhaften journalistischen Fähigkeiten des studentischen Schreibers oder auf Jacobs eigene Mythenbildung zurückzuführen waren, lässt sich nicht beantworten.

»Vor zwei Jahren konnte man einen ernsthaften, jungen Professor mit zerzaustem Haar durch die überfüllten Straßen Jerusalems schlendern sehen, im Gespräch mit Rabbinern, Flüchtlingen, Künstlern und Intellektuellen. Nachdem er die bunten Bewohner der israelischen Metropole ausfindig gemacht hatte, glaubte Jacob Taubes, er habe ›unter Semi-Literaten eine tiefere Weisheit als unter vielen College-Absolventen gefunden‹.«[93]

Als Vertreter jener in Harvard damals seltenen Spezies echter europäischer Gelehrter, vermochte Taubes auch die Doktoranden zu beeindrucken: Er beherrschte mehrere Sprachen und war bewandert in der zeitgenössischen kontinentaleuropäischen Philosophie. Die wurde von den meisten Lehrenden an der Fakultät ignoriert, stieß jedoch bei manchen Doktoranden durchaus auf Interesse, wie etwa im Fall von Hubert Dreyfus, der später zu einem der führenden Übersetzer von Heidegger avancierte.[94] Einige Doktoranden und Postdocs saßen in seinen Kursen, wie zum Beispiel der Philosoph Stanley Cavell oder der junge Postdoc der Literaturwissenschaften aus Belgien, Paul de Man. Sie waren von Taubes' Engagement beeindruckt, doch de Man glaubte zu erkennen, dass der Seminarinhalt überwiegend aus Löwiths Buch übernommen war, und war enttäuscht.[95]

Als er Susan in Paris besucht hatte, hatte Jacob Alexandre Kojève kennengelernt, den Philosophen russischer Herkunft, der in Deutschland studiert hatte und in den 1930er Jahren nach Paris gegangen war. Dort hielt er ein Seminar zu Hegels *Phänomenologie*, wo er Hegel durch die marxistische und Heidegger'sche Brille interpretierte, indem er Geschichte in eine fortschrittliche Erzählung der kämpferischen Auseinandersetzung wendete, die schließlich zu gegenseitiger menschlicher Anerkennung in einem universellen Staat führen würde.[96] Zwar waren die Vorlesungen auf Französisch im Jahr 1947 veröffentlicht worden, doch Kojève war nahezu unbekannt in den Vereinigten Staaten. Allerdings galt dies nicht für Leo Strauss – die beiden kannten einander seit ihrer Studentenzeit in den 1920er Jahren – und einige seiner Schüler. Taubes übernahm Kojèves Interpretationsansatz in seinen Harvard-Vorlesungen zu Hegel – und ließ unerwähnt, dass er nicht von ihm stammte.[97] Nur ein weiteres Beispiel dafür, dass Taubes, in den Worten seines Freundes Victor Gourevitch, ein »vollendeter Schwamm« war, der rasch Ideen aufsaugte und sie dann als eigene Eingebungen präsentierte.[98]

Der Schwerpunkt in Taubes' Seminar vom Frühjahr 1955, Einführung in Hegels frühe theologische Schriften (das mit Paulus begann und bei Marx endete), lag auf Hegel als einer Figur des Übergangs in der Transformation vom christlichen Glauben zur philosophischen Vernunft, und damit vom christlichen zum postchristlichen Bewusstsein. Das Seminar fing mit Paulus an, mit seiner messianischen, antinomistischen Sicht auf Geschichte, die, so Taubes, die Menschen von den mythischen Kräften, die dem Kosmos zugesprochen wurden, befreite und die irdischen Kräfte ihrer göttlichen Legitimität beraubte (ein Ansatz, der sich auch drei Jahrzehnte später in seiner *Politischen Theologie des Paulus* wiederfinden wird). Anschließend betonte Taubes Hegels Bedeutung für die Entwicklung einer säkularen Geschichtsphilosophie, in der die menschliche Fähigkeit zur Negation die Grundlage der Freiheit in der Geschichte wird. Hier verwendet er Kojèves Fokus auf die Dialektik von Herr und Knecht, wobei der Kampf des Knechts um Anerkennung zur treibenden Kraft der Geschichte wird.[99] »Wenn die Säkularisierung als Verzeitlichung der geistigen Sphäre aufgefasst werden kann, dann ist Hegels Konzept des Geistes, oder sogar noch allgemeiner Hegels Geschichtsphilosophie, die radikale Säkularisierung des christlichen Konzepts des Geistes, oder präziser: der paulinischen Theologie der Geschichte.« Der im Seminar untersuchte Übergang von Hegel zu Marx stützte sich stark auf Löwiths Interpretation (in *Von Hegel zu Nietzsche* und *Weltgeschichte und Heilsgeschichte*) sowie auf Marcuses *Reason and Revolution: Hegel and the Rise of Social Theory* (1941). Im Verlauf des Seminars behandelte Taubes weitere Themen aus der *Abendländischen Eschatologie*. Sein Freund Krister Stendahl hielt einen Gastvortrag über den »Geist im Neuen Testament«, in dem er herausarbeitete, inwieweit sich das Neue Testament als Erfüllung der Verheißung des Alten Testaments verstand. Darüber hinaus kommentierte Taubes auf anregende und kritische Weise Albert Schweizer, Karl Barth, Heidegger und Leo Strauss. Susan Sontag, und manchmal auch ihr Ehemann Philip Rieff, nahm ebenfalls an dem Seminar teil und fertigte ausführliche Mitschriften an.[100]

In Cambridge erschlossen sich Jacob und Susan einen neuen Freundeskreis, sowohl privat als auch beruflich. Einige dieser Freundschaften gingen im Streit auseinander, andere hielten für Jahrzehnte. Der engste Kreis bestand aus dem Quintett Jacob und Susan Taubes, Philip Rieff und seine spätere Frau Susan Sontag und Herbert Marcuse.

Susan Taubes und Susan Sontag lernten sich während ihres Studiums in Harvard kennen. Susan Taubes begann an der Philosophischen Fakultät, doch der dortige Schwerpunkt auf der analytischen Philosophie sagte ihr nicht zu, und so wechselte sie in den Fachbereich Geschichte und Religionsphilosophie, wo sie schließlich auch ihre Abschlussprüfungen ablegte. Zu dieser Zeit hatte sie ihr ursprüngliches Dissertationsvorhaben, die gnostischen Motive bei Heidegger, bereits zugunsten einer Arbeit über Simone Weil verworfen. Und als sie Arthur Darby Nock, ein Wissenschaftler, der zur Gnosis forschte, für zu positivistisch und unphilosophisch befand, wechselte sie auch ihre Betreuer. Ihre Doktorarbeit, die sie schließlich 1956 einreichte, als sie und Jacob bereits in Princeton lebten, wurde von John Wild, Professor an der Philosophischen Fakultät, und Paul Tillich, ein Freund der Taubes und zu dieser Zeit Professor an der Harvard Divinity School, begutachtet.

Zu den von ihr belegten Seminaren zählte auch das ihres Ehemannes Jacob über die Geschichte der Häresie, das auch Susan Sontag besuchte. Die beiden Susans freundeten sich rasch miteinander an; eine Freundschaft, die anderthalb Jahrzehnte währte und mit dem Tod von Susan Taubes endete. In Susans Romanen und Filmen reichte sie sogar noch darüber hinaus.

Sontags Ehemann Philip Rieff war Juniorprofessor für Soziologie. Rieff war ein gutes Beispiel für jemanden, der sich erfolgreich selbst neu erfunden hatte: aus äußerst bescheidenen Verhältnissen kommend, hatte er sich zu einer gelehrten und kultivierten Persönlichkeit entwickelt. Während manche seiner akademischen Interessen sich mit denen von Jacob überschnitten, konnten ihre Ausgangssituationen und Präferenzen kaum unterschiedlicher sein. Der ein Jahr ältere Rieff war 1922 geboren, ein Jahr nachdem seine Eltern aus Litauen nach Chicago gekommen waren.[101] Sein Vater war von Beruf Metzger, die jiddischsprachigen Eltern konnten beide die englische Sprache weder lesen noch schreiben: Im Jahr 1948, zu dieser Zeit war Rieff bereits Dozent an der Universität, brachte er seinen Eltern bei, ihre Namen auf Englisch zu schreiben, damit sie ihre Einbürgerungspapiere unterzeichnen konnten. In Rieffs Elternhaus gab es keine Bücher, Kultur wurde nicht gelebt. Doch der junge Philip flüchtete sich in die örtliche Stadtbibliothek und wurde ein exzellenter Schüler an der Highschool. Als Achtzehnjähriger ging er an die University of Chicago und war dort für die Studentenzeitung *Daily Maroon* verantwortlich. Mit Ausbruch des Krieges verließ er die Universität vor dem Abschluss und meldete sich freiwillig bei der Luftwaffe, in der Hoffnung, an der Front gegen die Nazis eingesetzt zu werden. Doch als ein Adjutant eines Generals entdeckte, dass Rieff ein wandelndes Lexi-

kon war, kommandierte er Rieff als »Judenjungen im Hinterzimmer« des Generals ab. Und so verbrachte Rieff den Krieg
auf einem Luftwaffenstützpunkt in Cairo, Illinois.

Nach dem Krieg kehrte Rieff als Dozent an das Soziologische
Institut der University of Chicago zurück – obwohl er nie seinen Bachelorabschluss gemacht hatte – und arbeitete an einem
Handbuch der Politik- und Religionssoziologie[102] (ein Thema,
für das sich Jacob Taubes ebenfalls interessierte). Dort lernte
Rieff im November 1949 Susan Sontag kennen, eine frühreife
siebzehnjährige Studentin, die er zehn Tage später heiratete.
Die beiden zogen 1952 nach Cambridge, als Philip Rieff eine
Juniorprofessur an der neu gegründeten Brandeis University
im nahe gelegenen Waltham übernahm. Die Universität war bemüht, durch unkonventionelle Stellenbesetzungen ein gewisses
Renommee zu erlangen, darunter auch einige emigrierte Wissenschaftler wie Nahum N. Glatzer, der Pate von Rieffs Sohn
David wurde.[103]

Die Ehe der Rieffs war von intellektueller und emotionaler
Intensität, aber nicht in sexueller Hinsicht. Die bisexuelle Susan
schrieb später über Philips »Schüchternheit, seine Sentimentali-
tät, seine geringe Vitalität, seine Unschuld«.[104] (Nachdem er ihr
einen Heiratsantrag gemacht hatte, schlug Susan vor, sie sollten
miteinander schlafen. »Wir heiraten erst«, erwiderte er.[105])

Dreist, unsentimental, vital, erotisch und gefährlich: Jacob
war in jeglicher Hinsicht ein Gegenpol zu Rieff. Auch wenn
es keine amerikanische konservative intellektuelle Kultur gab,
mit der Rieff sich hätte identifizieren können, waren seine Präferenzen so konservativ wie Jacobs radikal, indem sie die Rolle
der kulturellen Kodizes für die Einhegung der menschlichen
Instinkte betonten.[106] Später, als Jacob und Marcuse die akademische Neue Linke unterstützten, verfasste Rieff eine scharfe
Kritik des liberalistischen Einflusses auf die akademische Welt:
Fellow Teachers (1973).[107] Davor arbeitete Rieff an einer Gegen-
wartsanalyse, die sich durch die Ablösung des »religiösen Men-

schen«, des »politischen Menschen« und des »ökonomischen Menschen« durch den »psychologischen Menschen« auszeichnete, was in seinen Worten zu einem »Triumph des Therapeutischen« (*The Triumph of the Therapeutic*, 1966) geführt habe.

Die beiden Susans ähnelten einander in ihrer Abneigung gegen bürgerliche Normen und ihrem Streben nach Gelehrsamkeit sowie ihrer intellektuellen Ernsthaftigkeit. Stanley Cavell, der an einem gemeinsamen Seder-Abend bei den Taubes zugegen war, erinnerte eine Diskussion darüber, ob Susan und Susan sich mit ihrer extremen Arbeitsweise möglicherweise Schaden zufügten, etwa mit der Lektüre von hundert Seiten Hegel vor dem Schlafengehen.[108]

Marcuse war mit den Rieffs und den Taubes befreundet. Den größten Teil der 1940er Jahre hatte er als Geheimdienstanalyst für die amerikanische Regierung gearbeitet, zunächst für den neuen Nachrichtendienst OSS, dann für das Außenministerium. Anschließend, ohne festes Einkommen oder institutionelle Anbindung, schlug er sich mit einer Reihe von Stipendien durch, die ihm Freunde verschafften, zunächst an der Columbia University (wo Franz Neumann lehrte) und dann am Russischen Forschungszentrum in Harvard, wo ihn die Rockefeller-Stiftung für seine Arbeit an einer Studie über den sowjetischen Marxismus förderte. Doch sein Hauptinteresse galt der Frage, wie der zeitgenössische Kapitalismus das Potenzial für mehr erotische und kreative Erfüllung unterdrückte, ein Thema, an dem er in seiner Freizeit arbeitete. In den Jahren 1954 und 1955, die Zeit, in der er zwischen New York und seiner befristeten Stelle in Harvard pendelte und keine eigene Wohnung in Cambridge hatte, lebte Marcuse mal bei den Rieffs und mal bei den Taubes.[109]

Die fünf hatten viele gemeinsame Interessen: Jacob Taubes und Marcuse beschäftigten sich beide mit Hegel als Vorläufer einer radikalen Gesellschaftstheorie und Susan Taubes belegte dazu gemeinsam mit Marcuse ein Seminar. Rieff und Marcuse beschäftigten sich beide intensiv mit Freud, das galt auch für Susan Sontag, die gemeinsam mit Rieff an dessen Veröffentlichung *Freud: The Mind of the Moralist* arbeitete, das 1959 erschien. Jacob Taubes und Marcuse wiederum arbeiteten, wie wir gesehen haben, gemeinsam an dem Publikationsvorhaben einer Geschichte der großen antinomistischen Texte der abendländischen Tradition, einer Art Gegenentwurf zu den »großen Büchern«. Sein bescheidenes Brandeis-Gehalt stockte Rieff mit einer Lektorentätigkeit für den Verlag Beacon Press auf.

Im Frühjahr 1954 unterstützte Philip Rieff Marcuse dabei, eine dauerhafte institutionelle Heimat an der Brandeis University zu finden. Als Rieff Marcuse zum Vizepräsidenten der Brandeis-Verwaltung begleitete, war Marcuse so nervös, dass er sich am Schreibtisch festklammerte, schien doch seine gesamte Zukunft davon abzuhängen, ob er dort endlich eine feste Stelle bekam. Das Gespräch verlief erfolgreich und Marcuse wurde Professor für Politikwissenschaft und Ideengeschichte.[110]

Ein Jahr später vollendete er *Eros and Civilization*. Das Buch erschien bei Beacon Press, in einer von Jacob Taubes herausgegebenen Buchreihe, und Marcuse prüfte am Küchentisch der Taubes die Druckfahnen.[111] Zu dieser Zeit wohnten die Taubes bereits am 1 Walker Street Place, um die Ecke von den Rieffs in der 29 Chauncy Street.

Beide Ehepaare waren mit Nahum N. Glatzer befreundet, der 1950 als Professor für Jüdische Studien an die Brandeis kam. Vorher hatte er im Schocken Verlag in New York gearbeitet. In seiner Eigenschaft als Dozent und Lektor personifizierte Glatzer die Weitergabe des Erbes des deutschsprachigen Judentums an die englischsprachige Welt. Jacob vereinbarte einen Besuch bei Glatzer, der den jungen Mann für außergewöhnlich brillant hielt. Glatzers Tochter, damals ein Teenager, bezeichnete die Taubes und die Rieffs als »ein legendäres Pärchengespann«.[112] Jacobs Beziehung zu Vater und Tochter Glatzer hielt in den folgenden Jahren an.

Eine von Jacob und Susans wichtigsten neuen Bekanntschaften war Krister Stendahl. Der evangelische Theologe und Gelehrte des Alten und Neuen Testaments aus Schweden kam im Herbst 1954 an die Harvard Divinity School. Seine Einstellung stand im Zusammenhang mit dem Bemühen von Präsident Pusey, der schwächelnden Institution neues Leben einzuhauchen. Stendahl wurde Dekan der Divinity School, später Bischof von Stockholm und eine führende Figur für die ökumenischen Beziehungen zwischen Christen und Juden.[113] Er zählte zu den ersten Theologen, die die jüdischen Aspekte des Apostels Paulus betonten und darauf hinwiesen, eine umsichtige Lektüre der Römerbriefe 7-9 zeige, dass Paulus nicht für die Bekehrung der Juden eintrat (dies überließ er Gott) – ein Thema, das Taubes sehr am Herzen lag.[114]

Zunächst lernten sich Stendahl und Susan Taubes kennen, als sie ihn bat, einen Lektürekurs über die Gnosis anzubieten, ein Thema, das Stendahl studiert hatte. Er drückte ihr einen Stapel Bücher in die Hand, die er empfahl. Bald darauf suchte sie ihn wieder auf und erzählte ihm, sie könne die gnostischen philosophischen Konzepte, von denen Jacob gesprochen hatte, darin nicht finden. Daraus entspann sich eine Diskussion über das Werk von Hans Jonas, den Jacob Stendahl kurze Zeit später vorstellte.

Jacob war der erste jüdische Wissenschaftler, den Stendahl näher kennenlernte. Zu seinem ersten Seder-Abend nahm ihn Jacob mit und später auch zu seiner ersten Simchat Tora-Feier. Stendahl schätzte Jacobs intellektuelle Vitalität: »Jacob interessierte sich für alles Extreme«, und jedes Gespräch mit ihm war ein »intellektuelles Fest«.[115] Es war Jacob, der Stendahl drängte, einen wegweisenden Sammelband mit wissenschaftlichen Beiträgen über die Schriftrollen vom Toten Meer zusammenzustellen (das Thema von Stendahls Dissertation), und der auch den Weg zu seiner Veröffentlichung im Jahr 1957 ebnete.[116] Stendahl und seine Ehefrau Brita spielten auch in den folgenden Jahrzehnten eine bedeutsame Rolle im Leben der Familie Taubes.

Vervollständigt wurde der engere Freundeskreis in Cambridge von Elsa First, eine jüngere Freundin der beiden Susans und eine Studentin, die, so schien es, sämtliche Kurse von Jacob besuchte. Sie sittete den kleinen Ethan und spielte auch später eine wichtige Rolle im Leben der Taubes-Kinder. Dazu gesellte sich noch ihr damaliger Freund Frederic Rzewski, ein Pianist und politisch radikaler Komponist, der sich – wie viele aus ihrem Freundeskreis – später in Susan Taubes verliebte (in *Nach Amerika und zurück im Sarg* taucht er als »Nicholas« auf).[117]

Schon in seiner Zeit in Rochester, und dann auch in Harvard, bewegte sich Jacob also in bemerkenswertem Ausmaß in Kreisen, die sich hauptsächlich aus Intellektuellen des deutschsprachigen Europa zusammensetzten: Arendt, Friedrich, Glatzer, Marcuse, Rosenstock-Huessy, Stendahl (der in Deutschland studiert hatte), Tillich und Voegelin. Auch die Zeitgenossen, die er am meisten schätzte, kamen aus dem deutschsprachigen Europa, einschließlich Adorno, Buber, Horkheimer, Jonas, Kojève (dessen Ausbildung und Einflüsse deutsch waren), Löwith, Schmitt, Scholem und Strauss. Jacob und Susans Haltung gegenüber der amerikanischen Kultur war grundsätzlich herablassend – und das galt auch für die akademische Kultur in Harvard. Im Jahr 1954 schrieb Susan an ihren deutschen Freund Hans-Joachim Arndt: »Wir haben die Enttäuschungen von Harvard selbst erfahren, wenn auch vielleicht nicht so heftig wie du, da wir einen Kreis verwandter Seelen gefunden haben, zumeist, aber nicht ausschließlich, kontinentaleuropäisch, die eine starke Festung gegen den Prozess der Verdummung bilden.«[118]

Natürlich gab es Ausnahmen, in Amerika geborene Freunde und Bekannte, auf die Jacob auch Jahrzehnte später noch zurückgreifen sollte. Darunter waren der Soziologe Robert Bellah, der Linguist Noam Chomsky (damals ein junges Mitglied der *Harvard Society of Fellows*) und Stanley Cavell (auch ein junger Stipendiat).

Beacon Press

Taubes war hoch erfreut über die Aussicht, eine Buchreihe für den Beacon Press Verlag herausgeben zu können, denn damit eröffnete sich ihm die Möglichkeit, seine weit gespannten Kontakte nutzen zu können – insbesondere unter emigrierten Intellektuellen. Zudem bot sich hier die Chance, seine Kenntnisse der deutschsprachigen Forschung in der Praxis anzuwenden und sie einem amerikanischen Publikum zu vermitteln. Zunächst überlegte er, sich auf Bücher zu konzentrieren, die den Übergang vom christlichen zum postchristlichen Denken markierten – zum einen aus persönlichem Interesse und vielleicht auch, weil es ihm passend für ein unitaristisch ausgerichtetes Verlagshaus schien, das stärker auf ein undogmatisches und humanistisches Verständnis von Religion abzielte. Im Sinn hatte er unter anderem Bücher von Ludwig Feuerbach, Heinrich Heine, Marx' »Ökonomisch-Philosophische Manuskripte aus dem Jahr 1844« und Franz Overbecks *Christentum und Kultur*.[119] Dann erwog er, die Serie auf den Themenbereich »philosophische Anthropologie« auszurichten, ein spezifisch deutsches Genre des Philosophierens über die Natur des Menschen.[120] Er schrieb an Intellektuelle, die er in Deutschland und den Vereinigten Staaten kannte, bat auch Carl Schmitt um Rat, was er in eine Anthologie des konservativen Denkens aufnehmen sollte, schlug Übersetzungen (wie etwas Tillichs *Die sozialistische Entscheidung*) oder auch neue Arbeiten vor, die sie für Beacon Press schreiben könnten. Er plante eine Anthologie des Historizismus und konnte dabei aus dem umfangreichen Fundus seiner Kenntnisse der deutschen Sozialphilosophie schöpfen, um die Zweifel an dem durch Karl Poppers *Die offene Gesellschaft und ihre Feinde* in Verruf geratenen Terminus auszuräumen.[121]

Die Buchreihe, die Taubes für Beacon Press herausgab, *Humanitas: Beacon Studies in Humanities*, erfüllte die in sie gesetzten Hoffnungen nicht. Letztlich erschien nur ein halbes Dutzend Bücher: die Übersetzung *Homo Ludens: A Study of the Play-Element in Culture*, eines Buchs des zeitgenössischen niederländischen Historikers und Kulturphilosophen Johan Huizinga; *Judgments on History and Historians* von dem Schweizer Historiker aus dem neunzehnten Jahrhundert Jacob Burckhardt; die amerikanische Ausgabe von Martin Bubers *Pfade in Utopia*, eine Geschichte des Sozialismus; und eine Neuerscheinung des amerikanischen Universalgelehrten Lewis S. Feuer, *Spinoza and the Rise of Liberalism*. Der bedeutendste Band der Reihe war Hans Jonas' *The Gnostic Religion*, der 1958 veröffentlicht wurde. Das Buch war eine deutlich leichter zugängliche Überarbeitung seiner früheren, auf Deutsch veröffentlichten Interpretationen der Gnosis. Es verzichtete auf den Heidegger'schen philosophischen Fachjargon und die wissenschaftlichen Diskussionen, sodass ein Text zurückblieb, der sich an »den allgemein gebildeten Leser genauso wie an den Wissenschaftler«[122] wandte. Indem er Jonas ermutigte, leicht zugängliche Texte auf Englisch zu schreiben und zu veröffentlichen, hatte Taubes unzweifelhaft einen erheblichen Anteil an der Verbreitung und am Einfluss von Jonas' Werk in der englischsprachigen Welt.[123]

Doch Taubes' Verhalten bei Beacon Press führte zu einer Entfremdung von Philip Rieff. Während Rieff im Hinterzimmer des Verlagshauses arbeitete, rief Taubes Arnold an und bat diesen um eine Stelle als Lektor für wissenschaftliche Publikationen. Ohne Taubes' Wissen rief Arnold (der Taubes misstraute) Rieff über ein Durchwahltelefon an und gab ihm so die Gelegenheit, dem Gespräch zuzuhören. Arnold antwortete Taubes, Rieff habe den Posten, für den er sich gerade selbst ins Gespräch brachte. Woraufhin Taubes sagte: »Sie brauchen Philip nicht. Ich

kann das alles übernehmen. Außerdem ist er quasi ein Faschist.«
Dieser Verrat beendete Rieffs Beziehung zu Jacob, ohne dass
Taubes den Grund erfuhr. Er unternahm wiederholte, vergebliche, Versuche, die Beziehung zu erneuern, und schrieb auch
lange Briefe, um der Entfremdung, die zwischen ihnen beiden
eingetreten war, entgegenzuwirken.[124] Wenige Jahre später trennten sich Rieff und Sontag, die Beziehung von Susan Sontag zu
Jacob und Susan Taubes wurde hingegen noch enger.

Der erste Band in der Reihe *Humanitas* war Marcuses *Eros
and Civilization: A Philosophical Inquiry into Freud*. Zu einer
Zeit, als der Marxismus in den Vereinigten Staaten aufgrund seiner Verflechtung mit dem Kommunismus grundsätzlich ver-
dächtig war, gelang es Marcuse, eine Nachfolgeschrift zu Lukács' *Geschichte und Klassenbewußtsein* zu schreiben, ohne
dass der Name Marx darin auftauchte. Stattdessen goss er die
radikale Kapitalismuskritik in die psychoanalytische Sprache,
die von den amerikanischen kulturellen Eliten in den 1950er
Jahren bevorzugt wurde. Tatsächlich interessierte sich Marcuse
nur wenig für die empirische Validität des Freud'schen Denkens
oder für die Psychoanalyse als Methode. Vielmehr machte er
sich einige von Freuds Schlüsselideen zu eigen und verwendete
sie, um eine radikale Kritik des zeitgenössischen Kapitalismus
zu formulieren.

Auch wenn er Taubes' Faszination für die Gnosis als historisches Phänomen nicht teilte, vertrat er doch wie die Gnostiker
die Ansicht, dass die gegenwärtige Welt eine entfremdete war
und dass eine deutlich bessere Welt hinter dem Horizont verborgen lag, wenn Männer wie Frauen nur über das richtige Wissen verfügten. Dieser Teil der Analyse schlug eine Saite in Jacob
Taubes an. Ein Jahrzehnt später sollte Marcuse sie zu seinem bekanntesten und einflussreichsten Werk, *One-Dimensional Man*,
ausbauen.

Taubes' größter Fürsprecher an der Fakultät in Harvard war
Carl Friedrich, ein protestantischer deutscher Einwanderer, der

1926 aus Heidelberg an die Universität gekommen war. In den 1930er Jahren hatte Friedrich Pionierarbeit beim Aufbau der Kooperation zwischen Harvard und der Regierungsverwaltung geleistet. Mit Eintritt der Vereinigten Staaten in den Zweiten Weltkrieg war er an der Organisation der Ausbildung von Diplomaten und Militärs für ihre Aufgaben in der Besatzungszeit nach dem Krieg beteiligt. Während der amerikanischen Besatzung Deutschlands reiste er dann an verschiedene Universitäten, um sie über ihre Funktion in einer demokratischen, rechtsstaatlichen Gesellschaftsordnung zu beraten, und er wirkte bei der Neugründung der Freien Universität Berlin mit, an der Taubes später unterrichten sollte. Als die Universität Heidelberg 1956 mit der Unterstützung der Rockefeller-Stiftung einen Lehrstuhl für Politische Bildung einrichtete, wurde Friedrich der erste Inhaber, pendelte fortan zwischen Harvard und Heidelberg und war an der Ausbildung einer jungen Generation deutscher Politologen beteiligt.[125]

Friedrich vereinte, eher unüblich für einen amerikanischen Wissenschaftler, seine Expertise in Verfassungsrecht und staatlichem Verwaltungswesen mit einem Interesse an politischer Theorie und Philosophie. Im Jahr 1949 gab er eine Sammlung von Kants moralischen und politischen Schriften heraus, gefolgt von einem weiteren Sammelband, *The Philosophy of Hegel*, den er kurz vor Taubes' Ankunft in Harvard abschloss. Noch vor seiner Ankunft in Cambridge schrieb Jacob aus Rochester an Friedrich und erwähnte in seinem Brief ihr gemeinsames Interesse für die politische Philosophie von Kant und Hegel.[126] 1956 gab Friedrich eine englischsprachige Ausgabe von Hegels *Philosophie der Geschichte* heraus und schrieb auch die Einführung. Die Diskussionen über Hegel standen also im Zentrum ihrer gemeinsamen Interessen. Ihre Beziehung entwickelte sich zu einer Freundschaft, in der Taubes den untergeordneten und ehrerweisenden Part einnahm.[127]

Zwar war Friedrich in Harvard der entschiedenste Förderer

von Jacob, doch es gab auch andere an der Fakultät, die ihn schätzten und halten wollten. Einer von ihnen war William Yandell Elliott, den Jacob in seinem Seminar 1953 so beeindruckt hatte; sein jüngerer Kollege Louis Hartz (der eine wegweisende Interpretation der amerikanischen politischen Kultur entwickelte); und George H. Williams, der amtierende Dekan der Divinity School.[128] Aber Taubes war kein Politikwissenschaftler. Er war zu einem Teil Religionshistoriker und zum anderen Philosoph. Die Hürden auf dem Weg zu einer Weiterbeschäftigung lagen also in den Fachbereichen, in denen er seine Hauptanstellung finden musste.

Als sich Jacobs Stipendiumsjahr in Harvard dem Ende zuneigte, gab es Pläne, ihn am MIT zu beschäftigen, um Philosophie zu unterrichten. Dort wurde er hoch geschätzt von Warren McCulloch, einem der Gründer der Kybernetik, sowie dem Wissenschaftshistoriker Georgio de Santillana. Doch als der Fachbereich seine Pläne im letzten Moment änderte, bekam Jacob einen Lehrauftrag an der Philosophischen Fakultät in Harvard für das Studienjahr 1954/55 angeboten.[129]

Als Dozent war er in seinem zweiten Jahr noch beliebter als schon im ersten – ein Umstand, den ihm einige der älteren Fakultätsmitglieder übel nahmen.[130] Zudem wurde er des Öfteren in das Haus des neuen Universitätspräsidenten Nathan Pusey eingeladen, der sich sehr für Religion interessierte[131] – auch dies mag man ihm geneidet haben. Taubes hatte also durchaus Unterstützer, die sich bemühten, eine Weiterbeschäftigung für ihn in Harvard zu ermöglichen. Doch die Lehrstuhlinhaber jener beiden Fachbereiche, die für eine Anstellung infrage kamen, nämlich Philosophie und Religion, hegten Zweifel an seiner fachlichen und charakterlichen Eignung.

In Harvard gab es einen Lehrstuhl für Religionsgeschichte, den Arthur Darby Nock innehielt. Nock war in vielerlei Hinsicht ein Anti-Taubes. Britischer Herkunft und in Cambridge akademisch ausgebildet, war Nock ein äußerst versierter Experte der griechischen, römischen und hellenistischen Religion. Er hatte über den Heiligen Paulus und über die Gnosis geschrieben – zwei von Jacobs bevorzugten Themen. Doch als wissenschaftliche Persönlichkeiten konnten sie unterschiedlicher kaum sein. Denn Nock fand »ein Vergnügen an der Entdeckung, dem Ordnen und Ermitteln von Fakten«, während ihn »die philosophischen Probleme der Religion nicht sonderlich interessierten« – womit er das genaue Gegenteil von Taubes war, in beiderlei Hinsicht.[132] Jacob machte einen unbeholfenen Versuch, sich bei Nock einzuschmeicheln, indem er sich bei ihm nach einem abseitigen Fakt aus Nocks Spezialbereich erkundigte. »Warum schlagen Sie das nicht in der *Encyclopedia Britannica* nach?«,[133] antwortete Nock. Taubes verachtete Nock als »Positivist«, der sich auf staubtrockene Fakten konzentrierte und dem es an Vorstellungskraft mangelte.[134] Nock wiederum hielt Taubes für nicht besonders versiert. Als der Dekan McGeorge Bundy, auf Drängen Friedrichs, mit Nock die Möglichkeit einer Anstellung Taubes' als Dozent (*assistant professor*) in der Religionsgeschichte diskutierte, lehnte Nock dies, ohne zu zögern, ab.[135]

In der Philosophie standen Jacobs Chancen um nichts besser. Dort dominierten die analytischen Philosophen den Fachbereich, und diese hielten das, womit Taubes sich beschäftigte, nachgerade für Unsinn. Auch seine religiösen Anliegen würdigte man nicht. Erschwerend kam hinzu, dass Taubes – gerade als er in Betracht für eine Stelle gezogen wurde – im Herbst 1954 einen Vortrag vor dem Philosophie-Klub (der von der gesamten Fakultät besucht wurde) über die »Vier Zeitalter der Vernunft« (»Four Ages of Reason«) hielt, in dem er wenig subtil darauf anspielte, dass vieles von dem, was diese Professoren als wissenschaftliche Philosophie betrachteten, eine Vernachlässigung ihrer eigentlichen Aufgabe bedeutete: den Status quo zu kritisieren.[136]

Taubes' wachsende Nähe zu Horkheimer, Adorno und Marcuse sowie seine Identifikation mit der »Kritischen Theorie«

fand auch einen Widerhall in »Four Ages of Reason«, das er 1955 mit einer Widmung »Für Max Horkheimer zu seinem 60. Geburtstag« veröffentlichte. Der Essay folgte den Inhalten und Thesen Horkheimers und Adornos, zitierte *Eclipse of Reason* einmal und lehnte sich insgesamt stark daran an. In dem Artikel ging Taubes davon aus, dass es so etwas wie eine »universale Vernunft« gab, die in der Lage war, die Interessen aller Individuen miteinander zu vereinbaren. Doch, so Taubes, »die aktuelle Spaltung der Gesellschaft in antagonistische Gruppierungen hat die Philosophie oder den rationalen Diskurs in Verruf gebracht«. Tatsächlich ende »eine Gesellschaft, die ihre Zukunft auf den Fortschritt der Vernunft aufgebaut hatte, in der Barbarei«, und die technologische Entwicklung sei mit »dem Niedergang der individuellen und kollektiven Rationalität« einhergegangen.[137] Taubes schickte das Manuskript mit einem Begleitbrief an Horkheimer, in dem er seine tiefe Wertschätzung für dessen Werk zum Ausdruck brachte, als Zeichen dafür, »dass Ihre Arbeit weit über die Kreise Ihrer unmittelbaren Weggefährten hinaus Früchte getragen hat.«[138]

»Four Ages of Reason« blieb unbekannt. Der Beitrag wurde bei der Zeitschrift *Ethics* eingereicht, später dann bei einer weiteren Zeitung, *Philosophy and Phenomenological Research,* wo er auf die Warteliste gesetzt wurde. Taubes berichtete Horkheimer, er habe sich entschieden, den Beitrag, obgleich auf Englisch verfasst, in einer deutschen Zeitschrift zu publizieren, im *Archiv für Rechts- und Sozialphilosophie,* wo er auch tatsächlich im Oktober 1956 erschien.

Trotz des ungewöhnlichen Publikationsorts gibt uns der Artikel einen Eindruck davon, was Taubes seinen Studenten und Kollegen in Harvard vermittelte.[139] Zu einer Zeit, als die Philosophie in Harvard von der analytischen Philosophie dominiert wurde, nahmen viele aus der Philosophischen Fakultät, einschließlich der Koryphäen Quine und C. I. Lewis, Taubes' Vortrag, der analytische und szientistische Spielarten der Philosophie mit der repressiven Verwaltungsstruktur der Gesellschaft in Beziehung setzte, mit Empörung und Unglauben auf. Für sie war eine solch spekulative und deklarative Kulturkritik schlicht keine Philosophie.[140]

Das erklärt zum Teil – aber eben nur zum Teil – den vehementen Widerstand, mit dem die Philosophische Fakultät auf den Vorschlag, Taubes eine Weiterbeschäftigung in Harvard zu ermöglichen, reagierte.

Ein legendärer Scherz

Vielleicht war es dieser Vortrag, mit seinen extensiven und haltlosen historischen Generalisierungen, der zu einer der bekanntesten Geschichten über Jacob Taubes führte – einer Geschichte, die in verschiedenen Abwandlungen immer wieder erzählt wurde, wo auch immer er hinging. Die Protagonisten variieren mit den Erzählenden, nicht aber Inhalt oder Botschaft der Geschichte. Die beiden wahrscheinlichsten Protagonisten (neben Jacob selbst) waren Henry Aiken und Morton White, die in aufeinanderfolgenden Semestern einen Überblickskurs über die Geschichte des abendländischen Denkens gaben. Beide hatten ein großes historisches Interesse, wenn auch in britischer bzw. amerikanischer Philosophie. Sie waren davon überzeugt, dass Jacob mehr zu wissen vorgab, als es tatsächlich der Fall war und so taten sie sich mit Nock zusammen und heckten einen Plan aus, um ihn vorzuführen. Susan Sontag, damals Whites Doktorandin, scheint dessen Misstrauen gegenüber Jacob noch verstärkt zu haben.[141]

Zu einer Gelegenheit, von der sie wussten, dass Jacob anwesend sein würde, begannen Aiken und White eine Diskussion über die Theorie der Seele bei Bertram von Hildesheim, einem mittelalterlichen Scholastiker, dessen Gedanken, so regten sie an, eine interessante Mischung aus Elementen der Thomistischen und der Scotistischen Schulen bilde. Nachdem Jacob eine Weile aufmerksam zugehört hatte, sprach er »brillant über die Psychologie Hildesheims und setzte die Anwesenden mit seinem profunden und umfassenden Wissen in Erstaunen – bis man ihm erzählte, dass diese Person gar nicht existierte; sie war ausschließlich für diese Diskussion erfunden worden«.¹⁴² Natürlich zeugt die Geschichte von Jacobs anmaßender Persönlichkeit. Aber sie reflektiert eben auch sein Talent, ein Buch oder einen Denker schnell in einem intellektuellen Koordinatensystem zu verorten und daraus abzuleiten, welche die wichtigsten Lehren sein müssten. Um dieses Schauspiel abliefern zu können, brauchte es einiges Wissen über den Thomismus (die Anhänger des Thomas von Aquin) und den Scotismus (die Anhänger von Duns Scotus). Ein Coup, den er schon in seinen Doktorprüfungen erfolgreich vollbracht hatte, als er über Schopenhauer als eine Figur des Übergangs vom deutschen Idealismus zum europäischen Nihilismus geschrieben hatte – ohne Schopenhauer gelesen zu haben. Allerdings hatte Schopenhauer tatsächlich existiert, während der mittelalterliche Scholastiker eine Erfindung war.

Hans Jonas behauptete, Carl Friedrich habe ihm die Geschichte erzählt, von dem er auch glaubte, er sei an dem Scherz beteiligt gewesen. Aiken und White wurden von Arnold Band, damals Lehrassistent, und Daniel Bell als die plausibleren Initiatoren identifiziert. Als Bell die Geschichte François Bondy erzählte, der Jacob aus Zürich kannte, erzählte Bondy, er und ein Freund hätten Jacob einen ähnlichen Streich gespielt, als der noch das Gymnasium besuchte und sich schon in dieser Zeit als allwissend dargestellt hatte.¹⁴³ Avishai Margalit hörte die Geschichte von dem erfundenen mittelalterlichen Philosophen von Judith Shklar, die behauptete, sie hätte, im Rahmen eines von Taubes gegebenen Kurses, gemeinsam mit Charles Taylor, den Streich inszeniert.¹⁴⁴ Wie dem auch sei: In der einen oder anderen Version erzählte man sich diese Geschichte über Jahrzehnte in Harvard und darüber hinaus; eine Geschichte, die den Eindruck von Jacobs mangelnder Seriosität bekräftigte.

Von Harvard nach Princeton

Es gab also verschiedene Gründe, warum weder die Philosophen noch Nock Interesse daran hatten, Taubes in ihren Reihen aufzunehmen. Doch angesichts des Engagements vom Dekan der Divinity School und einiger Mitarbeiter des Ministeriums, Taubes zu halten, wandte sich der Dekan Bundy an den Vorsitzenden des Bildungsausschusses mit der Frage, ob Taubes in diesem Programm aufgenommen werden könnte. »Leider«, berichtete Bundy an Carl Friedrich, »zeigt sich der Ausschuss so besorgt über Taubes' Kompetenz, dass er derzeit nicht gewillt ist, Verantwortung für sein Gehalt zu übernehmen, zumal sich die Fachbereiche an der Fakultät für Geistes- und Sozialwissenschaften weigern, seine Ernennung zu tragen«.[145]

Jacobs Scheitern, eine feste Stelle in Harvard zu bekommen, hatte viele Ursachen. Zum einen waren Taubes und Nock nicht füreinander geschaffen, genauso wenig wie er zu den etablierten Lehrstuhlinhabern in der Philosophie passte. Zum anderen war Jacobs Neigung zum Prahlen und seine Gelehrsamkeit zur Schau zu stellen, einigen suspekt. Manche hielten ihn für genial, andere für einen Schwindler. Seine Beliebtheit bei den jüngeren Studenten weckte Misstrauen und Neid. Und dann war da noch seine Angewohnheit, heftig zu flirten.[146] Rieff erinnerte später mit rhetorischer Übertreibung, Taubes habe versucht, »alles zwischen fünf und fünfzig« zu verführen.[147]

Auch wenn Harvard Jacob Taubes nicht anstellen wollte, waren andere an ihm interessiert. Einer derjenigen, die Jacobs Arbeiten gelesen hatten und von ihm beeindruckt waren, war Walter Kaufmann, eine wichtige Persönlichkeit für den Transfer der deutschen Philosophie in die amerikanische akademische

Welt.[148] Kaufmann war ein paar Jahre älter als Taubes und in Deutschland in eine protestantische Familie mit jüdischen Wurzeln hineingeboren. Im Jahr 1933, er war damals zwölf Jahre alt, entschloss er sich, zum Judentum zu konvertieren, und in den folgenden Jahrzehnten blieb er dem jüdischen Denken verbunden, auch als sein Glaube geschwunden war. Er verließ Deutschland 1939, besuchte das College in den Vereinigten Staaten und arbeitete anschließend an seiner Dissertation in Harvard. Seit 1947 unterrichtete er Philosophie in Princeton. Als Hegel und Nietzsche häufig noch als intellektuelle Vorläufer des Nationalsozialismus betrachtet wurden, veröffentlichte er eine einflussreiche Kritik dieses Bildes von Hegel sowie *Nietzsche: Philosopher, Psychologist, Antichrist* (1950), eine Neuinterpretation Nietzsches in Buchlänge, die ihn für liberale Ansichten zugänglicher machte.[149] Im Lauf der folgenden Jahrzehnte gab er eine viel beachtete Anthologie existenzialistischer Schriften heraus und übersetzte Werke von Goethe, Hegel, Nietzsche, Leo Baeck und Martin Buber ins Englische.

Als Kaufmann als Fulbright-Stipendiat im akademischen Jahr 1955/56 an die Universität Heidelberg ging, stellte die Philosophische Fakultät in Princeton Jacob für diesen Zeitraum ein. Die Taubes zogen im September 1955 nach Princeton. Susan plante, ihre Dissertation fertigzustellen, und Jacob hoffte, dass die auf ein Jahr befristete Stelle in eine dauerhafte münden würde.

Gershom Scholems ablehnende Haltung gegenüber Jacob Taubes hielt an und fand Ausdruck in Briefen, die Scholem aus Jerusalem an Freunde wie Leo Strauss und Hannah Arendt in den Vereinigten Staaten schickte. Nachdem er einen kritischen Bericht über Taubes von Scholem erhalten hatte, schrieb Leo Strauss zurück: »Ich habe noch nie einen so schamlosen Ehrgeiz erlebt. Wird ihm irgendjemand Manieren beibringen können?«[150] Arendt beschwerte sich in ihrem Antwortbrief an Scholem: »Taubes ist hier natürlich aufgetaucht, verlogen und unverschämt und Leute mit levantinischer Gescheitheit bluffend, wie immer.«[151] Ein Jahr später traf Arendt Taubes bei einem Vortrag in Harvard und schrieb anschließend an Scholem: »Seine Methoden haben sich nicht geändert; er ist der Meinung, dass es keinen Menschen gibt, den man nicht durch gröbste Schmeichelei gewinnen könne. Und hat mit einem erheblichen Prozentsatz natürlich auch recht.«[152]

Strauss folgte seinem Freund Scholem in der Einschätzung von Taubes. Im Oktober 1955 erfuhr Strauss, dass Taubes nach Chicago fahren wollte, um dort an der Universität nach einer Stelle Ausschau zu halten. Er schrieb an Scholem, er habe aus »glaubwürdiger Quelle« in Harvard vernommen, dass Taubes sich weiterhin als an der Hebräischen Universität assoziiert bezeichnete; dass er ein Seminar über die Geschichte der Häresie abhielt, das einem »philosophischen Antisemitismus« gleichkam; und dass »seine übrigen Kurse in Philosophie, so erzählten es mir Personen aus dem Fachbereich, eine Farce seien. Kurz gesagt, Harvard war froh, ihn los zu sein« – nur die halbe Wahrheit, wie wir gesehen haben.[153]

Die Meinungen über Jacob Taubes gingen auseinander, er polarisierte – und nicht selten stand ein und dieselbe Person ihm sowohl positiv wie auch negativ gegenüber.

Im April 1955 stand Jacob dem Pessach-Seder im Hause Taubes vor, eingeladen waren die Rieffs, Krister Stendahl, Stanley Cavell und Herbert Marcuse. Im formellen Rabbinergewand und den Kopf mit einer Seidenjarmulke bedeckt, leitete Jacob die Zeremonie auf prachtvolle Weise. Er sang die Gebete mit einer wunderschönen Stimme und gab gelehrte Kommentare zu den Texten der Haggada. Das Ereignis war so eindrücklich, dass einige der Teilnehmer – Cavell und Stendahl – sich noch ein halbes Jahrhundert später daran erinnerten.[154]

Doch manche vermuteten, er habe in erster Linie eine Show für seine akademischen Freunde veranstaltet: Auch wenn er der Einzige am Tisch war, der eine Seder-Zeremonie auf diese Weise

hätte leiten können, sei es eben letztlich doch nur eine Vorfüh-
rung, ohne wahrhaftigen Glauben und ohne Aufrichtigkeit.[155]
Den Eindruck, dass Jacob Taubes nur eine Rolle spielte – oder
manchmal auch mehrere Rollen –, teilten viele seiner Freunde
und Bekannten während seiner Zeit in Cambridge und auch später. Es war nicht leicht, den Tänzer von seinem Tanz zu unterscheiden.[156]

Sich ein präzises Bild über Jacob Taubes' Gelehrsamkeit und
seine wissenschaftlichen Errungenschaften zu verschaffen, wurde durch seine Neigung zur Prahlerei erschwert und vor allem
dadurch, dass er irreführende Informationen über seine Person
in Umlauf brachte. In einem Artikel über ihn in der *Harvard
Crimson* zum Beispiel stand, er habe seine Dissertation 1946
im Alter von 22 Jahren veröffentlicht (tatsächlich war es ein Jahr
später); dass Martin Buber ihm zu einem Forschungsstipendi-
um an der Hebräischen Universität verholfen habe (Buber war
dabei gar nicht involviert); und dass er 1952 mit einem Rockefeller-Stipendium in die Vereinigten Staaten zurückgekehrt sei
(das wiederum erhielt er erst ein Jahr später). Im Lebenslauf,
den Taubes 1954 an Friedrich schickte, waren unter seinen Veröffentlichungen auch zwei Bücher als »im Erscheinen« aufge-
listet: *Apotheosis of History* (Beacon Press, 1955) und *Religion
and Political Order: Essays toward an Understanding of Political Philosophy* (Beacon Press, 1955). Bei dem ersten handelte es
sich vermutlich um eine Übersetzung seiner Dissertation, bei
dem zweiten um einen Essayband, an dem er gearbeitet hatte.
Doch keines der beiden Bücher existierte: Sie sollten, so die
Hoffnung, eines Tages zu Büchern werden, um Publikationen
handelte es sich indes nicht. Im selben Dokument gab Taubes
sein Geburtsdatum mit 27. Februar 1924 an.[157] Tatsächlich war
er ein Jahr früher zur Welt gekommen. Taubes war daran gewöhnt, auf sich selbst als ›Wunderkind‹ zu blicken und sich anderen gegenüber auch so darzustellen. Doch je älter er wurde,
desto weniger glaubhaft war dies. Zehn Jahre später, im Jahr

1966, wurde sein Geburtsjahr auf dem Umschlag eines von ihm herausgegebenen Buchs sogar mit 1926 angegeben.[158]

Philip Rieff hielt Taubes für äußerst gelehrt, auch wenn er vielleicht nicht so viel wusste, wie er vorgab, und fand ihn als Persönlichkeit interessant. Von Taubes' gnostischer Inversion war er fasziniert: von einer Welt, die auf dem Kopf stand, in der man, weil die Welt selbst böse war, schon aus Prinzip heuchlerisch sein konnte. Er fühlte sich berechtigt, zu tun und zu lassen, was er wollte, und empfand keinerlei Verantwortung. »Ein zutiefst finsterer und böser Mensch«, urteilte Rieff, »der einzige böse Mensch, den ich je kennengelernt habe, für den das Böse ein Daseinsprinzip war.«[159]

Im Februar 1955 traf sich Daniel Bell mit Jacob und Susan Taubes in New York. Zu dieser Zeit war Bell Journalist beim *Fortune*-Magazin im Ressort »Arbeit« und hatte einen Lehrauftrag für Soziologie an der Columbia. Kurz zuvor hatte er sein Buch *Marxian Socialism in the United States* veröffentlicht (gewidmet Irving und Bea Kristol) und war zunehmend am Congress for Cultural Freedom eingebunden, einer internationalen Organisation antikommunistischer Intellektueller, die überwiegend liberal oder sozialistisch eingestellt waren. Im folgenden Jahr würde er für die Organisation in Paris arbeiten. (Später stellte sich heraus, dass die Organisation zum Teil von der CIA finanziert wurde, als Gegengewicht zu der massiv aus der Sowjetunion betriebenen Mobilisierung der Intellektuellen in Westeuropa und Asien.) In Paris arbeitete Bell mit Taubes' altem Freund François Bondy zusammen.

In zwei ausführlichen Briefen an seine Frau Elaine, die er innerhalb einer Woche schrieb, vermittelte Bell seinen Eindruck von den Taubes.

»Wie immer war Jacob randvoll mit interessanten Gesprächsthemen. Er ist immer sehr anregend«, begann Bell. Doch Bell sorgte sich darüber, »wie wenig Sinn die beiden für Konkretes haben«. »Was mir am stärksten auffiel, war die Oberflächlichkeit ihres Denkens über und ihre geringe Erfahrung mit Amerika.« Susan hielt die Vereinigten Staaten für ein schreckliches Land, gekennzeichnet von sinnloser Verschwendung, Werbung usw. Doch wenn sich das Gespräch außenpolitischen Themen zuwendete, der Sowjetunion und dem maoistischen China, »wurde es wirklich unangenehm, vor allem wegen der erschreckenden Art und Weise, mit der ein Mythos jeden emotionalen Zugang zu einer konkreten Erfahrung verdrängen kann. ... Ich war überrascht davon, wie wenig sie auf der reinen Faktenebene wussten: Jacob kann in der Theorie die Idee von einem totalitären Regime akzeptieren, doch er versteht nichts davon, wie der Terror tatsächlich funktioniert. Es bleibt also nur die Hoffnung, dass irgendwo, irgendwann ›der Funke‹ überspringen wird und das Regime sich ändert. Die Revolution ist geheimnisvoll, und somit ist China historisch betrachtet zwangsläufig gut und Chiang ist böse; ich konnte den Gedankensprüngen nicht folgen.« Die Taubes, schloss Bell, waren »brillant in vielerlei Hinsicht«, aber von konkreten historischen Erfahrungen völlig abgeschnitten.[160] Jacob bezeichnete sich selbst als Sozialist, doch wenn Bell ihn fragte, was er damit meinte, lautete Jacobs Antwort: »Sozialismus ist Freiheit.« Und wenn Bell daraufhin eine Diskussion anregte, was der Sozialismus in Bezug auf spezifische institutionelle Rahmenbedingungen bedeuten könnte, lehnte Jacob die Voraussetzungen der Diskussion ab, denn für ihn »fehlte ein eschatologisches Element ..., [das] wir nicht anders eingrenzen können, außer als das Geheimnis des Chiliasmus oder der Revolution oder irgendeiner transformativen Kraft«. Jacob stand auf jener Seite der »Geschichte«, die als Fortschritt auf dem Weg zur Freiheit durch menschliches Handeln aufgefasst wurde: »Der Fortschritt in der Geschichte ist die Säkularisierung des Messianismus und damit einhergehend des Antinomismus.« Doch, fragte Bell, was war mit den Risiken des Messianismus? »Du bist zu jüdisch«, antwortete Jacob. »Das ist das Problem mit dem Judentum: Der Messias ist immer zu weit entfernt. ... Wenn man an die Prophezeiung glaubt, riskiert man falsche Propheten.« Bell verstand Jacobs Radikalismus als »eine Denkweise, sowohl logisch als auch psychologisch, die uns anzog und die ich jetzt, mit zunehmender Klarheit, ablehne«.[161]

Bell erkannte in Jacob gewisse Charakterzüge, die er an sich selbst ebenfalls beobachtete, und die er »nicht unbedingt bewundernswert [fand], in der Art und Weise, wie sie sich ausdrückten: die Art von Ehrgeiz, das soziale Aufsteigen, den Drang, sich mit berühmten Personen zu umgeben; all dies ist nicht per se schlecht, oft handelt es sich dabei um interessante Menschen, und wenn man nicht in dieses Milieu hineingeboren wurde, ist ein gewissen Streben und Bemühen unvermeidlich; doch an irgendeinem Punkt wird eine Spur Schamlosigkeit und Vulgarität offensichtlich.« Dies waren einige jener Eigenschaften, die auch Hannah Arendt und Leo Strauss an Jacob abgestoßen hatten; Eigenschaften, die hilfreich dabei sein konnten, »es zu schaffen« – »Making it«, so das titelgebende Zitat der ein Jahrzehnt später erschienenen Erinnerungen von Taubes' Freund Norman Podhoretz.

Zwischenspiel in Princeton

Zwar war Taubes enttäuscht darüber, dass es mit der Weiterbeschäftigung in Harvard nicht geklappt hatte, doch war er über die Alternative, die sich mit Princeton auftat, hoch erfreut. Denn, so erläuterte er es in einem Brief an Carl Schmitt, »Princeton, N.J., [war] einer, neben Cambridge Mass., der ganz wenigen Orte wo Europäer leben können« in den Vereinigten Staaten.[162] Mit einem Einkommen für das akademische Jahr von 5500 $ waren Jacob und Susan finanziell vermutlich bessergestellt als jemals zuvor.[163] Sie bezogen eine Dachgeschosswohnung in einem schönen Haus in der 301 Nassau Street, nicht weit vom Princeton Campus.[164]

Taubes' Hoffnung, dass seine befristete in eine dauerhafte Anstellung münden würde, zerstreute sich rasch: Gleich nach seiner Ankunft stellte der Leiter der Philosophischen Fakultät,
Ledger Wood, klar, dass die Stelle nur für die Dauer eines Jahres
ausgelegt sei, da »die höher dotierten Anstellungen sich mit Ihren Interessen überschneiden«. Also würde die nervenaufrei-
bende Jobsuche abermals auf ihn zukommen. Inzwischen waren Jacob und Susan von den vielen Ortswechseln erschöpft
und begannen, eine Jobsuche in Deutschland in Erwägung zu
ziehen – ein Land, das Jacob nie auch nur besucht hatte. Jacob
bat Carl Friedrich und Eric Voegelin, die beide in diesem Jahr
in Deutschland unterrichteten, die Augen nach einer Stelle für
ihn offen zu halten.[165]

Bei der Suche nach einer dauerhaften Stelle hielt Jacob einen
Vortrag am St. John's College in Annapolis, Maryland, und besuchte auch die Johns Hopkins Universität in Baltimore, wo er
Arthur Lovejoy traf – und auch beeindruckte –, den Begründer
der Ideengeschichte als akademische Disziplin. Anfang Dezember hielt er einen Vortrag an den Vereinigten Theologischen
Fakultäten der University of Chicago (später die School of Divinity). Die Universität war geneigt, ihm einen Lehrstuhl anzubieten. Das Problem jedoch war, so schrieb er es Carl Friedrich,
dass der Lehrstuhl zwischen der Theologie und der Philosophie
angesiedelt war, und während die Theologen sich für ihn aus-
sprachen, »lehnten es die Philosophen … *a priori* ab, die Angelegenheit in Betracht zu ziehen … zum Teil, denke ich, aufgrund
des Geredes aus Harvard«.[166]

Eines der Seminare, das Taubes in Princeton gab, behandelte
die Philosophie des neunzehnten Jahrhunderts (Philosophy
303). Der Leseliste nach zu urteilen, war der Kurs viel breiter angelegt als für ein Philosophieseminar üblich – fast schon wie für
einen Kurs zur Geistesgeschichte. Darin spiegelte sich Taubes'
Überzeugung, dass vieles von dem, was philosophisch interessant war, jenseits der Grenzen der formalen Philosophie statt-

fand. Er erwartete von seinen Studentinnen und Studenten, dass sie auszugsweise Hegel, Kierkegaard und Max Stirner lasen, von Marx die *Die deutsche Ideologie*, Saint-Simon, Comte, Donoso Cortés, Proudhon, Dostojewskis *Die Besessenen*, Walter Kaufmanns *The Portable Nietzsche* sowie Taubes' *Nietzsche*, Marcuses *Reason and Revolution* und T.G. Masaryks *The Spirit of Russia*.

Nahezu von Beginn an war Jacob unglücklich in Princeton, einer Universität, die er im Vergleich zu Harvard als ausgesprochen bieder empfand.[167] Er musste einen Kurs über Locke, Berkeley und epistemologische Fragen abhalten, für den er nur wenig Interesse aufbrachte.[168] Und es gab weniger Studenten, die von den gleichen Themen wie er fasziniert waren, als dies an der Hebräischen Universität und in Harvard der Fall gewesen war.

Immerhin ein Student entwickelte eine enge Beziehung zu Jacob und Susan Taubes: Gregory Callimanopulos, der Sohn eines griechischen Großreeders, der Jacobs Seminare besuchte.[169] In einer kulturell konservativ geprägten Studentenschaft, die sich überwiegend aus WASPs (*White Anglo-Saxon Protestants*) zusammensetzte – Gleiches galt für die Dozenten –, fiel Callimanopulos aus der Reihe. Das Paar lud ihn nach Hause in die Nassau Street ein, und nach einer Weile kam er auch ohne Verabredung vorbei. Er war fasziniert von Jacob: ein Freigeist, der laufend Stereotype durchbrach, intellektuell provokant war und Ideen bis zur Absurdität überstrapazierte. Jacob unterschied sich von den anderen Professoren, sowohl in seiner Originalität als auch in seiner Arroganz. Callimanopulos war auch von Jacobs Auftreten beeindruckt: seiner geringen Aufmerksamkeit für seine Kleidung, seinem Bauchansatz und seinem ständigen Pfeiferauchen, die sein absolutes Desinteresse an körperlicher Fitness verrieten – kurzum, seinem auffallenden Mangel an Kultiviertheit. Susan hingegen bestach geradezu durch ihr Äußeres: Von Kopf bis Fuß in Schwarz gekleidet, verströmte sie die Eleganz der Boheme. Sie war attraktiver als andere Ehefrauen der Fakultät.

Im Haus der Taubes herrschte eine Atmosphäre der Erotik und der Boheme. Offensichtlich fühlte sich Callimanopulos zu Susan hingezogen, und sie spielte damit, flirtete mit ihm. Jacob war hoch erfreut über diesen Flirt zwischen Susan und dem jungen Mann, gehörte dies doch zum erotischen Repertoire des Ehepaars. Manchmal bis zur psychologischen Folter, und in diesem Fall war der junge Mann das Folterinstrument. Dieses Muster sollte sich in der Zukunft wiederholen, mit anderen Instrumenten, männlichen wie weiblichen, und wurde sogar auf Film und in fiktionalisierter Form gebannt.

Der Frühling 1956 war in mehrfacher Hinsicht bemerkenswert. Jacob erhielt die amerikanische Staatsbürgerschaft: Zum ersten Mal in seinem Leben hatte er einen echten Pass.[170] Und Susan beendete und verteidigte ihre Doktorarbeit in Radcliffe.

In ihrer Dissertation scheint Susan Simone Weils Sicht auf die Welt als radikal böse zu akzeptieren, oder sogar zu befürworten, einschließlich Weils Verurteilung des Kapitalismus und der Auswirkungen der Technologie. Sie übernahm auch unkritisch Weils Antipathie gegen jeglichen Partikularismus, eine Haltung, die Susan ohnehin teilte. Dies waren die Aspekte in Weils Schriften, die Susan ursprünglich angesprochen hatten. Auffallend an der Arbeit ist jedoch, wie kritisch sich die Autorin letztlich mit ihrem Gegenstand auseinandersetzte. Susan warf Weil vor, menschliche Beziehungen durch die Untersuchung des Leids zu mystifizieren und damit die Aufmerksamkeit von den spezifischen historischen Ursprüngen dieses Leids abzulenken.

In Princeton wie in Cambridge und in New York pflegten Jacob und Susan die engsten sozialen Kontakte mit Personen der deutschen intellektuellen Diaspora. In Princeton war dies Erich von Kahler, ein Mentor Jacobs. Von Kahler (1885-1970) verkörperte ein häufiges Muster unter deutschsprachigen Juden, den Übergang von Eigentum zu Bildung: Die Söhne erfolgreicher Unternehmer wurden ermutigt, Karrieren in kulturellen Berufsfeldern zu verfolgen, die zwar weniger lukrativ waren, aber ein höheres Ansehen unter denen, die Kultur zu schätzen wussten, genossen.[171] Als Spross eines Versicherungsmagnaten, der vom habsburgischen Kaiser in den Adelsstand erhoben worden war, absolvierte von Kahler in Wien seine Ausbildung, ging jedoch vor dem Ersten Weltkrieg nach München, wo er als Privatgelehrter arbeitete, der aufgrund seiner finanziellen Ressourcen nicht auf eine universitäre Stelle angewiesen war. Als er 1933 gezwungen war, Deutschland zu verlassen, wanderte von Kahler in die Vereinigten Staaten aus und ließ sich in Princeton nieder, wo er sich dem Institute of Advanced Study anschloss. Von Kahler war Kulturhistoriker, Philosoph und Universalgelehrter, zu dessen Freundeskreis Thomas Mann und Albert Einstein zählten, und er war für Jacob ein Bindeglied zur Hochkultur der Weimarer Zeit. Anlässlich seines siebzigsten Geburtstags veröffentlichte Taubes eine Würdigung dieses Mannes und seines Werks im *Aufbau*, einer deutsch-jüdischen Zeitschrift, die in New York erschien – ein Artikel, der zeigt, dass Jacob mit der Vielfalt von Kahlers Arbeit bestens vertraut war.[172]

Das wichtigste Ereignis in diesem Frühling war jedoch sicher, dass Jacob eine Stelle bekam. Eine Festanstellung. An einer der renommiertesten Universitäten der Welt.

Anfang 1956 stellte die Columbia University eine Berufungskommission zusammen, die darüber entscheiden sollte, ob Jacob Taubes als Juniorprofessor eingestellt werden sollte. Das war in dieser Zeit ein gängiges Verfahren, um eine Stelle zu besetzen. Lieber zog man einen bestimmten, vielversprechenden Wissenschaftler in Betracht, als eine Stelle öffentlich auszuschreiben, auf die sich jeder bewerben konnte (wie es später Usus wurde). Da es noch keinen formell eingerichteten Fachbereich Religion gab, wurde die Entscheidung von einer Ad-hoc-Kommission getroffen. Den Vorsitz hatte Salo Baron, der Jacobs Eltern unterrichtet hatte und Jacob seit dessen Ankunft in den Vereinigten Staaten kannte. Der erste Schritt der Kommission bestand darin, dass der Leiter des im Entstehen befindlichen Fachbereichs Religion, John A. Hutchison, einige Experten im Feld anschrieb, die Taubes kannten, und sie um eine vertrauliche Einschätzung bat. Wie genau diese Liste zustande gekommen ist, bleibt unklar, doch einige der Namen gehen wohl auf Taubes' Anregung zurück.

Die Antworten (die im Nachlass Salo Baron in der Stanford University archiviert sind) sind aufschlussreich. Einige erwähnten den Enthusiasmus, mit dem Taubes unterrichtete, und seine Erfolge als Dozent in Harvard. Viele dieser Einschätzungen zeugen von einem jungen Wissenschaftler, den erfahrenere Lehrkräfte im Feld der Religion und der Philosophie für brillant und intellektuell dynamisch hielten, während einige wenige von ihnen auch Zweifel an seiner wissenschaftlichen Redlichkeit äußerten. Und auch von jenen, die ihn begeistert unterstützten, gaben manche zu bedenken, dass er im Kollegium mitunter aneckte.

Nahum Glatzer betrachtete Taubes als »einen der gelehrtesten Religionshistoriker unserer Tage und als einen fundierten theologischen Denker«.[173] Abraham Kaplan, Philosoph an der UCLA, schrieb, Taubes sei derzeit in der Religionsphilosophie »der fähigste und vielversprechendste junge Mann im Feld im ganzen Land«.[174]

Fritz Kaufmann, ein deutsch-jüdischer emigrierter Philosoph der phänomenologischen Schule, der damals an der University of Buffalo lehrte, hatte über mehrere Jahre mit Taubes ausgiebig über Fragen der Philosophie und der Religion korrespondiert. Er bescheinigte Taubes eine hohes Maß an Kompetenz in der Religionsphilosophie sowie in den großen Entwicklungslinien von Hegel über Marx zum zeitgenössischen religiösen Existenzialismus, einschließlich Buber und Rosenzweig, Przywara und Balthasar, Barth und Tillich – also den wichtigsten jüdischen, katholischen und evangelischen Theologen. In seiner Einschätzung darüber, ob Taubes sich gut in den Fachbereich integrieren würde, gab Kaufmann an, dass »er ein ruheloser, suchender, aber auch gequälter Geist ist, eine eschatologische Natur, und entsprechend, denke ich, nicht immer ein bequemer Mensch«. Er schloss mit den Worten: »Wenn es ihm gelingen sollte, ein echtes Mitglied ihrer intellektuellen Gemeinschaft zu werden, wird er sicher für seine Kollegen und seine Studenten eine Herausforderung und eine treibende Kraft für das geistiges Unternehmen Ihres Fachbereichs und der Columbia University sein«.[175]

Aus Paris gab es wohlwollende Empfehlungen von Alexandre Koyré, dem angesehenen Philosophen und Wissenschaftshistoriker, und von dem Hegelschüler Jean Wahl.[176] Am überraschendsten war vielleicht die Unterstützung von Lovejoy von der Johns Hopkins University, der auf der Basis von »mehrstündigen Gesprächen über wichtige Themen« zu dem Schluss kam, dass Taubes »ein junger Mann [war], den man mit Blick auf die Forschung zur Ideengeschichte unbedingt im Land halten« sollte.[177]

Am ergiebigsten erscheinen die Schreiben von den Kollegen in Harvard und Princeton, wo Taubes unterrichtet hatte. Carl Friedrich fasste sich kurz, war aber entschieden unterstützend. John Dillenberger vom Studiengang Geschichte und Religionsphilosophie in Harvard blieb ambivalent. »Es ist nicht einfach, über Jacob Taubes zu schreiben, da das Bild für mich unscharf ist«, begann er. Positiv führte er an: »Er ist sicherlich einer der brillantesten Menschen, denen man irgendwo begegnen kann. Sein Geist ist schnell und bereit, eine große Spanne von Informationen zu speichern. … Er lebt mit seinem Stoff in großer Intensität. Er bringt auch die notwendigen methodischen Voraussetzungen mit, die es für echte wissenschaftliche Arbeit braucht.« Andererseits jedoch, bemerkte Dillenberger, »hatten einige von uns, die ihn über einen gewissen Zeitraum kennengelernt hatten, das Gefühl, dass seine umfassende Lektüre nicht immer gründlich war und dass es ihm vor allem in jenen Bereichen gelang, uns zu beeindrucken, in denen wir selber über kein allzu tiefes Wissen verfügten. Taubes' wahres Talent liegt darin, dass er überall irgendwas weiß.« Und er fragte sich, ob Taubes' »außerordentliches wissenschaftliches Talent überhaupt in irgendeine disziplinäre Form überführt werden konnte«. Er hoffte, dass »sich eine Einrichtung finden werde, die in der Lage war, diesen sehr begabten Mann aufzunehmen, auch wenn er manchmal etwas problematisch sein mag«.[178] Sein Kollege Paul Tillich teilte diese Einschätzung und fügte hinzu, Taubes habe »ein solches Verständnis für philosophische Fragestellungen, dass seine Kraft von einer der bedeutenderen Institutionen dieses Landes genutzt werden sollte«.[179] Gregory Vlastos, ein renommierter Philosoph in Princeton, schrieb über Taubes' außergewöhnliche Gelehrtheit, seine »ganz ungewöhnliche imaginative Kraft«, seine Fähigkeit, seinen Studenten abstrakte Ideen auf lebendige Weise nahezubringen, und »die Intensität, mit der er die Philosophie betreibt«. Auch er merkte an, da »die Art der Philosophie, die er betrieb, nur wenig mit den gegenwärtigen Trends des logischen Empirismus und der linguistischen Analyse gemein hat«, stoße er zwangsläufig bei einigen Philosophen auf Ablehnung. Vlastos schlussfolgerte, Taubes sei »ein aufregender, hochbegabter Mann, der sowohl als Denker wie als Lehrer aus dem Rahmen fällt, aber noch viel zu lernen hat hinsichtlich einer disziplinierten Leistung in der Wissenschaft und in der Kunst der Versöhnung im Umgang mit anderen Menschen.«[180]

Kurzum, man hielt Taubes für eine Ressource, die nicht ungenutzt bleiben sollte. Ihn einzustellen stellte ein gewisses Risiko dar, aber der mögliche Ertrag war groß. Und da er nur befristet angestellt wurde, würde man an der Columbia ausreichend Gelegenheit haben, sich ein eigenes Urteil zu bilden.

Das jedenfalls scheint das Resümee von Harry W. Jones gewesen zu sein, Professor an der Juristischen Fakultät an der Columbia, dessen Expertise sich auch auf die Rechtsphilosophie erstreckte und dem die Kommission einige von Taubes' Veröffentlichungen hatte zukommen lassen. Auch Jones zeigte sich beeindruckt von der Vielfalt und Bandbreite von Taubes' Wissen, doch er merkte mit Bezug auf seine Kernkompetenzbereiche an, dass er »einige Zweifel an der Tiefe von Dr. Taubes' Analyse« hege und dass manche von Taubes' beiläufigen Bezügen zur politischen Philosophie und zur Rechtsphilosophie »vielleicht suggestiv, aber zu aufschneiderisch und zu kryptisch [sind], um wirklich erhellend zu sein«. Doch auch er kam zu dem Schluss, dass »jede akademische Einstellung bis zu einem gewissen Grad ein Glücksspiel ist, und meine eigene Tendenz geht eher dahin, das Risiko mit einem Mann mit offensichtlicher Brillanz einzugehen, wie stachelig er auch sein mag, als mit einem besser angepassten Mann von geringem Potenzial«.[181]

Im April erhielt Jacob das offizielle Ernennungsschreiben als Dozent für »Geschichte und Religionssoziologie« an der Columbia.[182] Auf inoffiziellem Wege hatte ihn diese Nachricht bereits einen Monat zuvor erreicht, und er schrieb an Freunde, wie sehr er sich darüber freute, an die Columbia zu gehen.[183] Nach einem Jahrzehnt der Unsicherheit über seine berufliche Zukunft, hatte er es geschafft – zumindest schien es so.

8
Die Jahre an der Columbia University, 1956-1966

Als der dreiunddreißigjährige Jacob und die achtundzwanzig-
jährige Susan nach New York zogen, wo Jacob an der Columbia
University lehren würde, schien es, als hätten sie die Weichen
für eine dauerhafte Heimat gestellt und ein Fundament für ihre
intellektuellen Tätigkeiten gefunden. Jacob war an der Columbia ein beliebter und erfolgreicher Lehrer, der einen Kreis von
Studentinnen und Studenten um sich scharte, von denen einige
glänzende Karrieren machen sollten. Jacob verfügte nun über den
nötigen Spielraum für seine Tätigkeit als intellektueller Unternehmer, und er konzipierte Seminare, die ein breites Spektrum
von Wissenschaftlern zusammenführten, um sich mit Fragen
der Religion und Kultur auseinanderzusetzen. Doch schon nach
wenigen Jahren war er unzufrieden – mit seiner Ehe und mit seiner Stellung an der Columbia.

Susan, Jacob und der kleine Ethan zogen rechtzeitig zum Beginn des Herbstsemesters 1956 nach New York. Im vorangegangenen Sommer hatte Susan in Zürich ein Motorrad gekauft und
war mit ihrem vierjährigen Sohn, der hinter ihr saß und sich an
ihr festhielt, durch Norditalien und Südfrankreich gefahren.[1] Sie
war eine unkonventionelle Mutter und Ehefrau.

In New York fuhren weder Jacob noch Susan Auto. Jacob hatte das Autofahren nach seiner Rückkehr aus Jerusalem erlernt,
aber er war ein schlechter Fahrer und fuhr nur ungern. Mit dem
Umzug nach Manhattan gab er das Fahren schließlich ganz auf.
Seine bescheidenen Fahrkünste waren typisch für viele mitteleuropäische intellektuelle Einwanderer, deren Eindrücke von
Amerika häufig dadurch limitiert waren, dass sie nur mühsam

über die Metropolen, in denen sie lebten, hinauskamen.² Auch als er später nach Deutschland zog, nahm er das Autofahren nicht wieder auf.

Nachdem die Taubes ein Jahr in einer Wohnung am Riverside Drive gewohnt hatten, unterzeichneten sie ihren ersten dauerhaften Mietvertrag für ein Apartment in der 35 Claremont Avenue, in einem Columbia-eigenen Komplex, der zwei Straßenzüge westlich vom Campus lag.³ Im August 1957 brachte Susan ihr zweites Kind zur Welt, eine Tochter, der sie den Namen Tanaquil (Tania) gaben. Ihre Wohnungseinrichtung spiegelte Susans hohe Ansprüche an Ästhetik und Unkonventionalität wider: Tisch, Stühle und Bücherregale, die aus grob behauenem Holz gefertigt waren – ein seltener Anblick in den 1950er Jahren.⁴ Obwohl sie nicht wohlhabend waren, konnten die Taubes sich nun eine Haushälterin und Kinderfrau leisten, eine Afroamerikanerin aus dem nahe gelegenen Harlem.

Jacob und Susans Erziehungsstil könnte man wohlwollend als *laissez-faire* bezeichnen – oder weniger wohlwollend als nachlässig. Beiden mangelte es an elterlichen Vorbildern, von denen sie hätten lernen können. Susan war ohne Mutter aufgewachsen. Jacobs Mutter Fanny war eine jüdische *balabusta* gewesen, eine Hausfrau, die sich ganz ihren Kindern, ihrem Ehemann und ihrem Haushalt gewidmet hatte. Susan und Jacob waren beide viel zu sehr mit ihrer eigenen Selbstsuche und -findung beschäftigt, um ihren Kindern allzu viel Zeit widmen zu können, die vornehmlich von der Haushälterin erzogen wurden. Von Jacob war unter der Woche wenig zu sehen. Wenn es darum ging, seinen Sohn Ethan zu disziplinieren, schwankte Jacob zwischen großer Nachgiebigkeit und körperlicher Züchtigung, für die er einen Gürtel einsetzte, wie einst sein Vater.⁵

Jacob und Susan waren auch in einer weiteren Hinsicht nachlässig: Sie versäumten es, ihren Kindern die Sprachen beizubringen, mit denen sie eine Verbindung zu den Kulturen ihrer Eltern hätten aufbauen können. Jacob hatte den überwiegenden Teil seines Lebens in einer deutschsprachigen Umgebung gelebt, und die Option, wieder ins deutschsprachige Europa zu ziehen, trieb ihn beständig um. Aber die Kinder lernten kein Deutsch. Jacob stammte aus einer weit zurückreichenden Tradition jüdischer Gelehrter – doch die Kinder lernten kein Hebräisch. Dafür gab es ideologische Gründe.

Die Taubes kamen zur Glanzzeit der Universität an die Columbia. Der Kalte Krieg hatte einen wahren Strom von staatlichen Geldern in die Universität gespült, nicht nur um die Naturwissenschaften zu fördern, sondern auch für das aufstrebende Feld der »area studies« (Regionen in der Welt von strategischem Interesse). Die Gehälter der Universität zählten zu den höchsten im Land (an neunter Stelle, um genau zu sein). Um Lehrkräfte anzuziehen und zu halten, stellte die Universität erstklassige Wohnungen in der Nähe des Campus zur Verfügung, wie jene in der Claremont Avenue, wo sich die Taubes niederließen.[6] Ein Teil dessen, was die Columbia auszeichnete – und der für Jacob und Susan besonders attraktiv war –, war das Kerncurriculum des Columbia College, das Bachelor-Programm der Universität. Die Zeitgenössischen Gesellschaftswissenschaften (*Contemporary Civilization*) waren nach dem Ersten Weltkrieg als Rüstzeug für die Columbia-Studenten konzipiert worden, damit sie sich als Bürger in der modernen Welt zurechtfanden. Und so konzentrierte man sich zunächst auf die jüngste Geschichte. In den späten 1930er Jahren änderte sich der Lehrplan, und die Kurse fokussierten zunehmend die »Great Books«.[7] Als Taubes an die Columbia kam, waren alle Studenten verpflichtet, eine Sektion im Fachbereich Geisteswissenschaften zu belegen: einen zweisemestrigen Kurs, in dem die Studenten mit den großen Werken der abendländischen Literatur und Philosophie vertraut gemacht werden sollten. Unterrichtet wurde in kleinen Klassen, überwiegend von Professoren, und der Schwerpunkt lag auf der Erörterung der klassischen Schriften. Es war dieser Kurs, in dem Jacob Taubes als Lehrer reüssierte.[8]

Seit dem Zweiten Weltkrieg war die Columbia ein Ort, an dem jüdische Lehrkräfte und Studenten willkommen waren, weit mehr als etwa in Princeton, und in einem Ausmaß, das unüblich war zu einer Zeit, in der der bürgerliche Antisemitismus, wenn er auch abnahm, immer noch spürbar war in der amerikanischen akademischen Welt. Nachdem sie ihren früheren Antisemitismus in den zwei Jahrzehnten nach dem Krieg abgelegt hatte, war die Columbia in der privilegierten Situation, das vor Ort vorhandene intellektuelle Reservoir der New Yorker Juden nutzen zu können. Dieser Vorteil schwand in den 1970er Jahren, als leistungsbezogene Zulassungen an den meisten amerikanischen Universitäten zur Norm wurden.[9] Doch obwohl es viele Juden unter den Studenten und Dozenten an der Columbia gab, waren orthodoxe Studenten nur spärlich vertreten und nach den religiösen Gesetzen lebende Dozenten eine echte Seltenheit.[10]

Im Mittelpunkt des intellektuellen Lebens der Columbia stand – zumindest hinsichtlich ihrer Strahlkraft auf eine breitere Bildungsöffentlichkeit – eine Handvoll Lehrkräfte: der Literaturkritiker Lionel Trilling; Jacques Barzun, ein Kulturhistoriker; der Soziologe Robert K. Merton; Richard Hofstadter, ein Historiker für US-amerikanische Geschichte; und Daniel Bell, der eine Professur in Soziologie innehatte.[11] Diese Gruppe sah sich einem kritischen (und selbstkritischen) Liberalismus verpflichtet. Taubes stand weit außerhalb dieses Kreises. Der Einzige, dem er sich näher fühlte, war Daniel Bell, dessen Empirismus und politischer Liberalismus Taubes jedoch sehr fremd waren.

Der Aufbau des Studiengangs der Religionswissenschaften an der Columbia: jenseits der christlichen Apologetik

Der Fachbereich »Religion«, in dem Jacob an der Columbia unterrichten sollte, war vergleichsweise neu an amerikanischen Universitäten. Obwohl die Wurzeln für das wissenschaftliche Studium der Religion bis in die Zeit der Aufklärung zurückreichten, richteten europäische Universitäten erst seit Mitte des neunzehnten Jahrhunderts Lehrstühle für die »Geschichte und Philosophie der Religion« ein.[12] Von Beginn an stellte das wissenschaftliche Studium der Religion eine Reihe von Herausforderungen an die Glaubenslehre. Eine bestand in der historischen Methodik, die – wie wir gesehen haben – die Glaubwürdigkeit religiöser Überzeugungen zu unterwandern drohte, das galt für Christen wie für Juden gleichermaßen. Eine weitere Herausforderung erwuchs aus der komparatistischen Methode: Sobald man das Christentum als eine von mehreren Weltreligionen untersuchte, und dabei dieselben Kriterien anlegte, stand der Anspruch auf die alleinige Wahrheit infrage, wenn auch vielleicht nicht explizit, so doch implizit. Konservative Geistliche standen den Religionswissenschaften daher skeptisch gegenüber und betrachteten die Befürworter des wissenschaftlichen Religionsstudiums wiederum als Kritiker der Theologie. Und manche säkular ausgerichteten Wissenschaftler hatten ihre Zweifel, ob das Religionsstudium überhaupt an die Universitäten gehörte.[13]

Bis weit in die Zwischenkriegszeit hinein war der Religionsunterricht an vielen amerikanischen Universitäten eng mit Apologetik verknüpft. Das bedeutet, sein implizites Ziel bestand darin, einen Beitrag zum inspirativen Streben des moderaten etablierten Protestantismus zu leisten.[14] Ob und wie Religion an den Hochschulen unterrichtet werden sollte, war in den Vereinigten Staaten ebenso umstritten wie in Europa, und die Anfänge des Fachbereichs an der Columbia illustrieren gut, warum das so war. Zu Beginn des zwanzigsten Jahrhunderts fiel »Religion« an der Columbia in den Zuständigkeitsbereich des Kaplans der Universität, eines episkopalen Geistlichen. Das Christentum zum Gegenstand des akademischen Studiums innerhalb des Fachbereichs Religion zu machen, bedeutete, seine Ansprüche zu relativieren und ihm seine für selbstverständlich erachtete Autorität zu nehmen.

Dieses Ethos widersprach der Art und Weise, in der das protestantische Christentum anderswo in Morningside Heights unterrichtet wurde, genauer: am Union Theological Seminary, das sich auf der anderen Straßenseite des Broadway, gegenüber vom Columbia Campus befand. Die Vermittlung des Christentums an zukünftige Geistliche setzte die Zugrundelegung seiner Wahrheit voraus, wie auch immer man diese Wahrheit interpretierte, genauso wie die Vermittlung des Judentums an zukünftige Rabbiner am nahe gelegenen Jewish Theological Seminary *seine* Wahrheit voraussetzte, die ebenfalls unterschiedlich interpretiert werden konnte.

Zum einen gab es also an der Columbia – und an vielen anderen Colleges und Universitäten – Widerstand von gläubigen Christen gegen den Religionsunterricht als akademisches Studienfach, und zum anderen wurde das Religionsstudium mit der Begründung abgelehnt, das Fach gehöre nicht in das Curriculum einer nichtkonfessionellen Universität. Als die Universität im Jahr 1908 dem Gesuch des Kaplans, einen Bibelkurs zu unterrichten, stattgab, geschah dies unter der Bedingung, dass der Kurs frei sein müsse von jeglicher »konfessionellen Befangenheit, damit er mit Gewinn von Studenten unabhängig von ihrer persönlichen religiösen Zugehörigkeit besucht werden konnte«.[15] Als Taubes von der Columbia angestellt wurde, spielte der Kaplan der Universität noch durchaus eine Rolle für den Religionsunterricht: James A. Pike leitete den Studiengang Religion, und auch später noch, als Taubes bereits Dozent war, unterrichtete Pikes Nachfolger, John M. Krumm, Kurse am Fachbereich.[16] Doch inzwischen waren die Religionswissenschaften mithilfe einiger engagierter Philosophen aus dem Kokon des Kaplanbüros geschlüpft.[17]

Einige Lehrkräfte der Philosophischen Fakultät begannen in den späten 1920er Jahren, Kurse über Religion anzubieten. Einer von ihnen war Horace L. Friess, der seit 1936 als Herausgeber der *Review of Religion* amtierte, einer Zeitschrift, die an der Columbia erschien. Im Jahr 1943 entschied die Universität, auch Promotionsstudiengänge im Fachbereich Religion anzubieten, wozu sie auf Lehrkräfte aus verschiedenen Disziplinen und Universitäten zurückgriff, auch aus dem Union Theological Seminary. Die Doktoranden waren überwiegend Geistliche mit einem Abschluss in Theologie.[18] Die Fakultät bot nun erstmals einen Graduiertenkurs, den Friess koordinierte, an: Kritische Einführung in die Geschichte und Philosophie der Religion.

Nach dem Krieg gab es eine erhöhte Nachfrage für das Studium der Religion, und 1954 boten siebzehn Universitäten einen Promotionsstudiengang in diesem Fachbereich an. Erst in den späten 1950er und frühen 1960er Jahren wurden Fachgesellschaften gegründet: die Society for the Scientific Study of Religion 1959 und die American Academy of Religion (eine umbenannte Nachfolgerin der älteren National Association of Biblical Instructors).[19] Die Unterschiede zwischen einem wissenschaftlichen Religionsstudium und der Ausbildung zukünftiger Geistlicher wurden immer größer.[20] Religionswissenschaftler verstanden sich als Geisteswissenschaftler, das religiöse Bekenntnis des Einzelnen (oder der Mangel eines solchen) sollte für die Forschung irrelevant sein.[21]

An der Columbia erlangte der Studiengang Religion im Jahr 1961 den Status eines eigenständigen Fachbereichs. Doch anfänglich mangelte es sowohl an einem klar umrissenen Curriculum für das Grundstudium als auch an einem einheitlichen Konzept für das Hauptstudium.[22]

Jacobs Anstellung an der Columbia erfolgte daher in einer

nur vage definierten Disziplin mit durchlässigen Grenzen. Das kam ihm sehr entgegen und in seiner Zeit dort hielt er Seminare ab, die ein großes Themenspektrum abdeckten, von denen sich manche mit Religion beschäftigten, andere nicht. In seinem ersten Jahr gab er zum Beispiel einen Kurs über »Religion und sozialen Wandel« (mit einem Schwerpunkt auf den wichtigsten Denkern des zwanzigsten Jahrhunderts: Max Weber, Ernst Troeltsch und Bernhard Groethuysen) und ein weiteres über »Die Interpretation der Geschichte«, das er als sein »Steckenpferd« bezeichnete. Darüber hinaus gab er Einführungskurse im Grundstudium.[23] In den ersten drei Jahren unterrichtete Taubes auch am Reform Rabbinical Seminary in Manhattan und am Jewish Institute of Religion des Hebrew Union College.

Das Besondere an Jacobs Seminaren war, dass sie sich mit europäischen Denkern des neunzehnten und zwanzigsten Jahrhunderts befassten – Hegel, Freud und Heidegger –, die zu dieser Zeit kaum gelehrt wurden an der Columbia, entweder weil sie als zu modern galten oder weil sie außerhalb der damaligen Grenzen der akademischen Disziplinen lagen. Kurz nach seiner Ankunft schrieb Taubes an Carl Friedrich, dass »es keinen Tropfen Hegel auf dem Campus gibt«, womit Taubes geradezu eine Monopolstellung innehatte, was ihm sehr gelegen kam.[24] Während Freud wohlbekannt und bei Literaturwissenschaftlern wie Lionel Trilling sehr beliebt war, wurde er in den Seminaren doch wenig behandelt.[25] Heidegger wurde an der Philosophischen Fakultät gar nicht unterrichtet, einer Fakultät, die sich – wie ihr Pendant in Harvard – der linguistischen und begriffsanalytischen Stringenz verschrieben hatte. Das Werk Max Webers war natürlich den Soziologen geläufig – Weber im Fachbereich Religion zu unterrichten, wie Taubes es tat, war jedoch ungewöhnlich.

Zu Taubes' größten Förderern an der Fakultät zählte Horace Friess, mit dem er des Öfteren die Einführungskurse im Hauptstudium unterrichtete. Friess, der deutsch-jüdischer Herkunft war, war aktiv in der Ethical Culture Society (die von einem reformjüdischen Rabbiner gegründet wurde, der außer dem ethischen Monotheismus alle Bestandteile des Judentums als unnötigen Ballast über Bord geworfen hatte) und mit der Tochter des Gründers verheiratet. Friess war als Lehrer Mittelmaß, ein wenig glänzender Philosoph und äußerst konventionell. Aber Friess verehrte Jacob Taubes, vielleicht weil dieser alles verkörperte, was ihm selbst fehlte.[26]

Während Jacobs erstem Jahr an der Columbia nahm Susan die Rolle der »Professorengattin« ein, eine Rolle, die ihr nicht gut zu Gesicht stand. Mit ihrem kurz zuvor erlangten Doktortitel in der Hand begab sie sich auf Jobsuche und fand eine Stelle als Kuratorin am Bush-Museum der Columbia, einer Sammlung von Fotografien, Diapositiven und religiösen Kultobjekten aus aller Welt, die von Wendell T. Bush, Philosophieprofessor und Sammler, angelegt worden war.[27] Die Sammlung enthielt viele »primitive Kulturmaterialien«, darunter Navajo-Artefakte.[28] Ihre Tätigkeit im Museum verschob den Fokus ihres wissenschaftlichen Interesses und führte sie zu Studien über indigen-amerikanische und afrikanische Mythen und Erzählungen. Zwischen 1958 und 1962 unterrichtete sie auch sporadisch am Fachbereich Religion, darunter folgende Kurse: »Einführung in die Religion«, »Religion und die Künste« sowie im akademischen Jahr 1961/62 einen fortgeschrittenen Kurs zu »Vergleichender Mythologie«.

»Bevor es Google gab, gab es Taubes«

Taubes lebte in einer Zeit vor dem Internet. Das ist mehr als offensichtlich, wenn wir seine Lebensdaten betrachten. Doch sollten wir uns vor Augen führen, was genau das für den Wissensaustausch innerhalb der akademischen Welt bedeutete. An Informationen über jüngste Veröffentlichungen, laufende Arbeiten und darüber, was in den verschiedenen Disziplinen und nationalen Kontexten diskutiert wurde, kam man nur schwer heran. Die Beschaffung solcher Informationen beruhte vor allem auf persönlichen Netzwerken.

In diesem Zusammenhang war es für seine Kollegen von Vorteil, Jacob Taubes zu kennen. Denn Jacob wusste eine ganze Menge darüber, was gerade in den Bereichen Philosophie, Religion und in einigen der Geistes- und Sozialwissenschaften passierte. Was in verschiedenen nationalen Kontexten geschah – in New York, Chicago und Cambridge, MA, in Berlin und Frankfurt genauso wie in Paris und London. Was unter Juden, Katholiken und zum Teil auch unter Protestanten vor sich ging, und was unter linken und rechten Intellektuellen. Einige Akteure kannte er aus der Lektüre (eine besondere Art der Lektüre, auf die wir noch zurückkommen werden), aber vieles wusste er aus Gesprächen mit anderen Intellektuellen und Wissenschaftlern, oder mit Studenten. Denn mehr noch als das Lesen oder formale Schreiben war das persönliche Gespräch Jacobs bevorzugte Art der Kommunikation. Er unterhielt sich gern mit Menschen, insbesondere über Ideen und Konzepte – und über andere Intellektuelle. Er hatte eine schnelle Auffassungsgabe[29] und einen schier unersättlichen Appetit auf intellektuellen Tratsch.

Es stimmt, sein Wissen war eher breit angelegt als tief. Und so kam es, dass viele Wissenschaftler, mit denen er öfter verkehrte, davon ausgingen, dass seine Expertise außerhalb ihres eigenen Spezialgebiets liegen musste. Aber Jacob wusste eben in der Tat mehr als andere über solche Bereiche, die nicht seine eigenen waren. Manches Wissen war aus zweiter Hand und manches auch nicht vollständig durchdrungen. Aber es war doch Wissen, und Jacob war bestrebt, es zu teilen. Manchmal ging es ihm nur darum, mit seiner Gelehrtheit zu prahlen, aber vieles drückte auch aufrichtige intellektuelle Zugewandtheit aus. Dem Soziologen und Durkheim-Spezialisten Robert Bellah zum Beispiel gab er den Rat: »Bob, du musst unbedingt *Die zwei Körper des Königs* lesen« – das jüngst erschienene Werk des Mittelalterhistorikers Ernst Kantorowicz und in der Tat eine bahnbrechende Studie über das Zusammenspiel zwischen Religion und Politik im mittelalterlichen Europa.[30] Das Buch erlangte später eine gewisse Berühmtheit, doch es erscheint unwahrscheinlich, dass Bellah von selbst darauf gestoßen wäre. Jacobs umfangreiches Wissen, sein ausgezeichnetes Gedächtnis und seine Fähigkeit, unkonventionelle Bezüge herzustellen, machten ihn zu einem anregenden Gesprächspartner für viele, die seinen Weg kreuzten. Ein Kollege von der Columbia, der Germanist Walter Sokel, drückte es folgendermaßen aus: »Bevor es Google gab, gab es Taubes.« Das heißt, wenn Sokel Taubes nach Literatur zu einem bestimmten Thema fragte, erhielt er einen wahren Strom an Empfehlungen. Und er konnte auf sehr undogmatische Weise die verschiedenen Aspekte ein und derselben Frage beleuchten.[31] Taubes war also so etwas wie Google mit Charisma.

Er hatte auch einen ausgeprägten Sinn für Humor. In einer Diskussion mit dem jungen Religionssoziologen Peter L. Berger erinnerte Taubes einen Dialog, den er so mit Leo Strauss geführt haben wollte. »Was, Professor Strauss, ist das Geheimnis, das die Esoterik zu verstecken versucht?«, fragte er. Strauss' Antwort: »Dass Gott tot ist.« Woraufhin Taubes erwiderte, »Herr Professor, das hat sich langsam herumgesprochen.« Ob die Geschichte stimmt? Wahrscheinlich nicht. Doch aus Taubes' Perspektive beinhaltete sie eine tiefere Wahrheit, nämlich dass Strauss' Esoterik anachronistisch, wenn nicht gar archaisch war.[32]

Taubes' erster Streifzug als intellektueller Unternehmer an der Columbia war die Organisation eines Besuchs von Martin Buber auf dem Campus. Buber war zuvor einmal in den Vereinigten Staaten gewesen, im Jahr 1951.[33] Während seiner zweiten Reise, 1957, arrangierte Taubes für Buber einen Besuch an der Columbia, und er verfolgte damit ein strategisches Ziel. Er beantragte bei der Universität Mittel für die Förderung einer zweiwöchigen »Arbeitsgruppe« mit Buber über den Chassidismus und

Martin Buber und Jacob Taubes an der Columbia
University, 1957

den abendländischen Menschen, die er auf der Grundlage eines
laufenden Universitätsseminars im Fachbereich Religion konzipierte.[34] Taubes unternahm einige Anstrengungen, um die intellektuellen Koryphäen aus Morningside Heights für eine Teilnahme zu gewinnen, darunter: der Theologe Reinhold Niebuhr
vom Union Theological Seminary, der Kunsthistoriker Meyer
Schapiro von der Columbia und Abraham Joshua Heschel vom
Jewish Theological Seminary (der von einer Teilnahme Abstand
genommen zu haben scheint). Andere Dozenten und fortgeschrittene Studenten nahmen ebenfalls teil, darunter Walter
Kaufmann aus Princeton (der später Bubers bekanntestes Werk
Ich und Du ins Englische übersetzte), der damals noch unbe-

kannte Forscher zu religiösen Mythen Joseph Campbell vom Sarah Lawrence College, der bekannte Jurist Richter Jerome Frank und Taubes' Freund Michael Wyschogrod, ein orthodoxer Jude und Heidegger-Experte (in den 1950er Jahren eine ausgesprochen ungewöhnliche Kombination).[35] Ein lebhafter Austausch fand statt, in dem Niebuhr, Frank und Kaufmann Buber nacheinander mit der Frage konfrontierten, welchen Unterschied die Ich-Du-Beziehung bei politischen, juristischen und ethischen Entscheidungen mache.[36] Das Buber-Seminar entwickelte sich in der Tat zur Basis für ein laufendes Kolloquium zur Geschichte der Religionen, genau wie Taubes es sich erhofft hatte. Als Buber im Frühjahr 1958 erneut zu Besuch kam, organisierte Taubes ein Kolloquium zu seinen Ehren mit einem folgendermaßen besetzten Panel: Hans Jonas (damals an der New School), der Philosophiehistoriker John Herman Randall von der Columbia und Benjamin Nelson von der Hofstra University, ein Soziologe mit einem Schwerpunkt in der Geschichte des Christentums, der ein regelmäßiger Gesprächspartner wurde.[37]

Taubes' Beziehung zu Buber dauerte an und war für den jüngeren Mann wichtig. In einer Zeit, als Bubers Ansehen in den Vereinigten Staaten stetig zunahm – evangelische Theologen schienen ihn als einen modernen Propheten zu betrachten (ein Image, das von seinem imposanten Bart noch bestärkt wurde) –, konnte es für Taubes' Status nur vorteilhaft sein, als Bubers Agent zu gelten. Buber liebte es, wenn man ihm schmeichelte, und Taubes lieferte.[38] Zudem war Buber ein häufiger Gast bei Jacobs Eltern in Zürich. In einem Brief, den er kurz nach Fanny Taubes' Tod verfasste, schrieb Jacob an Buber: »Dank nur will ich Ihnen sagen für all die Güte und Treue die Sie uns erwiesen haben. Getröstet durch Ihren Brief starb meine Mutter beruhigt über ihren Sohn. Das letzte geschriebene Wort in ihren Händen war ›Der Weg des Menschen nach der chassidischen Lehre‹.«[39] Taubes steuerte einen Artikel zu einem Band über Bubers Denken in der Reihe *The Library of Living Philosophers* bei, der 1963 in Deutschland veröffentlicht wurde und 1967 auf Englisch erschien. Zu diesem Zeitpunkt war Buber bereits verstorben.[40]

Das Buber-Seminar an der Columbia schuf die Voraussetzungen für Jacobs nächste Unternehmung als Ideenhändler: seine Leitung von zwei Universitätsseminaren. Diese Universitätsseminare waren eine einzigartige Einrichtung an der Columbia.[41] Organisiert an der Columbia-Fakultät, aber unter Einbeziehung von vielen anderen Hochschulen in der Stadt, war in jedem Seminar eine Gruppe von fünfzehn bis zwanzig Professoren aus verschiedenen Disziplinen involviert, die einen gemeinsamen Forschungsschwerpunkt hatten und regelmäßig zusammenkamen, um Arbeiten von Seminarteilnehmern oder von geladenen Gästen zu diskutieren. Die Teilnahme wurde nicht vergütet und erforderte ein kontinuierliches Engagement. Im Jahr 1958 wurde das religionsgeschichtliche Kolloquium in »Universitätsseminar zu Religion und Kultur« umbenannt und stand unter dem gemeinsamen Vorsitz von Taubes und Friess. Diese Foren ermöglichten es Taubes, seine Fähigkeiten als Vermittler von Ideen zu perfektionieren. Unter den Vortragenden waren auch einige Fakultätsangehörige, vor allem jedoch handelte es sich dabei um aus Europa eingewanderte Wissenschaftler oder europäische Professoren, die sich zu Besuch in den Vereinigten Staaten aufhielten. Vor jeder monatlichen Zusammenkunft verschickte Taubes Einladungsschreiben mit einer einseitigen Kurzfassung des Vortrags an jene Wissenschaftler, von denen er glaubte, sie könnten interessiert sein. Häufig beinhalteten diese Einladungen kurze Zusammenfassungen und Bewertungen des Werdegangs des Redners, die sich als kleine wissenschaftliche Perlen erwiesen. Zu den eingeladenen Vortragenden im ersten Jahr (1957/58) zählten Friedrich Gogarten, ein evangelischer Theologe, der Jahrzehnte zuvor gemeinsam mit Karl Barth die »Theologie der Krise« entwickelt hatte; Hans Jonas, der über die Gnosis sprach; Krister Stendahl über paulinische Theologie; Albert Jacques Cuttat von der École des hautes études in Paris über indische Religion; Mircea Eliade von der University of Chicago über Schamanische Initiationen in Sibirien und Australien; und Robert Grant, auch aus Chicago, ein Experte der Gnosis.[42]

Zur gleichen Zeit organisierte Taubes ein weiteres Forum, das Kolloquium »Religion und Psychiatrie« mit dem Schwerpunkt auf »den Grenzen von Psychologie und Religion«. Zunächst lud er Paul Ricœur, Professor für Philosophie an der Sorbonne, zu einer Veranstaltungsreihe mit wöchentlichen Seminaren ein: Thema war »Das Schuldempfinden, seine Symbole und seine Mythen«, und die Seminare fanden von Oktober bis Ende November statt.[43] Anschließend beschäftigte sich das Seminar mit dem Werk des zeitgenössischen Schweizer Analytikers Ludwig Binswanger, einem Pionier auf dem Feld der existenziellen Psychoanalyse. Der Teilnehmerkreis umfasste, neben Taubes' Freund Walter Kaufmann, einige damals relativ unbekannte Persönlichkeiten, die jedoch in den folgenden Jahrzehnten ihren Platz auf der intellektuellen Bühne finden sollten. Silvano Arieti war ein in Italien geborener Arzt und Psychoanalytiker und ein Professor am New York Medical College. Er schrieb später bedeutende Studien über Schizophrenie, Depression und den Zusammenhang zwischen solchen Nervenkrankheiten und Kreativität – und sollte eine Rolle bei Jacobs späterer Behandlung seiner manischen Depression spielen. Paul Goodman war Schriftsteller und Psychotherapeut und veröffentlichte 1960 das Buch *Growing Up Absurd*, eine breit rezipierte Gesellschaftskritik. Rollo May war damals der älteste und bekannteste Teilnehmer dieser Gruppe: Sein 1969 veröffentlichtes Buch *Love and Will* wurde ein Bestseller.

Im akademischen Jahr 1959/60 wurde das Seminar unter einem neuen Thema abgehalten: »Der Einsatz von Charisma in der institutionalisierten Religion«. Den Auftakt bildete ein Vortrag von Taubes, »Dilemmata einer charismatischen Gemeinschaft« – eine Fallstudie zu Korinth. Hierzu lieferte er eine kurze Zusammenfassung:

> Der Dissens in der primitiven christlichen Gemeinschaft in Korinth (die aus Paulus' erstem Brief an die Korinther rekonstruiert werden kann) betont die pneumatisch-archaischen Verwicklungen der messianischen Erfahrung. ... Insbesondere das Hohelied der Liebe (1. Kor 1-13: »Wenn ich mit Menschen- und Engelszungen redete und hätte der Liebe nicht ...«) offenbart sich bei genauerer Betrachtung als eine komplexe Polemik gegen den anarchisch-solipsistischen Abgrund der charismatischen Erfahrung.[44]

Bei aller Kürze verrät die Zusammenfassung doch viel über Taubes' hermeneutischen Ansatz. Er konzentrierte sich auf eine berühmte Passage aus dem Neuen Testament, die häufig bei Hochzeiten, Beerdigungen und anderen feierlichen Anlässen wegen der wiederholten Beschwörung der Kraft der Liebe verlesen wird. Doch verortet man die Stelle in ihren ursprünglichen historischen und Erfahrungskontext, erhalten Paulus' Worte eine völlig veränderte Bedeutung. Was wie eine Hymne an die Liebe klingt, ist dann tatsächlich ein Plädoyer für die Notwendigkeit der Liebe als Werkzeug zur Vergebung unter den Bedingungen einer neuen messianischen Quelle charismatischer Autorität, die bewirkt, dass Individuen sich als von den Zwängen der Tradition befreit betrachten. Da keine Einigkeit darüber herrscht, wie sie unter der neuen Situation der Befreiung zusammenleben sollen, droht Anarchie – was Paulus zu seinem Plädoyer für die Liebe veranlasst.

Zusätzlich zu den Universitätsseminaren über Religion gründete Taubes 1959 das Columbia-Universitätsseminar zu Deutungsfragen (Hermeneutik). Zu den regelmäßigen Teilnehmern – so schrieb er es Max Horkheimer als er diesen einlud, vor dem Seminar zu sprechen – zählten Friess, die Philosophiehistoriker

John Herman Randall und Paul Oskar Kristeller sowie Daniel Bell und »mehrere gelehrte Jesuiten, Literaturkritiker und einige Philosophen aus anderen nahe gelegenen Universitäten«.[45] Hannah Arendt und Taubes' Kollege, der Philosoph Sidney Morgenbesser, nahmen ebenfalls regelmäßig am Seminar teil.

Glaube und Geschichte

Taubes veröffentlichte nur sehr wenig, nachdem er an die Columbia University gekommen war, was vielleicht zum Teil erklärt, warum ihm – obwohl er schließlich 1959 eine Festanstellung erhielt – die ordentliche Professur lange verwehrt blieb. Das bisschen, das er schrieb, hatte nur wenig mit Jüdischen Studien zu tun, bis er 1961 von der Freien Universität Berlin für einen Lehrstuhl in diesem Feld in Betracht gezogen wurde. In den folgenden Jahren publizierte er nur zwei Artikel über jüdische Themen, einen über Martin Bubers Philosophie der Geschichte und einen mit dem Titel »Nachman Krochmal und der moderne Historizismus«, der 1963 in der Fachzeitschrift *Judaism* erschien.[46]

Substanzielle Teile dieses Artikels waren seinem hebräischen Kapitel über »Überzeugungen und Ideen in der Theologie des 19. Jahrhunderts« entnommen (das er ein Jahrzehnt zuvor in einem entlegenen Band publiziert hatte), in dem er die Herausforderung des aufgeklärten Rationalismus und Historizismus für das jüdische religiöse Selbstverständnis untersucht hatte. Ohne Leo Strauss namentlich zu erwähnen, begann Taubes mit einer wenig subtilen Kritik von Strauss' *Naturrecht und Geschichte* (1953), indem er feststellte, dass es keinen Weg zurück zu einem prähistorischen Verständnis von Naturrecht oder Naturgesetz als ein ewig gültiges gab. Die gesamte rabbinische Tradition jedoch basiere auf der Prämisse der ewigen Gültigkeit des geschriebenen und mündlichen Gesetzes, was dazu führe, dass der historische Wandel irrelevant für die rabbinische Denkweise sei. Entsprechend mangele es dem Judentum an einem historischen Verständnis für Fortschritt oder Entwicklung. Ein Bewusstsein für Geschichte als Prozess finde sich dagegen in den apokalyptischen Lehren, die sowohl in der christlichen als auch der jüdischen Tradition existierten. Innerhalb des rabbinischen Judentums »wurde die messianische Haltung durch das übergeordnete Interesse, das Gesetz zu schützen oder zu bewahren und einen Zaun darum zu ziehen, in Schach gehalten«. Die mittelalterliche jüdische Philosophie (mit Ausnahme von Jehuda Halevi) tendiere ebenfalls dazu, keine historische Perspektive einzunehmen. »Man könnte sogar noch weiter gehen und behaupten, dass diese Philosophen in ihrer Sorge um die Autorität des Gesetzes auf ein zentrales Thema reagierten, das in der klassischen Philosophie von primärem Interesse war. Die Verbindung zwischen der klassischen Philosophie und den jüdischen Juristen der Halacha war nicht ganz zufällig: die Kategorien der rabbinischen Juristen sind ebenso statisch wie verschlossen für die historische Erfahrung, die die apokalyptische Haltung zu artikulieren vermochte.«[47] Der Ausbruch der apokalyptischen, messianischen Bewegungen im sechzehnten und siebzehnten Jahrhundert (dabei hatte er den Sabbatianismus im Sinn) »ließ ein Trauma zurück, das zu einer fast vollständigen Amnesie des historischen Verständnisses oder des historischen Bewusstseins in der Auslegung des Judentums führte«. Weit davon entfernt, eine Brücke zur jüdischen Moderne zu bilden, wie Scholem es vorschlug, war »das Scheitern [der sabbatianischen Episode] ein Grund für eine sogar noch radikalere Unterdrückung der historischen Wahrnehmung«.

Taubes wandte sich abermals Krochmal zu, um die Spannungen zwischen dem Glauben in der traditionellen Religion und »den liquidierenden Kräften, die im historischen Bewusstsein enthalten sind«, zu ergründen, sowie die Beziehung zwischen einer Binnen- und einer Außenperspektive auf die Tradition.

»Es wird häufig übersehen, ist aber von fundamentaler Bedeutung für das Verständnis der Entwicklung in den historischen Studien seit dem siebzehnten Jahrhundert, dass das historische Bewusstsein, als Erbe der Tradition der historischen Religionen, des Judentums und des Christentums, als kritischer, sogar als liquidierender Akteur für die Tradition der historischen Religionen fungiert«, bemerkte er. »Krochmals Philosophie der Geschichtsphilosophie konstruiert eine innere Geschichte des Geistes, vom Endpunkt der Aufklärung aus betrachtet. Krochmal versucht immer noch, uns von den lebendigen Bedeutungen der heiligen Texte und der Tradition zu überzeugen, die er höchstselbst in einen bestimmten historischen Kontext gestellt hatte. Seine Geschichtsphilosophie bewegt sich auf der Grenze zwischen Theodizee, einer Theologie der Geschichte, die innerhalb des Kreises einer lebendigen Religion entstanden ist, und einer historischen Untersuchung, die sich aus der Distanz von einer lebendigen Tradition entwickelt hat.« Eine Generation nach Krochmal »stellten sich die Ideologen des Reformjudentums die Geschichte des jüdischen Volkes als eine spirituelle Geschichte vor«, bis »nur noch die Geschichte von einem Geist des prophetischen Prinzips oder ethischer Ideen übrig blieb. Die moderne Judaistik hat dieses idealisierte Bild der jüdischen Geschichte über Generationen aktiv propagiert«, so sein Vorwurf.[48]

Dies war das Dilemma, auf das Taubes hinwies. Für eine Person, die vom modernen Denken durchdrungen war, war es unmöglich (oder zumindest intellektuell unaufrichtig), die Schlüsselbegriffe und Symbole des Judentums in den ahistorischen Begrifflichkeiten zu denken, wie sie für die rabbinische Tradition typisch waren. Und trotzdem war es der Glaube an diese Symbole, der der religiösen Sprache Legitimität und Überzeugungskraft verlieh. Mit dem Aufstieg der historizistischen Sensibilisierung jedoch »wurden die einstigen Fixpunkte in der Konstellation fester Bestandteil des endlichen und ephemeren menschlichen historischen Geschichtsstrebens«. Begriffe wie Kreation, Offenbarung und Erlösung büßten in der Folge ihren psychischen Halt ein, den Glauben, dass sie in einem absoluten Sinn verbindlich waren. So »kann der historische Sinn auch zu einer Krankheit und Gefahr für unsere Lebenserfahrung werden: Man nimmt das Leben zu leicht, wenn man es nur historisch betrachtet«. Taubes plädierte für eine Notwendigkeit einer »Kritik der historischen Vernunft«, erkannte jedoch an, dass »wir, einmal aus dem Paradies des transhistorischen Daseins vertrieben, unsere Unschuld nur auf der harten und beschwerlichen Reise auf dem Weg der Geschichte selbst zurückgewinnen können«.[49] Kurzum, das historische Bewusstsein führte zur Auflösung des verbindlichen Glaubens und ließ, so erschien es Taubes, nur die Möglichkeit einer unwürdigen oder unseriösen Existenz zurück. Aber man konnte die Geschichte oder das moderne Bewusstsein für die Historizität der Religion nicht so einfach vergessen. Das war auch sein Dilemma – und ganz sicher nicht nur seins.[50] Hier hallt Taubes' früheres Urteil über Karl Barth nach, der versucht hatte, das Christentum auf eine Weise neu zu interpretieren, die das Problem der Historizität ausräumte, indem sie es ignorierte. Doch auch Barth war, mit seiner schlichten Weigerung, die Geschichte anzuerkennen, dabei gescheitert, einen plausiblen Zugang zu einer Glaubenstradition anzubieten.

Religiöse Ambivalenz

Jacobs eigene Religiosität blieb ambivalent.

Susans unerbittliche Ablehnung jeglicher jüdischer Religionsausübung – zweifelsohne in Kombination mit Jacobs eigenen Zweifeln – führte dazu, dass es in ihrem Haushalt noch nicht einmal ein Minimum an jüdischen Symbolen oder Bräuchen gab. Keine Schabbat-Kerzen, kein koscheres Essen, kein Begehen

der jüdischen Feiertage: Im Dezember stellten sie einen Weih-
nachtsbaum auf.[51]

Die Taubes inszenierten diese Transformation auf äußerst
dramatische Weise für Jacobs Freunde Irving Kristol und Gertrude Himmelfarb, die Jacob zum ersten Mal begegnet waren,
als er sie durch das Werk von Maimonides geleitet hatte. Sie hatten sich nach seiner Rückkehr aus Jerusalem, im Dezember
1952, wieder gesehen, als ihr Sohn William in New York City
geboren wurde und sie Jacob baten, die Zeremonie zur Erlösung des Erstgeborenen (*Pidyon haben*) in ihrem Haus am Riverside Drive zu leiten. Kurz darauf zogen die Kristols nach
London, wo Irving eine Tätigkeit als Redakteur beim *Encounter* aufnahm, einem Magazin, das vom Congress for Cultural
Freedom herausgegeben wurde. Im Jahr 1958 kehrten die Kristols nach New York zurück und intensivierten ihre Freundschaft mit den Taubes aufs Neue. Jacob lud Irving und Gertrude zu einer Dinnerparty in seine Wohnung ein und wies vorher
auf die unbedingte Notwendigkeit hin, pünktlich zu erscheinen.
Als sie Platz genommen hatten, ging er in die Küche und kam
mit einem ganzen Spanferkel zurück, dem ein Apfel im Maul
steckte (das erste und letzte Mal, dass die Kristols einen solchen
Anblick zu Gesicht bekamen). Absichtlich verletzte er die Spei-
segesetze der *Kashrut*, als ob er Gott herausfordern wollte. Es
war eine Art Coming out-Zeremonie, ein demonstrativer Aus-
tritt aus der jüdischen Religionsausübung.[52]

Weder Ethan noch seine Schwester Tania erhielten eine jüdische Erziehung. Als Ethan 1965 seinen dreizehnten Geburtstag
feierte, gab es keine Bar Mitzwa.

Doch Jacob fand mit diesem Zustand nie seinen Frieden. Weder seine Frau noch seine Kinder gingen in die Synagoge, er
selbst besuchte manchmal den Schabbat-Gottesdienst im nahe
gelegenen Jewish Theological Seminary. Wenn er dort war, setzte er sich in die erste Reihe zu den *Gedolim* (den angesehensten
Fakultätsangehörigen wie Finkelstein und Lieberman), ein Zei-

chen seines eigenen Statusverständnisses, auch wenn es nicht unbedingt von seinen Sitznachbarn geteilt wurde.[53] Bei diesen Gelegenheiten trug er einen großen Gebetsschal und betete mit Inbrunst, manchmal bis er weinte. Es scheint, als ob er sich seiner religiösen Überzeugung alles andere als gewiss war. Ab und an begab er sich gen Norden zur Yeshiva University, um Vorträge von Rabbi Joseph Soloveitchik zu hören, einer zentralen Figur der modernen Orthodoxie.[54] Oder auch gen Süden, nach Brooklyn, wo er den Rebbe von Satmar besuchte oder an den Massenveranstaltungen (*farbrengen*) des Rebbe von Lubawitsch teilnahm – Rabbiner, die einander aufgrund der großen ideologischen Differenzen niemals aufgesucht hätten –, um, wenn auch nur als Beobachter, in das in seinen Augen authentische Judentum einzutauchen.[55]

An der Columbia – wie schon in Harvard – unterrichtete Jacob nicht an den Hohen Feiertagen. Den Grund schilderte er in einem Brief an Carl Friedrich: »[D]ies sind die drei Tage im Jahr, an denen ich mich von allen ›weltlichen‹ Dingen zurückziehe. Ich kann nicht behaupten, dass ich mich in eine spirituelle, heilige Sphäre zurückziehe, aber immerhin in eine Gemeinschaft, in der viele meiner Vorväter den Glauben gefunden haben.«[56]

Jacobs Ambivalenz fand auch Ausdruck in seinen Gesprächen mit Norman Podhoretz, einem jungen Literatur- und Gesellschaftskritiker, der gemeinsam mit seiner Ehefrau Midge Decter und ihren Kindern in der Nähe der Taubes wohnte, Ecke 106th Street/Riverside Drive. Podhoretz war in einem jiddischsprachigen Haushalt in Brooklyn aufgewachsen und belegte später Kurse am JTS. In dieser Zeit war er an der Columbia University eingeschrieben, wo er von Lionel Trilling protegiert wurde.[57] Wenn sie sich auf der Straße begegneten, freute sich Podhoretz über die Gelegenheit zum Gespräch und sie schwatzten auf Jiddisch. Jacobs Persönlichkeit veränderte sich, wenn er Jiddisch sprach: Er wurde ironischer, humorvoller und bescheidener. (Sein Jiddisch war stark vom Deutschen beeinflusst, und er sprach mit galizischem Akzent.[58]) Die beiden lamentierten darüber, dass sie ihren Söhnen keine jüdische Erziehung zukommen ließen, und Taubes bemerkte: »Alle *apikorsim* sollten nur Töchter bekommen« – der Tradition zufolge benötigten Töchter keine jüdische Bildung.[59] Im Jahr 1960 wurde Podhoretz Redakteur beim *Commentary* und er richtete die Zeitschrift dahingehend neu aus, dass sie kritischer wurde: Seinen ersten Akzent als neuer Herausgeber setzte er mit einem Vorabdruck von Auszügen aus Paul Goodmans *Growing Up Absurd*, der sich über drei Ausgaben der Zeitschrift erstreckte.[60] Im Jahr 1967 veröffentlichte er eine Debatte zwischen Herbert Marcuse und Norman O. Brown (zwei Denker, die Taubes verehrte) über Browns Buch *Love's Body* (1966). Später wurde Podhoretz gemeinsam mit seinem Mentor Irving Kristol zu einem der führenden Vertreter des »Neokonservatismus«. Doch in den späten 1950er und 1960er Jahren war auch Podhoretz vom Antinomismus fasziniert. Mit Paul Goodman war er befreundet. Er veröffentlichte Scholems Essay über Sabbatai Zwi, »Erlösung durch Sünde«, im *Commentary*. Wenn Podhoretz Taubes auch für einen zutiefst verdorbenen Menschen hielt, so interessierte er sich doch genau aus diesem Grund umso mehr für ihn. Rückblickend beschrieb er Jacob, in der Sprache der jüdischen Liturgie, nicht als Sünder (*Choteh*), sondern als Übertreter (*Avaryan*), als jemand, der bewusst und willentlich überschreitet.[61]

Taubes als Lehrer

Als Hochschullehrer an der Columbia hatte Jacob eine kleine, aber getreue Anhängerschaft unter seinen Studenten, von denen einige erfolgreiche Karrieren in der Wissenschaft und im Verlagswesen einschlugen. Manche von ihnen erinnerten sich nach mehr als vierzig Jahren erstaunlich exakt sowohl an die Inhalte seiner Seminare als auch an den Eindruck, den er auf sie gemacht hatte. Es waren nicht nur die ansonsten an der Columbia selten behandelten europäischen Denker, die er in seinen Kursen erörterte, oder auf seine damals eher unübliche Weise diskutierte. Es lag auch an seinem Charisma, seinem »Zauber«.[62] Er hatte die seltene Fähigkeit, Ideen und Konzepte lebendig werden zu lassen. Und dann war da noch die antinomistische Botschaft, die seinen Unterricht durchzog und die den Geist der Revolte des zukünftigen Jahrzehnts vorwegnahm.[63]

Zu Jacobs größten Anhängern zählte ein Quartett von Studenten, die sich »die Gnostiker« nannten. Darunter waren Morris Dickstein, Marshall Berman und Richard Locke, sie alle schlugen später kulturwissenschaftliche Laufbahnen ein. Dickstein, Professor für Englische Literatur am Queens College, schrieb später eine bedeutende Abhandlung über die Kultur der 1960er Jahre, *Gates of Eden* (1977). Berman sollte Politische Theorie am City College lehren und verfasste radikale Kulturanalysen, darunter die Bücher *The Politics of Authenticity* (1970) und *All That Is Solid Melts into Air: The Experience of Modernity* (1982). Und Locke wurde stellvertretender Redakteur bei der *New York Times Book Review*. Darüber hinaus unterrichtete er Schreibseminare an der Columbia.

Locke und Berman trafen Taubes zum ersten Mal in ihrem ersten Studienjahr 1958/59, als sie bei Taubes den Überblickskurs Geisteswissenschaften belegten.[64] Taubes war ungezwungen und überzeugend. Seine Art der Selbstdarstellung war bewusst aufreizend. »Macht Ihnen mein Bart, den ich mir in Paris habe wachsen lassen, Angst?«, fragte er seine Studenten. Er setzte sich in Szene, war exotisch, stets Pfeife rauchend und mit Baskenmütze. Er war ein Meister der theatralischen Gestik, strich nachdenklich über seinen Bart, reckte die Hände gen Himmel und wendete die rechte Hand in der Luft hin und her (eine Geste, die Susan Sontag als ein »Drehen an der Himmelsschraube«[65] bezeichnete). Ein gewisser Narzissmus lag in seiner Selbstdarstellung, eine endlose Darbietung, die Schmeicheleien erntete und das Gefühl für ein Leben am Abgrund vermittelte. Er war ein brillanter Pädagoge, der seine Schüler mit einem Minimum an Einführung mitten in die Materie hineinführen konnte. »Was wissen Sie über Homer?«, fragte er. Oder »Was ist ein Mythos?« – woraufhin er ein Bonmot anbot: »Ein Mythos ist eine Geschichte, die sich so nie zugetragen hat, aber trotzdem wahr ist.« Seine intellektuelle Intensität vermittelte schiere Energie und Begeisterung für Ideen.

In einem Überblickskurs über »Große Bücher«, wie etwa der Kurs Humanities A, unterrichteten die meisten Hochschullehrer jedes Werk für sich. Taubes hingegen präsentierte das Bild eines breit angelegten, Epochen überspannenden Übergangs von Homer zu Nietzsche als eine Geschichte der Entmythologisierung. Er ließ den Kurs die *Akedah* (das Festbinden Isaaks in der Genesis) lesen und kontrastierte dies (dabei lehnte er sich an Erich Auerbachs Interpretation in seiner *Mimesis* an) mit den griechischen Erzählformen. Er forderte seine Studenten zu einem Close reading von Platons *Symposion* auf, hob die dramatischen Akteure und ihre Gefühle hervor und vermittelte die erotische Spannung in den Dialogen (unter häufiger Verwendung des Wortes »erotisch«). In seiner Untersuchung des Neuen Testaments zeichnete Taubes ein fesselndes Porträt von Jesus – ohne auf irgendeine Weise zum christlichen Glauben ermuntern zu wollen. Er betonte die Bedeutung der Erwartung von Jesu bevorstehender Wiederkunft (die Parusie). Er mutmaßte über eine mögliche Verbindung zwischen Judas Iskariot und der radikalen Gruppe der Zeloten, den Sacari, und warf in die Runde, Judas könnte möglicherweise die Ermordung von Jesus arrangiert haben, weil der sich nicht für die von den Zeloten favorisierte politische Revolution engagiert hatte.

Wie in seiner Präsentation vor dem Universitätsseminar für Religion diskutierte Taubes den Apostel Paulus als einen Revolutionär, der auf die Überlebensfähigkeit einer neuen charismatischen Gemeinschaft setzte, die durch einen Vertrauensvorschuss entstanden war. In diesem Sinne, bemerkte Taubes, sei Paulus ein Vorläufer der modernen revolutionären Bewegungen gewesen, die ebenfalls auf dem Vertrauensvorschuss gründeten, dass die neue Gemeinschaft, die sie zu erschaffen suchten, charismatisch sein werde. Taubes beschwor die Aussicht auf eine neue, gänzlich andere Ordnung. Aber er präsentierte sie auch als eine warnende Erzählung von der hohen Wahrscheinlichkeit des Scheiterns.[66] Taubes' Darstellung von religiösen Texten ermöglichte es auch den säkular ausgerichteten Studenten, sich diese zu eigen zu machen und sie für relevant zu befinden. Taubes glaubte, dass diese Modelle aus der Vergangenheit auch für die Gegenwart relevant seien, da sich die Bedürfnisse der Menschen über die Zeit hinweg ähnelten. Auch vermittelte er das, wie Ernst Bloch es genannt hatte, »Prinzip der Hoffnung« – die Notwendigkeit, die Hoffnung auf eine radikal andere Zukunft aufrechtzuerhalten. So ließ Taubes seine Studenten nach einer apokalyptischen Wende Ausschau halten – während er sie gleichzeitig für die Gefahren der Apokalyptik sensibilisierte.[67]

Im akademischen Jahr 1959/60 belegten Locke, Dickstein und Berman einen Kurs über Hegel und seine Folgen, der von Taubes unterrichtet wurde, Susan Sontag stand ihm assistierend zur Seite. Das Seminar sollte mit Hegels *Phänomenologie des Geistes* beginnen, dann zu Feuerbach, Marx, Kierkegaard und Nietzsche übergehen. Wie schon in Harvard stellte Taubes seinen Studenten eine Analyse von Hegels Buch vor, die auf die Dialektik von Herr und Knecht fokussierte – eine Interpretation, die er von Kojève übernommen hatte. Etwa in der Hälfte des Semesters nahm der Kurs eine unerwartete Wendung. Taubes hatte die Broadway-Inszenierung des Stückes *The Balcony* von Jean Genet besucht, das in einem Bordell spielt. Er fand, das Stück verkörperte die Dialektik der Anerkennung, die Hegel in seiner *Phänomenologie* dargelegt hatte, und so verbrachte das Seminar den Rest des Semesters damit, das Stück entlang dieser

Konzepte zu diskutieren.[68] Wie schon in der *Abendländischen Eschatologie* verortete Taubes den Marxismus in der größeren Kulturgeschichte als ein weiteres Glied in der langen Kette der transformativen Bewegungen, die mindestens bis zu Paulus zurückreichten. Diese Einordnung war außergewöhnlich zu einer Zeit, als die meisten Marxisten den Marxismus als eine Form der Wissenschaft und als revolutionäre Zäsur in der Geschichte darstellten.[69]

Gemeinsam mit Sontag gab Taubes auch einen Kurs, der die »erotisch-mystische Tradition« zum Thema hatte. Die Klasse las einige Essays von Scholem, einschließlich »Erlösung durch Sünde« über Sabbatai Zwi und Jakob Frank. Taubes erörterte die Idee, durch das Böse hindurchzugehen, um es aufzuzehren, in einer Weise, die es für seine Studenten lebendig werden ließ. Er ging auch den ungewöhnlichen Schritt, Isaac Bashevis Singers Roman *Satan in Goraj* aufzunehmen, der die sabbatianische Episode auf lokaler Ebene aufgreift und die Umkehrung der sozialen Ordnung und der gesellschaftlichen Normen untersucht – einschließlich der sexuellen Normen.[70] Während seiner gesamten Karriere als Hochschullehrer zeigte Taubes sehr viel Geschick darin, zeitgenössische Analogien aufzugreifen, die die historischen Ereignisse für seine Studenten anschaulicher werden ließen. Um zu illustrieren, wie Anhänger von Jakob Frank ihre anfängliche Begeisterung für den Pseudo-Messias später verdrängten, setzte er sie in Analogie zu ehemaligen Kommunisten, die während der McCarthy-Ära ihre einstigen Sympathien verheimlichten.[71]

Nachdem er mehrere Kurse bei Taubes belegt hatte, erkannte Richard Locke, dass bestimmte Standardthemen und -ideen sich wiederholten. Taubes verwendete Ideen als eine Form der Selbstdarstellung, beobachtete Locke, und während die individuellen Einsichten durchaus aufschlussreich sein konnten, habe es doch keine Kohärenz oder Entwicklung in seinem Denken gegeben. In jedem seiner Kurse erzeugte Taubes die Erwartung, dass alles, was er unterrichtete, sich zu einer neuen Synthese und einer neuen Offenbarung zusammenfügen würde. Aber diese Erwartung wurde zwangsläufig enttäuscht. (Eine Erfahrung, die die Kristols schon früher gemacht hatten.)

Taubes war wie ein Magnet für proto-politische Kulturradikale. Für einige seiner jungen Anhänger erschienen er und Susan als das avangardistische Intellektuellenpaar schlechthin, als Vorbilder auf dem Weg, den sie für sich selbst vor Augen hatten. Dickstein erinnert:

> »Charme, Intelligenz und etwas Geheimnisvolles ausstrahlend, zog Taubes Männer und Frauen unwiderstehlich in seinen Bann. Doch von unserer niedrigen Perspektive aus betrachtet, schien er auch die perfekte Familie zu haben, eine schöne und brillante Ehefrau, die dunkelhaarige Susan, und zwei hübsche Kinder. Anlässlich einer nuklearen Luftschutzübung, als wir alle Schutz aufsuchen sollten, sah ich die vier in stummem Protest auf den Stufen der Low Library stehen, wie auf einer vom Wind gepeitschten englischen Wiese.«[72]

Mindestens eines der vier Mitglieder der »Gnostiker«, Marshall Berman, entwickelte bei aller Bewunderung für Taubes auch ein gewisses Misstrauen. Denn als Berman seinem verehrten Lehrer seine Freundin vorstellte, begann Taubes sie »in Gedanken zu verführen«. Berman wusste, dass andere Angehörige der Fakultät Taubes argwöhnisch beäugten. Manche betrachteten ihn aufgrund seiner charismatischen Persönlichkeit als Sektenführer, andere hielten ihn für zügellos.[73]

Das Misstrauen, das Taubes entgegenschlug, und der Verdacht der Lasterhaftigkeit, der ihm anhaftete, standen in engem Zusammenhang mit seinen erotischen Beziehungen zu Frauen. Doch diese Beziehungen waren keine zufälligen Merkmale seiner Persönlichkeit; sie waren untrennbar verknüpft mit seinem Hang zum Überschreiten von Grenzen und seiner Risikofreudigkeit, genau jenen Eigenschaften, für die er in seinen Vorlesungen und Schriften über die Gnosis und die Apokalyptik eintrat.

Empathie und Verführung

Jacob Taubes war nicht nur ein anregender Gesprächspartner, er war auch ein guter Zuhörer. Viele Menschen – Männer wie Frauen, Vorgesetzte und Untergebene – bezeugten seine Begabung, sich in sie hineinzuversetzen, ihre Interessen und Sorgen zu verstehen. Manche empfanden seine Fähigkeit, schon nach kurzer Zeit tief in ihre Gedankenwelt einzudringen, als geradezu übernatürlich und beängstigend.

Jacob konnte in seinen Beziehungen hinterhältig sein. Aber manchmal war er auch außergewöhnlich großzügig, in emotionaler und auch finanzieller Hinsicht.

Zum Beispiel im Falle von Annette Michelson, die Jacob und Susan 1949 kennenlernte, als ihre Freundin Ruth Glazer sie zur Verlobungsfeier der Taubes mitnahm. Später im Jahr zog Michelson nach Paris, wo sie für die kommenden anderthalb Jahrzehnte blieb. Ihr erstes intensives Gespräch führte sie mit Jacob als der sie auf dem Rückweg von Jerusalem in Paris besuchte und verkündete: »Ich bin ein Antinomist.« Michelson stellte Jacob einem Kreis rumänischer intellektueller Einwanderer in Paris vor, mit denen er sich anfreundete, darunter Emil Cioran und Paul Celan. Als Jacob sie in Paris in den frühen 1960er Jahren traf, hatte Michelson sich gerade von ihrem langjährigen Geliebten getrennt, stand buchstäblich ohne einen Penny da und lebte in höchst prekären Verhältnissen. Jacob gab ihr spontan 300 Dollar, die ihr über die schlimmste Zeit halfen. Sie glaubte, sein eigenes Gefühl der Unsicherheit machte ihn empfänglich für die Unsicherheit der anderen.[74] Später kehrte sie nach New York zurück, unterstützte die Gründung der kritischen Kunstzeitschriften *Artforum* und *October* und wurde einige Zeit danach Professorin an der New York University. Mit Jacob und Susan blieb sie befreundet.

Die fürsorgliche und einfühlsame Seite von Jacob zeigte sich auch im Falle von Jean Houston, die Jacob am Barnard College kennenlernte, als sie ihren Abschluss in Religion machte und am Theater aktiv war. Zu dieser Zeit war sie mit mehreren Tragödien innerhalb der Familie konfrontiert, und sie erlitt eine schwere Gehirnerschütterung, als eine Kulisse während einer Theateraufführung auf sie herabstürzte. Die Kombination aus emotionalen und physischen Schlägen führte fast zu ihrer Erblindung, und sie stand kurz davor, das College verlassen zu müssen. An diesem Punkt, zutiefst psychologisch verletzt, entschied sie sich, einen Kurs über Hiob zu belegen, den Jacob Taubes gab. In der ersten Unterrichtsstunde kündigte Taubes an, er werde von der Kursbeschreibung abweichen und sich stattdessen auf die implizite Dialektik zwischen dem Apostel Paulus und dem Werk Friedrich Nietzsches konzentrieren. Im Verlauf des Semesters streifte er die Gnosis, die Philosophie Hegels, die Phänomenologie und den Existenzialismus. Als sie anfing, Fragen zu stellen, die Taubes für intelligent einschätzte, versuchte er, sie aus der Deckung zu locken.

Eines Tages als sie über den Campus lief, hörte sie seine Stimme, die ihren Namen rief: »Miss Houston, lassen Sie mich ein paar Schritte mit Ihnen gehen. ... Sie wissen, dass Sie einen sehr interessanten Verstand haben. ... Ihre Fragen sind erhellend ... Was denken Sie, ist die Essenz der Neubewertung der Wertmaßstäbe bei dem Apostel Paulus und bei Nietzsche? ... Es ist wichtig für meine Überlegungen, Ihre Gedanken zu kennen.« Sein offensichtliches Interesse und sein Vertrauen in sie gaben Houston das notwendige Selbstvertrauen, um diese Fragen zu diskutieren, und sie führten – so erinnerte sie es rückblickend – sogar zur Überwindung ihrer Blindheit.[75] In ihren Memoiren bezeichnete Houston Taubes als einen unvergesslichen Lehrer.[76]

Unerwähnt ließ sie einen anderen Vorfall, an dem Jacob beteiligt war, den Houston selbst Ethan erzählte, und der in Susans Roman *Divorcing* geschildert wird. Dort erscheint Jean Houston unter dem Namen »Kate Dallas«, die – wie Houston – mit über 1,80 Meter Körpergröße außergewöhnlich groß war. »O ja, er hat es bei mir auch mal versucht«, erinnert sich Dallas im Roman. »Ich hab ihn hochgenommen, in der Luft herumgewirbelt und durchs Zimmer gefeuert.«[77]

Jean Houston setzte ihr Religionsstudium fort, forschte später zu spiritueller Anwendung von LSD und machte schließlich Karriere als Gründerin des Human Potential Movement. Den Mythos machte sie für sich als Werkzeug für ihre persönliche Entwicklung nutzbar.[78] In den 1990er Jahren wurde sie Bestsellerautorin im Feld der Selbsthilfeliteratur und erlangte eine gewisse Berühmtheit, als herauskam, dass sie als Beraterin von Hillary Clinton die First Lady ermutigt hatte, sich im Gespräch mit Eleanor Roosevelt vorzustellen.[79]

Jacobs Begegnung mit Jean Houston zeigt, dass die Grenzen zwischen Empathie und Verführung bei ihm fließend waren. Die Empathie mag aufrichtig gewesen sein, doch oft war sie nur ein Mittel der Verführung, nicht zwingend (wenn auch häufig) im körperlichen Sinne, sondern im Sinne eines Bedürfnisses nach Aufmerksamkeit, Anerkennung und Bewunderung. Sowohl Männer als auch Frauen, die Jacob Taubes kannten, beschrieben ihn als jemanden, der sich in einem permanenten Prozess der Verführung befand.[80]

Susan Sontag

Susan Sontag spielte eine wichtige Rolle im Leben von Jacob und Susan Taubes. Andersherum galt das genauso, nicht zuletzt weil die Taubes Stoff für ihre Geschichten, Romane und Filme lieferten.

Seit ihren gemeinsamen Jahren in Cambridge hatte Susan

Sontag einige Zeit in Oxford und Paris gelebt, ihr Sohn David wurde in dieser Zeit von Philip Rieffs Eltern betreut. Ihr Aufenthalt in Frankreich erweiterte ihren Erfahrungshorizont, einschließlich der Wiederentdeckung und des Auslebens ihrer erotischen Vorliebe für Frauen. Als sie in die Vereinigten Staaten zurückkehrte, setzte sie Philip davon in Kenntnis, dass ihre Ehe am Ende sei. Sie übernahm das Sorgerecht für den kleinen David und zog 1959 nach New York, wo sie – dank einer Empfehlung von Jacob – eine Stelle als Redaktionsassistentin beim *Commentary* fand. Jacob hatte schon lange versucht, mit Susan ins Bett zu gehen; nun hatte er Erfolg. Sie schrieb in ihr Tagebuch, dass Jacob »unerwartet gut + sexuell einfühlsam«[81] war.

Sontag schaute sich bald nach einer anderen Arbeit um und fand sie wieder über Jacob Taubes, der ihr zu einer Stelle als Lehrkraft in seinem Fachbereich an der Columbia verhalf, anfangs als seine Unterrichtsassistentin, später gab sie auch eigene Kurse.[82] Im Frühjahr 1960 assistierte sie Jacob in einem Kurs über Religionssoziologie, der mit den Paulusbriefen begann, und sie besuchte auch sein Seminar über Hegel.[83] Im Frühjahr 1961 unterrichteten sie gemeinsam einen Kurs, in dem sie Nietzsche, Freud und »Freud im Dienst des utopischen Denkens« behandelten, der Schwerpunkt lag auf den neueren Werken von Erich Fromm, Herbert Marcuse und Norman O. Brown.[84] Im Herbst 1961 gaben sie ein Seminar über das Problem der Liebe im abendländischen Denken mit einem Fokus auf dem Bedeutungswandel von Eros und Agape (im Christentum die Liebe Gottes zu den Menschen, die sich in der fürsorglichen Liebe des Menschen für seine Mitmenschen widerspiegelt) sowie auf der Frage, zu welchem Preis der Eros unterdrückt oder umgelenkt werde. Das Seminar begann mit Empedokles und Platon, konzentrierte sich dann auf Paulus und Nietzsche und schloss mit einer Diskussion über zwei kurz zuvor erschienene Werke: Marcuses *Eros and Civilization* und Norman O. Browns *Life against Death* (1959).[85] Einige Schlüsselthemen des Seminars hallten in einer Rezension von Browns Buch wider, die Susan in dieser Zeit schrieb: »Psychoanalyse und Norman O. Browns *Life against Death*.« Veröffentlicht wurde die Rezension in der Literaturbeilage der Columbia-Studentenzeitung. Richard Locke, auch ein Teilnehmer des Taubes-Seminars, gab die Beilage heraus. Mit ihrer Betonung der »revolutionären Bedeutung der Sexualität in der heutigen Gesellschaft«, ihren lobenden Worten für Browns Fokus auf den Körper und der Beschwörung der »eschatologischen Bestrebungen«, die Unterdrückung zu beenden, war die Rezension das komplette Gegenstück zu Philip Rieffs jüngster Veröffentlichung *Freud: The Mind of the Moralist* – für die Sontag später die Autorschaft beanspruchen sollte.[86]

In einem späteren Kurs, den die beiden zusammen unterrichteten, »Bibelliteratur und die abendländische Imagination«, zeigte sich eine neue Dynamik in Jacobs Art zu unterrichten. Als seine Assistentin trug Sontag die Bürde für den Großteil des Unterrichts und war für die Vorbereitung der Einheiten verantwortlich, während Jacob sich nur einschaltete, wenn er eine Eingebung hatte. Auch Susan war eine hervorragende Lehrerin, und – wie Jacob – diskutierte sie die Texte auch gern spontan und idiomatisch.[87]

In den folgenden Jahren unterrichtete Sontag die Erstsemesterstudenten in den geisteswissenschaftlichen Überblickskursen sowie die Seminare »Einführung in das Alte Testament« und »Theorien des religiösen Verhaltens« (beide 1963/64). Sie wäre wohl gern an der Columbia geblieben, doch nach drei Jahren verwehrte ihr der Rektor, Jacques Barzun, eine Verlängerung ihres Lehrauftrags, da sie nicht promoviert war und er keinen Präzedenzfall schaffen wollte. Die Ankündigung, dass ihr Vertrag nicht verlängert würde, wurde ihr von Harold Stahmer, Jacobs Kollege am Fachbereich Religion, überbracht. Als sie die Nachricht hörte, brach sie in Tränen aus, woraufhin Stahmer sie damit zu trösten versuchte, dass ihre wahre Stärke doch vielleicht ohnehin mehr im Schreiben als im Unterrichten liege.[88] Und so ist es ja auch gekommen. Denn noch während sie mit Taubes an der Columbia unterrichtete, hatte sie begonnen, kulturkritische Essays zu veröffentlichen, die sich in die radikalen und emanzipatorischen Strömungen der 1960er Jahre einfügten und ihr schon bald einen gewissen Ruhm als Intellektuelle einbrachten. Ihre erste Essaysammlung, die sie 1966 veröffentlichte, *Against Interpretation*, enthielt auch ihre Rezension von Norman Browns *Life Against Death*. Im Jahr 1968 kehrte sie auf den Columbia-Campus zurück, um während der Abschlussfeierlichkeiten gegen die Rolle der Universität im Vietnamkrieg zu protestieren. In Jeans und Sandalen beschimpfte sie die Fakultät und Verwaltung der Columbia als »motherfuckers«, damals eine in der Avantgarde gängige Ausdrucksweise.[89]

Die Doktoranden

Die Hälfte von Taubes' Lehrtätigkeit war den Doktoranden gewidmet. Gemeinsam mit Friess gab er wiederholt das Seminar »Einführung in die Religionsgeschichte und Religionsphilosophie«. Alleine unterrichtete er Graduiertenkurse, in denen er einige Schriften und Denker behandelte, über die er in der *Abendländischen Eschatologie* geschrieben und in Harvard und Princeton gelehrt hatte. Die »Krise der Religion in der Moderne« beschäftigte sich mit Hegel, Feuerbach, Marx, Kierkegaard, Nietzsche, Dostojewski und Heidegger. »Humanismus und Religion« berührte griechische Dramen und Philosophie, das Alte und Neue Testament, Augustinus, Eckhart, Nikolaus von Kues und Rousseau. »Gesellschaftstheorie und die Geschichte der Religionen« konzentrierte sich vermutlich auf Max Weber und Freud. Gegen Ende seiner Zeit an der Columbia, im Frühjahr 1964, unterrichtete er einen Kurs über Hegel und Heidegger. Auch hier befand sich unter seinen Teilnehmern eine Reihe von Studentinnen und Studenten, die später führende akademische Positionen einnahmen und deren Wege die seinen in den kommenden Jahren abermals kreuzen sollten.

Der älteste unter ihnen war Jacob Neusner, ihm fiel später eine Schlüsselrolle bei der Entwicklung der Judaistik in den Vereinigten Staaten zu.⁹⁰ Neusner wuchs in einer reformjüdischen Familie auf und verfügte vor seinem Studium in Harvard, 1950-1953, über keinerlei Kenntnisse des Hebräischen. Er interessierte sich für Judaistik, aber sein Berater, der Jeschiwa-Absolvent Harry Wolfson, riet ihm von diesem Fachgebiet ab, da ihm für die Lektüre der traditionellen jüdischen Schriften die Talmudausbildung fehlte. Neusner studierte trotzdem bei Saul Lieberman am JTS, verbrachte einige Zeit in Israel und schrieb sich in das Rabbinatsstudium am JTS und als Doktorand in Religionswissenschaften an der Columbia ein. Dort traf er auf Jacob Taubes, in einem Seminar, das dieser über die Eschatologie im Abendland abhielt. Im Jahr 1960 erhielt Neusner die rabbinische Ordination und seinen Doktortitel, die Arbeit hatte er über den talmudischen Weisen Jochanan ben Sakkai geschrieben. Betreut wurde die Arbeit von Morton Smith, einem amerikanischen Wissenschaftler, der mit Scholem an der Hebräischen Universität studiert und dort seine Doktorarbeit auf Hebräisch verfasst hatte.⁹¹ Taubes gehörte Neusners Promotionsausschuss an und schätzte die Fähigkeiten des jüngeren Mannes so hoch ein, dass er ihn als Lehrkraft an seinem Fachbereich an der Columbia einstellte.

Neusner war eine umstrittene und kämpferische Figur in der Welt der jüdischen Wissenschaften, insbesondere hinsichtlich seiner Forschung zum Jerusalemer Talmud. Seiner Ansicht nach machten Lieberman und die anderen Talmudgelehrten am JTS in ihrer Talmudforschung zu wenig Gebrauch von den kritisch-historischen Methoden, und so sei ihre Forschung zwar gelehrt, aber wenig fruchtbar. Die so Gescholtenen wiederum bezichtigten Neusner, er wisse zu wenig über den Talmud und verfüge nicht über die notwendige Kompetenz, darüber zu schreiben oder ihn zu übersetzen. (Später schloss Lieberman seine kritische Rezension von Neusners Übersetzung des Jerusalemer Talmud mit den Worten:»Der angemessene Ort für seine englische Übersetzung ist der Papierkorb.«[92]) In seinen Memoiren mutmaßte Neusner, die Vorbehalte vonseiten der Talmudisten am JTS gegenüber seinen Fähigkeiten hätten die Columbia schließlich veranlasst, ihn durch einen anderen Kandidaten zu ersetzen.[93] Neusner unterrichtete daraufhin am Dartmouth College, an der Brown University und an der University of South Florida. Er entwickelte sich zum Kritiker der israelischen Judaistik, die in seinen Augen zu stark das reine Textstudium fixierte und zu weit von den sozialwissenschaftlichen Methoden der Religionswissenschaften entfernt war.[94] Trotz seiner eigenwilligen und streitbaren Persönlichkeit wurde Neusner zu einer einflussreichen Figur im Feld der Judaistik, nicht nur weil er einen außerordentlich hohen Publikationsausstoß hatte, sondern auch weil er die Max-Richter-Stiftung (benannt nach seinem Schwiegervater, dem Gründer) leitete, die seine eigenen Veröffentlichungen und die seiner Studenten förderte. Der Kontakt zu Jacob Taubes hielt über Jahrzehnte.

Als Nachfolger von Neusner holte Taubes David Weiss vom JTS, um die Kurse »Klassiker der jüdischen Tradition« zu unterrichten. Weiss (später Weiss Halivni) war in Sighet, Rumänien, aufgewachsen, wo er als Kind aufgrund seiner bemerkenswerten Talmudkenntnisse als *Iui* (Wunderkind) galt, wobei ihm sein fotografisches Gedächtnis half. Nachdem er Auschwitz überlebt hatte, wanderte er in die Vereinigten Staaten aus und ging ans JTS. Dort wurde er schließlich Talmudprofessor und, noch später, Professor an der Columbia.[95] Taubes hielt viel auf seine eigene Fähigkeit, Talente zu erkennen, und Weiss ist dafür ein gutes Beispiel. Gleiches gilt für den Mann, den Taubes als Nachfolger für Susan Sontag, nachdem ihr Vertrag nicht verlängert worden war, für den Bibelkurs holte: Nahum Sarna, damals Bibliothekar am JTS, der rasch zu einem der größten Bibelforscher seiner Generation aufstieg.

Ismar Schorsch war ebenfalls Student am JTS, aber sein Hintergrund und Werdegang unterschieden sich deutlich von Jacob Neusner. Der 1935 in Deutschland geborene Sohn eines Rabbiners – sein Vater, Emil Schorsch, hatte einen Abschluss vom Jüdisch-Theologischen Seminar in Breslau – kam im Dezember 1938 mit seiner Familie in den Vereinigten Staaten an.[96] Nach dem College-Abschluss schrieb sich Schorsch ins Rabbinatsstudium am JTS ein und wurde 1962 ordiniert. Er hatte bereits seine Promotion an der Columbia aufgenommen, in deren Rahmen er zwei Seminare bei Taubes belegte, unter anderem eines über Hegels *Phänomenologie*. Die Doktoranden waren verpflichtet, eine Hausarbeit zu verfassen, und Taubes schlug vor, Schorsch solle über Krochmals vermeintlich hegelianische Geschichtsphilosophie schreiben (ein Thema, an dem Taubes in Jerusalem selbst gearbeitet hatte). Schorsch nahm den Vorschlag an und schrieb eine Arbeit über Krochmal und den Historizismus, die zu seinem ersten wissenschaftlichen Artikel wurde und 1961 in der Zeitschrift *Judaism* erschien.[97] Diese Erfahrung war für beide bedeutsam, Taubes und Schorsch. Taubes führte es zurück zu seinem früheren Interesse an Krochmal, über den er selbst den oben erwähnten Artikel für die *Judaism* geschrieben hatte. Es ist aufschlussreich, die Herangehensweisen von Schorsch und Taubes zu vergleichen: Anders als Taubes schien Schorsch mit Krochmal darin übereinzustimmen, dass ein historisches Verständnis der Tradition ihre Glaubwürdigkeit *nicht* unterminierte.[98] In seiner Dissertation beschäftigte sich Schorsch mit der politischen Geschichte des deutschen Judentums. Doch anschließend kehrte er zu der Frage der jüdisch-intellektuellen Auseinandersetzung mit dem Historizismus zurück und wurde zum führenden Historiker der Wissenschaft des Judentums, darüber hinaus Professor und schließlich Kanzler am JTS.

Eine weitere zukünftige Akademikerin, die bei Taubes studierte, war Edith Wyschogrod, die Ehefrau seines Freundes Michael. Taubes brachte sie zur Religionsphilosophie, ein gemeinsamer Studiengang der Columbia und des Union Theological Seminary. Im akademischen Jahr 1963/64 besuchte sie seine Kurse über Hegel, Freud und Weber sowie über Paulus und seine Interpreten. Sie schlug eine Laufbahn im Feld der Religionsphilosophie ein, wurde Präsidentin der American Academy of Religion und spielte auch weiterhin eine Rolle in Jacobs Leben.

Der Doktorand, der Taubes in seinen späteren Jahren an der Columbia vielleicht am nächsten stand, war Gershon Greenberg, der 1961 an die Universität kam, nachdem er bei Taubes' altem Freund Eugen Kullmann studiert hatte. Als Jacob und Susan sich trennten, blieb Greenberg bei Jacob in dessen Wohnung in der Claremont Avenue. Er folgte ihm auch nach Berlin, zunächst als sein Assistent und anschließend als Dozent im Studiengang Judaistik, den Taubes dort aufbaute.

Eine gnostische Persönlichkeit

Für einige seiner fortgeschrittenen Studentinnen und Studenten, die ihm an der Columbia begegneten, hatte Jacob Taubes etwas absolut Einzigartiges an sich. Berel Lang, der damals Doktorand der Philosophie war, beschrieb ihn als »elektrisierend« und »magisch«.[99] Doch Taubes hatte auch eine gnostische Seite.

Die gnostischen Elemente seiner Persönlichkeit spiegelten sich in seinen Beziehungen zu Studenten, Kollegen und Geliebten wider. Wir erinnern uns an Jonas' Beschreibung der gnostischen Lebensweise, die sich durch einen »kosmischen Nihilismus« auszeichnet und die ihre Bedeutung paradoxerweise durch Negation erlangt.[100] Jene, die das Bewusstsein des wahren Geistes (pneuma) besitzen, sind in der Lage, aus der existierenden Gesellschaft und ihren Normen auszubrechen. Der Gnostiker, der sich auf eine vermeintliche höhere Weisheit beruft, verachtet die Welt und ihre »Weisheit«.[101] Der Pneumatiker gehört, zumindest in seiner eigenen Sichtweise, zu einer privilegierten Aristokratie, einem neuen Typus Mensch, der sich von den Zwängen und Normen der bestehenden Gesellschaft befreit hat. Der uneingeschränkte Genuss dieser Freiheit wird zu einem positiven Gebot und heiligt das Sakrileg. Der Pneumatiker rühmt sich, dass er sich durch sein Handeln vom Rest der Gesellschaft unterscheidet. Der Libertinismus, der sich bewusst über die gesellschaftlichen Konventionen hinwegsetzt, wird zu einer Art Kriegserklärung gegen die bestehende Welt.[102]

Ein Teil von Jacobs gnostischer Persönlichkeit war die paradoxe Kombination von egalitärer Gesinnung in der Theorie und elitärem Verhalten in der Praxis. Er urteilte rasch über seine Studenten, ob sie »den Funken« mitbrachten. Wenn ja, behandelte er sie ausgesprochen gut; wenn nicht, betrachtete er sie als wertlos. Gershon Greenberg beobachtete Taubes einmal dabei, wie er die Examensklausuren bewertete: Er schaute sich die Namen auf der Vorderseite an und vergab eine Note, die auf seiner Einschätzung des Prüflings basierte – ohne die Arbeit tatsächlich zu lesen. Als er Greenbergs verwunderte Reaktion bemerkte, versicherte Taubes ihm, dass er sich die Inhalte noch anschauen würde.[103] Zu seinem elitären Verhalten gehörte auch, dass Abstammung für ihn von großer Bedeutung war: Die Kinder von intellektuellen Eltern waren eindeutig im Vorteil bei ihm. Ein Beispiel war Edmund Leites, den Taubes auf einer Party von Paul Goodmann kennenlernte. Leites war der hochbegabte Sohn von Nathan Leites, dem bekannten Pionier auf dem Feld der politischen Psychologie an der University of Chicago. Edmund war ein zwanzigjähriger Doktorand der Anthropologie, der sein Studium im Alter von neunzehn Jahren in Yale abgeschlossen hatte. Nach einem zwanzigminütigen Gespräch bot Jacob ihm einen Job als Unterrichtsassistent für einen Kurs an, den Susan an der Columbia gab.[104] Er hatte wohl den Funken. Doch Herkunft war nicht gleich Herkunft: Unter den Teilnehmern in einem seiner Doktorandenseminare befand sich ein Rockefeller, aber dieser Sprössling zählte in Jacobs Augen nicht zu den Auserwählten.[105]

Verbindungen nach Europa

Auch wenn er sich körperlich in New York City befand, schaute seine Seele auf Europa im Allgemeinen und auf das deutschsprachige Europa im Speziellen. Die Denker, mit denen er sich an der Columbia beschäftigte, kamen alle aus dem deutschen Kulturkreis: Hegel, Marx, Weber, Freud und Heidegger. Wenn auch seine Kontakte und Freundschaften mit amerikanischen Wissenschaftlern zunahmen, kamen doch diejenigen, mit denen er sich am wohlsten fühlte und die er am meisten verehrte, aus dem deutschsprachigen Europa. Er korrespondierte weiterhin rege mit Freunden in Deutschland und der Schweiz. Und ihm blieb rätselhaft, wie sich Intellektuelle eines Kalibers von Heidegger und Schmitt vom Nationalsozialismus angezogen fühlen konnten. Im Jahr 1958 las er *Soziopsychologische Probleme der Industriegesellschaft*, eine neue Arbeit über die Ursprünge der Anomie in modernen Industriegesellschaften von Arnold Gehlen, einem brillanten Gesellschaftstheoretiker, der durch seine Karriere im »Dritten Reich« kompromittiert war. Taubes fragte sich, wie der Autor dieses »kleinen Meisterstücks« auf die Nazis hereinfallen konnte – ein Thema, das er auch mit George Schwab diskutierte, einem jüdischen Flüchtling, der seine Doktorarbeit über Schmitt schrieb und den diese Frage ebenfalls umtrieb.[106]

Nach ein paar Jahren an der Columbia verfügten die Taubes über ein mehr als respektables Einkommen. Jacobs Gehalt betrug 11 500 $ (das entsprach nach damaligem Wechselkurs 46 230 DM), und Susan verdiente 5 000 $ (circa 20 100 DM) als Kuratorin am Bush-Museum.[107] Damit konnten sie es sich leis-

ten, die Sommermonate überwiegend in Europa zu verbringen –
wenn auch nicht unbedingt gemeinsam. Jacob kehrte in die
Schweiz zurück, um seine Eltern und seine Schwester in Zürich
zu besuchen, aber auch um Zeit mit alten und neuen Freunden
zu verbringen. Er reiste im Herbst 1957 zum Begräbnis seiner
Mutter Fanny nach Zürich, die am 2. Oktober 1957 verstarb,
und blieb für mehrere Wochen.[108]

Fannys Tod war ein schwerer Schlag für Jacob und belastete
sein ohnehin angespanntes Verhältnis zu seinem Vater Zwi noch
zusätzlich. Als Fannys Freunde in Zürich eine Publikation ihrer
Vorträge zu jüdischen Themen vorbereiteten, schrieb Jacob das
Vorwort. Darin ist eine Passage enthalten, die die kritische Wissenschaft mit einem persönlichen Bekenntnis verband:

> Die verschiedenen Themen kreisen im Grunde um eine Frage:
> Welche Stellung kommt der Frau im religiösen Leben der jü-
> dischen Gemeinschaft zu? Der männliche Charakter der Re-
> ligion Israels hat tief die Geschichte der Juden geprägt. Im
> Kampf gegen den Mythos und gegen die ekstatischen Kulte
> der heidnischen Religionen ist das weibliche Element in der Re-
> ligion Israels und später im Judentum zurückgedrängt worden.
> Frauen sind vom Studium des Talmuds ausgeschlossen. Sogar
> in der Sprache der jüdischen Mystik bleibt die Frau stumm.
>   Und dennoch übt die Frau einen verhaltenen, aber starken
> Einfluß auf das religiöse Gemüt, auf die jüdische Frömmigkeit
> aus. Diese Diskrepanz zwischen Mangel an äusserer Repräsen-
> tation und Wirkung aufs Gemüt beschäftigte meiner Mutter.
> Im Zionismus sah sie eine Rückkehr zu den natürlichen Ord-
> nungen. Sie glaubte, dass die brachliegenden weiblichen Mäch-
> te in der Wiedergeburt des Volkes zur Sprache gelangen wer-
> den. Die Sprache Israels aber war für sie religiöse Sprache.
> Der Sohn kann nur bezeugen, dass alles, was sich auf Religion
> bezieht, für ihn mütterlichen Ursprungs ist.[109]

Der letzte Satz muss für Zwi äußerst verletzend und beleidigend
gewesen sein. Denn wenn der Sohn eines Rabbiners und jüdi-

schen Gelehrten behauptet, dass er alles, was für ihn religiös bedeutsam war, von seiner Mutter gelernt hatte, war das eine Drehung des ödipalen Dolches.

Trotz Jacobs zunehmend distanziertem Verhältnis zu seinem Vater (der ein Jahr später wieder heiratete) kehrte er weiterhin jeden Sommer nach Europa zurück. Im Juni 1958 traf er seinen alten Freund Armin Mohler das erste Mal nach zehn Jahren in Mohlers Wohnung in Paris wieder, wo dieser als Korrespondent für die Zeitung *Die Tat* arbeitete.[110] Für den August mieteten Jacob und Susan ein kleines Haus in Cerisy-La-Salle in der Normandie.[111] Sein Freund aus seiner Zeit in Harvard, Hans-Joachim Arndt, besuchte die beiden dort.

Zu diesem Zeitpunkt waren weder Jacob noch Susan zufrieden mit ihrem Leben in New York. Sicher, es war immer noch besser, in New York zu leben, als in einem College im Mittleren Westen festzusitzen. Doch, fragte Susan, »warum sollten wir überhaupt in den Vereinigten Staaten bleiben?« – ein Gefühl, das Jacob teilte.[112] In der Normandie sprach Jacob mit Arndt über sein Zögern, Deutschland zu besuchen – ein Land, in das er noch keinen Fuß gesetzt hatte. Das Ergebnis ihrer Unterhaltung war der für Jacob schwierige Entschluss, nach Deutschland zu reisen, um an einer Konferenz teilzunehmen. Nicht nur das, Jacob bat Arndt zudem, für ihn Ausschau nach einer Stelle »in Europa« zu halten. »Wie du weißt, sind die Ereignisse von 1933 für mich zu verdammt ernst, um sie zu den Akten zu legen. Aber wo sind heutzutage die Menschen, die sich mit den Fragen, die diese Ereignisse an uns stellen, noch beschäftigen?«[113] War das eine Erklärung oder eine Rechtfertigung? Zwei Jahre später, als Taubes sich gerade darauf vorbereitete, Deutschland zum ersten Mal zu besuchen, äußerte er gegenüber Horkheimer, der ein Jahrzehnt zuvor nach Deutschland zurückgekehrt war, seine Vorbehalte. Taubes schrieb Horkheimer aus London, dass er »mit sehr gemischten Gefühlen« nach Deutschland komme, aber Horkheimer und Adorno gern in Frankfurt treffen würde.[114] Bereits zu Beginn des folgenden Jahres hielt er Augen und Ohren nach möglichen Stellen in Deutschland offen. Im Januar 1961 schrieb er Horkheimer, er habe gehört, die Universität Frankfurt schreibe Stellen in der Philosophie und der Judaistik aus – und dass er interessiert sei. Er behauptete, ihm mangele es in New York an angemessener intellektueller Gesellschaft: »Columbia ist ja schon recht, wenn es nur – so sage ich wie Gott zu Abraham – fünf Menschen gäbe, mit denen man ein Gespräch führen könnte.«[115] Zu dieser Zeit hatte Jacobs Unzufriedenheit bereits dazu geführt, dass er seine Fühler auch anderswo in Deutschland ausstreckte.

9
Zwischen New York und Berlin, 1961-1966

In den Jahren von 1961 bis 1966 begann ein neues Kapitel in Jacobs Leben. Sein Wechsel von der Columbia University an die Freie Universität, von New York nach Westberlin, von den Vereinigten Staaten nach Westdeutschland und vom Fachbereich Religion zu einer dualen Stellung in Judaistik und Hermeneutik begann. Um die Stelle an der Freien Universität zu erhalten, knüpfte Jacob an seine persönlichen Kontakte aus verschiedensten Zusammenhängen an, von denen viele auch in den kommenden Jahrzehnten eine wichtige Rolle in seinem Leben einnehmen sollten. Nachdem er fünf Jahre zwischen New York und Berlin hin und her gependelt war, entschloss sich Jacob, dauerhaft an die Freie Universität zu gehen. Zu diesem Zeitpunkt hatten seine Bemühungen, sich im Netzwerk des westdeutschen Geisteslebens einen Platz zu erobern, Früchte getragen. In dieser Phase wurden seine Beziehungen zu Frauen, die erotischen wie die intellektuellen, immer komplizierter, seine religiösen Überzeugungen immer ambivalenter.

Alte und neue Freunde

Im Sommer 1959 reiste Jacob wieder in die Schweiz. Dieses Mal traf er sich mit einer Reihe von Freunden aus seiner Schweizer Zeit im Fextal, einem wunderschönen Ort im Oberengadin in der Nähe von Sils Maria. Ein Paradies für Wanderer und Skifahrer – und für Akademiker auf der Suche nach Ruhe und Frieden. Für geistesgeschichtlich Bewanderte ist der Ort untrennbar mit Friedrich Nietzsche verbunden, der dort regelmäßig hinreiste.

Unter den Sils-Besuchern war Jean Bollack, Jacobs Freund aus Basel, der inzwischen eine Professur für klassische Literatur innehatte. Von 1955 bis 1959 war er an der Freien Universität in Westberlin gewesen und stand nun kurz davor, einen Ruf an die Universität Lille anzunehmen. Doch wie viele französische Akademiker lebte er, mit seiner Ehefrau Mayotte, in Paris.[1]

Taubes kehrte im Sommer 1960 abermals nach Europa zurück und traf sich wieder mit Bollack. Dieses Mal machte Bollack ihn mit seinem engen Freund Paul Celan bekannt,[2] der es zu erstem Ruhm gebracht hatte.

Bollack erfuhr von einem Kollegen an der Freien Universität, dass die Universität nach einem Kandidaten für den neu errichteten Lehrstuhl für Judaistik Ausschau hielt und dass man die Stelle nach Möglichkeit mit einem nichtdeutschen Wissenschaftler besetzen wollte. Bollack schlug Taubes vor, von dem er wusste, dass der nach einer Stelle in Europa suchte.

Der Kollege, dem Bollack diese Information übermittelte, war Michael Landmann, Philosophieprofessor an der Freien Universität, der eine wichtige Rolle dabei einnehmen sollte, Taubes an die FU zu holen. Landmanns Bedeutung in Taubes' Leben wuchs in den folgenden Jahrzehnten, zunächst als Verbündeter, dann als Gegenspieler und später, nach Taubes' Zusammenbruch, als Zielscheibe von Taubes' Zorn.[3]

Landmann identifizierte sich mit dem Judentum, hatte jedoch nur einen schwach ausgeprägten jüdischen Hintergrund. Seine Mutter war hoch gebildet und Mitglied des George-Kreises, sein Vater war Wirtschaftswissenschaftler. Der in Deutschland und der Schweiz aufgewachsene Landmann studierte Philosophie und war einer der ersten Lehrkräfte im Fachbereich an der FU, seit 1951 als außerordentlicher Professor und nach 1959 schließlich als ordentlicher Professor. Seine Vorlesungen waren solide, aber wenig mitreißend,[4] als unsicherer Redner las er zumeist vom Blatt ab. Er war jedoch ein sehr produktiver Wissenschaftler, der nicht nur viele eigenständige Werke schrieb, sondern auch verdienstvolle Anthologien herausgab und bei der Wiedererschließung des Werks von Georg Simmel, dem großen deutschen Kulturphilosophen der Jahrhundertwende, federführend war. Landmann war freundlich, fleißig und unparteiisch – das genaue Gegenteil von Jacob Taubes.

Michael Landmann war mit Salcia verheiratet. Unmittelbar vor Ausbruch des Ersten Weltkriegs in Galizien geboren, zog sie mit ihrer Familie während des Kriegs nach St. Gallen in der Schweiz. Salcia studierte zunächst in Deutschland und später an der Universität Basel, wo sie in Philosophie promoviert wurde. Dort lernte sie Jacobs Freund Armin Mohler kennen. Im Jahr 1948 heiratete sie Michael Landmann, 1960 veröffentlichte sie *Der jüdische Witz*, eine sorgsam zusammengetragene Kompilation von Texten, die Witze von osteuropäischen jüdischen Einwanderern oder Geflohenen enthielten. Sie setzte die Witze mit soziologischen und philosophischen Thesen über Humor als Waffe der Machtlosen in Beziehung. Das Buch wurde ein Bestseller, hatte zahlreiche Auflagen und ebnete ihre erfolgreiche Karriere als Schriftstellerin.[5] Als sie gerade das Manuskript abschloss, erhielten sie und ihr Mann Besuch von Jacob Taubes in ihrem Haus in St. Gallen. Taubes erklärte, er sei sehr an der Stelle in Berlin interessiert, und bat Salcia inständig, sie möge sich für ihn bei Helmut Gollwitzer einsetzen, dem evangelischen Theologen, der eine treibende Kraft bei der Einrichtung des Lehrstuhls für Judaistik war – und Salcia tat ihm den Gefallen.[6]

Landmann tat ebenfalls sein Möglichstes für Taubes, erkannte er in ihm doch einen Bewahrer der jüdischen Tradition, die Landmann selbst fehlte.[7] Es war Landmann, der Jacob offiziell einlud, im Sommer 1961 an der FU zu unterrichten.[8]

Jacob Taubes kam im Sommer 1961 als Gastprofessor an die Freie Universität und schon gegen Ende des Sommers waren die Vorkehrungen für seine Berufung auf den Lehrstuhl für Judaistik einen guten Schritt vorangekommen. Es war kein Novum, dass Judaistik an einer deutschen Universität gelehrt wurde, aber es war der erste Lehrstuhl, der ausschließlich dem Fach gewidmet war.[9] Für manch einen in Westberlin und an der Freien Universität war sowohl die Errichtung eines solchen Lehrstuhls wichtig als auch, dass er von einem jüdischen Professor besetzt wurde.

Die Initiative, einen Lehrstuhl für Judaistik an der FU einzurichten, scheint auf Landmann und Adolf Leschnitzer zurückzugehen. Leschnitzer, Jahrgang 1899, stammte aus dem deutsch-jüdischen Bildungsbürgertum, und es war ihm gelungen, noch 1938 aus Berlin zu fliehen. Er fand schließlich eine Anstellung am City College in New York, wo er deutsche Sprache und Literatur unterrichtete.[10] Auf Einladung von Studenten und Professoren der FU war er im Sommer 1952 als Gastprofessor ans Friedrich-Meinecke-Institut im Fachbereich Geschichts- und Kulturwissenschaften gegangen, um dort deutsch-jüdische Geschichte und Literatur zu unterrichten. In den folgenden zwei Jahrzehnten gab er jeden Sommer als Honorarprofessor Seminare mit zehn bis zwanzig Teilnehmern. Doch so gerne er an der FU unterrichtete, war es ihm doch unvorstellbar, dauerhaft nach Deutschland zu ziehen. Nach jedem Sommer, den er an der FU Kurse abgehalten hatte, machte er mit seiner Frau Urlaub in der Schweiz – typisch für viele deutsch-jüdische Wissenschaftler, selbst unter jenen, die, wie Horkheimer, auf unbefristete Stellen in Deutschland zurückgekehrt waren.

Zum ersten Mal kam Jacob von Juni bis Juli 1961 als Dozent an die FU. Am 13. August begann der Mauerbau. Sechs Tage später genehmigte der Regierende Bürgermeister von Berlin, Willy Brandt, den Berufungsvertrag von Jacob Taubes an die Universität.[11]

Die Freie Universität war 1947/48, in Reaktion auf die zunehmende Sowjetisierung der ehrwürdigen Universität zu Berlin, die sich in der damaligen sowjetischen Besatzungszone, Unter den Linden, befand, gegründet worden. Nachdem mehrere Professoren von den kommunistischen Besatzungsbehörden aus der Fakultät vertrieben worden waren, machten sie sich mit einigen ihrer Studenten daran, eine neue Hochschule, außerhalb des sowjetischen Zugriffs, in Westberlin zu gründen. Rasch strömten Studenten aus dem Westen und Osten der Stadt herbei. Die neue Einrichtung im Stadtteil Dahlem wurde von den US-amerikanischen Hochkommissaren in Berlin tatkräftig gefördert. Der damalige Präsident der Columbia University, Dwight Eisenhower, stimmte zu, dass seine Universität die FU »adoptieren« solle, und die beiden Institutionen pflegten im folgenden Jahrzehnt sehr enge Beziehungen. Franz Neumann, ein enger Freund von Marcuse, der damals an der Columbia unterrichtete, wurde zum Verbindungsmann zwischen den beiden Universitäten. Bevor er 1954 nach einem Autounfall verstarb, arrangierte er die Förderung der FU durch die Ford-Stiftung, die massive Aufbauhilfe leistete, indem sie mehr als eine Million US-Dollar für den Bau einer neuen Bibliothek, einer Cafeteria und eines Hörsaals zur Verfügung stellte. Auch finanzierte sie den jährlichen Austausch der Lehrkräfte zwischen den beiden Universitäten.[12] Ein emigrierter Wissenschaftler von der Columbia, der Politikwissenschaftler Ernst Fraenkel, kam zunächst im Rahmen einer Gastprofessur an die FU und nahm schließlich eine unbefristete Stelle an, genauso wie Ossip K. Flechtheim, ein Schützling Neumanns. Flechtheim kehrte aus den Vereinigten Staaten nach Berlin zurück und baute gemeinsam mit Fraenkel den Fachbereich Politikwissenschaften, das Otto-Suhr-Institut, auf, dessen Dozenten sich anfangs zu einem guten Teil aus ehemals ausgewanderten und nun zurückkehrenden Wissenschaftlern zusammensetzte.[13]

Anders als an den meisten anderen westdeutschen Universitäten war der erste Lehrkörper an der FU unbelastet von Verstrickungen mit dem Nationalsozialismus. Die junge Universität zog überwiegend Dozenten an, die es anderswo vielleicht schwer gehabt hätten, da sie politisch links standen. Der relativ liberale

Geist der Institution spiegelte sich auch darin wider, dass die Leitung der FU von Beginn an zu einem ungewöhnlich hohen Grad über Selbstverwaltung und studentische Mitbestimmung organisiert war.

Helmut Gollwitzer

Ende 1956 und Anfang 1957 arbeiteten Landmann und Leschnitzer gemeinsam an einer Initiative zur Errichtung eines Lehrstuhls für die Wissenschaft des Judentums und setzten zu diesem Zweck ein Schreiben an den Dekan der Philosophischen Fakultät auf.[14] Maßgebliche Unterstützung erhielten sie von Helmut Gollwitzer, der 1957 als erster Inhaber eines Lehrstuhls für evangelische Theologie an die Universität kam. An den meisten westdeutschen Universitäten gab es theologische Lehranstalten, manchmal katholisch, manchmal evangelisch, manchmal auch beide, in denen die Berufungen üblicherweise mit Einwilligung des Klerus erfolgten. An der FU, die als Neugründung unter keiner königlichen oder klerikalen Schirmherrschaft stand, gab es zunächst keine theologische Lehranstalt. Im Verlauf der 1950er Jahre entschloss man sich, Lehrstühle für evangelische und katholische Theologie zu errichten und später auch für Judaistik.

Für Gollwitzer hatte dies Priorität. Als lutherischer Theologe war der 1908 geborene Gollwitzer während des »Dritten Reiches« aktiv in der Bekennenden Kirche gewesen, gemeinsam mit seinem Doktorvater Karl Barth.[15] Nach der Inhaftierung Martin Niemöllers, einem der führenden Vertreter der Bekennenden Kirche und Pastor der Sankt-Annen-Kirche in Dahlem, übernahm Gollwitzer 1937 dessen Pflichten als Pastor. Seine Kontakte zu oppositionellen Kräften in der Wehrmacht führten wiederholt zu seiner Festnahme. Gollwitzer, der als Sanitäter an der Ostfront diente, wurde von den Sowjets gefangen genommen

und verbrachte mehrere Jahre in einem sowjetischen Kriegs-
gefangenenlager. Nach seiner Rückkehr nach Deutschland im
Jahr 1949 schrieb er seine Erinnerungen an die Haftzeit nieder,
und das Buch wurde ein Bestseller.

In den folgenden Jahren wurde Gollwitzer nicht nur Professor der Theologie, sondern auch der bekannteste politisch aktive Geistliche in Westdeutschland. Mitte der 1950er Jahre engagierte er sich prominent gegen die Wiederbewaffnung und die
NATO-Mitgliedschaft Deutschlands, und er beteiligte sich ak-
tiv an der Kampagne, die sich gegen die atomare Aufrüstung
der Bundeswehr im Rahmen ihrer Rolle in der NATO wendete.
Auch wenn die Friedensbewegungen der 1960er, 70er und 80er
Jahre dieses Engagement in der historischen Erinnerung in den
Schatten stellten, waren doch in dieser Kampagne, »Kampf dem
Atomtod«, prozentual mehr Deutsche involviert als jemals da-
nach. Gollwitzer war nicht nur in der Öffentlichkeit präsent.
Gemeinsam mit seiner Frau Brigitte Freudenberg (die jüdischer
Abstammung war) hielt er wöchentlich einen Tag der offenen
Tür ab, der von vielen religiös und politisch engagierten Studen-
ten wahrgenommen wurde.[16]

Um das Erbe des Nazismus überwinden zu können, glaubte
Gollwitzer, war eine Versöhnung zwischen Christen und Juden
erforderlich. Das beinhaltete auch die Aufnahme von diplomatischen Beziehungen zwischen der Bundesrepublik Deutschland und dem Staat Israel – hiervor hatte die Bundesregierung
zurückgeschreckt, weil sie fürchtete, damit die Beziehungen zu
vielen arabischen Staaten zu beeinträchtigen, um deren offizielle
Anerkennung sie sich im Wettstreit mit der DDR befand. Goll-
witzers Unterstützung für die Errichtung eines Lehrstuhls und
eines Instituts für Judaistik war also Bestandteil seines größeren
Wiedergutmachungsvorhabens und seines Bemühens, die Deutschen an eine Tradition heranzuführen, die im Holocaust nahezu ausgelöscht worden war. An diesen Gollwitzer wandte sich
Salcia Landmann im Namen von Jacob Taubes.

So kam es, dass Taubes im Juni 1961 als Gastprofessor an die FU kam. Er unterrichtete den Kurs »Prophetie, Apokalyptik und Gnosis: Grundbegriffe der jüdischen Religionsgeschichte«, ein Seminar über Hegels Religionsphilosophie sowie ein Seminar über chassidische Literatur, das einen Schwerpunkt auf Bubers »Legenden des Rabbi Nachman« legte.[17] Offensichtlich waren schon im Vorfeld Vorkehrungen für eine dauerhaftere Anstellung getroffen worden, denn bereits Ende des Monats bestätigte der Senat der Philosophischen Fakultät einhellig (»primo et unico loco«) seine Berufung als Ordinariat für die Wissenschaft des Judentums. Sein Jahresgehalt betrug 25 932 DM, plus einer jährlichen Unterrichtsgeldgarantie von 10 000 DM. Die Gesamtsumme von 35 932 DM entsprach etwa 9 000 $, womit sein Jahresgehalt etwas unter seinem Columbia-Gehalt von 11 500 $ lag. Sein Institut sollte mit einer Wissenschaftlichen Assistenzstelle, einer Sekretariatskraft und ein oder zwei studentischen Hilfskräften ausgestattet werden. Für Bücherbeschaffung stand ihm ein Budget von 100 000 DM über einen Zeitraum von drei Jahren zur Verfügung, anschließend konnte er jährlich 5 000 DM für diesen Zweck aufwenden. Auch wurden ihm Reisekosten »in die USA oder nach Jerusalem« erstattet. Bereits zu diesem Zeitpunkt gab es Gespräche über die Option einer zusätzlichen Leitungsposition für die Abteilung für Hermeneutik, die wiederum zusätzliche Mitarbeiter haben sollte.

Die FU wollte Taubes bereits zum April oder Oktober 1962 einstellen, aber er war noch unentschlossen, ob er wirklich ganz nach Berlin ziehen wollte.[18] Stattdessen besorgte er sich ein Fulbright-Stipendium, um das akademische Jahr 1962/63 an der FU zu unterrichten. Anschließend diskutierte er mit dem Universitätspräsidenten der Columbia, Grayson Kirk, die Möglichkeit, semesterweise zwischen der Columbia und der FU zu wechseln, wobei er auf den Fall von Carl Friedrich verwies, der jährlich zwischen Harvard und Heidelberg gependelt war. Kirk sträubte sich zunächst, stimmte jedoch schließlich zu, dass Taubes akademische Jahre im Wechsel an jeder Einrichtung verbringen konnte.[19] Taubes verhandelte weiter mit der FU um ein höheres Gehalt und bessere Bedingungen.

Unterm Strich waren die Bedingungen seiner Anstellung ausgesprochen vorteilhaft. Die FU stellte Taubes ein, obwohl er nicht habilitiert war, also keine zweite große Arbeit geschrieben hatte, was üblicherweise die Voraussetzung bei der Besetzung eines Lehrstuhls war. Auch besaß er nicht die deutsche Staatsbürgerschaft, wie es für deutsche Professoren im Beamtenstatus eigentlich erforderlich war. Doch Taubes – wie Horkheimer und andere Rückkehrer – war als Jude davon entbunden, die deutsche Staatsbürgerschaft anzunehmen und den amerikanischen Pass abzugeben. Es war für alle Seiten nachvollziehbar, dass Juden zurückhaltend waren, nach Deutschland zu ziehen, ohne die Möglichkeit zu haben, das Land wieder verlassen zu können. Eine weitere Besonderheit bei der Anstellung von Taubes war der Umstand, dass er die Leitung von zwei Instituten übernahm, jedes davon mit eigenen Räumlichkeiten und Mitarbeitern. Das größere von beiden (mit Bezug auf Personal, Budget und die Bedeutung in den Augen der FU-Verwaltung) war das Institut für Judaistik. Aber Taubes leitete auch die Abteilung für Hermeneutik, die als interfakultatives Institut ein Novum war.

Auf Taubes' Wunsch wurde die ursprüngliche Bezeichnung seines Lehrstuhls von Wissenschaft des Judentums (das mit *jüdischer* Wissenschaft über das Judentum konnotiert war) in das neutralere »Lehrstuhl für Judaistik« geändert. Auch fügte er »Religionssoziologie« hinzu – ein Hinweis darauf, dass er seinen Aufgabenbereich in der Lehre als weit über die jüdischen Themen hinausgehend betrachtete. Dass er auch die Leitung für die neue Abteilung für Hermeneutik innehatte, bedeutete, dass er Inhalte und Texte jeglicher Art unterrichten konnte, völlig frei von disziplinären Grenzen.

Zu den Vorzügen seines Vertrags zählte auch, dass er Bücher »über die kleine Luftbrücke«, also per Luftfracht, in das vom Rest der Bundesrepublik isolierte Berlin ordern konnte. Nicht zuletzt war auch sein inzwischen ausgehandeltes Jahresgehalt, das sich mit allen Zuschlägen auf 48 000 DM summierte – das entsprach nach damaligem Wechselkurs etwa 12 000 $ – höher als sein letztes Gehalt an der Columbia.[20]

Und so verbrachte Taubes das akademische Jahr 1962/63 in Berlin, 1963/64 an der Columbia, 1964/65 in Berlin und 1965/66 noch einmal an der Columbia. Ein Grund für seine Unzufriedenheit an der Columbia war der Umstand, dass die Universität ihm die Beförderung zum ordentlichen Professor versagte. Das lag zum einen daran, dass Taubes die dafür notwendigen Veröffentlichungen nicht vorweisen konnte, und zum anderen hatte der Dekan, Jacques Barzun, entschieden, Taubes könne nicht in Abwesenheit für eine Beförderung vorgeschlagen werden.[21] Taubes köderte die Entscheidungsträger an der Columbia mit der Aussicht auf einen endgültigen Wechsel nach Berlin, und im April 1966 ging diese Strategie auf.[22]

Nach mehreren Jahren des Pendelns stellte die Columbia Taubes vor ein Ultimatum, nun musste er sich zwischen New York und Berlin entscheiden – eine Entscheidung, die ihm sehr schwerfiel. Seine Unentschlossenheit hatte mehrere Gründe, von denen ihn manche in die eine Richtung drückten und andere in die entgegengesetzte zogen.

Berlin

Es kamen mehrere Faktoren zusammen, die ihn schließlich bewogen, New York und die Columbia zu verlassen.

Da war zum einen seine familiäre Situation: Jacobs Ehe ging in die Brüche. Seine Untreue scheint eine wesentliche Rolle dabei gespielt haben, vielleicht waren es auch eher Susans zuneh-

mende Kenntnis von seinen Affären und ihr wachsendes Unbehagen damit, denn seine Seitensprünge waren an sich nichts Neues. So oder so, im Jahr seiner ersten Rückkehr aus Berlin schienen sich Jacob und Susan über alles zu streiten, sie konnten sich
noch nicht einmal mehr darüber verständigen, was es zum Abendessen geben sollte. Wenn Susan besonders wütend über Jacobs
Verhalten war, drohte sie damit, Gershom Scholem davon zu
erzählen.[23]

Hinzu kam seine Unzufriedenheit mit seiner Stellung an der
Columbia. Dort war er eine unbedeutende Randfigur im universitären intellektuellen Leben. Seine Themen – Paulus, Eschatologie, christliche und jüdische Theologie, Hegel, Marx, Heidegger – galten im dortigen Kontext als exotisch, und folgerichtig
gab es nur wenige Menschen, die seinen intellektuellen Hintergrund und seine Interessen teilten. Einige prominente Fakultätsangehörige hielten ihn für intellektuell wenig versiert, und die
Universität versagte ihm zunächst die Beförderung zum ordentlichen Professor. (Scholems Schüler Morton Smith soll zu denen gehört haben, die seine Beförderung behinderten.[24]) An
der FU würde er eine ordentliche Professur erhalten – in einer
Kultur, die den Professorenstatus höher wertschätzte als dies
in New York der Fall war.

Ein weiterer Faktor war seine Rolle als jüdischer Intellektueller in New York bzw. in Berlin. Der Wissenschaftler verfügt
über fundierte Kenntnisse zu einem bestimmten Thema oder
in einer Disziplin, während die Interessen des Intellektuellen
breit gefächert sind, und er zudem willens ist, zu einer großen
Bandbreite aktueller Themen Stellung zu beziehen. So gesehen,
gab es viele Intellektuelle in New York, darunter auch einige
Columbia-Professoren, und viele dieser Intellektuellen waren
Juden – die Upper West Side war voll von ihnen. Ganz anders
an der FU: Dort waren die Professoren mehr Wissenschaftler
als Intellektuelle. Und jüdische Intellektuelle gab es in Berlin
praktisch nicht.[25] In New York war Taubes als jüdischer Intel-

lektueller ein kleiner Fisch in einem großen Teich. In Berlin hingegen war er ein größerer Fisch in einem kleineren Teich.

Es brachte paradoxerweise einige Vorteile mit sich, als jüdischer Intellektueller in Westdeutschland zu leben. Die meisten Juden, einschließlich der jüdischen Wissenschaftler und Intellektuellen, zögerten, das Land, das die Verantwortung für die Vernichtung der europäischen Juden trug, auch nur zu besuchen. Freiwillig dorthin zu ziehen, war für viele völlig undenkbar. Es gab kleine jüdische Gemeinden in den großen deutschen Städten, doch die meisten Mitglieder waren Juden aus Osteuropa, die es als Displaced Persons nach dem Krieg ins Land verschlagen hatte und die sich, häufig mit einem schlechten Gewissen, in Deutschland niedergelassen hatten.[26] Einige wenige Wissenschaftler und Intellektuelle jüdischer Herkunft waren aus dem Exil nach Deutschland zurückgekehrt.[27] Doch diese waren eher jüdischer Abstammung als bekennende Juden, und sogar sie verfügten in der Regel nur über minimale jüdische Bildung. Jacob Taubes was anders: Er war ein Jude, der tatsächlich sehr viel über das Judentum wusste.

Der Umstand, dass es quasi keine jüdischen Intellektuellen in Westdeutschland gab sowie die Last der jüngsten Vergangenheit, die schwer auf den Schultern der Glaubensgenossen wog, bewirkten eine potenziell angespannte Atmosphäre. Einer von Jacobs nichtjüdischen Kollegen an der FU, der wie Jacob eine Anstellung in den Vereinigten Staaten innehatte, schilderte Jacobs Dilemma anschließend an ein langes Gespräch folgendermaßen: »[N]iemand in Deutschland [würde] an einem Juden wirkliche wissenschaftliche, persönliche oder wie immer geartete Kritik üben.« Deshalb, befürchtete er, würden Jacobs Beiträge auch niemals Teil des Wettstreits der Ideen sein, den es für eine intellektuelle Entwicklung brauchte.[28] Entsprechend riet er Jacob davon ab, eine feste Stelle in Berlin anzutreten. Doch Jacob kam wohl zu einer anderen Schlussfolgerung: dass seine Ideen und sein Verhalten in Deutschland über jede Kritik erhaben sein würden. Und in der Tat genoss er als Jude in West-deutschland eine Art »Narrenfreiheit«, wie es sein langjähriger Bekannter Dieter Henrich ausdrückte. In anderen Worten: Man hatte ihm eine Freikarte gewährt – zeitlich unbegrenzt.[29]

Doch hatte ein Umzug nach Deutschland für Jacob auch Nachteile. Allein die Vorstellung war für seinen Vater Zwi ein Graus. Schwerer noch wog für Jacob: da seine Kinder, Ethan und Tania, in Amerika geboren und aufgewachsen waren und da ihre Mutter nicht mit nach Berlin kommen würde, würde sich sein Kontakt zu ihnen noch weiter reduzieren. Auch sprach gegen Berlin, dass er zwar gern Professor für Religion und Hermeneutik sein wollte, aber kein großes Interesse daran hatte, ein Institut für Judaistik zu leiten.[30]

In den Jahren, als Jacob zwischen New York und Westberlin hin und her schwankte und pendelte, wurde die FU jedoch zu einem immer interessanteren Wirkungsort für einen Mann mit seiner politischen Ausrichtung. Die Zahl der Studentinnen und Studenten an den westdeutschen Universitäten wuchs rasch, da die Bildungspolitik immer mehr Schulabgänger an die Hochschulen schicken wollte. Neue Universitäten wurden gegründet und die bestehenden, wie die FU, wurden ausgebaut. Das bedeutete einen enormen Zuwachs an akademischen Anstellungen auf allen Ebenen: Zwischen 1960 und 1968 stieg die Anzahl der Professoren um 63 Prozent, und die Stellen im Mittelbau sogar um 360 Prozent.[31] Da die staatlichen Universitäten keine Gebühren erhoben und die Lebenshaltungskosten teilweise (in einer Mischung aus Stipendien und Darlehen) gefördert wurden, konnten die Studenten es sich mitunter über Jahre leisten, aus reinem Interesse Kurse zu belegen oder sich politisch zu engagieren. Darüber hinaus wurde die Studentenschaft an der FU immer linksgerichteter. Das lag zum einen daran, dass der Bau der Berliner Mauer den Zustrom aus der DDR gestoppt hatte. Zugleich erlebte die Universität einen verstärkten Zulauf aus West-deutschland, darunter Männer, die sich für ein Studium in West-

387

berlin entschieden, weil sie damit von der allgemeinen Wehr-
pflicht befreit waren – und die dadurch motivierten Studenten
standen in der Regel politisch eher links. Das Bewusstsein, an
der Front des Kalten Krieges zu stehen, erhöhte den Grad der
politischen Erregung und des Aktivismus.[32] Die Studenten, die
nach 1961 nach Berlin strömten, stärkten die aufstrebende intellektuelle Linke. Ein Teil dieser Entwicklung war ein Nebenprodukt der Anti-Atombomben-Bewegung, der Gollwitzer so eng
verbunden war. Ein weiterer Herd war der Sozialistische Deutsche Studentenbund (SDS). Der SDS war der Hochschulverband
der SPD, die sich Mitte der 1950er Jahre noch offiziell zum Marxismus bekannte. Die Partei strebte in ihrer offiziellen Rhetorik
danach, den Kapitalismus zu überwinden und durch den Sozialismus abzulösen, betrachtete die Arbeiterklasse als ihren
Grundpfeiler, sprach sich für politische Neutralität gegenüber
den Vereinigten Staaten und der UdSSR aus und stand der Religion allgemein ablehnend gegenüber. Doch es klaffte eine große
Lücke zwischen den radikalen rhetorischen Zielsetzungen der
Partei und der pragmatischen Politik, die sie längst verfolgte.
Und so verabschiedete die Partei auf dem Parteitag 1959 in Bad
Godesberg das Godesberger Programm. Darin entsagte die
SPD dem marxistisch-theoretischen Überbau der Vergangen-
heit, ließ die traditionelle Forderung nach der Verstaatlichung
von Schlüsselindustrien fallen, bekannte sich zu den Prinzipien
der Marktwirtschaft wie Privateigentum und Wettbewerb und
verwarf die Abrüstungspolitik. Im Jahr darauf akzeptierte die
SPD auch die Politik der Westbindung.

Der Politiker, der am stärksten mit dieser neuen Ausrichtung
identifiziert wurde, war Willy Brandt. Doch es war ein Intellektueller, Richard Löwenthal (1908-1991), der einen wichtigen
Einfluss auf die außenpolitischen Prinzipien der Partei nahm.
Löwenthal, der in eine assimilierte jüdische Familie geboren
wurde, war in seiner Jugend in den 1920er Jahren überzeugter
Kommunist gewesen. Zum Ende der Weimarer Republik trat er

aus der Partei aus und gründete Neu Beginnen, eine Organisation, die es sich auf die Fahnen geschrieben hatte, die brüderlichen Rivalitäten zwischen Kommunisten und Sozialdemokraten zu überbrücken. Nach Hitlers Aufstieg ging er nach England, wo er sich im Widerstand engagierte und eine Laufbahn als Journalist einschlug. In seinem Buch *Jenseits des Kapitalismus* (1948), das er unter dem Pseudonym Paul Sering veröffentlichte, plädierte er erneut für eine sozialistische Wirtschaftsordnung und eine Politik der Neutralität den Großmächten gegenüber und hob zudem die Bedeutung der Demokratie hervor. Im Verlauf der 1950er Jahre avancierte Löwenthal zu einer führenden Autorität in Fragen, die die Sowjetunion oder die kommunistischen Regime Osteuropas betrafen, und zu einem entschiedenen Antikommunisten und Befürworter der außenpolitischen Ausrichtung der SPD mit ihrem starken Bekenntnis zum Westen. In den späten 1950er Jahren begann er, an der FU zu unterrichten, wo er 1961 zum Professor für Politikwissenschaften mit einem Schwerpunkt auf der Auswärtigen Politik berufen wurde. Im Lauf der Zeit wandelte er sich von einem kritischen Unterstützer der deutschen Neuen Linken zu ihrem ausdrücklichen Kritiker.

Nicht alle waren glücklich mit dem neuen Kurs der SPD. Ein wesentlicher Anteil der Parteimitglieder lehnte die Reformen des Godesberger Programms und die darin formulierte Westbindung für die Sozialdemokratie ab. Im Jahr 1961 spalteten sich im SDS die gemäßigteren Mitglieder ab und gründeten den Sozialdemokratischen Hochschulbund. Die Führung der SPD brach die Beziehungen zum SDS ab.[33] Einige Professoren, die in der Vergangenheit den SDS unterstützt hatten, sprachen ihre Solidarität zum SDS nun erneut aus und schlossen sich zur Sozialistischen Förderergesellschaft der Freunde, Förderer und ehemaligen Mitglieder des SDS zusammen.[34]

Ein Forum für die links von der SPD stehenden Berliner Intellektuellen war die Zeitschrift *Das Argument: Blätter für Politik und Kultur.* Sie erwuchs aus einer Gruppe von FU-Studenten, die die Ausstattung der Bundeswehr mit Nuklearwaffen ablehnten. Die Redakteure gründeten auch den Argument-Klub, einen Treffpunkt für politische Diskussionen der undogmatischen Linken. Anfänglich begrüßten sie noch Kritik am ostdeutschen Regime. (Wie wir noch sehen werden, sympathisierte die Gruppe zunehmend mit dem Regime und wurde auch dogmatischer.[35]) Zu den Schlüsselfiguren um die Zeitschrift und den Klub zählten Peter Furth und Wolfgang Fritz Haug; unter den Förderern war auch eine junge Assistentin am Fachbereich Philosophie, Margherita von Brentano.[36] Sie alle waren Teil eines speziellen intellektuellen Milieus in Westberlin, in dem sich Jacob Taubes zu Hause fühlte.[37]

Für Taubes eröffnete Berlin also jede Menge Möglichkeiten: die Chance, in einer kulturellen und politischen Umgebung zu leben, mit der er sympathisierte; und die Chance, als intellektueller Unternehmer in einem größeren Rahmen agieren zu können.

Gesprächspartner in Berlin und darüber hinaus

Für seine Westberliner Kollegen waren Jacobs internationale Beziehungen mitunter Gold wert. Zum Beispiel für Dieter Henrich.[38] Der vier Jahre jüngere Henrich war so etwas wie ein Wunderkind: Bereits im Alter von dreißig Jahren war er erst kürzlich zum Professor für Philosophie berufen worden. Zu Beginn seiner Tätigkeit an der FU besuchte Taubes Henrichs Seminar über die Entwicklung des deutschen Idealismus von Kant bis Hegel – ein Gebiet, auf dem Henrich bereits Experte war und zu dem er in seiner langen und produktiven Karriere immer wieder zurückkehrte. Taubes entwickelte zu Henrich eine Bindung, die jahrzehntelang währte. Für Henrich, und für viele andere, war Taubes ein Novum und Bindeglied zu einer Welt der Wissenschaft, die über Deutschland hinausreichte. Taubes kannte ausländische Studien, die Henrich nicht zugänglich waren, da er – wie die meisten seiner Kohorte – seine Ausbildung ausschließlich im Nachkriegsdeutschland durchlaufen hatte. Es war Taubes, der ihn auf Marcuses Bücher über Hegel, *Reason and Revolution*, sowie die wichtigsten Ideen in *Eros and Civilization* und das noch nicht erschienene *One-Dimensional Man* hinwies.

Für Henrich verkörperte Taubes den Atem des Kosmopolitismus in der Enge des deutschen Provinzialismus. Als sie sich kennenlernten, war die US-amerikanische akademische Welt für Henrich eine *terra incognita*. Von der Harvard Universität hatte er gehört, von der Columbia noch nicht. Im Jahr 1964 reiste Henrich auf Kosten der FU zum ersten Mal nach New York für einen zweiwöchigen Besuch, um dort studentisches Wohnen zu besichtigen. Er wohnte bei Jacob in dessen Apartment in der Claremont Avenue, Susan war zu dieser Zeit in Paris. Jacob bestand darauf, dass Henrich einen Vortrag im Fachbereich Philosophie der Columbia hielt. Dieser Vortrag führte letztlich zu mehreren Gastprofessuren Henrichs, zunächst an der Columbia, später in Harvard.[39]

Als sie sich kennenlernten, war Taubes einer der wenigen Juden, die Henrichs Wege gekreuzt hatten, und sicherlich der erste *jüdische* Jude. Während eines Semesters, an dem sie beide an der Columbia unterrichteten, nahm Taubes Henrich mit nach Williamsburg (in Brooklyn), damit dieser dort ultraorthodoxen Juden begegnen konnte. Taubes lud Henrich auch in das Haus einer orthodoxen Familie zu einem Seder-Abend ein, den er selbst leitete. Henrich war tief bewegt von einer Zeremonie, die er noch nie erlebt hatte. Doch nachdem sie gegangen waren, drehte sich Taubes zu ihm um und bemerkte: »Schrecklich, diese Orthodoxen!«

Im Lauf der Zeit erkannte Henrich, dass Taubes sowohl negative wie positive Eigenschaften hatte, als Intellektueller und als Mensch. Einerseits war er dank seines stets suchenden und assoziativen Verstands intellektuell anregend und seine Gesellschaft erfrischend, und häufig stellte er überraschende Bezüge her. Doch seine Kenntnis der Bücher, die er diskutierte, war oft oberflächlich oder mangelhaft. Er hatte Spaß an Intrigen und daran, verschiedene Identitäten anzunehmen, je nachdem, in welchem Kreis er sich gerade bewegte. In persönlichen Beziehungen war er unzuverlässig, mit Männern wie mit Frauen. Henrich sagte einmal zu ihm: »Lieber Taubes, ich glaube Ihnen kein Wort, aber mit Ihnen zu reden, ist wirklich gut.«[40] Im Jahr 1976, da kannte er Taubes bereits seit anderthalb Jahrzehnten, sprach Henrich mit Victor Gourevitch über Taubes, der diesen sogar noch länger kannte. Am Ende ihres langen Gesprächs über Taubes, seine Schwächen und seine Scharlatanerie, merkte Henrich an: »Und doch haben wir die letzte Stunde damit verbracht, über ihn zu sprechen!«[41] Trotz aller Schwächen hielten beide, Henrich und Gourevitch, Taubes für eine faszinierende Persönlichkeit.

Von Jacobs Gesprächspartnern in seinen frühen Berliner Jahren war es Jürgen Habermas, der später die größte Berühmtheit in Deutschland und im Ausland erlangen sollte. Als politisch engagierter Intellektueller galt Habermas als Erbe von Horkheimer, Adorno und Marcuse in der Tradition der »Kritischen Theorie«. Doch als Jacob ihn kennenlernte, war das alles noch Zukunftsmusik.

Die Herkunft der beiden hätte unterschiedlicher nicht sein können.[42] Habermas, geboren 1929, stammte aus einer Bildungsbürgerfamilie im Rheinland. Sein Großvater war evangelischer Pfarrer, sein Vater Beamter in der örtlichen Handelskammer, der 1933 in die NSDAP eingetreten war und bei Kriegsausbruch in die Wehrmacht eingezogen wurde. Als Jürgen Habermas zehn Jahre alt war, meldeten ihn seine Eltern beim Deutschen Jungvolk an, später ging er zur Hitlerjugend. Im Jahr 1945 wurde er noch in die Wehrmacht eingezogen, doch bevor er seinen Dienst antreten konnte, wurde das Rheinland von amerikanischen Truppen besetzt, und so blieb er verschont.

Habermas studierte Philosophie an mehreren deutschen Universitäten. Seine Doktorarbeit schrieb er an der Universität Bonn, wo sein Betreuer Erich Rothacker ein angesehener Philosoph war, der den Nationalsozialismus unterstützt hatte. Habermas studierte die Giganten der intellektuellen Rechten, darunter Heidegger und den Soziologen Arnold Gehlen. Seine persönliche politische Neigung jedoch war entschieden links. Das wird bereits in den journalistischen Beiträgen deutlich, die er in den zwei Jahren nach der Veröffentlichung seiner Doktorarbeit geschrieben hat. Habermas übte Kritik am kapitalistischen Konsumverhalten. Er lehnte die Wiederbewaffnung ab, trat dem SDS bei (und später der Sozialistischen Förderergesellschaft[43]) und wurde ein »Anti-Antikommunist«. Seine Identität als Intellektueller war eng mit seiner Abscheu vor der Erfahrung des Nationalsozialismus verbunden, und er suchte sich intellektuelle Mentoren, die alternative Traditionen verkörperten. So kam er 1956 an das Institut für Sozialforschung in Frankfurt als Assistent von Theodor W. Adorno.

Ein Grund, warum Habermas an das Institut ging, war der Wunsch, sich mit der empirischen Sozialforschung vertraut zu machen. Denn das von Horkheimer aufgebaute Institut war stolz darauf, die amerikanischen Methoden der Sozialforschung nach Westdeutschland transferiert zu haben, was man als Beitrag zum Aufbau der Demokratie betrachtete.[44] Der einstmalige Marxismus und der politische Radikalismus des Frankfurter Instituts wurden unter Horkheimers Führung stark zurückgenommen. Das Institut wurde wesentlich von amerikanischen Stiftungen gefördert, Horkheimer behielt seinen amerikanischen Pass und kehrte regelmäßig in die Vereinigten Staaten zurück, um dort zu unterrichten. Adorno verfasste eine Reihe gesellschaftskritischer Bücher, in denen er die Kluft zwischen den zeitgenössischen Institutionen und der menschlichen Entfaltung beklagte. Doch eine angemessene Beschreibung, wie bessere Institutionen aussehen könnten, blieb er schuldig, jegliche

Art des politischen Aktivismus lag ihm fern. Hinter den Kulissen der deutschen Universitäten gab es große Spannungen zwischen jenen Wissenschaftlern, die gegen den Nationalsozialismus opponiert hatten und ins Exil gehen mussten, und jenen, die geblieben waren und das Regime entweder begeistert unterstützt oder zumindest ihren Frieden damit geschlossen hatten. Die beiden Hauptstützpunkte des ersten Lagers waren die Universität zu Köln, wo Taubes' einstiger Lehrer René König ein Zentrum für Sozialforschung aufbaute, und das Frankfurter Institut. Als er sich entschied, nach Frankfurt zu gehen, hatte Habermas allen Grund zu der Annahme, dass er eine Atmosphäre vorfinden würde, die seiner linken Gesinnung entgegenkommen würde. Während seiner Tätigkeit als Assistent von Adorno begann Habermas, sich intensiv mit den Büchern und Artikeln zu beschäftigen, die von Institutsangehörigen in ihren radikaleren Zeiten verfasst worden waren. Er vertiefte sich in die *Zeitschrift für Sozialforschung*, das Magazin für marxistische Gesellschaftsanalyse, das vom Institut in den Exiljahren publiziert wurde.

Habermas sah seine eigene Aufgabe darin, eine fundamentale (aber nicht fundamentalistische) marxistische Geschichtsphilosophie mit den Erkenntnissen der empirischen Sozialforschung zu verbinden. Er lernte Herbert Marcuse kennen und war beeindruckt von dessen Versuch, Freud und Marx in einer radikalen Kritik der Herrschaft in der zeitgenössischen kapitalistischen Gesellschaft zusammenzufassen, und er veröffentlichte wohlwollende Darlegungen über das zeitgenössische marxistische Denken.[45] Im Jahr 1959 bat Adorno Habermas, eine Einleitung für eine empirische Studie über die Haltung von Studenten zur Politik zu schreiben. Habermas tat dies und beklagte darin den Mangel an politischem Bewusstsein unter den Studenten und befürwortete die Entwicklung von einer formalen zu einer materiellen, von einer liberalen zu einer sozialen Demokratie.[46] Das implizierte, dass Demokratie ohne Sozialismus keine echte Demokratie war. All dies schmeckte Horkheimer überhaupt nicht, der weiterhin das Institut leitete. Er empfand Habermas' radikale Kritik an der bestehenden Demokratie als unverantwortlich und als Schlag ins Gesicht der amerikanischen und deutschen Regierungseinrichtungen, die das Institut finanzierten. Und so lehnte er die Veröffentlichung von Habermas' Einleitung unter der Ägide des Instituts ab. Darüber hinaus erteilte er einer Habilitation Habermas' in Frankfurt eine Absage.[47] Horkheimer führte seine ablehnende Haltung gegenüber Habermas in einem langen Brief an Adorno aus – ein Brief, von dem Habermas keine Kenntnis hatte, bis er Jahrzehnte später eine Kopie davon geschickt bekam – von niemand anderem als Jacob Taubes.

Nachdem er sich nicht in Frankfurt habilitieren konnte, wandte sich Habermas stattdessen an Wolfgang Abendroth, einen marxistisch orientierten Professor der Rechtswissenschaften in Marburg, zu dieser Zeit einer der wenigen politisch aktiven radikalen Professoren in der Bundesrepublik. Habermas machte sich rasch einen Namen in den Feldern Soziologie und Philosophie und erhielt eine Anstellung als außerordentlicher Professor in Heidelberg. Zu dieser Zeit, Ende 1962 oder vielleicht auch 1963, ergriff Taubes die Initiative, um Habermas zu treffen. Er bezeichnete Habermas als »die nächste Generation der Frankfurter Schule« – was zu dieser Zeit noch sehr ungewöhnlich wirken musste.

Habermas war erstaunt über Taubes, der für ihn wie aus dem Nichts auftauchte und mit dem er doch auf intellektueller Ebene so viele Gemeinsamkeiten hatte. Taubes schien alles über die Geschichte der Frankfurter Schule zu wissen, auch über die Spannungen zwischen den Mitarbeitern. Er begeisterte sich für Walter Benjamins theologische und geschichtsphilosophische Schriften zu einer Zeit, als Benjamin noch kaum bekannt war und die Kenntnis seiner Schriften als exotisch galt. Er war ein Experte des Marxismus und von Freud. Habermas wusste, dass Taubes aus den Vereinigten Staaten kam, doch nichts an ihm erschien amerikanisch. Im Gespräch wurde klar, dass er über ein bemerkenswertes Netz intellektueller Beziehungen verfügte und alle emigrierten deutschen Intellektuellen kannte. Auch schien Taubes, anfangs, kaum jüdischer als die jüdischen Intellektuellen zu sein, die Habermas in seiner Zeit in Frankfurt kennengelernt hatte. Vor allem aber war Habermas beeindruckt von Taubes' außergewöhnlichem Esprit.[48] Als Habermas an Weihnachten 1965 nach New York reiste, wohnte er in Taubes' Wohnung nahe der Columbia.

Im Jahr 1964 wurde Habermas auf einen Lehrstuhl für Philosophie und Soziologie an die Universität Frankfurt berufen – genau jenem Lehrstuhl, den Max Horkheimer noch kürzlich, bis zu seiner Emeritierung, besetzt hatte. In Frankfurt kam Habermas in engen Kontakt mit Siegfried Unseld, dem Verleger des Suhrkamp Verlags, der eine herausragende Rolle sowohl für die Karriere von Habermas als auch für die von Jacob Taubes spielen sollte.

Taubes und Suhrkamp. Die Anfänge

Der Ausdruck »Suhrkamp-Kultur« wurde 1973 von George Steiner in einem Essay in der Literaturbeilage der *Times* geprägt. Die Suhrkamp-Geschäftsleitung zitierte diesen Ausdruck nur zu gerne, denn es fing das Bild, das Verlag und Verleger, Siegfried Unseld, zu transportieren suchten, hervorragend ein.[49] Dies waren Steiners Worte:

Fast im Alleingang, durch die Kraft kulturell-politischer Visionen und fachlichen Scharfsinn, hat das Verlagshaus Suhrkamp einen modernen philosophischen Kanon geschaffen. Insoweit es die wichtigsten und anspruchsvollsten philosophischen Stimmen unserer Zeit erreichbar gemacht hat, insoweit es die deutschen Bücherregale mit der Präsenz des deutsch-jüdischen intellektuellen und aufregenden Genius gefüllt hat, welchen die

Nazis auslöschen wollten, war die Suhrkamp-Initiative ein permanenter Gewinn.[50]

Steiner, selbst Autor des Suhrkamp Verlags, war der internationalen intellektuellen Welt durchaus ein Begriff. Er hatte sich nach einem Gespräch mit Jacob Taubes für Suhrkamp und gegen einen konkurrierenden deutschen Verlag entschieden.[51] Taubes' Beziehung zu Siegfried Unseld und dem Suhrkamp Verlag, die 1963 begann und bis wenige Jahre vor seinem Tod andauerte, erstreckte sich über zwei Jahrzehnte. Auch diese Beziehung, wie so viele andere in Taubes' Leben, war geprägt von Intensität, Begeisterung – und Enttäuschung. Als Berater von Unseld und als Herausgeber der renommierten Reihe Theorie spielte er eine wichtige Rolle für die Entstehung der »Suhrkamp-Kultur«, insbesondere aufgrund der ausländischen Werke, die er zur Übersetzung und zur Publikation vorschlug.

Das Fundament des Suhrkamp Verlags war vom Gründer Peter Suhrkamp gelegt worden, doch es war sein Nachfolger Unseld, der das Gebäude der »Suhrkamp-Kultur« errichtete. Im Jahr 1952 trat er in den Verlag ein und folgte 1959 Peter Suhrkamp als Verleger. Als Unseld das Steuer übernahm, hatte sich das Haus vor allem für seine Veröffentlichungen im Bereich der Belletristik einen Namen gemacht, die sich an ein elitäres Lesepublikum richteten. Im folgenden Jahrzehnt wurde das rasch wachsende Programm um anspruchsvolle philosophische, soziologische und kulturkritische Werke erweitert und erreichte nun auch zunehmend einen größeren Lesekreis. In den 1960er und 1970er Jahren füllten sich in den Häusern des westdeutschen Bildungsbürgertums die Bücherregale mit Suhrkamp-Büchern.

Unseld setzte den ersten Akzent mit einer neuen Taschenbuchreihe, der edition suhrkamp. Während der Schwerpunkt der Reihe zunächst auf der Literatur lag, spiegelte das Programm zunehmend die Überzeugung wider, dass systematische Reflexion – Theorie – etwas war, mit der sich jeder gebildete Mensch (oder alle, die diesen Status anstrebten) beschäftigen sollte.[52] Die Reihe startete mit Brecht und publizierte in den frühen Jahren Werke von Adorno, Benjamin, Bloch und Marcuse.

Im Jahr 1962 besuchte Unseld verschiedene Universitätsstädte und kam zu dem Schluss, dass es eine wachsende Nachfrage nach Grundlagenwerken der Philosophie gab, die auch für Studenten bezahlbar sein mussten.[53] Im Juni 1963 traf er sich gemeinsam mit seinem Lektor Walter Boehlich mit Adorno, Habermas, Hans Heinz Holz und Wilhelm Weischedel (damals Professor für Philosophie an der FU), um die Gründung einer philosophischen Buchreihe mit dem Arbeitstitel LOGOS zu diskutieren.[54] Unseld hatte bei Weischedel in Tübingen studiert und schätzte seinen Rat hoch ein.[55] Neben Habermas schlug Weischedel zwei aufstrebende junge Männer als Reihenherausgeber vor: Dieter Henrich und Jacob Taubes.[56] (Habermas sprach sich gegen den in seinen Augen zu leninistisch orientierten Holz aus, dessen politisches Engagement das wissenschaftliche Urteil verzerren würde.[57])

Unseld traf Jacob Taubes zum ersten Mal in New York im Herbst 1963.[58] In einem langen Gespräch versuchte Taubes Unseld davon zu überzeugen, dass die bedeutsamsten Ausprägungen der zeitgenössischen Theoriebildung *außerhalb* der formalen Philosophie zu finden waren, in Disziplinen wie Anthropologie, Soziologie und Literaturtheorie.[59] Im Anschluss an das Gespräch fertigte er eine kommentierte Liste mit Büchern an, die er dem Suhrkamp Verlag zur Übersetzung und Publikation vorschlug – eine Liste, die einige der einflussreichsten neueren Werke der Soziologie und der Sozialpsychologie enthielt (Erving Goffmans *The Presentation of Self in Everyday Life* und *Asylums*, Erik Eriksons *Young Man Luther*, Leon Festingers *When Prophecy Fails*) sowie aus dem Feld der Geistesgeschichte (Arthur Lovejoys *Great Chain of Being*, Frank Manuels *The Eighteenth Century Confronts the Gods*, Alexandre Koyrés

From the Closed World to the Infinite Universe). Unseld erkannte, dass Taubes über eine außergewöhnliche kulturgeschicht-
liche Expertise verfügte und bereits einige Erfahrungen im
Veröffentlichen von Büchern für den wachsenden Markt der
Studenten und Doktoranden aus dem Umfeld der Geisteswissenschaften hatte sammeln können. Und Unseld beschloss, dieses Wissen zu nutzen.[60]

Politisch war Taubes auf einer Wellenlänge mit der neuen Richtung, die von Unseld und seinen Lektoren, etwa von Karl Markus Michel und Boehlich, eingeschlagen wurde. Michel, der am
Frankfurter Institut für Sozialforschung gearbeitet hatte, bevor
er 1962 zum Suhrkamp Verlag kam, sollte zu einer einflussreichen
Persönlichkeit in der westdeutschen Intellektuellenwelt werden.
Gemeinsam mit Hans Magnus Enzensberger gründete er 1965
eine neue Zeitschrift, *Kursbuch*, die bei Suhrkamp erschien
und die sich zu einem maßgeblichen theoretischen Forum der
intellektuellen Linken entwickelte. In einem programmatischen
Essay von 1964 über die Aufgaben und Herausforderungen des
»kritischen Denkens« in Westdeutschland mit dem Titel »Narrenfreiheit oder Zwangsjacke? Aufgaben und Grenzen kritischen Denkens in der Bundesrepublik« zitierte Michel Jacob
Taubes als Vorbild für die Art Intellektueller, die er gemeinsam
mit C. Wright Mills und Enzensberger fördern wollte.[61] Boehlich, der zur Hälfte jüdischer Herkunft war, war zu dieser Zeit
Cheflektor bei Suhrkamp. Seine Interessenschwerpunkte waren
eher literarischer Natur, seine politische Orientierung marxistisch, und 1968 sollte er ein viel beachtetes Manifest gegen die
»bürgerliche« Literaturkritik und für ein Verständnis von Literatur in ihren wirtschaftlichen Kontexten veröffentlichen.[62] Diese Lektoren, die auch die tägliche Kärrnerarbeit der Akquisition
von Manuskripten und Koordination mit den externen Lektoren erledigten, waren kulturelle Torwächter, die einigen Einfluss darauf nahmen, welche Bücher publiziert wurden.

Ursprünglich sollte sich die Reihe Theorie aus zwei Reihen

zusammensetzen: Reihe 1 hätte sich auf Werke aus der Geschichtsphilosophie konzentriert, als Herausgeber waren Habermas und Henrich vorgesehen. Taubes wäre in diesem Konzept maßgeblich verantwortlich gewesen für die Reihe 2 mit einem Schwerpunkt auf Studien über zeitgenössisches soziales und politisches Denken. Doch die zwei Reihen wurden bald zusammengelegt, und die Reihe Theorie, die seit Ende 1966 erschien, entwickelte sich zum Aushängeschild des Verlags; bekannt wurde sie für die Veröffentlichung wichtiger Werke von deutschen und ausländischen Autoren. Zusätzlich zu Habermas und Henrich holte man noch den Philosophen Hans Blumenberg an Bord. Die Reihe hatte politisch eine dezidiert linke Tendenz, aber nicht ausschließlich. Taubes sah eine Aufgabe der Reihe Theorie darin, Debatten einem deutschen Publikum zugänglich zu machen, die anderswo stattfanden, um so die »kulturelle Rückständigkeit« zu überwinden.[63]

In einer frühen Liste von Empfehlungen an die Herausgeber nannte Taubes die jüngst auf Französisch erschienenen Bücher des Anthropologen Claude Lévi-Strauss, von Roland Barthes und auch ein Buch seines Freundes Lucien Goldmann, *Le dieu caché* (Der verborgene Gott), eine subtile marxistische Kritik am Christentum. Auch empfahl er angesagte Bücher von linken Autoren wie Serge Mallets *La nouvelle classe ouvrière* (Die neue Arbeiterklasse) und Lucien Sebags *Marxisme et structuralisme* (Marxismus und Strukturalismus).[64] In Paris waren alle diese Namen bereits bekannt, in Deutschland jedoch nicht. Und tatsächlich entschied sich Suhrkamp, Lévi-Strauss, Barthes und Goldmann zu publizieren. Taubes trug dem Verlag ebenfalls eine Übersetzung von C. B. Macphersons *Political Theory of Progressive Individualism* an, ein kürzlich erschienenes Werk über die Ursprünge des Liberalismus (geschrieben aus einer kritischen Perspektive), das ebenfalls bei Suhrkamp erschien. Doch Taubes' Vorschläge beschränkten sich keineswegs ausschließlich auf linke Autoren. Er empfahl ebenfalls eine Übersetzung der

Debatte zwischen Kojève und Leo Strauss, *On Tyranny*. Im Jahr 1965 schlug er die neuen Bücher von Isaiah Berlin, Daniel Bell und dem französischen Wissenschaftshistoriker Alexandre Koyré vor; Bücher von W. F. Albright über die biblische Geschichte der Juden und von Arthur D. Nock über das Urchristentum; und Bücher des britischen Wissenschaftsphilosophen Michael Polanyi sowie von Charles Taylor, dem, so Taubes, »englischen Habermas« – eine aufschlussreiche Charakterisierung des aufstrebenden Philosophen, der sich durch seine breit gefächerten Interessen auszeichnete.[65]

Wie Taubes Bücher las

Taubes versorgte Suhrkamp mit einem steten Strom von Empfehlungen für Bücher, die für eine Übersetzung und Aufnahme in die Reihe Theorie infrage kamen. Unter seinen deutschen Kollegen erwarb er sich den Ruf, über einen bemerkenswerten Wissensfundus zu verfügen: Er kannte nicht nur die jüngst erschienenen Werke, er wusste auch, woran Intellektuelle in weiten Teilen Europas und Amerikas gerade arbeiteten. Wie gelang ihm das?

Menschen, die ihn gut kannten, wussten von Taubes' außergewöhnlicher Fähigkeit, Inhalte von Büchern zu absorbieren. Selten las er ein Buch von Anfang bis Ende. Typischerweise schaute er sich das Cover an, das Inhaltsverzeichnis, vielleicht auch das Register, um sich dann selektiv seinen Weg durch das Buch zu ›erblättern‹. Anschließend, diese Prozedur mochte zehn bis fünfzehn Minuten dauern, konnte er die Bedeutung des Buches und seine wichtigsten Thesen bewerten – zumindest so, wie er sie auslegte. Einmal erblickte er in einem seiner Seminare am Institut für Judaistik einen Studenten, der gerade ein Buch las, das sein Interesse erweckte. Taubes fragte, ob er das Buch sehen dürfe und blätterte zehn Minuten lang darin. Anschließend formulierte er eine überzeugende Beurteilung.[66] So verfuhr er auch in Bibliotheken und Buchläden. Es hieß, er lese Bücher nicht, sondern eigne sie sich durch Handauflegen an.[67]

Taubes' Talent, Buchinhalte aufzunehmen und nach Bedarf weiterzugeben, beruhte zum Teil auf seinem intellektuellen Scharfsinn. Aber es basierte auch auf einer spezifischen Form der Kultivierung, die jüngst von Pierre Bayard in *How to Talk about Books You Haven't Read* untersucht wurde: »Kulturelle Kompetenz bedeutet, sich schnell in einem Buch orientieren zu können, und dafür ist es nicht erforderlich, das Buch in seiner Gesamtheit gelesen zu haben – ganz im Gegenteil. Man könnte sogar sagen, je größer die Fähigkeiten in diesem Bereich sind, desto weniger wird es nötig sein, irgendein bestimmtes Buch zu lesen.« Man muss also in der Lage sein, ein Buch in Beziehung zu anderen Büchern setzen zu können, zu wissen, wo es in einem System von Büchern hingehört.[68] Und dies war Taubes' großes Talent: Er kannte sich in vielen verschiedenen Bereichen gut genug aus, um die großen Kontroversen zu erkennen und so die Thesen eines Buches im größeren Netz der anderen Bücher zu verorten.

Taubes hatte auch seine Methoden, um herauszufinden, welche Bücher ›heiß‹ waren. Er liebte es, Zeit in Buchläden zu verbringen, in Paris und anderswo, in den prominent ausgestellten Büchern herumzustöbern und dabei die Reaktionen der Kunden zu beobachten. Er hatte ein Gespür dafür, was die Menschen interessierte und was gerade angesagt war.[69] Und nicht zuletzt eignete er sich sein Wissen in Gesprächen mit Freunden und Kollegen an, erfuhr Neuigkeiten von dem einen und gab sie weiter zum nächsten – auch wenn er mitunter, so bemerkte es sein Freund Armin Mohler, Neuigkeiten beim Nachtisch zum Besten gab, die man ihm bei der Vorspeise erzählt hatte.[70]

Natürlich lag Taubes in seiner Einschätzung der Bücher, ihrer Inhalte und ihrer Bedeutung, nicht immer hundertprozentig richtig. Nicht selten hing sein Urteil davon ab, in welcher Beziehung das Buch zu seinen eigenen Interessen stand. Wie ein Freund es ausdrückte: Die Information, die Taubes über ein Buch weitergab, war vielmehr sein eigener Midrasch (seine interpretatorische Wende).[71]

Unabhängig davon, wie er es erworben hatte, war Taubes' Wissen über Bücher und seine Bereitschaft, dieses Wissen zu teilen, ein Segen für viele seiner Gesprächspartner. Emil Cioran bemerkte, dass ihm seine Unterhaltungen mit Taubes die Notwendigkeit der Lektüre von Bergen von Büchern ersparten.[72] Und für die Lektoren bei Suhrkamp bedeutete es eine Flut von Buchempfehlungen, wenn diese auch manchmal zusätzliche Arbeit bedeuteten, da Taubes' Zusammenfassungen oder Bewertungen ungenau sein konnten.

Doch möglicherweise war Taubes' Scharfsinn bei der Beurteilung von Büchern auch sein Verhängnis. Er konnte es sich erlauben, Bücher nicht sorgfältig zu lesen oder nicht präzise zu analysieren.[73] Die Qualitäten, die ihn zu einem anregenden Gegenüber im Gespräch und im Seminarraum machten, waren wenig geeignet für die Produktion von wissenschaftlichen Veröffentlichungen, bei denen der Wahrheitsgehalt seines Wissens kritisch hinterfragt wurde.[74]

»Die Intellektuellen und die Universität«

Von den wenigen Schriften aus diesen Jahren scheint Taubes besonders stolz auf »Die Intellektuellen und die Universität« gewesen zu sein, die auf einer Vorlesung anlässlich der Universitätstage der FU basierte, eine jährlich stattfindende Vorlesungsreihe, die der gesamten Fakultät, Dozenten wie Studenten, offenstand. Die Vorlesung existiert in verschiedenen Fassungen. Offenbar war sie zunächst auf Englisch unter dem Titel »The Philosopher in the Marketplace« verfasst worden, vielleicht für ein Seminar an der Columbia.[75] In der erweiterten deutschen

Fassung hielt er sie an der FU und dort wurde sie auch in der Schriftenreihe publiziert. Taubes war so stolz auf das Werk, dass er einen Sonderdruck an den Philosophen Hans Blumenberg schickte, der ihm antwortete, er sei sehr dankbar, ein so seltenes Produkt aus Taubes' Feder zu erhalten.[76] Noch eine weitere, kürzere, Fassung trug er bei einem Radiogespräch des Westberliner *Sender Freies Berlin* vor, in diesem Kontext unter dem Titel »Von der Stellung der Philosophie im technischen Zeitalter«.[77]

Der Großteil des Essays beschäftigte sich mit der Geschichte von Intellektuellen, angefangen im Mittelalter mit Joachim von Fiore bis in die Gegenwart, wobei der Schwerpunkt auf dem Wandel ihrer institutionellen Funktion lag bzw. dem Grad, in dem sie existierende Strukturen der Autoritäten herausforderte und zu deren Veränderung beitrug. Es war ein intellektueller Kraftakt, der sich auf deutsche, englische und französische Forschungsarbeiten stützte. Anschließend wendete sich der Essay einer Diagnose und Kritik der Gegenwart zu. Taubes argumentierte, sowohl in der Sowjetunion als auch in den Vereinigten Staaten – wenn auch auf unterschiedliche Art und Weise – hatten sich die Intellektuellen von einer Quelle der ideologischen Kritik an den Machthabern zu einer technologisch-organisatorischen Schicht entwickelt, die in der jeweiligen Gesellschaft den herrschenden politischen Kräften zur Seite und zu Diensten stand. Während in der Sowjetunion diese Unterwerfung der Intellektuellen durch Gewalt erreicht wurde, habe auch der Westen die Wissenschaft letztlich der politischen Herrschaft unterstellt, und zwar in Form einer totalitären, aber gewaltlosen Koordination durch wirtschaftliche und technologische Kräfte. Auch die Universität wurde zu einer, in Adornos Worten, verwalteten Welt, immer bürokratisierter und fabrikähnlicher. Nun mangele es der Philosophie an »kritischer Substanz«: Sie habe ihre eigentliche Funktion aufgegeben, durch den Schleier dessen, was als wissenschaftliche Rationalität galt, hindurchzusehen, um eine tiefere Irrationalität der zeitgenössischen Institutionen zu enthüllen – Institutionen, die das Individuum seiner Autorität beraubten. Im Kern entsprach die Vorlesung Taubes' Artikel »The Four Ages of Reason«, den er zehn Jahre zuvor zu Ehren von Max Horkheimer geschrieben hatte. Wie schon dort, stützte er sich auf Mitarbeiter der Frankfurter Schule, indem er aus den neueren Arbeiten von Marcuse zitierte (einem Vorläufer seines bald darauf veröffentlichten *One-Dimensional Man*) sowie aus einem Manuskript von Habermas – der Einleitung zu *Universität und Gesellschaft*, die Horkheimer als zu radikal abgelehnt hatte. »Die Intellektuellen und die Universität« kritisierte, wie schon Taubes' früherer Essay, die unterstellte Irrationalität und Repressivität des institutionellen Status quo, ohne jedoch auszuführen, wie eine rationalere Gesellschaft aussehen könnte. Das war auch für die Werke von Horkheimer, Adorno und Marcuse charakteristisch.

Peter Szondi war ein weiterer Wissenschaftler, der Taubes' Interessen teilte und dessen Anstellung an der FU Taubes unterstützte.[78] Szondi, Jahrgang 1929, wurde als Kind einer jüdischen Familie in Budapest geboren, und als Teenager verließ er Ungarn gemeinsam mit seinen Eltern im Kasztner-Transport. Wie alle Passagiere wurde er in Bergen-Belsen interniert, bevor der Zug in die Schweiz weiterfahren durfte (siehe Kapitel 3). Szondi schrieb sich an der Universität Zürich ein, kurz nachdem Taubes diese verlassen hatte, und studierte Literaturwissenschaften bei Taubes' ehemaligem Lehrer Emil Staiger. Wie Taubes war auch Szondi von Lukács (insbesondere von dessen vormarxistischen Arbeiten) und Adorno beeinflusst. Aber Szondis Schwerpunkte lagen in der Literaturgeschichte der Moderne und insbesondere beschäftigte ihn, inwiefern literarische Ausdrucksformen ein Produkt der Geschichte waren, einer Geschichte, die durch den Kapitalismus zunehmend entfremdet war. Seine Dissertation über die Theorie des modernen Dramas, die 1956 bei Suhrkamp veröffentlicht wurde, entwickelte sich zu einem »Offenbarungstext« für eine jüngere Studentengeneration.[79] Ein paar Jahre nach der Veröffentlichung lernten sich Szondi und Taubes über einen gemeinsamen Freund kennen, Jean Bollack. Im Jahr 1961 habilitierte sich Szondi an der FU, seine Antrittsvorlesung hielt er über Walter Benjamin, dessen Verknüpfung von Moralismus und historischen Kulturwissenschaften auch in seinen eigenen Arbeiten widerhallte.[80] Fünf Jahre später war es vor allem Taubes, der dafür verantwortlich war, dass Szondi als Professor und Leiter des ersten Instituts für Komparatistik in Deutschland an die FU zurückkehrte.[81] Szondis Institut für Komparatistik und Taubes' Institut für Hermeneutik sollten sich beide zu wichtigen Anlaufstellen entwickeln, die von Wissenschaftlern aus Deutschland, Frankreich und darüber hinaus besucht wurden. Und zumindest für eine Weile war Szondi für Taubes ein Kampfgefährte in den politischen Gefechten an der FU.[82]

Als die Wellen des politischen Radikalismus 1967 am höchsten schlugen, wurde Adorno von Szondi für einen Vortrag ans Institut für Komparatistik eingeladen. Adorno fragte Szondi, ob er auch vor Taubes' Institut für Hermeneutik sprechen werde, woraufhin Szondi antwortete:

> Was Taubes betrifft, so fällt mir schwer zu raten. Ist man sein Kollege, so lebt man mit Kompromissen und reservationibus. Sie sind dazu nicht gezwungen. Konkreter: er hat, wenn ich das richtig sehe, eine Neigung, seinen Studenten sowohl Adorno und Habermas als auch Gadamer und Henrich als seine Gäste zu präsentieren und im Hin-und-her so zu tun, als stünde er, überlegen, *über* den beiden Seiten. Brauch ich's zu kommentieren?[83]

Für Szondi schien dies ein Ausweis von Taubes' mangelnder ideologischer Glaubwürdigkeit zu sein. Aber es zeigt auch eine weitere von Taubes' Eigenschaften: sein gezieltes Bemühen, Beziehungen zu einem möglichst breiten Spektrum intellektueller Kreise aufzubauen und zu pflegen.

Quasi unmittelbar nach Antritt seiner Professur in Berlin sondierte Taubes die Landschaft der Philosophie und verwandter Bereiche in Westdeutschland und bemühte sich, Kontakte zu den wichtigsten Persönlichkeiten in jedem Lager zu knüpfen. Ein Zentrum der Philosophie war die Universität Heidelberg, an der Hans-Georg Gadamer – wie Taubes es scherzhaft bezeichnete – als »Papst« der deutschen Philosophie regierte. Gadamer hatte in den 1920er Jahren bei Martin Heidegger studiert und war sowohl in der Philosophie als auch in der klassischen Literatur ausgebildet worden. Nach 1933 bremste seine mangelnde Unterstützung für das Nazi-Regime seine akademische Karriere ein wenig aus, aber 1938 erhielt er dennoch eine Stelle an der Universität Leipzig. Sein im selben Jahr erschienenes Buch *Plato und die Dichter* beginnt mit einem Goethe-Zitat, das als äsopisches Zwinkern an Gleichgesinnte fungierte: »Wer philosophiert, ist mit den Vorstellungen seiner Zeit nicht einig.« Viele seiner Studentinnen und Studenten in Leipzig waren Gegner des Nationalsozialismus, einschließlich seiner späteren Ehefrau.

Als Leipzig 1945 von amerikanischen Truppen besetzt wurde, wurde Gadamer zum Dekan der Philosophischen Fakultät gewählt, und Anfang 1946, die Besatzungsmacht hatte gewechselt und die Stadt war nun von der Roten Armee besetzt, wurde er zum Universitätspräsidenten gewählt. Eine Reihe von Zusammenstößen mit den neuen kommunistischen Machthabern veranlasste ihn dazu, Leipzig zu verlassen, und 1949 ließ er sich in Heidelberg nieder, wo er für den Rest seiner beruflichen Laufbahn blieb.[84] Im Jahr 1960 veröffentlichte er sein wichtigstes Werk, *Wahrheit und Methode*. Darin untersuchte er die unvermeidbare Notwendigkeit des Vorurteils (im Sinne unserer Vorab-Urteile), die auf der Zugehörigkeit zu einer Tradition beruhten, um der Welt einen Sinn zu geben. Mit diesem Ansatz erweiterte er das Verständnis der »Hermeneutik« aus dem neunzehnten Jahrhundert – als angemessenes Lesen von Texten – zu einer umfassenderen Kulturphilosophie. Er konnte zeigen, wie das Lesen von Texten in Beziehung stand zum Lesen anderer Menschen: In beiden Fällen müssen die eigenen Belange mit denen des Anderen in Einklang gebracht werden. Ein Teil von Gadamers Leistung bestand darin, Inhalte von Heidegger aufzugreifen, sie in weniger eigenwilligen Begrifflichkeiten neu zu formulieren und sie von dem antimodernen Animus, der das Werk seines Lehrers durchzog, zu befreien.[85] Anfang der 1960er Jahre machte Gadamer Heidelberg zu einem wichtigen Standort der deutschen Philosophie und er zog damit aufstrebende junge Männer wie Habermas und Henrich an.

Schmeichelnd und umwerbend schrieb Taubes an Gadamer 1965: »Ihr Opus [*Wahrheit und Methode*] hat mir Vertrauen gegeben, meine bescheidenen Kräfte der Sache der Hermeneutik zu widmen, und Ihre Schüler, besonders Dieter Henrich, den Sie nun nach Heidelberg berufen haben, haben mir das Vertrauen gegeben, dass die grosse Tradition der Philosophie in Deutschland nicht nur ein abgeschlossenes Kapitel der Vergangenheit ist.«[86] Im darauffolgenden Jahr lud Taubes Gadamer ein, einen Vortrag in seinem Hermeneutik-Kolloquium in Berlin zu halten, was Gadamer im November 1966 auch tat – offenbar mit großem Erfolg. Tatsächlich sprachen die beiden auch über die Möglichkeit, ob Gadamer nicht nach seiner Emeritierung in Heidelberg an Taubes' Institut nach Berlin kommen wollte.[87] Doch Gadamer nahm das Angebot nicht an.

Taubes teilte Gadamers Interesse an der Textinterpretation als solcher, nicht jedoch dessen Streben, eine systematische Philosophie der damit verbundenen Herausforderungen zu formulieren. Aber Taubes hatte in seinem Unterricht eine charakteristische Herangehensweise an die Texte. Er wählte nicht den weitaus üblicheren Zugang in der Philosophie, erst einmal die großen Argumentationslinien zu erfassen und dann aufzuzeigen, in welcher Beziehung jede einzelne These dazu steht. Sein Ansatz war vielmehr, zunächst das Werk in seinem historischen Kontext zu verorten. Oft konzentrierte er sich anschließend auf die Erläuterung einzelner Passagen und Absätze und fragte, was *nicht* gesagt wurde und warum – eine Methode, die er möglicherweise von Leo Strauss übernommen hatte. Der andere wesentliche Unterschied zwischen Taubes und Gadamer betraf ihr Verständnis von den Inhalten der »Hermeneutik«: Taubes beschäftigte sich fortgesetzt mit der Interpretation religiöser Texte, Gadamer zeigte daran hingegen wenig Interesse.[88]

Eric Voegelin und Joachim Ritter

Taubes blieb auch mit Eric Voegelin in Kontakt, der 1958 nach Deutschland gezogen war, um an der Universität in München ein Institut für Politikwissenschaften aufzubauen. Es war ein Zeichen ihrer gegenseitigen Wertschätzung, dass Voegelin die Möglichkeit erwähnte, Taubes könne dort eine Stelle übernehmen.[89] Doch tatsächlich war Voegelin in München ziemlich isoliert, nicht zuletzt, weil sein großer philosophischer Horizont sich nur schlecht mit dem Verständnis der meisten Politikwissenschaftler von der Arbeit konkreter politischer Institutionen vertrug. Als Voegelin 1969 in die Vereinigten Staaten zurückkehrte, ließ er zwar einige Schüler zurück, aber kein nennenswertes institutionelles Erbe.[90]

Eine einflussreichere Persönlichkeit, zu der Taubes den Kontakt suchte, war Joachim Ritter, ein Philosoph aus Münster, der weniger für seine Veröffentlichungen bekannt war als dafür, Wissenschaftler aus unterschiedlichen Disziplinen und Generationen zu einem fruchtbaren Austausch zusammenzuführen. Zu den Vertretern der älteren Generation, die mitunter in Erscheinung traten, zählten radikal-konservative und ehemalige radikal-konservative Intellektuelle wie Carl Schmitt, Arnold Gehlen und Helmut Schelsky. Ritter kultivierte bei seinen Studenten ein Talent für »angewandte Philosophie«, das philosophische Konzepte nutzte, um zeitgenössische Fragen zu analysieren, und so Philosophiegeschichte mit sozialem Engagement verband. Ritter selbst war ein einflussreicher Hegel-Experte: Seine Arbeiten über Hegel und die Französische Revolution stellten Hegel (korrekterweise) als Verteidiger der Ideale der Französischen Revolution und der aus ihr hervorgegangenen liberalen, bürgerlichen politischen Ordnung dar.[91] Ritters Studenten, dazu später mehr, wurden angesichts der Angriffe der Neuen Linken zu entschiedenen Verteidigern dieser Ordnung.

Joachim Ritter besuchte Taubes im Jahr 1965, und im folgenden Jahr – nachdem er sich entschlossen hatte, dauerhaft an der FU zu bleiben – schrieb Taubes an Ritter, er hoffe auf eine enge Zusammenarbeit mit ihm und seinem Kreis; vielleicht könne er manche von ihnen auch an die Fakultät der FU holen.[92] Ihre Beziehung wurde noch vertieft, als Joachims Sohn, Henning Ritter, an die FU kam, um bei Taubes, von dem er sehr beeindruckt war, zu studieren.[93]

Theodor W. Adorno

Taubes suchte den Kontakt zu vielen führenden Persönlichkeiten aus der Philosophie in Heidelberg, München und Münster – Ausdruck seiner philosophischen Ökumene –, doch die größte intellektuelle Nähe bestand zum Institut für Sozialforschung in Frankfurt. Wie wir gesehen haben, war seit seiner Bekanntschaft mit Franz Neumann und Herbert Marcuse ein Jahrzehnt zuvor die radikale Kritik der liberalen kapitalistischen Gesellschaft, wie sie von mehreren Angehörigen des Frankfurter Kreises entwickelt worden war, auf tiefe Resonanz bei ihm gestoßen und er übernahm ihre Ideen in seiner Lehre und in seinen Schriften.

Mitte der 1960er Jahre war Theodor W. Adorno die maßgebliche Persönlichkeit am Institut. Taubes hatte großen Respekt vor Adorno, nicht zuletzt für dessen Kritik an Heidegger und dem Heideggerianismus, den Adorno mit Taubes in Sils Maria diskutierte, als er gerade sein Buch *Jargon der Eigentlichkeit* fertig schrieb. »Ach, wäre doch diese Kritik der Heiligen Familie unseres Zeitalters zehn Jahre früher erschienen. Manch Umweg wäre mir erspart geblieben und ich hätte viel mehr Courage zur eigenen Meinung gehabt«,[94] schrieb Taubes. Im Dezember 1965, als Taubes noch unentschlossen war, ob er an der Columbia bleiben oder dauerhaft nach Berlin wechseln sollte, riet ihm Adorno, die Stelle an der FU anzunehmen.[95]

Es schien, als habe sich diese Beziehung gefestigt, als Taubes auf Adornos Anregung Rolf Tiedemann als seinen Assistenten einstellte, einen Studenten von Adorno, der kürzlich seine Dissertation über Walter Benjamin fertiggestellt hatte. »Wenn Tiedemann kommt«, schrieb Taubes an Adorno, »so kommt er als Schüler Adornos und als mein Mitarbeiter, um hier eine ›Filiale‹ Frankfurts zu eröffnen.«[96] Aber die Beziehung zwischen Taubes und Tiedemann stand unter keinem guten Stern. Ein Jahr später befürchtete Tiedemann, die Arbeit für Taubes ließe ihm zu wenig Zeit für seine eigene Forschung. Auch Taubes war unzufrieden: Er war der Ansicht, dass Tiedemann nicht die Arbeit erledigte, die er von ihm erwartete.[97] Tiedemann gab die Stelle bei Taubes schnell wieder auf und schlug eine Laufbahn als Herausgeber der Werke Walter Benjamins und später auch der von Adorno ein.

Über den Beziehungen zwischen Taubes, Adorno und Tiedemann lauerte stets die Präsenz Gershom Scholems. Adorno und Scholem kooperierten bei der Herausgabe der Briefe ihres gemeinsamen Freundes Walter Benjamin. Taubes befürchtete zu Recht, dass Scholem ihn hinter seinem Rücken diffamierte, und manchmal sprach Taubes Adorno seine Dankbarkeit dafür aus, dass Scholems Herabsetzungen ihre Beziehung nicht trübten.[98]

Doch es gab auch Zeiten, da glaubte Taubes, Scholems Anschuldigungen beeinflussten sein Ansehen bei Adorno und Tiedemann.[99] Als die Universität Frankfurt sich entschloss, einen eigenen Lehrstuhl für Judaistik einzurichten, war Taubes sehr daran gelegen, die Stelle angeboten zu bekommen – eine Option, die jedoch nach Rücksprache mit Scholem rasch vom Tisch war.[100] Adornos Urteil über Taubes kommt in einem Brief an Adornos ehemalige Studentin Elisabeth Lenk zum Ausdruck, die Taubes als Nachfolgerin für Tiedemann nach Berlin holen wollte.

> Ich würde denken, daß Taubes ein Mensch mit einem guten intelligiblen und einem schlechten empirischen Charakter ist; daß eine Instanz in ihm wirklich das Richtige möchte und daß er auf Exzeptionelles anspricht, daß ihm dann aber irgendwelche schwer kontrollierbaren Regungen in die Quere kommen. ... Sicherlich ist Taubes ein zugleich hochbegabter und in seiner Produktivität schwer gestörter Mensch, und diese Konstellation hinterläßt erhebliche charakterologische Narben. Rebus sic stantibus wäre es wohl das Beste, wenn Sie einmal in Berlin sich mit ihm unterhalten und sich selbst einen Eindruck bildeten, wobei freilich der unmittelbare persönliche des außerordentlich rasch geistigen und sensiblen Mannes im allgemein besser zu sein pflegt, als was dann zuweilen sich ereignet.[101]

Doch hinter der oberflächlichen Nähe zwischen Taubes und Horkheimer und Adorno verbarg sich eine Quelle latenter Spannungen. Das lag daran, dass Taubes' eigene Orientierung inzwischen weit radikaler war als die der beiden anderen. Deutlich wurde dies in einem Brief, den Taubes an Horkheimer im April 1964 schickte. Darin zitierte er eine Aussage aus Horkheimers Artikel »The Jews in Europe«, erschienen 1939 in der *Zeitschrift für Sozialforschung*, mit der er übereinstimmte. Damals glaubte Horkheimer, der Kapitalismus führe unweigerlich in den Totalitarismus, so wie es in Deutschland geschehen war. Im Jahr 1965 jedoch hatte Horkheimer, angesichts der mittlerweile gemachten Erfahrung einer zwei Jahrzehnte währenden, relativ stabilen liberalen kapitalistischen Demokratie in Westeuropa und den Vereinigten Staaten, diese Überzeugung längst aufgegeben. Taubes aber hielt daran fest – oder gab zumindest vor, dies zu tun. »Wenn ich überdenke, was Ihr Werk mir auf meinen Weg mitgegeben hat, so kann ich's, ganz roh und in einem Satz gesagt, durch ein Zitat fassen. 1939 schrieben Sie: »Heute gegen den Faschismus auf die liberalistische Denkungsart sich berufen, heißt an die Instanz appellieren, durch die er gesiegt hat. ... Was Sie 1939 schrieben, galt auch 1965, ja noch mehr.«[102] Taubes Geringschätzung des Liberalismus sollte bald ein Ventil finden.

Inzwischen, im Jahr 1966, war Taubes also auf einem guten Weg, sich als intellektueller Unternehmer zu etablieren.[103] Er wurde selbst zu einem wichtigen Knotenpunkt, der viele verschiedene intellektuelle Netzwerke miteinander verband, deren Mitglieder andernfalls nur wenig Kontakt zueinander gehabt hätten. Oder, um es anders zu formulieren, er trat als Vermittler von Ideen und Informationen zwischen verschiedenen intellektuellen Kreisen auf, die aus Gründen der politischen Orientierung oder disziplinärer Grenzen nur geringe Schnittmengen aufwiesen. Für diese Rolle kamen ihm sein Talent und seine Begeisterung für den Aufbau von persönlichen Kontakte zugute. Auch seine Vorliebe, unterschiedliche Identitäten in verschiedenen Kontexten anzunehmen, war hier von Vorteil. Er war so etwas wie ein Quasi-Unternehmer, der mit Ideen handelte, und ein Brunnen potenziell innovativer Anregungen über Fachbereiche und politische oder nationale Milieus hinweg. Und während es ihm selbst an Disziplin und Ausdauer mangelte, seine eigenen Projekte zu einem guten Ende zu führen, gab er doch vielen seiner Gesprächspartner wertvolle Anregungen für ihre Arbeiten.

Häufig wurde Taubes von jenen, die ihn kannten, als »Frauen-held« bezeichnet – und mitunter auch von jenen, die nur von ihm gehört hatten. Aber dieser Ausdruck fängt die Art und die Bedeutung seiner erotischen Beziehungen nur oberflächlich ein. Denn seine Beziehungen beeinflussten nicht nur, wie andere ihn sahen. Sie spiegelten ebenfalls die großen Linien seines In-der-Welt-Seins wider, oder anders gesagt: die Wechselbeziehung zwischen seinen Ideen und seinem Charakter.

Oft lehrte und schrieb Taubes über Ideen und historische Bewegungen – wie Gnosis und Apokalypse –, die grenzüberschreitend waren und im Namen einer höheren Weisheit vorsätzlich gegen allgemein akzeptierte Institutionen und soziale Normen verstießen. Wie wir gesehen haben, bestand ein Teil des gnostischen Weltbilds (zumindest so, wie Taubes – bzw. die Gelehrten, von denen er seine Interpretationen übernahm – es verstand) darin, dass jene, die über die esoterische Weisheit verfügten, Auserwählte waren und den Schleier, der auf den zeitgenössischen Institutionen lag, durchdringen konnten.

In seinen Seminaren an der Columbia erörterte Taubes das Konzept des Eros – seine historische Bedeutung und die verschiedenen Richtungen, die es nahm. Einer seiner Lieblingsromane, Isaac Bashevis Singers *Satan in Goray*, handelte von der Überschreitung der erotischen Grenzen unter dem Einfluss des Sabbatianismus. Sein Lieblingsmaler war Hieronymus Bosch, insbesondere faszinierte ihn das Triptychon *Garten der Lüste*, ein Panoramabild voller Umkehrungen der natürlichen und erotischen Ordnung, das Jacob während einer Urlaubsreise in Madrid im Prado gesehen hatte. Taubes war überzeugt davon, dass Bosch einer häretischen Sekte angehört hatte, und er folgte darin einer Interpretation, die Wilhelm Fraenger 1947 in einem Buch dargelegt hatte. Fraenger war der Ansicht, das Gemälde stelle die Wiederherstellung der Freude am Dasein ohne Sünde dar, die die Menschheit vor dem Sündenfall erlebt hatte, eine Glückseligkeit die wieder eintreten würde. Sowohl an der Columbia als auch an der Freien Universität ließ Taubes Scholems Essay »Erlösung durch Sünde« lesen und diskutieren. Für ihn selbst waren dies keine Themen, die ausschließlich im Seminarraum stattfanden.

Aus diesem Grund ist die Beschäftigung mit seinen erotischen Beziehungen weder ein Irrweg noch eine Umleitung auf dem Weg der größeren Ideengeschichte, auch kein lüsterner Abstecher. Vielmehr geht es darum, ein wesentliches Element der Person selbst und ihrer Beziehung zwischen Theorie und Praxis zu erfassen.

Wir haben bereits einige von Jacobs Beziehungen zu Frauen näher betrachtet: zu Myrie Bloch in Zürich, zu Gerda Seligsohn in New York, zu Miriam Weiss in Jerusalem und natürlich zu Susan. Im Folgenden soll der Fokus auf einigen Liaisons liegen, die Jacob in den Jahren 1961 bis 1966 einging, also jenen Jahren, in denen er zwischen der Columbia und der FU hin und her pendelte.

Susan

Jacobs Beziehung zu seiner damaligen Frau war so rätselhaft wie stürmisch.

Es lässt sich nicht mit Bestimmtheit sagen, warum genau ihre Ehe 1961, als Jacob zum ersten Mal nach Berlin ging, in die Krise geriet. Nicht nur hatte Jacob sich mit anderen Frauen eingelassen, es bereitete ihm auch ein gewisses Vergnügen, Susan davon zu erzählen.[104] In ihrer Ehe wurden verschiedene Spielarten sexueller Erfahrungen praktiziert.[105] Wir wissen nicht, welche Affäre sich für Susan letztlich als unüberbrückbar erwies – vielleicht war es die mit einer engen Freundin oder die mit der Babysitterin.[106] Doch der Damm brach, und sie begannen, über eine mögliche Scheidung zu diskutieren. Aber Jacob sträubte sich.[107]

Ihre Auseinandersetzungen waren noch explosiver geworden.[108] In ihrem Roman *Divorcing* porträtierte Susan ihren Ehemann (im Buch Ezra) als streitlustig und mit einem gewissen Vergnügen an ihren verbalen und körperlichen Angriffen auf ihn.[109] Er machte sich über sie lustig.[110] Ihr Zusammenleben endete wohl 1962, als Jacob für ein Jahr nach Berlin ging. Irgendwann sperrte Susan Jacob aus der gemeinsamen Wohnung aus. Jacob flehte an der Tür, bis schließlich Ethan öffnete und ihn hereinließ, womit der sich wiederum Susans Zorn zuzog.[111]

Susan unterrichtete bis zum Frühjahr 1963 weiterhin am Barnard College (das Frauen-College der Columbia University). Die Früchte ihrer mehrjährigen Arbeit als Kuratorin am Bush-Museum waren zwei Anthologien, *African Myths and Tales* (1963) und *The Storytelling Stone: Myths and Tales of the American Indians* (1965), die sie unter ihrem Geburtsnamen, Susan Feldmann, veröffentlichte. Auf ihren Wunsch und mit Jacobs Einverständnis ging sie mit den Kindern nach Paris, wo sie sich zunächst eine Wohnung am Quai de la Tournelle nahm und später am Boulevard St. Germain. Jacob bezahlte die Miete und wohnte auch dort, wenn er sie einmal im Jahr in Paris, einer Stadt, die er sehr mochte, besuchte.[112]

Susan wollte sich selbst verwirklichen und als Schriftstellerin weiterentwickeln. Vor diesem Hintergrund, in Kombination mit Jacobs Abwesenheit und ihren wiederkehrenden Depressionen, gelangte sie zu der Entscheidung, die Kinder in Internate zu geben, zunächst in Frankreich, später in den Vereinigten Staaten.

Seit 1962, als Susan nach Paris zog, besuchten beide Kinder das La Coûme-Internat in Frankreich, eine sehr spartanische Schule in den französischen Pyrenäen. Taubes hatte sie vermutlich ausgewählt, weil Luc Bondy, der Sohn seines Züricher Freundes, dort war, ebenso wie die Kinder von Hans Magnus Enzensberger.[113] Ethan und Tania fühlten sich sehr fremd dort, und 1965 wechselten sie in Internate in den Vereinigten Staaten, da Susan entweder zu beschäftigt mit ihren Schreibprojekten war oder zu tief in depressiven Phasen steckte, um für ihre Kinder da zu sein.[114]

Im Herbst 1966, anlässlich einer Vortragsreise nach Harvard, wollte Jacob Ethan und Tania im Internat besuchen. Doch er hatte ihre Adressen nicht und schrieb verzweifelt an Susans Vater, Sandor Feldmann. Die Verbitterung über Susan in den Monaten vor der Scheidung wird in diesem Brief deutlich: »Ich hatte dir bereits vor zwei Wochen geschrieben und dich um die Adresse der Kinder gebeten. Keine Antwort. Ich wurde unruhig und schickte daher gestern Abend ein Telegramm. Es liegt eine Spur Grausamkeit in Susans Schweigen. Das wird meine Haltung ihr gegenüber in den kommenden Verhandlungen nicht gerade verbessern. Ich bin verwundert, denn ich habe immer versucht, freundlich und entgegenkommend zu sein, wenn sie irgendetwas von mir wollte.«[115] Letztlich gelang es Jacob, seine Kinder in ihrer Schule, die sich in der Nähe von Lake Placid im Staat New York befand, zu besuchen.[116]

Susan hatte angefangen, an einem Roman, *Lament for Julia*, zu arbeiten, den sie 1963 fertigstellte. Über ihre Freundin Susan Sontag fand sie 1964 einen renommierten Agenten, Georges Borchardt, der sie vertrat. Es gelang ihm, zwei ihrer Kurzgeschichten in Literaturzeitschriften unterzubringen, aber für den Roman fand er keinen Interessenten. Susan fand schließlich selber einen Verlag, doch dieser stellte den Betrieb ein, bevor der Roman veröffentlicht werden konnte. In den Jahren 1965 bis 1968 bewarb sie sich erfolgreich für mehrere Stipendien, mit deren Hilfe sie ihren Roman *Divorcing* schreiben konnte.[117] Wenn sie in New York war, schloss sich Susan einer Gruppe von Autorinnen an, die auch über ihre laufenden Arbeiten diskutierten. Ebenfalls zu dieser Gruppe gehörten Susan Sontag und Elsa First. Letztere unterstützte Susan auch bei der Überarbeitung des Romans.[118]

Die Frau, die Jacobs zweite Ehefrau werden sollte, verfügte über jede Menge *Jichus*, allerdings nicht von der jüdischen Sorte. Getauft auf den Namen Margherita Maria Josefa Anna Katharina von Brentano di Tremezzo, hatte sie eine bemerkenswerte Abstammung. Unter ihren Vorfahren befanden sich Dichter, Philosophen und Sozialreformer. Ihr Vater Clemens war der deutsche Botschafter in Rom, und Margherita wurde vom päpstlichen Nuntius Eugenio Pacelli, dem späteren Papst Pius XII., getauft. Margheritas Onkel Heinrich war von 1955 bis 1961 Außenminister im CDU-geführten Kabinett Adenauer. Doch sie wandte sich vom katholischen Glauben ab und entwickelte sich in ihrer politischen Orientierung zu einer radikalen Linken. Ihr aristokratisch-großbürgerliches Auftreten jedoch behielt sie bei.[119]

Geboren am 9. September 1922, war Margherita ein paar Monate älter als Jacob. Nach dem Zweiten Weltkrieg studierte sie Philosophie bei Heidegger in Freiburg und schloss ihre Dissertation über Aristoteles 1948 ab. Zwischen 1950 und 1956 produzierte sie beim Südwestradio Jugendsendungen, unter anderem auch einige Bildungssendungen über die Vernichtung der Juden – zur damaligen Zeit ein sehr ungewöhnliches Thema im Jugendfunk. Margherita war durch und durch antinazistisch und der Kampf gegen den Antisemitismus war zentral für ihr Selbstverständnis. Im Jahr 1956 kam sie sie als Assistentin von Wilhelm Weischedel an die FU, um Philosophie zu unterrichten. Sie engagierte sich in der Anti-Atombomben-Bewegung und später im Sozialistischen Deutschen Studentenbund (SDS). Sie gehörte zu den Gründern der 1959 ins Leben gerufenen Zeitschrift *Das Argument* und förderte die Zeitschrift auch finanziell. Gemeinsam mit einem ihrer Studenten organisierte sie eine Ausstellung über Richter, die im »Dritten Reich« im Amt gewesen waren und anschließend auf ihren Posten blieben – eine Kontinuität, die sie als moralisch skandalös und als Ausweis des Scheiterns der westdeutschen Gesellschaft ansah, mit dem Erbe des Nationalsozialismus endgültig zu brechen.[120] Im Januar 1960 entrollte sie während einer Massendemonstration gegen Antisemitismus und Neo-Nazismus mit einer kleinen Gruppe von SDSlern Transparente, auf denen die Namen von einigen aktiven Politikern und Regierungsbeamten standen, deren Verwicklungen mit dem Naziregime allgemein bekannt waren. Im *Spiegel* wurde sie anschließend auf Fotos als die Nichte des Außenministers identifiziert.[121] Im Jahr 1964 organisierte sie mit ihrem ehemaligen Studenten Peter Furth ein Seminar an der FU über Antisemitismus und Gesellschaft, in dem sie unter anderem Horkheimers Essay über Antisemitismus von 1939 behandelte.[122]

Brentanos Verständnis von Antisemitismus reflektierte eine Spielart der marxistischen Interpretation, die im folgenden Jahrzehnt für die Neue Linke charakteristisch werden sollte. Antisemitismus, so Brentanos Überzeugung, war eine »Pathologie der bürgerlichen Gesellschaft«, das heißt ein Produkt des Kapitalismus. Ihr Blick auf den Liberalismus entsprach im Wesentlichen jenem, den Horkheimer 1939 formuliert hatte und den Jacob 1965 bekräftigte: Danach war der Liberalismus ein unzuverlässiges Fundament für den Widerstand gegen den Faschismus.[123] Davon ausgehend bestand der Königsweg, Faschismus und Antisemitismus zu bekämpfen, in der Überwindung des Kapitalismus und seiner Ablösung durch den Sozialismus.

Sie lernten sich in Jacobs erstem Sommer in Berlin kennen, als Margherita eine Vorlesung von Michael Landmann besuchte, die sich mit dem Konzept des Schicksals beschäftigte. Nach der Vorlesung sprach sie noch mit Landmann und setzte gerade an, aus Brechts Libretto für das »Lenin Requiem« von Hanns Eisler (dem Komponisten der DDR-Nationalhymne) zu zitieren: »Wo von Schicksal die Rede ist ...« Hinter ihr vervollständigte eine männliche Stimme den Satz: »… wird er die Namen nennen.« Die Stimme war Jacobs. Das war der Beginn einer intensiven Liebesbeziehung zwischen der neununddreißigjährigen Margherita und dem achtunddreißigjährigen Jacob. Margherita fragte Jacob, ob er verheiratet sei, worauf dieser behauptete, er sei geschieden. Das war freilich nicht ganz korrekt, gleichwohl könnten Jacob und Susan informell übereingekommen sein, dass sie beide frei waren, andere Beziehungen einzugehen.[124]

Jacob kehrte im Herbst 1962 nach Berlin zurück und nahm sich ein möbliertes Zimmer, doch tatsächlich wohnte er bei Margherita. Als diese aus einem Skiurlaub zurückkehrte, informierten sie ihre Nachbarn, dass in ihrer Abwesenheit eine andere Frau mit Jacob dort gewohnt hatte. Margherita beendete die Beziehung, nahm sie jedoch bald wieder auf – eine Blaupause für die nächsten Jahre. Sie war leicht zu verärgern, aber auch schnell bereit, sich zu versöhnen.[125]

Jacob respektierte Margheritas moralische Integrität und ihren resoluten Anti-Nazismus; auch war er ganz offensichtlich entzückt darüber, dass sich ein Mitglied der deutschen Aristokratie in ihn verliebt hatte. Sie hatte einen soliden philosophischen Hintergrund, aber sie war keine außergewöhnlich originelle Denkerin und sie verfügte auch nicht über Jacobs spekulatives Talent. Die Habermasens waren der Ansicht, dass ihre Fixierung auf Jacob ungesunde Züge trug. Wenn er sprach, schwieg sie. In den ersten Jahren ihrer Beziehung war sie unsterblich in ihn verliebt.[126] Auch politisch waren sie auf derselben Wellenlänge.

Judith

Bald nach seiner Rückkehr in die Vereinigten Staaten von seinem ersten Sommer an der FU – nachdem er bereits eine Beziehung mit Margherita eingegangen und während er noch mit Susan Taubes verheiratet war – machte Jacob noch einer weiteren

Frau einen Heiratsantrag: Judith Glatzer. Mit achtzehn Jahren war sie seine jüngste Geliebte.[127]

Auch Judith hatte *Jichus* – und anders als Margherita von der jüdischen Sorte. Ihr Vater, Nahum Glatzer, inzwischen Professor für Judaistik an der Brandeis University, war – wie wir gesehen haben – nicht nur einer der renommiertesten Wissenschaftler im Feld, sondern auch verantwortlich dafür, dass die Werke von Franz Rosenzweig und Franz Kafka der englischsprachigen Leserschaft zugänglich wurden.

Judith war intelligent, intellektuell, ästhetisch (sie hatte sich ein Jahr Auszeit genommen, um Tänzerin zu werden) – und unschuldig. Für Jacob, dessen Ehe mit Susan am Ende war, musste Judith als eine neue, jüdischere Version jener Frau erscheinen, die er mehr als ein Jahrzehnt zuvor getroffen und geheiratet hatte.

Judith kannte Jacob seit seinen Besuchen im Hause Glatzer während seiner Zeit in Harvard Mitte der 1950er Jahre. Im Frühjahr 1959 lud Judiths Vater Jacob zu einem Vortrag an die Brandeis ein, und Jacob sprach über sein Lieblingsthema, die Gnosis. Judith war von Jacob fasziniert und es entwickelte sich eine Freundschaft zwischen ihnen. Sie schrieben sich während Judiths Auslandsjahr an der Hebräischen Universität 1960/61. In Jacobs Briefen mischten sich, typisch für ihn, intellektuelle Anliegen mit den Wechselfällen seines eigenen Lebens. Als sie aus Jerusalem zurückkehrte und er aus Berlin, begann er, um sie zu werben, und bald schon machte er ihr einen Heiratsantrag. Er versprach ihr, seiner Stelle in Berlin den Rücken zu kehren, wenn sie einwilligen würde. Judith wies ihn ab. Sicher, sie war von ihm fasziniert, fand ihn sogar brillant. Sie bewunderte die Intensität, mit der er sich mit Ideen auseinandersetzte. Aber sie hielt ihn auch für ruchlos, wenn nicht gar dämonisch. Er jedenfalls war zerrissen und zutiefst unglücklich. Zudem war er zu alt für sie.

Nach ihrem Master-Abschluss an der Columbia 1967 schloss

Judith ein Studium der Kunstgeschichte an der UCLA an. Sie heiratete, zog zurück in die Umgebung von Boston und machte eine beeindruckende Karriere als Kunsthistorikerin an der Tufts University sowie als Dokumentarfilmerin. Ihre und Jacobs Wege sollten sich später noch einmal kreuzen.

Ingeborg

Während er offiziell noch mit Susan verheiratet war, mit Margherita in Berlin zusammenwohnte und mindestens eine Liebesaffäre in New York führte, hatte Jacob auch eine langjährige Liaison mit Ingeborg Bachmann, eine der wirkmächtigsten Dichterinnen ihrer Generation in Deutschland.[128] Geboren im österreichischen Klagenfurt im Jahr 1926, war sie vier Jahre jünger als Jacob. In den Nachkriegsjahrzehnten gehörte Bachmann zur »Gruppe 47«, einem Zusammenschluss von deutschen Autoren und Autorinnen, und sie machte sich einen Namen als Dichterin, Romanautorin und Literaturkritikerin. Mit Taubes teilte sie das Interesse an der Philosophie, insbesondere an Heidegger und Simone Weil, deren dunkles Weltbild in Bachmanns eigener Gefühlswelt einen starken Widerhall fand. In den späten 1950er Jahren hatte sie bereits einige Auszeichnungen für ihre Lyrik erhalten. Ihre Liebesbeziehung mit dem Schweizer Schriftsteller Max Frisch, die im Jahr 1958 begann und 1962 endete, ließ Bachmann für den größeren Teil ihres verbleibenden Lebens emotional zerrüttet sowie tabletten- und alkoholabhängig zurück.[129]

Bachmann war von 1963 bis 1964 im Rahmen eines Stipendiums der Ford-Stiftung in Berlin, und das muss wohl die Zeit gewesen sein, in der ihre Affäre mit Jacob begann. Sie besuchte 1964/65 sein Seminar über den Prolog des Johannesevangeliums, und ihre Beziehung scheint bis ins Jahr 1966 hinein angedauert zu haben.[130]

In einem Brief aus dem Jahr 1981 behauptete Taubes, er habe gemeinsam mit Bachmann ihre Geburtsstadt Klagenfurt besucht, ebenso Prag und Rom, wo Bachmann lebte. Eine Bachmann-Biografin bezweifelte jüngst den Wahrheitsgehalt dieser Aussage und führte sie auf Taubes' Hang zur Angeberei zurück.[131] Und in der Tat war Taubes ein Aufschneider, es gibt keinerlei Anhaltspunkte dafür, dass er Bachmann irgendwohin außerhalb Berlins begleitete. Aber seine Geschichte hat einen wahren Kern. Im besagten Brief verweist er darauf, dass sie, »als wir unseren ersten Spaziergang machten, verschiedene Wege von Folter und Tod« beschrieb, und wir wissen heute, dass sie zu dieser Zeit an einem Projekt mit dem Titel »Todesarten« arbeitete, das in mehrere Romane einfließen sollte. Auch finden sich in Gedichten, die sie damals schrieb, die aber nie veröffentlicht wurden, Hinweise auf eine Beziehung mit Jacob.[132] Ein zeitgenössischer Brief von Margherita von Brentano an Taubes erwähnt seine Beziehung mit Bachmann ebenfalls.[133] Eines Abends sollte Jacob nach einem Seminar abgeholt werden. Beide, Brentano und Bachmann, tauchten auf und gerieten in Streit miteinander, bei dem es fast zu Handgreiflichkeiten kam.[134]

Dass es eine Liebesbeziehung zwischen Jacob und Bachmann gab, scheint also plausibel. Sie war so intensiv, dass sie Bachmann zu einer neuen Schaffensperiode verholfen zu haben scheint, obwohl sie weiterhin Alkohol und Schlaftabletten in großen Mengen konsumierte, auch auf Soirees in der Wohnung von Jacob und Margherita.[135] Jacob erinnerte ihre Beziehung als eine »Offenbarung« (*Gilui*), sowohl im Sinne einer göttlichen Erfahrung (*Gilui shechina*) als auch der erotischen Überschreitung (*Gilui arayot*). Wie schon bei Myrie Bloch und Gerda Seligsohn drückte Jacob die Intensität seiner erotischen Beziehung in Begrifflichkeiten der Kabbala aus. »Ich verstand, was es bedeuten könnte, *veshachanti ›betocha‹* [in ihr zu verweilen], was gesagt oder gemeint ist, wenn die patriarchale Symbolik der Juden gezwungen wurde, sich einer *shechina* [der weiblichen Präsenz Gottes] zu öffnen, ich lernte, dass diese symbolischen Äußerungen nicht nur ›Worte‹ waren, sondern dunkle Wirklichkeiten.«[136]

Janet

Während seiner letzten Jahre an der Columbia führte Jacob eine weitere Beziehung mit einer jungen Frau, die nicht viel älter war als Judith Glatzer. Ihr damaliger Name war Janet Scheindlin.[137] Sie bezeichnete sich selbst als »nettes Ramah-Mädchen aus Philadelphia« (also als junge Frau aus einem konservativ-jüdischen Milieu), hatte das Barnard-College besucht und einen Rabbiner geheiratet, der am JTS unterrichtete. Im Jahr 1963, als sie ihre Promotion im Fachbereich Religion an der Columbia begann, war ihre Ehe bereits zerrüttet. Zu dieser Zeit lernte sie Jacob Taubes kennen.

Er war wie eine Offenbarung für sie und ihre Liebesbeziehung zeigt die körperlichen und intellektuellen Seiten von Jacobs Erotik. Ihre Schilderungen stimmen in vielen Aspekten mit den Charakterisierungen von Jacob in Susan Taubes' Roman *Divorcing* überein.

In dieser Phase seines Lebens, in seinen frühen Vierzigern, war Jacob nicht im konventionellen Sinne gutaussehend. Er war leicht übergewichtig und untrainiert. Seine Körperhygiene blieb mangelhaft. (Wie Susan es in ihrem Roman ausdrückte: »Dein Arschloch war noch das Sauberste an dir, das will ich dir mal gesagt haben.«[138]) Und doch war seine Erscheinung eindrucksvoll. Er kleidete sich in Schwarz, mit einem großen schwarzen Hut. Seine Augen funkelten, Mimik und Gestik waren dramatisch. Er hatte immer noch etwas von einem Wunderkind. Alles, was er sagte, schien sich am Rand des Sakralen zu bewegen. Die Themen seiner Diskussionen und Ausführungen waren unkonventionell. Er war vom Opfermotiv und von den blutigen barocken Christusdarstellungen am Kreuz von Albrecht Dürer und Matthias Grünewald fasziniert. Er gab auch Janet Bücher über Hieronymus Bosch zu lesen. In seinem Doktorandenseminar lasen Janet und die anderen Studentinnen und Studenten Hans Jonas und Eric Voegelin zum gnostischen Antinomismus. Taubes empfahl ihr Scholems Essay »Erlösung durch Sünde«. Jakob Frank, der mutmaßlich selbst ein sexuell ausschweifendes Leben geführt hatte, war für ihn eine zentrale Figur.

Jacob Taubes war kein Jakob Frank, aber er war auf seine Weise auch grenzüberschreitend. Das zeigte sich unter anderem in seiner Befriedigung darüber, Frauen mit strengen religiösen und moralischen Überzeugungen so zu manipulieren, dass sie ihren moralischen Kodex verletzten. Er nahm sich jüdische Mädchen mit orthodoxem oder konservativem Hintergrund und brachte sie dazu, auf drastische Weise gegen das Gesetz verstoßen, indem er etwa Sex mit ihnen an Jom Kippur hatte.

Doch es war nicht nur der Akt an sich, der die Grenzen des Anstands überschritt. Es war auch die Art des Geschlechtsverkehrs und des dazugehörigen Vorspiels, das mitunter unkonventionelle Praktiken beinhaltete. Dazu gehörte auch ausgiebiger Oralverkehr, eine damals eher seltene Praktik, zumindest in jenen Kreisen, in denen diese Frauen verkehrten. (In *Divorcing* kommt eine Frau vor, die die Jacob-Figur an der Woman's Interfaith Union in Milton, New Jersey, trifft, wo er eine Vorlesung über »Agapische und erotische Theologie im Judaismus« gehalten hat. Sie erklärt: »Wir haben nur einen Abend miteinander verbracht, aber es hat mir gut gefallen. Ich hatte bisher noch nie von Cunnilingus und anderen jüdischen Bräuchen gehört; ich bin sicher, dass wir Amerikaner noch viel von anderen Völkern dazulernen können.«[139])

Jacob und Janet hatten eine kurze Affäre, ein oder zwei Monate, während er allein in seiner Wohnung in der Claremont Avenue lebte. Sex war nur ein Teil ihrer Beziehung und keineswegs der wichtigste: Auf den Geschlechtsverkehr mit Jacob folgte üblicherweise eine intellektuelle Diskussion und anschließend ging es gemeinsam in die Bibliothek.

Einmal rief Jacob Janet an und bat sie in seine Wohnung in der Claremont Avenue, sie solle einfach hereinkommen. Als sie eintrat, war sie sehr überrascht über den Anblick von Jacob und Susan Taubes und Susan Sontag – alle gemeinsam in einem Bett. Es scheint, als habe er Janet eigens eingeladen, damit sie die Szene beobachtete – und vielleicht hatte er auch einen aktiven Part für sie im Sinn. Doch sie floh. (Wie wir sehen werden, fand die Situation später Eingang in einen von Susan Sontags Filmen.)

Die Dozenten am JTS und ihre Ehefrauen waren bemüht, nur dann über Jacob Taubes zu sprechen, wenn sie ihre Kinder außer Hörweite wähnten. Aber mindestens eines dieser Kinder, Susannah Heschel, erinnert einen Spitznamen von Jacob Taubes – *Sitra achra* – eine kabbalistische Bezeichnung für eine Person, die aus der entgegengesetzten Richtung des Himmels kommt: aus dem Reich des Bösen.[140]

Doch trotz der teils verwunderlichen und verstörenden Erfahrungen war die Beziehung mit Jacob für Janet insgesamt positiv. Sie lernte Verhaltensweisen kennen, die über die bürgerlich-jüdische Existenz, die sie bis dahin geführt hatte, hinausgingen. Auf sehr eigene Weise hatte die Beziehung etwas Befreiendes – wie es Jacob zweifellos beabsichtigt hatte. Sie blieben auch nach dem Ende ihrer erotischen Beziehung in engem Kontakt, bis Jacob endgültig nach Berlin ging.[141]

Edith

Jacobs Grenzen überschreitende Sexualität – seine Manipulation von Frauen mit strengen moralischen Überzeugungen, die schließlich ihre eigenen Normen verletzten – nahm mitunter auch destruktivere Formen an. Zur gleichen Zeit, als er eine Affäre mit Janet hatte, suchte er ganz offen Sex mit Edith Wyschogrod, einer Doktorandin an der Columbia und Ehefrau seines orthodoxen Freundes Michael. Wenn auch unklar bleiben muss, ob er tatsächlich erfolgreich war, so wissen wir doch sicher, dass er es seinem Umfeld so erzählte – und er brachte Michael damit in große Verlegenheit.[142] Es bereitete Taubes ein gewisses Vergnügen, Ehen zu zerstören und Chaos um sich herum zu stiften.[143] Die Grenze zwischen Erniedrigung und Befreiung zu ziehen, fällt dabei schwer. Das war eine Facette der dämonischen Seite seines Charakters. Doch es wird sich zeigen, dass seine Affären mit verheirateten Frauen nicht zwangsläufig deren Ehen beschädigten, ebenso wenig seine Freundschaften mit den Ehemännern. Ein Jahrzehnt später halfen ihm die Wyschogrods aus Zeiten der Not.

Familie: Mirjam und Zwi

Jacobs Verbindungen zu seiner Familie in Zürich wurden mit der Zeit immer brüchiger. Im Herbst 1964, am Vorabend des Sukkoth-Festes, erlag Mirjam einem Krebsleiden mit noch nicht einmal vierzig Jahren. Jacob reiste zur Beerdigung an und blieb für die *Shiva*. Er war so verzweifelt über den Verlust seiner einzigen Schwester, dass er fast durchdrehte.[144]

Für Jacobs Vater Zwi war der Tod seiner Tochter eine von vielen Enttäuschungen. Seine zweite Ehe mit einer Witwe aus Belgien war nicht glücklich. Und dann gab es noch Jacob, seinen einzigen Sohn. Zwi hatte bereits auf Jacobs Bar Mitzwa deutlich gemacht, dass sein Sohn auch seine Hoffnung auf die Zukunft verkörperte. Nicht nur sollte Jacob die Familientradition der jüdischen Gelehrsamkeit weiterführen, Zwi hatte auch gehofft, Jacob würde neue Höhen der jüdischen Wissenschaft erklimmen. Aber Zwis Verhältnis zu seinem Sohn war durch Jacobs Entschluss, eine Stelle in Berlin anzunehmen, belastet, noch schwerer wog die Beziehung zu Margherita von Brentano. Als

Ethan zu Besuch kam, war Zwi bestürzt über dessen fehlende jüdische Erziehung, und er versuchte, ihm ein wenig Hebräisch beizubringen. Als er 1965 erfuhr, dass sein einziger Enkel keine Bar Mitzwa haben würde, brach es ihm das Herz.[145]

Im Jahr zuvor hatte Zwi als Delegierter der religiös-zionistischen Bewegung Mizrachi, in der er eine prominente Persönlichkeit war, am zionistischen Weltkongress in Jerusalem teilgenommen. Nun plante er, sich aus dem Rabbinat zurückzuziehen, und strebte eine Forschungsstelle in Jerusalem am Mossad Harav Kook an, einem Zentrum religiös-zionistischer Gelehrsamkeit. Im Oktober 1965 verließ er Zürich und ging nach Jerusalem. Aber die reale Situation in Jerusalem konnte seinen Erwartungen nicht standhalten. In Zürich war er ein angesehener und gelehrter Oberrabbiner gewesen. In Jerusalem war er nur einer von vielen Rabbinern und Gelehrten. Als ihn ein ehemaliges Gemeindemitglied Ende Dezember besuchte, erzählte er diesem, dass er seine Gemeinde in Zürich sehr vermisse.[146]

Enttäuschung reihte sich an Enttäuschung und führte zu Depressionen. Am 11. Januar 1966 starb Zwi in Jerusalem, augenscheinlich hatte er Suizid begangen. An seiner Beerdigung nahmen auch der damalige Präsident Israels Salman Schasar (ein langjähriger Freund), der sephardische Oberrabbiner Yitzhak Nissim und mehrere Kabinettsmitglieder teil.[147] Selbstmord war eigentlich ein skandalöser Verstoß gegen das jüdische Gesetz, konnte aber halachisch durch die juristische Konstruktion sanktioniert werden, dass der Verstorbene zum Zeitpunkt seines Todes vorübergehend unzurechnungsfähig war. Zwis Schwiegersohn Armand Dreyfus kam aus Zürich, um der Beerdigung beizuwohnen.

Jacob, der sich gerade in New York aufhielt, kam nicht. Als Louis Finkelstein Jacob in dessen Wohnung aufsuchte, um ihm Trost zu spenden, fand er ihn in Tränen aufgelöst und sich auf dem Teppich wälzend in seinem Wohnzimmer vor.[148] Auch wenn in Jacobs Briefen hin und wieder davon die Rede ist, dass er vorhatte, das Grab seines Vaters in Jerusalem zu besuchen, brauchte es doch mehr als ein Jahrzehnt, bevor er in die Stadt zurückkehrte, in der sein Vater begraben lag und in der Gershom Scholem lebte.

Aber er bemühte sich sehr um die Veröffentlichung des Manuskripts, an dem sein Vater jahrelang gearbeitet und das er kurz vor seinem Tod fertiggestellt hatte: eine Zusammenstellung rabbinischer Quellen aus der Zeit der Geonim (ca. 600-1100 n. Chr.) über ein Traktat aus dem Talmud. Jacob sprach mit David Weiss, dem Talmudwissenschaftler, den er für einen Kurs an die Columbia geholt hatte und der gerade ein Jahr in Israel verbrachte. Weiss erklärte sich bereit, das Manuskript für die Veröffentlichung zu überarbeiten. Das Buch, *Otzar ha-geonim le-masekhet Sanhedrin*, wurde vom Mossad Harav Kook Ende 1966 veröffentlicht. Nach Erscheinen berichtete Jacob der Tochter von Rabbi Botschko von der Montreux Jeschiwa erfreut, der Band werde außergewöhnlich positiv in Fachzeitschriften besprochen.[149]

Die Entscheidung

Jacob schwankte den größten Teil der Jahre 1965 und 1966 und quälte sich mit der Frage, ob er in New York bleiben oder dauerhaft nach Berlin ziehen und Margherita heiraten sollte. Er sprach mit jeder und jedem darüber, einschließlich Paul Celan, Theodor W. Adorno und Daniel Bell (der überrascht war, dass Jacob ihn in dieser Angelegenheit um Rat fragte).[150] Seine Briefe aus dieser Zeit sind voll mit Schilderungen seiner Seelenqualen.

Die Hauptmotivation, in den Vereinigten Staaten zu bleiben, war, zumindest vordergründig, näher bei seinen Kindern zu sein. Er betrachtete Susan nicht als fähige Mutter, und sie ihn nicht als fähigen Vater. Vermutlich hatten sie beide recht.

Alles andere schien für Berlin zu sprechen: seine größere Vertrautheit mit der deutschen Sprache und der akademischen Kultur in Deutschland, in der er bereits Fuß gefasst hatte; der höhere Status als Professor in Berlin; die Möglichkeiten, die sich ihm als Jude in Deutschland auftaten; und nicht zuletzt Margherita.

Im November 1965 schrieb Jacob aus New York an Margherita und schlug ihr vor, sie solle zu ihm nach New York ziehen und ihn heiraten. Sie lehnte ab mit der Begründung, dass es unklug wäre, im Alter von dreiundvierzig Jahren eine Festanstellung an der FU aufzugeben, um in ein Land zu ziehen, in dem sie keine Arbeit hatte und das ihr kulturell vollkommen fremd war.[151] Auch würde es für sie beide nicht für ein angenehmes Leben reichen, da er seine Kinder und möglicherweise auch Susan unterstützen musste. Und auf den Bestand ihrer Beziehung könne sie sich auch nicht verlassen. »Du hast mich oft genug in Theorie und Praxis darauf hingewiesen, daß eine Bindung wie die unsere, Freiheit zu anderen *Rencontres* lassen soll und muß.«[152] In Anbetracht seiner Veranlagungen werde sich dies wohl kaum ändern, fügte sie hinzu, und jede dieser Affären könne sich zu etwas Dauerhaftem entwickeln. Sie war sich darüber im Klaren, dass er andere Beziehungen hatte, wie zum Beispiel die mit Ingeborg Bachmann. In Berlin könne sie wütend und traurig sein, sogar die Beziehung beenden, ohne damit ihre materielle Existenz zu gefährden. Das wäre unmöglich, wenn sie zu ihm nach New York zog. Aber vor allem sei Jacob nicht der Mensch, auf den sie ein Leben aufbauen wolle, denn sie hielt ihn für »absolut und fundamental« unzuverlässig. »Dafür sind Deine Lebenspläne zu chaotisch oder gar nicht vorhanden.«[153] Sie glaubte, der wahre Grund, warum er zu New York tendiere, sei seine Abneigung gegenüber dem Fach Judaistik, für das ihn die FU einstellen wollte.[154]

In der Zwischenzeit, schrieb Margherita, stifte Jacob Chaos und schüre Unfrieden. Kurz zuvor noch hatte er Tiedemann aus Frankfurt als seinen Assistenten nach Berlin kommen lassen. Jacob und Margherita hatten in benachbarte Häuser investiert, ein für sie vollkommen sinnloses Unterfangen, wenn er nicht zurückkehrte.[155] Von Jacob hin und her geschubst, fühlte sie sich wie eine Laborratte in einem psychologischen Experiment, das sie nur noch neurotischer machen sollte. Es sei an ihm, sich endgültig zu entscheiden, schrieb sie. Doch wenn er nach Berlin zurückkehren wolle, solle er seinen rechtlichen Ehestatus in Ordnung bringen. Die aktuelle Situation sei unhaltbar, ihr Zusammenleben in Berlin in wilder Ehe lasse sie zum Gegenstand von Klatsch und Tratsch an der ganzen Universität werden. Sie glaubte, dass die Spannungen zwischen ihnen – wenn sie ihn zum Beispiel mal wieder beschimpfte und hinauswarf – nachlassen würden, sobald er sich für Berlin und die Ehe mit ihr entschiede.[156]

In New York, wo er 1965/66 noch unterrichtete, war Jacob hinabgeglitten in eine »dunkle Nacht der Seele und des Geistes«, wie er es beschrieb. Er begann eine Psychoanalyse, wahrscheinlich bei Silvano Arieti, den er aus einem Columbia-Seminar über Religion und Psychiatrie kannte. Aber die Erfahrung half ihm nicht weiter: Als die Sitzungen abgeschlossen waren, zürnte er gegenüber seinen Freunden, den Wyschogrods, »ich bin wütend auf mich selbst, dass ich bereit war, auf das postfreudianische Orakel zu hören«.[157]

Eine Quelle seiner Unzufriedenheit war der Umstand, dass die Columbia University ihn immer noch nicht zum ordentlichen Professor befördert hatte. Und so lag ein Teil seiner Unentschlossenheit darin begründet, dass er hoffte, sein Angebot aus Berlin für erfolgreiche Verhandlungen mit der Columbia nutzen zu können.[158] Er hatte seit seiner Beförderung zum außerordentlichen Professor 1959 nur wenige Essays veröffentlicht, auch wenn er 1966 immerhin einen schmalen Band der autobiografischen Schriften Franz Overbecks herausgegeben hatte, ein Stern an seinem intellektuellen Firmament. Jacobs Einleitung zu diesem Band, »Entzauberung der Theologie: Zu einem Portrait Overbecks«, war in Teilen ein Selbstporträt. Taubes zufolge hatte sich Overbeck nicht einfach nur vom Professor für Theologie zum Agnostiker entwickelt, wie die meisten Kritiker es behaupteten, vielmehr sei sein Werk ein »Ineinander des Unvereinbaren, das den Overbeckschen Fragmenten ihre abgründige Brüchigkeit verleiht«.[159] Ob das nun eine angemessene Charakterisierung für Overbeck war, sei dahingestellt – auf Taubes jedenfalls passte sie sehr gut.

Taubes' Sorgen um sein berufliches Fortkommen führte zu einem weiteren kleinen, aber bezeichnenden verräterischen Akt. Sein Kollege am Fachbereich Religion Harold Stahmer beschäftigte sich ebenfalls mit dem deutsch-jüdischen Denken des zwanzigsten Jahrhunderts, speziell mit Franz Rosenzweig. Während Taubes in Berlin war, hatte ein dienstälterer Kollege aus dem Fachbereich, Jacob Blau (dessen Intellekt Taubes eher geringschätzte), eine Vorlesung an der Columbia über Rosenzweig gehalten. Stahmer berichtete Taubes in einem Brief davon und schrieb: »Blau hielt aus unerfindlichen Gründen eine Vorlesung über Rosenzweig, obwohl er ganz offensichtlich keinen Schimmer von Rosenzweig hat.« Im darauffolgenden Jahr, als sowohl Stahmer als auch Taubes für eine Beförderung zur Diskussion standen, suchte Taubes Blau auf, griff in seine Tasche und erzählte Blau, er besitze einen Brief, dessen Inhalt ihn zweifelsohne interessieren werde. Dann zog er Stahmers Brief heraus, in dem dieser sich in so herabwürdigender Weise über Blau ausgelassen hatte. Stahmer erfuhr erst Jahre später von einem Kollegen, der anwesend gewesen war, von dem Vorfall.[160] Dieses Verhalten gegenüber einem Kollegen, den er als potenziellen Rivalen betrachtete, erinnert an Taubes' früheren Versuch, Philip Rieffs Position beim Beacon Press Verlag zu unterminieren.

Tatsächlich wurde Taubes zum ordentlichen Professor befördert, und er wurde ganz offiziell am 4. April 1966 davon in Kenntnis gesetzt. Sein Gehalt stieg auf 14 000 $.[161] Er schrieb daraufhin an den Rektor der FU, Hans-Joachim Lieber, und setzte diesen davon in Kenntnis, dass er gerade den Dekan der Philosophischen Fakultät über sein bedauerlicherweise notwendiges Ausscheiden informiert habe. Er habe gehofft, die Vormundschaft für seine Kinder zu erlangen, doch nun, da dies gescheitert war, fühle er sich gezwungen, an der Columbia zu bleiben.[162] Im Juni 1966 schrieb er Margherita aus Paris, dass es ihm leidtat, aber ihre Beziehung sei beendet; er plane, eine sehr wohlhabende Frau zu heiraten (es gibt einen kryptischen Hinweis darauf in Margheritas Antwortbrief, in dem sie von den »Norry-Millionen« spricht).[163] Doch dieses Vorhaben erwies sich bald als Sackgasse.

Es folgte mehr Sturm und Drang – und es wurde weiter gefeilscht. Am 27. Juli teilte er dem Kurator der FU mit, dass er seine Stelle an der Columbia aufgeben würde, um Beamter auf Lebenszeit an der FU zu werden – und forderte eine Gehaltserhöhung und eine Anhebung seiner Unterrichtsgeldgarantie auf 18 000 DM im Jahr. Der Kurator stimmte zu und stufte ihn in eine höhere Besoldungsgruppe (von AH 3 auf AH 6) ein, außerdem gewährte er ihm die geforderte Unterrichtsgeldgarantie, zusätzlich zu seinem Monatsgehalt von 4 020 DM – damit verdiente Jacob 66 240 DM im Jahr, und diese Summe ergänzte er noch um sein Salär von Suhrkamp.[164] (Jacob erzählte später einem Freund, »wenn Derrida mich kennenlernt, wird er mich um mein Einkommen beneiden«.[165]) Nun schrieb er wieder an den Dekan der Columbia und kündigte zu Ende August.[166] In einem Brief an einen deutschen Kollegen erklärte er, er sei eigentlich in der Absicht nach Berlin zurückgekehrt, hier seine Angelegenheiten abzuwickeln, doch dabei sei ihm klar geworden, dass er sich tatsächlich an Margherita gebunden fühle.[167] Vielleicht war das der Grund. Vielleicht fühlte er sich auch an der Columbia nicht willkommen bzw. zu wenig respektiert. Vielleicht passte Berlin einfach so viel besser zu ihm.

Bevor er Margherita jedoch heiraten konnte, musste er sich von Susan scheiden lassen, und eine Scheidung zu erwirken war im Staat New York zu dieser Zeit schwierig und kostspielig.

Als Jacob sich also endgültig für Berlin entschieden hatte, trafen er und Susan eine juristische Trennungsvereinbarung, die am 31. Oktober 1966 aufgesetzt und im Februar 1967 unterzeichnet wurde.[168] Am 8. April 1967 folgte die Scheidung im mexikanischen Chihuahua, bei der Susan Jacob wegen Unvereinbarkeit der Charaktere und Beendigung des ehelichen Zusammenlebens seit 1962 auf Scheidung verklagte. Susan flog nach Mexiko zur Verhandlung, Jacob ließ sich durch einen mexikanischen Anwalt vertreten. Die Scheidung ratifizierte die Bestimmungen der Trennungsvereinbarung. Wie zerrüttet ihre Beziehung inzwischen war, bezeugt die Klausel, dass »beide Seiten vollständig frei von jeglicher, direkter oder indirekter Einmischung, Weisung und Kontrolle durch die andere Seite sein sollen, als wären sie unverheiratet. Auch soll keine der beiden Seiten den anderen belästigen, ihn zwingen, oder versuchen zu zwingen, mit ihm zusammenzuleben oder bei ihm zu wohnen.« Bemerkenswerterweise gab es nach achtzehn Ehejahren kein eheliches Vermögen aufzuteilen. Weder Jacob noch Susan waren mit ihren Besitztümern verwachsen – tatsächlich waren sie so gut wie gar nicht verwurzelt.

Die finanziellen Bestimmungen regelten, dass Jacob Susan Unterhalt in Höhe von 3600 $ (das entsprach nach damaligem Wechselkurs 14 364 DM) jährlich zu zahlen hatte, zuzüglich 2400 $ (9576 DM) für die Kinder sowie deren medizinische Versorgung. Solange Jacob in Europa lebte, bekam Susan das alleinige Sorgerecht für die Kinder zugesprochen, die einen Monat in den Sommerferien bei ihm verbringen sollten. Jacob und Susan verständigten sich darauf, in Fragen, die die Ausbildung und die medizinische Behandlung der Kinder betrafen, den jeweils anderen zu konsultieren.

Jacob flog nach Berlin und überließ seinem Freund Michael Wyschogrod das Regeln seiner Kranken- und Lebensversicherung: »In diesen Dingen bin ich äußerst inkompetent und ahnungslos. Ich habe diese komplexe Welt nicht erschaffen und finde mich nicht in ihr zurecht.«[169] Seinen Doktoranden Gershon Greenberg beauftragte er damit, das Einpacken und Verschiffen seiner Bücher nach Berlin zu überwachen.[170] Bevor er abreiste, lieh er sich noch den Columbia-Bibliotheksausweis von Harold Stahmer und nutzte ihn, um einige Bücher auszuleihen – die er mit nach Berlin nahm.[171]

Mit dem Tod seiner Schwester und seines Vaters, seiner Scheidung von Susan und seinem endgültigen Umzug von New York nach Berlin schienen alle Bindungen, die Jacob noch zu seiner Vergangenheit hatte, abgerissen zu sein. Jacob schlug ein neues Kapitel seines Lebens auf, das sich um seine neue Hochschule drehte. Die FU wurde von einer Welle des kulturellen und politischen Radikalismus erfasst. In Berlin schien sich die Geschichte in Richtung Apokalypse fortzubewegen. Und Jacob und Margherita sollten vorne mitmarschieren.

10

Berlin

Im Herbst 1966 zog Jacob nach Berlin, ließ seine Stelle an der
Columbia hinter sich und verpflichtete sich an der Freien Universität, wo er mit dem Aufbau der Institute für Judaistik und
für Hermeneutik begann, die eigens für ihn errichtet worden
waren. Jacob etablierte sich als Professor und als Impresario von
Ideen sowie durch seine Mitwirkung an einem einzigartigen
intellektuellen Unterfangen – einem interdisziplinären Kolloquium namens »Poetik und Hermeneutik« –, das ein weit verzweigtes Netzwerk deutscher Wissenschaftler und Intellektueller erreichte.

Obwohl Jacob den Entschluss gefasst hatte, an die FU zu
wechseln, war er darauf bedacht, seine Kontakte nach Amerika
aufrechtzuerhalten. Er hatte Freude daran, Gastgeber für seine
Freunde zu sein, wenn sie nach Westberlin kamen. Im Jahr 1967
besuchten Norman Podhoretz und seine Ehefrau, Midge Decter, als Teil einer Gruppe der Ford-Stiftung die Stadt, zu der
auch Irving Kristol und Gertrude Himmelfarb gehörten. Jacob
hörte davon und nahm sie mit in eine orthodoxe Synagoge, die
er manchmal besuchte und deren Gemeindemitglieder überwiegend ältere, osteuropäische Juden waren. Er bat Podhoretz auch,
vor seinem Seminar zu sprechen. Podhoretz beobachtete, dass
Jacob sich politisch stärker engagierte und nach links rückte,
wie sehr und wie tief ahnte er hingegen nicht.[1]

In einer Zeit, in der Dienstreisen noch selten unter deutschen
Professoren waren, war Jacob ungewöhnlich viel unterwegs.

Kaum war er nach Berlin zurückgekehrt, wurde er auch schon
zu einem Seminar über Judentum, Christentum und Säkularisierung nach Harvard eingeladen, das der Soziologe Robert Bel-

lah zusammen mit Jacobs Freund, dem Theologen Krister Stendahl, organisierte. Im Publikum, so Bellah, würden Bibelwissenschaftler, Theologen, Historiker und Soziologen anwesend sein. Bellah legte Jacob nahe, das Thema weiter zu fassen, denn »Ihre Interessen sind sowohl biblisch und historisch als auch sozialwissenschaftlich«.[2]

Jacob setzte sich daran, einen Entwurf auszuarbeiten, der sich auf seine umfassende Lektüre stützen sollte, um ein breit angelegtes historisches Narrativ zu entwickeln. Er wollte sich mit »Dante (im Lichte [Erich] Auerbachs Interpretation), aber mit dem Augenmerk auf seine imperiale Theologie); mit Spinoza (die Zerstörung der Heilsgeschichte); und der Bauer-Marx-Kontroverse über die Judenfrage« beschäftigen. Sein Vortrag, so schilderte er es Bellah, sollte »eine Kritik der zeitgenössischen sozialwissenschaftlichen Analyse [beinhalten], ebenfalls eine Kritik an seinem Schutzpatron, Alexis de Tocqueville, der sich nach 1945 besonders für die Liberalen in der westlichen Welt als wesensverwandt erwiesen hat. Ich wage die Behauptung, dass Marx mehr anzubieten hat, um das Geheimnis des religiösen Aufschwungs in den Vereinigten Staaten seit 1945 zu lüften.« Damit meinte er, dass die anhaltende Bedeutung von Religion in den Vereinigten Staaten eine Reaktion auf die Entfremdung war, die das amerikanische zeitgenössische Leben kennzeichnete – und weniger ein Pfeiler der sozialen Integration im Sinne Tocquevilles.[3]

Sein Auftritt in Harvard war ihm wichtig. Und doch tat er sich wieder einmal schwer damit, die für das Schreiben erforderliche Konzentration aufzubringen. Da er sich zu wenig Zeit für die Vorbereitung genommen hatte, war er vor Angst fast gelähmt. »Jahrelang wartet man auf den ›grossen‹ Vortrag in Harvard, und wenn er kommt, dann steht man unter Zeitdruck, der einen in Atemnot bringt«, schrieb er an Miriam Weingort, eine orthodoxe Freundin in Montreux.[4] Er war zu nervös, um den Vortrag niederzuschreiben und diktierte ihn seinem Doktoranden Gershon Greenberg.[5]

Es bestehen einige Zweifel an der Stimmigkeit und Stringenz seines Vortrags. Jacob selbst schrieb kurz nach der Konferenz in Harvard abermals an Weingort und berichtete, »Harvard, glaube ich, war ein Erfolg, mehr wohl die Diskussionen als der Vortrag. Es braucht doch mehr als sechs Wochen, um etwas Vernünftiges auf die Beine zu stellen.«[6] Sein Vorhaben, den Beitrag in der *Harvard Theological Review* zu veröffentlichen, scheiterte.[7]

Jacob nutzte die Gelegenheit der Konferenz für einen Angriff auf Gershom Scholem. Seinem Empfinden nach handelte es dabei um ein Verteidigungsmanöver. Er hatte von Jacob Fleischmann, einem Judaisten, der von der Hebräischen Universität nach Paris gegangen war, gehört, dass Scholem Fleischmann in Paris besucht und diesem eine zweistündige Predigt über Taubes gehalten hatte. Scholem hatte kürzlich einen hochgradig kontrovers diskutierten Essay, »Against the Myth of the German-Jewish Dialogue«, in einer Festschrift für eine gemeinsame Freundin, Margarete Susman, veröffentlicht. Darin schrieb Scholem, dass die jüdische Liebe zur deutschen Kultur eine unerwiderte sei, da die nichtjüdischen Deutschen sich nicht dafür interessierten, was die Juden dachten. Wenn überhaupt, liege ihnen daran, darauf hinzuweisen, was die Juden aufzugeben und nicht, was sie beizutragen hatten. Scholem schlussfolgerte: »Wenn sie [die deutschen Juden] dachten, sie würden zu den Deutschen sprechen, sprachen sie zu sich selbst.«[8] Nachdem Jacob von Fleischmann erfahren hatte, dass Scholem ihn an den Pranger gestellt hatte, berichtete er: »Daraufhin habe ich mich entschlossen, in Harvard Farbe zu bekennen, und in einer öffentlichen Diskussion seinen Aufsatz in der Margarete Susman-Festschrift als jüdischen Faschismus bezeichnet.« Die Resonanz sei überwältigend positiv gewesen, sogar von jenen, von denen er es nicht erwartet hatte – so behauptete Jacob es zumindest.[9]

Wenn sich Jacob eine Gelegenheit bot, akademische Einrichtungen in Amerika zu besuchen, nutzte er sie. Schon im April flog er abermals nach Harvard, wieder um einen Vortrag zu halten, »eine Versuchung, der ich nicht widerstehen kann«.[10]

Jacobs Beziehung zu seinen Kindern war eine Quelle der ständigen Sorge und Angst für ihn. Bisweilen besuchten ihn seine Kinder in Berlin. Auch verbrachten sie jeden Sommer einige Zeit mit ihm in Europa, manchmal gemeinsam mit Susan. Insbesondere die Beziehung zu seinem vierzehnjährigen Sohn Ethan belastete Jacob. Nach dem Besuch seines Sohnes im Dezember 1966 schrieb er an Rabbi Mosche Botschko von der Jeschiwa in Montreux, dass es in so kurzen Zeiträumen schwierig sei, eine vertrauensvolle Beziehung zwischen Vater und Sohn aufzubauen, die doch nur durch beständige Zuwendung entstehe. Dieser Realität habe er sich »ohne Illusionen« stellen müssen, klagte er.[11] Was Jacob nicht erwähnte (oder vielleicht auch nicht bemerkt hatte), war, dass Ethan Angst vor ihm hatte, da Jacob ihn von klein auf immer wieder geohrfeigt oder geschlagen hatte, wenn er sich seinem Vater widersetzt hatte. Das hörte erst auf, als der fünfzehnjährige Ethan seinem Vater drohte: »Wenn du mich noch einmal berührst, bringe ich dich um.«[12] Ihr schwieriges Verhältnis rührte aus der Kombination von Jacobs hohen Erwartungen und seiner mangelnden Geduld. Wiederholt drängte Jacob seine männlichen Freunde in den Vereinigten Staaten, nach Ethan zu sehen und ihm mit ihrem Rat zur Seite zu stehen.[13]

Die Ehe mit Margherita von Brentano

Am 20. Dezember 1967, nachdem sie – wenn auch mit Unterbrechungen – sechs Jahre lang eine Beziehung geführt hatten, veranstalteten Jacob und Margherita eine kleine Hochzeitsfeier in ihrem Haus. Anwesend waren ein paar wenige Freunde, Peter Szondi war Trauzeuge.[14] Seit Jacobs Rückkehr nach Berlin lebten sie zusammen in der Furtwänglerstraße 11 im Stadtteil Grunewald.

Nicht wenige von Margheritas langjährigen Freunden waren über diese Konstellation verwundert. Einige hatten gedacht, sie fühle sich mehr zu Frauen als zu Männern hingezogen.[15] Außerdem schienen die beiden so verschieden. Sie hatte einen Sinn für Mode, er nicht. Sie fuhr einen weißen Alfa Romeo, er fuhr nach seinem Umzug nach Berlin gar nicht mehr. Sie war anständig und zurückhaltend, er keines von beiden. Er war ironisch, skeptisch und humorvoll; sie eher streng und ernst.[16] Sein Verstand war forschend und assoziativ, ihrer nicht.[17] Sie liebte Hunde, was für Deutsche ihrer Herkunft nicht unüblich war, für ihn jedoch völlig fremd. Sie besaß ein kleines Haus im Schwarzwald, in das sie sich von Zeit zu Zeit zurückzog, eine Gepflogenheit, die er als »Heideggerei« verhöhnte. (Der Philosoph besaß bekanntlich eine Hütte im Schwarzwald als Rückzugsort.) Beide frönten dem Rauchen. Doch während er die Pfeife bevorzugte, rauchte sie Zigaretten, mehr oder weniger ununterbrochen. Sie war ein durch und durch nervöser Typ. Sie hätte gern eigene Kinder gehabt, doch er, der zweifache Vater, war daran nicht interessiert.[18]

Margherita war in einem zutiefst katholischen Milieu aufgewachsen, hatte inzwischen jedoch der Religion den Rücken gekehrt und keinerlei Interesse mehr daran. Ganz anders Jacob, der sich seine Faszination für die Religion als akademisches Studienfach bewahrte; dies galt auch, wenn auch nur periodisch, auf persönlicher Ebene. Margherita hatte wenig für diese Seite an Jacob übrig, tatsächlich war sie ihr zutiefst suspekt. Als Jacobs Freund, der jüdische Philosoph Michael Wyschogrod, Jacob und Margherita in der Zeit vor ihrer Hochzeit besuchte, war sie ihm gegenüber geradezu feindselig, denn sie fürchtete, Wyschogrod sei von den jüdischen Ältesten in New York geschickt worden, um Taubes aus ihren Fängen zu befreien. Sie führten eine dreitägige Debatte darüber, ob der Antisemitismus der Nazis in marxistischen Konzepten erklärt werden könnte: Margherita behauptete, das sei möglich, Wyschogrod hielt das für ausgeschlossen.[19]

Natürlich hatte das Paar auch einiges gemeinsam, einschließlich ihres beruflichen Interesses an der Philosophie und einer Faszination für den Marxismus. Doch Margheritas politisches Selbstverständnis war weitaus tiefgründiger und konstanter als Jacobs – und auch doktrinärer.[20] Was für ihn eine Affinität für die politische Linke war, war für sie Anlass zu fortwährendem Engagement und Kampf.

Zum Zeitpunkt ihrer Eheschließung war Margherita noch in der Position einer Akademischen Rätin, der niedrigsten unbefristeten Stufe auf der akademischen Leiter. Damit lag ihr Gehalt deutlich unter seinem, auch wenn sie möglicherweise über zusätzliche familiäre Einkommensquellen verfügte. Doch wenn Jacob nach seinem Abendkolloquium zum Essen ins Restaurant einlud, fragte er, sobald die Rechnung kam, beiläufig: »Na, Margherita, hast du auch dein Portemonnaie mitgebracht?« Meistens bezahlte sie.[21]

Dozent in Berlin

Als Taubes in den frühen 1960er Jahren nach Berlin kam, trug er einen wahren Schatz weltweiter kultureller Beziehungen mit sich, den er nur zu gern mit den in kultureller Hinsicht provinziellen Nachkriegsdeutschen teilen wollte. Er führte seine jungen Studentinnen und Studenten an Bücher und Persönlichkeiten heran, von denen sie noch nie gehört hatten. Er unterrichtete Autoren des zwanzigsten Jahrhunderts wie Freud und Benjamin, als nur wenige in der deutschen akademischen Welt dies taten. Er diskutierte Werke von US-amerikanischen Wissenschaftlern, die er persönlich kannte, die aber in Deutschland weitgehend unbekannt waren, zum Beispiel Leo Strauss.[22] Aber er richtete den Blick auch auf Figuren wie Carl Schmitt, die – sofern sie bekannt waren – von den meisten linken Intellektuellen als grenzwertig betrachtet wurden.

Zu den wenigen Freunden, die bei Jacob und Margheritas Hochzeit anwesend waren, zählte Peter Gente. Im Februar 1965 gab Gente eine Ausgabe der Zeitschrift *Alternative: Zeitschrift für Literatur und Diskussion* heraus, die sich zeitgenössischen französischen Autoren widmete. Taubes war beeindruckt von dem jungen Mann. Er stellte Gente ein, damit dieser eine Beschaffungsliste für Bücher zusammenstellte, die für die Bibliothek des Hermeneutischen Instituts eingekauft werden sollten. Außerdem sollte Gente eine Empfehlungsliste französischer Bücher erarbeiten, die Taubes für eine mögliche Aufnahme in die Reihe Theorie an den Suhrkamp Verlag weiterreichen konnte. Als Taubes' Bücher aus New York eintrafen, wurde Gente mit dem Auspacken beauftragt. Er war überrascht, zahlreiche Exemplare der *Abendländischen Eschatologie* vorzufinden, von denen Taubes offensichtlich einige aus den Bibliotheken entwendet hatte, vielleicht um sein Buch aus dem Verkehr zu ziehen. Gente schloss daraus, dass Taubes das Buch peinlich war. Ebenfalls zu seinem Erstaunen fand Gente Bücher von Carl Schmitt mit Inschriften für Taubes. Gente war ein engagierter junger linker Intellektueller, Mitglied des SDS und des Argument-Kreises. Er bewunderte Taubes und nahm mehrere Textauszüge von Taubes und Brentano in seinem Kompendium *Neuer Roter Katechismus* (1968) mit Schriften linker Denker auf. Der Band, der unter einem Pseudonym erschien, enthielt Exzerpte aus Werken von zeitgenössischen Ikonen der Neuen Linken wie Mao, Adorno, Lukács, Sartre, Che Guevara und Régis Debray.[23] Gente verbrachte ein Jahr in Paris, um Französisch zu lernen, damit er die Werke von Taubes' altem Freund, dem marxistischen Literaturkritiker Lucien Goldmann, besser verstehen konnte.

In Taubes' ersten Jahren an der FU, und noch einige Zeit danach, fühlten sich Studenten wie Gente zu Taubes hingezogen: politisch engagierte, intellektuell wissenshungrige junge Männer und Frauen mit einem Faible für Philosophie und einer Abneigung gegen Fachschranken, die sich lieber mit Theorien als mit empirischen Erhebungen beschäftigten. Einige von ihnen, wie Wolfgang Lefèvre, kamen aus der studentischen Linken und nahmen später Schlüsselrollen bei der Radikalisierung der Universität ein. Andere, wie Henning Ritter, machten Karriere im Journalismus, oder – wie Gente – im Verlagswesen. Wieder andere – insbesondere jene, denen es gelang, eine gewisse intellektuelle Distanz zu Taubes zu wahren – schlugen erfolgreiche akademische Laufbahnen ein, während diejenigen, die sich besonders stark mit Taubes identifizierten und ihn als Mentor wählten, dabei oft scheiterten.

Taubes hatte wenig Zeit, Talent oder Interesse für die Routineanforderungen eines Ordinarius. Als Betreuer von Dissertationen oder Habilitationen war er problematisch. Anstatt seinen Schützlingen Ratschläge zu geben, wie sie ihre Themen eingrenzen konnten, gab er ihnen endlos Empfehlungen und Hinweise für zusätzliches Material – bis zu einem gewissen Punkt war dies durchaus sinnvoll, aber häufiger hielt es seine Studenten davon ab, jemals fertig zu werden. So wurde er der Betreuer so mancher nie abgeschlossenen Dissertation. Dass er über das institutionelle Prozedere wenig wusste und sich dafür auch nicht interessierte, kam erschwerend hinzu.[24]

Wie auch andere sehr charismatische Professoren an der FU hatte Taubes studentische Anhänger, die jahrelang bei ihm studierten, ohne dass sie Hausarbeiten einreichten oder Prüfungen ablegten. Manche erlangten nie einen Hochschulabschluss. Dies wurde zum Teil dadurch ermöglicht, dass sie keine Studiengebühren zahlen mussten und von ihren schlecht bezahlten Stellen an Taubes' Instituten einigermaßen leben konnten. Die Institute wiederum profitierten von den billigen Arbeitskräften. Ein anderer Grund war, dass die ökonomische Zukunft in einer Zeit des wachsenden Wohlstands in der Bundesrepublik wenig Sorgen bereitete. Man konnte über Jahre Philosophie und verwandte Disziplinen studieren, ohne dass man auch nur einmal das Wort »Arbeitsplatz« hörte. In einer Zeit, in der das anhaltende Wirtschaftswachstum für selbstverständlich erachtet wurde und sich viele Stellen im rasch expandierenden Hochschulsystem auftaten, schien es unproblematisch, eine Beschäftigung zu finden. Einige verstanden sich auch als Mitstreiter für ein gemeinsames Ziel und verließen das Nest der Akademie nur ungern.[25] Ihre linke, antikapitalistische Weltanschauung verunglimpfte profanen Broterwerb, und einige lebten in ständiger Erwartung einer bevorstehenden Revolution.

Taubes verfocht Ideen mit großer Leidenschaft und er vermittelte die emotionalen Aspekte von intellektuellen Gefechten, was ein ehemaliger Student als »Pathos der Theorie« bezeichnete.[26] In seinen Seminaren hegte er hohe intellektuelle Erwartungen, und manchmal beschimpfte er seine Studenten, wenn sie seinen hohen Ansprüchen nicht genügten.[27] Er liebte Dramatik und hatte ein Talent dafür, intellektuelle Debatten als dramatische intellektuelle Konflikte zu veranschaulichen – ob zwischen Theodor W. Adorno und Walter Benjamin oder Carl Schmitt und Erik Peterson. Zugleich hatte Taubes eine sehr entspannte Haltung gegenüber akademischen Schranken – sowohl den disziplinären als auch den Grenzen des akademischen Anstands –, auf die er mit Humor und Verachtung blickte. Seine Skepsis gegenüber Disziplin und sein Antiautoritarismus machten ihn besonders attraktiv für die »Generation 1968«, schon vor und auch nach dem Jahr selbst.[28]

Wenn Jacob Taubes zu einer größeren Gruppe von Studenten sprach, präsentierte er sich auf dramatische Art und Weise. Da er frei redete und sich keine Notizen machte, schien er die philosophischen Fragen, um die es gerade ging, unmittelbar in dem Moment zu durchdenken und zu erleben.[29] Er war ein Angeber und in vielerlei Hinsicht untypisch für einen deutschen Ordinarius. Er schien wahrhaftig »präsent« zu sein, wenn er zu einzelnen Studenten sprach, sie durchdringend und neugierig anschaute – die Art der Selbstdarstellung, die seine Kollegen am Jewish Theological Seminary schon zwei Jahrzehnte zuvor an ihm beobachtet hatten.[30]

Taubes hielt auch einige Vorlesungen, aber überwiegend bot er Seminare an, die immer gut besucht waren. Im akademischen Jahr 1964/65 nahm er an einem gemeinsamen Seminar mit einigen aufstrebenden Stars aus der deutschen Philosophie teil – Dieter Henrich, Michael Theunissen und Rolf Tiedemann –, in dem Henrich Heidegger diskutierte, Theunissen Buber unterrichtete und Tiedemann sich mit Benjamin beschäftigte. Taubes für seinen Teil untersuchte Freuds *Der Mann Moses und die monotheistische Religion* sowie Marcuses *Eros and Civilization*. Ein studentischer Teilnehmer, Bernhard Lypp, erinnerte das Seminar als chaotisch, aber interessant, Taubes habe regelrecht im intellektuellen Disput geschwelgt.[31] Taubes sprach sich (wie es charakteristisch für die Frankfurter Schule war) dafür aus, Marx und Freud zusammenzubringen, und zwar entlang der mutmaßlichen Tradition des prophetischen Judentums. Einer seiner damaligen Studenten, Thomas Flügge, erinnert folgende Äußerung von Taubes: »Es ist eine Tragödie Amerikas, daß die Psychoanalyse vom Marxismus nichts wissen will, sich von ihm getrennt hat, daß der Marxismus in Amerika weitgehend unbekannt ist, denn Psychoanalyse und Marxismus kommen aus der gleichen Wurzel, dem jüdischen, aufklärerischen Prophetentum, sie gehören zusammen, erst in wechselseitiger Ergänzung können sie sinnvoll wirksam werden.«[32] Diese Themen vertiefte er in einem Radiobeitrag über »Psychoanalyse und Philosophie«.[33]

Gleich nach seiner Ankunft an der FU griff Taubes auf seine Lehrmethoden zurück, die er an der Columbia erprobt hatte, damals mit Susan Sontag als Assistentin. Einen großen Teil der Unterrichtsvorbereitung, und der alltäglichen Arbeit, überließ er talentierten Assistenten oder Kollegen, die über mehr Expertise als er selbst für bestimmte Schriften verfügten, die ihn gleichwohl interessierten. Der Assistent oder Kollege leitete dann die Diskussion, und Taubes brachte sich dann und wann mit anregenden Bemerkungen oder Einsichten ein, wie etwa das Werk im größeren Kontext der Geistesgeschichte des Abendlandes zu verorten war. Für Seminare über Hegel und Max Weber nahm er in seinen frühen Jahren an der FU gern die Dienste von Uta Gerhardt in Anspruch. Gerhardt hatte bei Adorno in Frankfurt studiert, engagierte sich beim SDS und schlug später eine Laufbahn in der Soziologie ein. Sie hielt Taubes für schlicht zu faul und zu unkonzentriert, um sich mit sorgfältiger Lektüre auf den Unterricht vorzubereiten.[34]

Taubes hatte einen sechsten Sinn für Menschen, deren reich sprudelnde Wissensquellen er anzapfen konnte, auch wenn ihre eigene Forschung vielleicht uninspiriert oder wenig ertragreich war.[35] Er gab Seminare über die Gnosis mit dem Orientalisten Rudolf Macuch und später mit Carsten Colpe, einem Experten im Feld, dessen Anstellung an der FU Taubes unterstützt hatte. Er unterrichtete Seminare über mittelalterliche Schriften mit seinem jüngeren Kollegen Wolfgang Hübener aus der Philosophie und über das Buch Daniel mit Friedrich-Wilhelm Marquardt, einem evangelischen Theologen.[36] Sie brachten ihre philologischen Kompetenzen ein, um den Text auf der reinen Bedeutungsebene zu erläutern. Taubes' Beitrag war es dann, die Schrift politisch, kulturell und gesellschaftlich zu kontextualisieren. Er fragte, was sich *hinter* den Worten verbarg, etwa welche tieferliegenden Sorgen und Ängste den Autor angetrieben haben mochten. Er stellte umfassende Überlegungen über Wesen und Verortung der Schrift im größeren Verlauf der Geistesgeschichte an und zog Verbindungen zu anderen Phänomenen, auf die wohl nur wenige gekommen wären.[37] Dies gelang ihm ohne größere Vorbereitung, quasi aus dem Stand.[38]

Taubes besaß auch ein Talent dafür, zeitgenössische Analogien zu finden, um seinen Studenten das Wesen und die Bedeutung der alten Schriften nahezubringen. Als er zum Beispiel über die Schriftrollen vom Toten Meer sprach, von denen man annahm, sie seien ursprünglich von der Essener-Sekte zusammengetragen worden und würden ein Fenster in das jüdische Leben zur Zeit Jesu öffnen, brachte Taubes folgende Analogie ins Spiel: »Stellen Sie sich vor, das heutige Berlin würde von Bomben zerstört und Jahrhunderte später stolperte jemand über ein paar Artikel aus dem Extra-Dienst«, einer kleinen und randständigen linken Tageszeitung, die in Westberlin erschien und von der studentischen Linken gelesen wurde.[39] Solche Einschübe und Analogien verliehen seinen Kursen die Würze.[40] Taubes' Schwäche, sowohl in der Lehre als auch beim Schreiben, lag in der systematischen Darstellung von Konzepten. Aber sein Talent, Ideen zu konkretisieren, um sie für seine Studenten relevant und lebendig erscheinen zu lassen, war unübertroffen. Er konnte Kierkegaards Konzept der Angst lebendiger als jeder Kierkegaard-Experte erklären.[41]

Taubes' Verhältnis zu Rodolphe Gasché, einem seiner ersten Studenten an der FU, veranschaulicht, wie seine intellektuellen Verbindungen seinen Studenten zugutekamen und wie er wiederum seine Studenten nutzte, um sein eigenes Wissen zu erweitern. Gaschés Werdegang und sein außerakademisches Engagement verdeutlichen einige der kulturellen Strömungen in Taubes' Berliner Milieu. Gasché kam im Herbst 1962 an die FU, und in den folgenden Jahren belegte er Taubes' Vorlesungen zur Religionssoziologie, zur Gnosis und zu Freuds Haltung zur Religion. Der aus Luxemburg stammende, mehrsprachig aufgewachsene Gasché war aktiv in der Situationistischen Internationalen, einer Randgruppe von anarchistischen, utopischen Künstlern und Schriftstellern, die danach strebten, den kapitalistischen Status quo zu untergraben, indem sie sich auf das Erbe des Surrealismus besannen. Ihre Strategie beinhaltete den Einsatz von »konstruierten Situationen«, Theaterdarbietungen, die das Bürgertum empören und das Bewusstsein der Unzufriedenen stärken sollten. Gasché war aktiv bei den westdeutschen Situationisten und zusammen mit Dieter Kunzelmann gründete er die Zeitschrift *Subversive Aktion*.[42] Zu den Mitgliedern in Westberlin zählten auch Herbert Nagel, ein Soziologiestudent, der sich für gesellschaftliche Utopien interessierte, und Rudi Dutschke, unter dessen Einfluss sich die Gruppe erst politisierte. Im Januar 1965 traten sie dem SDS bei und unterstützten die Formation von »aktionistischen Fraktionen«, die den SDS von innen heraus radikalisieren sollten.[43] Doch als sich die Organisation in Richtung des Marxismus-Leninismus bewegte, verließ Gasché sie wieder. Er glaubte an die Kraft der Ideologie – von den zunehmend dogmatischen Marxisten als »Überbau« verhöhnt – und begeisterte sich für den französischen Strukturalismus.[44]

Gasché war im akademischen Jahr 1968/69 Wissenschaftlicher Hilfsassistent an Taubes' Hermeneutischem Institut. (Im Jahr zuvor hatte Herbert Nagel, damals eine führende Persönlichkeit im SDS an der FU, die Stelle.) Taubes verfolgte mit großem Interesse das zeitgenössische französische Denken und bemühte sich, immer auf dem neuesten Stand zu sein. Doch das Lesen überließ er lieber den seiner Einschätzung nach vielversprechenden Studenten, und er ließ sich von ihnen auch die Denker näherbringen, die sie selbst für interessant hielten. Wie zuvor von Gente, ließ sich Taubes auch von Gasché Bücher zur Anschaffung für die Bibliothek empfehlen. Und er bat Gasché, Gutachten über französische Bücher zu schreiben, wie etwa Michel Foucaults *Les mots et les choses* (dt. Titel: *Die Ordnung der Dinge. Eine Archäologie der Humanwissenschaften*), das Taubes anschließend Suhrkamp zur Übersetzung ins Deutsche vorschlug.[45]

Als Taubes im Juli 1968 Jacques Derrida für mehrere Vorträge nach Berlin einlud, organisierte er für einige Studenten, einschließlich Gasché, ein Treffen mit dem neuen Star der französischen Literaturtheorie. Später übersetzte Gasché Derridas

L'ecriture et la différence ins Deutsche für den Suhrkamp Verlag, und noch später wurde er einer der führenden Interpreten von Derridas Werk. Gasché studierte in den Jahren 1969 bis 1971 in Paris. Taubes besuchte ihn dort, um sich von seinem Schüler über die neuesten Entwicklungen in der französischen Theorie unterweisen zu lassen. Und getreu seinem Faible für Konflikte und Dramen wollte er alles über den neuesten Klatsch und Tratsch in der französischen akademischen und intellektuellen Welt wissen.

Derrida an das Hermeneutische Institut einzuladen war charakteristisch für Taubes' Rolle als »Impresario der Theorie« (der Begriff stammt von Gente). Er war vertraut mit der französischen und US-amerikanischen intellektuellen Szene und holte den Nachwuchs nach Berlin. Dazu zählte auch sein Freund Lucien Goldmann, zu dessen Reputation in Deutschland er einiges beitrug. Im Juli 1964 hatte Taubes Michel Foucault in einem Nietzsche-Kolloquium im französischen Kloster Royaument getroffen, wo er einen Vortrag von Foucault über die Anknüpfungspunkte zwischen Marx, Freud und Nietzsche hörte – in Frankreich markierte dieser Vortrag einen Wendepunkt in der Nietzsche-Rezeption.[46] Später holte Gente Foucault nach Berlin und gründete einen Verlag, den Merve Verlag, in dem er die deutschen Übersetzungen Foucaults publizierte. Taubes regte darüber hinaus einen Workshop über den französischen Strukturalismus an, den ein weiterer seiner Schüler leitete, Henning Ritter, und an dem auch Wolf Lepenies, ein aufstrebender Wissenschaftler an der soziologischen Fakultät, teilnahm. Aus diesem Workshop ging 1970 die Publikation *Orte des wilden Denkens* über die Anthropologie von Claude Lévi-Strauss hervor, die in der Reihe Theorie bei Suhrkamp erschien. Der Band wurde herausgegeben von Ritter und Lepenies, die auch je einen Beitrag verfassten, genauso wie Gasché und Nagel.[47] Im Jahr 1973 leitete Ritter ein Seminar zu Foucault.[48] Ritter wurde ein angesehener Kulturjournalist und verantwortete in späteren

Jahren die Rubrik »Geisteswissenschaften« in der *Frankfurter Allgemeinen Zeitung*.

Für Taubes hingen sein intellektuelles und soziales Leben eng miteinander zusammen. Alle vierzehn Tage hielt er einen *jour fixe* in einem chinesischen Restaurant am Kurfürstendamm ab, wo er sich mit Gasché, Ritter, Lepenies und anderen traf. Bei Tisch konnte er nicht nur seinen Humor zeigen, sondern auch seine intellektuelle Bandbreite, und in der beständigen Absicht, nicht nur bürgerliche, sondern auch linke Weisheiten ins Wanken zu versetzen, verteidigte er Carl Schmitt und Ernst Jünger.[49]

Religionssoziologe

Taubes' methodischer Ansatz in der Religionssoziologie basierte weniger auf empirischen Untersuchungen als auf seiner Faszination für historische Analogien und wiederkehrende historische Muster. Wieder und wieder setzte er die eine Schablone an – die der antinomistischen apokalyptischen Momente und Bewegungen, vor allem jener, die sich auf die apokalyptischen Bestandteile der jüdischen und christlichen Tradition stützten.

Mitte der 1960er Jahre war Taubes sehr eingenommen von den möglichen Konsequenzen zweier neuerer Arbeiten, die in seine Schablone zu passen schienen. Die eine war das Buch des britischen Anthropologen Peter Worsley, *The Trumpet Shall Sound* (1957), eine Studie über den Cargo-Kult in Melanesien und die Verbindung zwischen millenarischen Strömungen und dem modernen politischen Nationalismus. Die andere stammte von dem italienischen Religionsethnologen Vittorio Lanternari und trug den Titel *Religions of the Oppressed: A Study of Modern Messianic Cults* (1963, im italienischen Original 1960). Taubes betrachtete diese Bücher als eine Art Offenbarung, als Beleg dafür, dass die Widerstandsbewegungen in der

Dritten Welt weniger vom Marxismus als vielmehr vom Messianismus inspiriert waren. Dies ging konform mit seiner allgemeinen Überzeugung, dass »Säkularisierung« kein angemessenes Modell war, um die Bedeutung der Religion in der Moderne zu verstehen. (Später führte er noch zusätzlich die Arbeit des britischen Religionssoziologen Bryan Wilson an: *Magic and the Millennium: A Sociological Study of Religious Movements among Tribal and Third-World Peoples* [1973].)

Im Jahr 1966, bevor er die Columbia verließ, schrieb er noch einen Finanzierungsantrag für ein Projekt, für das er als Arbeitsthese vorschlug, die Zusammenhänge zwischen gesellschaftlichen Entwicklungen und religiös aufgeladenen nationalistischen Strömungen herauszuarbeiten. In einem Absatz des Entwurfs, den er später wieder herausstrich, vermerkte er, dass das Projekt eine Fortführung von Inhalten sei, die er in der *Abendländischen Eschatologie* und in späteren Essays behandelt hatte.[50] Dieser Projektvorschlag war charakteristisch für seine Herangehensweise an die Religionssoziologie.

Das Projekt wurde nicht finanziert, aber Taubes blieb dran. In Berlin beauftragte er eine Assistentin, Brigitte Luchesi, die wissenschaftliche Literatur zum Messianismus zusammenzutragen. Manch einer wunderte sich, solche Bücher in der Judaistik-Bibliothek vorzufinden. Andere fanden diese transdisziplinären Impulse nützlich und reizvoll, so wie Hans G. Kippenberg, der 1969 an die FU kam. In seiner bis zu diesem Zeitpunkt durchlaufenen akademischen Ausbildung hatte er den philologischen Ansatz für das Religionsstudium kennengelernt. Zum Teil dank Taubes verließ er die Universität mit einem weitaus umfassenderen Blick und wurde zu einem der führenden Religionshistoriker. Von Taubes aufs Pferd gesetzt, gab er 1971 zusammen mit zwei jungen Dozenten vom Institut für Judaistik ein Seminar über »Die Geschichte der Religion und die sozialen Voraussetzungen der Bar-Kochba-Revolution«, ein messianisch-nationalistischer jüdischer Aufstand gegen das Römische Reich.[51] Im

Wintersemester 1973/74 unterrichtete Taubes laut Vorlesungs-
verzeichnis einen Kurs über Komparative Religionssoziologie:
»Chiliasmus und Nativismus in der Spätantike und der Dritten
Welt«.[52]

Der Ideengeber

Manche der Eigenschaften, die Taubes zu einem so unproduk-
tiven Wissenschaftler (mit Blick auf seine Veröffentlichungen)
werden ließen – seine Unfähigkeit, Einsamkeit auszuhalten, sein
Bedürfnis nach Geselligkeit, die spekulative und weit ausho-
lende Art seines Denkens –, waren wiederum gut geeignet für
seine Rolle als Ideengeber, denn sie erzeugten eine Sphäre des
verbalen Gedankenaustauschs, die anregend und energiegeladen war. Taubes praktizierte, in Nietzsches Worten, »die fröh-
liche Wissenschaft« – eine freigeistige Wissenschaft. Er hatte
eine besondere Begabung, interessante Köpfe zusammenzubringen und intellektuellen Austausch zu fördern, eine Betätigung,
die ihm große Freude bereitete.
   Ein gutes Beispiel dafür ist das Abendkolloquium, das er im
Institut für Hermeneutik, in einer kleinen Villa, Auf dem Grat
48, abhielt. Üblicherweise begann das Kolloquium abends, dauerte formell zwei Stunden und ging dann in den informellen
Teil in einem nahe gelegenen Restaurant über. Die Anzahl der
Teilnehmer war auf zwanzig Personen beschränkt, die meisten
von ihnen Doktoranden und Professoren, was einen vertraulichen Rahmen für intensive Gespräche ermöglichte. Taubes wählte in der Vorbereitung Texte aus verschiedenen Zusammenhängen aus, um ein breit angelegtes Thema zu behandeln. Im
Herbst 1967 beispielsweise ging es um die Einsatzmöglichkei-
ten der Verweltlichung als Perspektive auf die Geschichtsphilosophie. Wie er in einem Brief an Hans-Georg Gadamer erläuterte, als er ihn einlud, an der Diskussion teilzunehmen, beschäftigte

sich das Kolloquium mit der Nutzung des Konzepts von deutschen Denkern des zwanzigsten Jahrhunderts, die Taubes grob in eine nichtmarxistische und eine marxistische Perspektive einteilte. Zur ersten Kategorie zählte er Max Weber, Carl Schmitt, Karl Löwith und Friedrich Gogarten; zur zweiten Walter Benjamin, Ernst Bloch und Theodor W. Adorno.[53] Mit vielen von diesen beschäftigte sich Taubes schon seit seiner Doktorarbeit. Ungewöhnlich waren – insbesondere in einer Zeit, in der die studentische Linke begann, die Campus-Diskussionen zu dominieren – die Einbeziehung von Carl Schmitt sowie die Gegenüberstellung von Denkern aus der Linken, der Rechten und der Mitte.

Taubes' Part als Ideengeber wurde durch die enge Zusammenarbeit zwischen seinem hermeneutischen Kolloquium und dem Kolloquium zu Vergleichender Literatur, das von Peter Szondi ins Leben gerufen wurde, noch gestärkt. Auch wenn Taubes sich nicht sonderlich für Ästhetik interessierte, fand er doch Gefallen an einigen intelligenten und aufgeschlossenen Studentinnen und Studenten aus der Vergleichenden Literatur, von denen einige sich auch für die Philosophie interessierten –, und sie fühlten sich von ihm angezogen.[54]

Das Institut für Judaistik

Vor 1933 existierte die Judaistik im deutschen Hochschulsystem vorwiegend als Hilfswissenschaft für die evangelische Theologie, insbesondere um den »jüdischen Hintergrund« für das Studium des Neuen Testaments zur Verfügung zu stellen. Jüdische Wissenschaftler der Wissenschaft des Judentums forschten und unterrichteten überwiegend im Rahmen der Einrichtungen, die für die Rabbinerausbildung zuständig waren, wie etwa das Rabbinische Seminar in Wien, an dem Zwi Taubes seinen Abschluss gemacht hatte.[55] In den Vereinigten Staaten beschränkte sich das akademische Studium jüdischer Inhalte in den frühen 1960er Jahren in erster Linie auf Einrichtungen für die rabbinische Ausbildung, wie das Jewish Theological Seminary, an dem Taubes zu Beginn seiner Laufbahn unterrichtet hatte, sowie das Jewish Institute of Religion, ebenfalls in New York, an dem er in seinen frühen Jahren an der Columbia einige Kurse gab. Es gab nur wenige bedeutende Wissenschaftler des Judentums und der jüdischen Geschichte an amerikanischen Universitäten, darunter Salo Baron an der Columbia, Harry Wolfson in Harvard und Alexander Altmann und Nahum Glatzer an der Brandeis University. Als etabliertes akademisches Feld jedoch steckten die »Jewish Studies« noch in den Kinderschuhen. Die Hebräische Universität in Jerusalem war die einzige säkulare Hochschule mit einem voll ausgebildeten Studiengang der Jewish Studies, der teilweise von Gershom Scholem aufgebaut worden war. Nun war es an Taubes, einen solchen Studiengang an der FU hochzuziehen. Dafür war er eingestellt worden, und sein Vertrag sah den Aufbau einer Judaistik-Bibliothek am Institut vor, das sich ein Gebäude mit der katholischen und evangelischen Religionswissenschaft am Bachstelzenweg 29/31 teilte. Das Gebäude war eine von mehreren Villas im Stadtteil Dahlem, die einst jüdischen Familien gehört hatten und nach dem Zweiten Weltkrieg im amerikanischen Sektor für universitäre Zwecke umfunktioniert wurden.

Doch es gab Hürden, die zu überwinden waren, um den Auftrag zu erfüllen. Da es nur wenige jüdische Studentinnen und Studenten an der FU (oder anderswo in Deutschland) gab, hatte das Publikum überwiegend einen christlichen Hintergrund, und das Interesse an jüdischen Themen war zumeist religiös inspiriert. Ein weiteres Hemmnis war der Umstand, dass Taubes sich weniger für das Unterrichten jüdischer Themen interessierte als für die Kurse, die er am Fachbereich Philosophie und am Institut für Hermeneutik gab – ganz zu schweigen von den Strudeln des politischen Aktivismus, in die er bald hineingeriet. Als er sich endgültig für Berlin entschieden hatte, legte Taubes Wert darauf, dass seine Bestellung mit Judaistik und Religionssoziologie bezeichnet wurde, was das Spektrum auch formell über die rein jüdischen Themen hinaus erweiterte. Seine Funktion als Leiter des Instituts für Hermeneutik dehnte die Bandbreite seiner möglichen Betätigungsfelder noch zusätzlich aus. Kurzum, die Aufgaben, die mit seinem Lehrstuhl für Judaistik einhergingen, waren für Taubes der Preis für die Beschäftigung mit den reizvolleren Feldern der Religion und Hermeneutik.

Nachdem er seine unbefristete Stelle an der FU angetreten hatte, suchte Jacob Taubes nach Menschen, die ihm das Tagesgeschäft am Institut für Judaistik erleichtern sollten, und er stieß auf Marianne Awerbuch. Die 1917 in Berlin geborene (und damit sechs Jahre ältere) Awerbuch war mit ihrem Ehemann 1939 nach Palästina ausgewandert. Lange war ihr die Möglichkeit eines Studiums verwehrt geblieben, und so unterrichtete sie in Tel Aviv an einer Schule, bevor sie sich 1961 schließlich an der neu gegründeten Universität Tel Aviv einschrieb. Dort studierte sie Geschichte und Bibelwissenschaften und schloss mit dem Master ab. Awerbuch war dem Vernehmen nach ausgesprochen eigensinnig, willensstark und neigte in ihren kollegialen Beziehungen zu Vehemenz und Dramatik.[56] Obwohl sie eine ausgezeichnete Studentin war, deutete ihr Betreuer an der Universität Tel Aviv an, dass ihr streitlustiges Naturell es unwahrscheinlich erscheinen ließ, dass man ihr dort eine Stelle anbieten würde.[57] Daraufhin kehrte sie im August 1966 in ihre Geburtsstadt zurück und schrieb sich an der FU ein, um in mittelalterlicher Geschichte zu promovieren. Ihre Doktorarbeit schrieb sie über das spätmittelalterliche Burgund. Als Nebenfach, das sie belegen musste, wählte sie Judaistik, in der Annahme, dass dies der für sie einfachste Weg sein würde. Mit diesem Anspruch im Sinn wurde sie bei Taubes vorstellig. Nach einem kurzen Gespräch bot er ihr eine Stelle als Assistentin an seinem Institut an. Anfangs war sie dafür zuständig, den Erwerb der Bücher für die

Bibliothek zu überwachen, aber bald schon wuchs ihr Aufgabenbereich.

Taubes sah in Awerbuch jemanden, der die Last der Institutsleitung von seinen Schultern nehmen und es ihm erlauben würde, sich den hermeneutischen Studien zu widmen, die ihm deutlich näher am Herzen lagen. Nachdem sie einige Seminare bei ihm belegt hatte, kam Awerbuch zu dem Schluss, dass Taubes zwar charismatisch, intelligent und aufgeschlossen war, jedoch auch lebensfremd, unseriös und nicht in der Lage, systematisch zu arbeiten oder zu unterrichten. Welche Pläne er für das Institut hatte, wenn er überhaupt welche hatte, konnte sie nie ausmachen. Seine Themen – »jüdische Gnosis«, papuanische Cargo-Kulte oder Max Weber – hielt Awerbuch für exzentrisch und irrelevant. Als Taubes immer tiefer in die politischen Gewässer der Universität eintauchte, delegierte er auch alle Belange, die mit der Lehre am Institut für Judaistik zusammenhingen, zunehmend an Awerbuch.[58]

Viele ihrer Kursteilnehmer waren Studenten der evangelischen Theologie. Sie waren Philosemiten und positiv gegenüber Israel eingestellt, nicht wenige waren im Rahmen der Aktion Sühnezeichen nach Israel gegangen, als Zeichen der Wiedergutmachung für das, was die Deutschen den Juden angetan hatten. Doch sie verfügten weder über hinreichende Hebräischkenntnisse noch über die erforderlichen Grundlagen in jüdischer Geschichte. Da Awerbuch bereits in Tel Aviv Erfahrung im Unterrichten der hebräischen Sprache gesammelt hatte und auf ihr Studium der Bibelwissenschaften zurückgreifen konnte, begann sie diese Fächer zu unterrichten, einschließlich des klassischen mittelalterlichen biblischen Kommentars von Rashi und der mittelalterlichen jüdischen Geschichte.[59]

Eine von Taubes' frühen Einstellungen am Institut für Judaistik war Niko Oswald, ein Lutheraner, der an der Kirchlichen Hochschule in Berlin studiert hatte, wo es ein Institut für Kirche und Judentum gab. Er stand in der Tradition einer judaistischen

Wissenschaft, die ihr Fach in Relation zum Christentum behandelte. Sein Spezialgebiet war Aramäisch, die Sprache des Talmud. Manche seiner Studenten waren der Ansicht, dass seine sprachlichen Fähigkeiten tadellos waren, doch dass ihm im Vergleich zu Taubes das intuitive Gefühl für die Logik des talmudischen Arguments, wie es in der Jeschiwa kultiviert wurde, gefehlt habe – eine Schwäche, die Oswald auch selbst einräumte.[60] Er verbrachte seine gesamte Laufbahn an der FU und überdauerte einige Institutsleiter. Taubes versuchte, seinen alten Freund aus Basel, den Universalgelehrten Eugen Kullmann, von New York – wo dieser an der New School unterrichtete – nach Berlin zu locken. Kullmann stimmte zunächst zu, und seine Kurse wurden im Vorlesungsverzeichnis auch schon gelistet. Doch nach einer Reihe öffentlichkeitswirksamer antisemitischer Vorfälle (die Teil einer sowjetischen Offensive von »aktiven Maßnahmen« waren, um das Image der Bundesrepublik zu beschädigen) entschied sich Kullmann, doch nicht nach Deutschland zu kommen.[61]

Und doch gelang es Taubes immer wieder, aufstrebende junge Wissenschaftler aus der Judaistik aus dem deutschsprachigen Europa, den Vereinigten Staaten und Israel für Lehrveranstaltungen und für die Teilnahme an seinen Doktorandenseminaren zu gewinnen.

Johann Maier, ein protestantischer Wissenschaftler, der an der Universität Wien studiert hatte, unterrichtete von 1964 bis 1966 an Taubes' Institut, bevor er an die Universität zu Köln wechselte, wo er das zweite Institut für Judaistik an einer deutschen Universität gründete.

Amos Funkenstein war ein weiterer Nachwuchswissenschaftler, der dem Institut in den Anfangsjahren verbunden war. Aufgewachsen in einer religiösen Familie in Jerusalem, nahm Funkenstein sein Hochschulstudium dort auf, doch in den späten 1950er Jahren ging er an die FU, um in mittelalterlicher Geschichte zu promovieren. Er wurde 1965 mit einer Dissertation über die christlichen Geschichtsphilosophien im Mittelalter promoviert. Im selben Jahr nahm er an Taubes' Seminar über chassidische Schriften mit einem Schwerpunkt auf das Werk *Tanja* teil, das 1797 von Schneur Salman von Liadi, dem Gründer des Lubawitscher Chassidismus, verfasst wurde.[62] Wie Taubes war auch Funkelstein der Sohn eines orthodoxen Gelehrten und ebenfalls wie dieser wurde Funkenstein ein Apikores – ein in der jüdischen Tradition tief verankerter Häretiker. Anders als Taubes jedoch neigte Funkenstein nicht zu periodisch wiederkehrenden Phasen von Gottesfurcht und Frömmigkeit.[63] Die beiden hatten ähnlich gelagerte Interessen, einschließlich der religiösen Ursprünge des modernen Geschichtsbewusstseins. Wie Taubes war auch Funkenstein ein Mann mit einem weiten intellektuellen Horizont und übergreifenden Perspektiven. Doch im Gegensatz zu Taubes brachte Funkenstein die Geduld und die Ausdauer auf, um systematische Forschung zu betreiben und seine Thesen gründlich auszuarbeiten.[64] An der FU gab er 1967 Seminare zu mittelalterlicher jüdischer Geschichte und am Institut unterrichtete er die Frage der Kontinuität in der jüdischen Geschichte. 1970 bot er ein weiteres Seminar über mittelalterliche jüdische und christliche Bibelexegese an. Anschließend ging er an die UCLA, bevor er weitere Stellen in Stanford und Berkeley antrat.[65]

Mehrfach holte Taubes seinen ehemaligen Doktoranden und Unterrichtsassistenten an der Columbia Gershon Greenberg ans Institut, sowohl für die Lehre als auch für den Aufbau der Bibliothek. Greenberg bot Seminare über das mittelalterliche und moderne jüdische Denken sowie über das amerikanische Judentum an. Im Jahr 1971 kehrte er in die Vereinigten Staaten zurück. Dort, und in Israel, unterrichtete er Philosophie und Religion an verschiedenen Universitäten.

Es waren auch Taubes' internationale Verbindungen, die Paul Flohr (später Mendes-Flohr) ans Institut brachten. Damals war Flohr Doktorand an der Brandeis University, und er arbeitete an seiner Dissertation über Martin Bubers Einfluss auf Nahum Glatzer und Alexander Altman, zwei der angesehensten internationalen Wissenschaftler des jüdischen Denkens. Wie Glatzer schätzte auch Altmann Taubes' Fähigkeiten hoch ein: Als Taubes überlegte, ob er dauerhaft nach Berlin gehen sollte, traf er sich mit Altmann in New York, woraufhin dieser ihn drängte, in den Vereinigten Staaten zu bleiben.[66] In Anbetracht von Flohrs Interesse am modernen deutsch-jüdischen Denken riet Altmann ihm, Taubes in Berlin zu besuchen. Als sie sich 1968 zum ersten Mal dort trafen, fragte Taubes den jungen Mann: »Was denken Sie über Sabbatai Zwi?« Flohr realisierte erst später, dass dies für Taubes keine rein akademische Frage war. Taubes stellte Flohr zum Wintersemester 1969/70 als Lehrkraft am Seminar für Judaistik (wie es nun hieß) ein. Auf Wunsch der Studenten ließ er Flohr zudem einen Kurs über die Geschichte des Zionismus abhalten. Flohr, der mit dem Lubawitscher Denken recht vertraut war, gab einen Kurs über das *Buch Tanja*, auf Hebräisch.[67] Später unterrichtete er modernes jüdisches Denken an der Hebräischen Universität und an der Divinity School an der University of Chicago.

Taubes selbst bot in den ersten Jahren nach seinem endgültigen Wechsel nach Berlin ein beeindruckendes thematisches Spektrum von judaistischen Seminaren an. Es hielt Vorlesungen über das jüdische Geschichtsbewusstsein seit der Exilierung aus Spanien.[68] Ruth Geyer, eine Studentin aus Israel, die später Hebräisch am Institut unterrichtete, erinnerte diese Vorlesungen als grandios. Aber Taubes unterrichtete lieber Seminare, die sich auf spezielle Themen oder Werke fokussierten: etwa über das klassische Werk der jüdischen Mystik, den *Sohar*; die chassidische Schrift *Likutei MoHaran* von Nachman von Breslav, die er gemeinsam mit Joseph Weiss erforschte; oder über Nachman Krochmals *Führer der Verwirrten der Zeit*, über den er schon in Jerusalem geschrieben hatte und anschließend noch einmal während seiner Zeit an der Columbia. Es gab themenbezogene Seminare zu seinen bevorzugten Sujets: »Apokalypse und Gesetz:

Über die Eschatologie des frühen Judentums« (1966), »Apokalypse und Politik: Über die Soziologie des Messianismus« (1967) und 1968 las er über »Paulus als religionsgeschichtliches Problem«, anschließend gab er ein Seminar über »Rabbinische Quellen paulinischer Grundbegriffe«, für das eine Lesekompetenz im Hebräischen vorausgesetzt wurde.[69]

Trotz des Mangels an Studenten, die über das notwendige sprachliche und historische Rüstzeug verfügten, um an den fortgeschrittenen Kursen teilzunehmen, gelang es Taubes in der Anfangszeit des Instituts, Seminare für Fortgeschrittene abzuhalten, für die er Teilnehmer wie Funkenstein, Greenberg und Flohr gewinnen konnte. Doch in späteren Jahren ließ sein Interesse an solchen Dingen nach. (Wer sonntags am Institut vorbeikam, konnte ihn jedoch vielleicht im charakteristischen Singsang den Talmud lesen hören.[70]) Als sich Marianne Awerbuch bei Taubes über das Fehlen judaistischer Kurse beschwerte, bot er einen Kurs zur jüdischen Mystik an. Es begann sehr vielversprechend mit einem hervorragenden einleitenden Vortrag. Im Folgenden jedoch bestand der Kurs überwiegend aus wöchentlichen studentischen Referaten über Kapitel aus Scholems *Die jüdische Mystik in ihren Hauptströmungen*, die Taubes wenig Mühe abverlangten.[71] Im Jahr 1973 war der einzige Kurs, den er unter der Rubrik des Instituts für Judaistik unterrichtete, »Geschichte und Theorie: Politische Theologie als Geschichtsphilosophie. Über die Geschichtstheorie von Carl Schmitt und Walter Benjamin« – sicher eine gewagte Gegenüberstellung, aber eine, die zumindest in Taubes' Denken als »jüdisch« durchgehen konnte.

Nicht lang nachdem Taubes seinen Lehrstuhl für Judaistik an der FU eingenommen hatte, entstanden zwei weitere solcher Lehrstühle in Deutschland: einer an der Universität zu Köln im Jahr 1966, der andere 1970 an der Universität Frankfurt. Der Institutsleiter in Köln war Johann Maier. In Frankfurt wurde der vom Judentum zum Katholizismus konvertierte Arnold Maria

Goldberg auf den Lehrstuhl berufen, der überwiegend zur Linguistik der rabbinischen Literatur forschte und nahezu ausschließlich in der Reihe, die er selbst herausgab, publizierte.[72] Goldberg gründete den Verband der Judaisten in der Bundesrepublik Deutschland, der sich der Förderung der Judaistik widmete, und war Mitbegründer der European Association for Jewish Studies.[73] Für solcherlei organisatorische Fragen zeigte Taubes keine Neigung. Er war auch in keiner internationalen Organisation aktiv, die sich der Förderung der Judaistik widmete, zum einen aus mangelndem Interesse, aber vielleicht auch, weil ihm bewusst war, dass er unter den Jerusalem-zentrierten Wissenschaftlern um Gershom Scholem, der das Feld dominierte, als *persona non grata* galt.

Wieder Scholem

Marcel Marcus war ein jüdischer Student, der in Berlin aufgewachsen war und einer linken zionistischen Studentenvereinigung vorstand. In den Jahren 1967 bis 1972 besuchte er viele von Taubes' Seminaren, und Taubes nahm an seinem Pessach-Seder teil. Da Marcus beabsichtigte, in den Vereinigten Staaten zu promovieren, bat er Taubes um ein Empfehlungsschreiben, woraufhin dieser erwiderte: »Die bestmögliche Empfehlung wäre, zu sagen, dass Sie mich nicht kennen.«[74] Und darin lag mehr als ein Körnchen Wahrheit. Als Gershon Greenberg nach Jerusalem ging, lernte er Jacob Katz kennen, den großen Historiker des modernen Judentums, der zu Scholems Kreis gehörte. Und als er Katz gegenüber erwähnte, dass er bei Taubes studiert hatte, antwortete Katz (der normalerweise ein sanftmütiger Gentleman war): »Junger Mann, bei Jacob Taubes studiert zu haben, ist nichts, worauf man stolz sein kann!«[75]

Taubes wurde weiterhin von seinem gestörten Verhältnis zu Scholem heimgesucht, denn dieser hielt an seiner Abneigung gegenüber seinem ehemaligen Schüler fest. Ihre Beziehung wurde noch durch den Umstand verkompliziert, dass sie viele gemeinsame Freunde und Kollegen hatten, darunter Adorno, Jean und Mayotte Bollack, der Journalist George Lichtheim und Peter Szondi. Wann immer Taubes die Hand ausstreckte, reagierte Scholem mit Verachtung, begleitet von echter Furcht. Im Jahr 1968 besuchte Scholem die Bollacks in ihrer Pariser Wohnung. Als Taubes, der irgendwie geahnt haben musste, dass Scholem anwesend war, unangekündigt an der Tür erschien, flüchtete Scholem sofort aus dem Zimmer, schloss sich im Badezimmer ein und schwor, er werde Taubes niemals wieder von Angesicht zu Angesicht begegnen. Erst als Taubes die Wohnung verließ, tauchte Scholem wieder auf.[76]

Im Jahr 1969 beging Scholems ehemaliger Schüler Joseph Weiss in London Selbstmord – vor sich hatte er ein Foto von Scholem, den er weiterhin verehrte. Weiss' erste Ehefrau, Miriam, hatte eine Affäre mit Taubes während seiner Zeit in Jerusalem. Erna, Weiss' zweite Frau und Witwe, bot Weiss' Bibliothek mit seltenen Judaica über den bekannten Buchsammler Chimen Abramsky zum Verkauf an. Taubes hörte davon und veranlasste den Ankauf der Sammlung für die Bibliothek des Instituts für Judaistik. Doch als die Bücher in Berlin eintrafen, stellte Taubes zu seinem Erstaunen fest, dass die wertvollsten Stücke fehlten. Tatsächlich hatte Weiss in seinem Testament verfügt, Scholem solle das Recht haben, einige Titel für sich selbst auszuwählen, doch es stellte sich heraus, dass Scholem restlos abgesahnt hatte. Taubes entschied, den Kauf rückgängig zu machen und die Bücher zu Abramsky nach London zurückzuschicken.[77] An Erna Weiss schrieb er, er sei enttäuscht. Auch erwähnte er, dass er schockiert über den Tod von Joseph sei, und fügte hinzu: »Vor vielen Jahren trennten sich unsere Wege, doch ich schätzte ihn weiterhin als Person, in der die Gelehrsamkeit des Wissenschaftlers, die Interpretationskraft des Kritikers und das metaphysische Streben des Theologen in einem einzigartigen, wenn auch prekären Gleichgewicht zusammenkamen.« Eine Kopie dieses Briefes fand den Weg zu Scholem, der auf den Rand kritzelte, dass diese Charakterisierung »Wort für Wort aus der Widmung meines Buches an Walter Benjamin gestohlen war!!!«[78]

Taubes korrespondierte regelmäßig mit George Lichtheim, der damals in London wohnte und mit beiden, Taubes und Scholem, befreundet war. (In den 1930er und 1940er Jahren, als er in Jerusalem lebte, übersetzte Lichtheim Scholems *Die jüdische Mystik in ihren Hauptströmungen* vom Deutschen ins Englische.) Scholems letzte Vorlesungen und Essays waren ein häufiges Thema in ihren Briefen. Taubes kamen immer wieder Geschichten von Scholems Verleumdungen über ihn zu Ohren. Mal wurde über ihn erzählt, er sei ein offizieller Repräsentant der Fatah, mal war er zum Christentum konvertiert.[79]

Scholem hörte nicht auf, vor gemeinsamen Bekannten über Taubes herzuziehen – einschließlich Adorno und Norman Podhoretz –, häufig in einem Ton, der seine Gesprächspartner erstaunte. Als Susan Sontag 1973 gemeinsam mit ihrem Sohn David Rieff nach Israel reiste, um einen Dokumentarfilm zu drehen, trafen sie sich mit Scholem zum Abendessen. Als Sontag Jacob Taubes erwähnte, erblasste Scholem und erzählte ihnen, er habe durch die Bekanntschaft mit Jacob Taubes die Existenz des moralisch Bösen in der Welt erkannt. In dem Gespräch verwies er auf eine Studentin, die von Taubes verführt worden war und die später Selbstmord beging – offensichtlich eine Anspielung auf Miriam Weiss.[80] Die Ereignisse der folgenden fünf Jahre bestärkten Scholem in seinem Urteil.

Jacob Taubes' intellektuelle Welt reichte weit über Berlin und die FU hinaus. Er war ein frühes Mitglied von »Poetik und Hermeneutik«, einem innovativen Experiment universitärer Kooperation, an dem er fast zwei Jahrzehnte lang beteiligt war.

Zu einer Zeit, als die westdeutsche Wissenschaft überwiegend innerhalb der akademischen Disziplinen betrieben wurde, leisteten die »Poetik und Hermeneutik«-Tagungen Pionierarbeit bei der interdisziplinären Fruchtbarmachung. In diesem Rahmen kamen gut zwanzig Wissenschaftler aus den Disziplinen Literaturwissenschaft, Philosophie, Geschichte, Theologie und manchmal noch weiteren Fachbereichen zusammen.[81] Sie trafen sich ungefähr im Zweijahresrhythmus, um ein bestimmtes Thema zu erörtern und anschließend einen Band zu veröffentlichen, der sowohl die ursprünglich eingereichten Beiträge als auch die Ergebnisse der anschließenden Diskussionen umfasste. Das Prestige der Teilnehmer und die Neuartigkeit des Konzepts führten zu einem großen Interesse unter Wissenschaftlern aus verschiedenen Feldern. Für Jacob Taubes war es ein weiteres wichtiges intellektuelles Netzwerk.

Die ursprüngliche Initiative ging von einem Kreis von Literaturwissenschaftlern der Universität Gießen aus, die sich mit einem Vorschlag für ein gemeinsames Vorhaben an Kollegen aus der Philosophie wandten. Der Initiator und federführende Organisator war der Romanistikprofessor Hans Robert Jauß, assistiert wurde er von seinem Kollegen aus der Anglistik, Wolfgang Iser. Was als Projekt mit einem Schwerpunkt auf der Poetik (Literaturtheorie) begann, verlagerte sich zunehmend auf die Hermeneutik (Interpretation von Texten und Kunstwerken). Und hierbei spielte Taubes eine Rolle: Tatsächlich wurde auf seinen Vorschlag der Name – ursprünglich schlicht »Poetik« – in »Poetik und Hermeneutik« geändert.[82] Jauß erlangte später internationales Ansehen als Begründer der »Rezeptionsästhetik«, die

1963—1978

den Wandel der historischen Kontexte und Grundannahmen, die die Leser in den Text einbrachten, herausarbeitete; Iser entwickelte bald darauf eine verwandte Theorie der Wirkungsästhetik.

Doch es war der Philosoph Hans Blumenberg, der sich rasch als die stärkste intellektuelle Kraft innerhalb der Gruppe herausstellte. Sein Beitrag zur ersten Tagung war die These, dass Wirklichkeitsbegriffe und Wirklichkeitsvorstellungen selbst historisch waren. Der rote Faden, der sich später durch die Arbeit der Gruppe zog, war der Wandel von Sinnkonstitution in der Zeit.[83]

Nach dem ersten – und fortan nach jedem weiteren – Zusammentreffen im Juni 1963 (das sich mit dem Aufstieg des Romans und der Ästhetischen Theorie im achtzehnten Jahrhundert befasste) wurde das Thema der nächsten Sitzung von einer Kerngruppe festgelegt, die sich am Abend nach der letzten Sitzung des Seminars zusammensetzte. Unter den folgenden Themen waren »Das Häßliche«, »Das Komische«, »Das Wesen des Mythos« und »Terror und Schauspiel«. Jedes feste Mitglied der Gruppe sowie einige wenige Gastredner wurden aufgefordert, einen Beitrag zum Thema zu schreiben. Im Lauf der Zeit wurden neue Mitglieder aufgenommen. Die Beiträge wurden nicht vorgetragen, sondern im Voraus ausgegeben, sodass sich die Sitzung einer offenen Diskussion zum jeweiligen Thema widmen konnte. Diese mündlichen Ausführungen wurden aufgezeichnet, transkribiert und jedem Teilnehmer zur Überarbeitung zugesandt. Anschließend wurden sie erneut von zwei oder drei Teilnehmern bearbeitet, die zu Herausgebern des Konferenzbands bestimmt worden waren. Die im Münchner Fink Verlag publizierten Bände wurden von der renommierten Fachpresse rezensiert und von interessierten Studenten, insbesondere aus den Literaturwissenschaften, rezipiert, die auf dem Laufenden sein wollten, was gerade intellektuell angesagt und mutmaßlich spannend war. Finanziert wurde das organisatorisch aufwendige Unternehmen von zwei führenden Stiftungen: der Volkswagen-Stiftung und der Werner-Reimers-Stiftung. Manche Teilnehmer richteten ihre Seminare inhaltlich auf das kommende Thema aus, was ihnen bei der Vorbereitung half – ein Zeichen dafür, wie ernst sie die Veranstaltung nahmen. Auch Taubes tat dies.

Taubes erfuhr von dieser Initiative durch seinen Berliner Kollegen Dieter Henrich. Er traf sich daraufhin mit Jauß und Iser in Berlin, um zu versichern, dass er sehr gern eingeladen werden würde – was auch geschah. Ein Grund dafür war, dass Henrich und andere seine Gesellschaft als intellektuell anregend empfanden.[84] Hinzu kam, dass er ein Jude war und außerdem aus New York kam, ein Sehnsuchtsort für deutsche Akademiker zu dieser Zeit.[85] Nach seiner Teilnahme am ersten Kolloquium waren die Organisatoren so beeindruckt von ihm, dass sie ihn als ständiges Mitglied aufnahmen.[86]

In den folgenden Jahrzehnten – einer Phase, in der die Wissenschaft zunehmend politisiert wurde – zeichnete sich die Tagung dadurch aus, dass sie im Ton unpolitisch blieb und sich nicht linkslastig ausrichtete. Taubes nahm eine Vielzahl von Rollen ein, die er je nach Bedarf wechselte, präsentierte neue Blickwinkel und warf Fragen auf, die sich von jeglichem sich abzeichnenden Konsens absetzten.[87] Manchmal sprach er als Theologe, dann als Geschichtsphilosoph, als Verfechter der Kontextualisierung oder als Marxist. (Bei dem Treffen 1970, auf der Höhe seines Engagements in der Neuen Linken, erwähnte Taubes beiläufig: »Ich bin eigentlich kein richtiger Marxist, ich verstehe nichts von Nationalökonomie.« Woraufhin ein anderer Teilnehmer, Dmitrij Tschižewskij, Professor der Slawistik, erwiderte: »Herr Taubes, Sie *sind* ein Marxist!« – womit er sagen wollte, dass gerade die mangelnde ökonomische Kompetenz wesentliches Merkmal eines Marxisten war.[88])

In den Jahren, in denen Taubes an den Seminaren teilnahm, waren die meisten Zusammenkünfte von »Poetik und Hermeneutik« eine reine Männersache. Gelehrsamkeit wurde hier gern zur Schau getragen, als wäre Wissen eine Pfauenfeder, und jeder Teilnehmer wollte zeigen, dass sein Wissensschatz der größte und bunteste war. Eine Atmosphäre, in der sich Jacob ausgesprochen wohl fühlte.

Durch das Seminar kam Taubes in Kontakt mit Männern, die sehr unterschiedliche Biografien hatten.[89] Die in etwa Gleichaltrigen waren zumeist als junge Männer in die Wehrmacht eingezogen worden und hatten Monate oder Jahre in Kriegsgefangenschaft verbracht (wie der Historiker Reinhart Koselleck oder der Philosoph Hermann Lübbe). Hans Robert Jauß hatte sich im Alter von siebzehn Jahren freiwillig zur Waffen-SS gemeldet. Er erreichte den Rang eines Hauptsturmführers, diente an der Ostfront und schulte französische Waffen-SS-Freiwillige. Nach dem Krieg wurde er kurzzeitig von den Briten interniert – was den meisten seiner Kollegen unbekannt war, der Sachverhalt kam erst in den 1990er Jahren ans Licht.[90] Er wurde ein Linksliberaler, der sich mit der Sozialdemokratie identifizierte.[91] Werner Krauss hingegen, ein Experte der französischen Aufklärung, war 1942 vom nationalsozialistischen Regime für seine Verbindung zum kommunistischen Spionagenetzwerk Rote Kapelle verhaftet worden. Nach dem Krieg ging er in die DDR und war zum Zeitpunkt seiner Teilnahme von »Poetik und Hermeneutik« Mitglied der ostdeutschen Akademie der Wissenschaften in Ostberlin.[92] Die jüngeren Teilnehmer, Dieter Henrich und Wolfgang Iser, waren während des Krieges Schüler.

Hans Blumenbergs biografischer Hintergrund war komplexer. Er wurde in eine katholische Familie geboren, doch weil seine Mutter vor der Hochzeit mit seinem Vater vom Judentum zum Christentum konvertiert war, wurde Hans während des »Dritten Reiches« als »Halbjude« geführt. Obwohl er ein brillanter Schüler am Katharineum in Lübeck gewesen war, durfte er sich nicht an einer staatlichen deutschen Universität einschreiben und studierte stattdessen an verschiedenen katholischen Hochschulen, bis ihm auch dort die Rückmeldung aufgrund seines »Halbjuden«-Status untersagt wurde. Fortan arbeitete er in einer Lübecker Privatfabrik, die Gasmasken und andere Kriegsmaterialien herstellte.[93] Im Zuge der im Oktober 1944 in ganz Schleswig-Holstein angeordneten »Entjudung« wurde Blumenberg in ein Arbeitslager geschickt, doch er kam dank der Intervention von Heinrich Dräger, dem Inhaber der Dräger-Werke, wo er gearbeitet hatte, wieder frei und gelangte zurück nach Lübeck, um die Arbeit dort wieder aufzunehmen. Später versteckte er sich bei einer Familie, deren Tochter er heiratete.[94]

Blumenberg zählte zu den Wissenschaftlern, die Taubes am meisten verehrte. Er überzeugte Suhrkamp, Blumenbergs Opus magnum, *Die Legitimität der Neuzeit*, zu publizieren und Blumenberg ins Herausgebergremium der Reihe Theorie aufzunehmen. Die beiden teilten einige Interessen und Forschungsschwerpunkte, darunter die Beziehung zwischen Moderne und Säkularisierung sowie zwischen Moderne und Gnosis – wenn sie auch unterschiedliche Standpunkte vertraten (mehr dazu in Kapitel 15). Aufgrund ihrer jüdischen Herkunft (für Blumenberg weniger eine Bildungs- als eine Schicksalsfrage) betrachteten sie ehemalige radikal-konservative Intellektuelle wie Heidegger, Schmitt und Arnold Gehlen mit einer Portion Skepsis und Distanz, doch mit einer Bereitschaft, sich auf ihre Argumente einzulassen.

Bezüglich ihrer Charaktere und Neigungen jedoch boten sie wahrhaftig eine Kontraststudie. Blumenberg besaß die Geduld und die Ausdauer für eine akribische Lektüre, die Taubes fehlte. Von frühauf pflegte Blumenberg ein ausgeklügeltes Karteikartensystem, um seine Leseerkenntnisse zu ordnen. Anders Taubes: Fand er einen wissenschaftlichen Beitrag in einer Bibliothek, auf den er später zurückgreifen wollte, riss er ihn einfach aus der Zeitschrift heraus. Blumenberg entwickelte sorgsam ausgearbeitete Argumente mit ausführlichen Beweisketten, ein Verfahren, für das Taubes – der eher zu Geistesblitzen neigte – weder Sinn noch Talent hatte. Blumenberg suchte die Abgeschiedenheit, um zu arbeiten, zu lesen und zu schreiben, und zog sich zunehmend aus öffentlichen Foren zurück. Taubes ertrug die Einsamkeit nicht, brauchte Gesellschaft und Aufmerksamkeit. Blumenberg sprach und schrieb in langen, verschachtelten Sätzen mit vielen Nebensätzen und Relativierungen. Taubes neigte zu kürzeren, eher deklaratorischen Äußerungen. Blumenberg hatte einen Hang zur Graphomanie: Er konnte nicht aufhören zu schreiben. Taubes' Schreiben hingegen beschränkte sich weitgehend auf seine umfangreichen Briefe. Blumenberg führte ein geordnetes Familienleben. Taubes nicht. Taubes neigte zum politischen Radikalismus. Blumenberg nicht.

Mit seinen weitreichenden internationalen und interdisziplinären Kontakten hatte Jacob eine Schlüsselrolle bei der Erweiterung des geografischen Horizonts der »Poetik und Hermeneutik«-Tagungen. Im Jahr 1965 gelang es ihm, Siegfried Kracauer als Gastredner an sein hermeneutisches Kolloquium an der FU zu holen und auch für die Teilnahme an den Treffen von »Poetik und Hermeneutik« zu gewinnen. Kracauer war ein Mitglied der Frankfurter Schule gewesen, und in den 1920er Jahren hatte er Pionierarbeit bei der wissenschaftlichen Beschäftigung mit der Populärkultur geleistet.[95] Auf Taubes' Empfehlung wurde auch Pawel Beylin aus Warschau eingeladen. Beylin, so berichtete Taubes es Jauß, »ist Professor für Ästhetik an der Musikakademie und hat ein Werk über Kitsch verfertigt, das im nächsten Jahr in Französisch erscheinen soll. Ich habe ihn in Paris kennengelernt. Er gehört eindeutig zu den gescheitesten philosophiekritischen Köpfen unserer Generation. Keine Spur von dogmatischem Marxismus. Im Gegenteil, etwas zu kritisch für meinen Geschmack, also gerade recht für den Ihren ...«[96] Taubes wollte auch Ingeborg Bachmann einladen (mit der er eine intensive Affäre hatte), die als erste Frau am Kolloquium teilgenommen hätte. Ebenfalls schlug er Meyer Schapiro vor, einen Kunsthistoriker von der Columbia University, der zu dieser Zeit in den

Vereinigten Staaten wohlbekannt war, in Deutschland jedoch nicht.[97] Taubes' seismografische Sensibilität für aufstrebende Intellektuelle im Inland wie im Ausland erstaunte seine deutschen Kollegen immer wieder.[98]

Nirgendwo wird das so sichtbar, wie in einem Schreiben an Blumenberg aus dem September 1966, als die Planung für das nächste Treffen von »Poetik und Hermeneutik« anstand. Das Thema war Religion, Mythos und Säkularisierung. Taubes unterbreitete Vorschläge für mögliche Teilnehmer aus dem Ausland mit einer kurzen Zusammenfassung des Werdegangs und der Bedeutung jedes Wissenschaftlers, einer Einschätzung seiner Sprachkompetenz im Deutschen sowie einigen zusätzlichen Informationen, die nur aus einer persönlichen Bekanntschaft stammen konnten. Dazu zählten der marxistische Dissident Leszek Kołakowski aus Warschau sowie Taubes' Freund Herbert Marcuse aus den Vereinigten Staaten und Jean Bollack aus Paris. Auch drei Akademiker aus Frankreich wurden von Taubes empfohlen: der Philosoph Paul Ricœur, der Soziologe Pierre Bourdieu und der Universalgelehrte Michel Foucault. Damals waren diese drei in Deutschland noch nahezu unbekannt, doch jeder von ihnen erwarb sich bald einen internationalen Ruf als epochaler Meisterdenker (*maître de pensée*).

Ein noch verblüffenderer Vorschlag für einen ausländischen Teilnehmer war E. M. Cioran, der zu einem Kreis von Intellektuellen rumänischer Herkunft zählte, mit dem Taubes in Paris freundschaftliche Beziehungen pflegte.[99] Der Aphoristiker, Essayist und Student der Literaturwissenschaften und Philosophie Cioran hatte seine intellektuelle Karriere in den 1930er Jahren als Sympathisant mit der faschistischen Eisernen Garde begonnen. Nach seinem Studium in Deutschland zog er am Vorabend des Zweiten Weltkriegs nach Paris, wo er auch blieb. Er kritisierte nicht nur den Utopismus, sondern Optimismus und Fortschrittsglaube allgemein. In Deutschland war er 1966 weitgehend unbekannt, obwohl seine *Lehre vom Zerfall* in ei-

471

ner Übersetzung seines Freundes, des Dichters Paul Celan, in Deutschland veröffentlicht worden war. Als Taubes ihn Blumenberg empfahl, bemerkte er, dass »... Cioran zu der ganz seltenen Spezies von Rechtsintellektuellen gehört. ... Ich suche ja Rechtsintellektuelle von Rang, um einen wirklichen Gegner zu finden, an dem man sich emporranken kann. Die Linke, wenn sich selbst überlassen, wird schal und oberflächlich.«[100] (Später publizierte Suhrkamp Ciorans *Gesammelte Werke* in deutscher Übersetzung.)

Taubes war einer der wenigen Teilnehmer der »Poetik und Hermeneutik«-Tagungen, die mitunter vorab keine Arbeiten eingereicht hatten – was anfangs bei manchen für Frustration gesorgt hatte, später eine Quelle des Spotts war. Tatsächlich reichte er über die Jahre insgesamt drei Beiträge ein, die zu den wenigen Veröffentlichungen in Artikellänge in seiner Zeit an der FU zählen.

Zum zweiten Treffen der Gruppe, im Jahr 1964, das sich der Ästhetik widmete, reichte Taubes einen Beitrag über den Surrealismus ein – allerdings, typisch für ihn, handelte es sich dabei um »Anmerkungen zum Surrealismus« und nicht um einen zusammenhängenden Artikel. Er lenkte den Fokus auf die für ihn wichtigen Inhalte, indem er vorschlug, der Surrealismus sei eine moderne Wiederkehr der nihilistischen Entfremdung von der Welt, wie es für die Gnosis in der späten Antike kennzeichnend gewesen war. Das ermöglichte es ihm, einen kurzen Abriss von Hans Jonas' Buch über die Gnosis zu präsentieren, ein Thema, in dem er sich gut auskannte. Er argumentierte, die Gnostiker der Antike seien noch in der Lage gewesen, an eine Gottheit jenseits der vorhandenen Welt zu appellieren, während in der Moderne die Dominanz des wissenschaftlichen und materialistischen Weltbilds eine solche transzendente Anrufung unmöglich machte. Entsprechend konnten sich die Dichter des Surrealismus in den 1920er Jahren nur auf die Dichtung selbst berufen, als Widerstandsressource gegen den für die wissenschaftliche

~~Weltanschauung~~ charakteristischen Determinismus und um diesen zu überwinden.[101] Das galt für die Gnosis und den Surrealismus gleichermaßen, so Taubes: »[s]owohl die spätantike Gnosis wie der moderne Surrealismus haben in den verfestigten Strukturen des antiken Imperiums und der modernen bürgerlichen Gesellschaft revolutionäre Energien freigesetzt, die über den engen Umkreis der Sekten und Gruppen hinaus neue Formen menschlicher Erfahrung eröffneten.«[102]

Solche Parallelen zu antinomistischen Bewegungen der Vergangenheit zu entdecken, gehörte zu Taubes' Repertoire. Er war ein Spezialist für das Aufspüren von übersehenen Gemeinsamkeiten in verschiedenen Religionen und historischen Kontexten. Siegfried Kracauer analysierte Taubes' Methodik in einer Weise, die sowohl kritisch als auch anerkennend war: »Ich möchte hier eine methodologische Bemerkung über den Doppelcharakter solcher Strukturvergleiche einschalten; sie sind sowohl irreführend wie aufdeckend. Irreführend sind sie deshalb, weil sie aus einem großen Abstand vom gegebenen Material gewonnen werden …« Doch »dieselbe ungeheure Distanz vom Material, die für die Fragwürdigkeit der hier erörterten Strukturvergleiche verantwortlich ist, ermöglicht es ihnen auch, eine aufdeckende Funktion auszuüben. Aus großer Höhe aufgenommen, erinnern sie an Luftfotos; genau wie diese, bringen sie normalerweise ungesehene Konfigurationen der weiten Landschaften zum Vorschein, die sie überschauen.«[103] Blumenbergs Kommentar (wie im veröffentlichten Band formuliert) war eindeutiger kritisch. Er vertrat die Ansicht, die Gnostiker hätten keinerlei Hang zum aktiven Aufstand gehabt und dass die Haltung gegenüber der Natur im Surrealismus tatsächlich eine affirmative war und sich demzufolge deutlich von der Art und Weise, in der Taubes sie dargestellt hatte, unterschied. Kurzum, Taubes habe sich in den historischen Fakten geirrt.[104] (Taubes kehrte in seinem Beitrag für das Treffen im Jahr 1968 auf das Thema zurück und erweiterte es um die Beziehung der Gnosis zur Apokalyptik, mit der er sich schon in seiner Doktorarbeit beschäftigt hatte.[105])

Für das Treffen der Gruppe im Jahr 1966 präsentierte Taubes einen Beitrag mit dem Titel »Die Rechtfertigung des Häßlichen in urchristlicher Tradition«.[106] Der überwiegende Teil seines Beitrags hatte mit dem Titel jedoch wenig gemein und beschäftigte sich (auf der Basis einer offensichtlich gründlichen Sekundärliteraturrecherche) vielmehr damit, was Nietzsche die Umwertung der Werte in Paulus' erstem Brief an die Korinther genannt hatte, mit seiner Botschaft, dass, was die Griechen und Juden Weisheit nannten, für jene, die an die Erlösung durch die Kreuzigung Jesu glaubten, eine Torheit war. Anschließend wandte sich Taubes dem wiederkehrenden Thema der körperlichen Hässlichkeit oder Schlichtheit von Jesus in den Schriften der Kirchenväter zu. Erst gegen Ende seiner Präsentation ging er darauf ein, wie das Kreuz, einst das Symbol für die Kreuzigung und also der irdischen Niederlage, sich seit der Zeit Konstantins, der das Christentum stark aufwertete, zum Symbol für christlichen Triumph verwandelte. Und so kehrte die spätere Kirche, in dem Moment als Paulus die vorchristliche Wertung der Weisheit umkehrte und übernahm – was die Griechen und Juden als Torheit betrachteten –, die Wertung der Schönheit um, indem sie sich das Bild Jesu als körperlich hässlich und das ehemalige Symbol des hässlichen Todes, des Kreuzes, zu eigen machte.

Das Treffen im Jahr 1972 war den »Positionen der Negativität« gewidmet. Taubes sprach über Heideggers Konzept des »Nichts« und seine Beziehung zu mystischen Vorstellungen. Hier kehrte Taubes zu einem Gegenstand zurück, den er zuvor bereits untersucht hatte, in diesem Fall zu einer Arbeit, die er zwei Jahrzehnte zuvor in Jerusalem geschrieben hatte. Und abermals kam er, nach einigen Schleifen, zu dem Schluss: »Es bleibt zu erkunden, in welchem Zusammenhang die paradoxesten Formulierungen der mystischen Einsicht in Gott mit der von Heidegger herausgestellten Begegnung mit dem Nichts stehen.«[107]

474

Stellt man seine vorbereitenden Beiträge zu den »Poetik und Hermeneutik«-Tagungen in den Gesamtkontext seiner akademischen Karriere, wird deutlich, wie wenig Jacob hervorbrachte und wie unoriginell das Wenige war. Das fiel auch anderen Teilnehmern auf, und niemanden störte das mehr als Hans Blumenberg.

An den Tagungen der Jahre 1974 und 1976 konnte Taubes aufgrund seiner psychiatrischen Krise nicht teilnehmen. Erst im Mai 1978 war er wieder dabei und steuerte einige Bemerkungen zu Paulus und der Geschichtsphilosophie bei.[108] Wie so oft brachte der Drang, eine vorherrschende These zu widerlegen, das Beste in ihm zum Vorschein. So zum Beispiel in einer Sitzung über Theologie und Bibelauslegung, als er evangelische Theologen, die die historisch-kritische Methode des Bibelstudiums für die Reformation reklamierten, daran erinnerte, dass der Ursprung dieser Methode nicht in der reformatorischen Theologie, sondern bei Hobbes und Spinoza lag.[109] In einem Beitrag zum Thema »Funktionen des Fiktiven«, das Treffen fand 1979 statt, gewährte Taubes eine weitere Einsicht in eine bis dahin übersehene Verbindung zwischen zwei Phänomenen. Er bemerkte fast beiläufig, dass im zwanzigsten Jahrhundert zwei Instanzen, die miteinander in Konflikt standen – die katholische Kirche und der Kommunismus – den Glauben an den Realismus gemein hatten, die Überzeugung, dass die Realität mit den richtigen Konzepten erfassbar war. Sie teilten die Abneigung gegen die gängige Vorstellung in der Moderne, dass das Wesen der Welt zu einem guten Teil auf unserer *Wahrnehmung* von ihr beruhte, auf sich verändernden und stets lückenhaften Kategorien, die wir ihr entgegenbringen. Beide, der katholische Neo-Thomismus und der kommunistische dialektische Materialismus, behaupteten hingegen, über die Kategorien zu verfügen, die es brauchte, um die Welt zu verstehen, wie sie wirklich war.[110] Das war das letzte Treffen, an dem er teilnahm.

Taubes unterschied sich von den meisten »Poetik und Hermeneutik«-Teilnehmern in seiner Persönlichkeit und auch in der Natur seines Intellekts. Ein Teilnehmer, Harald Weinrich, erinnerte: »Er war liebenswürdig und interessant und immer für eine Überraschung gut. Man konnte nie vorher ahnen, was er sagen würde, und das war von Jahr zu Jahr auch immer etwas Neues. Das würzte die Kolloquien ...«[111] Und einer anderen, Renate Lachmann, hatte sich eingeprägt, wie er die Arbeitsatmosphäre mit seinen »wunderbaren, unkonventionellen Formulierungen« belebte. »Er hat nicht so gesprochen wie die anderen, nicht solche gezirkelten Sätze von sich gegeben, vielmehr war er sehr locker im Ausdruck und hat damit eine allgemeine Entkrampfung bewirkt.«[112] Hermann Lübbes Beschreibung von Taubes' Persönlichkeit und dessen Rolle in den »Poetik und Hermeneutik«-Diskussionen hallt auch bei anderen wider, die Taubes aus verschiedenen deutschen Kontexten kannten: dass er über ein besonderes Genie verfügte, die Arbeit anderer intellektuell produktiv zu stimulieren, kritische Fragen stellte und auf Perspektiven hinwies, die seinen Gesprächspartnern noch nicht in den Sinn gekommen waren. Was ihm fehlte, war die analytische Fähigkeit, Begriffe und Problemstellungen präzise zu formulieren, und dies wurde in der Philosophie zunehmend unabdingbar. Auch konnte er nicht mit dem reichhaltigen historischen Wissen eines Blumenberg mithalten (aber das konnten freilich nur wenige). Er war, kurzum, »ein Meister der Insinuation von Bedeutsamkeit«, ein sprudelnder Quell von Ideen, die anregend, aber nicht ausgearbeitet waren.[113]

Auch einzigartig war die Art und Weise, in der Taubes seine jüdische Identität in einen Kreis hineintrug, in dem Bezugnahmen auf die Erfahrungen im »Dritten Reich« tunlichst vermieden wurden.[114] Die meisten seiner Wissenschaftlerkollegen im Nachkriegsdeutschland hatten kaum Kontakt zu Juden. Und wenn doch, waren es mit einiger Wahrscheinlichkeit solche, von denen man zwar wusste, dass sie Juden waren, die aber weder über jüdische Gelehrsamkeit verfügten, noch besonders erpicht darauf waren, die Aufmerksamkeit auf das Thema zu lenken. Deshalb hüteten sich ihre nichtjüdischen Kollegen (von denen viele in der Hitlerjugend gewesen oder in der Wehrmacht gedient hatten) davor, die Sprache auf das Thema zu bringen. Taubes war anders. Er war ein offenkundiger Jude, kein verdeckter. Er erzählte jüdische Witze und hatte eine ironische Haltung gegenüber seiner eigenen jüdischen Identität (was eine grundlegende Akzeptanz dieser Identität voraussetzte). Das bedeutete, dass er einen sehr seltenen Raum um sich herum schuf, in dem seine nichtjüdischen deutschen Gegenüber Themen zumindest anreißen konnten, die sie mit den wenigen Juden, mit denen sie möglicherweise anderweitig in Kontakt kamen, als nicht diskutierbar erachtet hätten. Hermann Lübbe drückte es folgendermaßen aus: »Er hatte die Fähigkeit, die befangenen Deutschen unbefangen zu machen.«[115]

Und in noch einem anderen Punkt unterschied er sich von den anderen: Er war der Einzige, der Freundinnen zu den »Poetik und Hermeneutik«-Tagungen mitbrachte.[116]

Für manche Teilnehmer der »Poetik und Hermeneutik«, wie zum Beispiel für den angesehenen Althistoriker Christian Meier, war Taubes in noch einer weiteren Hinsicht bedeutsam: als Verbindungsglied zwischen verschiedenen Kulturkreisen. Über seinen Kontakt mit Siegfried Unseld brachte Taubes Meier zum Suhrkamp Verlag[117] und ermöglichte ihm auch einen Vortrag über Aischylos vor seinem Hermeneutik-Kolloquium in Berlin. In der Folge wurde Dieter Sturm – damals Dramaturg an der prominenten Berliner Schaubühne, der gerade das Stück *Orestie* aufführte – auf Meier aufmerksam. Taubes war also mehr als nur ein Ideengeber, er war auch ein Vermittler von Talenten: eine Funktion, die er ausfüllen konnte, weil er ein ausgezeichnetes Gespür für wissenschaftliche Qualität hatte.[118]

Doch zum Zeitpunkt seines Todes waren viele von Taubes' Kollegen von »Poetik und Hermeneutik« längst desillusioniert über ihn. Als Blumenberg von Jauß gebeten wurde, für den kommenden »Poetik und Hermeneutik«-Band einen Nachruf zu verfassen, schrieb dieser eine so negative Charakterisierung, dass man sich gegen eine Veröffentlichung entschied. Stattdessen schrieb Dieter Henrich eine kurze, wenn auch ambivalente Würdigung. Beide merkten die Kluft zwischen Taubes' intellektuellem Anspruch und seinen tatsächlichen Errungenschaften an. Doch selbst Blumenberg erkannte an, dass viele von Taubes' reichhaltigen Kontakten im Verlagswesen und in der internationalen intellektuellen Welt profitiert hätten.[119]

Der Aufbau der Fakultät

Die FU war eine vergleichsweise junge Einrichtung, als Taubes seine Stelle antrat, und er war bestrebt, die fachliche Qualität der Fakultät in den Geistes- und Sozialwissenschaften zu verbessern. Immer auf der Suche nach Talenten, ging er auf Wissenschaftler von anderen Institutionen zu, deren Arbeiten ihn beeindruckten (oder von deren Reputation er gehört hatte), und animierte sie, an die FU zu kommen. Er machte sich für sie stark und wandte sich an international renommierte Intellektuelle, um für sie einzustehen. Manche von denen, an die er herantrat, teilten seine ideologischen Überzeugungen, doch das war mitnichten ein maßgebliches Kriterium für ihn. Weitblick oder Expertise in einem Feld, das er für wichtig erachtete, erregten sein Interesse.

Ein potenzieller Kandidat, der auch politisch mit Jacob auf einer Wellenlinie lag, war sein Freund Herbert Marcuse. Im Jahr 1965 warb er darum, Marcuse als Honorarprofessor an die FU zu holen – eine Position außerhalb der offiziellen Fakultätsstruktur, die es angesehenen Gastwissenschaftlern aber ermöglichte, am universitären Leben aktiv zu partizipieren, indem sie Vorlesungen und Seminare abhielten. Taubes' Kollege aus den Politikwissenschaften, der überzeugte Sozialdemokrat

Richard Löwenthal, sprach sich zunächst dagegen aus, lenkte aber ein. Für die Ernennung brauchte es drei Empfehlungsschreiben von ausländischen Wissenschaftlern. Eine erbat Taubes von dem französischen Philosophen Paul Ricœur und eine weitere von Lucien Goldmann. Für die dritte fragte er seinen Freund Norman Birnbaum, einen US-amerikanischen Soziologen, der damals in Oxford lehrte. Obwohl Birnbaum ein Nachwuchswissenschaftler und also selber auf der Suche nach einer unbefristeten Stelle war, gab Taubes ihm genaue Anweisungen, den Brief auf dem Briefpapier des Nuffield College zu schreiben und zu versichern, dass Marcuse zu den bedeutendsten zeitgenössischen Soziologen zählte.[120] Taubes' Initiative war erfolgreich, und Marcuse sollte eine wichtige Rolle in den folgenden Jahren spielen.

Ebenfalls in dieser Zeit ging Taubes auf den Historiker Ernst Nolte zu, dessen Buch *Der Faschismus in seiner Epoche* kürzlich erschienen war und viel Aufsehen erregte. Nolte hatte bei Heidegger Philosophie studiert, bevor er sich der Geschichtswissenschaft zuwandte, und sein Buch verfolgte einen neuartigen phänomenologischen Ansatz bei der Darstellung und dem Vergleich der protofaschistischen französischen Action Française, dem italienischen Faschismus und dem Nationalsozialismus. Nolte interpretierte ihre grundlegenden Merkmale als Widerstand gegen die großen Entwicklungen der Moderne – Liberalismus, Kapitalismus und Kommunismus –, die zum Zerfall des Gefühls der historischen Besonderheit führten. Noltes Studie war ausgesprochen verdienstvoll für die Etablierung des Begriffs »Faschismus« als fruchtbarer Kategorie der historischen Analyse, wenn er auch darauf bestand, dass der Faschismus das Produkt einer ganz bestimmten Epoche war und nicht etwa eine andauernde Verteidigungsstrategie des Bürgertums, wie die Marxisten einst argumentiert hatten – und es bald wieder tun sollten. Als Taubes 1965 davon erfuhr, dass Nolte einen Ruf auf einen Lehrstuhl für Geschichte in Marburg angenommen hatte, schrieb er Nolte, er würde ihn nur zu gern als Kollegen an der FU sehen.[121] Nach Zusammenstößen mit der radikalen Linken in Marburg kam Nolte 1973 dann tatsächlich an die FU, wo er ein freundschaftliches Verhältnis zu Taubes pflegte. Wie wir noch sehen werden, führte Taubes' Einsatz für Nolte später zu einer Krise in seinem Verhältnis zu Jürgen Habermas und zum Suhrkamp Verlag.

Ein weiterer Historiker, für den sich Taubes an der FU einsetzte, war Thomas Nipperdey, ein junger Wissenschaftler (geboren 1927), der in den 1960er Jahren eine bemerkenswerte Spannbreite von Interessensgebieten erschlossen hatte. Er kombinierte Politik-, Geistes-, Gesellschafts- und Wirtschaftsgeschichte, womit er wohl der bedeutendste deutsche Historiker seiner Generation war. Nipperdey lehrte an der Technischen Hochschule in Karlsruhe, als Taubes erfuhr, dass er einen Lehrstuhl an der Universität Bochum angeboten bekommen, aber noch nicht angenommen hatte. Taubes drängte seine Kollegen aus dem Fachbereich Geschichte, sich für Nipperdey stark zu machen, und engagierte sich erfolgreich für die Berufung. Nipperdey dankte Taubes für seinen Einsatz und merkte an, er habe sich für die FU entschieden, um angesichts der interdisziplinären Ausrichtung seiner Arbeit mit Philosophen und Soziologen zusammenarbeiten zu können.[122]

Ein anderer junger Wissenschaftler, den Taubes an die FU holte und der seinen eigenen Interessen näherstand, war Carsten Colpe.[123] Colpe kam 1969 als Professor für Iranistik an die Universität, war jedoch auch ein Experte für die Geschichte der Gnosis, das Neue Testament und für Religionsgeschichte. In den kommenden Jahren gaben die beiden gemeinsam Seminare zu diesen Themen.

Die meiste Zeit und Energie brachte Taubes auf, um den Wissenschaftsphilosophen Paul Feyerabend an die FU zu holen. Im Herbst 1966 hatte Taubes einen außergewöhnlich hohen Einfluss im Studiengang Philosophie erlangt, was verschiedene Ursachen hatte. Zum einen war einer der Professoren, Hans-Joachim Lieber, Rektor der Universität geworden und deshalb nicht länger aktiv in Angelegenheiten der Fakultät involviert. Hinzu kam, dass ein weiterer Professor, Dieter Henrich, nach Heidelberg ging und einen leeren Stuhl zurückließ, woraufhin Taubes als einer von drei verbleibenden Professoren mit der Suche nach einem Nachfolger beauftragt wurde.

Taubes war überzeugt davon, dass die Wissenschaftsphilosophie ein aufstrebendes akademisches Feld war und in Berlin vertreten sein sollte.[124] Er hörte sich nach Empfehlungen um, und Hermann Lübbe brachte den Namen Paul Feyerabend auf, ein in Österreich geborener Wissenschaftsphilosoph, der damals an der University of California in Berkeley lehrte.[125] Feyerabend hatte bei Karl Popper in London studiert, doch seine Arbeiten standen Poppers Standpunkt, wonach sich legitime wissenschaftliche Theorien durch ihre Falsifizierbarkeit auszeichneten, zunehmend kritisch gegenüber. Im Jahr 1970 veröffentlichte Feyerabend den Essay, »Against Method: Outlines of an Anarchist Theory of Knowledge«, der später in einem Buch mit diesem Titel aufgenommen wurde. Darin legte er seine radikale Kritik am Konzept der »wissenschaftlichen Methode« dar. Diese Methode existiere schlicht nicht, argumentierte er, und die Geschichte der Wissenschaft – weit entfernt davon, sich auf empirische Evidenz zu stützen – zeige, dass die Akzeptanz von wissenschaftlichen Theorien durch ästhetische Kriterien, persönliche Präferenzen und gesellschaftliche Faktoren beeinflusst werde.[126] Taubes zog alle Register seiner internationalen Verbindungen, um seine Kollegen davon zu überzeugen, Feyerabend eine Stelle anzubieten und das Angebot attraktiv zu gestalten. Für die erforderlichen Gutachten schrieb er an Karl Popper, Rudolf Carnap an der UCLA und an Friedrich Hayek – und er erinnerte sie alle daran, dass er sie in der Vergangenheit schon mal besucht hatte.[127] Alle drei waren überschwänglich in ihrem Lob. Hayek, der damals in Freiburg lehrte, war selbst ein Kritiker des »Szientismus«, worunter er die Übertragung von Methoden und Modellen aus den Naturwissenschaften auf den Bereich der Erforschung menschlichen Verhaltens verstand. Taubes hatte ihn vor vielen Jahren in Chicago getroffen und wusste aus irgendwelchen Gründen, dass dieser ein relevanter Gutachter sein würde. Hayek schrieb: »Er scheint mir der begabteste, ideenreichste, und vielseitigste unter den jüngeren Wissenschaftstheoretikern deutscher Sprache« und schickte Taubes eine Zusammenstellung von Feyerabends Artikeln, die Taubes wiederum für seine eigene Einstellungsempfehlung nutzen konnte.[128] Um Feyerabend an die FU zu locken, sicherte Taubes Gelder für den Aufbau einer Bibliothek für Wissenschaftstheorie zu sowie ein kleines Heer von Assistenten für diesen Zweck.[129] Feyerabend willigte unter der Bedingung ein, dass er seine Stellung in Berkeley behalten könne, und kam zum Sommersemester 1968 nach Berlin. Taubes besuchte alle Vorlesungen von Feyerabend, in denen dieser einige der Ideen vorstellte, die er später in *Against Method* (1975) ausführte. Die Vorlesungen zeichneten sich durch sein Konzept von Wissenschaft als Spaß und durch seine Fähigkeit, mit Texten und Ideen zu spielen, aus.[130]

Doch was so vielversprechend erschien, entwickelte sich zu einem Desaster. Feyerabends Gebaren in Berkeley war geradezu anarchisch gewesen: Manche Vorlesungen ließ er einfach ausfallen, andere hielt er unvorbereitet, und er bestand darauf, allen Studentinnen und Studenten die Bestnote zu geben. Dann sagte er, nachdem er das Angebot der FU angenommen hatte, Stellen in London und in Yale zu – seine Position in Berkeley behielt er zudem. Während seines ersten Semesters an der FU erschien er selten zu seinen Vorlesungen, im zweiten Semester noch weniger.[131] Zu Taubes' großem Leidwesen wurde die Vereinbarung rasch wieder aufgelöst.

Danach versuchte Taubes, Noam Chomsky, eine Bekanntschaft aus seiner Zeit in Harvard, dafür zu gewinnen, eine Gastprofessur im Sommer 1969 anzunehmen. Doch Chomsky lehnte aufgrund seiner beruflichen und politischen Aktivitäten ab, die ihm keine Zeit ließen. Das Angebot war gleichermaßen politisch wie akademisch motiviert,[132] denn inzwischen ritt Taubes auf der Welle der Radikalität, die die Universitäten in den Vereinigten Staaten und in Deutschland erfasste.

11
Das apokalyptische Moment

Mit dem Aufstieg der studentischen Neuen Linken entwickelten sich Taubes und Brentano zu den Fakultätsmitgliedern, die die Bewegung am prominentesten in ihren Bemühungen um eine Hochschulreform unterstützten. Taubes hatte so viel über apokalyptische Momente geschrieben und gelehrt: Nun schien eines bevorzustehen.

Ein wahrer Tsunami des Protests erfasste die Universitäten der westlichen Welt in den 1960er Jahren. Vielleicht nirgendwo wurde die Radikalisierung schneller institutionalisiert als an der Freien Universität in Berlin. Die Gründe hierfür waren vielschichtig.

Zum einen gab es hier eine Studentenschaft, die seit dem Bau der Berliner Mauer zunehmend aus Westdeutschland angezogen wurde. Dass der Umzug nach Westberlin (das einen rechtlichen Sonderstatus hatte) für junge Männer bedeutete, vom Wehrdienst befreit zu sein, beförderte den Linksdrall innerhalb der Studentenschaft. Die Stadtverwaltung von Berlin verfügte über viele Kompetenzen einer Landesregierung und wurde zu dieser Zeit von den Sozialdemokraten angeführt, die sich um junge linke Wähler bemühten und geneigt waren, ihren Interessen entgegenzukommen. Das führte nach 1969 zu einer Struktur der Selbstverwaltung an der FU, die die Macht weg von den Ordinarien und hin zu einem nie dagewesenen Einfluss des Mittelbaus, der Studentenschaft und sogar des nichtwissenschaftlichen Personals verlagerte. Die Forderung nach »Demokratisierung« der deutschen Universitäten führte zu einer radikalen Umgestaltung der FU.

Anfang der 1960er Jahre tendierten die Professoren und Studenten der philosophischen Fakultät und der Gesellschaftswissenschaften politisch nach links, während die anderen Fakultäten eine eher konservative Ausrichtung hatten. Mitte der 1960er Jahre stieg die Zahl der Immatrikulationen in der Philosophie und den Gesellschaftswissenschaften an, und damit waren die Weichen für die späteren Spannungen gestellt, die vorrangig um drei Themen kreisten: politische Meinungsfreiheit, Widerstand gegen die amerikanische Präsenz in Vietnam und die 1967 von der Regierungskoalition aus CDU und SPD in Vorschlag gebrachten Notstandsgesetze. Ein Katalysator und verkomplizierender Faktor war die Rolle der Situationisten, eine künstlerisch-politische Bewegung, die für ihre unorthodoxe Rhetorik und Taktik bekannt war, mit der sie die Aufmerksamkeit der Öffentlichkeit suchte. Insbesondere in Westberlin hatten die Proteste gegen den Vietnamkrieg der Vereinigten Staaten eine hohe Brisanz, und sie entwickelten sich rasch zu einer allgemeinen Ablehnung US-amerikanischer Militärpräsenz im Ausland. Berlin aber verdankte seine Demokratie der amerikanischen Luftbrücke im Jahr 1948, war Standort zahlreicher amerikanischer Militäreinrichtungen und hatte eine vehement proamerikanische und antikommunistische Wählerschaft.

Von den circa zweihundert Ordinarien an der FU gab es vielleicht eine Handvoll, die mit der aufsteigenden studentischen Linken sympathisierte, dazu zählten Helmut Gollwitzer, Peter Szondi und (etwas zurückhaltender) Richard Löwenthal.[1] Aber niemand war so eindeutig in seiner Unterstützung der radikalen Studentenbewegung wie Jacob Taubes. Eine Zeitlang erschien er wie der *spiritus rector* der Neuen Linken an der FU. Er hatte chiliastische Erwartungen, die er noch lange aufrechterhielt, als die meisten anderen Professoren sie lange schon aufgegeben hatten.[2]

Nach dem Vorbild der *Free Speech Movement* an der University of California in Berkeley proklamierte der Allgemeine Studentenausschuss (AStA) unter dem Vorsitz von Wolfgang Lefèvre die Rechte der Studenten, jede Person zu jeder Zeit in jedem offenen Bereich auf dem Campus zu jedem Thema sprechen zu hören. Sie luden den linken Journalisten Erich Kuby ein, auf dem Campus zu sprechen, obwohl sie wussten, dass er zuvor von der Universitätsverwaltung für seine aus deren Sicht diffamierenden Äußerungen über die FU vom Universitätsgelände verbannt worden war. Der Rektor verweigerte Kuby die Erlaubnis zu erscheinen, und das führte zu organisierten studentischen Protestdemonstrationen. Kurz darauf sorgte ein anderer berühmter Fall für Aufregung auf dem Campus. Dieses Mal ging es um den Umgang des Rektors mit dem jungen Politikwissenschaftler Ekkehart Krippendorff, der den Rektor beschuldigt hatte, das Auftreten des Philosophen Karl Jaspers auf dem Campus verhindert zu haben. Als Krippendorff herausfand, dass dies nicht der Wahrheit entsprach, nahm er zwar seine Anschuldigung zurück, doch den Zorn des Rektors hatte er sich zugezogen. Die studentische Linke verteilte Flugblätter und stellte Plakatwände auf, wobei sich mehr und mehr Studenten an den Protesten beteiligten. Gemeinsam mit Gollwitzer, Szondi und einigen anderen Angehörigen der Fakultät unterzeichnete Taubes einen Offenen Brief, um den Protest zu unterstützen.[3]

Die erste Sitzblockade an einer deutschen Universität fand an der FU am 22. Juni 1966 statt, als ungefähr 3000 Studenten eine Sitzung des akademischen Senats belagerten, auf der über eine Maßnahme der Studienzeitbegrenzung beraten wurde.[4] Die Resolution gegen diese geplante Maßnahme wurde von drei führenden Mitgliedern des SDS verfasst, die Taubes alle nahestanden: Rudi Dutschke, Wolfgang Lefèvre und Johannes Agnoli. Für den SDS war die Forderung nach einer stärkeren studentischen Beteiligung an der universitären Verwaltung ein Vorbote für den »Abbau oligarchischer Herrschaft und die Verwirklichung demokratischer Freiheit in allen gesellschaftlichen Bereichen«.[5] In den folgenden Jahren formulierte die Führung des

SDS immer nachdrücklicher, dass ihr Ziel darin bestehe, die Hochschulen dafür zu nutzen, für eine grundlegende gesellschaftliche Umgestaltung zu kämpfen.[6]

Die Proteste dauerten an und eine radikale Gruppe, die von den Situationisten beeinflusst war und sich »Kommune 1« nannte, entwickelte unorthodoxe Wege, um öffentliche Aufmerksamkeit zu erregen. Die Mitglieder der Kommune 1 organisierten eine konzertierte Aktion, um den SDS zu einer bewusst provozierenden Taktik zu bewegen, mit einer Prise Humor, um die Irrationalität der bestehenden politischen und gesellschaftlichen Ordnung zu demonstrieren. Sie entschieden sich für einen »Spaziergangs-Protest«: Am 17. Dezember 1966, dem Samstag vor Weihnachten, also mitten im Trubel des Vor-Weihnachtsgeschäfts, planten sie, sich auf der Haupteinkaufsmeile Kurfürstendamm zu versammeln. Damit die Polizei es möglichst schwer haben würde, den Protest zu unterbinden, wollten sie mal in diese, mal in jene Richtung ausschwärmen und sich zwischendurch immer wieder auflösen. Schlussendlich reagierte die Polizei gewaltsam und nahm sechsundachtzig Personen in Gewahrsam, einschließlich Jacob Taubes, dessen Name in der Presseberichterstattung über das Ereignis prominent erwähnt wurde.[7] Ein Polizist packte ihn grob und hinterließ einen blauen Fleck, den Taubes hinterher seinen Kollegen zeigte, als sei er gebrandmarkt.[8] Taubes veröffentlichte einen Offenen Brief an den Regierenden Bürgermeister von Berlin, in dem er das Verhalten der Polizei als Brutalität gegen nicht provozierende und zivilisierte Studenten bezeichnete.[9]

Im Frühjahr 1967 nahmen die Demonstrationen an der FU an Fahrt auf. Es gab immer mehr Sitzblockaden (auch »Sit-ins« genannt), in deren Verlauf Studenten Seminarräume und Gebäude besetzten, sowie »Teach-ins« – eine Praxis, die von der amerikanischen Studentenbewegung übernommen wurde –, bei denen Sprecher über die Gräuel des amerikanischen Krieges in Vietnam referierten. Viele davon wurden vom AStA organisiert, in dem zunehmend Aktivisten des SDS dominierten, darunter auch einige von Taubes' Studenten. Anfang Mai unternahm der Rektor der Universität den Versuch, solche Sitzblockaden zu untersagen. Daraufhin versammelten sich circa 1500 Studenten am 6. Mai im größten Hörsaal, dem Audimax, um dagegen zu protestieren. Unter den prominenten Unterstützern der Studenten an diesem Tag zählten Pfarrer Gollwitzer und Jacob Taubes, der unter tosendem Applaus erklärte: »Das Ziel heißt: der mündige Student in einer mündigen Universität.« Die Problematik, so Taubes weiter, weise über die Universität hinaus, denn eine mündige Universität sei nur möglich in einer mündigen Gesellschaft. Aktuell jedoch finde ein Prozess der Entmündigung statt, auf den die angemessene Antwort nur Protest und Aufstand heißen könne. Er verteidigte die Sit-ins und die Teach-ins als großartigen Beitrag der amerikanischen Studenten auf diesem Weg zur Mündigkeit.[10]

Später in diesem Monat kam es zu einem Kaufhausbrand in Brüssel, bei dem mehr als zweihundert Personen ums Leben kamen. Zwei Tage später verteilten Personen aus dem Umfeld der Kommune 1 Flugblätter mit dem Titel »Burn, warehouse, burn!«,[11] was suggerierte, dass man als Protestform gegen Kapitalismus und Vietnamkrieg das Niederbrennen von Berliner Kaufhäusern befürworte. Manche unterstellten dem Pamphlet eine satirische Intention. Doch die Polizei reagierte und erhob gegen zwei führende Mitglieder der Kommune 1, Fritz Teufel und Rainer Langhans, Anzeige wegen Volksverhetzung. Beide waren Studenten an der FU.

Im anschließenden Prozess wurden die beiden Angeklagten von Horst Mahler verteidigt, einem damals linksradikalen Anwalt, der sich an Taubes gewandt hatte, um die Verteidigung zu übernehmen. Taubes wurde (wie Szondi) vorgeladen, kam seiner Verpflichtung nach und hielt eine gelehrte Verteidigungsrede, die er mündlich vor Gericht vortrug und die später im *Merkur* abgedruckt wurde. Er verortete die Autoren des Flugblattes in der Geschichte des Surrealismus und der religiösen Sekten: »Die Kommune I ist ein Objekt für die Religionsgeschichte und Literaturwissenschaft, aber nicht für Staatsanwalt und Gericht.«[12] Letztlich wurde die Anklage gegen die beiden Kommune-1-Mitglieder fallengelassen, nicht zuletzt, so versicherte es Mahler Taubes, aufgrund von dessen Beitrag. »Man hat von den Gesichtern der Richter und des Staatsanwalts ablesen können, daß sie zuvor nie etwas von den von Ihnen erwähnten literarischen Richtungen gehört hatten. Daß Sie es dann auch noch fertigbrachten im Rahmen Ihres Gutachtens die von der Kommune freiwillig gewählten Lebensformen in der Kirchengeschichte anzusiedeln, hatte m. E. zu einer totalen Hilflosigkeit des Gerichts geführt ...«[13]

Taubes war wie Mahler Mitglied im Republikanischen Club, einer Vereinigung, die im Januar 1967 gegründet worden war und die junge Intellektuelle von der SPD und links davon zu Debatten und geselligen Treffen zusammenbrachte. Zu den Gründern zählten Mahler und ein weiterer der linksradikalen Szene nahestehender Anwalt: Otto Schily. Unter den Stammgästen waren Intellektuelle aus dem Umfeld der Neuen Linken sowie Gäste aus Ostberlin. (Dass der Club wesentlich von der Stasi finanziert wurde, war damals den wenigsten bekannt.[14]) Auch Marcuse ging zu den Treffen, wenn er in Berlin war.

Während Taubes also vor Gericht die Unschuld der Kommune 1 betonte, blickte er als Privatmensch skeptischer auf ihre Anliegen. Er antwortete Mahler, er kenne die Mitglieder der Kommune nicht persönlich, hege auch keine besonderen Sympathien für sie. Tatsächlich war er der Ansicht, der SDS sollte sich von dieser Minderheit distanzieren, da sie in seinen Augen den Ruf all jener, die nach gesellschaftlichem Wandel strebten, beschädigte. Gegenüber den AStA-Vorsitzenden hatte er geäußert, dass »ein Engagement gegen die Kriegführung der USA in Vietnam für mich im gegenwärtigen Augenblick unglaubwürdig geworden ist, solange es sich nicht verbindet mit einem Engagement auch gegen Nasser und seinen pseudosozialistischen Faschismus. Als die Flugblätter erschienen, spitzte sich die Nahostkrise bereits zu. Wer in diesem Moment einzig nach Vietnam starrt, ohne an das noch unendlich viel Ärgere, das Israel seitens der arabischen Politik angedroht wird, einen Gedanken zu verschwenden, der diskreditiert sich durch seine Inkonsequenz.«[15]

Auch das Schicksal des Staates Israel bot Taubes wieder einmal Anlass zur Sorge.»Die letzten zehn Tage war ich mit meinem Herzen in Tel Aviv und Jerusalem«, schrieb er am 31. Mai an Edith Wyschogrod.[16]

Am 2. Juni 1967 eskalierten die Spannungen in Westberlin. Während einer Massendemonstration gegen den Besuch des Schahs von Persien wurde ein Demonstrant, Benno Ohnesorg, von einem Polizisten erschossen.[17] In der Führung der studentischen Linken wurde das als Zeichen für eine immer größere Gewaltbereitschaft des Staates gegen die eigenen Anliegen gewertet. Die folgenden Tage waren von einer beispiellosen politischen Dynamik geprägt. Am 3. Juni versammelten sich 4000 Studenten, um gegen die tödlichen Polizeischüsse zu demonstrieren. Gollwitzer, Taubes und eine Handvoll weiterer Fakultätsangehörige waren ebenfalls anwesend. Man einigte sich darauf, den Rücktritt des Bürgermeisters und des Polizeipräsidenten zu fordern.[18] Am 7. Juni kamen zur Vollversammlung im Audimax sogar noch mehr Studenten zusammen. Sie protestierten gegen die Entscheidung des Berliner Senats, Demonstrationen vorübergehend zu unterbinden, und beschlossen, die Lehrveranstaltungen für eine Woche auszusetzen, um die anstehenden politischen Diskussionen führen zu können. Dieses Mal waren zwei Fakultätsangehörige anwesend und unterstützten den Beschluss: Jacob Taubes und Margherita von Brentano. Sie sprachen über»Wissenschaft und Faschismus – Psychologische Voraussetzungen des Faschismus«. Die Aufgabe, die nun vor ihnen stand, so Brentano, sei es, innerhalb der Universität eine Diskussion über den Faschismus anzustoßen und unterdessen gegen Polizeiterror und die Politik der Berliner Regierung zu protestieren.[19]

Von Kojève bis zu Marcuse

Inmitten dieses anschwellenden Aufruhrs kam am 26. Juni, auf Taubes' Einladung, Alexandre Kojève zu Besuch an die FU, der sich auf dem Heimweg von Peking zurück nach Paris befand. In den Jahren nach der Veröffentlichung seiner einflussreichen Hegel-Interpretation und seiner ausführlichen Kontroverse mit Leo Strauss war Kojève einer der prominentesten Staatsdiener, im Finanzministerium, in seiner Wahlheimat Frankreich geworden. In seiner Freizeit schrieb er ein mehrbändiges Werk über die griechische Ethik, das Taubes mit Begeisterung im Manuskriptstadium las.[20] Nachdem Kojève zu dem Schluss gekommen war, dass die Institutionen der modernen Gesellschaft, zumindest in ihren grundlegenden Strukturen, darauf ausgerichtet waren, sich auf einen universellen Staat zuzubewegen, der gleichsam universelle Menschenrechte garantieren würde, widmete sich Kojève der Entwicklung ihrer rechtlichen Rahmeninstitutionen und internationalen Abkommen. Dies war auch der Anlass für seine Reise nach Peking gewesen, wo er für die französische Regierung mit Mao verhandelt hatte. Und das war auch Thema seines Kolloquiums an der FU über »Das Ende der Geschichte«.[21] Taubes hatte ihm zuvor geschrieben: »Die Studenten haben es verdient, daß Sie ihnen den Rücken stärken.«[22] Doch als der Meisterdenker erschien und von den Studenten um Rat gefragt wurde, was sie tun sollten, empfahl er ihnen zu ihrem Erstaunen, sie sollten Griechisch studieren. Damit meinte er, dass die Zeit für radikales Handeln verstrichen sei, und deshalb könne man sich genauso gut mit dem Verlauf der Geschichte, und wie sie zu ihrer Vollendung gelangt, beschäftigen. Anschließend, so erzählte er es Taubes, machte er sich auf den Weg zu einem Gespräch mit Carl Schmitt in dessen Heimatstadt Plettenberg.[23]

Ein paar Wochen später kehrte Marcuse zurück nach Berlin, dieses Mal auf Einladung des SDS. Im Rahmen einer viertägigen Veranstaltungsreihe, vom 10. bis zum 13. Juli, hielt er in einem völlig überfüllten Audimax Vorträge über »Das Ende der Utopie« – konzipiert als eine Art Gegenrede zu Kojèves kurz zuvor gehaltenem Vortrag[24] – und über das Problem der Gewalt in der Opposition. Er nahm auch an einem Podiumsgespräch zum Thema »Moral und Politik in der Überflußgesellschaft« teil.[25]

In diesen Vorträgen legte Marcuse einige seiner Schlüsselthesen seines jüngsten Buches *Der eindimensionale Mensch* dar: etwa dass die moderne Technologie bereits die Mittel und das Wissen entwickelt habe, nicht nur um Armut und Not zu beseitigen, sondern durch Automatisierung die gesellschaftlich notwendige Arbeit auf ein Minimum zu reduzieren und so eine freie Gesellschaft erschaffen könne mit weit weniger »überschüssiger Unterdrückung«, wie er es nannte. Die nahende Option einer solchen Gesellschaft sei also nicht »utopisch«, sondern realistisch. Doch die herrschenden politischen, ökonomischen und kulturellen Kräfte hätten sich darauf ausgerichtet, diese Möglichkeit zu verhindern. Welche Kräfte genau in den westlichen Gesellschaften (der »Metropole«) und der Dritten Welt den revolutionären Wandel hervorbringen würden, sei noch unklar. Doch, fügte er hinzu, das werde man nur herausfinden, indem man die radikale Umwandlung in Angriff nehme. »[E]s mag sehr wohl sein …, daß die Realisierung eines revolutionären Projektes durch Gegenkräfte und Gegenbewegungen verhindert ist, die gerade im Prozeß der Revolution überwunden werden können – und überwunden werden. … Die gesellschaftlichen Träger der Umwälzung … formieren sich erst in dem Prozeß der Umwälzung selbst, und man kann nicht mit einer Situation rech-

Im Audimax der Freien Universität, Juli 1967. Von links nach rechts:
Richard Löwenthal, Jacob Taubes, Herbert Marcuse, Alexander Schwan
(Politikwissenschaften), Dieter Claessens (Soziologie).

nen, in der die revolutionären Kräfte sozusagen ready-made vorhanden sind, wenn die revolutionäre Bewegung beginnt.«[26] Für
Marcuse waren die Studenten potenzielle »Träger der Umwälzung« und die aktuelle Aufgabe sah er darin, das Bewusstsein
für diese radikalen Möglichkeiten zu fördern.[27]

Am dritten Tag stand Marcuse im Zentrum einer öffentlichen
Debatte, die unter dem Vorsitz von Jacob Taubes stattfand. Anwesend waren Richard Löwenthal (der altgediente Sozialdemokrat, der Bedenken gehabt hatte, Marcuse an die FU zu holen),
Peter Furth (Redakteur bei der Zeitschrift *Das Argument*), Margherita von Brentano, Wolfgang Lefèvre und Rudi Dutschke.
Taubes machte den Anfang, indem er einen kurzen, aber präzisen Abriss der Ideen vortrug, die Marcuse in den Tagen zuvor dargelegt hatte – Ideen, mit denen Taubes aufgrund seiner
Freundschaft zu Marcuse bestens vertraut war. In der anschlie-

494

ßenden Diskussion erwies sich Löwenthal als Marcuses stärkster und überzeugendster Kritiker. Marcuses Vorstellung von einer Gesellschaft der Herrschaftslosigkeit stehe im Widerspruch zu den Realitäten der Notwendigkeit von Autorität in einer modernen technologischen Gesellschaft, erklärte Löwenthal – einer Gesellschaft, die eine historisch beispiellose Reduzierung von Armut hervorgebracht habe. Die Arbeiterklasse habe in dieser Gesellschaft einen Platz gefunden und weise deshalb kein revolutionäres Potenzial mehr auf – nicht, wie Marcuse behauptete, weil ihr Bewusstsein manipuliert war, sondern weil es ihr tatsächlich sehr viel besser ging. Marcuses These, der zufolge die westlich-kapitalistischen Gesellschaften Kriege benötigten, um zu überleben – das war auch seine Erklärung für den Vietnamkrieg – sei Unsinn. Marcuse empfehle, die Institutionen niederzureißen, ohne eine konkrete Vorstellung davon zu haben, was an ihre Stelle treten könnte. Löwenthal warnte, »ein Appell zur totalen Zerstörung der bestehenden Institutionen, dem kein realisierbares Ziel gegenübersteht, [muß] zu etwas führen …, was wenig mit Marx und mehr mit Bakunin zu tun hat, der die Lust zur Zerstörung als eine schaffende Lust bezeichnet.« Auch wenn Marcuse nicht beabsichtige, diesen Zerstörungstrieb zu nähren, fügte Löwenthal rasch hinzu, könne das sehr wohl die Konsequenz sein, und die aktuellen Ereignisse zeigten dies bereits.[28]

An der Abschlusssitzung, »Vietnam: Die Dritte Welt und die Opposition in den Metropolen«, nahm auch Dutschke wieder teil. Er berief sich auf Che Guevara und unterstrich die Notwendigkeit, die Spaltung zwischen dem Sowjetischen Block einerseits und dem kommunistischen China und der Dritten Welt andererseits zu überwinden, damit der (amerikanische) Imperialismus bekämpft werden könne. Sein Fokus lag auf Vietnam. Marcuse wiederum plädierte für das Sammeln von Spendengeldern, um sowohl Medikamente als auch Waffen an die Nordvietnamesen und den Vietcong zu liefern.[29]

Marcuses Auftritte an der FU waren auch mediale Ereignisse. Mehrere davon wurden live im Radio übertragen, und ein Fernsehteam war vor Ort, um für eine Dokumentation zu filmen. *Der Spiegel*, *Die Zeit* und andere Organe der Qualitätspresse berichteten ausführlich über die Vorträge und Diskussionen.[30] Im *Spiegel* wurde Taubes damit zitiert, dass Marcuses Texte »die Diskussion der Studenten [beteuern] und ihr eine Intensität [geben], die an den Ernst erinnert, mit dem einst Talmud-Jünger den Text der Thora auslegten«.[31]

Taubes begleitete Marcuse auch bei einem Besuch in Zürich, wo sie eine Gruppe linker Studenten im Restaurant Bel Étage trafen – Marcuse war ein großer Freund der hedonistischen Vergnügungen, von denen er hoffte, sie würden eines Tages allen offenstehen. Auch hier diskutierten sie ihre Auffassung, dass angesichts der nichtrevolutionären Verfasstheit der Arbeiterklasse der radikale Wandel von der Bewusstseinslage der intellektuellen Schichten abhinge, angefangen bei den Studenten in den Universitäten.[32]

In den folgenden Monaten bemühte sich Taubes, die studentische Linke in Richtung ihrer, in seinen Augen, rationalen Ausprägungen zu beeinflussen. An Hans Robert Jauß vom »Poetik und Hermeneutik«-Kreis schrieb er:

Ich glaube, dass in Berlin unter den Studenten ein Differenzierungsprozess eingesetzt hat. Ein grösserer Teil der linken Studenten … [ist] auf eine rationale Linie verpflichtet: rationale Argumentation und Protest mit rationalen Zielen. Freilich, der SDS ist in eine Krise geraten, denn in den letzten Monaten ist er von Hippy-leuten unterwandert worden, die einer Romantik putschistischer Aktion nachtrauern. Während meine Kollegen sich die Finger mit dem SDS nicht beschmutzen wollen, habe ich mich auf die sicherlich undankbare Aufgabe eingelassen, auch in diesem Kreise noch die rationalen Elemente von romantischen Relikten zu reinigen. Ich tue dies ohne große Hoffnung auf Erfolg. Aber nichts soll unversucht bleiben, um den

SDS vor der abschüssigen Bahn in den linken Faschismus zu retten ...

Man begibt sich übrigens auf einen sehr schmalen Grat in solchen Aktionen. Die Masse der Fakultät hält einen für einen gefährlichen Revolutzzer, die Masse des SDS für einen liberalen Idioten. Jeder Fehltritt kann mich den Rest der Autorität, sowohl bei der Fakultät als auch bei den linken Studenten kosten.[33]

Im Februar 1968 bekundeten Taubes, Gollwitzer und einige andere Intellektuelle ihre Unterstützung für eine studentische Konferenz über Vietnam, bei der Dutschke abermals eine prominente Rolle einnahm. In einem Brief an die *Berliner Morgenpost* warnten sie die Studenten jedoch davor, zu Gewalt zu greifen oder gegen das Gesetz zu verstoßen, und sie riefen andererseits Regierung, Polizei und Presse dazu auf, studentische Aktionen, die dennoch in Gewalt ausarteten, nicht mit Naziterror zu verwechseln.[34] Der Berliner Senat war von der Konferenz mit ihrer antiamerikanischen Ausrichtung entsetzt und organisierte am 21. Februar eine riesige eigene Demonstration, an der Zehntausende unter der Parole »Berlin darf nicht Saigon werden!« mitmarschierten. Dutschke wurde denunziert, und einige der Demonstranten attackierten junge Leute, von denen sie annahmen, dass sie zur studentischen Linken gehörten. Am 8. März 1968 veröffentlichte eine Gruppe prominenter Schriftsteller und Akademiker einen Artikel in der *Zeit*, in dem sie die Gewalt der Berliner Polizei verurteilte, vor einer Bedrohung der freien Meinungsäußerung in Berlin warnte und die Stadtverwaltung aufforderte, die Ursachen für die Studentenunruhen zu beseitigen. Zu den Unterzeichnern zählte neben Adorno und Habermas auch Jacob Taubes.[35]

Zwei Monate später, am 11. April 1968, wurde Dutschke Opfer eines Anschlags eines geistig verwirrten jungen Mannes. Der Versuch schlug fehl, Dutschke überlebte, doch eine Kugel drang in sein Gehirn ein, verwundete ihn schwer und ließ ihn körperlich versehrt zurück. Als Marcuse wieder für einen Vortrag an der FU, am 13. Mai, von Paris nach Berlin flog, besuchte er als Erstes Dutschke im Krankenhaus. Anschließend berichtete Marcuse dem studentischen Publikum, dass Dutschke »fast schon wieder der alte« war, woraufhin langanhaltender Applaus ausbrach. Marcuse sprach mit Dutschke über Pläne, mit ihm an die University of California in San Diego zu kommen, um dort zu studieren, und Taubes (vom *Spiegel* als »Marcuse-wie-Dutschke Freund Professor Jacob Taubes« bezeichnet) schrieb an den Deutschen Akademischen Austauschdienst, um Dutschkes Bewerbung für ein Stipendium zu unterstützen.[36] Letztlich wurde Dutschke das Einreisevisum in die Vereinigten Staaten verweigert und so zog er mit seiner Frau und seinem Sohn, Hosea-Che, zunächst nach England und später nach Dänemark. Nach Deutschland kehrte er 1973 zurück und starb 1979 an den Folgen des Attentats.

Marcuse kehrte noch einmal im Mai 1968 nach Berlin zurück, wo er über »Geschichte, Transzendenz und sozialen Wandel« sprach – ein Vortrag, den die zunehmend radikalisierten Studenten des SDS als zu abstrakt und zu weit entfernt von jeglicher konkreten Handlung empfanden. *Der Spiegel* berichtete über ein Zusammentreffen im kleinen Rahmen, an dem Habermas, Taubes und zwei weitere Personen teilnahmen, bei dem sie »die Kinderkrankheiten des linken Radikalismus« diskutierten. Marcuse und die radikalen Kräfte im Berliner SDS entfremdeten sich zunehmend voneinander.[37]

Studentischer Radikalismus und Gewalt hatten nun Konjunktur. Ein Seminar nach dem anderen an der FU wurde von Studenten gestört oder besetzt. Professoren am Germanistischen Seminar wurden mit Stinkbombenwürfen belästigt, und das Seminar wurde kurzerhand eingenommen und in »Rosa-Luxemburg-Institut« umbenannt – nach der deutschen Kommunistin, die während der gescheiterten Revolution von 1918/19 ermordet worden war.[38] Das Philosophische Seminar wurde von Stu-

denten besetzt, die eine neue, radikalere Verwaltungsstruktur
forderten – und sperrten Wissenschaftler, die auf ihre Forderungen nicht eingingen, einfach aus. Die Philosophen Michael
Landmann und Wilhelm Weischedel, die ursprünglich mit der
studentischen Linken sympathisiert hatten, waren von solchen
Aktionen zunehmend alarmiert. Professoren gingen dazu über,
ihre wertvollen Bücher mit nach Hause zu nehmen, aus Angst
sie könnten aus den Büros gestohlen oder verunstaltet werden.[39]
Als Edith Wyschogrod Taubes in diesem Jahr besuchte, erblickte sie in einem Seminarraum eine geschwärzte Gipsbüste von
Kant, die mit »Mao hat alle Fragen, die ich offengelassen habe,
beantwortet« beschmiert war.[40]

Taubes war begeistert von der Entwicklung der Ereignisse.
Nachdem er so viel über apokalyptische Momente geschrieben
und gelehrt hatte, erlebte er nun endlich einen. »Inzwischen dürfen wir in Anschauung lernen, was uns bisher nur durch Schriften vermittelt wurde, die Abdikation der alten Autoritäten, ihre Selbstaufgabe und das Auftreten eines neuen Bewußtseins«,
schrieb er an einen Kollegen.[41] Zugleich hatten ihm seine Studien apokalyptischer Bewegungen aber auch vor Augen geführt,
dass sie immer mit Gefahren einhergingen und selten das erreichten, was sie als Zielsetzung formulierten. Und dennoch verteidigte Taubes die zunehmend radikalisierte Studentenschaft –
als sie begann, Gebäude zu besetzen und den Unterricht zu
stören – in flammenden Reden, in denen er ausgefeilte Rhetorik
mit Grundsatzdiskussionen über die auf dem Tisch liegenden
Inhalte verband.[42] Er setzte Freunde und Kollegen – zweifelsohne in voller Absicht – in Erstaunen, wenn er ihnen erzählte, dass
er sich selbst als Maoist betrachte, der westliche Individualismus in eine Sackgasse geraten sei und der Maoismus möglicherweise eine kollektivistische Alternative mit einiger Relevanz für
die westlichen Gesellschaften darstelle.[43] Als der vielversprechende deutsche Nachwuchsjudaist Peter Schäfer Taubes 1968
kennenlernte, erzählte Taubes diesem, der Marxismus habe sein

Bewusstsein verändert und er halte sich seither nicht mehr mit dieser umständlichen Art der Forschung auf.[44]

Im Jahr 1967 war Taubes von Adorno eingeladen worden, anlässlich des jährlichen Soziologentags, der im darauffolgenden Jahr im April in Frankfurt stattfinden sollte, einen Vortrag über »Kultur und Ideologie« zu halten. Typisch für Taubes: Bis zum 13. März hatte er eine Ideenskizze zu Papier gebracht, aber noch nichts Zusammenhängendes geschrieben.[45] Schlussendlich war der fertige Text eine mäandernde Melange aus Beobachtungen über Marx, Benjamins Verwendung von Marx, Adornos Empfehlungen an Benjamin in den 1930er Jahren, Webers Überlegungen über die modernen kapitalistischen Institutionen als unausweichliches »Schicksal« und das menschliche Bedürfnis nach Institutionen bei Gehlen. Doch die eigentliche Kernaussage des Beitrags ging in erster Linie auf Marcuse und, in geringerem Maße, auf Foucault zurück, wobei Taubes keinen von beiden namentlich erwähnte. Von Marcuse übernahm Taubes die Vorstellung, dass die Entwicklung der Technologie das alte ökonomische Problem der Knappheit überwunden und Klassengegensätze verringert habe. Zeitgenössische politische und Wirtschaftseinrichtungen mit der ihnen eigenen Herrschaft seien deshalb überflüssig geworden, hielten aber durch unterdrückerische ideologische Appelle ihren Einfluss aufrecht. Von Foucault übernahm Taubes die Idee, dass Macht (Taubes verwendete den vielschichtigen Begriff der Gewalt) nun durch institutionelle und bürokratische Strukturen ausgeübt werde, die die Herrschaft tarnten und dazu führten, dass die Unterworfenen die Legitimitätsansprüche der Institutionen verinnerlichten.[46] Der Vortrag war eine Standardübung in der marxistischen Ideologiekritik – wonach nichtmarxistisches Denken eine verdeckte Verteidigung des Status quo war – in Kombination mit der Marcuse'schen Anspielung, dass eine in ihren Konturen nur undeutlich erkennbare menschliche Emanzipation unmittelbar bevorstehen könnte. (Da er zu sehr in die aktuellen Ereignisse an der FU involviert war, um etwas Neues zu schreiben, verwendete Taubes diese Arbeit in abgewandelter Form später für zwei weitere Anlässe.[47])

Im Anschluss an seinen Vortrag beim Soziologentag diskutierte Taubes abends stundenlang mit radikalisierten studentischen Intellektuellen aus Frankfurt, darunter Hans-Jürgen Krahl, der beim dortigen SDS eine führende Position innehatte. Ebenfalls unter den Anwesenden war Richard Faber, ein Aktivist aus der katholischen Linken. Es sprach ihn an, was Taubes zu erzählen hatte, und so entschied er sich für die FU, um dort zu promovieren. Er blieb bis 1973 und kehrte 1979 als Taubes' Assistent zurück.[48] Faber entwickelte sich zu einem Jünger, der sich auch in der Wahl seiner Forschungsthemen von Taubes' Interessen leiten ließ.

Für Taubes waren intellektuelle und politische Interessen miteinander verzahnt. Im Mai 1968 etwa schrieb er ein ausführliches Memorandum an Siegfried Unseld und Jürgen Habermas, um darzulegen, welche Rolle er für den Suhrkamp Verlag angemessen fand, um die Energie der Studentengeneration zu bündeln: weg vom Sektierertum und hin zu einem erweiterten Horizont:

> Das literarische Potential der besten unserer Studenten (die eigentlich im gängigen Sinne gar keine Studenten mehr sind, sondern der jüngere Teil einer freischwebenden Intelligenz, die aus Angst, mit der Wirklichkeit konfrontiert zu werden, sich an die Rockschöße der Universität hängt) wird in sektiererische Kanäle geleitet und erschöpft sich in geschlossenen Sprachspielen der ›linken Studentenzeitschriften‹. Ich frage mich, ob darin eine pädagogisch, aber auch politisch taktische Aufgabe liegt, die besten unter ihnen in einen allgemeinen Sprachraum zu leiten und aus der Ecke sektiererischer Sicherungen herauszuholen. Ich bin mir bewußt, daß darin ein Risiko steckt, und ich spreche nicht ohne Erfahrung … Aber dieses Risiko müssen wir vom Verlag und der Universität auf uns nehmen. Sonst können wir die Buden sperren.[49]

Ein Flugblatt, das auf dem Bundeskongress des SDS in Hannover im November 1968 verteilt wurde, veranschaulicht Taubes' prominente Stellung in den Augen der studentischen Linken. Eine Dissidentengruppe weiblicher Mitglieder, die unzufrieden über die mangelnde Beachtung feministischer Anliegen in der Organisation war, gründete einen »Frauenrat«. Auf dem Kongress in Hannover verteilten sie ein Flugblatt mit dem Titel »Rechenschaftsbericht«, auf dem die Zeichnung einer Frau zu sehen war, die eine Axt in der Hand hielt. Über ihr an der Wand hingen, wie Trophäen aufgereiht, sechs abgetrennte Penisse von sechs männlichen Anführern des SDS. Das Flugblatt schloss mit dem Aufruf: »BEFREIT DIE SOZIALISTISCHEN EMINENZEN VON IHREN BÜRGERLICHEN SCHWÄNZEN!!!!!!!«, gefolgt von einer langen Namensliste dieser »Eminenzen«. Auf dieser Liste, ein paar Plätze unter Mao und direkt über Marx, stand »Taubes«.[50]

Taubes besuchte Zürich wieder im Dezember 1968, als er von radikalisierten Studenten eingeladen wurde, die von seinem Auftritt mit Marcuse ein Jahr zuvor beeindruckt gewesen waren. Als Titel für seinen Vortrag schlug er »Die Phantasmagorie der spätkapitalistischen Kultur« vor, eine Verneigung vor Benjamin. Taubes empfahl seinen Gastgebern, den Vortrag nicht auf einen Freitagabend zu legen, aus Rücksicht auf eventuelle jüdische Teilnehmer. Um diese zu erreichen, regte er eine Ankündigung in der örtlichen jüdischen Zeitung, dem *Israelitischen Wochenblatt*, an sowie das Anbringen von Plakaten im Jüdischen Gemeindezentrum. Er kehre mit Beklemmung und Vorfreude zurück nach Zürich, schrieb er: »An die Stadt eben, wo ich als Sohn des Rabbiners bekannt und etwas berüchtigt bin, der schon vor zwanzig Jahren (solange ist es her!) der jüdischen Bourgeoisie einige Kopfschmerzen bereitete.«[51] Am Ende hielt er den Vortrag, den er kurz zuvor beim Soziologentag gehalten hatte.[52] Dass die jüdische Bourgeoisie vor ihm gezittert hat, ist nicht bekannt geworden.

Mit einem Mitglied der jüdischen Bourgeoisie jedoch schloss er tatsächlich Freundschaft, als er eine szenische Lesung von Marianne Weinberg besuchte, die aus Martin Bubers und Franz Rosenzweigs deutscher Bibelübersetzung vortrug. Er saß in der ersten Reihe und blätterte demonstrativ in einem Buch, während sie rezitierte. Doch am Tag darauf rief er sie an und bat um ein Treffen am nächsten Tag.

Marianne Weinberg wurde 1933 in Deutschland geboren und ging bald darauf mit ihrer jüdischen Familie in die Niederlande. In der Zeit der deutschen Besatzung war sie mit anderen deutsch-jüdischen Flüchtlingen im Lager Westerbork interniert, doch sie überlebte den Krieg. Später ging sie nach Zürich, wo sie Sigi Weinberg, den Inhaber mehrerer Edel-Boutiquen, heiratete – die Trauungszeremonie führte Rabbi Taubes durch. Die Familie war wohlhabend und kultiviert und an den Wänden ihres Hauses in einem Vorort von Zürich hingen Ölgemälde von Fernand Léger und Max Beckmann. Im Arbeitszimmer hing die erste Fassung von Paul Klees *Angelus Novus*. (Die zweite Fassung war Gegenstand von Walter Benjamins Reflexionen, der die Zeichnung Gershom Scholem vermacht hat.)

Taubes nahm Marianne in den von Theo Pinkus, einem jüdischen Kommunisten, geführten linken Buchladen mit und forderte sie auf, Bücher von angesagten linken Autoren zu kaufen, vermutlich in der Absicht, ihren Horizont zu erweitern. Mariannes Mann Sigi war ein Schulkamerad in Zürich von Jacob gewesen und mochte ihn nicht. Aber Marianne war fasziniert von ihm, sowohl intellektuell als von seiner fast kindlichen Art, sich zu öffnen und seine Sorgen vor anderen auszubreiten. Ihre Freundschaft währte, bei allen Höhen und Tiefen, fast bis zu Jacobs Tod.[53]

Nach Zürich kehrte Taubes regelmäßig zurück, nicht zuletzt um das Grab seiner Mutter zu besuchen. Wenn er dort war, wohnte er zumeist bei seinem Freund Ernst Erdös, einem Ingenieur und ehemaligen Trotzkisten, der beruflich neue Wege ging und Philosoph und Judaist wurde.

Die meisten aus der Handvoll Professoren an der FU, die ursprünglich mit der studentischen Linken sympathisiert hatten, gingen davon aus, dass die Lage sich bald wieder beruhigen würde, wie es zum Beispiel in Berkeley zu beobachten war. Doch sie hatten die Auswirkungen des neuen Berliner Hochschulgesetzes nicht auf der Rechnung.[54]

Seit ihrer Gründung in den späten 1940er Jahren hatte die FU eine untypische Verwaltungsstruktur, in der ordentliche Professoren, der Mittelbau und die Studenten gewisse Funktionen in der Universitätsleitung innehatten, so auch bei der Wahl des Rektors. Der Betrieb der Institute, in denen Forschung und Lehre stattfanden, lag jedoch ausschließlich in den Händen der Lehrstuhlinhaber.[55]

Eines der vorrangigen Themen des SDS der 1960er Jahre war die Kritik an der hierarchischen Autoritätsstruktur an den westdeutschen Universitäten, in der die ordentlichen Professoren das Sagen hatten. Eine Gruppe aus dem Mittelbau an der FU, die dem SDS nahestand, einschließlich Taubes' Assistentin Uta Gerhardt, veranstaltete dazu ein Seminar, dessen Arbeitsergebnisse sie 1965 unter dem Titel *Hochschule in der Demokratie* veröffentlichte.[56] Sie plädierten dafür, dass die Universität gleichrangig von Professoren, Mittelbau und Studenten geleitet werden sollte, in einem System der Drittelparität.

Im Jahr 1969 verabschiedete die Berliner Landesregierung – in der Absicht, der Studentenbewegung entgegenzukommen – das neue Hochschulgesetz, das die Struktur der Universitätsverwaltung grundlegend in die Richtung änderte, die der SDS lange schon favorisierte.[57] Die regierenden Sozialdemokraten und ihr Bürgermeister Klaus Schütz waren bemüht, den studentischen Radikalismus in die Universität hinein- und aus den Straßen und Plätzen der Stadt hinauszutragen.[58] Dem neuen Gesetz zufolge sollten Entscheidungen auf allen Ebenen, einschließlich des akademischen Senats, von Vertretern aus vier Gruppierungen getroffen werden: den ordentlichen Professoren, dem Mittelbau, den Studenten und »anderen Dienstkräften«. Die Professoren verfügten zwar über die meisten Einzelstimmen, konnten aber dennoch überstimmt werden. In der Praxis neigten der Mittelbau und die studentischen Vertreter dazu, von den radikaleren linken Gruppen dominiert zu sein.

Unter diesem neuen System wurde im Dezember 1969 Rolf Kreibich, ein einunddreißigjähriger Assistent in der Soziologie, der seine Dissertation noch nicht abgeschlossen hatte, zum Universitätspräsidenten gewählt. Kurz darauf wurden zwei Vizepräsidenten gewählt: Uwe Wesel, ein sechsunddreißigjähriger linker Jurist und Mitglied im Republikanischen Club sowie Margherita von Brentano. Die Universität, der Kreibich nun vorstand, expandierte gerade stark. Die Anzahl der Studentinnen und Studenten schoss in die Höhe und die Bundesregierung ermunterte und subventionierte die Hochschulbildung. Als Taubes 1961 an die FU kam, studierten dort circa 12 000 Studenten; 1970 waren es bereits 15 000 und 1980 sollten es 43 000 sein.[59] Die Zahl der Studenten wuchs schneller, als die Universität sie integrieren konnte, was zu einer Entfremdung führte. Einige suchten und fanden ihren sozialen Rückhalt daraufhin im Netz der radikalen Vereinigungen, die sich in und um die Universität herausbildeten.

Im Verlauf des Jahres 1969 begannen die radikalisierten Studenten an der FU, sich innerhalb der Disziplinen in Roten Zellen zu organisieren. Bald folgte eine Fülle von kommunistischen K-Gruppen, wiederum unterteilt in Maoisten, Trotzkisten und verschiedene andere Gruppierungen, die sich mit dem DDR-Regime identifizierten. Zu den bedeutendsten unter ihnen zählten die Aktionsgemeinschaften von Demokraten und Sozialisten, eine Unterorganisation der Sozialistischen Einheitspartei Westberlins (SEW), der westdeutsche Flügel der regierenden Sozialistischen Einheitspartei Deutschlands in der DDR.

Eine von Kreibichs ersten Ankündigungen war es, dass er im Falle von Studentendemonstrationen unter keinen Umständen die Polizei auf das Universitätsgelände rufen werde.[60] Das jedoch ermunterte die Roten Zellen zu extremen Aktionen.

Im Frühjahr 1969 gingen die Roten Zellen dazu über, in die Seminarräume einzudringen und von den Professoren zu verlangen, die Relevanz ihres Unterrichts zu begründen. Professoren, die sich weigerten, wurden ausgesperrt. Als er von Studenten terrorisiert und ausgesperrt wurde, leitete der ehemalige Rektor der Universität, Hans-Joachim Lieber, ein Disziplinarverfahren ein, in der Absicht, die Störer der Universität zu verweisen. Die radikalisierten Studenten riefen zu weiteren Aktionen gegen Lieber auf, Taubes jedoch warnte vor der Anwendung solcher Taktiken, da sie im Widerspruch zur »Tradition des sozialistischen Protestes« stünden.[61] Doch bald darauf präsentierte der Dekan der Philosophischen Fakultät – der angesehene Kunsthistoriker jüdischer Herkunft Otto von Simson, der aus den Vereinigten Staaten nach Deutschland zurückgekehrt war, um an der FU zu unterrichten – einen Bericht über die aus seiner Sicht beklagenswerte Lage an der Universität, die er mit 1933 verglich. Taubes wies diese Einschätzung öffentlich zurück und verteidigte die Studentenproteste als Kraft des Wandels im politischen Bewusstsein, die eine Hochschulreform anstoßen würde. Er warf von Simson vor, nach Gründen zur Rechtfertigung repressiver Gewalt zu suchen.[62]

Taubes' Kollegen wiesen diese Anschuldigungen zurück und sprachen dem Dekan ihre Solidarität aus.[63] Ein Mitglied der CDU-Fraktion im Berliner Abgeordnetenhaus, Wolfgang Werth, verfasste einen beißenden Brief an den Berliner *Tagesspiegel*, in dem er Taubes einen verzerrten, amerikanischen Blick auf die Ereignisse in Deutschland vorwarf.

Taubes gehört zu jener Gruppe von Professoren, die schwere Mitschuld an den heutigen katastrophalen Zuständen in vielen deutschen Universitäten tragen. Er hat schon in der Entwick-

lungsphase der Krise an der Freien Universität Berlin alles
getan, um die Studenten gegen die bestehende Ordnung aufzuwiegeln. Als US-Staatsangehöriger mit amerikanischen Verhältnissen bestens vertraut, hat er sich bemüht, die dort angesichts des tragischen Konflikts zwischen Schwarz und Weiß
praktizierten Gesetzesübertretungen gegen die weiße Obrig-
keit in unser Land zu übertragen. Dabei haben im Nachkriegsdeutschland auch nur annähernd vergleichbare Mißstände [wie
sie die Schwarzen in den USA erlitten] niemals vorgelegen.[64]

Jacob Taubes wurde das öffentliche Gesicht des politischen Radikalismus an der Universität.

Israel und die Neue Linke:
Taubes als gescheiterter Vermittler

Obwohl die Entwicklungen in Berlin Taubes' Aufmerksamkeit
beanspruchten, belasteten ihn auch die Ereignisse im Nahen
Osten.

Im Frühjahr 1967 forderte der ägyptische Präsident Gamal
Abdel Nasser die Evakuierung der UN-Friedenstruppen von
der Halbinsel Sinai und aus dem Gazastreifen, die in der Folge
des Sinai-Feldzugs 1956 dort stationiert worden waren. Die UN
akzeptierte die Forderung. Nach dem Rückzug drangen ägyptische Panzereinheiten auf die Halbinsel vor. Am 23. Mai, nachdem das strategisch wichtige Scharm el-Scheich besetzt worden
war, verhängte Nasser eine Blockade und brachte damit den israelischen Schiffsverkehr durch die Straße von Tiran zum Erliegen. Ägyptische Propaganda streute die Nachricht, ägyptische
Truppen und Panzer würden an der Grenze zu Israel zusam-
mengezogen. In mehreren arabischen Hauptstädten kam es zu
Kundgebungen für Nasser, auf denen zur Vernichtung des jüdischen Staates aufgerufen wurde. Drohungen, die in den jeweiligen Medien widerhallten. Die israelische Armee reagierte mit

einer Teilmobilisierung. Nachdem Nasser bereits im November 1966 ein Militärbündnis mit Syrien geschlossen hatte, unterzeichnete er am 30. Mai 1967 einen Pakt mit Jordanien und am 4. Juni mit Irak. Israelische Appelle an die Westmächte um Unterstützung blieben erfolglos. In der israelischen Öffentlichkeit und in der jüdischen Diaspora wuchs die Angst vor einem neuen Holocaust. Taubes las die israelische Presse täglich und war zutiefst beunruhigt über die Nachrichten aus dem Nahen Osten.[65]

Am 5. Juni begann die israelische Armee einen Präventivkrieg, der erste Schritt zur umgehenden und vollständigen Zerstörung der ägyptischen Luftwaffe, rasch gefolgt von der Zerschlagung der syrischen und jordanischen Luftstreitkräfte. In nur wenigen Tagen hatte die israelische Armee den Suezkanal erreicht. Jordanien hatte damit begonnen, das Schussfeuer an seinen Grenzen zu Israel zu eröffnen, so auch in Jerusalem. In den nun folgenden Tagen besetzte Israel Ostjerusalem und das Westjordanland, dann die Golanhöhen. Nach sechs Tagen war der Krieg vorbei. Die israelische öffentliche Meinung, die im Mai und Anfang Juni so besorgt gewesen war, wurde nun von einer Welle der Euphorie getragen.[66]

Im Ausland interpretierte man den Ausgang des Krieges als Sieg des Westens über die Sowjetunion und ihre Verbündeten. Der deutsche SDS teilte diese Interpretation. Doch da er die Vereinigten Staaten in erster Linie als imperialistische Macht betrachtete, die Krieg gegen die Dritte Welt führte, stufte er Israel als Agenten des amerikanischen Imperialismus und als aggressive und expansionistische Macht ein. In der Folge waren es die Palästinenser, die nun als rechtmäßige Opfer angesehen wurden.[67]

In den Monaten und Jahren nach dem Sechstagekrieg wurde die Dämonisierung Israels als Feind mit expansionistischen Ambitionen immer präsenter innerhalb der deutschen studentischen Linken. Doch diese Haltung war nicht unwidersprochen, etwa von Taubes' Kollegen Michael Landmann, einem Zionisten, der mit der Linken sympathisierte.[68]

Im Jahr 1968 entwarf Landmann gemeinsam mit Ernst Erdös, Taubes' Freund aus Zürich, eine »Gemeinsame Erklärung von 20 Vertretern der deutschen Linken zum Nahostkonflikt«, die von Ernst Bloch, Helmut Gollwitzer und anderen, darunter auch Taubes' ehemaligem Lehrer René König, unterzeichnet wurde. Sie bekräftigte Israels Recht auf eine sichere Existenz und verwahrte sich gegen die Vorstellung von Zionismus als Neokolonialismus.[69] Landmann engagierte sich auch publizistisch in seiner Verteidigung Israels. Er verfasste die Streitschrift »Das Israelpseudos der Pseudolinken« sowie eine weitere mit dem Titel »Antwort an Isaac Deutscher«, die beide in einem Band 1971 veröffentlicht wurden.[70]

Taubes war über die Verunglimpfung Israels durch die deutsche studentische Linke besorgt. Er nahm an einem kleinen studentischen Seminar über Israel teil, das sich um eine differenziertere Diskussion bemühte.[71] Doch er lehnte es ab, die gemeinsame Erklärung von 1968 zu unterzeichnen, weil diese – so erklärte er es Landmann – nicht schlüssig sei. Er behauptete, in London mit George Lichtheim und Eric Hobsbawm an einer Erklärung der Linken gearbeitet zu haben, doch die sowjetische Invasion in der Tschechoslowakei habe ihre Aufmerksamkeit davon abgelenkt.[72] (Wie eine solche Erklärung von Hobsbawm – zeitlebens ein überzeugter Kommunist und konsequenter Antizionist – ausgesehen hätte, lässt sich leicht ausmalen.)

Im Großen und Ganzen vermied es Taubes, in öffentlichen Foren über Israel zu sprechen. Die Ausnahme bildete ein Gespräch unter dem Titel »Aus gegebenem Anlaß«, das er mit dem Sender Freies Berlin am 25. Dezember 1969 führte.[73] Der gegebene Anlass waren die zunehmend heftigen und gewalttätigen Attacken auf Israel seitens der Neuen Linken in Deutschland.

Im vergangenen Juni hatte der israelische Botschafter, Ascher

Ben-Natan, einen Vortrag an der Universität Frankfurt gehalten, der von Mitgliedern des SDS zusammen mit Anhängern der Fatah, der Allgemeinen Vereinigung Palästinensischer Studenten und dem antizionistischen Israelischen Revolutionären Aktionskomitee gestört wurde. Im August reiste eine Gruppe von SDS-Mitgliedern nach Jordanien, besuchte dort ein Trainingslager der Fatah und verkündete ihre Unterstützung für den »revolutionären Kampf der Palästinenser«. Am 9. November 1969 (dem Jahrestag der Novemberpogrome von 1938) wurde eine Bombe im Jüdischen Gemeindezentrum in Berlin entdeckt. Eine bis dahin unbekannte Gruppierung, die sich Tupamaros West-Berlin nannte (nach einer uruguayischen Stadtguerilla-Organisation), bekannte sich dazu, die Bombe dort platziert zu haben. Ihr gehörte Dieter Kunzelmann an, ein Veteran der Kommune 1 und des Berliner SDS. Er veröffentlichte den »Brief aus Amman« in der Berliner linksextremen Zeitschrift *Agit 883*, in dem er Israel und den Zionismus anprangerte und die deutsche Linke aufforderte, ihr neurotisches Bedürfnis, die Juden schützen zu wollen, abzulegen.[74]

Taubes' Radioansprache kritisierte die Neue Linke für ihre Haltung zu Israel und lieferte eine Analyse des israelisch-arabischen Konflikts, der zufolge beide Seiten das Recht auf ihrer Seite hätten. Das jüdische Volk habe, nach Tausenden Jahren als Gastvolk unter anderen Völkern, ein Recht auf eine eigene Heimstatt. »Seit der Katastrophe des europäischen Judentums greift das jüdische Volk nach dem Stück Land in Israel wie ein Ertrinkender nach einer Planke. Und wer ihm diese Planke aus der Hand schlägt, setzt – ob er es weiß oder nicht weiß, ob er es will oder nicht will – die Hitlerische Phantasie und Methode der Endlösung fort.« Doch die palästinensischen Araber hätten ebenfalls ein Recht auf eine Heimstatt in dem Land, in dem sie seit Jahrhunderten lebten.

Taubes wollte sich diesem augenscheinlich unauflösbaren Konflikt unter dem Aspekt der Folgen für »eine Neue Linke [annähern], die von Berkeley bis Berlin reicht, die vielleicht auch untergründig in Warschau, Prag und in Moskau erwacht ist«. Eine Linke jenseits des »Spätkapitalismus« im Westen und des »Staatssozialismus« im Osten. Ihr Mangel an realer Macht ermögliche es ihr, über neue Alternativen nachzudenken, die über die bestehenden Machtkonstellationen hinausgingen, so seine These.

Stattdessen verspiele die Neue Linke ihre Glaubwürdigkeit, wenn sie den israelischen-arabischen Konflikt nur durch die Brille des Vietnamkonflikts betrachte, als eine Frage von Schwarz oder Weiß. Taubes präsentierte sich hier als Vermittler zwischen unzureichend informierten Israel-Befürwortern auf der einen Seite und einer falsch informierten Neuen Linken auf der anderen. Es sei doch absurd, fuhr er fort, Israel als Speerspitze des westlichen Imperialismus zu betrachten, eine Anschuldigung, die aus dem sowjetischen Block komme. Tatsächlich sei Israel sozialistischer als die meisten anderen westlichen Gesellschaften, und die angemessene Aufgabe der Neuen Linken wäre es doch, diese Tendenzen in Israel zu unterstützen und sie auch in den benachbarten arabischen Ländern zu fördern. Die Regierungen dieser Länder – Regime, die auf militärischen und feudalen Oligarchien gründeten – nutzten antiisraelische Kampagnen, um sich die Unterstützung der Massen zu sichern. Die Neue Linke, so Taubes, sollte die Entwicklung sozialistischer Organisationsformen im besetzten Westjordanland – arabischer Kibbuzim – fördern, die ein alternatives Modell der gesellschaftlichen Organisation darstellten. Ein sozialistisches Israel und eine sozialistische arabische Gesellschaft im Westjordanland hätten dann mehr miteinander gemein als mit den Feudalherren der arabischen Ölstaaten oder den Militäroligarchien des Nahen Ostens. Die Neue Linke sollte die arabischen Freiheitskämpfer ermuntern, dem Terror zu entsagen, der nur eine Kettenreaktion von noch größerer Unterdrückung in Gang setze, und stattdessen eine autonome Heimstatt im Westjordanland aufzubauen, in der die Palästinenser ihre nationale Identität ausleben könnten. Israel seinerseits solle danach streben, seine Nationalstaatlichkeit zu überwinden und gemeinsam mit den Palästinensern einen Staat errichten, der aus »zwei autonomen und sich gegenseitig durchdringenden Gemeinschaften in einem Land« bestünde. Die Aufgabe der US-amerikanischen und europäischen Neuen Linken war es laut Taubes, dieses »transpolitische Konzept« im Nahen Osten zu fördern, ein Konzept, jenseits von »nationalistischen, machtstaatlichen Kräften in beiden Lagern«. Sicher, dies sei eine utopische Vision, räumte er ein, aber in einer Zeit, in der sich die Linke auf Elemente der sozialistischen Tradition zurückbesinne, die als utopisch gelten konnten, sei dies eine angemessene Rolle für die Neue Linke.

Im Februar 1969 beantragte und erhielt Jacob einen Vorschuss auf zwei Jahresgehälter, um damit den Hausbau in der Heydenstraße 15 für sich und Margherita zu finanzieren.[75] Es war ein Haus, das für ein älteres, kinderloses Ehepaar geplant wurde. Ende Juli kamen Ethan und Tania nach Berlin und von dort aus fuhr die Familie nach Paris.[76]

Doch kaum hatten Jacob und Margherita ihr neues Heim bezogen, als ihr Leben durch ein schockierendes Ereignis auf der anderen Seite des Atlantiks aus den Fugen geriet. Am 15. November 1969 erhielt Jacob ein Telegramm mit der Nachricht, dass Susan Taubes sich umgebracht hatte.[77]

12
Deradikalisierung und Krise, 1969-1975

Als die Freie Universität durch eine demokratischere Verwaltungsstruktur umstrukturiert wurde, die die radikale Linke stärkte,
trat Jacob als kommissarischer Vorsitzender einer neuen universitären Einheit in Erscheinung, die dazu dienen sollte, die
disziplinäre Zersplitterung der »bürgerlichen« Wissenschaft zu
überwinden. Margherita wurde Vizepräsidentin der Universität. Doch mit der Zeit zeigte sich Jacob zunehmend desillusioniert über die in seinen Augen ideologische Verbohrtheit der
akademischen Linken und den Niedergang des Niveaus, der
damit einherging. Das war ein Grund für die Spannungen zwischen ihm und Margherita, weitere waren Jacobs Kinder sowie
sein anhaltender Hang, sich auf außereheliche Beziehungen einzulassen. Als Margherita schließlich die Scheidung einreichte,
führte das zu einer Krise, die eine voll ausgeprägte manische
Depression auslöste und Jacob in einen psychotischen Zustand
stürzte.

Susans Roman und ihr Suizid

Eine Zeitlang bildeten Susan Taubes und Susan Sontag ein enges
Gespann. Richard Locke, Jacobs ehemaliger Schüler an der Columbia, entdeckte die beiden 1967 auf dem New Yorker Film
Festival, wo Sontag in der Jury saß. In Leder gekleidet, mit
dunklen Sonnenbrillen und männlicher Begleitung, die aussah,
als sei sie den Seiten der europäischen *Vogue* entsprungen, strahl-
ten die beiden Susans einen inszenierten erotischen Exhibitio-
nismus aus.[1]

Doch ihre Schicksale hatten ganz unterschiedliche Wendungen genommen. Susan Sontags kulturkritische Essays, die zu schreiben sie begonnen hatte, als sie noch Unterrichtsassistentin von Jacob an der Columbia war, hatten für Furore gesorgt, und mit der Veröffentlichung ihrer ersten Essaysammlung, *Against Interpretation and Other Essays*, ging es mit ihrer Karriere als Kritikerin steil nach oben. Sie versuchte sich auch an Erzählungen und Romanen sowie als Filmemacherin – das allerdings mit mäßigem Erfolg. Doch ihre Essays, die eine Affinität für die europäische hohe Theorie mit einer Analyse der amerikanischen Populärkultur verbanden, trafen den Zeitgeist. Rasch wurde sie zu einer festen Größe in der Kulturszene, erst in New York, dann auch in Europa. Mir ihrer intellektuellen Bandbreite, ihrer kritischen Kühnheit und ihrem auffälligen Äußeren gab sie sich ein unverkennbares Image. Sie war auch eine Meisterin darin, sich politisch und intellektuell immer wieder neu zu erfinden.

Anders bei Susan Taubes, der solcher Erfolg versagt blieb und die eine zerbrechlichere Persönlichkeit war – oder eine schwächere, wie Sontag es einschätzte –, ein Aspekt, auf den Sontag immer wieder in ihren Tagebüchern sowie, wie wir sehen werden, in ihren Romanen und Filmen zurückkam.

Seit ihrer Trennung von Jacob hatte Susan unter ihrem Geburtsnamen zwei Bände mit Mythen und Märchen veröffentlicht, sie engagierte sich beim Open Theater, in einer avantgardistischen Schauspieltruppe, und hatte sich in der Belletristik versucht. Einige ihrer Kurzgeschichten wurden in Literaturzeitschriften veröffentlicht, und verschiedene Stipendien ermöglichten es ihr, sich ganz auf das Schreiben zu konzentrieren. Schließlich gelang es ihrem Literaturagenten auch, einen ihrer Romane unterzubringen.[2] Und doch verschlechterte sich Susans psychische Gesundheit. Sie litt an Schlaflosigkeit, die sie regelmäßig mit Schlaftabletten bekämpfte. Um wach zu werden, trank sie Unmengen von Kaffee, und um sich wieder zu beruhigen, wechselte sie zum Wodka. Freunde, die sie in New York besuchten, waren in höchster Sorge über ihren Zustand.³ Ihr Vater, selbst Psychoanalytiker, sprach sie auf die Möglichkeit einer psychiatrischen Einweisung an.⁴ Sie rang mit den Depressionen und den Selbstmordgedanken und hörte nahezu auf zu essen.⁵ Auch Susan Sontag fiel es immer schwerer, sie aus dem Haus zu locken. Isoliert und einsam blieb sie in ihrer Wohnung.⁶

Im Spätsommer und Frühherbst 1969, während sie auf die Veröffentlichung ihres Romans wartete, unternahm Susan eine ausgedehnte Reise nach Ungarn, auf der Suche nach einem Gespür für sich selbst und vielleicht nach einer zusammenhängenden Erzählung ihres Lebens. Dort, in Budapest, hatte sie eine Affäre mit György Konrád, dem Gesellschaftskritiker und Schriftsteller. Als Susan Sontag einige Jahre später Konrád kennenlernte, war sie erstaunt, wie sehr dieser Jacob ähnelte.⁷ Ein weiteres Anzeichen für Susans scheiternde Versuche, sich aus dem Schatten ihrer Ehe mit Jacob zu befreien – das zentrale Thema ihres Romans *Divorcing*.

Der Roman erschien bei Random House im Herbst 1969, als Susan noch in Budapest war. Als Titel hatte sie ursprünglich *To America and Back in a Coffin* vorgesehen, doch der Verlag änderte dies in das vermeintlich gefälligere *Divorcing*. Der Roman handelt von der Erzählerin, Sophie Blind, die bei einem Verkehrsunfall in Paris ums Leben kommt und deren Leiche in die Vereinigten Staaten überführt werden soll. Die Geschichte wird aus der Perspektive und mit der Stimme der verstorbenen Hauptfigur erzählt. Auf dem Cover des Buches waren Familienfotos zu sehen – Susans eigene, aber keines mit Jacob. Es ist die Geschichte eines unzusammenhängenden Lebens, unzusammenhängend erzählt, mit Personen und Szenen, die überwiegend aus Susans eigenem Leben stammen und die in einer Vielfalt von Stilrichtungen, von realistisch bis surrealistisch, und in einer Vielzahl von Stimmen, von klagend bis parodierend, präsentiert werden.

Schon der Titel zeigt an, dass vieles im Roman von der

Schwierigkeit, ja Unmöglichkeit, handelt, dass Sophie sich von ihrem Ehemann löst, dem Wissenschaftler Ezra Blind, der folgendermaßen beschrieben wird: »Ezra Blind arbeitete an einem Buch, welches ihn wahrscheinlich sein ganzes Leben lang beschäftigen würde, zumindest aber für die nächsten zwanzig Jahre; seine Arbeit machte Bibliotheksbesuche und Treffen mit Wissenschaftlern vieler Länder erforderlich.«[8] Die meisten Szenen, Charaktere und Gefühle entsprangen aus Susans Leben, mitunter mit einer Deutlichkeit und Präzision, die jene, die mit ihrer Biografie vertraut waren, staunen ließen. Die Namen waren auf eine Weise geändert, die mitunter willkürlich erschien, häufig jedoch voller Anspielungen und Witz war. »Taubes« – mit seinen Anklängen an das deutsche Wort taub – wird zu Blind, zudem der Geburtsname von Taubes' Mutter. Jean Houston wird zu Kate Dallas, Dieter Henrich zu Heinrich Dieter Uhl, Margherita zu Renata.

Das Porträt von Jacob/Ezra im Roman war auf Anhieb erkennbar für jene, die das reale Vorbild kannten. Der Polyglott Ezra stand »immer auf der Bühne«, hatte ein unstillbares Bedürfnis nach Gesellschaft und »für Anstand und Sittsamkeit nur Hohngelächter übrig«.[9]

Doch es finden sich auch weniger bekannte Facetten. Ezras Neigung zum Streit mit seiner Frau und die Tatsache, dass er es »von Haus aus gewohnt [war], angebrüllt zu werden«.[10] Dass er seine Frau bat, obszöne Stellungen einzunehmen, darunter einige von Hieronymus Bosch.[11] Seine ewige Untreue, die die Heldin Sophie (die für Susan steht) auf sein Bedürfnis nach Abwechslung zurückführt; seine vielen Frauen, manche älter, andere nur achtzehn Jahre alt;[12] dass er ihr im Bett von anderen Frauen erzählte, mit denen er zusammen war oder von denen er gerade zurückkam, darunter Frauen, mit denen er sadomasochistischen Sex praktiziert hatte.[13] Das in Säure geätzte Bild von Ezra Blind hatte eine unverkennbare Ähnlichkeit mit Jacob.

Susans Roman wurde in der *New York Times* rezensiert. Der

für den Literaturteil zuständige Redakteur war Susans Freund Richard Locke, der als Rezensenten einen angesehenen Literaturwissenschaftler und Experten für Lyrik und Romane der Moderne vorschlug, Hugh Kenner. Locke setzte Susan davon in Kenntnis, dass eine Rezension über ihren Roman erscheinen würde.

Nicht geahnt hatte Locke, dass Kenner das Buch verabscheute. Als Locke die Rezension las, die Kenner eingereicht hatte, war er empört über Kenners seiner Ansicht nach völlig fehlgeleitete Interpretation,[14] aber er war nicht in der Position, die Veröffentlichung zu verhindern. Die Rezension, die am Sonntag, dem 2. November, erschien, war ein Verriss. »Es hält kleine Belohnungen bereit, wenn man sich die Schlucht, die an den Sontag-Detektor gekoppelt ist, hinaufkämpft«, begann der Text. Kenner bezeichnete den Roman als unglaubwürdig, was seiner Ansicht nach charakteristisch war für »lady novelists«. Wenn er auch den letzten Teil des Romans über die Kindheit der Erzählerin in Budapest fesselnd fand, konnte er doch mit der Hauptfigur aus der ersten Hälfte des Buchs, Ezra (Jacob), nur wenig anfangen: Ein holzschnittartiger »Superprof«, der mehr als zwanzig Jahre für die Fertigstellung einer Buchveröffentlichung brauchte, Bibliotheken aufsuchte, Wissenschaftler aus verschiedenen Ländern traf und zwischen den Universitäten auf beiden Seiten des Atlantiks, und bis nach Jerusalem, hin und her pendelte. Das sprengte für Kenner jeglichen Rahmen der Vorstellungskraft!

Andere Rezensionen jedoch, veröffentlicht in Zeitungen in Chicago, Washington und Los Angeles, waren voll des Lobes. Aber von diesen wusste Susan nichts, als sie am 6. November in den Zug nach East Hampton auf Long Island stieg, Beruhigungsmittel (Barbiturate) schluckte, sich in die Fluten des Ozeans stürzte und Selbstmord beging. Sie war einundvierzig Jahre alt. Am Strand ließ sie drei Briefe an Freunde zurück, in denen sie erklärte, dass sie seit über einem Jahr völlig verzweifelt war und keine Kraft mehr habe. Die Polizei lud Susan Sontag vor, die Leiche zu identifizieren.[15] Susan Taubes hatte schon vor der *Divorcing*-Rezension von Kenner geplant, sich umzubringen. Ein Tagebucheintrag aus Budapest vom 12. Oktober lautete »in ungefähr zwei Wochen werde ich mich ertränken«.[16]

Susans Begräbnis fand in der Riverside Kapelle in einem Bestattungsunternehmen in der Upper West Side statt. Sontag und Elsa First organisierten, was zu organisieren war. Jacob reiste aus Berlin an, Margherita begleitete ihn. Elsa holte Ethan aus seinem Internat in Weston, Massachusetts, ab. Gemeinsam fuhren sie nach Lake Placid, wo sie Tania aus ihrem Internat abholten und dann weiter nach Manhattan fuhren.

Der Trauergottesdienst war konfessionslos. Krister Stendahl, Susans und Jacobs Freund, hielt die Trauerrede und zitierte aus dem Abschnitt über die Liebe in Paulus' Brief an die Korinther. Susans Leiche wurde eingeäschert. Während der Beerdigung und bei dem anschließenden Zusammentreffen beteuerte Jacob weinend, er sei nicht verantwortlich für Susans Tod – ein Verhalten, das Susan Taubes in der Begräbnisszene in *Divorcing* antizipiert hatte. Anstatt seinen Kindern Trost zu spenden, verbrachte Jacob die folgenden Tage damit, sich mit Kollegen aus New York zu beraten.[17]

In ihrem kurzen Abschiedsbrief bat Susan Elsa First, sie möge sich um die Kinder kümmern, was diese auch tat. Elsa brachte Tania zurück in ihr Internat, während Sontag Ethan zu seinem fuhr. Im Frühjahr zog Ethan zu den Stendahls. Jacob fand sich nun plötzlich als der rechtlich verantwortliche Elternteil wieder und Margherita als die Stiefmutter zweier amerikanischer Heranwachsender. Jacob brachte die Idee auf, dass die Kinder bei ihnen in Berlin leben könnten – eine Möglichkeit, die Ethan zutiefst widerstrebte. Doch was würde aus den Kindern im Falle von Jacobs Tod oder Berufsunfähigkeit werden? Jacob wandte sich an das wohl verlässlichste und konservativste Ehepaar, das er kannte – Irving und Bea Kristol – und bat sie, im Falle seines

Ablebens die Vormundschaft zu übernehmen. Sie dachten darüber nach, lehnten aber höflich ab.[18]

Schriftstellern, insbesondere Anfängern, wird häufig geraten, sie sollten über etwas »schreiben, was sie kennen«. Als Susan Sontag sich in den 1960er Jahren zunächst der Belletristik und anschließend dem Film zuwandte, stützte sie sich stark auf ihre eigenen Erlebnisse und Menschen, die sie kannte. Dazu zählten vor allem Jacob und Susan Taubes.

Eine Nebenfigur, die sich teilweise an Jacob Taubes anlehnt, taucht in ihrem ersten Roman, *The Benefactor*, auf – der erfolglose Versuch einer modernistischen Fiktion, die sie 1963 veröffentlichte. Die Figur, um die es hier geht, ist »Professor Bulgaraux, ein Wissenschaftler, dessen Spezialgebiet die antiken religiösen Sekten« waren. Bulgaraux gibt Seminare an der Universität über eine der Gnosis ähnliche Lehre mit eigener Mythologie und eigenen Praktiken, die denen ähneln, die Jakob Frank zugeschrieben werden, jenem postsabbatianischen falschen Messias, von dem Jacob schon so lange fasziniert war. Der Held (bzw. Antiheld) des Romans erkundigt sich bei Bulgaraux: »Man munkelt …, sie beließen es nicht bei der Berufung eines Wissenschaftlers, sondern würden in ihrem Privatleben den Überzeugungen ihrer Studien anhängen.« Woraufhin Bulgaraux erwidert: »Ja, das ist wahr. Oder teilweise … Leider Gottes bin ich nicht gläubig. Aber ich weiß, wie diese Überzeugungen wirklich anzuwenden sind. Ich bin darauf vorbereitet, sie zu erfüllen und anderen zu zeigen, wie sie erfüllt werden können.« Er erläutert »die Idee der Befreiung, wonach man sein geregeltes Leben aufgibt und seinen innersten Fantasien freien Lauf lässt«, indem man »alle möglichen Erfahrungen macht«, »Wagnisse« eingeht und Handlungen ausführt, die »Kritiker erröten lassen, wenn sie sie benennen«.[19] In einem Brief aus dem Jahr 1969 an seinen Freund George Lichtheim erkannte Taubes Elemente seiner selbst in dem Porträt, und er fügte hinzu, dass Bulgarauxs Lehre sich auf Vorlesungen über die Gnosis stützte, die Taubes in Harvard gehalten und an denen Sontag teilgenommen hatte.[20]

Im Jahr 1969 schrieb Sontag den Film *Duet for Cannibals*, bei dem sie auch die Regie führte. Gedreht wurde in Stockholm auf Schwedisch, das Budget für den Film hatte eine schwedische staatliche Stiftung bereitgestellt. Lichtheim schrieb Taubes über ein Gerücht, das in New York umging, er selber habe von Robert Silvers davon erfahren, dem Redakteur der *New York Review of Books*. Danach basiere die Hauptfigur des Films, ein »wahnsinniger Professor« mit »dämonischen Zügen« auf Taubes. Lichtheim vermutete, die Figur sei eine Verschmelzung von Taubes und ihm selbst.[21] Taubes hatte den Film nicht gesehen, schrieb aber in seiner Antwort, dass dies durchaus der Fall sein könne. »Sieht man sich den Burschen an, der neben den zwei Damen liegt, so sollte unter Freunden doch kein Streit entstehen können, wer gemeint ist.«[22] Über das Bild im *Spiegel*, ein Standbild aus dem Film, wird noch zu sprechen sein. Und er fügte lakonisch hinzu: »Für unsere Geschäfte gibt uns niemand 720 000 DM. Seien wir dankbar, daß wir wenigstens über den Film zu Ruhm kommen.«

Das veröffentlichte Drehbuch von *Duet for Cannibals* war »Susan Taubes (1928-1969)« gewidmet. Und tatsächlich basierte auch eine der Hauptfiguren im Film auf ihrer Person. In großen Teilen war *Duet for Cannibals* ein Film über die Taubes, wobei die Drehungen und Wendungen der Handlung weniger bedeutsam sind als das physische und psychische Porträt des Paars. Im Mittelpunkt der Handlung steht die Beziehung zwischen vier Personen: Arthur Bauer, ein radikaler deutscher Intellektueller im schwedischen Exil; seine Frau Francesca; Tomas, ein Assistent von Bauer; und Tomas' Freundin Ingrid, eine Studentin in den Zwanzigern, für die Bauer anfangs so etwas wie ein Idol ist.

In Bauer sind viele charakteristische Angewohnheiten und Züge von Jacob Taubes angelegt. Zunächst ist er Deutscher. Er ist Autors eines Buches, *Die Revolution und seine Feinde*. (Als Ingrid den Intellektuellen Bauer fragt, »Wann ist die Zeit für die Revolution gekommen?«, antwortet dieser: »Es ist entweder zu früh oder zu spät.«) Er liest die *Neue Zürcher Zeitung*, Jacobs bevorzugtes Blatt seit seiner Studienzeit in der Schweiz. Wie Jacob raucht Bauer Pfeife und trägt einen schwarzen Hut mit breiter Krempe. Am offensichtlichsten jedoch ist, dass Bauer hemmungslos und ohne jegliche Manieren vom Teller gefallenes Essen vom Tisch aufliest – wie es Jacob Taubes zu tun pflegte. Bauer ist charismatisch und er nimmt erst Tomas und dann auch Ingrid in seine Dienste und zieht sie in sein emotionales Spinnennetz.

Bauers Ehefrau Francesca ist nicht nur eng an Susan Taubes angelehnt, die Schauspielerin, die Sontag für diese Rolle auswählte, Adriana Asti, glich Susan Taubes frappierend: schön, zart, verführerisch und voller nur mühsam unterdrückter Wut. Ihr Ehemann befürchtet, sie wolle sich umbringen. Bauer beklagt sich bei Tomas, wie sehr sich Francesca verändert habe, seit sie sich vor Jahren kennengelernt und geheiratet hatten, als sie »so lebendig und liebevoll« war.

Die Beziehung zwischen Bauer und Francesca ist eine Art stilisierter exhibitionistischer Erotik – sehr ähnlich der Beziehung zwischen Jacob und Susan, so wie sie Gregory Callimanopulos in ihrer Zeit in Princeton beobachtet hatte.[23] Bauer scheint zu erwarten, dass Francesca Tomas verführt. Später tut sie dies auch und versteckt zuvor ihren Ehemann im Schrank, damit dieser den beiden beim Sex zusehen kann. Noch später schläft Bauer mit der naiv-unschuldigen Ingrid, nun schaut Francesca zu. In der vielleicht bekanntesten Szene dieses relativ unbekannten Films sind die drei gemeinsam im Bett zu sehen: Ingrid in der Mitte, Bauer und Francesca auf je einer Seite des Ehebetts, lesend. Die Episode greift den Anblick auf, der sich Janet Scheindlin bot, als sie Jacobs Wohnung betrat und dort Jacob, Susan Taubes und Susan Sontag gemeinsam im Bett vorfand.

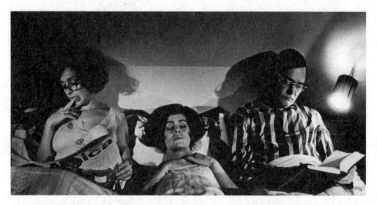

Standbild aus Susan Sontags Film *Duet for Cannibals* (1969).
Von links nach rechts: Francesca, Ingrid, Bauer.

Natürlich ist der Film ein Werk der Imagination, der Elemente aus dem Leben der realen Taubes aufgreift, und sie für künstlerische Zwecken verwendet. Und doch ist es ein filmisches Porträt, das Aspekte ihrer Beziehung in überzeichneter Form wiedergibt.

Sontags Film wurde zum ersten Mal auf einem New Yorker Filmfestival im September 1969 gezeigt[24] (wo Robert Silvers ihn wahrscheinlich gesehen hat). Anschließend wurde er eine Woche lang in der Carnegie Hall gezeigt, beginnend am 26. November. Zu diesem Zeitpunkt war Susan Taubes bereits tot.

Trotz dieser wenig schmeichelhaften Filmporträts von Jacob Taubes blieben Sontag und Jacob Freunde in den folgenden Jahren, während ihr internationaler Ruhm weiter anwuchs. Jacob besuchte sie, wenn er in New York war, und sie kam nach Berlin und sprach dort vor seinem Hermeneutik-Kolloquium. Ihre Freundschaft zählte zu den langlebigsten in Jacobs Leben.

In seiner wohl berühmtesten Rede vom Februar 1968 vor dem Internationalen Vietnamkongress in Berlin plädierte Rudi Dutschke für einen »langen Marsch durch die Institutionen«. Damit spielte er auf den »Langen Marsch« der chinesischen Kommunisten unter Mao an, als diese sich in die Provinz Yunan zurückzogen, um eine Basis zu errichten, von der aus sie den Rest des Landes einnehmen konnten. Das Ziel des langen Marsches sei es, so Dutschke, Gegeninstitutionen zu errichten, befreite Zonen in der bürgerlichen Gesellschaft. Nirgends war der lange Marsch kürzer als an der FU, und ihr Yunan war der Fachbereich 11, dessen erster Kommissarischer Vorsitzender Jacob Taubes war.

Das Jahr 1970 erlebte die Einrichtung einer neuartigen akademischen Struktur mit neuen Einheiten: den Fachbereichen. Fachbereich 11 (die Nummer ergab sich aus der Aufzählung der Fachbereiche im Vorlesungsverzeichnis) umfasste die Philosophie und die Sozialwissenschaften.[25] Gegründet wurden die neuen Bereiche, um die der »bürgerlichen Wissenschaft« nachgesagte Fragmentierung zu überwinden – oder wie Taubes und seine Studenten es nannten: das »Fachidiotentum«. In der Theorie war das ein begrüßenswertes Ziel; in der Praxis war der Weg, diese Zersplitterung zu vermeiden, der Marxismus (und bald der Marxismus-Leninismus), der einheitliche Grundlagen für die Philosophie, Soziologie und andere Sozialwissenschaften schaffen sollte.[26]

Neben den konventionelleren Kursangeboten in der Philosophie und den Sozialwissenschaften bot der Fachbereich Seminare an, in denen sich die ideologischen Tendenzen der Neuen Linken widerspiegelten. Im ersten Semester seines Bestehens zum Beispiel gab Gollwitzer ein Theologieseminar über »Politische Implikationen des Evangeliums (Christentum und Sozialismus)« und ein weiteres zur »Theologie der Revolution«. In der Philosophie hielt Brentano einen Kurs über Faschismustheorien ab, jüngere Kollegen unterrichteten »Karl Marx: Nationalökonomie und Philosophie«. Es folgten Kurse wie »Logische und erkenntnis-theoretische Untersuchungen zum ›Kapital‹ von Karl Marx« (von Wolfgang Fritz Haug) und immer esoterischere Themen wie ein Seminar über »Materialismus und Empiriokritizismus«, für das Kenntnisse über *Das Kapital* von Marx und Lenins *Materialismus und Empiriokritizismus* vorausgesetzt wurden.

Kurzum, der Fachbereich entwickelte sich zum Zentrum einer radikal linken Lehre und Pädagogik an der FU – und zu einer Steilvorlage für ihre Gegner an der Universität, die darin eine Wiege der ideologischen Indoktrination sahen. Wolf Lepenies erinnerte das ideologische Milieu folgendermaßen: »Heute kann man sich das Ausmaß, in dem marxistische Überzeugungen das Studium der Sozialwissenschaften in den 1960er Jahren und weit in die 70er hinein in Berlin und an anderen Orten prägten, nur schwer vorstellen. … Ökonomie war für uns politische Ökonomie, … Geschichte war historischer Materialismus und der dialektische Materialismus war Philosophie.«[27]

Im Jahr 1970 rief Klaus Holzkamp, Professor für Psychologie, gemeinsam mit seinen Studenten nachmittägliche Kurse für Arbeiterkinder ins Leben, womit diese zu antiautoritärem und antikapitalistischem Verhalten angeleitet werden sollten. Eine breitere Öffentlichkeit erfuhr davon durch einen Bericht der konservativen Zeitung *Die Welt*.[28] Der daraus resultierende Aufschrei führte dazu, dass sich die Psychologen an der Universität in zwei Lager aufspalteten: eine promarxistische (mit der DDR sympathisierende) Gruppe um Holzkamp, die im Fachbereich 11 verblieb; und eine nichtmarxistische Gruppe, die in den Fachbereich Bildungswissenschaften hinüberwechselte. Aus Protest gegen die Entscheidung der Universität, den Nichtmarxisten die Abspaltung zu gewähren, reichten Taubes und Lepenies ihre Rücktrittsgesuche als Vorsitzende ein (denen zunächst nicht entsprochen wurde).[29] Sie beschuldigten den Senator für Wissenschaft und Kunst (das Berliner Äquivalent eines Kultusministers) Werner Stein (SPD), Hilfe und Beistand für »jene Partei der Gegenreform [zu leisten], ... die in jedem Versuch, sozialistische Orientierungen in den Selbstbestimmungsprozeß einzubringen, als ›rote Machtübernahme‹ oder als Ausverkauf der Freiheit der Wissenschaft denunziert ...«[30]

Im Jahr 1971 bemühte sich der Fachbereichsrat des FB 11, den Philosophen Hans Heinz Holz auf jenen Lehrstuhl zu holen, den Paul Feyerabend eingenommen hatte.[31] Holz, ein Schüler Ernst Blochs und Leibniz-Experte, war nicht nur Marxist, sondern auch überzeugter Kommunist. Die vorgeschlagene Berufung stieß auf öffentlichen Widerstand seitens der Notgemeinschaft für eine Freie Universität, in der sich jene Professoren organisiert hatten, die versuchten, dem radikalen Abdriften der Universität etwas entgegenzusetzen (weiter unten dazu mehr). In einem ihrer »Hammer und Sichel«-Berichte bezeichneten sie das Philosophische Seminar als »Institut für Marxismus-Leninismus«.[32] Auch Irving Fetscher, Professor für Politische Theorie und Marxismusforscher, sprach sich gegen Holz aus. Wissenschaftssenator Stein, der die letztliche Entscheidungshoheit hatte, legte Einspruch ein und lehnte die Berufung von Holz ab.

Nun trat Taubes als Sprecher des Fachbereichsrats in Erscheinung, und er bombardierte Stein mit Briefen, in denen er die beabsichtigte Ernennung von Holz im Namen eines methodologischen Pluralismus verteidigte – obwohl es, wie Kritiker auch betonten, dem Fachbereich wahrlich nicht an Marxisten mangelte.[33] Taubes veröffentlichte eine Verteidigung von Holz und eine Tirade gegen seine Kritiker im *EXTRA-Dienst*, dem Wochenmagazin der radikalen Linken in Westberlin.[34] (Wie auch der Republikanische Club wurde der *EXTRA-Dienst* mit Geldern aus der DDR finanziert.) Steins Wunschkandidat war Albrecht Wellmer, ein Schüler von Habermas, den Taubes selbst für den Posten vorgeschlagen hatte, trotz des »Anti-Frankfurt-Affekts« (so schrieb er es Senator Stein) einiger seiner Kollegen im Fachbereich und in der linken Studentenschaft an der FU, denen die mit der Frankfurter Schule assoziierten Wissenschaftler in der Regel deutlich zu moderat waren.[35] Damit stand Taubes ausnahmsweise mal auf derselben Seite wie Gershom Scholem, der sich in einem Schreiben an die Universität für Holz aussprach.[36] Nachdem Holz von Senator Stein abgelehnt worden war, reiste Taubes an die Universität Marburg, um dort für Holz zu werben. Diese Bemühungen waren erfolgreich und Holz wurde dorthin berufen.[37]

Als er sich darum bemühte, Holz einen Lehrstuhl für Philosophie zu verschaffen, ergriff Taubes zeitgleich eine noch radikalere Initiative. Auf Vorschlag von Margherita überzeugte er den Fachbereich, für das Sommersemester 1971 eine Einladung für eine Gastprofessur an Angela Davis auszusprechen.[38] Davis, eine ehemalige Schülerin von Marcuse, hatte zwei Jahre in Frankfurt bei Adorno, Habermas und anderen studiert. Zur Zeit der Einladung vom FB 11 war Davis nicht nur eine erklärte Kommunistin, sondern zählte zudem zu den zehn meistgesuchten Personen des FBI, weil ihr zur Last gelegt wurde, die Waffe erworben zu haben, mit der militante Schwarze einen Richter während eines Fluchtversuchs aus einem Gerichtssaal in Kalifornien getötet hatten. (Später wurde sie von einem Geschworenengericht freigesprochen.)

Eine weitere Einladung wurde an Eldridge Cleaver ausgesprochen, einen Anführer der revolutionären Black-Panther-Bewegung. Er sollte in seinen Kursen das Klassenkonzept in den Vereinigten Staaten erörtern sowie über die Bildungsinitiativen der Black Panthers informieren. Cleaver, so der Fachbereich, werde eine materialistische Analyse liefern und so die »einseitige Bevorzugung bürgerlich-positivistischer Wissenschaftler aus den USA« korrigieren.[39]

Als der *Tagesspiegel* über die Einladung an Davis berichtete, griff der aufgebrachte Westberliner Bürgermeister Klaus Schütz zum Hörer und rief den Präsidenten der FU, Kreibich, an. (Der *EXTRA-Dienst*, der über die Ereignisse berichtete, behauptete, dass Schütz damit auf eine Aufforderung von den amerikanischen Besatzungsbehörden reagierte.[40]) Anschließend erklärte sich der Präsident einverstanden, Davis einzuladen, doch nur unter der Bedingung, dass die gegen sie erhobenen Anklagen bis dahin ausgeräumt sein würden. Jacob und Margherita protestierten, schließlich sei der Sinn der Einladung doch gerade eine Solidaritätsbekundung mit Davis gewesen, gerade weil sie zu Unrecht verfolgt werde. In einem Brief an Kreibich zog Taubes die moralische Integrität des Präsidenten in Zweifel und verglich Kreibichs Entscheidung, Davis erst *nach* ihrem Freispruch als Gastprofessorin an die FU zu holen, mit einem Universitätsprofessor aus der Nazi-Zeit, der verfügt hatte, einen verfolgten Akademiker erst einzuladen, wenn der Häftling aus dem Konzentrationslager befreit sein würde.[41] Kreibich war über diesen Vergleich und über die Angriffe auf seine moralische Integrität empört, und er erwartete eine Entschuldigung von Taubes. Ohne diese, fügte er hinzu, sei eine weitere Zusammenarbeit zwischen ihnen nicht möglich.[42] Doch Jacob blieb standhaft.[43] Auf einer Pressekonferenz auf die Einladung an Davis angesprochen, erklärte Kreibich, er habe diese nicht genehmigt. Taubes behauptete, Kreibich habe sie mündlich genehmigt, Kreibich, dass er nur zugestimmt habe, darüber zu diskutieren.[44] Schlussendlich wurde eine offizielle Einladung ausgesprochen, unterzeichnet vom Vizepräsidenten der Universität, Uwe Wesel, und an Davis (c/o Herbert Marcuse) verschickt.[45]

Es handelte sich dabei jedoch bestenfalls um einen Pyrrhus-Sieg für Taubes, denn die Angelegenheit beschädigte sein Verhältnis zu Kreibich und bescherte der Universität in den Augen des Bürgermeisters eine furchtbare Publicity. Kurz darauf wurde Taubes vom Fachbereichsrat für seine »häufig spektakulären

Aktionen« kritisiert und trat nun tatsächlich als Kommissarischer Vorsitzender zurück.[46]

»Prämie für Agitation«. Wolfgang Lefèvre

Als sich die studentische Linke immer stärker in Richtung eines ideologischen Radikalismus bewegte, ging Taubes mit, zumindest eine Zeitlang. Auf dem Höhepunkt der Unruhen wurden die Flugblätter der radikalen Studentengruppen im Keller von Taubes' Institut für Hermeneutik vervielfältigt.[47] Er unterstützte den langen Marsch durch die Institutionen an der FU – bis er an den Punkt kam, an dem er genau jene Veränderungen, die er mit herbeigeführt hatte, bereute.

Taubes' Unterstützung und Ambivalenz zeigten sich beispielhaft in seinem Verhältnis zu Wolfgang Lefèvre, einem der prominentesten Persönlichkeiten im politischen Leben der FU. Lefèvre spielte auf der öffentlichen Bühne eine herausragende Rolle, und Taubes' Unterstützung für ihn verhalf ihm selbst zu mehr Scheinwerferlicht.

In den frühen 1960er Jahren war Lefèvre ein studentischer Aktivist an der FU und ein Mitglied des SDS, als dieser noch sehr wenige Mitglieder hatte. Doch der Umstand, dass die Beteiligung bei den Wahlen zum AStA unter fünfzig Prozent lag, ermöglichte es einer ideologisch hoch motivierten Minderheit, einen unverhältnismäßig großen Einfluss auszuüben, und 1965 wurde Lefèvre zum AStA-Vorsitzenden gewählt. Ein Jahr später wurde er wieder abgewählt, nachdem er eine Petition für Frieden in Vietnam unterzeichnet hatte, die ursprünglich von einer kommunistischen Gruppierung stammte.[48]

Lefèvre war nicht nur Aktivist, er war auch Theoretiker und Stratege. Als Beiträger der SDS-Zeitschrift *neue kritik* entwickelte er eine Eskalationsstrategie: Man müsse Forderungen aufstellen, die nur zum Preis eines allgemeinen Aufruhrs vom Establishment gewährt oder abgelehnt werden konnten, um sodann zur nächsten Forderung überzugehen. Demonstrationen, betonte er, müssten Spaß machen.[49]

Lefèvre driftete immer weiter nach links. Im Sommer 1968 nahm er an einem internationalen Camp in Kuba teil, auf dem Aktivisten in revolutionären Methoden geschult wurden – ein Ereignis, über das die *Welt*, das Flaggschiff des konservativen Springer-Medienkonglomerats, auf der Titelseite berichtete.[50] Ein Jahr später führte er eine Gruppe von Studenten an, die ein Treffen der Philosophischen Fakultät stürmten. Daraufhin wurde er wegen Randalieren, Unruhestiftung und Hausfriedensbruch angeklagt.[51]

Konform mit seiner Strategie, radikalisierte Studenten in die akademische Kultur zu integrieren, bemühte sich Taubes darum, Lefèvre zu einem Promotionsstipendium zu verhelfen,[52] und Im Frühjahr 1970 beendete Lefèvre seine Dissertation mit dem Titel »Zum historischen Charakter und zur historischen Funktion der Methode bürgerlicher Soziologie – Untersuchung am Werk Max Webers«. Nachdem Taubes eine frühe Fassung gelesen hatte, war er so unzufrieden, dass er Lefèvre empfahl, das Werk grundlegend zu überarbeiten. Doch Lefèvre folgte diesem Rat nicht. Zu dieser Zeit wurde an der FU ein Fachbereich nach dem anderen von Störungen des Lehrbetriebs beeinträchtigt, und die Fakultätsangehörigen sahen sich von den Roten Zellen bedroht. Nicht selten wurden radikalisierte Wissenschaftler auf der Grundlage von hochgradig ideologischen Werken promoviert und sogar habilitiert.[53]

Im Verlauf dieses Semesters wurden drei Assistentenstellen in der Philosophie im neu errichteten Fachbereich 11 ausgeschrieben. Die Regularien der Universität sahen vor, dass über die Anstellungen von einer Auswahlkommission entschieden wurde, auf der Basis der Drittelparität. Eine vom Ausschuss zusammengestellte Liste mit den drei besten Kandidaten wurde an den Wissenschaftssenator weitergeleitet, der die letztendliche

Entscheidungshoheit in diesen Fragen hatte. Die Auswahlkommission stellte also ihre Liste der qualifiziertesten Kandidaten zusammen, doch die Roten Zellen erstellten eine Gegenliste, auf der auch Lefèvre stand, und drohten mit einer Serie von Störungsaktionen, sollte die Kommission ihrem Wunsch nicht nachkommen.[54]

Bei ihrer Sitzung im Juni 1970 entschied die Kommission, Lefèvre mit auf die Liste der besten drei aufzunehmen, gemeinsam mit zwei anderen marxistischen Nachwuchswissenschaftlern, obwohl viele der Ansicht waren, dass Lefèvre nicht ausreichend qualifiziert für die Stelle war. Das führte zu einem Aufschrei aus den Reihen der Professoren und des Mittelbaus. Heinrich Kleiner, im Komitee der Vertreter der Wissenschaftlichen Mitarbeiter, schrieb einen Protestbrief an den Fachbereichsrat, in dem er die Fakultätsvertreter dafür kritisierte, für Lefèvre gestimmt zu haben, obwohl sie seine wissenschaftlichen Qualitäten negativ beurteilten. Dies, so Kleiner, sei nur dadurch zu erklären, dass sie fürchteten, eine Entscheidung gegen Lefèvre könnte unangenehme hochschulpolitische Folgen haben.[55] Mehrere ordentliche Professoren – darunter auch Michael Landmann und Wilhelm Weischedel – protestierten ebenfalls. Sie unterstellten, drei der vier Vertreter der Professoren aus der Auswahlkommission hätten sich gegen ihre eigene Überzeugung für Lefèvre ausgesprochen.[56] Am 26. November übermittelte Taubes ihnen in seiner damaligen Funktion als Kommissarischer Vorsitzender des Fachbereichs einen hektografierten Brief (der nicht überliefert ist), in dem er ihren Protest zurückwies. Landmann antwortete vier Tage später und erinnerte an ein Gespräch aus dem Sommer, bei dem Taubes ihm erzählt hatte, dass die Universität Lefèvres Engagement in der Studentenbewegung mit einer Assistentenstelle belohnen sollte. Landmann vermutete, dass Taubes von der Agitation der Roten Zellen beeinflusst war, mit denen er nicht in Konflikt geraten wollte.[57]

Taubes' formelles Gutachten über Lefèvres Dissertation zog

sich über neunzehn Seiten und war damit das längste von ihm verfasste Schriftstück aus diesem Jahr. Es war ein bemerkenswertes Dokument, ambivalent und zwiespältig, kritisch und doch versöhnlich, vielleicht auch feige. Das Gutachten zog die Stichhaltigkeit von Lefèvres Methodik in Zweifel, kritisierte die häufig unklaren Argumentationsketten, beklagte den polemischen Stil des Werks, seine interpretatorischen Verwerfungen und das Ausmaß, in dem seine (marxistische) Methodik die Verwendung der Quellen bestimmte. An einer Stelle beanstandete Taubes diese Methodik als »katastrophal«. Und doch, nach achtzehn Seiten voller Kritik, lobte Taubes die Arbeit schließlich als »beeindruckend und bedenkenswert« und schlug eine Bewertung mit »cum laude« vor. Er schrieb, die »intellektuelle Energie, die in den Aufbau und in die Ausführung geflossen ist«, übersteige die der meisten Dissertationen.[58]

Die Kritiker von Lefèvres Anstellung wandten sich – wie einige andere Professoren an der FU auch, die über die Veränderungen an der Universität besorgt waren – an die lokale Presse, um ihrem Unmut Luft zu verschaffen. Am 29. Dezember berichtete *Die Welt* in der Sache unter dem Titel »Assistentenstelle als Prämie für Agitation«. Das war ein Zitat aus Landmanns Brief an Taubes, der in dem Artikel als Sympathisant der Roten Zellen bezeichnet wurde.[59]

Von hier aus verbreitete sich die Geschichte landesweit, als der *Spiegel* ebenfalls einen Beitrag über die Kontroverse veröffentlichte. Darin wurden die Protagonisten als »der liberalkonservative Philosoph Michael Landmann, 57«, »de[r] linke[] Religionssoziologe[] und Hermeneut[] Jacob Taubes, 47« sowie »Wolfgang Lefèvre, 29, ehemaliger SDS-Ideologe und West-Berliner Studentenführer, jetzt Mitarbeiter einer ›Partei-Initiative‹ für eine »Proletarische Linke« (PL/PI) ...« beschrieben. Taubes wurde damit zitiert, die Linke an der FU werde von der Rechten einem McCarthyismus unterworfen. Ganz anders Landmann, der antwortete, der Marxismus atme hier aus allen Poren und lasse den bürgerlichen Kontrahenten kaum Luft zum Atmen. Der *Spiegel* wies darauf hin, dass Taubes Lefèvres Dissertation trotz aller formulierten Bedenken angenommen hatte. »Der ›Star-Philosoph‹ (die ultralinke »Rote Zelle Philosophie« über den linken Taubes) will Lefèvres Doktorarbeit nicht nur wissenschaftlich beurteilt wissen. Die Dissertation stellt laut Taubes ›einen Versuch dar, den Intentionen der studentischen Protestbewegung, die oft in sprachlosen Aktionen sich inszenierte, Sprache zu geben. Wenn die Universität einen solchen Versuch nicht prämiert, verneint sie ein Stück ihrer Geschichte.‹« Die übrigen vier Gutachter hatten die Arbeit als von »vulgärem Dogmatismus« durchzogen bezeichnet und einen neuen Ausschuss gefordert, der sich nicht aus Unterstützern Lefèvres zusammensetzte – ein Vorstoß, den Taubes mit allen ihm zur Verfügung stehenden rechtlichen Mitteln zu bekämpfen versprach.[60]

Nach einer dreistündigen Beratung nahm der Fachbereichsrat Lefèvres Dissertation an.[61] Bald darauf kam die Frage nach Taubes' Verhalten abermals im Berliner Senat auf, von einem Repräsentanten der CDU.[62]

Die Lefèvre-Debatte zog sich über Jahre. Anfang 1979, als Lefèvre seine Habilitation verteidigte, erzählte Taubes einem Kollegen, dass Lefèvre – der inzwischen an der Fakultät fest etabliert war – ein »primitiver DDR-nick« sei, also ein loyaler Anhänger der ostdeutschen kommunistischen Parteilinie.[63] Doch in der Zwischenzeit hatte sich vieles geändert – auch Jacob Taubes.

Mit dem wohlverdienten Ruf des Fachbereichs 11 als ideologisch radikalisiert wurde es zunehmend schwierig, angesehene Wissenschaftler in die eigenen Reihen zu holen. Mehrere Einladungen wurden an namhafte Philosophen ausgesprochen, an die FU zu wechseln, darunter auch Taubes' Freunde Jürgen Habermas und Dieter Henrich. Im Juli 1970 versuchte Taubes für die Leitung eines neuen Instituts Habermas zu gewinnen.[64]

Habermas besuchte gemeinsam mit seiner Frau die FU, traf unter anderem Lefèvre und Haug und kam zu dem Schluss, dass die FU-Szene »verrückt« sei: Lefèvre und Haug hatten Habermas ihre Hoffnung auf einen Angriff der Neuen Linken auf die amerikanischen Streitkräfte in Westberlin geschildert, der zu einem Einmarsch der Sowjets führen und für Tauwetter im Kalten Krieg sorgen würde.[65] Im folgenden Jahr lehnte auch Dieter Henrich ein Stellenangebot ab.[66]

Viele Professoren um Taubes empfanden die Auseinandersetzungen innerhalb des FB11 als ermüdend. Nicht so Taubes. Er blühte im Konflikt auf. Er fand sowohl an einem guten wie auch an einem schlechten Gefecht Gefallen.[67]

Taubes vs. Habermas

Im August 1969 reiste Taubes zur Beerdigung von Theodor W. Adorno nach Frankfurt, der im Alter von fünfundsechzig Jahren nach einer Reihe von traumatischen Auseinandersetzungen mit der studentischen Linken verstorben war.[68] Unter den Anwesenden waren auch drei bedeutende Persönlichkeiten, die Taubes beeinflusst hatten: Ernst Bloch, Max Horkheimer, Gershom Scholem. Jürgen Habermas war ebenfalls dort.[69] Über weite Strecken dieser turbulenten Ära stand Taubes in regelmäßigem Austausch mit Habermas, der eine zentrale, wenn auch ambivalente Rolle in den politischen Kämpfen der Zeit einnahm. In seinen Büchern, *Technik und Wissenschaft als ›Ideologie‹* (1968), *Protestbewegung und Hochschulreform* (1969) und *Theorie und Praxis* (vier Auflagen, 1963-1971), strebte Habermas danach, sowohl die Kritik der technologischen Formen der Rationalität von Horkheimer und Adorno zu aktualisieren als auch die Anliegen der Neuen Linken in philosophische und sozialwissenschaftliche Begrifflichkeiten zu überführen und zu artikulieren. In *Legitimationsprobleme im Spätkapitalismus*

(1973) verwendete er den Begriff »Spätkapitalismus« und implizierte damit, dass sich der Kapitalismus bereits in seinen letzten Zügen befand. Damit, so sein Kritiker Hermann Lübbe, leistete er einen Beitrag zu dessen Delegitimierung. Horkheimer und Adorno hatten ihre Kritik formuliert, ohne ein Modell zu entwickeln, wie eine bessere Gesellschaft aussehen könnte. Habermas versuchte sich in *Zur Rekonstruktion des Historischen Materialismus* (1976) darin. Er stützte sich auf die Linguistik und den amerikanischen Pragmatismus, um ein normatives Kriterium der »kommunikativen Kompetenz« zu formulieren – im Wesentlichen eine Gesellschaft, eine Ökonomie und ein Staatswesen, für die alle die gleichen Teilnahmevoraussetzungen hätten und in denen jegliche Ansprüche auf der Grundlage einer unvoreingenommenen Diskussion zu begründen waren, frei von Machtungleichheiten.

Zugleich entwickelte sich Habermas zu einem scharfen und öffentlichen Kritiker einiger der Protagonisten der studentischen Linken.[70] Bei einer SDS-Konferenz in Hannover nach dem Mord an Ohnesorg im Juni 1967 kritisierte Habermas Rudi Dutschkes Aufforderung, überall im Land »Aktionszentren« zu bilden, um sich zu gemeinsamen Aktionen zusammenschließen zu können.[71] Die Strategie der Neuen Linken, Gewalt einzusetzen, um die latente Gewalt in den bestehenden Institutionen ans Licht zu befördern (also die Bereitschaft und Fähigkeit dieser Institutionen zur Selbstverteidigung), erachtete Habermas als nicht praktikabel und gefährlich. Im Jahr 1968 stand er einer »Demokratisierung« der Universität in Form von Drittelparität skeptisch gegenüber; er bestand darauf, dass Belange der Wissenschaft wie etwa Berufungen nur in der Hand jener liegen sollten, die auch eine wissenschaftliche Kompetenz aufwiesen. Demzufolge müssten die Professoren in diesen Fragen auch über eine Stimmenmehrheit verfügen.[72]

Am direktesten zielte Habermas' Kritik auf Hans-Jürgen Krahl, das Pendant zu Rudi Dutschke im Frankfurter SDS.

Wie Dutschke hatte Krahl ein Talent für Agitation und Organisation und war zudem ein begabter Theoretiker.[73] Krahl hatte bei Adorno promoviert und war auch dessen Assistent gewesen.[74]

Krahl und Dutschke hatten gemeinsam eine stringente ökonomische und politische Analyse der Bundesrepublik entwickelt, der zufolge die Kräfte des Kapitals zunehmend mit dem Staatsapparat verwoben seien. Das führe dazu, dass der Staat immer autoritärer agiere, sobald die Wirtschaft in eine Krise gerate. Sie interpretierten auch die Notstandsgesetze der Koalitionsregierung aus dem Jahr 1967, die die Regierung mit außerordentlicher Macht ausstattete, in diesem Licht. Das Gesetz wurde vom SDS und seiner Nachfolgeorganisation, der Außerparlamentarischen Opposition (APO), erbittert bekämpft. Krahl und Dutschke sahen darin den Beweis für ihre These und organisierten einen »Widerstandsmarsch« gegen den »autoritären Staat«.[75] Sie gingen davon aus, dass sich Westdeutschland, weil es kapitalistisch war, auch wieder für den Faschismus anfällig zeigen würde (es war charakteristisch für die deutsche Neue Linke in dieser Zeit, zwischen Faschismus und Nazismus nicht trennscharf zu unterscheiden). Somit sahen sich die APO und der SDS im Widerstand – einem Widerstand gegen den Faschismus, der in den 1930er Jahren ausgeblieben war.[76] Es war diese vermeintliche Parallele zwischen den 1930er und den 1960er Jahren, die Dutschke und Krahl veranlasste, sich auf Max Horkheimers Werk aus den 1930er Jahren zu beziehen, in dem dieser das Naziregime analysierte.

Krahl argumentierte, die wissenschaftliche und technische Intelligenzia – sowie die Studenten, die diesen Status anstrebten – reagiere am sensibelsten auf die psychologische Verelendung, die durch den zeitgenössischen Kapitalismus hervorgebracht wurde. Also müssten sie auch die Rolle des »kollektiven Theoretiker[s] des Proletariats« übernehmen, die Arbeiterklasse von ihrem fehlgeleiteten Bewusstsein befreien und sie davon überzeugen, dass es ihr wahres Interesse sei, den Kapitalismus zu Fall zu bringen. (Kurz gefasst, verknüpfte er Marcuses Analyse mit Lukács' Argument aus *Geschichte und Klassenbewußtsein*.[77]) Wie Dutschke glaubte auch Krahl, dass die parlamentarische Politik aufgrund des manipulierten Bewusstseins der Massen nicht länger ein effektives Mittel sei, um radikalen Wandel herbeizuführen. Stattdessen müsse die APO eine dezentrale Bewegung »städtischer Guerillas« werden – ein Konzept, das bald als theoretische Rechtfertigung für linken Terrorismus in den 1970er Jahren diente.[78]

Habermas lieferte eine Reihe vernichtender Kritiken der bevorzugten Praktiken von Dutschke und Krahl: Aufmerksamkeit erregende Aktionen, die latente Staatsgewalt aufdecken und revolutionäres Bewusstsein stärken sollten. Er hielt ihre Analysen der zeitgenössischen Situation für weit hergeholt und ihren Schwerpunkt auf den Aktionen für gleichbedeutend mit »linkem Faschismus« – ein Begriff, den er schon im Juni 1967 verwendete und dann wieder im Juni 1968, als er »Die Scheinrevolution und ihre Kinder« veröffentlichte.[79]

Die Konfrontation zwischen Habermas und Krahl erreichte ihren Höhepunkt im Januar 1969, als der SDS unter dem Vorsitz von Krahl das Institut für Sozialwissenschaft an der Universität Frankfurt besetzte. Aus Sorge vor einer Verwüstung des Instituts und seiner Bibliothek durch die Studenten ließen Adorno und Habermas das Institut gewaltsam von der Polizei räumen.[80] Die Demonstranten bezeichneten Adorno und Habermas daraufhin als »Büttel des autoritären Staates«.[81] Im Sommer 1969 reiste Adorno wie üblich zum Urlaub in die Schweiz, wo er einem Herzinfarkt erlag. In einem Nachruf für Adorno in der *Zeit* ging Habermas mit »eine[m] von Adornos Studenten« hart ins Gericht. Der nicht genannte Student hatte Adorno dafür kritisiert, zeitlebens an genau jenen Standards bürgerlicher Individualität festgehalten zu haben, die er in seinen Werken kritisiert hatte, anstatt diese bürgerlichen Konventionen hinter sich zu lassen und die Aktionen der Studenten zu unterstützen.[82] Ende 1971, nach Jahren der Störungen seiner Seminare und Vorlesungen, verließ Habermas die Universität endgültig und übernahm die Stelle des Ko-Direktors eines neu errichteten Max-Planck-Forschungsinstituts in Starnberg.[83]

Taubes betrachtete Habermas' offene Kritik an Krahl und seinen Mitstreitern als Tragödie und strategischen Fehler. Mehrfach übermittelte er Habermas unaufgefordert Ratschläge und empfahl ihm, Krahl nicht aufzugeben und das Gespräch nicht abreißen zu lassen.[84] Doch die Spannungen zwischen Habermas und Krahl endeten erst mit dem Tod des Letzteren, der am 14. Februar 1970 bei einem Autounfall ums Leben kam. Später forderte Taubes Habermas auf, sich versöhnlich gegenüber Oskar Negt zu verhalten, einem SDS-Aktivisten und ehemaligen Assistenten von Habermas, der Habermas für dessen Bezichtigung eines »linken Faschismus« angegriffen hatte. Ein Vorwurf, den Negt als Beleg für den Zerfall des bürgerlich-liberalen Bewusstseins betrachtete.[85]

Dass Taubes Habermas geradezu mit Ratschlägen überschüttete, bedeutete jedoch keineswegs, dass Habermas sie beherzigt hätte. Doch ihr unterschiedlicher Ansatz in Bezug auf Lefèvre und Krahl – Zuspruch und Beschwichtigung bei Taubes und Lefèvre; Konfrontation im Fall von Habermas und Krahl – zeigt ihre unterschiedlichen Strategien gegenüber der Neuen Linken. Und Taubes' höhere Toleranzschwelle gegenüber Radikalismus. Habermas hielt Taubes für unzuverlässig;[86] und Taubes warf Habermas dessen Kritik an Krahl und am »linken Faschismus« vor.

Die terroristische Verbindung

Zu den aufstrebenden jungen Intellektuellen, die sich zu Taubes hingezogen fühlten, zählte auch Bernward Vesper. Der Sohn eines völkischen Dichters, der sich in den Dienst des nationalsozialistischen Regimes gestellt hatte, hatte gemeinsam mit seiner Freundin Gudrun Ensslin, der Tochter eines protestantischen Pfarrers, einen kleinen Verlag für linke Literatur gegründet.[87] Im Jahr 1964 gingen beide an die FU, wo Vesper sich für Taubes als Betreuer für seine Dissertation entschied.[88] Taubes lernte auch Ensslin kennen.[89] Im Jahr 1966 brachte Vesper eine Reihe von Flugblättern und Broschüren heraus, die »Voltaire-Flugschriften«, die sowohl von Protagonisten aus der deutschen studentischen Linken als auch von bekannten Persönlichkeiten aus dem Ausland wie Stokely Carmichael verfasst wurden. Gemeinsam mit Brentano nahm Taubes an der Präsentation der »Voltaire-Flugschriften« teil.[90] In einer Broschüre mit Fotos und Dokumenten, die er im darauffolgenden Jahr publizierte, *Demonstrationen. Ein Berliner Modell*, druckte Vesper Taubes' Offenen Brief an den Regierenden Bürgermeister von Berlin ab, in dem Taubes gegen Polizeigewalt protestiert hatte – um eine Abdruckgenehmigung bat Vesper erst im Nachhinein.[91] Später wandte er sich an Taubes und Brentano mit dem Vorschlag, eine Kritik des Begriffs »Linker Faschismus« zu schreiben, um die Zusammenhangslosigkeit dieses Ausdrucks zu demonstrieren.[92]

Zu diesem Zeitpunkt hatte Ensslin Vesper bereits für ihre neue Liebe, Andreas Baader, verlassen – eine schillernde Figur, die im Republikanischen Club, auf Treffen des SDS und bei »Teach-ins« an der FU in Erscheinung trat.[93] Gemeinsam nahmen sie sich vor, den Vorschlag des Kommune-1-Flugblatts, wonach das Niederbrennen eines Kaufhauses eine effektive Form des radikalen Protests sei, in die Praxis umzusetzen. Ihr erster Versuch der Brandstiftung in einem Frankfurter Kaufhaus scheiterte, und Ensslin und Baader wurden festgenommen und vor Gericht gestellt – ein Prozess, für den Vesper die deutsche Justiz verdammte. Anschließend publizierte er eine Verteidigungsschrift von Baader und Ensslin. Auf einer Reise nach Rom, wo er Rudi Dutschke besuchte, schloss Vesper Freundschaft mit

Ulrike Meinhof. Sie war eine linksradikale Journalistin, die sich in der Anti-Atombomben-Kampagne engagiert, Kurse an der FU gegeben und augenscheinlich bei Brentano studiert hatte. (Brentano erwähnte dies später stolz.[94]) Taubes kannte sie auch.[95] Gemeinsam mit Meinhof gründeten Baader und Ensslin die Rote Armee Fraktion, die gefürchtete Terror-Organisation, die die westdeutsche Polizei im folgenden Jahrzehnt beschäftigen sollte.[96] Ihr Anwalt war Horst Mahler, der seinerzeit Taubes' Expertise für die Verteidigung der Kommune 1 eingeholt hatte.[97] Als palästinensische Terroristen im September 1972 während der Olympischen Spiele in München israelische Athleten ermordeten, bejubelten Meinhof und Mahler »[d]ie mutige Kommandoaktion der Opferbereiten des ›Schwarzen September‹ gegen die israelische Olympiamannschaft ...«[98]

Vesper nahm sich im Mai 1971 das Leben. Doch die Schatten dieser Bekanntschaften sollten später auf Taubes und Brentano fallen. Über mehrere Jahre wurden Polizisten in Zivil vor ihrem Haus aufgestellt, um nach Terroristen Ausschau zu halten. Einmal sollen sie eingebrochen sein und heimlich ihre Papiere durchsucht haben.[99]

Joseph Wulf

Eine von Margherita von Brentanos Qualitäten, die Jacob angezogen hatte, war ihr konsequenter Anti-Nazismus. Wie wir gesehen haben, hatte sie schon in den 1950er Jahren Radiosendungen über die Ermordung der Juden produziert, und in den frühen 1960ern hatte sie ein Seminar über Antisemitismus an der FU angeboten. Doch der Umbruch in der politischen Kultur der Linken in Westdeutschland führte dazu, dass sie schließlich daran beteiligt war, die Errichtung eines Forschungsinstituts zu verhindern, das sich der Erforschung des Holocaust hätte widmen sollen, und gefährdete damit die berufliche Existenz eines

539

der raren Wissenschaftler, die sich die Dokumentation der Nazi-Vergangenheit zur Lebensaufgabe gemacht hatten.

Man hätte annehmen können, dass der Holocaust ein zentrales Thema an Taubes' Institut für Judaistik gewesen wäre. Aber das war es nicht,[100] vielleicht weil es aus unterschiedlichen Gründen sowohl den nichtjüdischen wie den jüdischen Deutschen unangenehm war. Während die westdeutschen Historiker ihre Aufmerksamkeit auf die Erforschung der allgemeinen Strukturen des »Dritten Reichs« gelenkt hatten, wurde die Ermordung der Juden überwiegend von Wissenschaftlern in anderen Ländern erforscht. Und auch wenn Taubes sich in Gesprächen und in seiner Korrespondenz immer wieder auf die nationalsozialistische Vergangenheit bezog, war dies doch zu dieser Zeit kein Thema, mit dem er sich intensiv beschäftigte.

Einer der Wenigen, die sich dem Thema verschrieben, war Joseph Wulf (1912-1974).[101] Geboren im sächsischen Chemnitz und aufgewachsen während des Krieges in Krakau, wurde Wulf zunächst ins Ghetto Krakau verbracht und anschließend nach Auschwitz deportiert. Doch er überlebte den Krieg, als Einziger aus seiner Familie. Nach dem Krieg ging er nach Paris, wo er die erste historische Kommission zur Erforschung der Ermordung der Juden gründete. Anfang der 1950er Jahre zog er nach Westberlin, in der Überzeugung, dass sich die geschehenen Gräuel am besten im Land der Täter und in ihrer Sprache dokumentieren ließen. Gemeinsam mit Léon Poliakov, einem Antisemitismusforscher, veröffentlichte Wulf Band um Band mit Dokumenten zum Holocaust, zur Rolle der deutschen Beamten, Offiziere und Intellektuellen. Ein großer Teil seiner Arbeit bestand aus der Veröffentlichung von kommentierten Originaldokumenten. Anders als die meisten deutschen Historiker, die über diese Themen in vagen Begrifflichkeiten wie »teuflische Kräfte« und »Barbarei« schrieben, nannte Wulf in seinen Büchern die Verantwortlichen beim Namen, von Diplomaten über Wehrmachtsoffiziere bis zum Juraprofessor. Die Publikationen trafen einen Nerv. In einer Rezension eines der Bücher verunglimpfte Taubes' Freund, der politisch rechts stehende Armin Mohler, die Arbeit als ein Adressbuch der Entnazifizierung und beklagte mangelnde Kontextualisierung und »Wissenschaftlichkeit«. Andere erkannten ihren unschätzbaren Wert. Doch als Historiker war Wulf ein Autodidakt. Er hatte keine akademische Stelle, und seine Arbeit wurde zu großen Teilen von seinem Verlag finanziert, dem langsam das Geld ausging.

Im Januar 1970 verlieh die FU Wulf auf Vorschlag von Helmut Gollwitzer die Ehrendoktorwürde, in Anerkennung seiner historischen Arbeit; Jacob Taubes hielt die Laudatio.[102] Später im Jahr bot Wulf einen Kurs am Institut für Judaistik an: »Nationalsozialistische Judenpolitik.«[103] Doch an einer geregelten Unterstützung fehlte es ihm weiterhin. Taubes zählte zu jenen, die die FU drängten, Wulf als Dozent für die Geschichte der osteuropäischen Juden anzustellen, doch mehrere Jahre vergingen und Wulf erhielt kein Angebot.[104]

Im Jahr 1967 hatte Wulf damit begonnen, sich dem Aufbau eines Archivs und einer Gedenkstätte des Holocaust in der berüchtigten Villa, in der die Wannseekonferenz stattgefunden hatte, zu widmen. Der Standort erwies sich jedoch – zumindest auf kurze Sicht – als nicht verfügbar, da er als Schule genutzt wurde. Doch der Regierende Bürgermeister von Westberlin, Klaus Schütz, unterstützte Wulfs Projekt. Ihm schwebte vor, für Wulf und sein Archiv einen Ort an der FU zu finden, und er war willens, dafür auch Gelder bereitzustellen.[105] Der Rektor der FU berief eine Kommission ein, unter dem Vorsitz von Brentano. Die Kommission tagte über ein Jahr und kam zu dem Ergebnis, dass ein solches Archiv nicht sinnvoll sei, da das Ziel der Kampf gegen den gegenwärtigen Faschismus sein sollte. Die Mitwirkenden – Peter Furth, Wolfgang Fritz Haug und Irmingard Staeuble – arbeiteten in der Folge einen detaillierten Vorschlag für ein Institut für »Faschismusforschung« aus.

Zu diesem Zeitpunkt waren Brentano und ihre Mitstreiter

aus dem *Argument*-Kreis zunehmend der Idee vom National-sozialismus als einer Spielart des Faschismus verhaftet und vom Faschismus als Ausprägung einer kapitalistischen Verteidigungsstrategie, die in kapitalistischen Gesellschaften stets als Möglichkeit lauerte. Und aus diesem Blickwinkel war das einzig wirksame Gegengift zum Faschismus der Sozialismus. In diesem marxistischen Verständnis war die Ermordung der Juden für die Betrachtung des Nationalsozialismus eher nebensächlich und damit ihrer historischen Einzigartigkeit beraubt.[106] All dies spiegelte sich in ihrem Vorhaben für das neue Institut wider.

Doch Schütz interessierte sich nicht für ein solches Forschungszentrum, sein Ziel war es gewesen, eine institutionelle Heimat für Wulf zu finden. Und Wulf seinerseits befürchtete, dass sein Projekt an der FU von der radikalen Linken vereinnahmt werden würde.[107] So versandete das Vorhaben: Die Karriere des Holocaustüberlebenden und Chronisten der Judenverfolgung war am akademischen Antifaschismus gescheitert.

In seiner Verzweiflung darüber, keine dauerhafte Unterstützung in die Wege leiten zu können, brach Wulf 1973 physisch und psychisch zusammen. Der Tod seiner Frau in diesem Jahr versetzte ihm einen weiteren Schlag. Am 10. Oktober 1974 sprang er aus dem vierten Stock seiner Wohnung in den Tod.

Die Gegenoffensive der Professoren

Der wachsende Einfluss der radikalen studentischen Linken – und ihrer professoralen Unterstützer wie Taubes und Brentano – an der FU bewirkte eine Gegenreaktion einiger Fakultätsangehöriger, die die »Notgemeinschaft für eine freie Universität«, kurz NofU, gründeten.[108] Sie gab Presseerklärungen und umfangreichere Mitteilungen mit dem Titel »Die Freie Universität unter Hammer und Sichel« heraus, in denen sie über die Störaktionen der radikalen Linken berichteten.[109] In den folgenden

Jahren trat Taubes als prominenter Kontrahent der Notgemeinschaft in Erscheinung.

Im Februar 1970 hielt die Notgemeinschaft ihre erste öffentliche Sitzung ab, den Vorsitz hatte Thomas Nipperdey, der brillante Historiker, dessen Einstellung an der FU Taubes befürwortet hatte. Zu den prominentesten Mitgliedern der Organisation zählte neben Löwenthal noch ein weiterer Politikwissenschaftler, der Sozialdemokrat Ernst Fraenkel. Wie Löwenthal war auch Fraenkel Jude und aus dem Exil nach Deutschland zurückgekehrt. Fraenkels Vorlesungen wurden schon seit Monaten gestört, was ihn seelisch zutiefst verletzte. Einem Kollegen vertraute er an, dass er – wenn er könnte – wieder auswandern würde, wie 1933, und er fügte hinzu, dass nur die Berliner Arbeiterklasse ihn vor der vollständigen Verzweiflung bewahrt habe.[110]

Die Professoren der Notgemeinschaft verfolgten die Strategie, an die Öffentlichkeit jenseits der Akademie zu appellieren und publik zu machen, was sie als Zerstörung der wissenschaftlichen Standards an der Universität betrachteten.[111] Löwenthal schrieb einen Artikel für den Berliner *Tagesspiegel*, in dem er darlegte, dass sich die FU unter dem System der Parität auf einem Weg befinde, der steil bergab führe: Schon bald würden die Abschlüsse an anderen Einrichtungen nicht mehr anerkannt werden, ganze Fakultäten sich für den Weggang entscheiden und die Universität nicht länger in der Lage sein, angesehene Lehrkräfte zu gewinnen.[112] Im darauffolgenden Jahr verließ eine prominente Persönlichkeit nach der anderen die Universität und begründete ihr »Exil« mit der politischen Atmosphäre. Im Herbst 1971 ging Nipperdey nach München. In einem Brief an den Wissenschaftssenator Stein beklagte er, dass die Lehre an der Universität zu einer revolutionären und pseudorevolutionären Indoktrination gerate. »Prüfungsordnungen werden manipuliert und ausgehöhlt, das Bündnis der Radikalen mit den Faulen und den weniger Begabten trägt seine Früchte.«[113]

Die Notgemeinschaft wurde das Vorbild – und das aktivste Glied – einer landesweiten Organisation, dem Bund Freiheit der Wissenschaft, kurz BFdW. Zu den prominentesten Mitgliedern zählte Hermann Lübbe, Taubes' Kollege aus dem »Poetik und Hermeneutik«-Kreis. Auch Ernst Nolte war dabei, damals vorwiegend als Faschismusforscher bekannt, den Taubes einst versuchte hatte, an die FU zu holen. Noltes Konfrontation mit der radikalen Linken an der Universität Marburg hatte ihn politisch aktiv werden lassen.[114] Einige der bekanntesten Mitglieder des BFdW waren langjährige SPD-Mitglieder, wie Löwenthal und Lübbe.[115]

Im Verlauf des Jahres 1970 organisierten einige Angehörige der Berliner Fakultät, darunter wieder Taubes und Brentano, die Aktionsgruppe Hochschullehrer –, um sich der Notgemeinschaft entgegenzustellen und die reformierte, drittelparitätische Universität zu unterstützen. Ende 1972 formierte sich eine landesweite Gegenorganisation linker Akademiker, der Bund demokratischer Wissenschaftler. Als ein führendes Mitglied sich an Margherita mit der Bitte um finanzielle Unterstützung wandte, griff sie in ihr Portemonnaie und überreichte ihm einen 1 000-DM-Schein. Taubes trat ebenfalls bei.[116]

Der »Fall Brentano«

Ende 1970 wurde Margherita von Brentano zu einer *cause célèbre*, als sie aufgrund von Artikeln im *Spiegel* und der *Frankfurter Allgemeinen Zeitung* sowie in einigen Berliner Zeitungen überregionale Bekanntheit erlangte. Im Mai dieses Jahres war sie zur Vizepräsidentin der Universität gewählt worden und damit verantwortlich für studentische Angelegenheiten und die Reform des Lehrplans. Die Priorität, so Brentano, liege bei ihr auf Reformen, die zum gesellschaftlichen Wandel und zur Demokratisierung beitrügen.[117]

Bei einer Versammlung der Jungsozialisten (Jusos) im Oktober habe sie, so wurde berichtet, sich für eine sozialistische Revolution ausgesprochen und die Roten Zellen für ihren »kontinuierlichen Druck von unten« gelobt. Laut der konservativen *Welt* empfahl sie, dass studentische Neumitglieder politisiert werden müssten, attackierte die »bürgerliche Wissenschaft« und warb für eine gezielte Einstellungspolitik von Linken.[118] Ähnlich berichteten die *Frankfurter Allgemeine Zeitung*, der *Tagesspiegel* und andere Organe.

Die Zeitungs- und Zeitschriftenberichte basierten auf einem Protokoll von Brentanos Äußerungen, das – wie bald ans Licht kam – von Elisabeth Fischer erstellt worden war, die an der Juso-Versammlung teilgenommen hatte. Sie war die Ehefrau von Wolfram Fischer, einem führenden Wirtschaftshistoriker an der FU und aktiven Mitglied der Notgemeinschaft. Der Berliner Wissenschaftssenator erhielt eine Kopie des Berichts und schickte ihn an Brentano mit der Bitte um Stellungnahme. Sie rechtfertigte sich, der Bericht stelle ihre Äußerungen äußerst verzerrt dar. Tatsächlich plädiere sie nicht für eine sozialistische Universität, sondern für eine pluralistische Akademie, die auch Raum bieten sollte für sozialistische Theorien und Wissenschaft. Und wenn auch die Vorstellung einer Revolution obsolet sei, sei es doch notwendig, im Interesse von gesellschaftlicher Gerechtigkeit und Emanzipation einen Wandel in der gesellschaftlichen Struktur herbeizuführen. Diesen könne man am besten durch langfristige Bewusstseinsveränderungen und veränderte Sozialisation erreichen. Denunziationen wie die vorliegende seien eine Form des McCarthyismus.[119] Der Präsident der FU, Kreibich, und der andere Vizepräsident, Wesel, sprangen ihr zur Seite.[120]

Zwar wies sie das zurück, doch man könnte argumentieren, das Protokoll habe lediglich zum Ausdruck gebracht, was Brentano im Schreiben an den Senator bekräftigte. Sie hatte sich doch tatsächlich dafür ausgesprochen, die Universität dafür nutzen zu wollen, das Bewusstsein der Studentinnen und Studenten zu verändern, und ihr Plädoyer für einen theoretischen Pluralismus bedeutete in der Praxis das vermehrte Einstellen und Fördern von eher links orientierten Lehrkräften. Eine Untersuchung des Berliner Senats, in deren Verlauf eine Reihe von Augenzeugen befragt wurden, kam schließlich zu dem Ergebnis, dass der Bericht unglaubwürdig war und es sich bei den zitierten Stellen entweder um keine direkten Zitate handelte oder diese aus ihrem Kontext gerissen wurden.[121]

Die Notgemeinschaft griff die Affäre auf und druckte zahlreiche Artikel darüber in ihrem *Pressespiegel* ab. Die *Zeit* publizierte einen ausführlichen Beitrag, der Brentano verteidigte und die Untersuchung des Senats als »symptomatisch für den Abbau der demokratischen Spielregeln in Berlin« bezeichnete.[122] Im Gegensatz dazu schrieb einer von Brentanos Kollegen, der Philosoph Norbert Hinske, einen Brief an die *Zeit*, in dem er versicherte, dass die Brentano zugeschriebenen Äußerungen in Einklang standen mit dem, was er bei ihren Aktivitäten an der Universität beobachtet hatte: »[S]ie hat die linksradikalen Studentengruppen, die heute die Roten Zellen bilden, immer wieder ungeniert als Druckmittel benutzt, um die Umfunktionierung von Wissenschaft in Ideologie und Agitation voranzutreiben.«[123]

Ende Dezember 1970 ließ Senator Stein, einer der Väter des Hochschulgesetzes, eigenhändig drei marxistische Seminare an der FU absetzen und begründete dies mit politischer Indoktrination.[124] Die fraglichen Kurse, die im Fachbereich Germanistik angeboten werden sollten, wären von linken Dozenten unterrichtet worden und wurden auf einem Flugblatt von den Roten Zellen Germanistik aufgeführt. Schon ihre Titel verrieten die ostdeutsche ideologische Rahmung der dahinterstehenden Anschauungen: »Dokumente des Kampfes der KPD für die Entmachtung der Monopolherren und die Einigung der Arbeiterklasse in den Westzonen«, »Literatur zur Restauration des

Kapitals in Westdeutschland« sowie »Literatur der antifaschistischen Ordnung und des Beginns des Sozialistischen Aufbaus in der DDR.« Steins Absage dieser Seminare führte zu Protestkundgebungen, studentischen Streiks an mehreren Fakultäten und auch gewaltsameren Aktionen.[125] Als Stein erklärte, der Staat müsse sich gegen verfassungsfeindliche oder auf Parteilinie agierende Lehrkräfte zur Wehr setzen, bestritt Brentano, dass dies der Fall war; sie bestand darauf, dass Marxismus von marxistischen Wissenschaftlern gelehrt werden müsse, damit er eine faire Behandlung an der Universität erfuhr.[126]

Im Sommer 1972 beschloss ein anderer Fachbereich, der Fachbereich Wirtschaftswissenschaft, eine Stelle mit Ernest Mandel, einem der Redner auf dem Anti-Vietnamkongress 1968, zu besetzen. Der in Deutschland geborene, aber belgische Staatsbürger Mandel war ein marxistischer Ökonom, der in der Neuen Linken hohes Ansehen genoss. Als Anführer der Trotzkistischen Vierten Internationale war er aber auch ein Aktivist und von mehreren Ländern, Ost wie West, aufgrund seiner Aktivitäten mit einem Einreiseverbot belegt.[127] Abermals entschied Senator Stein, dass eine solche Besetzung zu weit ginge und dass jemand, der sich dem Umsturz des gesellschaftlichen Systems der Bundesrepublik verschrieben hatte, nicht als verfassungstreu betrachtet werden konnte – eine Voraussetzung für eine Beamtenposition. Stein lehnte die in Aussicht gestellte Einstellung ab.[128]

Nachdem sie von der Berliner Regierung in den Fällen Holz, Mandel und Lefèvre mattgesetzt wurde, trat Brentano aus Protest am 23. Februar 1972 von ihrem Amt als Vizepräsidentin der Universität zurück.[129] Im selben Jahr habilitierte sich Brentano und wurde zur ordentlichen Professorin befördert, obwohl sie keine eigenständigen Monografien veröffentlicht hatte. Möglicherweise erhielt sie die Beförderung auf Grundlage ihrer in der Vergangenheit akkumulierten Artikel. Vielleicht war es auch ein Akt der Freundschaft und Loyalität ihrer Kollegen an der

FU: eine der sogenannten politischen Habilitationen, die in dieser Zeit nicht unüblich waren.

Die osteuropäischen Dissidenten

Ein Punkt, in dem Margherita und Jacob trotz wachsender Bitterkeit gut miteinander kooperierten, war die Unterstützung für osteuropäische, linke, regimekritische Intellektuelle in der Tschechoslowakei und in Ungarn.

Da war zunächst Karel Kosík, ein tschechischer Philosoph. Der 1926 geborene Kosík war im Widerstand gegen die deutsche Besatzung im Zweiten Weltkrieg gewesen. Nach dem Krieg nahm er ein Studium in der Sowjetunion auf und wurde ein angesehenes Mitglied sowohl der kommunistischen Partei der Tschechoslowakei als auch der Akademie der Wissenschaften. Gegen Mitte der 1950er Jahre jedoch war er zum internen Kritiker der Stalinisierung seines Landes geworden. Im Jahr 1963 veröffentlichte er *Die Dialektik des Konkreten*, das Elemente des Marxismus und des Existenzialismus miteinander zu einer Spielart des marxistischen Humanismus verband. Das Buch bekam einigen Zuspruch in Westeuropa innerhalb der undogmatischen Linken. Im Jahr 1968, während des Prager Frühlings, trat Kosík als Stimme des demokratischen Sozialismus in Erscheinung. Der Aufstand wurde von den Armeen des Ostblocks niedergeschlagen. In der anschließenden Phase der Repression verloren Kosík und seine Frau ihre Arbeit.

Hans Dieter Zimmermann, damals ein junger Literaturwissenschaftler an der Akademie der Künste in Westberlin ging 1970 nach Prag und nahm dort Kontakt mit Kosík und anderen regimekritischen Intellektuellen auf. Im Jahr 1972 wollte Taubes für Kosík eine Gastprofessur an der FU für das kommende akademische Jahr arrangieren. Kosík war damit sehr einverstanden. Taubes und Zimmermann mobilisierten Günter Grass, der einen guten Draht zum Bundesminister für besondere Aufgaben, Egon Bahr, hatte. Bahr stand damals in Verhandlungen mit der Sowjetunion und dem Ostblock. Er brachte das Thema Kosík bei der tschechischen Regierung vor, doch diese ließ sich nicht erweichen und verweigerte Kosík die Genehmigung, die Stelle in Westberlin anzutreten.

Gemeinsam mit Brentano verschaffte Taubes Kosík ein Stipendium der Heinrich-Heine-Stiftung für Philosophie und Kritische Wissenschaft, eine Stiftung, die erst kürzlich von einer reichen Erbin gegründet wurde, um »kritisches« Denken zu fördern. Margherita war im Vorstand. Das Stipendium war auskömmlich, um Kosík, seine Frau und sein Kind zu finanzieren. Das Arrangement bewegte sich vollkommen im Rahmen der Legalität und bestand nahezu zwei Jahrzehnte.[130] Später, 1977, sammelte Taubes in dem Versuch, auch anderen Dissidenten in Prag zur Seite zu stehen, Geld von Hermann Lübbe und anderen ein. Diese Gelder sollten auf illegalem Wege von Personen, die sich damit einem Risiko aussetzten, übermittelt werden. Was daraus wurde, ist unklar.[131]

Taubes und Brentano bemühten sich auch um regimekritische linke Intellektuelle in Ungarn, darunter auch die Philosophin Ágnes Heller. Sie gehörte zu einem Kreis von Nachwuchswissenschaftlern, die bei Georg Lukács studiert hatten. Von ihm nahmen sie ein Interesse an der Philosophie und ein Bekenntnis zum Marxismus mit, doch eines, das zunehmend von Lukács' eigenem abwich. Zu diesem Kreis zählten auch ihr Ehemann, Ferenc Feher, der Historiker und Philosoph György Márkus und ein weiterer Philosoph, Mihály Vajda, der an einer Kritik des »realexistierenden Sozialismus« arbeitete.

Als Herbert Marcuse eine Einladung vom Fachbereich Philosophie, wieder an die FU zurückzukehren, 1972 ablehnte, wandte sich der Fachbereich an Heller. Sie unterrichtete an der FU Ende 1972 – auch wenn ihre Kurse von einem Generalstreik der Studentenschaft unterbrochen wurden –, und hier lernte sie Jacob und Margherita kennen.[132] Sie besuchte die beiden regelmäßig in ihrem Haus und stellte fest, dass beide zu Nervosität neigten und ihre Beziehung angespannt war. Vielleicht lag es daran, dass Margherita jede Frau, mit der Jacob sich anfreundete, verdächtigte, eine Affäre mit ihm zu haben – ein Misstrauen, das sich immer wieder bestätigt hatte. Heller fand Jacob charmant, humorvoll und lustig – ganz im Gegensatz zu der kühlen und strengen Margherita. Doch Margherita empfand sie als aufrichtig und zuverlässig, Eigenschaften, die Jacob fehlten. Heller erlebte ihn als selbstherrlich und wichtigtuerisch, offensichtlich ein Mann der Extreme, der liebte und hasste, aber selten neutral blieb.[133]

Nach Hellers Rückkehr nach Ungarn griff das Regime hart gegen den Budapester Kreis durch, entließ die Mitglieder aus ihren Arbeitsverhältnissen und konfiszierte ihre Reisepässe. Gerettet wurden sie dadurch, dass Brentano ihnen ein Stipendium von der Heinrich-Heine-Stiftung besorgte, das in Budapest ausgezahlt wurde. Das Stipendium belief sich auf 20 000 DM und reichte den drei Familien, um ein Jahr (bescheiden) zu leben.[134] Nach 1977 durften sie wieder reisen, und sie suchten nach Anstellungen im Ausland. Heller traf Taubes in Paris, wo sie gemeinsam mit ihrem Ehemann von François Erval, dem Lektor für Philosophie beim renommierten französischen Gallimard Verlag, zum Abendessen eingeladen waren. Taubes behauptete, Erval sei ein guter Freund von ihm, und lud sich selbst ein. Als Taubes nach dem Essen ging, wandte sich Erval an Heller und fragte: »Wer war dieser Mann?«[135]

Da sie in Ungarn nicht länger unterrichten durfte, zogen Heller und ihr Ehemann aus Verzweiflung nach Australien, der einzige Ort, an dem man ihnen eine dauerhafte Beschäftigung angeboten hatte, und später nach New York, wo Heller eine erfolgreiche Laufbahn als Philosophin einschlug. Brentano und Taubes hatten Heller für einen begrenzten Zeitraum den Ret-

tungsring zugeworfen, der es ihr und ihrem Kreis ermöglichte,
ihre akademischen Karrieren fortzusetzen.

Benjamin und Scholem

Für einen Großteil der 1950er und 1960er Jahre war Gershom
Scholem wie eine schemenhafte Erscheinung, die Taubes geis-
terhaft aus der Ferne in Briefen und Gesprächen mit europäischen und amerikanischen Kollegen heimsuchte.

Doch sehr zu Jacobs Leidwesen stieg Scholems Stern in den
darauffolgenden Jahrzehnten immer höher am deutschen Kul-
turhimmel, beflügelt durch Scholems Verhältnis zu Walter Benjamin.

Bevor seine Verbindung zu Benjamin in der Öffentlichkeit
bekannt wurde, war Scholems Name nur einer ausgesuchten
Leserschaft bekannt, die sich für Jüdische Studien interessierte.
Das änderte sich 1966, als Suhrkamp eine Briefedition von Benjamin publizierte, gesammelt und herausgegeben von Scholem
und Adorno. In den folgenden zehn Jahren veröffentlichte Scholem eine Reihe von Essays, in denen er herausarbeitete, dass
Benjamin ein jüdischer Denker war und sein Werk durchzogen
von jüdischen und »metaphysischen« Elementen – den marxistischen Interpreten Benjamins war dies entgangen.[136] Doch erst
das Erscheinen von Scholems Erinnerungen im Herbst 1975,
Walter Benjamin: Geschichte einer Freundschaft, machte Scholem einer größeren deutschen Öffentlichkeit bekannt. Das Buch
wurde breit rezensiert, und ein Jahr später sendete die ARD ein
ausführliches Interview mit Scholem.[137] Später, im Herbst 1977,
veröffentlichte Scholem ein bewegendes Erinnerungsbuch über
seine Jugend und seinen Weg zum Zionismus, *Von Berlin nach
Jerusalem: Jugenderinnerungen*. Sein achtzigster Geburtstag,
am 5. Dezember 1977, fand Erwähnung in der deutschen Presse.
Und 1980 wurde Scholems eigener Briefwechsel mit Benjamin

aus den 1930er Jahren veröffentlicht, mit Briefen, die bis kurz zuvor in einem DDR-Archiv gelegen hatten.[138]

Der Enthusiasmus, mit dem sich Teile der jungen linken Intelligenzia in Deutschland Walter Benjamin zu eigen machten, ist kaum zu überschätzen. In den 1950er und frühen 1960er Jahren war er noch ein Geheimtipp gewesen, doch nun stieg er zu einer Ikone auf: Bilder seines nachdenklichen Konterfeis schmückten Buchläden, und junge Marxisten zitierten seine Werke als handelte es sich um die Heilige Schrift. Debatten darüber, wie Benjamins Werk zu interpretieren war, erhöhten auch das Interesse an seinen Briefen, was 1967 wiederum zu hitzigen öffentlichen Auseinandersetzungen darüber führte, wie seine veröffentlichte Korrespondenz von Adorno und Scholem ausgewählt und ediert worden war.[139] Kritiker der Neuen Linken führten ins Feld, Horkheimer und Adorno hätten in den 1930er Jahren, als Benjamin auf ein Stipendium des Instituts für Sozialwissenschaft angewiesen war, versucht, seine stärker kommunistisch geprägten Auslassungen zu unterbinden, die in ihren Augen den Beigeschmack eines zu mechanischen Konzepts vom Marxismus hatten. Diese Kritiker warfen Scholem vor, Benjamin als jüdischer zu interpretieren, als er es tatsächlich gewesen war. Zudem würden die von Adorno und Scholem für die Publikation ausgewählten Briefe zwei der Persönlichkeiten, die Benjamin am stärksten beeinflusst hätten, unberücksichtigt lassen oder ihre Bedeutung herunterspielen: Asja Lacis und Bertolt Brecht, beide Kommunisten.[140]

Tatsächlich passte Benjamin nur schwer in irgendeine Schublade, was sicher zu seinem Kult beitrug. Er war teils Literaturkritiker, teils Kulturhistoriker, teils Philosoph und neigte dazu, theologische Begrifflichkeiten unklarer Bedeutung zu verwenden. Sein Leben lang war er offen für ganz widersprüchliche persönliche Prägungen gewesen. Sein Schreiben konnte sehr präzise sein, insbesondere wenn er Stadtlandschaften aus dem Paris des neunzehnten Jahrhunderts oder dem Berlin des frühen zwanzigsten Jahrhunderts beschrieb; es konnte aber auch gnomisch sein, wie in seinen »metaphysischen« Reflexionen. Er kultivierte eine konsequente ideologische Abneigung gegen den Kapitalismus, die einherging mit einer manchmal ausgeprägten Sensibilität für die Erscheinungsformen und Verlockungen der Kommerzkultur. Seine Auffassung, wonach die Geschichte, so wie sie niedergeschrieben wurde, stets den Blickwinkel und die Empfindungen des Siegers reflektierte und dass die angemessene Rolle des Historikers, der mit den Unterdrückten sympathisierte, darin bestand, die Quellen »gegen den Strich« zu lesen, war eine fruchtbare programmatische Aussage. Seine kulturelle Präferenz tendierte wie bei seinen Zeitgenossen Georg Lukács und Ernst Bloch zu einem »romantischen Antikapitalismus«.[141] Auch wenn er nie der Partei beitrat, waren Benjamins politische Sympathien, zumindest in den letzten anderthalb Jahrzehnten seines Lebens, entschieden kommunistisch[142] – Scholem nannte dies seinen »Salon-Bolschewismus«. Der Kern von Benjamins politischer Überzeugung lässt sich jedoch am besten mit apokalyptisch beschreiben.[143] Eine Idee, für die Taubes sehr empfänglich war.

Gelegentlich bezog sich Taubes auf das eine oder andere von Benjamins umfangreicheren Werken, wie etwa dessen Untersuchung der frühmodernen Gattung im deutschen Drama, des *Trauerspiels.* Hieraus übernahm Taubes die Idee vom »historischen Index«. Damit meinte Benjamin, dass einige historische Epochen eine gewisse Entsprechung oder Parallelität mit der Gegenwart aufwiesen, sodass die jeweils gegenwärtige Zeit am besten über den Vergleich zu einer historisch weiter zurückliegenden Epoche verstanden werden konnte.[144] Doch Taubes' Hauptinteresse richtete sich auf zwei von Benjamins spekulativeren Arbeiten. Die eine war das »Theologisch-politische Fragment«, eine frühe Schrift von Benjamin aus den 1920er Jahren; die andere eine seiner letzten aus dem Jahr 1940: »Geschichtsphilosophische Thesen«. (Taubes untersuchte beide Texte im

Jahr 1968 in einem Seminar über »Säkularisierung« und auch danach immer mal wieder.[145]) Der frühere Text wird von Benjamins wohlwollenden Biografen als einer seiner knorrigsten kleinen Texten bezeichnet.[146] Er ist derart gnomisch, dass er nahezu beliebig interpretiert werden kann. Der spätere Text, »Geschichtsphilosophische Thesen«, kommt immerhin zu einigen nachvollziehbaren Thesen – oder zumindest Anregungen. Die für Taubes sicher wichtigste davon war, dass der historische Materialismus letztlich auf die Unterstützung der Theologie angewiesen sei, wenn er siegreich sein wolle. Damit scheint Benjamin gemeint zu haben, dass der Marxismus Empfindungen oder Emotionen mobilisieren müsse, die traditionell mit der Religion, insbesondere dem Messianismus, in Verbindung standen. Das schlug eine Saite in Taubes an, der eine ähnliche These in der *Abendländischen Eschatologie* formuliert hatte, noch bevor er Benjamin gelesen hatte.

Benjamin sprach sich sowohl gegen eine Vorstellung von Geschichte als Kontinuum aus als auch dagegen, die Gegenwart als Glied in der Kette der Geschichte zu verstehen – eine Auffassung, die er als Ursache für die politische Passivität der Sozialdemokraten in den 1930er Jahren betrachtete. Die eigentliche Rolle des historischen Materialisten, so Benjamin, bestehe darin, ein Bewusstsein für die Gegenwart als »Jetztzeit« zu fördern, einen Moment, in dem Geschichte explodieren könne, um »das Kontinuum der Geschichte aufzusprengen« – ein Prozess, den er mit »messianisch« gleichsetzte.[147] Taubes fand auch diese Idee sehr überzeugend.

Als die Edition von Benjamins Briefen 1966 erschien, las Taubes sie sofort. Er schrieb einen langen Brief an Siegfried Unseld vom Suhrkamp Verlag, von dem er eine Kopie an Adorno schickte, wohl wissend, dass Unseld sein Schreiben an Scholem weiterleiten würde. Taubes wies auf eine Textstelle in einem von Benjamins Briefen hin, die als Transkriptionsfehler gedeutet werden konnte: dort stand das Wort »Halbjahr«, wo »Halljahr« (Jubiläumsjahr) sinnvoller erschien. Tatsächlich war Taubes entweder auf eine Fehldeutung von Scholem oder einen »Druckfehler« (wie Scholem es in einem Brief an Adorno andeutete) gestoßen. Für sich genommen wäre ein solcher Hinweis eine Form der wissenschaftlichen Kooperation. Doch der Ton war abfällig und Taubes suggerierte scherzhaft, dass Scholems Kenntnis der kabbalistischen Schriften ihm möglicherweise die esoterische Bedeutung von »Halbjahr« nahegelegt habe. Auch kritisierte er Scholem dafür, den Namen von Benjamins Geliebter, der russischen Kommunistin Asja Lacis, in seiner Kommentierung einer der Briefe herausgenommen zu haben, eine Auslassung, die er als »bitterböse« bezeichnete und als Beleg dafür, dass Scholem Benjamins Beziehung zensiert habe.[148] Doch wie Scholem in seinem Brief an Adorno schrieb, war Lacis bereits mehrere Male im Band erwähnt worden, womit die Unterstellung, Scholem habe versucht, sie aus Benjamins Biografie zu tilgen, unberechtigt war. Adorno gegenüber bezeichnete Scholem Taubes' Brief als »unverschämt« und »ressentimentgeladen«: »so geht die Bewunderung wenn sie nicht erwidert wird, in Hass über«.[149] Scholem verfasste eine knappe Antwort, in der er den »Druckfehler« erwähnte. Und fügte hinzu: »Ich bedaure, daß der Tenor Ihrer Kommentare und Bemerkungen mir nicht erlaubt meinen Dank persönlicher zu formulieren.«[150]

Fast zwei Jahre später, im Oktober 1968, unternahm Taubes einen weiteren Annäherungsversuch an Scholem, in dem er sich für den Ton seines früheren Briefes entschuldigte, Scholem jedoch dafür kritisierte, dass dieser einem Zusammentreffen mit ihm bei den Bollacks in Paris so demonstrativ aus dem Weg gegangen war.[151] Scholem antwortete, die Gründe für ihre Entfremdung seien nicht verschwunden: »Der Gebrauch, den Sie von Ihrer grossen Begabung gemacht haben, stand am Anfang unserer Trennung und bestimmt sie leider auch weiter. ... Sie verfolgen einen Weg, der nichts mit dem zu tun hat, was Sie einmal zu mir geführt hat.«[152]

Die Reihe Theorie, die Taubes gemeinsam mit Jürgen Habermas, Dieter Henrich und Hans Blumenberg im Suhrkamp Verlag herausgab, erschien erstmals im November 1966 mit der
Publikation von Adornos *Negativer Dialektik* und Hans Blumenbergs *Die Legitimität der Neuzeit* auf dem Markt. In den
folgenden zehn Jahren nahm sie eine bedeutsame Rolle ein,
nicht nur für den Verlag, sondern für das deutsche Geistesleben
insgesamt. Nach dem Scheitern der radikalen Studentenbewegung, um tatsächlich einen revolutionären Wandel nach 1968 hervorzubringen, wandten sich viele mit wachsender Faszination
der »Theorie« zu, als systematisches und radikales Hinterfragen
der etablierten Ordnung.[153] In Begrifflichkeiten der Dynamik,
wie Taubes sie in der *Abendländischen Eschatologie* geprägt
hatte, könnte man sagen: Das Scheitern der messianischen, apokalyptischen Hoffnung führte zum Aufstieg der gnostischen
»Theorie«, dem geheimen Wissen um die gefallene Welt und die
Möglichkeit, ihr zu entfliehen. In der Reihe Theorie wurden
nicht nur Werke führender deutscher Philosophen und Sozial-
theoretiker publiziert, sondern auch Übersetzungen von als bedeutsam eingestuften Arbeiten aus dem Ausland, insbesondere
solche mit sozialkritischem Ansatz. Die Reihe nahm den Zeitgeist gleichermaßen auf, wie sie ihn prägte. Obwohl sie sich
nie zu einem großen kommerziellen Erfolg entwickelte, war
sie ein wichtiges Prestigeobjekt für den Suhrkamp Verlag.

Von den vier Reihenherausgebern war Taubes der engagierte-
ste, und er sorgte für einen nie abreißenden Strom von Empfehlungen an Unseld und die Suhrkamp-Lektoren, insbesondere
wenn er von seinen Reisen aus Paris, London oder den Vereinigten Staaten zurückkehrte. Er bezeichnete sich Unseld gegenüber als »Jagdhund« für Suhrkamp. Viele seiner Empfehlungen
basierten auf Diskussionen mit Freunden, Kollegen und Studenten. Auch war Taubes wahrscheinlich derjenige, der seine

Sensoren am stärksten auf den veränderten Geschmack des intellektuell-politischen Markts und den Bedarf nach kritischen Studien aus verschiedenen Disziplinen ausrichtete. Er hatte eine feine Nase für die intellektuelle Landschaft außerhalb Deutschlands und in seinen Berichten an Suhrkamp skizzierte er die jeweilige kulturelle, ideologische oder disziplinäre Bedeutung der Bücher, die er zur Übersetzung empfahl.[154] Zu den Büchern, die auf seine Anregung übersetzt und publiziert wurden, zählten *Interaktionsrituale* von Erving Goffman, einem bedeutenden US-amerikanischen Sozialpsychologen, sowie John Rawls' *Eine Theorie der Gerechtigkeit*, ein Meilenstein in der Politischen Theorie.[155]

Taubes' Empfehlungen beschränkten sich jedoch mitnichten auf populäre Werke. Genauso empfahl er viele wissenschaftliche Bücher aus den Geschichtswissenschaften (*The Great Transformation* und *Ökonomie und Gesellschaft* von Karl Polanyi); aus der Religionsgeschichte (*Heiden und Christen in einem Zeitalter der Angst* von E. R. Dodds sowie *Versuchung durch Erkenntnis: die gnostischen Evangelien* von Elaine Pagels); aus der Ideengeschichte (Bücher von Isaiah Berlin und Joachim Ritter); neue Trends in der Philosophie der Naturwissenschaften (*Menschliches Erkennen* von Stephen Toulmin und *Wider den Methodenzwang* von Paul Feyerabend); und aus der Philosophie der Sozialwissenschaften (*The Explanation of Behaviour* von Charles Taylor). Einige von diesen Büchern erschienen in der Reihe Theorie, andere in der thematisch offeneren »edition suhrkamp«.

Taubes war weniger daran gelegen, irgendeinen spezifischen Standpunkt zu fördern, ihm ging es darum, Diskussionen, Debatten und Kontroversen anzustoßen. Das war charakteristisch für sein Hermeneutik-Kolloquium an der FU, und das war auch charakteristisch für seine Persönlichkeit: Oft vertrat er gegensätzliche oder sogar abwegige Standpunkte und passte seine Position entsprechend an, um einen Gegenpol für seine Gesprächspartner zu bilden. Und so unterbreitete er auch immer wieder Vorschläge für Sammelbände und Zeitschriften, die eine große Bandbreite kritischer Perspektiven auf ein aktuelles intellektuelles Thema enthalten sollten. In der Anfangsphase der Reihe Theorie, als Jean-Paul Sartre noch die beherrschende Figur unter den französischen Intellektuellen war, plante Taubes einen Band mit kritischen Antworten auf Sartres *Kritik der dialektischen Vernunft*, ein weit ausgreifender Versuch, Sartres Existenzialismus mit seinem Marxismus zu versöhnen. Taubes kontaktierte mehrere Intellektuelle, darunter Hannah Arendt, für dieses Projekt. Doch letztlich waren zu wenig potenzielle Autorinnen und Autoren bereit, zu dem Band beizutragen, und das Vorhaben scheiterte.[156]

Schon zu Beginn seiner Tätigkeit für Suhrkamp brachte Taubes die Idee einer Zeitschrift für kritisches Denken nach dem Vorbild der *Zeitschrift für Sozialforschung* in den 1930er und 1940er Jahren des Frankfurter Instituts auf, doch daraus war nichts geworden.[157] Im Jahr 1971 konzipierte Taubes einen Vorschlag für eine Zeitschrift, die im Suhrkamp Verlag erscheinen und sich an die junge, links orientierte Leserschaft aus dem akademischen Mittelbau wenden sollte. Transdisziplinär angelegt, war es ein Versuch, die Innovationen, die aus den Erfahrungen der Studentenrevolte hervorgegangen waren, aufzugreifen, qualitativ zu filtern und in einer neuen Form der Wissenschaftlichkeit zu kanalisieren. Taubes und ein Team jüngerer Kollegen in Berlin waren als Herausgeber angedacht, sie sollten sich auf gleichgesinnte Wissenschaftler in Paris und London, wie den Soziologen Pierre Bourdieu und den Historiker Eric Hobsbawm, stützen.[158] Doch das Projekt wurde als unwirtschaftlich eingeschätzt: Vielleicht weil bereits ähnliche Zeitschriften auf dem Markt waren, wie etwa das *Kursbuch*, vielleicht aber auch aufgrund einer nicht unbegründeten Skepsis an Taubes' Fähigkeit, solch ein Projekt erfolgreich zu leiten. Vorhaben dieser Art sollte es in den folgenden Jahren noch mehrere geben.

Die Zusammensetzung der Herausgeberschaft der Reihe Theorie und die Funktionen der einzelnen Herausgeber veränderten sich im Lauf der Zeit. Im Jahr 1970 verließ Hans Blumenberg, der ohnehin das Gefühl hatte, mit den anderen drei Herausgebern nicht mehr zu harmonieren, nach finanziellen Streitigkeiten mit Unseld den Herausgeberkreis.[159] Im Herbst 1972 entwickelte Unseld eine neue Reihe mit wissenschaftlichen Taschenbüchern: suhrkamp taschenbuch wissenschaft (stw). Er bat Habermas, Henrich und Taubes, den Verlag auch über die Reihe Theorie hinaus zu beraten und hob ihre monatlichen Honorare von 500 DM auf 1 000 DM an – was eine substanzielle Ergänzung zu ihrer akademischen Besoldung bedeutete.[160] Fünf Jahre später wurde das Honorar nochmals erhöht, auf dann 1 200 DM.[161]

Taubes' Verbindung zum Suhrkamp Verlag war unter seinen Kollegen und Studenten wohlbekannt, und sein Platz neben Habermas und Henrich im Impressum der Reihe Theorie steigerte sein Ansehen. Dass er ein Manuskript veröffentlichen oder ein Buch übersetzen lassen konnte, verlieh ihm einen gewissen Einfluss und stärkte das Empfinden, dass er jemand war, den man vielleicht kennen sollte.

Deradikalisierung

Im Oktober 1971 waren Taubes' Kollegen schockiert über das spurlose Verschwinden von Peter Szondi, dem Direktor des Instituts für Komparatistik. Seine Leiche wurde drei Wochen später im Halensee gefunden, Szondi hatte im Alter von zweiundvierzig Jahren Selbstmord begangen. Auf dem Campus machten Gerüchte die Runde, Szondi habe sich umgebracht, weil linke Gruppierungen Druck auf ihn ausgeübt hätten. An dem Gerücht war nichts dran – er hatte schon lange an Depressionen gelitten –, aber es sagt etwas über die damalige Atmosphäre auf dem Campus aus.[162] Zum Zeitpunkt seines Todes hatte sich Szondi bereits entschlossen, die FU zu verlassen und nach Zürich zu wechseln – noch ein talentierter Wissenschaftler, der von Bord gehen wollte.

Taubes hatte, wie gesehen, die Neue Linke an der FU seit ihrer Entstehung Mitte der 1960er Jahre tatkräftig unterstützt. Tatsächlich hatte er wohl mehr als jeder andere Lehrstuhlinhaber dazu beigetragen, den Wandel an der Universität herbeizuführen. Im Jahr 1972 war die Linke innerhalb der Universität – einschließlich der Studenten und des Mittelbaus am Institut für Philosophie – intellektuell immer unbeweglicher, simplifizierender und dogmatischer geworden. Schließlich wurde es auch für Taubes zu viel, um es zu schlucken. Über Jahre hatte Taubes Herbert Marcuse eingeladen, den Sommer als Honorarprofessor an der Universität zu verbringen. Im Januar 1972 empfahl er seinem alten Freund vertraulich, *nicht* an die Universität zu kommen.[163] Die Studenten, erklärte er, seien dogmatische, vulgäre Leninisten, die jede Idee reflexartig als »Überbau« ablehnten, der sich aus dem ökonomischen »Unterbau« erkläre. (Zu dieser Zeit warb die Gewerkschaft IG Bau-Steine-Erden für ihre Branche mit dem Slogan »Sei schlau, geh zum Bau«. Taubes adaptierte den Spruch für seine Zwecke: »Sei schlau, bleib beim Überbau«.[164])

Als Beispiel für die wachsende ideologische Intoleranz schilderte Taubes seinem Freund Marcuse den Fall von Fritz Raddatz, einem Literaturkritiker und -wissenschaftler, der für eine Gastprofessur an die Universität eingeladen worden war. Als Lektor beim Rowohlt Verlag, so Taubes, hatte Raddatz von Beginn an Stimmen aus der antiautoritären Studentenbewegung publiziert und eine dreibändige Dokumentensammlung über Marxismus und Literatur herausgegeben. Im Jahr 1971 habilitierte sich Raddatz und war damit für eine Professorenstelle qualifiziert. Doch die Einladung für eine Gastprofessur war von einem Boykott verhindert worden, organisiert von einer orthodoxen kommunistischen Gruppierung, der Aktionsgemeinschaft demokratischer und sozialistischer Germanisten. Taubes befürchtete, eine Einladung an Marcuse könnte zu einer ähnlichen Abwehrhaltung am Philosophischen Seminar führen: »Ich kann mich nicht verschließen, daß … nach dem Erfolg der Studentenbewegung eben eine Routinisierung auf links eingetreten ist, die organisatorisch sich in SEW-Konventikeln [das Westberliner Pendant zur SED] niederschlägt.«[165]

Anfang der 1970er Jahre veränderten sich die Organisationen der studentischen Linken an allen westdeutschen Universitäten, sowohl in ihrem Auftreten als auch inhaltlich. Die Roten Zellen mit ihrem Schwerpunkt auf dramatischen, aufmerksamkeitserregenden Aktionen, wie etwa Vorlesungen zu stören oder Gebäude zu besetzen, wurden zunehmend von explizit marxistisch-leninistischen Gruppierungen abgelöst, von denen einige von der DDR-Regierung instruiert und finanziert wurden. Ihre Absicht war es, systematisch institutionellen Einfluss und Kontrolle zu gewinnen.[166]

Bei den Wahlen der Fachbereichsräte im Juni 1973 holten die Aktionsgemeinschaften achtundzwanzig von vierundsiebzig Sitzen.[167] Hans Peter Duerr, der bei Taubes promoviert hatte, erinnerte ein Seminar an der FU, in dem darüber diskutiert wurde, wie mit den »Reaktionären« – zu denen man auch Willy Brandt und Herbert Marcuse zählte – nach der bevorstehenden Revolution zu verfahren sein würde. Die Hälfte der Seminarteilnehmer sprach sich für eine Deportation in ein Umerziehungslager auf der Ostseeinsel Rügen aus; die andere Hälfte hielt dies für vergebliche Mühe und befürwortete die umstandslose Liquidation.[168] Gert Mattenklott, ein Komparatist, der damals ebenfalls mit Taubes zusammenarbeitete, erinnerte sich, dass Taubes unter konspirativen leninistischen Radikalen als CIA-Informant galt.[169]

Während Taubes also in der Öffentlichkeit weiterhin versicherte, dass an der FU alles in bester Ordnung sei, wusste er es doch besser. Er war entsetzt über den Verfall des intellektuellen Niveaus des Hochschulpersonals am FB11.[170]

Als sich die politische Lage an der FU in den 1960er Jahren immer weiter aufheizte, tauchte der Name Jacob Taubes regelmäßig im Berliner *Tagesspiegel* auf, sowohl in der Leserbriefspalte als auch in der Rubrik mit den hochschulpolitischen Beiträgen. Das war das Resultat von Jacobs Verbindung zu Uwe Schlicht, einem Reporter, der über universitäre Angelegenheiten schrieb. Der *Tagesspiegel* war ein liberales Blatt und hatte in den 1960er Jahren eine Auflage von circa 80000, benötigte jedoch 100000, um rentabel zu sein. In der Hoffnung, so jüngere Leserinnen und Leser zu gewinnen, gestatteten die Herausgeber, dass Schlicht ein Ressort für Hochschulbildung einrichtete, und bald wurde der *Tagesspiegel* die führende intellektuelle Zeitung in der Stadt. In den späten 1960er Jahren, als die einzige Alternative für eine Berliner Tageszeitung das SPD-nahe *Spandauer Postblatt* war, das auch nur lokal vertrieben wurde, wandten sich nichtkommunistische Linke an Schlicht, um ihre Botschaften an eine breitere Öffentlichkeit auszusenden.

Taubes diente Schlicht als Quelle. Ihre Beziehung, die über ein Jahrzehnt währte, basierte auf gegenseitigem Nutzen. Für Schlicht war Taubes eine Insiderquelle für die Entwicklungen an der FU. Und für Taubes war Schlicht ein Zugang zu einem öffentlichen Forum, was Taubes' Möglichkeiten, ein »Spieler« an der FU zu sein, erhöhte – eine Rolle, in der er sich sonnte.[171]

Ende 1973 war der FB11, und speziell das Philosophische Seminar, weiterhin gezeichnet von ideologischen Konflikten, die sich in Form von Auseinandersetzungen über Neuberufungen und Beförderungen von Professoren äußerten. Einige dieser Streitigkeiten fanden den Weg in die Presse, insbesondere in die Artikel von Schlicht, der in Kontakt zum Wissenschaftssenator Werner Stein sowie zu Michael Landmann und Taubes stand. Sie waren die wichtigsten Protagonisten im »kulturellen

Bürgerkrieg«, wie Schlicht es in einem Artikel nannte. Wenn eine Stelle zu besetzen war, oblag es Stein als zuständigem Minister, aus einer Liste der besten drei Kandidaten, die der Fachbereichsrat vorlegte, auszuwählen. Für eine Stelle in der Geschichtsphilosophie schlug der Rat an erster und zweiter Position zwei Marxisten vor, die bereits an der Universität lehrten, Friedrich Tomberg und Wolfgang Fritz Haug, beide Mitglieder des Kreises um die Zeitschrift *Das Argument* und Kritiker einer »bürgerlichen Wissenschaft«.[172] (Tomberg ging 1979 in die DDR, wo er ordentlicher Professor an der Universität Jena wurde.[173]) Stein lehnte beide ab, zum einen weil er Hausberufungen grundsätzlich ablehnend gegenüberstand, und zum anderen, weil er befürchtete, der FB würde in der Folge vollständig von einer einzigen Ideologie dominiert und sich von der größeren Wissenschaftsgemeinschaft isolieren. Er entschied sich stattdessen für den dritten Kandidaten auf der Liste, den nichtmarxistischen Hegelforscher Reinhart Maurer.[174] Im anschließenden Gespräch empfahl der stellvertretende Direktor des Instituts für Philosophie Peter Furth dem Kandidaten, die Stelle nicht anzunehmen. Er erklärte Maurer, dass sein wissenschaftlicher Ansatz nicht zu den vorherrschenden Anliegen des Seminars passe, nämlich der Entwicklung einer materialistischen Erkenntnistheorie, die das Verhältnis von Sein und Bewusstsein, Basis und Überbau fokussiere. Taubes war bei dem Gespräch anwesend und versicherte Maurer anschließend, dass er sich gut geschlagen habe.[175] Maurer nahm die Stelle an.

Nach dem endgültigen Ausscheiden von Feyerabend bemühte sich das Institut für Philosophie um eine Berufung aus dem Feld der Wissenschaftstheorie. Dieses Mal setzten sie Haug auf die erste Position der Kandidatenliste, was de facto eine Umwandlung in einen Lehrstuhl für historischen Materialismus bedeutet hätte.

Die »liberalen« Fakultätsangehörigen des FB, darunter auch Michael Landmann, betrachteten die in Vorschlag gebrachten

Ernennungen als Teil einer konzertierten Anstrengung der extremen Linken, eine dogmatische marxistische Hegemonie zu etablieren. Wann immer ein talentierter nichtkommunistischer Kandidat für eine Stelle in Betracht gezogen und zum Gespräch eingeladen wurde, wurde ihm wenig subtil von Furth und seinen Genossen mitgeteilt, dass er unerwünscht war. In einem ausführlichen Schreiben an den Wissenschaftssenator schilderte Landmann den Prozess, der dazu geführt hatte, dass bei Neuberufungen am Philosophischen Seminar nun eine Fraktion dominierte, die mit dem DDR-Regime sympathisierte.[176] Margherita von Brentano widersprach: Vielmehr liege es an der Überzeugung, dass Philosophie in Kombination mit Geschichte und den Sozialwissenschaften praktiziert werden müsse, weil man nur so den objektiven Gegebenheiten der Philosophie und den berufsbezogenen Bedürfnissen der Studenten gerecht werden könne.

In der Öffentlichkeit argumentierte Taubes, der Fachbereich Philosophie an der FU werde für etwas verdammt, was doch als seine Stärke gelten sollte. Ein westdeutscher Fachbereich für Philosophie mit drei oder vier positivistisch orientierten Professoren würde als philosophische Schule eingestuft werden. Aber wenn drei oder vier Marxisten am selben Seminar waren, bezeichnete man dies als kommunistische »Kaderschule«. (Tatsächlich befanden sich weit mehr Marxisten an seinem Fachbereich.) Trotzdem forderte er seine linken Kollegen und Studenten auf, ihre Neigung zum Sektierertum zu überwinden und von der Strategie abzusehen, anders gesinnte, hochqualifizierte Wissenschaftler rundheraus abzulehnen.[177]

Die Kluft zwischen Taubes' öffentlich geäußerter Haltung und den Empfindungen, die er Freunden wie Marcuse gegenüber ausdrückte, wurde immer größer. Brentanos öffentliche Position hingegen spiegelte ihr authentisches und anhaltend radikales Bekenntnis wider. Jacob fühlte sich am FB 11 zunehmend isoliert. Seine wachsende Distanz zur radikalen Linken,

Jacob Taubes und Margherita von Brentano in ihrem Haus.

während Margherita diese ungebrochen unterstützte, war einer von mehreren Faktoren, die in eine Ehekrise führten.[178]

Neben den wachsenden Spannungen zwischen Jacob und Margherita über hochschulpolitische Fragen gab es auch Konflikte im Zusammenhang mit Jacobs Kindern sowie seinen erotischen Verhaltensmustern. Im Frühjahr 1970, nach Susan Taubes' Tod, war Ethan, der damals die Weston School außerhalb von Boston besuchte, zunächst zu Krister und Brita Stendahl gezogen.[179] Als Jacob und Margherita die Kinder nach Berlin holen wollten,[180] gab es einige Auseinandersetzungen zwischen Jacob und Elsa First darüber, was mit Ethan geschehen sollte: Der Junge wollte nicht zu seinem Vater, den er fürchtete, und First versuchte ihn zu schützen.[181]

Doch schließlich wurde entschieden, dass Ethan zum Schuljahr 1971/72 an das Schiller-College wechseln sollte, eine englischsprachige Einrichtung in Berlin.[182] Ethan, der gerade achtzehn geworden war, wohnte nicht bei Jacob und Margherita, sondern in einer Wohngemeinschaft. Tania sollte zunächst an der Highschool in den Vereinigten Staaten bleiben. »Ich war in den letzten Wochen aufgrund privater Probleme wie gelähmt«, schrieb Jacob an einen Kollegen in New York. »Nach langen Telefonaten mit Krister Stendahl und Tania beschloss ich schweren Herzens, Tania ihr Abschlussjahr in den Vereinigten Staaten fortsetzen zu lassen. Ich muss nicht hinzufügen, dass solch eine Entscheidung einige Narben in meiner Seele hinterlässt.«[183]

Auf Drängen Ethans zog Tania 1972 ebenfalls nach Berlin, wohnte bei Jacob und Margherita in der Winklerstraße 14 und besuchte die John F. Kennedy-Schule. Margherita, die keine eigenen Kinder hatte, versuchte, die Mutterrolle für Tania einzunehmen. Sie erwartete eine töchterliche Zuneigung, doch es mangelte ihr an mütterlichem Auftreten. Tania verbrachte mehr und mehr Zeit im Haus von einer von Margheritas Freundinnen, Eva Furth (die Frau von Peter Furth), die eine Tochter in Tanias Alter hatte. Margherita zitierte Eva daraufhin in ihr Haus, beschuldigte sie, Tania von ihrer Stiefmutter entfremdet zu haben, schlug ihr ins Gesicht und untersagte Eva, Tania wiederzusehen.

Da sie es gewohnt waren, in erster Linie aufeinander angewiesen zu sein, hatten Ethan und Tania ein sehr enges Verhältnis, und Ethan besuchte seine Schwester und ihre Freunde häufig. Margherita deutete diese emotionale Bindung als Beleg für inzestuöse Absichten und als Versuch Ethans, seine Schwester gegen Margherita aufzubringen. Das führte zu noch größeren Spannungen zwischen Jacob und Margherita. Jacob fand sich zwischen den Fronten: hin- und hergerissen zwischen seinem Sohn und seiner Frau. Er wünschte sich, dass Ethan in Berlin blieb. Da er aber nicht wusste, wie er die Quadratur des Kreises bewerkstelligen sollte, wandte er sich an Marianne Awerbuch und bat sie, Ethan unter ihre Fittiche zu nehmen und ihm dabei behilflich zu sein, wieder in Margheritas Gunst aufzusteigen. Ab Januar 1973 traf sich Marianne mehrfach mit Ethan und

Jacob in ihrer Wohnung, um zu besprechen, wie die Situation verbessert werden könnte.

Ethan lebte in einer Wohnung, die nicht angemessen geheizt werden konnte. Um ihrem Bruder behilflich zu sein, gab Tania ihm eine gewebte Decke (*kilim*), die sie in einem Schrank in der Wohnung gefunden hatte – Margherita hatte sie nichts davon erzählt. Als Jacob und Margherita im Mai Ethan in seiner Wohnung besuchten, um seinen Geburtstag zu feiern, entdeckte Margherita die Decke – und schloss daraus, dass Ethan sie gestohlen hatte. Sie stellte Jacob ein Ultimatum: »Entweder Ethan geht oder ich!«

Immer noch in dem Bemühen, Frieden in den Taubes-Haushalt zu bringen, arrangierte Awerbuch einen Termin für Ethan bei der Psychoanalytikerin Eva Jaeggi, die ihn untersuchte und ihm anschließend eine gute psychologische Verfassung attestierte. Dann planten sie die Inszenierung einer Aussöhnung, für die Ethan auch ein Versöhnungsschreiben an Margherita schrieb: Im Juli bat Jacob Ethan, spätabends zu ihnen nach Hause zu kommen. Ethan sollte im Keller schlafen und Jacob wollte Margherita die Situation erklären, wobei er ihr den Bericht der Psychoanalytikerin und Ethans Brief präsentieren würde. Am nächsten Morgen sollte Ethan erscheinen, und die Versöhnung könnte stattfinden.

Als Ethan also morgens auftauchte, fand er Margherita in der Küche vor. Sie erblasste, als sie ihn sah, wurde wütend und schrie Jacob – der seinen Teil des Plans nicht erfüllt hatte – und Ethan an. Ethan floh aus dem Haus, fest entschlossen, in die Vereinigten Staaten zurückzukehren. Jacob flehte ihn an zu bleiben und ging dafür sogar vor ihm auf die Knie. Doch Ethan hielt es zugunsten seiner eigenen psychischen Gesundheit für angezeigt, Abstand zwischen sich und Jacob zu bringen. Er schrieb sich am Bennington College ein und brach den Kontakt zu seinem Vater ab.

Im Herbst 1974 schließlich stritten Jacob und Margherita

ununterbrochen, und die Spannungen erreichten einen Höhepunkt. Manchmal, wenn Tania nach der Schule aus dem Bus
stieg, bat Jacob sie, nicht ins Haus zu gehen, aus Furcht vor
Margheritas Zorn. Tania ging dann zu einer Freundin, zunächst
für eine Nacht, schließlich für mehrere Wochen am Stück. Margherita stand unter großem Stress und entwickelte psychosoma-
tisches Asthma bis hin zur Bettlägerigkeit.[184]

Scheidung und psychischer Zusammenbruch

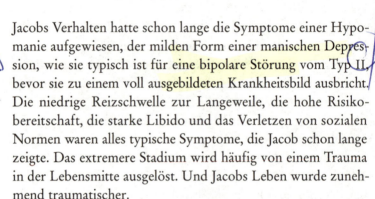

Jacobs Verhalten hatte schon lange die Symptome einer Hypomanie aufgewiesen, der milden Form einer manischen Depression, wie sie typisch ist für eine bipolare Störung vom Typ II,
bevor sie zu einem voll ausgebildeten Krankheitsbild ausbricht.
Die niedrige Reizschwelle zur Langeweile, die hohe Risikobereitschaft, die starke Libido und das Verletzen von sozialen
Normen waren alles typische Symptome, die Jacob schon lange
zeigte. Das extremere Stadium wird häufig von einem Trauma
in der Lebensmitte ausgelöst. Und Jacobs Leben wurde zunehmend traumatischer.

Seine Ehe mit Margherita hatte Jacobs Verlangen nach außer-
ehelichen erotischen Beziehungen zu Frauen nicht gemindert.
Im Jahr 1974, Jacob war einundfünfzig und Margherita zwei-
undfünfzig Jahre alt, hatte er ein länger andauerndes Verhältnis
mit einer dreiundzwanzigjährigen Frau. Als Margherita und Tania dies als unangebracht bezeichneten, leugnete Jacob den sexuellen Aspekt nicht, doch er bestand darauf, dass es sich um
eine metaphysische Beziehung handelte, und weigerte sich, sie
als unangemessen zu betrachten.[185]

Für Margherita wurde alles zu viel. Sie kam zu dem Schluss,
dass es ihren Untergang bedeuten würde, wenn sie bei Jacob
bliebe. Sie verließ das Haus, ohne eine Adresse zu hinterlassen,
und war entschlossen, sich von Jacob scheiden zu lassen.[186]

Trotz aller Konflikte wusste Jacob, dass er Margherita brauchte. Es war es gewohnt, dass jemand für ihn sorgte, und fürchtete sich vor dem Alleinsein.

Der psychische Druck, der durch sein Engagement in der Universitätspolitik entstanden war, sein unheilvolles Verhältnis zu seinem Sohn und Margheritas Entscheidung, ihn zu verlassen, stürzte Jacob in immer tiefere Depressionen und führte schließlich zu einem psychotischen Zusammenbruch, der wiederum eine voll ausgebildete manische Depression auslöste. Anzeichen für eine schleichende, aber fortschreitende psychische Störung gab es auch in Jacobs Verhalten und in seinen Kursen an der Universität. Der letzte große Philosophiekurs, den er vor seinem Zusammenbruch unterrichtete, war im akademischen Jahr 1973/74, »Zur Logik der historischen Erkenntnis: Hegel und die Folgen«, an dem dreihundert bis vierhundert Studentinnen und Studenten teilnahmen. Anfangs waren seine Vorträge beeindruckend, vermittelten den Eindruck umfangreichen Wissens – wenn sie auch kein systematisches Argument erkennen ließen. Im Frühjahr 1974 wurden seine Lehrveranstaltungen immer zusammenhangsloser und konfuser. Der Kurs wurde erneut für das kommende Jahr angekündigt. Doch da war Jacob schon nicht mehr in der Lage zu unterrichten.[187]

Jacob verfiel in eine schwere Psychose. Er war depressiv bis zur Katatonie. Er lag den ganzen Tag im Bett, vergaß zu essen und war desorientiert. Er wurde paranoid. Er ging in den Garten und begann Bücher zu verscharren, weil er fürchtete, für die Bücher, die er mit der Bibliothekskarte seines Kollegen Stahmer an der Columbia ausgeliehen und nach Berlin mitgenommen hatte, belangt zu werden.[188]

Im Februar 1975 wurde er in die Schlosspark-Klinik, eine stationäre psychiatrische Einrichtung in Berlin-Charlottenberg, eingewiesen. Sein behandelnder Arzt verfügte, dass der Patient vor Post, Telefonanrufen und Besuchen zu schützen war. Anschließend folgte ein längerer Aufenthalt in einem Sanatorium. Tania zog zu einem Freund der Familie.[189]

Am 14. Mai veranlasste Margherita von Brentano, dass Jacobs Möbel in seine neue Wohnung, Am Hirschsprung 63, gebracht wurden.[190] Ihre Scheidung wurde am 22. Mai 1975 rechtsgültig. Es war Brentano, die die Klage eingereicht hatte. Die Schuldfrage wurde zulasten Jacobs entschieden, und er musste für die Kosten des Verfahrens aufkommen.[191] In diesem Juni verließ Tania Berlin, um in den Vereinigten Staaten ihr Studium aufzunehmen.[192] Desorientiert wie er war, verlor Jacob die Kontrolle über seine Institute.

Das Institut für Hermeneutik befand sich in einer Villa in der Straße Auf dem Grat. Der für die Instandhaltung der Villa zuständige Verwalter, Otto Paltian, führte Jacobs Kollegen Reinhart Maurer in das Gebäude, wo sie den Eingangsbereich voller Bücher und Dokumente, vollgesogen mit Wasser, vorfanden. Paltian nahm eine Schaufel und begann aufzuräumen. Er erklärte, dass Jacob die Schlüssel einigen zügellosen Studenten überlassen hatte, und bevor diese wieder abzogen, hatten sie die Wasserhähne aufgerissen und laufen gelassen. Die Schreibmaschinen waren gestohlen.[193] Das Institut für Hermeneutik wurde geschlossen und die Bibliothek in das Institut für Philosophie integriert.[194]

Die Universität entzog Jacob nun auch die Kontovollmacht für das Institut für Judaistik.[195] Marianne Awerbuch wurde auf eine C4-Professur befördert und übernahm das Ruder am Institut. Obwohl Awerbuch mit Jacobs Institutsleitung unzufrieden gewesen war, hatte er ihr doch vertraut und sie hatte ihn bemuttert.[196] Nun trübte sich auch Jacobs Verhältnis zu Awerbuch.

Im Februar 1976 hatte Jacob, der sich nun in der Psychiatrischen Klinik der FU aufhielt, den Status »dienstunfähig«. Am 23. April erschreckte er die Sekretärin des Instituts, Frau Kupferberg, mit der Nachricht, er wolle in seiner Wohnung ein Seminar abhalten. Sie forderte die Universitätsleitung auf zu intervenieren. Jacob stimmte zu, den Direktor der psychiatrischen Klinik, Dr. H. Helmchen, von seiner ärztlichen Schweigepflicht zu entbinden, damit dieser ihm bescheinigte, dass er aus medizinischer Sicht unterrichten konnte.[197] Doch als das Semester im Oktober begann, war er erneut dienstunfähig und zurück in der psychiatrischen Klinik. Seine Ärzte waren wenig erfolgreich mit der Behandlung. Er verfiel immer tiefer in Depressionen.[198]

Michael Wyschogrod war gerade auf dem Weg in die Sowjetunion, als er beschloss, einen Zwischenhalt in Berlin einzulegen, um Jacob zu besuchen. Er fand Jacob in der psychiatrischen Klinik und war schockiert über seinen Zustand. Jacob schien zu verkümmern, seine Krankheit und die Nebenwirkungen der Medikamente führten dazu, dass er nicht mehr lesen und kaum noch gehen konnte. Wyschogrod beschloss, Jacob zur Behandlung nach New York zu bringen.

Behandlung in New York

Jacob kam psychotisch, paranoid und depressiv in New York an. Wyschogrod brachte ihn zunächst in einem Hotel unter und versuchte, einige seiner alten Freunde in die Betreuung einzubinden, darunter auch Arthur Hyman und seine Frau Ruth.[199] Vom 7. September bis zum 2. November wurde Jacob von Silvano Arieti behandelt – einem Psychiater, der sich durch seine Arbeit zu Depressionen einen Namen gemacht hatte und außerdem ein ehemaliger Teilnehmer von Taubes' Seminar an der Columbia über Religion und Psychiatrie war. Jacob wurde mit Lithium behandelt, damals das einzig verfügbare Pharmazeutikum. Doch es half nicht, entweder weil Jacob die Tabletten nicht einnahm oder weil er nicht auf die Medikamente ansprach. Er schrieb Abschiedsbriefe an seine Kinder, in denen er seine Liebe für sie zum Ausdruck brachte und darum bat, sein Tod möge sie nicht belasten, aber die Dämonen säßen ihm auf den Fersen und an der Gurgel. Wyschogrod fand die Briefe auf einem Tisch, als Jacob schlief, und nahm sie an sich.

Ethan konnte die Entfremdung von seinem Vater überwinden und setzte sich für die weitere Behandlung ein. Er brachte Jacob in die Payne-Whitney-Klinik in Manhattan, im Taxi auf dem Weg dorthin war Jacob katatonisch. In der Klinik sprach Ethan mit Dr. William Frosch, ebenfalls ein Experte für manische Depressionen. Frosch setzte Ethan darüber in Kenntnis, dass ihm als rechtlichem Vormund seines Vaters nun zwei Optionen zur Verfügung standen: entweder die dauerhafte Unterbringung in einer Anstalt oder eine Elektrokonvulsionstherapie (EKT), auch unter dem Namen Elektroschockbehandlung bekannt. Dabei ging es um die gezielte Auslösung von Krampfanfällen mittels Stromstößen. Zu dieser Zeit war die EKT durch die Verfilmung des Romans *Einer flog über das Kuckucksnest* (1975) von Ken Kesey stark stigmatisiert.[200] Aber es war damals die Methode der Wahl. Die Behandlung war auf zwölf Einheiten angelegt. Nachdem Ethan sich mit Experten beraten hatte, entschied er, dass die Ärzte weiter behandeln sollten. Die Anwendung wurde von einem der führenden Experten, Lothar Kalinowsky, durchgeführt.

Nach der ersten Behandlung bat Jacob Michael Wyschogrod um Lektüre – das erste Mal nach fast einem Jahr. Wyschogrod gab ihm das Buch, das er gerade bei sich trug. Als sie sich am nächsten Tag wiedersahen, erzählte Jacob ihm, das Buch sei geschrieben worden, um ihn zu prüfen, und dass es Verse als biblische Zitate beinhalte, die gar nicht in der Bibel stünden. Als Michael ihn bat, ihm ein Beispiel zu nennen, konnte Jacob dies nicht. Die Paranoia blieb, den Kontakt zu Wyschogrod brach Jacob ab.

Jacob fügte sich in acht von den geplanten zwölf Therapieeinheiten. Die Behandlungen zeigten durchaus Wirkung, sie milderten seine Depressionen und teilweise auch seine Paranoia. Aber anstatt die Therapie abzuschließen, verließ er New York und kehrte nach Berlin zurück, vielleicht weil ihn die bei diesem Verfahren typischen vorübergehenden Gedächtnisstörungen frustrierten.[201] Während der verbleibenden zehn Jahre seines Lebens schwankte Jacob zwischen Manie und Depression. Und obwohl er fortan die meiste Zeit als Wandernder zubrachte, kehrte er nur noch einmal in die Vereinigten Staaten zurück – zu Ethans Hochzeit.

13

Ein wandernder Jude

Berlin – Jerusalem – Paris, 1976-1981

Im Dezember 1976, nach seiner nicht abgeschlossenen Elektroschocktherapie, kehrte Jacob nach Berlin zurück. Er schwankte nun häufig zwischen Depression und Manie, hatte aber auch Phasen der Stabilität und Vitalität. Die einzelnen Zyklen konnten über Wochen andauern, aber auch innerhalb ein und desselben Gesprächs wechseln.[1] Immer wieder wurde er in Berliner psychiatrischen Kliniken aufgenommen. Manchmal brachte ihn die Polizei – oder andere, die ihn so desorientiert und paranoid aufgefunden hatten, dass er ihnen nicht einmal seinen Wohnort verriet – in das Urbankrankenhaus in Kreuzberg, manchmal in die psychiatrische Klinik am Wannsee.[2]

Während die Grundzüge seiner Persönlichkeit unverändert blieben, zeichnete sich Jacobs Persona jedoch nach einem manisch-depressiven Zusammenbruch durch eine größere Intensität, Sprunghaftigkeit und Theatralik aus. Mitunter war er außergewöhnlich energiegeladen und kraftvoll, und seine Obsessionen mochten faszinierend auf jene wirken, denen er sein Herz ausschüttete.[3] Manisch-Depressiven mangelt es häufig an Selbsteinsicht und sie neigen zu Machenschaften und grandiosen Plänen.[4] Seine Krankheit mag ein Grund für die Verbissenheit gewesen sein, mit der er seine akademischen Feinde verfolgte – eine Verbissenheit, die ihn auch von einigen seiner langjährigen Freunde entfremdete. Sie mag auch ursächlich gewesen sein für die Besessenheit, mit der er Frauen nachstellte.

Jacobs Reisefrequenz nahm ebenfalls neue Dimensionen an. In dieser Phase verbrachte er jedes Jahr viel Zeit in Berlin, Paris und Jerusalem, mit regelmäßigen Stopps in Frankfurt beim Suhrkamp Verlag. In Jerusalem und Paris bewegte er sich zwischen zwei völlig gegensätzlichen Kulturen.

Taubes erfand sich immer wieder neu. Er nahm verschiedene Rollen an – als Jude, als Antinomist, als Wissenschaftler, als Extremist – und wechselte im Verlauf eines einzigen Gesprächs zwischen ihnen hin und her.[5] Als Victor Gourevitch ihm 1978 am Zentrum für interdisziplinäre Forschung in Bielefeld begegnete, trug Jacob ein *talit kanan* – das fransenbesetzte Untergewand, das von orthodoxen Männern in Ausübung eines biblischen Gebots getragen wird –, auf das er Gourevitch demonstrativ aufmerksam machte.[6] In Jerusalem hätte man ihn mit seinem schwarzen Umhang und seinem breiten schwarzen Hut für einen christlichen Geistlichen halten können.

Und schließlich gab sich Jacob noch eine neue Rolle, als selbsternannter »Pauliner« – zugleich ein authentischer »Erzjude« und ein Antinomist, eine Grenzfigur zwischen Judentum, Christentum und Revolution. Es war eine Rolle, die an Naphta erinnerte, den revolutionären jüdischen Jesuiten in Thomas Manns *Zauberberg*, der den Romanhelden vom Pfad des bürgerlich-liberalen Rationalismus und der Mäßigung abzubringen versucht.

Rückkehr nach Berlin

In Sorge darüber, dass sein Vater seine Kräfte überschätzen könnte, kontaktierte Ethan Marianne Awerbuch und bat sie, sich mit um Jacob zu kümmern, was sie anfangs auch versuchte. Jacob setzte die FU davon in Kenntnis, dass er zum 8. Dezember wieder dienstfähig sei.[7] Er wohnte allein, Am Hirschsprung 63 im Stadtteil Dahlem, unweit der Universität, zog aber bald darauf ins alternativere Kreuzberg.[8] Er vernachlässigte sich. Sein Gewicht explodierte. Er sah ungepflegt aus, seine Kleidung fleckig.[9] Als sein alter Freund, der Philosoph Joseph Agassi, ihm 1978 in Bielefeld begegnete, erschien ihm Jacob wie ein verbrauchter, von Medikamenten aufgedunsener, einst attraktiver Mann.[10] Eine Zeitlang wohnte er in seinem Institut an der FU.[11]

Doch immer wieder gelang es Jacob, sich zu fangen. Im Jahr 1980 lebte er für einige Monate mit Christiane Buhmann zusammen, einer siebenundzwanzigjährigen Studentin, die Jacob faszinierend fand und sehr verliebt in ihn war. Ihre Beziehung hielt noch eine Weile, nachdem sie später im Jahr nach Paris zog, um dort ihr Studium fortzusetzen, und ihre Freundschaft währte bis zu seinem Lebensende.[12]

Als Jacob an die FU zurückkehrte, sah er sich damit konfrontiert, dass ihm infolge seines labilen Zustands und der anschließenden langen Abwesenheit seine institutionelle Basis, die Abteilung für Hermeneutik, abhandengekommen war. Es gab kein eigenes Gebäude mehr, die Bibliothek war in das Institut für Philosophie eingegangen. In den folgenden drei Jahren brachte Jacob viel Energie für einen erbitterten Kampf mit seinen Kollegen auf. Dabei versuchte er nicht nur, sein akademisches Terrain zurückzuerobern, sondern auch, seine Widersacher aus dem Weg zu räumen. Er behauptete – nicht zu Unrecht –, dass sich der Lehrkörper am Institut für Philosophie nur noch aus Ideologen und mittelmäßigen Dozenten zusammensetzte, und startete eine Kampagne für einen radikalen Umbau des Instituts, der auf eine Neugründung hinauslief.

Jacob bombardierte den Universitätspräsidenten mit einem Memorandum nach dem anderen: Er beschwerte sich darüber, schlecht behandelt zu werden, forderte seine Rechte und eine Ausweitung seiner Befugnisse ein. Im Juli 1977 verschickte er ein elfseitiges Dokument, in dem er seine Pläne für eine separate »Fachrichtung Hermeneutik« darlegte, die an das Institut für Philosophie angeschlossen werden, aber eigenständige Kurse anbieten sollte.[13]

Margherita von Brentano war weiterhin seine Kollegin, aber nicht länger seine Verbündete. Sie war eine Größe, mit der er rechnen musste, denn beide gehörten dem Direktorium des Instituts für Philosophie an und trugen dort ihre erbitterten Fehden in aller Öffentlichkeit aus; in der Hitze des Gefechts ließ sich Jacob sogar einmal zu dem Ausruf hinreißen: »Was, hast du deine Ohren am Arschloch?!«[14] Manchmal dauerten ihre Auseinandersetzungen vom frühen Morgen bis in den Nachmittag. Dann gingen sie nach Hause in ihre jeweiligen Wohnungen und führten den Streit noch stundenlang am Telefon fort.[15] Jacob ging dazu über, von Margherita als Krupskaja (Lenins Ehefrau) oder als Anna Pauker – der rumänisch-jüdischen kommunistischen Anführerin, der man nachsagte, ihren eigenen Ehemann verraten zu haben – zu sprechen. Diese Bezeichnung verwendete er allerdings auch für Marianne Awerbuch.[16]

Doch im Epizentrum seines Kampfes gegen die Kollegen am Institut für Philosophie stand der Geschäftsführer, Michael Landmann.

Der Kampf mit Landmann und andere Gefechte

Die Feindschaft zwischen Taubes und Landmann war so tief wie tragisch.

Landmann hatte, daran sei hier erinnert, eine Schlüsselrolle dabei innegehabt, Taubes an die FU zu holen und den Lehrstuhl für Judaistik zu besetzen.[17] Er glaubte, in Taubes viel von dem zu sehen, was ihm selbst fehlte: einen Wissenschaftler mit einer fundierten Ausbildung in jüdischen Themen, der in gewisser Weise zumindest ein Repräsentant der jüdischen Traditionen war, die in Europa von den Nazis ausgelöscht worden waren. Bereits 1966 jedoch, als Landmann Taubes besser kennenlernte, entdeckte er, dass Taubes' Selbstverständnis davon deutlich abwich, dass er sich nach einem, in Landmanns Worten, »Exodus [aus dem Judentum] in eine neue Möglichkeit extra ecclesiam«, also jenseits der existierenden Religionen, sehnte, der zwar irgendwie das Beste aus der jüdischen Tradition bewahren würde, aber in einer abgewandelten Form, befreit von den »Fleischtöpfen der Tradition«.[18] Für Landmann war diese Haltung von Taubes gleichbedeutend mit der Überzeugung, dass »die höchste Aufgabe des Judentums heute die Selbstaufgabe sei«. Das war in Landmanns Augen ein Standpunkt, der zu weit entfernt war von der spezifischen historischen Realität der Gegenwart, die danach verlangte, der Bewahrung des Judentums und des jüdischen Volkes die höchste Priorität einzuräumen. »Wir dürfen nicht die Vernichtung von außen durch Gleichgültigkeit von innen noch ergänzen.« Die Frage wurde noch problematischer, weil Landmann die aufklärerische Kritik teilte, der zufolge die offenbarte Religion traditionelle Vorstellungen unglaubwürdig werden ließ. Doch angesichts des Holocaust dachte er, das relevante Kriterium zur Beurteilung der Tradition liege nicht darin, ob es die Standards der Vernunft erfüllte, sondern ob es die Bewahrung oder eine weitere Auflösung förderte.

Darüber hinaus müsste Taubes Landmann zufolge eine symbolische Rolle an der FU einnehmen: nicht in dem Sinne, dass er ein vorbildlicher Jude würde sein müssen, aber er sollte auch nicht in das andere Extrem verfallen. »Sie könnten das vielleicht noch eher in den USA tun, aber gerade den Deutschen gegenüber wollen wir uns nicht bankrott erklären«, schrieb Landmann an Jacob. Die Ursache für die Spannungen lag in der Diskrepanz zwischen Landmanns Vorstellung von Taubes' Rolle und Taubes' eigenen Präferenzen. »Wir haben Sie nicht nur als Judaisten, sondern als Juden berufen, Sie aber wollen aus Berlin für sich die Station Ihres zweiten und verstärkten Exodus [vom Judentum] machen.«[19] So begannen sie, zueinander auf Distanz zu gehen.

Das nächste Stadium ihrer Entfremdung ergab sich aus ihren unterschiedlichen Reaktionen auf die wachsende Antipathie der

Neuen Linken gegenüber Israel nach dem Sechstagekrieg. In einem Brief an Taubes aus dem Herbst 1967 schrieb Landmann: »In diesem Sommer ist für uns – wieder einmal – eine Katastrophe geschehen, indem die, die wir für Freunde hielten, sich als Gegner entpuppten.«[20] Landmann fühlte sich nicht länger wohl in der Gesellschaft von Personen, die im Republikanischen Club zusammenkamen, während er von Taubes dachte: »Die Linke hat bei Ihnen einen unermeßlichen Kredit, den sie durch nichts schmälern kann.«[21]

Ein Jahr später war ihr Entfremdungsprozess noch weiter vorangeschritten. Landmann war nicht nur darüber enttäuscht, dass Taubes nicht willens war, öffentlich zu Israel Stellung zu beziehen. Er war auch bestürzt darüber, dass Taubes anscheinend in der Judaistik weder eigene Forschungen betrieb noch publizierte und darüber hinaus seine Pflichten als Lehrstuhlinhaber vernachlässigte.[22]

Anfangs hatte Landmann mit den Plänen für eine Universitätsreform sympathisiert. Doch mit fortschreitender Radikalisierung der Universität und des Fachbereichs 11 positionierte er sich zunehmend im Widerstand. Wie wir gesehen haben, kämpfte er gegen die Einstellung von Wolfgang Lefèvre, für den sich Taubes in den Ring geworfen hatte.

Nach Taubes' Rückkehr aus New York war der Konflikt zwischen ihm und Landmann nicht länger ein ideologischer, und wenn doch, so hatten sich die ideologischen Pole umgekehrt: Landmann agierte in seiner institutionellen Verantwortung als Geschäftsführer des Instituts für Philosophie – einer Einrichtung, die sich zunehmend aus linksradikalen Lehrkräften zusammensetzte, die zu schützen Landmann als seine Pflicht ansah. Taubes war nun ein Außenstehender, der Landmann dafür attackierte, einen Fachbereich zu schützen, der sich aus Ideologen und mittelmäßigen Akademikern zusammensetzte – zudem ein Fachbereich, der ihn marginalisiert hatte. Taubes, der vor nur wenigen Jahren die Aussage der Notgemeinschaft zurückgewiesen hatte, der zufolge der FB 11 sich in ein Trainingslager für politische Aktivisten (»Kaderschmiede«) verwandelt habe, schrieb nun an Zeitungen, das Institut für Philosophie stünde unter der Herrschaft der SED.

Um Landmann aus seiner Position zu verdrängen, setzte Taubes auf die bewusste Strategie, ihn der Lächerlichkeit preiszugeben. Dafür musste er seinen Feldzug gegen Landmann in Gang setzen, und so schrieb Taubes im Januar 1977 einen vierzehnseitigen Brief an Oskar Negt, der inzwischen eine Professur in Hannover angenommen hatte. In dem Brief erinnerte Taubes ein Gespräch aus dem Jahr 1962 in Frankfurt, in dem Adorno gesagt hatte, Landmann erfülle im Kampf gegen Antisemitismus eine wichtige Funktion, da er das Stereotyp, wonach Juden »gescheit« seien, widerlege. Taubes fügte noch eine Reihe von Begebenheiten hinzu, die zeigen sollten, dass Landmann nicht nur intellektuelles Mittelmaß, sondern auch ein jüdischer Faschist war (weil er einmal mit Bezug auf einen japanischen Studenten von Derrida von einem »exotischen Typ« gesprochen hatte), der durch seine Handlungen Antisemitismus hervorrief! Eine Kopie des Briefes pinnte er ans Schwarze Brett des Instituts für Philosophie, wo es alle lesen konnten, mit der Überschrift: »Mit Grüßen an die Studentenvertreter des Instituts für Philosophie.«[23] Einmal stellte er sich vor Landmanns Bürotür während dessen Sprechstunde und mahnte die Studenten: »Verschwenden Sie nicht Ihre Zeit mit diesem Idioten.«[24]

Er arbeitete auch daran, Landmanns Reputation über die Universität hinaus zu beschädigen. Landmann war seit vielen Jahren ein Bewunderer von Ernst Bloch (auch wenn beide im philosophischen Kontext wenig gemein hatten). Auf der Grundlage der Interviews, die er über zwei Jahrzehnte mit dem alternden Philosophen geführt hatte, stellte Landmann einen Band mit Blochs Aussagen zusammen, in der Absicht, diesen zu veröffentlichen. Taubes torpedierte dieses Projekt: Er schrieb an den Feuilletonchef der *Zeit*, Fritz Raddatz, informierte diesen,

Bloch habe den Text nicht autorisiert, und skandalisierte die geplante Veröffentlichung.[25] Mit Erfolg. Der Band ist nie erschienen.[26]

Taubes' Verhalten entfremdete ihn von vielen ehemaligen Freunden. Im April 1977 schrieb Helmut Gollwitzer, sein einstiger Waffenbruder, Taubes einen bitterbösen Brief, in dem er darlegte, wie sehr Taubes die Atmosphäre in den Ausschusssitzungen vergiftet hatte.[27] Auch Taubes' Verhältnis zu Marianne Awerbuch verschlechterte sich. Als amtierende Leiterin des Instituts für Judaistik setzte sie ihre Befugnisse auf autoritäre Art und Weise durch. Als Taubes plante, ein Oberseminar über die Gnosis in der Antike und der Moderne abzuhalten, das er auch im Institut für Judaistik anbieten wollte, lehnte Awerbuch dies mit dem Hinweis ab, so etwas wie eine jüdische Gnosis gebe es nicht – und sie weigerte sich, den Kurs aufzunehmen. Ihre Behauptung zeugte von mangelnder Kenntnis der wissenschaftlichen Literatur, und Taubes war entrüstet. Über ihre Auseinandersetzungen berichtete auch der *Tagesspiegel*, und Taubes beschwerte sich darüber bitterlich in Briefen an Kollegen und in Publikationen.[28]

Nun begann Taubes damit, Awerbuch zu schikanieren, und er drohte ihr offen: »Ich habe schon zwei Frauen in den Selbstmord getrieben. Du bist die dritte.«[29] Er werde dafür sorgen, dass sie bis zu ihrem Tod keine Ruhe mehr finden werde. Eine Zeitlang betrat Awerbuch das Institut für Judaistik nicht mehr, aus Sorge um ihre Gesundheit.[30] Schließlich reiste ihr Ehemann Max aus Israel an, um Taubes zur Rede zu stellen: Er ging in Taubes' Büro, packte ihn am Kragen und würgte ihn. Jemand rief die Polizei, und Jacob wurde gerettet.[31] Später ließ Awerbuch die Schlösser im Institut auswechseln, damit Taubes das Gebäude nicht mehr betreten konnte.

Mit Taubes' Verdrängung aus der Judaistik wurde sein Lehrstuhl frei. Die FU bemühte sich um Amos Funkenstein für die Stelle. Die Verhandlungen zogen sich jahrelang hin, bevor Funkenstein schließlich das Angebot endgültig ablehnte. Daraufhin wandte man sich an Peter Schäfer, einen deutsch-katholischen Talmudwissenschaftler und Experten für jüdische Mystik. Schäfer hatte bei Arnold Maria Goldberg in Frankfurt studiert, in Israel bei Ephraim Urbach und Gershom Scholem und war Lehrstuhlinhaber in Köln. Seine Berufung war umstritten, da er, anders als Taubes (oder Funkenstein), nicht jüdisch war. Awerbuch sprach sich gegen Schäfer aus. Die Leitung der FU bat den Vorsitzenden der Jüdischen Gemeinde in Berlin, Heinz Galinski, um seine Einschätzung. Dieser antwortete, ob der Kandidat jüdisch sei oder nicht, sei für die organisierte Jüdische Gemeinde ohne Belang. Der israelische Botschafter hingegen befürwortete die Berufung, da Schäfer Hebräisch sprach und gute Verbindungen nach Israel hatte. Auch Taubes wurde um seine Meinung gebeten. »Muss ein Professor für Mathematik ein Dreieck sein?«, antwortete dieser.[32]

Während der Monate, die Taubes in New York in Behandlung war, gab es einen Wechsel im Präsidium der FU. Kreibich wurde 1976 von Eberhard Lämmert abgelöst, einem angesehenen Professor für Germanistik und Komparatistik, der zuvor bereits an der FU gelehrt hatte und der Taubes als Kollegen kannte. Lämmert war weniger radikal als sein Vorgänger und versuchte sich zwischen den verschiedenen politischen Fraktionen durchzulavieren, die sich gebildet hatten, um die Universitätsleitung zu beeinflussen. In den Monaten nach Taubes' Rückkehr sah sich Lämmert mit einem Bombardement von langen Briefen und Memoranden von Landmann und Taubes konfrontiert.

Im April 1977 beantragte Taubes ein Forschungssemester für das kommende Wintersemester, das jedoch vom Fachbereichsrat aus formalen Gründen abgelehnt wurde – zweifelsohne ein Zeichen der Feindseligkeit seiner Kollegen.[33]

Am 15. Juni reichte Taubes ein langes Memorandum beim Präsidenten ein, in dem er seine scharfe Kritik am Zustand des

Instituts für Philosophie formulierte und einen Plan für eine Neugründung vorlegte.[34]

Drei Tage später berichtete Landmann an Lämmert, dass Taubes die Mitarbeiter der Institute für Philosophie und Judaistik regelmäßig traktierte: So sei er dazu übergegangen, wegen jeder Bagatelle die Polizei zu rufen, allein dreimal in der vergangenen Woche.[35] Am 20. Juni schrieb Landmann erneut an den Präsidenten mit der Bitte, etwas in Sachen Taubes zu unternehmen. Nach fünfzehn Jahren Erfahrung mit Taubes, so Landmann, könne er versichern, »daß Herr Taubes konstitutionell bösartig ist«. Und er fuhr fort: »Schon immer hat er sich ein Opfer ausgesucht, das er in erbarmungsloser Weise überall diffamiert und schädigt. … Heute, da er durch Krankheit enthemmt ist, gibt es kaum jemanden, der vor seinen Angriffen, vor seiner üblen Nachrede und vor seinen Schädigungen sicher ist.«[36] Landmanns Brief wurde durch einen Bericht von der Sekretärin des Instituts für Philosophie gestützt, in dem diese schilderte, Taubes habe sie nicht nur beleidigt und ihr gedroht, sondern sich ihr und anderen Mitarbeitern gegenüber so aggressiv verhalten, dass sie die Polizei gerufen hatte.[37]

Einige Wochen später verschickte Präsident Lämmert einen ausführlichen Brief an Taubes, dessen Empfang er sich per Unterschrift bestätigen ließ. In diesem Schreiben begann Lämmert mit der Feststellung, dass es trotz aller Diskussionen mit Taubes über sein Verhalten an den Instituten für Philosophie und Judaistik zu keinerlei Verbesserung gekommen sei. Um den Frieden in den Instituten wiederherzustellen, beschloss Lämmert, dass Taubes andernorts ein Büro beziehen sollte. Und obwohl der Fachbereichsrat Taubes' Ersuch um ein Forschungssemester abgelehnt hatte, gab der Präsident dem Antrag nun statt, »aus Gründen des Arbeitsfriedens«. Bedingung war, dass Taubes das Semester an der École normale supérieure in Paris und auf wissenschaftlichen Kongressen verbringen, sich aus Berlin jedoch unter allen Umständen fernhalten sollte. Taubes unterschrieb die Empfangsbestätigung noch am selben Tag – »unter Protest«.[38]

Tatsächlich verbrachte Taubes den größten Teil des kommenden Semesters in Jerusalem und Paris. Während seiner Abwesenheit arbeiteten seine Kollegen daran, seinen Aktionsradius weiter einzuengen, und leiteten Schritte ein, die zu seiner endgültigen Entlassung führen sollten. Gemeinsam mit seinen Kollegen formulierte Landmann an Präsident Lämmert die Forderung, Taubes in den Ruhestand zu zwingen.[39] Landmann, Furth, Awerbuch und Carsten Colpe setzten sich mit dem Präsidenten zusammen, um Landmanns Memorandum zu diskutieren. Colpe, jener Professor für Iranistik, den Taubes mit an die FU geholt hatte und mit dem er über Jahre gemeinsame Seminare gegeben hatte, äußerte Zweifel daran, dass Taubes überhaupt noch in der Lage war, seine Forschungs- und Lehrverpflichtungen zu erfüllen. Die Angehörigen der Fakultät schilderten, wie Taubes einen verstörten jungen Philosophen schikanierte, bis dieser sich schließlich das Leben genommen habe, erzählten von den obszönen Postkarten, die Taubes Landmann aus Paris geschickt hatte, und berichteten, Taubes habe sich einen Anwalt genommen, um seine universitären Angelegenheiten zu regeln.[40]

Taubes' unerhörtes Verhalten wurde in einer Flut von Briefen, Memoranden und offiziellen Mitteilungen dokumentiert, die zwischen den Verwaltungsorganen der FU zirkulierten. Landmann fertigte Kopien davon an und sendete sie an Gershom Scholem, der eine immer umfangreichere Akte über seinen ehemaligen Protegé führte, deren Inhalte seine Antipathien noch verstärkten.[41]

Während seine Kollegen sich also bemühten, seinen Wirkungskreis zu begrenzen, unterbreitete Taubes einen Vorschlag zum Neuaufbau des Instituts für Philosophie an der FU, adressiert an Präsident Lämmert.[42]

Im Verlauf des Semesters, an dem er eigentlich Berlin hätte fernbleiben sollen, kehrte Taubes wiederholt an die FU zurück, meist um sich gegen die gegen ihn gerichteten Intrigen zur Wehr zu setzen.

Bei einer Gelegenheit, während er gerade in Frankfurt dem Suhrkamp Verlag einen Besuch abstattete, informierte ihn der Verwalter des Instituts für Philosophie, Otto Paltian, das Direktorium wolle in Kürze eine Sitzung einberufen, um über eine Maßnahme zu beraten, die Taubes' Hermeneutik-Studiengang gefährde. Taubes sprang in den Zug nach Berlin und erschien bei dieser Sitzung. Landmann, der schockiert war, ihn zu sehen, verließ den Raum, machte sich auf den Weg zum Büro des Präsidenten und rief: »Taubes ist hier!« Dann schwang er sich auf sein Fahrrad, fuhr zu seiner Wohnung, packte seine Sachen und nahm den nächsten Zug in seine Heimat nach St. Gallen in der Schweiz. Dort attestierte ihm sein Arzt, er könne nicht nach Berlin zurückkehren, bevor Taubes wieder abgereist sei.[43]

Als Landmann herausfand, dass Taubes eine Würdigung anlässlich von Scholems 80. Geburtstag für die *Welt* schreiben wollte, rief er den Kulturredakteur der Zeitung an und warnte ihn, Taubes sei »geisteskrank«. Als Taubes davon erfuhr, war er verständlicherweise erzürnt,[44] der Beitrag erschien dennoch.

In den folgenden Monaten verstärkte Taubes seinen Feldzug gegen Landmann noch.[45] Kurz vor der Emeritierung hoffte Landmann auf eine akademische Anstellung an der Universität Haifa, wo er als Gastdozent gewesen war. (Da er kein Hebräisch sprach, hatte er dort auf Englisch unterrichtet.) Taubes, der inzwischen mit einiger Regelmäßigkeit nach Israel reiste, fuhr nach Haifa, um Landmann an der dortigen Fakultät zu denunzieren. Dann ging er noch einen Schritt weiter und bewarb sich selbst um eine Stelle an der Universität. Vielleicht war es ihm ernst damit; wahrscheinlicher aber, mutmaßte Landmann, wollte er Landmanns eigene Aussichten torpedieren.

Im Januar 1978 berichtete Landmann seinem Freund an der Universität Haifa, dem Philosophen Michael Strauss, dass der Präsident der FU ein Disziplinarverfahren gegen Taubes eingeleitet hatte. Taubes hatte Landmann öffentlich beleidigt, indem er ihn mit dem afrikanischen Diktator Idi Amin verglichen hatte. Im März hielt sich Landmann in Israel auf und wurde dort ins Krankenhaus eingeliefert. Die Ärzte diagnostizierten eine psychosomatische Erkrankung, die Landmanns Geliebte auf das »Monster« Taubes zurückführte. Taubes schickte ihm einen langen, beleidigenden Brief (»Dass Sie eine Schande für diese, in Wahrheit für jede Universität sind, das wissen Sie selbst«), in dem er damit drohte, Landmanns Reputation vollends zu zerstören und einen Misstrauensantrag zu stellen, wenn Landmann nicht als Geschäftsführer des Instituts für Philosophie zurücktrete.[46] Landmann entschied sich für den Rücktritt und wurde bald darauf von der FU emeritiert. Margherita von Brentano folgte ihm als Geschäftsführerin. Taubes appellierte an Lämmert, die Stelle mit einer externen Kraft, einem »Staatskommissar«, zu besetzen, da das Institut andernfalls, durch »die Grabenkämpfe, die in der nächsten Zeit zu erwarten« seien, an den Rand des Ruins geführt würde.[47]

Viele gemeinsame Freunde waren über Taubes' Hetzjagd gegen Landmann schockiert. Manche, wie Ernst Simon, stellten ihre Korrespondenz mit Taubes ein, andere, wie Armin Mohler, kritisierten ihn scharf für sein Verhalten.[48] Als Taubes' Tochter Tania die Familie Bollack in Paris besuchte, nahm Jean Bollack, der sowohl Landmann als auch Taubes seit Jahrzehnten kannte, sie beiseite und erklärte mit ernster Miene: »Du musst wissen, dass dein Vater die Inkarnation des Bösen ist.«[49]

Im Jahr 1978 unternahm Taubes den Versuch, den »Papst der deutschen Philosophie«, Hans-Georg Gadamer, als Vertretung für einen der unbesetzten Lehrstühle ans Institut für Philosophie einzuladen. Der Fachbereichsrat befand Gadamer für zu bürgerlich und lehnte es ab, den Vorschlag auch nur in Erwägung zu ziehen.[50] Daraufhin änderte Taubes seine Taktik: Nun legte er es darauf an, die Unwissenheit seiner Kollegen offen zur Schau zu stellen. Er schlug vor, den Lehrstuhl übergangs-

Jacob Taubes in seinem Büro, Juli 1978

weise mit Prof. Dr. K. Wojtyla (von der Universität Krakau) zu
besetzen, den er als angesehenen Spezialisten für das Werk von
Max Scheler beschrieb und als Persönlichkeit, die »weit über die
Kreise seines Landes bekannt geworden« sei. Taubes bemerkte,
Wojtyla spreche »fließend Deutsch, Französisch, Italienisch ...,
fast akzentlos. Es ist bekannt, daß er neben seiner akademischen Tätigkeit in der Lebenspraxis nicht ohne Erfolg tätig ist.
... Ich glaube nicht, daß die Regierung Polens Schwierigkeiten
machen würde, wenn W. an der FU Berlin insbesondere am Institut für Philosophie lehrte, obwohl er nicht dem marxistischen
Lager polnischer Philosophen zugezählt werden kann.«[51]
    Dieses Mal stimmte der Fachbereichsrat Taubes' Vorschlag
zu. Erst jetzt erwähnte Taubes, dass es sich bei Professor Wojtyla um Papst Johannes Paul II. handelte. Taubes fand das irrsinnig
komisch – seine Kollegen waren nicht amüsiert.

Das Ende des FB11 und die Neugründung der Philosophie

Gegen Ende der 1970er Jahre hatte ein Jahrzehnt der Politisierung den FB11 an den Rand, und darüber hinaus, der Dysfunktionalität geführt. Auf der institutionellen Ebene ging Taubes schließlich als Sieger aus dem Kampf hervor. Er wirkte an der Abwicklung des FB11 und der Neugründung des Instituts für Philosophie mit.

Taubes, der die Gründung des FB11 so maßgeblich befördert hatte, setzte sich nun für dessen Auflösung ein. Dem *Spiegel* gegenüber beklagte er, ganze Disziplinen seien inzestuös geworden, ignorierten den Rest der akademischen Welt und beförderten stattdessen Doktoranden und Habilitanden aus den eigenen Reihen, um schließlich diese Eigengewächse auf Professuren zu setzen. Er bedauerte das sinkende akademische Niveau am FB11 und machte für das Scheitern des FB11 bei der Ausgestaltung eines soliden Grundstudiums »jene[] goldene[] Horde studentischer Tutoren« verantwortlich, die ihre Grundkurse wie »Pfründe« verwalteten. Das Magazin zitierte Taubes mit folgenden Worten: »Was die zustande gebracht haben, war eine Art witzloses Ping-Pong, eine abstrakte Gegenüberstellung von Karl Marx und Max Weber – und das ging dann immer 21 zu 15 für Marx aus.«[52]

Die unverhohlene Dominanz der extremen Linken am FB11 war auch für die Berliner Regierung blamabel.[53] Die Reaktion seiner Führung auf den Fall Wolf Biermann war schließlich der Wendepunkt. Biermann war ein ostdeutscher Liedermacher, der zu einem führenden Kritiker des DDR-Regimes wurde und in Ost wie West beliebt war. (Taubes und Marcuse hatten ihn 1968 getroffen.[54]) Nach einem ausverkauften Konzert in der Kölner Sporthalle im November 1976 wurde ihm die DDR-Staatsbürgerschaft vom Regime entzogen, und er wurde ausgewiesen. Der Stellvertretende Vorsitzende im FB11 war damals Peter Furth, der als unabhängiger marxistischer Kritiker des ostdeutschen Kommunismus begonnen hatte, aber zunehmend mit dem DDR-Regime sympathisierte. An ihm orientierten sich eine Reihe ähnlich gesinnter jüngerer Lehrkräfte.

Furth protestierte im Namen des Fachbereichsrats in einem öffentlichen Brief an Staatschef Erich Honecker gegen die Ausweisung Biermanns. Doch das Schreiben war gleichermaßen unterwürfig wie durchzogen vom ideologischen Parteijargon der SED, etwa wenn Furth schrieb, die Ausweisung Biermanns werde nur jene stärken, die sich bemühten, »alle Unmenschlichkeiten des monopolkapitalistischen Systems gegen die Arbeiterbewegung und gegen die Deutsche Demokratische Republik« zu verteidigen.[55]

Im Jahr 1977 kam Peter Glotz, ein junger SPD-Politiker, nach Berlin und übernahm das Amt des Wissenschaftssenators. Er freundete sich mit dem *Tagesspiegel*-Reporter für Hochschulangelegenheiten, Uwe Schlicht, an und lernte über diesen Taubes kennen, der mehr als bereitwillig Glotz seine Dienste als Berater anbot.[56] Gemeinsam gingen sie die Umgestaltung des Instituts für Philosophie an, befreiten es aus dem ideologischen Sumpf, in den es geraten war, und verschafften der FU zumindest einen Teil des verlorenen Renommees zurück.

Glotz war sich der prekären Situation, in der sich die FU befand, sehr bewusst. Im Jahr 1977 ermordete die Rote Armee Fraktion den Generalbundesanwalt Siegfried Buback. Eine Studentenzeitung der Universität Göttingen veröffentlichte einen Beitrag, der die »klammheimliche Freude« des Autors über die Nachricht von der Ermordung ausdrückte. Der Artikel, der mit »Mescalero« unterzeichnet war, wurde von einem Komitee, in dem zwölf Fakultätsangehörige der FU saßen, wiederabgedruckt. Er entwickelte sich zu einem Prüfstein in der größer angelegten Debatte über die Rolle und das Ausmaß der RAF-Sympathisanten. In einem Interview mit dem *Spiegel* schätzte Glotz, dass fünfzehn bis zwanzig Prozent der Studenten mit dieser Haltung sympathisierten.[57]

Glotz setzte es sich ebenfalls zum Ziel, ein Grundstudium zu entwickeln, das Geistes- und Sozialwissenschaften miteinander kombinierte, so wie es bei den US-amerikanischen geisteswissenschaftlichen Hochschulabschlüssen üblich war. Er beschloss, einige führende amerikanische Universitäten zu besuchen, um herauszufinden, wie man dies umsetzen konnte. Taubes schrieb an Walter Kaufmann in Princeton und an Noam Chomsky am MIT und bat sie, sich mit Glotz zu treffen, was sie auch taten.[58] Glotz traf auch Eric Voegelin am Hoover Institut in Stanford, um über die Situation am Institut für Philosophie an der FU zu sprechen.[59]

Im März 1978 schrieb Taubes ein ausführliches Memorandum an Glotz mit dem Titel »Zur Situation und Rekonstruktion des Instituts für Philosophie«, in dem er das Institut abermals als »Mediokrität und Extremismus in eine[r] unheilige[n] Allianz« charakterisierte. Mit »Mediokrität« bezog er sich auf Landmann, »Extremismus« zielte auf die immer radikaleren Marxisten unter den Dozenten. In Absprache mit Schlicht und Taubes entschied sich Glotz für eine Doppelstrategie: Interne Hausberufungen sollte es zukünftig keine mehr geben und neue Berufungen wurden ausgesetzt. Angesichts der mangelnden Bereitschaft angesehener Philosophen, an die FU zu kommen, erarbeitete er ein Paketangebot, in dem mehrere hochrangige Berufungen zeitgleich vorgenommen werden sollten, um sicherzustellen, dass die potenziellen Bewerber sich in guter Gesellschaft wiederfinden würden. Die Auswahl sollte nicht von Fakultätsangehörigen, sondern von einem Ausschuss angesehener Philosophen extern, unter dem Vorsitz von Margherita von Brentano, getroffen werden. Die Änderung des Berliner Hochschulgesetzes aus dem Jahr 1978 erleichterte Glotz' Aufgabe, da sie der Regierung mehr Befugnisse bei Leitungsfragen zusprach.

Zunächst wurde dem Philosophiehistoriker Karlfried Gründer ein Angebot unterbreitet, das dieser auch annahm. Weitere

Angebote gingen an den sechsundvierzigjährigen Michael Theunissen, den neunundvierzigjährigen Ernst Tugendhat und Jürgen Mittelstraß (der ablehnte). Theunissen und Tugendhat galten als linksliberal, waren aber beide angesehene Philosophen, und keiner von ihnen war Marxist. Ihnen wurden ein neues Gebäude und eine neue Bibliothek versprochen, darüber hinaus durften sie ihre Assistenten mit ans Institut bringen.[60] Als Teil des von Glotz arrangierten Gesamtdeals, und um die bestehende marxistische Fraktion zu beschwichtigen, wurde Wolfgang Fritz Haug auf eine unbefristete, wenn auch weniger prestigeträchtige Professur berufen.[61]

Theunissen, der an der FU studiert hatte, bevor er an einer anderen Universität eine Stelle annahm, war der Autor eines viel beachteten Buches über die Beziehung zwischen dem Selbst und dem Anderen in der Philosophie des zwanzigsten Jahrhunderts, *Der Andere* (1965), und hatte einige Studien über Hegel verfasst. Während seines Studiums an der FU gehörte er zum Kreis um Helmut Gollwitzer und hatte das linke Magazin *Das Argument* auch finanziell unterstützt. Seine Freundschaft zu Taubes reichte bis in die frühen 1960er Jahre zurück, und tatsächlich war es Taubes gewesen, der ihn von der Relevanz von Bubers *Ich und Du* für sein Buch *Der Andere* überzeugt hatte. Die FU hatte schon 1970 versucht, ihn zurückzuholen, doch zu dieser Zeit schien ihm die Fakultät zu dogmatisch und die Gesamtsituation zu chaotisch. Nun willigte er ein, an die FU zu wechseln, allerdings nur unter der Voraussetzung, dass sein Kollege Tugendhat ebenfalls kommen würde.[62]

Taubes hatte seit ihrem ersten Treffen im Jahr 1966 versucht, Tugendhat an die FU zu holen. Tugendhat war der Nachkomme einer äußerst wohlhabenden jüdischen Familie aus dem deutschsprachigen Europa: Das Familienanwesen in Brno, Mähren, die »Villa Tugendhat«, war von Mies van der Rohe entworfen worden und galt als Meisterwerk der Bauhausarchitektur. Mit dem Aufstieg des Nationalsozialismus war die Familie zunächst in die Schweiz und anschließend nach Venezuela gezogen, wo sie große Ländereien besaß. Dort las der fünfzehnjährige Ernst – von seiner Tante ermuntert, die bei Heidegger studiert hatte – *Sein und Zeit*. Das Buch hinterließ bei ihm einen bleibenden Eindruck und nährte den Wunsch, bei Heidegger zu studieren. Für sein Grundstudium ging er zunächst nach Stanford, wo er eine altphilologische Ausbildung erhielt. Anschließend, im Jahr 1949, wechselte er nach Freiburg, musste dort allerdings erfahren, dass Heidegger aufgrund seiner Unterstützung für Hitler und das Nazi-Regime nicht länger unterrichten durfte. Stattdessen studierte Tugendhat nun bei einigen von Heideggers Schülern, später dann auch bei Heidegger selbst. In den 1960er Jahren verbrachte er einige Zeit in den Vereinigten Staaten und begann dort, sich für die analytische Philosophie zu interessieren.[63] Sein Ansatz war insofern ungewöhnlich, als er versuchte, die analytische Philosophie, die sich auf die Verwendung von Sprache fokussierte, zur Erforschung der großen, für die deutsche Philosophie charakteristischen Fragen anzuwenden. Während der Zeit der linken Studentenbewegungen, die er unterstützt hatte, war er Dekan an der Universität Heidelberg. Von dort wechselte er an das von Habermas geleitete Max-Planck-Institut in Starnberg.[64] Als Tugendhat das Angebot aus Berlin erhielt, warnte Landmann ihn vor Taubes, der ein böser Mensch sei, und legte ihm nahe, das Angebot abzulehnen. Tugendhat kam trotzdem.[65]

Damit war der FB11 1980 aufgelöst worden. Der Studiengang Philosophie an der FU war mit politischer Intervention umgestaltet worden – mit der Unterstützung einiger Fakultätsangehöriger, aber zum Verdruss anderer. Zu den leidenschaftlichen Verteidigern des FB11 in seiner Endphase zählte Marianne Awerbuch in ihrer Funktion als Dekanin.[66] Doch es scheint, als habe ihre Unterstützung weniger auf Sympathie für die herrschende Ideologie am Fachbereich gegründet, sondern vielmehr auf dem Wunsch, die Einrichtung zu verteidigen, an der sie beschäftigt war. Manchmal bedingt der eigene Standort eben auch den Standpunkt.

Theunissen und Tugendhat kamen 1980 nach Berlin, und sie brachten ihre Assistenten und Doktoranden mit ans Institut. Mit ihrer Ankunft wurde Taubes am Fachbereich in den Hintergrund gedrängt.[67] Doch er hatte sein Institut für Hermeneutik zurückgewonnen, nun wieder mit eigenen Büroräumen in einer kleinen Villa in der Thielallee 43 und einer eigenen Sekretärin, Ina-Maria Gumbel.

Nolte und Suhrkamp

Nach seiner Rückkehr nach Berlin – in einer psychischen Verfassung, die ihn rücksichtslos und unbeherrscht machte – verlor Taubes seinen Platz im Herausgeberquartett der Reihe Theorie. Die Gründe für seinen Rauswurf waren teils ideologischer Natur, teils aber auch eine Folge seines Verhaltens. In beratender Funktion für den Verleger Siegfried Unseld blieb Taubes jedoch weiterhin beschäftigt, ein Zeugnis dafür, dass sein umfassendes Wissen für den Verlag von großem Wert war.

Während seiner langwierigen psychischen Krise meldete sich Taubes im Verlauf des gesamten Jahres 1975 nicht bei Suhrkamp, übermittelte keine Buchempfehlungen und kam seinen Herausgeberpflichten nicht nach. Am Ende dieses Jahres entschloss sich Unseld, die Honorarzahlungen einzustellen, doch auf Bitten Taubes' willigte er ein, die Hälfte des Betrags zu zahlen, solange Taubes' Krankheit andauerte.[68] Im Juni 1976 informierte Taubes Unseld, dass er wieder arbeitsfähig sei – was kaum der Wahrheit entsprach –, und Unseld setzte sein monatliches Honorar zurück auf das vorherige Niveau von monatlichen 1 200 DM. In der Zwischenzeit hatten sich Jürgen Habermas und Dieter Henrich dafür ausgesprochen, als zusätzlichen Reihenherausgeber Niklas Luhmann zu gewinnen, der sich mit

Habermas ein intellektuelles Duell geliefert hatte.[69] Seine Aufnahme bedeutete eine etwas konservativere Stimme innerhalb des Herausgeberquartetts.

Taubes' Versuch, das Suhrkamp-Programm um einen radikal rechten Autor zu erweitern, sollte schließlich zu seinem Ausschluss aus der Reihe Theorie führen. Seit seinen Studententagen hatte Taubes rechte Intellektuelle gelesen und mit ihnen verkehrt, während er sich selbst als Linken betrachtete. Er hatte seine Studentinnen und Studenten an der FU immer wieder ermutigt, rechte Denker, wie etwa Carl Schmitt, zu lesen. In einem Brief an Unseld vom April 1974 drückte Taubes seine Frustration über die fehlende Bereitschaft der Linken aus, sich mit der Kritik an der liberalen Gesellschaft von rechts auseinanderzusetzen.[70] Jetzt, mit seiner Rückkehr in die aktive Herausgeberschaft der Reihe Theorie, vertrat er diesen Standpunkt noch einmal nachdrücklich. Er wollte, dass Suhrkamp seinen umstrittenen Kollegen, den Historiker Ernst Nolte, verlegte.

Taubes war seit geraumer Zeit ein Bewunderer Noltes.[71] Im Jahr 1973 war Nolte als Professor am Friedrich-Meinecke-Institut, dem Institut für Geschichtswissenschaften, an die FU gekommen. Am bekanntesten war er immer noch für seine wegweisende Studie über den vergleichenden Faschismus von 1963. Auf seiner vorherigen Stelle an der Universität Marburg hatte Nolte sich der mächtigen radikalen Linken an der Fakultät und in der Studentenschaft entgegengestellt, an einer Institution, an der der Einfluss der Kommunisten besonders groß war. Daraufhin wurde er zu einem führenden Mitglied des Bundes Freiheit der Wissenschaft, der der Neuen Linken ablehnend gegenüberstand. Nolte, der sich schon lange mit dem Marxismus beschäftigte, konnte seine Verfechter mit ihren eigenen Begrifflichkeiten herausfordern. Doch als er in seinem ersten Jahr an der FU ein Seminar über Marx anbot, organisierten linke Studenten einen Boykott, und niemand schrieb sich für das Seminar ein.

Hin und wieder wurde Taubes von Nolte nach Hause zum Abendessen eingeladen, aber er kam nie mit Margherita von Brentano. Ihre Bekanntschaft mit Nolte reichte in ihre Studienzeit während des Zweiten Weltkriegs zurück, als sie beide bei Martin Heidegger in Frankfurt studiert hatten. Während eines Bombenangriffs 1944 lag Nolte sogar zu Brentanos Füßen in einem Kellerraum der Universität, den beide zum Schutz aufgesucht hatten. Doch als überzeugte Linke verkehrte sie nicht mit Nolte und seinesgleichen an der FU. Taubes hingegen schon, vielleicht weil Nolte und Taubes beide intellektuell anspruchsvoll und unkonventionell waren. Für Nolte erschien Taubes wie ein »Ideenverstreuer« und als schillernde Figur inmitten des grauen Universitätsalltags.[72]

Bei seiner Rückkehr aus New York nach seiner psychiatrischen Behandlung las Taubes – nach der ihm eigenen Methode – Noltes jüngste Veröffentlichung, *Deutschland und der Kalte Krieg*, das 1974 erschien. Das Buch war eine umfassende Darstellung und Analyse dessen, was Nolte als die tiefen ideologischen Wurzeln des Kalten Krieges betrachtete. Ihm zufolge lag die Ursache für den Konflikt in den radikal unterschiedlichen Reaktionen auf die Herausforderungen der Moderne, wie sie vom modernen Liberalismus, repräsentiert von den Vereinigten Staaten, und dem Kommunismus, mit seinem Zentrum in der Sowjetunion, angeboten wurden. Die Teilung Deutschlands war nach dieser Lesart weniger das Ergebnis spezifischer historischer Ereignisse als vielmehr von tieferliegenden historischen Prozessen. Der argumentative Ansatz im Buch war unorthodox in seiner Verknüpfung von einem umfassenden, aber unsystematischen historischen Narrativ mit philosophischer Reflexion sowie von empirischer Geschichtswissenschaft mit Geschichtsphilosophie. Es zog neuartige, aber eigenwillige Vergleiche, die beim Leser das Gefühl aufkommen ließen, bei der deutschen Erfahrung des Nationalsozialismus handelte es sich lediglich um eine radikalisierte Version eines allgegenwärtigen Prozesses.

Außer in Großbritannien und den Vereinigten Staaten, so Nolte, habe jede große Nation mit Machtanspruch ihre eigene Hitler-Ära, mit ihren eigenen Gräueln und Opfern.[73] Dem Zionismus und Israel widmete er in dem Buch viel Raum, und er konstatierte angebliche Gemeinsamkeiten zwischen der Erforschung des Status der Juden, wie sie von Antisemiten unternommen wurde, und frühen Zionisten wie Moses Hess; er stellte die These auf, die zionistischen Nachkommen engagierten sich in einem »Rassenkampf«.[74] »Zionismus und Nationalsozialismus waren bei allen Unterschieden nach Ursprung und Zielsetzung zu sehr benachbart, als daß die totale Entgegensetzung auf die Dauer ihre Übersetzungskraft bewahren konnte«,[75] schrieb er. Es war typisch für Nolte, widerwärtige Parallelen zu ziehen, vor ihrer vollen Tragweite dann aber zurückzuscheuen.

Taubes jedoch war beeindruckt von Noltes Buch – wohl auch von dem Ansatz, philosophische Reflexion mit empirischer Geschichtswissenschaft zu kombinieren. Und so versuchte Taubes, Nolte davon zu überzeugen, die Taschenbuchausgabe seines Buches bei Suhrkamp zu veröffentlichen – und Unseld davon, Noltes Verleger zu werden. Unseld sprach mit Jürgen Habermas, der das Image des Verlags so stark geprägt hatte, über diese Option. Habermas wiederum konsultierte seinen alten Freund Hans-Ulrich Wehler (mit dem er als Teenager in der Hitlerjugend gewesen war), einen Vertreter der neuen Sozialgeschichte und einen Mann mit einem lupenreinen sozialdemokratischen Selbstverständnis.[76] Wehler soll Habermas mitgeteilt haben, Nolte stünde für Suhrkamp zu weit rechts – ein Urteil, das Habermas so unmissverständlich auch Unseld zutrug. Habermas rief Taubes an und warf ihm vor, den guten Ruf des Suhrkamp Verlags aufs Spiel zu setzen.[77]

Dies wissen wir aus Taubes' Briefen an Nolte und Habermas, denn bemerkenswerterweise schickte Taubes Kopien seiner Briefe an Nolte an Habermas, ebenso wie er Kopien seiner Briefe an Habermas Nolte zukommen ließ. Dies musste bei den

Empfängern den Eindruck erwecken, dass Taubes nicht in der Lage war, Vertraulichkeit zu wahren. In einem Brief an Nolte führte er Gründe auf, die auch für Habermas' Augen gedacht waren. »[Ich] meine, dass auch ›rechtes‹ Denken, Carl Schmitt und Koselleck, in unsere ›Kollektion‹ gehört: Rechts – soweit nicht faschistisch, soweit es ›radikal‹ und nicht ›lau‹ denkt, hat einen Anspruch, ›gehört‹ zu werden. Der Faschismus hat alles von ›rechts‹, ›konservativ‹ usw. hier [in Deutschland] blamiert und in die ›Sprachlosigkeit‹ entlassen und damit einige Themen unter den Tisch gefegt, die echte Fragen sind.«[78] Hier unterschieden sich Habermas und Taubes grundlegend in ihren Positionen. Habermas schien der Ansicht zu sein, dass seine Identität als Antifaschist und Linker das Zurückweisen jedes Zugeständnisses an die Legitimität von rechtem Gedankengut beinhalten müsse, um nicht als Türöffner für die Rückkehr des Nazismus zu dienen. Er würde in Kürze eine Essaysammlung für die edition suhrkamp herausgeben, Stichworte zur ›geistigen Situation der Zeit‹, die zu einem guten Teil aus einer Kritik konservativer Intellektueller bestand. Die Beiträger des Bandes bezeichnete er als Personen, »gegen die 1933 ein deutsches Regime angetreten ist«, und implizierte damit, dass ihre Widersacher *für* die Traditionen des Regimes standen, das sich 1933 selbst errichtete.[79] Taubes hingegen besaß eine höhere intellektuelle Toleranz – er war offen für Ideen, egal woher sie stammten.

In der Zwischenzeit vergiftete eine Reihe von Missverständnissen und widersprüchlichen Botschaften Unselds Verhältnis zu Taubes – wenn auch nur vorübergehend, wie sich herausstellen sollte. Taubes, der in Paris und Zürich unterwegs war, hatte bei Nolte den Eindruck erweckt, dass Unseld ihn anrufen würde, um vertragliche Details mit ihm zu besprechen. Doch Unseld wollte sich zunächst mit Habermas beraten. Als Unseld sich dann tatsächlich telefonisch bei Nolte meldete, blieb er vage; Nolte schien verwundert und Unseld peinlich berührt. Und

nun hielt Unseld Taubes vor, ihn und Nolte in eine unangenehme Situation gebracht zu haben, indem er Nolte einen Vertrag
versprochen hatte, ohne dazu autorisiert gewesen zu sein. Taubes bestritt, ein solches Versprechen gegeben zu haben, und
schließlich akzeptierte Unseld diese Version – doch bis dahin
war viel Schaden entstanden.[80]

Voller Wut über dessen Rolle bei der Entscheidung gegen
Nolte schrieb Taubes einen langen Brief an Habermas, in dem
er auch seine Vorhaltungen für dessen Kritik an der Neuen Linken noch einmal aufwärmte. Er bezeichnete Habermas und sich
selbst als »als Erben Frankfurts – in je verschiedener Weise: Sie
als legitimes Kind, ich als illegitimer Sohn«. Wie aus dem Nichts
legte er die Kopie einer zehnseitigen Kritik an Habermas bei, die
Horkheimer im September 1958 an Adorno geschickt hatte –
jener Brief, in dem sich Horkheimer gegen Habermas' Habilitation am Frankfurter Institut ausgesprochen hatte, weil er diesen als zu radikal empfand. Dieser Brief war Habermas, und den
allermeisten anderen, völlig unbekannt. (In einem späteren Brief
behauptete Taubes, eine Kopie des Briefes von einem Archivar
der Heinrich-Heine-Stiftung erhalten zu haben; möglich wäre
aber auch, dass der Brief ihm von Rolf Tiedemann, Adornos
ehemaligem Schüler und Taubes' ehemaligem Assistenten, der
Adornos Nachlass herausgab, zugesteckt wurde.) Für Habermas muss der Inhalt des Schreibens äußerst überraschend, vielleicht verstörend gewesen sein. Taubes beabsichtigte damit, eine
Parallele zwischen Horkheimers Kritik aus den 1950er Jahren
an dem in seinen Augen zu radikalen jungen Habermas und Habermas' Ablehnung des Radikalismus von Dutschke und Krahl
in den späten 1960er und 1970er Jahren zu ziehen (und vielleicht
wollte er Habermas auch verunsichern). Dennoch, trotz des
Briefes von Horkheimer, sei Habermas der legitime Erbe Frankfurts, so Taubes: »Abraham schlachtet Isaak, Horkheimer den
Jürgen Habermas.« Auf dem Kopf des Horkheimer-Briefes notierte Taubes: »zurück an Taubes für Panzerschrank!«[81]

Nichts davon war relevant für den vorliegenden Konflikt zwischen Taubes und Habermas, nämlich ob Nolte bei Suhrkamp verlegt werden sollte. Vielmehr scheint es sich um ein Ablenkungsmanöver von Taubes zu handeln, das Habermas aus der Balance bringen sollte – und ein Zeichen dafür, dass sich Taubes selbst nicht im Gleichgewicht befand. Auf die Serie von Anschuldigungen folgte eine Einladung zur Teilnahme an Taubes' Kolloquium an der FU über die Entstehung der Neuen Linken. Auch von diesem höchst persönlichen Brief schickte Taubes eine Kopie an Nolte.

Am 7. März schrieb Unseld an Taubes, dass er ihm die Position des Mitherausgebers der Reihe Theorie entzog. Als Berater jedoch wollte Unseld ihn weiter beschäftigen – wenn auch für die Hälfte des bisherigen Honorars.[82] Taubes bat ihn inständig, die Entscheidung zu überdenken, und beteuerte noch einmal seine Unschuld an dem Missverständnis, ob Suhrkamp Nolte unter Vertrag nehmen würde. Er schrieb an Habermas und Dieter Henrich, beklagte sich darüber, wie schlecht Suhrkamp ihn während seiner psychischen Erkrankung behandelt hatte und schlug ihnen vor, ihm ihre Solidarität zu erweisen, indem sie mit Rücktritt drohten, würde Taubes nicht als Mitherausgeber wieder eingestellt.[83] Es sei schon etwas verwunderlich, antwortete Habermas, von Solidarität zu sprechen, wo Taubes sich doch ihm gegenüber mit seiner ständigen Kritik in den vergangenen zehn Jahren unsolidarisch verhalten habe.[84] Henrich antwortete ausführlicher. Er hatte in den zehn Jahren zuvor in Berlin, an der Columbia und in Harvard unterrichtet und damit Taubes' eigene institutionelle Zugehörigkeit in umgekehrter Reihenfolge vollzogen. Er schrieb von seiner Zuneigung für Taubes, seiner Dankbarkeit ihm gegenüber für die frühen Jahre ihrer Freundschaft und für die anhaltende Inspiration, die Taubes ihm war. Doch er wusste aus eigener Erfahrung, wie schwierig es sein konnte, Taubes zu verteidigen.

Ich hatte dann (buchstäblich) sogar hunderte Male die Gelegenheit, als Ihr Verteidiger aufzutreten. Denn ich lebte und lebe ja nicht nur über meine Berliner Bindungen, sondern besonders gerade über meine amerikanischen in Kreisen, die Sie sehr gut kennen und in denen doch die Klagen über Sie und die Ablehnung Ihnen gegenüber lauter und stärker sind als gegenüber irgend einem anderen Menschen. Sie machen es Ihren wenigen Freunden ja schwer.[85]

Schlussendlich räumte Unseld zwar ein, sich über das, was Taubes angeblich versprochen haben sollte, geirrt zu haben, blieb aber dabei, dass Taubes nicht länger Herausgeber der Reihe Theorie sein würde. Stattdessen jedoch willigte er ein, Taubes probeweise als Berater zu halten – zum selben Gehalt (1200 DM) wie zuvor als Reihenherausgeber. Einmal im Monat sollte Taubes nach Frankfurt in den Verlag kommen, um sich mit den Lektoren zu besprechen.[86]

Taubes war viel daran gelegen, dem Verlag zu zeigen, dass er von großem Wert für ihn war. Er schickte wieder einen wahren Strom von Publikationsempfehlungen an Suhrkamp, darunter auch eine Neuausgabe von Rosenzweigs *Stern der Erlösung* sowie ein kürzlich erschienenes Buch seines Freundes Emil Cioran, für den er einen weiteren Freund, François Bondy, als Übersetzer vorschlug.[87] Zeitgleich erarbeitete er Pläne für eine weitere Zeitschrift und nahm dazu Kontakt zum Syndikat Verlag auf – einem Konkurrenzverlag, der von Karl Markus Michel und Axel Rütters geleitet wurde, zwei Lektoren, die Suhrkamp nach Streitigkeiten mit Unseld verlassen hatten.[88] Unseld warnte Taubes unmissverständlich, dass Taubes nicht weiter für Suhrkamp arbeiten könne, wenn er mit dem Mitbewerber kooperiere.[89] Die Zeitschrift verblieb im Ideenstadium. Letztlich war Unseld immerhin so zufrieden mit Taubes' Diensten, dass er ihn weiter beschäftigte und sogar sein monatliches Honorar auf 1300 DM anhob – ein Betrag, der ungefähr fünfzehn Prozent seines Professorensalärs entsprach.[90]

Unseld gegenüber klagte Taubes darüber, die Lektoren bei Suhrkamp seien religiösen Themen gegenüber stocktaub und sähen in der Religion nur eine Illusion.[91] Diese Kritik hielt Unseld für berechtigt und regte an, dass Taubes den Verlag beim Aufbau eines eigenen Religionsprogramms unterstützen sollte, vorwiegend im angeschlossenen Insel Verlag. Im Jahr 1981 nahm Jacob Kontakt zu Hans Jonas auf, um mit ihm über eine deutsche Übersetzung von *The Gnostic Religion* im Suhrkamp Verlag zu sprechen – jenem Buch, für das Taubes Jonas als Autor für den Beacon Press Verlag hatte gewinnen können.[92] (Taubes organisierte auch einen Übersetzer, doch Jonas entschied sich zunächst, bei seinem alten Verlag, Vandenhoeck & Ruprecht, zu bleiben. Das Projekt scheiterte jedoch, und so erschien das Buch letztlich doch im Insel Verlag.[93]) Unseld ermunterte Taubes, ihm weiterhin Vorschläge für Bücher zu Religion und Religionskritik zu unterbreiten, und dieser dankte mit ausführlichen und gelehrten Briefen, von denen einige den Charakter von Rezensionen annahmen.[94]

Die Zusammenarbeit mit Suhrkamp endete im Juni 1982. Unseld war auch weiterhin zufrieden mit Taubes' Arbeit, doch zu dieser Zeit verzeichnete der Verlag große Verluste mit seinem Wissenschaftsprogramm und so entschied Unseld, die Herausgeberverträge für die Reihe Theorie aufzulösen und Taubes' Beratervertrag ebenso.[95] Unselds letzter Brief an Taubes drückte seine Wertschätzung für die Impulse aus, die Taubes ihm über die vergangenen zwei Jahrzehnte gegeben hatte, und er dankte ihm für alles, was er für den Verlag getan hatte.[96]

Für Taubes war die Beziehung zu Unseld und dem Suhrkamp Verlag essenziell gewesen. Diese Tätigkeit hatte einen ordentlichen Nebenverdienst zu seinem Professorengehalt bedeutet, Kontakte zu Schlüsselfiguren aus dem deutschen Geistesleben ermöglicht, ein Ventil für seine intellektuelle Energie geliefert und ihm einen Wirkungsbereich im Halbschatten verschafft, der seine Beziehungen zu Intellektuellen in Europa und den Vereinigten Staaten beförderte.

Während sich Jacobs Kollegen in Berlin über ihn empörten, zeigten sich seine Bekanntschaften in Jerusalem und Paris von ihm begeistert.

Taubes hatte gehofft, für einen Besuch im Sommer 1964 nach Jerusalem zurückkehren zu können, doch die tödliche Krankheit seiner Schwester hatte dies verhindert. Im Dezember des Jahres unternahm er einen neuen Anlauf und schrieb schon an Martin Buber, dass er ihn besuchen wolle – doch er entschied sich abermals gegen die Reise.[97] Zehn Jahre und mehr vergingen, ein Jahrzehnt, in dem sich sein Vater in Jerusalem das Leben nahm und dort beerdigt wurde. Trotzdem schob er seinen Besuch immer wieder auf.

Nach seinem psychischen Zusammenbruch, seiner Rückkehr nach Berlin und seinem Gebaren, das zu seiner erzwungenen Abwesenheit von der FU führte, unternahm Taubes einen neuen Versuch. Vielleicht in dem Bemühen, einen Neustart zu wagen, vielleicht auch einfach, weil seine bipolare Störung seine früheren Vorbehalte gedämpft hatte, entschied er sich, zu Pessach 1977 nach Jerusalem zu fliegen. Bevor er sich jedoch auf den Weg machte, verschickte er aus Paris einen gut zwanzigseitigen Brief an Gershom Scholem; einen Brief (wie er es Arthur A. Cohen gegenüber ausdrückte), »den ich vor meiner Abreise nach Israel niederschrieb, mit dem ich mir einen seelischen Freiraum verschaffte, um mit aufrechtem Geist und aufrechter Seele durch die Straßen Jerusalems laufen zu können«.[98] Das Schreiben war zugleich eindringlich und anklagend und enthielt einen Vorschlag, der so dreist wie kreativ war. Scholems achtzigster Geburtstag stand im Dezember 1977 bevor. Der vorgebliche Grund für Taubes' Brief war es, eine »kritische Festschrift« zu diesem Anlass anzuregen. Zeitlich war das Vorhaben vollkommen unrealistisch. Doch der Vorschlag bot Taubes ein Gerüst, an dem er die vielen Kritikpunkte an Scholems Werk anschlagen

konnte, die er seit ihrer letzten Begegnung vor einem Vierteljahrhundert angesammelt hatte.

Taubes begann den Brief mit der Anfrage, ob er Scholem in
Jerusalem treffen könnte, um über die vorgeschlagene Festschrift
zu sprechen. Dann skizzierte er eine Reihe von Kritikpunkten
an Scholems Werk – alles Themen, auf die Taubes in Vorlesungen und Beiträgen in den nächsten zehn Jahren zurückkommen
sollte. Scholem habe Walter Benjamins theologische Grundhaltung falsch interpretiert, den Einfluss von Carl Schmitt auf ihn
nicht berücksichtigt und Benjamins Standpunkte »jüdischer«
gemacht, als sie waren. Scholems Interpretation des jüdischen
Messianismus sei falsch. Scholems These von einer Verbindung
zwischen Sabbatianismus und Aufklärung sei nicht plausibel, und
er habe die Rolle der Marranen, wie zum Beispiel Spinoza, für
die »Neutralisierung« der Religion durch die Trennung vom
Staat übersehen. Auch hier, versicherte Taubes, hätte Scholem
Carl Schmitt stärker beachten sollen, mit dem Taubes aufgrund
seiner antisemitischen Aussagen zwar den persönlichen Kontakt ablehnte, den er aber dennoch »auch heute noch als den bedeutendsten Kopf in Deutschland« betrachtete. Paulus, fuhr
Taubes fort, sei für die Weltgeschichte so viel bedeutsamer als
Sabbatai Zwi und Scholem hätte ihm mehr Aufmerksamkeit
widmen sollen. Und bezüglich des Zionismus schrieb er, es
sei illusorisch zu glauben, man könne für den Kampf um ein
Land, das vom Judentum, Christentum und Islam als heilig betrachtet wurde, eine politische Lösung finden. Taubes regte an,
Scholem solle seinen Kritikern in der vorgeschlagenen »Anti-Fest-
schrift« antworten.

Der Brief schloss mit den Worten: »Was sonst noch – nach-
träglich – zwischen uns kam, gehört zu den Eitelkeiten des akademischen Lebens«, und Taubes unterzeichnete mit »Freundlich bleibt Ihnen gesinnt Ihr immerwährender Schüler«.[99]

Taubes schickte den Brief an Scholem, aber nicht nur an diesen: Er ließ Kopien anfertigen und sendete sie an circa zwanzig

Wissenschaftler aus den Feldern der Jüdischen Studien und der Philosophie in Europa und den Vereinigten Staaten.

Scholems Antwort, datiert auf den 24. März, ließ nicht lange auf sich warten, und sie war kurz und vernichtend:

> Sehr geehrter Herr Professor Taubes,
> ich habe *heute* Ihren ausführlichen Luftpostbrief vom 16. März erhalten (dessen Poststempel vom 18. ist.) Sie befinden sich, was mich angeht, in einem völligen Irrtum. Was uns seit 25 Jahren irreparabel trennt, gehört keineswegs zu den ›Eitelkeiten des akademischen Lebens‹, sondern sind existentielle Entscheidungen meines Lebens (nicht des akademischen, sondern des moralischen, wenn ich mir das Wort einmal gestatten darf) sowie Erfahrungen, die ich in diesen vielen Jahren meiner Bemühungen, jüdische Menschen und Phänomene zu verstehen, gemacht habe.
> Ich will auf den Inhalt Ihres Briefes nicht eingehen. It is a free country, und Sie können zur Kritik meiner Sätze, Aufsätze oder Bücher schreiben, was Sie wollen. Aber ich möchte keinen Zweifel darüber lassen, daß ich mich an keinem Buche beteiligen werde, das sich kritisch, ehrend, oder höflich mit mir befaßt, und an dem Sie, Herr Taubes, als Herausgeber, oder als Autor teilhaben. Sie haben Ihre Entscheidungen seit mehr als 25 Jahren getroffen, ich die meinigen und beabsichtige nicht, sie zu ändern. ...
> In trauriger Erinnerung und guten Wünschen für Ihr Ergehen
> Gershom Scholem.[100]

Hans Blumenberg, einer der Kollegen, an den Taubes eine Kopie seines Briefes an Scholem geschickt hatte, traf ins Schwarze mit seiner Beschreibung des unterschwelligen verstörenden Sentiments. Ein »erschreckender« Brief, der in Blumenberg das Gefühl »eines zutiefst aggressiven Aktes« auslöste, der der Diktion eingeschrieben war. »Ich kenne diesen Zug an Ihnen«, schrieb er, »diesen angestrengten Versuch einer sanftmütigen Natur, ein pflichtgemäßes Pensum an Attacke abzuleisten zugunsten irgendeiner abstrakten List der Vernunft …« Als jemand, der hart an der Erstellung eines Gesamtwerks gearbeitet hatte, verspottete Blumenberg Taubes dafür, zu glauben, eine Kritik könne eine intellektuelle Errungenschaft ersetzen. »Eine der Illusionen all derer, die ›Kritik‹ zum ubiquitären Schlagwort erhoben haben – auch deshalb, weil sie selbst nie in die Lage gekommen sind, für eine eigene konsistente Lebensleistung ins Visier von Kritik zu geraten, sondern immer nur andere ins Visier genommen haben –, eine der Illusionen derer also ist, dass erst Kritik das Leben lebenswert und das Werk existenzwürdig mache.«[101]

Eine internationale Spinoza-Konferenz sowie der Umstand, dass seine Tochter Tania ein Jahr an der Hebräischen Universität verbrachte, führten schließlich dazu, dass Jacob im September 1977 zum ersten Mal nach einem Vierteljahrhundert wieder nach Jerusalem reiste. Er war zögerlich gewesen, in die Stadt, aus der Scholem ihn vertrieben hatte, zurückzukehren, doch nun fand Jacob dort so viel angenehme Gesellschaft und intellektuelle Anregung vor, dass er zwischen 1977 und 1982 jedes Jahr zu einem Besuch nach Jerusalem reiste, manchmal sogar mehrmals. Bei diesen Aufenthalten bewegte er sich zwischen kulturellen und spirituellen Welten, die die meisten wohl als unvereinbar betrachtet hätten. Er teilte seine Zeit zwischen der akademischen Intelligenzia an der Hebräischen Universität, einer extremistischen chassidischen Sekte, liberal-orthodoxen Einrichtungen und christlichen Stätten, insbesondere Klöstern, auf. Manchmal hielt er sich im legendären American Colony Hotel in Ostjerusalem auf, das in unmittelbarer Nähe zur ultraorthodoxen Enklave Mea Schearim lag. Für Taubes war es ein Zufluchtsort, an dem er sich physisch von den intellektuellen und religiösen Strömungen des jüdischen Jerusalems distanzieren konnte.

Taubes empfand die Strukturen und alltäglichen Routinen im Leben der säkularen, liberalen, kapitalistisch-bürgerlichen Gesellschaft als ermüdend und langweilig. Er identifizierte Liberalismus mit Banalität, und Banalität war – wie es einer seiner Freunde ausdrückte – »die einzige Sünde, die er anerkannte«.[102] Unter anderem missfiel ihm am säkularen Leben die Leidenschaftslosigkeit. Sein Freund Herbert Marcuse hatte zu einer »Großen Weigerung« gegenüber den Institutionen der liberalen kapitalistischen Gesellschaft aufgerufen. In Jerusalem fühlte sich Taubes zu einer Gruppe hingezogen, die ihre ganz eigene große Weigerung tatsächlich praktizierte, die Reb Arele Chassidim.

Nach seiner ersten Rückkehr nach Jerusalem berichtete Taubes Arthur A. Cohen, er habe das erste Mal seit Jahren wieder damit begonnen, in einem Minyan (Quorum) zu beten. Er sei von Rabbi Yosef Sheinberger »nach Hause« – zurück zur jüdischen Tradition – geführt worden, dem ehemaligen »Außenminister« der »Edah HaChareidis«, einer jüdischen Gemeindeorganisation aus dem antizionistischen Flügel der israelischen Ultraorthodoxie. Über Sheinberger war Jacob mit dem »unterirdischen Jerusalem« in Kontakt getreten,[103] hier wurde er den Reb Arele Chassidim vorgestellt, die unter dem Namen Toldot Aharon (Nachkommen des Aharon) bekannt sind. Die Sekte war in erster Linie für ihren militanten Antizionismus und ihre regelmäßigen Zusammenstöße über religiöse Fragen mit den weltlichen Autoritäten bekannt.[104]

Die Toldot Aharon waren ein singuläres Phänomen: die einzige chassidische Sekte, die im zwanzigsten Jahrhundert entstanden war. Ihr Gründer Rabbi Aharon (Arele) Roth war in den späten 1920er Jahren aus Satmar nach Jerusalem gekommen. Er war kein Sproß einer chassidischen Dynastie, aber aufgrund seines Charismas gelang es ihm, eine neue chassidische Gemeinde zu begründen. Als er 1947 starb, zerfiel die Gemeinde in zwei Teile. Der kleinere Teil folgte Areles Sohn, die Mehrheit seinem Schwiegersohn Avraham Yitzhak Kohn (1914-1997), der aus dem Satmarer Chassidismus stammte. Er war Oberrabbiner, als Taubes sich in der Gemeinde aufhielt.

Die Sekte, so wie Taubes sie kennenlernte, war also ein Ableger des Satmarer Chassidismus, aber mit einem beispiellos strikten Verhaltens- und Kleidungskodex, der in einem dreiundachtzigseitigen Regelbuch dargelegt wurde. Die Mitglieder mussten in Jerusalem wohnen, und männliche Erwachsene waren verpflichtet, den gesamten Schabbat bei ihrem Rebbe zu verbringen – ein Tag, der um eine Stunde verlängert wurde, weil angeblich eine halachische Unsicherheit darüber bestand, wann genau der Schabbat endete.[105] Im Interesse der weiblichen Keuschheit mussten Frauen blickdichte schwarze Kniestrümpfe tragen; verheiratete Frauen mussten nicht nur ihr Haupthaar abrasieren, sondern den Kopf zudem mit einem eng anliegenden schwarzen Tuch bedecken.[106] Die Gemeinde war sogar nach chassidischen Maßstäben streng und restriktiv: irgendwo zwischen einer Sekte und einem Mönchsorden. Es gab ungefähr fünfhundert männliche erwachsene Mitglieder, hinzu kamen ihre Familien. Diese kleine Gemeinde lebte bewusst völlig abgeschieden von der Außenwelt, man half sich gegenseitig. Der Rebbe galt als heilig: Bei festlichen Anlässen, wie zum Beispiel am Freitagabend, praktizierten seine Anhänger den chassidischen Brauch des *Chapn shirayim*, dem Abtauchen nach Resten oder Krümeln vom Teller des Rabbiners.

Durch seine langjährige Verbindung zum Rebbe von Satmar, die bis in die Jahre 1944/45 zurückreichte, als er den Rebbe in der Schweiz begleitete, war Taubes hoch willkommen, eine *persona grata*, am Hof der Toldot Aharon. Einmal schlenderte er durch das Viertel mit seinem Freund Paul Mendes-Flohr. Sie hörten Musik und platzten mitten in eine Hochzeitsfeier. Als der Rebbe Taubes erblickte, klatschte er in die Hände, woraufhin absolute Stille einkehrte. Nach kurzer Diskussion klatschte er erneut in die Hände und ließ Essen für seine unerwarteten, aber geschätzten Gäste bringen, die sich von einem Chassiden unterhalten ließen, der mit einer Flasche auf dem Kopf tanzte.[107] Ungefähr zwei Tage in der Woche verbrachte Jacob in Mea

Schearim. Sein engster Kontakt in der Sekte war Raphuel Pappenheim, den er regelmäßig besuchte, besonders am Schabbat. Gespräche bei Tisch wurden auf Jiddisch geführt. Pappenheim war arm und hatte, wie die meisten Sektenmitglieder, eine große Familie, aber dennoch widmete er einen großen Teil seines Lebens karitativen Tätigkeiten. Für Jacob war er ein *Zaddik* (ein heiliger Mensch), und er brachte Tania, Ethan und sogar den Berliner Wissenschaftssenator Glotz mit, damit sie ihn kennenlernten.[108]

Das Milieu in der Sekte Reb Arele war illiberal, antibürgerlich und antizionistisch. Ihre Mitglieder lebten isoliert und aufeinander angewiesen, widmeten sich der Frömmigkeit, ihren Familien und dem inbrünstigen Gebet und praktizierten damit einen Lebensstil, der sehr weit von Jacobs eigenem entfernt war. Doch in der Kombination von Authentizität, Intensität und Weltabgewandtheit war es genau das Milieu, in das es ihn zum Gebet zog.

Nur circa drei Kilometer südwestlich von Mea Schearim – und doch Welten entfernt – lag der Givat Ram-Campus der Hebräischen Universität, mit dessen Bau 1953, kurz nach Jacobs erstem Aufenthalt in der Stadt, begonnen worden war. Dort lag der Dreh- und Angelpunkt von Jacobs zweitem Milieu in Jerusalem, dem der säkularen akademischen Intelligenzia.

Die Professoren, die Gershom Scholem nahestanden, begegneten Taubes mit Zurückhaltung, manche mit Verachtung. Aufgrund seines schlechten Rufs fürchteten sich einige sogar davor, ihn zu treffen, wie etwa der Professor für Germanistik Stéphane Moses.[109] Doch es gab auch Wissenschaftler und Intellektuelle, die sich Jacobs Avancen gegenüber aufgeschlossen zeigten: Scholems viele Kontrahenten sowie einige Personen aus der jüngeren Generation, die nicht in seine Gefechte involviert gewesen waren.

»Meine Reise nach Jerusalem war ein ›Siegeszug‹ bezüglich der jüngeren Generation, die mein Disput mit Scholem nicht kümmert und die sich um mich schart«, schrieb Taubes an Hans

Jonas.[110] Das war sicher übertrieben, aber nicht viel. Das Furcht-erregende und das Feindselige, das Taubes umwehte, verlieh ihm etwas Rätselhaftes und weckte Neugierde bei den Jungen. Selbst diejenigen, die seine Grenzen und Schwächen erkannten, waren von ihm fasziniert oder fühlten sich angeregt. Taubes litt weiterhin an einer bipolaren Störung, doch er war in Jerusalem häufiger in den ~~manischen Phasen~~, suchte die Geselligkeit und neigte zu intellektuellen Höhenflügen. Während seiner häufigen Aufenthalte in der Stadt verkehrte Jacob mit der Crème de la Crème des akademischen Lebens in Jerusalem, sowohl mit etablierten Wissenschaftlern als auch mit aufstrebenden jungen Män-nern und Frauen. Viele waren beeindruckt von der Lebendigkeit und der Eleganz seines Hebräisch, das voller Referenzen auf jü-dische Schriften und Liturgie und frei von den modernen Ein-flüssen der vergangenen Jahrzehnte war.[111]

Taubes freundete sich mit Shlomo Pines an, einem Experten für mittelalterliche Geistesgeschichte, der die Nachfolge von Julius Guttmann auf dem Lehrstuhl für Jüdische Philosophie angetreten hatte. Der 1908 in Paris geborene Pines hatte in Frankreich und Berlin studiert (wo er sich mit Leo Strauss an-gefreundet hatte), bevor er 1940 nach Palästina ausgewandert war. Seit 1952 lehrte er allgemeine und jüdische Philosophie. In der englischsprachigen Welt war er für seine Übersetzung von Maimonides' *Führer der Unschlüssigen* bekannt, ein Wis-senschaftler mit einer erstaunlichen thematischen Bandbreite, der die mittelalterliche muslimische, jüdische und christliche Philosophie auf Arabisch erforschte. Er vertrat die kontrovers diskutierte These, dass jüdisch-christliche Gemeinden schon Jahrhunderte länger existierten, als gemeinhin angenommen (eine These, die Taubes später übernahm), und er teilte auch Tau-bes' Interesse für Spinoza. Er war ein gelehrter Skeptiker.[112]

Scholem war in die Berufung von Pines involviert gewesen. Er hatte Leo Strauss um Rat gebeten, der Pines empfahl. Nicht nur aufgrund seines vielfältigen wissenschaftlichen Spektrums und seiner Kompetenzen, sondern auch weil er eine Voraussetzung erfüllte, von der Strauss meinte, sie sollte eine Bedingung für eine akademische Position in jüdischer Philosophie sein: dass er kein gläubiger Mensch war.[113] Mittlerweile jedoch hatten sich Scholem und Pines entfremdet. Pines und Taubes verstanden sich also bestens.

Im Haus von Pines traf Taubes Guy (Gedaliah) und Sarah Stroumsa. Der in Frankreich geborene und an der Hebräischen Universität sowie in Harvard ausgebildete Guy hatte vor Kurzem eine Dissertation über die Gnosis abgeschlossen und vom Fachbereich Religion an der Hebräischen Universität eine Berufung erhalten. Er forschte zu den Beziehungen zwischen Judentum, Gnosis und frühem Christentum – Themen, mit denen sich Taubes schon seit vielen Jahren beschäftigte. Seine Frau Sarah hatte bei Pines studiert und war eingeschrieben für mittelalterliche arabische Philosophie. Auch sie hatte kürzlich einen Ruf an die Hebräische Universität erhalten, wo sie später Rektorin wurde.

Bei einer Einladung im Haus der Stroumsas entdeckte Jacob das Vorlesungsverzeichnis der Hebräischen Universität, das auf dem Wohnzimmertisch lag. Er las darin circa zehn Minuten konzentriert, richtete die eine oder andere Frage an seine Gastgeber und analysierte dann auf der Basis des Katalogs die Konfliktfelder der verschiedenen Persönlichkeiten und Fachbereiche an der Universität. Solche Spannungen waren sein Elixier. Jacob hatte ein feines Gespür für Ärger – »er konnte ihn riechen« – und war immer bereit, ihn noch zu schüren.[114]

Im Jahr 1981 zum Beispiel organisierte Guy Stroumsa eine Konferenz im Gedenken an Hans Yochanan Lewy (1904-1945), einen angesehenen Gelehrten des hellenistischen Judentums und engen Freund Scholems. Die Konferenz fand in einem Seminarraum an der Israelischen Akademie der Künste und Wissenschaften statt, und Scholem selbst hielt die Eröffnungsrede. Taubes tauchte uneingeladen auf und setzte sich an den länglichen Seminartisch, genau gegenüber von Scholem. Sie starrten einander schweigend an, »wie zwei Schlangen«.[115]

In Deutschland wurde Taubes mitunter als Gnosis-Experte bezeichnet. Doch Stroumsa, der *wirklich* ein Gnosis-Experte war, hielt Jacobs wissenschaftliche Expertise auf diesem Gebiet für gering (Jacobs Kollege in Berlin, Carsten Colpe, teilte diese Einschätzung).[116] Jacob interessierte sich nicht für die faktische Geschichte der Gnosis, sondern für ihre mutmaßliche metaphysische Dimension, wie Hans Jonas sie interpretiert hatte.[117] Wie viele aus der jüngeren Generation von Wissenschaftlern, die über die Gnosis forschten, stand Stroumsa der Interpretation von Jonas äußerst skeptisch gegenüber.[118]

Taubes war sich zweifelsohne dieser neueren Perspektive bewusst, aber dort, wo sie von Jonas' Ansatz abwich, war sie für ihn uninteressant. Letztlich, schloss Stroumsa, ging es Taubes nicht um die historischen Fakten. Avishai Margalit, auch ein Philosoph, mit dem sich Taubes in Jerusalem anfreundete, kam zu einer ähnlichen Einschätzung. Eine von Taubes' Lieblingsanekdoten handelte von Martin Buber, der zu Beginn seiner Laufbahn eine Reihe sehr einflussreicher Bücher über den Chassidismus und seine Bedeutung für den modernen Menschen geschrieben hatte. Jahrzehnte später, nachdem er selber tief in die chassidischen Quellen eingetaucht war, ließ Gershom Scholem Buber wissen, er sei zu dem Ergebnis gekommen, dass Bubers Auffassung vom Chassidismus völlig falsch war. Woraufhin Buber antwortete: »Wenn das, was Sie jetzt sagen, wahr ist, mein lieber Scholem …, interessiert mich der Chassidismus überhaupt nicht.«[119] Das war bezeichnend für Taubes' Haltung zur Gnosis und zu einigen anderen intellektuellen Fragestellungen: Es ging ihm weniger darum, ein Phänomen wissenschaftlich akkurat zu erfassen. Er wollte es auf eine *interessante* Weise ergründen.[120]

Als sie Taubes kennenlernten, waren Avishai Margalit und seine Frau Edna Ullman-Margalit zwei junge Philosophen an der

Hebräischen Universität, die sich mit analytischer Philosophie und Sprachphilosophie befassten. Sie fanden Taubes sehr amüsant: ein wundervoller Geschichtenerzähler (auch wenn er dazu neigte, seine Geschichten auszuschmücken) und ein gewitzter und scharfsinniger Menschenkenner. Taubes verdeutlichte Avishai die Grenzen der rationalistischen, utilitaristischen Beschreibung der menschlichen Motivation und betonte die Funktion der Fantasie, des Mythos und des menschlichen Bedürfnisses nach Opfern. In diesem Sinne scheint Taubes Margalits Arbeit beeinflusst zu haben, die sich zunehmend den psychologischen Aspekten von Ideologien und der Beziehung zwischen Politik und Theologie zuwandte. Margalit und andere bemerkten, dass Taubes nicht nur dem Szientismus zutiefst skeptisch gegenüberstand – die Überzeugung, dass menschliches Verhalten mit naturwissenschaftlichen Methoden erklärt werden könne –, sondern auch der Wissenschaft selbst.

Moshe Idel war ein weiterer junger Akademiker, den Taubes im Haus von Shlomo Pines kennenlernte.[121] Aufgrund von Taubes' zweifelhaftem Ruf wollte Idel nicht mit ihm in der Universität gesehen werden, und so trafen sie sich zumeist in Mea Schearim. Auch Idel meinte, dass Taubes nur über ein begrenztes Wissen in seinem eigenen Fachgebiet, der Kabbala, verfügte. Doch auch er empfand Taubes als einen anregenden Gesprächspartner – ein Kosmopolit, ein vollkommen freier Mensch, unabhängig von allen gängigen Meinungen. Auch ihm fiel Taubes' Drang auf, schwelende Meinungsverschiedenheiten zu offenen Konflikten anzufachen. Taubes machte Idel als Anti-Scholem aus, doch das widersprach Idels Auffassung von seiner eigenen Arbeit, die – im Gegensatz zu Scholems Betonung der mystischen Konzepte und der Theologie – erfahrbare Bestandteile der Mystik sowie ihre praktische und magische Seite in den Vordergrund stellte.[122]

Über Pines und seine neuen Freunde aus der jüngeren Generation der säkularen Jerusalemer Akademiker hinaus frischte

Taubes auch einige alte Freundschaften aus seinem früheren Aufenthalt in der Stadt auf. Eine davon war die zu Moshe Barasch (1920-2004), einem Kunsthistoriker mit einem bemerkenswert breiten fachlichen Spektrum und internationaler Reputation, darüber hinaus der Begründer der Kunstgeschichte als Disziplin in Israel.[123] Eine weitere war Yosef Ben-Shlomo, den Taubes unterrichtet hatte, als dieser noch ein junger Student an der Hebräischen Universität war. Neben seiner akademischen Stelle als Leiter des Fachbereichs Philosophie an der Universität Tel Aviv agierte Ben-Shlomo auch als Fernsehmoderator und öffentlicher Intellektueller. Er war ursprünglich ein Mann der Linken, doch als die arabischen Staaten sich geweigert hatten, den Staat Israel nach dem Sechstagekrieg anzuerkennen, wurde er zu einem führenden Verfechter der Groß-Israel-Bewegung, die sich dafür aussprach, die 1967 besetzten Gebiete auf den Golanhöhen und im Westjordanland zu halten. Im Jahr 1977 war Ben-Shlomo Berater von Zevulun Hammer, dem Bildungsminister im Kabinett von Menachem Begin.[124]

Hammer war ein prominenter Politiker der Nationalreligiösen Partei (NRP), der Nachfolgerin der Mizrachi-Bewegung, der Zwi Taubes angehört hatte. Doch die NRP wurde unter dem wachsenden Einfluss eines neuen, messianisch-religiösen Zionismus – der sich um eine Bewegung namens »Gusch Emunim« (Block der Gläubigen) zentrierte und von Ben-Shlomo unterstützt wurde – umgekrempelt.

Vor dem Sechstagekrieg hatte sich der religiöse Zionismus weitgehend auf zwei Ziele beschränkt: Zum einen wollte er der Orthodoxie innerhalb des politischen Zionismus, einer fundamental säkularen Bewegung, und zum anderen dem nichtmessianischen Zionismus innerhalb der orthodoxen Welt einen Platz einräumen. In der Frage der territorialen Grenzen des jüdischen Staates hatte die NRP hingegen eine pragmatische Haltung.[125] Konträr dazu vertrat Rabbi Avraham HaCohen Kook (1865-1935), ein bekannter mystischer messianistisch-orthodoxer Zionist, die zu einiger Prominenz gelangte Ansicht, dass die säkularen Zionisten – trotz ihres erklärten Säkularismus – tatsächlich Werkzeuge einer bevorstehenden Erlösung waren. Sie waren der »Messiah Ben Josef«, jene mystische Figur aus der jüdischen Tradition, die den Weg aus der Krise in die Erlösung weisen würde, wie sie mit dem Messias ben David assoziiert wird.[126] Kooks Vorstellung von der Erlösung als einem Prozess des Fortschritts und der determinierten historischen Evolution bezog sich nicht nur auf die jüdische, sondern auch auf den Rest der Welt.

Kook war nicht Teil der Mizrachi-Bewegung und hatte unter den religiösen Zionisten bis 1967 quasi keine Anhänger, und auch danach nur dank des Einflusses seines Sohnes Zwi Yehudah Kook (1891-1981), der die Ideen seines Vaters politisierte. Für Zwi Yehudah und seine Anhänger war es die Aufgabe der Juden, den messianischen Fortschritt voranzutreiben, da der Staat Israel Teil eines göttlichen Plans war. Und weil es ein göttlicher Prozess war, fanden die sonst gültigen pragmatischen Zwänge der internationalen Beziehungen – einschließlich der Positionen und Interessen anderer Länder – keine Anwendung. Zu seinen vorrangigen Zielen zählte die jüdische Herrschaft über das gesamte biblische Land Israel. Diese Ideen verkündete Zwi Yehudah als Leiter (*Rosh Yeshivah*) des Yeshivat Mercaz Harav, der Einrichtung, die sein Vater gegründet hatte. Doch erst nach dem Sechstagekrieg – einem Kampf, dem massive Ängste vorausgingen und auf den das Gefühl eines geradezu wundersamen Sieges folgte – sprachen seine Ideen ein größeres Publikum junger, orthodoxer Israelis an. Viele von ihnen waren Absolventen der kürzlich gegründeten nationalreligiösen Jeschiwot. Nach dem Jom-Kippur-Krieg von 1973 gründeten sie Gusch Emunim, eine Bewegung, die sich für eine jüdische Besiedlung des gesamten Westjordanlands einsetzte. Hammer war der Anführer einer jungen Garde Politiker, die von Gusch Emunim beeinflusst war und die Führung in der NRP übernahm.

Taubes, der sich seit geraumer Zeit für die Beziehung zwischen Theologie und Politik interessierte, war anfangs von Gusch Emunim fasziniert, für ihn ein weiteres Beispiel einer kollektiven großen Weigerung, den säkularen Status quo zu akzeptieren. Er lernte einige der jungen Aktivisten kennen und schickte sogar seinen Sohn Ethan auf einen Marsch von Gusch Emunim durch Samaria (*Tza'adat HaShomron*), als Ethan zu Pessach 1979 Israel besuchte.[127] Doch Jacob kam bald zu dem Schluss, dass Gusch Emunim eine verhängnisvolle Entwicklung verkörperte.

Während Taubes' aufgefrischter Kontakt zu Ben-Shlomo nur kurz währte, erwies sich seine Verbindung zu David Hartman als langlebiger. Hartman war eine von Taubes' Verbindungen zu einem weiteren Milieu: den modernen orthodoxen Intellektuellen. Hartman war ein orthodoxer Rabbiner aus New York, der bei Joseph Soloveitchik studiert hatte, der philosophischen Eminenz der modernen US-amerikanischen Orthodoxie. Im Jahr 1971 ging Hartman nach Israel und begann an der Hebräischen Universität Jüdisches Denken zu unterrichten. Unzufrieden mit den beschränkten Möglichkeiten eines akademischen Studiums des Judentums, gründete er 1976 das Schalom Hartman Institut, eine pluralistische Einrichtung, die sich mit allgemeinen Fragen des israelischen Lebens befassen, die Kluft zwischen der Wissenschaft und der größeren öffentlichen Sphäre überbrücken und die Konzepte von Judentum und Zionismus im Lichte der modernen Demokratie neu denken sollte. Obwohl er einige Reden für Hammer über die Rolle der jüdischen Bildung in einer pluralistischen israelischen Gesellschaft schrieb, hegte Hartman keinerlei Sympathien für Gusch Emunim oder die messianistische Ausrichtung des Zionismus. In Jerusalem nahm Taubes an einigen Veranstaltungen des noch jungen Instituts teil.

Hartman hoffte, sein Institut würde die intellektuelle Elite für eine interdisziplinäre Integration von Judentum und abendländischer Philosophie und Demokratie hervorbringen – eine neue Vision des Zionismus, die ursprünglich die Hebräische Universität hatte verwirklichen sollen. Doch die Universität hatte eine andere Richtung eingeschlagen und sich nach dem Vorbild der in Deutschland entstandenen Forschungsuniversität entwickelt. Avishai Margalit und Moshe Idel zählten zu jenen, die in den Dunstkreis des Instituts gezogen wurden.

Taubes hegte Sympathien für die Hoffnungen, die Hartman in sein Institut setzte, denn er war der Meinung, dass das wissenschaftliche Studium des Judentums, so wie es an der Universität betrieben wurde, wohl einen intrinsischen Wert hatte, doch nichts zum tatsächlich praktizierten Judentum beitrug. Als aussagekräftige Parallele verwies er auf den Fall von Ignaz Goldziher, dem ungarisch-jüdischen Gelehrten, der die akademische Islamwissenschaft im späten neunzehnten Jahrhundert begründet hatte. Genauso wie Goldzihers Wissenschaft nichts für praktizierende Muslime geleistet habe, so Taubes, sei auch die wissenschaftliche Erforschung des Judentums für die Wiederbelebung des jüdischen Lebens erfolglos geblieben. Diese beiden Dinge zu verwechseln sei gleichermaßen »ruinös für das Projekt des wissenschaftlichen Studiums als auch für die Religion«, so formulierte es Taubes in einem Brief an Hartman.[128]

Für Taubes war Zevulun Hammer zu dicht am messianischen Zionismus der Anhänger von Rabbi Kook. Im Jahr 1982, nach mehreren Besuchen in Israel, wies Taubes Hartman darauf hin, dass die Ultraorthodoxen vielleicht eine unverzichtbare Rolle spielten:

Ziehen Sie doch einmal in Betracht, dass gerade weil solche [messianischen] Hoffnungen in den Staat Israel investiert werden, Hoffnungen, die wir vernünftigerweise nicht in einen modernen Staat setzen würden, die Menschen entweder fanatisch oder zynisch werden, sie befinden sich also auf dem Holzweg. Vielleicht erschaffen die nichtzionistischen Jeschiwot nicht nur ein osteuropäisches Ghetto (was sie natürlich auch tun), sondern versuchen, die Torah vor der messianischen Verlockung zu schützen. Die Situation ist tragisch: die [nationalreligiösen] Jeschiwot von Bnei Akiva sind die geistlichen und körperlichen Blüten, die Elite des heutigen Israel … und in der Tat gehen sie in eine messianische Auseinandersetzung mit der politischen Realität.[129]

Wie Taubes, war auch Hartman stolz darauf, Intellektuelle aus den Vereinigten Staaten, Europa und Israel zusammenzubringen und akademische Grenzen zu überschreiten. Und auch er interessierte sich für das Verhältnis von Religion und Politik. Doch anders als Taubes sah er sich der Wiederbelebung des Judentums in einer lebendigen Beziehung mit dem westlich-liberalen Denken und seinen Institutionen verpflichtet.

Beiden gemein war auch die Förderung der jungen Talente. In Hartmans Haus lernte Taubes Moshe Halbertal kennen, der jüngste seiner regelmäßigen Kontakte in Jerusalem. Halbertal war neunzehn, als er Taubes traf, hatte bereits das Jeschiwa-Studium abgeschlossen und war nun Stipendiat in Hartmans Beit Midrasch, einem Studiengang für das fortgeschrittene Talmudstudium. Halbertals Vater kam, wie Zwi Taubes, ursprünglich aus Galizien und war dort aktiv in der Mizrachi-Bewegung; seine Mutter stammte aus einer angesehenen Jerusalemer Rabbinerfamilie litauischer Herkunft. Jacob erkannte das außergewöhnliche Talent und Potenzial des jungen Mannes.[130]

Bei seinem ersten Gespräch mit Halbertal warf Taubes eine antinomistische Bemerkung ein. Es gebe da etwas, das er unbedingt lesen *müsse*, sagte Taubes, und das sei der Abschnitt von Nachman von Breslavs *Likutei MoHaran*, wo der chassidische Meister erläutert, dass die Quelle der Häresie (*K'fira*) der Moment des *Zimzum* ist, ein Verweis auf die kabbalistische Vorstellung von dem Rückzug Gottes. Für Nachman bestehe die Häresie darin, dass sich der religiöse Mensch nicht der Gegenwart Gottes bewusst sei, sondern seiner *Abwesenheit* von dieser Welt. Dies sei einer der tiefgründigsten Momente im jüdischen Denken, erzählte Taubes Halbertal.[131] In der Kurzfassung bedeutete es, dass jeder der wahrhaftig religiös war, sich zwangsläufig am Rande der Häresie befand. Taubes' Interesse an diesem Abschnitt reichte weit zurück, bis in seine Zeit bei Joseph Weiss und zu jenem Essay, den Taubes in dieser Zeit über das jüdische Denken im neunzehnten Jahrhundert veröffentlicht hatte.[132] Halbertal war beeindruckt, dass Taubes sich an Textpassagen erinnerte, die er vor Jahrzehnten studiert hatte.[133]

Taubes kannte sich auch ausgesprochen gut in der jüdischen Welt aus. Als er einmal Halbertal in dessen Wohnung besuchte, kam sein Vater herein und erblickte Taubes in seinem typischen Jerusalemer Gewand – großer schwarzer Hut, schwarze Kleidung mit weißem Kragen, wie es für einen deutschen evangelischen Pastor typisch gewesen wäre – und fragte Moshe auf Jiddisch: »Was macht dieser Pfarrer hier?« Taubes antwortete in elegantestem galizischem Jiddisch und begann ein ausführliches Gespräch mit Moshes Vater, in dessen Verlauf deutlich wurde, dass Taubes mit jedem Winkel des galizischen jüdischen Lebens bestens vertraut war, einschließlich der vielen chassidischen Dynastien.

Max Weber hatte bekanntlich eingestanden, dass er religiös absolut »unmusikalisch« war, also keinerlei intuitives Gespür für religiöse Praktiken hatte. Taubes war das Gegenteil: Halbertal zufolge besaß er das »absolute Gehör« für religiöse Imagination, eine Eigenschaft, die es ihm ermöglichte, sich tief in die religiösen Empfindsamkeiten von Menschen aus ganz unterschiedlichen Religionen einzufühlen.

Taubes war deshalb so vom Apostel Paulus eingenommen, dachte Halbertal, weil Paulus' Auffassung von einem zwangsläufig sündigen Willen mit Jacobs eigenem Gefühl korrelierte, dass der Wille sich seiner Kontrolle entzog. Es entsprach seinem eigenen religiösen Scheitern und seinem Bedürfnis nach Gnade jenseits des menschlichen Willens. Der Kreislauf von Sünde, Sühne, Opfer und Erlösung war einer, mit dem er sich identifizieren konnte. Und Paulus' Kritik des Gesetzes fand großen Widerhall in Taubes' antinomistischen Empfindungen.

Wie andere, die ihn in Jerusalem und auch darüber hinaus kannten, war Halbertal von Taubes' dramatischer Selbstdarstellung fasziniert. Sie war zum Teil eine Spiegelung von Taubes' schweren inneren Kämpfen – emotionaler, religiöser und intellektueller Natur. Aber sie war auch das Resultat einer kultivierten Theatralik, die sich in seiner Kleidung, seinen Gesten und seinem gewählten Lebensstil als Wanderer zwischen den Welten und dem Anschein, er stünde kurz davor, eine große Offenbarung zu verkünden, niederschlug – eine Eigenschaft, die den Kristols schon Jahrzehnten zuvor aufgefallen und die ein Teil von Jacobs Persönlichkeit geblieben war.

Dank seiner hohen psychologischen Kompetenz entging Halbertal nicht, dass in Taubes' Innerem trotz seines Esprits und seiner anregenden Präsenz eine große Leere herrschte. Er lebte in einem Zustand der Verzweiflung und der Einsamkeit, den er auf vielfache Weise zu überwinden suchte, unter anderem sexuell. Er war von sich selbst und von seiner Unfähigkeit, seiner Berufung als großer Denker gerecht zu werden, enttäuscht. Er hatte keinen wirklichen Sinn für Orte – er war immer unterwegs – oder für Eigentum.

Leon Wieseltier war ein weiterer junger Intellektueller, mit dem sich Jacob in Jerusalem anfreundete und dem er ein großes Potenzial zusprach.[134] In vielerlei Hinsicht erkannte sich Taubes in Wieseltier und Wieseltier erkannte sich in Taubes. Wieseltier stammte aus einer orthodoxen Familie und hatte eine zionistisch-orthodoxe Schule in Brooklyn besucht. Er studierte an der Columbia University bei dem Literatur- und Sozialkritiker Lionel Trilling und bei dem Philosophen Dieter Henrich und ging dann als Postgraduiertenstipendiat nach Oxford. Als Wieseltier 1978 Taubes kennenlernte, hatte er bereits in angesehenen amerikanischen Organen wie der *New York Review of Books* publiziert und wurde für die Aufnahme in die Harvard Society of Fellows in Betracht gezogen (und letztlich auch aufgenommen), wo er zu Jüdischen Studien forschte und auch über weiter gefasste Themen schrieb. Im Jahr 1983 wurde er Literaturredakteur bei der *New Republic*, die er zum vielleicht besten Rezensionsforum im Land machte. In seinem 1998 erschienenen Buch *Kaddish*, das er seinem Vater widmete, konsultierte er jüdische Quellen, um über Themen wie Tod, Trauer, die Beziehung zwischen den Generationen und sein eigenes Hadern mit seinem Glauben und der Tradition zu reflektieren.

Wieseltier erkannte, dass Jacob Taubes zwar seinen Glauben an die jüdische Tradition verloren hatte, nicht aber seine Liebe dafür. Er hatte, in Wieseltiers Worten, eine »narkotische Beziehung zur Religion«: Er konnte sie nicht aufgeben, konnte sich ihr aber auch nicht hingeben. Sein antinomistisches Selbstverständnis erforderte paradoxerweise eine anhaltende Verbindung zur Tradition. Denn man kann nicht gegen das Gesetz rebellieren, wenn es keines gibt, gegen das man rebellieren kann. Im Resultat stand eine Art arretierte spirituelle Adoleszenz, die Unmöglichkeit, die Rebellion zu beenden, denn das Erreichen einer neuen, positiven Identität würde zum Stillstand führen. »Ein schlechter Sohn zu sein war seine Art, ein Sohn zu sein.«[135]

Aharon Agus, den Taubes in Jerusalem kennenlernte, kam einem Erben im Geiste am nächsten. Der 1943 in New York geborene Agus war der Sohn eines Professors einer Jeschiwa-Universität, wo Agus auch in Talmudstudien promovierte. Im August 1970 begann Agus, an der Bar-Ilan-Universität zu unterrichten, einer orthodoxen akademischen Einrichtung in Ramat Gan.[136] Als Taubes ihn 1978 kennenlernte, wohnte Agus mit Frau und Kindern im Jüdischen Viertel in der Altstadt von Jerusalem, unterrichtete jedoch an der Bar-Ilan.[137]

Agus war beeindruckt von Taubes, dem der eröffnete ihm den Zugang zu einer größeren intellektuellen Welt und zu intellektuellen Horizonten, mit denen er an der Jeschiwa-Universität oder an der Bar-Ilan nicht in Berührung gekommen war. Und

Taubes beförderte die antinomistische Seite in Agus' Persönlichkeit: Unter Taubes' Anleitung entwickelte Agus heterodoxe Denk- und Verhaltensmuster.[138] Seine wissenschaftliche Arbeit bewegte sich weg von der traditionellen Textkritik und hin zu Themen und Ansätzen, die von Taubes beeinflusst waren. Er begann, gnostische Inhalte im Talmud zu erkennen, erforschte die Beziehung zwischen talmudischen Texten und den Evangelien[139] und entwickelte sich zu einem Anhänger dessen, was er »Jacob Taubes und seine Art zu denken« nannte.[140]

Taubes' »Art zu denken« über solche Fragen zeigte sich in einem seiner ausführlichen Briefe an Arthur A. Cohen: Taubes glaubte, dass die Rabbiner nach dem Ende der jüdischen Souveränität eine neue Form des Judentums erschaffen hatten, in dem das Studium der Tora und des mündlich überlieferten Gesetzes zu einem Ersatz für die reale, konkrete Existenz, die die Juden einst besessen hatten, geworden war. Das rabbinische Judentum war demnach das Werk einer selbstgegründeten rabbinischen elitären Kaste, die das Studium und die Gelehrsamkeit über alles stellte und auf jene herabschaute, die weniger gelehrt waren – die *Am haaretz*. Angefangen bei Jesus und Paulus könne man vieles aus der jüdischen Geschichte – von der Zeit der Pharisäer bis zum frühen Chassidismus – als eine Reihe von Auseinandersetzungen zwischen der rabbinischen Kaste und den antinomistischen Bewegungen, die das Primat der Gelehrsamkeit vom Thron zu stoßen versuchten, interpretieren. Taubes bezweifelte, dass die gelehrte Bildung – wie er und Cohen sie bei Saul Lieberman am Jewish Theological Seminary erlebt hatten – in der Lage war, die entscheidenden religiösen Fragen zu beantworten. Nicht nur war sie eine Methode, solchen Fragen auszuweichen, sie stand einem wahrhaft historischen Ansatz sogar im Weg.[141]

Zu Jacobs Kreisen in Jerusalem zählten auch orthodoxe Frauen.[142] Eine davon – eine Ehefrau und Mutter aus einer bekannten rabbinischen Familie, die sich mit Jüdischen Studien beschäftigte – wurde seine ständige Begleiterin. Ihre Beziehung blieb nicht geheim und verletzte die religiösen Normen. Der psychische Stress, der daraus entstand, führte bei ihr zu einer vorübergehenden psychosomatischen Lähmung.

Eine weitere von Jacobs Jerusalemer Anlaufstellen war die École biblique et archéologique française an der Nablus Road, fünfzehn Gehminuten entfernt vom Schwedischen Theologischen Institut oder ein zehnminütiger Spazierweg von Mea Schearim. Sie gehörte zum Dominikanerorden und wurde hauptsächlich von französischen Mönchen betrieben.[143]

Pater Paul François Dreyfus hatte Jacob die École biblique gezeigt, einer der vielen jüdischen Konvertiten zum Katholizismus, die Jacobs Wege kreuzten – und die Verkörperung eines Weges, den Jacob nicht eingeschlagen hatte. Als gebürtiger französischer Jude hatte Dreyfus die elitäre französische Ingenieurshochschule, die École polytechnique, vor dem Zweiten Weltkrieg besucht. Einen Großteil des Krieges verbrachte er in deutscher Gefangenschaft und in dieser Zeit konvertierte er auch zum Katholizismus. Später wurde er Dominikanermönch. Dreyfus engagierte sich für den jüdisch-christlichen Dialog in Jerusalem, und dort traf er Jacob Taubes. (Nach dem Tod von Dreyfus' Mutter nahm Jacob ihn mit in die Synagoge, um das Kaddisch für sie zu sprechen.) Dreyfus machte Jacob mit Pater Marcel Sigrist bekannt, einem Altorientalisten an der École biblique, der in Yale studiert hatte.

Wenn er in Jerusalem war, ging Jacob alle zwei Wochen an die École zum Abendessen. Nach der Mahlzeit hielt er Vorträge über Paulus vor einer kleinen Gruppe von Mönchen – einschließlich Dreyfus, Sigrist und Étienne Nodet, eines Judaisten, der sich mit der Zeit des Zweiten Tempels beschäftigte. Jacob war überzeugt davon, das spirituelle Zentrum von Paulus gefunden zu haben, und er benötigte ein Publikum, dem er davon erzählen konnte. Er präsentierte seinen Zuhörern die antinomistische Auslegung des Apostels, die er später in *Die politi-*

sche Theologie des Paulus veröffentlichte. Seine Vorträge waren ungezwungen und hatten etwas Bekenntnishaftes. Oft flocht er in seine Reflexionen über Paulus Geschichten von seiner Familie, von seinen Ärzten oder auch aus der Politik mit ein.

Aber seine Zuhörer kannten ihren Paulus, und es entging ihnen nicht, dass Jacob Teile aus Paulus' Briefen ignorierte oder übersah: Dort, wo die Evidenzen gegen seine These sprachen, umschiffte Jacob die schwierigen Fragen. Aber die Dominikaner forderten ihn nicht auf, sich zu rechtfertigen: Sie waren gekommen, um zuzuhören, zu lernen, vielleicht um mitzufühlen, aber sicher nicht um zu streiten. Ihnen war klar, dass Jacob nicht *glaubte*, sondern von Paulus als Antinomist beeindruckt war. Nach seinem abendlichen Vortrag, ungefähr gegen 22.00 Uhr, kehrte er für gewöhnlich nach Mea Schearim zurück.

Jacob besuchte die École biblique Jahr für Jahr. Und die Mönche registrierten sehr wohl, dass er dabei häufig von attraktiven jungen Frauen begleitet wurde.

In Jerusalem kultivierte Jacob seine Aura der Ambivalenz noch. Seine Freunde und Gesprächspartner wussten von den radikal konträren Milieus, in denen er verkehrte. Auch seine äußere Erscheinung war die eines Grenzgängers. Seiner Kleidung nach zu urteilen, hätte er ein evangelischer Pfarrer sein können. Er trug oft eine schwarze Baskenmütze und zumeist keine Kippa. Viele waren von seiner fast femininen Physiognomie und seinem Auftreten überrascht.[144] Jacob Taubes war nicht leicht zu fassen. Er war ein spirituelles Chamäleon: unter Chassiden konnte er Chassid sein, unter Mönchen ein Mönch. Er war, in den Worten Moshe Waldoks, einer seiner jungen Bekanntschaften, »polymorph spirituell«.[145]

Jacob gefiel das Leben in Jerusalem so gut, dass er in Betracht zog, ganz dorthin zu ziehen, und er ermunterte seine Kinder, ebenfalls darüber nachzudenken.[146] Wenn er sich auch weiterhin vor den messianischen Versuchungen des Zionismus in Acht nahm, war seine Haltung dem jüdischen Staat gegenüber eine des Wohlwollens und der Sorge. Zwischen seinen Identitäten als deutscher Professor und als Jude gefangen,[147] neigte er nun zunehmend zu der jüdischen Seite. Wie er Werner Hamacher, einem jungen Literaturwissenschaftler, der im Hermeneutischen Kolloquium aktiv war, aus Berlin schrieb, ließ sein Interesse an einer Einflussnahme an der FU nach: »Ich muss *mir* einen Vorwurf machen: ich habe nicht mit starker Hand regiert hier, nicht weil ich nicht Lust an der Macht hätte, sondern weil ich als Jude doch nicht mit ganzem Herzen hier dabei bin und es mir irgendwo letztlich gleichgültig war (und ist), was hier geschieht.«[148]

Jacobs enge Verbundenheit zu Israel beeinflusste auch seine intellektuelle Entwicklung. Seine Begegnungen mit dem messianischen Zionismus von Gusch Emunim, der liberale Zionismus von vielen seiner akademischen Freunde und der radikale Antizionismus des Reb Arele Chassidim belebten sein langwährendes Interesse am Verhältnis von Theologie und Politik aufs Neue. Er initiierte mehrere Konferenzen in Deutschland zum Thema politische Theologie, eine davon zur »Theokratie«.[149]

Taubes agierte nun wieder als intellektueller Impresario, indem er einige von seinen Jerusalemer Bekanntschaften an die FU holte und so seine deutschen Kollegen und Studenten mit Wissenschaftlern bekannt machte, die sie andernfalls nie kennengelernt hätten. Shlomo Pines gastierte beim Hermeneutischen Kolloquium und gab im Mai 1979 ein vierwöchiges Blockseminar, ein Jahr später noch einmal. Im Jahr 1981 kehrte er wieder an die FU zurück, zur Verleihung der Ehrendoktorwürde (die ihm auf Taubes' Initiative zugesprochen wurde).[150] Der Kunsthistoriker Moshe Barasch kam als Gastprofessor im Wintersemester 1982/83 und Avishai Margalit folgte 1984/85, um gemeinsam mit Taubes ein Seminar über Maimonides und Spinoza zu geben. Bei Semesterbeginn litt Taubes jedoch zu stark an seinen Depressionen, um unterrichten zu können, und so übernahm Margalit den Kurs allein.[151] Taubes' Protegé Aharon Agus zog schließlich dauerhaft von Israel nach Deutschland und wurde auf einen Lehrstuhl in Heidelberg berufen.

Taubes nahm ein Forschungssemester im Frühjahr 1981, das er überwiegend in Jerusalem verbrachte. Wenn er auch nicht länger den Lehrstuhl für Judaistik an der FU innehatte, war er doch nun stärker an diesem Fach interessiert als zuvor, sowohl in der Ausübung als auch als Gegenstand akademischer Forschung.

Die Scholem-Kritik

Während seiner häufigen Besuche in Jerusalem kam Jacob mit vielen Judaisten in Kontakt, in und jenseits der akademischen Welt. Sein alter Feind Gershom Scholem blieb sehr präsent. Doch er war gealtert und eine neue Wissenschaftlergeneration – einige davon seine Schüler – war zu großer Geltung gelangt. Einer von ihnen war Joseph Dan, der erste Inhaber des Gershom Scholem Lehrstuhls für Jüdische Mystik an der Hebräischen Universität, der bei Scholem und bei Scholems Schüler Isaiah Tishby studiert hatte. Dan stand dem Präsidium des achten Weltkongresses für Jüdische Studien vor, der im August 1981 in Jerusalem stattfinden sollte. Der Kongress war die wichtigste Zusammenkunft der Wissenschaftler im Feld, der jungen wie der alten, die aus aller Welt angereist kamen, um Kollegen zu treffen, mit den Granden zu verkehren und die eigene Forschung zu präsentieren. Scholem war seit der Gründung eine zentrale Figur für diesen Kongress. Er hielt also organisatorisch alle Fäden in der Hand, als einige Wissenschaftler nicht eingeladen worden waren, einen Vortrag zu halten. Einer davon war Jacob Taubes. Dan war mit diesem Bann nicht einverstanden und lud Taubes höchstpersönlich ein, auf dem Kongress zu sprechen.[152] Taubes sagte zu und reichte als Thema seines Vortrags »Scholems Thesen zum Messianismus neu denken« ein. Das Präsidium bat ihn daraufhin, einen weniger provokativen Titel zu wählen, und er entschied sich für »Der Preis des Messianismus«.

Im August sollte Taubes seinen Vortrag halten. Der inzwischen dreiundachtzigjährige Scholem kränkelte und konnte nicht am Kongress teilnehmen. Jacob trat nach vorn, wie üblich in Schwarz gekleidet und mit einem breitkrempigen schwarzen Hut. Er hatte sich für seinen Vortrag Notizen gemacht, die er in eine ultraorthodoxe Zeitung eingeschlagen hatte und nun demonstrativ zum Podium trug.

David Stern, der kurz zuvor in Harvard in Jüdischen Studien promoviert worden war, befand sich unter den Anwesenden. Für Stern schwang in dem Namen Taubes etwas Verruchtes mit, sogar Gefährliches. In Harvard hatte ihm der Historiker John Clive die Geschichte erzählt, wie Taubes ausgetrickst worden war und sich ausführlich über einen mittelalterlichen Mystiker ausgelassen hatte, der gar nicht existierte. Arthur A. Cohen, der auch mit Stern befreundet war, hatte ihm von Taubes' Zeit am JTS erzählt und von der Aura der sexuellen Freizügigkeit, die ihn dort umwehte. Stern war neugierig, und damit stand er nicht allein. Ungefähr zweihundert Personen kamen zusammen, viele von ihnen zweifelsohne angelockt durch Taubes' etwas anrüchigen Ruf im Feld der Jüdischen Studien.[153]

Taubes begann mit der Ankündigung, seinen Vortrag zwar auf Englisch zu halten, Fragen jedoch in jeder Sprache anzunehmen. Dann merkte er an, dass er als Titel seines Vortrags ursprünglich »Gershom Scholems Thesen zum Messianismus neu denken« vorgesehen hatte, dass aber das Präsidium ihn gebeten hatte, die Fragestellung zu »neutralisieren«, daher der Titel »Der Preis des Messianismus« – ein Titel, der von Scholem selbst stammte.

»Ich beabsichtige, die innere Dynamik der messianischen Idee im Judentum zu beleuchten«, begann er. »Das beinhaltet das Überdenken von Gershom Scholems Thesen zum Messianismus.«[154] Taubes konzentrierte sich zunächst auf Scholems

Essay von 1959, »Zum Verständnis der messianischen Idee im Judentum«, den Leitessay in Scholems Buch von 1971, *The Messianic Idea in Judaism*. Taubes zielte vor allem auf eine Unterscheidung ab, die Scholem beiläufig zwischen dem Wesen des Messianismus im Judentum und im Christentum gemacht hatte. Das Judentum, so Scholems These, verstand die Ankunft des Messias als ein Ereignis, das sich in der Geschichte und der Öffentlichkeit vollzog und die Welt auf spürbare Weise verändern würde. Im Gegensatz dazu vertrat das Christentum die Auffassung, dass, nach dem Ausbleiben der Wiederkehr Jesu, die Erlösung durch eine innere Wandlung erfolge, in den Seelen der Individuen.

Taubes argumentierte, diese Unterscheidung sei zu scharf, historisch ungenau und sie »verschleiert die Dynamik, die der messianischen Idee selbst innewohnt«. »Wenn die Prophezeiung scheitert« und die Ankunft (oder die Wiederkehr) des Messias ausbleibt, könne sich eine messianische Gemeinde, statt sich aufzulösen, selbst erhalten, indem sie sich nach innen wendet und die Erlösung als inneres Ereignis der menschlichen Seele begreift. Für Taubes markierte dies »eine Krise in der jüdischen Eschatologie selbst – genauso wie im paulinischen Christentum und in der sabbatianischen Bewegung des siebzehnten Jahrhunderts«. Taubes' Hauptkritik bezog sich hier auf Scholems Versäumnis, die paulinische Erfahrung als paradigmatisch für die jüdische Eschatologie zu verstehen.

Ungefähr fünf Minuten nachdem Taubes zu sprechen begonnen hatte, erhob sich Isaiah Tishby, um zu widersprechen. Er tobte und musste von Joseph Dan aus dem Saal geführt werden.

Taubes fuhr anschließend mit einer Reihe von zusammenhangslosen, aber bemerkenswerten Beobachtungen fort. Wenn messianische Bewegungen nach dem Ausbleiben der ursprünglichen Erlösungserwartungen überlebten, liege das nicht an der intrinsischen Beschaffenheit des Lebens des Messias, sondern an der *Interpretation* der Ereignisse, die der Gemeinde der

Gläubigen von den Interpreten des vermeintlichen Messias angeboten werden. Damit bezog er sich auf Paulus von Tarsus im Falle von Jesus und Nathan von Gaza im Falle von Sabbatai Zwi. Die Leben von Jesus und von Sabbatai Zwi endeten beide im »Skandal«: der Kreuzigung bei Ersterem und der Konversion zum Islam bei Letzterem. In beiden Fällen war es die *Auslegung* dieses Skandals, auf die es ankam.

Etwas kryptisch führte Taubes eine weitere anregende These über die beiden wichtigsten messianischen Bewegungen in der Geschichte des Judentums aus: das paulinische Christentum und den Sabbatianismus. Die erste habe sich entwickelt »kurz bevor das rabbinische Judentum begonnen hatte, die Fantasie und die Wirklichkeit des jüdischen Volkes zu prägen«, also vor der Zerstörung des Zweiten Tempels und der Erschaffung des rabbinischen Judentums – für Taubes ein spektakuläres Erzeugnis kreativer Imagination. Das rabbinische Judentum habe messianische Bewegungen stets abgewehrt, und deshalb kamen und gingen angebliche Messiasse, ohne auch nur eine Spur zu hinterlassen – bis zur sabbatianischen Bewegung, die erst aufkam, als »das rabbinische Judentum in seiner klassischen Ausprägung zu zerfallen begann«.

Gezielt kritisierte Taubes Scholems These, es gebe »einen ›dialektischen‹ Zusammenhang zwischen dem sabbatianischen Messianismus und dem Aufstieg der [jüdischen] Aufklärung«. Er stimmte mit Scholem darüber ein, dass die Erfahrung der Vertreibung aus Spanien zur mystischen kabbalistischen Reaktion geführt habe, die Scholem skizziert hatte und die im Sabbatianismus endete. Doch, so Taubes, habe sie eben auch zu einer alternativen, rationalistischen Antwort geführt, und zwar von den Nachfahren der Marranen im siebzehnten Jahrhundert wie etwa von Spinoza. Diese Rationalisten seien die wahren Vorfahren der jüdischen Aufklärung, so Taubes, während die mystische, kabbalistische Antwort den Prozess der Aufklärung nur verzögert habe, bis die gescheiterte sabbatianische Erfahrung die Tür zur Aufklärung öffnete, nachdem sie die mystische Reaktion ad absurdum geführt hatte.

Anschließend wandte sich Taubes gegen Scholems These aus seinem berühmten Essay »The Neutralization of the Messianic Element in Early Hasidism«, wonach der Chassidismus mit seiner »nie dagewesenen Intensität und Intimität des religiösen Lebens« »teuer für seinen Erfolg bezahlen musste. Er eroberte das Reich der Innerlichkeit, aber gab damit das Reich des Messianismus auf« und beraubte so den Messianismus seines »apokalyptischen Feuers«. Doch, so fragte Taubes, wenn der Messianismus historisch zu »absurden und katastrophalen Resultaten« (dabei dachte er an die sabbatianische und die frankistische Episode) geführt hatte, war es dann nicht geradezu *wünschenswert*, dass sich der Chassidismus nach innen gewendet hatte?

Scholem hatte Folgendes dargelegt: »Die Größe der messianischen Idee entspricht der grenzenlosen Ohnmacht in der jüdischen Geschichte während all der Jahrhunderte im Exil, als sie nicht darauf vorbereitet war, auf die Bühne der Weltgeschichte voranzuschreiten.« Taubes hielt dagegen: Es sei zwar richtig, dass das rabbinische Judentum sich gegen alle messianischen Bewegungen gewandt und nach einem Dasein außerhalb der Geschichte, innerhalb der symbolischen und rechtlichen Gemeinde der Halacha gesucht habe, doch die millenarischen Bewegungen *jenseits* des Judentums hätten durchaus Einfluss auf die Geschichte genommen, wie etwa die Puritaner, die nach New England gegangen waren, um dort ein neues Zion aufzubauen, und damit den Grundstein für die Vereinigten Staaten gelegt hatten.

Taubes schloss seinen Vortrag mit einem Bezug auf die aktuellen Entwicklungen in Israel. Der Zionismus bedeute eine bewusste Hinwendung zur Geschichte, einen Versuch der Juden, ihr historisches Schicksal selbst in die Hand zu nehmen. Verwechsle man dies aber mit Messianismus, leiste man der Katastrophe Vorschub: »Jeder Versuch, eine Erlösung auf der Ebene der Geschichte ohne eine Verklärung der messianischen Idee herbeizuführen, führt geradewegs in den Abgrund«, versicherte Taubes. Die Verquickung von Messianismus und Zionismus »hat dazu geführt, dass wilde apokalyptische Fantasien die politische Realität im Staat Israel übernommen haben«. Indem er die Dinge richtigstellt, schloss Taubes, könne der Historiker »ein Problem beschreiben und eine Gefahr in der gegenwärtigen geistlichen und politischen Situation des jüdischen Volkes aufzeigen«. Den größten Eindruck scheint Taubes zum Ende seines Redebeitrags hinterlassen zu haben: Bei den anschließenden Fragen jonglierte er mit seinen Antworten wie ein Akrobat zwischen Englisch, Hebräisch, Deutsch, Französisch, Jiddisch und sogar Polnisch.[155]

Am späten Nachmittag fand auf dem Kongress ein öffentlicher Empfang statt. Als David Stern sah, dass Taubes allein stand, näherte er sich ihm und stellte sich vor. Taubes hätte kaum zuvorkommender sein können: Er erwähnte, einige von Sterns Beiträgen im *Commentary* und in der *New Republic* gelesen zu haben, und erkundigte sich ausführlich nach den Interessen des jungen Wissenschaftlers. Dann fragte er Stern: »Gehen Sie mit mir nach Mea Schearim?« Daraufhin führte Taubes Stern in einen der ärmsten Straßenzüge des Stadtteils. Stern wurde in ein Gebäude und die Treppe hinauf in einen Raum geleitet, in dem ein halbes Dutzend Reb Arele Chassidim um einen Tisch saßen. Ganz offensichtlich kannten sie Taubes und fragten ihn auf Jiddisch, was ihn in die Stadt führe. Taubes antwortete, er habe gerade einen Vortrag über Gershom Scholem gehalten, ein Name, der den Chassidim vertraut war, wie Stern erstaunt feststellte. Sie fragten nach dem Mann, der mit Taubes gekommen war. »Ein junger Wissenschaftler aus Harvard«, antwortete Taubes. »Was ist das?«, fragten sie und Taubes erklärte, dass Harvard so etwas wie die Brisk der US-amerikanischen Universitäten war – Brisk war die angesehenste Jeschiwa im Europa der Zwischenkriegszeit. »Wie kannst du das vergleichen?«, rief einer der Chassidim verärgert, denn er war empört über die Gleichsetzung der großen Jeschiwa mit einer säkularen Bildungseinrichtung.

Inzwischen war Taubes hungrig und fragte, ob in der Nähe eine Hochzeit gefeiert würde. Aber sicher, wurde ihm geantwortet, nur ein Stück die Straße herunter, woraufhin sich Taubes mit Stern im Schlepptau auf den Weg machte. Sie spähten durchs Fenster und entdeckten rund fünfhundert Gäste, die gerade das für diesen Anlass typische gekochte Huhn aßen. Taubes forderte Stern auf, ihm durch ein offenes Fenster und in den Saal zu folgen. Er fand einen freien Platz an einem der Tische, setzte sich und begann, sein Hühnchen zu verzehren. David Stern ging wieder. Doch seine Begegnung mit Taubes erinnerte er noch Jahrzehnte später, als er selbst Professor für Jüdische Studien in Harvard war. Taubes strahlte eine gewisse Gefahr aus, für sich selbst und für andere.

Seinen Vortrag auf dem Weltkongress für Jüdische Studien stellte Taubes als fundierte Kritik an Scholems Schlüsselthesen dar. Doch wenn wir Taubes' Behauptungen mit Scholems tatsächlichen Aussagen vergleichen, sind die Gegensätze deutlich weniger dramatisch. Taubes stand wahrlich nicht allein, und er war auch nicht der Erste mit seiner Warnung vor den Gefahren des messianischen Zionismus im zeitgenössischen Israel. Viele israelische Intellektuelle, wie zum Beispiel der Historiker Jacob Talmon, führten dieses Argument schon seit Jahren an. Einer von denen, die auf diese Gefahren hingewiesen hatten, war Gershom Scholem. Und tatsächlich: Je genauer man Scholems Arbeit mit den von Taubes in seinem Vortrag angeführten Kritikpunkten abgleicht, desto klarer wird, dass Scholem das meiste selbst bereits erwähnt hatte.

Scholems Ausführungen über Sabbatai Zwi, die 1957 veröffentlicht wurden, waren in Teilen eine Untersuchung des Sabbatianismus als Beispiel für die Gefahren, die dem Zionismus innewohnten.[156] Im Vorwort der englischen Übersetzung seines

1973 erschienenen Buches bezeichnete er die sabbatianische Bewegung als »eine Bewegung, die das Haus Israel bis auf die Grundfeste erschütterte und die nicht nur die Vitalität des jüdischen Volkes, sondern auch die tiefe, gefährliche und zerstörerische Dialektik, die der messianischen Idee inhärent ist, offenbarte«.[157] Auch am Ende seines Essays über »Die messianische Idee im Judentum«, der erstmals 1959 publiziert wurde, formulierte er eine solche Warnung.[158] Insbesondere nach dem Aufstieg von Gusch Emunim wies Scholem, auch öffentlich, mehrfach auf die Bedrohung hin, die der Messianismus für das zionistische Projekt selbst bedeutete.[159]

Die paulinische Erfahrung stand nie im Zentrum von Scholems Interesse, wie es bei Taubes der Fall war. Und doch bezog er sie in seine Diskussionen der Geschichte des jüdischen Messianismus durchaus mit ein, wenn er schrieb: »Ich würde natürlich nicht bestreiten, dass der Paulinismus eine genuine Krise der Tradition innerhalb des jüdischen Messianismus verkörpert«, vergleichbar dem Sabbatianismus. Scholem zufolge habe dies jedoch rasch »zum äußerst schnellen Bruch der Urkirche mit dem Judentum« geführt.[160] Er verwies auf die »weitreichende dialektische und regelrecht antinomistische Rechtfertigung«, die Paulus entwickelt hatte, »wodurch Christus als ›des Gesetzes Ende‹ (Römer 10,4) erklärt werden könnte«, und womit »zum ersten Mal die Krise der Tradition aus der inneren Dynamik der Erlösung selbst begründet wird«.[161] In seinem Buch über Sabbatai Zwi widmete er der Geschichte der christlich-chiliastischen Bewegungen, die vom jüdischen Messianismus beeinflusst wurden – einschließlich der von Taubes angeführten Puritaner – einigen Raum, bevor er resümierte: »Die millenarischen Bewegungen zeigen hinreichend die revolutionären Potenziale, die genau jenen Formen des Messianismus innewohnen, die die Kirche stets als von jüdischen Konzepten beeinflusst verdächtigt hatte. Diese revolutionären Neigungen kamen in der christlichen Geschichte ebenso stark zum Ausdruck wie im Judentum.«[162] In seinem Essay von 1959, »Zum Verständnis der messianischen Idee im Judentum«, kehrte Scholem noch einmal zu diesem Thema zurück.[163]

Kurz: was Taubes als *Kritik* von Scholems Thesen zum Messiansmus bezeichnete, war in vielerlei Hinsicht eher eine *Neuformulierung* von Scholems eigenen Inhalten oder vielleicht eine *Variation* davon. Das sollte spätere Wissenschaftler jedoch nicht daran hindern, der Darstellung ihrer vermeintlich gegensätzlichen Ansichten ganze Studien zu widmen.[164]

Jacob Neusner, ein ehemaliger Student von Taubes an der Columbia University, fand Taubes' Kritik an Scholem, mit dem er schon seit Langem im Streit lag, sehr überzeugend.[165] Da Taubes mit seiner Kritik eine möglichst große Reichweite erzielen wollte, veröffentlichte er sie über den offiziellen Tagungsband hinaus noch in zwei weiteren, nur leicht abgewandelten Versionen: einmal unter dem Titel »Der Preis des Messianismus« im *Journal of Jewish Studies*, das Neusner herausgab; und in der *Social Science Information*, einer Zeitschrift, die von seinem Pariser Freund Clemens Heller veröffentlicht wurde. Dort erschien der Artikel unter dem ursprünglich vorgeschlagenen Titel »Scholems Thesen zum Messianismus neu denken«.[166]

Der Geist Scholems verfolgte Taubes weiterhin – und umgekehrt. Scholem war inzwischen zu einer viel gerühmten Persönlichkeit in Westdeutschland geworden, vielfach ausgezeichnet mit Ehrentiteln von Universitäten und Wissenschaftsakademien. Im Juni 1981 wurde er in den Orden Pour le Mérite für Wissenschaften und Künste aufgenommen und hatte damit die Leiter der öffentlichen Ehrungen vollständig erklommen. Ungefähr zur gleichen Zeit wurde er eingeladen, dem ersten Jahrgang am Wissenschaftskolleg zu Berlin beizutreten. Dabei handelte es sich um eine Eliteeinrichtung für fortgeschrittene Studien, die gegründet wurde, um angesichts des Schadens für die Berliner Universitäten, den die radikalen Reformen, für die sich Taubes zehn Jahre zuvor eingesetzt hatte, angerichtet hatten, wieder ein gewisses Maß an intellektueller Exzellenz nach Berlin zu bringen.[167] Scholem nahm die Einladung an – machte es aber für sein Kommen zur Bedingung, dass Taubes das Gelände nicht betreten durfte.[168]

Am 6. Oktober 1981 kam Scholem am Wissenschaftskolleg im Stadtteil Grunewald an, und einen Monat später sprach er auf der feierlichen Einweihung. Taubes war nicht anwesend. Aber mindestens bei einer Gelegenheit saßen sie an verschiedenen Tischen in der Paris Bar, wo Taubes seinen Stammtisch abhielt, inmitten von Freunden und Schülern, während Scholem an einem eigenen Tisch saß, umgeben von seinem Gefolge.[169]

Bei einem Besuch in Zürich in diesem Monat luden Scholems Freunde Marianne und Sigi Weinberg ihn zum Abendessen ein, gemeinsam mit Elias Canetti, dem gerade der Nobelpreis für Literatur verliehen worden war. Während des Essens erkundigte sich Canetti nach Taubes. Als der Name fiel, wurde Scholem weiß wie ein Laken. Marianne erzählte Taubes von diesem Vorfall, woraufhin dieser sie bat, ein Versöhnungstreffen mit ihm und Scholem zu arrangieren. Da Marianne um die Vergeblichkeit eines solchen Versuchs wusste, lehnte sie ab. Wütend brach Taubes die Beziehung ab. (Später nahm er sie wieder auf.[170])

Bald darauf, Anfang Dezember, verletzte sich Scholem in Berlin bei einem Sturz die Hüfte. Am 17. Dezember kehrte er nach Jerusalem zurück und verstarb dort am 21. Februar 1982 mit vierundachtzig Jahren.[171] Auf Unselds Drängen schrieb Taubes einen Beileidsbrief an Scholems Witwe Fania.[172]

Doch Taubes' Obsession mit Scholem endete nicht mit dem Tod seines ehemaligen Lehrers. Scholem hatte seinen Nachlass, einschließlich seiner immensen Korrespondenz, in einem Archiv der Jüdischen Nationalbibliothek auf dem Campus der Hebräischen Universität hinterlegt. Irgendwann muss Taubes das Archiv entweder selbst besucht haben, oder er hatte jemanden in seinem Auftrag dorthin geschickt, denn unter den Papieren, die Taubes seinen Kindern in New York hinterließ, befanden sich Fotokopien der gesamten Korrespondenz zwischen ihm und Scholem, seit ihrem Anfang im Jahr 1947.

Französische Rückzugsorte

Neben Berlin und Jerusalem war Paris der dritte geografische Fixpunkt in Jacobs Leben als Wandernder in den letzten zehn Jahren seines Lebens. Und ebenso wie in Jerusalem bewegte sich Jacob auch hier zwischen sehr unterschiedlichen kulturellen Milieus. In Frankreich waren dies die akademischen Eliteinstitutionen von Paris und die Jesuitischen Einrichtungen in der Peripherie – jüdische Restaurants und Synagogen rundeten die Mischung ab.

Jacob empfand seit seinem ersten Besuch, 1952 mit Susan, eine große Affinität für Paris. Einige seiner langjährigen Freunde wohnten dort, darunter Jean und Mayotte Bollack, François Bondy und Emil Cioran. Doch Paris war ihm mehr ein Zufluchtsort; hier konnte er fernab von den Tumulten an der FU in Ruhe über alles nachdenken. Die Stadt lag näher und war leichter erreichbar als Jerusalem und damit besser geeignet als Fluchtort für kürzere Zeiträume.

Jacobs wichtigste institutionelle Verbindung in Paris war das Maison des sciences de l'homme am Boulevard Raspail. Gegründet 1965 auf Initiative des Historikers Fernand Braudel, war es ein Zentrum für sozialwissenschaftliche Forschung. Die treibende Kraft dort, und Jacobs Schutzwächter, war Clemens Heller (1917-2002). Heller war ein Kulturimpresario, der hinter den Kulissen des europäischen Geisteslebens eine Schlüsselfunktion einnahm. Der gebürtige österreichische Jude war 1937 in die Vereinigten Staaten gekommen, um in Harvard in Geschichte zu promovieren. Im Jahr 1947 war er einer der Gründer der »Salzburger Seminare«, einer amerikanischen Initiative, die mitunter als »Marschallplan des Geistes« bezeichnet wird. Die

Seminare waren ein Ort des Ideenaustauschs zwischen Intellektuellen aus ganz Europa und ein Schaufenster für die amerikanische Kultur. Im Jahr 1949 ging Heller nach Paris, um an der École practique des hautes études zu unterrichten, die von Braudel geleitet wurde. Später konzipierte Heller das Maison des sciences de l'homme neu, und es gelang ihm, die amerikanischen Stiftungen Ford und Rockefeller für die Finanzierung zu gewinnen. Das Maison eröffnete 1965 unter der Leitung von Braudel, Heller war sein Stellvertreter und Verwalter. Da er von einer intrinsischen Verzahnung zwischen den Sozialwissenschaften und der Demokratie überzeugt war, widmete sich Heller der Aufgabe, eine Alternative zur in Frankreich vorherrschenden marxistischen – und häufig kommunistischen – Sozialwissenschaft zu entwickeln. Er betrachtete sich selbst als Talentsucher und hatte ein Händchen dafür, Intellektuelle aus verschiedenen Ländern und Disziplinen zu fruchtbaren Begegnungen zusammenzuführen.[173] Heller mochte Taubes und stellte ihm ein kleines Büro am Maison zur Verfügung. Zu Taubes' Kontakten dort zählten Pierre Bourdieu, ein vielversprechender französischer Soziologe, der ebenfalls ein Büro am Maison hatte; Louis Dumont, ein Anthropologe, der damals an einer Geschichte des Individualismus arbeitete;[174] und der britische Historiker Eric Hobsbawm, der das Maison als »den wichtigsten internationalen Treffpunkt in Europa und vielleicht in der Welt für Intellektuelle« bezeichnete.[175] Wenn Taubes dort war, wohnte er zumeist im Maison Heinrich Heine, einer deutschen Kultureinrichtung in der nahe gelegenen Cité universitaire.

Einen kurzen Fußmarsch vom Maison des sciences de l'homme entfernt, an der Rue d'Ulm, befand sich das französische Elitecollege, die École normale supérieure. Damals zählte zu den bekanntesten Fakultätsangehörigen der Philosoph Louis Althusser, ein überzeugter Kommunist, der ein Konzept des Marxismus entwickelt hatte, das er selbst als wissenschaftlich bezeichnete. Althusser vertrat die Ansicht, dass der neuere Schwerpunkt auf den jungen, humanistischen Marx unangebracht war, denn in seinem späteren Werk habe Marx diese Prämissen zugunsten eines historischen Materialismus – eines vorgeblich wissenschaftlichen Verständnisses der kapitalistischen Strukturen und der historischen Entwicklung – über Bord geworfen. Die Wahrhaftigkeit eines »wissenschaftlichen Marxismus«, so Althusser, könne jedoch nur anhand der Realitäten der kommunistischen Bewegungen verifiziert werden.[176] Taubes drängte Suhrkamp erfolgreich dazu, Althussers Buch *Pour Marx* auf Deutsch zu veröffentlichen, obschon er in seinen eigenen Vorlesungen zum Thema an der FU im akademischen Jahr 1973/74 Althussers Interpretation ablehnte.[177] Doch die beiden Männer waren sich sympathisch, und manchmal war Taubes zu Gast in Althussers Haus.[178] Ende 1977 und Anfang 1978 lud Althusser Taubes an die École normale ein, um über Schlüsselkonzepte der Gnosis vor seinen Klassen zu sprechen. Taubes beobachtete, dass die Studentinnen und Studenten vor allem zwei Anliegen zu haben schienen: den Maoismus und gute Noten in ihren Zulassungsprüfungen (*agrégation*).[179] Althusser litt unter wiederkehrenden Depressionsschüben, auch er hatte bereits eine Elektroschocktherapie hinter sich und die »revolutionären« Ereignisse im Mai 1968 verpasst, da er sich zu dieser Zeit in psychiatrischer Behandlung befand. Im Verlauf des Jahres 1978 wurden seine Depressionen immer häufiger und stärker, und im November 1980 erdrosselte er seine Frau, offenbar in einem Wahnzustand. Jacob nahm an der Beerdigung teil.[180]

Obwohl Jacobs passives Französisch und seine Lesekompetenz gut waren, fühlte er sich doch im gesprochenen Französisch weit weniger zu Hause als im Deutschen, Hebräischen oder Englischen. Viele seiner engsten Freunde in Paris waren deutschoder zweisprachig, wie die Bollacks. Das galt auch für Heinz Wismann, den deutschen Philosophen und Literaturwissenschaftler, der an der École des hautes études en sciences sociales lehrte, einer weiteren Eliteinstitution mit einem Schwerpunkt auf den

Sozial- und Geisteswissenschaften. Wismann, ein jüngerer Mitarbeiter der Bollacks, lernte Taubes noch in Berlin kennen, als er dort unterrichtete, bevor er nach Paris ging. Wenn Taubes in Paris war, nahm er regelmäßig an Wismanns Seminaren teil.

Für Wismann hatte Taubes »eine mephistophelische Ausstrahlung – nicht satanisch, eher wie die niederen Teufel«. Es schien, als könne er an mehreren Orten zugleich sein: in Berlin, Paris und Jerusalem. Häufig tauchte er auf unerwartete und mysteriöse Weise auf, zu seltsamen Zeiten und an seltsamen Orten, und brachte damit den gewohnten Ablauf der Dinge durcheinander. Nach dem Tod von Peter Szondi zum Beispiel organisierte Wismann ein Seminar zu dessen Gedenken am Maison des sciences de l'homme, ein Seminar, zu dem Taubes nicht eingeladen war. Nach der Veranstaltung gingen die Teilnehmer gemeinsam in ein Restaurant – und da war Jacob Taubes mit einer jungen Frau beim Abendessen. Bei seinen Gesprächen mit Taubes über die Bedeutung des Apostels Paulus und andere religiöse Themen hatte Wismann nie den Eindruck gewonnen, dass Taubes ein gläubiger Jude war. Bis ein orthodoxer Wissenschaftler am Centre nationale de la recherche scientifique, mit dem Taubes in Paris gemeinsam die Synagoge besuchte, Wismann erzählte, er habe noch nie jemanden so inbrünstig beten sehen.[181]

Im Lauf der späten 1970er und der 1980er Jahre, als Taubes (auf seine Art) religiöser wurde, beschränkten sich solche inbrünstigen Gebete nicht länger auf die Synagoge. In den 1980er Jahren wohnte Rudolf von Thadden, ein deutscher Historiker, der sich für die deutsch-französische wissenschaftliche Zusammenarbeit engagierte, im Maison Heinrich Heine. Taubes hatte ein Zimmer auf der anderen Seite des Flurs. Einmal hörte Thadden lautes Singen und ging zu Taubes' Zimmer, wo die Tür offen stand. Er fand Taubes auf dem Boden liegend, auf der einen Seite lag ein Käse und auf der anderen eine hebräische Bibel. Taubes begann mit ihm ein Gespräch über die Bibel. Thadden vermutete, die Szene war inszeniert und sollte provozieren.[182]

In Paris, genauso wie in Berlin oder Zürich, hielt sich Taubes gern in Buchhandlungen auf; er blätterte durch die Neuerscheinungen und beobachtete die Kundschaft, um ein Gefühl dafür zu gewinnen, was gerade angesagt war – eine seiner Informationsquellen für seine Tätigkeit bei Suhrkamp. Seine Lieblingsbuchhandlung in Paris war die bekannte La Hune auf dem Boulevard St.-Germain. Bei einem dieser Besuche im Sommer 1977 lief er Arthur A. Cohen über den Weg. Der hatte zu diesem Zeitpunkt bereits eine erfolgreiche Karriere als Verleger hinter sich und einige Bücher zu jüdischen Themen geschrieben, einschließlich einer Studie über das moderne jüdische Denken, *The Natural and the Supernatural Jew* (1964), sowie kurz zuvor einen Roman, *In the Days of Simon* veröffentlicht, der viele historische Anspielungen auf Sabbatai Zwi und seinen Interpreten, Nathan von Gaza, enthielt. Sie frischten ihre Freundschaft auf, und in den folgenden Jahren schrieb Jacob lange Briefe an Cohen, in denen er von seinen Reisen erzählte und seine inneren Konflikte vor ihm ausbreitete.

Wenn Paris Taubes' Zufluchtsort vor den Tumulten an der FU war, so war Les Fontaines, ein jesuitisches Kulturzentrum in Chantilly, ungefähr vierzig Kilometer außerhalb von Paris, Jacobs Rückzugsort von diesem Zufluchtsort. Es war in einem von den Rothschilds erbauten Schloss untergebracht und verfügte über eine Bibliothek mit mehr als einer halben Million Bänden aus den Bereichen Theologie, Philosophie und Geschichte.[183] Da Taubes bei den Jesuiten außerhalb von Paris wohnte und einen guten Teil seiner Zeit mit den Dominikanern in Jerusalem verbrachte, erzählte man sich Geschichten darüber, er sei zum Katholizismus konvertiert. Arthur A. Cohen schrieb ihm im Dezember 1977, das »Gerücht geht um, du hättest in Jerusalem konvertiert. ... Ich habe es dir ja schon mehrfach gesagt, wenn es die Last deines Lebens erleichtert, dir Zuversicht und Orientierung gibt ..., soll es mir recht sein.« Das war die Alternative, die Simone Weil gewählt hatte: Sie war ihrer Überzeugung nach katholisch, hatte sich aber geweigert zu konvertieren. »Bleib außerhalb der Kirche, und läute die Glocken, wenn dir danach ist«, riet Cohen.[184]

Taubes' Interesse für das Christentum war kein rein akademisches, schließlich war er schon lange vom Apostel Paulus fasziniert. Er kannte und respektierte einige jüdische Zeitgenossen, die zum Christentum konvertiert waren. Doch Jacobs Identifikation mit dem Christentum hatte auch seine Grenzen. Nie konnte er, zumindest für sich selbst, die Vorstellung von Jesus als Christus ernst nehmen. Wie gesehen, war es vornehmlich das, was Paulus aus Jesus gemacht hatte, für das sich Jacob interessierte. Er konnte sich auch nicht von der Erfahrung des Holocaust lösen, dem so viele Personen aus seiner eigenen Familie zum Opfer gefallen waren, auch wenn er in seiner radikalen Phase in den 1960er und 1970er Jahren die Bedeutung heruntergespielt hatte. Im letzten Jahrzehnt seines Lebens, nach seinem psychischen Zusammenbruch, seiner stärkeren Hinwendung zur Religiosität und seinem erneuerten Engagement für Israel zeichnete sich das Nachdenken über den Holocaust – »Auschwitz«, wie er das Ereignis metonymisch bezeichnete – immer stärker in seinem Bewusstsein ab.

Am 24. März 1978 – Karfreitag – kehrte Jacob nach Chantilly zurück, um bei den Osterfeierlichkeiten anwesend zu sein. Vierhundert *lycée*-Schüler, evangelische wie katholische, waren zu diesem Anlass ins Kloster gekommen. Am Ostersonntag wurde aus der Bibel gelesen und Wein aus einem Becher getrunken. Anschließend wurde ein Junge namens Robert getauft. Seine Eltern waren, so hieß es, »wegen Auschwitz« nicht bei ihm – was nahelegte, dass Robert ein jüdischer Junge war. Der Priester verkündete den paulinischen Ausspruch »Hier ist nicht Jude noch Grieche, hier ist nicht Sklave noch Freier«, sang anschließend das »Hevenu Schalom Aleichem« und schloss mit den (so nicht im Liedtext enthaltenen) Worten »Jesus est venu«. Das war mehr, als Jacob ertragen konnte. »Während ich zutiefst überzeugt bin, dass wir eine Gemeinde des Friedens sein sollten etc. etc., bin ich doch auch untröstlich wegen Auschwitz«, schrieb er Cohen. Er realisierte, dass die jungen Christen um ihn herum Juden, besonders Juden in ihrem Alter, als Individuen betrachteten, »die Christus *noch* nicht erkannt haben«.[185] Darüber hinaus wollte er nicht mit etwas in Verbindung gebracht werden, was die Juden als Apostasie ansahen. Er reiste aus Chantilly ab und kehrte zum Maison des sciences de l'homme zurück, obwohl die dortige säkulare, laizistische und atheistische Atmosphäre auch nicht mit seinen eigenen Empfindungen im Einklang stand.

Jacob führte seinen Tanz auf dem Seil zwischen Judentum und Christentum fort. Er baute sich seinen eigenen paulinischen Vorsprung über dem atheistischen Abgrund. In den 1980er Jahren beeindruckte ihn Jean-Marie Lustiger, der tatsächlich vom Judentum zum Christentum konvertiert war. Als Aaron Lustiger geboren, stammte er aus einer jüdischen Familie und wurde während des Zweiten Weltkriegs als Katholik versteckt und katholisch erzogen. Als Dreizehnjähriger konvertierte er dann tatsächlich zum Katholizismus, identifizierte sich aber weiterhin mit dem Judentum. Er wurde 1981 von Papst Johannes Paul II. zum Erzbischof von Paris ernannt, 1983 dann zum Kardinal. Jacob traf sich mit Lustiger und besuchte seine Gottesdienste in der Kathedrale Notre-Dame.[186]

In Paris konnte es also vorkommen, dass Jacob die Werktage am Maison verbrachte und in einem koscheren Restaurant im Stadtteil Marais zum Essen ging, am Samstag eine orthodoxe Synagoge besuchte und am Sonntag in Notre-Dame eine Predigt von Lustiger hörte – und nach der Messe nach vorn trat, um ihn persönlich zu begrüßen. Und zwischendurch mit der Crème der Pariser akademischen Intellektuellen auf Partys feierte.

Als Teil der Vereinbarungen, die das Institut für Philosophie an der FU neu organisierten, gab Taubes seine Ansprüche auf eine Lehrtätigkeit in der Judaistik und der Religionssoziologie auf, erhielt aber sein Hermeneutisches Institut zurück, das 1979 wiedereröffnet wurde. Der einzige weitere Fakultätsangehörige, der dem Institut zugewiesen wurde, war Wolfgang Hübener, ein Experte für mittelalterliche Philosophie, mit dem Taubes gemeinsam unterrichtet hatte, und der nun eine Art Verbündeter wurde. (Wie viele solcher Bündnisse scheiterte auch dieses schließlich daran, wie Jacob Hübener behandelte.) Das Institut hatte eine eigene Sekretärin und zwei Assistenten.

Das Flaggschiff des Instituts war das Hermeneutische Kolloquium, das Jacob leitete. Es wurde wieder zu einem intellektuellen Dreh- und Angelpunkt, das ältere Professoren mit aufstrebenden Nachwuchswissenschaftlern zusammenbrachte und Wissenschaftler aus verschiedenen Disziplinen anzog – insbesondere aus der Komparatistik, der Philosophie, der Ethnografie und der Religion.

Aus den Literaturwissenschaften kamen Werner Hamacher und Winfried Menninghaus, beides Forscher mit einer philosophischen Ausrichtung in der Tradition Peter Szondis. Menninghaus hatte Komparatistik an der FU studiert – mit einem Schwerpunkt auf Walter Benjamin – und wurde später Lektor bei Suhrkamp. Im Jahr 1980 arrangierte Taubes für ihn die Rückkehr an die FU als Gastprofessor, woraus sich eine unbefristete Anstellung entwickelte.[187]

Hamacher beschäftigte sich mit zeitgenössischen französischen dekonstruktivistischen Denkern wie Jacques Derrida, der sowohl unter der Schirmherrschaft des Hermeneutischen Instituts als auch des Instituts für Komparatistik an die FU kam. Obwohl Taubes Derrida aus Paris kannte, hatte er weder besonderes Verständnis noch viel Interesse für die Art der Literaturkritik, die Derrida betrieb und die sich darauf richtete, die geringe Zuverlässigkeit von Sprache und das widersprüchliche Wesen von Texten aufzuzeigen. Taubes interessierte sich für Texte, weil er davon ausging, dass sie etwas Wertvolles über die Welt jenseits des konkreten Textes aussagten. Derridas These, dass dies nicht möglich war, sprach ihn wenig an.[188]

Aus der Anthropologie kam der aus Heidelberg nach Berlin gewechselte Fritz Kramer (geboren 1941), der aktiv im SDS und später in den K-Gruppen gewesen war. Kramer war daran beteiligt, die »selbstreflexive Wende« in der Ethnografie einzuleiten, bei der die Protagonisten über die Genese ihrer Disziplin und die Art und Weise nachdachten, in der die Grundannahmen der westlichen Anthropologen ihre Darstellung von fremden Kulturen beeinflusst hatten.[189] Ein weiterer regelmäßiger Teilnehmer, der aus der studentischen Linken kam, war Hans Dieter Kittsteiner, dessen Anfänge eigentlich in der Philosophie lagen. Er entwickelte sich zu einem vielseitigen Denker an der Grenze zwischen Philosophie und Geschichte und versuchte später, Elemente von Marx und Heidegger miteinander zu kombinieren.[190] Andere regelmäßige Teilnehmer waren Eberhard Lämmert, Professor für Komparatistik und Präsident der FU von 1976 bis 1983; Karlfried Gründer, Professor für Philosophiegeschichte; sowie Gründers Student und Nachfolger Wilhelm Schmidt-Biggemann, der einige Kurse gemeinsam mit Taubes unterrichtete.[191]

Renate Schlesier und Gabriele Althaus – zwei Frauen, denen Taubes nahestand – nahmen ebenfalls regelmäßig teil. Althaus (1938-2018) war eine linke Aktivistin, die Taubes und Brentano zum ersten Mal in den 1960er Jahren im Republikanischen Club getroffen hatte. In den 1970er Jahren, als sie als Vertreterin des radikalen Mittelbaus im Senat der Universität saß, lernten sie sich näher kennen. Während seines Kreuzzugs gegen den FB11 verfasste Taubes einen ausführlichen kritischen Artikel, den er in der konservativen *Frankfurter Allgemeinen Zeitung* zu veröf-

fentlichen plante. Vorher zeigte er Althaus den Text. Sie überzeugte ihn davon, dass es »solidarischer« sei, den Artikel in der
eher linken *Frankfurter Rundschau* zu veröffentlichen, wo er
dann auch erschien. Ihr Habilitationsthema über das Werk von
Günther Anders, einem Technikkritiker, der eng mit der Anti-
Atomwaffen-Bewegung verbunden war, ging auf Taubes zurück.
Im akademischen Jahr 1985/86 gab er gemeinsam mit ihr ein Seminar über Anders.[192] Taubes vertrat jedoch den Standpunkt,
dass Anders mit seiner Haltung falsch lag, für ihn war es nur
»linke[r] Quatsch als Blödsinn«.[193]

Wie so viele von Taubes' Studentinnen und Studenten an der
FU war auch die 1947 geborene Renate Schlesier aktiv in der studentischen Linken. Sie belegte seine Seminare in den Fächern
Philosophie und Religionswissenschaft und schrieb 1971 ihre
Magisterarbeit. Für eine Reihe von Bänden über antike und moderne Mythenvorstellungen fungierte sie als Herausgeberin, und
schließlich wurde sie Professorin für Religionswissenschaft an
der FU.

Das Hermeneutische Kolloquium fand in der Regel am Mon-
tagabend von 20.00 bis 22.00 Uhr statt. Einige der Teilnehmer
gingen anschließend mit Taubes in die Paris Bar, ein Restaurant
in der Kantstraße im Stadtteil Charlottenburg. Das Restaurant
war nicht unbedingt für seine gute Küche bekannt, sondern
als Treffpunkt für Künstler, Schauspieler und andere prominente Persönlichkeiten – ein Ort zum Sehen und Gesehen werden.
Durch die großen Fenster konnten Außenstehende einen Blick
hineinwerfen. Taubes machte es sich zur Gewohnheit, mit seiner Entourage hierher zu kommen, auch mit Gästen aus dem
Ausland wie Susan Sontag. Dann saß Taubes umgeben von seinen Assistenten und attraktiven, elegant gekleideten Frauen am
Tisch.[194] Sie saßen nicht vorn bei den Schönheiten, sondern in
einer großen Nische im hinteren Teil des Restaurants. In dieser
Umgebung, wie auch in seinen Seminaren, waren Taubes' Freude am Gespräch, sein Humor und seine Lebensfreude zu spüren.

Unter Taubes' Assistenten am Hermeneutischen Institut waren Richard Faber – der bereits vor dessen Zusammenbruch bei Taubes studiert hatte – und zwei jüngere Männer, Norbert Bolz und Christoph Schulte.

Bolz' Dissertation über Adornos Ästhetik wurde von Taubes betreut, doch letztlich überzeugte Taubes ihn davon, dass Walter Benjamin der interessantere Denker war. Gemeinsam mit Richard Faber gab Bolz zwei Sammelbände über verschiedene Aspekte des Benjamin'schen Werks heraus.[195] Zu einer Zeit als Taubes fest entschlossen war, die Bedeutung von Carl Schmitt zu propagieren, forderte er Bolz auf, er müsse seine »kindische Allergie gegen konterrevolutionäre Denker überwinden«.[196] Taubes motivierte Bolz, sich mit radikalen Ideen von rechts wie von links zu beschäftigen, und so schrieb Bolz seine Habilitationsschrift, die er ein Jahr nach Taubes' Tod fertigstellte, über den philosophischen Extremismus zwischen den Weltkriegen.[197] Doch im Gegensatz zu Taubes stand Bolz den antiliberalen und antibürgerlichen Ideen, über die er forschte, ablehnend gegenüber. Er entwickelte sich zu einem konservativ-liberalen Denker und publizierte Bücher, die den Kapitalismus (*Das konsumistische Manifest*) und die bürgerliche Familie verteidigten und sich an eine Leserschaft wandten, die über die akademische hinauszielte.[198] Taubes, erkannte Bolz, lebte in einer »Traumwelt« von Ideen. Nicht nur habe es ihm an Geschick für lebenspraktische Dinge gemangelt, auch die ökonomischen Themen habe er verachtet und keinerlei Interesse an der empirischen Sozialforschung bekundet, die er als »Schmonzes« abtat.[199]

Schulte kam 1980 nach Berlin und blieb bis 1983. In dieser Zeit war er als studentische Hilfskraft bei Taubes beschäftigt, was die Hintergrundrecherche für dessen Seminare beinhaltete. In Schultes Fall bedeutete dies die Lektüre der wissenschaftlichen Literatur aus den 1960er und 1970er Jahren über den Apostel Paulus und eine Zusammenfassung der wesentlichen Punkte für Taubes. Wenn Taubes zu krank war, um zu unterrichten, und das war häufig der Fall in den Jahren 1982 bis 1986, übernahmen seine Assistenten diese Aufgabe. Taubes hätte Schulte gern am Lehrstuhl gehalten und gesehen, dass er eine Dissertation über Paulus schrieb, die Taubes' eigene Erkenntnisse in einen systematischeren Kontext gestellt hätte. Doch Schulte glaubte, dass ein solches Thema seiner Karriere in der Philosophie den Todesstoß versetzt hätte, und er promovierte andernorts.[200] Letztlich wurde er Wissenschaftler im Feld der Jüdischen Studien.

In den zehn Jahren nach seiner Rückkehr von seiner Behandlung in New York zog Taubes also weiterhin Intellektuelle aus vielen Fachgebieten und mit unterschiedlichen politischen Ausrichtungen an.

14

»Ach, ja, Taubes …«

Eine Charakterskizze

Wie dachten jene, die Taubes in den letzten zehn Jahren seines Lebens kannten, über ihn? Welches waren seine hervorstechendsten Charaktereigenschaften? Die Eindrücke von Freunden, Kollegen und Familienangehörigen, so unterschiedlich sie sein mögen, lassen sich zu einem ganzheitlichen Bild zusammenfügen. Die positiven Seiten von Jacobs Person werden trefflich von dem Aphoristiker und Kulturkritiker Emil Cioran, Jacobs langjährigem Freund aus Paris, in seinem Beitrag zur Festschrift anlässlich von Jacobs sechzigstem Geburtstag beschrieben. Diese Charakterisierung ist umso erstaunlicher, als sie aus der Feder eines Mannes stammt, der sonst zum Skeptizismus und zu einem an Misanthropie grenzenden Pessimismus tendierte.

Da ich in nichts, in niemandem, noch weniger in mir selbst spezialisiert bin, wäre es anmaßend, wenn ich mich zur wissenschaftlichen Tätigkeit von Jacob Taubes äußern würde. Aber das, worüber ich sprechen kann, sind unsere sich über Jahre erstreckenden Begegnungen; Begegnungen, die für mich sehr bereichernd sind, denn jeder Aufenthalt meines Freundes in Paris gibt zu langen Monologen über unsagbar *lebenssprühende* Sujets Anlaß. Damit meine ich, daß, selbst wenn er Mesopotamien evozieren würde, er schon Mittel und Wege fände, um einen Streifzug durch die Gegenwart zu machen. Professor und Nicht-Professor zugleich, verkörpert Taubes den Abscheu vor jeder öden Wissenschaft. Besonders wenn es um Religion geht, ist die Gelehrsamkeit um ihrer selbst willen ein Un-Sinn. Was irgendein Ketzer bekannt hat, besitzt einen Wert nur in dem Maße wie sein Standpunkt – oder sein Irrtum – in uns noch ein Echo hervorrufen kann. Die Gnosis würde keinen Augenblick lang Aufmerksamkeit verdienen, wenn sie uns nicht in den Tiefen aufrütteln würde: gerade weil wir ihre späten Komplizen sind und weil sie in uns fortlebt, müssen wir uns mit ihr auseinandersetzen. Hierbei tritt Taubes' Talent besonders deutlich in Erscheinung: er macht eine ehemalige Doktrin zeitgenössisch, er müht sich um [den gnostischen Christen] Marcion, als ob dieser uns heute noch verführen oder irreleiten würde. Sein Polemiker-Temperament, sein tertullianischer Einschlag [ein Verweis auf den Kirchenvater, der für seine prägnanten Formulierungen bekannt war] bewirkt, daß er alles belebt, worüber er spricht. Er hat mich davon dispensiert, einen Haufen neu erschienener Bücher zu lesen, meistens französische, deren Mehrzahl durch ihren Inhalt bedeutsam, durch ihren Stil aber abstoßend waren. Warum sie noch in Angriff nehmen, warum sie *erleiden*, da er es schon getan hat, da er sie für uns verarbeitet, verdaut hat?

Die freundschaftliche Beziehung hat nur dann einen Sinn, wenn unsere Freunde uns eine Menge Kraftaufwand ersparen, den unser Dilettantismus oder unser Überdruß aufzubringen vermeiden. … Nur der Leidenschaftliche, den der Humor zügelt, ist ein angenehm willkommener Gast! Das trifft bei Jacob Taubes zu. Ein mit ihm zusammen verbrachter Abend läßt einen, seltsames Ding, mit sich selbst zufrieden zurück.

Für einen Seßhaften, wie ich es bin, bleiben die Berichte seiner Reisen, seiner Erlebnisse, z. B. in Jerusalem, der mannigfachen Erfahrungen, die er dort gesammelt hat, einfach unvergeßlich. Ein Geist, den das Wissen nicht verfälscht hat, der mit gleicher Intensität und, bei Gelegenheit, mit gleicher Losgelöstheit über die Erbsünde und über die letzten Schlagzeilen zu sprechen vermag.[1]

Ciorans Skizzierung fängt eine Seite von Jacob ein, die unbestreitbar ist: seine Geselligkeit, seine Intensität, die Genialität im Gespräch, die Bandbreite seines Wissens und die Bereitschaft, dies zu teilen.

Ergänzend hinzufügen könnte man noch seinen Esprit, sein mimisches Talent und seinen Sinn für Humor.[2] Seine Witze dienten zumeist einer Erkenntnis oder einer Generalisierung, wie etwa sein Lieblingswitz von einem Schiffbrüchigen, der auf einer einsamen Insel strandet und dort auf den einzigen Bewohner, einen Juden, trifft. Der Jude führt seinen Gast über die Insel und beginnt mit der Synagoge, die er gebaut hat. Dann zeigt er seinem Besucher die Wasserstelle, an der er fischt, die Stelle, wo er Pilze sammelt und so fort. Schließlich erreichen sie das andere Ende der Insel, wo der erstaunte Besucher eine weitere Synagoge erblickt, die genauso aussieht wie die erste. »Was ist das?«, fragt er. Woraufhin der Jude antwortet: »Ach, das ist die Synagoge, in die ich *nicht* gehe.« Taubes erkannte in diesem Scherz exemplarisch den Hang der Juden, sich über Negation zu definieren – darüber, was sie nicht sind –,[3] und räumte unumwunden ein, dass dies auch auf ihn selbst zutraf.[4] Ein anderer Witz, der es in sich hatte, lautete folgendermaßen: Im Jahr 1943 gehen zwei Juden, Aby und Sammy, in einen Film an der Fifth Avenue mit dem Titel *Mein Kampf*. Als sie das Kino verlassen, fragt Aby Sammy: »Nun, was denkst du über den Film«? Woraufhin Sammy antwortet, »Nu, der Film war ganz gut, aber das Buch ist so viel besser!«[5] Der Witz zeigt die Neigung von Intellektuellen, sich gegenseitig übertrumpfen zu wollen; der Humor dient dabei als Vehikel für Kritik und Selbstkritik.

Doch Jacob hatte auch andere Seiten, manche davon weit weniger humorvoll oder schmeichelhaft. Jene, die ihn in den letzten zehn Jahren seines Lebens in Berlin, Paris, Zürich und Jerusalem erlebten, zeichneten ein ähnliches Charakterbild. Nach ihm befragt, begannen sie häufig mit der einen oder anderen Variation des Ausrufs seines Berliner Kollegen Wilhelm Schmidt-Biggemann: »Ach ja, Taubes …«

Das Ausmaß, in dem Jacob Taubes in einer Welt der Ideen lebte, ist selbst für Intellektuelle ungewöhnlich. Einher mit seiner Intellektualität jedoch ging eine bemerkenswerte Körperlichkeit, ein ungezügelter Appetit nach leiblichen Dingen. Das zeigte sich in seinen Essgewohnheiten, in der fast animalischen Weise, in der er nach dem Essen griff und es verschlang, ohne sich darum zu kümmern, welches Erscheinungsbild er abgab oder was seine Mitmenschen über ihn dachten.[6] Bei einer Dinnerparty im Haus eines Kollegen stellte die Gastgeberin eine Platte mit Parmaschinken auf den Tisch. Taubes schnappte sich die Platte und lud sich die gesamte Portion auf seinen Teller, ohne etwas für andere übrig zu lassen. Verwundert fragte ihn sein Kollege Peter Wapnewski, wie er als orthodoxer Jude Schweinefleisch essen könne. »Ich bin ein orthodoxer Jude, aber auch ein großer Sünder«, antwortete Jacob.[7]

Dieser Mangel an Selbstzügelung zeigte sich zunehmend in seinem Verhalten gegenüber Frauen, das mitunter obsessive Züge annahm. Er schien permanent in einem Zustand der Verführung und sein erotisches Organ war sein Verstand. Seine Missachtung der Normen akademischen Anstands war beachtlich, wenn er sich etwa von einer Studentin, die auch seine Sekretärin war, visuellen Anschauungsunterricht in chinesischen erotischen Praktiken erteilen ließ.[8]

Gabriele Althaus' langjährige Bekanntschaft mit Jacob Taubes verdeutlicht das Ausmaß seines obsessiven Verhaltens, aber auch die Komplexität von Taubes' Beziehung zu Frauen, die er begehrte. Althaus war eine attraktive Frau mit radikalen politischen Ansichten, als Jacob sie 1978 wiedertraf. Damals war sie Vertreterin des Mittelbaus im Senat der Universität. Jacob erkundigte sich nach ihrem Ehemann, Klaus, einem ehemaligen Studenten von ihm, an den er sich gut erinnerte, der aber dem Alkohol verfallen war. So gelang es Taubes, sich in ihr Privatleben einzuschleichen. In den folgenden drei Jahren stellte er ihr nach. Da er Einsamkeit nicht ertrug, verbrachte er viele Stunden in ihrer Wohnung. An manchen Tagen rief er ein Dutzend Mal bei ihr an. Eines Abends, sie war nicht zu Hause, sprach Jacob mit ihrem zehnjährigen Sohn am Telefon und erkundigte sich bei ihm, wo sich seine Mutter aufhielt. Als er erfuhr, dass sie ins Kino gegangen war, wartete er draußen vor dem Kino, von dem er annahm, dass sie dort war. Als sie seine Annäherungsversuche zurückwies, erklärte Taubes ihr: »Eine Frau wie du kann sich das nicht leisten.« Anderen gegenüber behauptete Taubes, ein Verhältnis mit Althaus zu haben. Sie wies ihn weiterhin ab und letztlich entwickelten sie ein freundschaftliches Verhältnis, ohne sexuelle Absichten. Jacob regte nicht nur das Thema für ihre Habilitation an – die von Margherita von Brentano betreut werden sollte –, sondern setzte sich auch Jahre später erfolgreich beim Wissenschaftssenator für ihre Berufung an der FU ein.[9]

Renate Schlesier machte ähnliche Erfahrungen mit Taubes. »Ich liebe intellektuelle, schöne Frauen«, erzählte er ihr, und in den frühen 1980er Jahren versuchte er jahrelang, sie zu überreden, mit ihm zu schlafen – und bekundete diesen Wunsch sogar öffentlich. Er saß vor ihrem Seminarraum und sprach sie an, wenn sie herauskam. Doch auch hier: Was als sexuelles Begehren begann, entwickelte sich zu einem freundschaftlichen und unterstützenden Verhältnis, denn Jacob schätzte sie aufrichtig als Wissenschaftlerin. In einem seiner letzten Briefe empfahl er sie dem Wissenschaftssenator als eine Kandidatin für seine Nachfolge.[10]

Eine von Jacobs bemerkenswertesten Eigenschaften in seiner beruflichen Karriere war das enthusiastische Protegieren von Wissenschaftlerinnen, die er durch ihr Studium begleitete und deren berufliche Perspektiven er förderte. Dass es sich dabei häufig um Frauen handelte, die er – erfolgreich oder erfolglos – versucht hatte, ins Bett zu kriegen, zeigt die Komplexität dieser

Beziehungen, die sowohl in einem körperlichen wie intellektuellen Sinne erotisch waren.

Verführung, Verlassenheit, Verrat

Jacobs Verführungsversuche hatten mitunter auch destruktivere Auswirkungen. Er verfügte über eine gespenstische Fähigkeit, nicht nur die tiefsten Verwundbarkeiten bei anderen intuitiv zu erkennen. Er konnte Menschen auch das Gefühl vermitteln, ganz für sie »da« zu sein. Er schaute ihnen tief in die Augen und brachte sie dazu, sich ihm gegenüber vollständig zu öffnen. Sein intensives Interesse gab ihnen das Gefühl, dass es sich gerade um einen alles entscheidenden Moment in ihrem Leben handelte. Wenn sie ihm einmal ausgesetzt waren, lechzten sie nach seiner Anerkennung. Doch nach einer Weile – manchmal nur ein paar Minuten, manchmal ein paar Begegnungen – schlug sein Interesse in Langeweile um. Sein Blick verlor an Intensität, als ob sich eine Membran über seine Augen geschoben hätte. Manchmal öffnete er eine Wunde, und es schien, als könnte nur er sie heilen. Wenn seine Aufmerksamkeit schwand, blieben manche verwirrt oder traurig zurück, andere verzweifelt. In Berlin und Paris kursierten Geschichten von Frauen, die Jacob erst verzauberte und dann fallenließ und die daraufhin einen psychischen Zusammenbruch erlitten und in stationäre Behandlung mussten.[11]

Ein weiterer Grund, warum Frauen sich zu Jacob hingezogen fühlten, war, dass er eine gewisse Hilflosigkeit oder auch Langeweile ausstrahlte und die Aussicht, dass sie – und nur sie – ihn von diesem Unbehagen befreien konnten.[12]

Die Erinnerungen vieler, die Jacobs Kontaktfreudigkeit und seine Fähigkeit, Freundschaften einzugehen, erlebten, waren häufig von Erfahrungen mit seiner Unzuverlässigkeit oder gar des Verrats getrübt. Da war zunächst seine Schwäche für Indiskretionen bzw. sein Vergnügen, Informationen über Personen, die er kannte, an andere Personen, die dies nichts anging, weiterzugeben. Das ging so weit, dass ein Weg, eigentlich vertrauliche Informationen an ein größeres Publikum zu tragen, darin bestand, sie Jacob vertraulich mitzuteilen.[13] Hinzu kam Jacobs Neigung, sich bei intellektuellen, ideologischen oder privaten Meinungsverschiedenheiten mit einer Vehemenz gegen Menschen, mit denen er befreundet war, zu wenden, dass sie verstört und fassungslos zurückblieben. Einige seiner Kollegen – Carsten Colpe, Wolfgang Hübener und Karlfried Gründer – durchliefen diesen Prozess. Im Falle Hübeners führte dieser Bruch zu einer tiefen Depression. Gründer ging dazu über, Taubes' beleidigende Briefe ungeöffnet zurückzuschicken.[14] Von den Kollegen, mit denen er über Jahre im Rahmen von »Poetik und Hermeneutik« zusammengearbeitet hatte, war keiner bereit, einen Nachruf über ihn zu verfassen. Letztlich übernahm Dieter Henrich diese Aufgabe.[15]

Dramatik, Ambiguität und Ambivalenz

Jene, die Jacob gut kannten, waren von seiner Dramatik und seiner kultivierten Ambiguität beeindruckt. Ständig nahm er Rollen ein, eine nach der anderen, manchmal mehrere an einem Tag. Edmund Leites, sein Freund aus New York, der ihn 1981/82 in Berlin besuchte, beobachtete ihn dabei, wie er sich im Laufe eines Tages vom frommen Juden zum religiösen Skeptiker und wieder zurück verwandelte.[16] In Jerusalem kleidete er sich, wie gesehen, wie ein Pfarrer oder Pastor. »Immer spielte er eine Rolle«, bemerkte Leon Wieseltier, der ihm dort begegnete. Er experimentierte mit dem Esoterischen und vermittelte den Eindruck, das bedeutendste Wissen sei einer geistlichen Elite vorbehalten und er kontrollierte den Einlass. Auch Michael Wyschogrod in New York war von den vielen verschiedenen Personae beeindruckt, in die Jacob zu schlüpfen schien, oder die in ihn schlüpften.[17] Zudem war Jacob jederzeit bereit, sich in einer Debatte auf der Gegenseite zu positionieren, eine konträre Rolle einzunehmen, wenn er damit Impulse geben konnte.[18]

Noch verstärkt wurde diese Ambiguität von Jacobs Person durch seine echte Ambivalenz hinsichtlich der großen und kleinen Themen, die für ihn so drängend waren. Jacobs Religiosität war zutiefst widersprüchlich. Auf der einen Seite praktizierte er die jüdischen religiösen Bräuche, die ihm auch Trost spendeten. Doch sie waren nicht vereinbar mit anderen seiner Überzeugungen – auch nicht mit der Frage, ob oder wie er an Gott glaubte. Seinem Verständnis nach hatten den Juden nach der Zerstörung des Zweiten Tempels zwei Möglichkeiten offengestanden: entweder eine gnostische Abwendung von der Welt (vielleicht widergespiegelt in der Figur des Paulus); oder die Errichtung einer neuen Ordnung durch einen Akt des Willens und der Imagination, den die Rabbiner mit dem Talmud und der Halacha schließlich auch vollzogen.[19] Entsprechend konnte Jacob die orthodoxen religiösen Bräuche zwar praktizieren, einschließlich der inbrünstigen Gebete, doch da er das orthodoxe jüdische Leben als eine Schöpfung des menschlichen Willens und der Imagination betrachtete, konnte er dessen Anspruch auf letzte Wahrheiten nicht als für sich verbindlich akzeptieren.

Glaube und Zweifel, Judentum und Christentum, Zionismus und die ultraorthodox inspirierte Ablehnung desselben, politischer Radikalismus und ein Bewusstsein für die damit einhergehenden Gefahren, Frömmigkeit und Antinomismus – statt sich, bei jeder dieser Fragen, für einen der Pole zu entscheiden, übernahm Jacob beide, häufig sogar zur gleichen Zeit. Ein Geist, der die Dinge hinterfragt, kann sich mit keiner der möglichen Antworten auf diese hochgradig schwierigen Fragen zufriedengeben. In diesem Sinne spiegeln Jacobs Ambivalenzen einen Verstand, der zu viel fragte, und Seele, die zu zerrissen war, wider, um sich für eine der beiden Seiten zu entscheiden.[20]

Doch jenseits aller Ambiguität war Jacob auch zu ganz banalen Täuschungen in der Lage – und hatte seine Freude daran. Anfang der 1980er Jahre zum Beispiel traf er Joseph Shatzmiller am Maison des sciences de l'homme in Paris, einen Professor für mittelalterliche jüdische Geschichte und Gastwissenschaftler. Auf Shatzmillers Frage, was ihn ans Maison geführt habe, behauptete Jacob, eine Geschichte über das Manhattan Project als jüdische Errungenschaft zu schreiben.[21] Das stimmte natürlich nicht. Er erzählte Shatzmiller auch, dass er, obwohl er Gershom Scholem für einen großen Wissenschaftler halte, entschieden habe, nicht in Jerusalem zu bleiben, weil Scholem ihm einen anderen Wissenschaftler, Zwi Werblowsky, vorgezogen habe – auch das eine Erfindung, wie Shatzmiller herausfand.

Viele der Charakterzüge, die Jacob zeigte, waren wahrscheinlich auf seine manisch-depressive Verfasstheit zurückzuführen. Sie verlieh ihm eine gewisse Kraft, Energie und Magie: sowohl weiße wie schwarze Magie.[22] Seine Ruhelosigkeit und die Unfähigkeit, kontinuierlich an etwas zu arbeiten; die Redseligkeit und das Versprühen von Ideen; das übersteigerte Bedürfnis nach Sozialkontakten; sein Charme bei zwischenmenschlichen Begegnungen in Kombination mit der Fähigkeit, wunde Punkte bei anderen auszumachen und sie für sich zu nutzen; die übermäßige Hingabe an Lustvolles, einschließlich der Hypersexualität, in Kombination mit einer erhöhten Risikobereitschaft – all dies waren Eigenschaften, die mit einer manischen Depression in der Ausprägung einer Bipolar-II-Störung in Verbindung stehen. Diese Eigenschaften, im Zusammenspiel mit Jacobs hoher Konfliktbereitschaft und seinem Hang zur Unaufrichtigkeit und zum Verrat, helfen zu erklären, warum ihn so viele, die ihn kannten, als »mephistophelisch« beschrieben – ein Begriff, der auch Kreativität impliziert – oder, kritischer, als »dämonisch« oder »diabolisch«.

Einsamkeit, Melancholie und die Suche
nach Anerkennung

Wer Taubes gut und über einen längeren Zeitraum kannte, verstand, dass ihn – bei aller Kontaktfreudigkeit, aller Lebendigkeit im Gespräch und allem Witz – eine tiefe Einsamkeit und eine anhaltende Suche nach menschlicher Bindung umgaben. Doch sein Hang zur Besessenheit, zur Indiskretion und zum Verrat machten es ihm schwer, Freunde über einen längeren Zeitraum zu halten. Seine ewigen Frauengeschichten führten zu Misstrauen unter seinen männlichen Kollegen – ganz zu schweigen von dem Gift, das sie für seine Beziehungen zu Susan und Margherita bedeuteten.

Neben seiner Suche nach Zugehörigkeit stand das anhaltende Bemühen um Anerkennung. Die Erwartungen an Jacob als Wissenschaftler und als geistliche Führungspersönlichkeit waren hoch gewesen, angefangen bei seinen Eltern und weiter bei einigen seiner Lehrer und später jenen, die ihn einstellten. Jacob teilte diese Erwartungen. Doch es klaffte eine Lücke zwischen dem, was er versprach, und dem, was er leistete, zwischen seinen unbestreitbaren Talenten und dem, was er daraus machte. Und diese Lücke wuchs, je älter er wurde. Für die meisten Professoren und Schriftsteller wird das Streben nach Anerkennung durch ihre Forschung und ihre Veröffentlichungen befriedigt – aber davon gab es bei Jacob nicht viele, und keine davon verschaffte ihm den Status, den er sich erhofft hatte.

Ein Weg, auf diesen ungestillten Durst nach Anerkennung zu reagieren, war, sich mit Berühmtheiten, bzw. ihren Ex-Frauen oder Nachkommen, zu umgeben. Jacob fühlte sich zu Männern und Frauen von vornehmer Herkunft hingezogen und genoss es, mit ehemaligen Ehefrauen oder Freundinnen von Prominenten Affären einzugehen. Noch in seinen Sechzigern prahlte er vor jedem, der es hören wollte, mit seiner einstigen Beziehung zu Ingeborg Bachmann.[23]

Manche Eigenschaften von Jacobs Persönlichkeit verraten typische Merkmale des Narzissmus, im psychologischen und psychotherapeutischen Sinne. Dazu zählen eine gewisse Grandiosität des Anspruchs und des Selbstbilds – schließlich wollte er ein zweiter Paulus sein –, ein übermäßiges Verlangen nach Bewunderung und Aufmerksamkeit, ein ausgeprägtes Anspruchsdenken sowie ein Sinn für Dramatik. All dies, wie auch das Bedürfnis, mit Berühmtheiten zu verkehren, und sein Vergnügen daran, andere herabzusetzen, waren – zumindest zum Teil – Reaktionen auf Gefühle der Einsamkeit, Leere, Verzweiflung und Selbstzweifel, die aufmerksame Freunde und Familienmitglieder an ihm wahrnahmen. Der ständige Spagat zwischen den großen Dilemmata, mit denen er sich konfrontiert sah, machten aus ihm einen scharfen Kritiker, verhalfen ihm aber auch zu einer scheinbaren Position der Überlegenheit, aus der heraus er die Unzulänglichkeiten anderer kritisieren konnte.

Die Beharrlichkeit, mit der Jacob die Begegnung mit Carl Schmitt suchte, und die Verbissenheit mit der er zu dieser Begegnung in den letzten Jahren seines Lebens zurückkehrte, kann nicht losgelöst von dieser Suche nach Anerkennung betrachtet werden. Denn Taubes war überzeugt davon, dass Carl Schmitt zu den größten Denkern seiner Zeit zählte. Und mit einer solchen Figur in Verbindung gebracht zu werden, war auch ein Weg zu eigenem anhaltendem Ruhm.

15
Schmitt und die Rückkehr zur politischen Theologie, 1982-1986

Die letzten fünf Jahre seines Lebens waren für Taubes eine Achterbahnfahrt aus intellektueller Vitalität, Depressionen, einem Herzinfarkt, dem er beinahe erlag, und schließlich einer Krebskrankheit, die zu seinem Tod führte. Viel von seinem intellektuellen Leben drehte sich um Fragen der Religion und ihrem Verhältnis zur Politik und Moderne, Aspekte, über die er im Dialog mit einigen der führenden deutschen Intellektuellen der Zeit stand. Seine Faszination von der Person und den Ideen Carl Schmitts wurde noch größer. Sein Weg zu einer persönlichen Begegnung mit Schmitt war jedoch weder einfach noch gradlinig. Erschwert wurde er durch die Kluft der Erfahrung und der Empfindungen, die Taubes und einen der angesehensten Verfechter und Verteidiger des Naziregimes voneinander trennte. Jahrzehntelang hatte Taubes gezögert, Schmitt von Angesicht zu Angesicht zu treffen. Als er sich einmal entschieden hatte, den Versuch zu wagen, vertraute er dabei auf eine höchst unkonventionelle Bekanntschaft: Hans-Dietrich Sander, ein radikaler deutscher Nationalist aus dem Gefolge von Schmitt und ein Antisemit noch dazu. Taubes' Lehre an der Universität konzentrierte sich zunehmend auf Denker, die er als apokalyptisch verstand – Schmitt, Benjamin und Paulus. Gegen Ende dieser Phase lernte er Aleida Assmann kennen, eine Nachwuchswissenschaftlerin und mehrfache Mutter, in die er sich verliebte, und die, gemeinsam mit ihrem Ehemann Jan, seinen posthumen Ruhm maßgeblich verantworten sollte.

In den Nachkriegsjahrzehnten verwandte Carl Schmitt einen Großteil seiner Energie darauf, seinen Ruf wiederherzustellen und seinen intellektuellen Einfluss auszuweiten. Er pflegte sein Image als »Aufhalter«, der versucht hatte, die Auflösung der Weimarer Republik zu verhindern. Über die Zeit knüpfte er Beziehungen zu einer jüngeren Generation von Juristen, Historikern und Politikwissenschaftlern, von denen die wenigsten seine politischen Ansichten oder seinen intellektuellen Radikalismus teilten, aber doch auf die eine oder andere seiner Ideen oder die von ihm empfohlenen Quellen zurückgriffen.[1] Aber als bekannter und kompetenter jüdischer Intellektueller in Deutschland versprach Jacob Taubes eine besondere Rolle für die Legitimation Schmitts einzunehmen.

Taubes' Faszination für Carl Schmitt, die für viele seiner Freunde und Kollegen rätselhaft, wenn nicht schockierend war, rührte aus verschiedenen Faktoren. Da war zunächst Schmitts Position, dass es eine unauflösliche Verbindung zwischen Theologie und Politik gab, eine These, die er erstmals 1922 in seiner *Politischen Theologie* aufgestellt hatte und die er in den folgenden Jahrzehnten immer wieder bekräftigte. Die Wechselbeziehungen zwischen diesen Sphären lagen auch dem Kern von Taubes' Anliegen sehr nahe, auch seine Beschäftigung damit reichte weit zurück – bis zu seiner Doktorandenzeit in Zürich. Darüber hinaus war Taubes von Schmitts Gelehrsamkeit beeindruckt: die Bandbreite seines Wissens in der Geistesgeschichte und seine Bereitschaft, Wissenschaftler auf in Vergessenheit geratene Debatten hinzuweisen, die für ihre eigene Forschung relevant waren – in seinen Anmerkungen, Briefen und auch im persönlichen Gespräch. So hatte sich Taubes während seines Aufenthalts in Jerusalem auf der Suche nach Orientierung in der frühmodernen Philosophie Schmitts *Staatslehre* zugewendet, und ein paar Jahre später schrieb er Schmitt mit der Bitte um Unterstützung für die Herausgabe eines geplanten Bandes über Konservatismus im Beacon Press Verlag.

Eine weitere Motivation war Taubes' Wunsch, zu verstehen, warum Intellektuelle von Schmitts Kaliber sich dazu bereit erklärt hatten, das Naziregime zu unterstützen; ein Thema, das er schon in den späten 1950er Jahren mit George Schwab in New York diskutiert hatte. Des Weiteren gab es eine gemeinsame Antipathie für die liberale, bürgerliche Normalität: Schmitt interessierte der »Ausnahmezustand«, also jene Situation, in der die Normalität zusammenbrach – und das traf auch auf Taubes zu. Ein weiterer Faktor – schwierig zu gewichten, aber nicht zu übersehen – lag darin, dass in vielen (nicht allen) der Kreise, in denen Taubes verkehrte, seine erklärte Bewunderung für Schmitt ihn skandalisierte, was es ihm erlaubte, sich als *enfant terrible* zu inszenieren.[2] Und nicht zuletzt war da Taubes' Überzeugung, dass Schmitt zu den größten Denkern der Zeit zählte, in deren Gesellschaft er sich gern eingeordnet sehen wollte.

Carl Schmitt tendierte dazu, die moderne Politik als im Eisernen Käfig der ökonomischen und technischen Denkweisen gefangen zu sehen, was zu einem kraftlosen Dasein ohne jede Intensität geführt habe. Taubes und Schmitt verband auch die Geringschätzung des modernen Liberalismus und was sie für die allzu kleinkarierten Sorgen des normalen bürgerlichen Lebens hielten. Einer von Taubes' Lieblingssprüchen war von dem russisch-jüdischen Schriftsteller Isaak Babel, der zeitweilig den Bolschewismus unterstützte: »Die Banalität ist die Konterrevolution.«[3] Damit wurde impliziert, dass Radikalismus eine Flucht aus der Banalität war. Kurzum, Taubes gierte nach Extremen und er hatte das Bedürfnis, dem, was er als Langeweile und Trivialität seines Lebens ansah, zu entkommen.[4]

Doch bei aller Rede von »politischer Theologie«: Schmitts Ausführungen über die Grenzen des Liberalismus und die aufschlussreiche Rolle des »Ausnahmezustands« benötigten keine theologische Grundlage. In seiner Verwendung hat »theologisch«

nichts mit dem Göttlichen, dafür aber alles mit der *Intensität*
des Bekenntnisses zu tun. »Das Politische« und der »Ausnahmezustand« waren Gegenentwürfe zu dem, was Schmitt das Zeitalter der Neutralisation nannte – also eine von Technologie,
Ökonomie und Bürokratisierung geprägte Welt, sowie, damit
einhergehend, vom Schwinden jeglicher Dramatik. Taubes teilte
diese Sichtweise. Hermann Lübbe, ein konservativer Liberaler,
der Schmitt kannte, nannte Schmitt einen »Romantiker der Aus-
nahmesituation«, der von einer »intellektuellen und ästhetischen Schwäche für außergewöhnliche politische Standpunkte«
angetrieben war.[5] Auch damit sympathisierte Taubes.

Taubes hatte im Frühjahr 1973 eine Übung mit dem Titel
»Geschichte und Theorie: Politische Theologie als Geschichtsphilosophie, zur Geschichtstheorie Carl Schmitts und Walter
Benjamins«[6] angeboten. Der Kurs begann mit einem Brief von
Benjamin, den dieser am 9. Dezember 1930 an Carl Schmitt geschrieben hatte und seinem kürzlich erschienenen Buch über das
Trauerspiel beilegte, das er Schmitt als Geschenk zukommen
ließ. »Es wäre zu prüfen, ob im Gegenzug zur politischen Theologie Carl Schmitts Benjamin eine ›theologische Politik‹ expo-
niert«, stand in der Kursbeschreibung. Tatsächlich aber wurde
in dem Kurs kein einziges von Schmitts Werken erörtert und
von Benjamin nur die »Geschichtsphilosophischen Thesen«. Diese wurden jedoch sehr ausführlich behandelt, inklusive einer
Diskussion über die jüngsten Kontroversen darum – überwiegend aus einem Artikel von Gerhard Kaiser, der sich in Taubes'
Nachlass, versehen mit seinen Unterstreichungen, befindet.[7]

In seinem Brief an Scholem von 1977, in dem er die Anti-Fest-
schrift vorschlug, hatte Taubes geschrieben, dass er Schmitt immer noch für den bedeutendsten Kopf in Deutschland halte. Im
selben Jahr schrieb Hans Blumenberg einen Brief an Taubes und
beklagte darin die allgemeine Verweigerung, sich einer ernsthaften und ehrlichen Auseinandersetzung mit dem Werk und der
Person Carl Schmitts zu stellen, nur weil der vor einem halben

Jahrhundert einige abscheuliche Dinge geschrieben hatte. Blumenberg lehnte die neue Kritiksucht und Zensur von Figuren wie Heidegger, der in die gleiche Kategorie fiel, ab, obwohl er für Heidegger als Person oder für die Substanz seines Denkens keine Sympathien hegte. Blumenberg zweifelte das gute Recht nicht an, solche Kontakte zu meiden, doch er selber, so schrieb er Taubes, stehe seit 1971 in direktem Austausch mit Schmitt.[8] Zu dieser Zeit beschloss Taubes, zu versuchen, Schmitt persönlich zu treffen, und als Mittelsmann wählte er Hans-Dietrich Sander, eine der skurrileren Gestalten, mit denen Taubes sich anfreundete und die er förderte.

Die Verbindung kam über den politisch rechtsaußen stehenden Armin Mohler zustande, mit dem Jacob seit seiner Studienzeit in der Schweiz befreundet war. In den 1970er Jahren war Mohler, inzwischen der Geschäftsführer der Siemens-Stiftung in München, zu einer einflussreichen Persönlichkeit in der westdeutschen politischen Kultur avanciert.[9] Er veröffentlichte Bücher und Artikel, die ein deutsches nationales Selbstverständnis fördern sollten, das frei von einem schlechten Gewissen war. In den 1960er Jahren kritisierte er die Kultur der US-amerikanisch geprägten »Umerziehung« – die den Deutschen die Prinzipien und die Werte der liberalen Demokratie vermitteln sollte – und der »Vergangenheitsbewältigung«, beide beförderten in seinen Augen einen »Nationalmasochismus«.[10] Mohler betrachtete Carl Schmitt als seinen Lehrer und Meister, korrespondierte intensiv mit ihm und arbeitete unermüdlich daran, Schmitts Ideen und sein Ansehen zu fördern.[11]

Am 31. Mai 1977 lernte Taubes bei einer kleinen Zusammenkunft im Haus von Mohler in München Sander kennen. Der 1928 in der Nähe von Parchim geborene Sander studierte als junger Mann an der FU, doch unter dem Einfluss von Brecht war er 1952 in die DDR gezogen und hatte dort am Theater gearbeitet. Später, 1957, ging er zurück nach Westdeutschland, wo er – inzwischen Antikommunist – Journalist bei der *Welt* wurde.[12]

Im Jahr 1966 verstarb Hans Zehrer, der Chefredakteur der *Welt*. Sein Nachfolger, Ernst Cramer, war ein deutscher Jude, der während der Novemberpogrome 1938 verhaftet und in Buchenwald inhaftiert worden war, bevor es ihm gelang, in die Vereinigten Staaten zu emigrieren. Cramer kehrte als Soldat der amerikanischen Streitkräfte nach Deutschland zurück und wurde stellvertretender Chefredakteur bei der *Neuen Zeitung*, die von den amerikanischen Besatzungsbehörden herausgegeben wurde. Später ging er zum Axel Springer Verlag und unterstützte das Haus in seinem Bemühen, die moderate Rechte in Westdeutschland in eine proamerikanische und proisraelische Richtung zu lenken, die jegliche Form des Antisemitismus ablehnte.[13] Als Cramer in die Chefredaktion der *Welt* aufstieg, wurde Sander herausgedrängt – vielleicht, so mutmaßte Sander, weil er im Lauf der Jahre einige spöttische Bemerkungen über Springers Philosemitismus gemacht hatte.[14]

Sander ging daraufhin zurück an die Universität und begann an einer Dissertation über marxistische Ästhetik zu arbeiten. Auf Mohlers Empfehlung begann Sander 1967, mit Carl Schmitt zu korrespondieren.[15] Schmitt schickte Sander eine Kopie des Briefes vom 9. Dezember 1930 von Benjamin, in dem dieser schrieb, dass sein Buch, *Ursprung des deutschen Trauerspiels*, in der Diskussion über die Theorie der Souveränität im siebzehnten Jahrhundert viel Schmitts Werk verdanke. In seine Doktorarbeit, *Marxistische Ideologie und allgemeine Kunsttheorie*, die 1970 veröffentlicht wurde, nahm Sander den Text des Briefes von 1930 mit auf.[16] Schmitt war Sander dankbar für dessen Versuch, auf Benjamins Verpflichtungen gegenüber Schmitt aufmerksam zu machen.[17] Doch Sanders Buch fand weder in der Öffentlichkeit noch in der Wissenschaft nennenswerte Beachtung und seine Aussichten auf eine Laufbahn als Professor schienen zunichtegemacht.[18] Er fragte sich, ob er auf einer geheimen, von Juden geführten Boykottliste stehe, doch zog er immerhin in Betracht, dass es sich dabei um reine Hirngespinste handeln könnte, da sogar Schmitts rechte Anhänger das Interesse an ihm zu verlieren schienen.[19]

Inspiriert von Schmitts Ausführungen zu Spinoza in seinem Buch aus der Zeit des Nationalsozialismus, *Der Leviathan in der Staatslehre des Thomas Hobbes* (1938), zog Sander eine Verbindung zwischen dem, was er die »Entortung« der Juden nannte, und ihrer Affinität zur marxistischen Theorie. Als Sander über eine zweite Auflage seines Buches nachdachte, mahnte ihn Schmitt, es nicht in Richtung »des jüdischen Problems« zu erweitern. Diese Frage sei »tödlich«.[20] Doch Sander ging in der Neuauflage seines Buches trotzdem näher darauf ein.[21]

Sander beklagte den Umstand, dass es den Deutschen nicht gestattet sei, den Rubikon »einer kritischen Sichtung der Judenfrage« zu überschreiten.[22] Und zunehmend verharmloste er auch die Gräuel des Naziregimes.[23] Bis 1975 verweigerten sogar einige konservative Magazine die Veröffentlichung seiner Artikel aufgrund seiner »Einstellung zum Nazismus«.[24] In seiner Korrespondenz mit Schmitt bedauerte Sander wiederholt, dass die »jüdische Frage« ein Tabu in der Bundesrepublik sei.[25]

Mitte 1976 hatte Sander auch noch seinen kleinen Lehrauftrag an der Technischen Universität in Hannover verloren, wo Angehörige der Fakultät und Studenten seine in einer Buchveröffentlichung dargelegte kritische Sicht auf die Literatur in der DDR ablehnten. Bei Jahresende lebten er und seine Frau in München von Arbeitslosengeld.[26] Sander strebte weiterhin eine akademische Laufbahn an und bewarb sich zu diesem Zweck bei der Deutschen Forschungsgemeinschaft um ein Stipendium, in der Hoffnung, sich in München habilitieren zu können. Doch dieser Weg wurde ihm von Peter Ludz versperrt, einem Professor der Politikwissenschaften und Experten für das DDR-Regime. In dieser Phase kam Taubes Sander zu Hilfe.[27]

Als Sander Taubes bei Mohler kennenlernte, zeigte er Taubes sein Buch. Taubes imponierte Sanders Kritik an der Frankfurter Schule und er lud Sander noch im Sommer zu einem Treffen mit

Herbert Marcuse ins Engadin ein. Marcuse kam nicht, aber Taubes bot an, sich für Sanders Habilitation an der FU einzusetzen, und fügte hinzu: »Sie sind so extrem, daß nur ich es mir leisten kann, Sie zu protegieren.«

Taubes bemühte sich nun darum, Sander am Institut für Philosophie als Gastwissenschaftler unterzubringen, das jedoch wurde von der Fakultät fast einstimmig abgelehnt. Aber es gelang ihm, das Institut für Komparatistik dazu zu bewegen, Sander einzuladen, eine Vorlesung über die ästhetische Theorie von Marx und Engels zu halten und ein Seminar über Brechts Theaterstück *Maßnahme* anzubieten.[28]

Anfangs bezog Taubes Sander in eine Konferenz, die er zum Thema der politischen Theorie plante, mit ein. Doch Sander zog seine Teilnahme zurück, weil, so erklärte er es Schmitt, diese von Linken und Anhängern der Mitte dominiert werde, also Intellektuellen, die das »juste milieu« der Bundesrepublik unterstützten.[29]

Nachdem er sich mit Sander beraten hatte, schrieb Taubes 1977 an Schmitt und bat ihn um Erlaubnis, ein Kapitel über Spinoza aus dem Buch von 1938 über Hobbes abzudrucken – darin ging es um Spinoza als »ersten liberalen Juden«, der die Autorität des Hobbes'schen Staats mit der Gewährung der Gewissensfreiheit untergraben hatte. Es sollte in einem neuen von Taubes geplanten Magazin namens *KASSIBER* erscheinen, das sich mit »Hermeneutik und Humanwissenschaften« beschäftigen würde. Der Titel, so schrieb er an Schmitt, sei Rotwelsch für eine geheime Botschaft. Taubes plante, Schmitts Text mit einer Referenz auf Benjamins Brief von 1930 an Schmitt einzuleiten.[30] Die erste Ausgabe sollte sich Spinoza widmen und, so hoffte Taubes, einen Essay von Leo Strauss aus den 1930er Jahren zusammen mit dem Auszug aus Schmitts Buch beinhalten.

KASSIBER sollte bei der Syndikat Autoren- und Verlagsgesellschaft erscheinen, die von Karl Markus Michel – dem ehemaligen Suhrkamp-Lektor, der das Haus verlassen hatte – zusammen mit Axel Rütters ins Leben gerufen wurde, als ein von den Autoren getragener Verlag.[31] Schmitt war sich bewusst, dass der Begriff »Kassiber« zu dieser Zeit aufs Engste verbunden war mit den Nachrichten, die klandestin von Mitgliedern der RAF aus dem Gefängnis Stammheim herausgeschmuggelt worden waren. (Michel hatte diesen Titel vorgeschlagen, als Anspielung auf das erklärte Ziel des Magazins, das Terrain »zwischen Starnberg und Stammheim« zu besetzen, und meinte damit: zwischen Jürgen Habermas und Baader-Meinhof.[32])

Sander schrieb begeistert an Schmitt über diese Perspektive. Das Nebeneinanderstellen von Auszügen aus Schmitt und Strauss wäre Schmitts Ruf ausgesprochen zuträglich, glaubte Sander. »Es könnte damit eine völlig neue geistesgeschichtliche Lage geschaffen werden.«[33] Eine Woche später schrieb er Schmitt erneut und betonte, die Publikation werde den »Boykott« durchbrechen, dem Schmitts Werk seiner Ansicht nach weiterhin ausgesetzt war.[34]

Anfangs stand Schmitt dieser Idee aufgeschlossen gegenüber. Stets bestrebt, seinen Ruf aufzupolieren, wies Schmitt Sander an, Taubes mitzuteilen, er habe in dem fraglichen Kapitel seines Buches von 1938 einen Historiker namens Gerhard Ladner lobend zitiert, der ein Jude war. (Wobei dieser 1933 zum Katholizismus konvertiert war.) So wollte Schmitt den Eindruck erwecken, er habe sich dem Antisemitismus des »Dritten Reiches« widersetzt.[35] Es war Hans Blumenberg, der Schmitt davon abriet, sich an Taubes' Projekt zu beteiligen, und so zog Schmitt freundlich zurück.[36]

Daraufhin schlug Taubes dem Suhrkamp Verlag vor, eine Sammlung von Beiträgen zur »Politischen Theologie« zu publizieren, die Auszüge aus Schmitts Buch von 1922, aus Erik Petersons Kritik und aus Schmitts jüngerer Schrift *Politische Theologie II* enthalten sollte, ergänzt durch ein Vorwort von Blumenberg oder Taubes selbst. Er empfahl noch einen weiteren Band mit Schmitts Essays zu literarischen Themen, den er

Jacob Taubes, 1980

in Zusammenarbeit mit Sander herausgeben würde. Taubes rechnete mit Habermas' Widerstand gegen das Veröffentlichen der »faschistischen Intelligenz« bei Suhrkamp, doch er glaubte, er würde sich durchsetzen können. Unseld selbst war bereit, einen solchen Band zu verlegen, und er schrieb an Schmitt in diesem Sinne.[37] Doch nach Rücksprache mit Sander lehnte Schmitt eine Veröffentlichung bei Suhrkamp ab.[38]

Taubes und Schmitt beschlossen nun, einander treffen zu wollen, und Sander erklärte sich bereit, Taubes bei seiner ersten Reise in Schmitts abgelegenes Haus zu begleiten. Doch Schmitt wollte Sander nicht dabeihaben, er wollte Taubes »nur unter vier Augen« treffen.[39] Als Taubes begann, Schmitt zu besuchen, kam es zum Zerwürfnis zwischen Sander und Schmitt – und schließlich auch zwischen Sander und Taubes.[40]

Jacob Taubes, 1980

Die Treffen mit Carl Schmitt

Schmitt lud Taubes zu einem Treffen in seinem Haus ein, und im
März 1978 schrieb Taubes erneut an Schmitt, um ihn darüber zu
informieren, dass er nach Plettenberg reisen wolle, um ihn »Aug
in Aug« zu treffen – einer seiner Lieblingsausdrücke. Ihr Treffen
deutete er als ein potenziell historisches Ereignis, das der Nach-
welt in Erinnerung bleiben würde. Er plante, vorher seine Angelegenheiten in Berlin und mit Suhrkamp in Frankfurt zu regeln,
»um auch geistig frei zu sein für ein Gespräch, das, wenn es gelingt, eine Spur hinterlassen kann«.[41]

Zum Zeitpunkt ihrer Treffen war Carl Schmitt neunzig Jahre

alt und gebrechlich, seinen Humor jedoch hatte er sich bewahrt: Einen seiner Briefe an Taubes unterzeichnete er mit »In der Intensiv-Station des Weltgeistes, Ihr alter Carl Schmitt.«[42] Das erste Gespräch fand einige Monate später, im September, statt, als Schmitt in seinem Haus Taubes für einen dreitägigen Besuch empfing. Dieser reiste mit Martin Kriele dorthin, einem Professor der Rechtswissenschaften, mit dem er das Kolloquium über politische Theologie plante.[43]

Einem Brief zufolge, den Taubes kurz nach dem Treffen an Schmitt schickte, sprachen sie auch über Schmitts eigene Deutung der »Fehlschläge[] im langen Leben eines Legisten« – also wie es dazu kam, dass er das Naziregime unterstützte. Taubes versicherte ihm: »Just als Erzjude weiss ich zu zögern den Stab zu brechen.« Juden wie er hätten keine Wahl gehabt, da sie von Hitler zum absoluten Feind erklärt worden waren. Und wer keine Wahl hat, befinde sich in keiner Position, über andere zu urteilen, behauptete er. Und dennoch müsse er versuchen zu verstehen, was passiert war, wo sich der Wendepunkt befand, der beide Seiten in die Katastrophe geführt hatte, »die unsrige und die Ihrige«.

Anschließend begann Taubes eine Diskussion über politische Theologie, insbesondere über Erik Petersons Kritik von 1935 an Schmitts Konzept einer politischen Theologie. Peterson hatte darauf bestanden, dass sich keine präferierte politische Form von einem angemessenen Verständnis der Dreifaltigkeit herleiten ließe. Taubes' Brief klang so, als ob sich Schmitts Entscheidung, sich hinter das Naziregime zu stellen, aus seinem falschen Verständnis der christlichen politischen Theologie erklären würde. Wie, fragte sich Taubes, war es Schmitt möglich gewesen, den rassistischen Antisemitismus des Regimes (den er als seine »Theo-zoologie« bezeichnete) zu übernehmen? Dann wandte er sich Schmitts Buch von 1938 über Hobbes zu: Anders als Schmitt darin behauptet hatte, so Taubes, sei nicht Spinoza der »erste liberale Jude« gewesen, der darauf bestanden habe, den Zugriff

des Staates auf religiöse Angelegenheiten zu beschränken – es
sei der Apostel Paulus gewesen. Am Ende regte Taubes ein neues Treffen an, um den Abschnitt 11 im Römerbrief zu erörtern,
der ihm als die »jüdisch wie christlich bedeutsamste politische
Theologie« erschien.[44] Taubes reiste am 23. November wieder nach Plettenberg. Bei
dieser Gelegenheit erläuterte er offenbar sein Verständnis von
Paulus' Römerbrief und dessen Tragweite für Christen und Juden. Anschließend soll Schmitt Taubes zufolge gesagt haben:
»Bevor Sie sterben, sagen Sie das einigen.«[45] Und tatsächlich
kam Taubes in seinen Vorträgen über »Die politische Theologie
des Paulus« acht Jahre später, kurz vor seinem Tod, noch einmal
auf diese Interpretation zurück.

Gleich am nächsten Tag schickte Schmitt einen Brief an Taubes, in dem er diesem für seinen Besuch und die »für mich kost-
baren Tage« dankte und versicherte, die Themen ihrer beiden
Treffen würden ihn für den Rest seines Lebens beschäftigen –
obwohl, fügte er hinzu, dies vermutlich nicht mehr allzu lange
wäre.[46] In den folgenden Monaten schrieb Taubes mehrere Briefe an Schmitt, in denen er ihn über das Kolloquium, das er an der
FU über Schmitt und Benjamin hielt, und über das Kolloquium,
das er über politische Theologie organisierte, auf dem Laufenden hielt. Von Letzterem hoffte er, Schmitt werde daran teilnehmen. Zu diesem Zeitpunkt adressierten sie einander mit »Verehrter und lieber«. Zum dreihundertsten Todestag von Thomas
Hobbes veröffentlichte Taubes einen Artikel über den englischen Philosophen in der *Neuen Zürcher Zeitung* und stützte
sich darin zu einem guten Teil auf Schmitts Interpretation –
den Artikel schickte er Schmitt.[47] Zwischen seinen Aufenthalten in Israel leitete Taubes das Kolloquium »Der Fürst dieser Welt – Carl Schmitt und die Folgen«
in Bad Homburg. Nach dem Ende der Veranstaltung, am 2. Februar 1980, reiste er abermals nach Plettenberg, um Schmitt zu
besuchen.[48] Ihre Korrespondenz dauerte bis Ende 1980 an. Zu

dieser Zeit beschäftigte sich Taubes bereits intensiv mit seinem neuen Projekt über die politische Theologie – ein Projekt, das von seiner Lektüre Schmitts inspiriert worden war.

Politik, Theologie und Geschichte: Taubes unter den deutschen Philosophen

Von Mitte der 1960er Jahre bis in die Mitte der 1980er Jahre beteiligte sich Taubes an einer Reihe von einander überlagernden Debatten mit drei der berühmtesten Philosophen Deutschlands, die er über »Poetik und Hermeneutik« kennengelernt hatte: Hans Blumenberg, Odo Marquard und Hermann Lübbe. Alle drei waren in etwa in Taubes' Alter. Blumenberg, Marquard und Lübbe waren, anders als bei den bereits untersuchten Beziehungen zu Intellektuellen aus der Linken und der extremen Rechten, Männer der Mitte. Bei allen großen Differenzen in Stil und Temperament – Blumenberg bevorzugte die gut belegte Abhandlung, Marquard den anspielungsreichen Essay; Lübbe war ein öffentlicher Intellektueller, Blumenberg ein sehr zurückgezogener – teilten sie alle das Bekenntnis zur modernen, liberalen, »bürgerlichen« Ordnung der Bundesrepublik – eine Ordnung, die Taubes missbilligte.

Ihre Debatten bestanden zum Teil aus Anfechtungen und Widerlegungen von drei Intellektuellen der älteren Generation, die wir bereits kennengelernt haben: Carl Schmitt, Karl Löwith und Eric Voegelin. Taubes fungierte zu unterschiedlichen Zeiten mal als Protagonist, mal als Unterstützer und mal als Gegenspieler in diesen Debatten. Allen Auseinandersetzungen war das übergeordnete Interesse am Verhältnis zwischen Politik und Religion gemein.[49]

Debatte 1: Die Legitimität der Neuzeit

Im Jahr 1966 veröffentlichte Hans Blumenberg *Die Legitimität der Neuzeit* in der Reihe Theorie im Suhrkamp Verlag – wie wir gesehen haben, dank Jacob Taubes, der Blumenberg in den Verlag geholt hatte. Es war ein großes Buch, historisch gesättigt und konzeptionell komplex (mitunter zu gesättigt und zu komplex, um der Argumentation leicht folgen zu können). Die Studie nahm verschiedene Interpretationen der abendländischen Geschichte ins Visier, um, der Titel verrät es, die Legitimität der Neuzeit zu verteidigen.

Doch in welchem Sinne war die Neuzeit »illegitim«? Blumenbergs Angriffspunkte waren zahlreich und vielfältig, doch gemein war ihnen eine Tendenz, die moderne Welt als eine des Niedergangs zu interpretieren (wie Heidegger oder Hannah Arendt), ihre selbsterklärte Neuartigkeit als eine Illusion und den Fortschritt als grundlegende Weiterentwicklung des Christentums zu verstehen. Einer der impliziten Adressaten von Blumenbergs Buch war Jacob Taubes. Bei Erscheinen schrieb Blumenberg an Taubes: »… ich schreibe für einige wenige Leser, deren Erwartungen ich zu kennen oder vermuten zu können glaube. … ich setze mich mit ihnen auseinander. Sie können versichert sein, lieber Herr *Taubes*, daß es in diesem Buch viele Seiten gibt, bei deren Niederschrift mir der Partner Jacob Taubes präsent war.«[50]

Eine der Personen, gegen die Blumenberg zielte, war Karl Löwith. Löwith hatte aufgrund seiner »rassischen« jüdischen Herkunft Deutschland gezwungenermaßen 1933 verlassen müssen. Im Jahr 1952 kehrte er zurück und unterrichtete an der Universität Heidelberg, in der Welt der deutschen Philosophie war er sehr präsent. Löwiths Buch *Von Hegel zu Nietzsche. Der revolutionäre Bruch im Denken des 19. Jahrhunderts* hatte den jungen Taubes stark inspiriert, als er an der *Abendländischen Eschatologie* schrieb. Taubes' Buch wiederum beeinflusste Löwiths nächstes Buch über die Geschichtsphilosophie, das 1949 auf Englisch als *Meaning in History* und 1953 auf Deutsch als *Weltgeschichte und Heilsgeschehen* erschien. Darin untersuchte Löwith, wie die Denker der abendländischen Tradition über die Geschichte und ihren Verlauf gedacht hatten. Löwith präsentierte eine in der Chronologie umgekehrte Darstellung, indem er sozusagen am Ende mit den Denkern des neunzehnten Jahrhunderts begann – Marx, Hegel und Auguste Comte. Dann fuhr er mit den vorangegangenen Denkern fort, zurück ins Mittelalter und endete mit dem biblischen Geschichtsverständnis. Löwiths These war, komprimiert gefasst, dass das biblische Geschichtsverständnis als linear in Richtung Heilsgeschichte voranschreitend einen radikalen Bruch mit dem griechischen – zirkulären oder nichtlinearen – Geschichtsverständnis bedeutete. Darin stimmte er mit einigen von Taubes' grundlegenden Aussagen in dessen *Abendländischer Eschatologie* überein, und er stützte sich auch auf Taubes' Darstellung bei der Interpretation von Joachim von Fiore als eines entscheidenden Wendepunkts in dem Prozess, den Erlösungsvorgang in einen innerlichen zu wenden. In wesentlichen Punkten ihrer Analyse stimmten Löwith und Taubes also überein. In ihrer Bewertung jedoch unterschieden sie sich. Taubes hielt die Entwicklung vom biblischen Geschichtsverständnis (hierbei unterschied er nicht zwischen jüdischen und christlichen Vorstellungen) zur modernen, progressiven Geschichtsphilosophie, wie sie von Hegel und Marx dargelegt wurde, für eine grundlegend positive Entwicklung, eine Fortführung der eschatologischen Mentalität in einem neuen, säkularen Gewand. Löwith hingegen vertrat die Ansicht, dass die Überzeugung, Geschichte nehme einen bestimmten Verlauf und führe grundsätzlich zur Erlösung, eine Illusion sei, und zwar eine mit schädlichen Auswirkungen, die durch den großen Einfluss des Christentums auch in einer postchristlichen Ära fortlebten. Er favorisierte die vorchristliche, stoische Sicht auf den Kosmos. Das moderne wissenschaftliche Ideal von der Beherrschung der Natur betrachtete er als fehlgeleitet, und er kritisierte »die säkulare Anmaßung, derzufolge wir die Welt nach dem Abbild des Menschen in eine bessere Welt verwandeln und uneinsichtige Nationen mithilfe von Verwestlichung und Umerziehung erretten müssten«.[51]

Debatte 2: Die Gnosis und das moderne Zeitalter

Eric Voegelin war eine weitere von Blumenbergs Zielscheiben. Auch er war nach Deutschland zurückgekehrt, hatte seine Stelle in den Vereinigten Staaten zurückgelassen, um Gründungsdirektor eines Instituts für Politikwissenschaften an der Universität in München zu werden. Es sei daran erinnert, dass Voegelin die Gnosis als eine zerstörerische Kraft betrachtete, die sich einer Aussöhnung mit der Realität des Menschen verweigerte. In seinem *New Science of Politics* und auch in den folgenden Werken hatte er eine Kritik der durch Ideologien gekennzeichneten Moderne entwickelt, die er als Wiederkehr der Gnosis ansah. Auch hier gab es Überschneidungen mit Taubes' Sicht auf die Gnosis als wiederkehrendes Phänomen. Und auch hier wichen die Bewertungen voneinander ab: Für Taubes handelte es sich um eine grundlegend positive Kraft, die zur Negation der existierenden Ordnung führte und somit eine bessere Ordnung möglich werden ließ.

Debatte 3: Politik, Theologie und Geschichte

Eine weitere Kritik von Blumenberg zielte auf die These von Carl Schmitt – die Taubes so stark beeinflusst hatte –, der zufolge es sich bei allen modernen politischen Konzepten um Säkularisierungen von religiösen Vorstellungen handelte. Diese Position formulierte Schmitt erstmals 1922 in seiner *Politischen Theolo-*

gie. In den folgenden Jahrzehnten kehrte er immer mal wieder zurück zu seinen Überlegungen über das Verhältnis zwischen theologischen und politischen Ideen und Symbolen. Blumenberg glaubte, Schmitt vertrete die Ansicht, dass moderne Konzepte von politischer Souveränität in gewisser Weise ein fahles Spiegelbild oder eine ausgehöhlte Version früherer, theologischer Vorstellungen seien. (Später erwiderte Schmitt, dass er das nicht hatte sagen wollen.[52] Doch bis dahin machte gerade die Ungenauigkeit des Begriffs einen Teil dessen aus, was ihn für Schmitt so nützlich und für andere so attraktiv machte.[53]) Auch Schmitt war präsent im zeitgenössischen deutschen Geistesleben, wenn auch insbesondere hinter den Kulissen.

Blumenberg zufolge hatte der Aufstieg des Nominalismus in der spätmittelalterlichen Scholastik – wonach Gott allmächtig war und die Welt keine intrinsische Ordnung hatte – den Glauben an Gott als eine verlässliche Quelle der Ordnung zerstört. Das führte zu der Vorstellung, der Mensch müsse sich auf seine eigenen Ressourcen verlassen und schlussendlich zu der Überzeugung, er könne sich seine Welt formen. Die Metaphysik wurde aufgegeben und durch eine Fokussierung auf die Anwendung von Verstand, Wissen, Wissenschaft und Technik abgelöst. Die gnostische Vorstellung von der erschaffenen Welt als böse wurde nun abgelöst von der Vorstellung einer Welt, die weder intrinsisch gut noch böse war, sondern vielmehr der Veränderung durch den Menschen unterlag – ein Prozess, den Blumenberg als menschliche »Selbstbehauptung« verteidigte. Somit hatte die Moderne, mit ihrer Vorstellung von der Welt als durch Wissenschaft formbar, die gnostische Idee von der Welt als einer gefallenen »bezwungen«. Sie sei weder »gnostisch«, wie Voegelin behauptete, noch sei ihr Fortschrittsverständnis eine Folge der christlichen Eschatologie, wie Löwith und Taubes es angeregt hatten. Und, anders als bei Schmitt, seien ihre Schlüsselkonzepte völlig neu und keine Reflexion, ob fahl oder nicht, der Theologie. Ein wichtiger Bestandteil der Neuartigkeit der Moderne sei zudem der positive Wert, den sie der »Neugier« beimesse, indem sie die unbegrenzte intellektuelle und technologische Entwicklung als eine Quelle der Kraft förderte, und zwar auf eine Weise, die keine Vorläufer in der griechischen oder christlichen Tradition habe.

Kurzum (bzw. über Hunderte von Seiten), Blumenberg lieferte eine ideengeschichtliche Abhandlung, die sein Verständnis der intellektuellen Ursprünge der Moderne erläuterte und dabei die Neuartigkeit und Legitimität ihrer Errungenschaften rechtfertigte.[54] Blumenberg zufolge bestand das Erbe der christlichen Vergangenheit darin, vage Erwartungen hinterlassen zu haben, die Institutionen müssten schlüssige und umfassende Antworten auf die Frage nach der Sinnhaftigkeit des menschlichen Lebens geben; Erwartungen, die dazu tendierten, die Institutionen der modernen liberalen Gesellschaft zu überfordern und zu delegitimieren, was – wie im Falle Heideggers – zu einer gefährlichen Suche nach Alternativen führen könne.[55] Die Vorstellung, dass Geschichte einen letzten Sinn habe und eine bestimmte Richtung nehme – eine Hinterlassenschaft der Erwartungen aus dem Christentum –, veranlasste einige moderne Denker (wie etwa die Marxisten) dazu, elaborierte »Geschichtsphilosophien« und Ideen von einem unaufhaltsamen Fortschritt zu formulieren, die die Menschheit befreien und aus der Entfremdung führen würde.[56] Gegen diese Ideen von einem umfassenden und umwälzenden Prozess verteidigte Blumenberg die Möglichkeit eines teil- und schrittweisen Fortschritts.

Die Kritik der Geschichtsphilosophie wurde von Odo Marquard und Hermann Lübbe aufgenommen und in andere Stoßrichtungen weiterentwickelt. Beide hatten in der Nachkriegszeit bei Joachim Ritter in Münster studiert, einem Philosophen, der weniger für seine Publikationen bekannt war, als dafür, Wissenschaftler aus verschiedenen Disziplinen und Generationen in einen fruchtbaren Austausch zu bringen (siehe ausführlich dazu Kapitel 9). In die Annalen der westdeutschen Geistesgeschichte ging die »Ritter-Schule« als Entstehungsort einer Ausprägung des liberalen Konservatismus ein, der es sich angesichts der Neuen Linken zur Aufgabe gemacht hatte, die bürgerliche, kapitalistische Demokratie philosophisch zu verteidigen, obgleich sich die Bandbreite der politischen Orientierungen unter Ritters Studenten deutlich weiter – nach links wie nach rechts – erstreckte.[57]

Nachdem sie Taubes über fünfzehn Jahre kannten, erklärten sich Marquard und Lübbe bereit, an einer Reihe von Treffen teilzunehmen, die Taubes 1979 initiierte. Dort sollte das Verhältnis von Politik und Theologie untersucht werden, der Rahmen ähnelte dem der »Poetik und Hermeneutik«-Tagungen. (Taubes versuchte auch, Blumenberg und Carl Schmitt für dieses Vorhaben zu gewinnen, doch beide lehnten ab.[58]) Nach den ersten Vorbereitungstreffen erlitt Taubes einige mentale und gesundheitliche Rückschläge, woraufhin ein Großteil der eigentlichen Konferenzorganisation von Martin Kriele und Richard Faber übernommen wurde. Die aus der Tagung resultierenden Arbeiten wurden von Taubes' damaligem Assistenten Norbert Bolz zur Publikation vorbereitet.[59] Gefördert von der Werner-Reimers-Stiftung, traf sich die Arbeitsgruppe Religionstheorie und Politische Theologie im Februar 1980. Es gab weitere Treffen im Jahr 1982 über Gnosis und Politik und später noch eines zum Thema Theokratie, auf die jeweils die Veröffentlichung eines Tagungsbands folgte.

Taubes' eigener Beitrag zum Band *Religionstheorie und Politische Theologie* beinhaltete einige Überlegungen zu Hobbes' *Leviathan* (naiverweise glaubte er, Schmitt sei ein sorgfältiger Interpret), von denen eine besonders wichtig war. Danach widme sich, so Taubes, ein Großteil des *Leviathan*, insbesondere der vierte Teil, einer Kritik der Theokratie und in einem weiteren Sinne dem Primat der Religion über den Staat – ein zentrales Thema des Buches, das von seinen Interpreten häufig vernachlässigt werde.[60]

Von den vielen Beiträgen in diesem Band sind die Artikel von Marquard und Lübbe von besonderem Interesse. Marquards Aufsatz »Aufgeklärter Polytheismus – auch eine politische Theologie?« fasste die Thesen eines seiner bekanntesten, vor einigen Jahren erschienenen Essays »Lob des Polytheismus« zusammen und erweiterte sie. Zehn Jahre zuvor hatte Marquard im Umfeld von »Poetik und Hermeneutik« angemerkt: »J. Taubes verschafft einem immer wieder die Gelegenheit, dankbar bemerken zu können, wie gut es ist, daß für die Behauptung, der Marxismus sei eine Gestalt der Theologie, … es Marxisten gibt, die das selber sagen und schon lange gesagt haben.«[61] Marquard begann mit einer launigen Zusammenfassung des aktuellen Stands der Debatte über Politik, Theologie und Geschichte und mit einer beißenden Kritik an Taubes' jüngst geäußerter Haltung:

> Die biblisch-christliche Eschatologie wurde durch »Säkularisierung« modern zur »politischen Theologie«: in Gestalt der modernen revolutionären Geschichtsphilosophie. Einschlägig repräsentative Thesen entwickeln zwei zuerst 1947 erschienene Bücher: K. Löwith, Weltgeschichte und Heilsgeschehen und J. Taubes, Abendländische Eschatologie; Löwith negiert, Taubes affirmiert dieses Säkularisationsgeschehen; Löwith argwöhnt: schon die biblische Eschatologie war schlimm; Taubes hofft: noch und erst recht die moderne revolutionäre Geschichtsphilosophie ist gut. … in geschichtsphilosophiebetreffenden Dingen hat in der Regel Taubes recht, mit einer Ausnahme: sein Bewertungsakzent ist umzudrehen. … Diese neue – eschatologische – »politische Theologie« (objektiv) … bezahlt ihre Position mit immenser Realitätsblindheit im Bereich des Politischen (durch Infantilisierungen) und – soweit mir darüber ein Urteil zukommt – durch Abbau der Nächstenliebe zugunsten der Fernstenliebe im Bereich des Religiösen.[62]

Marquard befasste sich anschließend mit der These Schmitts, dass die säkularisierte Moderne ein »Zeitalter der Neutralisation« sei, das sich durch die Trennung von Ökonomie und Tech-

Dramatik

nologie und letzten Zielen auszeichne und dem es an jener Intensität fehle, die mit den theologisch geprägten Konzepten der Politik einhergingen. Das sei zwar richtig, erwiderte Marquard, doch dabei handle es sich – damit stellte er Schmitts Bewertung auf den Kopf – um eine *gute* Sache, denn es diene dazu, moderne Gesellschaften von den zerstörerischen Auswirkungen der eschatologischen Erwartungen abzuschirmen.[63] Eine wahrhaft moderne Haltung, so Marquard, bestünde darin, den Gedanken der Geschichtsphilosophie vollständig aufzugeben. Die Vorstellung, Geschichte nehme einen erkennbaren und positiven Verlauf, wie Taubes und Löwith argumentiert hatten, sei eine säkularisierte Form der monotheistischen Eschatologie, die den Lauf der Geschichte in eine einzige, zusammenhängende Geschichte wendete. Moderner und vernünftiger wäre es, das gesamte Unternehmen aufzugeben, versicherte Marquard, und stattdessen einen, wie er es nannte, »aufgeklärten Polytheismus« anzunehmen – ein bewusst provokanter Begriff. Statt sich als Teilnehmer in einer einzigen Geschichte zu verstehen, solle man sich lieber damit abfinden, dass man Teil von vielen »Geschichten« oder kulturellen Bedeutungssystemen sei. Zu einem aufgeklärten Polytheismus gehöre, die Tatsache anzuerkennen, dass moderne liberale Institutionen zu einer Teilung von Macht führen – in der Regierung, auf dem Markt und auch an der Universität. Somit sei der Umstand, dass nicht alle Institutionen einer einzigen Machtquelle unterworfen waren, die entweder Erlösung oder die Überwindung von der Entfremdung versprach, genau das, was vernünftig denkende Menschen annehmen und nicht im Namen einer politischen Theologie niederschreien sollten.[64]

Eine Antwort darauf formulierte Taubes 1983 in »Zur Konjunktur des Polytheismus«. Dort vertrat er (unter Berufung auf den jüdischen Philosophen Hermann Cohen) die Ansicht, dass die Ursprünge der abendländischen Konzeptionen von Subjektivität und individueller Verantwortung bei den Propheten Jeremia und Ezechiel lagen. Und Taubes warnte davor – mit dem

Hinweis auf die Forderung des rechtsradikalen französischen Philosophen Alain de Benoist, eine europäische Identität zu etablieren, die auf der vorchristlichen Vergangenheit beruhen sollte –, die biblische Schöpfungsgeschichte und das Neue Testament als Mythen zu betrachten. Dies würde zu einer Wiederbelebung des antiken Polytheismus führen.[65] Damit ignorierte er jedoch, was Marquard mit einem »aufgeklärten Polytheismus« gemeint hatte, nämlich nicht die Verteidigung eines antiken, mystischen Polytheismus, sondern vielmehr einen kulturellen Pluralismus.

Hermann Lübbe war stärker politisch engagiert, und seine Kritik der politischen Theologie war zugespitzter als die seiner Freunde Blumenberg oder Marquard. Wie Taubes bemerkte, lief dies auf eine rechtsliberale Liquidierung des Problems der politischen Theologie hinaus.[66] Lübbe ordnete Taubes in eine Reihe mit einigen zeitgenössischen deutschen christlichen Theologen mit radikalen Ansichten ein, wie Dorothee Sölle und Johann Baptist Metz, die den Begriff der politischen Theologie wiederbelebten. Ihr Anliegen war es, dachte Lübbe, dem Evangelium selektiv nur jene Botschaften zu entnehmen, die mit ihrer zeitgenössischen politischen Theologie korrespondierten, in dem Versuch, den »Ernst« der Religion für politische Zwecke zurückzuerobern. Taubes' Vorschlag, den Versuch zu unternehmen, eine neue politische Theologie zu formulieren, wäre nur sinnvoll, so Lübbe, wenn man nach politischen Prinzipien suchte, die ausschließlich religiösen Ursprungs waren, und eine politische Theorie entwickelte, die zugleich theologisch war. Doch er bezweifelte, dass das möglich war.[67] Damit lieferte Lübbe eine Kritik, die auf den Kern von Taubes' Projekten zielte, von der *Abendländischen Eschatologie* bis zu seinen posthum veröffentlichten Vorträgen über *Die politische Theologie des Paulus*.

Blumenberg, Marquard und Lübbe reagierten auf die Radikalisierung der Politik im zwanzigsten Jahrhundert mit dem Versuch, das theologische Drama aus der Geschichte herauszulösen, weil es die politische Handlung mit religiösen Erwartungen überfrachtete, die nur dazu dienten, die existierenden liberalen Institution und das Streben nach schrittweiser Reform zu delegitimisieren. Taubes hingegen verwies auf Schmitt, um das Drama noch zu steigern, indem er Politik und Religion – oder zumindest die durch Religion hervorgerufene Intensität – wieder enger miteinander verknüpfte.

Taubes hatte ursprünglich gehofft, die beiden Bände, die aus seinem Projekt der politischen Theologie hervorgingen, würden im Suhrkamp Verlag erscheinen, der auch die zweite Konferenz finanziell mit unterstützt hatte. Aber Suhrkamp war nicht interessiert. Taubes' Assistent Norbert Bolz kontaktierte daraufhin Raimar Zons, damals Lektor beim kleineren, auf wissenschaftliche Publikationen spezialisierten Wilhelm Fink Verlag. Fink publizierte alle drei Konferenzbände und dank Zons' anhaltendem Interesse an Taubes erschienen dort auch die posthumen Werke.[68] Zwar blieb ihr unmittelbarer Einfluss gering, doch schon bald spielten sie eine Rolle bei der Verbreitung des Begriffs der »politischen Theologie« über die Sphäre der Theologen hinaus.

Sander und Amalek

Taubes' Verbindung zu Hans-Dietrich Sander riss 1980 ab, das Jahr, als Sander eine Sammlung seiner politischen Essays unter dem Titel *Der nationale Imperativ* veröffentlichte, in dem er seinen ungebrochenen und reuelosen deutschen Nationalismus ausformulierte. Der Band war Teil einer damals noch marginalen Wiederbelebung deutsch-nationalistischen Denkens, dem auch Mohler und Hans-Joachim Arndt – Taubes' langjährige Bekanntschaft, der inzwischen Professor der Politikwissenschaften in Heidelberg war – verpflichtet waren. Für Sander standen die Deutschen immer noch unter alliierter Besatzung, so sehr sie dies auch bestreiten mochten, und er sah sie reduziert auf den, wenn auch wohlhabenden, Status der »Knechtschaft« und der

»Heloten«.[69] Die Westdeutschen würden unter der teils auferlegten, teils selbstauferlegten Schuld am »Dritten Reich« leiden und hätten so jegliches Gefühl der nationalen Zugehörigkeit und des Stolzes verloren. Sander sprach sich für eine Neuauflage von Fichtes *Reden an die deutsche Nation* (1807-1808) aus, in denen dieser an die Deutschen appelliert hatte, sich aus ihrem Status der Unterwürfigkeit zu erheben, und die Rückkehr zur Großmacht einforderte. Den Zweiten Weltkrieg verharmloste Sander als ein Kapitel »eines hundertjährigen Krieges der westlichen Welt gegen Deutschland«.[70]

Taubes schickte je ein Exemplar von Sanders Buch an Peter Glotz und Horst Mahler und empfahl Sander als »einen der unabhängigsten Köpfe in der Bundesrepublik«.[71]

Doch nachdem er einen Essay gelesen hatte, der in einem später im Jahr erschienenen Buch von Sander enthalten war, schrieb Taubes einen vernichtenden Brief an Sander, in dem er dessen Verharmlosen Hitlers und der Verbrechen der Deutschen im »Dritten Reich« fokussierte. »Mit Hitler hat sich ein Abgrund geöffnet und ein Tier ist aus diesem Abgrund gekrochen, das die Apokalypse Johannis zur realistischen Prosa macht.« Und weiter: »Nur damit Sie wissen, wo und wohin wir uns in unserem Gespräch zubewegen.«[72] Sander schrieb daraufhin an Schmitt, kopierte einen Großteil von Taubes' Brief, um ihn Schmitt zur Kenntnis beizulegen, und bemerkte, dass Taubes die radikalere Richtung zu erahnen schien, in die Sanders sich bewegte.[73] Tatsächlich hatte Taubes eine Kopie seines Briefes an Sander bereits an Schmitt geschickt. Schmitt antwortete, er liege schon seit geraumer Zeit mit Sander über Kreuz.[74]

Dies scheint das Ende der Beziehung zwischen Sander und Taubes gewesen zu sein – zumindest zu Lebzeiten Taubes'. Wie wir noch sehen werden, war es Sander, der nach Taubes' Tod eine der ersten Einschätzungen über ihn vornahm.

In den fünf Jahren nach seinem psychischen Zusammenbruch und seiner anschließenden Behandlung in New York 1976 hatte Jacob Taubes weiterhin depressive und manische Schübe, in deren Verlauf er manchmal übermenschliche Energie zu haben schien.[75] Im Großen und Ganzen hatte sich sein psychischer und emotionaler Zustand verbessert. Doch im August 1982 warf ihn ein weiteres traumatisches Ereignis zurück in eine schwere Depression. Kaum hatte er sich davon erholt, ereilte ihn ein neuer Schlag, dieses Mal in Form eines Herzinfarkts, der ihn fast getötet hätte. Die meiste Zeit zwischen Sommer 1982 und seinem Tod 1687 ging es ihm nicht gut.

Im August 1982 hielt sich Jacob in Paris auf. Einer seiner liebsten Stadtteile war das traditionelle jüdische Viertel, das Marais, in dem es immer noch viele jüdische Einrichtungen und Geschäfte gab. Auch am 9. August hielt sich Jacob hier auf, als das Chez Jo Goldenberg, ein berühmtes koscheres Restaurant, in das er häufig einkehrte, von Terroristen der Abu-Nidal-Organisation, einer Splittergruppe der Fatah, angegriffen wurde. Zwei Attentäter warfen eine Handgranate in das Restaurant, bevor sie es mit Maschinengewehren stürmten. Sechs Menschen wurden getötet, weitere zweiundzwanzig verletzt. Der Angriff war ein Schock für die französische Öffentlichkeit und Juden in aller Welt. Obwohl sich Jacob zum Zeitpunkt des Angriffs nicht im Restaurant aufhielt, löste das Ereignis eine schwere Depression aus.

Er kehrte nach Berlin zurück und am 22. September wurde er in der psychiatrischen Abteilung des Urbankrankenhauses in Kreuzberg aufgenommen.[76] Es gelang ihm, am 10. Oktober an der Eröffnung der Konferenz über »Gnosis und Politik«, die er organisiert hatte, teilzunehmen, doch dort kollabierte er.[77] Im November war er zurück in der psychiatrischen Klinik.[78] Im Januar 1983 kehrte er zum Unterrichten zurück, doch ersuchte er bald um ein Forschungssemester, das ihm für das kommende Semester auch gewährt wurde.[79] Er litt an einem Bandscheibenvorfall und nahm an Gewicht zu. Beinahe ein Invalide, wohnte er für eine Zeitlang im Leo-Baeck-Heim, einer jüdischen Einrichtung für betreutes Wohnen, wo er eine eigene Wohnung hatte, aber an Mahlzeiten im gemeinsamen Speiseraum teilnehmen konnte. Doch diese Umgebung passte nicht zu ihm, und sein Sohn Ethan fand eine Wohnung für ihn in der Heydenstraße, in der Nähe von Alexander Haas, einem mit Ethan befreundeten Arzt.[80] Eine Zeitlang wohnte Jacob auch wieder bei Margherita von Brentano in der Winklerstraße. Doch seine Depressionen kehrten zurück und von September bis November ging er abermals in psychiatrischen Kliniken ein und aus. Da Jacob seine Briefe nicht mehr beantwortete oder schlicht verlor, war er nicht länger in der Lage, seine finanziellen Angelegenheiten zu regeln, und Margherita übernahm das. Wenn er bei ihr wohnte, strapazierte er ihre Geduld: »Er besteht darauf, dass ich vierundzwanzig Stunden am Tag bei ihm bin und ihm zuhöre (oder sechzehn, wenn man den Schlaf herausrechnete)«, berichtete sie Tania.[81]

Am 25. Februar 1983 feierte Jacob seinen sechzigsten Geburtstag. Gemeinsam mit Jacobs Kollegen Wolfgang Hübener gab Norbert Bolz eine Festschrift zu seinen Ehren heraus. Die meisten Beiträge stammten von Jacobs Kollegen in Berlin (darunter Ernst Tugendhat, Karlfried Gründer, Margherita von Brentano, Dietmar Kamper und Fritz Kramer), ehemaligen Studenten oder von Nachwuchswissenschaftlern aus seinem Dunstkreis wie Gasché, Kittsteiner, Faber, Hamacher, Menninghaus und Bolz selbst. Zwei Beiträge waren von Jacobs israelischen Kollegen, Moshe Barasch und Avishai Margalit, die er als Gastprofessoren an die FU geholt hatte. Ein weiterer war von Edmund Leites, einem alten Freund aus New York, der ebenfalls an der FU gastiert hatte. Drei Beiträge kamen aus Frankreich: von Jacques Derrida, Jean-Luc Nancy (der ebenfalls an der

FU gelehrt hatte) und eine besonders herzliche und persönliche Würdigung von Emil Cioran.

Jacob erholte sich noch einmal gesundheitlich, zumindest so weit, dass er wieder unterrichten, gesellschaftlich verkehren und Vorlesungen besuchen konnte. Doch im Dezember 1984 erlitt er einen Herzinfarkt, den er nur infolge mehrfacher Defibrillation überlebte. Wieder kam er ins Krankenhaus, dieses Mal ins Universitätsklinikum Steglitz.[82] Nach dieser Nahtoderfahrung schien es ihm, als sei seine Zeit abgelaufen.[83] Eine Zeitlang wollte er nur noch Hebräisch sprechen und verbrachte einen Großteil des Tages damit, Psalmen aufzusagen.[84] Einige Wochen verbrachte er als Patient in einer psychiatrischen Klinik am Wannsee.[85] Er gab das Rauchen auf, eine lebenslange Gewohnheit.

Nach seinem Herzinfarkt war Jacob weniger launisch, weniger aggressiv, schlicht netter.[86] Als die Nachbarwohnung von Margherita in der Winklerstraße 14 frei wurde, fragte Jacob, ob er dort einziehen dürfe, und sie stimmte zu. Sie kümmerte sich um ihn, und Jacob schrieb seine Genesung zu einem guten Teil ihrem »aufopfernden Beistand« zu.[87] Dieses Arrangement, in dem ein geschiedenes Paar wieder gemeinsam lebte, war nicht ungewöhnlich. Bei seinem Besuch in Berlin wurde Joseph Dan von der Hebräischen Universität von Jacob und Margherita zum Abendessen eingeladen, bei dem alle anwesenden Gäste geschiedene Paare waren, die wieder zusammenlebten.[88] Natürlich beinhaltete dieses Arrangement vonseiten Jacobs keine Treue.

In den Jahren 1979 bis 1982 gab Taubes, wenn er an der FU in Berlin war, Seminare zu Themen, die ihn schon seit Langem umtrieben: Gnosis, Hobbes, Spinoza und Benjamins »Geschichtsphilosophische Thesen«. Im Sommersemester 1982 bot er gemeinsam mit dem Soziologen Dietmar Kamper ein Seminar über »Ästhetik des Posthistoire« an. Ästhetik war eigentlich kein Thema, das Taubes besonders faszinierte, Geschichtsphilosophien jedoch schon. Der Begriff »Posthistoire« bezog sich auf die Vorstellung, dass die Geschichte im Wesentlichen abgeschlossen war, die großen Umwälzungen bereits stattgefunden hatten und Gegenwart und Zukunft als Variationen von bereits etablierten Mustern zu verstehen waren. Diese Idee ging auf Hegel zurück und war – in vielen verschiedenen Abwandlungen – in den 1920er Jahren von Oswald Spengler, in den 1930ern von Alexandre Kojève und in den 1960ern von dem deutschen konservativen Theoretiker Arnold Gehlen unter der Rubrik »Kristallisation« formuliert worden. In den 1970er Jahren entwickelte der französische Philosoph Jean-François Lyotard, ein vom Marxismus desillusionierter Ex-Kommunist, eine neue Variation in seinem Buch *Das postmoderne Wissen* (1979). Darin erklärte er, die großen historischen Narrative seien alle auserzählt und nicht mehr glaubwürdig. Lyotard und Derrida hielten Vorträge vor dem Seminar von Kamper und Taubes.[89]

Aus dem Seminar ging 1986 ein Manuskript für einen Sammelband hervor, herausgegeben von Kamper und Taubes: *Nach der Moderne: Umrisse einer Ästhetik der Posthistoire*. Eigentlich hätte der Band im Suhrkamp Verlag publiziert werden sollen, doch Unstimmigkeiten mit dem Verleger führten dazu, dass das Projekt nicht zustande kam.[90] Manche der Beiträge erschienen andernorts. Taubes' eigener Artikel, »Ästhetisierung der Wahrheit im Posthistoire«, erschien posthum in einer Festschrift für Margherita von Brentano. Darin sprach er sich dafür aus, dass das für das Posthistoire charakteristische Weltverständnis eine Absage an die christliche und fortschrittliche Vorstellung von Geschichte, die einen Sinn und eine Richtung habe, bedeute. Taubes zufolge nahm dies die Ernsthaftigkeit aus der Geschichte und ließ ein nihilistisches Lebensbild zurück. Wahrhaftigkeit, Sinn und Bestimmung würden von den Verfechtern des Posthistoire nicht als der Welt und der Geschichte innewohnend verstanden, sondern als willkürliche menschliche Schöpfungen – als Kunstwerke. Er verfolgte die Entstehung dieser Idee von Nietzsche zu Heidegger und zu einem ästhetischen Konzept von der Welt, das Kojève den Japanern zuschrieb und als mögliche Zukunft für alle betrachtete.[91]

Auch Peter Gente, der in den 1960er Jahren als studentische Hilfskraft an Taubes' Institut für Hermeneutik beschäftigt gewesen war, nahm an diesem Seminar über Posthistoire teil, ebenso seine Partnerin Heidi Paris. Die beiden hatten 1977 den Merve Verlag in Berlin gegründet. Der Marxismus galt inzwischen als überholt und Merve verlegte radikale Denker, die nicht (oder nicht mehr) marxistisch orientiert waren. Es war ein kleines Verlagshaus, das sich auf das Publizieren von schmalen Bändchen spezialisierte, viele davon Übersetzungen von gefragten französischen Denkern wie Lyotard, Derrida und Michel Foucault.[92] Auf Gentes Initiative erschien dort ein Buch von Jacob Taubes.

In den Jahren zwischen 1980 und 1986 konzentrierte sich Taubes – wenn es ihm gut genug ging, um zu unterrichten, und manchmal auch, wenn es ihm nicht gut genug ging – in seinen Vorlesungen und Seminaren auf drei Hauptthemen: erstens auf den Apostel Paulus, den historischen Kontext seiner Schriften und deren Auslegung; zweitens auf Nietzsche, für den sich Taubes hauptsächlich mit Bezug auf dessen Interpretation von Paulus' Bedeutung in der abendländischen Geschichte interessierte; und drittens auf Carl Schmitt.

Paulus stand im Zentrum seiner Vorlesungsreihe zu »Paulus und der spätantike Geist«, die er im Sommersemester 1981 hielt, im Wintersemester 1982/83 bot er »Paulus und die Aufhebung der Philosophie« an.[93] Im Sommersemester 1986 las er abermals über Paulus. Die im kommentierten Vorlesungsverzeichnis etwas ausführlicher beschriebene These lautete hier: »die Umwertung der antiken Werte bei Paulus, die Nietzsches Haß grell beleuchtet hat«, und ihre Ablösung durch die Wendung Paulus' »wie wenn nicht« (1. Kor 7,27-31). Das bezog sich auf die Textstellen »Das sage ich aber, liebe Brüder: die Zeit ist kurz. ... und die diese Welt gebrauchen, als brauchten sie sie nicht. Denn das Wesen dieser Welt vergeht.« Laut Taubes hatte Walter Benjamin diesen Blick auf die Weltpolitik zutreffend als nihilistisch beschrieben.[94]

Taubes' Vorlesungen über die Korinther waren – wie so viele seiner Vorlesungen – ein Ereignis, das einer Theatervorführung ähnelte und einen der größten Hörsäle der FU mehr als füllte. Er machte sich keine Notizen. Laut einem teilnehmenden Studenten schien Taubes in seiner eigenen Welt zu sein, wenn er den Kopf abstützte, um in Ruhe über die gestellten Fragen nachzudenken, unterbrochen von Augenblicken kreativer Erkenntnis und stets begleitet von einer ausladenden Gestik. Sein Publikum lauschte seiner Darbietung ehrfürchtig.[95]

Während des Wintersemesters 1983/84 bot er – neben dem Kolloquium »Theokratie«, das mit der Konferenz, die er zur politischen Theologie organisierte, zusammenhing – ein Seminar Nietzsches *Zur Genealogie der Moral* an. Für das Wintersemester 1984/85 plante er eine Übung zu Nietzsches *Antichrist*, doch es ist davon auszugehen, dass gesundheitliche Probleme ihn die meiste Zeit davon fernhielten. Beide Texte waren grundlegend für die Paulus-Auslegung, die er zu entwickeln beabsichtigte.[96]

Das Schmitt-Seminar an der FU

Während des akademischen Jahres 1985/86 hielt Taubes ein Seminar über Carl Schmitt, gemeinsam mit Norbert Bolz und Nicolaus Sombart. Auch das war ein Ereignis, über das einige Berliner Zeitungen berichteten. Das lag zum einen am Seminarinhalt – Schmitt galt in der offiziellen deutschen akademischen Welt weiterhin als verpönt –, zu einem guten Teil aber auch an den beiden Veranstaltern, Taubes und Sombart.

Sombart war eine in der Berliner Kulturszene sehr präsente Figur. Der Sohn des berühmten Ökonomen Werner Sombart war in Berlin mit Schmitt, der ein Freund seines Vaters und sein eigener Mentor war, aufgewachsen. Vielsprachig wie er war, schlug er zunächst eine Laufbahn als Kulturbeamter beim Europarat in Straßburg ein. Im Herbst 1982 kehrte er als Fellow nach Berlin ans dortige Wissenschaftskolleg zurück und entschied sich, in der Stadt zu bleiben. Im Verlauf dieses Jahres lernte er einige Personen aus Taubes' Umfeld kennen – Richard Faber, H. D. Kittsteiner und Wolfgang Fietkau – und war beeindruckt von ihrer Gelehrtheit. »Es ist erstaunlich, wie viel diese Burschen wissen (sie sind fast alle Taubes-Schüler)«,[97] notierte er in seinem Tagebuch. Faber machte ihn mit Taubes bekannt, und im März 1983 wurde er zum Abendessen bei Taubes und Brentano eingeladen (die gerade mal wieder zusammenwohnten). Sie versprachen bei diesem Anlass, ihm einen Lehrauftrag und den Status eines Honorarprofessors an der FU zu verschaffen.[98]

Sombart zog nach Berlin und gab zunächst Kurse an Taubes' Institut für Hermeneutik. In seiner großzügigen Wohnung empfing Sombart allwöchentlich zu einem Salon, bei dem Künstler, Intellektuelle und Medienschaffende zusammenkamen. Er war eine schillernde Figur, ein Dandy. Zur Zeit des Schmitt-Seminars hatte er gerade kürzlich seine Memoiren veröffentlicht, *Jugend in Berlin, 1933-1945*, die auch das Kapitel »Spaziergänge mit Carl Schmitt« enthielten. Später sollte er ein Buch schreiben, in dem Schmitt im Zentrum stand: *Die deutschen Männer und ihre Feinde: Carl Schmitt, ein deutsches Schicksal zwischen Männerbund und Matriarchatsmythos* (1991). Darin führte er Schmitts Fokus auf die Beziehung zwischen Freund und Feind auf eine fragile Männlichkeit zurück, die Sombart zufolge die deutschen Männer seiner Generation auszeichnete.

Der Schwerpunkt des Taubes-Sombart-Seminars lag auf Schmitts *Politischer Theologie* von 1922 und seiner *Politischen Theologie II* von 1970, mit einem besonderen Augenmerk auf Benjamins Brief an Schmitt. Es fand in einem relativ kleinen Seminarraum statt, der mit vierzig oder mehr Teilnehmern aus allen Nähten platzte, einige Studenten saßen auf den Fensterbänken. In der ersten Reihe hatte Saul Friedländer Platz genommen, ein renommierter Historiker des Nationalsozialismus, der an der Universität Tel Aviv unterrichtete und für ein Jahr als Fellow ans Wissenschaftskolleg gekommen war. Ebenfalls in der ersten Reihe saß Ernst Nolte, dem Taubes seine Wertschätzung aussprach. Unter den Anwesenden befand sich auch Jürgen Kaube, der spätere Feuilletonchef und Mitherausgeber der *Frankfurter Allgemeinen Zeitung*.[99] Obwohl Taubes sichtlich angeschlagen war, dominierte er das Seminar, das er – zu Friedländers Erstaunen – mit der Formalität und den Insignien eines deutschen Professors der alten Schule führte: Er begann jede Sitzung mit der Verlesung des Protokolls der vorangegangenen und fragte die Anwesenden, ob es Einwände gebe. Während Sombart der unterhaltsamere von beiden war, brachte Taubes mehr Tiefe in die Veranstaltung.[100]

Gegen Ende des Semesters, kurz nach Schmitts Tod, hielt Taubes eine öffentliche Vorlesung an der FU mit dem Titel »Carl Schmitt – ein Apokalyptiker der Gegenrevolution« vor einem vollen Hörsaal. Am 20. Juli 1985 wurde sie in der wenige Jahre zuvor begründeten linksalternativen überregionalen *Tageszeitung*, der *taz*, veröffentlicht.[101]

Einleitend brachte Taubes seine »Ehrfurcht« Schmitt gegenüber zum Ausdruck, »obwohl ich als bewußter Jude zu denen gehöre, die von ihm als ›Feind‹ markiert wurden«. Auch wenn Schmitt sich als Jurist dafür eingesetzt habe, die Vorstellung vom Juden als »Feind«, der zerstört werden müsste, einzuhegen, so Taubes, habe er sich zwischen 1933 und 1938 doch zum Wortführer des Nationalsozialismus gemacht, der den Juden zum Zerstörer der arischen Rasse mythologisierte.[102] Taubes zufolge hatte Schmitts Verhältnis zum »Dritten Reich« drei verschiedene Stadien durchlaufen: zunächst das der Verherrlichung, dann des Verrats und der Distanzierung und schließlich der Verbindung zu Gruppierungen, die das Regime zu stürzen versuchten.[103]

Darauf folgte eine Reihe von biografischen Anekdoten über

Taubes' Begegnungen mit Schmitts Werken. Da war zum einen die Entdeckung der *Politischen Theologie* in seiner Züricher Studentenzeit. Als Nächstes erwähnte er die Ausleihe von Schmitts *Verfassungslehre* an der Hebräischen Universität in Jerusalem, als er sah, dass es kürzlich vom israelischen Justizminister konsultiert worden war. Wie er Armin Mohler davon schrieb, und wie der es wiederum Schmitt zeigte. Dann von seiner Begegnung mit Hans-Joachim Arndt im Harvard-Seminar, das von dem jungen Henry Kissinger geleitet wurde, und wie er herausfand, dass Schmitt seinen Brief in Umlauf gebracht hatte. Taubes erzählte auch von Kojèves Äußerung von 1967, er sei auf dem Weg, Schmitt, den bedeutendsten Denker Deutschlands, zu besuchen. Und schließlich schilderte Taubes seine eigenen persönlichen Treffen mit Schmitt in den späten 1970er Jahren. »In Plettenberg hatte ich die stürmischsten Gespräche, die ich je in deutscher Sprache geführt habe. Es handelte sich um Historiographie in nuce, gedrängt ins mythische Bild.«[104] Das bezog sich vermutlich auf Schmitts Untersuchung des Leviathan im Werk von Thomas Hobbes, das Thema seines Buches von 1938: *Der Leviathan in der Staatslehre des Thomas Hobbes. Sinn und Fehlschlag eines politischen Symbols.*[105] Über die Inhalte der Gespräche verriet Taubes jedoch nichts.

Taubes bot seinem Publikum bzw. seiner Leserschaft einige rätselhafte Fakten über wenig bekannte Verbindungen in der intellektuellen Welt – einige davon waren real, andere fiktiv. So berichtete er etwa, Albert Salomon habe in den 1940er Jahren einen Artikel im *Social Research* veröffentlicht, dem Magazin der New School, in dem er sich auf Schmitts Kapitel über die politische Theologie des gegenrevolutionären Denkens in seinem Buch *Politische Theologie* bezog. Dieser Artikel sei dann in der Dokumentation einer von Louis Finkelstein am Jewish Theological Seminary organisierten Konferenz wiederveröffentlicht worden. (Tatsächlich erschien der Artikel 1946, vier Jahre *nach* dem Konferenzband.) Taubes schlussfolgerte daraus: »Carl

Schmitts Ansatz zu einer Bestimmung der Theologie der Gegenrevolution wurde übernommen als Ideologie eines neuen akademischen Konservatismus, den die Institution des konservativen Judaismus in ganz Amerika propagierte.«[106] Eine Melange aus vage erinnerten Fakten führte zu einer wilden These, die eigentlich nur jenen relevant erscheinen konnte, die nicht im Thema waren.

Andere überraschende Assoziationen waren plausibler, wenn auch vielleicht nicht so weltbewegend, wie Taubes sie darstellte. Der Dankesbrief von 1930, den Benjamin an Schmitt geschrieben hatte, fand Erwähnung, in dem Benjamin versichert hatte, in seinen »Geschichtsphilosophischen Thesen« Schmitts Konzeption des Ausnahmezustands aufgegriffen zu haben, wobei er die Konsequenzen ins Gegenteil verkehrt habe, indem er die These aufstellte, dass das Leben für die historisch Unterdrückten ein permanenter Ausnahmezustand sei. Taubes zufolge hatten Schmitt und Benjamin beide eine »mystische Geschichtsauffassung«, im Gegensatz zu einem Geschichtsverständnis als Prozess der Säkularisierung. Diese vielleicht vertretbare Behauptung stellte er in den Raum.[107]

Taubes' Grundüberzeugung war es, dass Carl Schmitt ein Apokalyptiker der Gegenrevolution war, während er selber, als Apokalyptiker, am anderen Ende des ideologischen Spektrums stand. »Carl Schmitt denkt apokalyptisch, aber von oben her, von den Gewalten; ich denke von unten her. Uns beiden gemeinsam aber ist jene Erfahrung von Zeit und Geschichte als Frist, als Galgenfrist.«[108] Beide interessierten sich für die Grenzen des Liberalismus in extremen Zeiten, wenn die bestehende Ordnung zusammenzubrechen drohte. Doch während Schmitt seine Rolle in der Bewahrung der bestehenden Institutionen sah, wenn nötig mit extremen Mitteln, erblickte Taubes in einem möglichen Zusammenbruch der bestehenden Institutionen die Chance für radikalen Wandel. Taubes präsentierte sich als Schmitts antiliberaler Gegenspieler auf der Linken: Schmitt als Verteidiger von Autorität, Taubes als Apostel eines Antiautoritarismus.

Im Verlauf dieses Jahres überwarf sich Jacob wieder einmal mit Margherita und zog daraufhin übergangsweise bei Sombart ein. Sombarts sexuelle Abenteuer, meist gegen Bezahlung, sind ein wiederkehrendes Thema in seinen Erinnerungen. Jacob bezahlte für seine nicht. Die beiden scheinen über ihr Sexualleben miteinander gesprochen zu haben, denn Sombart wusste über Jacobs aktuelle Beziehung zu einer Psychiaterin und ihre Rollenspiele Bescheid: Sie war die Hexe und Jacob der Hexenmeister. Jacobs Angewohnheit, junge Studentinnen mit nach Hause zu bringen, mit ihnen zu schlafen und sie morgens gleich wieder hinauszuwerfen, verwunderte Sombart. Er interpretierte Jacobs erotische Eroberungen als Machtdemonstration, die er auf eine tiefe seelische Verwundung zurückführte. Jacob wohnte etwas länger als eine Woche bei Sombart, danach kehrte er wieder zu Margherita zurück.[109] Später fand Sombart heraus, dass Jacob den neuen Wissenschaftssenator Kewenig davor gewarnt hatte, ihm, Sombart, eine unbefristete, wenn auch unbezahlte Stelle anzubieten. Auch er hielt Jacob für einen Intriganten mit mephistophelischem Charakter.[110]

Saul Friedländer lernte Taubes am Wissenschaftskolleg kennen, einer Einrichtung, die Taubes ursprünglich als »elitär« abgelehnt hatte. Doch nach ihrer Eröffnung besuchte er das Kolleg regelmäßig, gerade so, als wäre er Fellow dort, obwohl der Rektor, Peter Wapnewski, versuchte, seine Teilnahme zu unterbinden. Im Februar 1986 organisierte Friedländer dort eine Konferenz über Gedenken und Holocaust in Deutschland, zu der auch Brentano und Taubes kamen. Viele prominente Historiker nahmen an der Konferenz teil, Nolte jedoch war nicht darunter. Im Jahr zuvor hatte er einen englischsprachigen Essay veröffentlicht, in dem er unter anderem folgende These vertrat: Weil der Präsident der Zionistischen Weltorganisation, Chaim Weizmann, im September 1939 verkündet hatte, dass im Falle eines Krieges die Juden in aller Welt gegen Deutschland zu den Waffen greifen würden, sei es legitim gewesen, dass Hitler sie als Feinde betrachtete und in Konzentrationslagern inhaftierte, »wie es die Amerikaner mit den Japanern gemacht hatten«. Friedländer wusste von dieser und anderen kruden Thesen in dem Essay, die geradezu absurd waren, doch er nahm Noltes Einladung, vor seinem Seminar an der FU vorzutragen, trotzdem an. Im Juni lud Nolte Friedländer zum Abendessen zu sich nach Hause ein, wo er seine Aussage über Weizmann, den er als Repräsentanten des »Weltjudentums« bezeichnete, wiederholte. Sodann fuhr er fort, einige historisch völlig haltlose Thesen auszubreiten, von denen er zugab, sie dem Buch eines Neonazis (*Der Auschwitz-Mythos*) entnommen zu haben. Nun reichte es Friedländer, und er verließ die Wohnung. Bald darauf gab er der *Zeit* ein Interview, in dem er seinen Sorgen über die Ansichten, mit denen ein bekannter Historiker hausieren ging, Ausdruck verlieh. Der Name Nolte fiel dabei nicht. Doch Nolte selbst erklärte öffentlich, dass es sich dabei um ihn handle. Das Ereignis entwickelte sich zum sogenannten Historikerstreit, einer Auseinandersetzung über die Angemessenheit von Vergleichen im Denken und Reden über die nationalsozialistische Vergangenheit.[111]

Aleida und Jan Assmann

Im Spätherbst 1984 besuchte Jacob eine von Monika Wapnewski ausgerichtete Party, deren Mann der Rektor am Wissenschaftskolleg war. Wenn er sich auch einigermaßen von seinem letzten Depressionsschub erholt hatte, war Jacob gesundheitlich doch in keinem guten Zustand und seine Erscheinung gespenstisch, seine Bewegungen ungelenk.[112] Unter den Gästen waren auch Jan Assmann, ein Ägyptologe der Universität Heidelberg, der das akademische Jahr als Fellow am Wissenschaftskolleg verbrachte, und seine Frau Aleida. Mit sechsundvierzig Jahren war Jan

697

Assmann bereits ein hochrespektierter Wissenschaftler in seinem Feld mit einem Schwerpunkt auf der antiken ägyptischen Religion. Die siebenunddreißigjährige Aleida hatte 1977 ihre Promotion in Anglistik abgeschlossen und war hauptsächlich mit dem Erziehen der fünf Kinder beschäftigt, von denen das jüngste erst ein Jahr alt war. Jan Assmann kannte Taubes vom Hörensagen, speziell im Zusammenhang mit seiner Funktion für die »Poetik und Hermeneutik«, und wollte ihn unbedingt kennenlernen. So trat das Paar an Jacob heran und stellte sich vor.

In dem Gespräch, das sich daraus entwickelte, erwähnte Aleida ihren Vater, Günther Bornkamm, einen evangelischen Religionswissenschaftler des Neuen Testaments und Autor mehrerer Bücher über Jesus und über Paulus. Jacobs Aufmerksamkeit wandte sich schnell von Jan hin zu Aleida Assmann. Hier war eine junge, dynamische und intellektuelle Frau mit *Jichus* – jener Sorte, von der er sich am stärksten angezogen fühlte. Vielleicht sah er sie anfangs auch als eine weitere mögliche Eroberung.

Kurz danach erlitt Jacob seinen Herzinfarkt, der ihn ins Krankenhaus brachte und ihn noch über Monate schwächte. Doch im Sommer 1985, als sich der Aufenthalt der Assmanns in Berlin dem Ende zuneigte, besuchte Jacob sie in ihrem Haus. Jacob verliebte sich in Aleida – und in ihre ganze Familie. Er begann, mehr und mehr Zeit mit ihnen zu verbringen. Im Juni 1986 war er wieder bei den Assmanns, nun in Heidelberg.[113] In diesem Sommer besuchte er sie in ihrem Ferienhaus in der Nähe des Kurorts Bad Ischl, obwohl der nur wenig naturverbundene Jacob es hasste, an den See zu gehen.

Während seiner Aufenthalte im Haus der Assmanns in Heidelberg zeigte sich seine jüdische Frömmigkeit von ihrer besonders ausgeprägten Seite. Er trug eine Kippa in ihrem Haus, und manchmal betete er morgens im *Tallith* und legte die *Tfillin* (Gebetsschal und Gebetsriemen) an. Am Freitagabend feierte er den Schabbat mit ihnen und segnete die Kinder nach traditionellem jüdischem Ritual. Samstags nahm er Aleida und die jüngeren Kinder mit in die Synagoge, wo er, wie es seine Gewohnheit war, intensiv betete. »Ich musste dreiundsechzig Jahre warten, um mit einer Familie in die Synagoge gehen zu können«, bemerkte er. Susan hatte daran kein Interesse gehabt, von Margherita ganz zu schweigen. Für die Assmanns war diese jüdische Religionsausübung eine fremde, neue Welt – eine, von der sie fasziniert waren. (Später, als die Assmanns nach Jacobs Tod nach Israel reisten, feierten sie den Schabbat und die jüdischen Feiertage als Familie.) Jacob gab Aleida die Werke von Rabbi Nachman von Breslav zum Lesen.

Wenn Jacob und Aleida sich an unterschiedlichen Orten aufhielten und er an einem intellektuellen Projekt arbeitete, rief er sie manchmal um zwei Uhr nachts an und schüttete für eine Stunde oder länger seine Gedanken vor ihr aus. Er konnte in einen intellektuellen Rauschzustand geraten, der zu einem Strom von Ideen und Konzepten führte. Und da Jacob konventionelle Grenzen nicht respektierte, richtete er seine Zuneigung nicht nur auf Aleida, sondern auch auf ihre Kinder: In gewissem Sinne »adoptierte« er ihre jüngste Tochter, schrieb ihr seine eigene Bedeutung ein und behandelte sie auf unheimliche und fast mystische Weise wie sein eigenes Kind.

Jacob verkündete allen Freunden, nah und fern, seine Liebe für Aleida. Zu einer Fakultätssitzung brachte er ein Foto von ihr mit und zeigte es seinen Kollegen.[114] Diese Beziehung, so erzählte er es jedem, sei durch Reinheit und einen Mangel an Ausbeutung gekennzeichnet, die seinen anderen Beziehungen gefehlt habe. Aleida war ihm von Gott als Antwort auf seine Gebete gesandt: »Amen.«[115]

Obwohl sich Jacobs Zuneigung hauptsächlich auf Aleida richtete, fand auch Jan Assmann Jacob durchaus anregend: seine Intensität, seine Fähigkeit, große intellektuelle Panoramen aufzuziehen, von der Antike bis in die Moderne, auf Verbindungen hinzuweisen, die anderen nicht eingefallen wären, aber die sie vielleicht weiterentwickelten. Jacob erfreute beide mit seinen Theorien und Erkenntnissen über die jüdische Geschichte und über Paulus.

Margherita war empört über Jacobs Beziehung zu Aleida. Sie rief Jan Assmann an und versuchte ihn aufzuwiegeln, ihn in die Rolle des eifersüchtigen Ehemannes zu drängen, der Jacob aus dem Haus werfen sollte – und zurück nach Berlin. Jan Assmann war nicht geneigt, diese Rolle anzunehmen, vielleicht hatte er erkannt, wie viel Aleida die Beziehung bedeutete. Indem sie ihm eine unterstützende und familiäre Umgebung in Heidelberg boten, weit weg von den hausgemachten Problemen in seinem Berliner Milieu, waren die Assmanns für Jacob eine große Stütze. In Heidelberg lebte er das Gegenteil seines sonst so einsamen und unsteten Lebens. Die Assmanns wurden Zeugen von Jacobs Wahnanfällen, in denen er umherlief und schrie. Doch auch wenn seine Manie, Paranoia und Aggressionen immer im Hintergrund lauerten, richteten sie sich nie gegen die Assmanns. Die Beziehung sollte sich als schicksalhaft erweisen, sowohl für Jacob als auch für Aleida und Jan Assmann.

16

Schlussakt

Kaum hatte sich Jacob von seinem Herzinfarkt, der ihn beinahe getötet hatte, erholt, wurde eine tödliche Krebserkrankung bei ihm diagnostiziert. Er bereitete seine Kinder und Freunde auf sein bevorstehendes Ableben vor, hielt die religiösen Gebote noch strenger ein und sorgte dafür, dass seine abschließenden Gedanken über Paulus aufgezeichnet und bewahrt würden. Seine Beziehung zu Aleida und Jan Assmann wurde noch enger, und er unternahm die notwendigen Schritte, um den Grundstein für sein Vermächtnis zu legen.

Eine Hochzeit

Jacob kehrte Ende März 1986 nach New York zurück, gemeinsam mit Margherita. Es war der erste Besuch in den Vereinigten Staaten seit der Elektroschockbehandlung vor fast einem Jahrzehnt. Und es war der letzte.

Der Anlass war die Hochzeit seines Sohnes Ethan mit Sally Spitzer. Jacob kam kurz vor dem jüdischen Feiertag Purim an und machte sich auf den Weg nach Crown Heights in Brooklyn, wo er eine kurze Audienz beim Lubawitscher Rebbe, Menachem Schneerson, hatte. Die Purim-Feierlichkeiten verbrachte er dort. Von den alten Freunden traf er unter anderem Susan Sontag. Er versuchte, sich auch mit Louis Finkelstein zu verabreden, dem inzwischen im Ruhestand befindlichen ehemaligen Kanzler des Jewish Theological Seminary, konnte ihn jedoch nicht erreichen. Daraufhin schrieb er Finkelstein einen langen Brief. Zunächst bekundete er darin seinen Respekt, ging jedoch rasch dazu über, das JTS dafür zu kritisieren, keine Philosophen und Theologen von Rang hervorgebracht zu haben. Ein wenig subtiler Wink darauf, dass man sich dort damals dagegen entschieden hatte, ihn an der Fakultät zu halten.[1]

Die Hochzeitszeremonie, am 6. April 1986, wurde von einer Reformrabbinerin, Susan Einbinder, und Jacob selbst geleitet. Die Braut war Tochter eines Buchhalters und ihre zur Mittelschicht zählende Familie war weder jüdisch noch philosophisch gebildet. Vor diesem Publikum hielt Jacob eine lange und etwas eigenartige Rede. Einleitend zitierte er ein Grußwort aus Paulus' erstem Brief an die Korinther, »Gnade sei mit euch und Friede«. Dann sprach er ausführlich über – sich selbst. Er könne das Hochzeitsritual aus rechtlicher Sicht nicht vollziehen, erklärte er, denn obwohl er von zwei angesehenen europäischen Rabbinern ordiniert worden sei (die er auch namentlich nannte),

habe ich doch nie von dieser Ordination Gebrauch gemacht, da ich schon früh in meinem Leben den akademischen Weg eingeschlagen habe und Professor geworden bin. Ich nehme die Unterscheidung zwischen Rabbiner und Professor sehr ernst, besonders in solch freizügigen Zeiten, in denen jedes Amalgam als kreative Erfindung propagiert wird. Ein Rabbiner kann den rituellen Akt wirklich vollziehen, ein Professor kann nur beurteilen, wie der rituelle Akt vollzogen wurde – oder zu vollziehen ist. Der rituelle Akt selbst wird für den Professor zu einer Geschichte. Alles, was von dem Mysterium erkennbar bleibt, ist eine Geschichte, die von einem Professor erzählt wird. Wir stehen in religiöser Hinsicht am Ende der Geschichte, eine letzte Verbindung in der Kette der Tradition. Um das Mysterium zurückzugewinnen, das in dem Hochzeitsritual gefeiert wird, müssen wir den Weg der Erzählung gehen, bei der Geschichte beginnen.[2]

Er drückte seine Dankbarkeit gegenüber jenen aus, die ihm in jüngster Zeit beigestanden und ihm geholfen hatten, das Todesurteil abzuwenden, darunter Ethan und Sally, seine Tochter Tania und Margherita, die, ließ er sein Publikum wissen, »zwischen Mitte Dezember 1984 und April 1985 täglich in die Herzklinik kam«. Dann folgten einige Bemerkungen über Susans Tod und dass es trotz der »Enttäuschungen« ihrer Ehe auch die »Erfüllungen« in Gestalt von Tania und Ethan gab, von denen Letzterer nun in der Ehe geheiligt werden sollte.

Nebenbei gelang es Jacob, Bezüge auf Rabbi Akiba und dessen Aussprüche im Talmudischen Traktat *Yoma* unterzubringen, Platons Erörterung im *Symposium* über die Metamorphose des Eros in die Liebe der Weisheit zu erwähnen und auf Jacobs »leidenschaftliche Diskussionen an der Columbia mit Susan Sontag über den Geist und das Herz der Liebe« einzugehen. Er erwähnte auch Aristoteles und Maimonides – und mahnte, dass die Philosophie für sich selbst genommen eine Sackgasse sei, wenn man sie ohne Liebe betrachte: »Denn in der Liebe gestehen wir unsere grundlegende Unvollkommenheit ein. Wir bekennen, dass wir keine autonomen Wesen sind, sondern einander zutiefst brauchen.«

Auffallend an Jacobs Rede war, das bemerkte auch Ethans Cousin Zachary Edelstein, wie viel davon von ihm selbst und von der Aufgabe und den Grenzen der Philosophie handelte – Themen, die auf wenig Resonanz bei den meisten versammelten Gästen gestoßen sein dürften – und dass Braut und Bräutigam kaum erwähnt wurden.[3]

Nach seiner Rückkehr nach Berlin gab Jacob eine Party. Im Einladungsschreiben, datiert auf den 16. Juni 1986, teilte er seinen Gästen mit, dass er in Kürze ein Forschungssemester antreten werde und vorher gemeinsam mit seinen Freunden seine Genesung von seinem Herzinfarkt und seine Rückkehr zu seinen vollen akademischen Verpflichtungen feiern wollte. »Ich bin auch wie der verlorene Sohn wieder empfangen worden, sowohl in Jerusalem, Frankfurt als auch in Paris ...«, berichtete er.[4] Das Treffen sollte in der Paris Bar stattfinden, wo er zwischen 16.00 und 19.00 Uhr das halbe Restaurant reserviert hatte. Er wies

Jacob Taubes, 1986

darauf hin, dass jeder Gast für sich selbst bestellen würde, was bedeuten sollte, dass jeder auch für sich selbst *zahlte.*

Zu den eingeladenen Gästen gehörte auch Ernst Nolte. »Ich hoffe sehr, dass Sie kommen können«, vermerkte Jacob auf einer handschriftlichen Notiz, die er der Einladung beilegte. »Es lag mir daran auch ›öffentlich‹ unsere Gemeinsamkeit hervorzuheben, jetzt wo die Friedländer-Episoden im Geschwätz der Berliner nebbich-Intelligentsia alle anderen Themen verdrängt.«⁵

Im Anschluss an die Feier in der Paris Bar gab es noch ein kleineres Zusammentreffen zum Abendessen im Exil, einem seiner

Lieblingsrestaurants. Margherita tauchte weder bei der Party noch beim Abendessen auf.[6]

Krebs

Seit seinem Herzinfarkt war Jacob häufiger in die orthodoxe Synagoge in der Joachimsthaler Straße zum Beten gegangen, der traditionellste Gottesdienst, den er finden konnte. Im September 1986 ging er mit Tania und Gabriele Althaus ins Kreuzberger Restaurant Exil zum Essen. Althaus war so leger angezogen, wie man es in diesem alternativeren Stadtteil erwarten würde.

Nach dem Essen verkündete Jacob: »Jetzt gehen wir in die Synagoge«, und sie taten ihm den Gefallen. Es war die Zeit der Slichot, der speziellen Gebete um Vergebung, die Juden traditionellerweise in den Wochen vor Rosch Haschana aufsagen. Gabriele war zum ersten Mal in einer Synagoge, und sie war erstaunt über die Inbrunst, mit der Jacob – den sie bis dahin nur als linken Philosophieprofessor kennengelernt hatte – betete. (Ob die Anwesenheit einer wenig sittsam gekleideten, nichtjüdischen Frau für die anderen Gemeindemitglieder eher skandalös oder nur rätselhaft war, wissen wir nicht.) Jacob nahm Gabriele auch zu einem Schabbat-Essen im Haus des Rabbiners mit.[7]

Die Hohen Feiertage verbrachte Jacob in Jerusalem mit den Toldot Aharon Chassidim in Mea Schearim. Dort holte ihn Saul Friedländer am Ende des Jom-Kippur-Festes zum Abendessen ab.[8]

Es sollte Jacobs letzte Reise nach Jerusalem sein.

Nach seiner Rückkehr nach Berlin hatte sich ein großes schwarzes Muttermal auf Jacobs Schulter gebildet. Eine Gewebeprobe wurde eingeschickt und zunächst als gutartig diagnostiziert. Doch dieser Befund stellte sich als falsch heraus: Es handelte sich um ein bösartiges Melanom, das bereits in seinen

Lymphknoten, seiner Lunge und seiner Leber metastasiert hatte.[9] Die Ärzte teilten ihm mit, dass er noch vier bis sechs Monate zu leben hatte.

Jacob besuchte weiterhin Aleida und ihre Familie in Heidelberg. Sein Gemütszustand war jetzt noch aufgewühlter, denn er kehrte vermehrt zu den Traumata seines Lebens zurück, sowohl zu jenen, die er erlebt, als auch zu jenen, die er verursacht hatte. Der Holocaust lastete immer stärker auf ihm und er wurde von der Schuld des Überlebenden überwältigt. Er schaute auf Corinna, das jüngste der Assmannkinder, die er »adoptiert« hatte, und sah in ihr die Seelen der ermordeten jüdischen Kinder gespiegelt. Er war davon überzeugt, dass er nach seinem Tod für seine Sünden Rechenschaft ablegen müsste. Zerfressen von Schuldgefühlen, gestand er Aleida seine sexuelle Affäre mit der Ehefrau von Joseph Weiss, die schließlich zu ihrem Tod geführt hatte. Nun sei er ein »neuer Jacob«, beteuerte er, und habe nach einem zerstörerischen Leben eine höhere geistige Ebene erreicht.

Aleida war nicht die Einzige, der er seine Schuldgefühle gestand. Im selben Jahr lernte er auf einem von Sombarts Empfängen eine junge jüdische Frau aus München kennen, Rachel Salamander. Er erzählte ihr von seinem eigenen Hintergrund und dass sein Vater Rabbiner gewesen war. Dann fügte er hinzu: »Ich bin vom richtigen Weg abgekommen« und brach in Schluchzen aus.[10]

Die Vorbereitungen für das Ende

Jacobs Vorkehrungen für seinen Tod waren begleitet von nach außen getragener Gelassenheit und persönlichen Ängsten. In den letzten Monaten seines Lebens organisierte er seine Beerdigung, veranstaltete zahlreiche Abschiedszeremonien und legte den Grundstein für seine posthume Reputation.

Die dringlichste Aufgabe war es, eine Grabstätte zu beschaffen. Jacob wollte nicht in Deutschland, sondern neben seiner Mutter Fanny auf dem jüdischen Friedhof Oberer Friesenberg in Zürich begraben werden. Doch es gab Hindernisse zu überwinden. Ein Begräbnis auf diesem Friedhof war normalerweise nur für Mitglieder der jüdischen Gemeinde in Zürich vorgesehen, und das war Jacob nicht. Die Familie Taubes besaß eine Grabstelle direkt neben Fannys Grab, das ursprünglich für ihren Ehemann Zwi vorgesehen war. Aber Zwi war in Jerusalem verstorben und lag auch dort begraben. Das Grab von Jacobs Schwester Mirjam lag in der Nähe von Fannys Grab. Da sie aber als junge Frau verstorben war und gehofft hatte, dass ihr Ehemann Armand wieder heiraten würde, hatte sie verfügt, dass ihre Familie keine Grabstelle neben ihrer erwerben dürfe. In den Jahrzehnten seit Mirjams und Fannys Tod hatte Armand die Gebühren für das Grab neben Fannys übernommen. Er hatte nicht wieder geheiratet und plante nun, dort selber begraben zu werden, nachdem er so viele Jahre dafür gezahlt hatte. »Jacob kann sein eigenes Grab kaufen«, war sein Standpunkt.[11] Jacob seinerseits beschuldigte Armand, ihm seine rechtmäßige Grabstätte gestohlen zu haben.

Um diese Schwierigkeiten zu überwinden, mobilisierte Jacob all seine Beziehungen und Überzeugungskräfte. Er bat seine wohlhabende und einflussreiche Freundin Marianne Weinberg, bei Sigy Feigel, dem Präsidenten der jüdischen Gemeinde, zu intervenieren. Sie überzeugte Feigel, dass Jacob kostenlos auf dem Friedhof begraben werden durfte – neben seiner Mutter. Letztendlich zog sein Schwager Armand seine Ansprüche zurück.[12]

Im Dezember kam Ethan nach Berlin. Jacob erzählte ihm von seiner Freundschaft zu Aleida Assmann und wollte, dass sie und Ethan sich kennenlernten. Doch eine solche Begegnung musste vor Margherita, die Jacobs Beziehung zu Aleida nach wie vor für skandalös hielt, geheim gehalten werden. Also arrangierte Jacob ein Treffen zwischen Aleida, ihrer Tochter Corinna und

Ethan in Zürich. Jacobs Tochter Tania, die Medizin studierte, traf kurz danach ein. Jacob nahm seine Kinder mit zu dem Friedhof, auf dem er beerdigt werden wollte, ging mit ihnen den Ablauf der Beerdigung durch und erklärte ihnen, was passieren und was sie erwarten würde.[13]

Jacob hatte seit der Veröffentlichung seiner Dissertation 1947 kein eigenständiges Buch mehr publiziert. Zwar konnte er einige Essays auf der Habenseite verbuchen, doch die waren im Verlauf von vier Jahrzehnten weit verstreut und an mitunter schwer zugänglichen Orten erschienen, manche auf Englisch, manche auf Deutsch. Nun trug er die in seinen Augen wichtigsten Sonderdrucke zusammen und übergab sie Henning Ritter und Winfried Menninghaus. Er bat sie, für ihre Veröffentlichung zu sorgen, entweder bei Suhrkamp oder beim Fink Verlag, dessen Lektor Raimar Zons die von Taubes herausgegebenen Bände zur Politischen Theologie veröffentlicht hatte.

Jacob verbrachte viel von seiner verbleibenden Zeit damit, sich von Freunden und Kollegen zu verabschieden und Abschiedsfeiern anlässlich seines bevorstehenden Todes zu organisieren. Im Dezember, an Heiligabend, richtete er eine solche Feier in der Wohnung von Gabriele Althaus aus. Um Mitternacht wurden die Fenster geöffnet, um das Läuten der Glocken zu hören. Anschließend hielt Jacob eine spontane Abschiedsrede, in der er sich von seinen anwesenden Freunden verabschiedete.[14] Es gab noch weitere solcher Partys, eine wurde von der Ärztin, mit der er eine dauerhafte Beziehung führte, veranstaltet,[15] auch Margherita organisierte eine in ihrer Wohnung in Grunewald, direkt neben Jacobs Wohnung.[16] Bei einer dieser Partys sprach ihn ein Gast an, den Jacob nur flüchtig kannte: »Ich habe gehört, du musst sterben«, worauf Jacob erwiderte: »Du auch!«.[17]

Anfang Januar 1987 reiste Jacob ein letztes Mal nach Paris. Er hatte Christiane Buhmann, die dort lebte, überredet, ihren Sohn taufen zu lassen; Jacob war als Taufpate des Babys anwesend (noch ein Quäntchen Antinomismus, sowohl nach christlichen wie jüdischen Maßstäben) und arrangierte anschließend ein Treffen von Buhmann und Aleida und Corinna – die mit ihm nach Paris gereist waren –, weil ihm daran lag, dass sie sich kennenlernten.[18] Er verabschiedete sich von Clemens Heller, seinem Förderer am Maison des sciences de l'homme. »Jeder braucht einen Baum, an den er sich anlehnen kann«, sagte Heller. »Für mich wird dieser Baum nun gefällt«,[19] und er meinte damit Taubes' immer offenes Ohr, wenn er ihn um Rat gebeten hatte. Draußen auf der Straße traf Taubes auf Heinz Wismann, den er mit der Begrüßung »Oh, Herr Wismann, schön, Sie zu sehen. Übrigens, ich habe Krebs«, überrumpelte.[20] Jacobs Freunde organisierten ihm eine *fête* am Maison Heinrich Heine, unter den Gästen waren Jean und Mayotte Bollack und auch Luc Ferry, ein junger Philosoph, der später französischer Bildungsminister wurde.[21]

Jacob zeigte den Assmanns seine Lieblingsplätze in der Stadt. Am Samstagmorgen ging er in die Synagoge, am Sonntag nahm er sie mit in die Kathedrale Notre Dame, um Kardinal Lustiger predigen zu hören. »Sie müssen schon entschuldigen; in einer Welt kann ich nicht leben.«

In der zweiten Januarhälfte 1987 verschlechterte sich Jacobs Gesundheitszustand rapide. Während der verbliebenen Monate war er weitgehend ans Bett gefesselt.

Margherita hatte nie Sympathien oder Verständnis für Jacobs religiöse Seite gezeigt. Jetzt jedoch begleitete sie ihn, gemeinsam mit Gabriele Althaus, in die Synagoge in der Joachimsthaler Straße, die er ohne Hilfe nicht mehr erreichen konnte. »Natürlich glaube ich nicht an all das, aber Rituale sind hilfreich«, erklärte sich Jacob gegenüber Althaus.[22] Doch seiner Tochter Tania erzählte er, eines der Dinge aus seiner Kindheit, für die er äußerst dankbar war, sei, dass er das Beten gelernt habe.[23] Und er machte sich große Sorgen, ob sein Sohn Ethan, dessen jüdische Erziehung er versäumt hatte, in der Lage sein würde, nach dem Tod des Vaters das Kaddisch, das Totengebet, richtig zu sprechen. Aleida Assmann offenbarte er seine Ängste angesichts der Vorstellung, dass er Gott bald »Aug in Aug« gegenüberstünde. Diese sich widersprechenden Aussagen zeigen einige der inneren Widersprüchlichkeiten von Jacob Taubes – sein distanzierter, skeptischer, sozialwissenschaftlicher Blick auf das Judentum und sein verbliebener, erneuerter Glaube.

Ein letztes Mal Paulus

Im Jahr 1947 hatte der damals vierundzwanzigjährige Jacob Taubes sein Ansinnen kundgetan, für Paulus tun zu wollen, was Heidegger für Kierkegaard getan hatte: »diesen christlichen Inhalt von seinen Fesseln zu befreien und in etwas Universelles zu überführen«.[24] Vier Jahrzehnte später, an seinem Lebensende, versuchte Taubes seine gewonnenen Erkenntnisse zu vermitteln, zunächst in einigen Vorträgen und Interviews und später in einem einwöchigen Seminar über Paulus' Römerbrief.

Im September 1986, kurz vor seiner Krebsdiagnose, hatte Taubes Vorträge an der Forschungsstätte der Evangelischen Studiengemeinschaft (FEST) gehalten, einem interdisziplinären Forschungsinstitut. Er sprach über »Galgenfrist. Apokalyptische Zeiterfahrung einst und jetzt«. Taubes hatte seit seiner Dissertation über diesem Thema gebrütet und hatte es bei zwei Anlässen kurz zuvor noch einmal aufgegriffen: in einem Vortrag bei einem Symposium in Salzburg und in einem Interview, das in einem Band über zeitgenössische Philosophie bei Suhrkamp erschien. So wie er es jetzt formulierte, war die abendländische Erfahrung der Zeit von der apokalyptischen Idee geprägt, Geschichte sei eine »Galgenfrist«. Weder sei sie ewig, wie die Menschen in der Antike es angenommen hatten, noch eine ewige Wiederkehr, wie Nietzsche es sich vorstellte. Vielmehr werde die Zeit als »Bedrängnis« erlebt. Darüber hinaus, im Gegensatz zu Nietzsches Auffassung, gebe es keine Unschuld zurückzugewinnen, da Menschen alle Schuldige seien.»[A]ls Schuldner stehen wir in Fristen der Rückzahlung, der Gerichtsverhandlung«, fügte er gnomisch hinzu. »In dem Satz ›Das Reich Gottes ist nahe‹ ist mir nicht die These wichtig, was das Reich Gottes heißt, sondern die Plausibilität des Nah-Seins.« Taubes interpretierte also die Aussage von Jesus dahingehend, dass man die gegenwärtigen Institutionen nicht zu ernst nehmen sollte, da es immer zu einem plötzlichen Wandel kommen konnte. Und so war es nicht die theologische Substanz von Paulus (an die Taubes nicht glaubte), sondern seine emotionale Haltung der Welt gegenüber – eingefärbt von Gnosis und Apokalyptik –, die Taubes schätzte.[25] Diese im Christentum immanenten Themen, so Taubes gegenüber seinem Publikum bei dem Salzburger Symposium, seien »Minen«, die bestehende Institutionen zu sprengen vermochten.[26] Er verwies auf Paulus' ersten Brief an die Korinther (1 Kor 7,29-32): »Die Zeit ist kurz. Auch sollen die, die Frauen haben, sein, als hätten sie keine; und die weinen, als weinten sie nicht; und die sich freuen, als freuten sie sich nicht; und die kaufen, als behielten sie es nicht; und die diese Welt gebrauchen, als brauchten sie sie nicht. Denn das Wesen dieser Welt vergeht. Ich möchte aber, dass ihr ohne Sorge seid.« Taubes kommentierte dies als eine Forderung nach einer »Lockerung des Verhältnisses zur Welt«.[27]

Mitte Januar erhielt Taubes erneut eine Einladung an die FEST, um dort Ende Februar ein viertägiges Seminar über Paulus' Römerbrief abzuhalten. Um Taubes aufzubauen, ihm zu helfen, sich zu konzentrieren, und ihn bei der Vorbereitung für das Seminar zu unterstützen, organisierte Monika Wapnewski eine Gruppe von Bewunderinnen, damit diese ihm bei der Bibeldiskussion, speziell des Apostels Paulus, zuhörten. Anfangs trafen sie sich samstagnachmittags in der Paris Bar, später verlegten sie sich auf den Sonntag und kamen im Haus der Wapnewskis zusammen.[28] Der Rahmen war informell. Taubes bezeichnete diese Treffen als »Tisch«, als seine Version der chassidischen Zu-

Jacob Taubes im Haus der Assmanns zur Zeit seiner Paulus-Vorträge

sammenkünfte, bei denen der Rebbe einen heiligen Text erläuterte – nur dass seine Texte überwiegend aus dem Neuen Testament stammten und das Publikum sich aus christlichen Frauen zusammensetzte. Er trug eine Kippa, wenn er biblische Passagen erläuterte, zum Beispiel jene, in der Moses mit Gott über das Schicksal seines Volkes streitet, und brachte dabei das Pathos der biblischen Szene zur Geltung – eine Darbietung, die er in Heidelberg wiederholen sollte.[29] Margherita waren diese Treffen nicht geheuer, sowohl wegen ihrer religiösen Aura als auch aufgrund des Publikums, das aus lauter bewundernden Anhängerinnen bestand.[30]

Als die Zeit für Jacobs mehrtägiges Seminar in Heidelberg gekommen war, hatte sich sein Gesundheitszustand noch einmal verschlechtert. Aber er war entschlossen, das Seminar bis zum Ende durchzuhalten, um die Gelegenheit zu nutzen, seine Gedanken zu Paulus, über die er so viele Jahre bzw. Jahrzehnte nachgedacht hatte, zu präsentieren. Rudi Thiessen fuhr ihn nach Heidelberg, einer dieser unorthodoxen, freigeistigen Intellektuellen, die sich von Taubes angezogen fühlten. Thiessens kürzlich abgeschlossene Doktorarbeit kombinierte seine Interessenschwerpunkte Religion und Rock 'n' Roll.[31] In Heidelberg wohnte Taubes bei den Assmanns. Notizen hatte er sich für das Seminar keine gemacht, aber ein Dokument mitgebracht, mit dem er es einleiten wollte: sein Brief an Carl Schmitt von September 1978. Aleida setzte sich zu ihm und half ihm, seine Gedanken zu sortieren. Sie bat ihn, ihr etwas über die Inhalte, die er diskutieren wollte, zu erzählen, tippte diese dann mit der Schreibmaschine ab und half ihm, sie in die richtige Reihenfolge zu bringen.

Taubes' katastrophaler Gesundheitszustand verlieh dem Anlass noch zusätzliche Dramatik. Am Montag, Dienstag, Donnerstag und Freitag trug er über Paulus und sein Erbe im abendländischen Denken vor. Den Mittwoch – seinen vierundsechzigsten Geburtstag – verbrachte er auf der Intensivstation in einem Heidelberger Krankenhaus und seine Konstitution war so schlecht, dass es alles andere als sicher war, ob er das Seminar würde beenden können. Ein kleines Publikum von etwa vierzig Personen hörte gebannt zu und stellte Fragen. Aleida hatte sich darum gekümmert, dass die Vorträge aufgezeichnet wurden. Als das Seminar vorüber war, ließ sich Taubes von den Assmanns versprechen, dass sie nach seinem Tod aus den Bändern eine veröffentlichungsfähige Version dessen erstellen würden, was er als sein Testament betrachtete.

Taubes begann das Seminar damit, seinen Brief von September 1978, den er an Carl Schmitt im Anschluss an ihr erstes Treffen geschrieben hatte, auszuteilen. Darin hatte er die Frage nach Schmitts Antisemitismus aufgebracht und seinen Thesen zur politischen Theologie widersprochen. Darauf folgte eine ausführliche Schilderung seines Verhältnisses zu Schmitt, das damit geendet hatte, dass Schmitt ihm – nach dem Treffen, als Taubes den Römerbrief 9-11 so dargelegt hatte, dass die antijüdischen Implikationen dieser Verse aufgehoben schienen – mit auf den Weg gegeben hatte: »Bevor Sie sterben, sagen Sie das einigen.«[32]

Taubes bedauerte die Trennung der Fachbereiche Philosophie und Religionswissenschaften und erzählte seinem Publikum, er beabsichtige, beide zu befruchten, indem er sie wieder miteinander ins Gespräch brachte. Auch versicherte er, explizit als Jude über Paulus zu sprechen.

Für einen Großteil des zwanzigsten Jahrhunderts, so Taubes, hätten jüdische Kommentatoren des Christentums und seiner Beziehung zum Judentum dazu geneigt, Jesus als »den Guten« zu betrachten: Ob er nun als mehr oder weniger orthodoxer Jude dargestellt wurde – immer wurde er als Prediger einer grundlegend jüdischen Lehre angesehen. Martin Buber zum Beispiel hatte Jesus in seinen *Drei Reden über das Judentum* von 1911 für die jüdische Tradition vereinnahmt, und Jahrzehnte später hing ein Bild von Jesus an der Wand hinter seinem Schreibtisch in Jerusalem.[33] Jacobs Vater Zwi hatte Jesus in seiner Doktorarbeit als fest in der halachischen Tradition stehend dargestellt.

Doch für nahezu alle jüdischen Denker war Paulus eine andere Geschichte. Wo Jesus dem jüdischen Lager zugeschlagen wurde, erschien Paulus unausweichlich als Abtrünniger, der nicht nur das jüdische Gesetz ablehnte, sondern zudem eine Lehre etablierte, wonach das Kommen Christi den Bund zwischen Gott und dem jüdischen Volk ersetzte.[34] (Eine bedeutsame Ausnahme war Leo Baeck, dessen Vortrag von 1951, »Der Glaube des Paulus«, den Apostel so dargestellt hatte, als habe dieser nie aufgehört, Jude zu sein, »dessen geistige, intellektuelle und moralische Welt die Bibel war«.[35]) Ganz anders Taubes. Er reklamierte Paulus für die Juden und beschrieb sein Unterfangen als »Heimholung des Ketzers, weil ich ihn, das ist nun meine persönliche Sache, jüdischer empfinde als jeden Reformrabbiner oder liberalen Rabbiner, den ich in Deutschland, England, Amerika, Schweiz oder irgendwo gehört habe.«[36]

Taubes erinnerte sein Publikum daran, dass die Paulusbriefe *vor* den synoptischen Evangelien (Matthäus, Markus und Lukas) verfasst wurden und dass es zur Zeit ihrer Entstehung (circa 57-58 n. Chr.) noch gar keine »Christen« gab – diesen Begriff auf Paulus anzuwenden, sei also ein Anachronismus.[37] »Juden« und »Christen« waren damals noch keine separaten Gemeinschaften, und tatsächlich – hier bezog sich Taubes auf das, war er von Guy Stroumsa und Shlomo Pines übernommen hatte – existierten noch über Jahrhunderte Gemeinden von Judenchristen. Paulus war nicht nur »der Apostel für die Heiden«; er war »der Apostel von den Juden für die Heiden«.[38]

Paulus habe sich mit derselben Situation wie Moses konfrontiert gesehen, als dieser vom Berg Sinai herabstieg und herausfand, dass die Juden mit der Anbetung des Goldenen Kalbs gesündigt hatten. In der Erzählung im biblischen Buch Numeri – und dem detaillierteren Bericht im talmudischen Traktat *Berachot*, den Taubes ausführlich zitierte – droht Gott damit, das jüdische Volk zu zerstören und eine neue Nation aus Moses und seinen Nachkommen zu erschaffen. Moses fleht Gott an, sie zu verschonen, und Gott erhört seine Bitte. Paulus, so Taubes, stand vor einem ähnlichen Dilemma: Wie sollte er das jüdische Volk vor der »Vernichtung« durch seine Sünden bewahren, die nun darin bestanden, Jesus als Messias nicht erkannt zu haben? Paulus bezieht die Heiden in den göttlichen Bund mit ein und versucht damit den Neid der Juden zu erwecken und so einige für seine Sache zu gewinnen (Röm 11,13). In dem Bemühen, Moses zu »überbieten«, wird Paulus der Begründer eines neuen Volkes: Er behauptet, dass die Verheißungen Gottes nicht nur für die Juden galten – das »Israel nach dem Fleisch« –, sondern für »ganz Israel«, womit er das »Israel der Verheißung« meinte, also Heiden, die an Christus glaubten.[39] Taubes belehrte seine Zuhörer – so wie er Carl Schmitt darüber belehrt hatte –, Paulus verkünde zwar im Römerbrief, Israel sei der »Feind« (Röm 11,28) hinsichtlich der Guten Nachricht (von Christus), doch die Juden blieben dessen ungeachtet Gottes auserwähltes Volk. Die Juden seien auserwählt, doch erst ihre Weigerung, Christus anzunehmen, öffnete den Weg für die Heiden, in den neuen, universellen Bund von »ganz Israel« aufgenommen zu werden – eine Dialektik, so Taubes, die die Kirche später vergaß.[40] (Später diskutierte Taubes noch den Fall Marcion, der Paulus so interpretierte, als habe dieser vollständig mit seiner jüdischen Vergangenheit und mit dem Gott des Alten Testaments gebrochen, was Taubes – wie schon sein Vater Zwi in seiner Predigt von 1940 – als wiederkehrende Versuchung innerhalb des Christentum beschrieb.)

Um seinen Punkt zu verdeutlichen, dass Paulus sich an Moses' Ängste angesichts der angedrohten Vernichtung der Juden erinnert sah, holte Taubes zu einem Exkurs über das Gebet *Kol Nidre* aus, das Jom Kippur, den Tag der Versöhnung, einleitet. Die Ängste, die die Juden bei diesem Anlass zum Ausdruck brachten, so Taubes, wiederholten die »Urszene«, als Gott mit der Zerstörung Israel drohte.[41] Er räumte ein, dass das *Kol Nidre* lange *nach* Paulus verfasst wurde, aber beteuerte, es fange »phänomenologisch« ein »wie … ein Jude das [empfindet]«. Die zugrundeliegende Annahme war, dass es eine wiederkehrende »jüdische« Erfahrung gab, die schon Paulus spürte, die mittelalterlichen Juden begleitete und dann in Personen wie Jacob Taubes fortlebte, der in der Lage war, diese Wahrheiten seiner christlichen Zuhörerschaft zu offenbaren.[42]

Und in der Tat waren seiner Vorträge voller Beispiele von zeitgenössischen jüdischen Phänomenen, die Taubes gut bekannt, für sein Publikum jedoch neu und exotisch waren – zum Beispiel von jungen jüdischen Männern aus der Diaspora, die nun nach Jerusalem als Rückkehrer zum Glauben (*Ba'alai t'shuva*) kamen –, Phänomene, die er (anachronistisch) in eine Analogie zu Paulus stellte.[43]

Taubes' erster interpretatorischer Schritt bestand also darin, das Jüdische in Paulus hervorzuheben und Paulus' Selbstverständnis und seine Mission als *innerhalb* und nicht *außerhalb* eines jüdischen Empfindens darzustellen. Indem er Paulus auch hier noch einmal mit der sabbatianischen Erfahrung verglich, behandelte Taubes ihn als Beispiel für eine »paradoxe« und »messianische Logik«: paradox, weil sowohl die Kreuzigung Jesu als auch die Konversion des Sabbatai Zwi zum Islam den Erwartungen an einen Messias widersprachen.[44]

In der protestantischen (und insbesondere der lutherischen) Tradition wurde Paulus' Botschaft häufig als eine des politischen Quietismus und der Achtung vor der konstituierten Autorität ausgelegt. Paulus wurde als Gegner »des Gesetzes«, also der jüdischen Halacha, interpretiert, nicht aber der weltlichen Autoritäten. Taubes' zweite große These bestand darin, dass Paulus nicht nur hinsichtlich seiner Haltung zur Halacha ein Antinomist war, sondern ganz allgemein mit Blick auf das Gesetz: das schloss hellenistische philosophische Konzepte des allgemeinen Rechts und die Legitimität der politischen Autoritäten des Römischen Reiches mit ein. Hier, wie an anderen Stellen in seinen Vorträgen auch, stützte sich Taubes auf Nietzsches Verständnis von Paulus als einem am Prozess der »Umwertung der Werte« Beteiligten.[45] Übereinstimmend mit Nietzsche, beschrieb Taubes Paulus' Haltung dem Römischen Reich gegenüber als nihilistisch.[46]

Taubes integrierte hier Walter Benjamins Konzept des »Messianischen« als einer »Jetztzeit«, als Augenblick, in dem die Geschichte »explodieren« und »das Kontinuum der Geschichte aufsprengen« konnte. Paulus beschrieb Leben und Kreuzigung Jesu als historische Zäsur, die die Legitimität des Gesetzes, des jüdischen wie des römischen, anzweifelte und ein neues Zeitalter einleitete. Die Erinnerung an Paulus – oder besser gesagt, die Erinnerung an diese Vorstellung von Paulus – sollte eine kontinuierliche Erinnerung, und ein Ansporn, an die Möglichkeit eines transformativen Bruchs mit den zeitgenössischen Institutionen sein.

Wenn der Liberalismus auf der Einhaltung des Gesetzes beruhte, so Taubes, dann war Paulus ein antiliberaler Fanatiker. »Er ist ganz illiberal, dessen bin ich mir sicher. Ich bin noch auf keinen Liberalen reingefallen, weder in der Antike, noch im Mittelalter, noch in der Neuzeit. Sondern das ist jemand, der dasselbige ganz anders, nämlich mit einem Protest, mit einer Umwertung der Werte beantwortet: Nicht der Nomos, sondern der ans Kreuz Geschlagene durch den Nomos ist der Imperator, und dagegen sind alle kleinen Revoluzzer doch nichtig! Diese Umwertung stellt jüdisch-römisch-hellenistische Oberschicht-Theologie auf den Kopf.« Kurzum, Paulus' Beharren auf der zentralen Bedeutung des gekreuzigten Christus' bedeutete die »Umkehrung aller Werte dieser Welt«.[47] Entsprechend war Paulus' Römerbrief für Taubes »eine politische Theologie, eine politische Kampfansage an den Cäsaren«.[48] Paulus habe sowohl gegen den römischen wie auch gegen den jüdischen Status quo rebelliert – der Revolutionär schlechthin in der jüdischen und christlichen Geschichte.

Bei seiner Darstellung des Paulus interessierte sich Taubes überhaupt nicht für dessen theologische Überzeugungen. »Ich denke nicht theologisch. Ich arbeite mit theologischen Materialien, aber ich denke geistesgeschichtlich, realgeschichtlich. Ich frage nach den politischen Potentialen in den theologischen Metaphern …«[49] Und damit insinuierte er tatsächlich, dass Paulus radikaler, humanistischer und weniger theologisch war als Jesus. Wenn Paulus (in Röm 13) erklärt, die Quintessenz der Gebote sei »Du sollst deinen Nächsten lieben wie dich selbst«, verstand Taubes dies als hochgradig polemisch, polemisierend gegen Jesus. Denn nach dem wichtigsten Gebot befragt, antwortet Jesus in den Evangelien: »Du sollst den Herrn, deinen Gott, lieben mit ganzem Herzen, mit ganzer Seele und mit deinem ganzen Denken.« Und weiter: »Ebenso wichtig ist das zweite: Du sollst deinen Nächsten lieben wie dich selbst« (Mt 22,36-39) Dass Paulus das Gebot, Gott zu lieben, unerwähnt lässt, verstand Taubes als einen bewussten und »absolut revolutionären Akt«, denn es verschob den Fokus von Gott auf den Menschen.⁵⁰ Die These ist nicht zuletzt deshalb problematisch, wie Taubes später selbst eingestand, weil der Bericht im Evangelium *nach* dem Brief geschrieben wurde, sodass Paulus die Formulierung von Jesus nicht kennen konnte.⁵¹ Doch es spielte die zentrale Bedeutung von Paulus' theologischen Grundsätzen für seine Botschaft weiter herunter.

Es gab noch eine weitere offensichtliche Schwierigkeit mit Taubes' Auffassung von Paulus als einem antinomistischen Revolutionär, nämlich den Abschnitt im Römerbrief (Röm 13,1-2), der lange Zeit im Zentrum des evangelischen Denkens über die Beziehung zwischen Theologie und Politik gestanden hatte: »Jeder ordne sich den Trägern der staatlichen Gewalt unter. Denn es gibt keine staatliche Gewalt außer von Gott; die jetzt bestehen, sind von Gott eingesetzt. Wer sich daher der staatlichen Gewalt widersetzt, stellt sich gegen die Ordnung Gottes, und wer sich ihm entgegenstellt, wird dem Gericht verfallen.« Taubes versuchte diese Passage mit seiner Interpretation von Paulus zu versöhnen, indem er erklärte, dass Paulus zur Zeit dieser Verkündigung noch an die bevorstehende Apokalypse geglaubt habe. Nachdem er einmal die bestehende imperiale Ordnung delegitimiert hatte, habe er keinen Grund mehr gesehen, aktiv eine politische Revolution voranzutreiben, da er diese Ordnung ohnehin bereits im Zustand der Auflösung wähnte.⁵² Weitere paulinische Texte, über den Römerbrief hinaus, die zur Anerkennung der politischen Autoritäten aufriefen, ignorierte Taubes schlichtweg.⁵³

Hier wird Taubes' Vorgehen deutlich, sich auf Paulus' Kritik des Gesetzes und der etablierten Institutionen und Hierarchien zu konzentrieren. Aus welchem *Grund* Paulus diesen Standpunkt einnahm – die Überzeugung, dass sich mit dem Opfertod von Jesus Christus alles geändert hatte –, nahm Taubes dabei kaum zur Kenntnis.⁵⁴ In seiner Interpretation bot die Kreuzigung Jesu für Paulus die Gelegenheit, eine neue, radikale Lehre und Empfindung zu entwickeln.

Taubes untersuchte auch die Relevanz von Paulus für einige moderne Denker, vor allem Nietzsche, von dem er, wie er richtig feststellte, am meisten über Paulus gelernt hatte.[55] Anfangs habe Nietzsche den platonischen Rationalismus als Quelle der abendländischen Dekadenz gesehen. Doch als er älter wurde, erkannte er Paulus als den wahren Schuldigen. Zunächst in *Morgenröte* und später ausführlicher in *Der Antichrist* stellte Nietzsche Paulus als wahren Begründer des Christentums dar.[56] In Nietzsches Erzählung war Jesus eine Art »Idiot«, ein weltfremdes, unheroisches und unreifes Blumenkind. Paulus hingegen war raffiniert, indem er das Ressentiment der sozial und moralisch Unterlegenen in eine Lehre einfließen ließ, die die Wertschätzung von Weisheit, Schönheit und Überlegenheit umkehrte und sie stattdessen in eine Quelle der Schuld verwandelte und damit eine klassische Weltanschauung, die auf menschlicher Ungleichheit und der Wertschätzung von Eliten basierte, untergrub und durch eine egalitäre Lehre ersetzte, die Autorität, Schönheit und Weisheit zersetzte. Taubes akzeptierte Nietzsches Analyse von Paulus, kam jedoch zu einer gegensätzlichen Bewertung: Es war genau jene egalitäre Ausrichtung in Paulus' Lehre, die Taubes (zumindest in der Theorie) schätzte.

Ebenso teilte Taubes Nietzsches Ansicht über die Rolle der unbewussten Antriebskräfte, wies aber darauf hin, dass Nietzsche in dem Punkt mit Paulus übereinstimmte, wonach unser rationaler, bewusster Wille nicht wirklich unsere Handlungen zu steuern vermochte. Nicht das autonome Selbst habe hier die Kontrolle, sondern unbewusste Kräfte, die diesen Willen durchkreuzten und aufzeigten, »daß im Ich eine profunde Ohnmacht da ist«.[57] Für Taubes war diese Lehre ebenso überzeugend wie Paulus' Auffassung, dass der Mensch grundlegend schuldig war und nicht aus eigener Kraft zu Erlösung finden konnte. Auch Freud, fügte Taubes hinzu, erkannte, »daß Schuld konstitutiv für den Menschen« war; und in dieser Hinsicht ging er über seine aufgeklärte, wissenschaftliche Identität des neunzehnten Jahrhunderts hinaus, sodass »seine Einsichten größer sind als seine Absichten«.[58] Auch Freud, schloss Taubes, verdanke Paulus viel.

Dies waren die wichtigsten Inhalte in Taubes' *Politischer Theologie des Paulus*, wenn er sie auch selber nie so klar und deutlich präsentierte. Vielmehr blieben sie im Kokon eines ausgesprochen breit gefächerten Geflechts intellektueller Bezüge, von der hebräischen Bibel und dem Babylonischen Talmud über Marcion zu Spinoza, Hegel, Heidegger, Rosenzweig, Adorno, Buber, Baeck, Blumenberg und natürlich Benjamin und Schmitt. Es gab weitere Verweise auf Wissenschaftler des Neuen Testaments, allen voran seinen alten Favoriten, den regimekritischen Historiker des Frühchristentums, Franz Overbeck. (Bei den Heidelberger Vorträgen verteilte Taubes einen Auszug aus Overbecks posthum erschienenem *Christentum und Kultur*, der jedoch, wahrscheinlich aufgrund seines fragmentarischen Charakters, nicht in die gedruckte Version aufgenommen wurde.[59]) Taubes hatte sich spätestens seit der Predigt seines Vaters 1940, die einige von Taubes' eigenen Themen vorwegnahm, mit Paulus beschäftigt, und er streute die im Laufe seines Lebens gesammelten Perlen seiner Erkenntnisse und Überlegungen in seine Heidelberger Vorträge ein. Es war diese große Bandbreite der Referenzen, die die Vorträge für einige zu einem intellektuellen Fest machten, für andere zu einer lästigen Pflicht. Taubes entwickelte seine Inhalte zu einem großen Teil anhand von Geschichten über die Personen, mit denen er im Laufe seines Lebens über Paulus diskutiert hatte: Emil Staiger in Zürich, Scholem in Jerusalem, Stendahl in Harvard, Morton Smith an der Columbia, Stroumsa und Pines in Jerusalem. All dies verlieh der Präsentation ein exotisches und kosmopolitisches Flair. Ein intellektuell prickelndes Gebräu.

Nach Abschluss seiner Heidelberger Vorträge kehrte Taubes nach Berlin zurück und bereitete sich auf sein Ende vor. Sein Sterbebett wurde zu einer Art Hofstatt. Jacob bat Freunde und Kollegen, zu kommen und sich von ihm zu verabschieden, und viele kamen diesem Wunsch nach. Ernst Tugendhat, der Jacob noch wenige Tage vor seinem Tod besuchte, war überrascht, ein Foto von Susan Taubes an der Wand hängen zu sehen.[60]

Jacob nutzte diese Besuche an seinem Sterbebett, um Einfluss auf seine Nachfolge zu nehmen: Seine Kollegen Michael Theunissen und Karlfried Gründer versuchte er davon zu überzeugen, dass Renate Schlesier als seine Nachfolgerin die Professur für Hermeneutik an der FU antreten sollte.[61] Schlesier, Werner Hamacher und Winfried Menninghaus wiederum erzählte er jeweils, er habe sie zur Nachfolge empfohlen. In einem Brief an den ehemaligen Wissenschaftssenator, Wilhelm Kewenig, schlug er dann Schlesier, Menninghaus und Heinz Wismann vor,[62] und gegenüber einem weiteren seiner Sterbebettbesucher, seinem Kollegen Wilhelm Schmidt-Biggemann, sprach er sich für Hamacher aus.[63]

Bis zum Ende war Jacob bei klarem Verstand und er verlangte weiter nach Gesellschaft und Gesprächen. Mit Tania, der er verboten hatte, ihr Medizinstudium in New York zu unterbrechen, telefonierte er täglich. Auf ihre Frage, wie es ihm gehe, antwortete er zumeist: »Metastasisch nicht so gut; metapyhsisch ausgezeichnet!« Sich um Jacob und seinen steten Besucherstrom zu kümmern, erschöpfte Margherita emotional und finanziell: Um Jacob zu unterstützen, verkaufte sie eine seltene Erstausgabe von Karl Marx' *Kapital*, die sie von ihrem Vorfahren, Lujo Brentano, geerbt hatte.[64] Margherita zur Seite standen Gabriele Althaus und Alexander Haas, ein mit Ethan befreundeter Arzt. Von Zeit zu Zeit kamen auch Männer aus Jacobs orthodoxer Synagoge vorbei.

Mitte März, eine Woche vor Jacobs Tod, kam Ethan; Tania flog ein paar Tage später ein. Jacob sehnte sich danach, nach Jerusalem zurückzukehren, woraufhin Haas überlegte, dafür einen Privatjet anzumieten, doch Margherita war nicht einverstanden. Jacobs zweiter Wunsch war, ein letztes Mal Aleida und Corinna zu sehen. Ethan versuchte Margherita zu einem Einverständnis zu bewegen, aber sie weigerte sich beharrlich. Gefangen zwischen den Wünschen Jacobs und Margheritas, entschieden Ethan und Gabriele, den Besuch dennoch zu arrangieren, aber heimlich.

Sie riefen Aleida an und diese kam gemeinsam mit Jan und der dreijährigen Corinna nach Berlin. Sie sollten anderswo übernachten und dann früh am Morgen Jacob besuchen, bevor Margherita, die länger schlief, in der Nachbarwohnung erwachte. Alles verlief nach Plan: Sie trafen in Jacobs Wohnung ein und verließen sie wieder. Doch Margherita hörte die Kinderstimme nebenan. Wütend stellte sie Althaus zur Rede und beschuldigte sie, ihr Vertrauen missbraucht zu haben. »Ich habe schließlich meinen Ruf zu verlieren. Was wird Habermas darüber denken?«[65] Doch abends rief Ethan bei Althaus an, um ihr zu erzählen, dass Jacobs Ende nun nah sei und Margherita eingewilligt habe, dass sie kommen könnte.

Einer der letzten Besucher war Rabbi David Weisz von der orthodoxen Synagoge, in die Jacob zum Beten ging. Weisz kam am Donnerstagabend, und Jacob sorgte noch dafür, dass Ethan das Kaddisch mit dem Rabbiner einübte. Am Freitagabend war Jacob von dem Morphin, das er gegen die Schmerzen bekommen hatte, benommen. Seine Familienangehörigen hielten abwechselnd Wache. Um 3.30 Uhr morgens, am Samstag, dem 21. März 1987, ging seine Atmung in ein Rasseln über, und seine Familie kam an seinem Bett zusammen, jeder hielt eine Hand oder einen Arm. Kurz vor 4.00 Uhr öffnete Jacob seine Augen ein letztes Mal, dann starb er. Die Trauergesellschaft in Jacobs Synagoge kam zum Ende des Schabbat zusammen.

Ethan, Tania und Margherita gaben Traueranzeigen im *Tages-*

spiegel und in der *Tageszeitung (taz)* auf, mit der Bitte, anstelle von Blumen eine Spende an Neve Schalom zu entrichten, ein jüdisch-arabisches Gemeinschaftsdorf in Israel. Am Montag, dem 23. März, wurde eine Trauerfeier auf dem Jüdischen Friedhof am Scholzplatz abgehalten, die Rabbi Weisz leitete. Jacobs Kollege Karlfried Gründer sprach in seiner Eigenschaft als Dekan der Fakultät. Unter den Anwesenden war auch Jacobs jüdischer Kollege Ernst Tugendhat. Er war erstaunt darüber, dass so viele orthodoxe Juden anwesend waren, denn in all den Jahren ihrer Bekanntschaft hatte Jacob nie direkt mit ihm über religiöse Themen gesprochen – ein weiteres Beispiel für die vielen Facetten von Jacob Taubes und seiner Eigenschaft, verschiedenen Gesprächspartnern verschiedene Gesichter seiner selbst zu präsentieren.[66]

Im Anschluss an die Beerdigung gab es eine große Zusammenkunft in der Paris Bar, in der Jacobs Kinder, Freunde, Studenten, Kollegen und Liebhaberinnen (wobei es da Überschneidungen gab) sein Leben feierten. Dieses Mal, das hatte Jacob zuvor so angewiesen, ging die Rechnung auf ihn – oder besser gesagt auf seine Erben.

Jacobs Leichnam wurde nach Zürich geflogen und am nächsten Tag auf dem Jüdischen Friedhof neben seiner geliebten Mutter beigesetzt. Die *Hesped* (Trauerrede) hielt der Rabbiner Mordechai Piron, ein ehemaliger Oberrabbiner der israelischen Armee, der nach Zürich gegangen war, um dort als Gemeinderabbiner zu dienen. Da er Jacob nicht gekannt hatte, war es eine sehr routinierte und unpersönliche Würdigung. Unter der kleinen Gruppe der Anwesenden bei dem Begräbnis dieses antinomistischen, apokalyptischen, paulinischen Professors war auch Moshe Soloveitchik, der ultraorthodoxe Gelehrte, der den jungen Jacob im Talmud unterwiesen hatte.[67]

17
Die Nachleben von Jacob Taubes

Hans Jonas hatte Jacob Taubes seit den späten 1940er Jahren gekannt, als sich Taubes damals dem Philosophen und Historiker
der Gnosis vorgestellt hatte. Als Taubes starb, war Ágnes Heller,
inzwischen Professorin an der New School in New York, gerade zu Besuch bei Jonas in seinem Haus in New Rochelle. Jonas
war erschüttert über die Nachricht von Taubes' Tod: Er lobte
seine Genialität und bedauerte zugleich, dass er so viel mehr
Energie in Gespräche als ins Schreiben investiert hatte.[1] Als Taubes starb, schien es zunächst, als würde seine Reputation und
sein intellektuelles Erbe mit ihm dahinscheiden. Doch tatsächlich kam es in den Jahrzehnten nach seinem Tod zu einer bemerkenswerten Verbreitung der Werke von und über ihn, und es
entwickelte sich ein posthumer Einfluss unter Intellektuellen
aus verschiedenen Ländern und Fachbereichen, der ihm zu Lebzeiten nie entgegengebracht worden war.

Wer war Jacob Taubes? Nun, da er nicht mehr lebte, fanden
jene, die ihn gekannt hatten, unterschiedliche Antworten auf
diese Frage.

Eine Woche nach Taubes' Tod erschienen in der *Tageszeitung*
ein ganzseitiger Beitrag, inklusive eines Fotos, das bei den Heidelberger Vorträgen aufgenommen worden war, sowie zwei separate Nachrufe. Der erste war ein fundierter Nachruf, geschrieben von Aleida Assmann, der jedoch unter dem Namen ihres
Ehemannes Jan veröffentlicht wurde, mit dem Titel »Talmud in
der Paris-Bar. Zum Tod des jüdischen Philosophen Jacob Taubes
(1923-1987)«. Der Schwerpunkt lag hier auf Taubes als *jüdischem*
Philosophen. Der Artikel enthielt eine ausführliche Darstellung
seiner Biografie und seiner rabbinischen Vorfahren, gedachte sei-

nes außergewöhnlichen Erinnerungsvermögens hinsichtlich gelesener Bücher, beschrieb seine Angewohnheit, an öffentlichen Orten zu lesen (wie etwa in der Paris Bar) und seine scheinbare Fähigkeit, den Inhalt eines Buches durch Handauflegen oder Durchblättern zu erfassen. Assmann zitierte Taubes' Selbstbeschreibung als eines »Erzjuden/Urchristen«, für den Paulus die Quintessenz der Verschmelzung zwischen Judentum und Christentum verkörperte – eine Realität, die von beiden Glaubensgemeinschaften und ihren Institutionen vernachlässigt worden sei.[2]

Auf der folgenden Seite der *Tageszeitung* gab es einen zweiten Nachruf, dieser von Peter Gäng, der eine Führungspersönlichkeit in der studentischen Linken an der FU in den 1960er Jahren gewesen war und Taubes' letzter Doktorand (später wurde er Buddhismus-Experte, der auch zum Buddhismus konvertierte). Dieser Nachruf trug den Titel »Kritische Solidarität. Peter Gäng über die Schwierigkeit, Jacob Taubes politisch einzuordnen«. Gäng porträtierte Taubes als Mensch, der »die ›Wahrheit des Herzens‹« gegen die Forderungen der autonomen Vernunft ins Feld führte, als einen Mann, der in seinen letzten Lebensjahren ein immer strenggläubigerer Jude wurde. Häufig habe Taubes, so Gäng, den Satz »Ich bin ein Fremdling in diesem Lande« gesagt: Er sei in der Tat ein Wanderer zwischen den Welten gewesen: »Richtig zu Hause fühlte er sich nirgends.« Und obwohl viele ihn politisch links verorteten, hielt Gäng ihn für nicht einordbar, und er merkte an, dass – weil es für Taubes in der Politik mehr um Menschen als um Institutionen ging – sein üblicher Modus der politischen Aktivität die Intrige war. Wie Assmann erwähnte auch Gäng, dass Taubes – seit er wusste, dass er bald sterben würde – sich danach sehnte, noch einmal nach Jerusalem zu reisen.[3]

Kürzere Nachrufe erschienen andernorts. In der *Frankfurter Allgemeinen Zeitung* erinnerte Taubes' ehemaliger Student Henning Ritter: »Der Zugang zu bedeutenden und interessanten Menschen, zu dem Kern dessen, was sie beschäftigte, war eine seiner ungewöhnlichen und Staunen weckenden Gaben.«[4] Im *Tagesspiegel* hob Uwe Schlicht, der Taubes und Peter Glotz zusammengeführt hatte, um die Auflösung des Fachbereichs 11 zu organisieren, Taubes' Rolle in den verschiedenen Phasen der politischen Kämpfe an der FU hervor.[5] Ein namentlich nicht gezeichneter, aber fundierter Nachruf in der Zeitung aus Jacobs Heimatstadt, die *Neue Zürcher Zeitung*, beschrieb ihn als »ein[en] Mann des Worts, des Gesprächs. Den Widerspruch und die Provokation entwickelte er zu einer Kunst, die wohl nicht immer nur begeisterte; doch seine Schärfe hatte Faszination, und weil sie einer ungewöhnlichen intellektuellen Präsenz entstammte, konnte sie auf eine merkwürdig bohrende Weise nachwirken.«[6] Auch der *Spiegel* widmete Taubes' Tod einen kurzen Beitrag.[7] Die *Welt* veröffentlichte eine gekürzte Version von Assmanns Nachruf unter der Überschrift »Erzjude und Urchrist«.[8] Im April brachte die *Frankfurter Rundschau* einen umfangreichen Auszug aus einem Interview mit Taubes, »Zeit heißt: Frist«, das in Kürze in einem Suhrkamp-Band erscheinen sollte.[9]

Ein substanzielleres Porträt verfasste einige Monate später Taubes' alter Freund Armin Mohler, der für die konservative Zeitschrift *Criticón* schrieb. Der Beitrag mit dem Titel »Der messianische Irrwisch« begann mit der Bemerkung, dass »Taubes im westdeutschen Geistesleben bis heute auf eigenwillige Weise präsent geblieben [ist]. Die Kenntnis seines Namens war ein Beweis, daß man mit Geistigem zu tun habe. Noch besser war, wenn man ihn persönlich kannte. Man sprach über Taubes mit Lob oder dann mit einer speziell auf seine etwas skurrile Person gezielten spöttischen Hochachtung.«[10] Man habe mit ihm ganz ohne jene »Befangenheit« sprechen können, mit der die meisten Deutschen ihren jüdischen Gesprächspartnern begegneten, so Mohler, und er erinnerte seine eigenen Begegnungen mit Taubes in der Schweiz der Nachkriegszeit, als Beispiel für Taubes' Bereitschaft, sich mit Menschen in Dialoge zu begeben, die völlig anders waren als er selbst. Er gab eine kurze und kritische Einschätzung der *Abendländischen Eschatologie*, die seiner Ansicht nach an Übergeneralisierung und Abstraktion krankte, was charakteristisch für Taubes' Ungeduld mit dem Konkreten gewesen sei. Auch Taubes' Neigung zur Scharlatanerie blieb nicht unerwähnt: Mohler schilderte noch einmal die Geschichte seiner Kollegen an der Columbia, die versuchten, Taubes' inszenierte Gelehrsamkeit zu entlarven, indem sie einen mittelalterlichen Kabbalisten erfanden, über den sich Taubes überzeugend ausließ, obwohl diese Figur gar nicht existierte. Diese Geschichte hatte Mohler bei Michael Landmanns Ehefrau Salcia aufgeschnappt – tatsächlich hatte sie sich Jahre zuvor in Harvard zugetragen, und es handelte sich zudem um einen mittelalterlichen Philosophen und keinen Kabbalisten.[11]

In der »Bio-Bibliografie« über Taubes am Ende des Hauptartikels verwies Mohler ausführlich auf Susan Taubes' Roman *Divorcing*:

> S. T., Tochter eines Psychoanalytikers aus Budapest, Religionswissenschaftlerin und Schauspielerin, war von 1947 an anderthalb Jahrzehnte mit J. T. verheiratet. Die Bezeichnung ›Roman‹ ist irreführend; es handelt sich um durch Decknamen (Ezra Blind=Jacob Taubes) nur oberflächlich verfremdete autobiographische Aufzeichnungen, die zwischen surrealistischer Stilisierung und krassem Realismus schwanken und wohl zu verschiedenen Zeiten entstanden sind. J. T. steht im Mittelpunkt des Buches; die beiden Großfamilien, die sich in dieser Ehe fanden, sind in ihrer Spannweite zwischen traditioneller ostjüdischer Gläubigkeit und Psychoanalyse, zwischen Ghetto und wirtschaftlich-gesellschaftlichem Erfolg (im Vorkriegs-Budapest wie in den USA) sehr anschaulich geschildert. Bald nach Erscheinen des Buches ging S. T. in den Freitod durch den Sprung von einem Dampfer ins Meer.

Mohlers Bericht über *Divorcing* setzte eine Kettenreaktion in Gang, die zur posthumen Reputation sowohl von Susan als auch von Jacob beitragen sollte.

Im Jahr 1991 veröffentlichte der Münchner Verlag Matthes & Seitz eine Neuauflage von Taubes' seit langer Zeit vergriffener *Abendländischer Eschatologie*, mit einem kurzen Vorwort von Margherita von Brentano. (In dem Bemühen, auf Taubes' posthumen Ruf Einfluss zu nehmen, ging Margherita nach seinem Tod die Briefe, die er zu Hause aufbewahrte, durch und vernichtete viele, die sie für anstößig hielt.[12]) Der Verleger Axel Matthes hatte an der FU studiert und war offensichtlich von Jacob Taubes fasziniert. Ihm war zu Ohren gekommen – wahrscheinlich von Mohler oder Sander –, dass Susans Roman »[einen] Schlüssel zur schillernden Persönlichkeit« von Jacob Taubes zu liefern versprach, was seine Neugier weckte. Aber das Buch schien unauffindbar. Er erfuhr von Sander, dass Hans-Joachim Arndt, ein alter Bekannter von Jacob und Susan und inzwischen ein rechts-schmittianischer Professor in Heidelberg, ein Exemplar besaß, woraufhin sich Matthes über Armin Mohler Arndts Adresse besorgte.[13] Arndt verlieh sein Exemplar an Matthes und merkte an, das Buch sage vermutlich mehr über Susan als über Jacob aus und dass sie es aus einer rein subjektiven Perspektive geschrieben habe, um ihre eigenen Probleme zu verarbeiten. Vorwiegend reflektiere es die Gefühlswelt einer europäisch-jüdischen Migrantin in den Vereinigten Staaten.[14] Matthes war nach seiner Lektüre so beeindruckt, dass er eine deutsche Übersetzung von Susans Buch veröffentlichte, die 1995 unter dem Titel *Scheiden tut weh* erschien.[15] Der Roman wurde im *Spiegel* rezensiert, mit einem Foto von Jacob und Susan. Die Taschenbuchausgabe kam 1997 im Piper Verlag heraus, dieses Mal mit dem Titel *Scheiden* und einem Foto von Jacob und Susan auf dem Cover.

Zu diesem Zeitpunkt waren bereits drei weitere Bücher von Jacob Taubes publiziert worden.

Von den Nachrufen einmal abgesehen, kam die erste ausführliche Einordnung von Jacob Taubes nach seinem Tod von niemand anderem als Hans-Dietrich Sander, in einem befremdlichen Buch, das wenig Leser fand, aber auf perverse Weise aufschlussreich war.[16]

Sanders Buch *Die Auflösung aller Dinge* von 1988 widmete sich der »deutsch-jüdische[n] Frage unter den Gesichtspunkten der politischen Eschatologie«.[17] Die Hauptthese lautete, dass die Moderne ein Prozess der Auflösung sei, verantwortlich dafür seien hauptsächlich die Juden. Sanders Hauptinteresse galt dabei den Deutschen und ihrem Schicksal. Er habe gehofft, schrieb er, Jacob Taubes würde das Vorwort zu seinem Buch schreiben, doch da Taubes nun verstorben sei, stelle er den Brief von 1980 voran, in dem Taubes sich mit seiner, Mohlers, Version des deutschen Nationalismus und dessen Verharmlosung der Gräueltaten des »Dritten Reichs« auseinandergesetzt hatte. Sander hatte Taubes' Brief seinerzeit so sehr missbilligt, schrieb er nun, dass es ihn zum Schreiben dieses Buchs motivierte. Nach der Erörterung verschiedener Themen kam das Buch auf Jacob Taubes zurück.

Sander stimmte mit Taubes dahingehend überein, dass auch er den überproportionalen Anteil von Juden in den modernen revolutionären Bewegungen auf eine jüdische Affinität zum »Seelentum der Apokalyptik« zurückführte – doch Taubes' Bewertung kehrte er ins Gegenteil.[18] Während die Juden Taubes zufolge im Sinne einer radikalen Kritik und Transformation agierten, waren sie für Sander Agenten der Zerstörung. Sander beschrieb Taubes als »Phänotyp des Zerstreuungsdenkens die Beschleunigung der Apokalypse« und zitierte wiederholt Taubes' Aussage aus einem Interview, das er gegen Ende seines Lebens gegeben hatte, wonach er »no investment in this world as it is« habe (auf Deutsch etwa: keine Investition in diese Welt, so wie sie ist).[19] Sander stellte Taubes also als Paradigma des entwurzelten Juden dar, und er fügte Charakterzüge hinzu, die im Fall von Taubes mehr als nur ein Körnchen Wahrheit enthielten. Taubes, schrieb er, »hatte keine fundamentalen Einwände gegen das Chaos«.[20] Sanders Buch war so hetzerisch, dass er keinen Verleger dafür fand, und so publizierte er es in seinem eigenen Verlag Castel del Monte. Armin Mohler verschickte einen Rundbrief an Freunde und Bekannte, in dem er das Buch empfahl.[21]

Nach dem Niedergang des Kommunismus und der deutschen Wiedervereinigung gründete Sander die Zeitschrift *Die Staatsbriefe*, die einen antiwestlichen und antiliberalen Nationalismus propagierte. In dem verrückten Kaleidoskop der im Lauf der Jahrzehnte neu gewürfelten intellektuellen Bekenntnisse fanden sich unter den Beiträgern nicht nur rechtsnationalistische Größen wie Armin Mohler und Hans-Joachim Arndt, sondern auch Salcia Landmann – die einst Taubes für die Stelle an der FU empfohlen hatte – und Peter Furth, der ehemalige radikale Marxist, der inzwischen ein nationalistischer Kritiker des bürgerlichen Kapitalismus geworden war![22] Horst Mahler, den Taubes mit Sander bekannt gemacht hatte, schrieb ebenfalls für Sanders Zeitschrift. Im Jahr 2003 war Sander aktiv im Verein zur Rehabilitierung der wegen Bestreitens des Holocaust Verfolgten – eine Kategorie, in die auch Mahler fiel.

Für Sander war Taubes insofern der perfekte Jude, als er ein Nihilist bzw. Anarchist war, ganz so, wie Sanders sich die Juden vorstellte. Doch bei aller Feindseligkeit aufseiten Sanders war sein Porträt von Taubes als einem Theoretiker des »apokalyptischen Chaos«, der sich nicht zu den bestehenden Institutionen bekannte, nicht gänzlich von der Hand zu weisen. In der Tat sollte dies von einigen von Taubes' radikalen Interpreten aus der postkommunistischen Linken übernommen werden – allerdings mit umgekehrten ideologischen Vorzeichen.

Keines von den beiden Büchern, die Taubes' posthumen Ruhm begründeten, war tatsächlich von ihm *geschrieben*. Beide, *Ad Carl Schmitt* und *Die politische Theologie des Paulus*, versammelten in erster Linie Vorträge, die er gehalten hatte. Ein großer Teil ihrer Faszination – und ihrer Grenzen – rührt daher, dass Taubes' charakteristische Art zu sprechen und vorzutragen durchscheint: die Mischung aus scharf formulierten Erkenntnissen, weit ausholenden Bezügen, dem leicht dünkelhaften Fallenlassen von Namen, Humor, Information und Desinformation sowie dem Ineinandergreifen von autobiografischen und intellektuellen Themen.

Wie gesehen, hatte Taubes Carl Schmitt schon lange als einen der großen Denker der Zeit, als »Meisterdenker«, betrachtet. Spät in Taubes' Leben nahm Schmitt eine andere Rolle für ihn ein. Taubes ging dazu über, sich selbst als »Apokalyptiker der Revolution« zu beschreiben und Schmitt als seinen Gegenpol, als »Apokalyptiker der Gegenrevolution«. Diese Dichotomie hatte den durchaus beabsichtigten Effekt, Taubes ebenfalls in die Reihe der »Meisterdenker« zu erheben.

In dem Jahr, in dem Schmitt starb, 1985, hatte Taubes seinen Vortrag »Carl Schmitt – ein Apokalyptiker der Gegenrevolution« gehalten, der in der *Tageszeitung* abgedruckt worden war.

Die Idee, den Vortrag zu einer schmalen Buchpublikation zu erweitern, entstand im Restaurant Exil, als Taubes dort mit Peter Gente zusammensaß, seinem ehemaligen Assistenten und inzwischen Verleger des Merve Verlags.[23] Taubes sollte am 19. März 1986 im Maison Heinrich Heine in Paris an einer öffentlichen Debatte über Schmitt teilnehmen. Die Gegenposition würde der Politikwissenschaftler Kurt Sontheimer vertreten, Autor des Buches *Antidemokratisches Denken in der Weimarer Republik*, in dem er sich kritisch mit Schmitt auseinandersetzte. Der Band war seit der Erstveröffentlichung 1962 bereits durch mehrere Auflagen gegangen. Taubes schlug vor, dass Gente nach Paris kommen sollte, um das Ereignis mitzuschneiden. Gente stimmte zu, reiste für die Debatte nach Paris und fertigte anschließend eine Transkription an, die er Taubes vorlegte.

In dieser Debatte mit Sontheimer in Paris schilderte Taubes zum wiederholten Male viele seiner im Lauf der Jahrzehnte erlebten Anekdoten über Schmitt und er fügte einige Punkte hinzu. Er verteidigte die Nützlichkeit von Schmitts Bezug auf den »Ausnahmezustand« während der Weimarer Republik. Als Sontheimer das Gespräch auf Schmitts Antisemitismus brachte, erwiderte Taubes, er habe mit Schmitt die antisemitische Aussage in dessen Buch über Hobbes von 1938 diskutiert, wonach Friedrich Julius Stahl – der vom Judentum zum Luthertum konvertierte und später ein führender deutscher konservativer Publizist wurde – kein echter Deutscher gewesen sei, da er jüdischer Herkunft war. Nach einem etwas gewundenen Vergleich zwischen Stahl und Heinrich Heine, der tatsächlich eine jüdische Identität bewahrt hatte, obwohl er zum Christentum konvertiert war, schien Taubes Schmitts Haltung zu unterstützen, dass Stahl in der Tat letztlich ein Jude war.[24] Sontheimer beschloss, dass er seinen Teil des Gesprächs nicht publiziert sehen wollte. Um das schmale Bändchen zu ergänzen, wandte sich Gente an Armin Mohler und bat ihn um eine Kopie des Briefes, den Taubes ihm 1952 aus Jerusalem geschrieben hatte – jenes Briefs, den Schmitt seinerzeit in Umlauf gebracht hatte –, sowie um einige Auszüge aus Schmitts späteren Briefen an Mohler über Taubes.

Gente stellte das Buch aus dem Artikel in der *Tageszeitung*, dem Brief sowie dem unveröffentlichten Transkript von Taubes' Ausführungen über die Genese seiner Beziehung zu Schmitt zusammen, über die er eingangs seines Paulus-Seminars in Heidelberg gesprochen hatte: »1948-1978: Dreißig Jahre Verweigerung«. Auch hier fokussierte Taubes den Gegensatz zwischen seiner Person und Schmitt. Schmitt betrachte (man könnte auch sagen: mythologisiere) sich selbst als »Aufhalter« oder Katechon, der das Chaos in Schach hält und die unbändigen Kräfte, die von unten kommen, unterdrückt. Das entsprach nicht Taubes' Empfindung: »*I have no spiritual investment in the world as it is*, und als ›Apokalyptiker‹ würde ich mich freuen, den Untergang der bestehenden Institutionen zu erleben.« Aber, so Taubes weiter, dieses gemeinsame Gefühl, dass die »Apokalypse«, im Sinne einer radikalen Bedrohung der bestehenden institutionellen Ordnung, im Bereich des Möglichen lag, habe es ihm erlaubt, sich in Schmitts Standpunkt hineinzuversetzen, mochte sein eigener Standpunkt auch noch so deutlich abweichen.[25]

Wenige Tage vor seinem Tod schlug Taubes als Titel »Mit Carl Schmitt im liebenden Streit« vor, womit er auf eine Textstelle in Heraklit anspielte, die Gente nachschlagen sollte. Die Passage beschreibt eine produktive Spannung, wie sie etwa die Saite des Bogens oder die Leier erzeugt. Auf Vorschlag der Assmanns nannte Gente den Band schließlich *Ad Carl Schmitt. Gegenstrebige Fügung*.

Das achtzig Seiten schmale Buch erschien einige Monate nach Taubes' Tod. Weder wurde es breit rezensiert, noch verkaufte es sich besonders gut. (Merve hatte in der ersten Auflage zweitausend Bücher gedruckt, nach Jahrzehnten hatten sich circa dreitausend Exemplare verkauft.[26]) Und dennoch, wie ein Schmitt-Forscher anmerkte, wurde *Ad Schmitt* schließlich zu »einer der einflussreichsten Publikationen über Schmitt, die je geschrieben wurden«.[27] Es machte Carl Schmitt für postkommunistische linke Intellektuelle koscher, genauso wie Taubes' posthum veröffentlichte Vorträge über *Die politische Theologie des Paulus* den Apostel für sie koscher werden ließ.

Die politische Theologie des Paulus

In den Monaten nach Jacobs Tod transkribierte Aleida Assmann die Tonbandaufzeichnungen seiner Heidelberger Vorträge. Es war eine Art Trauerarbeit. Die Vorträge waren fragmentarisch und weit davon entfernt, konzeptionell geschlossen zu sein. Und sie waren voller Verweise auf Werke aus der modernen neutestamentlichen Forschung und Theologie, mit denen die Assmanns nicht vertraut waren. In ihrem Bemühen, die Referenzen zurückzuverfolgen, erhielten sie Unterstützung von einem örtlichen Wunderkind mit profunden Kenntnissen der theologischen Kontroversen im neunzehnten Jahrhundert, Wolf-Daniel Hartwich, und von Horst Folkers, einem Mitarbeiter der FEST, der die Vorträge besucht hatte. Später lernten Sie noch Jacobs ehemaligen Studenten Christoph Schulte kennen, der ihm bei der Recherche für seine Paulus-Kurse zugearbeitet hatte. Die Transkription der Vorträge zirkulierte zwischen diesen Personen, hinzu kamen noch Aharon Agus, Moshe Barasch und andere Freunde von Taubes aus der Wissenschaft, bis schließlich nach Korrekturen und Erweiterungen eine zusammenhängende und lesbare Textversion entstand. Einige von Taubes' Unflätigkeiten und Tiraden wurden herausgestrichen, und zugunsten der logischen Abfolge wurden einige Textteile verschoben. Jan entwarf ein umfangreiches Nachwort, zu dem Aleida und Hartwich ebenfalls beitrugen.[28] Darin bemühte er sich um eine Kontextualisierung und Zusammenführung der Themen, mitunter mit größerer konzeptioneller Klarheit als im Text selbst, sowie um das Herausarbeiten von Differenzierungen und das Prägen von Begriffen – wie etwa der »negativen politischen Theologie« –, die nicht von Taubes stammten.

All dies brauchte seine Zeit. Doch es kamen noch andere Faktoren hinzu, die das Erscheinen der Heidelberger Vorträge verzögerten. Margherita von Brentano stand dem gesamten Vorhaben ablehnend gegenüber, mit dem Argument, die Veröffentlichung eines Werkes, bei dem Taubes nicht die Gelegenheit hatte, es nach seinen eigenen Maßstäben zu überarbeiten, werde seinem Ansehen Schaden zufügen. Sie beschuldigte Aleida, die Rolle der Elisabeth Förster-Nietzsche einzunehmen, der Schwester des Philosophen, die Friedrichs unveröffentlichtes Werk *Der Wille zur Macht* herausgegeben hatte – ein Buch, das die meisten Wissenschaftler als grobe Verzerrung seines Denkens betrachteten. Margherita erhob den Anspruch, Jacobs literarische Nachlassverwalterin zu sein, und sprach sich ein Vetorecht für Publikationen dieser Art zu – was aber nicht den Tatsachen entsprach. Die Assmanns arbeiteten daran, Margheritas Bedenken zu zerstreuen, und warteten auf die Wiederveröffentlichung seines »abgeschlossenen« Werks, der *Abendländischen Eschatologie*. Als die Paulus-Vorträge schließlich 1993 erschienen, sechs Jahre nachdem Taubes sie gehalten hatte, widmeten die Herausgeber den Band Margherita und Edith Picht-Axenfeld, die Taubes an die FEST eingeladen hatte.[29]

Jacobs Kollege Heinz Wismann hatte an den Heidelberger Vorträgen nicht teilnehmen können. Als er sie las, fand er sie zwar anregend, aber letztlich unseriös – sie sollten überraschen und in Erstaunen versetzen, wie das Kaninchen, das der Zauberer aus dem Hut zog. Aber allzu oft, so seine Einschätzung, hielten die Thesen einer eingehenden Überprüfung nicht stand.[30] Mit diesem Urteil stand Wismann unter Taubes' Freunden keineswegs allein. Und doch sollte *Die politische Theologie des Paulus* schon bald internationalen Erfolg erlangen und in mindestens ein Dutzend Sprachen übersetzt werden.

Die gesammelten Aufsätze

In den letzten Monaten seines Lebens hatte Taubes mit Henning Ritter und Winfried Menninghaus über seinen Wunsch nach einer Veröffentlichung einer Aufsatzsammlung nach seinem Tod diskutiert. Dazu hatte er Menninghaus einen Stapel seiner veröffentlichten Essays und Artikel übergeben, aber nach Jacobs Tod verlor Ritter das Interesse an dem Projekt. Menninghaus schlug es noch dem Suhrkamp-Verleger Siegfried Unseld vor, doch der lehnte ab.

Die Idee für den Band schlummerte vor sich hin, bis Aleida und Jan Assmann die Initiative ergriffen. Sie wählten weitere Aufsätze aus, ließen die englischsprachigen ins Deutsche übersetzen und verfassten – abermals mit Unterstützung von Wolf-Daniel Hartwich – eine ausführliche Einleitung, die sie der Sammlung von einundzwanzig Essays – erschienen zwischen 1953 und 1984 – voranstellten.[31]

Der daraus resultierende Band, *Vom Kult zur Kultur: Bausteine zu einer Kritik der historischen Vernunft; gesammelte Aufsätze zur Religions- und Geistesgeschichte*, erschien im Fink Verlag in München, der in der Zwischenzeit auch *Die politische Theologie des Paulus* publiziert hatte.

Wie der etwas rätselhafte Haupttitel und die beiden Untertitel vielleicht schon erkennen lassen, war Taubes' Werk als Ganzes schwer zu beschreiben oder zu klassifizieren. »Vom Kult zur Kultur« war die Übersetzung des Titels eines kurzen Essays über den eigenwilligen jüdischen Denker Oskar Goldberg, den Taubes 1954 im *Partisan Review* veröffentlicht hatte. Die Herausgeber wählten den Titel, um – vereinfachend gesprochen – auf die anhaltende Spannung zwischen der antiken oder traditionellen Religion einerseits und der Philosophie und der aufgeklärten Kultur andererseits zu verweisen. Eine Spannung, die sie als roten Faden in Taubes' Arbeiten sahen. »Bausteine zu einer Kritik der historischen Vernunft« war noch rätselhafter. »Gesammelte Aufsätze zur Religions- und Geistesgeschichte« traf es besser. Enthalten waren sein Artikel im *Commentary* von 1953, »Die Streitfrage zwischen Judentum und Christentum«, seine Essays über moderne protestantische Denker, die er auf Englisch Mitte der 1950er Jahre veröffentlicht hatte, als er auf

Stellensuche war; das Porträt von Franz Overbeck, das er in den frühen 1960er Jahren als Einleitung zu einem schmalen Band von Overbecks Werken geschrieben hatte; vier von seinen Beiträgen zu den Tagungsbänden der »Poetik und Hermeneutik«-Konferenzen sowie zwei Beiträge aus der Reihe *Politische Theologie*; Taubes' Kritik an Buber und Scholem; sowie einige ausgewählte Essays über Psychoanalyse und Intellektuelle.

In ihrer Einleitung beschrieben die Herausgeber Taubes' charakteristische Perspektive als die eines Beobachters am Spielfeldrand: »Über theologische und religionsgeschichtliche Themen schreibt er als Philosoph, über philosophische als Theologe und Religionswissenschaftler, über das Christentum als Jude, über jüdische Themen als Pauliner, über Themen der Kultur und Politik schreibt er als Gnostiker und Apokalyptiker.«[32] Sie betonten, dass Taubes' intellektuelle Energie angesichts seiner ruhelosen Persönlichkeit von seinem Drang zum Widerspruch und zur Infragestellung einer bestehenden Haltung angetrieben wurde. Angesichts des besonderen Charakters seiner Werke machten es sich die Herausgeber zur Aufgabe, den polemischen Kontext oder das polemische Angriffsziel, das sich hinter vielen der Essays verbarg, nachzuzeichnen.[33]

Rivalisierende Erbschaftsanwärter

In dem Jahrzehnt nach Taubes' Tod gab es unter seinen Studenten, Freunden und Bekanntschaften rivalisierende Anwärter auf sein Erbe.

Im Januar 1987, als er bereits erkennbar krank war, gab Taubes dem aufstrebenden, unorthodoxen Philosophen Peter Sloterdijk mehrere autobiografische Interviews. Sie waren zur Veröffentlichung in einer Interviewreihe mit zeitgenössischen Philosophen gedacht, die von einem Münchner Industriellen gefördert wurde. Doch die Finanzierung brach weg, und so wurden die Interviews nie publiziert.[34] Sloterdijk widmete jedoch sein nächstes Buch, *Eurotaoismus*, Jacob Taubes, den er als »einen den letzten großen Repräsentanten jüdischen Geistes deutscher Sprache«[35] bezeichnete. Die Darstellung der jüdischen und christlichen Ursprünge der Philosophie und der Geschichte in seinem Buch stützte sich stark auf die *Abendländische Eschatologie*.[36] Bald darauf gab Sloterdijk gemeinsam mit Thomas Macho, einem Professor für Kulturgeschichte, einen tausendseitigen Quellenband über die Gnosis heraus, *Weltrevolution der Seele*, der ganz offensichtlich von Jacob Taubes inspiriert war und auch zwei seiner Essays enthielt.[37]

Mit der Veröffentlichung von *Die politische Theologie des Paulus* 1996 waren ein Jahrzehnt nach Taubes' Tod vier Bücher lieferbar, die seinen Namen als Autor führten: die Aufsatzsammlung *Vom Kult zur Kultur*, die wiederveröffentlichte *Abendländische Eschatologie*, der schmale Band über Schmitt und seine Vorträge über die politische Theologie des Paulus. Mit Ausnahme der wiederveröffentlichten Dissertation waren Aleida und Jan Assmann an all diesen Publikationen beteiligt: Sie waren die treibende Kraft hinter den Paulus-Vorträgen und der Essaysammlung, und sie wirkten auch an dem Band über Carl Schmitt mit.

Ihr Engagement für Taubes' Andenken ging über die Veröffentlichungen hinaus. In den Jahren nach seinem Tod verbrachten sie insgesamt vier Monate in Jerusalem und schlossen Freundschaften mit einigen von Taubes' israelischen Bekanntschaften, darunter Moshe Barasch, Guy Stroumsa und Aharon Agus. Mithilfe von Jan Assmann, Barasch und Stroumsa sowie der finanziellen Unterstützung der deutschen Minerva-Stiftung gründete Agus das »Jacob Taubes Minerva Zentrum für Religiöse Anthropologie« an der Bar-Ilan Universität. Das Zentrum hatte sich dem Ziel verschrieben, israelische und deutsche Wissenschaftler zusammenzubringen, »um religiöse Phänomene aus einer möglichst breit angelegten disziplinären Perspektive zu erforschen«. Die Intention der Gründer war es, »ihrem Engagement für das intellektuelle und persönliche Erbe von Jacob Taubes eine Form zu geben«.[38] Das 1993 gegründete Zentrum bestand nur kurz. Kaum war es auf den Weg gebracht, verließ Agus die Bar-Ilan und zog nach Deutschland, um an der Hochschule für Jüdische Studien in Heidelberg zu unterrichten. Einige internationale Konferenzen fanden dort statt und die Tagungsbände wurden veröffentlicht.[39] Doch das Zentrum geriet in Schwierigkeiten und im Jahr 2000 entschied die Universitätsverwaltung an der Bar-Ilan, es zu schließen.[40]

Nicht jeder war glücklich über die dominante Rolle der Assmanns im Einsatz für das Taubes'sche Erbe.[41] Zu den Unzufriedenen zählte Eveline Goodman-Thau, die Taubes in Jerusalem nahegestanden hatte und später an der Universität Kassel promoviert wurde. Sie kontaktierte Richard Faber, Taubes' ehemaligen Assistenten und Jünger, und gemeinsam mit Thomas Macho organisierten sie im Juli 1997 eine Konferenz über Taubes und sein Werk. Der Schwerpunkt lag überwiegend, aber nicht ausschließlich, auf den Inhalten der *Abendländischen Eschatologie*. Etwa dreißig Beiträge befassten sich tatsächlich mit dem einen oder anderen Thema in Taubes' Werk, andere verglichen oder kontrastierten Taubes mit Persönlichkeiten aus der Philosophie- oder Wissenschaftsgeschichte, wieder andere streiften Taubes nur am Rande.

Einige der Aufsätze, besonders von Autoren, die eng mit Taubes zusammengearbeitet hatten, vermittelten Einblicke in den Menschen und seine Ideen. Carsten Olpe, der Gnosis-Experte, der gemeinsam mit Taubes Kurse zum Thema gegeben hatte, merkte an, dass Taubes seine mangelnde Kenntnis der historischen Quellen mit seiner Fähigkeit, ähnliche historische Erfahrungen zu erkennen, kompensiert hatte. Christoph Schulte, der in den 1980er Jahren Taubes' studentische Hilfskraft gewesen war, als der über Paulus' Brief an die Korinther und den Römerbrief vortrug, hob hervor, dass Taubes keinen einheitlichen Ansatz und keine einheitliche Interpretation der Paulusschriften hatte. Vielmehr waren es spezielle Textstellen in den Briefen, die Taubes als Ankerpunkte für seine eigenen, wechselnden intellektuellen Anliegen und Konfrontationen mit verschiedenen Denkern dienten, etwa von Benjamin oder Schmitt.[42]

Obwohl die Konferenz bereits 1997 stattfand, erschien der Band erst 2001. Im Vorwort erwähnten die Herausgeber, dass ein Grund für das wachsende Interesse an Jacob Taubes die Veröffentlichung der deutschen Übersetzung von Susan Taubes' Roman *Divorcing* im Jahr 1995 sei. Und sie fügten hinzu, es sei ein Fehler, die Hauptfigur im Roman, Ezra Blind, mit Jacob Taubes gleichzusetzen.[43]

Der umfangreiche, von Faber, Goodman-Thau und Macho herausgegebene Band scheint praktisch unrezensiert und unbemerkt geblieben zu sein. Die Inhalte waren wohl zu speziell, die Beiträge zu uneinheitlich und die Themen zu verworren, um ein größeres Publikum zu erreichen. Doch während das Interesse an Taubes in Deutschland nachließ, nahm es im Ausland an Fahrt auf. Taubes' Werk wurde von radikalen Intellektuellen in Frankreich und Italien aufgegriffen, von Wissenschaftlern des Frühchristentums und von Akademikern im Feld des modernen jüdischen Denkens.

Aneignungen

Ob das Werk eines Autors auf Resonanz stößt, zu Lebzeiten oder danach, hängt nicht nur davon ab, was er geschrieben hat, sondern auch von den Umständen, unter denen er gelesen und interpretiert wird.[44] Auf Wegen, die zum Zeitpunkt seines Todes, 1987, kaum abzusehen waren, sollten seine Werke einen bemerkenswerten Einfluss auf das europäische Publikum und darüber hinaus entfalten.

Neben der Todesanzeige für Jacob Taubes in der *Tageszeitung* vom 23. März 1987 stand ein Bericht über einen Vorfall, der sich kürzlich ereignet hatte, bei dem ein Mann aus Ostberlin versucht hatte, nach Westberlin zu fliehen und dabei von DDR-Grenzsoldaten erschossen worden war. Es gab Proteste vonseiten der alliierten Befehlshaber in der Stadt, des Westberliner Senats und der Bundesregierung.[45] Dieser Zeitungsbericht erinnert daran, dass Taubes' gesamte berufliche Laufbahn in Berlin in einer geteilten Stadt, einem geteilten Land und in einem geteilten Europa stattfand. All dies sollte bald ein Ende finden: Mit dem Fall der Berliner Mauer im November 1989 veränderte sich das Westberlin, wie Jacob Taubes es gekannt hatte. Der Kommunismus, der als aktive Ideologie in der einen oder anderen Form nicht nur in der sowjetischen Sphäre einflussreich gewesen war, sondern ebenfalls in Frankreich und Italien und für kurze Zeit auch im Umfeld der FU, war endgültig diskreditiert. Das galt mehr oder weniger auch für andere radikale Alternativen zum liberalen, kapitalistischen und demokratischen Wohlfahrtsstaat. Antikoloniale Bewegungen in der »Dritten Welt« hatten zum großen Teil zu repressiven autokratischen Regimen geführt, die niemand als wünschenswerte Option ansah. In China, dem Heimatland Maos und der Kulturrevolution, wich der maoistische Kommunismus unter Deng Xiaoping einer kapitalistischeren Wirtschaftsordnung. Schon 1989, und erst recht in den 1990er Jahren, erschien der Kapitalismus – den seine Gegner später »Neoliberalismus« taufen sollten – als »Welle der Zukunft«.[46] Was also sollten die radikalen Intellektuellen, die sich an den Aufständen der Neuen Linken aus der 68er-Generation die Zähne ausgebissen hatten, tun? Nach dem offensichtlichen Scheitern der apokalyptischen Phase der Neuen Linken wandten sich manche Taubes' Interpretation von Paulus zu, die eine gnostisch-revolutionäre Botschaft enthielt – ein geheimes Wissen über die Verdorbenheit dieser Welt – und in der Zukunft aktiviert werden konnte.

Für drei prominente Intellektuelle aus der extremen Linken, Alain Badiou, Giorgio Agamben und Slavoj Žižek, allesamt bekennende Atheisten, bot die Berufung auf Paulus nach dem

Scheitern der einstigen marxistischen Hoffnungen einen tiefgründigen spirituellen Bezugspunkt für eine Botschaft, die entschieden antiliberal, antibürgerlich und antikapitalistisch war. Sie übernahmen von Taubes die Vorstellung von Paulus als einem radikalen Kritiker der bestehenden politischen und institutionellen Ordnung. Sie interessierten sich für Paulus als Beispiel für den Aufbau einer Gemeinschaft, die frei von ökonomischer und politischer Herrschaft war.[47]

Der erste von den dreien war Alain Badiou, der diesen Ansatz in sein Buch *Saint Paul: Le fondation de l'universalisme* von 1997 aufnahm. Badiou hatte in den frühen 1960er Jahren bei Louis Althusser studiert und folgte seinem Lehrer auf dem Lehrstuhl für Philosophie an der elitären École normale supérieure in Paris. In den 1990er Jahren zählte er zu den bekanntesten Philosophen in Frankreich. Für Badiou waren die »Ereignisse« aus dem Mai 1968 in Frankreich sein »Damaskuserlebnis«.[48] Während der 1970er Jahre war er Maoist gewesen, ein Anhänger der Kulturrevolution und Verteidiger der Khmer Rouge. In den folgenden Jahrzehnten unterstützte er die Gründung der kleinen postmaoistischen »Organisation Politique« und verlor nichts von seinem radikalen antikapitalistischen und antiliberalen Eifer. Besonders beunruhigte ihn der Aufstieg der Identitätspolitik, ob in Gestalt des französischen Nationalismus, der ethnischen Identität oder des Multikulturalismus. Die ethnische und nationalistische Identität jedoch, die ihn am meisten beschäftigte, war die der Juden.

Im Mittelpunkt von Badious Buch steht der Begriff des »Ereignisses« – der unerwarteten, transformativen Erfahrung, die ihre Bedeutung aus dem unerschütterlichen Glauben und dem Bekenntnis jener, die daran festhalten, erhält. Erst ihr Glaube und ihre Handlung laden das Ereignis mit Bedeutung auf und erklären es zu einem historischen Wendepunkt. Deshalb erwächst für Badiou, wie für seinen Lehrer Althusser, die Wahrheit aus militanter Handlung und wird erst rückwirkend bestätigt.[49]

Für Badiou ist Paulus' zentrale Lehre von der erlösendenden Kraft der Wiederauferstehung Christi ein »Ereignis« dieser Art. Es habe sich dabei um eine »Fabel« gehandelt, von Paulus erfunden, die aber durch die Kraft des Glaubens in der Lage gewesen sei, ein neues, universelleres »Subjekt« zu erschaffen, jenseits der bestehenden historischen oder ethnischen Gemeinschaften.[50] Badiou interessierte sich dabei nicht für die Inhalte von Paulus' Lehre, sondern für ihre Form, als Beispiel für einen radikalen Bruch. Am meisten beschäftigte ihn die in seinen Augen zeitgenössische Kombination von einer bestimmten ethnischen Identität (wie etwa die Vorstellung von einer charakteristischen französischen Identität, die es zu schützen galt) mit der kapitalistischen Globalisierung. Er stellte diese als komplementäre Prozesse dar, während die meisten Experten sie als in einem Spannungsverhältnis stehend verstanden. Paulus ist auch deshalb wichtig für Badiou, weil er das Gesetz fundamental infrage stellte: in seinem Fall des Römischen Reiches. Für Badiou ist Paulus' Universalismus – wie es in seinem Ausspruch (in Gal 3,28) »Hier ist nicht Jude noch Grieche, hier ist nicht Sklave noch Freier, hier ist nicht Mann noch Frau« zum Ausdruck kommt – das Einzige, was wirklich zählt.[51]

So wie Taubes, nur ausführlicher, argumentierte auch Badiou, Paulus habe »vollkommen allein eine kulturelle Revolution herbeigeführt, auf die wir immer noch angewiesen sind«, und dies durch seine radikale Kritik am Gesetz bewirkt: am jüdischen religiösen Gesetz, am »griechischen Gesetz als Unterordnung des Schicksals unter die kosmische Ordnung« und am Gesetz des Römischen Reiches. Die zeitgenössischen Parallelen, so Badiou, seien die Auflehnung gegen den Kapitalismus und ethnische Partikularität. Der Kapitalismus unterwerfe das Individuum abstrakten Kräften, so wie es die Gesetze der Römer getan hatten. Und ethnischer Partikularismus sei der Kern des jüdischen Rechts.[52]

Badiou versäumte es, Taubes' *Die politische Theologie des Paulus* zu zitieren – oder irgendeinen anderen Kommentar zu

Paulus. Doch er erwähnte so viele Schriften, Ereignisse und Figuren (wie Marcion, Nietzsche und Freud), die Taubes erörtert hatte, dass es offensichtlich ist, dass er Taubes' Text nicht nur gelesen, sondern auch einige seiner Thesen übernommen hat. In einem entscheidenden Punkt jedoch weicht Badious Darstellung radikal von Taubes' ab. Während Taubes in seiner Diskussion des Römerbriefs Paulus' jüdischen Hintergrund und seine Sorge um das jüdische Volk besonders hervorhebt, interpretiert Badiou Paulus' Haltung so, dass der sich zu seiner jüdischen Abstammung nur bekennt und alttestamentliche Texte heranzieht, um die Juden zu einem neuen, universalistischen Glauben zu führen.[53] Im Gegensatz zum jüdischen Gott, der mit der christlichen Vorstellung von Gott als Vater identifiziert wird, ist es für Badiou Paulus' »Diskurs des Sohnes«, der den wahrhaft historischen Bruch herbeiführt, indem er »uns auffordert, nicht länger auf einen Diskurs zu vertrauen, der Herrschaftsansprüche geltend macht«.[54] In seiner Betonung des absoluten Bruchs zwischen Paulus und der Religion der hebräischen Bibel war Badious Standpunkt neomarcionistisch.

Einige Konsequenzen aus Badious radikalem Universalismus zeigten sich in seinen zahlreichen Stellungnahmen über die Juden und den Staat Israel. Er wandte sich vehement gegen das Argument, die Ermordung der Juden durch die Nazis legitimiere auf irgendeine Weise eine jüdische Identität oder einen jüdischen Staat. »Dass die Nazis und ihre Gehilfen Millionen von Menschen vernichteten, die sie als ›Juden‹ bezeichneten, verleiht dem betreffenden Legitimitätsanspruch meiner Meinung nach keinerlei neue Legitimität«, schrieb er. Die wichtigste Erkenntnis, die man daraus ziehen könne, sei, dass jede »gemeinschaftliche« (das heißt ethnische) Identität letztlich in die Katastrophe führe. Ausgehend davon, dass »wirklich zeitgenössische Staaten oder Länder immer kosmopolitisch und in ihrer identitären Zusammensetzung völlig uneindeutig sind«, fand er die Idee eines jüdischen Staates geradezu abstoßend. Israel war für Badiou nur ein weiterer Kolonialstaat, der »eine besonders verabscheuungswürdige und zu Recht obsolete Form der Unterdrückung verarmter Völker« darstellte. Das einzig legitime Erbe der jüdischen Geschichte sei von jenen repräsentiert worden, die ihre jüdische Identität im Namen eines Universalismus hinter sich ließen, vom Apostel Paulus bis zu Trotzki.[55]

Zwei Jahre nach Badious Buch erschien noch eine Studie über Paulus, von einem weiteren sogenannten Meisterdenker, dieses Mal auf Italienisch. Es entstand aus einer Seminarreihe an dem von Jacques Derrida gegründeten Collège International de Philosophie in Paris, an das auch Badiou angeschlossen war. Der Autor war Giorgio Agamben, ein italienischer Philosoph, der in den 1960er Jahren bei Heidegger studiert hatte und später die italienische Ausgabe der gesammelten Werke von Walter Benjamin herausgab. Sein Buch, *Die Zeit, die bleibt. Ein Kommentar zum Römerbrief*, war Jacob Taubes gewidmet und eine gelehrte – geradezu pedantische – Untersuchung einiger der Themen und Verbindungslinien, die Taubes' *Die politische Theologie des Paulus* anregte. (Es fällt schwer, Mark Lillas Beschreibung von Agamben als »Paradebeispiel des rätselhaften Postmodernisten – undurchschaubar, anmaßend und humorlos« zu widersprechen.[56])

Agamben war (zumindest in postmodernen akademischen Kreisen) zu einer international renommierten Persönlichkeit aufgestiegen, und er war bekannt dafür, seine vielsprachige Gelehrsamkeit mit Generalisierungen über die zeitgenössische Welt zu verbinden. Zeitgenössische Staaten waren Agamben zufolge grundlegend totalitär. Ihr Anspruch, auf die Gesundheit und Sicherheit der Einwohner einzuwirken – ihre biologische Existenz –, führe zu einer totalitären Kontrolle, insofern sei das Konzentrationslager die paradigmatische Institution der Gegenwart.[57] Für Agamben ist das Gesetz des Staates eine Form der Unterdrückung, das auszulöschen versucht, was es nicht kontrollieren kann.

Agamben setzte sich mit Badious Charakterisierung von Paulus als Universalist auseinander.[58] Er interessierte sich für Paulus als Musterbeispiel für eine Strategie, die einen Raum erzeugt, der sich »dem Zugriff der Macht und ihrer Gesetze entzieht, ohne mit ihnen in Konflikt zu geraten, sie aber gleichwohl außer Betrieb setzt«.[59] Laut Agamben hatte die »messianische Zeit« für Paulus mit der Kreuzigung Christi bereits begonnen, eine Zeit, die durch »die Wirkungslosigkeit des Gesetzes und die wesentliche Illegitimität jeglicher Macht« gekennzeichnet sei.[60] Agamben lässt seine Leser zunächst in die Tiefen von Walter Benjamins Text eintauchen, bevor er Taubes' These über die Verbindung zwischen Paulus und Benjamin bekräftigt und Paulus' *Römerbrief* und Benjamins »Geschichtsphilosophische Thesen« als »die beiden fundamental messianischen Schriften unserer Tradition« bezeichnet.[61]

Der nächste, der sich Paulus als Symbol für eine radikale Ablehnung der bestehenden Ordnung zuwandte, war Slavoj Žižek. Der in Slowenien geborene, mit der französischen Szene bestens vertraute und unter akademischen Intellektuellen in den Vereinigten Staaten und darüber hinaus bekannte Žižek schockiert gern, indem er unerhörte Thesen über die Tugenden von Stalin und Mao mit einem Sinn dafür, seine Leser auf den Arm zu nehmen, verbindet.[62] In mehreren Werken aus den späten 1990er und frühen 2000er Jahren (deren Inhalte sich überschneiden) wandte auch er sich Paulus zu. Obwohl er Taubes nicht namentlich erwähnt, verweist Žižek indirekt auf ihn, wenn er schreibt: »Man darf Paulus loben, *solange* man ihn wieder in das jüdische Erbe einschreibt, Paulus als radikaler Jude, als Autor der jüdischen politischen Theologie.«[63] Für Žižek ist es bezeichnend, dass Paulus nahezu keinerlei Bezug auf das Leben von Jesus nimmt – bis auf den Umstand der Kreuzigung und der Wiederauferstehung –, eine Analyse, die implizit bei Taubes und explizit bei Badiou vorkommt. Doch für Žižek, wie auch für Badiou, diente die Suche nach Paulus' Ursprüngen in der jüdischen Tradition dazu, die Radikalität seines Bruchs zu verdeutlichen, »die Art, wie der die jüdische Tradition *von innen heraus* unterwanderte.«[64] Und ebenfalls Badiou folgend, liegt für Žižek die Bedeutung von Paulus in dessen »unbedingtem Universalismus«, der Negation jeglicher Form der spezifischen Identität.[65]

Diese Schriften von Badiou, Agamben und Žižek haben ihrerseits neue Untersuchungen und Vergleiche in einem weiterhin fließenden Strom aufeinander Bezug nehmender Bücher hervorgebracht.[66] Im Jahr 2013 erschienen zwei Sammelbände, *Paul in the Grip of the Philosophers* und *Paul and the Philosophers*, jeweils mit mehr als sechshundert Seiten, die sich überwiegend mit den Werken von Taubes, Badiou, Agamben und Žižek beschäftigten.[67] Taubes spielte auch eine zentrale Rolle in einem italienischen Band, der sich mit ähnlichen Themen befasste, Tiziano Tosolinis *Paolo e i filosofi. Interpretazioni del Cristianesimo da Heidegger a Derrida.* Der Autor war Dozent an der Pontifical University Gregoriana.[68]

Ein weiterer Faktor für den wachsenden Einfluss war der »Postkolonialismus«. Dabei handelt es sich um eine akademische Strömung, die den – üblicherweise als schädlich erachteten – Einfluss des europäischen Imperialismus auf die Länder in Asien und Afrika in den Jahrzehnten nach der Dekolonisation nachzuzeichnen versucht und dabei die kritische Perspektive der ehemals Kolonisierten auf den Westen einnimmt. Mit der Zeit fand diese interpretatorische Wende auch Eingang in die neutestamentliche Forschung, die Taubes' Paulus-Auslegung als radikalen Kritiker der Legitimität des Römischen Reichs aufgriff. In den Worten eines sachkundigen, aber skeptischen Forschers wurde fortan quasi »alles im Neuen Testament als verschlüsselte Kritik am Römischen Reich« gelesen.[69] So konnte Taubes' Darstellung dazu genutzt werden, Paulus zu einem Vorreiter des antikolonialen Widerstands zu erklären.

In den 1990er Jahren bedeutete der Prozess der Entchristianisierung in Westeuropa – im Sinne einer abnehmenden Identifikation mit dem institutionalisierten Christentum –, dass der Markt für christlich-religiöses Denken schrumpfte. Und das Scheitern des Projekts der radikalen Linken bedeutete ein schwindendes Publikum für radikales Denken. Insofern lag die Versuchung – sowohl für akademische Theologen als auch für akademische Extremisten – nah, auf der Suche nach intellektuellen Marktanteilen auf dem Feld des jeweils anderen zu wildern. Einige radikale Akademiker (und Akademiker waren sie alle) wandten sich in ihrer Suche nach Wurzeln und Resonanz dem Christentum und dem Judentum zu, ohne dabei selbst einen religiösen Glauben anzunehmen. Und manche Akademiker, Christen wie Juden, schauten sich auf ihrer Suche nach konzeptionellen Ressourcen für neue Interpretationen alter Texte bei den radikalen Akademikern um. Wer weiß, scheinen sich einige gefragt zu haben, vielleicht können wir säkulare Studenten und ihre Lehrkräfte für das Christentum interessieren? Daher rührte die Faszination von Paulus als Antinomist, als politischer Radikaler und als Kritiker des Imperiums seiner Zeit.

Badiou, Agamben und Žižek verwarfen alle drei Taubes' Akzentuierung auf Paulus als einer jüdischen Figur, die die gesamte Menschheit in den Bund brachte, der einst dem Samen Abrahams vorbehalten war. Doch eine andere Gruppe Intellektueller – Wissenschaftler des Frühchristentums – sollte genau diese Betonung von Paulus' jüdischer Abstammung aufgreifen.

Der jüdische Paulus

Paulus' Aussagen über die Juden waren vielfältig, ambivalent und mitunter widersprüchlich.[70] Möglicherweise spiegelten sich hier seine eigenen inneren Spannungen oder auch die unterschiedlichen Anlässe, Adressaten und Absichten seiner Briefe wider. Die Generationen nach Paulus, die frühen Kirchenväter, verstanden ihn nicht nur als Symbol für die Trennung vom Judentum, sondern als Beweis für einen Triumph über das Judentum.[71] Für den Großteil ihrer Geschichte verherrlichte die christliche Tradition den Triumph der Kirche über die Synagoge, und in Paulus sahen sie den Ursprung.

Als Jacob Taubes begann, sich mit Paulus zu beschäftigen, war dies die dominante Sichtweise sowohl unter christlichen wie auch jüdischen Gelehrten. Das änderte sich nach dem Holocaust langsam. Einen wichtigen Schritt in Richtung einer neuen Paulusinterpretation ging Krister Stendahl, Taubes' Freund aus seiner Zeit in Harvard, dessen Artikel über Paulus und das Judentum 1976 gesammelt als *Paul among the Jews and the Gentiles* erschienen. Stendahl, und jene, die ihm darin folgten, wehrten sich gegen das Bild von Paulus als Begründer des christlichen Anti-Judaismus und stellten ihn als jemanden dar, der keine Bekehrung, sondern eine Berufung, den Bund zu erweitern, erfahren hatte. Andere Wissenschaftler, Juden wie Nichtjuden, vertieften dieses Argument noch, dazu zählte auch Taubes' Freund Michael Wyschogrod.[72] Zu den bekanntesten Verfechtern dieser Sichtweise zählt John Gager von der Princeton University, der sich explizit auf Taubes beruft und – wie andere Wissenschaftler aus diesem interpretatorischen Lager auch – davon ausgeht, dass Paulus das Judentum nie aufgegeben hat.[73] Viele Wissenschaftler sind ihm hierin gefolgt.[74] Im Jahr 2010 gründete die Society for Biblical Literature, der Berufsverband der akademischen Bibelforscher, eine separate Sektion »Paulus im Judentum«, und ein sich abzeichnender wissenschaftlicher Trend stellte die Arbeitshypothese auf, »dass der Apostel Paulus als vollständig innerhalb des Judentums agierend verstanden werden sollte«.[75]

Der Ausdruck »die Trennung der Wege« wurde 1934 von James Parkes geprägt, einem anglikanischen Priester und Autor des Buches *The Conflict of the Church and the Synagogue: A Study in the Origins of Antisemitism*, das die Trennung des Christentums vom Judentum bis zum Ende des ersten Jahrhunderts zurückverfolgt. Die aktuelle Forschung hat das Judentum und Christentum als über einen viel längeren Zeitraum miteinander verflochten erkannt, was im Titel eines 2003 erschienenen Sammelbands zum Ausdruck kommt: *The Ways That Never Parted: Jews and Christians in Late Antiquity and the Early Middle Ages.*[76] In dieser Hinsicht war Taubes also der Forschung voraus. Gleiches gilt für seine Behauptung, die Pharisäer seien eine selbsternannte Elite gewesen, die in der Zeit der Entstehung des rabbinischen Judentums nur eine kleine Minderheit darstellte.[77]

Der Einfluss auf die Assmanns

Für jene, die ihn persönlich kannten, war Jacob Taubes eine lebhafte Persönlichkeit. Doch wer ihn nie zu Lebzeiten getroffen oder gekannt hatte, für den lebte Jacob Taubes überwiegend in seinen publizierten Werken weiter. Ihre Veröffentlichung verdankt sich, wie oben gesehen, überwiegend Aleida und Jan Assmann.

Wenn die Assmanns also verantwortlich für Taubes' posthumen Ruhm waren, so scheint er seinerseits auch eine Wirkung auf sie gehabt zu haben auf ihrem Weg zu einem international erfolgreichen Intellektuellenehepaar: Zuvor war Jan ein Wissenschaftler, der vorrangig Spezialisten im Nischenfeld der Ägyptologie bekannt war, und Aleida eine Nachwuchswissenschaftlerin in der Anglistik. Jans Interessen galten schon seit Längerem nicht mehr ausschließlich seinem akademischen Spezialgebiet des antiken Ägypten, da ihn die allgemeinere Frage beschäftigte, wie vergangene Zivilisationen im Verlauf der Geschichte »erinnert« wurden. Doch erst nach seiner Begegnung mit Taubes schrieb er Bücher für ein größeres Lesepublikum, in denen er die Religion des antiken Ägypten mit der jüdischen Religion verglich – ein Thema, das auf weit größeres Interesse stieß –, um auf beide neues Licht zu werfen.[78] Im Jahr 1997 erschien *Moses der Ägypter*, der die historische Erinnerung an den ägyptischen monotheistischen Pharao Echnaton jener an Moses gegenüberstellte. Ersterer war mehr oder weniger in Vergessenheit geraten, während Letzterer als eine zentrale Figur in der Geschichte seines Volkes erinnert wurde.[79]

In diesem Buch stellte Assmann eine These über die »Mosaische Unterscheidung« auf, die er in einigen seiner folgenden Werke weiterentwickelte. (Darunter auch eines, das er dem Gedenken an Jacob Taubes widmete,[80] sowie ein weiteres, *Die Mosaische Unterscheidung oder der Preis des Monotheismus*, dessen Untertitel auf Taubes' Essay »Der Preis des Messianismus« anspielte, Taubes' Kritik an Gershom Scholem.) Das Buch verwies auf die unüberbrückbare Abgrenzung zwischen wahrer und falscher Religion: Monotheistische Religionen, beginnend mit dem biblischen Judentum, erhoben exklusiven Anspruch auf die Existenz des einen Gottes, während andere Gottheiten als falsche Götter bezeichnet wurden. Dies stand im Kontrast zu früheren, polytheistischen Systemen, die davon ausgingen, dass die Götter jeder Gruppe in eine andere übertragen werden konnten (Amun, Assur, Zeus, Jupiter).[81] »Erst die Juden und dann in ihrem Gefolge die Christen und in beider Gefolge der Islam haben sich aus diesem System interkultureller Übersetzbarkeit ausgeklinkt, indem sie einen Gott verehrten, die sich jeder Korrelation mit anderen Göttern verweigerte«, schrieb Assmann.[82] Diese Intoleranz anderen Glaubensrichtungen gegenüber implizierte die Möglichkeit von Gewalt als heiliger Pflicht – wie zum Beispiel bei der Vernichtung der kanaanitischen Stämme durch die Israeliten im Buch Deuteronomium – eine Perspektive, von der sich das Judentum, das Christentum und der Islam im Lauf der Zeit entfernt hätten, so Assmann, aber sie liefere einen Vorwand für gewaltsame Handlung, der jederzeit reaktiviert werden konnte.[83] Damit brachte Assmann eine These der Aufklärung wieder auf (zum Beispiel in Humes *Naturgeschichte der Religion*), wonach der Monotheismus eine Quelle der Intoleranz ist und der Polytheismus die tolerantere Alternative.[84] Hier

nahm er Taubes' Argument (aus seiner Debatte mit Odo Marquard) über die historisch-moralische Rolle des Monotheismus
auf, kehrte jedoch die Schlussfolgerungen um. Assmann merkte
an, dass unter den drei sogenannten abrahamitischen Religionen
das Judentum die einzige sei, die die Implikationen aus Gewalt
und Intoleranz nie in die historische Realität umgesetzt habe,
weil sie die letzte Universalisierung der Wahrheit in die Eschatologie und nicht in die Geschichte verlagert habe.[85] Das bedeutet:
Weil das Judentum seine Forderungen gegenüber Nichtjuden
beschränkte, zumindest in der historischen Zeit, vermied es die
Neigung, mittels Gewalt Nichtgläubige zu vernichten oder zu
nötigen.[86]

Aleida wurde durch ihre Begegnung mit Jacob in ihre akademische Laufbahn zurückberufen. Gemeinsam schrieben die Assmanns mehrere Bücher, die, wie *Moses der Ägypter*, das kulturelle
Gedächtnis – nicht die Vergangenheit, wie sie geschah, sondern
wie sie erinnert wurde – ins Zentrum rückten.[87] Im ersten Jahrzehnt des einundzwanzigsten Jahrhunderts explodierte die Forschung zum kulturellen Gedächtnis geradezu, die Assmanns
hatten hier die Pionierarbeit geleistet.

Taubes Übersetzen

In den zwei Jahrzehnten nach Erscheinen von *Die politische
Theologie des Paulus* wurden Taubes' Bücher nach und nach
in andere Sprachen übersetzt. Zunächst ins Italienische: 1996 erschien *Ad Carl Schmitt* 1996; *Die Politische Theologie des Paulus* (*PTdP*) und die *Abendländische Eschatologie* (*AE*) 1997; der
Briefwechsel zwischen Taubes und Scholem 2000 und eine Auswahl aus *Vom Kult zur Kultur* (*KzK*) 2001. Dann folgte die
Übertragung ins Französische: *PTdP* erschien 1999 bei der Edition du Seuil mit dem bezeichnenden Untertitel »Schmitt, Benjamin, Nietzsche, Freud«; *Ad Carl Schmitt* wurde 2003 publi-

ziert; »*Le Temps Presse*«: *Du culte à la culture*, eine Übersetzung von *KzK*, erschien mit einigen zusätzlichen Artikeln und Interviews abermals bei Seuil im Jahr 2009; *AE* erschien (bei der Édition de l'Éclat) im selben Jahr. In Spanien wurden Übersetzungen von *KzK* und *PTdP* 2007 veröffentlicht (gemeinsam mit einer katalanischen Ausgabe von *PTdP* von 2005), *AE* im Jahr 2010.

Die Übertragung von Taubes' Büchern in diese romanischen Sprachen folgte einem einheitlichen Muster. Das verstärkte Interesse am Werk Carl Schmitts (manchmal von linken Schriftstellern, die durch ihre Begeisterung für Benjamin auf Schmitt aufmerksam wurden) führte üblicherweise zur Übersetzung von *Ad Carl Schmitt* und *PTdP* – beides Bücher, in denen Schmitt und Benjamin prominent behandelt wurden. Die Publikation von Taubes' anderen Büchern folgte in der Regel nach. Auf diese Weise wurde Taubes' Beziehung zu Schmitt ein wesentlicher Faktor für seine posthume internationale Reputation. Taubes machte Schmitt für ein linkes Publikum koscher, und die Beziehung zu Schmitt lenkte größere Aufmerksamkeit auf Taubes.

Die englischsprachige Rezeption setzte etwas später ein: *PTdP* wurde 2004 veröffentlicht, *AE* 2009 und *KzK* 2010. Alle drei erschienen bei Stanford University Press, in der Reihe »Cultural Memory in the Present«, die von Werner Hamacher ins Leben gerufen wurde. Der Mitherausgeber der Reihe, Hent de Vries, war ein renommierter Autor und Herausgeber von Werken aus dem aufstrebenden Feld der »politischen Theologie« – ein Gebiet, das wesentlich von Schmitt und Taubes inspiriert wurde. Die englische Übersetzung von *Ad Carl Schmitt* erschien 2013 bei Columbia University Press in der Reihe »Insurrections: Critical Studies in Religion, Politics, and Culture«, die unter anderem von Žižek herausgegeben wurde.

Eines (oder mehrere) von Taubes Werken wurde ins Ungarische, Polnische und Rumänische übersetzt, und jüngst auch ins Chinesische und Koreanische. Somit sind seine Bücher drei Jahrzehnte nach seinem Tod in mindestens zehn Sprachen übertragen worden.

Ein großer jüdischer Denker?

Zum Teil rührte das Interesse an Taubes also aus seiner Rolle als Gesprächspartner von Schmitt, als Vertreter Benjamins und als Paulus-Interpret. Aber Taubes zog auch ein größeres akademisches Publikum an: jene, die auf der Suche nach jüdischen Denkern waren, um über sie zu lesen und zu schreiben. Wer über keine Lesekompetenz im Hebräischen verfügte, aber über eine gewisse Bildung in der heute so genannten »Kontinentalphilosophie«, für den gab es einen kleinen Kanon jüdisch-religiöser Denker im zwanzigsten Jahrhundert, die auf Deutsch (Hermann Cohen, Martin Buber, Franz Rosenzweig) oder auf Französisch (Emmanuel Lévinas, oder – in konzeptioneller Ausweitung – Jacques Derrida) geschrieben hatten. Jacob Taubes war frisches Wasser auf diese Mühlen. Mit Ausnahme einer Handvoll zurückgekehrter Emigranten schien das deutsch-jüdische Denken mit der Vertreibung und Ermordung der deutschen Juden ausgetrocknet, aber infolge der Publikation von Taubes' Werken gab es einen potenziellen Kandidaten, den man neu in den Kanon des deutsch-jüdischen Denkens aufnehmen konnte. Als 2004 Taubes' erstes Buch auf Englisch erschien, *The Political Theology of Paul*, wurde er auf dem Umschlagtext als »der jüdische Religionsphilosoph Jacob Taubes« und als »unkonventioneller jüdischer Intellektueller, der nach dem Holocaust in Deutschland lebte«, beschrieben. Als die Übersetzungen *Occidental Eschatology* und *From Cult to Culture* 2009 und 2010 veröffentlicht wurden, war Jacob Taubes »einer der großen jüdischen Intellektuellen des zwanzigsten Jahrhunderts« geworden. In der *Welt* stand 2010 zu lesen: »Taubes gilt bis heute als einer der bedeutendsten jüdischen Religionsphilosophen des zwanzigsten Jahrhunderts.«[88]

Und 2015 wurde Taubes im *New York Review of Books* als »der bekannte rabbinische Gelehrte und Philosoph Jacob Taubes« bezeichnet – eine Charakterisierung, die manch einen rabbinischen Gelehrten wohl in Erstaunen versetzt hätte.[89]

In der Zwischenzeit war auch Sekundärliteratur zu Jacob Taubes erschienen. Elettra Stimilli, die selbst auch einige von Taubes' Werken ins Italienische übersetzt hatte, wagte sich 2004 an eine intellektuelle Biografie, *Jacob Taubes: Sovranità e tempo messianico* – der Titel verrät den inhaltlichen Schwerpunkt auf Taubes' Begegnungen mit den Werken Schmitts und Benjamins.[90] Nun erschien eine wahre Flut von Artikeln, und auch das *Palgrave Handbook of Radical Theology* von 2019 widmete Taubes ein Kapitel.[91] Darauf folgten eigenständige Monografien, die sich hauptsächlich mit Aspekten seines Denkens beschäftigten.[92] Auch fanden Konferenzen, die sich mit seinem Werk befassten oder davon inspiriert waren, statt.[93]

Die Übersetzungen waren naturgemäß von unterschiedlicher Qualität. Jede Übersetzung ist auch immer eine Interpretation, da Wörter verschiedene Bedeutungen haben können. Das angemessenste zu finden hängt auch davon ab, wie tief das Werk des Autors und seine kulturellen Bezugsrahmen durchdrungen wurden – und im Falle von Taubes waren diese außergewöhnlich weit gefasst. Die Sekundärliteratur zu Taubes stand vor einer anderen Herausforderung: Wie sollte man einen Denker einordnen, der scharfsinnig, weitblickend und sogar brillant sein konnte, sich aber konzeptioneller Klarheit und Konsistenz entzog?

Institutionalisierung

Das Interesse an Jacob Taubes und die Forschung über ihn wurden vom Zentrum für Literaturforschung (ZfL) in Berlin vorangetrieben. Nach der Wiedervereinigung Deutschlands 1990 kam die Frage auf, was mit den akademischen Institutionen in

der ehemaligen DDR geschehen sollte, einschließlich der For-
schungszentren. Zu diesen zählte das Zentralinstitut für Literaturgeschichte, das zur ostdeutschen Akademie der Wissenschaften
gehörte. Die Max-Planck-Gesellschaft – die Dachorganisation
der wissenschaftlichen Institute in Deutschland – unterstützte
die Neugründung des Instituts, inklusive der Übernahme eines
Teils der bisherigen Mitarbeiter, als Zentrum für Literaturforschung, das breiter und interdisziplinärer auf die Geschichte der
Geisteswissenschaften ausgerichtet war. (Später wurde der Name in Zentrum für Literatur- und Kulturforschung geändert.)
Der erste Direktor des Zentrums war der ehemalige Präsident
der FU, Eberhard Lämmert. Im Jahr 1999 übernahm die Litera-
turwissenschaftlerin Sigrid Weigel das Amt.[94]

Nachdem sie auf die deutsche Übersetzung von *Divorcing*
gestoßen war, erwachte Weigels Interesse für Susan Taubes. Sie
suchte einige ihrer Essays heraus, was ihre Neugier noch steigerte. Daraufhin kontaktierte Weigel Taubes' Kinder in New York,
traf sich 1999 mit ihnen und überzeugte sie schließlich, Susan
Taubes' Manuskripte und Briefe dem ZfL zur Archivierung
zu überlassen, dessen Leitung Weigel bald darauf übernahm.
Die Übergabe fand Anfang 2003 statt. Weigel beauftragte die
Postdoktorandin Christina Pareigis mit der Edition des Ma-
terials und verabredete mit dem Fink Verlag die Veröffentlichung.[95]

Nach Jacob Taubes' Tod im Jahr 1987 wurde seine Korrespondenz aus dem Hermeneutischen Institut, die sich über den
Zeitraum von 1965 bis 1985 erstreckte, in einem Lager ver-
wahrt. Da sich in Taubes' Briefen häufig Persönliches mit Beruf-
lichem vermischte, waren sie weit mehr als reine Dienstkorre-
spondenz. Als das Institut 2004 geschlossen wurde, wandte sich
die Sekretärin Ina-Maria Gumbel bezüglich dieser Briefe an seine Kinder, die beschlossen, den Bestand dem ZfL zu schenken,
wo seit Kurzem auch der Nachlass ihrer Mutter archiviert war.[96]
Martin Treml, der Religion an der FU studiert und gegen Ende

seines Studiums auch einen Kurs bei Taubes besucht hatte, wurde der Leiter des Jacob Taubes-Projekts. Gemeinsam mit seinen Mitarbeitern trug er zusätzliches Material für Forschungszwecke zusammen.

In den folgenden anderthalb Jahrzehnten veröffentlichen Treml und seine Kollegen Briefeditionen von Jacob Taubes' Korrespondenz mit Carl Schmitt sowie mit Hans Blumenberg, wobei sie auch Briefe aus anderen Archiven mit einbezogen. Da die Briefe alles andere als selbsterklärend waren, fügten die Herausgeber wertvolle Anmerkungen hinzu, in denen sie Informationen über Personen, Orte, Veröffentlichungen und Ereignisse bereitstellten, auf die in den Briefen Bezug genommen wurde. Und da sich die Briefe auf Ideen bezogen, die andernorts im Druck erschienen waren, enthielt jeder Band Begleitmaterial, bestehend aus einschlägigen Essays, Memoranden und Korrespondenz. Das galt auch für die beiden von Pareigis herausgegebenen Bände mit dem Briefwechsel zwischen Susan und Jacob Taubes aus den Jahren 1950 bis 1952, die eine informative biografische Einleitung enthielten. Gemeinsam mit Herbert Kopp-Oberstebrink gab Treml *Apokalypse und Politik* heraus, eine Zusammenstellung von Jacob Taubes' bis dahin nicht versammelten Artikeln, Rezensionen und öffentlichen Stellungnahmen. Diese beleuchten Taubes' Rolle im deutschen Geistesleben und verdeutlichen die beeindruckende Bandbreite seiner intellektuellen Kontakte und Gesprächspartner.

Auf einem ideologischen Umweg über Hans-Dietrich Sander, Hans-Joachim Arndt und Armin Mohler wurden also beide Nachlässe, Susans und Jacobs, im ZfL archiviert und teilweise veröffentlicht. Und auf einem weiteren Umweg, der Carl Schmitt, Walter Benjamin, den Apostel Paulus und nicht zuletzt Aleida und Jan Assmann einschloss, erlangte Jacob Taubes posthum einen Rang, den an jenem Tag, als er neben seiner Mutter in Zürich beigesetzt wurde, nur wenige für möglich gehalten hätten.

Fazit

Wie also sind Jacob Taubes, sein Leben und sein Wirken einzu-ordnen?

Wenn wir Taubes' bemerkenswertes Nachleben erklären wol-len, müssen wir nicht nur die Bedingungen reflektieren, die es ermöglicht haben, sondern auch die Eigenheit seiner Arbeit, die sie zu einem brauchbaren Material für eine anhaltende aka-demische Untersuchung hat werden lassen, in Betracht ziehen. Ein Teil des Interesses rührt natürlich aus der großen histori-schen Leinwand, auf der er malte, angefangen mit seiner Disser-tation, ein anderer aus der beeindruckenden Spannbreite der The-men, zu denen er sich zu Wort meldete: von Marcion über den Surrealismus bis zum *Posthistoire*. Ein anderer Grund jedoch ist die Kombination aus radikaler Aussage und Zweideutigkeit oder sogar Undurchschaubarkeit im Ausdruck. Armin Mohler beschrieb Taubes als »messianischen Irrwisch«, und in der Tat, sowohl als Mensch wie als Denker schien er Erleuchtung zu ver-sprechen, doch er war schwer zu fassen. Das könnte paradoxer-weise das posthume Interesse an ihm noch verstärkt haben, denn es bedeutete beständiges Wasser auf die akademischen Mühlen in ihrem Bemühen, zu sichten, zu sortieren, zu erklären und zu verdeutlichen, was Taubes geschrieben und gesagt hatte.

Einige Wissenschaftler haben jüngst versucht, Taubes als sys-tematischen Denker darzustellen, mit einer kohärenten Bot-schaft, die sich durch seine Schriften zog – doch sie befinden sich auf dem Holzweg. Taubes war daran interessiert, interes-sant zu sein und sowohl das Vertrauen eines jeden Publikums, mit dem er es zu tun hatte, zu gewinnen, als auch sämtliche Ge-wissheiten infrage zu stellen. Vertrauen gewinnen bedeutete, zu zeigen, dass er die gelehrten Regeln seines Publikums beherrsch-te, aber gleichzeitig zu demonstrieren, dass das Spiel auch ganz anders ausgehen konnte, als man gelernt hatte, es sich vorzustellen. In seinem Buch über die abendländische Eschatologie und in den nachfolgenden Essays, Kursen und Begegnungen versuchte er den radikalen säkularen Kräften zu offenbaren, dass ihre eigentlichen Vorfahren religiös waren, während er der religiösen Orthodoxie die verschütteten subversiven Bestandteile ihrer eigenen Traditionen aufzeigte.

Man kann Taubes auch als eine Art Verbindungsstück oder Brücke vom intellektuellen Radikalismus der Zwischenkriegszeit zu den frühen Jahrzehnten des einundzwanzigsten Jahrhunderts verstehen. Das umspannte die radikale religiöse Ablehnung der Welt eines jungen Karl Barth; den radikalen Antikapitalismus eines Georg Lukács und eines Ernst Bloch; und den antikapitalistischen Nihilismus eines Walter Benjamin. Mitte der 1950er Jahre lehrte Taubes in Harvard die radikalsten der Kritiken, die Max Horkheimer und Theodor W. Adorno entwickelt hatten – zu einer Zeit, als Horkheimer diese bereits hinter sich ließ und Adorno verstärkt in der Ästhetik Trost suchte. In den frühen 1960er Jahren an der FU verbreitete Taubes schon Marcuses Kritik von der mutmaßlichen Unterdrückung eindimensionaler Gesellschaften, noch bevor Marcuse selbst auf der Bühne erschien. Taubes nahm Gershom Scholems Projekt von der Zurückgewinnung historischer antinomistischer Bewegungen auf, und indem er stärker auf Paulus als auf Sabbatai Zwi setzte, projizierte er es auf eine größere historische Leinwand. Dass solche Themen später auch ein Publikum in der Neuen Linken der 1960er und 1970er erreichten, war zum Teil Taubes zu verdanken. Und nach dem Zusammenbruch dieses scheinbar apokalyptischen Moments wurden seine Botschaften von vielen radikalen Kritikern und Wissenschaftlern aufgegriffen und umgewidmet.

Eines der wiederkehrenden Themen dieses Buches war die kuriose Art und Weise, in der Taubes anscheinend unvereinbare Positionen in sich vereinte. Ein historisches Verständnis von Religion allgemein und vom Judentum insbesondere ging einher mit einer strengen – wenn auch nicht konstanten – orthodox-jüdischen Frömmigkeit und Gesetzestreue. Beteuerungen über die zentrale Bedeutung der Halacha stand neben Missachtung oder bewusster Übertretung des Gesetzes. Befürchtungen, der Messianismus könne zu einer Preisgabe der politischen Besonnenheit in Israel führen, gingen mit einem generellen Misstrauen gegenüber jeglicher Besonnenheit einher. Gleiches galt für seine Geringschätzung der disziplinären akademischen Grenzen bei (mitunter) gleichzeitigem Beharren auf der Beibehaltung von akademischen Verfahren und Standards.

Aus heutiger Sicht mag Taubes' unermüdliches erotisches Begehren, in Kombination mit seiner hohen Wertschätzung für intellektuelle Frauen, unvereinbar erscheinen mit seiner Bereitschaft, diese Frauen zu fördern und sich intensiv für ihr berufliches Fortkommen einzusetzen. Für Jacob Taubes war es das nicht. Um ein zeitgenössisches Mantra aufzugreifen: Um Jacob zu verstehen, muss man seine Widersprüchlichkeit akzeptieren.

Wie steht es um das Verhältnis zwischen Taubes' Ideen und seinem Leben? Er war die personifizierte Sehnsucht nach apokalyptischer Transformation, ein unter Akademikern eher seltener Typus. Sofern er überhaupt eine konsistente Botschaft hatte, war sie antinomistisch und forderte Regeln, Grenzen und Konventionen heraus – nicht nur als Ausdruck seiner Persönlichkeit, sondern auch im Sinne einer doktrinären Überzeugung. Auf seine Weise versuchte er Walter Benjamins Konzept der »Jetztzeit« zu verkörpern, die Möglichkeit, plötzlich aus dem Erwartbaren, der Routine, dem Institutionalisierten auszubrechen. Leserinnen und Leser, die es bis hierhin geschafft haben, können nun auf Jacobs Leben zurückblicken und für sich selbst entscheiden, ob der Nutzen die Kosten dieser menschlichen Daseinsform aufwiegten.

Um zu einem Urteil über Jacob Taubes' Leben zu gelangen, muss man auch über das Verhältnis zwischen der biologisch-neurologischen Verfasstheit eines Menschen und seiner Persönlichkeit nachdenken. Bis zu einem gewissen Grad war Taubes' Persönlichkeit von seiner manischen Depression beeinflusst, anfangs in der milderen Form, später in extremeren Ausprägungen. Solche neurologisch atypischen Zustände sind ein zweischneidiges Schwert. Die manische Depression erschwerte es ihm, kontinuierliche Forschung und Wissenschaft zu betreiben; mitunter war sie ursächlich für sein ruheloses und obsessives Verhalten. Doch sie war auch das Substrat seines Charismas: seiner Menschenkenntnis; seiner Bereitschaft, intellektuelle Risiken einzugehen und erstaunliche gedankliche Verbindungslinien zu ziehen; seiner verbalen Höhenflüge; des Staunens darüber, was er wohl als Nächstes sagen, welche verblüffende Perspektive er einnehmen oder welche unerwartete Forschungsrichtung er vorschlagen würde.

War Jacob Taubes ein intellektueller Scharlatan oder ein brillanter Denker? Auch hier wird jeder sein eigenes Urteil fällen müssen, und nachdem wir tief in das Leben von Jacob eingetaucht sind, werden scharfsinnige Beobachter vermutlich nicht zu einem einfachen oder eindeutigen Urteil gelangen. Einerseits übernahm Taubes in der Tat Ideen von anderen, ohne sie als solche kenntlich zu machen, stellte Behauptungen auf, die nicht immer haltbar waren, und manchmal gab er auch vor, mehr zu wissen, als es tatsächlich der Fall war. Andererseits, auch das haben wir gesehen, verfügte er tatsächlich über beachtliche Kenntnisse aus einer bemerkenswerten Spannbreite von Themen, darunter die Geschichte des Judentums, Christentums und der Philosophie. Auch war er bestens vertraut mit den intellektuellen und akademischen Landschaften in Deutschland, Frankreich, Israel und den Vereinigten Staaten. Seine Einblicke in die inneren Spannungen der protestantischen, katholischen und jüdischen Theologie waren präzise. Er hatte in einem Ausmaß ein Gefühl und eine Affinität für religiöse Erfahrungen, insbesondere in ihren intensiveren Ausprägungen, wie es selten unter Akademikern war und ist. Der Umstand, dass er die Spannungen zwischen historischem Zugang und religiösem Glauben – und zwischen wissenschaftlichem Relativismus und der Intensität des religiösen Bekenntnisses – in sich selbst spürte, machte ihn besonders sensibel für diese Dilemmata.

Stellt man Taubes' bescheidene wissenschaftliche Leistungen (wenn man es nach konventionellen Standards bemisst) den Widrigkeiten seines Lebenswegs gegenüber – Komödien und Dramen, erlittene und zugefügte Qualen, erlebte und geschenkte Freuden –, kann das leicht dazu führen, dass man die intellektuellen Errungenschaften und seine Kreativität aus dem Blick verliert.

Seine Tendenz zur Radikalität ermöglichte es ihm, eine »verwendbare Vergangenheit« für jene zu erschaffen, die ihren persönlichen religiösen Hintergrund mit der Sehnsucht nach radikalem Wandel verbanden. Und das große Modell, das er in der *Abendländischen Eschatologie* anregte und in seinen Aufsätzen in den 1950er Jahren weiter ausarbeitete – von einer religiös inspirierten egalitären Revolte als Antriebskraft der Geschichte –, bleibt ein fruchtbarer, wenn auch eindimensionaler Ansatz.

Taubes' Faszination für den Apostel der Heiden entstand aus einer spezifischen Verquickung von historischen Umständen und persönlichen Vorlieben. Da war sein frühes Eintauchen in die traditionelle jüdische Bildung in Verbindung mit der ungewöhnlichen Offenheit den Christen und dem Christentum gegenüber, die sich aus seinen Erlebnissen im Zweiten Weltkrieg ergab. Hinzu kamen die Anregung seines Vaters, Paulus als Figur des Wandels zu verstehen, und Jacobs eigenes Streben nach weltgeschichtlichem Ansehen. Taubes wurde nie ein zweiter Paulus, aber er hatte ein Gespür für das Jüdische in Paulus und die Zeit des Übergangs zwischen Judentum und Christentum, womit er der Entwicklung in der wissenschaftlichen Forschung um Jahrzehnte voraus war. Seine Thesen überraschten, als er sie Mitte des 20. Jahrhunderts erstmals vortrug, waren jedoch schon bald allgemein anerkannt unter den jüngeren Forschern.

Jacob Taubes war ein Mann der Linken. Für einige, die seine politische Orientierung teilten, war Taubes' Umgang mit rechten, und auch rechtsextremen, Intellektuellen ein Beleg für mangelnde Haltung und Zuverlässigkeit. Er war ein Jude, der mit Antisemiten verkehrte, wobei er ihren Antisemitismus nicht ignorierte, sondern ihm die Stirn bot. Das war sowohl ein Zeugnis für seine außergewöhnliche Offenheit, seinen Glauben, dass ein Erkenntnisgewinn möglich war, wenn man die Perspektiven wechselte, als auch für seine Überzeugung, dass man seinen Feind kennen musste, vielleicht sogar von ihm lernen konnte. Das zeugte von Taubes' liberalem Charakter, trotz seines ideologischen Antiliberalismus.

Wie wir alle, nur zu einem höheren Grad, war Jacob Taubes ein ambivalenter und zwiespältiger Mensch, der mehr als die meisten von uns von seinen Fehlern und Tugenden geprägt war. Er war weder ein intellektueller Gigant noch ein moralischer Held, doch er war klüger, talentierter, gebildeter, lebendiger, risikobereiter, besser intellektuell vernetzt und charismatischer als die meisten Intellektuellen. Das machte ihn in seiner Zeit zu einem Objekt der Faszination und sein Leben zu einem Fenster in so viele intellektuelle, politische und religiöse Spannungen des zwanzigsten Jahrhunderts und darüber hinaus.

Dank

Ich habe Jacob Taubes nur einmal getroffen, für weniger als eine Stunde. Es war in Jerusalem, Anfang 1980, im Haus meines Schwagers Noam Zion. Damals bereitete ich meine Dissertation über Intellektuelle, die mit dem Congress for Cultural Freedom in Verbindung standen, vor, einer Organisation von antikommunistischen Intellektuellen, von denen viele einen Prozess der Deradikalisierung durchlaufen hatten. Dazu zählten auch Daniel Bell, Irving Kristol, Gertrude Himmelfarb und Nathan Glazer. Irgendwo hatte ich was über das Maimonides-Seminar, an dem sie teilgenommen hatten, gelesen, das Taubes nach dem Krieg in seiner Zeit am Jewish Theological Seminary abgehalten hatte. Ich beschrieb Taubes mein Projekt und fragte ihn, ob er sich an das Seminar erinnerte. Das tat er. Über Irving Kristol und Gertrude Himmelfarb erzählte er, dass sie die Klügere von beiden sei. Kristol hätte dem wahrscheinlich zugestimmt, aber es war eine erstaunliche Beobachtung, da Irving zu dieser Zeit weitaus bekannter war als Gertrude und als Pate des Neokonservatismus galt. (Ich kann mein Treffen mit Taubes deshalb so genau datieren, weil Taubes darauf in einem Brief vom 4. März 1980 an Hans-Dietrich Sander Bezug nimmt – ein Brief, den Sander in seinem Buch *Die Auflösung aller Dinge* abdruckte.)

Letztlich schrieb ich meine Doktorarbeit über ein anderes Thema, über den deutschen konservativen Soziologen Hans Freyer (*The Other God that Failed: Hans Freyer and the Deradicalization of German Conservatism*). Als ich das Manuskript für die Publikation überarbeitete, stieß ich auf Taubes' jüngste Publikation, *Ad Carl Schmitt*. Ich konnte mir keinen Reim auf die Bewunderung eines jüdischen linken Intellektuellen für Carl Schmitt machen.

Die nächsten fünfzehn Jahre kam mir Jacob Taubes nicht in

765

den Sinn. Ich schrieb mehrere Bücher, einige davon handelten von Intellektuellen, die eine Rolle in Taubes' Leben gespielt hatten; eines davon war eine Anthologie über konservatives Denken in Europa und den Vereinigten Staaten, in der Auszüge von Carl Schmitt, Arnold Gehlen, Hermann Lübbe und Irving Kristol enthalten waren; ein anderes, *The Mind and the Market*, handelte vom Kapitalismus im modernen europäischen Denken und setzte sich mit Georg Lukács und Herbert Marcuse auseinander. Dann begann ich, an einem neuen Projekt zu arbeiten, das sich mit den Schnittpunkten von politischer Religionskritik, Bibelkritik und politischer Kritik von Hobbes und Spinoza bis zu Matthew Arnold und Nietzsche beschäftigte. An diesem Punkt führte mich die Begegnung mit Irving Kristol und Gertrude Himmelfarb – von der ich in der Einleitung erzähle – auf den (allzu) langen Weg, der in diesem Buch gipfelte.

Nun begann ich, über Taubes zu recherchieren und traf Leon Wieseltier, damals Literaturredakteur beim *New Republic*, der Taubes aus Jerusalem kannte. Er ermunterte mich zu meinem Buchprojekt und gab mir Hinweise auf Personen, die Taubes in den Vereinigten Staaten, Deutschland und Israel kennengelernt hatten. Mit der Absicht, eine Biografie zu schreiben, kontaktierte ich im Frühjahr 2004 Taubes' Sohn Ethan und seine Tochter Tanaquil (Tania). Sie erkundigten sich über mich und boten mir dann ihre Unterstützung an.

Mir wurde schnell klar, wie wichtig es war, Interviews mit Personen, die ihn gekannt hatten, zu führen, da sich Jacob Taubes' Einfluss weniger über sein Schreiben als durch seine Person manifestierte. Und da einige von ihnen schon älter waren, musste ich dies so bald wie möglich tun. Jeder Interviewte empfahl mir wieder neue Gesprächspartner und so entwickelte sich eine Kette. Einer von meinen frühen Interviewpartnern, Richard Locke, erzählte mir, Taubes' Leben liefere den Stoff für einen Roman von Saul Bellow. Ich wusste, dass ich kein Romanschriftsteller war und mich als Historiker auf das würde beschränken müssen, was ich auch belegen konnte. Aber die Herausforderung, über ein so intensives und unstetes Leben zu schreiben, faszinierte mich. Gleiches galt für die politischen und intellektuellen Rahmenbedingungen, innerhalb derer sich Taubes in Zürich, den Vereinigten Staaten, Jerusalem und Westdeutschland bewegte. Und weil die Palette der Denker aus dem zwanzigsten Jahrhundert – mit denen Taubes befreundet war oder im Disput lag – so groß war, bot das Buch die Gelegenheit, eine Art Mosaik des Geisteslebens des zwanzigsten Jahrhunderts zu schreiben, das sich um eine außergewöhnliche Hauptfigur rankte.

Im Frühjahr 2004 führte ich mehrere Dutzend Interviews in den Vereinigten Staaten. Anfangs hatte ich vor, die Interviews mitzuschneiden, und holte also meinen kleinen Tonbandrekorder für ein frühes Interview, mit Daniel Bell, hervor. Er legte mir ans Herz, dass Aufzeichnungen die interviewte Person hemmen würden. Er hatte recht, und von da an machte ich Notizen während des Gesprächs. Nach jedem Interview rekonstruierte ich die Antworten auf der Basis meiner Aufzeichnungen und meines Gedächtnisses und schrieb sie anschließend detailliert aus. Häufig dauerte dies genauso lang wie das Interview selbst. Doch diese Methode hatte ungeahnte Vorteile und ermöglichte einen spontanen Gesprächsfluss, der häufig in Richtungen abbog, die weder ich noch meine Gesprächspartner erwartet hatten.

Im Sommer 2004 recherchierte ich in Jerusalem in der Jüdischen Nationalbibliothek (die heute Nationalbibliothek Israels heißt) und sichtete die Nachlässe von Martin Buber, Ernst Simon und Gershom Scholem. Bei diesem Aufenthalt interviewte ich auch einige von Taubes' israelischen Kontakten. Später in diesem Jahr sprach ich auch mit zwei von Taubes' ehemaligen Assistenten: Gershon Greenberg an der Columbia University und Uta Gerhardt an der FU. Beide gaben mir wieder neue Hinweise auf Personen, die ich kontaktieren sollte. Anfang 2005 traf ich mich zum ersten Mal mit Aleida und Jan Assmann, die damals zu Besuch in Yale waren.

Meine intensivste Recherchephase war im Frühjahr 2006, als ich als Fellow an die American Academy in Berlin ging. Das war von unschätzbarem Wert, umso mehr als der damalige Präsident der Akademie, Gary Smith, über hervorragende Verbindungen zu den Protagonisten des deutschen Geisteslebens verfügte. Dank eines handgeschriebenen Briefes, den er an Jürgen Habermas faxte, lud mich Habermas in sein Haus in Starnberg ein, wo ich mehrere produktive Stunden mit Jürgen und Ute Habermas verbrachte. Auch andere Interviewpartner besuchte ich in ihren Privatwohnungen, zum Beispiel Ernst Nolte in Berlin. Sowohl Habermas als auch Nolte stellten mir ihre Korrespondenz mit und über Taubes zur Verfügung. Am meisten profitierte meine Forschung von der Sammlung der Briefe von Jacob Taubes am Zentrum für Literaturforschung und der dortigen Anleitung durch Martin Treml.

Im Lauf der nächsten zehn Jahre, und darüber hinaus, führte ich sporadisch weitere Interviews, da ich immer wieder auf neue Personen stieß, die Jacob Taubes gekannt hatten. Und als ich damit begann, Rezensionen und Aufsätze über ihn zu veröffentlichen, wurde ich von anderen Wissenschaftlern kontaktiert, die mir großzügig relevante Korrespondenz überließen, auf die sie in ihrer eigenen Recherche gestoßen waren. Insgesamt habe ich viele hundert Briefe von Jacob Taubes gesichtet, angefangen bei seiner Korrespondenz mit Myrie Bloch, als er noch in Zürich lebte, bis zu jenen Briefen, die er in den letzten Monaten seines Lebens schrieb.

Andere Schreibprojekte und berufliche Verpflichtungen hielten mich im Laufe des folgenden Jahrzehnts davon ab, intensiv an dem Buch zu arbeiten, doch ich führte weiterhin Interviews, trug Korrespondenz zusammen und blieb hinsichtlich der relevanten Sekundärliteratur auf dem Laufenden.

Ohne die Mitwirkung von Ethan und Tania Taubes wäre das Buch, so wie es nun vorliegt, nicht möglich gewesen. Über viele Jahre stellten sie mir Material aus ihren eigenen Archiven zur

Verfügung (in den Anmerkungen als »Sammlung Ethan und Tania Taubes« bzw. »Ethan and Tanaquil Taubes Collection« gekennzeichnet) sowie Informationen über ihren Vater und viele
seiner Bekannten. Hinsichtlich der Informationen über Jacobs
psychiatrische Krankengeschichte war ich auf sie angewiesen,
und Tania, eine ausgebildete Psychiaterin, ließ mich darüber
hinaus auch an ihren Fachkenntnissen über bipolare Störungen
teilhaben. Beide, Ethan und Tania, lasen jedes Kapitel im Entwurfsstadium und brachten Korrekturen, Vorschläge und Kritik
an – sowohl inhaltlich als auch stilistisch. Auch wenn wir in unserem Urteil über Jacob Taubes nicht immer übereinstimmten,
ihren Vater und meinen Untersuchungsgegenstand, haben sie
dieses Projekt, das länger dauerte, als wir alle gedacht hätten, vor-
behaltlos unterstützt. Aus Dankbarkeit dafür, dass sie den Glauben daran nicht verloren haben, widme ich ihnen dieses Buch.
Und noch jemandem: meinem Schwager Noam Zion. Er war
es, der mich mit Jacob Taubes bekannt gemacht hatte und in
den folgenden Jahrzehnten war er mir stets ein intellektueller
Gesprächspartner ersten Ranges.

Ich danke auch den Mitarbeitern der Archive, die ich in Europa, Israel und den Vereinigten Staaten konsultiert habe. Sie sind
das Rückgrat der historischen Forschung.

Im Lauf der Jahre habe ich verschiedene Vorträge in Deutschland, die im Zusammenhang mit diesem Projekt standen, gehalten: an der American Academy in Berlin; auf einer Konferenz
über »Deutsche Intellektuelle nach 1945«, die Raphael Gross
am Fritz Bauer Institut in Frankfurt organisierte; am Historischen Institut der Universität Jena; auf einer Konferenz über
»Jewish Voices in the German Sixties«, die John Efron und Michael Brenner im Schloss Elmau organisierten; und am Einstein
Forum in Berlin auf einer Konferenz über »Jacob Taubes und
Carl Schmitt«. Ich danke allen meinen Gastgebern sowie den
Diskussionsteilnehmern und interessierten Zuhörern bei diesen
Anlässen.

Über die vielen Jahre habe ich mit zahlreichen Freunden und Kollegen über Jacob Taubes gesprochen. Viele von ihnen gaben mir Hinweise, zeigten mir mögliche Untersuchungsansätze auf oder machten interpretative Vorschläge. Für alles davon bin ich dankbar. Einige Wissenschaftler teilten ihre Erkenntnisse oder Archivquellen mit mir, dazu zählten Oded Balaban, Volker Beismann, David A. Bell, Wayne Cristaudo, Thomas Meyer, Susan Neiman, Marc Shapiro, Eugene Sheppard, Noah Strote und der verstorbene Manfred Voigts. Aleida Assmann überließ mir freundlicherweise Kopien ihrer ersten Abschrift der Vorträge, aus denen später das Buch *Die politische Theologie des Paulus* hervorging, ebenso die Mittschnitte dieser Vorträge.

Eine der größten Freuden beim Schreiben dieses Buches ergab sich in der vorletzten Phase, als ich eine Vorabfassung unter Wissenschaftlern aus unterschiedlichen Fachgebieten verbreitete, darunter Jeffrey Herf, Gerald Izenberg, Paul Mendes-Flohr, Martin Treml, Liliane Weisberg, Stephen Whitfield, Leon Wieseltier und Noam Zion. Die vielen Anregungen, die ich aus diesem Spitzenteam erhielt, verbesserten die Argumentation, den Stil und die Genauigkeit der Endversion, und ich bin jedem Einzelnen von ihnen zutiefst dankbar, ebenso wie den anonymen Gutachtern, die das Buch für Princeton University Press evaluiert haben.

Fritz Stern, der zunächst mein Doktorvater war und später mein Freund wurde, begeisterte sich für dieses Projekt und gab mir Einblicke in die Einstellungspraktiken an der Columbia University in den 1950er Jahren, als sowohl er als auch Taubes dort lehrten. Er wollte das Buch so gerne lesen, und ich bedaure, dass er vor der Fertigstellung verstorben ist.

Im Frühjahr 2007, als ich im Archiv des Suhrkamp Verlags in Frankfurt recherchierte, traf ich die beiden Lektoren Raimund Fellinger und Thomas Sparr, Letzterer hatte zu vielen Aspekten, die mit meinem Thema in Verbindung standen, publiziert, sowie Wolfgang Schopf, den beeindruckend sachkundigen Betreuer des Archivs. Raimund Fellinger versicherte mir, dass Suhrkamp an einer deutschen Übersetzung meines Buches interessiert sei, und mit Blick auf diese deutsche Übersetzung habe ich die deutschen Originalzitate bewahrt. Leider ist Raimund Fellinger kurz vor der Fertigstellung des Manuskripts verstorben. Ich hätte keinen besseren Lektor finden können als Thomas Sparr, der mir immer wieder hilfreiche Ratschläge gab und einige Kürzungen vorschlug, womit er dazu beitrug, aus einem sehr langen Buch ein etwas kürzeres zu machen. Seine profunden Kenntnisse über viele der Themen und Personen des Buches führten zu einigen Korrekturen, sodass die deutsche Fassung im Vergleich zur englischen Originalfassung bei der Princeton University Press etwas kürzer und leicht verbessert ist. Und das Beste: Für die Übersetzung wandte er sich an Ursula Kömen, die die Aufgabe mit großer Fachkenntnis erledigt hat. Für Lektorat und Redaktion im Jüdischen Verlag bin ich Sabine Landes zu großem Dank verpflichtet. Es war mir eine große Freude, mit allen dreien zusammenzuarbeiten.

Am meisten aber habe ich Sharon Muller zu danken, meiner Frau und engsten Gefährtin für den größten Teil meines Lebens. Sie las und überarbeitete die ersten Entwürfe jedes einzelnen Kapitels und sorgte für zahllose Verbesserungen. Sie spornte mich zum Weitermachen an und war zugleich Wächterin über meine Zeit und meine psychische Energie. Fast zwanzig Jahre hat sie unser Haus mit Jacob Taubes geteilt. Jetzt zieht er aus, und unser Nest ist tatsächlich leer.

Abkürzungen

Bücher

ACS. Jacob Taubes, *Ad Carl Schmitt: Gegenstrebige Fügung*, Merve Verlag 1987.

AE. Jakob Taubes, *Abendländische Eschatologie* (Beiträge zur Soziologie und Sozialphilosophie), Band 3, hg. v. René König, A. Francke Verlag 1947.

AuP. Jacob Taubes, *Apokalypse und Politik. Aufsätze, Kritiken und kleinere Schriften*, hg. v. Herbert Kopp-Oberstebrink und Martin Treml, Wilhelm Fink Verlag 2017.

Blumenberg–Taubes. Hans Blumenberg, Jacob Taubes, *Briefwechsel 1961-1981 und weitere Materialien*, hg. v. Herbert Kopp-Oberstebrink und Martin Treml, Suhrkamp Verlag 2013.

CtC. Jacob Taubes, *From Cult to Culture: Fragments toward a Critique of Historical Reason*, hg v. Charlotte Elisheva Fonrobert und Amir Engel, Stanford University Press 2010.

Nach Amerika. Susan Taubes, *Nach Amerika und zurück im Sarg* (Titel des englischen Originals: *Divorcing*), übers. v. Nadine Miller, Matthes & Seitz 2021.

Korrespondenz 1. Susan Taubes, *Die Korrespondenz mit Jacob Taubes, 1950-1951*, hg. v. Christina Pareigis, Wilhelm Fink Verlag 2011.

Korrespondenz 2. Susan Taubes, *Die Korrespondenz mit Jacob Taubes, 1952*, hg. v. Christina Pareigis, Wilhelm Fink Verlag 2014.

KzK. Jacob Taubes, *Vom Kult zur Kultur: Bausteine zu einer Kritik der historischen Vernunft. Gesammelte Aufsätze zur Religions- und Geistesgeschichte*, hg. v. Aleida and Jan Assmann, Wolf-Daniel Hartwich und Winfried Menninghaus, Wilhelm Fink Verlag 1996.

OE. Jacob Taubes, *Occidental Eschatology*, übers. v. David Ratmoko, Stanford University Press 2009.

PdM. Jacob Taubes, *Der Preis des Messianismus. Briefe von Jacob Taubes an Gershom Scholem und andere Materialien*, hg. v. Elettra Stimilli, Königshausen & Neumann 2006.

PTdP. Jacob Taubes, *Die Politische Theologie des Paulus. Vorträge, gehalten an der Forschungsstätte der evangelischen Studiengemeinschaft in*

Heidelberg, 23.-27. Februar 1987. Nach Tonbandaufzeichnungen re-
digierte Fassung von Aleida Assmann, hg. v. Aleida and Jan Assmann,
Wilhelm Fink Verlag 1993; 3., korr. Aufl. 2003.

Schmitt–Sander. Carl Schmitt, Hans-Dietrich Sander, *Werkstatt-Discorsi.*
Briefwechsel 1967-1981, hg. v. Erik Lehnert und Günter Maschke, Edition Antaios 2008.

Taubes–Schmitt. Jacob Taubes, Carl Schmitt, *Briefwechsel mit Materialien*,
hg. v. Herbert Kopp-Oberstebrink, Thorsten Palzhoff und Martin Treml,
Wilhelm Fink Verlag 2012.

Personen

FT. Fanny Taubes
JT. Jacob Taubes
MB. Myrie Bloch
MvB. Margherita von Brentano
ST. Susan Taubes

Sammlungen

DLA. Deutsches Literaturarchiv, Marbach
ETT. Ethan and Tanaquil (Tania) Taubes Collection
Hoover. Hoover Institution Archives
IH. Institut für Hermeneutik, Freie Universität Berlin
JTS. Jewish Theological Seminary Archives
NLI. National Library of Israel, Jerusalem
PA. Personalakten Jacob Taubes, Freie Universität Berlin
Suhrkamp. Suhrkamp Archiv, inzwischen im DLA
ZfL. Zentrum für Literatur- und Kulturforschung, Berlin

Anmerkungen

Einleitung
Warum Taubes?

1 Interview mit Leon Wieseltier.
2 Frederick Goodwin und Kay Redfield Jamison, *Manic-Depressive Illness: Bipolar Disorders and Recurrent Depression, 2.* Aufl., New York, 2007, Bd. 1, S. xxi, 10-11, 32-33, 82.
3 Goodwin und Redfield Jamison, *Manic-Depressive Illness*, S. 402.
4 Goodwin und Redfield Jamison, *Manic-Depressive Illness*, S. 95.

I
Jichus

1 Zur Verbreitung der polnischen Sprache unter den Juden siehe Piotr Wrobel, »The Jews of Galicia under Austrian-Polish Rule, 1867-1918«, in: *Austrian History Yearbook* 25 (1994), S. 97-138; über Edelsteins Verwendung des Polnischen mit Jacob Taubes siehe: Interview mit Aleida Assmann.
2 Siehe Leora Batnitzky, *How Judaism Became a Religion*, Princeton, NJ, 2011.
3 Siehe dazu Steven E. Aschheim, *Brothers and Strangers: The East European Jew in German and German Jewish Consciousness, 1800-1923*, Madison, WI, 1982.
4 Leo Herzberg-Fränkel, »Die Juden«, in: *Die österreichisch-ungarische Monarchie in Wort und Bild*, Bd. 19, »Galizien«, Wien 1898, S. 475-500, hier S. 480.
5 Shaul Stampfer, »*Heder* Study, Knowledge of Torah, and the Maintenance of Social Stratification in Traditional East European Jewish Society«, in: *Studies in Jewish Education* 3 (1988), S. 271-289, bes. S. 274-275; Glenn Dynner, *Men of Silk: The Hasidic Conquest of Polish Jewish Society*, New York, 2006, S. 121-123. Über die verwandschaftliche Abstammung der Taubes bis zu Rashi siehe die *Große Jüdische National-Biographie*, Bd. 16, s. v. »Taubes«, Czernowitz 1925.

6 Alexander Beider, *Dictionary of Jewish Surnames from Galicia*, Bergenfeld, NJ, 2004.

7 Herzberg-Fränkel, »Die Juden«, S. 486; Dynner, *Men of Silk*, bes. S. 5-11.

8 *Pinkas Hakehilot: Encyclopedia of Jewish Communities, Poland, Bd. II, Eastern Galicia* [Hebräisch], Jerusalem 1980) S. 215-216; *Encyclopedia Judaica*, Bd. 16, Jerusalem 1972, s.v. »Zhidachov«; Meir Wunder, *Encyclopedia of Galician Rabbis and Scholars*, Bd. 1, s.v. »Eichenstein, R. Zwi Hirsch« [Hebräisch] (Jerusalem, 1978); *Yivo Encyclopedia of Jews in Eastern Europe*, New Haven 2008, online, s.v. »Zhidachov-Komarno Hasidic Dynasty«. Zu Eichenstein und der Zhidachov Dynastie siehe David Biale et al., *Hasidism: A New History*, Princeton, NJ, 2018, S. 383-386, 634-636.

9 »Descendants of Yaakov Taubes«, http://familytreemaker.genealogy.com/users/r/a/d/Bob-A-Radcliffe/ODT7-0001.html.

10 *Pinkas Hakehilot*, S. 463.

11 Interview mit Zachary Edelstein.

12 J. Kreppel, *Juden und Judentum von heute*, Zürich 1925, S. 832. Über die Sprachen, die an Schulen wie diesen unterrichtet wurden siehe Moshe Aberbach, *Jewish Education and History*, hg. v. David Aberbach, New York 2009, S. 163.

13 *Pinkas Hakehilot*, S. 492.

14 Wunder, *Encyclopedia of Galician Rabbis and Scholars*, Bd. 3, s.v. »Taubes, Rabbi Haim Zwi«.

15 Interview mit Zachary Edelstein.

16 Ich danke Professorin Rachel Manekin, Expertin für das galizische Judentum, für den Hinweis, dass in dieser Zeit die Vermeidung der standesamtlichen Heirat typisch für die galizischen Juden war.

17 Wunder, *Encyclopedia of Galician Rabbis and Scholars*, Bd. 1, »Zechariah Edelstein«; Interview mit Zachary Edelstein.

18 *Pinkas Hakehilot*, S. 452; Wrobel, »The Jews of Galicia«, Tabelle 5.

19 Ismar Schorsch, »The Ethos of Modern Jewish Scholarship«, in: *Leo Baeck Institute Yearbook* 35 (1990), S. 55-71, hier S. 55.

20 Zu dieser Lehrmethode siehe Shaul Stampfer, *Families, Rabbis and Education: Traditional Jewish Society in Nineteenth-Century Eastern Europe*, Oxford 2010, S. 245.

21 Schorsch, »Ethos«, S. 62.

22 Schorsch, »Ethos«, S. 67-68.

23 Kreppel, *Juden und Judentum*, S. 824.

24 Schorsch, »Ethos«, S. 62; siehe auch Susannah Heschel, *Abraham Geiger and the Jewish Jesus*, Chicago 1998; sowie Christian Wiese, *Challenging Colonial Discourse: Jewish Studies and Protestant Theology in Wilhelmine Germany*, Leiden 2005.

25 Marc B. Shapiro, *Between the Yeshiva World and Modern Orthodoxy*, London 1999, S. 93-95.

26 Shapiro, *Between the Yeshiva World*, S. 77.

27 Shapiro, *Between the Yeshiva World*, S. 81-83.

28 Zur Geschichte der Institution siehe Peter Landesmann, *Rabbiner aus Wien: Ihre Ausbildung, ihre religiösen und nationalen Konflikte*, Wien 1997.

29 In: *Jahresbericht der Israelitisch-Theologischen Lehranstalt*, Wien 1893. Die Namen von Zwi Taubes' Lehrern sind dem Vorwort seiner Dissertation entnommen. Zit. n. Wunder, *Encyclopedia of Galician Rabbis*.

30 Dieser Abschnitt basiert auf N. M. Ben-Menachem, »Professor Schmuel Krauss«, in: *Hochmat Yisrael Bemaarav Europa*, Bd. 1, hg. v. Shimon Friedbush, Jerusalem 1958, S. 445-450.

31 Samuel Krauss, *Das Leben Jesu nach jüdischen Quellen*, Berlin 1902.

32 Samuel Krauss, *Torah, Nevi'im u-Khetuvim: 'im perush mada'i / yotse be-hishtatfut lamdanim mumhim 'al yede Avraham Kahana*, Z'itomir 1902.

33 *Encyclopedia Judaica*, s.v. »Aptowitzer, Victor«; sowie Meir Waxman, »Professor Avigdor Aptowitzer«, in: Friedbush, *Hochmat Yisrael Bemaarav Europa*, Bd. 1, S. 25-36. Zu Aptowitzers Debatten mit den christlichen Religionswissenschaftlern seiner Zeit siehe Wiese, *Challenging Colonial Discourse*, S. 378-379, 397.

34 So bei Raphael Patai, *Apprenticeship in Budapest: Memories of a World That Is No More* [1988], Lanham, MD, 2000.

35 Der folgende Absatz stützt sich auf die *Encyclopedia Judaica*, s.v. »Chajes, Hirsch (Zwi) Perez«; sowie Yitzchak Levine, »Harav Zwi Peretz Chajot«, in: Friedbush, *Hochmat Yisrael Bemaarav Europa*, Bd. 1, S. 241-253. Siehe auch Bruria Hutner David, »The Dual Role of Rabbi Zwi Hirsch Chajes: Traditionalist and *Maskil*«, Dissertationsschrift, Columbia University 1971.

36 Siehe zum Beispiel das ansonsten hilfreiche Werk von Steven Beller, *Vienna and the Jews 1867-1938: A Cultural History*, Cambridge 1989.

37 Eli Ginzberg, *Louis Ginzberg: Keeper of the Law*, Philadelphia 1966, S. 192; Levine, »Harav Tzvi Peretz Chajot«.

38 George E. Berkley, *Vienna and Its Jews: The Tragedy of Success 1880s-1980s*, Cambridge, MA, 1988, S. 187-188.

39 Taubes, »Jesus«, S. 7.

40 Taubes, »Jesus«, S. 63-64, 79. Neuere Forschungen kommen zu ähnlichen Ergebnissen. Yair Furstenberg, »Defilement Penetrating the Body: A New Understanding of Contamination in Mark 7.15«, in: *New Testament Studies* 54.2 (1990), S. 176-200.

41 Taubes, »Jesus«, S. 96-97.

42 Taubes, »Jesus«, S. 108-113.

43 Zwi Taubes, »Die Auflösung des Gelübdes. Ein Beitrag zur Entwicklung der Halacha«, in: *Monatsschrift für Geschichte und Wissenschaft des Judentums 73*, Neue Folge 37 (1929), S. 33-46, 328-329.

44 Ruth Beckermann (Hg.), *Die Mazzesinsel: Juden in der Wiener Leopoldstadt 1918-1938*, Wien 1984, S. 18.

45 Über die assimilierten Juden Wiens siehe Harriet Pass Freidenreich, *Jewish Politics in Vienna, 1918-1938*, Bloomington, IN, 1991; Berkley, *Vienna and Its Jews*; Frank Stern und Barbara Eichinger (Hg.), *Wien und die jüdische Erfahrung 1900-1938*, Wien 2009.

46 Zu Fannys familiärem Hintergrund siehe Wunder, »Zwi Taubes«; sowie *Zum Andenken an Fanny Taubes-Blind*, Zürich 1957, S. 6.

47 Jakob Taubes, Geburtsurkunde, Israelitische Kultusgemeinde Wien. Zur Konzentration jüdischer Bewohner in diesem Stadtteil siehe Freidenreich, *Jewish Politics*, S. 13 sowie Karte 2.

48 Eliyahu Ashtor, »Viennese Jewry in the 1920s«, in: Nachum Gross (Hg.), *Kurt Grunwald at Eighty*, Jerusalem 1981, S. 13.

49 So die Andeutung in Susan Taubes' Roman *Divorcing. Nach Amerika*, S. 48.

50 Freidenreich, *Jewish Politics*, S. 12; Kreppel, *Juden und Judentum*, S. 504-506; Gerald Stourzh, »Ethnic Attribution in Late Imperial Austria: Good Intentions, Evil Consequences«, in: Stourzh *From Vienna to Chicago and Back*, Chicago 2007.

51 »Rabbiner Dr. Zwi Taubes«, *Die Wahrheit*, 3. Oktober 1930, S. 6.

52 Pierre Geneé, Bob Martens und Barbara Schedl, »Jüdische Andachtsstätten in Wien vor dem Jahre 1938«, in: *David: Jüdische Kulturzeitschrift*, online http://david.juden.at/kulturzeitschrift/57-60/59-Andacht.htm; sowie Beckermann, *Die Mazzesinsel*, S. 16.

53 Siehe Freidenreich, *Jewish Politics*, S. 119; Evelyn Adunka, »Tempel, Bethäuser und Rabbiner«, in: Stern und Eichinger, *Wien und die jüdische Erfahrung 1900-1938*, S. 131-142.

54 Interviews mit Mira Anatot und Naomi Gershoni (Jacobs Cousinen).

55 Binyamin Shimron, *Das Chajesrealgymnasium in Wien 1919-1938*, Tel Aviv 1989, Privatdruck, online www.leobaeck.org; Bernard Wasserstein, *On the Eve: The Jews of Europe before the Second World War*, New York 2012, S. 327-328; Aberbach, *Jewish Education and History*, S. 184-185.

56 Stella Klein-Löw, *Erinnerungen*, Wien 1980, S. 110.

57 Interviews mit Mira Anatot und Naomi Gershoni.

58 JT an Isaac Hepner, undatiert [Mitte der 1950er Jahre], in: *Jacob Taubes und Oskar Goldberg: Aufsätze, Briefe, Dokumente*, hg. v. Manfred Voigts, Würzburg 2011, S. 60.

59 Jacob Taubes, *Berachot Hatefillin. Harzaah Madait*, Privatdruck, Wien 1936. Taubes bewahrte eine Kopie vom Deckblatt seines Pamphlets und von der Rede seines Vaters, die auf Hebräisch auf der Buchrückseite abgedruckt wurde. Vor seinem Tod übergab er Martin Ritter eine Kopie, der mir diese freundlicherweise zur Verfügung stellte.

60 »Barmitzwa Jakob Taubes«, *Die Wahrheit*, 13. März 1936, S. 7.

61 Siehe den Kommentar von Michael Fishbane in seiner Ausgabe des *Haftarot: The JPS Bible Commentary*, Philadelphia 2002, S. 349.

62 JT an Hugo Bergmann, undatiert [c. 1953], Bergmann Papers, NLI.

63 »Barmitzwa Jacob Taubes«, *Die Wahrheit*, 13. März 1936, S. 7; sowie das Interview mit Mira Anatot.

64 Über die Gefahren der Rückschau siehe Michael André Bernstein, *Foregone Conclusions: Against Apocalyptic History*, Berkeley 1994.

65 Adunka, »Tempel, Bethäuser und Rabbiner«. Tania Taubes zufolge empfahl der Oberrabbiner Wiens Zwi, die Stelle in Zürich anzunehmen, damit er ihn später in seiner Stellung beerben könnte. Diese Möglichkeit betrachtete der Oberrabbiner als aussichtsreicher, wenn Zwi sich als externer Kandidat darauf bewarb.

2

Die Adoleszenz in der Schweiz, 1936-1947

1 Die Charakterisierung von Zwi and Fanny basiert auf Interviews mit Madeleine Dreyfus, Itta Shedletzky und Marianne Weinberg.

2 René König, *Autobiographische Schriften*, hg. v. Mario und Oliver König, Opladen 1999, S. 399-400; Interview mit Arthur Hertzberg.

3 *Zum Andenken an Fanny Taubes-Blind.*

4 Fanny Taubes, *Die Sprache des Herzens: Aus Zeiten jüdische Erneuer-nung,* Zürich 1959, S. 119.

5 Taubes, *Die Sprache des Herzens,* S. 34-35.

6 Bär und Siegel, *Geschichte der Juden im Kanton Zürich,* S. 328; Ralph Weingarten, »Jüdisches Leben in Zürich«, in: *Schtetl Zürich,* hg. v. Livio Piatti, Zürich 1997, S. 7-10.

7 Interview mit Madeleine Dreyfus; Briefe von Mirjam an JT, 1947-49, ETT.

8 Interview mit Ethan Taubes.

9 Interview mit Gavriel Cohn.

10 Bär und Siegel, *Geschichte der Juden im Kanton Zürich,* S. 357.

11 Jacques Picard, *Die Schweiz und die Juden 1933-1945,* 3. Aufl., Zürich 1997, S. 61.

12 Picard, *Die Schweiz,* S. 63-68.

13 Picard, *Die Schweiz,* S. 52; Unabhängige Expertenkommission Schweiz, *Die Schweiz und die Flüchtlinge zur Zeit des Nationalso-zialismus,* Bern 1999, S. 47.

14 Bär und Siegel, *Geschichte der Juden im Kanton Zürich,* S. 354.

15 Picard, *Die Schweiz,* S. 89.

16 *Die Schweiz und die Flüchtlinge,* S. 75-88.

17 Picard, *Die Schweiz,* S. 20-21.

18 Bär und Siegel, *Geschichte der Juden im Kanton Zürich,* S. 333; Stefan Mächler, *Hilfe und Ohnmacht: Der Schweizerische Israelitische Gemeindebund und die nationalsozialistische Verfolgung 1933-1945,* Zürich 2005, S. 230.

19 Zwi Taubes an Finkelstein, 29. Januar 1941 in: JTS IA-26-12 to 1942, »T, Misc.«

20 Interview mit Zachary Edelstein; s. zum Tod von Zwis Eltern den Vor-spann zu Zwi Taubes, *Lebendiges Judentum,* Genf 1946, S. 11.

21 Zwi Taubes, »Das gemeinsame in Judentum, Christentum und Islam: Erste Folge einer Vortrags- und Aufsatzreihe«, Zürich, 10. Februar 1940, Typoskript in der Akte Zwi Taubes, Leo Baeck Institute, NYC.

22 Picard, *Die Schweiz,* S. 368.

23 Picard, *Die Schweiz,* S. 89.

24 Bär und Siegel, *Geschichte der Juden im Kanton Zürich,* S. 366. Zu diesen Institutionen siehe auch *Die Schweiz und die Flüchtlinge,* S. 160-175.

25 Siehe dazu Mächler, *Hilfe und Ohnmacht;* sowie die ältere Studie von

in: *Interpretation* 26,3 (1999), S. 352-378, mit Korrekturen von Wiebke Meier, in: *Interpretation* 28.2 (2000), S. 33-34.

66 Siehe dazu Jeffrey Herf, *Reactionary Modernism: Technology, Culture, and Politics in Weimar and the Third Reich*, Cambridge 1984, S. 101-105.

67 Friedrich Georg Jünger, *Die Perfektion der Technik* (Frankfurt am Main, 1946); englische Übersetzung: *The Failure of Technology: Perfection without Purpose*, übers. v. F.D. Wieck, Hinsdale, IL, 1949. Zum Werdegang der Gebrüder Jünger, Heidegger und Mohler siehe Daniel Morat, »No Inner Remigration: Martin Heidegger, Ernst Jünger, and the Early Federal Republic of Germany«, in: *Modern Intellectual History* 9.3 (2012), S. 661-679.

68 Armin Mohler, *Die konservative Revolution in Deutschland, 1918-1932: Grundriß ihrer Weltanschauungen*, Stuttgart 1950.

69 Weißmann, *Armin Mohler*, S. 74. Siehe auch Mohlers Bericht, »Eine Promotion in Basel«, in: Armin Mohler, *Tendenzwende für Fortgeschrittene*, München 1978, S. 175-185.

70 Armin Mohler, »Der messianische Irrwisch: Über Jacob Taubes (1923-1987)«, in: *Criticón* 103 (1987), S. 219-221. Mohler gibt hier fälschlicherweise 1948 als das Jahr ihrer ersten Begegnung an. Zu dieser Zeit war Taubes jedoch bereits in New York und die erhaltene Korrespondenz reicht bis ins Jahr 1947 zurück. Armin Mohler an JT, Basel, 6. Dezember 1947, ETT.

71 Weißmann, *Mohler*, S. 62-75; Neaman, *Ernst Jünger*, S. 72.

72 Interview mit Aleida Assmann.

3

Intellektuelle Wurzeln und die großen Themen, 1941-1946

1 Interviews mit Tania Taubes.

2 Jacob Taubes, »Fragmente«, undatiert, aber Anfang 1947, ETT.

3 Franz Overbeck, *Selbstbekenntnisse. Mit einer Einleitung von Jacob Taubes*, Frankfurt am Main 1966. Taubes' Einleitung ist enthalten in: *KzK*. Zu Overbecks Entwicklung siehe Karl Löwith, *From Hegel to Nietzsche: The Revolution in Nineteenth-Century Thought*, übers. v. David E. Green, New York 1964, S. 371-388.

4 Für eine brillante Beschreibung dieses Prozesses siehe: Franz Rosenzweig, »Atheistic Theology« (1914), in: Franz Rosenzweig, *Philo-*

sophical and Theological Writings, hg. v. Paul W. Franks und Michael L. Morgan, Indianapolis 2000, S. 10-24.

5 Zu Barth habe ich profitiert von John Webster, »Introducing Barth«, sowie Christoph Schwöbel, »Theology«, in: *The Cambridge Companion to Barth*, hg. v. John Webster, Cambridge 2000; Gary Dorrien, *The Barthian Revolt in Modern Theology*, Louisville, KY, 1999; Frank Jehle, *Ever against the Stream: The Politics of Karl Barth, 1906-1968*, übers. v. Richard und Martha Burnett, Grand Rapids, MI, 2002; sowie der Rezension von Rudy Koshar, »Where Is Karl Barth in Modern European History?«, in: *Modern Intellectual History* 5.2 (2008), S. 333-62.

6 Karl Barth, *Der Römerbrief*, 2. Aufl., München 1923, S. 17.

7 Barth, *Römerbrief*, S. 24.

8 Barth, *Römerbrief*, S. 19.

9 Benjamin Lazier, *God Interrupted: Heresy and the European Imagination between the World Wars*, Princeton, NJ, 2008, S. 33 und passim.

10 Barth, *Römerbrief*, S. xvii.

11 Barth, Vorwort zur zweiten Auflage, in: *Römerbrief*, S. xvii.

12 Max Schoch, »Brunner, Emil«, in: *Historisches Lexikon der Schweiz* (online).

13 Emil Brunner, *Christianity and Civilization*, New York 1948. Das Buch enthält die Gifford-Vorlesungen, die 1947 und 1948 an der St. Andrews Universität gehalten wurden.

14 Martin Buber, *Drei Reden über das Judentum*, Nachdruck, Frankfurt am Main 1920, S. 51.

15 Buber, *Drei Reden*, S. 82.

16 Buber, *Drei Reden*, S. 89-90.

17 Interview mit Judith Buber Agassi. Taubes erwähnt dieses Treffen in seinem Brief an Martin Buber vom 25. Februar 1948, in: Martin Buber, *Briefwechsel aus sieben Jahrzehnten, Band III: 1938-1965*, hg. v. Grete Schaeder, Heidelberg 1975, S. 168-169.

18 Für eine kritische Einschätzung zu Bubers Werk siehe Guy G. Stroumsa, »Buber as an Historian of Religion: Presence, not Gnosis«, in: *Archives des sciences sociales des religions* 101.1 (1998), S. 87-105.

19 Jacob Taubes, »Martin Buber and the Philosophy of History«, in: *The Philosophy of Martin Buber*, hg. v. Paul Arthur Schilpp und Maurice Friedman, La Salle, IL, 1967, S. 451-468; Nachdruck in *CtC*.

20 John D. Caputo, »Heidegger and Theology«, in: *The Cambridge Companion to Heidegger*, 2. Aufl., hg. v. Charles B. Guignon, Cambridge 2006, S. 326-344.

21 Zu Heideggers Entwicklung dieser Thematik siehe Peter E. Gordon, *Continental Divide: Heidegger, Cassirer, Davos*, Cambridge, MA, 2010, S. 174-176; und Michael E. Zimmerman, »Heidegger, Buddhism, and Deep Ecology«, in: Guignon, *Cambridge Companion to Heidegger*, S. 293-303.

22 Markus Zürcher, *Unterbrochene Tradition: Die Anfänge der Soziologie in der Schweiz*, Zürich 1995, S. 239-242, 256; Peter Atteslander, »Einer, der von außen kommt«, in: *René König*, hg. v. Heine von Alemann und Gerhard Kunz, Opladen 1992, S. 170-180.

23 René König an JT, 27. Juli 1958, Nachlass König; und René König, *Autobiographische Schriften*, hg. v. Mario König und Oliver König, Opladen 1999, S. 399-400.

24 Rolf Ziegler, »In memoriam René König: Für eine Soziologie in moralischer Absicht« (1993), nachgedruckt auf der Website der René König-Gesellschaft, http://www.rene-koenig-gesellschaft.de.

25 König, *Autobiographische Schriften*, S. 125. König an Peter Atteslander, 15. November 1971, Nachlass König.

26 Am deutlichsten wird diese Haltung in Jacob Taubes, »Community – After the Apocalypse«, in: *Community*, hg. v. Carl J. Friedrich, New York 1959, S. 101-113; deutsche Übersetzung in *AuP*.

27 Zur Suggestivität und den verschiedenen Bedeutungen des Begriffs »Säkularisierung« siehe Daniel Weidner, »The Rhetoric of Secularization«, in: *New German Critique* 41.1 (2014), S. 1-31.

28 Jacob Taubes, »Der Wandel in der Lehre von der Entwicklung des kapitalistischen Arbeitsethos seit Max Weber.« Eine Kopie des Essays befindet sich im Staatsarchiv Zürich: U 1092.47.

29 Ebenda. »Weil aber die fragwürdige Menschlichkeit des Menschen am grellsten in der kapitalistischen Verfassung der modernen Wirtschaft und Gesellschaft erscheint, ist der Kapitalismus das Feld seiner Untersuchungen.«

30 Jacob Taubes, *ACS*, S. 8-10.

31 Carl Schmitt, *Political Theology* (1922), übers. v. George Schwab, Chicago 1985, Teile 1, 2, 4.

32 Schmitt, *Political Theology*, S. 36-37.

33 Hans Urs von Balthasar, *Geschichte des eschatologischen Problems in der modernen deutschen Literatur*, Zürich 1930; Neuaufl., Freiburg 1998, S. 13-14.

34 Siehe Balthasars Einleitung zu Irenäus, *Geduld des Reifens*, hg. u. übers. v. Hans Urs von Balthasar, Basel 1945.

35 Luke Timothy Johnson, Rezension von Karen Kilby, *Balthasar: A (Very) Critical Introduction*, *Commonweal*, 12. April 2013, S. 32-35. Johnson gibt Kilbys Ansicht wieder.

36 *ACS*, S. 8.

37 Zur Begriffsgeschichte und mit einer skeptischen Einschätzung zur Glaubwürdigkeit siehe Karen L. King, *What Is Gnosticism?*, Cambridge, MA, 2003.

38 Lazier, *God Interrupted*, Kap. 1.

39 Hans Jonas, *Gnosis und spätantiker Geist, Erster Teil*, Göttingen 1934, S. 78.

40 Jonas, *Gnosis*, S. 96-97. Für Jonas' spätere, selbst angefertigte Übersetzung ins Englische siehe *The Gnostic Religion*, Boston 1958, S. 49-51.

41 Jonas, *Gnosis*, S. 245-246.

42 Jonas, *Gnosis*, S. 248.

43 Jonas, *Gnosis*, S. 214-215.

44 Jonas, *Gnosis*, S. 234-235; Jonas, *The Gnostic Religion*, Boston 1958, S. 270-274.

45 Siehe Hans Jonas, »Vorwort« zu *Gnosis und Spätantiker Geist, Zweiter Teil*, Göttingen 1954.

46 Jonas, *Gnostic Religion*; Hans Jonas, *Memoirs*, hg. und komm. v. Christian Wiese, übers. v. Krishna Winston, Lebanon, N.H., 2008, S. 168-169.

47 Gershom Scholem, »Erlösung durch Sünde«, hg., übers. und mit einem Nachwort versehen von Michael Brocke, Berlin (Bibliothek Suhrkamp, Judaica 5) 2016, S. 61-62.

4

Die Abendländische Eschatologie und
darüber hinaus, 1946-1947

1 Jacob Taubes, »Die Begründung des Sozialismus durch Karl Marx«, ETT.

2 Taubes, »Die Begründung des Sozialismus«, S. 3.

3 Taubes, »Die Begründung des Sozialismus«, S. 30.

4 Taubes, »Die Begründung des Sozialismus«, S. 33.

5 Taubes, »Die Begründung des Sozialismus«, S. 32.

6 Taubes, »Die Begründung des Sozialismus«, S. 39.

7 Yuri Slezkine, *The House of Government: A Saga of the Russian Revolution*, Princeton, NJ, 2017, S. 113-115 und passim.

8 Jacob Taubes, »Apokalyptische und Marx'sche Geschichtsanschauung. Studien zur Geschichtsanschauung von Karl Marx«, Entwurf in ETT.

9 JT an MB, undatiert, aber circa September 1946, ETT.

10 Martin Heidegger, *Vom Wesen der Wahrheit*, Frankfurt am Main 1949, S. 5.

11 *AE*, S. 1.

12 *AE*, S. 10-13; *OE*, S. 11-13.

13 Heidegger, *Vom Wesen der Wahrheit*, Frankfurt am Main 1943, S. 21-23; *AE*, S. 257-258; *OE*, S. 193-194.

14 *AE*, S. 15; *OE*, S. 15.

15 *AE*, S. 16-19; *OE*, S. 17-20.

16 *AE*, S. 21-35; *OE*, S. 26-40.

17 *AE*, S. 9; *OE*, S. 10.

18 *AE*, S. 34; *OE*, S. 34.

19 *AE*, S. 35, *OE*, S. 35.

20 *AE*, S. 28; *OE*, S. 28-29.

21 Lazier, *God Interrupted*, S. 24.

22 *AE*, S. 46-51; *OE*, S. 47-52.

23 *AE*, S. 57-65; *OE*, S. 58-64.

24 *AE*, S. 67; *OE*, S. 67. Über die wissenschaftlichen Quellen zu Taubes' Paulus-Interpretation siehe den exzellenten Essay von Christoph Schulte, »PAULUS«, in: Faber et al., *Abendländische Eschatologie. Ad Jacob Taubes*, S. 93-104.

25 *AE*, S. 70; *OE*, S. 71.

26 *AE*, S. 71-80; *OE*, S. 72-80.

27 *AE*, S. 81; *OE*, S. 82.

28 Ernst Bloch, *Erbschaft dieser Zeit*, Zürich 1935, *Heritage of Our Times*, Cambridge 1991, S. 122-124.

29 *AE*, S. 85; *OE*, S. 85-86.

30 *AE*, S. 119; *OE*, S. 119.

31 *AE*, S. 86-87; *OE*, S. 86-87.

32 *AE*, S. 93, 156, 165-66; *OE*, S. 93, 152, 164-166.

33 *AE*, S. 117; *OE*, S. 117-118.

34 *AE*, S. 184-186; *OE*, S. 184-186.

35 So bei Romano Pocai, »Die Angst und das Nichts. Überlegungen zu Heideggers ›Was ist Metaphysik?‹«, in: Faber et al., *Abendländische Eschatologie*, S. 331-340.

36 Otto Petras, *Post-Christum. Streifzüge durch die geistige Wirklichkeit*, Berlin 1935, S. 11.

37 *AE*, S. 193; *OE*, S. 193.

38 *AE*, S. 193-194; *OE*, S. 193-194.

39 Petras, *Post-Christum*, S. 15.

40 Rudolf G. Zipkes, Tagebücher, 2. Mai 1948 (eine Kopie befindet sich im Besitz des Autors); König an Peter Atteslander, 15. November 1971, Nachlass König.

41 Interview mit Judith Buber Agassi.

42 Promotionsakte Jacob Taubes – Staatsarchiv Zürich U 1092.47. Zum Thema der soziologischen Prüfung siehe JT an MB, undatiert, aber Ende Dezember 1946, ETT. Über seine Beziehung zu Staiger siehe Taubes, *Die Politische Theologie des Paulus*, München 2003, S. 11.

43 JT an MB, undatiert, aber Ende Dezember 1946, ETT.

44 Zu MBs Familie siehe »Ausschnitt aus dem Stammbaum ›Nachkommen des Michel Bollag‹«, in: *Geschichte der Juden im Kanton Zürich*, S. 436-437.

45 Picard, *Die Schweiz*, S. 59; Hans Stutz, *Der Judenmord von Payerne*, Zürich 2001. Es existiert ein fiktionalisierter Bericht von einem Einwohner von Payerne, der zum Zeitpunkt der Tat acht Jahre alt war und sowohl dem Opfer als auch den Mördern begegnet war: Jacques Chessex, *Un Juif pour l'exemple*, Paris 2009. In der englischen Übersetzung (*A Jew Must Die*, London 2010) werden Namen und Geburtsdaten von MBs Töchtern genannt.

46 Interview mit Madeleine Dreyfus.

47 JT an MB, undatiert, aber circa 1946. Die gesamte Korrespondenz zwischen JT und MB aus ETT.

48 JT an MB, undatiert, aber Anfang 1946.

49 JT an MB, Neujahr 1946/47. Jacob merkt hier an, dass er im Jahr 1946 sowohl sein Rabbinerzeugnis als auch seinen Doktorhut erhalten hatte.

50 Postkarte von JT, Zürich, an MB, in Forest Hills, New York, 21. Oktober 1946.

51 JT an MB, Neujahr 1946/47.

52 JT an MB, undatiert.

53 JT an MB, undatiert.

54 JT an MB, Neujahr 1946/47.

55 Siehe seinen ersten veröffentlichten Essay: Taubes, »Kabbala«. Inzwischen auch in *AuP*.

56 Postkarte von JT an MB, 3. März 1947.

57 Telegramm, JT an MB, 12. Oktober 1946.

58 Postkarte von JT an MB, 14. Oktober 1946.

59 JT an MB, undatiert, aber circa 16. Februar 1947.

60 JT an MB, undatiert, aber Anfang 1947.

61 JT an MB, 6. November 1946.

62 JT an MB, undatiert, aber Anfang März 1947.

63 Western Union Telegramm »Taubes to Bloch c/o Bollag in Forest Hills«, 10. März 1947.

64 Zwi Taubes, Telegramm an MB, 11. März 1947.

65 Jacob Taubes, handschriftlicher Essay über Richard Beer-Hofmann, circa 1946, ETT.

66 JT an MB, undatiert, aber circa 1946.

67 Zwi Taubes an Louis Finkelstein [Hebräisch], 29. Januar 1941, JTS IA-26-12 to 1942, »T, Misc.«

68 Zwi Taubes an Louis Finkelstein [Hebräisch], 26. Oktober 1946, JTS IA-26-12 to 1942, »T, Misc.«

69 JT an MB, Neujahr 1946/47.

70 JT an MB, undatiert, aber Ende 1946.

71 JT an MB, undatiert, aber Dezember 1946-Januar 1947; JT an MB, Neujahr 1946/47.

72 JT an MB, undatiert, aber Februar 1947.

73 MB, Stampfenbachstr., Zürich an JT, c/o Gruber, Villa Monplaisir, St. Moritz, 24 VII, 1947.

74 Brief von MB an JT, undatiert, es folgt ein maschinengeschriebener Brief von Lucie.

75 FT an JT, New York City, 18. November 1947.

76 Telegramm von Lilette, Zürich, an JT, New York City, 6. Dezember 1947.

77 FT an JT, New York City, Datum unklar, aber wahrscheinlich 9. Dezember 1947.

78 FT an JT, New York City, 31. Dezember 1947.

79 FT an JT, New York City, 31. Dezember 1947.

80 Mirjam Taubes an JT, New York City, 28. Januar 1948.

81 Brief von JT an Arthur A. Cohen, 25. November 1977, Cohen Papers.

82 Jacob Taubes, »Logos und Telos«, in: *Dialectica* 1 (1947), S. 85-90.

83 JT an MB Bloch, undatiert, 1947, ETT.

84 Otfried Eberz, *Vom Aufgang und Niedergang des männlichen Weltal-*

ters: Gedanken über das Zweigeschlechterwesen, Breslau 1931. Eine Nachauflage aus den 1970er Jahren wurde von Annemarie Taeger herausgegeben, die mit Taubes befreundet war.

85 JT, unbenannter Entwurf, circa 1947, »Fragmente«, Mitte 1947, ETT.

86 »Fragmente«, Mitte 1947, ETT.

87 Taubes, »Kabbala«.

88 »Fragmente«, Mitte 1947, ETT.

89 Gonseth an JT, 12. Dezember 1947 (auf Französisch), ETT.

90 Gonseth an JT, 23. Dezember 1947.

91 JT an Gonseth, 3. Oktober 1947, ETT.

92 JT an Arthur A. Cohen, 25. November 1977, Cohen Papers. Es existiert eine leicht bereinigte Version davon (ohne den Knoblauch) in *PTdP*, S. 11.

93 Zum Beispiel bedankt er sich in einem undatierten Brief an MB dafür, dass sie ihn aus seiner Glaubenskrise geführt habe, und er schreibt, er habe erkannt, dass »es ... besser [ist] zu fallen in den Arm des lebendigen Gottes, denn gross ist sein Erbarmen und seine Gnade mächtiger als unsere Schuld«. JT an MB, undatiert, aber wahrscheinlich 1946.

94 Für die Formulierung dieses Unterschieds bedanke ich mich bei Moshe Halbertal.

95 Dies scheint der Grundgedanke in Röm 7,5 zu sein.

96 JT an Susman, 22. August 1947, Nachlass Susman.

97 Zu JTs Entwurf des Dokuments, den er ursprünglich Margaret Susman übergab: JT an MB, undatiert, aber 1947; zum Dokument selber siehe den Brief von William W. Simpson vom *Council of Christians and Jews*, London, 5. September 1947, sowie »Memorandum zur Palästinafrage«, beide in ETT. Zur Arbeitsgemeinschaft siehe Keller, »Theologie und Politik«.

98 Zum Brief an Altmann: Interview mit Paul Mendes-Flohr; Zwi Taubes an Finkelstein, 26. Oktober 1946, JTS; Zwi Taubes an Salo Baron, 19. Oktober 1946, Baron Papers, box 33, folder 1. JT an MB, undatiert, aber Ende 1946, ETT.

99 JT an MB, 28. November 1946, ETT.

100 Interview mit Morton Leifman. Zu Niebuhrs Reise in die Schweiz, wo er Barth traf, siehe Richard Fox, *Reinhold Niebuhr: A Biography*, New York 1985, S. 231.

101 JT an Gershom Scholem, 27. Oktober 1947, geschrieben auf dem Schiff, Scholem Papers, wieder abgedruckt in *PdM*, S. 93.

102 JT an Gershom Scholem, 27. Oktober 1947, S. 93-97.

103 Den besten Überblick zu Scholems Leben liefert David Biale, *Gershom Scholem: Master of the Kabbalah*, New Haven, CT, 2018. Weitere relevante Informationen: Gershom Scholem, *A Life in Letters, 1914-1982*, hg. u. übers. v. Anthony David Skinner, Cambridge, MA, 2002; Gershom Scholem, *Von Berlin nach Jerusalem*, Frankfurt am Main 1977 (auf Englisch: *From Berlin to Jerusalem, übers. v. Harry Zohn*, New York 1980; sowie das umfangreiche hebräische Radiointerview mit Scholem von Meir Lamed, »Interview No. (29)38 – Scholem, Gershom«, at https://www.youtube.com/watch?v=VcoIxtdodQg.

104 Siehe zu diesem Aspekt von Scholems Denken Steven Aschheim, »The Metaphysical Psychologist: On the Life and Letters of Gershom Scholem«, in: *Journal of Modern History* 76.4 (2004), S. 903-933. Zu Scholems Denken allgemein siehe David Biale, *Gershom Scholem: Kabbalah and Counter-History*, Cambridge, MA, 1979; sowie Shaul Magid, »Gershom Scholem«, in: *Stanford Encyclopedia of Philosophy*, Erstveröffentlichung 10. April 2008, letzte Änderung 30. Oktober 2018, http://plato.stanford.edu/archives/sum2014/entries/scholem/.

105 Scholem, »Erlösung durch Sünde«, S. 12.

106 Scholem, »Erlösung durch Sünde«, S. 19-20.

107 Scholem, »Erlösung durch Sünde«, S. 31, 36.

108 Scholem, »Erlösung durch Sünde«, S. 101.

109 Scholem, »Erlösung durch Sünde«, S. 29-30.

110 Zitiert in Biale, *Gershom Scholem: Kabbalah and Counter-History*, S. 7. Ebenfalls in Gershom Scholem, *Devarim b'go*, Tel Aviv 1975; für eine englische Übersetzung siehe »Reflections on Modern Jewish Studies«, in: Gershom Scholem, *On the Possibility of Jewish Mysticism in Our Times and Other Essays*, hg. v. Avraham Shapira, Philadelphia 1997.

111 Scholem an Hannah Arendt, 5./6. Dezember 1947, in: Hannah Arendt/Gershom Scholem, *Der Briefwechsel*, hg. v. Marie Luise Knott, Berlin 2010, S. 181-182.

112 JT an Gershom Scholem, 27. Oktober 1947, in *PdM*.

113 Gerhard Scholem, »Offener Brief an Herrn Dr. Siegfried Bernfeld und gegen die Leser dieser Zeitschrift«, in: *Jerubbal* 1 (1918/19), S. 125-130, wieder abgedruckt in: Scholem, *Briefe*, hg. v. I. Shedletzky, München 1994, Bd. 1, S. 461-466; englische Übersetzung: »Fare-

well: An Open Letter to Dr. Siegfried Bernfeld«, in: Gershom Scholem, *On Jews and Judaism in Crisis: Selected Essays*, hg. v. Werner Dannhauser, New York 1976, S. 54-60.

114 Scholem an JT, 30. Dezember 1947, ZfL.

115 Joseph Weiss, »Gershom Scholem – Fünfzig Jahre«, *Jedioth Hajom*, 5. Dezember 1947, wiederabgedruckt in: Scholem, *Briefe*, Bd. 1, S. 458-460. Taubes erwähnt den Artikel in seinem Brief an Scholem vom 1. Januar 1948, veröffentlicht in *PdM*, S. 98-101.

5

New York und das Jewish Theological Seminary, 1947-1949

1 Lloyd P. Gartner, »Conservative Judaism and Zionism: Scholars, Preachers and Philanthropists«, in: *Zionism and Religion*, hg. v. Shmuel Almog, Jehuda Reinharz und Anita Shapira, Hanover 1998.

2 Zur *Yeshiva Chaim Berlin* in dieser Zeit siehe Richard L. Rubenstein, *Power Struggle: An Autobiographical Confession*, Boston 1985, S. 98-100.

3 Marsha Rozenblit, »The Seminary during the Holocaust Years«, in: *Tradition Renewed: A History of the Jewish Theological Seminary of America*, hg. v. Jack Wertheimer, New York 1997, Bd. 2, S. 286; und Lila Corwin Berman, *Speaking of Jews: Rabbis, Intellectuals, and the Creation of an American Public Identity*, Berkeley 2009, Kap. 4; und Michael B. Greenbaum, »The Finkelstein Era«, in: Wertheimer, *Tradition Renewed* 1.

4 Berman, *Speaking of Jews*, S. 90.

5 Berman, *Speaking of Jews*, S. 75. Siehe auch Mel Scult (Hg.), *Communings of the Spirit: The Journals of Mordecai Kaplan*, Bd. 3, *1942-1951*, Detroit 2020, S. 83.

6 Eli Ginzberg, *Keeper of the Law: Louis Ginzberg*, Philadelphia 1966; über seine Beziehung zu Chajes siehe S. 98, 139.

7 Interview mit Arthur Hertzberg.

8 Harvey E. Goldberg, »Becoming History: Perspectives on the Seminary Faculty at Mid-Century«, in: Wertheimer, *Tradition Renewed*, Bd. 1, S. 359.

9 Greenbaum, »Finkelstein Era«, S. 211.

10 Baila R. Shargel, »The Texture of Seminary Life during the Finkelstein Era«, in: Wertheimer, *Tradition Renewed*, Bd. 1, S. 526; David Ellen-

son und Lee Bycel, »A Seminary of Sacred Learning: The JTS Rabbinical Curriculum in Historical Perspective«, in: Wertheimer, *Tradition Renewed*, Bd. 2, S. 545.

11 Ellenson und Bycel, »Seminary of Sacred Learning«, S. 559.

12 Goldberg, »Becoming History«, S. 401; und Naomi W. Cohen, »Diaspora Plus Palestine, Religion Plus Nationalism: The Seminary and Zionism, 1902-1948«, in: Wertheimer, *Tradition Renewed*, Bd. 2, S. 147-149; Gartner, »Conservative Judaism and Zionism«; Naomi W. Cohen, *The Americanization of Zionism, 1897-1948*, Hanover 2003, Kap. 8.

13 FT an JT, undatiert, aber Ende 1947/Anfang 1948, ETT.

14 Hannah Arendt, »The Jewish State: Fifty Years after, Where Have Herzl's Politics Led?«, in: *Commentary* (Mai 1946); und Arendt, »To Save the Jewish Homeland«, in: *Commentary* (Mai 1948), beide wieder abgedruckt in: Hannah Arendt, *The Jewish Writings*, hg. v. Jerome Kohn und Ron H. Feldman, New York 2007. Dies war typisch für den Antizionismus des *Commentary* in diesen Jahren; siehe Benjamin Balint, *Running Commentary: The Contentious Magazine That Transformed the Jewish Left into the Neoconservative Right*, New York 2010, S. 36-38.

15 Übersetzungsentwurf vom Buber-Magnes-Appell gegen die gewaltsamen Ausschreitungen des Mobs in Jerusalem, ETT. Zum *Ihud* in dieser Phase siehe den fast zeitgenössischen Bericht von Ernst Simon, »The Costs of Arab-Jewish Cold War: *Ihud*'s Experiment in Moral Politics«, in: *Commentary* (September 1950), S. 356-362; und Joseph Heller, *The Birth of Israel, 1945-1949: Ben-Gurion and His Critics*, Gainesville, FL, 2000, S. 165-180.

16 JT an Scholem, 28. Januar 1948, in *PdM*, S. 98.

17 FT an JT, 9. November 1947, ETT.

18 Mirjam Taubes an JT, 11. November 1947, ETT.

19 Mirjam an JT, 21. November 1947, ETT.

20 Mirjam an JT, 8. Dezember 1948, ETT.

21 Mirjam an JT, 16. März 1948; 15. April 1948, ETT.

22 FT an »Lieber Onkel und Tante«, undatiert, aber auf der Rückseite von Mirjams Hochzeitsanzeige, ETT.

23 Mirjam an JT, 28. Januar 1948, ETT.

24 Mirjam an JT, 15. April 1948, ETT.

25 Paul Tillich an John Marshall, Rockefeller Foundation, 14. Februar 1953, Tillich Papers. »Ich kenne Mr. Taubes seit mehreren Jahren aus

dem Unterricht und aus vielen persönlichen Gesprächen. Er ist außerordentlich talentiert.«

26 JT erwähnt dies in einem Brief an Martin Buber, 25. Februar 1948, Buber Papers.

27 Erich Fromm an JT, 14. August 1948, ETT.

28 FT an JT, undatiert, aber Frühjahr 1948. Zur Satmar-Ansiedlung in Brooklyn siehe Israel Rubin, *Satmar: An Island in the City*, Chicago 1972, S. 40.

29 JT an Gerda Seligson, aus Woodbridge, New York, 20. Juli 1948, Seligson Papers.

30 JT an Buber, 25. Februar 1948, Buber Papers.

31 JT, Brief an Hans Ornstein, 11. August 1948, ETT.

32 Martin Woessner, *Heidegger in America*, Cambridge 2011, S. 20-25.

33 JT an Susman, New York, 5. Januar 1948, Nachlass Susman.

34 JT, undatiertes Manuskript (circa 10 Seiten), circa 1948, ETT.

35 Ich danke meiner Kollegin Sarah Brown Ferrario von der Catholic University für ihre Unterstützung bei der Übersetzung der griechischen Zitate.

36 JT an Buber, 25. Februar 1948, Buber Papers, NLI.

37 FT an JT, 18. November 1947, ETT.

38 Interview mit Ezra Finkelstein.

39 Mirjam an JT, 21. November 1947; und Mirjam an JT, 28. Januar 1948, ETT.

40 Interview mit Morton Leifman.

41 Fanny an JT, 18. November 1947, ETT.

42 JT an Finkelstein [Hebräisch], 1948, JTS.

43 JT an E.W. Beth, Amsterdam, 10. Mai 1948, ETT. Jacob Taubes, »Notes on the Ontological Interpretation of Theology«, in: *Review of Metaphysics* 2.8 (1949), S. 97-104, wieder abgedruckt in *CtC*.

44 Brief von Zwi an Jacob [Jiddisch], 13. Juli 1948, ETT.

45 Brief von FT, Zürich, an ihre Tante und ihren Onkel in New York City, circa Mai 1948; FT an JT, 21. Juni 1948, ETT.

46 Zwi Taubes an Finkelstein [Hebräisch], 4. Mai 1948, JTS.

47 JT an Finkelstein [Hebräisch], Frühjahr 1948, JTS.

48 Gershom Scholem, »Franz Rosenzweig und sein Buch ›Der Stern der Erlösung‹, Nachwort in Franz Rosenzweig, Der Stern der Erlösung«, Frankfurt am Main 1988, S. 525-549.

49 FT an JT, 25. Dezember 1947, ETT.

50 FT an JT, 25. Dezember 25, ETT.

51 Jacobs Reaktion lässt sich aus den elterlichen Antwortbriefen dieser Zeit herauslesen.

52 Biografische Informationen zu Lieberman und über seine Beziehung zu Finkelstein aus: Schochet und Spiro, *Saul Lieberman*.

53 Schochet und Spiro, *Saul Lieberman*, S. 126-127.

54 Schochet und Spiro, *Saul Lieberman*, S. 22-24.

55 Arthur Hertzberg, *A Jew in America*, New York 2002, S. 105-106.

56 Schochet und Spiro, *Saul Lieberman*, S. 51.

57 David Sarna, »Growing Up Conservadox: A Child Grows Up at the Jewish Theological Seminary«, online at Academia.edu, S. 18.

58 JT an Arthur A. Cohen, 3. November 1977, in Cohen Papers.

59 Goldberg, »Becoming History«, S. 378-379.

60 Leo Strauss an Louis Finkelstein, 2. Februar 1945, JTS 1C Box 54, Folder 14.

61 Jerry Muller, »Leo Strauss: The Political Philosopher as a Young Zionist«, in: *Jewish Social* Studies, n.s. 17.1 (2010), S. 88-115; und Daniel Tanguay, *Leo Strauss: An Intellectual Biography*, New Haven, CT, 2007; franz. Original 2003, S. 15.

62 Leo Strauss, *Philosophie und Gesetz*, Berlin 1935 [in: Strauss, *Gesammelte Schriften Band 2*, hg. v. Heinrich Meier, Stuttgart 1997].

63 Leo Strauss, »Preface to the English Translation«, in: *Spinoza's Critique of Religion*, übers. v. E. M. Sinclair, New York 1965; Nachdruck: Chicago 1997, S. 1.

64 Steven Smith, *Reading Leo Strauss*, Chicago 2006, S. 125-128.

65 Meines Wissens verwendete Strauss die Formulierung »mittelalterliche Aufklärung« erstmals in seiner Einleitung zu *Philosophie und Gesetz* (*Gesammelte Schriften Band 2*), S. 27.

66 Für eine gute (wenn auch gar nicht Strauss'sche) und aktuelle Darstellung seines Lebens und Werks siehe Moshe Halbertal, *Maimonides: Life and Thought*, Princeton, NJ, 2014; mehr im Strauss'schen Sinne siehe Howard Kreisel, *Maimonides' Political Thought: Studies in Ethics, Law, and the Human Ideal*, Albany 1999, bes. der einleitende Essay »Maimonides' Political Thought«; sowie Kreisel, »Maimonides' Political Philosophy«, in: *The Cambridge Companion to Maimonides*, hg. v. Kenneth Seeskin, New York 2005; zur Geschichte der Auslegung von Maimonides' Esoterik siehe Aviezer Ravitzky, »Maimonides: Esotericism and Educational Philosophy« im selben Band.

67 Leo Strauss, »Persecution and the Art of Writing«, in: *Persecution and the Art of Writing* (1952; Nachdruck, Chicago 1988), S. 35-36.

68 Leo Strauss, »The Literary Character of *The Guide for the Perplexed*«, in: *Leo Strauss on Maimonides: The Complete Writings*, hg. v. Kenneth Hart Green, Chicago 2013, S. 376.

69 Leo Strauss, »How to Study Medieval Philosophy«, in: Green, *Leo Strauss on Maimonides*, S. 113.

70 JT an Strauss, 17. Februar 1949; JT an Strauss, 5. April 1949, Leo Strauss Papers. Ich bedanke mich bei Eugene Sheppard dafür, dass sie mir Kopien dieser Briefe zur Verfügung gestellt hat.

71 JT an Strauss, 5. April 1949, Leo Strauss Papers.

72 JT, New York, an Gerda Seligsohn, Richmond Surrey, 28. Juli 1949, LBI Archives, New York.

73 JT an Mohler, Basel, 20. September 1949, Nachlass Mohler.

74 JT, Zürich, an Scholem, 2. Oktober 1949, in *PdM*, S. 105.

75 Zwi Taubes an JT, undatiert, aber 1949, die erste Seite fehlt, ETT.

76 Joseph Dorman, *Arguing the World: The New York Intellectuals in Their Own Words*, New York 2000, S. 107.

77 Kristol in Dorman, *Arguing the World*, S. 108.

78 Rambam Seminarprotokoll, 23. Januar 1949, ETT. Es scheint, als stammten diese Notizen für die Sitzung von Milton Himmelfarb.

79 Protokoll vom 13. Februar 1949, ETT.

80 Protokoll vom 31. Januar 1949.

81 Interviews mit Nathan Glazer, Irving Kristol und Gertrude Himmelfarb.

82 Protokoll vom 6. Februar 1949.

83 Protokoll vom 27. Februar 1949.

84 Protokoll vom 6. Februar 1949 und 13. Februar 1949.

85 Nathan Glazer, »Commentary: The Early Years«, in: *Commentary in American Life*, hg. v. Murray Friedman, Philadelphia 2005, S. 49. Interview mit Nathan Glazer.

86 Interview mit Irving Kristol.

87 Interview mit Nathan Glazer.

88 Interview mit Victor Gourevitch.

89 Gertrude Himmelfarb, »The Prophets of the New Conservatism: What Curbs for Presumptuous Democratic Man«, in: *Commentary* (Januar 1950), S. 78-85, hier S. 84-85.

90 Gertrude Himmelfarb, »Political Thinking: Ancients vs. Moderns«, in: *Commentary* (Juli 1951), S. 76-83.

91 Interview mit Daniel Bell; und seine »Reflections on Jewish Identity: The Risks of Memory«, in: *Commentary* (Juni 1961), wieder abgedruckt in Daniel Bell, *The Winding Passage*, Cambridge, MA, 1980, S. 314-323, darin die Diskussion über den esoterischen Interpretationsansatz bei Maimonides.

92 Albert Salomon, »Prophets, Priests, and Social Scientists«, in: *Commentary* (Juni 1949), S. 595-600.

93 Biografische Informationen über Cohen sind David Sterns Einleitung entnommen: *An Arthur A. Cohen Reader*, hg. v. David Stern und Paul Mendes-Flohr, Detroit 1998.

94 Interview mit Richard L. Rubenstein.

95 Interview mit Levi Kelman (dem Sohn von Wolfe Kelman).

96 Interview mit Levi Kelman.

97 Interview mit Morton Leifman.

98 Interview mit Morton Leifman.

99 Interview mit Morton Leifman.

100 Interview mit Morton Leifman.

101 Interview mit Richard L. Rubenstein.

102 Taubes taucht in den Erinnerungen unter dem Pseudonym »Ezra Band« auf. Rubenstein hat in einem Interview bestätigt, dass es sich dabei um Taubes handelte.

103 Rubenstein, *Power Struggle*, S. 93-98.

104 Interview mit Levi Kelman.

105 Goodwin und Redfield Jamison, *Manic Depressive Illness*, S. 402.

106 Siehe Carola Dietze, »›Kein Jud' und kein Goi‹: Konfligierende Selbst- und Fremdwahrnehmungen eines assimilierten ›Halb-Juden‹ in Exil und Remigration: Das Beispiel Helmuth Plessner«, in: *»Auch in Deutschland waren wir nicht wirklich zu Hause.« Jüdische Remigration nach 1945*, hg. v. Irmela von der Lühe et al., Göttingen 2008, bes. S. 209-211.

107 Dietze, »›Kein Jud‹«, S. 225.

108 Biografische Informationen zu Gerda Seligson und ihrer Familie basieren auf den biografischen Angaben auf der Website des Leo Baeck Instituts: »Seligsohn Kroner Family Collection«.

109 Todd M. Endelman, *Leaving the Jewish Fold: Conversion and Radical Assimilation in Modern Jewish History*, Princeton, NJ, 2015, S. 104.

110 Alf Christophersen und Friedrich Wilhelm Graf, »Selbstbehauptung des Geistes: Richard Kroner und Paul Tillich – die Korrespondenz«, in: *Zeitschrift für Neure Theologiegeschichte* 18.2 (2011), S. 281-339.

111 JT an Seligson, 14. Juli 1948, Seligson Papers.

112 JT an Seligson, 9. Oktober 1948, Seligson Papers.

113 JT an Seligson, undatiert, Seligson Papers.

114 Seligson an JT, 23. November 1948, Seligson Papers. Englisch im Original.

115 JT an Seligson, undatiert, Seligson Papers.

116 Dokument in JTs Handschrift, undatiert, aber 1949, Seligson Papers.

117 JT an Seligson, Richmond, Surrey, England, 1. August 1949, Seligson Papers.

118 Brief in *Korrespondenz 1*, S. 42.

119 Interview mit Peter Schäfer.

120 Christina Pareigis, »Nachwort«, in: *Korrespondenz 1*, S. 273.

121 Interview mit Annette Michelson. Für weitergehende Informationen zu Susans Leben siehe das kürzlich erschienene: Christina Pareigis, *Susan Taubes. Eine intellektuelle Biographie*, Göttingen 2020.

122 ST an JT, 27. September 1950, *Korrespondenz 1*, S. 27, *Nach Amerika*, S. 176.

123 Pareigis in: *Korrespondenz 1*, S. 27.

124 Siehe *Nach Amerika*.

125 *Nach Amerika*, S. 235-237.

126 Paul Weiss, »Lost in Thought: Alone with Others«, in: *The Library of Living Philosophers*, Bd. 23, *The Philosophy of Paul Weiss*, hg. v. L. E. Hahn, Chicago 1995.

127 Pareigis, »Nachwort«, in: *Korrespondenz 1*, S. 263.

128 ST an Marion Batory, 25. August 1946, zitiert in: *Korrespondenz 1*, S. 262-263.

129 Pareigis, *Korrespondenz 1*, S. 274. JT an Ernst Simon, 14. Dezember 1948, Simon Papers.

130 Zwi Taubes an JT, 3. März 1949, ETT.

131 *Nach Amerika*, S. 185; und JT an Arthur A. Cohen, 3. November 1977, in: Cohen Papers.

132 Korrekterweise so vermerkt bei Pareigis, *Korrespondenz 1*, S. 274.

133 *Nach Amerika*, S. 185.

134 *Nach Amerika*, S. 185.

135 JT an Arthur A. Cohen, 3. November 1977, Cohen Papers.

136 Zu Susans damaliger Jungfräulichkeit siehe *Nach Amerika*, S. 43, 185.

137 *Nach Amerika*, S. 74.

138 *Nach Amerika*, S. 165. Die sechs Wochen, von denen im Roman die

Rede ist, korrespondieren mit der Zeit zwischen Ostersonntag und den Antwortbriefen von Jacobs Familie auf die Nachricht von der Verlobung.

139 Mirjam an JT, 3. Mai 1949; Brief von Zwi an JT, 5. Mai 1949; englischsprachiger Brief von Mirjam an Susan und Jacques (i. e. Jacob), 8. Mai 1949, ETT.

140 Interview mit Annette Michelson.

141 Zur Beschreibung der Hochzeitszeremonie siehe *Nach Amerika*, S. 185; JT an Arthur A. Cohen, 3. November 1977, Cohen Papers.

142 Zu Glatzer siehe Brief von ST an JT, 8. Oktober 1950, *Korrespondenz 1*, S. 42; Interview mit Irving Kristol und Gertrude Himmelfarb; Interview mit Nathan Glazer.

143 Interview mit Judith Buber Agassi.

144 JT an Scholem, 13. Januar 1949; 29. Januar 1949; 22. Oktober 1949 (fälschlicherweise in der veröffentlichten Ausgabe auf den 2. Oktober 1949 datiert), beide in: *PdM*, S. 103-106; JT an Strauss, 17. Februar 1949, 9. März 1949, Leo Strauss Papers.

145 So zumindest erinnerte Scholem das Gespräch mit Strauss zwanzig Jahre später. Siehe Scholem an George Lichtheim, 21. Oktober 1948, in: Gershom Scholem, *Briefe, Band II 1948-1970*, hg. v. Thomas Sparr, München 1995, S. 215.

146 Zu Lieberman und Scholem als Schlüsselfiguren siehe Louis Finkelstein an Zwi Taubes, 3. August 1949 [Hebräisch], Finkelstein Papers, JTS.

147 H. Rosenthal von der Liberaal Joodse Gemeente Amsterdam an Zwi Taubes, 29. Februar 1949; H. Rosenthal an JT, 18. März 1949, ETT.

148 Der Vertrag befindet sich in ETT.

149 JT an Joachim Wach, Chicago, undatiert, aber 1949; Ernst Strauss (Einsteins Assistent am *Institute for Advanced Study*) an JT, undatiert, aber 1949, ETT.

150 Mirjam an JT, 7. April 1949.

151 Simon Greenberg an JT, 20. Mai 1949, JTS.

152 Zu Scholem und Eranos siehe Steven M. Wasserstrom, *Religion after Religion: Gershom Scholem, Mircea Eliade, and Henry Corbin at Eranos*, Princeton, NJ, 1999.

153 FT an JT, undatiert, aber Spätsommer 1949; Zwi an JT, Spätsommer 1949, ETT.

154 JT an Seligson, Richmond, Surrey, 23. Juli 1949, LBI.

155 JT an Seligson, Richmond, Surrey, 29. Juni 1949, LBI.

156 ST an JT, undatiert, aber Sommer 1949, *Korrespondenz 1*, S. 15-16.
157 JT an Gerda Seligson in Richmond, Surrey, England, 1. August 1949, LBI.
158 ST an Gerda Seligson, 16. August 1949, LBI, wonach sie nach zehn Tagen Blutungen, Übelkeit und Bettruhe eine Fehlgeburt erlitt. Siehe auch die Bezugnahme darauf in *Nach Amerika*, S. 92.
159 FT an ST, 12. September 1949, ETT Papers.
160 JT an Gerda Seligson, Zürich, undatiert, aber nach dem 1. September 1949, Seligson Papers. Pareigis, *Susan Taubes*, S. 198.
161 JT an Balthasar, 3. Oktober 1949, Hans Urs von Balthasar Archiv.
162 JT an Scholem, undatiert, aus »Cunard White Star R.M.S Queen Elizabeth«. NLI and *PdM*, S. 107.

6
Jerusalem, 1949-1952

1 »Seine Frau ist von Israel abgestossen, er fühlt sich besser ein.« Tagebuch Zipkes, 17. August 1950, Kopie im Privatbesitz des Autors.
2 Die Datierungen basieren weitgehend auf Pareigis, »Nachwort«, in: *Korrespondenz 1*.
3 *Encyclopedia Judaica*, s.v. »Jerusalem«.
4 JT, Jerusalem, an Finkelstein, undatiert, aber Januar 1950, JTS, IF-90-48 1950, »Jacob Taubes«.
5 Walter Laqueur, *Dying for Jerusalem: The Past, Present and Future of the Holiest City*, Naperville 2006, S. 109.
6 JT an Mohler, 15. April 1950, versendet aus Beth Caspi, Talpioth, Nachlass Mohler.
7 Zur deutsch-jüdischen Intelligenzia in Rechavia siehe Thomas Sparr, *Grunewald im Orient: Das deutsch-jüdische Jerusalem*, Berlin 2018.
8 Anita Shapira, *Israel: A History*, Waltham, MA, 2012, S. 222-227.
9 Tom Segev, *1949: The First Israelis*, New York 1986, S. 78.
10 Shapira, *Israel: A History*, S. 211.
11 Interview mit Judith Buber Agassi.
12 Laqueur, *Dying*, S. 124.
13 Joseph Dan, »Gershom Scholem and the Study of Kabbala at Hebrew University« [Hebräisch], in: *Toldot Hauniversita Haivrit B'Yerushalayim: Hitbassisut Vetzmicha* [*The History of the Hebrew University of Jerusalem: A Period of Consolidation and Growth*], hg. v. Ha-

git Lavsky, Jerusalem 2005, Bd. 1, S. 199-218. Der Band gibt auch Auskunft über Scholems Funktion an der Universität.

14 Arendt an Scholem, 21. November 1940, in: Knott, *Der Briefwechsel*, S. 10.

15 Josef Weiss an FT, Januar 1949, ZfL.

16 Amos Funkenstein, »Gershom Scholem: Charisma, ›Kairos‹, and the Messianic Dialectic«, in: *History and Memory* 4.1 (1992), S. 123-140, hier S. 137.

17 Dan, »Gershom Scholem«, S. 211-216.

18 Scholem an Strauss, 20. Januar 1950, in: Leo Strauss, *Gesammelte Schriften: Band 3*, Stuttgart 2001, S. 718. Zu Guttmann siehe Yehoyada Amir, »Julius Y. Guttmann: The Discipline of Jewish Philosophy« [Hebräisch], in: Lavsky, *History of the Hebrew University*, S. 219-256.

19 Vorlesungsverzeichnis der Hebräischen Universität 1950/51.

20 Interview mit Arnold Band.

21 Interview mit Joseph Ben-Shlomo.

22 Neve Gordon und Gabriel Motzkin, »Between Universalism and Particularism: The Origins of the Philosophy Department at Hebrew University and the Zionist Project«, in: *Jewish Social Studies* 9.2 (2003), S. 99-122.

23 Carl Djerassi, *Four Jews on Parnassus*, New York 2008, S. 35. Djerassis Mutmaßung, Scholem sei mit Fania bereits eine Affäre eingegangen, als er noch mit Escha verheiratet war, scheint unzutreffend.

24 Steven E. Aschheim, »*Bildung* in Palestine«, in seinem *Beyond the Border: The German-Jewish Legacy Abroad*, Princeton, NJ, 2007, S. 16.

25 Schmuel Hugo Bergman, *Tagebücher & Briefe*, hg. v. Miriam Sambursky, Bd. 2, *1948-1975*, Königstein 1985, passim.

26 Siehe William Kluback, »Karl Jaspers and Schmuel Hugo Bergman. Believing Philosophers«, in: *Karl Jaspers*, hg. v. Richard Wisser, Würzburg 1993, S. 173-185, hier S. 176.

27 Laqueur, *Dying*; und Heller, *Birth of Israel, 1945-949*, Kap. 6, »The Intellectuals: *Ichud* and the Politics of Binationalism«.

28 Simon, »Costs of Arab-Jewish Cold War«; und Aschheim, *Beyond the Border*, S. 39-41.

29 Siehe zum Beispiel Ernst Simon, »Are We Israelis Still Jews? The Search for Judaism in the New Society«, in: *Commentary* (April 1953).

30 Ernst Simon, »Erziehung zum Frieden in Kriegszeiten: Dargelegt am Beispiel Israel«, in seinem *Entscheidung zum Judentum*, Frankfurt

am Main 1979, S. 365-366, zitiert in: Aschheim, *Beyond the Border*, S. 35.

31 Bruce Hoffman, *Anonymous Soldiers: The Struggle for Israel, 1917-1947*, New York 2015, S. 101-103.

32 Geula Cohen, *Woman of Violence*, New York 1966, S. 232.

33 Cohen, *Woman of Violence*, S. 268-269.

34 JT an Bergmann, undatiert, aber 1951, Bergmann Papers; zit. n. Nitzan Lebovic, »The Jerusalem School: Theopolitical Hour«, in: *New German Critique* 35.3 (2008), S. 97-120.

35 Interview mit Avishai und Edna Margalit.

36 Vorlesungsverzeichnis der Hebräischen Universität 1951/52.

37 Interview mit Ben-Shlomo.

38 Interview mit Avishai Margalit; Interview mit Ben Shlomo.

39 Interview mit Ben-Shlomo.

40 Kobi Selah, »Professor Yosef ben Shlomo Laid to Rest« [Hebräisch], *Arutz 7*, 21. April 2007; und »Yosef ben Shlomo« [Hebräisch], Wikipedia.

41 Zwi Taubes an Finkelstein [Hebräisch], 28. Juli 1950, JTS IF-90-48 1950; Interview mit Ben-Shlomo.

42 Derek J. Penslar, »Transmitting Jewish Culture: Radio in Israel«, in seinem *Israel in History: The Jewish State in Comparative Perspective*, New York 2007.

43 *Korrespondenz 1*, S. 278-279.

44 Bergman, *Tagebücher & Briefe*, S. 88.

45 JT an ST, 12. Februar 1951, in: *Korrespondenz 1*, S. 239.

46 Bergman, *Tagebücher & Briefe*, S. 111.

47 JT an Ernst Simon, 10. April 1949, Simon Papers.

48 JT an Finkelstein, undatiert, aber Januar 1950.

49 JT an Simon Greenberg, »Purim, 5710«, JTS IF-90-48 1950, »Jacob Taubes«.

50 JT an Ernst Simon, undatiert, aber 1948, Simon Papers.

51 JT an Bergmann, undatiert, aber 1951, Bergmann Papers.

52 Interview mit Joseph Agassi.

53 JT an ST, aus Jerusalem, 7. Januar 1952, in: *Korrespondenz 2*, S. 29-30.

54 Mohler an Schmitt, 14. Februar 1952, zitiert in den editorischen Anmerkungen zu *Taubes–Schmitt*, S. 133-134.

55 Dirk van Laak, *Gespräche in der Sicherheit des Schweigens. Carl Schmitt in der politischen Geistesgeschichte der frühen Bundesrepu-*

blik, Berlin 1993; Reinhard Mehring, *Carl Schmitt: A Biography*, London 2014 (deutsches Original 2009), Kap. 28. Zu seinem Einfluss über Deutschland hinaus siehe Jan-Werner Müller, *A Dangerous Mind: Carl Schmitt in Post-War European Thought*, New Haven, CT, 2003.

56 JT an Mohler, 14. Februar 1952, in: *Taubes–Schmitt*, S. 130.

57 JT an Mohler, 14. Februar 1952, in: *Taubes–Schmitt*, S. 132.

58 JT an Mohler, 14. Februar 1952, in: *Taubes–Schmitt*, S. 130.

59 Rosens Anfrage passt zeitlich genau in Taubes' Vorbereitungsphase für einen Kurs zur Philosophie der europäischen Frühmoderne, den er im akademischen Jahr 1951/52 halten sollte und für den er Schmitts Buch benötigte. Siehe Claude Klein, »The Right of Return in Israeli Law«, 5. November 2015, *Tel Aviv U. Stud. L.* 53 (1997), S. 53; verfügbar unter SSRN: https://ssrn.com/abstract=2686531.

60 Schmitt an Mohler, 14. April 1952, zitiert in den editorischen Anmerkungen in: *Taubes–Schmitt*, S. 133.

61 Siehe Schmitt an Mohler, 14. April 1952, zitiert in den editorischen Anmerkungen in: *Taubes–Schmitt*, S. 133-134.

62 Für verschiedene Bewertungen dieser Beziehungen siehe Richard Wolin, *Heidegger's Children: Hannah Arendt, Karl Löwith, Hans Jonas, and Herbert Marcuse*, Princeton, NJ, 2001; Samuel Fleischacker (Hg.), *Heidegger's Jewish Followers: Essays on Hannah Arendt, Leo Strauss, Hans Jonas, and Emmanuel Levinas*, Pittsburgh 2008; sowie jüngst erschienen und sehr subtil: Daniel M. Herskowitz, *Heidegger and His Jewish Reception*, Cambridge 2021.

63 Taubes, »Notes on the Ontological Interpretation of Theology«, in: *Review of Metaphysics* 2.8 (1949), S. 97-104, wiederabgedruckt in *CtC* (Seitenangaben hieraus), S. 219.

64 Taubes, »Notes on the Ontological Interpretation of Theology«, S. 220, 217.

65 Taubes, »Notes on the Ontological Interpretation of Theology«, S. 220-221.

66 Taubes, »Notes on the Ontological Interpretation of Theology«, S. 221.

67 JT an Mohler, 15. April 1950, in: *Taubes–Schmitt*, S. 125.

68 Für einen neueren Versuch, die Überschneidungen zwischen Kabbala und Heidegger zu skizzieren, siehe Elliot R. Wolfson, *Heidegger and Kabbalah: Hidden Gnosis and the Path of Poiēsis*, Bloomington, IN, 2019.

69 Jacob Taubes, »Review of *Symposion: Jahrbuch für Philosophie*, Frei-

burg, 1949« [Hebräisch], in: *Iyyun* 3.1 (1952), S. 36-40; deutsche Übersetzung in *AuP*.

70 Jacob Taubes, »The Development of the Ontological Question in Recent German Philosophy«, in: *Review of Metaphysics* 6.4 (1952-1953), S. 651-664, hier S. 661.

71 Jacob Taubes, »Emunot Ve'dayot Be'teologia shel ha'mea ha-19«, in: *Archai Hayahdut*, hg. v. Zwi Adar et al., Tel Aviv 1952; Die deutsche Übersetzung unter »Glauben und Wissen in der Theologie des 19. Jahrhunderts«, in: *AuP*.

72 Mehr dazu bei Arthur Green, *Tormented Master: A Life of Rabbi Nahman of Bratslav*, Tuscaloosa 1979, Excursus I, »Faith, Doubt, and Reason«; Funkenstein, »Gershom Scholem«, S. 123-139, der darin zitiert: *Likkutei ha-Moharan*, Jerusalem 1930, 78a-80a.

73 Daniel B. Schwartz, *The First Modern Jew: Spinoza and the History of an Image*, Princeton, NJ, 2012, S. 118-153; Steven Nadler, *A Book Forged in Hell: Spinoza's Scandalous Treatise and the Birth of the Secular Age*, Princeton, NJ, 2011, S. 114-115, 157-159. Zitat aus: Spinoza, *Theologisch-politische Abhandlung*, Kapitel 3, Ende.

74 Schwartz, *First Modern Jew*; und Jan Eike Dunkhase, *Spinoza der Hebräer: Zu einer israelischen Erinnerungsfigur*, Göttingen 2013, S. 87-90.

75 Schwartz, *First Modern Jew*, S. 148-150.

76 Vorlesungsverzeichnis der Hebräischen Universität 1951/52.

77 JT an Mohler, undatiert, aber Frühjahr 1953, in: *Taubes–Schmitt*, S. 141.

78 JT an Hans-Joachim Arndt, 20. Februar 1953, Nachlass Arndt; die Spinoza-Übersetzung wird auch erwähnt in: JT an Eric Voegelin, 4. Mai 1953, Voegelin Papers.

79 Baruch Spinoza, *Maamar Teologi-Medini*, übers. v. Chaim Wirszubski, Jerusalem 1961.

80 *Nach Amerika*, S. 115.

81 Interview mit Joseph Agassi.

82 ST an JT, 11. November 1950, in: *Korrespondenz 1*, S. 92.

83 *Nach Amerika*, S. 71.

84 *Nach Amerika*, S. 72.

85 JT an ST, 11. Januar 1951, in: *Korrespondenz 1*, S. 200.

86 Siehe die Schilderung ihrer Selbst in: ST an JT, Mai 1952, in: *Korrespondenz 2*, S. 229.

87 JT an Finkelstein, 11. September 1950, JTS.

88 Siehe bes. ST an JT, 17.-18. Januar 1952, in: *Korrespondenz 2*, S. 50-51.

89 ST an JT, 10. November 1950, in: *Korrespondenz 1*, S. 87.

90 ST an JT, 19.-20. Februar 1952, in: *Korrespondenz 2*, S. 100.

91 JT an Bergmann, undatiert, aber circa April 1951, mit Bezug auf ein Dokument, das ein Jahr zuvor verfasst wurde, Bergmann Papers.

92 Diese Hinweise finden sich in vielen von Susans Briefen: *Korrespondenz 1*, S. 22, 29, 32, 90.

93 ST an JT, Oktober 1950, 3. November 1950, 12. November 1950, in: *Korrespondenz 1*, S. 43, 77, 96.

94 ST an JT, 24. September 1950, in: *Korrespondenz 1*, S. 23, 120, 128, 132; *Korrespondenz 2*, S. 216, 218.

95 JT an Bergmann, undatiert, aber wahrscheinlich März 1952, Bergmann Papers.

96 JT an ST, Februar 1951, in: *Korrespondenz 1*, S. 244; auch S. 250-251.

97 ST an JT, 11. November 1950, in: *Korrespondenz 1*, S. 91.

98 ST an JT, *Korrespondenz 1*, S. 286; ST an JT, 2. Januar 1952, in: *Korrespondenz 2*, S. 18.

99 ST an JT, 8.-9. Januar 1951, in: *Korrespondenz 1*, S. 189.

100 ST an JT, 18. Februar 1952, in: *Korrespondenz 2*, S. 97.

101 *Iyyun* 3 (Juli 1952), S. 173-175.

102 ST an JT, 20. April 1952, in: *Korrespondenz 2*, S. 200; ST an JT, April 1952, *in: Korrespondenz 2*, S. 206.

103 ST an JT, 24. Januar 1951, in: *Korrespondenz 1*, S. 214; ST an JT, Januar 1952, S. 47; ST an JT, Februar 1952, S. 94; ST an JT, 29. März 1952, S. 163; ST an JT, 12. Mai 1952, S. 225. Alle in *Korrespondenz 2*.

104 ST an JT, 26./27. Mai 1952, in: *Korrespondenz 2*, S. 235.

105 ST an JT, 4. Dezember 1950, in: *Korrespondenz 1*, S. 132.

106 JT an ST, 23. Februar 1952, in: *Korrespondenz 2*, S. 107.

107 JT an seine Eltern, Erev Pesach 1952, in: *Korrespondenz 2*, S. 181-184.

108 ST an JT, Mai 1952, in: *Korrespondenz 2*, S. 228.

109 ST an JT, undatiert, aber Januar 1952, in: *Korrespondenz 2*, S. 60; ST an JT, 1. Mai 1952, S. 213.

110 ST an JT, April-Mai 1952, in: *Korrespondenz 2*, S. 211.

111 ST an JT, 25. Januar 1952, in: *Korrespondenz 2*, S. 64-65.

112 JT an ST, 21. März 1952, in: *Korrespondenz 2*, S. 154.
113 ST an JT, in: *Korrespondenz 2*, S. 54.
114 ST an JT, 25. Januar 1952, in: *Korrespondenz 2*, S. 65.
115 ST an JT, 8. Februar 1952, in: *Korrespondenz 2*, S. 84.
116 JT an ST, Mai 1952, in: *Korrespondenz 2*, S. 227.
117 JT an ST, 16. April 1952, in: *Korrespondenz 2*, S. 196.
118 JT an ST, undatiert, aber April 1952, in: *Korrespondenz 2*, S. 202.
119 ST an JT, Mai 1952, in: *Korrespondenz 2*, S. 211-213.
120 ST an JT, Februar 1952, in: *Korrespondenz 2*, S. 92.
121 ST an JT, 16. April 1952, in: *Korrespondenz 2*, S. 197-198.
122 ST an JT, 21. April 1952, in: *Korrespondenz 2*, S. 205.
123 ST an JT, 24. März 1952, in: *Korrespondenz 2*, S. 155.
124 ST an JT, 21. April 1952, in: *Korrespondenz 2*, S. 205.
125 JT an ST, 19. Februar 1952, in: *Korrespondenz 2*, S. 99.
126 Abraham P. Socher, *The Radical Enlightenment of Solomon Maimon: Judaism, Heresy, and Philosophy*, Stanford 2006, S. 163.
127 Interview mit Annette Michelson.
128 Scholem an Finkelstein, 16. April 1950, JTS IF-89-55 1950, »Gershom Scholem«.
129 Finkelstein an Scholem, 16. Juli 1951, JTS.
130 Interview mit Joseph Agassi. ST an JT, 9. Februar 1951, mit Bezügen auf Briefe vom 1. und 3. Februar, in denen steht, Scholem und andere »verstanden den Vortrag nicht«, in: *Korrespondenz 1*, S. 232.
131 Christoph König, »Ungebärdiges Lesen: Laudatio für Jean Bollack«, in: *Lendemains* 33 129 (2008), S. 119-127.
132 ST an Scholem, New York, 8. November 1950, wieder abgedruckt in *PdM*, S. 125-126.
133 Joseph Dan, »Gershom Scholem«.
134 Interviews mit Marianne Weinberg sowie Jean und Mayotte Bollack, Freunde von Gershom und Fania Scholem. Für eine ähnliche Einschätzung siehe Biale, *Gershom Scholem: Master of the Kabbalah*, Kap. 3.
135 Interview mit Joseph Agassi und Judith Buber Agassi.
136 Interview mit Jean und Mayotte Bollack.
137 Biografische Informationen sind der Einleitung von Naom Zadoff in dem von ihm herausgegebenen Band entnommen: *Gershom Scholem and Joseph Weiss, Correspondence 1948-1964* [Hebräisch], Jerusalem 2012, sowie aus Joseph Dan, »Joseph Weiss Today«, in: *Studies in East European Jewish Mysticism and Hasidism*, hg. v. David Gold-

stein und Joseph Weiss, London 1997, S. ix-xx; und Sara Ora Wilensky, »Joseph Weiss: Letters to Ora«, in: *Hasidism Reappraised*, hg. v. Ada Rapoport-Albert, London 1997, S. 10-31.

138 Siehe bes. »The Beginnings of Hasidism« [Hebräisch mit einer englischen Zusammenfassung], in: *Zion* 16.3/4 (1951), S. 46-106.

139 Gershom Scholem, »The Neutralization of the Messianic Element in Early Hasidism«, in: Scholem, *The Messianic Idea in Judaism*, New York 1971, S. 176-178.

140 *Korrespondenz 1*, S. 31 (Anm. 10).

141 So berichtete es Jacob in einer späteren Lebensphase Aleida Assmann; Interview mit Aleida Assmann. Siehe auch das Interview mit Marianne Weinberg.

142 Weiss an Scholem, 16. November 1950, in: *Correspondence 1948-1964*, S. 53-55.

143 Weiss an Sara Ora Wilensky, 13. März 1951, in: *Correspondence 1948-1964*, S. 27.

144 Weiss an Scholem, 20. März 1951, in: *Correspondence 1948-1964*, S. 57-58.

145 Scholem an Weiss, 27. März 1951, in: *Correspondence 1948-1964*, S. 58-59.

146 Interview mit Shmaryahu Talmon.

147 Yonina Gerber Talmon an Scholem, 23. Juni 1951, Scholem Papers.

148 Scholem, *Briefe*, München 1995, Bd. 2, S. 25-28, und in *PdM*, S. 127-129.

149 JT an Scholem, 11. Oktober 1951, in Scholem Papers und *PdM*, S. 111-113.

150 Bergmann an JT (Rochester), 8. Oktober 1951, Bergmann Papers.

151 JT an Scholem, 17. Oktober 1951 *PdM*, S. 113-114.

152 JT (Rochester) an Bergmann, 16. Oktober 1951, Bergmann Papers.

153 ST an JT, 11. April 1952, in: *Korrespondenz 2*, S. 189.

154 JT an ST, 7. Januar 1952, in: *Korrespondenz 2*, S. 29.

155 JT an Bergmann [Hebräisch], undatiert, aber Ende 1951, Bergmann Papers.

156 JT an Bergmann, 25. März 1952, Bergmann papers; und ST an JT, in: *Korrespondenz 2*, S. 261-263. Bergmann an »Itzig«, i.e. E.I. Poznanski, 8. November 1955 [Hebräisch], Bergmann Papers; JT an ST, 31. März 1952, in: *Korrespondenz 2*, S. 165.

157 Siehe den Hinweis darauf in ST an JT, 26. April 1952, in: *Korrespondenz 2*, S. 210; und JTs Bemerkungen Zipkes gegenüber in Zürich

in diesem Sommer, Tagebuch Zipkes, 25. Juni 1952; von Zipkes dem Autor zur Verfügung gestellt.

158 JT an Bergmann, undatiert, aber März 1952, Bergmann Papers.

159 Gesprächsnotiz von W. Senator (geschäftsführender Vizepräsident der Hebräischen Universität) [Hebräisch], 21. März 1952, Bergmann Papers.

160 JT an Bergmann [Hebräisch], undatiert, aber März 1952, Bergmann Papers.

161 Scholem an Leo Strauss, 2. Juni 1952, in: Scholem, *Briefe*, Bd. 2, S. 31.

162 JT an Scholem, 14. September 1952, Text in: *PdM*, S. 114-115; und Scholems handschriftliche Anmerkungen auf Deutsch und Hebräisch auf dem Original. Scholem Papers, »Jacob Taubes«.

163 JT an Buber, 6. September 1952, Buber Papers.

164 Tagebuch Zipkes, 25. Juni 1952. Von Zipkes dem Autor zur Verfügung gestellt.

7
Wie geht es weiter? 1952-1956

1 ST an JT, 19. Juni 1952, in: *Korrespondenz 2*, S. 250.

2 ST an JT, 19. Juni 1952, in: *Korrespondenz 2*, S. 251.

3 ST, in: *Korrespondenz 1*, S. 265; über den Zeitpunkt der Reise nach London siehe *Nach Amerika*, S. 344, der Zeitpunkt von Ethans Geburt deckt sich exakt mit der Zeitachse des Romans.

4 JT an Hans-Joachim Arndt, undatiert, aber Frühjahr 1953, Nachlass Arndt.

5 JT an Salo Baron, undatiert, aber 1953, Baron Papers.

6 Interview mit Victor und Jacqueline Gourevitch.

7 Eric Voegelin an JT, 15. Mai 1953, Voegelin Papers.

8 Michael Schalit an Susan und Jacob Taubes, Rochester, 14. März 1954; der Brief sowie einige Kapitel der verworfenen Übersetzung wurden mir von Manfred Voigts zur Verfügung gestellt.

9 Jacob Taubes, Rezension von *Kafka, pro und contra*, von Günther Anders, in: *Philosophy and Phenomenological Research* 13.4 (1953), S. 582-583; Rezension von *Philosophical Essays: Ancient, Medieval, and Modern*, von Isaac Husik, in: *Philosophy and Phenomenological Research* 14.2 (1953), S. 267-270; und in derselben Ausgabe, Rezension von *Symphilosophein*, hg. v. Helmuth Plessner, S. 284-285; Rezension von *Religion and the Modern Mind*, von

W. T. Stace, in: *Ethics* 64.2, Teil 1 (1954), S. 137-141. In allen Fällen wird der Autor als wohnhaft in »Rochester, New York« geführt.

10 Taubes veröffentlichte zwei leicht voneinander abweichende Versionen desselben Artikels, die beide mit einem Überblick über die Beziehung zwischen Religion, Theologie und Philosophie beginnen. Die frühere Version lautet »On the Nature of the Theological Method: Some Reflections on the Methodological Principles of Tillich's Theology«, in: *Journal of Religion* 34 (1954), S. 12-25, wieder abgedruckt in *CtC*; die spätere Version trägt den Titel »Theology and the Philosophic Critique of Religion«, in: *CrossCurrents* 5.4 (1954), S. 323-330, wiederveröffentlicht in: *Zeitschrift für Religions- und Geistesgeschichte* 8.2 (1956), S. 129-138.

11 Vgl. Gershom G. Scholem, *Major Trends in Jewish Mysticism*, New York 1954, S. 7, 23.

12 Jacob Taubes, »Christian Nihilism«, Rezension von *Against the Stream*, von Karl Barth, in: *Commentary*, (September 1954), S. 269-272, hier S. 269.

13 Taubes, »On the Nature of the Theological Method«, S. 13.

14 Jacob Taubes, Rezension von *Ausgewählte Reden und Aufsätze*, von Adolf von Harnack, in: *Ethics* 64.2 (1954), S. 150-151.

15 Taubes, »On the Nature of the Theological Method«, S. 25.

16 Jacob Taubes, »Dialectic and Analogy«, in: *Journal of Religion* 34.2 (1954), S. 111-119, hier S. 119, wiederabgedruckt in *CtC*.

17 Jacob Taubes, »On the Symbolic Order of Modern Democracy«, in: *Confluence: An International Forum* 4.1 (1955), S. 57-71; ähnlich »Theology and Political Theory«, in: *Social Theory* 22 (1955), S. 57-68 (wiederabgedruckt in *CtC*). Die beiden Essays überschneiden sich inhaltlich.

18 Taubes, »Dialectic and Analogy«, S. 114-115.

19 Taubes, »Dialectic and Analogy«, S. 116-117.

20 Taubes, »Theology and the Philosophic Critique of Religion«.

21 Jacob Taubes, »Nietzsche and Christ«, Rezension von *Love, Power and Justice*, von Paul Tillich, in: *New Leader* 37.33 (1954), S. 24-26.

22 Taubes, »On the Nature of the Theological Method«, S. 19.

23 Thomas J. J. Altizer (Hg.), *Toward a New Christianity: Readings in the Death of God Theology*, New York 1967, S. 219.

24 Jacob Taubes, »From Cult to Culture«, in: *Partisan Review* 21 (1954), S. 387-400, wiederabgedruckt in *CtC*.

25 JT an Buber, 7. Juni 1953, Buber Papers.

26 JT an Strauss, 7. Juni 1954, Leo Strauss Papers.

27 JT an Buber, 4. Juli 1953, Buber Papers. JT an Bergmann, undatiert, Poststempel 1956 in Bergmann Papers.

28 JT an Tamara Fuchs, 24. September 1955, in: Voigts, *Jacob Taubes und Oskar Goldberg*, S. 68.

29 JT an Tamara Fuchs, undatiert, aber Frühjahr 1955, in: Voigts, *Jacob Taubes und Oskar Goldberg*, S. 67.

30 Daniel Bell, »The ›Intelligentsia‹ in American Society«, in: Bell, *The Winding Passage: Essays and Sociological Journeys 1960-1980*, Cambridge, MA, 1980, S. 127-129.

31 Balint, *Running Commentary*, S. 50-52.

32 Die Formulierung stammt von Will Herberg, drückt aber ein Gefühl von Cohen aus. Balint, *Running Commentary*, S. 54.

33 JT an Eugen Rosenstock, 17. Mai 1953, Rosenstock-Huessy Papers.

34 Dieser Aspekt wurde von den Herausgebern gut herausgearbeitet, *KzK*, S. 7.

35 Mark Silk, »Notes on the Judeo-Christian Tradition in America«, in: *American Quarterly* 36.1 (1984), S. 65-85, hier S. 67-69.

36 Jonathan Sarna, *American Judaism*, New Haven, CT, 2004, S. 267.

37 Silk, »Notes«, S. 74; Interview mit Daniel Bell.

38 Nahum Glatzer, »Franz Rosenzweig«, in: *YIVO Annual* 1 (1946); Eugene R. Sheppard, »›I am a memory come alive‹: Nahum Glatzer and the Legacy of German Jewish Thought in America«, in: *Jewish Quarterly Review* 94.1 (Winter 2004), S. 123-48; »I Am a Memory Come Alive: Nahum Glatzer and the Transmission of German-Jewish Learning«, Film von Judith Glatzer Wechsler (2011).

39 Franz Rosenzweig, »Atheistic Theology«, in: Rosenzweig, *Philosophical and Theological Writings*, hg. v. Paul W. Franks und Michael L. Morgan, Indianapolis 2000 S. 10-24.

40 Will Herberg, »Rosenzweig's ›Judaism of Personal Existence‹: A Third Way between Orthodoxy and Modernism«, in: *Commentary* (Dezember 1950), S. 541-49, hier S. 548.

41 Will Herberg, »Judaism and Christianity: Their Unity and Difference«, in: *Journal of Bible and Religion* 21.2 (1953), S. 67-78, hier S. 71-72.

42 Hans-Joachim Schoeps, »A Religious Bridge between Jew and Christian: Shall We Recognize Two Covenants?«, in: *Commentary* (Februar 1950), S. 129-132.

43 Jacob Taubes, »The Issue between Judaism and Christianity«, in: *Commentary* (Dezember 1953), S. 525-533, wiederabgedruckt in *CtC*.

44 JT, »letter to the editor«, in: *Commentary* (Oktober 1954), S. 371-372.

45 JT an Rosenstock, 6. August 1953, Rosenstock-Huessy Papers.

46 JT an Rosenstock, 21. Juli 1953. In seinen Abschlussvorlesungen über *Die politische Theologie des Paulus* wiederholte Taubes diese Erkenntnis im Rahmen einer Unterrichtsdiskussion mit seinem Studenten Marshall Berman an der Columbia. Siehe *PTdP*, S. 82, wo der Name seines Gesprächspartners fälschlicherweise mit »Michael Baermann« angegeben ist.

47 Biografische Informationen aus Eric Voegelin, *Autobiographical Reflections*, hg. v. Ellis Sandoz, Baton Rouge 1989.

48 Eric Voegelin, *The New Science of Politics: An Introduction*, Chicago 1952, S. 107.

49 Voegelin, *New Science*, S. 107-113.

50 JT an Carl Friedrich, undatiert, aber 1953, Friedrich Papers, alle Verweise beziehen sich auf HUGFP 17.22 boxes 32 und 33.

51 JT an Eric Voegelin, undatiert, aber Herbst 1952 und 29. November 1952, Voegelin Papers, box 37, folder 10. Siehe auch Alfred Schütz an Eric Voegelin, 9. November 1952, in: Alfred Schütz, Eric Voegelin, *Eine Freundschaft, die ein Leben ausgehalten hat: Briefwechsel 1938-1959*, hg. v. Gerhard Wagner und Gilbert Weiss, Konstanz 2004, S. 448-449.

52 JT an William Y. Elliott, 3. Dezember 1952, Elliott Papers, box 55, Hoover.

53 Zitiert in: *KzK*, S. 13.

54 JT an Hannah Arendt, undatiert, aber Ende 1953, Arendt Papers, Library of Congress.

55 Niall Ferguson, *Kissinger 1923-1968: The Idealist*, New York 2015, S 272-274.

56 Die Abschrift Jacob Taubes, »Theology and Political Theory«, 16. Februar 1953, befindet sich in den Elliott Papers, box 55, Hoover.

57 So der Bericht von Taubes in *ACS*, S. 23. Arndt bestritt später den Zeitpunkt (Arndt an Armin Mohler, 26. Mai 1987, wiederabgedruckt in: *Taubes–Schmitt*, S. 205-207), doch meine Lektüre der Seminarabschrift und die Korrespondenz zwischen Arndt und Taubes scheinen Taubes' Bericht zu bestätigen.

58 JT, Rochester, an Hans-Joachim Arndt, 20. Februar 1953, Nachlass Arndt.

59 JT an Schmitt, 2. August 1955, in: *Taubes–Schmitt*, S. 21.

60 JT an Bergmann, 14. Januar 1953, Bergmann Papers.

61 Zur Geschichte des Frankfurter Instituts siehe Martin Jay, *The Dialectical Imagination: A History of the Frankfurt School and the Institute of Social Research 1923-1950*, Boston 1973; und Rolf Wiggershaus, *Die Frankfurter Schule: Geschichte. Theoretische Entwicklung. Politische Bedeutung*, München 1986.

62 Uwe Steiner, *Walter Benjamin: An Introduction to His Work and Thought*, Chicago 2010, S. 174.

63 JT an Hannah Arendt, 6. Dezember 1953, Arendt Papers, Library of Congress.

64 Zu diesem Argument siehe Max Horkheimer, »Die Juden und Europa«, in: *Zeitschrift für Sozialforschung* (1939).

65 Siehe die Diskussion in Jay, *Dialectical Imagination*, Kap. 6.

66 Max Horkheimer, *The Eclipse of Reason*, New York 1947; Neuauflage 1974.

67 Günter C. Behrmann, »Zur Publikationsgeschichte der Kritischen Theorie«, in: *Die intellektuelle Gründung der Bundesrepublik: Eine Wirkungsgeschichte der Frankfurter Schule*, hg. v. Clemens Albrecht et al., Frankfurt am Main 2000, S. 283.

68 Behrmann, »Publikationsgeschichte«, S. 264; Jürgen Habermas bestätigte dies im Interview.

69 Behrmann, »Publikationsgeschichte«, S. 252.

70 Siehe Herbert Marcuse an Horkheimer, 12. Dezember 1954, sowie Horkheimers Antwort vom 28. Dezember 1954, in: Max Horkheimer, *Gesammelte Schriften*, Bd. 18, *Briefwechsel 1949-1973*, hg. v. Gunzelin Schmid Noerr, Frankfurt am Main 1996, S. 286-287.

71 Horkheimer, *Eclipse of Reason*, S. 4-10, 58.

72 Martin Jay, *Reason after Its Eclipse: On Late Critical Theory*, Madison, WI, 2016.

73 Interview mit Stanley Cavell.

74 Die Formulierung »linke politische Theologie« nutzte Taubes in seiner Vorlesung von 1986, um sein Projekt zu beschreiben, in *ACS*, S. 20.

75 JT an Bergmann, undatiert, aber 1953, Bergmann Papers.

76 John Marshall, Rockefeller Foundation, an Paul Tillich, 10. Februar 1953, in: Tillich Papers, »Taubes«.

77 JT, Cambridge, an Tillich, undatiert, aber November 1953, Tillich Papers, »Taubes«.

78 Herbert Marcuse, *Eros and Civilization*, Boston 1955, S. 126; zum *Corpus Hereticorum*: Barry Katz, *Herbert Marcuse and the Art of Liberation*, London 1982, S. 154.

79 Jacob Taubes, »The Gnostic Idea of Man«, in: *Cambridge Review* 1.2 (15. März 1955), S. 86-94.

80 Taubes, »On the Symbolic Order of Modern Democracy«, S. 57-71. Ein Teil der darin formulierten Thesen findet sich auch in: Jacob Taubes, »Virtue and Faith: A Study of Terminology in Western Ethics«, in: *Philosophy East and West* 7.1-2 (1957), S. 27-32.

81 Daniel Bell an Elaine Bell, 20. Februar 1955, mit freundlicher Genehmigung von David A. Bell.

82 Daniel Bell an Elaine Bell, 27. Februar 1955, mit freundlicher Genehmigung von David A. Bell.

83 Norman Cohn, *The Pursuit of the Millennium*, London 1957, S. xiv und »Conclusion«, passim.

84 *KzK*, S. 12.

85 Morton Keller und Phyllis Keller, *Making Harvard Modern: The Rise of America's University*, New York 2001, S. 51.

86 Interview mit Robert Bellah.

87 Keller und Keller, *Making Harvard Modern*, S. 72.

88 Zu Wolfson siehe Paul Ritterband und Harold S. Wechsler, *Jewish Learning in American Universities: The First Century*, Bloomington 1994, S. 107-121.

89 Interview mit Elsa First.

90 Morton White an JT, 10. Dezember 1954, Philosophy Department Correspondence 1950-55, Harvard University Archives, UAV 687.11.

91 Interview mit Nina Holton.

92 »And You Takes Your Choice«, *Harvard Crimson*, 27. September 1954.

93 James F. Gilligan, »Nomad Philosopher«, *Harvard Crimson*, 23. Oktober 1954.

94 Interviews mit Hubert Dreyfus und Robert Wolff.

95 JT an Arndt, auf Briefpapier der Beacon Press, 1. Januar 1955, Nachlass Arndt; JT an Tamara Fuchs, 24. September 1955, in: Voigts, *Jacob Taubes und Oskar Goldberg*, S. 68; Interview mit Stanley Cavell.

96 Michael S. Roth, *Knowing and History: Appropriations of Hegel in Twentieth-Century France*, Ithaca, NY, 1988, Kap. 2; und Leo Strauss, *On Tyranny: Including the Strauss-Kojève Correspondence*, hg. v. Victor Gourevitch und Michael S. Roth, New York 1991, bes. S. 217-219.

97 Interview mit Elsa First; Interview mit Victor Gourevitch.

98 Interview mit Gourevitch; Interview mit Janet Aviad.

99 Jacob Taubes, Philosophy 286, Frühjahr 1955, »Introduction to Hegel's Early Theological Writings«, in: Friedrich Papers.

100 Kursbeschreibung in Friedrich Papers. Sontag bemerkt zum Kurs »Philosophy 286«, undatiert, aber Frühjahr 1955, Susan Sontag Papers, Special Collections, UCLA, box 153, folder 6. Einige Notizen scheinen in Rieffs Handschrift verfasst zu sein. Die Inhalte des Kurses werden reflektiert in Jacob Taubes, »Hegel«, in: *Encyclopedia of Morals*, hg. v. Vergilius Ferm, New York 1956, S. 207-212.

101 Wo nicht anders angegeben, basieren die biografischen Informationen über Philip Rieff auf meinem Interview mit ihm.

102 Susan Sontag, *Reborn: Journals and Notebooks 1947-1963*, hg. v. David Rieff, New York 2008, S. 56, Eintrag vom 21. November 1949.

103 Über die Gründungsgeschichte der Brandeis University siehe Stephen J. Whitfield, *Brandeis University: At the Beginning*, Waltham, MA, 2010, darin auch Informationen über Glatzer.

104 Sontag, *Reborn*, Eintrag vom 25. Februar 1958, S. 193.

105 Daniel Schreiber, *Susan Sontag: A Biography*, übers. v. David Dollenmayer, Evanston, IL, 2014, S. 33.

106 Zum Denken Rieffs siehe Jerry Z. Muller, »Philip Rieff«, in: *American Cultural Critics*, hg. v. David Murray, Exeter 1995; und die Auswahl in Jerry Z. Muller (Hg.), *Conservatism: An Anthology of Social and Political Thought from David Hume to the Present*, Princeton, NJ, 1997, S. 411-413.

107 Für seine Kommentare zu Marcuse siehe Philip Rieff, *Fellow Teachers*, New York 1973, S. 108n, 144n, 205-207.

108 Interview mit Stanley Cavell.

109 JT an Hugo Bergmann, 25. Juni 1954, Bergmann Papers.

110 Interview mit Philip Rieff; Interview mit Elsa First. Über Marcuses Karriere an der Brandeis siehe Stephen J. Whitfield, *Learning on the Left: Political Profiles of Brandeis University*, Waltham, MA, 2020, S. 164-166.

111 Interview mit Elsa First.

112 Interview mit Judith Glatzer Wechsler.

113 Will Joyner, »Krister Stendahl: 1921-2008«, Harvard Divinity School, 16. April 2008, https://hds.harvard.edu/news/2011/02/07/kristerstendahl-1921-2008#.

114 Krister Stendahl, *Paul Among Jews and Gentiles and Other Essays*, Philadelphia 1976; der Schlüsselaufsatz erschien erstmals 1961;

George H. Williams, *The »Augustan Age«: Divinings: Religion at Harvard*, Bd. 2, Göttingen 2014, S. 468-470.

115 Interview mit Krister Stendahl.

116 Siehe das »New Preface« zu *The Scrolls and the New Testament*, hg. v. Krister Stendahl und James H. Charlesworth, New York 1992.

117 Interviews mit Elsa First und Annette Michelson.

118 ST an Arndt, undatiert, aber Sommer/Herbst 1954, Arndt Papers.

119 JT an Arndt, undatiert, aber 1955, Arndt Papers.

120 JT an Paul Tillich, 27. Juni 1955, Tillich Papers.

121 JT an Max Horkheimer, 7. Juli 1955, MHA V 162, Frankfurt am Main.

122 Hans Jonas, *The Gnostic Religion: The Message of the Alien God and the Beginnings of Christianity*, Boston 1958, S. xviii.

123 Aus einem veröffentlichten Interview mit Hans Jonas, publiziert als: Hans Jonas, *Erinnerungen*, Frankfurt am Main 2003, S. 272-273; auf Englisch als *Memoirs*, hg. und mit Anmerkungen v. Christian Wiese, übers. v. Krishna Winston, Waltham, MA, 2008, S. 168-169.

124 Interview mit Philip Rieff.

125 Zu Friedrichs Biografie siehe Udi Greenberg, *The Weimar Century: German Émigrés and the Ideological Foundations of the Cold War*, Princeton, NJ, 2014, Kap. 1; und Ferguson, *Kissinger 1923-1968*, S. 228-230.

126 JT an Friedrich, 14. Juni 1953, Friedrich Papers.

127 JT, Princeton, an Friedrich, 9. Januar 1956, Friedrich Papers.

128 Friedrich an McGeorge Bundy, 12. Januar 1955, Friedrich Papers.

129 ST an Arndt, undatiert, aber Sommer/Herbst 1954, Arndt Papers. Warren C. McCulloch an Albert Balz, 2. Juni 1954, und der angehängte Entwurf in McCulloch Papers, American Philosophical Society, Philadelphia.

130 Interview mit Krister Stendahl.

131 JT an Arndt, Boston, MA, 20. August 1955, Arndt Papers.

132 Crane Brinton et al., »Faculty Minute on the Late Arthur Darby Nock«, in: *Harvard Studies in Classical Philology* 68 (1964); E. R. Dodds and Henry Chadwick, »Obituary: Arthur Darby Nock«, in: *Journal of Roman Studies* 53 (1963), S. 168-169.

133 Interview mit Krister Stendahl.

134 JT an Friedrich, 1. Januar 1956, Friedrich Papers.

135 McGeorge Bundy (Dekan) an Friedrich, 27. Dezember 1954, Friedrich Papers.

136 Interview mit Hubert Dreyfus.

137 Jacob Taubes, »Four Ages of Reason«, zitiert aus *CtC*, S. 268.

138 JT, Cambridge, MA, an Horkheimer, 23. April 1955, MHA V 162.

139 Jacob Taubes, »On the Historical Function of Reason«, MHA V 162. Sowohl im Manuskript als auch in der veröffentlichten Fassung wird in der ersten Fußnote angemerkt, dass eine frühe Entwurfsversion in Harvard und Yale als Vortrag gehalten wurde.

140 Interview mit Herbert Dreyfus, der als Doktorand in Harvard die Vorlesung besuchte.

141 Aus Sontags Tagebucheintrag, zitiert in Benjamin Moser, *Sontag: Her Life and Work*, New York 2019, S. 193. Die Verweise, die er auf das veröffentlichte Tagebuch *Reborn* gibt, stimmen jedoch nicht mit dem Tagebucheintrag überein.

142 Jonas, *Erinnerungen*, S. 272-273; auf Englisch: *Memoirs*, S. 168.

143 Interviews mit Arnold Band und Daniel Bell. White hatte gegenüber Susan Sontag angedeutet, dass er Taubes mit Skepsis betrachtete; dies findet einen Widerhall in *Reborn*; siehe *Reborn*, S. 244.

144 Interview mit Avishai Margalit.

145 Bundy an Friedrich, 28. Januar 1955, Friedrich Papers.

146 Interview mit Nina Holton.

147 Interview mit Philip Rieff.

148 Taubes dankt ihm am Anfang von »Four Ages of Reason«.

149 Walter Kaufmann, »The Hegel Myth and Its Method«, in: *The Philosophical Review* [1951]; zu Kaufmann und seiner Nietzscheinterpretation siehe Jennifer Ratner-Rosenhagen, *American Nietzsche*, Chicago 2011, Kap. 6.

150 Strauss an Scholem, 22. Juni 1952, in: Strauss, *Gesammelte Schriften*, Bd. 3, S. 728.

151 Arendt an Gershom Scholem, New York, 9. April 1953, in: *Hannah Arendt–Gershom Scholem: Der Briefwechsel*, hg. v. Marie Luise Knott, Berlin 2010, S. 380.

152 Arendt an Scholem, 8. Juli 1954, in: *Hannah Arendt–Gershom Scholem: Der Briefwechsel*, S. 391.

153 Strauss an Scholem, 27. Oktober 1955, in: Strauss, *Gesammelte Schriften*, Bd. 3, S. 735-736.

154 Interviews mit Stanley Cavell und Krister Stendahl.

155 Interview mit Stanley Cavell.

156 Interviews mit Stanley Cavell, Arthur Hyman und Leon Wieseltier.

157 Jacob Taubes, CV, Friedrich Papers.

158 Franz Overbeck, *Selbstbekenntnisse. Mit einer Einleitung von Jacob Taubes*, Frankfurt am Main 1966.

159 Interview mit Philip Rieff.

160 Daniel Bell an Elaine Graham, 20. Februar 1955, mit freundlicher Genehmigung von David A. Bell.

161 Daniel Bell an Elaine Graham, 27. Februar 1955, mit freundlicher Genehmigung von David A. Bell.

162 JT an Schmitt, 2. August 1955, in: *Taubes–Schmitt*, S. 21.

163 Gastdozent, Offizielle Mitteilung der Princeton University, ETT.

164 JT an Friedrich, 5. September 1955, Friedrich Papers.

165 JT, Princeton, NJ, an Friedrich, 5. September 1955, Friedrich papers; JT an Voegelin, undatiert, aber Herbst 1955, Voegelin Papers.

166 JT an Friedrich, 1. Januar 1956, Friedrich Papers.

167 JT an Tamara Fuchs, 24. September 1955, in: Voigts, *Jacob Taubes und Oskar Goldberg*, S. 68.

168 JT an Arndt, Princeton, NJ, 5. März 1956, Arndt Papers.

169 Interview mit Gregory Callimanopulos.

170 *Korrespondenz 2*, S. 90.

171 George L. Mosse, *German Jews beyond Judaism*, Bloomington, IN, 1985.

172 Jacob Taubes, »Erich von Kahler–70 Jahre«, *Aufbau*, 23. Dezember 1955, S. 10, wiederabgedruckt in *AuP*; JT an Erich von Kahler, 11. Dezember 1955, Nachlass Erich von Kahler, DLA Marbach. Zu Kahlers Hintergrund siehe Robert E. Lerner, *Ernst Kantorowicz: A Life*, Princeton, NJ, 2017, S. 41, 44-45; Interview mit Ethan Taubes.

173 Nahum Glatzer an Hutchison, 7. Februar 1956, Baron Papers.

174 Abraham Kaplan an Hutchison, 20. Februar 20, 1956, Baron Papers.

175 Fritz Kaufmann an Hutchison, 7. Februar 1956, Baron Papers.

176 Alexander Koyré an Hutchison, 3. März 1956; Jean Wahl an Hutchison, 28. Februar 1956, Baron Papers.

177 Arthur O. Lovejoy an Hutchison, 7. Februar 1956, Baron Papers.

178 John Dillenberger an Hutchison, 8. Februar 1956, Baron Papers.

179 Paul Tillich an Hutchison, 10. Februar 1956, Baron Papers.

180 Gregory Vlastos an Hutchison, 16. Februar 1956, Baron Papers.

181 Harry W. Jones an Salo Baron, 5. April 1956, Baron Papers.

182 JT an Voegelin, 20. April 1956, Voegelin Papers.

183 JT an Arndt, Princeton, NJ, 5. März 1956, Nachlass Arndt.

8
Die Jahre an der Columbia University,
1956-1966

1 JT an Friedrich, 5. Oktober 1956, Friedrich Papers; Interview mit Ethan Taubes.

2 Walter Laqueur, »The Arendt Cult«, in: *Arendt in Jerusalem*, hg. v. Steven Aschheim, Berkeley 2001, S. 47-64, hier S. 56-57.

3 Ihre monatliche Miete betrug zunächst $ 163 und stieg im Jahr 1958 auf $ 174, nachdem einige Verbesserungen vorgenommen worden waren. Das bedeutete circa ein Fünftel von Jacobs Gehalt. »Order Adjusting Maximum Rent«, 12. März 1956, ETT.

4 Interviews mit Irving Kristol und Gertrude Himmelfarb; Interview mit Joseph und Judith Agassi.

5 Interviews mit Ethan und Tania Taubes; Interview mit David Rieff.

6 Robert A. McCaughey, *Stand Columbia: A History of Columbia University in the City of New York, 1754-2004*, New York 2003, S. 411.

7 McCaughey, *Stand Columbia*, S. 290-299.

8 Daniel Bell, *The Reforming of General Education: The Columbia College Experience in Its National Setting*, New York 1966, S. 224.

9 McCaughey, *Stand Columbia*, S. 390.

10 McCaughey, *Stand Columbia*, S. 383-387.

11 McCaughey, *Stand Columbia*, S. 386.

12 Thomas Albert Howard, *Protestant Theology and the Making of the Modern German University*, New York 2006, S. 382.

13 Howard, *Protestant Theology*, S. 379, 381.

14 D.G. Hart, *The University Gets Religion: Religious Studies in American Higher Education*, Baltimore 1999, S. 97 und passim.

15 Horace L. Friess, »The Department of Religion«, in: *A History of Columbia University: The Faculty of Philosophy*, New York 1957, S. 147.

16 Friess, »Department of Religion«, S. 165.

17 Siehe Hart, *University Gets Religion*, S. 158-160.

18 Friess, »Department of Religion«, S. 159.

19 Willard Gordon Oxtoby, »*Religionswissenschaft* Revisited«, in: *Religions in Antiquity*, hg. v. Jacob Neusner, Leiden 1968, S. 560-608, hier S. 593.

20 Oxtoby, »*Religionswissenschaft* Revisited«, S. 594.

21 Oxtoby, »*Religionswissenschaft* Revisited«, S. 603.

22 Friess, »Department of Religion«, S. 166-167; Interview mit John J. Gallahue.

23 JT an Arndt, Princeton, NJ, 5. März 1956, Arndt Papers.

24 JT an Carl J. Friedrich, 5. Oktober 1956, Friedrich Papers.

25 Interview mit Peter Gay.

26 Interviews mit Edmund Leites und John J. Gallahue.

27 ST an Paul Tillich, 10. Oktober 1956, Tillich Papers.

28 Friess, »Department of Religion«, S. 153.

29 Interview mit Jean Bollack; Mohler, »Der messianische Irrwisch«, S. 219-221.

30 Interview mit Robert Bellah.

31 Interview mit Walter Sokel.

32 Interview mit Peter L. Berger.

33 Zu Bubers Reise in die Vereinigten Staaten siehe Paul Mendes-Flohr, *Martin Buber: A Life of Faith and Dissent*, New Haven, CT, 2019, S. 291-293.

34 JT an Buber, 17. September 1956, Buber Papers.

35 JT an Buber, 11. November 1956 und 25. Januar 1957; und der Bericht in Maurice Friedman, *Encounter on the Narrow Ridge: A Life of Martin Buber*, New York 1991, S. 370.

36 E-Mail-Postfach von Berel Lang, 9. Juli 2017. Lang besuchte damals das Seminar.

37 JT an Friedrich, 17. März 1958, Friedrich Papers.

38 Interview mit Joseph Agassi.

39 JT an Buber, 4. Februar 1958, Buber Papers.

40 Jacob Taubes, »Martin Buber und die Geschichtsphilosophie«, in: Paul Arthur Schilpp und Maurice Feldman (Hg.), *Martin Buber*, Stuttgart 1963, wiederabgedruckt in *KzK*, S. 50-67; »Martin Buber and the Philosophy of History«, in: Paul Arthur Schilpp und Maurice Feldman (Hg.), *The Philosophy of Martin Buber*, La Salle, IL, 1967, wiederabgedruckt in *CtC*, S. 10-27.

41 Frank Tannenbaum (Hg.), *A Community of Scholars: The University Seminars at Columbia*, New York 1965; für eine wertvolle Diskussion siehe Paul Goodman, »Columbia's Unorthodox Seminars«, *Harper's Magazine*, 1. Januar 1964, S. 72-82.

42 JT, »Dear Colleagues«, 5. September 1957, Friedrich Papers.

43 JT, »Dear Colleagues«, 6. Oktober 1958, ETT.

44 Horace Friess, »Dear Colleagues«, 30. Oktober 1959, Friedrich Papers.

45 JT an Horkheimer, 14. Oktober und 30. Oktober 1963, Horkheimer Archiv.

46 Jacob Taubes, »Nachman Krochmal and Modern Historicism«, in: *Judaism* 12.2 (1963), S. 150-165, wiederabgedruckt in *CtC*, S. 28-44.

47 Taubes, »Nachman Krochmal and Modern Historicism«, S. 33.

48 Taubes, »Nachman Krochmal and Modern Historicism«, S. 40-42.

49 Taubes, »Nachman Krochmal and Modern Historicism«, S. 44.

50 Er äußerte diese Gedanken in Gesprächen mit Hugo Bergmann, Martin Buber, Leo Baeck und Ernst Simon im Mai 1951 in Jerusalem. Siehe Bergmann, *Tagebücher & Briefe*, S. 88.

51 Interviews mit Ethan und Tania Taubes.

52 Interview mit Irving Kristol und Gertrude Himmelfarb.

53 Interviews mit Ismar Schorsch und Janet Aviad.

54 Interview mit Michael Wyschogrod.

55 Interview mit Michael Wyschogrod.

56 JT an Carl J. Friedrich, 5. Oktober 1956, Friedrich Papers.

57 Norman Podhoretz, *Making It*, New York 1967; und Thomas J. Jeffers, *Norman Podhoretz: A Biography*, Cambridge 2010.

58 Interview mit Moshe Waldoks.

59 Interview mit Midge Decter und Norman Podhoretz.

60 Jeffers, *Norman Podhoretz*, S. 65-66; und Podhoretz, *Making It*, S. 297-298.

61 Interview mit Norman Podhoretz.

62 E-Mail-Korrespondenz mit Berel Lang.

63 Interview mit Richard Locke.

64 Die folgenden Absätze basieren auf meinem Interview mit Richard Locke.

65 Susan Sontag, *As Consciousness Is Harnessed to Flesh: Journals and Notebook, 1964-1980*, hg. v. David Rieff, New York 2012, S. 480.

66 Interview mit Marshall Berman.

67 Interview mit Marshall Berman.

68 Morris Dickstein, *Why Not Say What Happened: A Sentimental Education*, New York 2015, S. 107.

69 Interview mit Marshall Berman.

70 Isaac Bashevis Singer, *Satan in Goray*, New York 1955, bes. Kap. 4.

71 Interview mit Marshall Berman.

72 Dickstein, *Why Not Say What Happened*, S. 106.

73 Interview mit Marshall Berman.

74 Interview mit Annette Michelson.

75 Jean Houston, *A Mythic Life: Learning to Live Our Greater Story*, New York 1996, S. 263-267.

76 Houston, *Mythic Life*, S. 313.

77 *Nach Amerika*, S. 123. Der Vorfall wurde von Jean Houston an Ethan Taubes weitergetragen.

78 Sie erscheint als »Martha Wooten« in Susan Sontags Geschichte, »Debriefing«, in: Sontag, *I, Etcetera*, New York 1977, S. 47.

79 »Jean Houston«, Wikipedia.

80 Interviews mit Jean Bollack und Annette Michelson.

81 Moser, *Sontag: Her Life and Work*, S. 172, 176. Taubes' frühere Ausführungen zu Sontag: Interview mit Philip Rieff.

82 Zu Jacobs Anteil daran, dass Sontag den Job bekam: Interview mit Harold Stahmer, damals am Fachbereich Religion tätig.

83 Sontag, *Reborn*, S. 232, 251.

84 Lehrplan für »Religion 94«, »The Transition to the Concept of Psychology: Nietzsche«, Spring Term 1960-1961, Susan Sontag Papers, UCLA, box 153, folder 10. Taubes hatte am 11. Dezember 1963 einen Redebeitrag beim Sender Freies Berlin, der aus diesem Seminar und dem Fakultätsseminar mit Ricœur erwachsen zu sein scheint, »Psychoanalyse und Philosophie: Noten zu einer philosophischen Interpretation der psychoanalytischen Methode«, inzwischen veröffentlicht in *KzK*, S. 352-370. Eine Version davon trug er im Dezember 1965 vor dem Kolloquium seines Freundes Lucien Goldmann an der *École pratique des hautes études* (6e section) in Royaumont vor; veröffentlicht in: *Critique sociologique et critique psychanalytique*, Brüssel 1970; Rektor an JT, 9. Juli 1965, PA.

85 Zusammenfassungen von den meisten der wöchentlichen Sitzungen und Susans Aufzeichnungen dazu in: Sontag Papers, UCLA, box 152, folder 11.

86 Die detaillierteste Analyse zur Glaubwürdigkeit dieser Behauptung von Sontag: Kevin Slack und William Batchelder, »Susan Sontag Was Not the Sole Author of *Freud: The Mind of the Moralist*«, in: VoegelinView, 11. Mai 2020. Online.

87 Interview mit Richard Locke.

88 Interview mit Harold Stahmer.

89 Interview mit Harold Stahmer.

90 Informationen zu Neusner aus: Aaron W. Hughes, *Jacob Neusner: An American Jewish Iconoclast*, New York 2016; sowie aus einem Interview mit Jacob Neusner.

91 Morton Smith und Gershom Scholem, *Correspondence 1945-1982*, hg. v. Guy Stroumsa, Leiden 2008.

92 Saul Lieberman, »A Tragedy or a Comedy«, in: *Journal of the American Oriental Society* 104.2 (1984), S. 315-319.

93 Jacob Neusner und Noam Neusner, *The Price of Excellence: Universities in Conflict during the Cold War Era*, New York 1995, S. 112-122.

94 Siehe die Korrespondenz zwischen Neusner und Scholem in den Scholem Papers.

95 Interview mit David Weiss Halivni; David Weiss Halivni, *The Book and the Sword*, New York 1996.

96 Über Schorschs Leben siehe das Vorwort zu *Text and Context: Essays in Modern Jewish History in Honor of Ismar Schorsch*, hg. v. Eli Lederhendler und Jack Wertheimer, New York 2005, S. ix-xv; Interview mit Ismar Schorsch. Viele von Schorschs Essays sind versammelt in: Ismar Schorsch, *From Text to Context: The Turn to History in Modern Judaism*, Waltham, MA, 1994.

97 Ismar Schorsch, »The Philosophy of History of Nachman Krochmal«, in: *Judaism* 10 (1961), S. 237-245.

98 Schorsch, »Philosophy of History«, S. 237-245.

99 E-Mail von Berel Lang.

100 Jonas, *Gnosis*, S. 248.

101 Jonas, *Gnosis*, S. 214-215.

102 Jonas, *Gnosis*, S. 234-235; Jonas, *Gnostic Religion*, S. 270-274.

103 Interview mit Gershon Greenberg

104 Interview mit Edmund Leites.

105 Interview mit Gershon Greenberg.

106 JT an Arndt, 12. Mai 1958, Nachlass Arndt.

107 Dies sind die Zahlen für 1961, in: Kurator, FU Berlin, 3. August 1961, PA.

108 JT an Arndt, 25. Oktober 1957, Nachlass Arndt.

109 Jacob Taubes, »Vorwort« zu *Die Sprache des Herzens: Aus Zeiten jüdischer Erneuerung*, von Fanny Taubes, Zürich 1959, S. 5-6, wiederabgedruckt in *AuP*, S. 388.

110 JT an Arndt, 29. Juni 1958, Nachlass Arndt. Eintrag im Gästebuch Mohler, 23. Juni 1960, in: *Taubes–Schmitt*, S. 267; Weißmann, *Armin Mohler*, S. 95.

111 JT an Arndt, 17. August 1958, Nachlass Arndt.

112 JT an Arndt, 12. Mai 1958, Nachlass Arndt.

113 JT an Arndt, 20. August 1958, Nachlass Arndt.
114 JT an Horkheimer, 5. Januar 1960, Horkheimer Papers.
115 JT an Horkheimer, 28. Januar 1961, Horkheimer Papers.

9
Zwischen New York und Berlin, 1961-1966

1 Interview mit Jean Bollack.
2 Zu Celans Leben und Werk siehe John Felstiner, *Paul Celan: Poet, Survivor, Jew*, New Haven, CT, 1995.
3 Landmann könnte Taubes im Sommer 1960 bei einer Konferenz in Paris getroffen haben, an der beide teilgenommen haben. Zu diesem möglichen Treffen siehe Herbert Kopp-Oberstebrink, »Landmann und Taubes. Historische, wissenschaftspolitische und intellektuelle Kontexte eines akademischen Zerwürfnisses«, in: Kulturanthropologie als Philosophie des Schöpferischen. Michael Landmann im Kontext, hg. v. Jörn Bohr und Matthias Wunsch, Nordhausen 2015, S. 182.
4 Norbert Hinske, »Zeit der Enttäuschungen: Erinnerungen an Michael Landmann«, in: *Exzerpt und Prophetie: Gedenkschrift für Michael Landmann (1913-1984)*, hg. v. Klaus-Jürgen Grundner et al., Würzburg 2001, S. 7-16; und Richard Wisser, »Michael Landmanns Mainzer ›Lehr‹-Jahre«, ebd., S. 17-22.
5 Valentin Landmann, »Vorwort« zu Salcia Landmann, *Der jüdische Witz*, 18. Aufl., Ostfildern 2016; und Manfred Schlapp, »Landmann, Salcia«, in: *Biographisch-Bibliographisches Kirchenlexikon* 21 (2003).
6 Salcia Landmann an Armin Mohler, 18. Juni 1987, Nachlass Mohler.
7 Michael Landmann an Eduard Fraenkel, Dekan der Philosophischen Fakultät der FU, 15. August 1960, FU, Universitätsarchiv, PA, zitiert in: Herbert Kopp-Oberstebrink, »Affinitäten, Dissonanzen. Die Korrespondenz zwischen Hans Blumenberg und Jacob Taubes«, in: *Blumenberg–Taubes*, S. 311 (Anm. 35).
8 Laut Anmerkung des Herausgebers, *Taubes–Schmitt*, S. 27.
9 Peter Schäfer, »Die Entwicklung der Judaistik in der Bundesrepublik Deutschland seit 1945«, in: *Die sog. Geisteswissenschaften: Innenansichten*, hg. v. Wolfgang Prinz und Peter Weingart, Frankfurt am Main 1990, S. 350-365.
10 Monika Richarz, »Zwischen Berlin und New York: Adolf Leschnitzer – der erste Professor für jüdische Geschichte in der Bundesrepublik«, in:

Deutsche – Juden – Völkermord. Der Holocaust als Geschichte und Gegenwart, hg. v. Klaus-Michael Mallmann und Jürgen Matthäus, Darmstadt 2006.

11 Kurator (Fritz von Bergmann), 27. Juli 1961, PA.

12 Zu den Anfängen der FU siehe Fritz Stern, *Five Germanys I Have Known*, New York 2006, S. 206-207; und Siegward Lönnendonker und Tilman Fichter (Hg.), *Freie Universität Berlin 1948-1973. Hochschule im Umbruch*, Berlin 1978.

13 Zu Flechtheim siehe Mario Keßler, *Ossip K. Flechtheim. Politischer Wissenschaftler und Zukunftsdenker (1909-1998)*, Köln 2007.

14 Landmann an Leschnitzer, 26. November 1956; sowie der Brief an den Dekan der Philosophischen Fakultät vom 11. Februar 1957, Leschnitzer Papers, LBI.

15 »Helmut Gollwitzer«, Wikipedia, zuletzt aktualisiert am 12. Februar 2021, https://de.wikipedia.org/wiki/Helmut_Gollwitzer.

16 Interview mit Michael Theunissen.

17 »Taubes to Give Lecture Series in Berlin School«, *Columbia Spectator*, 31. März 1961; *Blumenberg–Taubes*, Anmerkung des Herausgebers, S. 19.

18 JT an Carl Friedrich, 19. Oktober 1951, Friedrich Papers.

19 Kurator, 20. August 1962 an JT, PA.

20 Kurator an JT, 13. Dezember 1961; 20. August 1962; 28. Januar 1963; 4. Juli 1963; 12. Oktober 1964; alle in PA.

21 Fliess an JT, 5. Juni 1965, ZfL.

22 Interview mit Gershon Greenberg.

23 Interview mit Gershon Greenberg.

24 Interview mit Jacob Neusner.

25 Interview mit Dieter Henrich.

26 Michael Brenner, *After the Holocaust: Rebuilding Jewish Life in Postwar Germany*, Princeton, NJ, 1997.

27 Irmela von der Lühe et al. (Hg.), »*Auch in Deutschland waren wir nicht wirklich zu Hause.« Jüdische Remigration nach 1945*, Göttingen 2008.

28 G. N. Knauer, Princeton, an JT, 3. März 1966; Notgemeinschaft für eine freie Universität, Box 475, Hoover.

29 Interview mit Dieter Henrich.

30 MvB an JT, 24. Oktober 1965, Margherita von Brentano, *Das Politische und das Persönliche. Eine Collage*, hg. v. Iris Nachum und Susan Neiman, Göttingen 2010, S. 463.

31 Hans-Ulrich Wehler, *Deutsche Gesellschaftsgeschichte 1949-1990*,

München 2008, S. 381, zitiert in Julia Amslinger, *Eine neue Form von Akademie: »Poetik und Hermeneutik« – die Anfänge*, Paderborn 2017, S. 23.

32 Tilman Fichter und Siegward Lönnendonker, *Kleine Geschichte des SDS*, Berlin 1977, S. 86.

33 Für einen detaillierten Bericht siehe Fichter und Lönnendonker, *Kleine Geschichte des SDS*.

34 Fichter und Lönnendonker, *Kleine Geschichte des SDS*, S. 69-70.

35 Zu *Das Argument* siehe Fichter und Lönnendonker, *Kleine Geschichte des SDS*, S. 177, Anmerkung 145. Zuletzt erschienen: David Bebnowski, *Kämpfe mit Marx. Neue Linke und akademischer Marxismus in den Zeitschriften »Das Argument« und »Prokla« 1959-1976*, Göttingen 2021.

36 Wolfgang F. Haug, »Erinnerung an Margherita von Brentano«, http://www.wolfgangfritzhaug.inkrit.de/documents/BRENTANXX.pdf.

37 Interview mit Uta Gerhardt; JT an Karl Markus Michel, 28. Februar 1966, Suhrkamp.

38 Die folgenden Absätze basieren auf einem Interview mit Dieter Henrich sowie auf Dieter Henrich, *»Sterbliche Gedanken.« Dieter Henrich im Gespräch mit Alexandru Bulucz*, Frankfurt am Main 2015.

39 Henrich, *Sterbliche Gedanken*, S. 23.

40 Henrich, *Sterbliche Gedanken*, S. 45-46. Siehe auch Dieter Henrich, »In Erinnerung an JACOB TAUBES (1923-1987)«, in: *Individualität: Poetik und Hermeneutik IX*, hg. v. Manfred Frank und Anselm Haverkamp, München 1988, S. ix.

41 Interview mit Victor Gourevitch.

42 Die biografischen Informationen zu Habermas stammen überwiegend aus Stefan Müller-Doohm, *Jürgen Habermas: Eine Biographie*, Berlin 2014; die Seitenzahlen beziehen sich auf die englische Übersetzung *Habermas: A Biography* übers. v. Daniel Steuer, London 2016.

43 Matthew G. Specter, *Habermas: An Intellectual Biography*, New York 2010, S. 37.

44 Müller-Doohm, *Habermas*, S. 72.

45 Müller-Doohm, *Habermas*, S. 83.

46 Müller-Doohm, *Habermas*, S. 87.

47 Müller-Doohm, *Habermas*, S. 82-88.

48 Interview mit Jürgen Habermas.

49 Zur Verlagsgeschichte stütze ich mich auf die *Die Bibliographie des Suhrkamp Verlages, 1950-2000*, hg. v. Wolfgang Jeske, Frankfurt am Main

2002; Lutz Hagestedt, »Das Glück ist eine Pflicht: Der Suhrkamp Verlag wurde fünfzig Jahre alt«, in: *literaturkrtitik.de* 2.7/8 (Juli 2000); sowie auf Gespräche mit Wolfgang Schopf und Raimund Fellinger vom Suhrkamp Verlag.

50 George Steiner, »Adorno: Love and Cognition«, *Times Literary Supplement*, 9. März 1973. Übersetzung übernommen aus: https://www.deutschlandfunk.de/unseld-eine-biographie-100.html

51 In einem Brief von JT an Michel, 4. April 1967 (Suhrkamp) berichtet Taubes, er habe kürzlich mit George Steiner gesprochen und ihn gedrängt, im Suhrkamp Verlag und nicht bei Kiepenheuer zu veröffentlichen. Steiners erstes Suhrkamp-Buch (im Original *Language and Silence*, 1967) erschien 1969 in der deutschen Übersetzung: *Sprache und Schweigen*, übers. v. Axel Kaun. In den folgenden anderthalb Jahrzehnten publizierte Steiner vier weitere Bücher bei Suhrkamp.

52 Raimund Fellinger und Wolfgang Schopf (Hg.), *Kleine Geschichte der edition suhrkamp*, Frankfurt am Main 2003, S. 41.

53 Fellinger und Schopf, *Kleine Geschichte der edition suhrkamp*, S. 16-17.

54 Wolfgang Schopf (Hg.), *Adorno und seine Frankfurter Verleger*, Frankfurt am Main 2003, S. 450-451.

55 Peter Michalzik, *Unseld. Eine Biographie*, München 2002, S. 57-60.

56 Interviews mit Dieter Henrich und Jürgen Habermas.

57 Müller-Doohm, *Habermas*, S. 103.

58 JT an Unseld, 4. November 1963; Unseld an JT, 30. Juni 1982, Suhrkamp.

59 Ähnlich bei: JT an Michel, 26. August 1965, Suhrkamp.

60 Siehe auch Philipp Felsch, *Der lange Sommer der Theorie: Geschichte einer Revolte 1960-1990*, München 2015, S. 58.

61 Karl Markus Michel, »Narrenfreiheit oder Zwangsjacke? Aufgaben und Grenzen kritischen Denkens in der Bundesrepublik«, in: *Neue Kritik* 25/26 (1964), S. 23-29, zitiert in Albrecht et al., *Die intellektuelle Gründung der Bundesrepublik*, S. 316.

62 Jörg Sundermeier, »Der sträflichst Vergessene. Zum Tod des Publizisten Walter Boehlich«, *Jungle World*, 12. April 2006.

63 »Besprechung des Projektes ›Theorie: kritische Beiträge‹ am 25. Juni 1966«, Suhrkamp.

64 »Abschrift Taubes Brief zu Unseld«, undatiert, aber Ende 1963, Suhrkamp.

65 JT an Michel, 6. November 1965, Suhrkamp.

66 Interview mit Marcel Marcus.

67 Henning Ritter, *Verehrte Denker: Porträts nach Begegnungen*, Springe 2012, S. 40.

68 Pierre Bayard, *How to Talk about Books You Haven't Read*, New York 2007, S. 14.

69 Interview mit Tania Taubes.

70 Mohler, »Messianische Irrwisch«; Interview mit Peter Gente.

71 Interview mit Avishai Margalit.

72 Emile M. Cioran, »Einige Sätze«, in: *Spiegel und Gleichnis. Festschrift für Jacob Taubes*, hg. v. Norbert Bolz und Wolfgang Hübener, Würzburg 1983, S. 422.

73 Interview mit Marcel Marcus.

74 Interview mit John J. Gallahue.

75 Ich danke Manfred Voigts dafür, dass er mir seine Ausgabe zur Verfügung stellte.

76 Jacob Taubes, »Die Intellektuellen und die Universität«, in: *Universitätstage 1963*, Berlin 1963, S. 36-55; wiederabgedruckt in *KzK*, S. 319-339; *Blumenberg–Taubes*, S. 31.

77 Inzwischen wurde eine Version veröffentlicht in *AuP*, S. 165-171.

78 Informationen über Szondi basieren überwiegend auf Susanne Zepp (Hg.), *Textual Understanding and Historical Experience: On Peter Szondi*, Paderborn 2015; sowie die »Zeittafel«, in: *Paul Celan–Peter Szondi Briefwechsel*, Frankfurt am Main 2005.

79 Joachim Küpper, »My Encounter with Peter Szondi«, in: Zepp, *Textual Understanding*, S. 48.

80 Über die Publikationsgeschichte dieser Vorlesung siehe Sonja Boos, *Speaking the Unspeakable in Postwar Germany*, Ithaca, NY, 2014, S. 138. Daniel Weidner, »Reading the Wound«, in: Zepp, *Textual Understanding*, S. 60.

81 Adorno am Scholem, 22. Juni 1965, in: *Adorno–Scholem Briefwechsel 1939-1969*, hg. v. Asaf Angermann, Berlin 2015, S. 359.

82 JT an Szondi, 27. September 1966, ZfL.

83 Szondi an Adorno, in: Peter Szondi, *Briefe*, hg. v. Christoph König und Thomas Sparr, Frankfurt am Main 1993, S. 217.

84 Zu Gadamer in Leipzig siehe Jerry Z. Muller, *The Other God That Failed*, Princeton, NJ, 1987, S. 317-319.

85 Siehe dazu Jürgen Habermas, »Hans Georg Gadamer: Urbanisierung der Heideggerischen Provinz«, in: Habermas, *Philosophisch-politische Profile*, erweiterte Ausgabe, Frankfurt am Main 1981.

828

86 JT an Gadamer, 10. Februar 1965, ZfL.

87 JT an Gadamer, 26. September 1966, und 19. Dezember 1966, ZfL.

88 Interview mit Norbert Bolz. Siehe auch JT, »Jacob Taubes«, in: *Denken, das an der Zeit ist*, hg. v. Florian Rötzer, Frankfurt am Main 1987, S. 305-319.

89 JT an Voegelin, 1. September 1966, ZfL.

90 Hans Maier, »Eric Voegelin and German Political Science«, in: *Review of Politics* 62.4 (2000), S. 709-726.

91 Siehe Joachim Ritter, *Metaphysik und Politik: Studien zu Aristoteles und Hegel*, Frankfurt am Main 1969, in Auszügen übersetzt als *Hegel and the French Revolution: Essays on the Philosophy of Right*, übers. v. Richard Dien Winfield, Cambridge, MA, 1982.

92 JT an Norman Birnbaum, 2. Juli 1965; JT an Joachim Ritter, 29. Juli 1966, ZfL.

93 JT an Henning Ritter, 5. Dezember 1966; Henning Ritter an JT, 17. Dezember 1966; Joachim Ritter an JT, 5. Februar 1968, ZfL.

94 JT an Theodor W. Adorno, 12. Januar 1965, ZfL.

95 Das Gespräch wird erinnert in JT an Adorno, 18. Dezember 1967, ZfL.

96 JT an Adorno, 18. Januar 1965; ähnlich bei JT an Adorno, 8. Februar 1965, ZfL.

97 »Erinnerungsprotokoll eines Telephongesprächs zwischen Adorno und Taubes«, 13. Juli 1966, ZfL.

98 JT an Adorno, 28. Juli 1965, ZfL.

99 »Erinnerungsprotokoll eines Telephongesprächs zwischen Adorno und Taubes«, 13. Juli 1966, ZfL.

100 Adorno an Elisabeth Lenk, 7. September 1967, in: *Theodor W. Adorno und Elisabeth Lenk. Briefwechsel 1962-1969*, hg. v. Elisabeth Lenk, Göttingen 2001, S. 121.

101 Adorno an Elisabeth Lenk, 7. September 1967.

102 JT an Horkheimer, 10. April 1965, Horkheimer Archiv.

103 Dieser Absatz stützt sich auf Konzepte aus Ronald S. Burt, »The Network Structure of Social Capital«, in: *Research in Organizational Behaviour* 22 (2000), S. 345-423.

104 *Nach Amerika*, S. 72-73.

105 *Nach Amerika*, S. 75, 186.

106 *Nach Amerika*, S. 190.

107 *Nach Amerika*, S. 65.

108 Interview mit Krister Stendahl.

109 *Nach Amerika*, S. 30-31.

110 *Nach Amerika*, S. 76.

111 Interview mit Ethan Taubes.

112 *Nach Amerika*, S. 35.

113 Interview mit Madeleine Dreyfus.

114 JT an Dietrich Goldschmidt, 13. Dezember 1969, ZfL; Interviews mit Ethan Taubes, Tania Taubes und Madeleine Dreyfus.

115 JT an Sandor Feldmann, 23. September 1966, ZfL.

116 JT an Miriam Weingort, 3. November 1966, ZfL.

117 Christina Pareigis, »Die Schriftstellerin Susan Taubes«, in: Susan Taubes, *Prosaschriften*, hg. v. Pareigis, Paderborn 2015, S. 233-244.

118 Interview mit Elsa First.

119 Haug, »Erinnerung an Margherita von Brentano«, und »Aristotelikerin: Zum Tode Margherita von Brentanos«, *Frankfurter Allgemeine Zeitung*, 23. März 1995.

120 Brentano, *Das Politische und das Persönliche*, S. 226-227.

121 »Kein Schuß ein Treffer«, *Der Spiegel*, Februar 1960, S. 30; »Verantwortungsvolle Unbotmässigkeit: Zum Tode Margherita von Brentanos, *Neue Zürcher Zeitung*, 27. März 1995.

122 Brentano, *Das Politische und das Persönliche*, S. 238.

123 Cord Riechelmann, »Joschka minus Machtgehabe: Margherita von Brentano hat sich schon früh mit den personellen Kontinuitäten zwischen Nationalsozialismus und Bundesrepublik beschäftigt, *Jungle World* 44, 4. November 2010. Siehe ihren Essay, »Die Endlösung – Ihre Funktion in Theorie und Praxis«, in: *Antisemitismus: Zur Pathologie der bürgerlichen Gesellschaft*, hg. v. Hermann Huss und Andreas Schröder, Frankfurt am Main 1965, S. 35-76, hier S. 56.

124 Margherita von Brentano, »Jacob« (1994), in: *Das Politische und das Persönliche*, S. 456; und Interview mit Sibylle Haberditzl, S. 470-471.

125 Brentano, *Das Politische und das Persönliche*, S. 458; und MvB an JT, 30. November 1965, S. 465.

126 Interview mit Jürgen und Ute Habermas. Siehe auch MvB an JT, 2. Juli 1964, in: *Das Politische und das Persönliche*, S. 459.

127 Das Folgende basiert überwiegend auf einem Interview mit Judith Glatzer Wechsler sowie auf den biografischen Informationen aus https://judithwechsler.com.

128 Siehe den Brief von JT an Aharon Agus, 11. November 1981, der

mit Begleitkommentar veröffentlicht wurde: Sigrid Weigel, »Ingeborg Bachmanns Geist trifft die Geister der Kabbala: Jacob Taubes' Liebesmystik«, in: *Trajekte*, April 2005, S. 8-16.

129 Ina Hartwig, »Bachmann–Celan: Schuld und Zauber«, *Frankfurter Rundschau*, 29. Januar 2019.

130 Zum Timing des Kolloquiums sieht JT an Gadamer, 22. Februar 1966, ZfL. Information über ihre Teilnahme findet sich in Weigel, »Ingeborg Bachmanns Geist«, S. 15, die sich auf Jan Assmann stützt.

131 Ina Hartwig, *Wer war Ingeborg Bachmann?*, Frankfurt am Main 2017.

132 Siehe Weigels Diskussion des Gedichts »*Mit einem Dritten sprechen*« in Weigel, »Ingeborg Bachmanns Geist«, S. 16.

133 MvB an JT, 24. Oktober 1966, in: *Das Politische und das Persönliche*, S. 462.

134 Thomas Flügge, *Zeitdienst: Sentimentale Chronik*, Berlin 1996, S. 142. Flügge war Augenzeuge. Interview mit Thomas Flügge.

135 Hartwig, *Wer war Ingeborg Bachmann?*

136 JT an Aharon Agus, 11. November 1981, wie oben.

137 Sofern nicht anders angegeben, basieren die folgenden Passagen auf meinem Interview mit Janet Aviad.

138 *Nach Amerika*, S. 187.

139 *Nach Amerika*, S. 191.

140 Interview mit Susannah Heschel.

141 JT an Janet Scheindlin, 20. September 1966, ZfL.

142 Interview mit Daniel Bell.

143 Interview mit Janet Aviad. Zum Chaos, das er in seinem Umfeld schuf: Interview mit Avishai Margalit.

144 Interview mit Madeleine Dreyfus.

145 Interview mit Ethan Taubes.

146 Walter Wreschner, »Rede auf Oberrabbiner Dr. Zwi Taubes«, Kopie im Archiv für Zeitgeschichte, ETH Zentrum, Zürich. Interview mit Ita Shedletzky.

147 O. T., *Jüdische Nachrichten*, 20. Januar 1966, in: JUNA Geschäftsarchiv und Dokumentation der Pressestelle des SIG, Archiv für Zeitgeschichte, ETH Zentrum Zürich, JUNA-Archiv 2573; Roger Reiss, »Zum 30. Todestag von Rabbiner Zwi Taubes«, *Jüdische Rundschau Maccabi*, 25. Januar 1996.

148 Interview mit Gershon Greenberg.

149 JT an Aebi (wahrscheinlich Avraham) Weingort, 12. August 1966; JT an Miriam Weingort, 18. Januar 1967, ZfL.

150 JT an Celan, 18. März 1965; JT an Adorno, 18. Dezember 1967, ZfL; Interview mit Daniel Bell.

151 Brentano, *Das Politische und das Persönliche*, S. 461.

152 Brentano, *Das Politische und das Persönliche*, S. 462.

153 Brentano, *Das Politische und das Persönliche*, S. 462-463.

154 MvB an JT, 10. November 1965, in: *Das Politische und das Persönliche*, S. 463.

155 Brentano, *Das Politische und das Persönliche*, S. 462.

156 MvB an JT, 30. Oktober 1965, in: *Das Politische und das Persönliche*, S. 464-465.

157 MvB an JT, 5. November 1955, in: *Das Politische und das Persönliche*, S. 466. Siehe dazu auch JT an Michael und Edith Wyschogrod, 16. August 1966, ZfL.

158 Interview mit Gershon Greenberg.

159 Jacob Taubes, »Entzauberung der Theologie: Zu einem Porträt Overbecks«, in: *Selbstbekenntnisse. Mit einer Einleitung von Jacob Taubes*, von Franz Overbeck, Frankfurt am Main 1966, S. 10; wiederabgedruckt in *KzK*.

160 Interview mit Harold Stahmer.

161 Jason Kirk an JT, 4. April 1966, ZfL.

162 JT an Joachim Lieber, 13. April 1966, PA.

163 MvB an JT, 5. Juni 1966, in: *Das Politische und das Persönliche*, S. 468-469. Diese Frau scheint der Figur Lily Bodola in *Nach Amerika* zu entsprechen, S. 189-190.

164 »Kurator, 22. August 1966«, PA.

165 Interview mit Peter Gente.

166 JT an Dean Ralph S. Halford, 12. August 1966, ZfL.

167 JT an Jauß, 31. Juli 1966, ZfL.

168 Kopien von der Trennungsvereinbarung und den Scheidungspapieren in ETT und PA.

169 JT an Edith und Michael Wyschogrod, 14. September 1966, ZfL.

170 JT an Gershon Greenberg, 26. September 1966, ZfL.

171 Interview mit Harold Stahmer.

1 Interviews mit Norman Podhoretz und Midge Decter.
2 JT an Robert Bellah, 1. September 1966; Robert Bellah an JT, 8. September 1966, ZfL.
3 JT an Bellah, 21. September 1966, ZfL.
4 JT an Miriam Weingort, 1. September 1966, ZfL.
5 Interview mit Gershon Greenberg.
6 JT an Miriam Weingort, 3. November 1966, ZfL.
7 *Harvard Theological Review* an JT, 26. Dezember 1967, ZfL.
8 Gershom Scholem, »Wider den Mythos vom deutsch-jüdischen ›Gespräch‹«, in: *Auf gespaltenem Pfad: Festschrift für Margarete Susman*, hg. v. Manfred Schlösser, Darmstadt 1964, übers. v. Werner Dannhauser als »Against the Myth of the German-Jewish Dialogue«, in: Scholem, *On Jews and Judaism in Crisis*.
9 JT an Jean Bollack, 3. November 1966, ZfL.
10 JT an Rolf Tiedemann, 24. Februar 1967, ZfL.
11 JT an Moshe Botschko, 16. Januar 1967, ZfL.
12 Interview mit Ethan Taubes.
13 Interview mit John J. Gallahue; JT an Gershon Greenberg, 11. Oktober 1968, ZfL; JT an Raimon Panikkar, 2. November 1969, ZfL.
14 Interview mit Peter Gente.
15 Interview mit Frigga Haug von Susan Neiman und Iris Nachum, unveröffentlicht.
16 Interview mit Peter Wapnewski.
17 Dieter Henrichs Interview mit Susan Neiman, unveröffentlicht.
18 Interview mit Ethan Taubes.
19 Interview mit Michael Wyschogrod.
20 Interview mit Bernhard Lypp.
21 Interview von Neiman und Nachum mit Frigga Haug, unveröffentlicht.
22 Henning Ritter, »Jacob Taubes. Verstehen, was da los ist«, in: Ritter, *Verehrte Denker*, S. 27-65, hier S. 34-35. Im Großen und Ganzen ein wertvolles Porträt.
23 Interview mit Peter Gente; Karl Freydorf (Pseudonym), *Neuer Roter Katechismus*, München 1968.
24 Interview mit Richard Faber.

25 Interview mit Gideon Freudenthal.

26 Der Begriff stammt aus einem Interview mit Winfried Menninghaus. Ähnlich Rodolphe Gasché an den Autor, 16. April 2006.

27 Interview mit Henning Ritter; Gasché an den Autor.

28 Interview mit Werner Hamacher.

29 Interviews mit Tania Taubes und Peter McLaughlin.

30 Interview mit Arnulf Conradi.

31 Interview mit Bernhard Lypp.

32 Zitiert in Flügge, *Zeitdienst*, S. 146.

33 Wiederabgedruckt in *KzK*.

34 Interview mit Uta Gerhardt.

35 Interview mit Niko Oswald.

36 Interviews mit Uta Gerhardt und Martin Ritter. Als Marquardts Habilitation infrage gestellt wurde, sprang Taubes ihm mit einem Brief an *Die Welt* zur Seite: »Die ›Pharisäer der kirchlichen Hochschule‹«, *Die Welt*, 3. März 1972.

37 Interview mit Hans Kippenberg.

38 Interview mit Ruth Kahane-Geyer.

39 Interview mit Richard Faber.

40 Interview mit Martin Ritter.

41 Interview mit Bernhard Lypp.

42 Zur Subversiven Aktion siehe Wolfgang Kraushaar, *Die blinden Flecken der 68er Bewegung*, Stuttgart 2018, S. 348-350; Fichter und Lönnendonker, *Kleine Geschichte des SDS*, S. 78-81.

43 Hans Kundnani, *Utopia or Auschwitz: Germany's 1968 Generation and the Holocaust*, New York 2009, S. 35.

44 Gasché, E-Mail und Interview.

45 Gasché, E-Mail und Interview.

46 Vincent Descombes, »Le moment français de Nietzsche«, in: *Pourquoi nous ne sommes pas nietzschéens*, hg. v. Alain Boyer et al., Paris 1991, S. 99-128.

47 Gasché, E-Mail und Interview.

48 FU Vorlesungsverzeichnis.

49 Interview mit Wolf Lepenies.

50 »Apocalpyse and Politics. Their Interaction in Transitional Communities«, eine Kopie davon befindet sich im Besitz des Autors, M. Voigts Papers. Auch auf der Website des ZfL Blog veröffentlicht; und in deutscher Übersetzung in *AuP*, S. 231-235.

51 Interview mit Hans Kippenberg.

52 FU Vorlesungsverzeichnis, Wintersemester 1973/74.

53 JT an Hans-Georg Gadamer, 24. Oktober 1967, ZfL.

54 Interview mit Werner Hamacher.

55 Peter Schäfer, »Jüdische Tradition: wesentliches Element unserer Gegenwart«, in: *Wie die Zukunft Wurzeln schlug: Aus der Forschung der Bundesrepublik Deutschland*, hg. v. Robert Gerwin, Berlin 1989, S. 91-97, hier S. 91.

56 Siehe den Bericht ihres Sohnes Jonathan Awerbuch, »About Marianne: A Son's Perspective«, in: Marianne Awerbuch, *Erinnerungen aus einem streitbaren Leben*, Berlin 2007.

57 Awerbuch, *Erinnerungen*, S. 421.

58 Awerbuch, *Erinnerungen*, S. 458-460. Dieser Bericht wird durch ein Interview mit Ruth Kahane-Geyer bestätigt.

59 Awerbuch, *Erinnerungen*, S. 461.

60 Interviews mit Martin Ritter, Marcel Marcus und Niko Oswald.

61 JT an Eugen Kullmann, Brooklyn, 16. Juni 1966, ZfL; Interview mit Gershon Greenberg. Zur Desinformationskampagne siehe Thomas Rid, *Active Measures: The Secret History of Disinformation and Political Warfare*, New York 2020.

62 Interview mit Gershon Greenberg.

63 »Renaissance Man Amos Funkenstein Dies at Age 58«, *Jewish News of Northern California*, 17. November 1995.

64 Für einen oberflächlichen Vergleich der beiden siehe Samuel Moyn, »Amos Funkenstein on the Theological Origins of Historicism«, in: *Journal of the History of Ideas* (2004), S. 639-667, hier S. 664-665.

65 Siehe David Biale und Robert S. Westman, Einleitung zu *Thinking Impossibilities: The Intellectual Legacy of Amos Funkenstein*, Toronto 2008.

66 Interview mit Gershon Greenberg.

67 Interview mit Paul Mendes-Flohr.

68 »Geschichte und Geschichtsbewußtsein des Judentums seit der spanischen Exilierung.«

69 »Apokalyptik und Gesetz: zur Eschatologie des Frühjudentums« (1966); »Apokalyptik und Politik – zur Soziologie des Messianismus« (1967); »Paulus als religionsgeschichtliches Problem«, »Rabbinische Quellen Paulinischer Grundbegriffe« (1967).

70 Interview mit Marcel Marcus.

71 Interviews mit Marcel Marcus und Ruth Kahane-Geyer.

72 Schäfer, »Die Entwicklung der Judaistik in der Bundesrepublik Deutsch-

land seit 1945«, S. 350-365; und »Judaistik – jüdische Wissenschaft in Deutschland heute«, in: *Saeculum* 42 (1991), S. 199-216.

73 Rachel Heuberger, »Jüdische Studien in Deutschland«, in: *Reisen durch das jüdische Deutschland*, hg. v. Micha Brumlik et al., Köln 2006, S. 382-391, hier S. 385.

74 Interview mit Marcel Marcus.

75 Interview mit Gershon Greenberg.

76 Interview mit Jean Bollack. Auf den Vorfall wird Bezug genommen in einem Brief von JT an Scholem, 8. Oktober 1968; und Scholem an JT, 20. Oktober 1968, *PdM*, S. 115.

77 Interview mit Gershon Greenberg.

78 Randnotiz auf Hebräisch in JT an Mrs. Weiss, 3. November 1970, in: Scholem Papers, »Jacob Taubes«. Die Anmerkung bezieht sich auf *Major Trends in Jewish Mysticism*.

79 JT an George Lichtheim, 3. April 1970, ZfL.

80 Interview mit David Rieff. Auch bei Sontag, *As Consciousness Is Harnessed to Flesh*, S. 367.

81 Zur Geschichte der Einrichtung »Poetik und Hermeneutik« stütze ich mich überwiegend auf Amslinger, *Eine neue Form von Akademie*; sowie Petra Boden und Rüdiger Zill (Hg.), *Poetik und Hermeneutik im Rückblick. Interviews mit Beteiligten*, München 2017.

82 Interview mit Helga Jauß-Meyer, in: Boden und Zill, *Poetik und Hermeneutik im Rückblick*, S. 41.

83 Hans Ulrich Gumbrecht, »Moderne Sinnfülle: Vierundzwanzig Jahre ›Poetik und Hermeneutik‹«, *Frankfurter Allgemeine Zeitung*, 16. September 1987, S. 35-36.

84 Henrich, *Sterbliche Gedanken*, S. 45: »Er war … im Gespräch mehr auflebend als in der Ausarbeitung«; Interview mit Hermann Lübbe.

85 Henrich, *Sterbliche Gedanken*, S. 45; auch das Interview mit Henrich in: Boden und Zill, *Poetik und Hermeneutik im Rückblick*, S. 60.

86 Hans Robert Jauß an JT, 22. Oktober 1963; und 26. März 1964, in: Amslinger, *Eine neue Form von Akademie*, S. 283-284, 287.

87 Gumbrecht, »Moderne Sinnfülle«.

88 Aus dem Interview mit Christian Meier in: Boden und Zill, *Poetik und Hermeneutik im Rückblick*, S. 207.

89 Viele Informationen in diesem Absatz sind aus: Amslinger, *Eine neue Form von Akademie*, S. 25.

90 Ahlrich Meyer, »Hermeneutik des Verschweigens«, *Neue Zürcher Zei-*

tung, 23. Juni 2016; Joachim Güntner, »Akademisches Aushängeschild mit braunen Flecken«, *Neue Zürcher Zeitung*, 26. Februar 2015.

91 Amslinger, *Neue Form von Akademie*, S. 49.

92 Interview mit Helga Jauß-Meyer, in: Boden und Zill, *Poetik und Hermeneutik im Rückblick*, S. 52.

93 Amslinger, *Neue Form von Akademie*, S. 93-95.

94 Amslinger, *Eine neue Form von Akademie*, S. 102-103; Franz Josef Wetz, Hans Blumenberg zur Einführung, Hamburg 2004, S. 12; Rüdiger Zill, *Der absolute Leser. Hans Blumenberg – Eine intellektuelle Biographie*, Berlin 2000, S 95-111.

95 Amslinger, *Eine neue Form von Akademie*, S. 160.

96 JT an Jauß, 22. März 1965, in: Amslinger, *Eine neue Form von Akademie*, S. 292.

97 Jauß an JT, 18. Juni 1965, in: Amslinger, *Eine neue Form von Akademie*, S. 294.

98 Siehe etwa Jauß, »Wissenschaftsgeschichtliche Memorabilien«, in: Amslinger, *Eine neue Form von Akademie*, S. 330.

99 Interview mit Annette Michelson.

100 JT an Blumenberg, 20. September 1966, in: *Blumenberg–Taubes*, S. 100-103.

101 Jacob Taubes, »Noten zum Surrealismus«, in: *Immanente Ästhetik/ Ästhetische Reflexion: Lyrik als Paradigma der Moderne. Kolloquium Köln 1964 Vorlagen und Verhandlungen*, hg v. Wolfgang Iser, München 1966, S. 139-143, wiederabgedruckt in *KzK*.

102 Taubes in Iser, *Immanente Ästhetik*, S. 433.

103 Iser, *Immanente Ästhetik*, S. 435.

104 Iser, *Immanente Ästhetik*, S. 437-439.

105 Jacob Taubes, »Der dogmatische Mythos der Gnosis«, in: *Terror und Spiel: Probleme der Mythenrezeption* hg. v. Manfred Fuhrmann, München 1971, S. 145-157, wiederabgedruckt in *KzK*.

106 Jacob Taubes, »Die Rechtfertigung des Häßlichen in urchristlicher Tradition«, in: *Die nicht mehr schönen Künste: Grenzphänomene des Ästhetischen*, hg v. H. R. Jauß, München 1968, S. 169-186, wiederabgedruckt in *KzK*.

107 Jacob Taubes, »Vom Adverb ›nichts‹ zum Substantiv ›das Nichts‹. Überlegungen zu Heideggers Frage nach dem Nichts«, in: *Positionen der Negativität*, hg v. Harald Weinrich, München 1975, S. 141-154, hier S. 151; wiederabgedruckt in *KzK*.

108 Jacob Taubes, »Von Fall zu Fall. Erkenntnistheoretische Reflexion zur Geschichte vom Sündenfall«, in: *Text und Applikation. Theologie, Jurisprudenz und Literaturwissenschaft im Hermeneutischen Gespräch*, hg v. Manfred Fuhrmann, Hans Robert Jauß und Wolfhart Pannenberg, München 1981, S. 111-116, wiederabgedruckt in *AuP*.

109 Jacob Taubes, »Zum Problem einer theologischen Methode der Interpretation«, in: Fuhrmann, Jauß und Pannenberg, *Text und Applikation*, S. 580, wiederabgedruckt in *AuP*.

110 Jacob Taubes, »Die Welt als Fiktion und Vorstellung. Konvergenzen der Realismus-Debatte in Wissenschaft und Kunst«, in: *Funktionen des Fiktiven*, hg v. Dieter Henrich und Wolfgang Iser, München 1983, S. 417-423, wiederabgedruckt in *AuP*.

111 Interview mit Harald Weinrich, in: Boden und Zill, *Poetik und Hermeneutik im Rückblick*, S. 141.

112 Interview mit Renate Lachmann, in: Boden und Zill, *Poetik und Hermeneutik im Rückblick*, S. 289.

113 Interview mit Hermann Lübbe; siehe auch das Interview mit Lübbe, in: Boden und Zill, *Poetik und Hermeneutik im Rückblick*, S. 165.

114 Interview mit Hans Ulrich Gumbrecht, in: Boden und Zill, *Poetik und Hermeneutik im Rückblick*, S. 345.

115 Interview mit Hermann Lübbe.

116 Interview mit Anselm Haverkamp, in: Boden und Zill, *Poetik und Hermeneutik im Rückblick*, S. 375.

117 Interview mit Christian Meier, in: Boden und Zill, *Poetik und Hermeneutik im Rückblick*, S. 223; Christian Meier an JT, 11. September 1969, ZfL.

118 Interview mit Christian Meier, in: Boden und Zill, *Poetik und Hermeneutik im Rückblick*, S. 224.

119 Interview mit Dieter Henrich; Henrich, »In Erinnerung an JACOB TAUBES«, in: Manfred Frank und Anselm Haverkamp (Hg.) *Individualität*, München 1988, S. ix. Zu Blumenbergs abgelehntem Nachruf siehe Hans Blumenberg, »Gedanken zu einem Nachruf auf Jacob Taubes« (1987), veröffentlicht in: *Blumenberg–Taubes*, S. 283-284.

120 JT an Norman Birnbaum, 26. April 1965, ZfL.

121 JT an Ernst Nolte, 22. Januar 1965, Nolte Papers.

122 JT an Thomas Nipperdey, 1. Januar 1967; Nipperdey an JT, 10. Februar 1967, ZfL.

123 JT an Jacob Neusner, 6. Dezember 1967, ZfL; Interview mit Hans Kippenberg.

124 Gasché, E-Mail an den Autor.

125 JT an Hans Blumenberg, 14. Dezember 1966, ZfL.

126 Für Informationen zu Feyerabend siehe John Preston, »Paul Feyerabend«, in: *Stanford Encyclopedia of Philosophy* (Herbst 2020 Ausgabe), Edward N. Zalta (Hg.), URL = ⟨https://plato.stanford.edu/archives/fall2020/entries/feyerabend/⟩.

127 JT an Karl Popper, 24. November 1966, ZfL.

128 JT an Friedrich A. von Hayek, 24. November 1966; Hayek an JT, 28. November 1966; JT an Hayek, 29. November 1966, ZfL.

129 Gasché, E-Mail; Paul Feyerabend, *Killing Time*, Chicago 1995, S. 131-132.

130 Interview mit Renate Schlesier, einer Teilnehmerin.

131 Preston, »Paul Feyerabend«, S. 40; Gasché, E-Mail.

132 JT an Noam Chomsky, 13. Februar 1969; Chomsky an JT, 24. Februar 1969, ZfL.

11

Das apokalyptische Moment

1 Peter Szondi, *Über eine »Freie (d. h. freie) Universität«: Stellungnahmen eines Philologen*, Frankfurt am Main 1973.

2 Interview mit Eberhard Lämmert.

3 »Offener Brief von 6 FU-Professoren«, *Der Tagesspiegel*, 28. Juli 1965.

4 Nikolai Wehrs, *Protest der Professoren: Der »Bund Freiheit der Wissenschaft« in den 1970er Jahren*, Göttingen 2014, S. 53.

5 Zitiert in Wehrs, *Protest der Professoren*, S. 54.

6 Wehrs, *Protest der Professoren*, S. 54; Uwe Schlicht, *Vom Burschenschafter bis zum Sponti*, Berlin 1980, S. 91; Nick Thomas, *Protest Movements in 1960s West Germany*, Oxford 2003, S. 62-63. Das Zitat ist aus Gretchen Dutschke, *Wir hatten ein barbarisches, schönes Leben. Rudi Dutschke. Eine Biographie*, Köln 1996, S. 103.

7 Ulrich Enzensberger, *Die Jahre der Kommune I. Berlin 1967-1969*, Köln 2006, S. 94-95. Zu den Ereignissen selbst siehe Thomas, *Protest Movements*, S. 78-80.

8 Hans Blumenberg, »Nachhake(l)n auf einen Nachruf – privatissime« (1987), in: *Blumenberg–Taubes*, S. 291.

9 Jacob Taubes, »An den Regierenden Bürgermeister von Berlin, Heinrich Albertz«, in: *Demonstrationen. Ein Berliner Modell. Entstehung der demokratischen Opposition (Voltaire Flugschrift 10)*, hg. v. Bernard Larsson, Berlin 1967, S. 95-98, wiederabgedruckt in *AuP*.

10 »Rektor der FU sagte die Teilnahme ab«, *Berliner Morgenpost*, 6. Mai 1967; »Rede von Professor Dr. Jacob Taubes auf der Vollversammlung der Studenten aller Fakultäten am 5.5.1967«, in: *AuP*, S. 392-394.

11 Wolfgang Kraushaar, *Die Bombe im Jüdischen Gemeindehaus*, Hamburg 2005, S. 269-271.

12 Jacob Taubes, »Surrealistische Provokation. Ein Gutachten zur Anklageschrift im Prozeß Langhans-Teufel über die Flugblätter der ›Kommune I‹«, in: *Merkur: Deutsche Zeitschrift für europäisches Denken* 21 (1967), S. 1069-1079, wiederabgedruckt in *AuP*.

13 Horst Mahler an JT, 26. Juli 1967, ZfL.

14 Lönnendonker und Fichter (Hg.), *Hochschule im Umbruch Teil IV: (1964-1967)*, Berlin 1975, S. 159. Auch Keßler, *Ossip K. Flechtheim*, S. 147. Zur Rolle der DDR bei der Finanzierung und Steuerung der Republikanischen Clubs siehe Elliot Neaman, *Free Radicals: Agitators, Hippies, Urban Guerillas, and Germany's Youth Revolt of the 1960s and 1970s*, New York 2016, Kap. 2 und Anmerkung 97 darin.

15 JT an Horst Mahler, 4. Juli 1967, ZfL.

16 JT an Edith Wyschogrod, 31. Mai 1967. Ähnlich bei JT an Ernst Erdös, 26. Mai 1967, ZfL.

17 Zum Mord an Ohnesorg und der Stasi-Tätigkeit des Polizisten, der ihn tötete, siehe Neaman, *Free Radicals*, Kap. 2.

18 Siegward Lönnendonker et al. (Hg.), *Freie Universität Berlin 1948-1973. Hochschule im Umbruch: Teil V: (1967-1969)*, Berlin 1975, S. 12.

19 Lönnendonker et al. (Hg.), *Freie Universität Berlin 1948-1973. Teil V*, S. 19; Flügge, *Zeitdienst*, S. 147-149; Dutschke, *Wir hatten ein barbarisches, schönes Leben*, S. 132.

20 Posthum veröffentlicht als Alexandre Kojève, *Essai d'une histoire raisonée de la philosophie païenne*, Paris 1969-1973.

21 Kojève an Traugott König, 29. Mai 1967, ZfL.

22 JT an Kojève, 16. Juni 1967, ZfL.

23 Nacherzählt in *ACS*, S. 69.

24 Marcuse an JT, 28. Juni 1967, ZfL.

25 https://www.marcuse.org/herbert/pubs/60spubs/67endutopia/
67EndUtopiaProbViol.htm.

26 Herbert Marcuse et al., *Das Ende der Utopie*, Berlin 1967, S. 14, 16.

27 Marcuse, *Das Ende der Utopie*, S. 23, 29.

28 Löwenthal in Marcuse, *Das Ende der Utopie*, S. 85-88.

29 Marcuse, *Das Ende der Utopie*, S. 142-147. Der SDS hatte solche Mittel beschafft. Siehe Thomas, *Protest Movements*, S. 84-85.

30 Günter C. Behrmann, »Zwei Monate Kulturrevolution«, in: Albrecht et al., *Die intellektuelle Gründung der Bundesrepublik*, S. 335-336.

31 Taubes wird zitiert in »Hilfe von Arbeitslosen«, *Der Spiegel*, 12. Juni 1967.

32 Brief von Rainer Gangl, Präsident, Fortschrittliche Studentenschaft Zürich an JT, 18. April 1968 (in dem ein Gespräch aus dem vergangenen Jahr wiedergegeben wird), ZfL.

33 JT an Hans Robert Jauß, 24. Oktober 1967, ZfL.

34 Gollwitzer und Taubes, »Öffentliche Erklärung«, *Morgenpost*, 6. Februar 1968.

35 Wolfgang Kraushaar (Hg.), *Die 68er-Bewegung International: Eine illustrierte Chronik, 1960-1969* (4 Bde.), Bd. 3, Stuttgart 2018.

36 »Fast der alte«, *Der Spiegel*, 20. Mai 1968.

37 »Entfremdung verspürt«, *Der Spiegel*, 20. Mai 1968.

38 Interview mit Peter Wapnewski; Peter Wapnewski, *Mit dem anderen Auge. Erinnerungen 1959-2000*, Berlin 2006, S. 60-61. Susanne Leinemann, »Der wilde Sommer der Uni-Revolte«, *Berliner Morgenpost*, 10. April 2018.

39 »Professoren besorgt über die weitere Entwicklung«, *Die Welt*, 6. Dezember 1968.

40 Edith Wyschogrod, »Religion as Life and Text: Postmodern Re-configurations«, in: *The Craft of Religious Studies*, hg. v. Jon R. Stone, New York 2016, S. 240-257, hier S. 256.

41 JT an Ernst Tugendhat, 9. Juni 1967, ZfL.

42 Interview mit Eberhard Lämmert.

43 Interview mit John J. Gallahue.

44 Interview mit Peter Schäfer.

45 JT an Adorno, 13. März 1968, ZfL.

46 Jacob Taubes, »Kultur und Ideologie«, in: *Spätkapitalismus oder Industriegesellschaft?*, hg. v. Theodor W. Adorno, Stuttgart 1969, S. 117-138, wiederabgedruckt in *KzK*, S. 283-304, bes. S. 291.

47 Jacob Taubes, »Das Unbehagen an der Institution«, in: *Das beschädigte*

Leben, hg. v. Alexander Mitscherlich, Genzach 1969, S. 95-107, überarbeitete Version in: *Zur Theorie der Institutionen*, hg v. Helmut Schelsky, Düsseldorf 1970, S. 68-76.

48 Interview mit Richard Faber.

49 JT an Unseld und Habermas, Mai 1968, Suhrkamp.

50 »Rechenschaftsbericht«, nachgedruckt in *PROTEST! Literatur um 1968*, hg v. Ulrich Ott und Friedrich Pfäfflin, Marbach 1998, S. 517-520.

51 JT an B. Beckmann von der Fortschrittlichen Studentenschaft Zürich, 1. Juli 1968, ZfL.

52 JT an die Fortschrittliche Studentenschaft Zürich, 21. November 1968, ZfL.

53 Interview mit Marianne und Sigi Weinberg.

54 Interview mit Eberhard Lämmert. Das Folgende stützt sich in erster Linie auf Schlicht, *Vom Burschenschafter bis zum Sponti*, S. 91-93, sowie auf meinem Interview mit Uwe Schlicht.

55 Schlicht, *Vom Burschenschafter bis zum Sponti*, S. 90.

56 Wolfgang Nitsch et al., *Hochschule in der Demokratie*, Berlin 1965. Siehe auch Wehrs, *Protest der Professoren*, S. 53.

57 Schlicht, *Vom Burschenschafter bis zum Sponti*.

58 James F. Tent, *The Free University of Berlin: A Political History*, Bloomington, IN, 1988, S. 406; ebenso Interview mit Uwe Schlicht.

59 Tent, *Free University*, S. 423.

60 Wehrs, *Protest der Professoren*, S. 152; Tent, *Free University*, S. 354-355.

61 »Professor Taubes warnt vor Aussperrung«, *Der Tagesspiegel*, 22. April 1969.

62 Jacob Taubes, »Um die Zukunft der FU«, *Der Tagesspiegel*, 4. Mai 1969.

63 »Erklärung der Philosophischen Fakultät der FU: Zur Kontroverse zwischen Professor von Simson und Professor Taubes«, *Der Tagesspiegel*, 8. Mai 1969.

64 Brief von Wolfgang Werth, *Der Tagesspiegel*, Mai 1969.

65 JT an Ernst Erdös, 26. Mai 1967, ZfL.

66 Shapira, *Israel: A History*, S. 295-297.

67 Kraushaar, *Blinde Flecken*, S. 102-104; Kundnani, *Utopia*, S. 48-50; Gerd Koenen, »Mythen des 20. Jahrhunderts«, in: *Neue Antisemitismus?: Eine globale Debatte*, hg. v. Doron Rabinovici et al., Frankfurt am Main 2004, S. 168-190; und Jeffrey Herf, *Unerklärte Kriege*

gegen Israel: Die DDR und die westdeutsche radikale Linke, 1967-1989, Göttingen 2019.

68 Landmann an JT, 5. September 1967, ZfL.
69 Das wird diskutiert in Kraushaar, *Blinde Flecken*, S. 106.
70 Michael Landmann, *Das Israelpseudos der Pseudolinken*, Berlin 1971. Eine Neuauflage erschien im Jahr 2013, da das Thema nichts von seiner zeitgenössischen Relevanz verloren hat.
71 JT an George Lichtheim, 3. April 1970, ZfL.
72 JT an Landmann, 11. Oktober 1968, ZfL.
73 Jacob Taubes, »NOTABENE, Aus gegebenem Anlaß«, Sender Freies Berlin, Drittes Programm, Sendung: 25. Dezember 1969, IH.
74 Herf, *Unerklärte Kriege*, S. 124-127; siehe auch Kraushaar, *Die Bombe im jüdischen Gemeindehaus*.
75 »Schuldschein«, 13. Februar 1969, PA.
76 JT an Inge und Herbert Marcuse, 4. Juli 1969, Herbert Marcuse Archiv.
77 Loos an den Präsidenten der FU, 26. November 1969, PA.

12

Deradikalisierung und Krise, 1969-1975

1 Interview mit Richard Locke.
2 Pareigis, »Die Schriftstellerin Susan Taubes«.
3 Interviews mit Elsa First, Krister Stendahl und Nina Holton.
4 *Nach Amerika*, S. 110.
5 Sontag, *As Consciousness Is Harnessed to Flesh*, S. 261, 371. Siehe auch Pareigis, *Susan Taubes*, S. 392-393.
6 Zu einem Porträt von Susan Taubes aus dieser Zeit, leicht fiktionalisiert als »Julia«, siehe Sontags Erzählung »Debriefing« (1973), in Sontag, *I, Etcetera*; Interview mit Nina Holton.
7 Sontag, *As Consciousness Is Harnessed to Flesh*, S. 436.
8 *Nach Amerika*, S. 25.
9 *Nach Amerika*, S. 41-42, 72, 75, 76, 187.
10 *Nach Amerika*, S. 30.
11 *Nach Amerika*, S. 75, 186.
12 *Nach Amerika*, S. 75, 94-95, 190.
13 *Nach Amerika*, S. 73.
14 Interview mit Richard Locke.

15 »Certificate of Death for Susan Taubes«, ETT; »Suicide Off L.I. Is Identified as a Woman Writer«, *New York Times*, 9. November 1969; Lena Zade, »›Ja, ich bin tot‹: Zum 40. Todestag der Religionsphilosophin und Schriftstellerin Susan Taubes«, *Jüdische Zeitung*, November 2009.

16 Pareigis, *Susan Taubes*, S. 299.

17 Interview mit Tania Taubes.

18 Interview mit Irving Kristol und Gertrude Himmelfarb.

19 Susan Sontag, *The Benefactor*, New York 1963, S. 89, 92-93.

20 JT an George Lichtheim, 9. Oktober 1969, ZfL.

21 Lichtheim an JT, 27. September 1969, ZfL.

22 JT an Lichtheim, 9. Oktober 1969, ZfL.

23 Interview mit Gregory Callimanopulos.

24 Informationen zur NY Film Festival-Premiere aus Schreiber, *Susan Sontag: A Biography*, S. 115-116.

25 »Professor Taubes Vorsitzender eines FU-Fachbereichsrats«, *Der Tagesspiegel*, 16. Juni 1970.

26 Wolf Lepenies, »Twenty-Five Years of Social Science and Social Change: A Personal Memoir«, in: *Schools of Thought: Twenty-Five Years of Interpretive Social Science*, hg v. Joan Scott und Debra Keates, Princeton, NJ, 2001, S. 25-40; sowie Interview mit Wolf Lepenies.

27 Lepenies, »Twenty-Five Years of Social Science and Social Change«, S. 28.

28 Lönnendonker und Fichter, *Freie Universität Berlin 1948-1973*, Bd. 6, S. 43-45; Tent, *Free University*, S. 368.

29 »Aus Protest zurückgetreten«, 10. Dezember 1970 (Zeitungsausschnitt, Quelle unklar, Presseakten der FU); »Linke Professoren sehen Kampagne. Vorsitzende eines FU-Fachbereichsrats zurückgetreten«, *Der Tagesspiegel*, 3. Dezember 1970.

30 »Rücktritte im FB 11«, FU-Info 14/70, 8. Dezember 1970. Kopie in Hoover, Notgemeinschaft 5.8.3/01

31 »Dem Senator graut«, *Der Spiegel*, 1. März 1971, S. 170.

32 So in »Marxisten: Kleine Chance«, *Der Spiegel*, 15. Februar 1971.

33 »Streit über eine Berufung an die Freie Universität Berlin«, *Frankfurter Allgemeine Zeitung*, 3. März 1971.

34 Jacob Taubes, »Über einen Handlungsreisenden in Sachen Marxismus«, *EXTRA-Dienst*, Nr. 17/V, 3. März 1971, S. 7.

35 JT an Werner Stein, 24. Februar 1971, IH.

36 Uwe Schlicht, »Hans Heinz Holz wird nicht berufen«, *Der Tagesspiegel*, 27. März 1971, S. 9.

37 »Dr. Holz will nach Marburg gehen«, *Der Tagesspiegel*, 24. April 1971, S. 9.

38 JT, »An den Fachbereichsrat des Fachbereichs ›Philosophie und Sozialwissenschaften‹, Betr: Gasteinladung der Abteilung Hermeneutik für das Sommersemester 1971«, 11. Januar 1971. Zu Margheritas Initiative siehe MvB an Kreibich, 22. Januar 1971; sowie JT an Marcuse, 9. Januar 1971, IH.

39 »Widersprüche um FU-Einladung: Fachbereich will Gastprofessuren für Angela Davis und Cleaver«, *Der Tagesspiegel*, 30. Januar 1971.

40 »Angela Davis an die FU: Schütz intervenierte bei Kreibich«, *EXTRA-Dienst*, 16. Januar 1971.

41 MvB an Kreibich, 22. Januar 1971; JT an Kreibich, 22. Januar 1971, IH.

42 Kreibich an JT, 23. Januar 1971, IH.

43 JT an Kreibich, 26. Januar 1971, IH.

44 »Widersprüche um FU-Einladung.«

45 Uwe Wesel an Angela Davis, c/o Herbert Marcuse, 1. Februar 1971, IH.

46 *Berliner Morgenpost*, 27. April 1971.

47 Interview mit Hanns Zischler.

48 Tent, *Free University*, S. 290-312.

49 Walter Brückmann, »Agitator hinter den Kulissen«, *Berliner Morgenpost*, 6. Dezember 1967, S. 7.

50 »Führende SDS-Mitglieder zur Schulung in Cuba«, *Die Welt*, 2. August 1968.

51 »Anklage gegen ehemaligen FU-Konventvorsitzenden«, DPA, 3. Juli 1969. File, Notgemeinschaft Papers, 5.8.2/ Lefèvre, Hoover.

52 JT an Habermas; JT an Odo Marquard, beide 19. September 1968, ZfL.

53 Gerd Koenen, *Das rote Jahrzehnt: Unsere kleine deutsche Kulturrevolution, 1967-1977*, Köln 2001, S. 198-200.

54 Laut einem vertraulichen Memorandum von Michael Landmann, »Anamnese zum ›Institut für Philosophie‹ und zum ›Fachbereich 11‹«, Teil eines Briefes an Werner Stein, 14. Juli 1975, in »Berlin-Notgemeinschaft« 5.8.3 (Landmann), Hoover.

55 Heinrich Kleiner, Vertreter der Wiss. Mitarbeiter an den Fachbereichsrat, 6. Juli 1970, Kopie in Notgemeinschaft, 5.8.3/0161, Hoover

56 »Der Geschäftsführende Direktor und die unterzeichneten Mitglieder des Lehrkörpers des Philosophischen Seminars«, 7. August 1970, in Notgemeinschaft, 5.8.3./0161, Hoover.

57 Landmann an JT (den Vorsitzenden des Fachbereichs 11), 30. November 1970, in Notgemeinschaft, Hoover,

58 JT, »Erstgutachten zur Dissertation von Wolfgang Lefèvre«, datiert auf den 22. Oktober 1970, 20 Seiten, in Hoover, Notgemeinschaft, 5.8.3./0161.

59 »Assistentenstelle als Prämie für Agitation«, *Die Welt*, 29. Dezember 1970.

60 »Yankee am Hof«, *Der Spiegel*, 10. Januar 1971, S. 51-53.

61 »Fachbereichsrat nimmt Dissertation Lefèvre's an«, *Der Tagesspiegel*, 21. Januar 1971.

62 Landespressedienst Berlin #27, 9. Februar 1971, in Notgemeinschaft, 5.8.3./0161, Hoover.

63 JT an Mittelstrass, 26. Januar 1979, ZfL.

64 JT an Habermas, 22. Juli 1970, ZfL.

65 Interview mit Jürgen Habermas.

66 So im Memorandum von Michael Landmann, »Anamnese zum ›Institut für Philosophie‹ und zum ›Fachbereich 11‹«, siehe oben.

67 Interview mit Wolf Lepenies.

68 Stefan Müller-Doohm, *Adorno: A Biography*, Cambridge 2005, Kap. 19.

69 JT an Peter Szondi, 17. August 1969, Nachlass Szondi, DLA.

70 Siehe Specter, *Habermas: An Intellectual Biography*, S. 111-113.

71 Zur Konferenz in Hannover siehe Kundnani, *Utopia*, S. 44-45.

72 Müller-Doohm, *Jürgen Habermas*, S. 209-210.

73 Zu Krahl siehe Koenen, *Das rote Jahrzehnt*, S. 141-143; Koenen, »Der transzendental Obdachlose – Hans-Jürgen Krahl«, in: *Zeitschrift für Ideengeschichte*, Bd. 2.3, S. 5-22; Kundnani, *Utopia*, S. 57-59.

74 Kundnani, *Utopia*, S. 57.

75 Jens Benicke, *Von Adorno zu Mao*, Freiburg 2010, S. 40; Kraushaar, *Blinde Flecken*, S. 350.

76 Siehe zum Thema Kundnani, *Utopia*, S. 18-19 und passim; Jan-Werner Müller, »1968 as Event, Milieu, and Ideology«, in: *German Ideologies since 1945*, hg. v. ders., New York 2003, S. 117-143.

77 Koenen, *Das rote Jahrzehnt*, S. 143; Benicke, *Von Adorno zu Mao*, S. 54-55.

78 Kundnani, *Utopia*, S. 59-60.

79 Zu seiner Rede auf dem Kongress in Hannover im Juni 1967 siehe Fichter und Lönnendonker, *Kleine Geschichte des SDS*, S. 106-108. Jürgen Habermas, »Die Scheinrevolution und ihre Kinder – Sechs Thesen über Taktik, Ziele und Situationsanalysen der oppositionellen Jugend«, in: *Die Linke antwortet Jürgen Habermas*, hg v. Oskar Negt, Frankfurt am Main 1968, S. 5-7, zitiert in Benicke, *Adorno zu Mao*, S. 57.

80 Müller-Doohm, *Jürgen Habermas*, S. 211.

81 Zitiert in Benicke, *Von Adorno zu Mao*, S. 64.

82 Jürgen Habermas, »Odyssee der Vernunft in die Natur«, *Die Zeit*, 12. September 1969.

83 Müller-Doohm, *Jürgen Habermas*, S. 222.

84 JT an Habermas, 17. September 1969, ZfL.

85 JT an Habermas, 3. April 1970, ZfL. Zum Hintergrund siehe Müller-Doohm, *Jürgen Habermas*, S. 187-209.

86 Interview mit Habermas.

87 Zu Vesper und Ensslin siehe Kundnani, *Utopia*, S. 64-67; Butz Peters, *Tödlicher Irrtum: Die Geschichte der RAF*, Berlin 2004, S. 70-72.

88 Vesper an JT, 20. März 1967, ZfL.

89 JT an Arthur A. Cohen, 2. Oktober 1977, Cohen Papers.

90 JT an Traugott König, 20. Dezember 1966, ZfL.

91 Vesper an JT, 27. Mai 1967, ZfL.

92 Vesper an JT, 31. Januar 1968, ZfL.

93 Gerd Koenen, *Vesper, Ensslin, Baader: Urszenen des deutschen Terrorismus*, Köln 2003, S. 126-127.

94 Information von Susan Neiman.

95 JT an Arthur A. Cohen, 2. Oktober 1977, Cohen Papers.

96 Koenen, *Vesper, Ensslin, Baader*; Kundnani, *Utopia*, S. 66-67.

97 Zu Mahlers ideologischer Entwicklung siehe George Michael, »The Ideological Evolution of Horst Mahler: The Far Left-Extreme Right Synthesis«, in: *Studies in Conflict and Terrorism* 32.4 (2009), S. 346-366.

98 Horst Mahler, »Rede vor Gericht«, zitiert in: Wolfgang Kraushaar, »Der Antisemitismus steckt im Antizionismus wie das ›Gewitter in der Wolke‹: Zur Entstehung der Israelfeindschaft in der radikalen Linken der Bundesrepublik Deutschland«, eine Rede, die er anlässlich der jährlichen Tagung der German Studies Association in Oakland, im Oktober 2010 hielt.

99 Interview mit Tania Taubes.

100 Interviews mit Gershon Greenberg, Ruth Kahane-Geyer und Marcel Marcus.

101 Nicolas Berg, »Ein Außenseiter der Holocaustforschung – Joseph Wulf (1912-1974) im Historikerdiskurs der Bundesrepublik«, in: *Leipziger Beiträge zur jüdischen Geschichte und Kultur*, Göttingen 2003, Bd. 1, S. 311-346; sowie Berg, *Der Holocaust und die westdeutschen Historiker*, Göttingen 2004, S. 447-449.

102 Leschnitzer an Wulf, 15. Oktober 1970, Leschnitzer Papers, Leo Baeck Institute, NYC.

103 FU Vorlesungsverzeichnis, Sommersemester 1970.

104 Klaus Kempter, *Joseph Wulf: Ein Historikerschicksal in Deutschland*, Göttingen 2013, S. 362-364.

105 »Gespräch mit Irmingard Staeuble« und »Gespräch mit Eberhard Lämmert«, in: *Das Politische und das Persönliche*, S. 372-373.

106 Siehe Wolfgang Fritz Haug, »Nachwort zur zweiten Auflage: Das Ende des hilflosen Antifaschismus«, in: Haug, *Der hilflose Antifaschismus*, 3. Aufl., Frankfurt am Main 1970; Kraushaar, *Blinde Flecken*, S. 175-177; sowie Berg, *Der Holocaust und die westdeutschen Historiker*, S. 438-440.

107 Siehe »Der Plan für ein NS-Dokumentationszentrum«, *Neue Zürcher Zeitung*, 12. September 1970, nachgedruckt in *Das Politische und das Persönliche*, S. 383.

108 Wehrs, *Protest der Professoren*, S. 149-150.

109 Wehrs, *Protest der Professoren*, S. 281.

110 Zitiert in Hans Maier, »Als Professor im Jahr 1968«, in: *Die politische Meinung* 378 (Mai 2001), S. 17-23, hier S. 19.

111 Wehrs, *Protest der Professoren*, S. 153.

112 Richard Löwenthal, »Freie Universität auf der schiefen Ebene«, *Der Tagesspiegel*, 30. Januar 1970, zitiert in Wehrs, *Protest der Professoren*, S. 169.

113 Nipperdey an Stein, 31. Oktober 1971, zitiert in Wehrs, *Protest der Professoren*, S. 284. Stein, ein vielseitiger Mann, war Professor für Biophysik an der FU und Autor eines historischen Lexikons.

114 Wehrs, *Protest der Professoren*, S. 168, 227-228, und passim.

115 Jerry Z. Muller, »German Neoconservatism and the History of the Bonn Republic, 1968 to 1985«, in: *German Politics and Society* 18.1 (Frühjahr 2000), S. 1-32.

116 Wehrs, *Protest der Professoren*, S. 321-322. Zu Brentano siehe das unveröffentlichte Neiman-Interview mit Michael Theunissen.

117 »Zwei weitere Vizepräsidenten für FU«, *Der Tagesspiegel*, 14. Mai 1970.

118 »Vizepräsidentin der FU Berlin für sozialistische Universität«, *Die Welt*, 13. November 1970. Für einen Bericht der Unterstützer Brentanos in der Aktionsgruppe Hochschullehrer siehe »Chronologie eines Skandals«, in: *Das Politische und das Persönliche*, S. 384-386; Wehrs, *Protest der Professoren*, S. 286-287.

119 *Das Politische und das Persönliche*, S. 390-391; und »Terrible Nichte«, *Der Spiegel*, 12. Dezember 1970.

120 *Das Politische und das Persönliche*, S. 388-390.

121 »Ermittlung gegen Frau von Brentano eingestellt«, *Der Tagesspiegel*, 24. Dezember 1970.

122 Karoll Stein, »Fischer im trüben«, *Die Zeit*, 18. Dezember 1970.

123 Norbert Hinske, 12. Dezember 1970, unveröffentlichter Brief an *Die Zeit*, in Notgemeinschaft, box 5.1.1/0188b, Hoover.

124 »An die Macht«, *Der Spiegel*, 28. November 1971, wieder abgedruckt in *Das Politische und das Persönliche*, S. 396-399.

125 Uwe Wesel, *Die verspielte Revolution: 1968 und die Folgen*, München 2002, S. 201.

126 »Müssen Professoren staatstreu sein? FU-Vizepräsidentin Margherita von Brentano und Senator Stein diskutieren über Marxisten auf Lehrstühlen«, *Der Spiegel*, 14. Februar 1972, wiederabgedruckt in: *Das Politische und das Persönliche*, S. 400-407, hier S. 405.

127 Zu Mandel und den Trotzkisten siehe Koenen, *Das rote Jahrzehnt*, S. 276-280.

128 »Alle wegfegen«, *Der Spiegel*, 28. Februar 1972.

129 »Erklärung«, in: *Das Politische und das Persönliche*, S. 407-408.

130 Interview mit Hans Dieter Zimmermann; Zimmermann an JT, 13. Juli 1972; JT an Zimmermann, 26. Juli 1972; JT an Werner Stein, 27. Juli 1972; »KBS« an Zimmermann, 20. November 1972; Zimmermann an JT, 20. März 1973, alle ZfL.

131 JT an Lübbe, 28. Februar 1977; Lübbe an JT, 19. April 1977; JT an Zürcher Kantonalbank, 31. Oktober 1977; JT an Habermas, 17. Februar 1977, alle ZfL.

132 Heller, *Der Affe auf dem Fahrrad*, S. 326-327.

133 Interview mit Ágnes Heller.

134 Heller, *Der Affe auf dem Fahrrad*, S. 371.

135 Interview mit Ágnes Heller. Taubes erwähnt das Treffen in einem Brief an György Márkus, 5. Juli 1977, ZfL.

136 Noam Zadoff, *Gershom Scholem: From Berlin to Jerusalem and Back*, übers. v. Jeffrey Green, Waltham, MA, 2018, S. 220-221. Scholems Essays wurden gesammelt und veröffentlicht als *Walter Benjamin und sein Engel: Vierzehn Aufsätze und kleine Beiträge*, hg. v. Rolf Tiedemann, Frankfurt am Main 1983.

137 Zadoff, *Gershom Scholem*, S. 222, 227-228.

138 Walter Benjamin, Gershom Scholem, *Briefwechsel 1933-1940*, Frankfurt am Main 1980.

139 Siehe Elke Morlok und Frederek Musall, »Die Geschichte *seiner* Freundschaft: Gershom Scholem und die Benjamin-Rezeption in der Bonner Republik«, in: *Gershom Scholem in Deutschland*, hg. v. Gerold Necker et al., Tübingen 2014, S. 122, 136.

140 Helmut Heißenbüttel, »Vom Zeugnis des Fortlebens in der Literatur«, *Merkur*, 21. März 1967, S. 232-244; und Peter Hamm, »Unter den Neueren der Wichtigste: Walter Benjamins Briefe«, in: *Frankfurter Hefte* 22 (1967), S. 353-364, zitiert in Elke Morlok und Frederek Musall, »Die Geschichte *seiner* Freundschaft«, S. 126; und Rosemarie Heise, »Der Benjamin-Nachlaß in Potsdam. Interview von Hildegard Brenner vom 5.10.1967«, in: *alternative* 56/57 (1967) S. 186-194. Siehe ebenfalls die Diskussion in Behrmann, »Kulturrevolution: Zwei Monate Kulturrevolution«. Zur Rezeptionsgeschichte Benjamins in Deutschland siehe Thomas Küpper und Timo Skrandies, »Rezeptionsgeschichte«, in: *Benjamin-Handbuch*, hg. v. Burkhardt Lindner, Stuttgart 2006.

141 Howard Eiland und Michael W. Jennings, *Walter Benjamin: A Critical Life*, Cambridge, MA, 2014, S. 127.

142 Eiland und Jennings, *Walter Benjamin*, S. 3, 322.

143 Eiland und Jennings, *Walter Benjamin*, S. 132-133. Zu Benjamins Faszination von Gewalt (zumindest in der Theorie) und »seiner konstitutionellen Unfähigkeit, mit dem Problem der Anarchie (Spontanität, Rausch, Erlösung) und der Ordnung (Programmierung, Vernunft und Disziplin)« zurechtzukommen siehe Peter Demetz, Einleitung zu *Walter Benjamin: Reflections*, hg. v. Demetz, New York 1978, S. xli.

144 Eiland und Jennings, *Walter Benjamin*, S. 225.

145 JT an Adorno, 18. März 1968, ZfL.

146 Eiland und Jennings, *Walter Benjamin*, S. 129.

147 Walter Benjamin, »Über den Begriff der Geschichte«, Abschnitte 14-18, in: Demetz, *Walter Benjamin*.

148 JT an Unseld, 5. Dezember 1966, Suhrkamp.
149 Scholem an Adorno, 9. Dezember 1966, mit Zitaten aus Taubes' Brief Adorno vom 5. Dezember 1966, in: *Theodor W. Adorno–Gershom Scholem Briefwechsel 1939-1969*, hg. v. Asaf Angermann, Berlin 2015, S. 393-397.
150 Scholem an JT, undatiert, aber 1967, ZfL.
151 JT an Scholem, 8. Oktober 1968, ZfL.
152 Scholem an JT, 20. Oktober 1968, ZfL.
153 Felsch, *Der lange Sommer*, S. 50.
154 Felsch, *Der lange Sommer*, S. 57-62.
155 Unseld an JT, 5. Dezember 1972, Suhrkamp.
156 K. M. Michel an Hans Heinz Holz, 7. Juli 1970, Suhrkamp.
157 JT an Karl Markus Michel, 12. August 1965, Suhrkamp.
158 JT an Unseld, 6. Dezember 1971, Suhrkamp; Felsch, *Der lange Sommer*, S. 63.
159 JT »Memorandum« an Unseld und Habermas, 29. Mai 1968, Suhrkamp. Siehe *Blumenberg–Taubes*, S. 161-162.
160 S. Unseld, »Protokoll eines Gespräches mit den Herren Habermas, Heinrich, Taubes am 16. 9. 1972«, Suhrkamp.
161 Unseld an JT, 5. und 6. Juli 1976, Suhrkamp.
162 »FU-Professor Szondi begeht Selbstmord«, in: Manfred Görtemaker und Klaus Schroeder (Hg.), *Freie Universität Berlin 1948-1973*, Bd. 6, S. 144.
163 JT an Marcuse, 24. Januar 1972, ZfL.
164 Ich bedanke mich bei Gideon Freudenthal für diese Information.
165 JT an Marcuse, 24. Januar 1972, ZfL; und Herbert Marcuse Archiv. Siehe auch Tent, *Free University*, S. 356-369.
166 Wehrs, *Protest der Professoren*, S. 270; und Koenen, *Das rote Jahrzehnt*. Für einen guten Überblick siehe Jürgen Domes und Armin Paul Frank, »The Tribulations of the Free University of Berlin«, in: *Minerva* 13.2 (1975), S. 183-199, hier S. 191.
167 Nikolai Wehrs, *Protest der Professoren. Der »Bund Freiheit der Wissenschaft« in den 1970er Jahren*, Göttingen 2014, S. 288-289.
168 »Interview Hans Peter Duerr, 09. 08. 2009«, online unter »Interviews with German Anthropologists«.
169 Gert Mattenklott, »Komm ins Offene, Freund!«, in: *Zeitschrift für Ideengeschichte* 2.3 (2008), S. 5.
170 Interview mit Uwe Schlicht.
171 Interview mit Uwe Schlicht.

172 Friedrich Tomberg, *Bürgerliche Wissenschaft. Begriff, Geschichte, Kritik*, Frankfurt am Main 1973.

173 Siehe seine Verteidigung, »Korrektur einer Legende«, https://www.friedrich-tomberg.com/post/korrektur-einer-legende

174 Der Bericht basiert auf Uwe Schlicht, »Ein kultureller Bürgerkrieg? Personalpolitik an der FU: das Philosophische Seminar«, *Der Tagesspiegel*, 18. Dezember 1973.

175 Interview mit Reinhart Maurer; JT an Maurer, 6. September 1973, ZfL.

176 Werner Stein an Michael Landmann, 13. November 1973, wo er auf Landmanns Brief und das Memorandum vom 14. Juli reagierte; und »Anamnese«.

177 Uwe Schlicht, »Ein kultureller Bürgerkrieg?«

178 Interviews mit Uwe Schlicht und Richard Faber.

179 Interview mit Krister Stendahl.

180 JT an Dietrich Goldschmidt, 13. Dezember 1969, ZfL.

181 JT an Elizabeth und Irving Dworetzsky, 15. Juni 1970, ZfL; Interview mit Ethan Taubes.

182 JT an den Präsidenten der FU, 26. Juli 1971, PA.

183 JT an Benjamin Nelson, 28. Mai 1971, ZfL.

184 Interviews mit Ethan Taubes und Tania Taubes. Siehe auch das Interview mit Sibylle Haberditzl in *Das Politische und das Persönliche*, S. 472.

185 Interview mit Tania Taubes.

186 Interview mit Tania Taubes. JT an Edith Wyschogrod, 26. Juni 1975, ZfL. FU Vorlesungsverzeichnis, Sommersemester 1975. Umzugsquittungen ETT.

187 Interview mit Peter McLaughlin.

188 Interview mit Tania Taubes.

189 MvB an John F. Kennedy Schule, 22. Februar 1975, ETT.

190 Umzugsquittungen, ETT.

191 JT an den Präsidenten, 11. August 1975, PA.

192 JT an den Präsidenten, 6. August 1975, PA.

193 Interview mit Reinhart Maurer.

194 Interview mit Susan Hechler.

195 Präsident an Hauptkasse der FU, 29. August 1975, PA.

196 Interview mit Rachel Freudenthal-Livné.

197 H. Helmchen, Direktor der Psychiatrischen Klinik II an den Präsidenten der FU, 7. Mai 1976; »Ärztliches Attest«, 1. Juni 1976;

»Krankmeldung«, 21. September 1976, und 11. Oktober 1976, PA.

198 Interview mit Tania Taubes.
199 Interviews mit Michael Wyschogrod, Ethan Taubes, Tania Taubes. Mit Bezug auf die Hymans: Interview mit Morton Leifman.
200 Timothy Kneeland und Carol Warren, *Pushbutton Psychiatry: A History of Electroshock in America*, Westport, CT, 2002, S. 64, 75-76.
201 Interview mit William Frosch, M.D., der sich an den speziellen Fall nicht erinnern konnte, aber auf der Basis seiner großen Erfahrung Mutmaßungen anstellte.

13
Ein wandernder Jude – Berlin – Jerusalem – Paris, 1976-1981

1 Interview mit Ethan Taubes.
2 Interview mit Gabriele Althaus.
3 Interviews mit Richard Faber und mit Gabriele Althaus.
4 Interview mit Tania Taubes.
5 Interview mit Edmund Leites.
6 Interview mit Victor Gourevitch.
7 »Gesundmeldung, 17. Dezember 1976«, PA.
8 JT an Oskar Negt, 26. Januar 1977, ZfL.
9 Interview mit Susan Hechler.
10 Interview mit Joseph Agassi.
11 Information von Christiane Buhmann, Januar 2021.
12 Interview mit Christiane Buhmann, und Information vom Januar 2021.
13 Jacob Taubes, »Wer hat Angst vor der Philosophie?«, 14. Juli 1977, Kopie in den Nolte Papers.
14 Interview mit Susan Hechler.
15 Interview mit Reinhart Maurer.
16 JT an Michael Wyschogrod, 15. März 1977, Wyschogrod Papers; Interview mit Uwe Schlicht; Peter Glotz, »About Jacob Taubes, Who Crossed Frontiers«, in: *Self, Soul and Body in Religious Experience*, hg. v. A.I. Baumgarten, J. Assmann und G.G. Stroumsa, Leiden 1998, S. 4-9.
17 Siehe dazu auch Kopp-Oberstebrink, »Landmann und Taubes«.
18 Landmann an JT, 23. Juli 1966, ZfL.

19 Landmann an JT, 23. Juli 1966, ZfL.

20 Landmann an JT, 5. September 1967, ZfL.

21 Landmann an JT, 11. September 1967, ZfL.

22 Landmann an JT, 9. Oktober 1968, ZfL.

23 JT an Oskar Negt, 26. Januar 1977. Kopie von Peter McLaughlin.

24 Interview mit Eberhard Lämmert.

25 Fritz Raddatz an JT, 3. Februar 1977, ZfL.

26 Klaus-Jürgen Grundner, »Nachwort« zu *Exzerpt und Prophetie: Gedenkschrift für Michael Landmann*, hg. v. Grundner et al., Würzburg 2001, S. 305.

27 Gollwitzer an JT, 3. April 1977, ZfL.

28 »Konflikt um Judaistik-Seminar«, *Der Tagesspiegel*, 28. April 1977; JT an Ernst Nolte, 12. April 1977, Suhrkamp; Jacob Taubes, »Inmitten des akademischen Taifuns am Fachbereich ›Philosophie und Sozialwissenschaften‹ der Freien Universität«, in: *Hochschulreform – und was nun?*, hg. v. Horst Albert Glaser, Berlin 1982, S. 302-320.

29 Interview mit Reinhart Maurer.

30 Landmann an den Präsidenten der FU, 20. Juni 1977 (Eberhard Lämmert), in Scholem Papers, »Jacob Taubes: lo lakahal«.

31 Interviews mit Niko Oswald und mit Tania Taubes.

32 Interview mit Peter Schäfer; Peter Schäfer und Klaus Hermann, »Judaistik an der Freien Universität Berlin«, in: *Religionswissenschaft, Judaistik, Islamwissenschaft und Neuere Philologien an der Freien Universität Berlin*, hg v. Karol Kubicki und Siegward Lönnendonker, Göttingen 2012, S. 53-74.

33 JT an den Präsidenten der FU, 28. April 1977; FB11 an den Präsidenten, 2. Juni 1977; »Protokoll der Außerordentlichen Sitzung des Direktoriums der WE6«, 24. Mai 1977, PA.

34 Jacob Taubes, Memorandum »Zur Situation und Rekonstruktion des Instituts für Philosophie«, 15. Juni 1977, PA.

35 Landmann an Lämmert, 18. Juni 1977, Kopie in Scholem Papers, »Jacob Taubes: lo lakahal«.

36 Landmann an Lämmert, 20. Juni 1977, Kopie in Scholem Papers, »Jacob Taubes: lo lakahal«.

37 »Aktennotiz«, 21. Juni 1977, Scholem Papers, »Jacob Taubes: lo lakahal«.

38 Präsident der FU an JT, 12. Juli 1977, PA.

39 Landmann und andere an Präsident Lämmert, 12. Juli 1977, zitiert in Taubes an Glotz, März 1978, Voegelin Papers.

40 »Protokollnotiz zur 2. Gesprächsrunde beim Präsidenten der FUB zum ›Fall Taubes‹«, 7. November 1977, Scholem Papers, »Jacob Taubes, lo lakahal«.

41 Scholem Papers, »Jacob Taubes. Lo lakahal«. Landmann an Michael Strauss, Haifa, 14. Januar 1978, Michael Strauss Papers. Ich bedanke mich bei Prof. Oded Balaban, Haifa, dafür, dass er mir die Korrespondenz zwischen Landmann und Michael Strauss zur Verfügung stellte.

42 Jacob Taubes, »Zur Situation und Rekonstruction des Instituts für Philosophie«, geschickt an Lämmert am 15. Juni 1977. Kopie im DLA Marbach, Nachlass Blumenberg, zitiert in: Blumenberg–Taubes, S. 181. Auszüge aus diesem Memorandum sind zitiert in JT, »Memorandum an … Peter Glotz«, März 1978, Kopie in Voegelin Papers.

43 Hier folge ich dem Bericht in Jacob Taubes, »An den Präsidenten der FUB«, 28. November 1979, PA. Die Geschichte wurde mir in meinem Interview mit Reinhart Maurer bestätigt. Zu Taubes' wiederholten Aufenthalten in Berlin siehe Landmann an die Mitglieder des Direktoriums der WE 5 des Fachbereichs 11, 17. Januar 1978, Scholem Papers, »Jacob Taubes: lo lakahal«.

44 Jacob Taubes, »An den GD der WE5 des FB11 des FUB Herrn M.L.«, 17. April 1978, IH.

45 Landmann an Michael Strauss, 18. Januar 1978; 5. Februar 1978; 18. Februar 1978; 5. März 1978, Michael Strauss Papers.

46 Taubes, »An den GD der WE5 des FB11«.

47 »Staatskommissar für Philosophisches Institut gefordert«, Der Tagesspiegel, 12. April 1978.

48 Armin Mohler an JT, 2. März 1978, Nachlass Mohler.

49 Interview mit Tania Taubes.

50 Interview mit Reinhart Maurer; auch erinnert in JT an Peter Glotz, 1978, IH.

51 Jacob Taubes, »An den Geschäftsführenden Direktor der WE 5 Frau Prof. Dr. M.v. Brentano. Betr.: Vakanzvertretungen«, 27. Oktober 1978, IH.

52 »Ohne Goldene Horde«, Der Spiegel, 14. Mai 1979, S. 231-237.

53 Interview mit Susan Hechler, die damals Sekretärin am Philosophischen Seminar war.

54 JT an Marcuse, 15. Mai 1968, ZfL.

55 »An den Vorsitzenden des Staatsrates der Deutschen Demokratischen Republik Herrn Erich Honecker«, unterzeichnet »Im Auftrage des

Fachbereichsrates, Peter Furth«, 2. Dezember 1976, wiederabgedruckt in: *Minerva. Blätter für Altertumskunde und Philosophie* 1 (1987), S. 72.

56 Interview mit Uwe Schlicht. Im Jahr 1977 nahm Schlicht am Hermeneutischen Kolloquium teil, das dem Thema »Zu einer Archäologie und Genealogie der Neuen Linken« gewidmet war. JT an Arthur A. Cohen, 6. Juli 1977, ZfL. Für Glotz' eigenen Bericht siehe Glotz, »About Jacob Taubes«.

57 »›Jeder fünfte denkt etwa so wie Mescalero‹: Berlins Wissenschaftssenator Peter Glotz über Sympathisanten und die Situation an den Hochschulen«, *Der Spiegel*, 2. Oktober 1977.

58 JT an Walter Kaufmann, 6. März 1978; JT an Noam Chomsky, 7. März 1978; Chomsky an JT, 18. März 1978, ZfL.

59 Voegelin an JT, 9. Mai 1978, Voegelin Papers.

60 Interview mit Uwe Schlicht; »Ohne Goldene Horde«, *Der Spiegel*. Zu Brentanos Rolle siehe JT an Markus, 24. Januar 1979, ZfL.

61 Interview mit Gideon Freudenthal; JT an Blumenberg, 15. August 1979, in: *Blumenberg–Taubes*, S. 199-200.

62 Interview mit Michael Theunissen.

63 Interview mit Ernst Tugendhat.

64 »Die Zeit des Philosophierens ist vorbei« (Interview mit Ernst Tugendhat), *Die Tageszeitung*, 28. Juli 2007.

65 Interview mit Ernst Tugendhat.

66 Uwe Schlicht, »Drei Leben: Zum Tode von Marianne Awerbuch«, *Der Tagesspiegel*, 9. Juni 2004; Interview mit Eberhard Lämmert.

67 Interview mit Peter McLaughlin.

68 Notiz an Unseld, unterzeichnet von L. Rose, 26. Juni 1975; JT an Unseld, 9. Dezember 1975; Unseld an JT, 2. Januar 1976; JT an Unseld, 25. März 1976, Suhrkamp.

69 Unseld an JT, 1. Juni 1976, Suhrkamp.

70 JT an Unseld, 12. April 1974, Suhrkamp.

71 JT an Nolte, 20. Januar 1965; und 22. Januar 1965, Nolte Papers.

72 Interview mit Ernst Nolte.

73 Ernst Nolte, *Deutschland und der Kalte Krieg*, München 1974, S. 602.

74 Nolte, *Deutschland und der Kalte Krieg*, S. 332-337, 607.

75 Nolte, *Deutschland und der Kalte Krieg*, S. 607.

76 Müller-Doohm, *Jürgen Habermas*, S. 36-37.

77 JT an Habermas, 3. März 1977, Nolte Papers; JT an Nolte, 5. März 1977, Nolte Papers; JT an Nolte, 7. März 1977, Habermas Papers.

78 JT an Nolte, 7. März 1977, Habermas Papers.

79 Jürgen Habermas, Einführung zu *Stichworte zur »geistigen Situation der Zeit«*, Frankfurt 1979, S. 3. Wolfgang H. Lorig, *Neokonservatives Denken in der Bundesrepublik Deutschland und in den Vereinigten Staaten von Amerika*, Opladen 1988, zeigt, wie Habermas immer wieder die Positionen der deutschen Neokonservativen falsch darstellte.

80 Unseld an JT, 7. März 1977; JT an Unseld, 8. Mai 1977; JT an Unseld, 30. März 1977; JT an Unseld, 8. Mai 1977; Unseld an JT, 28. Juni 1977, Suhrkamp.

81 JT an Habermas, 3. März 1977. Kopien in Habermas und Nolte Papers.

82 Unseld an JT, 7. März 1977, Suhrkamp.

83 JT an Habermas, 8. Juni 1977, Suhrkamp.

84 Habermas an JT, mit einer Kopie für Unseld, 27. Juli 1977, Suhrkamp.

85 Henrich an JT, 20. Juni 1977, ZfL.

86 Unseld an JT, 28. Juni 1977, Suhrkamp.

87 Bericht an Unseld, »Besuch von Jacob Taubes am 24.2.1978 in Verlag«, Suhrkamp.

88 Syndikat Verlag an JT, 8. Februar 1978, ZfL.

89 Unseld an JT, 23. März 1978, Suhrkamp.

90 Unseld an JT, 3. Januar 1979, Suhrkamp; Präsident der FU an JT, 21. März 1979, PA.

91 JT an Unseld, 6. Februar 1982, Suhrkamp.

92 JT an Unseld, 14. Mai 1981, Suhrkamp.

93 Jonas an JT, 24. Januar 1978, ZfL; JT an Jonas, 2. August 1982, Archiv Jonas.

94 Unseld an JT, 13. Oktober 1981; JT an Unseld, 23. Oktober 1981; JT an Unseld, 10. Februar 1982; Unseld an JT, 2. Februar 1982, Suhrkamp.

95 Unseld an JT, 7. Juni 1982, Suhrkamp.

96 Unseld an JT, 30. Juni 1982, Suhrkamp.

97 JT an Martin Buber, 15. Dezember 1964, Buber Papers, NLI, 806a.2

98 JT an Cohen, 6. Juli 1977, ZfL.

99 JT an Scholem, 16. März 1977, Scholem Papers, veröffentlicht in *PdM*, S. 117-123.

100 Scholem an JT, 24. März 1977, Scholem Papers, veröffentlicht in *PdM*, S. 130.

101 Blumenberg an JT, 24. Mai 1977, ZfL, jetzt in *Blumenberg–Taubes*, S. 171-75.

102 Interview mit Avishai und Edna Margalit.

103 JT an Arthur A. Cohen, 2. Oktober 1977, Cohen Papers.

104 Biale et al., *Hasidism: A New History*, S. 720-721; Abraham Rabinovich, »Praise the Lord and Pass the Ammunition«, *Jerusalem Post International Edition*, 22.-28. März 1981.

105 Rabinovich, »Praise the Lord«.

106 Biale et al., *Hasidism: A New History*, S. 752-753.

107 Interview mit Paul Mendes-Flohr.

108 Interviews mit Avishai Margalit, Moshe Halbertal, Tania Taubes und Ethan Taubes.

109 Interview mit Guy Stroumsa.

110 JT an Hans Jonas, 23. Dezember 1977, Jonas Archiv.

111 Interview mit Menachem Brinker.

112 Sarah Stroumsa, »Shlomo Pines: The Scholar, The Sage«, http://www. shlomopines.org.il/files/articles/stroumsa.doc

113 Strauss an Scholem, 10. Mai 1950, in Leo Strauss, *Gesammelte Schriften*, Stuttgart 2001, Bd. 3, S. 723-724.

114 Interview mit Guy und Sarah Stroumsa.

115 Interview mit Guy Stroumsa.

116 Carsten Colpe, »›Das eschatologische Widerlager der Politik, Zu Jacob Taubes' Gnosisbild«, in: Faber et al., *Abendländische Eschatologie. Ad Jacob Taubes*, S. 105-130, S. 119, 128.

117 Interview mit Guy und Sarah Stroumsa.

118 Aharon Agus an JT, 15. Februar 1980, ZfL.

119 Gershom Scholem, »Buber's Conception of Judaism«, in: Scholem, *On Jews and Judaism in Crisis*, S. 166-167.

120 Interview mit Avishai und Edna Margalit. Ähnlich Colpe, »›Das eschatologische Widerlager der Politik‹«.

121 Interview mit Moshe Idel.

122 Zu Idel siehe H. Tirosh-Samuelson und A. Hughes, *Moshe Idel* (Library of Contemporary Jewish Philosophers), Leiden 2015.

123 »Professor Moshe Barasch 1920-2004«, https://en.arthistory.huji.ac. il/sites/default/files/arthistoryen/files/barash_english.pdf.

124 JT an den Präsidenten der FU, 25. Mai 1978; Hartman an JT, American Colony Hotel, 5. Mai 1978, beide in PA.

125 Eliezer Don-Yehiya, »Messianism and Politics: The Ideological Transformation of Religious Zionism«, in: *Israel Studies* 19.2 (2014), S. 239-

263; Ravitzky, *Messianism, Zionism, and Jewish Religious Radicalism*, Kap. 3.

126 Ravitzky, *Messianism, Zionism, and Jewish Religious Radicalism*, S. 98-99.

127 Interviews mit Ze'ev Luria, Menachem Lorberbaum und Moshe Halbertal.

128 JT an David Hartman, 1. März 1982, ZfL. JT verwendete dieselbe Formulierung in einem Brief an Agus, 1. März 1982, ZfL.

129 JT an David Hartman, 1. März 1982, ZfL.

130 Interviews mit Moshe Halbertal und mit Menachem Lorberbaum.

131 Zur Bedeutung dieses Abschnitts siehe Shaul Magid, »Through the Void: The Absence of God in R. Naḥman of Bratzlav's ›Likkutei Mo-HaRan‹«, in: *Harvard Theological Review* 88.4 (Oktober 1995), S. 495-519.

132 Siehe Kapitel 6.

133 Interview mit Moshe Halbertal.

134 JT an Arthur A. Cohen, aus Jerusalem (American Colony Hotel Briefpapier), 27. August 1978, Cohen Papers.

135 Interview mit Leon Wieseltier.

136 Aharon Agus, CV, datiert auf den 7. Januar 1979, ZfL.

137 Interview mit Naomi Agus, Jerusalem.

138 Interviews mit Naomi Agus, Albert Baumgarten, Daniel Tropper, Shlomo Fischer.

139 Aharon Agus, »Some Early Rabbinic Thinking on Gnosticism«, in: *Jewish Quarterly Review* 71.1 (1980), S. 18-30; Agus an JT, 7. November 1979, ZfL.

140 Aharon Agus an JT, 15. Februar 1980, ZfL.

141 Zum Inhalt des Briefes und insgesamt ausführlicher siehe Jerry Z. Muller, »›I Am Impossible‹: An Exchange between Jacob Taubes and Arthur A. Cohen«, in: *Jewish Review of Books* (Sommer 2017), S. 42-44.

142 Die folgenden Absätze basieren auf einem Interview mit Marcel Sigrist.

143 Interview mit Marianne Weinberg.

144 Interview mit Avishai Margalit.

145 Interview mit Moshe Waldoks.

146 A. A. Cohen an JT, 13. Oktober 1977, Cohen Papers.

147 Interview mit David Hartman.

148 JT an Werner Hamacher, 28. Oktober 1981, Hamacher private papers.

149 Jacob Taubes und Norbert Bolz, »Vorwort« zu *Religionstheorie und politische Theologie: Band 3: Theokratie*, hg. v. Taubes, München 1987, S. 5.

150 *Taubes–Schmitt*, S. 108.

151 Interview mit Avishai Margalit.

152 Interview mit Joseph Dan.

153 Der Bericht über Taubes' Vortrag basiert auf einem Interview mit David Stern.

154 »The Price of Messianism«, wiederabgedruckt in *CtC*.

155 Interview mit David Stern.

156 Daniel Weidner, *Gershom Scholem: Politisches, esoterisches und historiographisches Schreiben*, München 2003, S. 390.

157 Gershom Scholem, *Sabbatai Sevi: The Mystical Messiah*, Princeton, NJ, 1973, S. xii.

158 Gershom Scholem, »Toward an Understanding of the Messianic Idea in Judaism«, in: Scholem, *The Messianic Idea in Judaism and Other Essays on Jewish Spirituality*, New York 1971, S. 36.

159 David Biale, »Gershom Scholem on Nihilism and Anarchism«, in: *Rethinking History* 19.1 (2015), S. 61-71, hier S. 64-66; Biale, *Gershom Scholem*, S. 195-196; David Ohana, *Political Theologies in the Holy Land: Israeli Messianism and Its Critics*, London 2010, Kap. 3.

160 Gershom Scholem, »The Crisis of Tradition in Jewish Messianism«, in: Scholem, *The Messianic Idea in Judaism*, S. 52-53.

161 Scholem, »Crisis of Tradition«, S. 57-58.

162 Scholem, *Sabbatai Sevi*, S. 93-102.

163 Scholem, »Toward an Understanding of the Messianic Idea in Judaism«, S. 15-16.

164 Siehe zum Beispiel Elettra Stimilli, »Der Messianismus als politisches Problem«, in: *PdM*, S. 131-179; Thomas Macho, »Der intellektuelle Bruch zwischen Gershom Scholem und Jacob Taubes. Zur Frage nach dem Preis des Messianismus«, in: Faber et al., *Abendländische Eschatologie*, S. 531-544. Anders Willem Styfhals, der erkennt, dass Taubes lediglich Scholems Erkenntnisse über Paulus verwendet. Willem Styfhals, »Deconstructing Orthodoxy: A Failed Dialogue between Gershom Scholem and Jacob Taubes«, in: *New German Critique* 45.1 (2018), S. 181-205, hier S. 192.

165 Neusner an JT, 19. August 1981, ZfL.

166 Taubes, »The Price of Messianism«, in: *Proceedings of the Eighth*

World *Congress of Jewish Studies,* Jerusalem 1982, S. 99-104; »The Price of Messianism«, in: *Journal of Jewish Studies* 33.1-2 (1982), S. 595-600; »Scholem's Theses on Messianism Reconsidered«, in: *Social Science Information* 21.4-5 (1982), S. 665-675. Zur Publikationsgeschichte siehe *CtC,* S. 348-349.

167 Zadoff, *Gershom Scholem,* S. 234-235.

168 Laut Gerold Necker, »Gershom Scholems ambivalente Beziehung zu Deutschland«, in: Necker et al., *Gershom Scholem in Deutschland,* S. 5-6.

169 Interview mit Aleida Assmann.

170 Interview mit Marianne und Sigi Weinberg.

171 Zadoff, *Gershom Scholem,* S. 236-240.

172 JT an Agus, 1. März 1982; JT an Fania Scholem [Hebräisch], 26. Februar 1982, ZfL.

173 »Clemens Heller – Founder of the ›Marshall Plan of the Mind‹«, https://www.salzburgglobal.org/about/history/articles/clemens-heller.html; und »Clemens Heller, 85, Founder of Postwar Salzburg Seminar«, *New York* Times, 6. September 2002. Für darüber hinausgehende Informationen danke ich Jean-Louis Fabiani; Interview mit Joachim Nettelbeck; Wolf Lepenies, »Jongleur im Reich des Geistes. Erinnerungen an Clemens Heller, in: *Zeitschrift für Ideengeschichte* 11.4 (2017), S. 65-82.

174 JT an Louis Dumont, 16. Februar 1978, Suhrkamp.

175 Zitiert in Richard J. Evans, *Eric Hobsbawm: A Life in History,* New York 2019, S. 502. Zu Hobsbawm und Heller siehe auch Eric Hobsbawm, *Interesting Times: A Twentieth-Century Life,* New York 2005, S. 326-327.

176 Für einen vollständigen und wohlwollenden Bericht siehe William Lewis, »Louis Althusser«, in: *Stanford Encyclopedia of Philosophy* (Spring 2018 Edition), hg. v. Edward N. Zalta. Für eine kritischere und analytischere Darstellung siehe Roger Scruton, »Nonsense in Paris: Althusser, Lacan and Deleuze«, in seinem *Fools, Frauds and Firebrands: Thinkers of the New Left,* London 2015, S. 159-174.

177 »Theorie 2: Vorschläge von Prof. Taubes«, undatiert, aber 1965, Suhrkamp; Interview mit Peter McLaughlin.

178 Interview mit Avishai Margalit.

179 JT an Cohen, 25. November 1977, Cohen Papers.

180 JT an Marianne Weinberg, 21. November 1980, Weinberg private Papers.

181 Interview mit Heinz Wismann; E-Mail von Wismann, 29. März 2020.

182 Interview mit Rudolf von Thadden.

183 JT an Cohen, 25. November 1977, Cohen Papers, *Blumenburg–Taubes*, S. 191, Anmerkung.

184 Cohen an JT, 11. Dezember 1977, Cohen Papers.

185 JT an Cohen, 25. November 1977, Cohen Papers.

186 Interviews mit Christiane Buhmann und mit Aleida Assmann.

187 Interview mit Winfried Menninghaus.

188 Interviews mit Werner Hamacher und Norbert Bolz.

189 Hans Peter Duerr, »Proclamation! Next Semesta New Big Darkman Institute Master!«, in: *Geist, Bild und Narr. Zu einer Ethnologie kultureller Konversionen. Festschrift für Fritz Kramer*, hg. v. Heike Behrend, Berlin 2001, S. 8-11.

190 JT an Koselleck, 27. Oktober 1977, ZfL; Interview mit Heinz Dieter Kittsteiner; Thomas Assheuer, »Tischgespräch unter Feinden: Heinz Dieter Kittsteiner möchte Karl Marx mit Martin Heidegger versöhnen«, *Die Zeit*, 29. Juli 2004.

191 Interviews mit Christoph Schulte und Walter Schmidt-Biggemann.

192 Interview mit Gabriele Althaus; FU Vorlesungsverzeichnis.

193 Interview mit Christoph Schulte.

194 Interviews mit Christoph Schulte, Inka Arroyo und Renate Schlesier. Zur Paris Bar siehe Michel Würthle (Hg.), *Paris Bar Berlin*, Berlin 2000; Michael Althen, »Der Sieg der Neuen Mitte«, *FAZ.NET*, 25. November 2004.

195 Norbert Bolz und Richard Faber (Hg.), *Walter Benjamin. Profane Erleuchtung und rettende Kritik*, Würzburg 1985; Bolz und Faber (Hg.), *Antike und Moderne. Zu Walter Benjamins »Passagen«*, Würzburg 1986.

196 Interviews mit Norbert Bolz.

197 Norbert Bolz, *Auszug aus der entzauberten Welt. Philosophischer Extremismus zwischen den Weltkriegen*, München 1989.

198 Norbert Bolz, *Das konsumistische Manifest*, München 2002; Bolz, *Die Helden der Familie*, München 2006.

199 Interview mit Norbert Bolz.

200 Interview mit Christoph Schulte.

»Ach, ja, Taubes ...«

1 Emil Cioran, »Einige Sätze ...«, in: *Spiegel und Gleichnis. Festschrift für Jacob Taubes*, hg. v. Norbert W. Bolz und Wolfgang Hübener, Würzburg 1983, S. 422.

2 Interview mit Tania Taubes.

3 Interview mit Ruth Kahane-Geyer.

4 Richard Faber, »›Das ist die Synagoge, in die ich nicht gehe‹: Über Jacob Taubes' politisch-religiöse Witze«, *Frankfurter Rundschau*, 20. Januar 1996.

5 Erinnert von Hans Ulrich Gumbrecht in Boden und Zill, *Poetik und Hermeneutik im Rückblick*, S. 345.

6 Interviews mit Ruth Kahane-Geyer, Avishai Margalit und Moshe Halbertal.

7 Interview mit Peter Wapnewski.

8 Jenny Schon, »Der wahre Jacob. Eine problematische Freundschaft bis zum Totenbett«, in: *Sterz: Zeitschrift für Literatur, Kunst und Kulturpolitik* 107/108 (2013), S. 8-9.

9 Interview mit Gabriele Althaus.

10 Interview mit Renate Schlesier; JT an Wilhelm Kewenig, 21. November 1986, ETT.

11 Interviews mit Moshe Halbertal und Heinz Wismann.

12 Interviews mit Peter Wapneski, Marianne Weinberg, Tania Taubes, Uta Gerhardt und Heinz Wismann.

13 Interview mit Renate Schlesier.

14 Interview mit Wilhelm Schmidt-Biggemann.

15 Interview mit Dieter Henrich; auch Henrich, *Sterbliche Gedanken*, S. 44-48.

16 Interview mit Edmund Leites.

17 Interview mit Michael Wyschogrod.

18 Interview mit Heinz Wismann.

19 Taubes gab Daniel Tropper gegenüber eine ähnliche Erklärung. Interview mit Daniel Tropper.

20 Ich danke Dr. William Frosch, dem Psychiater, der Taubes 1976 behandelt hatte, für diesen Hinweis.

21 Interview mit Joseph Shatzmiller.

22 Interview mit Richard Faber.

23 Schon, »Der wahre Jacob«; Babette Babich, »Ad Jacob Taubes«, in: *New Nietzsche Studies* 7.3-4 (2007-2008), S. v-x, hier S. viii.

Schmitt und die Rückkehr zur politischen Theologie, *1982-1986*

1 Van Laak, *Gespräche in der Sicherheit des Schweigens*; Reinhard Mehring, »Der esoterische Diskurspartisan: Carl Schmitt in der Bundesrepublik«, in: *Intellektuelle in der Bundesrepublik Deutschland*, hg. v. Thomas Kroll und Tilman Reitz, Göttingen 2013, S. 232-248; Müller, *Dangerous Mind*.

2 Ich bedanke mich bei Edmund Leites für diese Charakterisierung.

3 Interview mit Richard Faber.

4 Interview mit Norbert Bolz.

5 Hermann Lübbe, »Diskussionsbeitrag«, in: *Recht und Institution*, Berlin 1985, S. 99, zitiert in *Thomas Hobbes and Carl Schmitt*, hg. v. Johan Tralau, New York 2011.

6 Basierend auf der Grundlage der von Taubes aufbewahrten Protokolle und einem Artikel in derselben Akte, der sich inzwischen in den Manfred Voigts Papers befindet. Kopie im Besitz des Autors.

7 Gerhard Kaiser, »Walter Benjamins ›Geschichtsphilosophische Thesen‹. Zur Kontroverse der Benjamin-Interpreten«, in: *Deutsche Vierteljahresschrift für Literaturwissenschaft und Geistesgeschichte* 46.4 (1972), S. 577-625.

8 Blumenberg an JT, 24. Mai 1977, ZfL; und in *Blumenberg–Taubes*, S. 174.

9 Weißmann, *Armin Mohler*, S. 119.

10 Weißmann, *Armin Mohler*, S. 124-136. Siehe Armin Mohler, *Vergangenheitsbewältigung oder wie man den Krieg nochmals verliert*, Krefeld 1980, bes. den titelgebenden Essay von 1968.

11 Weißmann, *Armin Mohler*, Kap. 9.

12 »Biographische Skizze«, in: Heiko Luge (Hg.), *Grenzgänge – Liber Amicorum für den nationalen Dissidenten Hans-Dietrich Sander*, Graz 2008, S. 336-342.

13 Mathias Döpner, »Nachruf auf Ernst Cramer«, *Die Welt*, 19. Januar 2010.

14 Weißmann, *Armin Mohler*, S. 156. Sander an Schmitt, 13. Juni 1972, in: *Schmitt–Sander*, S. 216-217.

15 Sander an Schmitt, 22. Mai 1967, in: *Schmitt–Sander*, S. 2.

16 Schmitt an Sander, 8. Mai 1968; sowie 12. Mai 1968, in: *Schmitt–Sander*, S. 34-35. Eine Fassung des Briefes wurde erstmals publiziert in

Hans-Dietrich Sander, *Marxistische Ideologie und allgemeine Kunsttheorie*, Basel 1970, S. 173 (Anm. 79), zitiert in: *Taubes–Schmitt*, S. 30.

17 Schmitt an Sander, 14. Juli 1972, in: *Schmitt–Sander*, S. 221.

18 Sander an Schmitt, 29. Dezember 1971, in: *Schmitt–Sander*, S. 187.

19 Sander an Schmitt, 13. Juni 1972, in: *Schmitt–Sander*, S. 216-217.

20 Schmitt an Sander, 18. Juni 1975, in: *Schmitt–Sander*, S. 313; und Schmitt an Sander, 1. Juli 1974, in: *Schmitt–Sander*, S. 315.

21 Sander an Schmitt, 30. Juli 1975, in: *Schmitt–Sander*, S. 365-366.

22 Hans-Dietrich Sander, *Marxistische Ideologie und allgemeine Kunsttheorie*, 2. Aufl., Tübingen 1975, S. 352 (Anm. 150).

23 Sander, *Marxistische Ideologie*, S. 353 (Anm. 152).

24 Sander an Schmitt, 11. August 1975, in: *Schmitt–Sander*, S. 367.

25 Sander an Schmitt, 28. November 1975, in: *Schmitt–Sander*, S. 377.

26 Sander an Schmitt, Juni 1976, in: *Schmitt–Sander*, S. 399; Sander an Schmitt, 21. Dezember 1976, in: *Schmitt–Sander*, S. 403.

27 Sander an Schmitt, 31. Oktober 1977, in: *Schmitt–Sander*, S. 412-413.

28 Sander an Schmitt, 8. Juli 1978, in: *Schmitt–Sander*, S. 438.

29 Sander an JT, 9. Oktober 1979, ZfL.

30 JT an Schmitt, 17. November 1977, in: *Taubes–Schmitt*, S. 34-35.

31 Anmerkung der Herausgeber in: *Taubes–Schmitt*, S. 35.

32 Taubes, Memorandum, März 1978, Kopie in Cohen Papers.

33 Sander an Schmitt, 31. Oktober 1977, in: *Schmitt–Sander*, S. 412-413 sowie S. 423 (Anm. 3); Sander an Schmitt, 21. Februar 1978, in: *Schmitt–Sander*, S. 431.

34 Sander an Schmitt, 7. November 1977, in: *Schmitt–Sander*, S. 415.

35 Schmitt an Sander, 9. November 1977, in: *Schmitt–Sander*, S. 415-416.

36 Schmitt an JT, 29. November 1977, in: *Taubes–Schmitt*, S. 36-38; Blumenberg an Schmitt, 28. Dezember 1977, in: *Hans Blumenberg–Carl Schmitt. Briefwechsel 1971-1978*, hg. v. Alexander Schmitz und Marcel Lepper, Frankfurt am Main 2007, S. 152.

37 Unseld an Schmitt, 15. August 1977, in: *Taubes–Schmitt*, S. 171.

38 JT an Schmitt, 23. Dezember 1977, in: *Taubes–Schmitt*, S. 43-46.

39 Sander an Schmitt, 31. Januar 1978; Schmitt an Sander, 9. Februar 1978, in: *Schmitt–Sander*, S. 428-429.

40 Sander an Schmitt, 11. Oktober 1979, in: *Schmitt–Sander*, S. 450.

41 JT an Schmitt, 2. März 1978, in: *Taubes–Schmitt*, S. 51-52.

42 Schmitt an JT, März 1980, in: *Taubes–Schmitt*, S. 106.

43 Anmerkung des Herausgebers, *Taubes–Schmitt*, S. 61.

44 JT an Schmitt, 18. September 1978, in: *Taubes–Schmitt*, S. 58-61.

45 Jacob Taubes »1948-1978, Dreißig Jahre Verweigerung«, in: *ACS*, S. 71.

46 Schmitt an JT, 24. November 1978, in: *Taubes–Schmitt*, S. 78.

47 JT an Schmitt, 11. November 1979, in: *Taubes–Schmitt*, S. 100. Taubes, »Leviathan als sterblicher Gott. Zum 300. Todestag von Thomas Hobbes«, *Neue Zürcher Zeitung*, 30. November 1979, wiederabgedruckt in *AuP*.

48 Anmerkung des Herausgebers, *Taubes–Schmitt*, S. 105.

49 Zu den Kontroversen siehe Jean-Claude Monod, *La querelle de la sécularisation de Hegel à Blumenberg*, Paris 2002.

50 Blumenberg an JT, 9. Januar 1967, ZfL, abgedruckt in: *Blumenberg–Taubes*, S. 119-123, hier S. 120.

51 Karl Löwith, *Meaning in History*, Chicago 1949, S. 203.

52 Carl Schmitt, *Politische Theologie II: Die Legende von der Erledigung jeder Politischen Theologie*, Berlin 1970.

53 Heinrich Meier, *Die Lehre Carl Schmitts. Vier Kapitel zur Unterscheidung Politischer Theologie und Politischer Philosophie*, 3. Aufl., Stuttgart 2009, S. 296.

54 Hans Blumenberg, *The Legitimacy of the Modern Age*, übers. v. Robert M. Wallace (basierend auf der erweiterten Ausgabe von 1979 von *Die Legitimität der Neuzeit*). Sehr hilfreich für mein Verständnis dieses Buches war Franz Josef Wetz, *Hans Blumenberg zur Einführung*, Hamburg 2004, Kap. 3, »Menschliche Selbstbehauptung«; Martin Jay, Rezension zu *Legitimacy of the Modern Age*, von Hans Blumenberg, in: *History and Theory* 24.2 (1985), S. 183-196; Robert B. Pippin, »Blumenberg and the Modernity Problem«, in: *Review of Metaphysics* 40 (1987), S. 535-57.

55 Blumenberg, *Legitimacy of the Modern Age*, S. 116.

56 Siehe etwa Blumenberg, *Legitimacy of the Modern Age*, S. 117.

57 Zur Ritter-Schule und ihrem Einfluss siehe Jens Hacke, *Philosophie der Bürgerlichkeit. Die liberalkonservative Begründung der Bundesrepublik*, Göttingen 2006.

58 *Blumenberg–Schmitt*, S. 172.

59 Jacob Taubes, »Vorwort« zu *Religionstheorie und Politische Theologie. Band 1: Der Fürst dieser Welt. Carl Schmitt und die Folgen*, hg. v. Jacob Taubes, München 1983, 2. Aufl., 1985, S. 5.

60 Jacob Taubes, »Statt einer Einleitung: Leviathan als sterblicher Gott«, in: Taubes (Hg.), *Der Fürst dieser Welt*, S. 13, wiederabgedruckt in *AuP*.

61 Odo Marquard, »Die Geschichtsphilosophie und ihre Folgelasten«, in: *Geschichte – Ereignis und Erzählung*, hg. v. Reinhart Koselleck und Wolf-Dieter Stempel, München 1973, S. 464.

62 Odo Marquard, »Aufgeklärter Polytheismus – auch eine politische Theologie?«, in: Taubes (Hg.), *Der Fürst dieser Welt*, S. 78.

63 Marquard, »Aufgeklärter Polytheismus«, S. 81-82. Manche von diesen Punkten wurden ausführlicher dargelegt in: Odo Marquard, »Lob des Polytheismus. Über Monomythie und Polymythie«, in: *Philosophie und Mythos. Ein Kolloquium*, hg. v. Hans Poser, Berlin 1979, S. 40-58.

64 Marquard, »Aufgeklärter Polytheismus«, S. 83-84.

65 Jacob Taubes, »Zur Konjunktur des Polytheismus«, in *Mythos und Moderne*, hg. v. Karl Heinz Bohrer, Frankfurt 1983, S. 457-470; wiederabgedruckt in *KzK*.

66 Jacob Taubes, unbenanntes Transkript vom 30. Januar 1980, IH.

67 Hermann Lübbe, »Politische Theologie als Theologie repolitisierter Religion«, in: Taubes (Hg.), *Der Fürst dieser Welt*, S. 45-56, bes. S. 55-56.

68 Interviews mit Richard Faber und Norbert Bolz.

69 Hans-Dietrich Sander, »Von der geistigen Knechtschaft der Deutschen und ihrer möglichen Aufhebung«, in: *Der nationale Imperativ. Ideengänge und Werkstücke zur Wiederherstellung Deutschlands*, Krefeld 1980, S. 94-95.

70 Sander, *Der nationale Imperativ*, S. 105.

71 Zitiert in Luge (Hg.), *Grenzgänge*, S. 339-340; JT an Mahler, 29. Oktober 1980; JT an Sander, 29. Oktober 1980, ZfL.

72 JT an Sander, 4. März 1980, ZfL; der Brief wird wiedergegeben in: Hans-Dietrich Sander, *Die Auflösung aller Dinge. Zur geschichtlichen Lage des Judentums in den Metamorphosen der Moderne*, München 1988, S. 12-17.

73 Sander an Schmitt, *Schmitt–Sander*, S. 451-452.

74 Schmitt an JT, Mitte März 1980, in: *Taubes–Schmitt*, S. 106.

75 Interview mit Richard Faber.

76 »Dr. Edelmann, Chefarzt der Abt. f. Psychiatrie in Krankenhaus am Urban Kreuzberg, Ärztliche Bescheinigung«, 14. Oktober 1982, PA.

77 Interview mit Richard Faber.

78 »Ärztliche Bescheinigung«, 14. Oktober 1982; JT an Personalstelle, 31. Januar 1983, PA.

79 JT an den Präsidenten, 4. Februar 1983, PA.

80 Interview mit Ethan Taubes.

81 MvB an Tania Taubes, 23. Oktober 1983, ETT.

82 Dr. Christian von Wolff (Internist), Uniklinik Steglitz, 13. Dezember 1984, PA.

83 Interview mit Tania Taubes.

84 Interview mit Avishai Margalit.

85 Klinik Wannsee, Notiz, PA.

86 Interview mit Tania Taubes.

87 JT an Ernst Nolte, 16. June 1986, Nolte Papers.

88 Interview mit Joseph Dan.

89 Felsch, *Der lange Sommer der Theorie*, S. 189-191.

90 Zitiert in Lutz Niethammer, *Posthistoire: Has History Come to an End?*, übers. v. Patrick Camiller, London 1992, S. 22 (Anm. 41); Robert Seyfert, »Streifzüge durch Tausend Milieus«, in: *Soziologische Denkschulen in der Bundesrepublik Deutschland*, hg. v. Joachim Fischer und Stephan Moebius, Wiesbaden 2019, S. 317-372, hier S. 355.

91 Jacob Taubes, »Ästhetisierung der Wahrheit im Posthistoire«, in: *Streitbare Philosophie: Margherita von Brentano zum 65. Geburtstag*, hg. v. Gabriele Althaus und Irmingard Staeuble, Berlin 1988, S. 41-52, wiederabgedruckt in *AuP*.

92 Interview mit Peter Gente; über den Merve Verlag siehe Felsch, *Der lange Sommer der Theorie*, passim.

93 FU Vorlesungsverzeichnis, Sommersemester 1981; FB Philosophie und Sozialwissenschaft I, Kommentiertes Vorlesungsverzeichnis, Wintersemester 1981/82.

94 FU, Fachbereich Philosophie und Sozialwissenschaft I, Kommentiertes Vorlesungsverzeichnis, Sommersemester 1986.

95 Interviews mit Inka Arroyo und Tania Taubes.

96 FU, FB Philosophie und Sozialwissenschaft I, Kommentiertes Vorlesungsverzeichnis, Wintersemester, 1984/85.

97 Nicolaus Sombart, *Journal intime 1982/83. Rückkehr nach Berlin*, Berlin 2003, S. 34.

98 Interview mit Richard Faber; Sombart, *Journal intime*, S. 94.

99 Interview mit Jürgen Kaube.

100 Interview mit Saul Friedländer.

101 *Die Tageszeitung*, 20. Juli 1985.

102 *ACS*, S. 7.

103 *ACS*, S. 14.

104 *ACS*, S. 25.

105 *ACS*, S. 29.

106 *ACS*, S. 17.

107 *ACS*, S. 28. Ze einer Erörterung dieses Themas siehe Susanne Heil, »*Gefährliche Beziehungen.*« *Walter Benjamin und Carl Schmitt*, Stuttgart 1996, bes. S. 156-161.

108 *ACS*, S. 22.

109 Interview mit Nicolaus Sombart.

110 Interview mit Nicolaus Sombart.

111 Interview mit Saul Friedländer; Saul Friedländer, *Where Memory Leads. My Life*, New York 2016, S. 209-221.

112 Interviews mit Aleida und Jan Assmann.

113 JT an Nolte, 19. Juni 1986, aus Heidelberg; Nolte Papers.

114 Interviews mit Saul Friedländer und Ernst Tugendhat.

115 Interview mit Avishai und Edna Margalit.

16
Schlussakt

1 JT an Louis Finkelstein, 26. März 1986, ETT.

2 Der Text von Taubes' Rede, ETT.

3 Interview mit Zachary Edelstein.

4 JT an Nolte, 16. Juni 1986, Nolte Papers.

5 JT an Nolte, 16. June 1986, Nolte Papers.

6 Interview mit Renate Schlesier.

7 Interview mit Gabriele Althaus.

8 Interview mit Saul Friedländer.

9 JT an Wilhelm Kewenig, 21. November 1986, ETT.

10 Interview mit Rachel Salamander.

11 Interviews mit Madeleine Dreyfus und Ethan Taubes.

12 Interviews mit Madeleine Dreyfus und Marianne Weinberg; JT an den Vorstand der Israelitischen Cultusgemeinde Zürich, 12. Dezember 1986, ETT.

13 Interviews mit Tania und Ethan Taubes.

14 Interview mit Gabriele Althaus.

15 Interview mit Peter Gente.

16 Unveröffentlichtes Interview mit Sibylle Haberditzl von Susan Neiman, die es mir zur Verfügung stellte.

17 Interview mit Tania Taubes.

18 Christiane Buhmann an den Autor, 2. März 2006.

19 Information von Aleida Assmann.

20 Interview mit Heinz Wismann.

21 Interview mit Jean Bollack; Mitteilung von Christiane Buhmann, 2021.

22 Interview mit Gabriele Althaus.

23 Interview mit Tania Taubes.

24 JT an Susman, Zürich, 22. August 1947, Nachlass Susman.

25 »Jacob Taubes«, in: *Denken, das an der Zeit ist*, hg. v. Florian Rötzer, Frankfurt 1987, S. 305-319, hier S. 316-318, 344. Das Interview wurde am 16. November 1985 geführt.

26 Jacob Taubes, »›Frist‹ als Form apokalyptischer Zeiterfahrung«, in: *Wovon werden wir morgen geistig leben?*, hg. v. Oskar Schatz und Hans Spatzenegger, Salzburg 1986, S. 89-98, hier S. 96.

27 Taubes, »›Frist‹ als Form apokalyptischer Zeiterfahrung«, S. 136.

28 Taubes an Wilhelm Kewenig, 21. November 1986, ETT.

29 Interviews mit Gabriele Althaus und Ernst Tugendhat.

30 Althaus-Interview, in: *Das Politische und das Persönliche*, S. 478.

31 »Nachruf Rudi Thiessen: Der letzte Dandy West-Berlins«, *Die Tageszeitung*, 29. Juli 2015. Die Dissertation lautete: Rudi Thiessen, *It's only rock 'n' roll but I like it. Zu Kult und Mythos einer Protestbewegung*, Berlin 1981.

32 *ACS*, S. 71.

33 Paul Mendes-Flohr, *Martin Buber: A Life of Faith and Dissent*, New Haven, CT, 2019, S. 75, 237-238.

34 Jacob Taubes, *PTdP*, S. 14. Zu den unterschiedlichen Standpunkten jüdischer Wissenschaftler gegenüber Jesus und Paulus siehe Susannah Heschel, *Abraham Geiger and the Jewish Jesus*, Chicago 1998, S. 235-237. Für einen Überblick über die Haltungen jüdischer Wissenschaftler zu Paulus siehe Donald A. Hagner, »Paul in Modern Jewish Thought«, in: *Pauline Studies*, hg. v. Hagner, *Exeter,* 1981, S. 143-165.

35 Leo Baeck, »The Faith of Paul«, basierend auf einem Vortrag, der in London gehalten und erstmals veröffentlicht wurde in: *Journal of Jewish Studies* (1952), und wiederabgedruckt in Leo Baeck, *Judaism and Christianity*, New York 1970, S. 142.

36 *PTdP*, S. 22.

37 *PTdP*, S. 33-34.

38 *PTdP*, S. 24.

39 *PTdP*, S. 54-70.

40 *PTdP*, S. 71-72.

41 *PTdP*, S. 47-49.

42 *PTdP*, S. 66-67. Siehe dazu Paula Fredriksens Kritik an der These, dass moderne Juden wie Taubes Paulus besser verstehen könnten: »Es gibt keine durch Temperament und Tradition entstandene natürliche Landbrücke, die in die ferne Vergangenheit führt. Die falsche Vertrautheit, die durch solche Behauptungen suggeriert wird, verhindert tatsächlich historisches Denken.« Paula Fredriksen, »Putting Paul in His (Historical) Place«, in: *Journal of the Jesus Movement in Its Jewish Setting* 5 (2018), S. 89-110.

43 *PTdP*, S. 39.

44 *PTdP*, S. 17-22.

45 *PTdP*, S. 40.

46 *PTdP*, S. 100. Möglicherweise stützte sich Taubes hier auf die Interpretation von Erik Peterson; siehe Christoph Schmidt, *Die theopolitische Stunde*, München 2009, S. 275 (Anm. 9), 282 (Anm. 20).

47 *PTdP*, S. 37-38.

48 *PTdP*, S. 27.

49 *PTdP*, S. 95.

50 *PTdP*, S. 74.

51 *PTdP*, S. 77.

52 *PTdP*, S. 73-75.

53 Rémi Brague bemerkte dies in seiner klugen Rezension: »Vous vous appelez bien saint Paul?«, in: *Critique: revue générale des publications françaises et étrangères* 634 (März 2000), S. 214-220, hier S. 219-220.

54 Von den vielen Taubes-Kommentatoren war Christoph Schulte, der Taubes seinerzeit bei der Vorbereitung der Paulus-Seminare unterstützt hatte, einer der wenigen, dem dies nicht entging. Schulte, »PAULUS«, in: Faber et al., *Abendländische Eschatologie: Ad Jacob Taubes*, S. 94.

55 *PTdP*, S. 108-10.

56 *PTdP*, S. 112.

57 *PTdP*, S. 121.

58 *PTdP*, S. 122-123. Hier griff Taubes ein Thema wieder auf, das er schon Jahrzehnte zuvor ausgeführt hatte: »Religion and the Future of Psychoanalysis«, in: *Psychoanalysis and the Future: A Century Commemoration of the Birth of Sigmund Freud* (*Psychoanalysis* 4.45), New York 1957, S. 136-142; wiederabgedruckt in *CtC*.

59 Jacob Taubes, »Die politische Theologie des Paulus. Wörtliche Tran-

skription der in der FEST gehaltenen Vorlesung«, S. 18. Ich bedanke mich bei Aleida Assmann dafür, dass sie mir eine Kopie des Dokuments zur Verfügung stellte.

60 Interview mit Ernst Tugendhat.

61 Interviews mit Michael Theunissen und Renate Schlesier.

62 Interviews mit Renate Schlesier, Wilfried Menninghaus und Werner Hamacher; JT an Wilhelm Kewenig, 21. November 1986, ETT.

63 Interview mit Wilhelm Schmidt-Biggemann.

64 Interview mit Wilhelm Schmidt-Biggemann.

65 Interviews mit Gabriele Althaus und Ethan Taubes.

66 Interview mit Ernst Tugendhat.

67 Interview mit Marcel Marcus; »Moische Solowiejczyk«, https://www.jewiki.net/wiki/Moische_Solowiejczyk

17
Die Nachleben von Jacob Taubes

1 Interview mit Ágnes Heller.

2 Jan Assmann, »Talmud in der Paris-Bar. Zum Tod des jüdischen Philosophen Jacob Taubes (1923-1987)«, *Die Tageszeitung*, 28. März 1987.

3 »Kritische Solidarität. Peter Gäng über die Schwierigkeit, Jacob Taubes politisch einzuordnen«, *Die Tageszeitung*, 28. März 1987.

4 Henning Ritter, »Akosmisch. Zum Tod von Jacob Taubes«, *Frankfurter Allgemeine Zeitung*, 24. März 1987. Später verfasste Ritter ein umfassenderes Porträt: »Jacob Taubes. Verstehen, was da los ist«, in: Ritter, *Verehrte Denker*.

5 Uwe Schlicht, »Herausragend als akademischer Lehrer«, *Der Tagesspiegel*, 25. März 1987.

6 »Jacob Taubes gestorben«, *Neue Zürcher Zeitung*, 24. März 1987.

7 *Der Spiegel*, 30. März 1987, S. 272.

8 Jan Assmann, »Erzjude und Urchrist«, *Die Welt*, 25. März 1987.

9 Florian Rötzer, »Zeit heißt: Frist. Interview mit Jacob Taubes«, *Frankfurter Rundschau*, 4. April 1987.

10 Mohler, »Der messianische Irrwisch«, S. 219-221.

11 Mohler, »Der messianische Irrwisch«, S. 219-221.

12 Interview mit Peter McLaughlin; Iris Nachum im unveröffentlichten Interview mit Susan Neiman und Dieter Henrich.

13 Axel Matthes an Hans-Joachim Arndt, 26. April 1991, Nachlass Arndt.

14 Hans-Joachim Arndt an Axel Matthes, 2. Mai 1991, Nachlass Arndt.

15 Axel Matthes an Hans-Joachim Arndt, 31. Januar 1995, Nachlass Arndt. Im Jahr 2021 erschien eine Neuauflage beim Nachfolgeverlag Matthes & Seitz Berlin unter dem Titel *Nach Amerika und zurück im Sarg.*

16 Sander, *Die Auflösung aller Dinge.*

17 Sander, *Die Auflösung aller Dinge*, S. 7.

18 Sander, *Die Auflösung aller Dinge*, S. 26.

19 Sander, *Die Auflösung aller Dinge*, S. 95.

20 Sander, *Die Auflösung aller Dinge*, S. 159.

21 Weißmann, *Armin Mohler*, S. 281 (Anm. 43).

22 *Grenzgänge*, S. 341. Furth war unter den Beiträgern dieses Gedenkbandes. Zu Mohler siehe Weißmann, *Armin Mohler*, S. 230.

23 Interview mit Peter Gente.

24 *ACS*, S. 6.

25 *ACS*, S. 73. Aus der schier endlosen Flut der Literatur über Carl Schmitt stammt die beste biografische Abhandlung von Reinhard Mehring, *Carl Schmitt*, München 2009; für eine aufschlussreiche Untersuchung von Schmitts Denken in Artikellänge, seiner Karriere und der Faszination, die er ausstrahlte, siehe Lutz Niethammer, »Die politische Anstrengung des Begriffs. Über die exemplarische Faszination Carl Schmitts«, in: *Nationalsozialismus in den Kulturwissenschaften. Band 2. Leitbegriffe – Deutungsmuster – Paradigmenkämpfe Erfahrungen und Transformationen im Exil*, hg. v. Hartmut Lehmann und Otto Gerhard Oexle, Göttingen 2004, S. 41-82.

26 Interview mit Peter Gente.

27 Horst Bredekamp, »Walter Benjamin's Esteem for Carl Schmitt«, in: *The Oxford Handbook of Carl Schmitt*, hg. v. Jens Meierhenrich und Oliver Simons, New York 2019, S. 682.

28 Interview mit Jan Assmann.

29 Aleida Assmann, »Vorwort« und »Editorische Notiz« in *PTdP*, sowie Interview mit Aleida Assmann.

30 Interview mit Heinz Wismann.

31 Interviews mit Jan Assmann, Aleida Assmann und Winfried Menninghaus.

32 Aleida Assmann, Jan Assmann, Wolf-Daniel Hartwich und Winfried Menninghaus, »Einleitung« zu *KzK*, S. 8.

33 Assmann et al., »Einleitung« zu *KzK*, S. 7.

34 Interview mit Thomas Macho.

35 Peter Sloterdijk, *Eurotaoismus. Zur Kritik der politischen Kinetik*, Frankfurt am Main 1989, S. 15.

36 Sloterdijk, *Eurotaoismus*. S. 277-279.

37 Peter Sloterdijk und Thomas Macho (Hg.), *Weltrevolution der Seele. Ein Lese- und Arbeitsbuch der Gnosis von der Spätantike bis zur Gegenwart*, Zürich 1991.

38 Jan Assmann, Einleitung zu *Self, Soul and Body in Religious Experience*, hg. v. A. I. Baumgarten, J. Assmann und G. G. Stroumsa, Leiden 1998, S. 1-3.

39 Assmann, Einleitung.

40 Interview mit Albert Baumgarten.

41 Interview mit Thomas Macho; Richard Faber, Eveline Goodman-Thau, Thomas Macho, »Vorwort« zu Faber et al., *Abendländische Eschatologie. Ad Jacob Taubes*.

42 Schulte, »PAULUS«, in: Faber et al., *Abendländische Eschatologie: Ad Jacob Taubes*, S. 95.

43 Faber et al., *Abendländische Eschatologie*, »Vorwort«, S. 23-24.

44 Niethammer, »Die politische Anstrengung des Begriffs«, S. 60-67.

45 »Unannehmbare Praktiken«, *Die Tageszeitung*, 23. März 1987, S. 20.

46 Jerry Z. Muller, »Capitalism: The Wave of the Future«, in: *Commentary* (Dezember 1988), S. 21-26.

47 See Paul J. Griffiths, »Christ and Critical Theory«, in: *First Things*, August–September 2004, S. 46-55.

48 Alain Badiou, Interview in *Le Monde*, 3. Mai 2008, zitiert in Mark Lilla, »From Mao to Saint Paul«, in: Lilla, *The Shipwrecked Mind: On Political Reaction*, New York 2016, S. 92.

49 Alain Badiou, *Saint Paul: The Foundation of Universalism*, übers. v. Ray Brassier, Stanford 2003; French, 1998, S. 109. Die Parallele zu Althusser bemerkte Žižek: »Paul and the Truth Event«, in: John Milbank, Slavoj Žižek, and Creston Davis, *Paul's New Moment: Continental Philosophy and the Future of Christian Theology*, Grand Rapids, MI, 2010, S. 88. Für eine wertvolle, eher kritische Studie zu Badiou siehe: Scruton, »The Kraken Wakes: Badiou and Žižek«, in seinem *Fools, Frauds, and Firebrands: Thinkers of the New Left*.

50 Badiou, *Saint Paul*, S. 4-6.

51 Badiou, *Saint Paul*, S. 7-11.

52 Badiou, *Saint Paul*, S. 14-15.

53 Badiou, *Saint Paul*, S. 102.

54 Badiou, *Saint Paul*, S. 43.

55 Alain Badiou, »Part Two: Uses of the Word ›Jew‹«, in: Badiou, *Polemics*, übers. v. Steve Corcoran, London 2006), S. 161-163, übersetzt von Badiou, *Circonstances 3*, Paris 2005. Siehe auch Sarah Hammerschlag, »Bad Jews, Authentic Jews, Figural Jews: Badiou and the Politics of Exemplarity«, in: *Judaism, Liberalism, and Political Theology*, hg. v. Randi Rashkover und Martin Kavka, Bloomington, IN, 2013, S. 221-240.

56 Mark Lilla, »A New, Political Saint Paul?«, *New York Review of Books*, 23. Oktober 2008.

57 Daniel Binswanger, »Prediger des Profanen«, *Die Welt*, 8. März 2005.

58 Giorgio Agamben, *The Time That Remains: A Commentary on the Letter to the Romans*, übers. v. Patricia Dailey, Stanford 2005 (deutsch: *Die Zeit, die bleibt. Ein Kommentar zum Römerbrief*, aus dem Italienischen von Davide Guriato, Frankfurt 2006), S. 51-52.

59 Agamben, *Time That Remains*, S. 27.

60 Agamben, *Time That Remains*, S. 111.

61 Agamben, *Time That Remains*, S. 145.

62 Zu den Faszinationen und Frustrationen über Žižeks style siehe Scruton, »Kraken Wakes: Badiou and Žižek«.

63 Slavoj Žižek, *Die Puppe und der Zwerg. Das Christentum zwischen Perversion und Subversion*, Frankfurt 2003, S. 11

64 Žižek, *Die Puppe und der Zwerg*, S. 12

65 Žižek, *Die Puppe und der Zwerg*, S. xx.

66 Siehe etwa Ward Blanton, *A Materialism for the Masses. Saint Paul and the Philosophy of Undying Life*, New York 2014.

67 Ward Blanton und Hent de Vries (Hg.), *Paul and the Philosophers*, New York 2013; Peter Frick (Hg.), *Paul in the Grip of the Philosophers. The Apostle and Contemporary Continental Philosophy*, Minneapolis 2013.

68 Tiziano Tosolini, *Paolo e i filosofi. Interpretazioni del Cristianesimo da Heidegger a Derrida*, Bologna 2019. Zum wachsenden Interesse an Taubes in italienischen theologischen Kreisen siehe Giuseppe Cognata, »Osservatorio paolino«, in: *Eco dei Barnabiti* 1 (2020), S. 29-34.

69 Luke Timothy Johnson, »Reading Romans«, *Christian Century*, 15. Januar 2008, S. 32-36, hier S. 35. Für Beispiele siehe R. S. Sugirtharajah und Fernando F. Segovia (Hg.), *A Postcolonial Commentary on the*

New Testament Writings, London 2009; Teile der Reihe *The Bible and Postcolonialism*, hg. v. R. S. Sugirtharajah.

70 Für einen ausgezeichneten Überblick zum Thema siehe David Nirenberg, *Anti-Judaism: The Western Tradition*, New York 2013, Kap. 2.

71 John G. Gager, *Who Made Early Christianity? The Jewish Lives of the Apostle Paul*, New York 2015, S. 14.

72 Gager, *Who Made Early Christianity?*, S. 49-51.

73 Gager, *Who Made Early Christianity?*, S. 29-30; etwas breiter angelegt: John G. Gager, *Reinventing Paul*, New York 2000.

74 Paula Fredriksen, *Paul: The Pagan's Apostle*, New Haven, CT, 2017, S. 175-177.

75 Matthew N. Novenson, »Whither the Paul within Judaism *Schule*?«, in: *Journal of the Jesus Movement in its Jewish Setting*, Bd. 5 (2018), S. 79-88, hier S. 79. Für neuere Literatur zum Thema siehe »Theology,« Paul within Judaism, https://www.paulwithinjudaism.com/theology.

76 Annette Yoshiko Reid and A. H. Becker (Hg.), *The Ways That Never Parted: Jews and Christians in Late Antiquity and the Early Middle Ages*, Tübingen 2003.

77 Siehe etwa Seth Schwartz, *Imperialism and Jewish Society, 200 B. C. E. to 640 C. E.*, Princeton, NJ, 2001, S. 12-13; Rubinstein, *Culture of the Babylonian Talmud*, Kap. 7; Hayes, »›Other‹ in Rabbinic Literature«.

78 Jan Assmann, »Die übersetzten Götter. Ein Gespräch mit Elisabetta Colagrossi«, in: *Zeitschrift für Ideengeschichte* 12.4 (2018), S. 75-90, hier S. 79.

79 Jan Assmann, *Moses the Egyptian*, Cambridge, MA, 1997.

80 Jan Assmann, *Herrschaft und Heil. Politische Theologie in Altägypten, Israel und Europa*, München 2000, gewidmet dem Angedenken von Jacob Taubes; *Die Mosaische Unterscheidung oder der Preis des Monotheismus*, München 2003; sowie *Of God and Gods. Egypt, Israel, and the Rise of Monotheism*, Madison, WI, 2008.

81 Assmann, »Die übersetzten Götter«, S. 84-85.

82 Assmann, »Die übersetzten Götter«, S. 86.

83 Assmann, »Die übersetzten Götter«, S. 88; Assmann, *Die Mosaische Unterscheidung*. Siehe auch das Kapitel »No God but God: Exclusive Monotheism and the Language of Violence, in: Assmann, *Of God and Gods*.

84 Assmann erwähnt Hume in *Of God and Gods*, S. 109.

85 Assmann, *Of God and Gods*, S. 111; ähnlich in *Die Mosaische Unterscheidung*, S. 30-31.

86 Für einen knappen, aber hilfreichen Überblick von Assmanns Thesen siehe Robert Erlewine, »Reason within the Bounds of Religion: Assmann, Cohen, and the Possibilities of Monotheism«, in: Rashkover and Kavka, *Judaism, Liberalism, and Political Theology*, S. 269-288.

87 Siehe etwa Aleida Assmann, *Erinnerungsräume: Formen und Wandlungen des kulturellen Gedächtnisses*, München 1999.

88 Jacques Schuster, »Ein Leben in Finsternis«, *Die Welt*, 26. Juni 2010.

89 G.W. Bowersock, »Who Was Saint Paul?«, *New York Review of Books*, 5. November 2015, S. 22.

90 Elettra Stimilli, *Jacob Taubes: Sovranità e tempo messianico*, Brescia 2004.

91 Bruce Rosenstock, »Jacob Taubes«, in: *The Palgrave Handbook of Radical Theology*, hg. v. Christopher Rodkey and Jordan E. Miller, London 2018, S. 381-397.

92 Willem Styfhals, *No Spiritual Investment in the World: Gnosticism and Postwar German Philosophy*, Ithaca, NY, 2019; Ole Jacob Løland, *Pauline Ugliness: Jacob Taubes and the Turn to Paul*, New York 2020.

93 »Thirty Years after: Jacob Taubes between Politics, Philosophy and Religion«, Zürich, 20.-21. Oktober 2017, https://www.zfl-berlin.org/event/thirty-years-after-jacob-taubes-between-politics-philosophy-and-religion.html

94 »Über Uns«, Leibniz-Zentrum für Literatur- und Kulturforschung, https://www.zfl-berlin.org/das-zfl.html.

95 Sigrid Weigel, »Zur Edition der *Schriften* und zum Nachlass von Susan Taubes«, in: *Korrespondenz 1*, S. 7-10.

96 Martin Treml, »Reinventing the Canonical: The Radical Thinking of Jacob Taubes«, in: *»Escape to Life«: German Intellectuals in New York. A Compendium on Exile after 1933*, hg. v. Eckart Goebel und Sigrid Weigel, Berlin 2012, S. 457-478, hier S. 459; und »Vorbemerkung der Herausgeber«, in: *Taubes–Schmitt*, S. 8.

Literaturverzeichnis

Aberbach, Moshe, *Jewish Education and History*, hg. v. David Aberbach, New York 2009

Abrams, M.H.: *Natural Supernaturalism: Tradition and Revolution in Romantic Literature*, New York 1971

Adorno, Theodor W., *Theodor W. Adorno–Gershom Scholem Briefwechsel 1939-1969*, hg. v. Asaf Angermann, Berlin 2015

Adunka, Evelyn, »Tempel, Bethäuser und Rabbiner«, in: Stern und Eichinger, *Wien und die jüdische Erfahrung 1900-1938*, S. 131-142

Agamben, Giorgio, *Die Zeit, die bleibt. Ein Kommentar zum Römerbrief*, Frankfurt am Main 2006

Agus, Aharon, »Some Early Rabbinic Thinking on Gnosticism«, in: *Jewish Quarterly Review* 71.1 (1980), S. 18-30

Altizer, Thomas J.J. (Hg.), *Toward a New Christianity: Readings in the Death of God Theology*, New York 1967

Amir, Yehoyada, »Julius Y. Guttmann: The Discipline of Jewish Philosophy«, in: Lavsky, *History of the Hebrew University*, S. 219-256

Amslinger, Julia, *Eine neue Form von Akademie: »Poetik und Hermeneutik« – die Anfänge*, Paderborn 2017

Arendt, Hannah, *The Jewish Writings*, hg. v. Jerome Kohn und Ron H. Feldman, New York 2007

Arendt, Hannah/Gershom Scholem, *Der Briefwechsel*, hg. v. Marie Luise Knott, Berlin 2010

Aschheim, Steven E., *Brothers and Strangers: The East European Jew in German and German Jewish Consciousness, 1800-1923*, Madison, WI, 1982

ders., »The Metaphysical Psychologist: On the Life and Letters of Gershom Scholem«, in: *Journal of Modern History* 76.4 (2004), S. 903-933

ders., *Beyond the Border: The German-Jewish Legacy Abroad*, Princeton, NJ, 2007

Ashtor, Eliyahu, »Viennese Jewry in the 1920s«, in: Nachum Gross (Hg.), *Kurt Grunwald at Eighty*, Jerusalem 1981

Assmann, Aleida, *Erinnerungsräume: Formen und Wandlungen des kulturellen Gedächtnisses*, München 1999

Assmann, Jan, *Moses the Egyptian*, Cambridge, MA, 1997

ders., *Herrschaft und Heil. Politische Theologie in Altägyptien, Israel und Europa*, München 2000

ders., *Die Mosaische Unterscheidung oder der Preis des Monotheismus*, München 2003

ders., *Of God and Gods: Egypt, Israel, and the Rise of Monotheism*, Madison, WI, 2008

ders., »Die übersetzten Götter. Ein Gespräch mit Elisabetta Colagrossi«, in: *Zeitschrift für Ideengeschichte* 12.4 (2018), S. 75-90

Atteslander, Peter, »Einer, der von außen kommt«, in: *René König*, hg. v. Heine von Alemann und Gerhard Kunz, Opladen 1992, S. 170-180

Awerbuch, Marianne, *Erinnerungen aus einem streitbaren Leben*, Berlin 2007

Babich, Babette, »Ad Jacob Taubes«, in: *New Nietzsche Studies* 7. 3-4 (2007-20088), S. V-X

Badiou, Alain, *Saint Paul: The Foundation of Universalism*, übers. v. Ray Brassier, Stanford 2003; franz. Original 1998. Paulus: Die Begründung des Universalismus, Berlin 2018

Baeck, Leo: *Judaism and Christianity*, New York 1970

Bär, Ulrich und Monique R. Siegel (Hg.), *Geschichte der Juden im Kanton Zürich*, Zürich 2005

Balthasar, Hans Urs von: *Geschichte des eschatologischen Problems in der modernen deutschen Literatur*, Zürich 1930; Freiburg 1998

ders., Irenäus, *Geduld des Reifens*, Basel 1945

Balint, Benjamin, *Running Commentary: The Contentious Magazine That Transformed the Jewish Left into the Neoconservative Right*, New York 2010

Barash, Jeffrey Andrew, »The Sense of History: On the Political Implications of Karl Löwith's Concept of Secularization«, in: *History and Theory* 37.1 (1998), S. 69-82

Barth, Hans, *Wahrheit und Ideologie*, Zürich 1945

Barth, Karl, *Der Römerbrief*, 2. Aufl., München 1923

Batnitzky, Leora, *How Judaism Became a Religion*, Princeton, NJ, 2011

Bauer, Yehuda, *Jews for Sale? Nazi-Jewish Negotiations, 1933-1945*, New Haven, CT, 1994

Bayard, Pierre, *How to Talk about Books You Haven't Read*, New York 2007

Beckermann, Ruth (Hg.), *Die Mazzesinsel: Juden in der Wiener Leopoldstadt 1918-1938*, Wien 1984

Behrmann, Günter C., »Zur Publikationsgeschichte der Kritischen Theorie«, in: Clemens Albrecht u. a. (Hg.), *Die intellektuelle Gründung der Bundesrepublik: Eine Wirkungsgeschichte der Frankfurter Schule*, Frankfurt am Main 2000

ders., »Zwei Monate Kulturrevolution«, in: Albrecht u. a. (Hg.), *Die intellektuelle Gründung der Bundesrepublik*

Beider, Alexander, *Dictionary of Jewish Surnames from Galicia*, Bergenfeld, NJ, 2004

Bell, Daniel, *The Reforming of General Education: The Columbia College Experience in Its National Setting*, New York 1966

ders., *The Winding Passage*, Cambridge, MA, 1980

Beller, Steven, *Vienna and the Jews 1867-1938: A Cultural History*, Cambridge 1989 (auf dt.: *Wien und die Juden 1867-1938*, Wien 1993)

Benicke, Jens: *Von Adorno zu Mao*, Freiburg 2010

Benjamin, Walter, »Theologisch-politisches Fragment«, in: *Gesammelte Schriften II*, hg. v. Rolf Tiedemann und Hermann Schweppenhäuser, Frankfurt am Main 1977

Ben-Menachem, N. M., »Professor Schmuel Krauss«, in: Shimon Friedbush *(Hg.), Hochmat Yisrael Bemaarav Europa*, Jerusalem, 1958, Bd. 1, S. 445-450

Berg, Nicolas, »Ein Außenseiter der Holocaustforschung–Joseph Wulf (1912-1974) im Historikerdiskurs der Bundesrepublik«, in: *Leipziger Beiträge zur jüdischen Geschichte und Kultur*, Göttingen 2003, Bd. 1, S. 311-346

ders., *Der Holocaust und die westdeutschen Historiker*, Göttingen 2004.

Bergman, Schmuel Hugo, *Tagebücher & Briefe*, hg. v. Miriam Sambursky, Bd. 2, *1948-1975*, Königstein 1985

Berkley, George E., *Vienna and Its Jews: The Tragedy of Success 1880s-1980s*, Cambridge, MA, 1988

Berman, Lila Corwin, *Speaking of Jews: Rabbis, Intellectuals, and the Creation of an American Public Identity*, Berkeley, CA, 2009

Bernstein, Michael André, *Foregone Conclusions: Against Apocalyptic History*, Berkeley, CA, 1994

Biale, David, *Gershom Scholem: Kabbalah and Counter-History*, Cambridge, MA, 1979

ders. und Robert S. Westman, »Introduction« to *Thinking Impossibilities: The Intellectual Legacy of Amos Funkenstein*, Toronto 2008

ders., »Gershom Scholem on Nihilism and Anarchism«, in: *Rethinking History* 19.1 (2015), S. 61-71 ders., *Gershom Scholem: Master of the Kabbalah*, New Haven, CT, 2018

ders. u. a., *Hasidism: A New History*, Princeton, NJ, 2018

Blanton, Ward, *A Materialism for the Masses. Saint Paul and the Philosophy of Undying Life*, New York 2014

ders. und Hent de Vries (Hg.), *Paul and the Philosophers* (New York 2013)

Bloch, Ernst, *Geist der Utopie*, Berlin 1918

ders., *Thomas Münzer als Theologe der Revolution* [1921], in: Ernst Bloch, *Gesamtausgabe*, Frankfurt am Main 1969, Bd. 2

ders., *Erbschaft dieser Zeit*, Zürich 1935

Blumenberg, Hans, *The Legitimacy of the Modern Age*, übers. v. Robert M. Wallace, Cambridge, MA, 1983 (dt. Ausgabe: *Die Legitimität der Neuzeit* (erweiterte Neuausgabe, Frankfurt am Main 1976)

ders., »Nachhake(l)n auf einen Nachruf – privatissime« (1987), in: *Blumenberg–Taubes*, S. 291

Boden, Petra und Rüdiger Zill (Hg.), *Poetik und Hermeneutik im Rückblick. Interviews mit Beteiligten*, München 2017

Bollack, Jean, »Durchgänge«, in: *Zeitenwechsel. Germanistische Literaturwissenschaft vor und nach 1945*, hg. v. Wilfried Barner und Christoph König, Frankfurt am Main 1996

ders., »Texts and Their Interpreters: The Enterprise of Philology«, in: *SubStance* 22.2/3 (1993), S. 315-320

Bolz, Norbert und Richard Faber (Hg.), *Walter Benjamin. Profane Erleuchtung und rettende Kritik*, Würzburg 1985

ders. und Faber (Hg.), *Antike und Moderne. Zu Walter Benjamins »Passagen«*, Würzburg 1986

ders., *Auszug aus der entzauberten Welt. Philosophischer Extremismus zwischen den Weltkriegen*, München 1989

ders., *Das konsumistische Manifest*, München 2002

ders., *Die Helden der Familie*, München 2006

Boos, Sonja, *Speaking the Unspeakable in Postwar Germany*, Ithaca, NY, 2014

Botschko, Yehiel Elijahu, *Jiskaur ... Seelenspiegel*, hg. v. R. E. Botschko, Montreux 1943

ders., *Der Born Israels*, Montreux 1944

ders., *Ein Volk ist erwacht*, Montreux 1950

ders., *Or Hayahadut*, Jerusalem 2000

Bowersock, G. W., »Who Was Saint Paul?«, in: *New York Review of Books*, 5. 11. 2015

Brague, Rémi, »Vous vous appelez bien saint Paul?«, in: *Critique: revue générale des publications françaises et étrangères* 634 (März 2000), S. 214-220

Braham, Randolph L. *The Politics of Genocide: The Holocaust in Hungary*, überarbeitete Neuausgabe, New York 1994

Bredekamp, Horst, »Walter Benjamin's Esteem for Carl Schmitt«, in: *The Oxford Handbook of Carl Schmitt*, hg. v. Jens Meierhenrich und Oliver Simons, New York 2019

Brenner, Michael, *After the Holocaust: Rebuilding Jewish Life in Postwar Germany*, Princeton, NJ, 1997

Brentano, Margherita von, »Die Endlösung – Ihre Funktion in Theorie und Praxis«, in: *Antisemitismus: Zur Pathologie der bürgerlichen Gesellschaft*, hg. v. Hermann Huss und Andreas Schröder, Frankfurt am Main 1965, S. 35-76

dies., *Das Politische und das Persönliche. Eine Collage*, hg. v. Iris Nachum und Susan Neiman, Göttingen 2010

Brinton, Crane u. a., »Faculty Minute on the Late Arthur Darby Nock«, in: *Harvard Studies in Classical Philology* 68 (1964)

Brunner, Emil, *Christianity and Civilization*, New York 1948

Buber, Martin, *Drei Reden über das Judentum* (Nachdruck: Frankfurt am Main 1920)

ders., *Briefwechsel aus sieben Jahrzehnten, Bd. III: 1938-1965*, hg. v. Grete Schaeder, Heidelberg 1975

Bund Freiheit der Wissenschaft: *Notizen zur Geschichte des Bundes Freiheit der Wissenschaft*, Berlin 2001

Burt, Ronald S., »The Network Structure of Social Capital«, in: *Research in Organizational Behaviour* 22 (2000), S. 345-423

Cognata, Giuseppe, »Osservatorio paolino«, in: *Eco dei Barnabiti 1* (2020) S. 29-34

Caputo, John D., »Heidegger and Theology«, in: *The Cambridge Companion to Heidegger*, 2. Aufl., hg. v. Charles B. Guignon, Cambridge 2006, S. 326-344

Chessex, Jacques, *Un Juif pour l'exemple*, Paris 2009

Christophersen, Alf und Friedrich Wilhelm Graf, »Selbstbehauptung des Geistes: Richard Kroner und Paul Tillich – die Korrespondenz«, in: *Zeitschrift für Neuere Theologiegeschichte* 18.2 (2011), S. 281-339

Cioran, Emile M., »Einige Sätze«, in: *Spiegel und Gleichnis. Festschrift für Jacob Taubes*, hg. v. Norbert Bolz und Wolfgang Hübener, Würzburg 1983

Cohen, Mitchell, *The Wager of Lucien Goldmann: Tragedy, Dialectics, and a Hidden God*, Princeton, NJ, 1994

Cohen, Naomi W., »Diaspora Plus Palestine, Religion Plus Nationalism: The Seminary and Zionism, 1902-1948«, in: Wertheimer, *Tradition Renewed*, Bd. 2

dies., *The Americanization of Zionism, 1897-1948*, Hanover 2003

Cohn, Norman, *The Pursuit of the Millennium*, London 1957 (dt.: Das Ringen um das Tausendjährige Reich. Revolutionärer Messianismus im Mittelalter und sein Fortleben in den modernen totalitären Bewegungen, Bern 1961

Colpe, Carsten, »›Das eschatologische Widerlager der Politik‹, Zu Jacob Taubes' Gnosisbild«, in: Faber u.a. (Hg.), *Abendländische Eschatologie. Ad Jacob Taubes*, S. 105-130

Connelly, John, *From Enemy to Brother: The Revolution in Catholic Teaching on the Jews 1933-1965*, Cambridge, MA, 2012

Dan, Joseph, »Joseph Weiss Today«, in: *Studies in East European Jewish Mysticism and Hasidism*, hg. v. David Goldstein und Joseph Weiss, London 1997, S. IX-XX

ders., »Gershom Scholem and the Study of Kabbala at Hebrew University« [hebr.], in: *Toldot Hauniversita Haivrit B'Yerushalayim: Hitbassisut Vetzmicha* [*The History of the Hebrew University of Jerusalem: A Period of Consolidation and Growth*], hg. v. Hagit Lavsky, Jerusalem 2005, Bd. 1, S. 199-218

David, Bruria Hutner, »The Dual Role of Rabbi Zwi Hirsch Chajes: Traditionalist and *Maskil*« (Diss., Columbia University, 1971)

Delf von Wolzogen, Hanna, »Margarete Susman«, in: *Metzler Lexikon jüdischer Philosophen*, hg. v. Andreas Kilcher und Ottfried Fraisse, Stuttgart 2003

Demetz, Peter, introduction to *Walter Benjamin: Reflections*, hg. v. ders., New York 1978

Descombes, Vincent, »Le moment français de Nietzsche«, in: *Pourquoi nous ne sommes pas nietzschéens*, hg. v. Alain Boyer u.a., Paris 1991, S. 99-128

Dickstein, Morris, *Why Not Say What Happened: A Sentimental Education*, New York 2015

Dietze, Carola, »›Kein Jud' und kein Goi‹: Konfligierende Selbst- und Fremdwahrnehmungen eines assimilierten ›Halb-Juden‹ in Exil und Remigration: Das Beispiel Helmuth Plessner«, in: Irmela von der Lühe

u. a. (Hg.), »Auch in Deutschland waren wir nicht wirklich zu Hause.«
Jüdische Remigration nach 1945, Göttingen 2008

Djerassi, Carl, Four Jews on Parnassus, New York 2008

Dodds, E. R. und Henry Chadwick, »Obituary: Arthur Darby Nock«, in:
Journal of Roman Studies 53 (1963), S. 168-169

Domes, Jürgen und Armin Paul Frank, »The Tribulations of the Free University of Berlin«, in: Minerva 13.2 (1975), S. 183-199

Don-Yehiya, Eliezer, »Messianism and Politics: The Ideological Transformation of Religious Zionism«, in: Israel Studies 19.2 (2014), S. 239-
263

Dorman, Joseph, Arguing the World: The New York Intellectuals in Their
Own Words, New York 2000

Duerr, Hans Peter, »Proclamation! Next Semesta New Big Darkman Institute Master!«, in: Heike Behrend (Hg.), Geist, Bild und Narr. Zu einer Ethnologie kultureller Konversionen. Festschrift für Fritz Kramer
Berlin 2001, S. 8-11

Dunkhase, Jan Eike, Spinoza der Hebräer: Zu einer israelischen Erinnerungsfigur, Göttingen 2013

Dutschke, Gretchen, Wir hatten ein barbarisches, schönes Leben. Rudi
Dutschke. Eine Biographie, Köln 1996

Dynner, Glenn, Men of Silk: The Hasidic Conquest of Polish Jewish Society, New York 2006

Eberz, Otfried, Vom Aufgang und Niedergang des männlichen Weltalters:
Gedanken über das Zweigeschlechterwesen [Breslau 1931], München
1973

Eiland, Howard und Michael W. Jennings: Walter Benjamin: A Critical
Life, Cambridge, MA, 2014 (dt.: Walter Benjamin. Eine Biographie,
Berlin 2020)

Ellenson, David und Lee Bycel: »A Seminary of Sacred Learning: The
JTS Rabbinical Curriculum in Historical Perspective«, in: Wertheimer,
Tradition Renewed, Bd. 2

Endelman, Todd M., Leaving the Jewish Fold: Conversion and Radical Assimilation in Modern Jewish History, Princeton, NJ, 2015

Enzensberger, Ulrich, Die Jahre der Kommune I. Berlin 1967-1969, Köln
2006

»Erklärung der Philosophischen Fakultät der FU: Zur Kontroverse zwischen Professor von Simson und Professor Taubes«, in: Tagesspiegel,
8. 5. 1969

Erlewine, Robert, »Reason within the Bounds of Religion: Assmann, Cohen, and the Possibilities of Monotheism«, in: Randi Rashkover und Martin Kavka (Hg.), *Judaism, Liberalism, and Political Theology*, Bloomington, IN, 2013, S. 269-288

Evans, Richard J., *Eric Hobsbawm: A Life in History*, New York 2019

Faber, Richard, Eveline Goodman-Thau und Thomas Macho (Hg.): *Abendländische Eschatologie. Ad Jacob Taubes, Würzburg 2001*

dies., »›Das ist die Synagoge, in die ich nicht gehe‹: Über Jacob Taubes' politische-religiöse Witze«, in: *Frankfurter Rundschau*, 20.1.1996; neu in: Faber, *ad Jacob Taubes. Historischer und politischer Theologe, moderner Gnostiker*, Hamburg 2022

Fellinger, Raimund und Wolfgang Schopf (Hg.), *Kleine Geschichte der edition Suhrkamp*, Frankfurt am Main 2003.

Felsch, Philipp, *Der lange Sommer der Theorie: Geschichte einer Revolte 1960-1990*, München 2015

Felstiner, John, *Paul Celan: Poet, Survivor, Jew*, New Haven, CT, 1995

Ferguson, Niall, *Kissinger 1923-1968: The Idealist*, New York 2015

Feyerabend, Paul, *Killing Time*, Chicago 1995 (dt.: *Zeitverschwendung*, Frankfurt 1986)

Fichter, Tilman und Siegward Lönnendonker, *Kleine Geschichte des SDS*, Berlin 1977

Fishbane, Michael (Hg.), *Haftarot: The JPS Bible Commentary*, Philadelphia 2002

Fleischacker, Samuel (Hg.), *Heidegger's Jewish Followers: Essays on Hannah Arendt, Leo Strauss, Hans Jonas, and Emmanuel Levinas*, Pittsburgh 2008

Flügge, Thomas, *Zeitdienst: Sentimentale Chronik*, Berlin 1996

Fox, Richard, *Reinhold Niebuhr: A Biography*, New York 1985

Fredriksen, Paula, *Paul: The Pagan's Apostle*, New Haven, CT, 2017

dies., »Putting Paul in His (Historical) Place«, in: *Journal of the Jesus Movement in Its Jewish Setting* 5 (2018), S. 89-110.

Freidenreich, Harriet Pass, *Jewish Politics in Vienna, 1918-1938*, Bloomington, IN, 1991

Frick, Peter (Hg.), *Paul in the Grip of the Philosophers. The Apostle and Contemporary Continental Philosophy*, Minneapolis 2013

Friedenson, Joseph und David Kranzler, *Heroine of Rescue*, New York 1984

Friedländer, Saul, *Where Memory Leads. My Life*, New York 2016

Friedman, Hershl, *Sefer Miafela l'or gadol* [jidd.], Kiryas Yoel 2001

Friedman, Maurice, *Encounter on the Narrow Ridge: A Life of Martin Buber*, New York 1991

Friess, Horace L., »The Department of Religion«, in: *A History of Columbia University: The Faculty of Philosophy*, New York 1957

Furstenberg, Yair, »Defilement Penetrating the Body: A New Understanding of Contamination in Mark 7.15«, in: *New Testament Studies* 54.2 (1990), S. 176-200

Gager, John G., *Reinventing Paul*, New York 2000

ders., *Who Made Early Christianity?: The Jewish Lives of the Apostle Paul*, New York 2015

Gartner, Lloyd, »Conservative Judaism and Zionism: Scholars, Preachers and Philanthropists«, in: Shmuel Almog, Jehuda Reinharz and Anita Shapira (Hg.), *Zionism and Religion*, Hanover 1998

Geneé, Pierre, Bob Martens und Barbara Schedl, »Jüdische Andachtsstätten in Wien vor dem Jahre 1938«, in: *David: Jüdische Kulturzeitschrift*, http://david.juden.at/kulturzeitschrift/57-60/59-Andacht.htm

Gente, Peter, Karl Freydorf (Pseudonym), *Neuer Roter Katechismus*, München 1968

Ginzberg, Eli, *Louis Ginzberg, Keeper of the Law:* Philadelphia 1966

Glatzer, Nahum N., »Franz Rosenzweig«, in: *YIVO Annual* 1 (1946)

Glazer, Nathan, »Commentary: The Early Years«, in: Murray Friedman (Hg.), *Commentary in American Life*, Philadelphia 2005

Glotz, Peter, »About Jacob Taubes, Who Crossed Frontiers«, in: A.I. Baumgarten, J. Assmann, und G.G. Stroumsa (Hg.), *Self, Soul and Body in Religious Experience*, Leiden 1998, S. 4-9

Goldberg, Harvey E., »Becoming History: Perspectives on the Seminary Faculty at Mid-Century«, in: Wertheimer, *Tradition Renewed*, Bd. 1

Goodman, Paul, »Columbia's Unorthodox Seminars«, in: *Harper's Magazine*, 1.1.1964, S. 72-82

Goodwin, Frederick und Kay Redfield Jamison, *Manic-Depressive Illness: Bipolar Disorders and Recurrent Depression*, 2 Bde., New York 2007

Gordon, Neve und Gabriel Motzkin, »Between Universalism and Particularism: The Origins of the Philosophy Department at Hebrew University and the Zionist Project«, in: *Jewish Social Studies* 9.2 (2003), S. 99-122

Gordon, Peter E., *Continental Divide: Heidegger, Cassirer, Davos*, Cambridge, MA, 2010

Grade, Chaim, *The Yeshiva, übers. v. Curt Leviant*, 2 Bde., New York 1977

Green, Arthur, *Tormented Master: A Life of Rabbi Nahman of Bratslav*, Tuskaloosa 1979

Greenbaum, Michael B., »The Finkelstein Era«, in: Wertheimer, *Tradition Renewed*, Bd. 1

Greenberg, Udi, *The Weimar Century: German Émigrés and the Ideological Foundations of the Cold War*, Princeton, NJ, 2014

Griffiths, Paul J., »Christ and Critical Theory«, in: *First Things* (August-September 2004), S. 46-55

Große Jüdische National-Biographie, Bd. 16, s.v. »Taubes«, Czernowitz 1925

Grundner, Klaus-Jürgen u.a. (Hg.), *Exzerpt und Prophetie: Gedenkschrift für Michael Landmann (1913-1984)*, Würzburg 2001

Gumbrecht, Hans Ulrich, »Moderne Sinnfülle: Vierundzwanzig Jahre ›Poetik und Hermeneutik‹«, in: *Frankfurter Allgemeine Zeitung*, 16.9.1987, S. 35-36

Güntner, Joachim, »Akademisches Aushängeschild mit braunen Flecken«, in: *Neue Zürcher Zeitung*, 26.2.2015

Habermas, Jürgen, »Die Scheinrevolution und ihre Kinder – Sechs Thesen über Taktik, Ziele und Situationsanalysen der oppositionellen Jugend«, in: Oskar Negt (Hg.), *Die Linke antwortet Jürgen Habermas*, Frankfurt am Main 1968

ders., »Odyssee der Vernunft in die Natur«, in: *Die Zeit*, 12.9.1969

ders., »Introduction« to *Observations on »The Spiritual Situation of the Age«*, Cambridge, MA, 1984 (dt.: *Stichworte zur »Geistigen Situation der Zeit«*, 2 Bde., Frankfurt am Main 1979)

ders., »Hans-Georg Gadamer: Urbanisierung der Heideggerischen Provinz«, in: ders., *Philosophisch-politische Profile*, erweiterte Ausgabe, Frankfurt am Main 1981

Hacke, Jens, *Philosophie der Bürgerlichkeit. Die liberalkonservative Begründung der Bundesrepublik*, Göttingen 2006

Hagestedt, Lutz, »Das Glück ist eine Pflicht: Der Suhrkamp Verlag wurde fünfzig Jahre alt«, in: *literaturkrtitik.de* 2.7/8 (Juli 2000)

Hagner, Donald A., »Paul in Modern Jewish Thought«, in: Hagner (Hg.), *Pauline Studies*, Exeter 1981, S. 143-165

Halbertal, Moshe, *Maimonides: Life and Thought*, Princeton, NJ, 2014

Halivni, David Weiss, *The Book and the Sword*, New York 1996

Harnack, Adolf von, *Liberal Theology at Its Height*, hg. v. Martin Rumscheidt, London 1989

Hart, D. G., *The University Gets Religion: Religious Studies in American Higher Education*, Baltimore 1999

Hartwig, Ina, *Wer war Ingeborg Bachmann?*, Frankfurt am Main 2017

dies., »Bachmann-Celan: Schuld und Zauber«, in: *Frankfurter Rundschau*, 29.1.2019

Haug, Wolfgang Fritz., »Nachwort zur zweiten Auflage: Das Ende des hilflosen Antifaschismus«, in: Haug (Hg.), *Der hilflose Antifaschismus*, 3. Aufl., Frankfurt am Main 1970

ders., »Aristotelikerin: Zum Tode Margherita von Brentanos«, in: *Frankfurter Allgemeine Zeitung*, 23.3.1995

ders., »Erinnerung an Margherita von Brentano«, http://www.wolfgang fritzhaug.inkrit.de/documents/BRENTANXX.pdf

Hayes, Christine, »The ›Other‹ in Rabbinic Literature«, in: *The Cambridge Companion to the Talmud and Rabbinic Literature*, hg. v. Charlotte Elisheva Fonrobert und Martin S. Jaffee, Cambridge 2007

Heidegger, Martin, *Vom Wesen der Wahrheit*, Frankfurt am Main 1943

Heil, Susanne, *»Gefährliche Beziehungen.« Walter Benjamin und Carl Schmitt*, Stuttgart 1996

Heise, Rosemarie, »Der Benjamin-Nachlaß in Potsdam. Interview von Hildegard Brenner vom 5.10.1967«, in: *alternative* 56/57 (1967) S. 186-194

Heller, Ágnes, *Der Affe auf dem Fahrrad: Eine Lebensgeschichte*, Berlin 1999

Heller, Joseph, *The Birth of Israel, 1945-1949: Ben-Gurion and His Critics*, Gainesville, FL, 2000

Henrich, Dieter, »In Erinnerung an JACOB TAUBES (1923-1987)«, in: *Individualität: Poetik und Hermeneutik IX*, hg. v. Manfred Frank und Anselm Haverkamp, München 1988, S. IX

ders., *»Sterbliche Gedanken.« Dieter Henrich im Gespräch mit Alexandru Bulucz*, Frankfurt am Main 2015

Herberg, Will, »Rosenzweig's ›Judaism of Personal Existence‹: A Third Way between Orthodoxy and Modernism«, in: *Commentary* (Dezember 1950), S. 541-549

ders., »Judaism and Christianity: Their Unity and Difference«, in: *Journal of Bible and Religion* 21.2 (1953), S. 67-78

Herf, Jeffrey, *Reactionary Modernism: Technology, Culture, and Politics in Weimar and the Third Reich*, Cambridge 1984

ders., *Undeclared Wars with Israel: East Germany and the West German Far Left 1967-1989*, Cambridge 2016 (dt.: *Unerklärte Kriege gegen*

Israel: Die DDR und die westdeutsche Linke, 1967-1969, Göttingen 2019)

Herskowitz, Daniel M., *Heidegger and His Jewish Reception*, Cambridge 2021

Herzberg-Fränkel, Leo, »Die Juden«, in: *Die österreichisch-ungarische Monarchie in Wort und Bild*, Bd. 19, »Galizien«, Wien 1898, S. 475-500

Heschel, Susannah, *Abraham Geiger and the Jewish Jesus*, Chicago 1998

Heuberger, Rachel, »Jüdische Studien in Deutschland«, in: Micha Brumlik u. a. (Hg.), *Reisen durch das jüdische Deutschland*, Köln 2006, S. 382-391

Himmelfarb, Gertrude, »The Prophets of the New Conservatism: What Curbs for Presumptuous Democratic Man«, in: *Commentary* (Januar 1950), S. 78-85

dies., »Political Thinking: Ancients vs. Moderns«, in: *Commentary* (Juli 1951), S. 76-83

Hobsbawm, Eric: *Interesting Times: A Twentieth-Century Life*, New York 2005 (dt.: Gefährliche Zeiten: Ein Leben im 20. Jahrhundert, München 2004)

Hoffman, Bruce, *Anonymous Soldiers: The Struggle for Israel, 1917-1947*, New York 2015

Horkheimer, Max, »Die Juden und Europa«, in: *Zeitschrift für Sozialforschung* (1939), Gesammelte Schriften 4, Frankfurt am Main 1985

ders., *The Eclipse of Reason*, New York 1947 (dt.: *Zur Kritik der instrumentellen Vernunft. Gesammelte Schriften 6*, Frankfurt am Main 1991)

Houston, Jean, *A Mythic Life: Learning to Live Our Greater Story*, New York 1996

Howard, Thomas Albert, *Protestant Theology and the Making of the Modern German University*, New York 2006

Hughes, Aaron W., *Jacob Neusner: An American Jewish Iconoclast*, New York 2016

Jay, Martin, *The Dialectical Imagination: A History of the Frankfurt School and the Institute of Social Research 1923-1950*, Boston 1973 (dt.: *Dialektische Phantasie: Die Geschichte der Frankfurter Schule und des Instituts für Sozialforschung*, Frankfurt am Main 2018)

ders., Rez. Von: Hans Blumenberg, *Legitimacy of the Modern Age*, in: *History and Theory*, 24.2 (1985), S. 183-196

ders., *Reason after Its Eclipse: On Late Critical Theory*, Madison, WI, 2016

Jeffers, Thomas, *Norman Podhoretz: A Biography*, Cambridge 2010

Jehle, Frank, *Lieber unangenehm laut als angenehm leise. Der Theologe Karl Barth und die Politik 1906-1968*, Zürich 2002

Jeske, Wolfgang (Hg.), *Die Bibliographie des Suhrkamp Verlages, 1950-2000*, Frankfurt am Main2002.

Jonas, Hans, *Gnosis und spätantiker Geist, Erster Teil*, Göttingen 1934

ders., *Gnosis und spätantiker Geist, Zweiter Teil*, Göttingen 1954

ders., *The Gnostic Religion: The Message of the Alien God and the Beginnings of Christianity*, Boston 1958

ders., *Memoirs*, hg. und mit einem Nachwort versehen von Christian Wiese, übers. v. Krishna Winston, Lebanon, N.H., 2008 (dt.: *Erinnerungen*, Frankfurt 2003)

Johnson, Luke Timothy, »Reading Romans«, in: *Christian Century*, 15.1. 2008, S. 32-36

ders., Rez. von: Karen Kilby, *Balthasar: A (Very) Critical Introduction*, in: *Commonweal*, 12.4.2013, S. 32-35

Jünger, Ernst, *Die totale Mobilmachung*, Berlin 1931

Jünger, Friedrich Georg, *Die Perfektion der Technik*, Frankfurt am Main 1946

Kaiser, Gerhard, »Walter Benjamins ›Geschichtsphilosophische Thesen.‹ Zur Kontroverse der Benjamin-Interpreten«, in: *Deutsche Vierteljahresschrift für Literaturwissenschaft und Geistesgeschichte* 46.4 (1972), S. 577-625

Kaplan, Mordecai, *Communings of the Spirit: The Journals of Mordecai Kaplan*, Bd. 3, *1942-1951*, hg. v. Mel Scult, Detroit 2020

Kaplan, Zwi Jonathan, »Rabbi Joel Teitelbaum, Zionism, and Hungarian Ultra-Orthodoxy«, in: *Modern Judaism* 24.2 (2004), S. 165-178

Katz, Barry, *Herbert Marcuse and the Art of Liberation*, London 1982

Keller, Morton and Phyllis Keller, *Making Harvard Modern: The Rise of America's University*, New York 2001

Keller, Zsolt, »Theologie und Politik – Beginn und Konkretisierung des christlich-jüdischen Dialoges in der Schweiz«, in: *Zeitschrift für schweizerische Kirchengeschichte* 99 (2005), S. 157-176

Kempter, Klaus, *Joseph Wulf: Ein Historikerschicksal in Deutschland*, Göttingen 2013

Kenner, Hugh, Rez. von *Divorcing*, in: *New York Times*, 2.11.1969

Keren-Kratz, Menachem, »Hast Thou Escaped and Also Taken Possession? The Responses of the Satmar Rebbe – Rabbi Yoel Teitelbaum –

and His Followers to Criticism of His Conduct during and after the Holocaust«, in: *Dapim: Studies on the Holocaust* (2014)

Keßler, Mario, *Ossip K. Flechtheim. Politischer Wissenschaftler und Zukunftsdenker (1909-1998)*, Köln 2007

King, Karen L., *What Is Gnosticism?*, Cambridge, MA, 2003

Kinzel, Till, »Der ›Bund Freiheit der Wissenschaft‹ und die ›Notgemeinschaft für eine freie Universität‹ im Widerstand gegen die Achtundsechziger«, in: Hartmuth Becker (Hg.), *Die 68er und ihre Gegner*, Graz 2003, S. 112-136

Klein, Claude, »The Right of Return in Israeli Law«, 5.11.2015, in: *Tel Aviv University Studies in Law* 53 (1997)

Klein-Löw, Stella, *Erinnerungen*, Wien 1980

Kluback, William, »Karl Jaspers and Schmuel Hugo Bergman. Believing Philosophers«, in: Richard Wisser (Hg.) *Karl Jaspers*, Würzburg 1993, S. 173-185

Kneeland, Timothy und Carol Warren, *Pushbutton Psychiatry: A History of Electroshock in America*, Westport, CT, 2002

Koenen, Gerd, *Das rote Jahrzehnt: Unsere kleine deutsche Kulturrevolution, 1967-1977*, Köln 2001

ders., *Vesper, Ensslin, Baader: Urszenen des deutschen Terrorismus*, Köln 2003

ders., »Mythen des 20. Jahrhunderts«, in: Doron Rabinovici u. a. (Hg.), *Neuer Antisemitismus?: Eine globale Debatte*, Frankfurt am Main 2004, S. 168-190

ders., »Der transzendental Obdachlose – Hans-Jürgen Krahl«, in: *Zeitschrift für Ideengeschichte* 2.3 (2008) S. 5-22

König, Christoph und Thomas Sparr (Hg.), Peter Szondi, *Briefe*, Frankfurt am Main 1993

dies., (Hg.) *Paul Celan–Peter Szondi. Briefwechsel*, Frankfurt am Main 2005

König, René, *Autobiographische Schriften*, hg. v. Mario und Oliver König, Opladen 1999

König, Christoph, »Ungebärdiges Lesen: Laudatio für Jean Bollack«, in: *Lendemains 33 129* (2008), S. 119-127

Kojève, Alexandre, *Essai d'une histoire raisonée de la philosophie païenne*, Paris 1969-1973

Kopp-Oberstebrink, Herbert, »Affinitäten, Dissonanzen. Die Korrespondenz zwischen Hans Blumenberg und Jacob Taubes«, in: *Blumenberg–Taubes*

ders., »Landmann und Taubes. Historische, wissenschaftspolitische und intellektuelle Kontexte eines akademischen Zerwürfnisses«, in: Jörn Bohr und Matthias Wunsch (Hg.), Kulturanthropologie als Philosophie des Schöpferischen. Michael Landmann im Kontext, Nordhausen 2015.

Koshar, Rudy, »Where Is Karl Barth in Modern European History?«, in: *Modern Intellectual History* 5.2 (2008), S. 333-362

Kranzler, David, *The Man who Stopped the Trains to Auschwitz: George Mantello, El Salvador, and Switzerland's Finest Hour*, Syracuse, NY, 2000

Kraushaar, Wolfgang, *Die Bombe im Jüdischen Gemeindehaus*, Hamburg 2005

ders., *Die blinden Flecken der 68er Bewegung*, Stuttgart 2018

ders., *Die 68er-Bewegung International: Eine illustrierte Chronik, 1960-1969, 4 Bde.*, Stuttgart 2018

Krauss, Samuel, *Das Leben Jesu nach jüdischen Quellen*, Berlin 1902

ders., *Torah, Nevi'im u-Khetuvim: 'im perush mada'i / yotse be-hishtatfut lamdanim mumhim 'al yede Avraham Kahana*, Z'itomir 1902

Kreisel, Howard, *Maimonides' Political Thought: Studies in Ethics, Law, and the Human Ideal*, Albany 1999

ders., »Maimonides' Political Philosophy«, in: *The Cambridge Companion to Maimonides*, hg. v. Kenneth Seeskin, New York 2005

Kreppel, Jonas, *Juden und Judentum von heute*, Zürich 1925

Küpper, Thomas und Timo Skrandies: »Rezeptionsgeschichte«, in: Burkhardt Lindner (Hg.), *Benjamin-Handbuch*, Stuttgart 2006

Kundnani, Hans, *Utopia or Auschwitz: Germany's 1968 Generation and the Holocaust*, New York 2009

Laak, Dirk van, *Gespräche in der Sicherheit des Schweigens. Carl Schmitt in der politischen Geistesgeschichte der frühen Bundesrepublik*, Berlin 1993

Landesmann, Peter, *Rabbiner aus Wien: Ihre Ausbildung, ihre religiösen und nationalen Konflikte*, Wien 1997

Landmann, Michael: *Das Israelpseudos der Pseudolinken*, Berlin 1971

Landmann, Salcia, *Der jüdische Witz*, 18. Aufl., Ostfildern 2016

Laqueur, Walter, *Dying for Jerusalem: The Past, Present and Future of the Holiest City*, Naperville 2006

ders., »The Arendt Cult«, in: Steven Aschheim (Hg.), *Arendt in Jerusalem*, Berkeley, CA, 2001, S. 47-64

Lazier, Benjamin, *God Interrupted: Heresy and the European Imagination between the World Wars*, Princeton, NJ, 2008

Lebovic, Nitzan, »The Jerusalem School: Theopolitical Hour«, in: *New German Critique* 35.3 (2008), S. 97-120

Lederhendler, Eli und Jack Wertheimer (Hg.), *Text and Context: Essays in Modern Jewish History in Honor of Ismar Schorsch*, New York 2005

Lenk, Elisabeth (Hg.), *Theodor W. Adorno und Elisabeth Lenk. Briefwechsel 1962-1969*, Göttingen 2001

Lepenies, Wolf, »Twenty-Five Years of Social Science and Social Change: A Personal Memoir«, in: Joan Scott und Debra Keates (Hg.), *Schools of Thought: Twenty-Five Years of Interpretive Social Science*, Princeton, NJ, 2001, S. 25-40

ders., »Jongleur im Reich des Geistes. Erinnerungen an Clemens Heller, in: *Zeitschrift für Ideengeschichte* 11.4 (2017), S. 65-82

Lerner, Robert E., *Ernst Kantorowicz: A Life*, Princeton, NJ, 2017 (dt.: *Ernst Kantorowicz. Eine Biographie*, Stuttgart 2020)

Lévai, Jenö, *Abscheu und Grauen vor dem Genocid in aller Welt ... Diplomaten und Presse als Lebensretter*, New York 1968

Levine, Amy-Jill und Marc Zwi Brettler (Hg.), *The Jewish Annotated New Testament*, 2. Aufl., New York 2017

Levine, Yitzhak, »Harav Zwi Peretz Chajot«, in: Friedbush, *Hochmat Yisrael Bemaarav Europa*, Bd. 1, S. 241-253

Lewis, William, »Louis Althusser«, in: *Stanford Encyclopedia of Philosophy* (Frühjahr 2018), hg. v. Edward N. Zalta

Lieberman, Saul, »A Tragedy or a Comedy«, in: *Journal of the American Oriental Society* 104.2 (1984), S. 315-319

Lilla, Mark, *The Shipwrecked Mind: On Political Reaction*, New York 2016

Løland, Ole Jacob, *Pauline Ugliness: Jacob Taubes and the Turn to Paul*, New York 2020

Lönnendonker, Siegward und Tilman Fichter (Hg.), *Freie Universität Berlin 1948-1973. Hochschule im Umbruch*, 5 Teile, Berlin 1975-1978

Löwenthal, Richard, *Der romantische Rückfall*, Stuttgart 1970

Löwith, Karl, *Von Hegel bis Nietzsche*, Zürich 1941

ders., *Meaning in History*, Chicago, 1949 (dt.: *Weltgeschichte und Heilsgeschehen*, Stuttgart 1953)

Lorig, Wolfgang H., *Neokonservatives Denken in der Bundesrepublik Deutschland und in den Vereinigten Staaten von Amerika*, Opladen 1988

Lübbe, Hermann, »Politische Theologie als Theologie repolitisierter Religion«, in: Taubes (Hg.), *Der Fürst dieser Welt*, S. 45-56.

893

Luge, Heiko (Hg.), *Grenzgänge – Liber Amicorum für den nationalen Dissidenten Hans-Dietrich Sander*, Graz 2008

Lühe, Irmela von der, u. a. (Hg.), *»Auch in Deutschland waren wir nicht wirklich zu Hause.«Jüdische Remigration nach 1945*, Göttingen 2008

Macho, Thomas, »Der intellektuelle Bruch zwischen Gershom Scholem und Jacob Taubes. Zur Frage nach dem Preis des Messianismus«, in: Faber u. a., *Abendländische Eschatologie*, S. 531-544

Mächler, Stefan, *Hilfe und Ohnmacht: Der Schweizerische Israelitische Gemeindebund und die nationalsozialistische Verfolgung 1933-1945*, Zürich 2005

Magid, Shaul, »Through the Void: The Absence of God in R. Naḥman of Bratzlav's ›Likkutei MoHaRan‹«, in: *Harvard Theological Review* 88.4 (Oktober 1995), S. 495-519

ders., »Gershom Scholem«, in: Stanford Encyclopedia of Philosophy, http://plato.stanford.edu/archives/sum2014/entries/scholem/

Maier, Hans, »Eric Voegelin and German Political Science«, in: *Review of Politics* 62.4 (2000), S. 709-726

ders., »Als Professor im Jahr 1968«, in: *Die politische Meinung* 378 (Mai 2001), S. 17-23

Maimonides, Moses, *The Mishneh Torah, Book 1, edited according to the Bodleian Codex with Introduction, Biblical and Talmudic References, Notes and English Translation by Moses Hyamson*, New York 1939

Mandel, Maud S., »Simone Weil (1903-1943): A Jewish Thinker?«, in: Jacques Picard (Hg.), *Makers of Jewish Modernity*, Princeton, NJ, 2016, S. 466-479

Marcuse, Herbert, *Eros and Civilization*, Boston, 1955 (dt.: *Triebstruktur und Gesellschaft*. Ein Philosophischer Beitrag zu Sigmund Freud, Frankfurt am Main 1965).

ders. u. a.: *Das Ende der Utopie*, Berlin 1967

Marquard, Odo, »Die Geschichtsphilosophie und ihre Folgelasten«, in: Reinhart Koselleck und Wolf-Dieter Stempel (Hg.), *Geschichte – Ereignis und Erzählung*, München 1973

ders., »Lob des Polytheismus: Über Monomythie und Polymthie«, in: Hans Poser (Hg.), *Philosophie und Mythos. Ein Kolloquium*, Berlin 1979, S. 40-58

ders., »Aufgeklärter Polytheismus – auch eine politische Theologie?«, in: Taubes (Hg.), *Der Fürst dieser Welt*

Marrus, Michael, R., *The Unwanted: European Refugees in the Twentieth Century*, New York 1985

Mattenklott, Gert, »Komm ins Offene, Freund!«, in: *Zeitschrift für Ideengeschichte* 2.3 (2008)

McCaughey, Robert A., *Stand Columbia: A History of Columbia University in the City of New York, 17542004*, New York 2003

Mehring, Reinhard, *Carl Schmitt: A Biography*, London 2014 (dt.: *Carl Schmitt: Aufstieg und Fall*, München 2009)

ders., »Der esoterische Diskurspartisan: Carl Schmitt in der Bundesrepublik«, in: Thomas Kroll und Tilman Reitz (Hg.), *Intellektuelle in der Bundesrpublik Deutschland*, Göttingen 2013, S. 232-248

Meier, Heinrich, *Die Lehre Carl Schmitts. Vier Kapitel zur Unterscheidung Politischer Theologie und Politischer Philosophie*, 3 Aufl., Stuttgart 2009

Meisels, Dovid, *The Rebbe: The Extraordinary Life and Worldview of Rabbeinu Yoel Teitelbaum*, Lakewood, NJ, 2010

Mendes-Flohr, Paul, »›The Stronger and the Better Jews‹: Jewish Theological Responses to Political Messianism in the Weimar Republic«, in: Jonathan Frankel (Hg.), *Jews and Messianism in the Modern Era: Meaning and Metaphor* (= Studies in Contemporary Jewry 7), New York 1991, S. 159-185

ders., *Martin Buber: A Life of Faith and Dissent*, New Haven, CT, 2019 (dt.: *Martin Buber. Ein Leben im Dialog*, Berlin 2022)

Michael, George, »The Ideological Evolution of Horst Mahler: The Far Left-Extreme Right Synthesis«, in: *Studies in Conflict and Terrorism* 32.4 (2009), S. 346-366

Michalzik, Peter: *Unseld. Eine Biographie*, München 2002

Michel, Karl Markus, »Narrenfreiheit oder Zwangsjacke? Aufgaben und Grenzen kritischen Denkens in der Bundesrepublik«, in: *Neue Kritik* 25/26 (1964), S. 23-29

Mohler, Armin, *Die konservative Revolution in Deutschland, 1918-1932: Grundriß ihrer Weltanschauungen*, Stuttgart 1950

ders., *Tendenzwende für Fortgeschrittene*, München 1978

ders., *Vergangenheitsbewältigung oder wie man den Krieg nochmals verliert*, Krefeld 1980

ders., »Der messianische Irrwisch: Über Jacob Taubes (1923-1987)«, in: *Criticón* 103 (1987), S. 219-221

Monod, Jean-Claude, *La querelle de la sécularisation de Hegel à Blumenberg*, Paris 2002

Morat, Daniel, »No Inner Remigration: Martin Heidegger, Ernst Jünger, and the Early Federal Republic of Germany«, in: *Modern Intellectual History* 9.3 (2012), S. 661-679

Moser, Benjamin, *Sontag: Her Life and Work*, New York 2019 (dt.: *Sontag. Die Biographie*, München 2020)

Mosse, George L., *German Jews beyond Judaism*, Bloomington, IN, 1985 (dt.: *Jüdische Intellektuelle in Deutschland. Zwischen Religion und Nationalismus*, Frankfurt am Main 1992)

Moyn, Samuel, »Amos Funkenstein on the Theological Origins of Historicism«, in: *Journal of the History of Ideas* (2004), S. 639-667

Müller, Jan-Werner, *A Dangerous Mind: Carl Schmitt in Post-War European Thought*, New Haven, CT, 2003

ders., »1968 as Event, Milieu, and Ideology«, in: ders. (Hg.), *German Ideologies since 1945. Studies in the Political Thought and Culture of the Bonn Republic*, New York 2003, S. 117-143

Müller-Doohm, Stefan, *Adorno: A Biography*, Cambridge 2005 (dt.: *Adorno: Eine Biographie*, Frankfurt am Main 2003)

ders., *Habermas: A Biography* (London, 2016) (dt.: *Jürgen Habermas: Eine Biographie*, Berlin 2014)

Muller, Jerry Z., *The Other God That Failed*, Princeton, NJ, 1987

ders., »Capitalism: The Wave of the Future«, in: *Commentary* (Dezember 1988), S. 21-26

ders., »Philip Rieff«, in: David Murray (Hg.), *American Cultural Critics*, Exeter 1995

ders., (Hg.) *Conservatism: An Anthology of Social and Political Thought from David Hume to the Present*, Princeton, NJ, 1997

ders., »German Neoconservatism and the History of the Bonn Republic, 1968 to 1985«, in: *German Politics and Society* 18.1 (Frühjahr 2000), S. 1-32

ders., *The Mind and the Market: Capitalism in Modern European Thought*, New York 2002

ders., »Leo Strauss: The Political Philosopher as a Young Zionist«, in: *Jewish Social Studies*, n.f. 17.1 (2010), S. 88-115

ders., »›I Am Impossible‹: An Exchange between Jacob Taubes and Arthur A. Cohen«, in: *Jewish Review of Books* (Sommer 2017), S. 42-44

Nadler, Steven: *A Book Forged in Hell: Spinoza's Scandalous Treatise and the Birth of the Secular Age*, Princeton, NJ, 2011)

Neaman, Elliot Y., *A Dubious Past: Ernst Jünger and the Politics of Literature after Nazism*, Berkeley, CA, 1999 ders., *Free Radicals: Agitators, Hippies, Urban Guerillas, and Germany's Youth Revolt of the 1960s and 1970s*, New York 2016

Necker, Gerold u.a. (Hg.), *Gershom Scholem in Deutschland*, Tübingen 2014

Neusner, Jacob und Noam, *The Price of Excellence: Universities in Conflict during the Cold War Era*, New York 1995

Niethammer, Lutz, *Posthistoire: Has History Come to an End?*, übers. v. Patrick Camiller, London 1992 (dt.: *Posthistoire: Ist die Geschichte zu Ende?*, Hamburg 1989)

ders., »Die politische Anstrengung des Begriffs. Über die exemplarische Faszination Carl Schmitts«, in: Hartmut Lehmann and Otto Gerhard Oexle (Hg.), *Nationalsozialismus in den Kulturwissenschaften, Bd. 2: Leitbegriffe – Deutungsmuster – Paradigmenkämpfe. Erfahrungen und Transformationen im Exil*, Göttingen 2004, S. 41-82

Nirenberg, David, *Anti-Judaism: The Western Tradition*, New York 2013 (dt.: *Anti-Judaismus: Eine andere Geschichte des westlichen Denkens*, München 2017)

Nitsch, Wolfgang u.a., *Hochschule in der Demokratie*, Berlin 1965

Nolte, Ernst, *Deutschland und der Kalte Krieg*, München 1974

Novenson, Matthew N., »Whither the Paul within Judaism Schule?«, in: *Journal of the Jesus Movement in its Jewish Setting* 5 (2018), S. 79-88

Ohana, David, *Political Theologies in the Holy Land: Israeli Messianism and Its Critics*, London 2010

Ott, Ulrich und Friedlich Pfäfflin (Hg.), »*PROTEST! Literatur um 1968*, Marbach 1998

Overbeck, Franz, *Selbstbekenntnisse. Mit einer Einleitung von Jacob Taubes*, Frankfurt am Main 1966

Oxtoby, Willard Gordon, »*Religionswissenschaft* Revisited«, in: Jacob Neusner (Hg.), *Religions in Antiquity*, Leiden 1968, S. 560-608

Pareigis, Christina: »Nachwort«, in: *Korrespondenz 1*

dies., »Die Schriftstellerin Susan Taubes«, in: Susan Taubes, *Prosaschriften*, hg. v. dies., Paderborn 2015, S. 233-244

dies., *Susan Taubes. Eine intellektuelle Biographie*, Göttingen 2020

Patai, Raphael, *Apprenticeship in Budapest: Memories of a World That Is No More*, 1988; Lanham, MD, 2000

Penslar, Derek J., »Transmitting Jewish Culture: Radio in Israel«, in: ders.,

Israel in History: The Jewish State in Comparative Perspective, New York 2007

Peters, Butz, *Tödlicher Irrtum: Die Geschichte der RAF*, Berlin 2004

Petras, Otto, *Post-Christum. Streifzüge durch die geistige Wirklichkeit*, Berlin 1935

Picard, Jacques, *Die Schweiz und die Juden 1933-1945*, 3, Aufl., Zürich 1997

Pippin, Robert B., »Blumenberg and the Modernity Problem«, in: *Review of Metaphysics* 40 (1987), S. 535-557

Pinkas Hakehillot: Encyclopedia of Jewish Communities, Poland Vol. II Eastern Galicia [hebr.], Jerusalem 1980

Pocai, Romano, »Die Angst und das Nichts. Überlegungen zu Heideggers ›Was ist Metaphysik?‹«, in: Faber u. a., *Abendländische Eschatologie*, S. 331-340

Podhoretz, Norman, *Making It*, New York 1967.

Preston, John, »Paul Feyerabend«, in: *Stanford Encyclopedia of Philosophy* (Herbst 2020), hg. v. Edward N. Zalta, https://plato.stanford.edu/archives/fall2020/entries/feyerabend/

Rabinbach, Anson, *In the Shadow of Catastrophe: German Intellectuals between Apocalypse and Enlightenment*, Berkeley, CA, 1997

Ratner-Rosenhagen, Jennifer, *American Nietzsche*, Chicago 2011

Ravitzky, Aviezer, *Messianism, Zionism, and Jewish Religious Radicalism*, Chicago 1996

ders., »Maimonides: Esotericism and Educational Philosophy«, in: *The Cambridge Companion to Maimonides*

Reed, Annette Yoshiko und A. H. Becker (Hg.): *The Ways That Never Parted: Jews and Christians in Late Antiquity and the Early Middle Ages*, Tübingen 2003

Reiss, Roger, »Zum 30. Todestag von Rabbiner Zwi Taubes«, in: *Jüdische Rundschau Maccabi*, 25. 1. 1996

Richarz, Monika, »Zwischen Berlin und New York: Adolf Leschnitzer – der erste Professor für jüdische Geschichte in der Bundesrepublik«, in: Klaus-Michael Mallmann und Jürgen Matthäus (Hg.), *Deutsche – Juden – Völkermord. Der Holocaust als Geschichte und Gegenwart*, Darmstadt 2006

Rid, Thomas, *Active Measures: The Secret History of Disinformation and Political Warfare*, New York 2020

Riechelmann, Cord, »Joschka minus Machtgehabe: Margherita von Brentano hat sich schon früh mit den personellen Kontinuitäten zwischen

898

Nationalsozialismus und Bundesrepublik beschäftigt«, in: *Jungle World* 44, 4.11.2010

Rieff, Philip: *Freud: The Mind of the Moralist*, Chicago 1959

ders., *Fellow Teachers*, New York 1973

Ritter, Henning, *Verehrte Denker: Porträts nach Begegnungen*, Springe 2012

Ritter, Joachim, *Metaphysik und Politik: Studien zu Aristoteles und Hegel*, Frankfurt am Main 1969

Ritterband, Paul und Harold S. Wechsler, *Jewish Learning in American Universities: The First Century*, Bloomington 1994

Rosenblitt, Marsha, »The Seminary during the Holocaust Years«, in: Jack Wertheimer (Hg.), *Tradition Renewed: A History of the Jewish Theological Seminary of America*, Bd. 2, New York 1997

Rosenstock, Bruce, »Jacob Taubes«, in: *The Palgrave Handbook of Radical Theology*, hg. v. Christopher Rodkey und Jordan E. Miller, London 2018, S. 381-397

Rosenzweig, Franz, »Atheistic Theology« (1914), in: ders., *Philosophical and Theological Writings*, hg. v. Paul W. Franks und Michael L. Morgan, Indianapolis 2000, S. 10-24.

ders., »Atheistische Theologie«, in: Kleinere Schriften, Berlin 1937

Roth, Michael S., *Knowing and History: Appropriations of Hegel in Twentieth-Century France*, Ithaca, NY, 1988

Rubenstein, Richard L., *After Auschwitz*, New York 1966

ders., *My Brother Paul*, New York 1972

ders., *Power Struggle: An Autobiographical Confessional*, Boston 1985

Rubin, Israel, *Satmar: An Island in the City*, Chicago 1972

Rubinstein, Jeffrey L., *The Culture of the Babylonian Talmud*, Philadelphia 2005

Rutishauser, Christian, »The 1947 Seelisberg Conference: The Foundation of the Jewish-Christian Dialogue«, in: *Studies in Jewish-Christian Relations* 2.2 (2007), S. 34-53

Salomon, Albert, »Prophets, Priests, and Social Scientists«, in: *Commentary* (Juni 1949), S. 595-600

Sander, Hans-Dietrich, *Marxistische Ideologie und allgemeine Kunsttheorie*, Basel 1970; 2. Aufl., Tübingen 1975

ders., *Der nationale Imperativ. Ideengänge und Werkstücke zur Wiederherstellung Deutschlands*, Krefeld 1980

ders., *Die Auflösung aller Dinge. Zur geschichtlichen Lage des Judentums in den Metamorphosen der Moderne*, München 1988

Sarna, David, »Growing Up Conservadox: A Child Grows Up at the Jewish Theological Seminary«, online bei Academia.edu

Sarna, Jonathan, *American Judaism*, New Haven, CT, 2004

Schachnowitz, S., »Drei Erlebnisse«, in: *Jiskaur ... Seelenspiegel*, hg. v. Botschko, Montreux 1943

Schäfer, Peter, »Jüdische Tradition: wesentliches Element unserer Gegenwart«, in: Robert Gerwin (Hg.), *Wie die Zukunft Wurzeln schlug: Aus der Forschung der Bundesrepublik Deutschland*, Berlin 1989, S. 91-97

ders., »Die Entwicklung der Judaistik in der Bundesrepublik Deutschland seit 1945«, in: Wolfgang Prinz and Peter Weingart (Hg.), *Die sog. Geisteswissenschaften: Innenansichten*, Frankfurt am Main 1990

ders.,«Judaistik – jüdische Wissenschaft in Deutschland heute«, in: *Saeculum* 42 (1991), S. 199-216

ders. (mit Klaus Hermann), »Judaistik an der Freien Universität Berlin«, in: Karol Kubicki und Siegward Lönnendonker (Hg.), *Religionswissenschaft, Judaistik, Islamwissenschaft und Neuere Philologien an der Freien Universität Berlin*, Göttingen 2012, S. 53-74

Schlapp, Manfred, »Landman, Salcia«, in: *Biographisch-Bibliographisches Kirchenlexikon*, Bd. 21 (2003)

Schlicht, Uwe, *Vom Burschenschafter bis zum Sponti*, Berlin 1980

Schmidt, Karl Ludwig, *Die Judenfrage im Lichte der Kapitel 9-11 des Römerbriefes: im Text und durch Anmerkungen erweiterter Vortrag gehalten an der fünften Wipkinger Tagung des Schweizerischen evangelischen Hilfswerkes für die bekennende Kirche in Deutschland am 16. November 1942*, Zürich 1943

Schmidt, Christoph, *Die theopolitische Stunde*, München 2009

Schmitt, Carl, *Political Theology* (1922), übers. v. George Schwab, Chicago 1985 (dt.: *Politische Theologie*, Berlin 1922)

ders., *Politische Theologie II: Die Legende von der Erledigung jeder Politischen Theologie*, Berlin 1970

Schmitz, Alexander und Marcel Lepper (Hg.), *Hans Blumenberg–Carl Schmitt. Briefwechsel 1971-1978*, Frankfurt am Main 2007

Schoch, Max, »Brunner, Emil«, in: *Historisches Lexikon der Schweiz* (online)

Schochet, Elijah J. und Solomon Spiro, *Saul Lieberman: The Man and His Work*, New York 2005

Schoeps, Hans-Joachim, »A Religious Bridge between Jew and Christian: Shall We Recognize Two Covenants?«, in: *Commentary* (Februar 1950), S. 129-132

Scholem, Gershom: »Redemption through Sin«, übers. v. Hillel Halkin, in: *The Messianic Idea in Judaism*, New York 1971, (hebr.: *Knesset*, Bd. 2, 1937; dt.: *Judaica 5*. Erlösung durch Sünde, Frankfurt am Main 1992)

ders., *Major Trends in Jewish Mysticism*, New York 1954

ders., »Wider den Mythos vom deutsch-jüdischen ›Gespräch‹« in: Manfred Schlösser (Hg.), *Auf gespaltenem Pfad: Festschrift für Margarete Susman*, Darmstadt 1964 (auch in *Judaica 2*, Frankfurt am Main 1970)

ders., *The Messianic Idea in Judaism and Other Essays on Jewish Spirituality*, New York 1971

ders., *Sabbatai Sevi: The Mystical Messiah*, Princeton, NJ, 1973 (dt.: *Sabbatai Zwi, Der mystische Messias*, Frankfurt am Main 1992)

ders., *Von Berlin nach Jerusalem*, Frankfurt am Main 1977

ders., *Devarim b'go*, Tel Aviv 1975

ders., Walter Benjamin, Gershom Scholem, *Briefwechsel 1933-1940*, Frankfurt am Main 1980

ders., *Walter Benjamin und sein Engel: Vierzehn Aufsätze und kleine Beiträge*, hg. v. Rolf Tiedemann, Frankfurt am Main 1983

ders., *Judaica 6. Wissenschaft des Judentums*, Frankfurt am Main 1997

ders., *Briefe, Bd. I*, hg. v. Itta Shedletzky, München 1994

ders., *Briefe, Bd. II, 1948-1970*, hg. v. Thomas Sparr, München 1995

ders., *A Life in Letters, 1914-1982*, hg. u. übers. v. Anthony David Skinner, Cambridge, MA, 2002

ders., »Buber's Conception of Judaism«, in: ders., *On Jews and Judaism in Crisis*, S. 166-167

ders., *Gershom Scholem and Joseph Weiss, Correspondence 1948-1964*, hg. v. Noam Zadoff [hebr.], Jerusalem 2012

Schon, Jenny, »Der wahre Jacob. Eine problematische Freundschaft bis zum Totenbett«, in: *Sterz: Zeitschrift für Literatur, Kunst und Kulturpolitik* 107/108 (2013), S. 8-9

Schopf, Wolfgang (Hg.), *Adorno und seine Frankfurter Verleger*, Frankfurt am Main 2003

Schorsch, Ismar, »The Philosophy of History of Nachman Krochmal«, in: *Judaism* 10 (1961), S. 237-245

ders., »The Ethos of Modern Jewish Scholarship«, in: *Leo Baeck Institute Yearbook* 35 (1990), S. 55-71

ders., *From Text to Context: The Turn to History in Modern Judaism*, Waltham, MA, 1994

Schreiber, Daniel, *Susan Sontag: A Biography*, übers. v. David Dollenmayer, Evanston, IL, 2014 (dt.: *Susan Sontag: Geist und Glamour*, Berlin 2007)

Schütz, Alfred und Eric Voegelin, *Eine Freundschaft, die ein Leben ausgehalten hat: Briefwechsel 1938-1959*, hg. v. Gerhard Wagner und Gilbert Weiss, Konstanz 2004

Schulte, Christoph, »PAULUS«, in: Richard Faber u. a. (Hg.), *Abendländische Eschatologie: Ad Jacob Taubes*, Würzburg 2001

Schwartz, Daniel B., *The First Modern Jew: Spinoza and the History of an Image*, Princeton, NJ, 2012

Schwartz, Seth, *Imperialism and Jewish Society, 200 B. C. E. to 640 C. E.*, Princeton, NJ, 2001

Scruton, Roger, *Fools, Frauds and Firebrands: Thinkers of the New Left*, London 2015 (dt.: *Narren, Schwindler, Unruhstifter: Linke Denker des 20. Jahrhunderts*, München 2021)

Segev, Tom, *1949: The First Israelis*, New York 1986

Selah, Kobi, »Professor Yosef ben Shlomo Laid to Rest« [hebr.], in: *Arutz 7*, 21.4.2007

Seyfert, Robert, »Streifzüge durch Tausend Milieus«, in: Joachim Fischer und Stephan Moebius (Hg.), *Soziologische Denkschulen in der Bundesrepublik Deutschland*, Wiesbaden 2019, S. 317-372

Shapira, Anita, *Israel: A History*, Waltham, MA, 2012

Shapiro, Marc B., *Between the Yeshiva World and Modern Orthodoxy*, London 1999

ders., *Changing the Immutable: How Orthodox Judaism Rewrites Its History*, Oxford 2015

Shargel, Baila R., »The Texture of Seminary Life during the Finkelstein Era«, in: Wertheimer, *Tradition Renewed*, Bd. 1

Sheppard, Eugene R., »›I am a memory come alive‹: Nahum Glatzer and the Legacy of German Jewish Thought in America«, in: *Jewish Quarterly Review* 94.1 (Winter 2004), S. 123-148

Shimron, Binyamin, *Das Chajesrealgymnasium in Wien 1919-1938*, Tel Aviv 1989

Silk, Mark, »Notes on the Judeo-Christian Tradition in America«, in: *American Quarterly* 36.1 (1984), S. 65-85

Simon, Ernst: »The Costs of Arab-Jewish Cold War: *Ihud*'s Experiment in Moral Politics«, in: *Commentary* (September 1950), S. 356-362

ders., »Are We Israelis Still Jews? The Search for Judaism in the New Society«, in: *Commentary* (April 1953)

ders., »Erziehung zum Frieden in Kriegszeiten: Dargelegt am Beispiel

Israel«, in: Ernst Simon, *Entscheidung zum Judentum*, Frankfurt am Main 1979, S. 365-366

Singer, Isaac Bashevis, *Satan in Goray*, New York 1955

Slack, Kevin und William Batchelder, »Susan Sontag Was Not the Sole Author of *Freud: The Mind of the Moralist*«, in: VoegelinView, 11.5. 2020 (online)

Slezkine, Yuri, *The House of Government: A Saga of the Russian Revolution*, Princeton, NJ, 2017 (dt.: *Das Haus der Regierung. Eine Saga der Russischen Revolution*, München 2018)

Sloterdijk, Peter, *Eurotaoismus. Zur Kritik der politischen Kinetik*, Frankfurt am Main 1989

ders. und Thomas Macho (Hg.), *Weltrevolution der Seele. Ein Lese- und Arbeitsbuch der Gnosis von der Spätantike bis zur Gegenwart*, Zürich 1991

Smith, Morton und Gershom Scholem, *Correspondence 1945-1982*, hg. v. Guy Stroumsa, Leiden 2008

Smith, Steven, *Reading Leo Strauss*, Chicago 2006

Socher, Abraham P., *The Radical Enlightenment of Solomon Maimon: Judaism, Heresy, and Philosophy*, Stanford 2006

Sombart, Nicolaus, *Journal intime 1982/83. Rückkehr nach Berlin*, Berlin 2003

Sontag, Susan, *Reborn: Journals and Notebooks 1947-1963*, hg. v. David Rieff, New York 2008 (dt.: Wiedergeboren: Tagebücher 1947-1963, München 2010).

dies., »Debriefing«, in: dies., *I, Etcetera*, New York 1977

dies., *Duet for Cannibals*, New York 1970

dies., *Brother Carl: A Screenplay*, New York 1974

dies., *As Consciousness Is Harnessed to Flesh: Journals and Notebook, 1964-1980*, hg. v. David Rieff, New York 2012 (dt.: Ich schreibe, um herauszufinden, was ich denke: Tagebücher 1964-1980, München 2013).

Sparr, Thomas, *Grunewald im Orient: Das deutsch-jüdische Jerusalem*, Berlin 2018

Specter, Matthew G., *Habermas: An Intellectual Biography*, New York 2010

Sperber, Manès, *Until My Eyes Are Closed with Shards*, New York 1994

Stampfer, Shaul, »*Heder* Study, Knowledge of Torah, and the Maintenance of Social Stratification in Traditional East European Jewish Society«, in: *Studies in Jewish Education* 3 (1988), S. 271-289

Steiner, George, »Adorno: Love and Cognition«, in: *Times Literary Supplement*, 9.3.1973

Stendahl, Krister, *Paul Among Jews and Gentiles and Other Essays*, Philadelphia 1976

ders. und James H. Charlesworth (Hg.), *The Scrolls and the New Testament*, New York 1992

Stern, David und Paul Mendes-Flohr (Hg.), *An Arthur A. Cohen Reader*, Detroit 1998

Stern, Frank und Barbara Eichinger (Hg.), *Wien und die jüdische Erfahrung 1900-1938*, Wien 2009

Stern, Fritz, *Five Germanys I Have Known*, New York 2006 (dt.: *Fünf Deutschland und ein Leben. Erinnerungen*, München 2007)

Stimilli, Elettra, »Der Messianismus als politisches Problem«, in: *PdM*, S. *131-179*

dies., *Jacob Taubes: Sovranità e tempo messianico*, Brescia 2004

Stourzh, Gerald, *From Vienna to Chicago and Back*, Chicago 2007

Strauss, Leo: *Philosophie und Gesetz*, Berlin 1935, in: Strauss, *Gesammelte Schriften, Bd. 2*, hg. v. Heinrich Meier, Stuttgart 1997

ders., »German Nihilism« [1941], in: *Interpretation* 26.3 (1999), S. 352-378

ders., »The Literary Character of *The Guide for the Perplexed*«, in: *Leo Strauss on Maimonides: The Complete Writings*, hg. v. Kenneth Hart Green, Chicago 2013

ders., »Persecution and the Art of Writing«, in *Persecution and the Art of Writing* [1952], Neudruck: Chicago 1988, S. 35-36

ders., »How to Study Medieval Philosophy«, in: Green, *Leo Strauss on Maimonides*

ders., »Review of *The Mishneh Torah*, Book I«, in: Green, *Leo Strauss on Maimonides*

ders., *Spinoza's Critique of Religion*, übers. v. E.M. Sinclair [New York 1965], Neudruck Chicago, 1997

ders., *Gesammelte Schriften, Bd. 3, Stuttgart 2001*

ders., *On Tyranny: Including the Strauss-Kojève Correspondence*, Victor Gourevitch und Michael S. Roth (Hg.), New York 1991

Stroumsa, Guy G., »Buber as an Historian of Religion: Presence, not Gnosis«, in: *Archives des sciences sociales des religions* 101.1 (1998), S. 87-105

Stroumsa, Sarah, »Shlomo Pines: The Scholar, The Sage«, http://www.shlomopines.org.il/files/articles/stroumsa.doc

Stutz, Hans, *Der Judenmord von Payerne*, Zürich 2001

Styfhals, Willem, »Deconstructing Orthodoxy: A Failed Dialogue between Gershom Scholem and Jacob Taubes«, in: *New German Critique* 45.1 (2018), S. 181-205 ders., *No Spiritual Investment in the World: Gnosticism and Postwar German Philosophy*, Ithaca, NY, 2019

Sugirtharajah, R. S. und Fernando F. Segovia (Hg.), *A Postcolonial Commentary on the New Testament Writings*, London 2009

Susman, Margarete, *Ich habe viele Leben gelebt: Erinnerungen*, Stuttgart 1964

Tanguay, Daniel, *Leo Strauss: An Intellectual Biography*, New Haven, CT, 2007 (franz. Original 2003)

Tannenbaum, Frank (Hg.), *A Community of Scholars: The University Seminars at Columbia*, New York 1965

Taubes, Fanny, *Die Sprache des Herzens: Aus Zeiten jüdischer Erneuerung*, Zürich 1959

Taubes, Jacob, *Berachot Hatefillin. Harzaah Madait*, Wien 1936

ders., »Kabbala«, in: *Le Monde Religieux* (Dezember 1942), S. 26-34; auch in: Voigts, *Jacob Taubes und Oskar Goldberg*, S. 21-30

ders., »Die Begründung des Sozialismus durch Karl Marx«, ETT

ders., »Fragmente«, o. D., 1947, ETT

ders., »Apokalyptische und Marx'sche Geschichtsanschauung. Studien zur Geschichtsanschauung von Karl Marx«, ETT

ders., »Notes on the Ontological Interpretation of Theology«, in: *Review of Metaphysics* 2.8 (1949), S. 97-104 (dt. in KzK)

ders., »Review of *Symposion: Jahrbuch für Philosophie*, Freiburg, 1949« [hebr.], in: *Iyyun* 3.1 (1952), S. 36-40 (dt. in *AuP*)

ders., »Emunot Ve'dayot Be'teologia shel ha'mea ha-19« [»Beliefs and Ideas in Nineteenth Century Theology«], in: *Archai Hayahdut [Aspects of Judaism*], hg. v. Adar u. a., Tel Aviv 1952 (dt.: »Glauben und Wissen in der Theologie des 19. Jahrhunderts«, *AuP*)

ders., »The Development of the Ontological Question in Recent German Philosophy«, in: *Review of Metaphysics* 6.4 (1952/53), S. 651-664

ders., Rez. zu *Kafka, pro und contra*, by Guenther Anders, *Philosophy and Phenomenological Research* 13.4 (1953), S. 582-583 (dt. in *AuP*)

ders., Rez. zu *Philosophical Essays: Ancient, Medieval, and Modern*, von Isaac Husik, in: *Philosophy and Phenomenological Research* 14.2 (1953), S. 267-270 (dt. in *AuP*)

ders., Rez. zu *Symphilosophein*, hg. v. Helmuth Plessner, *Philosophy and Phenomenological Research* 14.2 (1953), S. 284-285 (dt. in *AuP*)

ders., »The Issue between Judaism and Christianity«, in: *Commentary* (Dezember 1953), S. 525-533 (dt. in KzK) ders., Rez. zu *Religion and the Modern Mind* von W. T. Stace, in: *Ethics* 64.2, Teil 1 (1954), S. 137-141 (dt. in ~~AuP~~)

ders., »Dialectic and Analogy«, in: *Journal of Religion* 34.2 (1954), S. 111-119 (dt. in KzK)

ders., »On the Nature of the Theological Method: Some Reflections on the Methodological Principles of Tillich's Theology«, in: *Journal of Religion* 34 (1954), S. 12-25 (dt. in KzK)

ders., »Nietzsche and Christ«, Rez. zu *Love, Power and Justice* von Paul Tillich, in: *New Leader* 37.33 (1954), S. 24-26 (dt. in AuP)

ders., »Christian Nihilism«, Rez. zu *Against the Stream* von Karl Barth, in: *Commentary* (September 1954), S. 269-272

ders., Rez. zu *Ausgewählte Reden und Aufsätze* von Adolf von Harnack, in: *Ethics* 64.2 (1954), S. 150-151

ders., »From Cult to Culture«, in: *Partisan Review* 21 (1954), S. 387-400 (dt. in KzK)

ders., »Theology and the Philosophic Critique of Religion«, in: *CrossCurrents* 5.4 (1954), S. 323-330; auch in *Zeitschrift für Religions- und Geistesgeschichte* 8.2 (1956), S. 129-138

ders., »On the Symbolic Order of Modern Democracy«, in: *Confluence: An International Forum* 4.1 (1955), S. 57-71 (dt. in AuP)

ders., »Theology and Political Theory«, in: *Social Theory* 22, (1955), S. 57-68 (dt. in KzK)

ders., »The Gnostic Idea of Man«, in: *Cambridge Review* 1.2, 16.3.1955, S. 86-94 (dt. in AuP)

ders., »Erich von Kahler–70 Jahre«, in: *Aufbau*, 23.12.1955, S. 10, *AuP*

ders., »Hegel«, in: *Encyclopedia of Morals*, hg. v. Vergilius Ferm, New York 1956, S. 207-212 (dt. in AuP)

ders., »Four Ages of Reason«, in: *Archiv für Rechts- und Sozialphilosophie* 42 (1956), S. 1-14 (dt. in KzK)

ders., »Virtue and Faith: A Study of Terminology in Western Ethics«, in: *Philosophy East and West* 7.1-2 (1957), S. 27-32

ders., »Religion and the Future of Psychoanalysis«, in: *Psychoanalysis and the Future: A Century Commemoration of the Birth of Sigmund Freud* (= *Psychoanalysis* 4.45), New York 1957, S. 136-142, KzK

ders., »Community–After the Apocalypse«, in: *Community*, hg. v. Carl J. Friedrich, New York 1959, S. 101-113 (dt. in *AuP*)

ders., »Vorwort«, zu Fanny Taubes, *Die Sprache des Herzens: Aus Zeiten jüdischer Erneuernung*, Zürich 1959, *AuP*

ders., Nachman Krochmal and Modern Historicism«, in: *Judaism* 12.2 (1963), S. 150-165 (dt. in KzK) ders., »Psychoanalyse und Philosophie: Noten zu einer philosophischen Interpretation der psychoanalytischen Methode (1963), *KzK*

ders., »Die Intellektuellen und die Universität«, in: *Universitätstage 1963*, Berlin 1963, S. 36-55, KzK

ders., Franz Overbeck, *Selbstbekenntnisse. Mit einer Einleitung von Jacob Taubes*, Frankfurt am Main 1966); »Einleitung« auch in KzK

ders., »Martin Buber und die Geschichtsphilosophie«, in: Paul Arthur Schilpp and Maurice Feldman (Hg.), *Martin Buber*, Stuttgart 1963, auch in KzK

ders., »Apocalpyse and Politics. Their Interaction in Transitional Communities« (dt. in *AuP*)

ders., Noten zum Surrealismus«, in: Wolfgang Iser (Hg.), *Immanente Ästhetik/Ästhetische Reflexion: Lyrik als Paradigma der Moderne. Kolloquium Köln 1964, Vorlagen und Verhandlungen*, München 1966, S. 139-143, in *KzK*

ders., »Martin Buber and the Philosophy of History«, in: Paul Arthur Schilpp und Maurice Friedman (Hg.), *The Philosophy of Martin Buber*, La Salle, IL, 1967, S. 451-468

ders., An den Regierenden Bürgermeister von Berlin, Heinrich Albertz«, in: *Demonstrationen. Ein Berliner Modell. Entstehung der demokratischen Opposition* (= *Voltaire Flugschrift* 10), hg. v. Bernard Larsson, Berlin 1967, S. 95-98, *AuP*

ders., »Rede von Professor Dr. Jacob Taubes auf der Vollversammlung der Studenten aller Fakultäten am 5. 5. 1967«, *AuP*

ders., »Surrealistische Provokation. Ein Gutachten zur Anklageschrift im Prozess Langhans – Teufel über die Flugblätter der ›Kommune I‹«, in: *Merkur: Deutsche Zeitschrift für europäisches Denken* 21 (1967), S. 1069-1079, *AuP*

ders., »Die Rechtfertigung des Häßlichen in urchristlicher Tradition«, in: H. R. Jauß (Hg.), *Die Nicht Mehr Schönen Künste: Grenzphänomene des Ästhetischen*, München 1968, S. 169-186, *KzK*

ders. mit H. Gollwitzer, »Öffentliche Erklärung«, in: *Morgenpost*, 6. 2. 1968

ders., »Kultur und Ideologie«, in: Theodor Adorno, *Spätkapitalismus oder Industriegesellschaft?*, Stuttgart 1969, S. 117-138, *KzK*

ders., »Das Unbehagen an der Institution«, in: Alexander Mitscherlich (Hg.), *Das beschädigte Leben*, Grenzach 1969, S. 95-107

ders., »Um die Zukunft der FU«, in: *Tagesspiegel*, 4. 5. 1969

ders., »NOTABENE, Aus gegebenem Anlaß«, Sender Freies Berlin, Drittes Programm, Sendung: 25. 12. 1969 ders., »Der dogmatische Mythos der Gnosis«, in: Manfred Fuhrmann (Hg.), *Terror und Spiel: Probleme der Mythenrezeption*, München 1971, S. 145-157, *KzK*

ders., »Über einen Handlungsreisenden in Sachen Marxismus«, in: *EX-TRA-Dienst*, Nr. 17/V, 3.3.1971, S. 7

ders., »Die ›Pharisäer der kirchlichen Hochschule‹«, in: *Die Welt*, 3.3.1972

ders., »Vom Adverb ›nichts‹ zum Substantiv ›das Nichts‹. Überlegungen zu Heideggers Frage nach dem Nichts«, in: Harald Weinrich (Hg.), *Positionen der Negativität*, München 1975, S. 141-154, S. 151, KzK

ders., »Leviathan als sterblicher Gott. Zum 300 Todestag von Thomas Hobbes«, in: *Neue Zürcher Zeitung*, 30.11.1979, *AuP*

ders., »Von Fall zu Fall. Erkenntnistheoretische Reflexion zur Geschichte vom Sündenfall«, in: Manfred Fuhrmann, Hans Robert Jauß und Wolfhart Pannenberg (Hg.), *Text und Applikation. Theologie, Jurisprudenz und Literaturwissenschaft im hermeneutischen Gespräch*, München 1981, S. 111-116, AuP

ders., »Zum Problem einer theologischen Methode der Interpretation«, in: Manfred Fuhrmann, u.a., *Text und Applikation: Theologie, Jurisprudenz und Literaturwissenschaft im hermeneutischen Gespräch*, München 1981, S. 580, AuP

ders., »The Price of Messianism«, in: *Proceedings of the Eighth World Congress of Jewish Studies*, Jerusalem 1982, S. 99-104; auch veröffentlicht als »The Price of Messianism«, in: *Journal of Jewish Studies* 33.1-2 (1982), S. 595-600; und als »Scholem's Theses on Messianism Reconsidered«, in: *Social Science Information* 21.4-5 (1982), S. 665-675 (dt.: »Der Messianismus und sein Preis«, KzK)

ders., »Inmitten des akademischen Taifuns am Fachbereich ›Philosophie und Sozialwissenschaften‹ der Freien Universität«, in: Albert Glaser (Hg.), *Hochschulreform – und was nun?*, Berlin 1982, S. 302-320

ders., »Die Welt als Fiktion und Vorstellung. Konvergenzen der Realismus-Debatte in Wissenschaft und Kunst«, in: Dieter Henrich und Wolfgang Iser (Hg.), *Funktionen des Fiktiven*, München 1983, S. 417-423, AuP

ders., (Hg.) *Religionstheorie und Politische Theologie. Band 1: Der Fürst dieser Welt. Carl Schmitt und die Folgen*, München 1983

ders., »Zur Konjunktur des Polytheismus«, in: Karl Heinz Bohrer (Hg.), *Mythos und Moderne*, Frankfurt am Main 1983, S. 457-470, *KzK*

ders., »›Frist‹ als Form apokalyptischer Zeiterfahrung«, in: Oskar Schatz und Hans Spatzenegger (Hg.), *Wovon werden wir morgen geistig leben?*, Salzburg 1986, S. 89-98 ders., »Jacob Taubes«, in *Denken, das an der Zeit ist*, hg. v. Florian Rötzer, Frankfurt am Main 1987, S. 305-319

ders., (Hg.), *Religionstheorie und politische Theologie, Bd. 3: Theokratie*, München 1987

ders., Ästhetisierung der Wahrheit im Posthistoire«, in: Gabriele Althaus und Irmingard Staeuble *(Hg.), Streitbare Philosophie: Margherita von Brentano zum 65. Geburtstag*, Berlin 1988, S. 41-52, *AuP*

ders., *Die Politische Theologie des Paulus*, München 2003

Taubes, Susan, »The Absent God«, in: *Journal of Religion* 35.1 (Januar 1955), S. 6-16

dies., »The Absent God: A Study of Simone Weil«, Diss., Radcliffe College, 1956

dies., *Divorcing*, New York 1969 (dt.: *Nach Amerika und zurück im Sarg*, Berlin 2021)

Taubes, Zwi Hirsch, »Die Controversen der Schammaiten und Hilleliten. Ein Beitrag zur Entwicklungsgeschichte der Hillelschule«, in: *Jahresbericht der Israelitisch-Theologischen Lehranstalt*, Wien 1893

ders., »Jesus und die Halakah. Dissertation zur Erlangung des philosophischen Doktorgrades vorgelegt der hohen philosophischen Fakultät der Wiener Universität«, o. D., ETT

ders., »Die Auflösung des Gelübdes. Ein Beitrag zur Entwicklung der Halacha«, in: *Monatsschrift für Geschichte und Wissenschaft des Judentums* 73, Neue Folge 37 (1929), S. 33-46

ders., »Das Gemeinsame in Judentum, Christentum und Islam: Erste Folge einer Vortrags- und Aufsatzreihe«, Zürich, 10. 2. 1940, Typoskript in Akte »Zwi Taubes«, Leo Baeck Institute, New York

ders., *Lebendiges Judentum*, Genf 1946

Tent, James F., *The Free University of Berlin: A Political History*, Bloomington, IN, 1988 (dt.: *Freie Universität Berlin 1948-1988. Eine deutsche Hochschule im Zeitgeschehen*, Berlin 1988).

Thomas, Nick, *Protest Movements in 1960s West Germany*, Oxford 2003

Tirosh-Samuelson, Hava und Aaron Hughes (Hg.), *Moshe Idel* (= Library of Contemporary Jewish Philosophers), Leiden 2015

Tomberg, Friedrich, *Bürgerliche Wissenschaft. Begriff, Geschichte, Kritik*, Frankfurt am Main 1973

Tosolini, Tiziano, *Paolo e i filosofi. Interpretazioni del Cristianesimo da Heidegger a Derrida*, Bologna 2019

Tralau, Johan (Hg.), *Thomas Hobbes and Carl Schmitt*, New York 2011

Treml, Martin, »Reinventing the Canonical: The Radical Thinking of Jacob Taubes«, in: Eckart Goebel and Sigrid Weigel (Hg.), »Escape to Life«: German Intellectuals in New York. A Compendium on Exile after 1933, Berlin 2012, S. 457-478

Unabhängige Expertenkommission Schweiz, Die Schweiz und die Flüchtlinge zur Zeit des Nationalsozialismus, Bern 1999

Vahrenhorst, Martin, »›Nicht Neues zu lehren, ist mein Beruf ...‹: Jesus im Licht der Wissenschaft des Judentums«, in: Görge K. Hasselhoff (Hg.), Die Entdeckung des Christentums in der Wissenschaft des Judentums, Berlin 2010, S. 101-136
Voegelin, Eric, Autobiographical Reflections, hg. v. Ellis Sandoz, Baton Rouge 1989
ders., The New Science of Politics: An Introduction, Chicago 1952 (dt.: Die Neue Wissenschaft der Politik, München 2004)
Voigts, Manfred (Hg.), Jacob Taubes und Oskar Goldberg: Aufsätze, Briefe, Dokumente, Würzburg 2011

Wapnewski, Peter, Mit dem anderen Auge. Erinnerungen 1959-2000, Berlin 2006.
Wasserstrom, Steven M., Religion after Religion: Gershom Scholem, Mircea Eliade, and Henry Corbin at Eranos, Princeton, NJ, 1999
Wasserstein, Bernard, On the Eve: The Jews of Europe before the Second World War, New York 2012
Waxman, Meir, »Professor Avigdor Aptowitzer«, in: Friedbush, Hochmat Yisrael Bemaarav Europa, Bd. 1, S. 25-36
Webster, John (Hg.), The Cambridge Companion to Barth, Cambridge 2000
Wechsler, Judith Glatzer, »I Am a Memory Come Alive: Nahum N. Glatzer and the Transmission of German-Jewish Learning« (Film, 2011)
Wehrs, Nikolai, Protest der Professoren: Der »Bund Freiheit der Wissenschaft« in den 1970er Jahren, Göttingen 2014
Weidner, Daniel, Gershom Scholem: Politisches, esoterisches und historiographisches Schreiben, München 2003
ders., »The Rhetoric of Secularization«, in: New German Critique 41.1 (2014), S. 1-31
ders., »Reading the Wound«, in: Zepp, Textual Understanding

Weingarten, Ralph, »Jüdisches Leben in Zürich«, in: Livio Piatti (Hg.), *Schtetl Zürich*, Zürich 1997.

Weigel, Sigrid, »Ingeborg Bachmanns Geist trifft die Geister der Kabbala: Jacob Taubes' Liebesmystik«, in: *Trajekte* (April 2005), S. 8-6

dies., »Between the Philosophy of Religion and Cultural History: Susan Taubes on the Birth of Tragedy and the Negative Theology of Modernity«, in: *Telos* 150 (Frühjahr 2010), S. 115-135

dies., »Zur Edition der *Schriften* und zum Nachlass von Susan Taubes«, in: *Korrespondenz 1*, S. 7-10

Weiss, Joseph: »Gershom Scholem – Fünfzig Jahre«, in: *Yedioth hayom*, 5.12.1947, in: Scholem, *Briefe*, Bd. I, S. 458-460

ders., »The Beginnings of Hasidism« [hebr. mit einer englischer Zusammenfassung], in: *Zion* 16.3-4 (1951), S. 46-106

Weiss, Paul: »Lost in Thought: Alone with Others«, in: *The Library of Living Philosophers* 23, *The Philosophy of Paul Weiss*, hg. v. L. E. Hahn, Chicago 1995

Weißmann, Karlheinz, *Armin Mohler: Eine politische Biographie*, Schnellroda 2011

Wertheimer, Jack (Hg.) *Tradition Renewed: A History of the Jewish Theological Seminary of America*, 2 Bde., New York 1997

Wesel, Uwe, *Die verspielte Revolution: 1968 und die Folgen*, München 2002

Wetz, Franz Josef, *Hans Blumenberg zur Einführung*, Hamburg 2004

Whitfield, Stephen J., *Brandeis University: At the Beginning*, Waltham, MA, 2010

ders., *Learning on the Left: Political Profiles of Brandeis University*, Waltham, MA, 2020

Wiese, Christian, *Challenging Colonial Discourse: Jewish Studies and Protestant Theology in Wilhelmine Germany*, Leiden, 2005

Wiggershaus, Rolf, *The Frankfurt School: Its History, Theories and Political Significance*, übers. v. Michael Robertson, Cambridge, MA, 1994 (dt.: *Die Frankfurter Schule*, München 1986)

Wilensky, Sara Ora, »Joseph Weiss: Letters to Ora«, in: Ada Rapoport-Albert (Hg.), *Hasidism Reappraised*, London 1997, S. 10-31

Williams, George H., *The »Augustan Age«. Divinings: Religion at Harvard*, Bd. 2, Göttingen 2014

Woessner, Martin, *Heidegger in America*, Cambridge 2011

Wolfson, Elliot R., *Heidegger and Kabbalah: Hidden Gnosis and the Path of Poiēsis*, Bloomington, IN, 2019

Wolin, Richard, *Heidegger's Children: Hannah Arendt, Karl Löwith, Hans Jonas, and Herbert Marcuse*, Princeton, NJ, 2001

Wrobel, Piotr, »The Jews of Galicia under Austrian-Polish Rule, 1867-1918«, in: *Austrian History Yearbook* 25 (1994), S. 97-138

Würthle, Michel (Hg.), *Paris Bar Berlin*, Berlin 2000

Wunder, Meir, *Encyclopedia of Galician Rabbis and Scholars*, Bd. 1, s.v. »Eichenstein, R. Zwi Hirsch« [hebr.], Jerusalem 1978

Wyschogrod, Edith, »Religion as Life and Text: Postmodern Re-configurations«, in: Jon R. Stone (Hg.), *The Craft of Religious Studies*, New York 2016, S. 240-57

Yivo Encyclopedia of Jews in Eastern Europe, New Haven 2008; auch online, s.v. »Zhidachov-Komarno Hasidic Dynasty«

Zadoff, Noam, *Gershom Scholem: From Berlin to Jerusalem and Back*, Waltham, MA, 2018. *Von Berlin nach Jerusalem und zurück: Gershom Scholem zwischen Israel und Deutschland*, Göttingen 2020

Zepp, Susanne (Hg.), *Textual Understanding and Historical Experience: On Peter Szondi*, Paderborn 2015

Ziegler, Rolf, »In memoriam René König: Für eine Soziologie in moralischer Absicht« (1993), http://www.rene-koenig-gesellschaft.de

Zill, Rüdiger, *Der absolute Leser. Hans Blumenberg – Eine intellektuelle Biographie*, Berlin 2020

Zimmerman, Michael E., »Heidegger, Buddhism, and Deep Ecology«, in: Guignon, *Cambridge Companion to Heidegger*, S. 293-303

Žižek, Slavoj, *The Puppet and the Dwarf: The Perverse Core of Christianity*, Cambridge, MA, 2003 (dt.: Die Puppe und der Zwerg: Das Christentum zwischen Perversion und Subversion, Frankfurt am Main 2003)

ders., »Paul and the Truth Event«, in: John Milbank, Slavoj Žižek und Creston Davis (Hg.), *Paul's New Moment: Continental Philosophy and the Future of Christian Theology*, Grand Rapids, MI, 2010

Zürcher, Markus, *Unterbrochene Tradition: Die Anfänge der Soziologie in der Schweiz*, Zürich 1995

Zum Andenken an Fanny Taubes-Blind, Zürich 1957

Personenregister

Goldschmidt, Rivka (verh. Horwitz) 214
Goldziher, Ignaz 617
Gollwitzer, Helmut 377, 380-381, 388, 486-487, 489, 491, 497, 509, 523, 541, 582, 592
Gonseth, Ferdinand 128, 130-131
Goodman, Paul 345, 353, 369
Goodman-Thau, Eveline 740, 741
Gourevitch, Victor 178-179, 198, 299, 392, 576
Graham, Elaine *siehe* Bell, Elaine (geb. Graham)
Grant, Robert 345
Grass, Günter 548
Greenberg, Gershon 368-369, 435, 438, 459, 461, 462
Greenberg, Simon 199-201, 223
Groethuysen, Bernhard 338
Gründer, Karlfried 591, 644, 655, 687, 722, 724
Grundmann, Herbert 111
Grünewald, Matthias 425
Guevara, Ernesto (Che) 443, 495
Gumbel, Ina-Maria 594, 757
Guttmann, Julius 202, 214, 215, 233, 610

Haas, Alexander 687, 722-723
Habermas, Jürgen 284, 392-396, 398, 400-401, 405, 406, 408, 420, 480, 497, 498, 501, 525, 526, 532-537, 556, 559, 593, 594-595, 597-600, 669, 670, 723
Halbertal, Moshe 618-620
Halevi, Jehuda 348
Hamacher, Werner 625, 643, 687, 722, 754
Hammer, Zevulun 614-617

Harnack, Adolf von 84-85, 266
Hartman, David 616-618
Hartwich, Wolf-Daniel 735, 737
Hartz, Louis 311
Haug, Wolfgang Fritz 390, 524, 533, 541, 563, 592
Hayek, Friedrich 263, 481-482
Hegel, G.W.F. 82, 98, 107, 112, 113, 116, 170, 229, 232, 235, 239, 244, 281, 282, 289, 290, 297-300, 303, 310, 317, 324, 327, 338, 356, 360, 362, 364, 367, 368, 370, 382, 385, 390, 391, 410, 447, 492, 569, 592, 676, 689, 721
Heidegger, Martin 79, 89, 96, 97, 98, 99, 100, 107-108, 110-111, 116-117, 131, 132, 156, 164, 179, 221, 225-228, 230-233, 238-240, 243, 249, 253, 283, 285, 298, 300, 308, 338, 343, 364, 370, 385, 393, 407, 408, 411, 418, 422, 446, 469, 474, 479, 593, 596, 644, 665, 675, 679, 689, 710, 721, 746
Heine, Heinrich 307, 733
Heller, Ágnes 549-551, 725
Heller, Clemens 634, 636-637, 709
Heller, Jomtow Lippmann 48
Helmchen, H. 571
Henrich, Dieter 387, 390-392, 398, 400, 406, 408, 446, 467, 468, 478, 481, 516, 532-533, 556, 559, 594, 600, 620, 655
Herberg, Will 272, 273-275
Herzl, Theodor 37
Heschel, Abraham Joshua 148, 161, 272, 277, 342
Heschel, Susannah 426
Hess, Moses 597
Himmelfarb, Gertrude (Bea) (verh.

Bildnachweis